AN ENGLISH-TIBETAN DICTIONARY

AN ENGLISH-TIBETAN DICTIONARY

Containing A Vocabulary of Approximately Twenty Thousand Words with their Tibetan Equivalents.

Compiled

by

LAMA DAWASAMDUP KAZI

GYAN

Published by

Gyan Publishing House
5, Ansari Road
Daryaganj, New Delhi-110002
Phone: 011-47034999, 9811692060
E-mail: books@gyanbooks.com

Distribution Network
gyanbooks.com
India, USA, Canada, UK, Australia, France

ISBN : 978-81-212-1174-1 (HB)
First Published, 1919

2nd Impression 2021

Printed at: Gyan Press, Delhi.

An
English-Tibetan Dictionary
Compiled by: Lama Dawasamdup Kazi

AN

ENGLISH-TIBETAN DICTIONARY

CONTAINING A VOCABULARY OF APPROXIMATELY TWENTY THOUSAND WORDS WITH THEIR TIBETAN EQUIVALENTS.

COMPILED

BY

(LAMA DAWASAMDUP KAZI,)

Head Master, Sikkim State Bhutia Boarding School, Gangtok.

CALCUTTA:

PRINTED AT THE BAPTIST MISSION PRESS, CALCUTTA, AND PUBLISHED BY THE UNIVERSITY.

1919.

༄༅། །འཕགས་པ་འཇམ་དཔལ་གཞོན་ནུར་གྱུར་པ་ལ་ཕྱག་འཚལ་ལོ། །

དབྱིན་ཇིའི་སྐད་ནས་བོད་སྐད་ལ་ཐབ་པའི་སྐད་གཉིས་ཤན་སྦྱར་
གྱི་བསྟན་བཅོས་བཞུགས་སོ། །

རིང་འདིར་དབྱིན་བོད་རྣམས་ཀྱི་བློ་གསར་གཞོན་ནུ་བྱུང་བའི་རྩོད་རྣམས་ལ།
ཡོན་ཏན་ཕྱོར་ལ་སློབ་སྦྱོང་བྱེད་སྐད་གཉིས་རབ་གསལ་སྒྲོན་མེ་འདི།
དབྱིན་བོད་བརྡ་ཡི་ཚིག་མཛོད་འདི་ལ་ཁོ་བོས་འབད་བརྩོན་ཆེན་པོ་བྱས།
འདི་ལ་རང་བློ་འི་སྐྱོས་པ་མེད་པའི་བརྡ་དག་རྣམས་ལ་བརྟག་དཔྱད་བགྱིས། །

སྔོན་ཆད་རྒྱ་བོད་གཉིས་ཀར་མ་དར་བའི།
དབྱིན་བོད་བརྡ་ཡི་ཤན་སྦྱར་སྤྲ་དོ་འི་ཚལ།
བརྡ་དོན་མཚུངས་པར་སྤྲོད་པའི་ཚིག་མཛོད་འདིར།
སྐད་གཉིས་བསླབ་པའི་བློ་གསར་དགའ་སྟོན་མཛོད། །

ཅེས་པ་འདི་ཡང་སྤྲས་ཡུལ་འབྲས་མོ་འི་ལྗོངས་འདིའི་བློ་མོན་ཡོངས་ཀྱི་དབྱིན་ཡིག་བསླབ་གྲྭའི་དགེ་མཁན་ཟླ་བ་བསམ་འགྲུབ་ཀྱིས་རང་ལུགས་རབ་འབྱུང་བཅོ་ལྔའི་ཆུ་སྟག་ལོ་ནས་བརྩམས་ཏེ་ད་ལོ་ས་ཕོ་རྟའི་བར་འབད་པ་ཆེན་པོས་སྒྲུབ་པའི་དགེ་བས་སྐྱེ་འགྲོ་ཡོངས་ལ་ཕན་པར་ཤོག། །

། །རྒྱལ་ས་ཆེན་པོ་ཀ་ལི་ཀ་ཏའི་གཞུང་གི་བསླབ་གྲྭ་ཆེན་པོ་ཡུ་ནི་ཕར་སི་ཊི་ནས་
མགོ་འཛིན་མཛད་དེ་བེབྟིསྟི་སི་ཤན་པར་ཁང་དུ་བསྐྲུན། །

ཡེ་ཤུའི་འདས་ལོ་ ༡༩༡༨ ལ་པར་དུ་བསྒྲུབ་ཟིན་པའོ། །

Preface.

EVER since I was a schoolboy, I have felt the great want of a reliable English-Tibetan Dictionary, and in later years, whenever I came across any Officer,—either directly my superior, such as the late Mr. P. Nolan, Commissioner of Rajshahi Division, under whom I was Chief Tibetan Translator for several years, or to those whom I had the honour of giving a few Tibetan lessons, of whom there were many,—they all seemed to wonder, that with my knowledge of English and of my own native language, I did not try to compile the required Dictionary. They were all pleased to encourage me by saying that I seemed quite able to do so—or rather appeared to be the proper person to do so. It was kind Mr. H. B. Hannah, the author of the latest Grammar of the Tibetan language, published by the Calcutta University in 1912, to whom I was then giving lessons in Tibetan, who persuaded me to take it up seriously. When I was just beginning the compilation in 1902, happening to talk the matter over with Mr. D. Macdonald, now British Trade Agent at Yatung in Tibet (then at Darjeeling), he kindly rendered me the greatest aid at the time by putting some useful papers into my hands to go on with. I had no idea of the difficulties which I was soon to encounter. It was not long before I came across words which I could not express in Tibetan, and had to wait until some chance brought the required word or expression out,—either from myself or from some other person in the course of a talk; then the work would go on for some time, until I was brought to a similar standstill by another hard word. Up to 1906, the only reliable books of reference which I wished to consult—viz. (1) Csoma de Körös's and (2) Jäschkes' Tibetan-English-Dictionaries, and that masterpiece of work, the late Rai Sarat Chandra Das Bahadur's Tibetan-English-Dictionary—were all beyond my means of purchase and could not be borrowed, and I often despaired of being able to complete my self-imposed task. But in 1906, upon my transfer to Sikkim as Headmaster State Bhutia Boarding School, Gangtok, the late Political Officer Mr. J. C. White, C.I.E., of Sikkim, on being apprised of my efforts, was so favourably impressed that he put all the three above books at my disposal, besides several others; and I derived great help from them, especially from the admirable work of my respected teacher the late Rai Sarat Chandra Das Bahadur. Even with the assistance I derived from these works, I experienced such difficulties, that had I not happened to be a teacher I might have found it very difficult to complete the work at all. I found out why it was that such highly learned scholars as the late Csoma de Koros and my respected teacher the late Rai Bahadur had left it unattempted. The work could only be undertaken by a person whose mother language was Tibetan, or a dialect of Tibetan,—in short, one who thought in Tibetan.

It was only at the end of 1911 that the work was in a fair way of being completed. Meanwhile the Political Officer the late Mr. J. C. White, who would have helped me to publish the work, had retired and left for England, and as it was beyond my own means to publish the work, I was again in despair as to whether I could ever hope to have it published. Fortunately, I being one of the suite who accompanied His Highness the late Maharaja of Sikkim, Sir Thutob Namgyal, K.C.I.E., to Delhi, during the last Coronation Durbar (1911-1912), came across Dr. E. Denison Ross (now Sir Edward) there. He, after seeing my work, thought it worth recommending to the notice of The Hon'ble Sir Ashutosh Mukerjee, Kt., the then Vice-Chancellor of the Calcutta University, where I had to go with my work, from Delhi. Sir Ashutosh at once saw the value of the work, and, seeing how useful it would be, put it before the Syndicate meeting, where it was resolved that the work should be published under the University's auspices at the Baptist Mission Press, Calcutta. Having at first been doubtful as to whether it would ever see light or not, I had given only synonyms or one or two Tibetan meanings for each English word, fearing lest a multiplicity of words would cost too much. But when the publication was assured, the proofs ordered to be corrected by myself, and being encouraged to make the work a standard one as far as possible, I took as much pains over it as if I were re-compiling it four times over, adding new words and expressions in all their applicable phases. Nor did I rely upon myself alone, but, as often as possible, obtained the assistance of other English-knowing Tibetan students—e.g., Sardar Bahadur S. W. Laden La, who assisted my late teacher Rai S. C. Das Bahadur in compiling his Tibetan-English Dictionary and at present is Examiner in Tibetan Languages for Government—and Tibetan Officials or learned Lamas whom I came across. I hope that I will not be thought vain if I say that I felt convinced that the nature of my vocation as translator, and as teacher, especially fitted me for this particular task. In my capacity as translator, first to the Government and later to the Tibetan Government in 1910, and again in 1913, and the notes and jottings, when I was working in my previous post under the Rajshahi Commissioner in Darjeeling and at Buxa Duar, helped me much; and my duty brought me into contact with learned Lamas and Tibetan Officials from whom I got great help. The revising of proofs alone took me six years—from 1912 to 1918. I must here express my great obligations to the gentlemen noted below, who helped me ungrudgingly when I was engaged in revising the proofs: the late Geshes Kusho Chozed La, Pandit of the Enche Monastery School in Sikkim, helped me greatly. Mr. H. B. Hannah, a Barrister in the Calcutta High Court, deserves to be remembered for putting the first idea into my head. And to Mr. D. Macdonald I owe great obligations for helping me with useful papers, blank-books, etc., when starting the work. Thanks are due to Negi-Amar Chand Babu, a bright Tibetan scholar from Bashahr State, who studied Tibetan in Sikkim for the last four years, to whom I am deeply obliged for helping me, during the last six or seven months of 1917, in various ways with the proofs; and to my friend Rai Saheb Lobzang Chödan, Private Secretary to His Highness the Maharaja of Sikkim, who also helped me a good deal. In 1914, I was offered a decent post under the Tibet Government. I had to politely refuse it, as the work would have fallen through had I gone away. Upon representing the matter to the Hon'ble Sir Harcourt Butler, then of the Education Department, India Government, he was very kindly pleased to grant me monetary help for eight months, to enable me to stay and complete the proofs of the Dictionary; thus I was able to stay until I was reinstated in my post, and to complete the work. As to the construction of the Dictionary itself, it is a simple English-Tibetan-Dictionary, the meaning being given in Tibetan characters. Care has been taken to give the Tibetan words as correctly spelt where possible, but where colloquial words had to be used in preference to classical words,—because of the former being better understood,—no strictly correct spelling could be adhered to, and such places have been marked (colloquial). Names of trees, plants, fruits, animals, etc., which do not exist in Tibet, but which are to be found in Sikkim or in Bhutan, are given in these languages, and (Sik.) or (Bhut.) put in brackets against such words to show their origin.

Names of scientific products such as machinery, photography, arts and medicines have been explained as clearly as possible. The work has grown much more voluminous than was first intended, and it is nearly a thousand pages and contains as many words as the concise Oxford Dictionary does, or very nearly so. In concluding, I would add, that all through my life my late father's injunction, that I should do something to show my gratitude to the Supreme Government for the free education I had received in my youth in the late Government Bhutia Boarding School at Darjeeling, has impelled me to go on with this work. I thought I could not serve the Government better than by producing a work of this nature, which has taken years and years of labour, which could not be rushed through, even by the most competent scholars, as the result of a life long self-imposed labour. And now that I have, after devoting so many years, been able to contribute my humble product towards the cause of Education, I feel quite happy and satisfied at the thought that it will help my countrymen in studying English; and English students desiring to learn Tibetan will also derive some help from my work.

DOUSAMDUP.

GANGTOK, SIKKIM,
The 1st March, 1919.

Errata.

Page.	Word No.				
1	6	*for* ཟིང་	*read* གཟིངས་		
25	508	"	"		
31	632	"	"		
53	1116	"	"		
75	124	"	"		
89	442	"	"		
95	586	"	"		

1 (7 and 8) *for* འཕོས་པ་ and འཕོས་པའི་ *read* སྤོ་བ་ and སྤོ་བའི respectively.

„ 10 „ *adv.* *read* *adj.*

„ 14 „ དམད་པ་ „ སྨད་པ : and དམའ་འབེབས་ *for* དམའ་འབབ།

„ (15 and 18) „ འབབ *read* འབེབས

2 (17 and 20) „ *v.a.* „ *v.t.* and elsewhere

„ 20 *for* བཅིག་ „ གཅིག་

„ „ „ འཕབ „ འབེབས་

„ (21 and 22) „ འཆག་ „ ཆག་ and *for* འབབ་ *read* འབེབས་

„ 23 „ ག་ཤན „ ཟ་ཤན་

„ 34 „ ཀ་ཁ་ „ ཨིནྡྲ་ཡིགེའི་ཀ་ཁ་

„ 35 „ དགོང་པ་ in three places *read* དགོངས་པ་ and *for* བཞུར་པར་ *read* བཞུར་པ ;

3 36 „ དགོང་ཞུའི་གནད་ „ དགོངས་ཞུའི་འགྲོ་ལུང ;

„ 49 „ "Abberration" „ 'Aberration.'

„ 50 „ 'Abering' „ 'Aberrating and *for* འཁྱར་པོ་ „ འཁྱར་གྱིན།

Page.	Word No.				
3	54	*for*	མགྲུངས་པ་	*read*	འགྲུངས་པ;
,,	56	,,	ཚོར་སྣང་	,,	འཚོར་སྣང་།
4	58	,,	ཁྲིད་དེ་	,,	ཁྲུས་དེ་ in last phrase.
,,	(61 and 62)	,,	བསྒྲུགས་སྒྲོད་མཁན་ and བསྒྲུགས་སྒྲོད་ས་ *read* སྒྲོད་མཁན་ and སྒྲོད་ས;		
,,	66	,,	*adv.*	*read*	*adj.*
,,	67	,,	ཐབས་སྡུག་ལུགས་	,,	ཐབས་རྡུག་ལུགས;
,,	(74 and 75) and 83 of p. 5	,,	མན་	,,	མིན་
,,	76	,,	*adj.*	,,	*n.*
5	93	,,	བསྐོལ་	,,	བཀོལ་
,,	96	,,	ཞི་སྒྲུན་པ	,,	ཞི་སྲུན་པ་
6	101	,,	མ་བབ་ས་	,,	མ་བབས་པ;
,,	109	,,	བསྡུ་བ་པོ	,,	སྡུད་པ་པོ་
,,	112	,,	ལེའུ་བཀའ་བརྩོམས་མེད་ and ཁྲིམས་ཡིག་ ་སྒྲུབ་པ་ *read* ལེའུ་འགའ་རྩོམས་ and ཁྲིམས་ཡིག་སྒྲུབ་པ།		
7	114	,,	དྲང་ཚུག་	and	དྲང་བཙུག
,,	115	,,	གཙན་བྲལ་	,,	བཙན་བྲལ་
,,	116	,,	དོབ་དེ་	,,	དོབ་སྡེ; and *for* ཁྲུས་ *read* ཁྲིད;
,,	118 and 122	,,	*v.a.* and *n.*	,,	*v.i.*, and *for v.a. read v t.* respectively.
,,	125	,,	རིག་	*read*	རག་
8	143	,,	ཟ་ལྷངས་	,,	ཟ་སྤངས
9	152	,,	བཀུ་མཁན and བསྐུ་མཁན་ *read* ཀྱུ་མཁན and སྐུད་མཁན་ respectively.		

Page.	Word No.				
9	158	*for*	བཅོལ་ཆུང་ (in the 3rd phrase)	*read*	ཅོལ་ཆུང་།
,,	161	,,	ཁ་གཙོག (the 2nd phrase)	,,	ཁ་བཙོག།
,,	160	,,	དཀྱིལ་ཁམས་	,,	དཀྱིལ་ཁྲིམས;
10	173	,,	སླབ་གྲུ and གྲྭ་ཚངས་ *read* བསླབ་གྲྭ and གྲྭ་ཚང་།		
,,	(176 and 177)	,,	*v.n.*	,,	*v.i.*, and *for v.a. read v.t.*
11	190	,,	བླངས་པ་པོ་	,,	ལེན་པ་པོ; and *for* བླངས་བྱེད་ཀྱི་མཁན་པོ་ *read* ལེན་པ་པོ།
,,	191	,,	དྭངས་ལེན་	*read*	དང་ལེན;
,,	208	,,	གྲིན	,,	གྲེན;
12	209	,,	སྐྱན་ and བདུལ་	,,	བསྐྱེད and བརྡུལ
,,	210	,,	གནས་ཚང་གཡར་བྱིན་པ; སྒྲིག་པ; གཞོངས་འགྲིག་པ; *read* གནས་ཚང་གཡར་སྦྱིན་པ; སྒྲིག་པ; གཞོམ་འགྲིག་པ; (Sik).		
,,	213	,,	འབྲཊ་མ་	*read*	སྤྲུག་མ་ and *for* རི་བླི *read* ར་མདའ;
,,	226	,,	ལས་ཐར་བསྐྱལ་ཉ་	*read*	བྱ་བའི་ལས་མཐར་སྐྱེལ་བ;
,,	228	,,	བརྩིས	,,	རྩིས;
13	229	*for*	ཁག་ཀྲན	*read*	ཁག་འགན།
14	247	,,	བདག་པོའི་སྐྲ etc.	,,	རྣྀ་དབྱེ་གཉིས་པའམ་ལས་སུ་བྱ་བའི་སྐྲ; བྱ་ཡུལ;
,,	250	,,	སྐྱད་ཀོག་ས་	*read*	སྐྱད་འདོགས་ས;
,,	252	,,	སྒྲིས་	,,	འདྲིས་
,,	254	,,	ཞོག་བག་གི་འདེབས་ནས་ etc.	*read*	ཞོག་བག་གི་ལྡེབས་ནས་རི་མོ་རྒྱང་པོ;

Page.	Word No.				
15	270	*for*	དཀྲག	*read*	བཀྲག;
,,	272	,,	འགྱུར་བ	,,	སྒྱུར་བ;
16	296	,,	མཐར་བ་	,,	ཐར་བར་བྱེད་པ;
17	316	,,	བཟླས་མོ་བསྟོན etc.	,,	བཟློད་མོ་སྟོན་ etc.
,,	319	,,	མཛོན་	,,	འཛོན་
18	353	,,	སྒྲུར་བ་	,,	འགྲུར་བ་
19	368 and 369	,,	དཔྱད་ཁྲའི་ཁྲམ་	,,	དཔྱད་ཁྲའི་ཁྲམ་
,, ,, ,,	370 371 372	,,	འགྲེལ་པ	,,	འབྲེལ་པ་
20	385	,,	delete the whole sentence given for another word and *read* རྒྱ་གཟིངས་ཀྱི་དམག་དཔོན་ཆེ་བ;		
,,	388	,,	(2nd phrase) སྙིང་གདུགས་ *read* སྙིང་སྡུག་		
,,	396, 397, and 399	,,	སྐོག་ and པསླབ་	*read*	ཕྱོག་ and ལབ་ respectively.
,,	401	,,	འོ་རྒྱལ་	,,	འོ་བརྒྱལ་
21	403	,,	ཁྲིཙ་	,,	དར་ལ་འབབ་བཞིན་པ;
22	438	,,	ལྟེས་ etc.	,,	སྟེས་ etc.
,,	439	*add*	ཨ་གཡུག་གི་ after the meaning given and (colql.) at the end.		
24 and 48	466 988	*for*	དྭངས etc.	*read*	དང་ etc.
24	486	,,	འབྲལ་པ་	,,	འདོགས་པ; and *for*
			བརྟད etc.	,,	བརྟས་ etc.
27	535	,,	ཡོམ་སྐོམ་	,,	ཡོངས་སྐོམ་

Page.	Word No.				
27	(539 and 540)	*for*	བརྗེད་	*read*	སྙེད་
,,	544	,,	ལྷབས་	,,	སྐབས་
28	557	,,	གནོན་མ་ཐུབ་པ་	,,	མནོན་མ་ཐུབ་པ་
29	583	*for*	སྲན་	,,	འབེན་
,, 67 72 87	587 417 65 412	,,	* * འཁྲུལ་	,,	*འཕྲུལ་ etc.
30	603	,,	* * ཞིག་	,,	ཤིག་
,,	607	,,	* * བྱུང་བའི་བརྡའ་བྱ་བ་ etc.	*read*	རྒྱན་ངན་ འབྱུང་བའི་བརྡ་བྱ་བའི་ལས་དེ;
,,	609	,,	* * བཀྲུལ་	*read*	བསྐྲུལ་
32	640	,,	གཞུན་	,,	གཞན་ etc.
,,	656	,,	'Allary'	,,	'Allay.'
33	663	,,	སྤྲའི་ etc. ཅིང་	,,	སྤྲའི་ and ཤིང་
,,	680	,,	བྲིན་པ་	,,	སྦྲིན་པ་
,,	682	,,	the 3rd phrase སྔོང་བྱེད་	*read*	གདོང་བྱེད། etc.
35	711	,,	ད་ལྷ་ནས་	*read*	ད་གི་ནས།
,,	717	,,	ཡུན་དུ་བསྟན་པའི་ etc.	*read*	ཡུན་དུ་བསྟེན་པའི་ etc.
36	735	,,	* * ཀྲོན་	*read*	* སྲོན་
,,	740	,,	* * བཀོད etc.	,,	བསྐོས་ etc.
40	842 and 843	,,	འཚན་	,,	མཚན་ etc.
42	887	,,	གྲུབ་པའི་ etc.	,,	གྲུམ་བུ etc.
43	899	,,	གྲོ་མས་སྐྱུང་པའི་པོ་	,,	གྲོག་མས་སྐྱུང་པའི་ས་ སྤུང; and add གྲོག་མཁར;

Page.	Word No.				
50	1034	*for*	* * བསྡོམས་དེ་	*read*	དམིཊ་དེ་ etc.
51	1062 to 1065	,,	ཕྱོད་	,,	སྤོང་ etc.
60	1276	,,	ཕྱོད་	,,	སྤོང་ etc.
73	72	,,	ཕྱོད་	,,	སྤོང་ etc.
75	121	,,	ཕྱོད་	,,	སྤོང་ etc.
76	143	insert (Bhut.) at the end of the 2nd line.			
,,	146	*for*	ས་སྤྲང་བ་	*read*	* * ས་སྤྱུང་བ་
77	177	,,	ཕྲིང་བལ་	,,	སྤྲིང་བལ་ or ཤིང་བལ;
80	227	,,	འཚོར་པོ་	,,	མཚོར་པོ།
83	303	,,	དྲིན་གྱི་བཀུངས་པ་	,,	དྲིན་གྲིས་བསྐྲུངས་པ;
87	393	,,	ཁྲ་	,,	ཐྲ་
,,	412	,,	* * འཁྲུལ་	,,	འཕྲུལ་
90	456 and 457	,,	* * འཚོ་ etc.	,,	འཕྱོ་ etc.
91	498	,,	འགྲུར་བ་	,,	སྒྲུར་བ་
93	526	,,	སྐྲིན་པ་	,,	འཁྲིན་པ་
96	601	,,	སྐྲེད་བཀབ་	,,	སྐེད་བཀབ་
102	760	,,	མེ་རྫེ་གཏར; རྒྱུའི་ལྕང;	,,	མེ་རྩ་གཏར་རྒྱུའི་ལྕང;
104	769	,,	* * གཞུག	,,	* * ཞུགས;
112	964	,,	བསྐལ་	,,	བཀལ་ also འགེལ་ etc.
,,	965	,,	བཟི་མོ་	,,	ཟི་མོ་
113	989	,,	བཟི་མོ་	,,	ཟི་མོ་

DOUSAMDUP.

PESHAWAR,
GOVERNMENT HOUSE,
16th January, 1913.

New Anglo-Tibetan Dictionary.

A

1 A, An, *art.* ཅིག; ཞིག; ཤིག; གང; { as མི་ཞིག་ { a pathi བྲི་གང་ / a mana སྲུལ་གང་ }

2 Aback, *ad.* རྒྱབ་ལོགས་ལ; རྒྱབ་ཕྱོགས; ཕྱི་རྒྱུར་རྒྱབ་སྟེ;

3 Abaction, *s.* ནོར་ཕྱུགས་འཕྲོག་བཅས་བརྐུས་འགྲོ་བའི་ཇག་འཚོམ;

4 Abacus, *s.* ཀ་བའི་མགོ; ཀ་བའི་ཡ་ཐོད; ཀ་བའི་ཐོག་ནས་ཕར་ལྷག་པ;

5 Abaddon, *s.* བདུད་སྡིག་ཅན; ཅུ་ཏ; འཆི་བདག་དགྲ་བོ;

6 Abaft, *d.* གྲུ་ཟིང་གི་གཞུག་ལ; མཇུག་ལ;

7 Abalienate, *v.a.* གཞི་ག་བདག་པོ་འཕོས་པ; གཞིས་བདག་འཕོས་པ;

8 Abalienation, *s.* གཞིས་ཀྱི་བདག་པོ་འཕོས་པའི་སྒྲིགས་ལམ; འགྲོ་ལུགས;

9 Abandon, *v.a.* སྤོང་བ; དོར་བ; འབོར་བ;

10 Abandoned, *s.a.* སྤངས་བཞག་པ; adv. ཡ་མེད; ངན་པ་ལང་ཤོར; འཆལ་པོ;

11 Abandonee, *s.* སྤང་བར་བྱེད་པའི་ཡུལ; སྤང་བྱ;

12 Abandoner, *n.* སྤང་མཁན; དོར་མཁན; བོར་མཁན; སྤང་བྱེད;

13 Abandonment, *n.* སྤོང་བའི་ལས { དེ་ཉིད་ཀྱི་མིང་ } སྤོངས་པ་ཉིད;

14 Abase, *v.a.* དམད་པ; དམའ་འབབ་བྱེད་པ;

15 Abased, *a.* དམན་སར་འབེབ་ཟིན་པ;

16 Abasement, *n.* དམའ་འབབ;

17 Abash, *v.a.* ངོ་ཚར་འཛུག་པ ;

18 Abasing, *ppr.* དམའ་འབབ་བགྱིད་ཅིང་་་ཡོད་པ ; དམའ་འབབ་པའི ;

19 Abatable, *a.* རིན་གོང་མར་ཕབ་འོས་པ ; ཉུང་དུར་བཏང་རྒྱུ་ཡོད་པ ; མར་བཅག་ཡོད་པ ;

20 Abate, *v.a.* རིན་གོང་བཅོག་པ ; ཞི་བ ; མར་འཕབ་པ ; ཞི་བར་བྱེད་པ ;

21 Abated, *a.* གོང་འཆག་སོང་ རིན་གོང་མར་འཕབ་ཟིན་པ་ ཆུང་དུར་བཏང་ཟིན་པ ;

22 Abatement. གོང་འཆག་པ ; མར་བཅག་པ ; གོང་བཅག་པའི་གནད་ཉིད ; མར་བཅག ;

23 Abattoir, *s.* གཤན་ཁང ;

24 Abb, *n.* འཐག་མཁན་གྱི*་སོན་པའི་སྟེང་ལ་ཡོད་པའི་སྤུན*

*སོན་པ་ and སྤུན་ are Sik.

25 Abba, *n.* ཨ་ཕ ; ཕ ; ཨབ ;

26 Abbacy, *s.* དགོན་གཞིས ; ཆོས་གཞིས ; བླ་ཁག་ཅིག་གི་གདན་ས ;

27 Abbess, *n.* ཨ་ནི་དབུ་མཛད ;

28 Abbey, *n.* དགོན་པ ;

29 Abbot, *n.* མཁན་པོ ; བླ་མའམ་དབུ་མཛད ; དབུ་མཛད ;

30 Abbotship, *s.* བླ་མའི་གོ་ས ;

31 Abbreviate, *v.a.* སྡུད་པ ; བསྡུ་བ ; ཐུང་དུ་བཏང་བ ;

32 Abbreviation, *n.* སྡུད་པར་བྱ་བའི་གནད ; བསྡུས་པ་ཉིད ; བསྡུ་ཡིག ; སྡུད་པ ;

33 Abbreviatory, *a.* བསྡུས་བསྡུས ;

34 A. B. C. ཀ་ཁ་ ཡི་གེའི་ཕྲེག་མའི་དབྱང་གསལ ;

35 Abdicate, *v.a.* དགོང་པ་ཞུས་པ ; དགོང་ཞུས་བྱེད་པ ; ཐུར་དུ་བཞུད་པར ; དགོང་ཞུས་བྱེད་པ ;

36 Abdication, *s.n.* དགོང་ཞུའི་གནད; དགོངས་ཞུས; ཟུར་བཞུར;

37 Abdicative, *a.* དགོང་ཞུའི་སྐོར་གྱི་ཚིག་དང་ལྡན་པ; དགོང་ཞུའི་ཞུ་ཡིག;

38 Abdomen, *s.n.* གྲོད་པ; ལྟོ་བ; སྐུ་ཤལ;

39 Abdominal, *a.* གྲོད་པའི; ལྟོ་བའི; ཕོ་བའི;

40 Abduce, *v.a.* དབྱེ་བ་ཕྱེ་བ;

41 Abduct, *v.a.* བརྐུས་ནས་འཁྱེར་ཕྱིན་པ;

42 Abduction, *s.n.* འཁྲིད་པ; བརྐུས་ནས་འཁྲིད་པར་བྱ་བའི་ལས་ཀ་ཉིད;
མི་རྐུན;

43 Abductor, *s.* བརྐུས་ནས་འཁྲིད་མཁན; མི་བརྐུ་མཁན;

44 Abecedarian, *s.n.* ཀ་ཁ་པ;

45 Abecedary, *a.* ཀ་ཁའི;

46 Abed, *ad.* ཉལ་ས་ལ; ཉལ་སར; མལ་དུ { གཟིམ་མལ་དུ (Hon.)

47 Aberrance, *s.n.* ལམ་ལས་ལོག་པ; ལམ་གོལ་སར་ཤོར་བ;

48 Aberrant. གོལ་བ; ནོར་བ;

49 Abberration, *n.* རྣམ་རྟོག;

50 Aberring, *p.* & *a.* འཁྱར་པོ; འཁྱམ་པོ;

51 Abet, *v.a.* བསྐུལ་ཀྲུབས་པ; བསྐུལ་བ; ཀྲུད་བསྐུལ་བྱེད་པ;

52 Abetment, *s.n.* བསྐུལ་བའི་བྱ་བ་ཉིད; ཀྲུད་བསྐུལ; སྐུལ;

53 Abetter, *s.n.* བསྐུལ་མཁན; གཞུང་ཐག་འཐེན་མཁན; ཀྲུད་བསྐུལ་
ཀྲུབ་མཁན;

54 Abeyance, *s.n.* གོ་སའམ་བདག་སྐྱིམ་མགྱངས་བསྒྲིང་ནས་བཞག་པ;
མགྱངས་པ; འགག་པ;

55 Abhor, *v.a.* ཞེ་ཁྲེལ་བ; ཞེན་ལོག་སྐྱེ་བ; ཞེན་པ་ལོག་པ;

56 Abhorrence, *s.n.* ཞེན་ལོག; ཚོར་སྣང; འཛེགས་སྐྲག; ཞེན་ལོག; ཞེ་ཁྲེལ;

57 Abhorrent, *a.* སྐྱུག་བྲོ་བོ ; ཞེ་ཁྲེལ་པོ ;

58 Abhorrently, *ad.* སྐྱུག་བྲོ་བཞིན ; སྐྱུག་བྲོ་པོ་བྱེད་དེ ;

59 Abhorrer, *s.* ཞེ་ཁྲེལ་མཁན ;

60 Abide, *v.a.* གནས་པ ; རྟག་ཏུ་གནས་པ ;

61 Abider, *s.* བསྒུགས་ནས་སྡོད་མཁན ;

62 Abiding place, *s.n.* གནས་ས ; བསྒུགས་སྡོད་ས ;

63 Abidingly, *ad.* གཏན་གནས་སུ ;

64 Abigail, *s.* གཡོག་མོ ; ཞལ་ལྟ་མ ;

65 Ability, *s.n.* ནུས་པ ; སྟོབས ; འགྲོན་སྟངས ; ཡོང་སྟངས ;

66 Abintestate, *ad.* ཤུལ་མེད་ཀྱི་གཞིས་ནོར་བདག་པ ;

67 Abject, *a.* (Sik. མ་རིགས) ; བློ་དམན་པ ; སྐྱོ་སྒུ ; སྡུག་རྩུལ ;
བློ་ཆུང ; ཞེན་སེམས་ཅན ; ཞན་པ ; ངན་པ ; ཐབས་སྡུག ;

68 Abjectness, *s.n.* ཞེན་སེམས ; བྲན་འཁོལ་ལྟ་བུའི་བློ་དམན་ཅན ;
དམན་པ་ཉིད ; ཐབས་སྡུག་ཡུད ;

69 Abjection, *s.* བློ་ཆུང ; སྙིང་མེད ; སྙིང་རྩུལ ;

70 Abjudicate, *v.a.* ཁྲིམས་ཐོག་ནས་བདག་པོ་སྤོ་བ ;

71 Abjudication, *s.n.* ཁྲིམས་སའི་ཐོག་ནས་བདག་པོ་སྤོ་བའི་ལས་དེ་ཉིད ;

72 Abjugate, *n.a.* བརྐྱལ་ཤིང་ཕུད་པ ;

73 Abjuration, *s.n.* རང་གི་བློ་ལ་འཆར་བའི་ཀོ་རྟོགས་མིན་པར་འདུག་ཅེས་
ཟེར་བ ; རང་གི་རྟོགས་པའི་བདེན་པ་མི་བདེན་ཅེས་
ཟེར་བ ;

74 Abjure, *v.a.* མནའ་བོར་ནས་མན་པར་ཁས་ལེན་པ ;

75 Abjurer, *s.* མནའ་བོར་ནས་མན་ཞེས་བརྗོད་མཁན ;

76 Ablative, *a.* འབྱུང་ཁུངས ; འབྱུང་ས ; འབྱུང་གནས་ཀྱི་སྒྲ ;

77 Ablaze, *ad.* མེ་འབར་བཞིན་ཡོད་པ; འབར་ཞིང; འབར་བཞིན་པ;

78 Able, *a.* ཐུབ་པ; ནུས་པ; མཁས་པ; ལྕོགས་པ; གྱུང་པོ;

79 Able (to be), (*inf. v.*) ནུས་པ; ནུས་སྟོབས་ལྡན་པ;

80 Abluent, *a.* གཙང་མོར་བཅོ་བའི་ནུས་པ་ལྡན་པ; དག་པར་བྱ་བའི་ནུས་པ་ཅན;

81 Ablution, *s.n.* ཁྲུས; ཆབ་ཁྲུས;

82 Ably, *ad.* རྒན་འཛོང་པ་བྱེད་དེ;

83 Abnegate, *v.a.* མན་ཞེས་བརྗོད་པ; རྫ་བ་ཉིད་ནས་མན་པར་བརྗོད་པ;

84 Abnegation, *s.n.* སྤྲོངས་པ; སྤྲངས་པ;

85 Abnegator, *s.* སྤྲོང་མཁན;

86 Abnormal, *a.* ཚད་ལས་འདས་པ; ཚད་འགལ;

87 Aboard, *ad.* གྲུ་ཟིང་གི་ཁྲོག;

88 Abode, *s.n.* སྡོད་གནས;

89 Abolish, *a.* མེད་པ་བཟོ་བ; ར་མེད་གཏང་བ; དབྱུང་བ;

90 Abolishable, *a.* ར་མེད་གཏང་འོས་པ; དབྱུང་འོས;

91 Abolishment, *s.n.* ར་མེད་བཏང་བའི་ལས;

92 Abolition, *s.n.* མེད་པ་བཅོས་པའི་ལས;

93 Abolitionist. འཁོལ་བསྐྱལ་གྱི་སྲོལ་སྤྲོང་དགོས་པར་འདོད་པ་པོ;

94 Abominable, *a.* ཁམས་ལོག་པོ; སྐྱུག་བྲོ་པོ;

95 Abominableness, *s.* སྐྱུག་བྲོ;

96 Abominate, *v.a.* ཞེ་ཁྲེལ་བ; ཞེ་སྐྱུན་པ; ཞེན་པ་ལོག་པ; ཞེ་ཁྲེལ་བ;

97 Abomination, *s.* དམེ་བཙོག; བཙོག་པ;

98 Aboriginal, *a.* སྔར་ནས་མཆིས་པ; སྔོན་དུས་ནས…གནས་པ;

99 Aborigines, *s.n.* སྔོན་དུས་ནས་ཡོད་པའི་ཡུལ་མི;

100 Abortion, *s.n.* བུ་ཚ་སྐྱེ་དུས་མ་སླེབས་པར་སྐྱེ་བའི། བུ་ཚ་ཤོར་བ་དུས་མིན་དུ་ཕྲིའུ་བཙས་པ་ཉིད;

101 Abortive, *a.* འབྲུ་མེད་དུ; དོན་མེད་དུ; མ་སྨིན་པ; དོན་མཐར་མ་ཕྱིན་པ; དུས་སུ་མ་བབ་ས་པ;

102 Abound, *v.n.* མང་པོར་མཆིས; དར་ཞིང; འབོལ་ཤིག་ཤིག་ཡོད་པ; (Colql.)

103 About, *pr. ad.* (pr. མཐའ་སྐོར་) ad. ཙམ་ཞིག { ad. སྐོར་ལ

about a yard ག་ཛ་གང་ཙམ

about a person མི་ཞིག་གི་སྐོར་ལ

about the place ས་དེའི་ཉེ་སྐོར་དུ or ས་དེའི་ཉེ་འདབས་སུ;

104 Above, *pr. ad.* སྟེང་ལ; ཐོག་ལ; གོང་ལ;

105 Abrasion, *s.* བརྡུང་སྨྲམ;

106 Abrasure, *s.* སྒྲོམ་སྒང;

107 Abreast, *ad.* བྲང་མཐུད; བྲང་ཁོག་གི་ཐད་ཁར;

108 Abridge, *v.a.* ཐུང་དུར་བཙོས་པ; བསྡུས་པ; བསྡུད་པ; སྡུ་ཡིག་རྒྱབ་པ;

109 Abridger, *s.* བསྡུ་བ་པོ; བསྡུད་མཁན; བསྡུ་མཁན;

110 Abridgment. ཐུང་དུ་བཟོ་ཐབས; བསྡུས་པའི་གཞུང; བསྡུད་པ; སྡུ་ཡིག;

111 Abroad, *ad.* བྱེས་སུ;

112 Abrogate, *v.a.* མེད་པར་བཙོས་པ; ཁྲིམས་ཀྱི་ལེའུ་བཀའ་བརྩིས་མེད་དུ་གཏང་བ; ཁྲིམས་ཡིག་སྒྲུབ་པ;

113 Abrogation, *s* བརྩིས་མེད་དུ་བཏང་བའི་ལས; ཁྲིམས་ཡིག་སྒྲུབ་པའི་ལས;

114 **Abrupt**, *a.* ཧར་གྱི; ཧྲང་རྟུག; ཧྲང་ལོང; གཏུམ་ལོང; ཧད་ཀྱི;

115 **Abruption**, *s.n.* ཧར་གྱིས་འཕྲལ་བ; ཧོབ་སྟེ་འཕྲལ་བ; གཙན་བྲལ;
གཙན་པོས་འཕྲལ་བ་ཉིད;

116 **Abruptness**, *s.* ཧོབ་དེ་ཁ་ལ་བྲུས་ཚུལ;
(Colql.) ཧར་ལོང་ཧྲང་ཚུགས་སུ་གནས་ཚུལ;

117 **Abscess**, *s.n.* སྦྲོས་སྐྲང་གི་ནད;

118 **Abscond**, *v.a.n.* བྲོས་པ; བྲོས་རྒྱུར; ཆོས་ཐོག་རྒྱབ་པ;

119 **Absconder**, *s.* བྲོས་མཁན; བྲོས་འགྲོ་མི; ཆོས་ཐོག་རྒྱབ་མི;

120 **Absence**, *s.n.* མདུན་དུ་མཆོགས་པའི་བྲུ་བ; ཚོར་སུ་ཚང་མིན; ཚོར་ཆད;

121 **Absent**, *a.* ཚོགས་ལ་མ་ཚང་བ; མ་འཛོམས;

122 **Absent**, *v.a.* ཚོགས་ལ་མ་འཛོམ་པ; ཚོར་ལ་མ་འཛོམ་པར་བསྒྲོད་པ;

123 **Absentee**, *s.n.* མ་འཛོམ་མཁན;

124 **Absinthe**, *s.* པ་ རྀ་སི་ ཡུལ་ ནས་འཁྲོན་པའི་ ཨ་རག་ གར་མོ་ཞིག་གི་
མིང;

125 **Absinthiated**, *a* ཨ་རག་ཨེབ་སིན་ཐྲ་ཞེས་པས་ཁྲུབས་པ; ཨེབ་སིན་ཐྲ་ཨ་
རིག་གིས་བསྐུད་པའི;

126 **Absolute**, *a.* གཅིག་ཆོག; ཐད་ཀྱི; ཐག་ཆོད; (རང་བཞིན་ལྷུན་གྲུབ)
(S. གདོད་རྒྱལ)

127 **Absoluteness**, *s.n.* གཅིག་གིས་ཆོག་པ་ཉིད; ཅིག་ཆོག; གདོད་རྒྱལ;

128 **Absolution**, *s n.* འདག་པར་བྱ་བའི་གཞིས; དག་པའི་གནད; བཤགས་པ;

129 **Absolutism**, *s.* རྒྱལ་བློན་ཁོ་ནས་བློ་འདོད་ལྟར་སྤྱོད་པའི་རྒྱལ་ཁག་གི་
གཞུང་སྲེ;

130 **Absolutist**, *s.* རྒྱལ་པོ་ཁ་བརྒྱང་གིས་ཆོག་པའི་ཁྲིམས་ལ་དད་པ;

131 **Absolutory**, *a.* སེལ་བྱེད;

132 Absolve, *v.a.* བཤགས་པ; སེལ་བ; བཀྲོལ་བ; སྡིག་པ་སོང་འདག་པར་བྱེད་པ;

133 Absolver, *s.* སྒྲོལ་བ་པོ;.

134 Absonant, *a.* སྒྲ་དང་རིག་པར་མི་འཐད་པ;

135 Absorb, *v.a.* ནང་ལ་འཐེན་པ; (དཔེར་ན་ཤིང་བལ་གྱིས་བརླན་འཐེན་པ་ལྟར་)

136 Absorbed, *p. & a.* འཇིབ་ཟིན་པ; ནང་ལ་འཐེན་ཟིན་པ;

137 Absorbability, *s.* འཇིབ་ཏུ་ཡོད་པའི་ཆོས་ཅན; དཔེར་ན་བརླན་ལྟ་བུ;

138 Absorbent, *a.* བརླན་འཇིབ་ནུས་པའི་ཅ་ལག; དཔེར་ན་བལ་གོས་ལྟ་བུ་འགོ་ཟིབ; གྲང་དྲོད་འཐེན་ནུས་པའི་རྒྱུ;

139 Absorption, *s.* དྲོད་དང་རླན་ནང་ལ་འཐེན་པ་ཉིད;

140 Absorptive, *a.* འཇིབ་ནུས་པའི་ཆོས་ཅན་ (དཔེར་ན་བལ་གོས་ལྟ་བུ;)

141 Abstain, *v.n.* བསྲུང་བ; འཛེམ་པ;

142 Abstemious, *a.* ཟ་སྤངས་ཟབ་མོ; ཟས་ལ་འཛེམས་པོ; ཟས་སྤྱོད་ཟབ་པོ་འཁམ་མཁས་པོ;

143 Abstemiousness, *s.n.* ཟ་སྤངས་ཟབ་ཚུལ;

144 Abstention, *n.* འཛེམ་ཚུལ; འཛེམས;

145 Absterge, *v.a.* ཕྱིས་དེ་གཙང་མོར་བཅོས་པ;

146 Abstergent, *a.* གཙང་མོ་བཅོས་པའི་ནུས་པ་ཅན;

147 Abstinence, *n.* སྲུང་བའི་ཚུལ; སྲུང་བྱ; སྡོམ་བྱ; འཛེམས་ཆ; ཟབ;

148 Abstinent, *a.* འཛེམ་བྱ་ཟབ་མོ; ཟས་སྤྱོད་ཟབ་པོ;

149 Abstract, *v.t.* སོ་སོར་དབྱེ་བ; གཞན་དུ་དབྱེ་བ; དཀའ་མོ; ཟབ་མོ; (S.) མདོར་བསྡུས; སྤྱི་བསྡུས; (Abstract Noun, gram.) ལྷན་མིང་འདུ་བྱེད་ཀྱི་མིང་གི་རྣམ་གྲངས;

150 Abstract, *v.a.* མདོར་བསྡུ་བ; བཅུད་བསྡུ་བ; བརྐུ་བ; (to steal).

151 Abstracted, *p.* & *a.* དྲན་པ་ཉམ་ཉེ་པ; བརྐུས་ཟིན་པ;

152 Abstracter, *s.* བརྐུ་མཁན; བསྡུ་མཁན;

153 Abstraction, *n.* དྲན་མེད; བློ་ཡེངས; ཧད་པོ;

154 Abstractive, *a.* བསྡུར་ནུས་པ; མདོར་བསྡུས་པའི་ནུས་པ་ཅན;

155 Abstruse, *a.* དོན་ཟབ་མོ;

156 Abstruseness, *s.* དོན་ཟབ་ཚུལ; ཟབ་ཚུལ;

157 Absurd, *a.* བློ་ལ་མི་ཐད་པ; ཉ་བར་མི་འགྲོ་བའི་གཏམ; ཆོ་མེད;

158 Absurdity, *n.* ཆོ་མེད་པའི་ཚུལ; ཆོ་མེད; བཅོལ་ཆུང; ཛབ་ཆུང;

159 Abundance, *n.* མང་བ; འབོལ་བ; མང་ལྷུག; འབོལ་ལྷུག;

160 Abundant, *a.* འབོལ་པོ;

161 Abuse, *s.* {(S) ཁ་ངན; ཁ་གཅོག}; v.a. ཁ་ངན་སྨྲ་བ;
ཚིག་རྩུབ་སྨྲ་བ; (Hon.) བཀའ་བཀྱོན་པ;
བཀའ་སྐྱོན་གནང་བ;

162 Abuser, *n.* ཁ་ངན་རྒྱབས་མཁན;

163 Abusive, *a.* ཁ་གཅོག་པོ;

164 Abusiveness, *s.* ཁ་གཅོག;

165 Abut, *v.n.* མཐའ་བདུག་པ; བདུགས་པ;

166 Abutment, *n.* མཐའ་བརྟེན;

167 Abbutal, *s.* ས་མཚམས; མཚམས; མཐའ;

168 Abysm, *n.* ཛུ་རོང; རོང; དམྱལ་ཁམས;

169 Abysmal, *a.* ཛུ་རོང་གི;

170 Acacia, *n.* ཤིང་སྡོང་གི་རིགས་ཞིག;

171 Academic, *a.* རིག་གནས་སློབ་སའི་བསླབ་གྲྭའི;

172 Academician, *s.* རིག་གནས་སློབ་མཁན;

173 Academy, *n.* སློབ་གྲྭ་ཆེན་པོ; གྲྭ་ཚངས་ལྷུ;

174 Acanthaceous, *a.* ཚེར་མ་ཅན;

175 Acanthus, *s.* མེ་ཏོག་དཀར་པོ; ལོ་འདབ་ཆེ་ལ་སྦོང་པོ་ཚེར་མ་ཅན་གྱི་ཤིང་སྡོང་རིཊ་གཅིག;

176 Accede, *v.n.* གནང་བ; ཐུང་ཟར་ཁས་ལེན་པ;

177 Accelerate, *v.a.& n.* ལས་སླ་ཐུ་བཏང་བ; ཧུར་བརྩོན་བསྐྱེད་པ; ཤུར་བཅག་རྒྱབ་པ;

178 Accelerating, *a.& s.* ལས་སོགས་སླ་ཐུ་བཏང་བ; རྒྱུ་ཆེར་བཏང་བ; བྱ་བའི་མཐའ་རྒྱུ་སྲུ་བརྩུག་པ;

179 Acceleration, *n.* འགྲོས་མགྱོགས་དུ་གཏང་བ; ཤུར་བཅག; ཧུར་བརྩོན;

180 Acceleratory, *a.* འགྲོས་མགྱོགས་སུ་སུ་བཏང་བའི;

181 Accent, *n.* སྐད་ཆ་སྨྲ་བའི་དུས་སུ་དབྱངས་ཀྱི་འགྱུར་སྟངས; སྒྲ་དྲག; པོར་འབྱིན་སྟངས; དྲག་པོའི་སྒྲའི་བརྗོད་སྟངས; སྒྲ་དྲག;

182 Accent, *v.a.* སྒྲ་དབྱངས་སོགས་དབྱེ་བ; སྒྲ་དྲག་དུ་འབྱིན་པ;

183 Accentuate, *v.a.* སྒྲ་དབྱངས་སོགས་དག་པོར་དབྱེ་བ; དྲག་པོར་བརྗོད་དགོས་པའི་ཐིག་བརྡ་བཀོད་པ;

184 Accentuation, *n.* སྒྲ་དབྱངས་དག་པོར་དབྱེ་བའི་གནད; སྒྲ་དྲག་པོར་འབོད་པ་ཉིད;

185 Accept, *v.a.* བླངས་པ; ལེན་པ; (བཞེས་པ་ Respl.)

186 Acceptability, *s.* བླངས་སུ་རུང་བ;

187 Acceptable. (བཞེས་འོས་པ་) བླངས་འོས;

188 Acceptance, *s.* ཕྱག་བཞེས; དགེས་བཞེས;

189 Acceptation, *n.* ཚིག་གི་དོན་ཀུན་གྱིས་བརྩིས་པ་གང་ཡིན ;

190 Accepter, *s.* ལེན་མཁན ; བླངས་བ་པོ ; བླངས་བྱེད་ཀྱི་མཁན་པོ ;

191 Acception. དྭངས་ལེན ; བརྩི་འཛོག ;

192 Access, *n.* སྐུ་བཅར་···འགྲོ་ཆོག་པ ; དྲུང་དུ་ཚུད་པའི་ཐབས ; ཡར་འཕེལ ;

193 Accessory, *a.* གང་གི་གྲོགས་སུ་ཕྱིན་པ ; བསྟན་མཁན་དུ་འདོད་པ ; མཐུན་རྐྱེན་དུ་གྱུར་པ ;

194 Accessibility, *s.* ཉེ་རུ་ཡོད་པའི་རྣམ་གྱུར ; མཇལ་ཁ་སླ་བ ; སུ་འདྲ་ཞིག་ཡིན་རུང་སླ་མོར་མཇལ་ཁ་ཐོབ་པ ;

195 Accessible, *a.* ཐར་དུ་ཡོད་པ ; ཉེར་ཡོད་པ ; མཐུན་ཞིབ་མཁན ;

196 Accession, *n.* ཡར་བསྐྱེད ; སྐུ་མ་ཏུན་ཚུད་པའི་བྱ་བ ;

197 Accessorily, *ad.* གྲོགས་སུ་ཕན་པར ; རམ་མདར་ཕན་པོ་བྱེད་དེ ;

198 Accidence, *s.* གསུམ་བདག་གི་ཆོས་ཐོག་མ ; མིང་ཚིག་འགྱུར་སྟངས་ཀྱི་སྐོར ;

199 Accident, *n.* གློ་བུར་བའི་རྐྱེན ; (Sik. སྲི་རཊ་) བར་རྐྱེན ;

200 Accidental, *a.* གློ་བུར་རྐྱེན་ལས་བྱུང་བའི ;

201 Accipient, *s.* ལེན་མཁན ; ལེན་པའི ;

202 Acclaim, *v.a.* ལེགས་སོ་ཞེས་ཀུན་གྱིས་སྒྲ་སྒྲོགས་པ ;

203 Acclamation, *s.* ལེགས་སོ་འི་སྒྲ ;

204 Acclamatory, *a.* ལེགས་བརྗོད་ཀྱི ;

205 Acclimatation, *s.* ཡུལ་གྱི་གྲངས་ཏྲོད་དང་འདྲིས་པ་ཉིད ;

206 Acclimatization, *s.* ཡུལ་གྱི་གྲངས་ཏྲོད་དང་འདྲིས་པའི་ལས ;

207 Acclimatize, *v.a.* ཡུལ་འདྲིས་སུ་བཙུག་པ ;

208 Acclivity, *n.* གྱེན ;

209 Accolade, *n.* དགེ་སློན་ནཾ་དཔའ་བདུལ་གྱི་གྲལ་དུ་བཙུག་པའི་སྐབས་སུ་རལ་གྲིའི་ལེབ་ཀྱིས་དཔུང་པར་ཙབ་ཙབ་བྱས་པའི་སྒྲོལ་དེའོ;

210 Accommodate, *v.a.* གནས་ཚང་གཡར་བྱིན་པ་སྒྲིག་པ་གཞོངས་འགྲིག་པ;

211 Accommodating, *a.* བློ་ཡངས་མོ་སྒྲིག་ཟིན་པ;

212 Accommodation, *n.* གནས་ཚང; གོམ་འདྲིས་བྱེད་པ; མིག་ཧོད་འཕིང་པ;

213 Accompaniment, *s.* འབྲེལ་བྱ; འབྲུགས་མ; རམ་གླུ; གླུ་བོ;

214 Accompanist, *s.* གླུ་བོ་བྱེད་མཁན; དཔེར་ན་གླུ་ལེན་དུས་པི་ཝང་གིས་ར་མདའ་བྱེད་པ་བཞིན;

215 Accompany, *v.a.* མཉམ་པོར་འགྲོ་བ; གླུ་བོར་འགྲོ་བ;

216 Accomplice, *n.* ཁ་ཅིག; ཁན་སློམ་པ;

217 Accomplish, *v.a.* ལས་ཐར་བསྒྲུ་ལ་བ; གྲུབ་པ; མཐར་འདོན་པ;

218 Accomplished, *p. & a.* རྩལ་འབྱོངས་པོ; རྩལ་ལྡན;

219 Accomplishment, *n.* ཡོན་ཏན; རྩལ; དཔའ་རྩལ;

220 Accord, *n.* བློ་འདུན; འཆམ་པ; བློ་མཐུན;

221 Accordance, *n.* འཆམ་མཐུན; འཆམ་པ;

222 Accordant, *a.* ཚུལ་མཐུན;

223 According, *pr.* ཉང་ལྟར; བཞིན་དུ; དང་སྦྱར་ནས; བསྟུན་ནས;

224 Accordion, *s.* གླུ་སྐད་ཀྱི་རིགས་ཞིག; འབབ་བུ་སྒཾ་ཚང;

225 Accost, *v.a.* སྐད་ཆ་ལབ་པ; ཁ་ལབ་པ; ཕྱག་འཕུལ་བྱ་བ;

226 Accoucheur, *s.* བུད་མེད་བུ་ཆ་སྐྱེ་བའི་སྐབས་རམ་གླུ་བྱེད་མཁན་སྐྱེས་པ་ཡིན་ནེ་དེ་ལའོ;

227 Accouchement, *s.* སྐྱེ་ཉད;

228 Account, *n.* བརྩིས; ཐོ; ལོ་རྒྱུས;

229 Accountability, *n.* ཁག་ཐེན; འགན;

230 Accountable, *a.* ཁག་ཐེན་ཐོག་ཡོད་པ; འགན་ཐོག་པའི;

231 Accountant, *n.* བརྩིས་བཞག་མཁན; ཕྱག་མཛོད་པ;

232 Accoutre, *v.a.* འཁོར་གསུམ་སྒྲོན་པ; གོ་མཚོན་འཁོར་གསུམ་ལུས་ལ་གྱོན་པ;

233 Accoutrement, *s.* དམག་ཆས་འཁོར་གསུམ;

234 Accredit, *v.a.* བྱུན་འཚོལ་ནས་བྱིན་པ; གང་གི་ཚེད་བྱུན་འཚོལ་བར་བྱས་པ་བྱུན་གྱི་ཁིག་འཁྲུག་བྱས་པ;

235 Accretion, *n.* བསྐྱེད; ལུས་བསྐྱེད; ལང་ཚོ;

236 Accroach, *v.a.* དབང་ཡོད་ཀྱིས་ས་ཆ་སོགས་མཐའ་ནས་འཛབ་པ;

237 Accrue, *v.a.* འབྱུང་བ; འབབ་པ; བབ་པ; འཕེལ་བ; དཔེར་ན་དངུལ་བསྐྱེད་ལྟ; བསྐྱེད་ལྟར་འཁོར་བ;

238 Accumulate, *v.a.* བསགས་པ; བསོག་པ;

239 Accumulation, *n.* བསག་པའི་རྫས;

240 Accumulative, *a.* རང་བཞིན་གྱིས་བསོག་ཡོང་བའི་ཆོས་ཅན; (དཔེར་ན་རྡུལ་ལྟ) རང་བཞིན་གྱིས་འདུས་ཡོང་བའི;

241 Accuracy, *n.* ངེས་ཚུལ; ཚ་འཁོད་པ; གསལ་ཚུལ; {ལག་པ་ཚ་པོ་དཔེར་ན་རྫོ་འི་ མདའི་མེ་མདའ་སོར་ཚ་པོ་} རིག་པོ;

242 Accurate, *a.* ངེས་པོ; བདེན་ངེས་པོ; གསལ་པོ; ལག་པ་ཚོད་ཐིག་པོ; གདན་གདན;

243 Accurse, *v.a.* སྨུག་བསྨུལ་བ་ སྨུག་པོ་གཏང་བ;

244 Accursed, *p.* & *a.* (Sik: ཐོད་ནག) Tib. ངན་པ; དཔྲལ་གོག་ནག་པོ; ལས་ངན; དཔྲལ་གོག་སྨུག་པོ;

245 Accusable, *a.* ཉེས་པ་བརྫོད་དུ་འོས་པ; མི་ཁ་མ་ཐོག་ཉན་ཆེན;

246 Accusation, *n.* ཉེས་པ; མི་ཁ; ཁ་གཡོགས; སྐྱེད;

247 Accusative, *n.* བདག་པོའི་སྒྲ; དཔེར་ན; {ཀྱི་གྱི་འི་ཡི་གི; ལྡུའོ་}

248 Accusatory, *a.* ཁ་གཡོགས་ཅན་པ་བརྗོད་པའི;

249 Accuse, *v.a.* ཉེས་པ་བརྗོད་པ; སྐྱད་བཙུགས་པ;

250 Accused, *a.* ཉེས་པ་པོ; སྐྱད་ཀོག་ས;

251 Accuser, *n.* ཉེས་པ་བརྗོད་མཁན; སྐྱད་ཀོག་མཁན་ (Colql.).

252 Accustom, *v.a.* སྒྲིས་སུ་བཙུག་པ;

253 Accustomed, *p.& a.* གོམས་པ; འདྲིས་པ; གོམས་འདྲིས་ཡོད་པ;

254 Ace, *n.* ཤོག་བག་གི་འདེབས་ནས་རི་མོ་བཀྱང་པོ་ཨེ་ཀདེ་ལ་ཟེར;

255 Acerb, *a.* སྐྱུར་པོ་རྩུབ་དང་ལྡན་པོ;

256 Acerbity, *n.* རོ་སྐྱུར་བ; དྲག་རྩུབ; རྩིང་པོ;

257 Acescent, *a.* སྐྱུར་པོར་འགྱུར་བ;

258 Acetic, *a.* ཚུར་ལྷུར་སྐྱུར་པོ;

259 Acetification, *n.* སྐྱུར་པོ་བཟོ་བའི་ལས་ཀྱི་མིང;

260 Acetify, *v.a.* སྐྱུར་པོར་བཟོ་བ;

261 Acetose, *a.* རོ་སྐྱུར་རྩ་ངར་བ་ དཔེར་ན་ ཚུར་ལྷུ;

262 Acetosity, *s.* Ditto

263 Acetous, *a.* Ditto རོ་སྐྱུར་པོ;

264 Ache, *n.* ཟུག་གཟེར;

265 Achievable, *a.* གྲུབ་ནུས; འགྲུབ་དུ་ནུས་པ;

266 Achieve, *v.a.* གྲུབ་པ; བྱེད་པ; ལག་ལེན་གྲུབ་པ;

267 Achievement, *n.* བྱ་བ་མགོ་མཐོན; མཐར་ཕྱིན; གྲུབ་པ;

268 Achiever, *n.* གྲུབ་མཁན;

269 Aching, *n.* ཟུག་གཟེར; ཟུག་དུ;

270 Achromatic, *a.* མདོག་མེད་པ ; དཀྲག་མདོག་མེད་པ ;

271 Acid, *a.* སྐྱུར་པོ ;

272 Acidify, *s.a.* སྐྱུར་པོར་འགྱུར་བ ;

273 Acidity, *n.* བད་ཀན ;

274 Acidulate, *s.* སྐྱུར་པོ་ལ་བཅོས་པ ;

275 Acidulous, *a.* སྐྱུར་རྩ་ཅན ;

276 Acknowledge, *v.a.* འགྱོར་བར་ཁས་ལེན་པ ; འགྱོར་ཞེས་ལབ་པ ;

277 Acknowledging, *p.* & *a.* ཁས་ལེན་པ ;

278 Acknowledgment, *n.* འགྱོར་བ་ཁས་ལེན་པའི་ཚུལ ; འགྱོར་འཛིན ;

279 Acme, *n.* མཐོ་བོ་འི་གུང་

280 Acolyte. ཧྲོ་མན་གྱི་དགོན་པའི་ནང་གི་གཡོག་པོ་ཞིག ;

281 Aconite, *n.* གཙན་དུག ; སྨན་ཆེན ;

282 Acorn, *n.* སྤྲིང་ཀས་ཀྱི་འབྲས་བུ ; (Sik.) སོག་ཀས་ཆེ་བ་
དེ་ལའང་ཟེར ;

283 Acoustic, *a.* སྒྲ་ཡི་སྐོར ; སྒྲ་དབྱངས་ཀྱི་སྐོར ;

284 Acoustics, *s.* སྒྲ་ཡི་སྐོར་གྱི་རིག་གནས ; སྒྲའི་འབྱུང་གནས་འདྲ་པོ ;

285 Acquaint, *v.t.* ངོ་སྤྲོད་བྱ་བ ;

286 Acquainted, *p.* & *a.* ངོ་ཤེས་པ ; ངོ་རྒྱུས་ཡོད ; རྒྱུས་ཅན ; རྒྱུས་ཡོད ;

287 Acquaintance, *n.* ངོ་ཤེས ;

288 Acquiesce, *v.n.* དང་དུ་ལེན་པ ; མི་རྒོལ་བ ; ཁོ་ཐག་ཆོད་པ ;

289 Acquiescence, *n.* དང་ལེན ; ཁོ་ཐག་ཆོད་ཚུལ ; ཁོ་ཐག་ཆོད་ལུགས ;

290 Acquiescent, *a.* དང་ལེན་བྱེད་པ་ལྟའི ; དང་ལེན་བྱེད་པའི ;

291 Acquirable, *a.* བསྒྲུབ་དུ་ཡོད་པ ;

292 Acquire བསྒྲུབ་པ ;

293 Acquirement, *n.* སྒྲུབ་པར་བྱེད་པའི་རྫས;

294 Acquisition, *n.* སྒྲུབ་པར་བྱེད་པའི་ཐབས;

295 Acquisitiveness, *n.* རྒྱུ་འབབ་ཞིག་བསྒྲུབ་པའི་བློ་འདོད་ཁོ་ན;

296 Acquit, *v.t.* མཐར་བ; སྐྱོད་ནས་བཏངབ; བཀྲོལ་བ; གྲོལ་བ;
བུན་ཕྱེབས་པ;

297 Acquittal, *n.* བདེ་མོར་ཐར་ཚུལ; རྒྱལ་ཁ;

298 Acquittance, *n.* བུན་གྱི་ཁ་ནས་ཐར་ཚུལ; འབྱོར་མཛོན;

299 Acre, *n.* ཞིང་ཚད; ཡརྡ་ཛེ ༤༨༤༠ གྲུ་བཞིའི་ཚད;

300 Acred, *a.* ཨེ་ཀར་དུ་བགོས་ཟིན་པ;

301 Acrid, *a.* རོ་ཁ་པོ; རོ་བསྐ་བ; རྒྱུད་ཚིང་པ;

302 Acrimonious, *a.* རྩེ་ཉེ་པོ; གདམ་ཟུར་ཉོན་པོ;

303 Acrimony, *n.* གདམ་ཟུར་ཅན; གདམ་ཟུར་ཉེ་ཞིང་ངན་པ;

304 Acritude, *n.* རོ་ཚ་མོ;

305 Acrobat, *n.* མི་འཚོང་རྒྱུག་ལ་འབྱོངས་པ;

306 Across, *ad.* ཕྲེད; འཕྲེད་ལ;

307 Acrostic, *s.* ཀ་བརྩོམ་

308 Act, *v.a.* བྱས་པ; བྱེད་པ; (Hon. མཛད་པ;)

309 Act, *n.* བྱ་བ; ལས; བྱེད་ལས; (Hon. མཛད་པ་)

310 Acting, *a.* བརྫུ་མ; གཞན་ཞིག་གི་ཕྱུས་ཡིན་ཚུལ་སློངས་དེ་དེས་གང;
བྱས་བྱེད་པ; ལས་དོད; ལས་རོཊ;

311 Action, *n.* ལས; བྱ་བ; སྤྱོད་པ; (མཛད་པ་ Hon.)

312 Actionable, *a.* ཁྲིམས་ལུགས་ལྟར་ན་ཉོག་ཉན་ཅན; ཉེས་པ་ཟག་ཉེན་ཅན;

313 Active, *a.* ལས་ཏུར་པོ; ལས་རེམ་པོ; གྱུང་པོ;

314 Activeness, *n.* ཁྲུག་ལག་བདེ་ཚུལ;

315 Activity, *n.* ཁྲུག་ལག ;

316 Actor, *n.* བལྟས་མོ་བསྟོན་མཁན ;

317 Actress, *n.* སྐྱེས་དམན་ལྟས་མོ་བསྟོན་མཁན ;

318 Actual, *a.* ངོ་མ ; དངོས་གནས ; ངོ་བྲོག ; དངོས་སུ ;

319 Actuality, *n.* དངོས་མཛིན ; དངོས་གསུམ ;

320 Actuate. བཀྲུད་བསྐུལ་བ ;

321 Aculeate, *a.* རྩེའམ་མདུང་དང་ལྡན་པ ; ཚེར་མ་ཅན ;

322 Acumen, *n.* མིག་གི་དབང་པོ་རྣོ་བ་ མཐོང་སྣང་མགྱོགས་པོ ;

323 Acuminate, *v.a.* རྩེ་རྣོན་པོ་བཟོ་བ ; རྣོ་བདར་བ ;

324 Acute. སྤྲང་པོ ; བློ་རྣོ་པོ ; རྣོན་པོ ; ཕྲ་མོ ; བློ་གྲོས་ཅན ;

325 Acuteness, *s.* རྣོ་ཚུལ ; རྣོ་ངར ;

326 Adage, *n.* གཏམ ; ཁ་དཔེ ; གཏམ་དཔེ ;

327 Adagio, *s.* ལྷ་ཛའི་སྐབས་མདང་དབྱངས་ལྷོད་པོ་ཞིག་ལ་ཟེར ;

328 Adamant, *n.* ཕ་ལམ ;

329 Adamantine, *a.* ཕ་ལམ་ལྟ་བུ ;

330 Adapt, *v.a.* སྒྲིག་པ ; གང་མཚོསུ་སྒྲིག་པ ; འདྲིས་སུ་བཅུག་པ ;

331 Adaptability, *n.* སྒྲིག་བདེ་བའི་ཚུལ ; འཇུག་བདེ་ཡུལ ;

332 Adaptable, *a.* སྒྲིག་བདེ་མོ ;

333 Adaptation, *n.* སྒྲིག ; སྒྲིག་ཚུལ ;

334 Add, *v.a.*, *n.* བསྣན་པ ; སྡོམ་པ ; བྱིན་པ ; སྟེར་བ ; ཕུལ་བ ;

335 Adder, *n.* དུག་སྦྲུལ ;

336 Addict, *v.a.* ཡང་ཞོར་གཏང་བ ; (Collql.) སྐྱུག་ཡང་ཞོར་བ ;

337 Addicted, *p.* & *a.* བསྟེན་པ ; ཡང་ཞོར ; གོམས་པ ;
(S.) ཡང་ཞོར་ཚུད་པ ;

338 Addition, *n.* བསྣན་པའི་སྤོཾ་པའི་བརྩིས ; སྤེལ་བ ; ཁྱིན་པ ; ཁ་བསྣོན ;
ཁ་སྐོངས ; བསྣོན་པ ;

339 Additional, *n.* བསྣན་ཁ་རྒྱབས་པའི ; ཁ་སྐོང་བའི ;

340 Addle, *a.* རྙོག་པ ; སྙོང་རྙོག ; རྡུལ་བ ; རྙམ་པོ ;

341 Address, *n.* སྤྱོད་གནས་དང་མིང་སོགས་ཡི་གེའི་ཁར་རྒྱབ་པ་དེ ;
ཁྲུག་ལག་བདེ་ཚུལ ; སྨྲས་སྤངས ;
ཁ་གཞིས་སྐྱན་ཅིང་བདེ་ཚུལ ;

342 Address, *v.a.* ཞུ་བ་འབུལ་བ ;

343 Addresser, *s.* ཞུ་བ་པོ ;

344 Addresses, *s.* ཞུ་དོན ;

345 Adduce, *v.a.* ཡ་ལ་འཇུག་པ ; མདུན་དུ་འདྲར་བ ;

346 Adducible, *a.* ཡ་ལ་འཇུག་དུ་ཡོད་པ ;

347 Adduction, *n.* ཡ་ལ་འཇུག་ཐབས ;

348 Ademption, *s.* འཕྲོག་བཅོམ ;

349 Adept, *a.* གྲུབ་ཐོབ ; འཇོངས་པོ ; མཁས་པོ ;

350 Adequacy, *s.* དོན་ནམ་ལས་གང་རུང་ཞིག་ཕྱིར་དུ་རན་ཙམ་ཡོད་པ ;
རན་མཆོས ;

351 Adequate, *a.* རན་པོ ; སླམ་པོ ;

352 Adequateness, *s.* རན་པོའམ་སླམ་པོའི་ནྲཾ་གྲུར ;

353 Adhere, *v.i.* རང་སར་གནས་པ ; འབྱོར་བ ; or སྦྱར་བ ;

354 Adherent, *a.* & *n.* ཉེ་འཁོར ; འཁོར ; ཕྱོགས་འཛིན་པ ;

355 Adherence, *n.* ཉེ་ཚུལ ; འབྱར་རྒྱུ ; སྦྱར ;

356 Adhesion, *n.* འབྱར་ཚུལ ;

357 Adhesive, *a.* འབྱར་ཉེན་ཆེན་པོ ;

358 Adhesiveness, *n.* སྦྱར་དུ་ཡོད་པའི་ཚུལ;

359 Adieu, *ad.* འབྲལ་སྐབས་ཀྱི་ཁམས་བདེ་ཞུ་བ་དེ;

360 Adit, *n.* ཁཱ་ནི་སོགས་ཀྱི་ནང་ལ་ཞུཊ་ཕྱིར་སྒོ་རི་ལོགས་ནས་ཐད་ཁར་སྟོན་པ་ལ་ཟེར;

361 Adjacency, *n.* ཐག་ཉེ་བའི་ཚུལ;

362 Adjacent, *a.* མཐར་བདུགས; ཉེ་བར; ཉེ་འདབས;

363 Adjective, *n.* མིང་གི་རྣམ་གྲངས་ཀྱི་ནང་ནས་ཁྱད་ཆོས་ཀྱི་རྣཾ་གྲངས; བསྣན་པའི;

364 Adjoin, *v.a.* ཐག་ཉེ་བར་མཆིས་པ;

365 Adjourn, *v.a.* པར་འགྱངས་བྱེད་པ;

366 Adjournment, *n.* པར་འགྱངས;

367 Adjudge, *v.a.* ཁྲིམས་དཔྱད་ཐོག་ནས་ ཁྲམ་གཏང་བ; བཀའ་གནང་བ;

368 Adjudicate, *v.a.* ཁྲིམས་ལྟར་དཔྱད་ཁྲའི་ཁྲམ་བཏང་བ;

369 Adjudication. ཁྲིམས་ལྟར་དཔྱད་ཁ་གཏོང་རྒྱུ་དེ;

370 Adjunct, *a.* འགྲེལ་པ; ཁ་བསྣན; ཟུར་བདཊ;

371 Adjunction, *s.* འགྲེལ་པ;

372 Adjunctive, *ad.* འགྲེལ་པར་གྱུར་པ;

373 Adjuration, *s.* མནའ;

374 Adjure, *v.a.* མནའ་སྐྱེལ་ནས་དྲིཾ་སྐྲག་པ; དྲིཾ་བཅའ་བསྐུལ་བ;

375 Adjust, *v.a.* སྒྲོམས་པ;

376 Adjuster, *s.* སྒྲོམ་པ་པོ;

377 Adjustment, *n.* སྒྲོམ་རྒྱུ;

378 Adjutant, n. དམག་དཔོན་ཆེ་བའི་གཞིབ་རོགས་དམག་དཔོན་ཆུང་བའི་གོ་ས་ཞིག་གི་མིང;

379 Admeasurement, *n.* གཞལ་ཁུགས; འཇལ་བའི་ལས;

380 Administer, *v.a.* འདོན་སྐྱོང་སྤྱོལ་བའི་ལས་བགྱིད་པ;

381 Administrable, *a.* ཁ་ལོ་བསྒྱུར་དུ་ཡོད་པ;

382 Administration, *n.* འདོན་སྐྱོང་སྤྱོལ་ལས;

383 Administrator, *n.* འདོན་སྐྱོང་སྤྱོལ་ལས་བྱེད་མཁན;

384 Admirable, *a.* ངོ་མཚར་ཅན; ཁྱད་དུ་འཕགས་པ; སྨད་བྱུང;

385 Admiral, *n.* ས་འོག་དུ; ཁྲ་ནིའི་ནང་དུ་ཞུགས་པའི་ལམ; ས་དོང་ཐད་ཀར་ཡོད་པ;

386 Admiration, *s.* ངོ་མཚར་

387 Admire, *v.a.* ངོ་མཚར་བསྐྱེད་པ;

388 Admirer, *s.* ངོ་མཚར་བསྐྱེད་མཁན; སྙིང་གདུགས; སྙིང་གྲོགས་;

389 Admiringly, *ad.* ངོ་མཚར་བསྐྱེད་ཅིང;

390 Admissibility, *s.* གྲལ་དུ་བཙུག་འོས་པའི་ཡོན་ཏན་དང་ལྡན་པའི་ཚུལ;

391 Admissible, *a.* གྲལ་དུ་ཚུད་ནུས;

392 Admission, *n.* གྲལ་དུ་བཙུག་པའི་གནང; ནང་དུ་ཚུད་པ་ཉིད;

393 Admit, *v.a.* ནང་དུ་བཏང་བ; གྲལ་དུ་བཙུག་པ;

394 Admittance, *n.* གྲལ་དུ་ཞུགས་པའི་གནང;

395 Admix, *v.a.* སྣ་བསྲེ་བ;

396 Admonish, *v.a.* བསྐུལ་བ; སྐོག་གཏོ་བསླབ་པ; སློག་གཏོ་རྒྱབ་པ;

397 Admonisher, *s.* ཕན་གཏོ་བསླབ་མི; (Sik.) སྐོགས་རྒྱབ་མཁན;

398 Admonishment. (Sik.) སློང; ཕན་པའི་སླབ་བྱ; ཕན་གཏོ་བསྐུལ་བ;

399 Admonition, *n.* (Sik. སྐོགས;) བསྐུལ་མ; ཕན་པའི་སླབ་བྱ;

400 Admonitor, *s.* སྐོགས་རྒྱབས་མཁན;

401 Ado. འོ་རྒྱལ; འདུ་འཛོ;

402 Adolescence, *n.* བསྐྱེད་འཕར་བའི་ཚུལ;

403 Adolescent, *n.* ཁྱེའུ;

404 Adopt, *v.a.* རང་གིས་བླངས་པ;

405 Adoption, *n.* བླངས་པའི་གནད;

406 Adorable, *a.* ཁྱད་དུ་འཕགས་པ; ཕྱག་གི་འོས་སུ་གྱུར་པ;

407 Adoration. ལྷར་སྣང་གི་ངང་ནས་གུས་པའི་མཆོད་བསྟོད; མོས་གུས;

408 Adore, *v.a.* གུས་པས་བསྟོད་པ; མོས་པ;

409 Adorer, *n.* མོས་གུས་ཅན;

410 Adorn, *v.a.* བརྒྱན་པ; འགོད་པ; སྤྲོན་པ; སྤྲ་བ;

411 Adornment, *n.* བརྒྱན་ཆ;

412 Adrift, *ad.* ཆུའི་ཁར་གཡེངས་ཤིང་མཆིས་པ;

413 Adroit, *a.* མཁས་པོ; ཁྲུག་པོ; ཁྲུག་ལྷབས་བདེ་མོ;

414 Adroitness, *s.* ཁྲུག་ལྷབས;

415 Adulation, *n.* ངག་སྙན་པོའི་སྒོ་ནས་ཁོལ་པོས་ཇི་བཞིན་དུ་བསྟོད་ར་
བརྗོད་ཚེས་འདུག་སྐྱོ་པའི་བསྟོད་ར་ཤུད་ཤུད་
ཤ་མོ་དྲང་ནེ་རེ; (Bhut.)

416 Adulator, *n.* བསྟོད་ར་བརྗོད་མཁན;

417 Adulatory. བསྟོད་ར་ཤུགས་ཐལ་མ;

418 Adulatress, *n.* བུད་མེད་བསྟོད་ར་ཤུའ་ཐལ་དུ་བརྗོད་མཁན;

419 Adult, *a.* ན་ལོན;

420 Adulterate, *v.a.* རྒྱུ་ངན་དང་བསྲེས་རྒྱབ་པ; སླད་པ;

421 Adulterate, *a.* ཉིས་པ; བསྲེས་ཅན; སླད་ཅན; སྙིན་ཅན;

422 Adulterateness. བསླད་ཅན་ཡིན་པའི་ཆོས་ཅན; བསླད་ལྡན;

423 Adulteration, *n.* བསྲེས་རྒྱབ་པའི་ལས; སླད;

424 Adulterer, *n.* ཤར་པོ; སླད་མི; བསྲེ་མཁན; གཡེམ་པོ; ལོག་གཡེམ་པོ;

425 Adulteress, *n.* ཤར་མོ; བསྲི་མཁན་མོ; བུད་མེད་ཁྲོ་ཤུག་གི་དམ་ཚིག་འཁྲུལ་མི;

426 Adulterine, *a.* ལོག་སྦྱོར་ལས་འབྱུང་བ; ལོག་གཡེམ་ལས་བྱུང་བ;

427 Adulterous, *a.* དྃ་ཉེས; ལོག་གཡེམ་ལ་ཁ་ཞུར་ཞུར་པ;

428 Adultery, *n.* ཁྲིམས་པས་ཁྲོ་ཤུག་གི་དྃ་ཚིག་ལས་འགལ་བའི་ལས;

429 Adultness, *n.* ཕོ་ཚོད་ལོ་ན་ལོན་པའི་ཚུལ;

430 Advance, *n.* མདུན་དུ་འགྲོ་ཚུལ; གོ་གནས་སྤར་ཚུལ; སྔ་ཆ་སྟོན་ནས་བྱིན་པ་གང (སྟོན་བྱིན;)

431 Advance, *v.a.* མདུན་དུ་འགྲོ་བ; སྤར་བ; སྣང་བྱིན་པ; གཏངས་བྱིན་པ;

432 Advancement, *n.* གོ་ས་སྤར་བའི་ལས;

433 Advantage, *n.* ལྷབས་བདེ; བོགས; དོན; འཁྲེར་སོ; རྒྱལ་ཁ;

434 Advantage, *v.a.* རྒྱལ་ཁ་ཐོབ་པ; དོན་བཟང་གྲུབ་པ;

435 Advantageous, *a.* ལྷབས་བདེ་མོ; དོན་བཟང་པོ;

436 Advantageousness. ཕན་ཚུལ; ཕན་ཐོགས་ལུགས; སྟབས་བདེ;

437 Advent, *n.* འབྱོན་པ; ཕེབས་པ; འབྱོན་སྐབས;

438 Adventitious, *a.* ལྷེས་དབང་གི་བྱུང་བའི་ལས; དབེན་བླ་མཚུངས་མེད; དབང་བླ་མཚུངས་མེད; ཕྱི་ནས་ཡོང་མི; ཕྱི་རོལ་ལས་བྱུང་བ; gram. adventitious particles ཕྲད་རང་དབང་ཅན as opposed to ཕྲད་རྣམ་དབྱེ་ཅན;

439 Adventure, *n.v.* ཡས་ཡུད་ཀྱི་ལས; ཡས་ཡུད;

440 Adventurer, *n.* ཡས་ལུད་ལ་བརྩེ་བ་པོ;

441 Adventurous, *a.* ཡས་ཡུད་ལ་བརྩེ་ནུས་མཁན;

442 Adverb, *n.* བྱས་ལས་ཀྱི་ཡོན་བརྗོད་པའི་ཚིག; (gram. དེ་ཉིད་དང་ཚེ་སྐབས་ཀྱི་རྣམ་དབྱེ);

443 Adversary, *a.* དགྲ; ཕ་རོལ་པོ;

444 Adverse, *a.* དགྲ་ཕྱོགས; ཕར་ཕྱོགས;

445 Adversity, *n.* སྐག་ངན; རྒུད་པའི་ཚུལ; ངར་གྱུད;

446 Advert, *v.n.* རྣ་བ་གཏད་དེ་ཉན་པ; ལྟོས་པ; རིག་པ་སྒྲིམ་པ;

447 Advertence, *n.* མནོ་བསམ; སྤྱང་རིག;

448 Advertise, *v.a.* སྒྲ་སྒྲོག་པ; ཀུན་སྒྲོག་པ;

449 Advertisement, *n.* འཚོང་ཟོག་གི་ཡོན་ཏན་སྒྲོགས་པའི་ལས;

450 Advertiser, *n.* འཚོང་ཟོག་གི་ཡོན་ཏན་བརྗོད་མི;

451 Advice, *n.* སྐོགས་གཏམ; ཁ་ཏ; གདམས་པ; བསླབ་བྱ; འདུན་མ;
བཀའ་གདམས; གྲོས; མན་ངག;

452 Advisable, *a.* ཁ་ཏ་བྱ་འོས་པ; གྲོས་སུ་མཆིས་པ; གྲོས་འདེབས་འོས་པ;

453 Advisableness, *n.* གདམས་འོས་ཀྱི་ཆོས་ཅན;

454 Advise, *v.a.* གྲོས་བཏབ་པ; བསླབ་བྱ་འདེབས་པ;

455 Adviser, *n.* གྲོས་བསླབ་མི;

456 Advocacy, *n.* སྐྱེལ་མ; གྲོགས་རམ; རྒྱབ་བསྟན;

457 Advocate, *n.* བར་ནས་སྐྱེལ་མ་བྱེད་དེ་ཞུ་བ་པོ;

458 Advocate, *v.a.* ཞུ་བ་པོའི་ཚུལ་དུ་སྙན་ཞུ་སྒྲོན་པ;

459 Adz, Adze. ཟྲ་ད་མ; གཟེ་བོའི་ལག་ཆ;

460 Aera, Era, *n.* འདས་ལོ;

461 Aerial, *a.* བར་སྣང་གི;

462 Aeric, *n.* ཁྲུང་ཚང;

463 Aerolite, *n.* གནཾ་རྡོ;

464 Aerometer, *s.* རླུང་གི་ཡང་ལྕི་གཞལ་བའི་ལག་ཆ;

465 Aeronaut, *s.* — རླུང་ལ་ལྡིང་མཁན ; བར་སྣང་ལ་ལྡིང་བའི་ཁྲུལ་འཁོར་གཏང་མཁན ;

466 Aesthetic, *a.* — དངས་ཁར་འགྲོ་བར་སྤྱོད་པའི་ཆོས ; ཡིད་དུ་འོང་བར་སྤྱོད་པའི་ཆོས ; སྣང་བ་སྐྱིད་པོར་སྤྱོད་པའི་ཆོས ;

467 Afar, *ad.* — ཐག་རིངས ;

468 Affability, *n.* — ཁ་སང་སྙིང་སང་དུ་ཡོད་པའི་ཚུལ ;

469 Affable, *a.* — སྤྱོད་ལཾ་མཛེས་པོ ; སྤྱོད་ལཾ་མཐུན་པོ ;

470 Affair, *n.* — དོན ; ལས ; བྱ་བ ; གཏཾ་དོན ;

471 Affect, *v.a.* — བཅོས་པ ; ཉེན་པ ; གནོད་པ ; བརྫུ་བ ;

472 Affectation, *n.* — ཡིན་ཁུལ་བྱེད་པའི་ལས ;

473 Affected, *p.* & *a.* — བསྒྱུར་བ ; སེཾས་འབྲེལ་བྱུང་བ ; བརྫུས་མ ; ངོ་ལྐོག་ཅན ;

474 Affectedly, *ad.* — བརྫུ་བྱེད་དེ ; ཡིན་ལྡོག་ཁ་པོ་བྱེད་དེ ;

475 Affection, *n.* — ཤ་ཚ ; བརྩེ་གདུང ; བྱཾས་སེཾས ;

476 Affectionate. — ཤ་ཚ་ཅན ;

477 Affiance, *n.* — གཉེན་བདགས་ཀྱི་གྲོས ;

478 Affidavit, *n.* — ཐེ་གཟ ; གཟ་རྒྱ ; or གཏན་རྒྱ ; ཐེ ;

479 Affiliate, *st.* — བུ་གྲལ་བཙུག་པ ; གྲལ་དུ་བཙུག་པ ;

480 Affiliation, *s.* — གྲལ་འཛུག་པའི་ལས ;

481 Affinity, *n.* — ཉེ་ཚུལ ; བསྒྲེ་བུའི་ཉམས་པ ;

482 Affirm, *v.a.* — བདེན་ངེས་པར་བརྗོད་པ ;

483 Affirmation, *n.* — ངེས་པར་བརྗོད་པའི་ལས ;

484 Affirmative, *a.* — ཧུང་ངོ ; ཡོང་ངོ ; ལྷུབ་པོ ; ཡིན་ནོ ; ཞེས་གང་ཧུང་ཁས་ལེན་པའི་ཚིག་ལྟ་བུ་འོ ;

485 Affix, *n.* — རྗེས་འཛུག ;

486 Affix, *v.a.* རྗེས་སུ་འཇུག་པ; བཏགས་པ; འབྲལ་པ;

487 Afflation, *s.* ཕུ་འདེབས་པའི་ལས; ཕུས་བརྒྱངས་པའི་ལས;

488 Afflict, *v.a. v.* སྡུག་གཏང་བ;

489 Afflicted, *a.* སྡུག་ཐོག་ནས་ཡོད་པ;

490 Afflictor, *s.* སྡུག་བཏང་མཁན;

491 Affliction, *s.* སྡུག་བསྔལ;

492 Afflictive. སྡུག་བསྔལ་གྱི་རྒྱུར་གྱུར་པ;

493 Affluence, *n.* སྐྱི་རྒྱལ; ཕྱུག་པ; ནོར་ལྡན;

494 Affluent, *a.* ཕྱུག་པོ; རྒྱས་པ; Ditto རྒྱུག་ཆུ་ཆུང་བ་ཆེ་བའི་ནང་
ལ་གང་འབབ་པ;

495 Afford, *v.a.* སྤེར་བ; སྦྱིན་པ; འབྲོན་པ;

496 Affray, *n.* སྤྲི་འཐབ; འཐབ་འཁྲུག;

497 Affright, *n.* འཇིགས་རི་བཀོད་པའི་ལས; (Collql.)

498 Affright, *v.a.* འཇིགས་རི་བཀོད་པ; སྤྲ་ཀོང་བ; འགོང་བ;

499 Affront, *n.* བརྙས་བཅོས; ངན་ཤགས་ཀྱིས་འཐབ་པ;

500 Affront, *v.a.* བརྙད་བདགས་འཚོལ་བ; (Sik.)

501 Affusion, *n.* འབབ་པ; གཟར་ཕབ;

502 Afire, *ad.* མེ་འབར་ཞིང་ཡོད་པ;

503 Afloat, *ad.* ལྡིང་ཞིང་གནས་པ;

504 Afoot, *ad.* རྐང་ཐང;

505 Aforesaid, *ad.* གོང་དུ་བཤད་པ;

506 Afraid, *a.* འཇིགས་པ; སྐྲག་པ; དངངས་པ;

507 Afresh, *ad.* གསར་དུ;

508 Aft, *ad.* གྲུ་ཟིང་མཇུག་ངོགས་སུ;

509 After, *pr.* སླད་ནས; རྒྱབ་མ; རྗེས་ནས; ཕྱིས་ནས; རྟིང་ནས;

510 After all. མཐར; མཐའ་མའི་མཐའ་མར;

511 Afterages, *s.* དུས་ཕྱི་མར;

512 Afterdamp, *s.* རྡོ་སོལ་ཁྲ་ནའི་ནང་ལ་དུག་རླུང་སྒྲོག་འཛོཾས་ནུས་པ་ཞིག་ཡོང་བ་དེ་ལ་ཟེར;

513 Afterdays, *s.* ཕྱིས་དུས་སུ; རྗེས་སུ; རྟིང་སོར;

514 Afterlife. ཚེ་ཕྱི་མ;

515 Afternoon, *n.* ཉིན་ཁ་ཡོལ་བའི་དུས; ཉིན་ཕྱེད་ཁ་ཡོལ; ཕྱེད་ཡོལ;

516 Afterpiece, *s.* ཉཾ་ཐར་གྱི་རྗེས་སུ་གཏོད་བྲོ་པའི་བལྟས་མོ་སྟོན་པ;

517 Afterthought, *n.* ཕྱིས་ཀྱི་བསམ་བློ;

518 Afterward, *ad.* རྟིང་དུ; རྗེས; ཕྱིན་ཆད; སླར;

519 Again, *ad.* ཡང་ནས་ཡང་དུ; ཡང་བཀྱར; སླར;

520 Against, *p.* ཐང་ཡ་རུ; གདོང་དུ; ཐང་སྤྲད་དུ; ཁ་སྤྲོད་དུ;

521 Agape, *ad.* ཁ་གདང་སྟེ; ཁ་དང་ངེ་བ;

522 Agate, *n.* གཡང་ཀྲི; མ་ནེ་ཧྲོ;

523 Age, *n.* ན་སོ; ལོ་ན; རྒ་བ;

524 Aged, *a.* རྒད་པོ; རྒན་པོ; (Resp. སྐུ་འགྲེས; འགྲེས་པོ་)

525 Agency, *n.* ཚབས;

526 Agent, *n.* སྐུ་ཚབ; ངོ་ཚབ;

527 Agglomerate, *v.a.* གོང་དོག་སྒྲིལ་བ; རིལ་བུར་དྲིལ་བ;

528 Agglomeration, *s.* གོང་རིལ;

529 Agglutinant, *s.v.* སྦྱོར་རྩི;

530 Agglutinate, *v.n.* སྦྱར་བྱེད;

531 Aggrandize, *v.* རྒྱས་པར་སྒྲིལ་བ;

532 Aggrandizement. དར་རྒྱས;

533 Aggravate, *v.a.* སྡུག་བསྔལ་བསྣན་བཞིན་བཀོད་པ; ཟུག་རྔུའི་ཐོག་ཟུག་རྔུ་བསྣན་པ;

534 Aggravation, *v.* ཟུག་རྔུ་བསྣན་པའི་ལས;

535 Aggregate, *n.* ཡོཾ་སྡོཾ; ཡར་མཐུད་མར་བསྡོམ;

536 Aggregate, *v.a.* གཅིག་ཏུ་སྡོཾ་པ;

537 Aggregation, *n.* གཅིག་ཏུ་སྡོཾ་པའི་ལས;

538 Aggress, *v.a.* འཐབ་མོའི་མགོ་འཛུགས་པ;

539 Aggression, *n.* བརྙེད་འདོགས;

540 Aggressive. བརྙེད་སློང་མཁན་གྱི; བཀྲོལ་བའི;

541 Aggrieve, *v.a.* སྡུག་བཏང་བ;

542 Aghast, *a.* དངངས་ཤིང་སྐྲག་སྟེ་ཅིཾ་མེར་ལུས་པ;

543 Agile. ཁྲུག་ལག་བདེ་པོ;

544 Agility, *n.* ཁྲུག་ལྷུབས;

545 Agitable, *a.* འགུལ་ནུས;

546 Agitate, *v.a.* འགུལ་བ; བསྐྱོད་པ;

547 Agitation, *n.* འགུལ་བའི་ལས;

548 Agitative, *a.* འགུལ་བྱའི་ནུས་པ་དང་ལྡན་པ;

549 Agitator, *n.* འགུལ་མཁན;

550 Agnate, *a.* ཕ་མཚན་ནས་ཉེ་བ;

551 Ago, *ad.* འདས་པ; སྔོན་སོང; སྔ་རོལ་ན;

552 Agog, *ad.* སེམས་གཉན་ཆེ་དྲགས་པའི་གནས་ཚུལ; འདོད་དོན་ཞིག་གི་ཐོག་ལ་ཤིན་ཏུ་ཧུར་བརྩོན་ཆེ་བ;

553 Agoing, *ad.* འགྲོ་ཞིང་ཡོད་པ; རྒྱུ་ཞིང་ཡོད་པ; འགྲུ་བཞིན་པ;

554 Agonize, *v.a.* ཟུག་རྡུ་ཚབ་ཆེན་སྐྱོང་བ;

555 Agony, *n.* བཟོད་གླག་མེད་པའི་ཟུག་རྡུ;

556 Agrarian, *a.* ས་བགོ་བ་ཤའ་འདྲ་འདྲ་བགྱིད་པའི་སྐོར;

557 Agree, *v.a.* & *n.* ཙུང་ཞིས་ཁས་ལེན་པ; གཙོ་མཐུན་པ; ཁ་འཆིཾ་པ;
མཐུན་པ; བློ་སྣ་མཐུན་པ;

558 Agreeable, *a.* བློ་དང་ལྡན་པ; བློ་ལྡན; ཡིད་མཐུན;

559 Agreeably, *ad.* བློ་དང་ལྡན་པོ་བྱེད་དེ;

560 Agreed, *ad.* ཁ་འཆིཾ་པོ་བྱེད་དེ; ཁ་འཆམས་ཏེ;

561 Agreement, *n.* མདུན་མ; འཆིང་སྒྲིག; ནང་བསྟུན;

562 Agricultural, *a.* སོ་ནཾ་པའི་སྐོར; ཞིང་ལས་ཀྱི་སྐོར;

563 Agriculture, *n.* སོ་ནམ; (ཞིང་ལས་)

564 Agriculturist, *n.* སོ་ནཾ་པ; ཞིང་པ;

565 Aground, *ad.* ས་ཐོག;

566 Ague, *n.* བདར་རེ; གྲང་ཤུཾ;

567 Ague fit, *s.* བདར་བའི་ནད; གྲང་ཤུམ;

568 Aguish, *a.* གྲང་ཤུཾ་ཤིག་ཤིག;

569 Ah, *i.* ཨེ་མ; ཀྱེ་མ; ཀྱེ་ཧུད;

570 Aha, *i.* ཀྱེ; ཀྱི; ཀ་ཡེ; ཀྱེ་ཧོ;

571 Ahead, *ad.* སྔོན་དུ; མདུན་དུ;

572 Ahem, *i.* (ཨེ་ཧེམ) གློ་གསལ་བའི་སྒྲ;

573 Aid, *v.a.* གྲོགས་རམ་བྱེད་པ;

574 Aid, *n.* གྲོགས་རཾ; མཐུན་རྐྱེན; ར་མདའ;

575 Aide-de-camp, *n.* མདའ་དཔོན་དང་རྒྱལ་པོའི་ནང་ལ་གཟིམ་དཔོན་ལྟའི་
གོ་ས་འཛིན་མི་ལ་ཟེར;

576 Aider, *s.* གྲོགས་རིཾ་བྱེད་མཁན;

577 Aidless, *a.* གྲོགས་མེད;

578 Aigrette, *s.* ཆུ་བྱ་མགོ་ལ་ཡོད་དཀར་མོ་བྱ་བཞིག་ལ་ཟེར;

579 Ail, *v.a.* བདེ་མིན་དུ་གྱུར་པ;

580 Ailing, *a.* བདེ་མིན་དུ་གྱུར་པ;

581 Ailment, *n.* ན་ཚ; མི་བདེ་བའི་ཚུལ;

582 Aim, *v.a.* ཚ་གཟེར་བ; ཚ་དཔག་པ; ཚ་སྟེག་པ;

583 Aim, *n.* ཚ; སྙན; མཐར་ཐུག་གི་འབྲས་བུ;

584 Aimer, (*s.*) ཚ་གཟེར་མཁན;

585 Aimless. དོན་མེད; བསྐྱལ་ཁྲང་མེད་པའི; གཏད་སོ་མེད་པའི;

586 Air, *v.a.* རླུང་ལ་བཀྲི་པ;

587 Air-balloon, *n.* རླུང་གིས་བརྒྱངས་པའི་འཁྲུལ་འཁོར;

588 Air-cushions. གདན; རླུང་གིས་རྒྱངས་བའི་གདན;

589 Air-gun, *n.* རླུང་མདའ;

590 Air-hole. རླུང་འཐོན་པའི་བུ་ག; ཨི་ཁྲང; རླུང་བུག;

591 Airily, *ad.* རླུང་སེར་སེར་བྱེད་དེ;

592 Airiness, *s.* རླུང་སེར་སེར་ཡིན་པའི་ཚུལ;

593 Airing, *n.* རླུང་ལ་བདུག་པའི་ལས; {འཚི་འཚི; སྤྲང་སང}

594 Airless, *a.* རླུང་མེད;

595 Airpump, *n.* རླུང་ཕྱིར་བཏོན་པའི་ལག་ཆ;

596 Air-tight, *a.* རླུང་ཐུབ; རླུང་མི་ཞོར་བ;

597 Airy, *a.* རླུང་སིར་སིར;

598 Airy, *n.* (Aerie) *n.* ཁྲུང་ཚང;

599 Aisle, *n.* ཁང་པའི་གཞོག་པ་བདགས་པ་གང་ཡིན་པ་ལ་ཟེར;

600 Ajar, *ad.* ཁ་དང་ངེ; དཔེར་ན་སྒོ་ཧ་དང་ངེ་ཡོད་པ་ལྟ་བུའོ ;

601 Akimbo, *a.* སྐེད་གཟེར; ལག་པའི་གྲུ་མོ་ཕྱིར་སྟོན་སྟེ་ལག་པ་སྐེད་པ་ལ་བཙུག་ནས་གནས་པ་ལ་ཟེར ;

602 Akin, *a.* ཉེ་བ ;

603 Alabaster *n.* རྡོའི་རིགས་ཞིག; རྡོ་ཐལ་ཚེར་དཀར་པོ་བྲུམ་པ་ཞིག་སྐབས་སུ་དམར་སེར་ཀྱང་ཡོང ;

604 Alack, *i.* ཀྱེ་ཧུད;

605 Alacrity, *n.* ཧུར་བསྐྱེད;

606 Al-la-mode, *ad.* ལུགས་སྲོལ་དང་མཐུན་པའི ;

607 Alarm, *v.n.* ཀྱེན་ངན་བྱུང་བའི་བརྡའ་བྱ་བ་ལས་ཀ་དེ;

608 Alarm, *v.a.* བྱ་བརྡོང་བྱེད་པ ;

609 Alarm bell, *s.* བརྡའ་འི་བྱ་བཀྲོལ་བའི་དྲིལ་བུ ;

610 Alarm-post, *s.* དགྲའི་ འཇིགས་ པ་ བྱུང་ སྐབས་ དམག་ མི་ ཉུས་ ཚོགས་ པའི་ས ;

611 Alarm clock, *s.* དུས་དུས་སུ་སྒྲ་སྒྲིན་པའི་ཆུ་ཚོད་འཁོར་ལོ;

612 Alarmist, *s.* རང་འདོད་ཀྱིས་ཀུན་ལ་འཇིགས་སྐྲག་བཀོད་པ་པོ;

613 Alas, *i.* ཀྱེ་ཧུད; ཨེ་མ་ང;

614 Albatross, *s.* ཆུ་བྱ་དཀར་པོའི་རིགས་ཆེ་བ་ཞིག་གོ; ཁྲུང་ཁྲུང་དཀར་མོ ;

615 Albeit, *ad.* ཡིན་ནའང ;

616 Albino, *s.* མི་ཤ་ཤིན་དུ་དཀར་ཞིང་སྐྲ་དང་མིག་སྤུ་ཉི་ཀྱང་དཀར་བ་ལ་མིག་རྩ་དམར་བ་གང་ཡིན་པ་དག་ལ་ཟེར་རོ ; ཐལ་སྐད་དུ་བྲམ་ཟེ་ཟེར་བ་དག ;

617 Albion, *s.* སྦྲར་སྦྲ་མོར་ཨིང་ལྐྱིན་གྱི་མིང་ཞིག་གོ ;

618 Albugo, *s.* མིག་ལ་དར་ཁ་སྐྱེས་པའི་མིག་ནད ;

619 Album, *n.* འདྲ་པར་བཞག་སའི་གླེག་བཾ་ལ་ཟེར་རོ;
{དཱ་སྦིར་ཀི་དབ; Hindi.}

620 Albumen, *s.* སྒོ་ངའི་དཀར་ཆའི་གནས་པའི་རྒྱུ་རེའོ;

621 Alchemist, *s.* གསེར་འགྱུར་གྱི་རྩི་སྒྲུབ་མཁན་དང་འཆི་མེད་ཀྱི་བདུད་རྩི་བསྒྲུབ་མཁན་རྣམས་ལ་ཟེར;

622 Alchemy, *n.* གསེར་སྒྱུར་གྱི་རྩིའི་སྒྲུབ་ཐབས;

623 Alcohol, *n.* ཆང་གི་བཟི་བྱེད་ཀྱི་ནུས་པ་ལྡན་པའི་དང་མ་དེ་ལ་ཟེར;

624 Alcoran, *n.* ཁྲི་པ་མུ་སོལ་མན་གྱི་བསྟན་བཅོས་དེ་ལ་ཟེར;

625 Alcove. གཟིམ་ཚུང;

626 Alderman, *n.* རྒན་པོ; མགོ་པ; འགོ་པ; གོང་འདུས;

627 Ale, *n.* འབྲུ་ཆང; ནས་ཆང; དཀར་ཆང་བསྐ་མོ;

628 Ale berry, *s.* ཆང་དང་སྨན་སྣ་དང་ཁ་ར་བསྲེས་ནས་བསྐོལ་བའི་བཏུང་བའི་བྱེ་བྲག;

629 Ale-house keeper, *s.* ཆང་ཁང་བདག་པོ;

630 Ale silver, *s.* སྔོན་དུས་སུ་ཆང་ཁྲལ་གྱི་དངུལ་དེ་ལ་ཟེར;

631 Ale stake, *s.* ཆང་ཁང་གི་བརྟགས་ཀྱི་ཀ་བ་དེ་ལ་ཟེར; ཆང་ཁང་གི་སྒོའི་ཤིང་བྱང;

632 Alee, *ad.* གྲུ་ཟིང་རླུང་ཕྱོགས་ལས་ཟློག་ཕྱེ་གནས་པ་ལ་ཟེར;

633 Alembic, *n.* ཨ་རག་འཚག་སྟོན་བྱས་རྒྱུའི་སྣོད་ཆས་ཞིག;

634 Alert, *a.* རིག་པ་གྲིམ་པོར་མཆིས་པ;

635 Alertness, *n.* རིག་པ་གྲིམ་པོར་གནས་པའི་ཚུལ་དེ་ཉིད; སྤྱང་རིག;

636 Algebra, *n.* བརྩིས་ཀྱི་ནང་ནས་གྲངས་ཀྱི་ཚབས་སུ་ཡིག་བཀོད་ཅིང་བརྩི་བ་དེ་ལ་ཟེར;

637 Alias, *ad.* མིང་གཞན་མ;

638 Alibi, *n.* གནས་གཞན་དུ་མཆིས་པའི་ཚུལ་དེ་ཉིད;

639 **Alien.** ཡུལ་མི་རིགས་གཞན་མ ;

640 **Alienability,** *s.* གཞན་དུ་དབྱེ་རྒྱུ་ཡོད་པ་གང་ཡིན་པ ;

641 **Alienable,** *a.* གཞན་དུ་དབྱེ་ཐུབ་པ ;

642 **Alienate,** *v.a.* གཞན་དུ་དབྱེ་བ ;

643 **Alienation,** *n.* གཞན་དུ་དབྱེ་བར་བྱ་བའི་ལས་དེ་ཉིད ; དབྱེ་བྱེད ;
དབྱེ་བའི་ལས ;

644 **Alight,** *v.n.* བབས་པ ; དཔེར་ན་རྟ་ལས་བབ་ལྷུ་ལ་ཟེར ;

645 **Align,** *v.a.* གྲལ་སྒྲིག་པ ;

646 **Alike,** *a.* འདྲ་བ ; དེའི་ནང་ལྟར ; དེ་བཞིན་དུ ;

647 **Aliment,** *n.* འཚོ་བ ; འཚོ་བྱེད་ཀྱི་ཟས ;

648 **Alimental,** *a.* འཚོ་བྱེད ; འཚོ་བྱེད་ཀྱིས་ནུས་ལྡན ;

649 **Alimentary,** *a.* འཚོ་བ་དང་འཚོ་བྱེད་ཀྱི་སྐོར ;

650 **Alimentation,** *s.* འཚོ་བས་གསོས་ནས་མཆིས་པའི་ཚུལ་དེ་ཉིད ;

651 **Alimony,** *n.* གཙན་བདགས་ཀྱི་སྐྱེ་དམན་ལ་བྲལ་རྗེས་ཀྱི་ཟས་འགྲོ་འམ་
རྒྱུ་ཡི་ཐོབ་སྐལ ;

652 **Alive,** *a.* གསོན་པོ ;

653 **Alkali,** *n.* ཐལ་ཁྲ ; ཐལ་བ ; གོ་ཐལ ;

654 **Alkaline,** *a.* ཐལ་ཁྲའི་ནུས་པ་ཅན ;

655 **All.** ཐམས་ཅད ;

656 **Allary,** *v.a.* ཟུག་ཛུ་ཚུང་དུ་གཏང་བ ;

657 **Allegation,** *n.* གཏཾ་བརྗོད་བྱ ; གཏཾ ; ཚིག་ཙོ ; ཨ་ལ ;

658 **Allege,** *v.a.* བརྗོད་པ ; ཡིན་ངེས་ཞེས་སྨྲ་བ ; ཁ་འདྲྭ་པ ;

659 **Allegeable,** *a.* བརྗོད་དུ་རུང་བ ;

660 **Allegiance.** འབང་ནས་རྗེ་ལ་རེ་བའི་བཀའ་ཁྲར་དྭངས་བླངས ;

661 **Allegoric,** *a.* བརྡའ་ཡིས་མཚོན་པའི་དཔེ་ལྟ་བུ ;

662 Allegory, *n.* བརྡའ; སྙན་ངག་གི་དཔེ;

663 Allegro, *s.* སྒྲིའ་ནང་ན་མགྱོགས་ཅིང་དྲུར་བའི་སྒྲ་ལ་ཟེར;

664 Alleviate, *v.a,* ཆུང་དུ་གཏང་བ; འཛིཾ་པོར་གཏང་བ;

665 Alleviation, *n.* ཟུག་རྡུ་ཆུང་དུ་བཏང་བའི་ལས;

666 Alley, *n.* འདྲུཾ་རའི་དཀྱིལ་སེབ་ལམ;

667 All fours, *s.* ཀྲང་ལག་བཞི་ཀ;

668 Alliance, *n.* གཉེན་བདགས; མདུན་མ;

669 Allied, *a.* འཆིང་སྒྲིག་གིས་འབྲེལ་ཟིན་པ;

670 Allies, *s.* དམུང་གྲོགས་སུ་ཕན་པའི་རྒྱལ་ཁག་ཕན་ཚུན;

671 Alligation, *s.* བཀའ་ཁྲར་དྭངས་གླངས་འབབ་ཀྱི་རྫི་ལ་རེ་བ་དེ;
བརྡའ་ཡིས་མཚོན་པའི་དཔེ་ལྷ་བུ;

672 Alligator, *n.* ཆུ་ནང་གི་སེམས་ཅན་གྲུ་རི་ཡག་ཟེར་བ་དེའོ;

673 Alliteration, *n.* ཡིག་གཅིག་པོ་དེ་ཀ་ཡང་ཡང་འདོན་པ;

674 Allocation, *n.* འཛོག་བྲ; སྤྲོད་ས་ཅིག་ཁར་བཞག་པ;

675 Allocution, *n.* ཞུ་བ; ཞུ་དོན;

676 Allodial, *a.* སྲུ་ཡི་ དབང་དུ་ འང་ མ་སོང་ བར་ རང་ དབང་ རང་ ཚད་
ཡོད་པ;

677 Allopathy. རྫས་ཀྱི་སྨོ་ནས་སྨན་སྦྱོར;

678 Allot. བགོ་བཤའ་སྦྱིན་པ;

679 Allotment, *n.* གནང་ཆ; བགོ་བཤའ;

680 Allow, *v.a.* བྱིན་པ; སྤྱིར་བ; འཇུག་པ;

681 Allowable, *a.* བྱིན་རུང་བ; སྤྱིར་དུ་རུང་བ;

682 Allowance, *n.* ཡང་ཆག; ཕོགས; སྤྱོང་བྱེད་ཀྱི་ཕོཊ;

683 Allowance, *v.a.* ཕོགས་སྤྲེར་བ; ཟས་ཚད་དུ་ཕབ་པ;

684 **Alloy**, *n.* རིན་པོ་ཆེའི་རིགས་བཟང་བ་ཞིག་ཞན་པའི་བསྲེས་རྒྱབ་པ;

685 **Allspice**, *s.* སྨན་སྣ ;

686 **Allude**, *v.a.* ཆ་དཔག་སྟེ་ལབ་པ ; ཟུར་དཔག་པ ; ལོ་རྒྱུས་འདྲེན་པ ;

687 **Allure**, *v.a.* བསླུ་བ ; མགོ་སྐོར་བཏང་བ ;

688 **Allurement**, *n.* བསླུ་ཁྲིད ;

689 **Alluring**, *a.* བསླུ་བྱེད;

690 **Allusion**, *n.* སྐད་ཆ་ཟུར་དཔག་པ ;

691 **Allusive**, *a.* ཟུར་དཔག་པ ;

692 **Alluvial**, *a.* ཆུའི་འགྲོད་ལཾ་གྱིས་འཚོས་པ ;

693 **Alluvian**, *n.* ཆུ་ཡིས་འཁུར་ནས་སྐྱུང་ཡོད་པའི་བྱེ་མ ;

694 **All wise**, *a.* ཀུན་མཁྱེན;

695 **Ally**, *n.* དཔུང་གྲོགས ;

696 **Ally**, *v.a.* དཔུང་གྲོགས་བྱེད་པ ;

697 **Almanac**, *n.* ལེཙུ་ཐོ ;

698 **Almighty**, *a.* མཐུ་སྟོབ་ཀྱི་བདག་ཉིད ; སྟོབས་ཐམས་ཅད་དང་ལྡན་པ ;

699 **Almond**, *n.* ཁཾ་ཟད ; ཁཾ་བུའི་ནང་ཟད ;

700 **Almoner**, *n.* སྦྱིན་པ་བྱིན་མཁན་གྱི་ལས་སྣེ ;

701 **Almost**, *ad.* དོག་ཚོད་མན་པ ; དེཙུ་རང ; ཕལ་ཆེར ;

702 **Alms**, *n.* སྦྱིན་པ ;

703 **Aloe**, *n.* ཀ་ཀུལ ;

704 **Aloft**, *ad.* མཐྲོ་ཡོར་རེ ; མཐྲོ་སར ;

705 **Alone**, *a.* & *ad.* གཅིག་པོར ;

706 **Along**, *ad.* མཉི་པོར ; ནར་མར ;

707 **Aloof**, *ad.* མཇུངས་དེ་ཁ་ལ ; (འཇུངས་སུ་འཁྲིག་སྟེ Sik.)

708 Aloud, *ad.* སྐད་ཆེན་པོ་བྱེད་དེ;

709 Alpaca, *n.* བལ་འཇཾ་པོའི་རིགས་ཞིག; ཁ་ཆེའི་ར་བལ་འཇམ་པོའི་ཟོང;

710 Alphabet. ཀ་ཁ;

711 Already, *ad.* ད་ལྟ་ནས;

712 Also, *ad.* ཡང;

713 Altar, *n.* མཆོད་བཤམ;

714 Alter, *v.a.* བསྒྱུར་བ; བསྒོར་བ; འགྱུར་བ;

715 Alterable, *a.* སྒྱུར་དུ་ཡོད་པ; འགྱུར་དུ་ཡོད་པ;

716 Alteration, *n.* བརྗེ་བསྒོར;

717 Alterative, *a.* ཡུན་དུ་བསྟུན་པའི་བསོ་བྱེད་ཀྱི་སྨན;

718 Altercation, *n.* བརྩོད་གླེང;

719 Alternate, *v.a.* རེ་མོས་ཀྱིས; ཉིན་བར་རམ; ཡང་ན་བར་བ་ཤོལ་ཞིང་བསྟུད་པ;

720 Alternate, *a.* རེ་མོས; ཉིན་བར་རེ་མོས;

721 Alternation, *s.* རེ་མོས་སུ་དབང་བའི་སྤྲོལ;

722 Alternative. ལས་སཾ་གཉཾ་ཆོག་གཉིས་ཀྱི་དཀྱིལ་ནས་གཉཾ་ཁ་བཏང་བ;

723 Although. ཡིན་ཡང; འོན་ཀྱང;

724 Altitude. ཁག་མཐོ་དམན;

725 Alto, *n.* ཕོ་སྐད་བཟང་ཤོས་ཀྱི་ཚད;

726 Altogether. ཡོཾ་སྨོམ; ཙ་ཚང;

727 Alum, *n.* རྒྱ་ཚྭ;

728 Aluminium, *s.* རྒྱ་ཚྭའི་འབྱུང་ཁུང་རིན་པོ་ཆེ་དེ;

729 Always, *ad.* ཆོ་གང; རྒྱུན་དུ; དུས་རྒྱུན; རྟག་པར;

730 **Am**, *v.* ཡིན; or ཡོད;

731 **Almalgam**, *s.* དངུལ་ཆུ་དང་རིན་པོ་ཆེ་བསྲེས་མ;

732 **Amanuensis**, *n.* ཡིག་བྲིས་པ; དྲུང་ཡིག;

733 **Amass**, *v.a.* སྤུང་བ;

734 **Amateur.** རིག་གནས་གང་ལའང་སྦྱོངས་ཀྱང་མཁས་པར་མ་སོང་བ་དག་ལ་ཟེར;

735 **Amatory**, *a.* ཆགས་པའི་ཀྱོན་ཅན; འདོད་སྲེད; སྲེད་ལྡན;

736 **Amaze**, *v.a.* ཡ་མཚན་བསྐྱེད་པ; ཧ་ལས་སུ་བཅུག་པ;

737 **Amazedly**, *ad.* ཡ་མཚན་དེ;

738 **Amazement**, *n.* ཡ་མཚན;

739 **Amazing**, *a.* ཡ་མཚན་ཅན; ཡ་མཚན་པོ; ཧ་ལས་པོ;

740 **Ambassador**, *n.* རྒྱལ་ཁག་ཐ་དད་དུ་སྐུ་ཚབ་བཀོད་ནས་གཏང་བའི་བློན་པོ་དག་ལ་ཟེར་རོ; ཕྱི་བློན; ཕྱོར་ཀྱི་བློན་པོ;

741 **Amber**, *n.* སྤོས་ཤེལ; སྤུ་ཤེལ; སྤྲོས་ཤེལ;

742 **Ambergris**, *s.* སྤྲོས་དཀར;

743 **Ambidexter**, *a.* ལག་པ་གཉིས་ཀ་འདྲ་འདྲར་ལས་སུ་རུང་བ;

744 **Ambient.** འཁོར་ར་འཁོར་ཡུག;

745 **Ambiguity**, *n.* དོན་ནོར་ཉེན་ཆེན་པོ་གང་ཡིན་པ;

746 **Ambiguous**, *a.* དོན་ནོར་ཉེན་ཆེན་པོ;

747 **Ambition**, *n.* གྲགས་འདོད; ཆེ་འདོད; མཐོ་སར་སྐྱགས་འདོད; མཐོ་འདོད;

748 **Ambitious.** གྲགས་འདོད་ཅན; ཆེ་འདོད་ཅན;

749 **Amble**, *n.* རྟ་ཡི་བང་འགྲོས;

750 **Amble**, *v.* བང་འགྲོས་རྒྱབ་པ;

751 **Ambrosia**, *n.* ལྷ་ཡི་བཟའ་བ;

752 Ambulance, *n.* ནད་པའི་རྟེ་ལི; འཁྱེར་དཔུང;

753 Ambuscade, *s.* འཕྲང་ལ་སྒྲུག་ཅིང་དམག་མི་ཡིབ་ནས་སྡོད་དེ་དགྲ་ཡོང་བ་ནང་མཆོན་ཆས་བསྣུན་པདེ་མོར་སྡོད་ས་དེ་ལ་ཟེར;

754 Ambush, *v.a.* (གོང་དང་འདྲ; Ditto Ditto)

755 Ambushed, *a.* ཚལ་འདུབ་ནང་ལ་ཡིབ་ནས་བསྡད་ཡོད་པ;

756 Ameer, *s.* ཀཱ་བུལ་གྱི་རྒྱལ་པོ་དེ་ལ་ཟེར;

757 Ameliorate, *v.a.* ཡངས་དུ་གཏང་བ;

758 Amelioration, *n.* ཡངས་དུ་གཏང་བའི་བྱ་བ;

759 Amen, *ad.* དེ་དེ་བཞིན་དུ་གྱུར་ཅིག;

760 Amenable, *a.* ཁག་ཀན་ཐོག་པ;

761 Amend, *v.a.* & *n.* བཅོས་ཁ་རྒྱབ་བ;

762 Amendable, *a.* བཅོས་ཁ་རྒྱབ་དུ་ཡོད་པ;

763 Amendment, *n.* བཅོས་ཁ; ལེགས་བཅོས;

764 Amends, *n.* ཉུ་བཤགས་པ; བསྐང་བསོ;

765 Amenity, *n.* མཐུན;

766 Amerce, *v.a.* ཆད་པ་བཅད་པ;

767 Amercement, *s.* ཆད་པ;

768 Amethyst, *n.* སྨུན་ཤེལ་ཞེས་རྡོ་གོང་ཅན་མདོག་སྨུ་དམར་བྱུས་པ་ཅིག་ལ་ཟེར;

769 Amiable, *a.* ཡིད་ཁར་འོང་པོ; སྣང་མཐུན་པོ;

770 Amiableness. ཡིད་མཐུན; མཛའ་མཐུན;

771 Amiability, *n.* ཡིད་དང་མཐུན་པའི་ཡོན་ཏན;

772 Amicable, *a.* མཐུན་པོ; མཛའ་མོ; འཆམ་པོ;

773 Amicably, *ad.* མཐུན་པོ་བྱེད་དེ;

774 Amid, *pr.* དཀྱིལ་དུ;

775 Amiss, *ad.* མི་སྒྲིག་པ; སྒྲིག་མིན; ཕྱི་སྒྱུར་ལོག་གེ; ཕྱིན་ཅི་ལོག་ཏུ;

776 Amity, *n.* གྲོགས་བཤེས་ཀྱི་ལེགས་ལམ; མཐུན་ལམ;

777 Ammonia, *n.* ཚྭ་དྲི་ངར་པོ་ཞིག་ལ་ཟེར; ཡ་སྨན་དུ་བྱུར་པའི་ཚྭ;

778 Ammunition, *n.* རྫས་རྫིལ;

779 Amnesty, *v.a.* གཞུང་ལ་ངོ་ལོག་རྒྱབ་མི་ཀུན་ལ་ཉེས་པ་སོང་རྗེན་ནས་མེད་པར་ཡང་པ་ལ་ཟེར;

780 Among, *pr.* དཀྱིལ་དུ; ནང་ན;

781 Amorous, *a.* ཆགས་པ་ཅན; སྤྲོད་ལྡན; ཁྲིག་སྤྱོད་ཅན;

782 Amorousness, *s.* ཆགས་པ་ཅན་གྱི་ངང་ཚུལ;

783 Amount, *n.* སྡོམ་བརྩིས;

784 Amount, *v.n.* གཅིག་ཏུ་སྡོམ་པ;

785 Amour, *n.* གསང་བའི་ཚུལ་གྱིས་སྙིང་སྡུག་བསྟེན་པ་གང;

786 Amphibia, *s.* ས་དང་ཆུ་གཉིས་ཀ་ལ་སྤྱོད་ནུས་པའི་སེམས་ཅན་གྱི་རིགས;

787 Ample, *a.* འབོལ་འབོལ་ཤིག་ཤིག; ཆ་ཆེ་བ;

788 Ampleness, *s.* ཆ་ཆེ་བའི་ངང་ཚུལ;

789 Amplification, *n.* ཆེ་རུ་བཏང་བའི་བྱ་བ; རྒྱས་སྤྲོས;

790 Amplify, *v.a.* ཆེ་རུ་གཏོང་བ; རྒྱས་པར་སྤྲོ་བ;

791 Amplitude, *n.* རྒྱས་པའི་ངང་ཚུལ;

792 Amply, *ad.* རྒྱས་པར;

793 Amputate, *v.a.* བཅད་པའམ; བཏོག་པ; ཡན་ལག་བཅད་པ་ལྟ་བུ;

794 Amputation, *n.* ཡན་ལག་བཏོག་པའི་ལམ;

795 Amulet, *n.* སྲུང་བ;

796 Amuse, *v.a.* བལྟས་མོ་སྟོན་པ;

797 Amusement, *n.* བལྟས་མོ ;

798 Amusing. གད་མོ་ཤོར་བྱ ; བལྟས་མོ་ཆེན་པོ ;

799 An, art. ཅིག ; ཞིག ; ཤིག ; ཉི ;

800 Anabaptist, *n.* མི་ཀུན་ཁྲུས་གསོལ་ཞུ་དགོས་པར་འདོད་མི ;

801 Anachronism, *n.* འདས་ལོར་ནོར་འཁྲུལ་ཞུགས་པ ;

802 Anaesthetic, *a.* ཚོར་བའི་དབང་པོ་འགག་བྱེད་ཀྱི་སྨན ;

803 Analogical, *a.* རྒྱུ་མཐུན་པའི ; རིགས་ཅིག་པའི ;

804 Analogize, *v.a.* བརྟག་དཔྱད་བྱེད་པ ;

805 Analyze, *a.v.* ཐོག་མའི་རྒྱུ་དཔྱད་པ ;

806 Analysis, *n.* རྒྱུ་རྐྱེན་ཐོག་དུ་དཔྱད་པ ; བརྟག་ཞིབ ;

807 Anarchy, *n.* ཁྲིམས་མེད་པའི་སྐབས་ལ་ཟེར ;

808 Anathema. མི་བླ་ནས་གཏོན་པ ;

809 Anathematize, *v.a.* དམངས་ཕྱུགས་རྒྱབ་པ ; (Sik.)

810 Anatomist, *n.* རོ་དྲ་མཁན ;

811 Anatomy, *n.* རོ་དྲའི་རིག་གནས ;

812 Ancestor, *n.* ཕ་མེས ;

813 Ancestry, *s.* རིགས་རྒྱུད ;

814 Anchor, *v.a.* & *n.* གཉིང་རྡོ་གཏང་ནས་གྲུ་བརྟགས་པ ;

815 Anchor, *n.* གཉིང་རྡོ ;

816 Anchorage. གཉིང་རྡོ་གཏང་ས ;

817 Anchorite, *n.* བྱ་བཏང་བ ; རི་ཁྲོད་པ ;

818 Anchovy, *n.* བ་ཚྭ་ཅན་གྱི་རྒྱ་མཚོའི་ཉེའུ་ཆུང ;

819 Ancient, *a.* སྔ་མོ་སྔ་མའི ;

820 Ancient, *n.* སྔོན་དུས་ཀྱི་དམག་མིའི་ནང་དུ་མགོ་པ་ཞིག ;

821 And. དང;

822 Anecdote, *n.* མི་སོ་སོ་ཚེའི་རིངས་ལ་བྱུང་བའི་ལོ་རྒྱུས;

823 Anemone, *s.* རླུང་གི་མེ་ཏོག; རླུང་གིས་བསྐྱེད་པའི་མེ་ཏོག;

824 Anew, *ad.* ཡང་བསྐྱར; གསར་དུ;

825 Angel, *n.* མཁའ་འགྲོ or ལྷ་ {སྤྲོན་དུས་ཕྱི་གཞུང་གི་ཊཾ་ཀ་
ཤི་ལིང་རི་བ་ཞིག་ལ་ཟེར }

826 Angelic, *a.* མཁྲོའ་མ་ལྟ་བུ;

827 Anger, *v.a.* ཁོང་ཁྲོ་བསྐྱེད་པ; ཞེ་སྡང་སློང་བ;

828 Anger, *n.* ཁོང་ཁྲོ; ཞེ་སྡང;

829 Angle, *n.* ཐིག་དྲང་པོ་གཉིས་ཐུག་སའི་གྲི་གུ་དེ་ལ་ཟེར;
ཁུག; གྲུ;

830 Angle, *v.a.* ཉ་མོ་ལྕུགས་ཀྱུས་བཟུང་བ;

831 Angler, *n.* ཉ་ལྕུགས་ཀྱུས་བཟུང་མཁན;

832 Anglican, *a.* ཨ་ངྒླི་ཛའི་འམ་ཨིན་ཛའི་ཆོས་ལུགས་འཛིན་མི;

833 Anglicism, *n.* ཨང་གཛི་འམ་ཨིན་ཛི་སྐད་ཀྱི་ལབ་སྟངས;

834 Angrily, *ad.* ཁྲོས་དེ; ཁྲོ་བོའི་ངང་ཚུལ་གྱིས;

835 Angry, *ad.* ཁྲོ་བ; ཞེ་སྡང་ལངས་དེ་ཡོད་པ;

836 Anguish. སེམས་གདུང;

837 Angular, *a.* ཟུར་ཅན་གྱི་གུག་ཅན;

838 Angularity, *s.* ཟུར་རིཾ་གྱི་གུག་དང་ལྡན་པའི་ཉེཾ་པ་ཅན;

839 Anhelation. དབུགས་ཐུང་ངུའི་ཚུལ་ཅན;

840 Anil. རིཾ་གྲི་རིགས་ཞིག;

841 Anility. རྒས་ཤིང་གོག་པས་ཆོ་མེད་པའི་ངང་ཚུལ;

842 Animadversion, *n.* འཚུན་བདགས་པའི་ལས་ཀྱི་ཉེཾ་པ;

843 Animadvert, *v.a.* འཚུན་བདགས་པ;

844 Animal, *n.* སེམས་ཅན;

845 Animalcule, *n.* སྲོག་ཆགས་ཕྲ་མོ;

846 Animate, *v.a.* སྲོག་སྦྱིན་པ; དབུགས་སྦྱིན་པ;

847 Animated, *a.* ཉམས་བདེ་པོ; ཧུར་པོ; ཁྱུག་ལྷབས་བདེ་པོ;

848 Animation, *n.* ཡང་ཚོ; ཧུར་སྤྲངས; བདེ་ཉམས;

849 Animator, *n.* སྲོག་སྦྱིན་མཁན;

850 Animosity, *n.* ཁོན; སྙིང་ནད; གདུག་རྩུབ;

851 Ankle, *s.* རྐང་པའི་ལོང་ཚིགས་ཀྱི་མཚམས;

852 Annalist, *s.* ལོ་རྒྱུས་བྲི་བ་པོ;

853 Annals, *n.* སྔ་མོའི་ལོ་རྒྱུས; གཏྟ;

854 Anneal, *v.a.* ངར་གླུད་པ; ཤེལ་ཡིཾ་ལྕགས་སོཾ་ལི་སོགས་ལ་ངར་གླུད་པ;

855 Annealing, *n.* ངར་གླུད་པའི་ཐབས;

856 Annex, *v.a.* བདག་གིར་བྱེད་པ; བདག་པོ་བྱེད་པ; བདོག་པ;

857 Annexation. པ་རོལ་པའི་ས་ཆ་སོགས་རང་གིས་དབང་ནས་བདག་པོ་བྱེད་པ;

858 Annihilate, *v.a.* མེད་པ་འཚོ་བ; ཐེར་བཟླག་གཏང་བ;

859 Annihilation. འཇིག་ཚུལ; འཇིག་པ;

860 Anniversary, *n.* ལོ་དུས་ཀྱི་གསོལ་ཁའམ་ལོ་ལྟར་གྱི་དུས་ཆེན;

861 Annotate, *v.a.* ཡི་གེར་བཀོད་པ;

862 Announce, *v.a.* བརྗོད་པ; བཤད་པ; སྒྲོག་པ;

863 Announcement, *n.* བརྗོད་པའི་གཏམ; ཁྲིམ་བསྒྲགས;

864 Annoy, *v.a.* གནོད་སྐྱལ་བ; བརྙེད་འཚོལ་བ;

865 Annoyance, *n.* གནོད་འགལ;

866 Annual. ལོ་ལྟར་གྱི; ལོ་ལོ་འི; ལོ་རེ་བཞིན་གྱི;

867 Annuitant, *n.* ལོ་ལྟར་ཡོང་ཐོབ་མཁན;

868 Annuity, *n.* ལོ་ལྟར་གྱི་ཡོང;

869 Annul, *v.a.* སྔར་གྱི་གཏན་དོན་མེད་དུ་བཏང་བ;

870 Annular, *a.* དབྱིབས་སོར་འདུབ་བཞིན་འགོར་འགོར་དུ་ཡོད་པ;

871 Annunciation. བརྗོད་པའི་ལས;

872 Anodyne, *a.* ཟུག་རྡུ་བཅོམ་པའི་སྨན་གྱི་རིང; ཚ་ཟུག་མནན་བྱེད་ཀྱི་སྨན;

873 Anoint, *v.a.* སྣུམ་གྱིས་བྱུག་པ;

874 Anointment, *s.* སྣུམ་གྱིས་བྱུག་པས་དབང་བསྐུར་བ;

875 Anomaly, *n.* སྒྲིགས་ལུགས་དང་མི་མཐུན་པ; ཚུལ་མཐུན་མིན་པ;
གླུ་མི་མཚུངས་པ;

876 Anon, *ad.* ཡུད་ཙམ་ཞིག་ལ;

877 Anonymous, *a.* མིང་མེད་པ; ངོ་མ་འཕྲོད་པ་བྱེད་དེ;

878 Another, *a.* གཞན་ཞིག;

879 Answer, *n.* ལན;

880 Answer, *v.a.* ལན་འདེབས་པ;

881 Answerable, *a.* ལན་འདེབས་དུ་ཡོད་པ;

882 Answerer, *s.* ལན་འདེབ་མཁན;

883 Anwerless, *a.* ལན་མེད;

884 Ant, *n.* འབུ་གྲོ་ག་མ;

885 Antagonist, *n.* ཕ་རོལ་པོ;

886 Antarctic, *a.* འཛམ་བུའི་གླིང་གི་ལྷོ་ཕྱོགས་ཀྱི་རྩེ་མོ;

887 Antarthritic, *a.* གྲུ་པའི་ནད་ཀྱི་སྨན;

888 Antecedent, *a.* གོང་དུ་བྱུང་བ; སྔར་བྱུང་བའི་མིག་ལྟོས;
སྔོན་བྱུང་གི་དཔེ;

889 Antecedent, *n.* གོང་དུ་བྱུང་བའི་དཔེ ;

890 Antecessor, *n.* སྔོན་དུ་འགྲོ་མཁན ;

891 Antechamber, *n.* སྒོ་ཡངས་དུ་འགྲོ་བའི་སྐག ; སྒོ་སྐག ;

892 Antedate, *n.* ཚེས་གྲངས་གོང་ནས་བཀོད་པ ; ཕྱིས་ཀྱི་ཚེས་གྲངས་སྔོན་ནས་བཀོད་པ ;

893 Antediluvian, *a.* ས་ཆེན་འདིར་ཆུ་ཡིས་འཇིག་པ་མ་བྱུང་གོང་ནས ;

894 Antelope, *n.* རི་དྭགས་གཙན ;

895 Antemeridian, *a.* ཉིན་ཕྱེད་ཀྱི་གོང་ནས ;

896 Antemundane, *a.* ས་ཆེན་འདི་མ་བྱུང་གོང་ནས ;

897 Anterior, *v.* གོང་ནས ; ཐོག་མ་ནས་མཆིས་པ ;

898 Anteroom, *n.* སྒོ་ཡངས་སྐག ;

899 Ant hill, *n.* གྲོ་མས་སྤུང་པའི་ཐོ ;

900 Anthem, *n.* མགུར་མ ; ཆོས་བཞས ; ཆོས་ཀྱི་དབྱངས ; བསྟོད་དབྱངས ;

901 Anthology, *n.* གསུང་མགུར་སྣ་ཚོགས་ཕྱོར་ཅིག་ཏུ་སྡུས་པ ;

902 Anthropology, *n.* མི་རྒྱུད་སྣ་ཚོགས་ཀྱི་ཁྲང་བཅད་པའི་རིག་གནས ;

903 Antic, *a.* གད་མོ་འི་གནས་སུ་གྱུར་པའི་སྤྱོད་པ ;

904 Antichrist, *n.* ཡེ་ཤུའི་ཆོས་ལུགས་ཀྱི་དགྲར་གྱུར་པ ; ཡེ་ཤུ་དང་རྒྱབ་འགལ ;

905 Anticipate, *v.a.* བྱུང་བར་རེ་ནས་བདག་ཏུ་བཟུང་བ ; རྗེས་ཡོང་སྔོན་དྲན་བྱས་པ ;

906 Anticipation, *n.* མ་བྱུང་གོང་ནས་བྱུང་དུ་རེ་བ ;

907 Anticipator, *s.* དངོས་སུ་མ་བྱུང་གོང་ནས་བདག་གིར་བྱེད་མཁན ;

908 Anticipatory, *a.* མ་བྱུང་གོང་ནས་བདག་པའི ;

909 **Antidote**, *n.* དུག་གི་གཉེན་པོར་གྱུར་པའི་སྨན;

910 **Antifebrile**, *n.* གཉན་ཚད་ཀྱི་གཉེན་པོར་གྱུར་པའི་སྨན;

911 **Antimony**, *n.* ས་ལས་བྱུང་བའི་རིན་པ་ཆེ་ཁ་དོག་དཀར་པོ་ཆག་གྱུ་ཤོར་སླ་མོ་ཞིག; རིན་པོ་ཆེ་ཁ་དོག་དཀར་པོ་ཆག་གྱུ་ཤོར་སླ་པོ་ཞིག;

912 **Antipathy**, *n.* རང་བཞིན་གྱི་ཞེ་ཁྲེལ་བའི་སྡང་བ; སྡང་སེམས;
(མིག་འགྲིམ Sik. and Bhut.)

913 **Antipodes**, *n.* ས་ཆེན་པོའི་ཡོགས་སུ་ཁ་སྦྱོད་དུ་གནས་པའི་ས་ཕྱོད;

914 **Antiquarian**, *a.* ཅ་ལག་རྙིང་པ་འཚོལ་བར་འབད་མི; སྔ་མོའི་ཅ་ལག་དང་འདོད་ཅན;

915 **Antiquated**, *pp.* or *a.* དང་པོའི་ཆ་ལུགས་འཛིན་ཅིང་ད་ལྟ་བའི་མི་རྣམས་དང་མི་མཐུན་པ་ལ་ཟེར;

916 **Antique**, *a.* སྔར་སྔ་མོའི;

917 **Antiqueness**, *s.* བརྙིང་ཚུལ;

918 **Antiquity**, *n.* སྔ་མོའི་ཆས; སྔོན་རབས; སྔོན་དུས; གནའ་བོའི་མི་རབས;

919 **Antiseptic**, *a.* རུལ་རྣཾ་གྱི་གཉེན་པོར་གྱུར་པའི་སྨན;

920 **Antispasmodic**, *a.* རྩ་ཁྲིཾ་གྱི་གཉེན་པོ;

921 **Antithesis**, *n.* ཚིག་དོན་གྱི་གབ་ལོག; གབ;

922 **Antitype**, *n.* ཕར་དུ་གོང་ནས་འཁོད་པ;

923 **Antler**, *n.* རྭ་ཅོ;

924 **Anvil**, *n.* ཐོ་བ་སྟན་མ;

925 **Anxiety**, *n.* སེམས་གནད; སེམས་ཁྲེལ;

926 **Anxious**, *a.* སེམས་ཁྲེལ་ཅན;

927 Any. གང་ཞིག; གང་ཡིན་རུང; ག་འདྲ་ཞིག་ཡིན་རུང;

928 Anyhow. གང་འདྲ་བྱས་ནས་ཀྱང; གང་ལྟར་ཡང;

929 Apace, *ad.* མྱུར་དུ; མགྱོགས་པར;

930 Apart, *ad.* སོ་སོར;

931 Apartment, *n.* གཟིམ་ཆུང་ (ཁང་མིག་)

932 Apathy, *n.* ཁོག་དཀར; ཕ་ཚ་མེད་པ;

933 Ape, *v.a.* སྤྲ; སྤྲེའུའི་རིགས་ཅིག; ཡང་ལས་དོད་བྱས་མཁན་ལའང་ཟེར;

934 Aperient, *a.* འཇིཾ་བཤལ; བཤལ་གྲོན་པའི་སྨན; བཤལ་སྨན;

935 Aperture, *n.* ཁི་འཕྲང; སེར་ག;

936 Apex, *n.* རྩེ་མོ; རྩེ;

937 Aphelion, *s.* རྒྱ་སྐར་གྱི་འགྲུ་ལོ་ཉི་མའི་ངོས་ནས་ཐག་རིང་ཤོས;

938 Aphorism, *n.* གཏམ་དཔེ; སྙན་ངག་གི་དཔེ;

939 Apiary, *s.* བུང་བ་ཞག་ས; སེར་སྦྲང་བཞག་ས;

940 Apiarist, *s.* གསེར་སྦྲང་གསོ་མཁན;

941 Apiary (*s.*) སྦྲང་མ་བཞག་ས;

942 Apiece, *ad.* རེ་རེ་ལ་བགོ་བཤའ་རེ;

943 Apish, *a.* བྱི་དོར་མཁན; མཆོར་འདོད་མཁན; མཛེས་འདོད་མཁན;

944 Apocalypse, *n.* ལུང་བསྟན;

945 Apocrypha, *n.* བསྐྱོ་མཁན་ངེས་པོ་མེད་པའི་དཔེ་ཆ;

946 Apogee, *s.* སྐར་མའི་རྒྱུ་ཐོ་རང་རེའི་འཛམ་གླིང་འདི་ལས་ཐག་རིང་ཤོས;

947 Apologetic, *a.* སྤྲུ་བདེན་དགོང་དག་བརྗོད་པའི་ཆེད་དུ་གང་ཟེར་བ; སྤྲུ་བདེན་དགོང་དག་གི་རྣམ་པའི;

948 **Apologize,** *v.a.* ཐུགས་བདེན་དགོང་དག་ཞུ་བ;

949 **Apologue,** *n.* སྒྲུང་གཏཾ་དོན་ལྡན; དཔེ་གཏམ; གཏམ་དཔེ;

950 **Apology,** *n.* ཐུར་བདེན་དགོང་དག;

951 **Apoplectic,** *a.* གཟཾ་སྐྱོན་ཅན;

952 **Apoplexy,** *n.* གཟཾ་སྐྱོན་གྱི་ན་ཚ; སྙིང་གདོན་གྱི་ན་ཚ;

953 **Apostasy.** ཕྱི་འཐན་རྒྱབ་པ; རང་ཕྱོར་སྤྱངས་ནས་ཕ་རོལ་པའི་ཕྱོར་
སུ་འགྲོ་བ; བསྟན་གཞིག; བསྟན་དགྲའ་གྱུར་པའི་ལས;

954 **Apostate.** རང་གི་ཆོས་ལུགས་སྤོང་བ་པོ; བསྟན་དགྲ; བསྟན་
པའི་ཙུ་ཏ;

955 **Apostatize.** རང་གི་གཞུང་སྤོང་བ; རང་བསྟར་སྤོང་བ;

956 **Apostle.** ཆོས་འཆད་པར་མངགས་པའི་མི; མི་སྣ;
ཆོས་སྤེལ་བྱེད;

957 **Apostrophe,** *n.* བདག་སྒྲ་མཚོན་པའི་ཚིག་དེའོ;

958 **Apothecary,** *n.* སྨན་བགོ་མཁན; སྨན་སྦྱར་མཁན;

959 **Apotheosis,** *s.* ཤི་ནས་ལྷ་གྲལ་དུ་བཙུག་པ; མི་ལུས་ལས་གྲོལ་བ;

960 **Appal,** *v.a.* འཇིག་སྐྲག་བཀོད་པ; དངངས་པ;

961 **Appanage,** *s.* རྒྱལ་པོ་སོར་ཀྱིས་སྲས་བསོས་སོར་འཚོ་བའི་ཆེད་དུ་ས་
བགོས་ནས་བཞག་པ་དེ་དག་གོ;

962 **Apparatus,** *s.* ཡབ་ཅ; ལག་ཅ;

963 **Apparel.** གོས; ན་བཟའ;

964 **Apparel,** *v.a.* གོས་གྱོན་པ; ན་བཟའ་གསོལ་བ;

965 **Apparent,** *a.* ཀུན་གསལ; མིག་མཐོང;
(ཀུན་རྫོབ་བདེན་པ = apparent Truth).

966 **Apparition,** *n.* སྣང་བ; ཞལ་གཟིགས; གཟུར་སྣང; གཟུར་བརྟེན;

967 Apparitor, *s.* ཀླུ་སྡེའི་ཁྲིམས་ཁང་ཚོགས་སྐབས་ཀྱི་བང་ཆེན;

968 Appeal, *n.* ཁྲིམས་ས་མགྲོ་སར་སྙན་ཞུ་སྒྲོན་པའི་ལས;

969 Appealable. མགྲོ་སར་སྙན་ཞུ་སྒྲོན་འོས;

970 Appear, *n.* འཆར་བ; སྟོན་པ; སྣང་བ;

971 Appearance, *n.* འཁྲིར་སོ; ཆ་བྱད; ཆ་ལུགས; ཆས; སྣང་ཚུལ;

972 Appeasable, *n.* ཞི་བར་བྱེད་འོས;

973 Appease, *v.a.* ཁྲོ་བསོ་འཇུལ་བ; ཁྲོ་དུ་བསྐང་བ;

974 Appeasement, *s.* ཞི་བར་བྱེད; ཞི་བྱེད; ཐུགས་དམ་བསྐོངས་བྱེད;

975 Appellant. སྙན་ཞུ་སྒྲོན་མཁན་གྱི་དོ་བདག་དེ་འོ;

976 Appellation, *n.* མིང; མཚན;

977 Appellative, *n.* ཀུན་ཁྱབ་ཀྱི་མིང; དཔེར་ན་གྲོ་ར་དམག་མི་ཡོངས་ལ;
ཊོ་མི་ཨེཊ་ཀིན་ཞེས་པ་ལྟ་བུའོ; གྲོ་ར་དམག་མི་བྱ་བ
ནི་ཨིཊ་མི་རིཊ་ཀྱི་དམག་མི; སྤྱི་ལ་ཁྱབ་པའི་མིང;

978 Appellatory, *a.* སྙན་ཞུའི་ཚིག་དང་ལྡན་པ;

979 Appellee, *s.* སྙན་ཞུ་ཞུ་མཁན་དེའི་དགྲ་ཡ་དེ་འོ;

980 Appellor, *s.* སྙན་ཞུ་ཞུ་བ་པོ;

981 Append, *v.a.* བཏཊ་པ; མཐུད་པ; དཔྱང་བ;

982 Appendage, *n.* ཁན་ཙར་གང་བཏགས་པ; ཟུར་འཕྱང;
ཟུར་དུ་བཏཊ་པ་གང;

983 Appendant, *a.* དཔྱང་ནས་ཡོད་པ;

984 Appendix, *n.* ཁ་བསྐོང;

985 Apperception, *s.* དྲན་པ; དྲན་པ་ཡེངས་མེད་སེམས་ཉིད་རང་ངོ་འཕྲོད་
པའི་ཉམས; དྲན་པའི་རྒྱུན; དྲན་ཐོག་གི་རིག་པ;

986 Appertain. གཏོགས་པ; ཉེ་བ;

987 Appetency, *s.* འདོད་པ; བྲན་སྣང; ཡིད་ལ་འདོད་པ;

988 Appetite, *n.* དྲངས་ཁ; ཁོམས; ཟ་ཁོམས;

989 Applaud, *v.a. n.* བསྔོད་པ; གྲཊ་པ; སྙན་པ་བརྗོད་པ; མངཊ་པ;
བ་ཤིས་བརྗོད;

990 Applauder, *s.* བསྔོད་པ་པོ;

991 Applause, *n.* བསྔོད་ར; མངཊ་པ;

992 Applausive. བསྔོད་རའི; མངགས་པའི;

993 Apple, *n.* ཨ་ཤུ; ཀུ་ཤུ;

994 Apple of the eye, *s* མིག་གི་རྒྱལ་མོ; མིག་འབྲས;

995 Apple pie, *s.* ཀུ་ཤུའི་ཁ་ཟས་མངར་བྱ;

996 Apple tree, *s.* ཀུ་ཤུའི་ལྗོང་པོ;

997 Apple-woman, *s.* ཀུ་ཤུ; འཚོང་མཁན་བུ་མོ;

998 Apple-paring, *s.* ཀུ་ཤུའི་ཤུན་པག་བཤུས་པ;

999 Appliable, *a.* འབད་དུ་འོས་པ; འཇུག་ཏུ་འོས་པ;

1000 Appliance, *n.* འབད་པ; སྦྱོར་བ; སྦྱོར་བྱ;

1001 Applicability. སྦྱར་འོས; འཇུག་ཚུང; འཇུག་འོས;

1002 Applicable, *a.* སྦྱར་ནུས་ཡོད་པ; སྦྱར་འོས;
(སྦྱར་སྟུབ་པ Bhut. and Sik.)

1003 Applicant. ཞུ་བ་པོ; ཞུ་བ་འབུལ་མཁན;

1004 Application, *n.* འབད་པ; བརྩོན་པ; ཞུ་བ;

1005 Apply, *v.a.* སྦྱར་བ; བཀན་པ; བརྩོན་པ;

1006 Appoint, *s.a.* བཀོད་པ; སྐོ་བ; འགེལ་བ; འཆོལ་བ; འཇུག་པ;

1007 Appointment, *n.* ལས་སྐོ; གོ་ས་བདག་སྐྱེམ;

1008 Apportion, *v.a.* བགོ་བཤའ་རྒྱབ་པ;

1009 Apportionment, n. བགོ་བཤའི་ལས;

1010 Apposite, a. སྤྲིཾ་པོ; རིན་པོ; སྒྲིག་པོ; མཐུན་པོ;

1011 Appositness, s. སྤྲིཾ་ཚུལ; སྒྲིག་ཚུལ;

1012 Apposition. n. བསྣན་ཁ;

1013 Appraise, v.a. གོང་གྲུབ་པ; སྣང་ཆེན་བཟོ་བ;

1014 Appraisement. སྣང་ཆེན་བཟོ་བའི་ལས;

1015 Appraiser, n. གོང་གྲུབ་མཁན;

1016 Appreciable, a. བརྩིས་སུ་བྲུ་འོས་པ;

1017 Appreciate, v.a. བརྩིས་ཆེན་བྱེད་པ; མཐོང་བྲུས་པ;

1018 Appreciation. མཐོང་ཆ་འཇོག; བརྩི་འཇོག; སྣང; མཐོང;

1019 Apprehend. བཟུང་བ; འཛིན་པ; ཧ་གོ་བ;

1020 Apprehensible, a. གོ་བདེ;

1021 Apprehension, n. འཛིན་འཆང; འཇིག་སྣང;

1022 Apprehensive, a. གོ་བ་རྣོ་པོ; འཇིག་སྣང་ཅན;

1023 Apprentice, n. ལག་ལེན་ལ་སྦྱང་བའི་སློབ་མ་ལོ་ཚད་དུ་འཆིང་བ;

1024 Apprentice, v.a. ལོ་དུས་ཚད་དུ་བཞག་ནས་ལས་ལ་འཛུག་པ;

1025 Apprenticeship, n. Ditto Ditto པའི་འཆིངས;

1026 Apprise, v.a. སྙན་གསལ་འབུལ་བ;

1027 Approach, v.a. & n. དྲུང་དུ་བཅར་བ; ཉེ་ལམ; སྒོ;

1028 Approachable, a. ཉེ་རུ་ཡོད་པ; བཅར་དུ་ཡོད་པ;

1029 Approaches, s. ཡིཾ; ཉེ་ལམ; སྒོ;

1030 Approbation, n. ལེགས་སོ; དགེས་པ;

1031 Approbative. ཐུར་དགེས་པའི་རྣམ་པ་ཅན;

1032 Appropriable, a. བླངས་ཆོག་པ; བླངས་འོས;

1033 Appropriate, *v.a.* རང་གི་ཡིན་ཁྲལ་བྱས་བླངས་པ; སྤྲོ་པོ; སྦྲིག་པོ;

1034 Appropriateness, *n.* སྤྲོ་ཚུལ; མཛེས་ཚུལ;

1035 Appropriation, *n.* དངུལ་སོགས་ལས་ཀ་འདི་དང་འདི་ལ་ཞེས་བསྔོས་ཏེ་
བཞག་པ;

1036 Approval, *n.* ལེགས་སོ; སྟོད་ར;

1037 Approve, *v.a.* ལེགས་སོ་སྦྱིན་པ; སྟོད་ར་ཕུལ་བ; བཞེད་པ; བཀའ་ཡིས་
གནང་བ;

1038 Approximate, *a.* ཧ་ལམ; ཆ་ལམ; ཁྲོན་སྤྱིཾ; ཉེ་བར;

1039 Approximation, *s.* ཉེ་བར་སླེབས་པ; ཉེ་བར་བབས་པ;

1040 Appurtenance. དགོས་བྱེད་ཀྱི་ཆས; ཡབ་ཅ;

1041 Apricot, *n.* ཨ་ཤུ་ཁི་བུ; ལྷོ་རིས་ཁམ་བུ;

1042 April, *n.* ཕྱི་གླིང་པའི་ཟླ་བ་བཞི་པའི་མིང;

1043 Apron, *n.* པང་གདན; པང་ཁེབས;

1044 Apron-string, *s.* པང་གདན་ཐག་པ;

1045 Apt, *a.* འབྲོན་པོ; ཡོང་པོ; རིམ་པོ;

1046 Aptitude, *n.* འབྲོན་སྟངས; ཡོང་སྟངས;

1047 Aqua fortis, *n.* མགྲོན་འབུ་བཞུ་ནུས་པའི་སྐྱུར་ཚ་ཞིག;

1048 Aquasium, *s.* ཆུ་སྐྱེས་ཀྱི་ཤིང་ལོ་འདི་རིགས་སྣ་ཚོགས་འཛུགས་སའི་ཁྲོན་པ་
ལ་ཟེར;

1049 Aquatic, *a.* ཆུ་ནང་གི;

1050 Aqueduct, *n.* ཡུར་བ;

1051 Aqueous, *a.* ཆུ་ཡི་རྣམ་པ་ཅན;

1052 Aquiline, *a.* ཁྱུང་གི་མཆུ་དོ་ལྟ;

1053 Arabesque, *n.* ཤིང་ལོ་དང་མེ་ཏོག་པ་ཏ;

1054 Arable, *a.* ས་ཞིང་རྨོས་ཀྱི་བྱ་འོས་པ ; ཞིང་ག་ག་ཞིམ་པོ ; (collql.)

1055 Arbalist, *s.* རྒྱུད་གཞུ ;

1056 Arbiter. བར་དཔང ; ཁྲིམས་དཔོན ; དཔང་པོ ;

1057 Arbitrary, *a.* དབང་ཡོད ; རང་དབང་ཅན ; འགྱུར་ལྡོག་ཅན ;

1058 Arbitrate, *v.a.* བདེན་བརྫུན་གྱི་དབྱེ་བ་ཕྱེད་པ ;

1059 Arbitration. དཔང་པོ་བྱས་པའི་ལས ;

1060 Arbitrator. དཔང་པོ ; ཁྲིམས་དཔོན ;

1061 Arbitrament. བློ་སྤོབས ; སྙིང་སྤོབས ;

1062 Arboreous, *a.* ཤིང་ལྗོང་གི་སྟེང་ལ་སྐྱེས་པ་གང་ཡིན་པ ;

1063 Arborescent, *a.* ཤིང་ལྗོང་ལྟར་སྐྱེ་མཁན ;

1064 Arboreta, *s.* ཤིང་ལྗོང་ཤ་སྟག་གི་སྐྱེད་ཚལ ;

1065 Arbour, *s.* ལྗོང་པོས་གྲིབ་སིལ་དུ་བརྒྱན་པའི་ཁྲི ;

1066 Arcade, *s.* ལམ་གཡས་གཡོན་འཚོང་ཁང་དང་སྟེང་ནས་གྲིབ་ཡོད་པ;

1067 Arcanum, *s.* གསང་བ ; གསང་ཚིག ;

1068 Arch, *v.a.* གཞུ་ལྟར་བཀུག་པའི་རྡོ་རྩིག་རྒྱབས་པ ;
རྡོར་སྒོ་འམ་རྡོར་གཞུ་བཟོ་བ ;

1069 Arch, *adj* གཙོ་བོ ; གཞད་གད་ཅན ; (Sik. དཔེ་བྱས་མཁན ;)
རྐོད་བྲོ་ཅན ; (n.) སྒོ་འི་རྡོར་གཞུ; རྒྱལ་སྒོ་འི་རྡོར་གཞུ;

1070 Archangel, *n.* མཁའ་འགྲོའི་གཙོ་བོ ;

1071 Archaeology. སྔོན་དུས་ཀྱི་ཁྱིམ་བཟོ་ལ་བརྟག་པའི་རིག་གནས ;

1072 Archaic, *a.* སྔོན་རབས་ཀྱི ; སྔ་རབས་ཀྱི ;

1073 Archbishop. {དཔོན་སློབ ; Bhut } མཁན་ཆེན ; མཁན་པོ ;

1074 Archduke, *n.* རྒྱལ་སྲས ;

1075 Archdukedom. རྒྱལ་སྲས་ཀྱིས་དབང་བའི་ས་ཆ ;

1076 Archery, *n.* མདའ་ཆ;

1077 Archetypal, *a.* དཔེ་ཆད་ཙུང་བའི;

1078 Architect, *n.* བཟོ་པ; རྩིག་དཔོན;

1079 Architecture, *n.* ཁྲིམ་བཟོ་འི་ཁྱུན་དང་དཔེ; རྩིག་བཟོ;

1080 Archives, *s.* ཡིག་མཚན; དབེ་ཐོ;

1081 Archivist, *s.* ཡིག་མཚན་ཉ་ར་བྱེད་མཁན;

1082 Archness, *s.* གད་མོ་སླང་དད་མཁན་གྱི་ངང་ཚུལ; གད་མོ་སླང་དད;

1083 Archstone, *s.* རྩིག་བཟོ་གཞུ་དབྱིབས་སྟོན་པའི་གུང་རྡོ་དེའི;

1084 Archway, *n.* སྒེང་ལ་གུང་གྲོག་གཞུ་དབྱིབ་ཅན་གྱི་འོག་ན་ལུ་ཡོད་པ;

1085 Arctic, *s.* བྱང་ཕྱོགས་ཀྱི; བྱང་ཕྱོགས་མ་དྲོས་རྒྱ་མཚོའི་ཁྲག
རོམ་གྱི་གླིང;

1086 Arcuate, *a.* གཞུ་དབྱིབས་ཅན;

1087 Ardency, *s.* བརྩོན་འགྲུས; གདུང་ཤུགས;

1088 Ardent, *a.* ཤ་ཚ་ཅན; གདུང་ཤུགས་ཅན; ཡིངས་མེད;
སྙོད་རྟགས་ཅན;

1089 Ardour, *n.* ཤ་ཚ; གདུང་ཤུགས;

1090 Arduous, *a.* དཀའ་མོ; ལས་ཁག་པོ; དཀའ་ལས་ཅན;

1091 Arduousness, *s.* དཀའ་བའི་ཚོས་ཉིད;

1092 Are, *v.* ཡོད; དུ་ཡོད; མང་པོ་ཡོད;

1093 Area, *n.* ས་རྒྱ; ཁྱོན; རྒྱ་ཁྱོན; དཀྱིལ་འཁོར; ཚུ་ཞེང:

1094 Arefactions *s.* སྐམ་པོར་འགྱུར་བའི་ལས;

1095 Arena, *n.* དཔའ་རྩལ་བསྟུར་སའི་ཐང་ཆེ་ཡང་ན་སྐྱེ་ཡངས;

1096 Argent, *a.* དངུལ་དཀར་ལྷ་བུ;

1097 Argentine, *a.* དངུལ་ལྷ་བུ;

1098 Argil, *n.* རྫ་མཁན་གྱི་འཇིམ་པ;

1099 Argillaceous, *a.* འཇིམ་པ་ལྟ་བུ; འཇིམ་པའི་ཉི་པ་ཅན;

1100 Argosy, *s.* གྲུ་ཟིང་ལ་འཚོང་ཟོག་སྣང་ཅན་བཀལ་ཡོད་པ;

1101 Argue, *v.n.* བརྩོད་པ;

1102 Arguer, *s.* བརྩོད་མཁན;

1103 Argument, *n.* བརྩོད་པ; མངོན་རྟགས; རྟགས;

1104 Argumental. བརྩོད་པའི;

1105 Argumentation, *n.* མངོན་རྟགས;

1106 Argumentative, *a.* མངོན་རྟགས་ཀྱི་ཉི་པ་ཅན;

1107 Arid, *a.* སྐེ་པོ; ཚད་པ་ཚ་ཞིང་སྤྲོ་དང་ཆུ་སོར་མེད་པ;

1108 Aridity, *s.* སྐཾ་པའི་ཚུལ; བརླན་མེད་པའི་ཚུལ;

1109 Aries, *n.* དུས་སྦྱོར་ལུག; ལུག་ཁྲིམ;

1110 Aright, *ad.* དྲང་པོར;

1111 Arise, *v.n.* ཡར་ལངས་པ;

1112 Aristocracy, *n.* མི་དྲག; རྗེ་རིགས;

1113 Aristocrat, *n.* རྗེ་རིགས་པ;

1114 Arithmetic, *n.* བརྩིས; གྲངས་ཀྱི་བརྩིས;

1115 Arithmetician, *n.* གྲངས་བརྩིས་པ;

1116 Ark, *n.* གྲུ; གྲུ་ཟིང; གཟིང;

1117 Arm, *n.* ལག་པ; ལག་ངར; སྤྲུག;

1118 Armchair, *s.* ཀྱི་ཁྲི་ལག་པ་བཀལ་ས་ཡོད་པ;

1119 Arms. ལག་ཆ; མཚོན་ཆ;

1120 Arm, *v.a.* & *n.* མཚོན་སྦྲིན་པ; མཚོན་ཁྲེར་བ; མཚོན;

1121 Armistice, *s.* གཡུལ་སྡུམ; མདུན་མ་ཡུན་ཐུང་དུ་ཞིག;

1122 **Armlet**, *n.* དཔུང་གདུབ; or དཔུང་བརྒྱན;

1123 **Armour**, *n.* གོ་ཁྲབ;

1124 **Armour-bearer**, *s.* གོ་ཁྲབ་འཁུར་མཁན;

1125 **Armourer.** གོ་ཁྲབ་བརྡུང་མཁན;

1126 **Armory**, *n.* གོ་ཁྲབ་ཀྱི་མཛོད; གོ་མཛོད;

1127 **Army**, *n.* དམག་དཔུང;

1128 **Aroma**, *n.* དྲི་ངད་བཟང་པོ;

1129 **Aromatic**, *a.* དྲི་ངད་བཟང་པོ་ཅན;

1130 **Aromatics.** དྲི་ངད་ཅན་གྱི་སྨན་སྣ;

1131 **Aromatize.** སྨན་རྫས་བདབ་སྟེ་དྲི་ངད་ཅན་དུ་བཟོ་བ;

1132 **Around**, *ad.* མཐའ་སྐོར་སྟེ;

1133 **Arouse**, *v.a.* ཡར་སློང་བ;

1134 **Arquebuse**, *s.* ལག་མདའི་རིགས་ཞིག;

1135 **Arrack**, *n.* ཨ་རག; བྲུ་རམ་ཆང་གི་ཨ་རག;

1136 **Arraign**, *v.a.* ཉེས་པ་ཅན་དུ་སྟོན་པ; ཉེས་པ་བརྗོད་པ;

1137 **Arraigner**, *s.* ཉེས་པ་བརྗོད་མཁན;

1138 **Arraignment**, *n.* ཉེས་བརྗོད;

1139 **Arrant**, *a.* ཤིན་དུ་ངན་པ; ངན་ཐབས་ཤོར་བ;

1140 **Arras**, *n.* ཡོལ་བ་དང་འཕུང་དར་རིན་ཐང་ཅན;

1141 **Array**, *n.* གྲལ; དཔུང;

1142 **Arrear**, *n.* ལྷག་ལུས; ཡོཏ་སཾ་བྱུན་གྱི་ལྷག་ལུས;

1143 **Arrest**, *n.* འཛིན་འཆང; འཛིན་བཟུང;

1144 **Arrest**, *a.* ལག་བཟུང་རྒྱབ་པ; འཛིན་འཆང་སྤྲད་པ;

1145 **Arrested**, *a.* བཟུང་ཟིན་པ; འཆང་བཟུང་སྤྲད་ཟིན་པ;

1146 Arrival, *n.* འཕེབ་སྒོར་; (བཞུགས་གདན་འགྱོར་ཚུལ་; Respl.)
(ཕྱག་འཕེབས་; Respl.)

1147 Arrive, *v.n.* སླེབས་པ་; བྱོན་པ་; འགྱོར་བ་;

1148 Arrogance, *n.* ཁྱད་གསོད་; ཧཾ་པ་;

1149 Arrogant, *a.* ཁྱད་གསོད་ཅན་; ཧཾ་པ་ཅན་;

1150 Arrogate, *v.a.* ང་རྒྱལ་གྱིས་ཐོབ་པར་འདོད་པ་; ཤུགས་ཀྱིས་བླང་བ་;

1151 Arrogation, *s.* གཙན་ཤུགས་ཀྱིས་བླངས་བའི་ལས་;

1152 Arrogative, *a.* ཧཾ་འཚོང་གིས་ཚོད་མེད་དུ་བླངས་པ་;

1153 Arrow, *n.* མདའ་; ཉག་ཕྲན་;

1154 Arrow-root, *n.* ཀོ་སག་; (Sik)

1155 Arrowy, *a.* མདའ་འདྲ་བུ་;

1156 Arsenal, *n.* མཚོན་ཆའི་མཛོད་;

1157 Arsenic, *n.* བབ་ལ་; དུག་བབ་ལི་;

1158 Arson, *n.* ཁང་མེ་རྒྱབ་པའི་ལག་ལེན་;

1159 Art, *n.* ལག་ལེན་; ཐབས་; བཟོ་; ཟ་ཐབས་;

1160 Arterial, *a.* རླུང་རྩའི་སྐོར་;

1161 Artery, *n.* ཁྲག་རྩ་ཆེན་པོ་;

1162 Artful, *a.* ཐབས་མཁས་; གྱུ་ཅན་;

1163 Artfulness. གཡོ་སྒྱུའི་ལས་; གཡོ་སྒྱུ་;

1164 Artichoke, *n.* སྔོན་ཚོད་ཞིག་གི་མིང་; སྔོ་ཚལ་ཞིག་གི་མིང་;

1165 Article. ཅ་ལག་; ཚིག་དོན་;

1166 Articulate, *v.a.* ངག་ནས་བརྗོད་པ་; སྒྲ་འབྱིན་པ་;

1167 Articulateness, *s.* སྒྲ་དག་པོའི་རྣམ་པ་; སྒྲ་དག་;

1168 Articulation, *n.* སྒྲ་དག་པོར་བརྗོད་པའི་ལས་; ཚིགས་གཅིག་;

1169 Artifice, *n.* གཡོ་ཁྲུལ; གཡོ་ཐབས; ཐབས་ཁྲུལ;

1170 Artificer. འཁྲུལ་བཟོ་པ; ཨོཾ་མཛད; བཟོ་པ;

1171 Artificial, *a.* བཅོས་མ; སྤྲོས་ཅན; བཅོས་པ;

1172 Artillery, *n.* མེ་སྒྲོག་ཀུན་གྱི་སྤྱི་མིང;

1173 Artillery-drivers, *s.* མེ་སྒྲོག་འདྲེན་མཁན;

1174 Artillery practice, *s.* མེ་སྒྲོག་སྦྱང་བ; མེ་སྒྲོག་ལག་ལེན་སྦྱང་འདར;

1175 Artisan, *n.* བཟོ་བོ;

1176 Artist, *n.* སྒྲ་དང་བཟོ་ལ་ཤིན་ཏུ་མཁས་པ;
ལྷ་བཟོ་པ་སོགས་དང་ལྷ་བྲིས་པ་ལ་ཟེར;

1177 Artless, *a.* གཡོ་སྒྱུ་མེད་པ; སྤྲོས་མེད; ལྷུག་པར;

1178 Artlessness, *n.* གཡོ་སྒྱུ་མེད་པའི་ཚུལ; སྤྲོས་མེད;

1179 As. ཇི་ལྟར;

1180 Asafoetida, *n.* ཤིང་ཀུན;

1181 Asbestine, *a.* རྡོ་བལ་ལས་གྲུབ་པ; or རྡོ་བལ་གྱི;

1182 Asbestos, *s.* རྡོ་བལ་ཞེས་མེས་མི་འཛིག་པའི་རྒྱུ་ཞིག;

1183 Ascend, *v.a.* ཡར་འཛེག་པ;

1184 Ascendant. ཡར་དར; ཡར་ངོ;

1185 Ascendency, *n.* ངོ་ཆེ; ཁ་དྲག; དར་རྒྱས; དབང་ཐང་དར་རྒྱས:

1186 Ascension, *n.* ཡར་ངོ; མཁའ་སྤྱོད་དུ་གཤེགས་ཚུལ;

1187 Ascent, *n.* གྲེན;

1188 Ascertain, *v.a.* ངེས་པར་བཙལ་བ; ཞིབ་མོར;

1189 Ascertainment, *n.* རྩས་གཅོད;

1190 Ascetic, *a.* བྱ་བ་བློས་བཏང་བ; སྒོཾ་ཆེན; བྱ་བཏང་བ;
དཀའ་ཐུབ་བསྟེན་པ;

1191 Ascribe, *v.a.* ཡ་ལ་འདོགས་པ ; ཁ་འདྲ་པ ;

1192 Ash, *n.* གོ་ཐལ ;

1193 Ashes, *n.* སྤུར་ཐལ ; གོ་ཐལ ;

1194 Ashamed, *a.* ངོ་ཚ་ནས ; ངོ་ཚ་སྟེ ;

1195 Ashore, *ad.* ཆུའི་ཚལ་ཁར ; ཆུའི་འགྲམ་ཁར ;

1196 Ashy, *a.* ཐལ་མདོག་ཅན ;

1197 Aside, *ad.* ཟུར་དུ ; ཕག་ཏུ ;

1198 Asinine, *a.* བོང་གུའི་རིགས་ཅན ; བོང་བུ་ལྟ་བུ ;

1199 Ask, *v.a.* དྲི་བ ;

1200 Askance, *ad.* ཟུར་མིག་དུ ; མིག་འཁྲིས་ལ ;

1201 Aslant, *ad.* འཁྲིས་ཉལ་ཁར ; འཁྲིས་སུ ;

1202 Asleep. གཉིད་ལ་ཤོར་བའི་ཚུལ་དུ ;

1203 Aslope, *ad.* ཐུར་དུ ;

1204 Asp, *n.* དུག་སྦྲུལ ;

1205 Aspect, *n.* སྣང་ཚུལ ; ལྟར་སྣང ;

1206 Asperity, *n.* རྩུབ་པའི་ཟཾ་གྲུར ; རྩུབ་ལྡོག ;

1207 Asperse, *v.a.* སྐུར་པ་བཏབ་པ ;

1208 Aspersion, *n.* སྒྲོ་སྐུར ;

1209 Asphalt, *s.* རྡོ་ཀོན་ཞེས་དཀྲག་རྩེ་ནག་པོ་ས་ལས་འབྱུང་ཞིང་བསྐྱ་
མོ་ཡོད་པར་དེན་ལི་ཀྱི་འཐིང་གཞི་བྱེད་པ་ཞིག ;
ཨར་གའི་རྩི་ནག ; རྡོ་བཅལ་ཨར་གའི་དྲྃ་རྩི་ནག་པོ ;

1210 Asphyxia. དབུགས་འགག་ནས་སྲོག་གི་དབང་པོ་འགག་པ ;

1211 Aspic. སྦྲུལ་དུག་ཅན་གྱི་རིགས་ཞིག ;

1212 Aspirant, *n.* གོ་སར་འཛབ་མི ; གོ་སར་སླག་མི ;

1213 Aspirate, *n.* ཧ་ཡི་སྒྲ་ཅན་གྱི་ཡིག ; སྲོག་ལྡན་གྱི་ཡི་གེ ;
དཔེར་ན་ཁྷ་གྷ་ཁ་ཌྷ་དྷ་བྷའོ ;

1214 Aspirate, *v.a.* ཧའི་སྒྲ་བཅས་ཚིག་འབོད་པ ; ཧ་སྒྲ་དང་བཅས་སྒྲ་
འབྲིན་པ ;

1215 Aspiration, *n.* ལྷ་བ ; འདོད་པ ; ལྷ་བ ;

1216 Aspire, *v.n.* སྙིགས་པ ;

1217 Asquint, *ad.* མིག་ཛ་ཡོ་བྱེད་དེ ;

1218 Ass, *n.* བོང་བུ ;

1219 Assail, *v.a.* ཕྱིར་རྒོལ་བྱེད་པ ;

1220 Assailable, *a.* རྒོལ་དུ་ཡོད་པ ;

1221 Assailant, *a.* རྒོལ་བ་པོ ;

1222 Assassin, *n.* མི་གསད་ལག་དམར ;

1223 Assassinate, *v.a.* ཀུ་བསད་རྒྱབ་པ ; ངན་གྱིས་བསྒྲོང་པ ;

1224 Assassination, *n.* བཀུ་བསད ; གཡོ་ཐབས་ཀྱིས་བཀུམ་པ ;

1225 Assault, *n.* རྒོལ་བ ; མཚང་པ ;

1226 Assault, *v.a.* རྒོལ་བ ; གོང་གནོན་བྱེད་དེ་མཚང་པ ;

1227 Assay, *n.* ཧྲག་པ ; ཧྲག་ཞིབ ; གསེར་དངུལ་སོགས་ཐོན་ཟེ་ཡོད་ཀྱི་
ཧྲག་ཞིབ ;

1228 Assay, *v.a.* ཧྲག་ཞིབ་དཔྱད་པ ;

1229 Assayer, *n.* དངུལ་ཁང་དུ་གསེར་དངུལ་གྱི་ཧྲག་ཞིབ་དཔྱད་མི ;

1230 Assegai, *s.* ཨེ་ཕྲི་ཀའི་ཤིང་རྩེ་སྨྱུང་སྔོན་སྐེ་མདུང་བཟོ་བ ;
ཤིང་གི་མདུང ;

1231 Assemblage. མི་ཚོགས ; ཁྲིམ་ཚོགས ;

12 32 Assemble. མི་མང་པོ་ཚོགས་པ ; ཚོགས་པ ;

1233 Assembly, *n.* བསྡུ་བ; ཚོགས་སྡུ; ཚོར་འདུ;

1234 Assent, *n.* ཁ་ཆིཾ་པ; ཁ་མཐུན་པ;

1235 Assent, *v.a.* ཁ་ཆིཾ་པ; ཁ་མཐུན་པ;

1236 Assert, *v.a.* ཡིན་ངེས་ཞེས་བརྗོད་པ;

1237 Assertion, *n.* ཡིན་པར་སྨྲ་བའི་ཚིག; གཏན་ཚིར;

1238 Assess, *v.a.* ཁྲལ་བསྡུ་བ;

1239 Assessable, *a.* ཁྲལ་འདུ་འོས་པ;

1240 Assessment, *n.* ཁྲལ་བསྡུད;

1241 Assessor, *n.* ཁྲལ་འདུ་མཁན;

1242 Assets, *n.* ཚོང་རྫོག་ཡོ་བྱད་ཚངས་མ;

1243 Asseverate. ཡིན་ཞེས་ངེས་པར་བརྗོད་པ;

1244 Asseveration, *n.* ཡིན་ངེས་སུ་བརྗོད་བྱ;

1245 Assiduity, *n.* གཉེན་པོ; འབད་བརྩོན; འབད་པ; ནན་ཏན;

1246 Assiduous, *a.* གཉེན་པོ་ཅན; འབད་བརྩོལ་ཅན;

1247 Assign, *v.a.* སྐལ་བ་བགོས་ཏེ་བྱིན་པ; བྱིན་པ;

1248 Assignable, *a.* སྦྱིན་དུ་ཡོད་པ;

1249 Assignation, *n.* སྦྱིན་པར་བྱ་བའི་ལས;

1250 Assignee, *n.* སྦྱིན་ཡུལ;

1251 Assigner, *s.* སྦྱིན་མཁན;

1252 Assignment, *n.* སྐལ་བཀོད; དངུལ་སྐྱེད་སྤྲོ་བ;

1253 Assimilate, *v.a.* བསྒྲེ་བ; བསྒྲེས་པ;

1254 Assimilation, *n.* བསྒྲེ་བ; བསྒྲེས;

1255 Assist, *v.a.* རོགས་བྱེད་པ; གྲོགས་རམ་བྱས་པ;

1256 Assistance, *n.* གྲོགས་རཾ; རཾ་ཀླ;

1257 Assistant, *a.* ལས་རོགས; རམ་གླ;

1258 Assize, *v.a.* ཚོང་ཟོག་གི་བརྫིད་རྟག་ཅིང་རིན་གོང་སྒྲིག་པ;

1259 Assizer, *s.* བྲེ་སྲང་གི་རྟག་ཞིབ་བྱེད་དེ; རིན་གོང་སྒྲིག་མཁན;

1260 Associable, *a.* མཐུན་གཞིབ་མཁན; ཀུན་མཐུན;

1261 Associate, *n.* གྲོགས་མཆེད; མཆེད་གྲོགས; v.a. གྲོགས་སུ་འདེབ་པ;

1262 Association, *n.* སྡེ; མཆེད་གྲོགས;

1263 Assonance, *s.* སྒྲ་ཅིག་པ; སྒྲ་སྒྲིག་ལུགས;

1264 Assonant, *s.* སྒྲ་ཅིག་པ; སྒྲ་སྒྲིག་པོ;

1265 Assort, *v.a.* སོ་སོར་དབྱེ་བ;

1266 Assortment, *n.* སོ་སོར་དབྱེ་ཚུལ;

1267 Assuage, *v.a.* & *n.* འཛིཾ་དུ་གཏང་བ; ཞི་བ;

1268 Assuagement, *n.* མར་བཅག; དགོང་ཡང;

1269 Assume, *v.a.* གླངས་པ; འཆང་བ; ཡིན་པར་འཛིན་པ;

1270 Assuming, *p.* & *a.* ངར་འཛིན་ཅན; ལྟ་བ་ཅན;

1271 Assumption, *n.* འཛིན་པ; ཡིན་ལྟོག;

1272 Assumptive, *a.* ཡིན་ལྟོག་བྱེད་ཀྱང་རུང་བ; ཡིན་པར་འཛིན་ཚིག་པ;

1273 Assurance, *n.* བློ་གདེངས; བློ་གཏད; གདེངས;

1274 Assure, *v.a.* ཡིན་ཐག་ཆོད་དུ་བརྗོད་པ;

1275 Assured, *a.* ཡིན་ཐག་ཆོད་དུ་ངེས་པ; ཡིན་ཐག་ཆོད;

1276 Aster, *s.* མེ་ཏོག་ལྗོང་པོའི་རིགས་ཞིག;

1277 Asterisk, *n.* ཟུར་ཚུང་ཟིན་བྲིས་ཡོད་པའི་རྟའ་སུ་སྐར་རིས་སོ་གསུང
ཧྲང་བཀོད་ནས་བཞག་པ་དེའོ; དཔེར་ན་ † * * ལྟ་བུའོ;

1278 Asterism, *s.* སྐར་ཕྲན་གྱི་ཚོགས་སྤྲིཾ;

1279 Astern, *ad.* གྲུ་ཟིང་མཇུག་ངོགས;

1280 Asthmatic, *a.* གློ་འཚ་ཅན; གློ་ནད་ཅན; གློ་ནད་ཀྱིས་ཟིན་པ;

1281 Asthma, *n.* དབུགས་ཟུང་བ; འཚ་བ;

1282 Astir, *ad.* ཕན་ཀྱུན་འགྲོ་སྐྱོད་བྱེད་ཅིང་ཡོད་པ;

1283 Astonish, *v.a.* ཧ་ལས་སུ་བཅུག་པ;

1284 Astonishing, *a.* ཧ་ལས་པོ;

1285 Astonishment, *n.* ངོ་མཚར; ཡ་མཚན;

1286 Astound, *v.a.* ཤིན་ཏུ་ཧ་ལས་སུ་བཅུག་པ;

1287 Astral, *a.* ཡིད་ལུས་ཀྱི;

1288 Astray, *a.* ལཾ་གོལ་དུ་འཁྱར་བ; ཡན་པར;

1289 Astride, *ad.* སྐེད་པའི་སྟེང་དུ; རྐལ་པའི་སྟེང་དུ; སྒང་དུ;

1290 Astringent, *a.* བསྐ་བ; {སྐྱིག་ཤུག (Sik.)} བསྐ་བའི་རོ;

1291 Astrologer, *n.* སྐར་བརྩིས་པ;

1292 Astrology, *n.* སྐར་བརྩིས;

1293 Astronomer, *n.* སྐར་བརྩིས་པ; སྐར་མ་བརྟག་མཁན;

1294 Astronomy, *n.* སྐར་བརྩིས;

1295 Astute, *a.* སྤྱང་པོ; སྒྱུ་ཅན; {དྲན་ཉེད་ཅན (Bhut.)} བློ་གདེང་ཅན;

1296 Asunder, *ad.* ཡ་བྲལ་དུ; སོ་སོར;

1297 Asylum, *n.* དབེན་གནས; ནག་ཅན་སོང་གབ་ནས་སྡོད་ས་ཚུང་བ་
དགོན་པ་དང་ལྷ་ཁང་ལྟ;

1298 At, *pr.* ཙར;

1299 Ataghan, *s.* ཧོར་པའི་རལ་གྲི་འམ་ཡང་ན་མགར་སྒྲིག;

1300 Atheism, *n.* ཆད་ལྟ; སུ་སྟེར་ཆད་ལྟའི་ལྟ་བ;

1301 Atheist, *n.* ཆད་ལྟ་བ; ཆད་ལྟ་འཛིན་མི;

1302 Athletic, *a.* རྩལ་འགྲོང་བྱེད; དཔའ་རྩལ;

1303 **Athwart,** *pr.* སྐེད་བཅད་དུ; འཕྲེད་ལ;

1304 **Atilt,** *ad.* སྐེད་པ་ཀོང་ཀང་པ་བསྒྱུར་ཏེ་མདུང་ཞུལ་བའི་འཁྱིང་ལྟར;

1305 **A-tip-toe,** *ad.* ཀང་པའི་ཐེ་བོང་གཙུག་ནས་འགྲོ་བ;

1306 **Atlantic,** *a.* ཡུ་རོབ་དང་ཨེ་མེ་རི་ཀའི་བར་གྱི་རྒྱ་མཚོ;

1307 **Atlas,** *n.* ས་ཁྲའི་གླེག་བུ;

1308 **Atmosphere,** *n.* བར་སྣང; རླུང་གི་དཀྱིལ་འཁོར;

1309 **Atmospheric,** *a.* རླུང་གི;

1310 **Atom,** *n.* སྲོག་ཆགས་ཕྲ་མོ; རྡུལ; རྡུལ་ཕྲན; རྡུལ་ཕྲ་རབ;

1311 **Atomic,** *a.* སྲོག་ཆགས་ཕྲ་མོའི; རྡུལ་ཕྲན་གྱི;

1312 **Atone,** *v.a.* བཤགས་པ་འབུལ་བ; སྡིག་སྒྲིབ་འདག་པ་བྱེད་པ;

1313 **Atonement,** *n.* བཤགས་པ; སྒྲིབ་པ;

1314 **Atrabilarian,** *n.* གདོང་སྐྱ་ལྡོག་ཁ་པོ; སྐྱ་གདོང;

1315 **Atrocious,** *a.* ཤིན་དུ་འཇབ་ཆེ་བ; འཇབ་ཆེན;

1316 **Atrocity,** *n.* ལས་ཚབ་ཆེན; མཚམས་མེད་ཀྱི་ལས;

1317 **Atrophy,** *s.* ལུས་ཤ་སྐཾ་རུས་སྐཾ་ལ་འགྲོ་བ;

1318 **Attach,** *a.v.* སྦྱར་བ; འབྲག་པ;

1319 **Attache,** *n.* ཕྱི་བློན་སྐུ་ཚབ་ཀྱི་ཞབས་ཕྱི;

1320 **Attachment,** *n.* ཉེ་སེམས; བརྩེ་གདུང;

1321 **Attack,** *v.a.* ཕར་རྒོལ་བ; ཙུབ་རྒྱབ་པ; འཁྲུག་ལག་སློད་པ;

1322 **Attackable,** *a.* ཙུབ་རྒྱབ་ཀྱང་ཙང་བ; ཙུབ་རྒྱབ་དུ་ཙང་བ; འཁྲུག་ལག་སློད་པའི;

1323 **Attain,** *v.a.* & *n.* ཐོབ་པ; སྙོགས་པ;

1324 **Attainable,** *a.* ཐོབ་ས; ཐོབ་དུ་ཡོད་པ; སྙོགས་སར་ཡོད་པ;

1325 Attainder, *n.* ཡུལ་དུ་མི་གསད་དྲག་ལས་བྱས་པའི་རྐྱེན་གྱིས་རང་གི་གཞིས་ནོར་ལ་དབང་ཆ་མེད་པར་འགྲོ་བ ; སྒྲོ་གྲིམ་ཡོག་པ ;

1326 Attainment, *n.* འབྱོང་པ ; ཡོན་དན་འབྱོངས་ཚད ; ཐུབ་པ ;

1327 Attaint, *n.* བཀའ་སྐྱོན ; མི་ཁ ;

1328 Attaint, *n.* ཁྲི་བཟན་ཡིན་པར་ར་ཁྲོད་ནས་ཁྲིམས་ཡོག་པ ; བསྟུན་ག་ཞིག་གི་ཁྲིམས ;

1329 Attaintment, *n.* བཀའ་སྐྱོན ;

1330 Attar, *s.* མེ་ཏོག་གི་རྩི་བཅུད་སྙིང་པོ་འདུས་པའི་བྱུག་པ ; མེ་ཏོག་གི་བཅུད་ལས་བཟོ་བའི་བྱུག་པ,

1331 Attemper, *v.a.* ངར་ཚོད་ཐིང་པ་བཟོ་བ ; གར་སླ་རན་པར་སྦྱད་དེ་བཟོ་བ ;

1332 Attempt, *n.* བརྩོན་པ ; འབད་པ ; འབད་བརྩོན ;

1333 Attend, *v.a.* སྐུ་མདུན་བཅར་བ ;

1334 Attendance, *n.* ཚོགས་པའི་བྱས་ལས ;

1335 Attendant, *a.* སྐུ་མདུན་པ ;

1336 Attention, *n.* དྲན་པ ; བློ་རྩེ ; ཐུགས་དགོངས ; ཐུགས་དྲན ;

1337 Attentive, *a.* ཁ་ལ་ཉན་པོ ;

1338 Attenuate, *v.a.* ལུས་སྐམ་དུ་བཅུག་པ ; ཕྲུད་དུ་བཅུག་པ :

1339 Attenuated, *pp.* or ཕྲུད་པོ ; རིད་པོ ; སྐྲིག་པོ ;

1340 Attest, *v.a.* དཔང་པོ་བྱེད་པ ;

1341 Attestation, *n.* དཔང་པོ་སྟོན་སྟེ་ར་སྤྲོད་པ ;

1342 Attic, *a.* ཁང་པའི་ཡང་ཐོག་གི་ཁང་མིག་གྲུ་བཞི་པ.

1343 Atticism, *s.* གྲིཀ་ཡིགེའི་སྐྱེབ་སྦྱོར་དག་པོ ;

1344 Attire, *s* ཆ་ལུགས ; ཆས ; ཆས་གོས ;

1345 Attire, *v.a.* ཆ་ལུགས་སུ་སྒྲིས་པ; སྒྲིས་པ;

1346 Attitude, *n.* འདུག་སྟངས; འགྱིང་སྟབས;

1347 Attitudinarian, *s.* འགྱིང་སྟབས་སྟོན་དད་ཅན;

1348 Attitudinize, *v.a.* འགྱིང་སྟབས་སྟོན་པ;

1349 Attorney, *n.* ཁྲིམས་སར་ཁྲིམས་བདག་གི་མདུན་ཁ་མཆུའི་སྐབས་སུ་ཁ་ཚབས་པ;

1350 Attract, *v.a.* སྣ་འདྲེན་བྱེད་པ; འགུག་པ; ཡིད་འགུག་པ;

1351 Attractability, *n.* འགུག་འདྲེན་བྱེད་དུ་ཡོད་པ;

1352 Attraction, *n.* སྣ་འདྲེན; འདྲེན; འགུག་འདྲེན; འདྲེན་པའི་ནུས་པ; འཐེན་པའི་ནུས་པ;

1353 Attractive, *a.* ཡིད་ཁར་འོང་པོ; སེམས་ཕྲོར་པོ; ཡིད་འོང;

1354 Attractiveness. ཡིད་ཁར་འོང་བའི་ནུ་པ;

1355 Attribute, *v.a.* ཁ་གཡོགས་བདགས་པ; མིང་བདགས་པ;

1356 Attribute, *n.* སྐྱོན་ཡོན་བརྗོད་བྱ; སྐྱོན་ཡོན; མཚན་ཉིད;

1357 Attribution, *n.* བརྗོད་བྱ;

1358 Attributive, *a.* བརྗོད་བྱ; བཤད་པ;

1359 Attrition, *n.* ནུ་སྐྱིན་ལས་འབྲས་ཚོར་བ་ལས་བྱུང་བའི་མནོང་འགྱུར;

1360 Attune, *v.a.* སྒྲ་སྒྲིག་པ; སྐད་སྒྲིག་པ;

1361 Auburn, *a.* དམར་སྨུག;

1362 Auction, *n.* ནི་ལཱམ; (Hindi word adopted.)

1363 Auctioneer, *n.* ནི་ལཱཾ་གཏང་མཁན;

1364 Audacious, *a.* ཡ་མེད; གདོང་བཟང;

1365 Audacity. གདོང་བཟང; ཡ་མེད;

1366 Audible, *a.* ཐོས་པ; གོ་ནུས་པ; ཐོས་ནུས་པ་ཙམ་ཡོད་པ;

1367 Audibleness, *n.* ཐོས་སུ་ཡོད་ཚུལ;

1368 Audience, *n.* ཚོགས་འཛོམ; དཔོན་ཆེན་པོའི་སྐུ་བཅར;

1369 Audit, *n.* བརྩིས་ཀྱི་ཞིབ་རྟོག;

1370 Auditor, *n.* བརྩིས་ཀྱི་ཞིབ་རྟོག་པ;

1371 Auditorship, *s.* ཞིབ་རྟོག་པའི་གོ་ས;

1372 Auditory, *n.* ཐོས་བྱེད་རྣ་བའི་དབང་པོའི;

1373 Auger, *n.* སྐུང་གྲུ; ཨི་ཁྲང་འབིག་རྒྱུའི་ལག་ཆ;

1374 Aught, *p.n.* ཅི་ཡང; གང་ཡང;

1375 Augment, *v.a.* & *n.* སྤེལ་བ; མང་དུ་གཏོང་བ;

1376 Augmentable, *a.* སྤེལ་དུ་ཡོད་པ;

1377 Augmentation, *n.* འཕེལ་བསྐྱེད;

1378 Augmentative, *a.* སྤེལ་བྱེད;

1379 Augury, *s.* ཐུགས་བརྡག་མངོན་ཤེས; ལུང་བསྟན; བརྟེན་འབྲེལ;

1380 Augur, *v.a.* ཐུགས་བརྡག་མངོན་ཤེས་བཤད་མཁན;

1381 August, *a.* དཔའ་བརྗིད་ཅན; བརྗིད་པ;

1382 August, *n.* ཕྱི་ཟླ་བརྒྱད་པ;

1383 Augustness, *s.* དཔའ་བརྗིད་ལྡན་ཚུལ;

1384 Aulic, *a.* རྒྱལ་པོའི་ཕོ་བྲང་གི;

1385 Aunt, *n.* སྲུ; ཕྲུ; (ཨ་ནེ;)

1386 Aunty, *s.* ཨ་ནེ་ལགས; ཕྲུ་ལགས;

1387 Aureola, *n.* མཛའ་གུར; མཛའ་འོད; འོད་གུར;

1388 Auricular, *a.* རྣ་མཆོག་གི; རྣ་བའི་དབང་པོའི;

1389 Auricula, *s.* མེ་ཏོག་རིགས་ཞིག་གི་མིང;

1390 Auri-ferous, *a.* གསེར་ཅན; གསེར་གྱི;

1391 **Aurist,** *s.* རྣ་མཆོག་གི་ཨེམ་ཆི;

1392 **Aurora,** *s.* ཐོ་རིང་པི་ལྷ་མོ; ཉི་སྐྱ་རིང་དུས་ཀྱི་ལྷ་མོ;
ཐོ་རང་འཆར་ཀའི་འོད;

1393 **Auscultation,** *s.* རྣ་བ་གདང་རེ་ཤར་ཀྱི་རྟག་དཔྱད་བྱེད་པ;

1394 **Auspice.** བྱ་སྐད་དང་རྟེན་འབྲེལ་རྟག་དཔྱད་གཞན་ལས་བྱེད་པ;

1395 **Auspicious,** *a.* རྟེན་འབྲེལ་བཟང་པོ; བཀྲ་ཤིས་པོ;

1396 **Auspiciousness,** *s.* རྟེན་འབྲེལ་བཟང་ལྟུགས; ལེགས་བརྡ; བཀྲ་ཤིས;

1397 **Austere,** *a.* དཀའ་ཐུབ་ཅན; དཀའ་ཐུབ་དྲག་པོ;

1398 **Austerity,** *n.* དཀའ་ཐུབ;

1399 **Austral,** *a.* ལྷོ་ཕྱོགས་ཀྱི;

1400 **Australize,** *v.* ལྷོ་ཕྱོགས་སུ་ཡིད་འགྲོ་བ;

1401 **Authentic,** *a.* ཁུངས་ཅན; ཁུངས་དག་པོ; ཁུངས་དག;

1402 **Authenticate,** *v.a.* ཁུངས་དག་བཟོ་བ;

1403 **Authenticity,** *s.* ཁུངས་དག་ཚུལ;

1404 **Author,** *n.* དཔེ་ཆ་བརྩོམ་པ་པོ;

1405 **Authoress,** *s.* སྐྱེ་དམན་དཔེ་ཆ་བརྩོམ་མཁན;

1406 **Authoritative,** *a.* དབང་ཆེ་ལྡོག་ཁ་པོ; དང་ཡོད་ཚ་པོ;

1407 **Authority,** *n.* ཚད་དབང; ཁུངས; ལུང;

1408 **Authorize,** *v.a.* ཚད་དབང་སྤྲོད་པ; ཁག་ཐན་བཀལ་བ;

1409 **Authorship,** *n.* དཔེ་ཆ་བརྩོམ་མཁན་གྱི་གོ་ས;

1410 **Autobiography,** *n.* རང་གི་རྣམ་ཐར་རང་གིས་བྲིས་པ;

1411 **Autocracy,** *n.* རྒྱལ་པོ་ལ་ཚད་དབང་ཐམས་ཅད་ཡོད་པའི་ཁྲིམས;
རྒྱལ་པོས་གང་བྱེད་ཀྱང་ཆོག་པའི་རྒྱལ་ཁབ;

1412 **Autoc·rat.** རྒྱལ་པོ་རང་ལ་ཚད་དབང་ཐམས་ཅད་ཡོད་པ;

1413 Autocratic, *a.* རྒྱལ་པོའི་ཚད་དབང་དང་ལྡན་པ;

1414 Auto-da-fe, *s.* ལྷ་ལོག་ཅན་མི་བསྲེག་རྒྱབ་པའི་བདེན་པའི་བཤགས་འདར;

1415 Autographical, *a.* མི་ཞིག་གི་ཡིག་ངོ་མ; ཕྱག་བྲིས་ཡིན་ངེས་པའི;

1416 Automath, *n.* རང་ཤེས;

1417 Automaton, *n.* ཁྲུལ་ཀྱིས་བཟོ་བའི་མི་འཁྲུལ་བསྐྱོད་བྱེད་ནུས;

1418 Autonomy, *n.* རང་དབང་རང་ལ་ཡོད་པའི་རྒྱལ་ཁབ;

1419 Autopsy, *n.* རང་གིས་རང་བརྟག་པ;

1420 Autumn, *n.* སྟོན་ཀ;

1421 Autumnal, *a.* སྟོན་ཀའི;

1422 Auxiliary. ར་མདའ; གྲོགས; དཔུང་གྲོགས; རམ་ཟླ;

1423 Auxiliaries, *s.* དཔུང་གྲོགས; ཕ་རོལ་པའི་དཔུང་རང་གི་གྲོགས་སུ་ཆས་པ;

1424 Avail, *n.* ཕྱུས་ལོང; ཕཾ་ལོང; ཕྱུས་རྒྱུག་པོ;

1425 Avail, *v.a.* & *n.* ཕྱུས་རྒྱལ་བྱུང་བ; ཕཾ་ལོང་བྱུང་བ; རྒྱལ་བ;

1426 Available, *a.* བྱུང་རྒྱུ; ཐོབ་རྒྱུ་ཡོད་པ;

1427 Avalanche, *n.* ཁ་རུད; གངས་རུད;

1428 Avarice, *n.* སེར་སྣ; གཉབ་སེམས;

1429 Avaricious, *a.* སེར་སྣ་ཅན;

1430 Avariciousness, *a.* སེར་སྣ་ཆེ་ཚུལ;

1431 Avast, *intj.* ད་བཞག; ད་བསྡོད;

1432 Avaunt, *intj.* ཕྱིར་རྒྱུག; ཕར་རྒྱུག;

1433 Ave, *v.* ཡེ་ཤུ་རི་ཡུམ་ལ་གསོལ་བ་འདེབ་པའི་ཞབས་དྲིན;

1434 Avenge, *v.a.* དགྲ་ལན་འཇལ་བ; དགྲ་ཤ་ལེན་པ;

1435 **Avenger**, *n.* དགྲ་ཤ་ལོན་མི;

1436 **Avenue**, *n.* ལམ;

1437 **Aver**, *v.n.* ཡིན་ངེས་ཁལ་དུ་བཟློད་པ;

1438 **Average**, *n.* ཡས་མས་ཆེ་ཆུང་ཁྲོན་སྡོཾ;

1439 **Averse**, *a.* མི་འདོད་པ; སྙིང་ལ་མི་འདོད་པ; ནང་མི་དགར་བ;

1440 **Aversion**, *n.* ཞེན་ལོག;

1441 **Avert**, *v.a. n.* ཕྱིར་ཟློག་པ;

1442 **Aviary**, *n.* བྱེའུ་རི་ཚང;

1443 **Avichity**, *n.* ལྷོགས་མེ;

1444 **Avocation**, *n.* བྱས་ལས;

1445 **Avoid**, *v.a.* སྤངས་པ;

1446 **Avoidable**, *a.* སྤངས་སུ་ཡོད་པ;

1447 **Avoidance**, *s.* སྤངས་ལུགས; སྤོངས་ལུགས; སྤོངས་པ; བོར་བ;
དོར་བ;

1448 **Avoir-du-pois**, *s.* ཅ་ལག་རང་སྒྲོཾ་གཞལ་ཚད; གྲོས་སྤང་སྒྲོ་དང་ཉ་ག་ལ་
སོགས་པའི་འདེབ་ཚད;

1449 **Avouch**, *v.a.* ཡིན་པ་ར་ཁྲོད་དུ་བཟློད་པ; ཡིན་ལུགས་མ་དུན་དུ་བཟློད་པ;

1450 **Avow**, *v.a.* ཁ་ནས་ཐོན་པ; ཁས་ལེན་པ; ཁ་ཡེ་བྱེད་པ;

1451 **Avowal**, *n.* ཁ་ཚིག; ཁ་ཡེ; ཁས་ལེན;

1452 **Avowedly**, *a.d.* ཁ་ཐོན;

1453 **Await**, *v.a.* བགུགས་པ; བསྒུགས་པ;

1454 **Awake**, *v.a.* གཉིད་ནས་ཡར་སླང་བ; གཉིད་གསད་བ;

1455 **Awaken**, *v.* གཉིད་ནས་ཡར་སླང་བ;

1456 **Award**, *n.* སྐྱོལ་བ; གནང་བ; སྦྱིན་པ;

1457 **Aware**, *a.* ཚོར་བ; རིག་པ; རྒྱུས་ཡོད་པ;

1458 **Away.** མགྱངས་སུ; འགྱངས་སུ;

1459 **Awe,** *n.* & *v.t.* དངངས་སྐྲག; འཇིག་སྣང; ཟིལ; *v.t.* ཟིལ་གྱིས་མནན་པ; ཟིལ་གྱིས་ནོན་པ;

1460 **Awful,** *a.* འཇིག་རྗེས་ཅན; ཟིལ་ཆེན་པོ;

1461 **Awless,** *a.* འཇིག་རྗེས་མེད་པ; ཟིལ་མེད་པ;

1462 **Awhile,** *ad.* དར་ཙམ་ཞིག; ཡུད་ཙམ་ཞིག;

1463 **Awkward,** *a.* (ཁྲོ་ལོག་ལོག; Sik. & Bhut.) ཇོར་པོ;

1464 **Awkwardness,** *s.* ཁྲོ་ལོག་ཉིས; ཇོར་ཉམས;

1465 **Awl,** *n.* གཟེར་བཙུས་ཕྱུར་ཅན;

1466 **Awning,** *n.* གནམ་ཡོལ;

1467 **Awry,** *ad.* ཉ་རི་ཉི་རི; ཟ་ངེ་ཟེ་ངེ;

1468 **Ax; Axe,** *n.* སྟ་རི; སྟ་གྲི;

1469 **Axiom,** *n.* རང་བཞིན་བདེན་པར་སྣང་བའི་ཆོས་ཉིད; བདེན་བའི་ཆོས་ཉིད་ཅན་གྱི་ཚིག; དཔེར་ན་གཉིས་གཉིས་བཞི་ཡིན་པ་བདེན་ཞེས་པ་ལྟ་བུའོ;

1470 **Axis,** *n.* དཀྱིལ་ཐིག; འཁོར་ལོའི་ལྟེ་ཤིང; ཚངས་ཐིག;

1471 **Axle,** *n.* འཁོར་ལོའི་ལྟེ་བ;

1472 **Aye,** *ad.* ཡིན་ནོ;

1473 **Azalea,** *s.* མེ་ཏོག་ཞིག་གི་མིང;

1474 **Azure.** མཐིང་ཁའི་མདོག;

B

1 **Baa,** *v.n.* ལུག་གི་སྐད;

2 **Babble.** ཁ་བདག་མེད་ལབ་པ; ངག་བཀྱལ;

3 **Babbler,** *n.* ཁ་བདག་མེད་ལབ་མཁན;

4 **Babe**, *n.* ཕྲིའུ; ཕྲིའུ་ཆུང; (ཨའུ; Colql.) སྐུའུ; Respl.

5 **Baboon**, *n.* སྤྲེའུ་སྤྲ་དཀར; སྤྲ་དཀར; སྤྲ;

6 **Baby**, *n.* ཕྲིའུ་ཆུང; འོ་སྦྲང; ཨའུ;

7 **Babyhood**, *n.* ཕྲིའུ་ཆུང་གི་སྐབས;

8 **Bachanalian**, *a.* ཕྱི་པའི་ཆང་གི་ལྷ་དེའི་སྐོར; ཆང་དང་གླུ་གར་གྱི་ལྷའི;

9 **Bachelor**, *n.* ཕོ་རྐྱང;

10 **Bachelorship**, *n.* ཕོ་རྐྱང་གི;

11 **Bacillus**, *s.* གཅིན་གྱི་སྲིན; ནད་ཀྱི་སྲིན་འབུ;

12 **Back**, *n.* རྒྱབ; *v.i.* རྒྱལ་གཙུག་པ; རྒྱན་འཛུག་པ;

13 **Back**, *v.a.* འགྲིལ་སྐྱོང་བ;

14 **Back**, *ad.* ཕྱིར་ལོག་པ; ཕྱི་ནུར་རྒྱབ་པ; རྒྱབ་ལོག་སུ;

15 **Backbite**, *v.a.* ཁ་གཏང་བ; རྒྱབ་ན་འཕྱར་ཀ་བཏང་བ;

16 **Backbiter**, *n.* ཕྱགས་ནས་དམད་ར་བརྗོད་པ; སྨི་རྒྱབ་པ;
ཕྱགས་ནས་དམད་ར་བརྗོད་མི;

17 **Backdoor.** རྒྱབ་སྒོ;

18 **Backgammon**, *s.* བརྩེད་མོ་ཞིག་གི་མིང; ཤོ; བག;

19 **Background**, *s.* རྒྱབ་རི;

20 **Backhouse**, *s.* ཁང་པའི་རྒྱབ་ཀྱི་ཁང་མིག;

21 **Backrent**, *s.* ཁྲལ་ཆད;

22 **Backslide**, *vt.* ཕྱི་ནུར་རྒྱབ་པ;

23 **Backslider**, *n.* ཕྱི་ནུར་རྒྱབ་མཁན;

24 **Backward**, *ad.* }
25 **Backward**, *a.* } རྒྱབ་ཕྱོགས་སུ; འཕེར་མིན;

26 **Bacon**, *n.* ཕག་ཤ་ཚྭ་བྲོ་ཅན; ཕག་ཤ་ཚ་ཁག; ཕག་ཤ་ཚྭ་སྐམ;

27 **Bad**, *a.* ངན་པ; མ་ལེགས་པ;

28 **Bacteriam**, *n.* སྙན་ནད་ཀྱི་ས་བོན; ནད་ཀྱི་སྲིན་འབུ;

29 **Badge**, *n.* རྟགས;

30 **Badger**, *n.* ས་ལ་དོང་བྲུས་ནས་སྡོད་མཁན་མཚན་མོར་བཟས་ལ་ཆས་མཁན་གྱི་སེམས་ཅན་ཞིག; *v.a.* བརྙས་བཅོས་བྱས་པ;

31 **Badger**, *v.t.* རླགས་འཚོལ་བ; རྙབ་བཅོས་བྱེད་པ;

32 **Badly**, *ad.* གདུག་པོ་བྱེད་ནི; སྐྱོ་བུ་བྱེད་ནི;

33 **Badminton**, *n.* ཐི་འཐེག་དང་དྲ་བས་བརྩེ་བའི་བརྩེད་མོ;

34 **Badness**, *n.* ངན་རྩུལ; ངན་སྤྱངས;

35 **Baffle**, *v.t.* ཕམ་བ; མགོ་འཁོར་དུ་བཅུག་པ;

36 **Bag**, *n.* སྒྲོ; ཕད་ཚ; རས་ཁུག;

37 **Bag**, *v.t.* སྒྲོའི་ནང་དུ་བཙུག་པ;

38 **Baggage**, *n.* ཅ་ལག; ཡབ་ཆ; དོས་ཆས;

39 **Bagpipe**, *n.* འབའ་ཛ; སྒྲོ་དང་བཅས་པའི་རྒྱ་གླིང; སྒྲོ་གླིང;

40 **Bail**, *vt.* ཁྲིམ་ཁྲགས་བྱེད་པ; མི་དཔང་དུ་འཛུལ་བ;
ཛ་མ་ནི་བྱེད་དེ་འཛུལ་བ; (Hindi Sikimised term).

41 **Bail**, *n.* མི་དཔང; ཛ་མ་ནི; (Hindi ,, ,,).

42 **Bailable**, *a.* མི་དཔང་གཙུག་ཕྱི་བླུར་ཡོད་པ;

43 **Bailiff**, *n.* ཀོ་ཙག་པ; མི་གཡོག;

44 **Bait**, *v.t.* ཉ་བཟུང་བའི་འབུ་ལྷུར་ཀྱིའི་སྐང་ལ་བཀོན་ནས་བྱིན་པ;

45 **Bait**. ཉ་གཟུང་དུས་ལྷགས་ཀྱིའི་སྟེང་དུ་འབུ་བཀོན་ནས་སྤྱོད་པ་གང;

46 **Baize**, *n.* སྒོ་སྒོ་རྩབ་བུའི་རིགས་ཞིག;

47 **Bake**, *v.t.* ཁུར་བཟན་བཙོ་བ; ཁུར་བཟན་བསྲེག་པ;

48 **Baker**, *n.* ཁུར་བཟན་གཟོ་མཁན;

49 **Baking**, *n.* ཁུར་བཟན་བཟོ་བའི་ལས་དེའོ; མེ་འཚོད; བཙོ་བསྲེག;

50 **Balance**, *n.* སྲང; ཉ་ག; ལྷག་མ; ལྷག་ལུས; རྒྱ་འཕྲུར; རྒྱ་མ;

51 **Balance-sheet**, *n.* བུན་ལྷག་ལུས་ཀྱི་ཐོ; བུན་ཐོ;

52 **Balance**, *v.t.* སྲང་ལ་བདེག་པ; བརྫིད་འདེག་པ;

53 **Balcony**, *n.* རབ་གསལ; འཕྲོང་རྒྱས;

54 **Bald**, *a.* སྐྲ་མེད; མགོ་རིག་པ; མགོ་ལ་སྐྲ་མེད་པ;

55 **Baldness**, *n.* མགོ་ལ་སྐྲ་མེད་པའི་ཚུལ; དབུ་རིལ;

56 **Bale**, *n.* ཁུར་པོ; དོ་བུ; དོས་པོ;

57 **Bale**, *n.* ཉ་ཡོར་མོའི་རུས་པ;

58 **Baleful**, *a.* གནོད་པ་ཅན; གདོན་ཅན;

59 **Balister**, *n.* ལྕང་གཞུ་རྟ་ཅན་མ་དཔུང་པ་ལ་མེ་མདའ་བཞིན་བཞག་
ནས་རྒྱབ་མི་ཞིག;

60 **Balk**, *v.a.* རེ་འཁང་དུ་གཏང་བ; རེ་བ་བཅག་པ;

61 **Ball**, *n.* རྡིལ; རྡེག་རིལ; བཟུམ་གར; སྨྱུ་གར;

62 **Ballad**, *n.* སྒྲུང་གླུ་རུ་ལེན་པ; དཔེར་ན་གེ་སར་གྱི་སྒྲུང་ལྟ་བུ;

63 **Ballast**, *v.t.* ཞིམ་བརྫིད; གྲུ་གཟིངས་ཀྱི་ཞིམ་དུ་བརྫིད་ཅན་གྱི་ཅ་ལག་
གླུག་པ;

64 **Ballet**, *n.* གླུ་དང་གར་དང་ལས་དོན་བཅས་པའི་བཞད་མོ;

65 **Balloon.** གནཾ་ལ་ཕུར་རྒྱུའི་འཁྲུལ་འཁོར་ཞིག;

66 **Ballot**, *n.* མིང་ཡིག་གམ་རྡིལ་ཞིག་གིས་མདོ་མཐུན་པའི་བཟར་སྤྲོད་པ;

67 **Balm**, *v.t.* ཤིང་གི་རྩི་བཅུད་དྲི་ཞིམ་པོ; སྨན; སྤོ་སྨན;

68 **Balsam**, *n.* ཐང་རྩི; ཐང་མར; ཕུ་ཤེལ་རྩི་དང་མར་ཁྲ;

69 **Balustrade**, *n.* ཀ་བ་བཞིབ་པའི་ར་བ; ཀ་བཞིབ་ཀྱི་ར་བ;

70 **Bamboo**, *n.* སྨྱུག་མ;

71 Ban, *n.* སྒྲ་གྲག; དར་རས་ཞིན་དུ་སྲབ་མོ་ཞིག; ཀུན་ལ་ཁྱབ་པར་བཀྲིམས་པའི་བཀའ་རྒྱ;

72 Banana, *n.* སྐྱེས་ལྗོང་ཞེས་པའི་ཤིང་འབྲས་དེའོ; ངར་ལྷག; (Sik. & Bhut.).

73 Band, *n.* འབའ་ཛ; ཁན་སྒོམ; སྡེ; སྐེ་རག; མདུད་པ; འཆིངས;

74 Band, *v.t.* བསྡོམས་པ; སྐེ་རག་གིས་བསྡོམས་པ; དཀྲི་བ; དཀྲིས; སྐེད་འཆིང་རྒྱབ་པ; ཁ་སྒྲིལ་བ; ཁན་འདེབ་པ;

75 Bandage, *n.* སྨ་ལ་དཀྲི་རྒྱའི་རས་ཀྱི་ཤག་མ; སྨའི་ཕུར་རས;

76 Bandage, *v.t.* སྨ་སྤུར་དཀྲི་བྱེད་པ;

77 Bandbox, *n.* ཤོག་གུའི་ཞ་སྒམ;

78 Bandit, *n.* ཇག་པ; མི་རྐོད; ཐུ་ར་སི་རྐོད;

79 Bandy, *n.* འཁར་རྒྱུག་རྩེ་གྱུག་སྐྱོག་ཡོད་པ;

80 Bandy, *v.t.* བརྩོད་གྲངས་རྒྱབ་པ;

81 Bane, *n.* དུག; ཀྱེན་ངན; ཁས་མནོན;

82 Baneful, *a.* དུག་ཅན; གནོད་གལ་ཅན;

83 Bang, *v.t.* བརྡེག་པ; བརྡུང་བ; (Bhang. ཐ་མག་ཛ་ར་སྲུག;)

84 Bangle, *n.* ལག་གདུབ; or འདུབ; འདུབ་བུ;

85 Banish, *v.t.* མཐའ་འབིག་གཏོང་བ; མཐར་འབིག་པ;

86 Banishment, *n.* མཐའ་འབིག; ཕྱིར་འབུད;

87 Bank, *n.* ཆལ་ཁ; རབ་སོ; འགྲམ; དངུལ་ཁང; དངུལ་མཛོད;

88 Bank, *v.t.* སའི་ལྟག་རི་བརྩིག་པ; དངུལ་ཁང་དུ་བལྕམ་པ;

89 Bankrupt, *n.* ཚོང་ཁང་སྟོངས་པ; བུན་མི་འཁོར་བ; ཚོང་ཁང་ཧ་ལོག; བོང་གུ་འདོན་པའི་ཚོང་ཁང;

90 Bankruptcy, *n.* ཚོང་ཧ་ལོག; བུན་མི་ཐོན་པ;

91 Banner, *n.* རུ་དར; རྒྱལ་མཚན;

92 **Banquet,** *n.* ཐུགས་སྐྱོ; སྐུ་མགྲོན;

93 **Banquet,** *v.t.* སྐུ་མགྲོན་ལ་ཞུ་བ; ཐུགས་སྐྱོ་བསྐྱེད་པ;

94 **Banter,** *v.t.* ཀུ་རེ་ཞུ་བ;

95 **Banter,** *n.* བརྩེད་མོ; ཀུ་རེ;

96 **Bantling,** *n.* ཁྲིའུ་ཆུང;

97 **Banyan,** *n.* བྱང་ཆུབ་ལྗོན་ཤིང; ནུ་གྲོ་དའི་ཤིང་གི་རིགས;

98 **Baobab,** *n.* ཨེ་ཕྲི་ཀའི་ལྗོན་ཤིང་ཆེན་ཞིག; ཤིང་དེ་བས་ཆེ་བ་མེད་སྐད;

99 **Baptism,** *n.* ཁྲུས་གསོལ་དབང་བསྐུར;

100 **Baptismal,** *a.* དབང་བསྐུར་གྱི་བྱ་བར་གཏོགས་པའི;

101 **Baptist,** *n.* དབང་བསྐུར་བ་པོ;

102 **Baptize,** *v.t.* དབང་བསྐུར་བ;

103 **Bar,** *n.* དཀྱུག་པ; ཐུ་རྒྱུག;

104 **Bar,** *v.t.* བཀག་པ; འགག་པ;

105 **Barb,** *n.* མདའ; མདའ་རྩེ; མདའི་རྩེ་སྐྱུང;

106 **Barb,** *v.t.* རྩེ་སྐྱུང་ཅན་གྱི་མཚོན་ཆས་བརྒྱན་པ;

107 **Barbarian,** *n.* ཀླ་ཀློ;

108 **Barbaric,** *a.* ཀླ་ཀློའི;

109 **Barbarism,** *n.* ཀླ་ཀློའི་སྤྱོད་པ;

110 **Barbarity,** *n.* ཀླ་ཀློ་ལྟ་བུའི་ངན་སྤྱོད;

111 **Barbarous,** *n.* ཀླ་ཀློ་ལྟ་བུ;

112 **Barbarously,** *ad.* ཀླ་ཀློ་བཞིན་དུ;

113 **Barber,** *n.* སྐྲ་བཞར་མཁན;

114 **Bard,** *n.* སྐྱང་བཤད་མཁན; སྐྱང་ཚིགས་བཅད་དུ་བརྩོམ་མཁན;

115 **Bare,** *a.* རྗེན་པ; དམར་ཧྲང་ངེ; གཅེར་བུ; སྐྱིན་མོ; གཅེར་བུ;

116 **Barefaced**, *a.* ཐ་གསང་མེད་པ; རྣམ་རྗེན་པར་འཆོང་བ་པོ; བརྣམ་འཆོང;

117 **Barely**, *ad.* རྗེན་པར; དམར་རྗེན་དུ; འདངས་ཙམ; ཁྱབ་ཙམ; (ཨ་ལང་མ་ལང Collql.)

118 **Bargain**, *n.* ཚོང; ཁེ་ཚོང;

119 **Bargain**, *v.i.* ཚོང་སྒྲིག་པ;

120 **Barge**, *n.* གྲུ; གཟིངས;

121 **Barilla**, *n.* ག་ཐལ་ཡག་པོ་འབྱུང་བའི་ཤིང་སྡོང་ཞིག;

122 **Bark**, *n.* ཤུན་པ; པགས་པ;

123 **Bark**, *v.t.* ཁྱི་ཧབ་པ; ཁྱི་འཕྱུང་བ; ཁྱིས་འཕྱུང་བ;

124 **Bark or Bargue**, *n.* གྲུ་ཟིང; གྲུ་གཟིངས; གཟིངས;

125 **Barley**, *n.* ནས; ནས་འབྲུ; གྲོ་ནས;

126 **Barm**, *n.* ཆང་གི་དབུ་བ; ཆང་གི་ལྦུ་བ;

127 **Barmy**, *n.* ལྦུ་བ་ཅན;

128 **Barn.** འབྲུ་ཁང;

129 **Barnacle**, *n.* འགྲོན་བུའི་རིགས་ཞིག; ཉའི་སྣ་སྒྲོག;

130 **Barometer**, *n.* ཚ་གྲང་བརྟག་པའི་ལག་ཆ་ཞིག; ཚ་གྲང་བརྟག་བྱེད་ཀྱི་འཁོར་ལོ་ཞིག;

131 **Baron**, *n.* བློན་རིགས;

132 **Baronet**, *n.* བློན་པོ་ཆུང་བའི་རིགས;

133 **Baronetcy**, *n.* བློན་རིགས་ཀྱི་གོ་ས;

134 **Baronial**, *a.* བློན་པོའི; སྡེ་པའི;

135 **Baroscope**, *n.* ཚ་གྲང་རྟག་བྱེད;

136 **Barouche**, *n.* འཁོར་ལོ་བཞི་བྱས་པའི་ཤིང་རྟ་ཞིག;

137 **Barack**, *n.* དམག་མིའི་ཁང་པ;

138 **Barrel**, *n.* ཆང་ཟིཾ; ལྕགས་རྟང; ལྕགས་ཟེམ; པཱི་པཱ; (Tibetanised Hindi word).

139 Barrel, *v.t.* ཆང་ཟིཾ་ནང་བླུག་ནས་ཁ་བཅད་པ; ཆང་པཱི་པཱ་ནང་བླུག་ནས་ཁ་དམ་པོར་རྒྱབ་པ;

140 Barren, *a.* རབ་ཆད; སྐྱོ་པོ; {སྐམ་ཀྲག; སྐམ་རི་སྐང་ of a placo (Sik.)}

141 Barrenness, *n.* སྐྱོ་པོ་ཡིན་ལུགས; { Ditto Ditto } སྐམ་ལུང;

142 Barricade, *n.* } ར་བ; སྟག་ར; གཙན་ཆས;

143 Barricade, *v.t.* } ར་བས་བསྐོར་བ; འགག་པ; སྟག་ར་བཀག་པ; གཙན་ཆས་ཀྱིས་བསྐོར་བ; གཙན་ཆས་བརྩིག་པ;

144 Barrier, *n.* འགག་མཆོས; ར་བ;

145 Barrister, *n.* ཁྲིམས་བདག་གི་མ་ཧུན་དུ་ཞུ་བ་པོར་འོས་པ; ཁྲིམས་ཁང་ནང་ཁྲིམས་དཔྱད་སྐབས་སུ་དོ་བདག་གི་ཁ་ཚབ;

146 Barrow, *v.t.* ར་བྲུ་གྱི་གང་ལ་ས་སྤུངས་པ; དུར་ཁང་དུ་བཙུག་ནས་ས་སྤུང་པ;

147 Barrow, *n.* ཤིང་རྟ་འཁོར་ལོ་ཆུང་ཆུང་ཞིག་གི་མིང;

148 Bar shot, *n.* སྒྲོག་རྡེའུ་ཉིས་འབྲེལ་མ;

149 Barter, *v.t.* ཚོང་བརྗེས་རྒྱབ་པ;

150 Basalt, *n.* རྡོ་སྨུག་པོ་རི་བྲག;

151 Base, *a.* དམན་པ; མ་རབ; ཙགས་མེད; ནོར་མི་ཉན་པ;

152 Base, *n.* ཞིཾ; ཞབས; རྩ་བ;

153 Base, *v.t.* གཙུག་པ; གཞི་འཛིང་པ; ཀྲང་བཙུག་པ;

154 Baseless, *a.* ཞབས་མེད; རྩ་བ་མེད་པ;

155 Basely, *ad.* མ་རབས་ཀྱི་སྤྱོད་པ་ལྟར་བྱེད་དེ; མ་རབས་ལྟར;

156 Basement, *n.* འོག་ཐོག; འདུ་ཁང;

157 Bashful, *n.* ངོ་ཚ་ཅན; Sik. གདོང་ཞན་པ;

158 Bashfulness, *n.* ངོ་ཚ; ངོ་དམའ་ལུང;

159 Basil, *n.* གཟེང་བི་ཁའི་ཕབ་མཚམས;

160 Basil, *n.* སྤོ་སྨན་ཞིག་གི་མིང;

161 Basin, *n.* གཞོང་པ; ཕྲོན་པ; ཁྲུག་ཆུ་ཞིག་གིས་ག་ཤོག་པའི་ཡུལ; གཙང་པོ་དང་དེའི་ནང་བབ་པའི་ཆུ་ཕྲུང་གིས་ག་ཤོག་པའི་ལུང་པ;

162 Basis, *n.* གཞི; རྨངས; སྙིཾ་གཞི;

163 Bask, *v.i.* བསྲོ་བ; བསྲོས་པ;

164 Basket, *n.* སླེ་པོ; ཟེས་པོ;

165 Bas-relief, *n.* ལྷ་སྐུ་གྱེང་ལོགས་ནས་ཕྱེད་ཙམ་འབུར་དེ་ཡོད་པ; འབུར་ཕྱེད;

166 Bass, *n.* དབྱངས་ཀྱི་རྗེར; གདང་དབྱངས་པོ་སྐད་ཀྱི་སྒོར; བྷེར་ས་རྣབ (adopted Hindi.)

167 Bass, *n.* འབྲུ་ཆང་ཁག་དྲིག་ཞིག་གི་མིང; ཆང;

168 Basoon, *n.* གླིང་བུ་རྗེར་ཆེན་པོ་ཞིག་གི་མིང;

169 Bast, *n.* ཤིང་ཤུན་ནང་མ;

170 Bastard, *n.* སྟོལ; ནལ; (ཏ་དཀར; Sik.)

171 Bastard, *a.* ཡུང་དང་ཁྱང་མེད་པར་འབྱུང་བའི་རྒྱ་གང་ཡིན;

172 Baste, *v.t.* ཤར་འཚེམ་རྒྱབ་པ; ཧབ་འཚེམ་རྒྱབ་པ;

173 Bastinado, *n.* རྒྱུག་བརྡུང;

174 Bastion, *n.* དགྲ་རྫིང་གི་ལྷུར་གཉིས་ནས་ཚུར་ལྷག་པའི་རབ་གསལ;

175 Bat, *n.* བྱ་མ་བྲི; ཕྱི་ལོང་དར; ཕྱི་ལོང; པ་ཝང; (ཙེ་མོ་ཙེ་རྒྱའི་རྒྱུག་པ; རྒྱིན་རྒྱུག the stick).

176 Bat, *v.i.* རྒྱིན་རྒྱུག་བསོར་བ;

177 Bat, *n.* རྒྱིན་རྒྱུག་འཆང་མི; ཧྲིང་བལ་གྱི་རས་སྐྱབ་མོ་འི་ཡུག; ཛ་སྤྲུག;

178 Batch སྡེ་མཚན;

179 Bate, *v.t.* མར་བཅག་པ; གོང་ཆུང་དུ་གཏང་བ;

180 Bathe, *v.t.* ཁྲུས་བྱེད་པ; བཀྲུ་བ;

181 **Bath,** *n.* ཁྲུས;

182 **Baton,** *n.* འཁར་སྲིལ; ཟིང་དབྱུག; འཁར་དབྱུག;

183 **Battalion,** *n.* དམག་རུ་སི་གྲངས་ལྔ་བརྒྱ་ནས་བརྒྱད་བརྒྱ་འི་སྟོང་མཚོ་
ཁྲབ་ཡོད་པ;

184 **Batter,** *v.t.* གསིལ་བྱར་གཏོར་བ; {འཛག་རྩི་བརྡུང་བ; Sik.}

185 **Batter,** *n.* གྲོ་ཕྱེ་སྒོ་ང་དང་འོ་མ་བསྲེས་ནས་སྐྱོ་མག་བཟོས་བཞག་
པ་ལ;

186 **Battering,** *n.* སྒྲོག་རྡོ་འཕང་རྒྱུའི་ཆས; སྒྲོག་རྡོ་འི་བརྡུང་བརྡེག;

187 **Battery,** *n.* མེ་སྒྲོག་གྲལ་དུ་འགྲིག་པ་དང་དེའི་ཆས;

188 **Battle,** *n.* གཡུལ་ངོ; གཡུལ་འཐབ;

189 **Battlement,** *n.* དགྲ་རྫོང་ཁང་ཐོག་ཏུ་ཡོད་པའི་ལྷུགས་རིའི་བརྩིག་པལ་
ཟེར;

190 **Bauble,** *n.* སྙིང་པོ་མེད་པའི་མིག་ཁར་མཛེས་ཁྱད་ཅན་གྱི་ཅ་ལག;

191 **Bawd,** *n.* སྨད་འཚོང་མའི་ཚོང་དཔོན;

192 **Bawdy,** *a.* མི་གཙང་བ; བཙོག་པ; རྫེན་གཏྲིཾ་ཅན;

193 **Bawl,** *v i.* སྐད་ཆེན་རྒྱབ་པ;

194 **Bay,** *a.* རྟ་ཟག་པ; མདོག་དམར་པོ་བྲུས་པ;

195 **Bay,** *n.* རྒྱ་མཚོའི་འགྲོ་ཁུག་དུ་ཆར་པ; སྨན་ཤིང་གི་ལོ་མ;

196 **Bay,** *n.* ཁྲི་སྐད; བཙིག་པའི་ནང་ནས་ཨི་ཁྱང; གག་པ་ཐུག་ནས;

197 **Bay,** *v.i.* སྡུབ་ལོག་རྒྱབ་པ; To turn at bay.

198 **Bayonet,** *n.* མེ་མདའི་རྩེ་མདུང;

199 **Bayonet,** *v.t.* གྲི་མདུང་འབྱུ་བ;

200 **Bayonet,** *v.t.* མདུང; མེ་མདའི་ཁར་བཀོན་པའི་མདུང;

201 **Bazaar,** *n.* ཁྲོམ;

202 **Be,** *v.i.* གྱུར; ཡོང; བྱུང;

203 **Beach,** *n.* མཚོའི་འགྲམ;

204 **Beacon,** *n.* མེ་ཚག; སྒྲོན་མེ;

205 **Bead,** *n.* འཕྲེང་བ;

206 **Beagle,** *n.* རི་བོང་བདའ་རྒྱུའི་ཤ་ཁྱི་ཆུང་ཆུང་གི་རིགས་ཞིག;

207 **Beak,** *n.* མཆུ་ཐོ;

208 **Beaker,** *n.* ཆང་འཐུང་སའི་ཟྲོ་བསྐོར་མཆུ་ཅན་ཞིག་ཡིན;

209 **Beam,** *n.* ཤིང; (གདུང་མ; གཅལ; (Sik.)

210 **Beam,** *n.* འོད་ཟེར;

211 **Bear,** *v.t.* ཁུར་པ; འཁྱེར་བ; ཐེགས་པ;

212 **Bear,** *n.* གཅན་གཟན་དོཾ;

213 **Beard,** *n.* ཨག་ཚོཾ;

214 **Beard,** *v.t.* ཨོག་ཚོཾ་ནས་བཟུང་བ;

215 **Bearded,** *a.* ཨོག་ཚོཾ་ཅན;

216 **Bearer,** *n.* གཟིས་ཐུང་པ; འཁུར་མཁན; གཟིམ་དཔོན;

217 **Bearing,** *n.* ཁྲེར་སོ; འགྲིང་བག;

218 **Beast,** *n.* དུད་འགྲོ;

219 **Beastly,** *a.* དུད་འགྲོ་ལྟ་བུ;

220 **Beat,** *v.t.* བསྣུན་པ; བརྡེག་པ; བརྡུང་བ;

221 **Beat,** *a.* ཐང་ཆད་པ; ཐིཾ་པ; ཐང་ཟད་ཚོད་དུ་སོང་བ;

222 **Beater,** *n.* བསྣུན་བྱེད; བརྡུང་མཁན;

223 **Beatific,** *a.* བད་བ་བསྐྱེད་བྱེད; བདེ་སྟེར; བདེ་སྦྱིན;

224 **Beatify,** *v.t.* བདེ་བ་བསྐྱེད་པ; བདེ་བ་བྱིན་པ;

225 **Beating,** *n.* བརྡུང་བརྡེག; ཉེས་དག;

226 **Beatitude,** *n.* བདེ་མཆོག; དགའ་བདེ; སྐྱིད་སྣང;

227 Beau, *n.* འཆོར་པོ; གཞོན་པོ; སྟག་གཞོན་མཆོར་འདོད་ཆེན་པོ;

228 Beau Ideal, *n.* ཡིད་སྨོན་གྱི་ཚད;

229 Beauteous, *a.* སྒྲིག་པ; མཛེས་པ;

230 Beautiful. མཛེས་པོ; སྒྲིག་པ;

231 Beautifully. མཛེས་པོར;

232 Beautify. མཛེས་པོར་བྱེད་པ;

233 Beauty, *n.* མཛེས་ཚུལ; མཛེས་ཆ; མཛེས་ལུགས;

234 Beaver. ཆུའི་བྱི་བ; ཆུ་བྱི; ཆུའི་ཙི་ཙི;

235 Becalm, *v.t.* ཕྲུང་སྡོད་དུ་བཅུག་པ; ཞི་རུ་བཅུག་པ; ཞི་བར་བཙོམ་པ;

236 Because, *c.* དེའི་ཕྱིར; ཅི་ཕྱིར་ཞེ་ན; ཅི་ཕྱིར་ན;

237 Beck, *n.* ལག་ལྷུད; ལག་བརྡའ; ལག་གཡོབ;

238 Beck, *v.i.* ལག་ལྷུད་རྒྱབ་པ;

239 Beckon, *v.i.* ལག་ལྷུག་རྒྱབ་པ;

240 Becloud, *v.t.* སྒྲིབས་པ; སྨུགས་པས་འཁྲིབ་པ;

241 Become, *v.i.* གྱུར་བ; འགྱུར་བ;

242 Becoming, *a.* སྒྲིཾ་པོ; འགྲིག་པོ;

243 Becomingly, *ad.* སྒྲིཾ་པོར;

244 Bed, *n.* ཉལ་ས; མལ; གཉེར; ཉལ་པོ; འཇུཾ་རའི་ས་ཆ
ཇུཾ་རེ་ཇུཾ་རེ་བྱས་བཀོས་པ་དེ་ཡང་ཟེར;

245 Bed, *v.t.* མལ་དུ་བཅུག་པ; ཉལ་སར་བསྐྱལ་བ;

246 Bedaub, *v.t.* ཚོན་ནི་ཡང་ན་གར་ཅི་ཞིག་གིས་གང་བྱུང་བཀུས་པ;

247 Bedazzle, *v.t.* མིག་འཆེར་དུ་བཅུག་པ;

248 Bedding, *n.* མལ་བཟན; གདན་ཆས; མལ་ཆས;

249 Bedeck, *v.t.* བརྒྱན་པ; སྤྲས་པ;

250 Bedew, *v.t.* ཟིལ་པས་ཁྱབ་པར་བྱས་པ;

251 Bedim, *v.t.* སྒྲིབས་པར་བྱས་པ;

252 Bedlam, *n.* སྨྱོན་ཁང;

253 Bedouin, *n.* བྱེ་ཐང་སྒྲིམ་མཁན་གྱི་མི་རིགས;

254 Bedtime, *n.* གཟིམ་དུས; ཉལ་བའི་མཚམས་ཚོགས;

255 Bee, *n.* བུང་བ; སྦྲང་མ; (བྷྲ་མ་ར; Sanskrit word Tibetanised).

256 Beech, *n.* སི་རིས་ཤིང; Sik.

257 Beef, *n.* ནོར་ཤ;

258 Beehive, *n.* བུང་བའི་ཚང;

259 Beer, *n.* ཆང; འབྲུ་ཆང;

260 Beeswax, *n.* སྦྲ་ཚིལ;

261 Beet, *n.* ཉུང་དམར; ཡུང་རྡོག་སྨུག་པོ;

262 Beetle, *n.* འབུ་ཤོག་པ་བསྒོ་མོ་ཡོད་པའི་རིགས;

263 Beetle, *v.i.* གཡབས་པ; རྩ་བ་ལས་ལྷག་པར་ཚུར་ལུག་པ;

(ལུག་པ; འང་གུག་ཅན་པ Sik.)

264 Befall, *v.t.* ཐོག་ཏུ་བབས་པ; (དཔེར་ན་རྐྱེན་ངན་བཞིན;)

265 Befit, *v.t.* རན་པ; སྦྱར་པ; འགྲིག་པ;

266 Befool, *v.t.* མགོ་འཁོར་དུ་བཅུག་པ;

267 Before, *prep. ad.* དེའི་སྔོན་ནས; སྔོན་ནས; ཐོག་མ་ནས; མདུན་དུ;

268 Beforehand, *ad.* ལག་སྔ་བ;

269 Befoul, *v.t.* གཙོག་པ་བཙོས་པ; སྒྲིབ་པ; གཙོག་པོ་བཟོ་བ;

270 Befriend, *v.t.* གྲོགས་བྱེད་པ;

271 Befringe, *v.t.* ཁ་ཚར་བཏགས་པ;

272 Beg, *v.t.* སློང་བ; ཞུ་བ་ཐན་པ;

273 Beget, *v.t.* སྐྱེ་བ; འབྱུང་བ; བཙས་པ;

274 Beggar, *n.* སྤྲང་པོ ; སྤྲང་མོ་བ ;

275 Beggar, *v.t.* སྤྲང་པོར་བཅོས་པ ;

276 Beggarly, *ad.* སྤྲང་པོ་ལྟུ ;

277 Beggary, *n.* སྤྲང་ལུས ;

278 Begin, *v.t.* མགོ་གཙུག་པ ;

279 Beginning, *n.* ཐོག་མ་ཉིད ; མགོ་སྔོན་ཐོག ;

280 Begird, *v.t.* སྐྲེ་རག་བཅིངས་པ ;

281 Begirt, *v.i.* མཐའ་བསྐོར་བ ; P. P. མཐའ་འཁོར་ཟིན་པ ;

282 Begonia, *n.* ཚུ་ཙ ; ཚུ་ཙའི་མེ་ཏོག ;

283 Begone, *int.* པར་རྒྱུག ;

284 Begot, *pp.* of Beget སྐྱེས་པ ; སྐྱེས་ཚར་བ ;

285 Begrime, *v.t.* ས་དང་དྲིག་པར་འདྲེས་ནས་ཡོད་པ ;

286 Begrudge, *v.t.* སེར་སྣ་བྱེད་པ ; ཕྲིན་མི་འདོད་པ ;

287 Beguile, *v.t.* གཡེང་བ ; སླུ་བ ; མགོ་བསྐོར་བ ;

288 Beguilement, *n.* གཡེང་བ ;

289 Begun, *v.t.* མགོ་ཚུགས་པ ;

290 Behalf, *ad.* ཆེད་དུ ;

291 Behave, *v.* སྤྱོད་པ་སྤྱད་པ ;

292 Behaviour, *n.* བྱ་སྤྱོད ;

293 Behead, *v.t.* མགོ་བོ་བཅད་པ ;

294 Beheld, *v.t.* མཐོང་ཚར་བ ;

295 Behemoth, *n.* ཆུ་པག ;

296 Behest, *n.* བཀའ་རྒྱ ; བཀའ་བསྒོ ; བཀའ ; བཀའ་སློབ ; བཀའ་མངགས ;

297 Behind, *prep.* རྒྱབ་ནས ; རྒྱབ་ཡོང་སུ ;

298 Behind, *ad.* རྒྱབ་ནས; རྗེང་དུ; ཕྱི་རུ;

299 Behindhand, *a.* རྗེས་སུ་ལུས་པ; ཕྱིས་དྲགས་པ;

300 Behold, *v.t.* བལྟས་པ; མཐོང་བ; (Intjn.) ཀྱེ་ཧོ; (Imp. བལྟོས་དང;)

301 Beholden, *a.* དྲིན་གྱིས་ནོན་པ; དྲིན་ཟག་པ; དྲིན་གྱི་བཀྱངས་པ;

302 Beholder, *n.* བལྟ་མཁན;

303 Behoof, *n.* དོན; ཁེ; ཁྲུས; ཕན;

304 Behoove, *v.t.* མཁོ་བ; དགོས་གནད་བྱུང་བ;

305 Being, *n.* ལུས་ཅན; སེམས་ཅན; སྲིད་པ; མཆིས་པ; ཡོད་པ;

306 Belabour, *v.t.* བརྡུང་བ; བསྣུན་པ;

307 Belay, *v.t.* སྟེང་དུ་བཀྲམ་པ; ཡི་འགག་པ;

308 Belch, *n.* སྐྱིག་པ་འདོན་པ;

309 Beldam, *n.* ཨ་ཕྱི; མའི་མ; པའི་མ; (ཨ་ནགས Sik.; ཛུ་ཛུ Sik.)

310 Beleaguer, *v.t.* དམག་དཔུང་གིས་མཐའ་བསྐོར་བ;

311 Belfry, *n.* དྲིལ་ཁང; དྲིལ་ཆེན་བརྡ་པའི་དབུ་རྩེ;

312 Belial, *n.* འབྱུང་པོ་ཞུགས་པའི་མི; མི་ངན;

313 Belie, *v.t.* བརྫུན་དུ་བཏང་བ; བརྫུན་དུ་སྨྲ་བ;

314 Belief, *n.* དད་པ; ཡིད་ཆེས;

315 Believable, *n.* དད་པར་འོས; དད་འོས; ཡིད་ཆེས་པོ;

316 Believe, *v.t.* དད་པ་སྐྱེད་པ; བདེན་པར་འཆའ་བ;

317 Believer, *n.* དད་པ་བྱེད་མཁན;

318 Belike, *ad.* འདྲ་སྲིད; འདྲ་ཚོད་པ;

319 Bell, *n.* དྲིལ་བུ; vit. དྲིལ་བུ་བརྡ་པ;

320 Belle, *n.* སྒེག་མོ;

321 Belles-lettres, *n.* སྙེབ་སྦྱོར་ལེགས་བཤད; སྙན་ངག;

322 Belligerent, *a.* དམག་རྒྱབ་པའི་རྩ་བ; དམག་རྒྱབ་མཁན་དེ་བདག;

323 Bell-metal, *n.* ལི; དྲིལ་བུའི་རྒྱུ; ཁྲོ; ལི་མ་ཁྲོ;

324 Bellow, *v.t.* ཁྲུ་མཆོག་བཞིན་དུ་སྒྲ་སྒྲིན་པ; ངར་སྐད་འདོན་པ; ངར་བ;

325 Bellows, *n.* འབུས་པ; མེ་གདང་རྒྱུའི་འབུས་པ;

326 Belly, *n.* ཕོ་བ; ཕོ་རྡང; གྲོད་པ; གསུས་པ; ལྟོ་བ;

327 Belly, *v.i.* གསུས་པ་འཕྱང་བ; ལྟོ་བ་ཤུག་ཡ;

328 Belly-band, *n.* ལྟོ་འཆིང;

329 Belong, *v.i.* བདག་པོར་གྱུར་བ; གཏོགས་པ; མངའ་བ; བདོག་པ;

330 Belonging, *n.* བདག་མཛོད་བྱེད་པོ;

331 Beloved, *a.* སྙིང་མཐུན; མཐུན་བ་ཤེས;

332 Below, *prep.* འོག་དུ; བཤཾ་དུ;

333 Below, *ad.* འོག་དུ;

334 Belt, *ad.* སྐྲེ་རག་ལྷར་སྐེད་པར་བསྐོར་སྡེ;

335 Belt, *v.t.* སྐེ་རག་འཆིང་བ;

336 Bemoan, *v.t.* མྱ་ངན་བྱེད་པ;

337 Bench, *n.* ཀང་ཁྲི;

338 Bend, *v.t.* བཀུག་པ; གཡོ་བ;

339 Bend, *n.* གྱུག; ཡོ; འཁྱོག;

340 Beneath, *prep.* འོག་དུ;

341 Benediction, *n.* བྱིན་འབེབས; རབ་གནས; བཀྲ་ཤིས་རབ་གནས;

342 Benefaction, *n.* དགེ་བ; མཐུན་རྐྱེན; སྐྱེད; ཡོན་སྐྱེད;

343 Benefactor, *n.* སྦྱིན་བདག; དྲིན་ཅན; བཀའ་དྲིན་ཅན; (སྐུ་དྲིན་ཆེན་པོ Respfl.)

344 Beneficent, *a.* ཕན་པའི་རྒྱུ;

345 Benefice, *n.* ཆོས་གཞིས་ས་ཆ;

346 Beneficed ཆོས་གཞིས་ཆ་དང་ལྡན་པ;

347 Beneficial, *a.* ཕན་པའི་རྒྱུ;

348 Benefit, *n.* ཁེ; དོན;

349 Benefit, *v.t.* ཁེ་སྦྱིན་པ;

350 Benevolence, *n.* སེམས་བཟང;

351 Benevolent, *a.* ཕན་སེམས་ཅན;

352 Benevolently, *ad.* ཕན་སེམས་ཀྱིས; ཕན་སེམས་བྱེད་དེ;

353 Benight, *v.t.* མུན་པ་རུབ་པ; ས་རུབ་པ;

354 Benign, *a.* སྙིང་རྗེ་ཅན; ཕན་སེམས་ཅན;

355 Benignant, *a.* ཐུགས་རྗེ; བཀྲིན་ཅན;

356 Benignity, *n.* ཐུགས་རྗེ; དྲིན; ཕན;

357 Bent, *n.* འཁྱོག; དྲང་པའི་འགྲོ་ཕྱོགས; ཡོ; འགྲོ་ཕྱོགས;
གུག; བློའི་འགྲོ་ཕྱོད;

358 Bent, grass, *n.* སྤང་རྩ་གུག་པོ;

359 Benumb, *v.t.* གྲང་བས་སྦྲིད་པ; འཁྲུགས་ནས་ཚོར་རྒྱུ་མེད་པར་སོང་བ;

360 Benzoin, *n.* སྤྲུཾ་ཏ་ཅང་སེ་ཁ་དྭང་བ་ཞིག; ཤིང་གི་ཁ་ཚུ་སྤྲོས་དྲི་ཅན་
ཞིག;

361 Bequeath, *v.t.* པ་གཞིས་ཕོག་པ; པ་གཞིས་སུ་སྤྲུལ་བ; གཞི་ག་
གནང་བ;

362 Bequest *n.* ཁ་འཆེམ་འཇོག་པའི་ནོར་སྐལ;

363 Bereave *v.t.* དབུལ་པོར་གཏང་བ; འཕྲོག་པ;

364 Bereavement, *n.* མྱ་ངན; སེམས་བྲེལ;

365 Berry, *n.* ཤིང་འབྲས་ཆུང་ཆུང་སྦྱི་ཤ་ནང་ཆ་བཅས་ཡོད་པ;

366 Berry, *v.i.* ཤིང་འབྲས་བཏགས་པ;

367 Berth, *n.* — གོ་ས; གོ་གནས; མལ; མལ་ཁྲི; གྲུ་ཟིང་གི་ཐོག་དུ་ཡོད་པའི་ཉལ་ཁྲི;

368 Beryle, *n.* — སྤུ་ཤ་ཀཱ་ར་བྱ་བའི་ནོར་བུའི་བྱེ་བྲག;

369 Beseech, *v.t.* — ཞུ་བ་ཕུལ་བ;

370 Beseem, *v.i.* — མིག་ཁར་མཛོན་པ; ཡིན་ཚོད་འདུག;

371 Beset, *v.t.* — མཐའ་བསྐོར་བ; ཧུབ་པ; ཧུབ་རྒྱབ་པ; འཐིབ་པ;

372 Besetting, *p.a.* — འཐིབ་པ; འཐིབ་པའི;

373 Beside, *prep.* — འགྲི་དུ; ཡོགས་ཁར; ཟུར་དུ; ཉེ་བར; འབོ་ཡོགས་ཁར;

374 Besides, *ad.* — མ་ཚད; དེ་ཕར་བཞག་པའི; ཕར་བཞག; ལྷ་བཞག;

375 Besides, *prep.* — ཕར་བཞག; ཟུར་དུ་བཞག་པའི; ཕར་ཚད; མ་ཟད;

376 Besiege, *v.t.* — དམག་དཔུང་གིས་མཐའ་བསྐོར་བ;

377 Besieger, *n.* — མཐའ་བསྐོར་མཁན;

378 Besmear, *v.t.* — ཟུག་པ; བཀུ་བ; བསྐུས་པ;

379 Besom, *n.* — འཕྱགས་མ; འཕྱགས་མས་འཕྱག་པ;

380 Besot, *v.t.* — གླེན་པར་བཅོས་པ; ལྐུན་པོར་འགྱུར་བ;

381 Bespangle, *v.t.* — ཐར་ཐོར་དུ་བརྒྱན་པ; ཐ་རེ་ཐོ་རེ་བྱས་བཀོད་པ;

382 Bespatter, *v.t.* — ཐོར་ཐོར་གཏོང་བ;

383 Bespeak, *v.t.* — བཤད་པ; སྐད་ཆ་བྱས་པ;

384 Besprinkle, *v.t.* — ཆུ་ཐོར་རེ་གཏོར་བ;

385 Best, *a.* — ཡག་ཤོས; ལེགས་ཤོས; ཨང་གི་དང་པོ;

386 Best-man, *n.* — བག་མ་བླངས་དུས་མག་པའི་བག་རོགས་དེ་ལ་ཟེར;

387 Bestial, *n.* — དུད་འགྲོ་ལྟ་བུའི;

388 Bestir, *v.t.* — འགུལ་བསྐྱོད་བྱེད་པ; དཀྲུག་པ;

389 Bestow, *v.t.* — གནང་བ; བཞག་པ; ལྷི་པ;

390 Bestowal, *n.* གནང་སྦྱིན; བྱིན་ལུགས; གནང་ལུགས;

391 Bestrew, *v.t.* གཏོར་བ;

392 Bestride, *v.t.* ཞོན་པ;

393 Bestud, *v.t.* ཁྲ་བཀོད་པ; འབུར་བཀོད་པ;

394 Bet, *n.* རྒྱན; རྒྱལ;

395 Betake, *v.t.* ལས་སུ་འཇུག་པ; འཇུག་པ; འཛིན་པ; བཟུང་བ;
འཛུ་བ;

396 Betel, *n.* གུ་ཡུག་ཡ་མ; སྒོ་ཧྲས; པཱན; སོ་རྩི;

397 Bethel, *n.* མཆོད་ཁང;

398 Bethink, *v.t.* བསམ་མནོ་གཏང་བ; བསཾ་བློ་སྐོར་བ;

399 Bethlehem, *n.* ཡེ་ཤུའི་འཁྲུང་ཡུལ;

400 Betide, *v.t.* འབབ་པ; འབྱུང་བ;

401 Betimes, *ad.* དུས་སུ; རན་རན; རན་ཙམ་ནས;

402 Betoken, *v.t.* བརྡ་སྟོན་པ;

403 Betray, *v.t.* སླུ་བ;

404 Betroth, *v.t.* གཉན་ཁ་སླས་པ; གཟའ་ཟླ་བུ་རྒྱུའི་ཁ་ཆོག་བཟི་བ;

405 Betrothal, *n.* སློང་ཆང་སྤྲེར་ཟླང་བྱེད་པ; ཁྲོ་ཤུག་བུ་རྒྱུའི་ཁ་ཆོག;

406 Better, *ad.* དེ་བས་ཡག་པ; ལྷག་པར་ལེགས;

407 Better, *n.* གོང་མ; དྲག་རིམ;

408 Better, *v.t.* བཟང་དུ་གཏང་བ;

409 Between, *prep.* དཀྱིལ་དུ; དབར; བར་དུ;

410 Betwixt, *prep.* བར་དུ;

411 Bevel, *n.* ཟུར་ཤོག; ཟུར་གཞོག; ཟུར་འཕྲེད་གཞོག;
གཟེང་གི་སོ་ལྟ་བུ;

412 Bevel gear, *n.* འཁོར་ལོ་སོ་ཅན་འགྲིག་ནས་ཡོད་པའི་འཁྲུལ་འཁོར;

413 Beverage, *n.* བཏུང་བའི་བྱེ་བྲག;

414 Bewail, *v.t.* ཀྱི་ངན་བྱེད་པ;

415 Beware, *v.i.* རིག་པ་སྒྲིམ་པ; ཚོད་ཟིན་པ;

416 Bewilder, *v.t.* མགོ་འཁོར་དུ་བཙུག་པ;

417 Bewitch, *v.t.* ངན་སྔགས་བདབ་ནས་དབང་དུ་བསྡུ་བ;

418 Bey, *n.* ཡུ་སུལ་མནན་དུ་ཏུ་རུཀྲ་པའི་རྗོང་བདག་ལ་ཟེར;

419 Beyond, *prep.* ཕ་རོལ་དུ;

420 Bias, *n.* བློའི་ཁ་ཕྱོགས; སེམས་ཀྱི་དཀར་ཕྱོགས;

421 Bias, *v.t.* བློ་སྣ་གཡོ་བ; བློ་སྣ་འཁྱུག་པ;

422 Bible, *n.* བསྟན་བཅོས; ཡི་ཤུའི་ཆོས་ལུགས་ཀྱི་བསྟན་བཅོས;

423 Biblical, *n.* ཡི་ཤུའི་བསྟན་བཅོས་ཀྱི;

424 Biblist, *n.* ཡི་ཤུའི་བསྟན་བཅོས་དེ་དང་ལ་མོས་པ;

425 Bibulous, *a.* བལྡན་བཤིམ་དང་ཅན; གཞན་བླང་བདེ་པོ; ཆང་དང་ཅན;

426 Bice, *n.* ཚོན་རྩི་སྔོན་པོ་ཞིག;

427 Bicker, *v.i.* འཐབ་པ;

428 Bid, *v.t.* བཀའ་བསྒོ་བ; བཀའ་གནང་བ; རིན་སྒྲོགས་པ;
རིན་གོང་སྤྲད་བ; བཀའ;

429 Bidder, *n.* ལི་ལམ་ཀྱི་སྐབས་སུ་གོང་བཀལ་མཁན་དེ་ལ་ཟེར;

430 Bide, *v.i.* འགུགས་པ; འགུགས་ནས་སྡོད་པ;

431 Biennial, *n.* ལོ་གཉིས་གཉིས་བར་ལ་གང་བབས་པ;

432 Bier, *n.* མི་རོ་འདྲེན་པའི་ཤིང་རྟ་ལ་ཟེར;

433 Big, *a.* སྦོམ་པོ; བོང་ཆེན་པོ;

434 Bigamist, *n.* ཕོ་མོ་གང་ཞིག་ལ་ཚང་མ་འམ་ཁྱོ་ག་གཉིས་དུས་གཅིག
ལ་ཡོད་པ་དེ་དག་ལ་ཟེར་རོ; (ཁ་ཟན་གསུམ; Collql.)

435 Bight, *n.* (ཐག་པའི་གཟེ་སྐོར་ལ་ཟེར; Sik.) རྫ་བཀྱག;

436 Bigly, *ad.* སྦོམ་པོ་བྱེད་དེ;

437 Bigness, *n.* སྦོམ་པའི་རྣམ་གྱུར; བོང་ཆེ་ལྟ; སྦོམ་ཚུལ; སྦོམ་ལྟ;

438 Bigot, *n.* བློ་ཆུང; རང་ཆོས་ལ་ཧ་ཅང་གི་འཛིན་པ་ཆེ་ཐལ་ཤོར་བ; བློ་དོག་པོ; ཀ་པ་ལི་མཁྲེགས་པོ;

439 Bigotted, *ad.* རང་གི་ཆོས་ལ་ཧ་ཅང་འཛིན་ཆེས་པ;

440 Bigotry, *n.* བཟུང་མཛོན་གྱི་མདུད་པས་འཆིང་གྲུགས་པ;

441 Bile, *n.* མཁྲིས་པ;

442 Bilge, *n.* གྲུ་ཟིང་གི་ཞམ་ཞེང་ཁ་ཆེ་ཤོས་དེའོ;

443 Biliary, *ad.* {མཁྲིས་ནད་ཅན;} མཁྲིས་པའི;

444 Bilious, *a.* མཁྲིས་ནད་ཅན;

445 Bilk, *v.t.* མགོ་བསྐོར་བ; བློ་གདད་པའི་མི་ལ་བློར་སླུན་སྦྱིན་པ; ཡིད་སླུན་དུ་འཇུག་པ; བློ་ཡམ་དུ་བཅུག་པ;

446 Bill, *n.* མཆུ་ཐོ;

447 Bill, *n.* ཁྲིམས་བདག་མང་པོ་ཚོགས་པའི་ཞལ་འཛོམས་ལ་ཟེར;

448 Bill, *n.* དངུལ་ཐོབ་པའི་ཐོ་ཡིག;

449 Bill, *v.i.* དངུལ་ལཾ་ཟླུན་ཐོ་ཡི་གེར་བཀོད་དེ་བཏང་བ;

450 Billet, *n.* ཡིག་ཆུང; དམག་མི་རང་རང་གི་སྡོད་གནས་སྟོན་པའི་ཡིག་ཆུང;

451 Billet-doux, *n.* མཛའ་འགྲོ་སོཾ་སྙིང་སྡུག་ལ་བཀར་བའི་ཡི་གེ་དག་སྣང་ཅན་ལ་ཟེར; ཡིག་ཆོག་སྙན་པོ;

452 Billiards, *n.* བརྩེད་མོ་ལ་ཟེར;

453 Billion, *n.*— དུང་འཕྱུར; བྱེ་བ་བརྒྱ་ཕྲག་གཅིག་ལ་ཟེར;

454 Billman ཟོར་ཅན; དགྲ་སྟ་གྲུག་གྲུག་འཁྱེར་མི;

455 Billow, *n.* ཆུའི་རྦ་རླབས;

456 Billow, *v.i.* རྦ་རླབས་སུ་སྒྲིལ་བ; རྦ་རླབས་འཚོ་བ;

457 Billow, *v.i.* རྦ་རླབས་སུ་སྒྲིལ་བ; རྦ་རླབས་འཚོ་བ;

458 Billowy, *a.* རྦ་རླབས་ཅན;

459 Bin, *n.* ཤིང་སྒྲོད་བཤོ་ཆེ་བ་ལ་ཟེར;

460 Binary, *a.* གཉིས་འབྲེལ་མ; ཟུང་འབྲེལ; འབྲེལ་མ;

461 Bind, *v.t.* བསྡུ་པ; བཅིང་བ;

462 Binder, *n.* གླེགས་བཾ་གྱི་འཕྲུས་རྒྱབ་མི; རྒྱབ་ཤ་སྦྱར་མཁན;

463 Binding, *n.* ཆོས་ཀྱི་རྒྱབ་ཤ; དཔེ་ཆའི་རྒྱབ་ཤ;

464 Binnacle, *n.* གྲུ་ཟིང་ནང་ཕྱོགས་བལྟ་དང་སྣང་ཚུ་འཇགས་ས;

465 Binocular, *a.* མཁྱུངས་ཤེལ;

466 Biographer, *n.* རྣཾ་ཐར་བརྩོམ་མཁན;

467 Biography, *n.* རྣཾ་ཐར;

468 Biology, *n.* གསོན་པོའི་ཤ་ཟུག་གི་ཚ་སྤྱངས་དབྱེ་བའི་རིག་གནས;

469 Bipartite, *a.* ཟུང་དུ་གྱུབ་པ; ཆ་གཉིས་ཡོད་པ;

470 Biped, *n.* རྐང་གཉིས;

471 Birch, *n.* སྟག་པ་ཤིང་ལྗོང; སྟག་པ་ཤིང;

472 Bird, *n.* བྱིའུ; (བྱི་ཆུང; Sik.)

473 Bird's eye, *a.* སྟེང་ནས་མཐོང་ལུགས;

474 Bird's nest, *n.* བྱིའུའི་ཚང;

475 Birth, *n.* སྐྱེ་བ; འཁྲུངས་པ; བཙས་པ; ཕྲིའུ་བཙས་པ;
སྐུ་འཁྲུང; སྐུ་བལྟམས;

476 Birthday, *n.* སྐྱེ་བའི་ཉི་མ; འཁྲུང་དུས; སྐུ་བལྟམ་པའི་དུས;
འཁྲུང་སྐར;

477 Birthplace, *n.* སྐྱེ་ས་སྐྱེ་ཡུལ;

478 Birthright, *n.* སྐྱེས་པའི་ཐོབ་ཐུ;

479 Biscuit, *n.* བག་ལེབ; (ཏྲི་ཞིན; Tibetanised Chinese word);

480 Bisect, *v.t.* གཉིས་སུ་བགོ་བ;

481 Bishop, *n.* དཔོན་སློབ; མཁན་པོ;

482 Bishopric, *n.* དཔོན་སློབ་ཀྱི་གོ་ས; མཁན་པོའི་གདན་ས; མཁན་པོའི་གོ་ས;

483 Bishmuth, *n.* ས་ནས་འབྱུང་བའི་རིན་པོ་ཆེའི་རིགས་གཅིག;

484 Bison, *n.* འབྲོང;

485 Bissoatile, *n.* ཆོས་གྲངས་ལྷག་པ; ཆོས་ལྷག; ཀླི་ལྷག;

486 Bit, *n.* ཏུཾ་བུ; དངུལ་ཏཾ་ཆུང་དུ; སྲབ་ལྷུགས;

487 Bit, *v.t.* སོ་རྒྱབ་པ;

488 Bitch, *n.* ཁྱི་མོ;

489 Bite, *v.t.* སོ་རྒྱབ་པ;

490 Bite, *v.t.* སོ་ཐེབ་ཚུལ;

491 Bitter, *a.* ཁག་པོ; རོ་ཁག་པོ; ཁག་ཐིག;

492 Bitterly, *ad.* ཤིན་དུ་སྐྱོ་བཞིན་དུ; ཧ་ཅང་སྐྱོ་པོ་བྱེད་དེ;

493 Bittern, *n.* བྱ་ཁྲའི་རིགས་ཞིག;

494 Bitterness, *n.* ཁག་ཚུལ; སྐྱོ་བ; ཁག་ཚུལ; ཁག་ཡུད;

495 Bitters, *n.* སྨན་རོ་ཁག་པོ་བྱས་པ;

496 Bitter sweet, *n.* མངར་ཁག;

497 Bitumen, *n.* རྡོ་སོལ་ནས་འབྱུང་བའི་བཀྲག་རྩི་ནག་པོ་མེ་ཁ་ཡིན་པོ་ཞིག་གི་མིང;

498 Bituminize བཀྲག་རྩི་ནག་པོར་འགྱུར་བ;

499 Bivalve, *n.* རྒྱུང་གི་སྐང་བུ་གཉིས་ཡོད་པ; (དཔེར་ན་ཉ་ལྷ་བུ);

500 Bivouac, *n.* དམག་མི་ཞག་གི་ཚ་ཚོགས་བདབ་རྒྱུ་དེ་ལ་ཟེར;

501 Bivouac, *v.t.* དམག་མིའི་ཞག་བབས་སུ་སྡོད་པ;

502 Bi-weekly བདུན་ཕྲག་རེ་ལ་ལན་མ་གཉིས་རེ;

503 Blab, *v.i.* དོན་མེད་ཀྱི་སྨྲ་བ; ཅལ་ཅོལ་དུ་སྨྲ་བ;

504 **Black**, *a.* — ནག་པོ;

505 **Blackamoor**, *n.* — ཨ་ཙ་ར་མདོག་ནག་པོ;

506 **Bladder**, *n.* — ལྒང་བུ;

507 **Blade**, *n.* — གྲི་སོ; གྲི་ཁ;

508 **Blamable**, *a.* — ཁ་ཉེས་རེ་བ; ཁ་ཉེས་ཐོག་ཏུ་རེ་བ; ཁ་འཕྱར་འོས་པ; སྐྱོན་དུ་བཟླ་འོས་པ;

509 **Blame**, *v.t.* — ཁ་ཉེས་གཏང་བ;

510 **Blameless**, *a.* — ཁ་ཉེས་མེད་པ;

511 **Blameworthy**, *a.* — ཁ་ཉེས་རེ་བ;

512 **Blanch**, *v.t.* — ངོ་གདོང་སེར་པོར་སོང་བ; གདོང་དཀྲག་ཉིས་པ;

513 **Bland**, *a.* — ངག་སྙན་པོ; ངག་འཇམ;

514 **Blank**, *a.* — སྟོང་པ;

515 **Blanket**, *n.* — སྣམ་བུ;

516 **Blarney**, *n.* — ངོ་བསོད; ངོ་སོ; ངོ་སྐྱུང་གི་བསྟོད་ར; (Bhut. ཤ་མོ;)

517 **Blaspheme**, *v.t.* — བཀུར་པ་བཏབ་པ;

518 **Blasphemy**, *n.* — བཀུར་པ;

519 **Blasphemous**, *a.* — བཀུར་པའི་ཚུལ་གྱི; བཀུར་པའི་ཉེས་པ་ཅན;

520 **Blast**, *n.* — བུ་ཡུག; ལྷག་པ; རླུང་ཚུབ;

521 **Blaze**, *n.* — མེ་ལྕེ; མེ་འོབས; *v.i.* མེ་བཞུར་རྒྱབས་པ;

522 **Blazon**, *v.t.* — ངོཾ་པའི་ཆེད་དུ་ཕྱིར་བསྒྲི་པ; ངོཾ་པ; (Sik. and Bhut. གཡེར་ཟེལ་སྟོན་པ)

523 **Bleach**, *v. a.* — གོས་སོགས་ཡང་ན་ཅ་ལག་གང་རུང་རླུང་ལ་སྟན་ནས་དཀར་པོར་བཟོ་བ;

524 **Bleak**, *a.* — རླུང་སྟོང་པོ; བུ་ཡུག་སྟོང་པོ;

525 **Blear**, *v.t.* — མིག་ཆུས་མཐོང་སྣང་སྒྲིབས་པ; མིག་སྒྲིབས་པ;

526 Bleat, *v.i.* ལུག་གི་སྨྲས་སྒྲ་སྒྲོན་པ;

527 Bleed, *v.i.* ཁྲག་གཏར་བ; ཁྲག་ཟབ་པ;

528 Bleeding, *n.* ཁྲག་འབྲོན་པ; ཁྲག་ཤོར་བ;

529 Blemish, *v.t.* སྐྱོན་བྱས་པ; *n.* སྐྱོན;

530 Blench, *v.i.* (Bhut. རྒྱབ་བཤུད་རྒྱབ་པ); ཕྱི་བྲོས་སོ་ཕྱི་ཉུར་
རྒྱབ་པ;

531 Blend, *v.t.* བསྲེ་བ;

532 Bless, *v.t.* སྨོན་ལཾ་བཏབ་པ;

533 Blessing, *n.* སྨོན་ལཾ; བཀྲིས; བྱིན་འབེབས:

534 Blest, *a.* སྨོན་ལཾ་ཐེབས་ཟིན་པ;

535 Blew, *v.t.* ཕྱུ་འདེབས་པ;

536 Blight, *v.t.* སད་གཏང་བ;

537 Blind, *a.* ལོང་བ; *v.t.* ལོང་བ་བཅོས་པ; མིག་སྒྲིབ་པ;

538 Blindly, *ad.* ལོང་བ་བཞིན་དུ;

539 Blindness ལོང་ཚུལ; ལོང་བའི་རང་བཞིན;

540 Blink, *v.i.* མིག་ཚོཾ་ཚོཾ་བྱེད་པ;

541 Blinker, *n.* རྟའི་སྒྲབ་ལ་འབྲག་པའི་མིག་སྐྱོར་ཀོ་བ་གཉིས་པོ་དེ་ཡིན;

542 Bliss, *n.* བདེ་བ;

543 Blissful, *a.* བདེ་ལྡན;

544 Blissfully, *ad.* བདེ་མོར; བདེ་སྐྱིད་ལྡན་པོར;

545 Blister, *n.* ཆུ་ཐོར; ཐོར་པ;

546 Blister, *v.t.* ཆུ་ཐོར་སྟོན་པ;

547 Blithe, *a.* ཉམས་བདེ་མོ;

548 Blithesome, *a.* སྤྲོ་སིང་སིང; བདེ་ཉམས་ཅན;

549 Bloat, *v.t.* སྦུ་འདེབས་ནས་བརྒྱངས་པ; རླུང་གིས་བརྒྱངས་པ;

550 Bloater, *n.* ཉ་སྐྃ; ཉ་དུ་བའི་གྲོག་སྐྃ་པ; ཉ་དུད་སྐྃ་རྒྱབ་པ་གང;

551 Block, *n.* ཨན་ཅོ; ཤ་གདན; ཤིང་དུམ;

552 Blockade, *n.* དམག་གིས་མཐའ་སྐོར་ནས་ཕྱི་ནང་འགྲུལ་བཅད་པ;

553 Blockhead, *n.* སྐོ་འཐྃ་པོ; གླེན་པ;

554 Blonde, *n.* བུད་མེད་ཤ་རྩེ་ཤིན་དུ་དཀར་ཞིང་སྐྲ་སེར་སྐྱ་མིག་སྔོན་པོ་
བྱས་པ;

555 Blood, *n.* ཁྲག; རཀྟ; ཁྲག་དམར;

556 Bloody, *a.* ཁྲག་རལ་ཤིག་ཤིག;

557 Bloom, *n.* དམར་མདངས; ལང་ཚོ;

558 Blooming, *n.* ལང་ཚོ་དར་བ; དམར་མདངས་རྒྱས་པ;

559 Blossom, *n.* མེ་ཏོག;

560 Blot, *v.t.* གནག་རྫོབ་རྒྱབ་པ; ནག་ཐིག་རྒྱབ་པ;

561 Blotch, *v.t.* ནག་ཁྲིབ་བགོད་པ; ནག་ཐིག་རྒྱབས་པ; ནག་ཁྲིབ;

562 Blotter, *n.* ཕྱིས་མཁན;

563 Blotting paper, *n.* གནག་ཚ་སྣྃ་པའི་ཤུ་གུ་འབོ་ཟེབ་ཞིག་ལ་ཟེར;

564 Blow, *n.* (of a fist རྫོག་རིལ; མུར་རྫོག) (Bhut. འབོ་དོ;)

565 Bludgeon, *n.* དབྱུག་པ; དབྱུག་ཐོ;

566 Blue, *n.* སྔོན་པོ;

567 Bluff, *s.* གད་པ; སྤྲོ་ཐོ;

568 Bluff, *a.* གཟུང་པོ་བོང་ཆེ་ལ་སྤྲ་བ་དྲང་གཏིང་ཅན; ཁ་ལབ་སྡངས་
རྩུབ་པོ; རྟོར་གཏམ་ཅན;

569 Bluffness, *a.* སྤྲ་བ་རྩུབ་པའི་ཚུལ;

570 Bluing, *n.* སྔོ་མདངས་སྦྱིན་པ ; དཔེར་ན་གོས་དཀར་བཀྲུས་ནས་ སྔོ་མདངས་སྦྱིན་པའི་སྲོལ་ཡོད་པ་དེ་ལ་ཟེར ;

571 Bluish, *a.* སྔོན་པོ་ཙམ ; སྔོ་ཤིག་གེ་བ ;

572 Blunder, *v.i.* ནོར་བ ; འཁྲུལ་བ ; (n.) ནོར་འཁྲུལ ;

573 Blunderhead, *n.* གླེན་པོ ; (Sik. idiom) འགྱོ་དོས ; གླེན་པ ;

574 Blunderbuss, *n.* ཚ་མདའི་རིཊ་ཅིག ;

575 Blunt, *a.* རྣོད་མེད ; རྣོ་མེད་པ ; རྟུལ་པོ ; *v.t.* རྣོད་ངར་གསད་པ ; *v.t.* རྣོད་མེད་བཅོ་བ ;

576 Blur, *v.t.* གནག་ཁྲིབ་བཀོད་ནས་མི་མངོན་པར་བཅོས་པ ;

577 Blurt, *v.t.* ཐོ་ཅོར་ཧོར་གཏོང་དུ་སྨྲས་པ ; ཁ་ནས་ར་འཐོན་ཡུག་ འཐོན་འདོན་པ ;

578 Blush, *v.i.* ངོ་ལ་འཛུམ་མདངས་ཀྱུག་པ ;

579 Blushing, *n.* ངོ་འཛུམ ; (ངོ་ཚ་བའི་རྐྱེན་གྱིས་ངོ་ལ་དམར་མདངས་ ཀྱུག་བཞིན་དུ ;

580 Blushingly, *ad.* ངོ་ཚ་བཞིན་དུ ; ངོ་དམར་པོ་བྱེད་བཞིན་དུ ;

581 Bluster, *v.i.* འཛིག་རེ་བཀོད་ཕྱིར་ངར་སྐད་འདོན་པ ; དཔའ་གཏོ་ འདོན ; ངར་ངར་བྱེད ;

582 Blusterer, *n.* ངར་སྐད་འདོན་དད་མཁན ; སྟོང་གཏམ་ཅན ;

583 Boa, *n.* ལྦ་ཨཾ་ཡང་ན་སྦྲུར་གཟན་པ་པས་སྐེ་ལ་གསོག་ཀྱུའི་གོས་ ཚ་དེ་ལ་ཟེར ; (སྦྲུལ་སྦྲོ་ཆེན་ = Boa constrictor) (སྦྲུལ་སྨྲོས་མ་ = Bhut. Ditto)

584 Boar, *n.* རི་ཕག ; (ནགས་ཕག་ Sik.) ཕག་རྒོད ;

585 Board, *n.* པང་ལེབ ; གདོ་གླ ;

586 Board, *v.t.* གྲུ་ཟིང་གི་ཐོག་ལ་འཛེག་པ ; གདོ་གླ་བྱས་ནས་སྡོད་པ ;

587 Boarder, *n.* ལྟོ་གླ་གནས་མལ་གཡར་ནས་ཟས་གླ་བཅོས་བྱས་ནས་ སྡོད་མཁན ;

588 Boarding-house, *n.* གདོ་དང་གནས་མལ་གཡར་སའི་ཁང་པ; ཟ་ཁང;—

589 Boarding school, *n.* གདོ་དང་གནས་མལ་སྦྱོར་བའི་སློབ་གྲྭ;

590 Boast, *v.i.* ཁྱེད་ངོཾ་བྱེད་པ; སྟོང་གཏམ་བྱས་པ;

591 Boaster, *n.* དཔའ་ངོམ་མཁན; སྟོང་གཏམ་ཅན;

592 Boastful, *a.* དཔར་ངོཾ་ཅན;

593 Boastfully, *ad.* དཔའ་ངོཾ་བྱེད་དེ;

594 Boasting, *n.* ཁྱེད་ངོཾ; སྟོང་གཏམ;

595 Boat, *n.* གྲུ་ཆུང;

596 Bob, *n.* འབུར་དུ་ཐོན་པ་ལའང་ཟེར; ཚོང་རྡིལ; འཕྱོང་རྡིལ;

597 Bobbin, *n.* འཆོམ་འཁྱུག་གི་ཁབ;

598 Bobtail, *n.* མཇུག་རིལ་ཅན; ཞུ་གུ་ཀླུམ་ཀླུམ;

599 Bode, *v.t.* མངོན་ཤེས་བཤད་པ;

600 Bodement, *n.* བཟང་ལྟས་ངན་ལྟས་ཀྱི་རྟེན་འབྲེལ;

601 Bodice, *n.* བུད་མེད་ཀྱི་སྐེད་པར་གྱོན་པའི་གོས་སྟོད་ཞིག; སྐྱེད་བཀབ;

602 Bodied, *a.* གཟུགས་སུ་གྲུབ་པ;

603 Bodiless, *a.* གཟུགས་མེད;

604 Bodily, *ad.* གཟུགས་ཀྱི; སྐུའི;

605 Bodkin, *n.* སྦུང་གུ་ལྕུང་ཅན;

606 Body, *n.* གཟུགས; སྐུ;

607 Bog, *n.* འདཾ་འཛིར; འདམ་འཛབ;

608 Boggy, *a.* འདཾ་མཚོ་ཅན;

609 Bo-hea, *n.* ཇ་ནག་གི་སྤྱུས་ཚན་ཟོག་པ་ཞིག་ལ་ཟེར;

610 Boil, *v.i.* བཀོལ་བ;

611 Boil, *n.* སྐྲང་འབུར; འཁོལ་པ;

612 Boiler, *n.* ཆུ་ཚན་བཀོལ་སའི་སྣོད;

613 Boiling, *n.* ཁོལ་བཞིན་པ;

614 Boisterous, *a.* ཅ་ཅོ་ལ་དགའ་བ;

615 Bold, *a.* རྒོད་པོ; བློ་རྒོད་ཅན; ངར་རྒོད་ཅན;

616 Boldly, *ad.* རྒོད་པོ་བྱེད་དེ; ངར་པོ་བྱེད་དེ;

617 Boldness. རྒོད་སྤངས; དར; ངར་རྒོད;

618 Bole. ཤིང་སྡོང་རྡུཾ; འབྲུ་གཞལ་བའི་བྲེ་ཚད;

619 Bolster, *n.* བརྟས་རིང་པོ;

620 Bolt, *n.* སྒྲོའི་བཏྲལ་ཤིང; ཨོ་ལྷུང;

621 Bolter, *n.* བཏྲལ་ཤིང་བྲུབས་མི;

622 Bolus, *n.* རིལ་བུ་ཆེནོ་ཁྲུར་མིད་གཏོང་དགོས་པ་ཞིག་ལ་ཟེར;

623 Bomb, *n.* མེ་སྒྲོག་གི་རྡེའུ་ཆེནོ་ལ་ཟེར;

624 Bombard, *v.t.* མེ་སྒྲོག་གི་རྡེའུས་བསྣུན་པའི་བརྡེག་པ;

625 Bombardier, *n.* མི་སྒྲོག་གི་རྡེའུའི་ཚ་བརྡེག་མཁན;

626 Bombardment, *n.* མེ་སྒྲོག་གིས་བརྡུང་བའི་ལས་དེའོ; མེ་སྒྲོག་གིས་རྡོབ་པའི་ལས;

627 Bombast, *n.* སྟོང་གཏཾ; ཁ་ལས;

628 Bona fide, *a.* ངོ་མ; དངོས་གནས;

629 Bond. སྦྲ་གཾ; གམ་རྒྱུ; འཛིན; ཐ་གན; གན་རྒྱ;

630 Bonds, *n.* ཐག་དཀྲིས; འཆིང་བ; འཆིང་མདུད; འཁྲི་བ; མདུད་པ; འཆིངས;

631 Bondage, *n.* བཙོན; འཆིང་བ;

632 Bondsman, *n.* བྲན; ཁོལ་པོ;

633 Bone. རུས་པ;

634 Bonfire, *n.* སྐྱིད་སྐྱིད་ཀྱི་ཚུལ་དུ་མེ་དཔུང་ཆེན་སྦར་བ་དེའོ;

635 Bonnet, *n.* སྐྱེས་དམན་གྱི་མགོ་ཁེབསཾ་ཞྭ་ཚུཾ་ཞྭ་མོ་དག་ལ་ཟེར;

636 Bonny, *a.* སྒེག་པོ; མཛེས་པོ; ཉཾ་རྒྱགས་པོ; ལང་ཚོ་དར་མོ;

637 Bonus, *n.* ལོ་ཕོཊ་ཀྱི་བསྣན་ཁར་གསོལ་རས་སྤུ་གང་སྤྱིན་པ་དེའོ;

638 Bony, *a.* རུས་པ་ཁོག་གེ་བ;

639 Booly, *n.* ལྡུན་པོ; རྨོངས་པོ; རྒྱ་བྱ་ཆེན་ཞིག་གི་མིང;

640 Book, *n.* པོ་ཏི; དཔེ་མ; གླེགས་བཾ; དཔེ;

641 Booking, *n.* ཐོར་བཀོད་པ;

642 Boom, *a.* གྲུ་ཟིང་ཞུགས་སའི་མཚོ་སྐོར་གྱི་སྐེད་བཙད་དུ་ལྕགས་ཐག་
གམ་ཡང་ན་ཤིང་དུམ་བཞག་པ་དེ་ལ་ཟེར;

643 Boom, *v.i.* སྒྲ་དིང་དིང་ཞེས་སྒྲིན་པ; སྐད་ཆེན་པོ་བྱས་པ;

644 Boon, *n.* དངོས་གྲུབ;

645 Boon, *a.* ལྷ་ཆགས་པོ; ཉམས་དགའ་མོ; དགའ་སྤྲོ་ཅན;
སྐྱིད་ཉམས་ཁ་བུ;

646 Boor, *n.* མི་ནག་པ; ཞོར་འགྲོག་པ་ལྟ་བུ;

647 Boorishness, *n.* མིག་ལྟོས་མེད་པའི་བྱ་སྤྱོད;

648 Boot, *v.t.* ཁ་འབྱུང་བ; ཁ་ཐོབ་པ; ལྷམ་གོག་པུ་རིང;

649 Booth, *n.* ཁྲོམ་དུ་གྱུར་རམ་ཡང་ན་ཁང་མིག་ལྟ་བུའི་ཡ་ཅ་བཀྲམ་
ས་དེའོ;

650 Bootless, *a.* ཁེ་མེད; དོན་མེད;

651 Booty, *n.* སྣགས་ཆ; འཕྲོག་བཅོམ་བྱས་པའི་རྒྱུ་ནོར;

652 Bo-peep, *n.* ཕྲ་ཡིབ་ཀྱི་རྩེད་མོ;

653 Borax, *n.* ཤོ་ཧ་ག་ཞེས་པའི་ཚ་ཞིག་ལ་ཟེར; རྒྱ་ཚྭ;

654 Border, *n.* མཐའ;

655 Bore, *v.t.* ཨི་ཁུང་འཐིག་པ;

656 Boreas, *n.* རླུང་ཆེན་གྱི་མིང;

657 Borer, *n.* ཨོ་ཁུང་འཐིག་རྒྱུའི་ལག་ཆ; མི་སྨྱུན་ or སྨུན་ཐག་ཐག;
སྨུར་འཁྲིན་མཁན;

658 Born, *v.i.* སྐྱེ་བ;

659 Borne, *pp.* འཁུར་ཡོད་པ; ཁྱངས་ཡོད་པ; འབག་པ;

660 Borough, *n.* གྲོང་ཚོ; གྲོང་མཚོ;

661 Borrow, *v.t.* གཡར་བ; སྐྱི་བ;

662 Bosh, *n.* ཆོ་མེད་ཀྱི་སྐད་ཆ; ཛབ་ཆུང་གི་སྐད་ཆ;

663 Bosom, *n.* ཁོག་པ; བྲང;

664 Boss, *n.* ཁྲ; པོར་ཚུང; འབུར་འབུར; ལྦུག་ལྦུག; འབུར;

665 Botanic. ཤིང་སྨའི་རིག་གནས་ཀྱི་སྐོར;

666 Botanist, *n.* ཤིང་སྨའི་རིག་གནས་ལ་བརྩོན་པ;

667 Botany, *a.* ཤིང་དང་སྔོ་སོགས་དབྱེ་བའི་རིག་གནས;

668 Botch, *n.* ལྷན་པ; ལྷན་པ་གང་བྱུང་འདེབ་པ; གླན་པ;

669 Both, *a.* གཉིས་ཀ;

670 Bother, *v.t.* སྐྱུན་སྦྲིན་པ; སྨུན་སྦྲིན་པ; ཁོང་ཁྲོ་སློང་བ;

671 Botheration, *n.* སྐྱུན; ཁོང་ཁྲོ; སེམས་སྨུན;

672 Bothersome, *a.* སྐྱུན་པོ; སྨུན་པོ;

673 Bottle, *n.* ཤེལ་དམ; ཤེལ་བུམ; བུམ་པ;

674 Bottom, *n.* གཏིང; བ་ཤམ; གཏིང;

675 Bottom, *v.t.* འོག་ཏུ; ཞམ་བཀོད་པ;

676 Bottomless. གཏིང་མེད; གཏིང་རིང་དྲག་ནས་མི་མཐོང་པ;
གཏིང་གཞལ་དུ་མེད་པ;

677 **Bough**, *n.* ཡལ་ག;

678 **Bought**, *n.* ཉོས་ཟིན་པའི་ཅ་ལག་གང; ཉོབ་རྫ་སྤྲད་ནས་རང་ཕྱོར་
སྲུ་འགྱུག་ཟིན་པ;

679 **Bought**, *v.i.* ཉོ་བ; ཉོས; ཉོས་ཟིན་པ;

680 **Bounce**, *v.i.* འཆོང་པ; དཔའ་གདམ་འགྱུར་བ;

681 **Bound** (part). མཚམས་ཀྱིས་འགག; འགག་པ;

682 **Boundary**, *n.* ས་མཚམས;

683 **Bounden**, *a.* འཆིངས་པ; དྲིན་འདོག་ཆུད་པ;

684 **Boundless**, *a.* མཐའ་མེད; མཐའ་ཡས;

685 **Boundlessness**, *n.* མཐའ་མེད་པོའི་ཆོས་ཅན; མཐའ་ཡས་ལྟར;

686 **Bounteous**, *a.* གཏོང་ཕོད་ཅན; ལག་ཡངས; རྒྱ་ཆེར་བྱིན་ནུས;

687 **Bounteously**, *ad.* རྒྱ་ཆེན་པོ་བྱེད་དེ;

688 **Bounteousness**, *n.* གཏང་བྱིན; གནང་བྱིན་རྒྱ་ཆེ་ལུགས;

689 **Bountiful**, *a.* གནང་བྱིན་རྒྱ་ཆེན་པོ;

690 **Bountifully**. གནང་བྱིན་རྒྱ་ཆེན་པོ་བྱེད་དེ;

691 **Bounty**, *a.* གནང་བྱིན; གསོལ་རས; ཐུགས་རྗེ;

692 **Bouquet**, *n.* མེ་ཏོག་ཚག་པར་བཅིང་ནས་ཡོད་པ;

693 **Bourgeois**, *n.* གྲོང་པའི་སྡེབས་ནས་འཚོང་པའི་གྲལ;

694 **Bourgeon**, *v.i.* ཉུ་གུ་སྐྱེས་བ; ཡལ་ག་སྐྱེས་པ;

695 **Bourn**, *n.* ཆུ་ཀླུང; ས་མཚམས་ཆུ་མཚམས;

696 **Bourse**, *n.* ཁྲོམ;

697 **Bout**, *n.* ལག་ཐེང; (Sik.) ཅབ་ཅིག; ཐང་ཅིག; ལན;

698 **Bow**, *v.t.* ཕྱག་འཚལ་བ; མགོ་གུག་པ;

699 **Bow**, *n.* གཞུ;

700 **Bowel**, *n.* གྲོད་པ; ཕོ་བ; ལྟོ་བ;

701 Bower, *n.* མེ་ཏོག་གི་གུར་ཁང ; གཟིམ་ཚང ; ཁང་པ ;

702 Bowl, *v t.* སྒྲིལ་ཅིང་འཕང་པ ; བསྒྲིལ་བ ;

703 Bowl, *n.* ཕོར་པ ; གཞོང་པ ; ལྷུང་བཟེད ;

704 Bowlder, *n.* རྡོ་ཕུང ; ཕ་བོང ;

705 Bow-legged, *a.* { རྐང་པ་གཞས་གོར་ཅན ; Bhut. } རྐང་པ་ཞ་འཁྱོག་ཅན ;

706 Bowler, *n.* གྲིན་འཕང་མཁན ;

707 Bowman, *n.* ཀོ་ གྲུའི་ནང་ནས་གྲུ་སྐྱ་བཟུང་མི་དང་པོ་དེ ;

708 Bowsprit, *n.* འཕྲེད་ལ་སྐྱལ་ནས་ཡོད་པའི་གྲུའི་ཤིང ;

709 Bowstring, *n.* གཞུ་ཐག ;

710 Bow-wow, *n.* སྒོ་ཁྱི ;

711 Box, *n.* སྒཾ ; སྒྲཾ་བཅག ;

Bhut. ཀོ་ཀློག་མ ; གདན་ལྷུག་ཕྱི་ལྷས་མ ;

712 Boxer, *n.* རྫོག་རིལ་ལ་འབྲོངས་པ; ཁུ་ཚུར་བརྡེག་པ་ལ་འབྲོངས་པ;

713 Boy, *n.* བུ་ཚ ; ཕྲུག ; བུ ; (སྤུ་གུ Collql.)

714 Boyhood, *n.* ཕྲུ་གུའི་སྐབས ;

715 Boyish, *a.* བྱིས་པ་ལྟུ ;

716 Boyishly, *ad.* བྱིས་པ་ལྟར ;

717 Brace, *n.* ཆ ; ལག་ངར་གཉིས་པོ་ལ་ཟེར ;

718 Brace, *v.t.* བདེག་པ ; འཆིང་བ ; བསྡོམས་པ ; (རྩ་བཀྲིང་བ Bhut.)

719 Bracelet, *n.* ལག་གདུབ ;

720 Bracing, *n.* གསོ་ནུས ; ཁམས་བདེ་བསྐྱེད་ནུས ;

721 Bracken, *n.* སྐྱེས་མ་ཞེས་པའི་སྔོ་ཞིག་གི་རིགས ;

722 Bracket, *n.* སྣང་ཚང ; སྣང་ཀ་ཚང་དུ ;

723 **Brackish**, *a.* ཚྭ་ཅན; ཚྭ་བྲོ་ཅན;

724 **Bract**, *n.* མེ་ཏོག་གི་བ་ཤི་ན་ཡོད་པའི་ལོ་མ་དེའོ;

725 **Bracteal**, *a.* མེ་ཏོག་བ་ཤི་ན་ལོ་མ་དང་ལྡན་པ;

726 **Brad**, *n.* ལྕགས་གཟེར་མགོ་མེད་པ;

727 **Brag**, *v.i.* དཔའ་ངོམ་བྱེད་པ;

728 **Braggart**, *n.* དཔའ་ངོཾ་མཁན;

729 **Brahma**, *n.* ལྷ་ཚངས་པ;

730 **Braid**, *v.t.* ལྷས་པ; སླས་པ; ལྷ་བ;

731 **Braid**, *n.* དར་གྱི་སྣ་འཆིང་ལེབ་ཆུང་ངུ་ཞིག;

732 **Brain**, *n.* ཀླད་པ;

733 **Brake**, *a.* བཙུས་གཟེར་བསྐོར་དབང་འགག་པའི་དེའོ;
ཡང་གུར་གདུབ་ལའང་ཟེར་རོ;

734 **Brainless**, *n.* ཀླད་མེད;

735 **Bramble**, *n.* ཚེར་མ་ཅན་གྱི་སྤྲོ་ཤུང;

736 **Bran**, *s. & sp.* ཕྱེ་ཐལ;

737 **Branch.** ཡལ་ག;

738 **Branchless.** ཡལ་ག་མེད་པ;

739 **Brand**, *n.* མེ་ཆག;

740 **Branding-iron**, *n.* མེ་རྩ་གདར; རྒྱུའི་ལྕགས;

741 **Brandish**, *v.t.* མཚོན་ཆ་གཡུག་པ; གཡུག་བ; འཕྱར་ནས་གཡུག་པ;

742 **Brandy**, n. ཆང་ཨ་རག་ཞིག་གི་མིང;

743 **Brass**, *n.* རག; ར་གན;

744 **Brassy.** ར་གན་ལྟ་བུ;

745 **Brat.** སྨུག་ཕྲུག;

746 Bravade, *n.* དཔའ་གཏྟཾ;

747 Brave, *a.* སྙིང་སྟོབ་ཆེནོ;

748 Bravely, *ad.* སྙིང་སྟོབས་ཆེནོའི་ངང་ནས;

749 Bravery, *n.* སྙིང་སྟོབས; སེམས་དཔའ;

750 Bravo, *n.* མི་བཀུ་བསད་རྒྱབས་པའི་ཁས་ལེན་པོ;

751 Bravo, *int.* འོ; ཡག་བྱུང; འོ; ལེགས་སོ;

752 Brawl, *v.i.* སྡུག་འཐབ་རྒྱབ་པ;

753 Brawler, *n.* ཙ་ཅོ་དང་བཅས་ཏེ་འཐབ་མཁན;

754 Brawn. གཤེད; ཁོང་རྩལ; རི་ཕག་གི་ཤ; ཕག་མགོ་ཆོད་པོ;

755 Brawny, *a.* སྒྲིམས་པོ; གཤེད་ཅན; རྩལ་ཆེན;

756 Bray, *v.t.* བོང་སྐད་རྒྱབ་པ; ཞིབ་ཏུ་བདག་པ་ལའང་ཟེར;

757 Bray, *n.* བོང་སྐད;

758 Braze, *v.t.* ཚ་ལི་གཏང་བ; རག་རྩི་གཏང་བ;

759 Brazen, *a.* ར་གན་ལྟུ; ངོ་ཚ་རྒྱུ་མེད་པ; གདོང་བཟང;

760 Brazen, *v.t.* ར་གན་ཏུ་འགྱུར་བ;

761 Brazier, *n.* ར་གན་གྱི་ལས་བྱེད་མཁན; སོལ་བའི་བསྣོད;

762 Bread. ཁུ་ར; བག་ལེབ;

763 Breadth, *n.* ཞེང་ཁ;

764 Break, *v.t.* བཅག་པ;

765 Breakage. ཆག་སྒྲུ;

766 Breaker, *n.* བཅག་མཁན;

767 Breakfast, *n.* དྲོ་ཟས; (སྔ་དྲོའི་ཞལ་ལག Hon.)

768 Breakneck, *a.* སྐེ་བཅག་ཉེན་ཆེནོའི་ཕུར་ཐུག; སྐེ་བཅག་ཉེན་ཆེན་པོའི་
རྒྱུག་གཤར;

769 Breakwater, *n.* རྒྱ་མཚོའི་འགྲོ་དུ་ཆུའི་གཤུག་བཅག་པའི་ཕྱིར;
ས་སྤུང་སྤུང་བ་དེ་ལ་ཟེར;

770 Bream, *n.* ཉ; ཆུ་གཙང་མར་གནས་པའི་ཉ;

771 Breast, *n.* བྲང་ཁོག;

772 Breath, *n.* དབུགས;

773 Breathe, *v.t.* དབུགས་བཏང་བ;

774 Breathing. དབུགས་ཀྱི་འགྱུ་བ;

775 Breathless. དབུགས་མི་འཐོན་པ;

776 Breech, *n.* སྨད་ཁོག; མེ་མདའི་གྱུང་ཤིང;

777 Breeches. དོར་མ; སྨད་གོས;

778 Breechloading. མེ་མདའ་རྫས་རྡིལ་བཞམ་ནས་སྟེར་བ;

779 Breed, *n.* བསྐྱེད་པ; སྐྱེ་བ;

780 Breeding, *n.* ཟ་སྤྱོད་འགྲོ་གསུམ་གྱི་བསླབ་བྱ; མིག་ལྟོས;

781 Breeze, *n.* རླུང་བུ; སྤྲི་སིར;

782 Breezeless, *a.* རླུང་བུ་མེད་པ;

783 Brethren. སྤུན་ཟླ; ཟླ་བོ; རོགས; ཟླ་གྲོགས;

784 Breve, *n.* གོ་ནས་བདག་སྐྱེམ་སྟོལ་བའི་གཞུང་གི་བཀའ་རྟེན;

785 Brevier, *n.* པར་ཡིག་ཆེ་ཆུང་གི་ཉི་པ;

786 Brevity, *n.* བསྡུས་ཚུལ; ཐུང་ཚུལ; ཐུ་ལུགས;

787 Brew, *v.t.* ཆང་བསྐོལ་བ;

788 Brewer. ཆང་བསྐོལ་མཁན;

789 Brewery, *n.* ཆང་བཟོ་ས;

790 Brewing, *n.* ཆང་བསྐོལ་བ, ཆང་མལ་གཅིག;

791 Bribe, *n.* སྤྲི་སྤུག; རྫིབ་རྫོ;

792 Brick, *n.* ཛ་པག; སྤུ; ས་སྤག;

793 Brick, *v.t.* སྤ་བོས་སྐྱོར་བ;

794 Bridal, *a.* བག་མའི;

795 Bride, *n.* བག་མ;

796 Bridesmaid, *n.* བག་རོགས;

797 Bridge, *n.* ཟཾ་པ;

798 Bridle, *n.* སྲབ;

799 Brief, *a.* ཐུང་ཐུང;

800 Brief, *n.* བསྡུས་པ; བསྡུད་པ;

801 Briefly, *ad.* ཐུང་ངུར;

802 Brier, *n.* ཚེར་འདུབ;

803 Brig, *n.* གྲུ་ཆུང;

804 Brigade, *n.* ཧ་དམག་དེང་མཆོ;

805 Brigadier-general. ཅུ་དཔོན; མདའ་དཔོན;

806 Brigand, *n.* ཇག་པ;

807 Brigandage. ཇག;

808 Bright. འོད་ལྷག་གེ་བ; འོད་ཅན;

809 Brighten. འོད་སྐྱེད་པ;

810 Brightly. འོད་ལྷག་གེར;

811 Brilliancy, *n.* འོད་ཟེར; འོད; མཆོར་མདངས;

812 Brilliant. འོད་ཅན;

813 Brilliantly, *ad.* འོད་ལྷག་གེར;

814 Brim, *a.* སྣོད་ཀྱི་ཁ;

815 Brimful, *a.* ཁ་གང་བར; (ཁ་ཕྱུག་གང; Sik.)

816 **Brimming**, *a.* ཁ་ཡམ་མེར་ཁེངས་ཏེ་ཡོད་པ;

817 **Brimstone**, *n.* མུ་ཟི;

818 **Brinded**, *a.* སྟག་ཁྲ་ཅན་ལྟ; མདོག་སྨུ་ཟེར་ཡིན་པའི་ཐིག་ཁྲ་ནག་པོ་ཡོད་པ;

819 **Brindled**, *a.* སྟག་ཁྲ་ཅན;

820 **Brine**, *n.* ཚྭ;

821 **Bring**, *v.t.* ཁྱེར་ཡོང་བ; འཁྱེར་བ; ཁྱེར་པ; (འབག་པ Sik.)

822 **Brinish**, *a.* ཚྭ་ཁ་ཅན;

823 **Brink**, *n.* ཟུར་ཁ;

824 **Briny**, *a.* ཚྭ་ཅན;

825 **Brisk**, *a.* ཁྲུག་པོ;

826 **Brisket**, *n.* ཤ་ཁོག་བྲང; བྲང་ཁོག;

827 **Briskly.** ཧུར་པོ་བྱེད་དེ;

828 **Briskness**, *n.* ཧུར་ལུགས;

829 **Bristle**, *n.* ཕག་ཟེ;

830 **Bristle**, *v.t.* ཕག་ཟེ་རོང་ངེ་བྱེད་པ;

831 **Bristly**, *a.* ཕག་ཟེ་རོང་ངེ་བ;

832 **Bristol-board**, *n.* ཤོག་སྦྱར་ཤུག་པོ་བདར་མ་རྒྱབ་པ;

833 **Britannic**, *a.* ཨིན་ཇི་འམ་ཨང་གཛི་རྒྱལ་ཁབ་ཀྱི;

834 **British lion**, *n.* ཨང་གཛི་རྒྱལ་ཁབ་སྤྱིའི་དགས་སེངྒེ་དེ;

835 **Briton**, *n.* དུས་སྔ་མོའི་ཨང་གཛི་ཡུལ་གྱི་མི་རིགས;

836 **Brittle**, *a.* ཆག་ཉེན་ཆེན;

837 **Broach**, *n.* གཟུ;

838 **Broach**, *v.t.* ལོ་རྒྱུས་སེ་གཉི་སོགས་སྐད་འདྲེན་བྱེད་པ;

839 Broad, *a.* ཞེང་ཁ་ཆེན་;

840 Broadcast. རྒྱ་ཁྱོན་ཆེན་བྱེད་དེ;

841 Broadcloth, *n.* སྣོམ་སྦུཾ;

842 Broadly, *ad.* རྒྱ་ཞེང་ཆེན་པོར;

843 Broadness, *n.* རྒྱ་ཞེང་ཆེ་ལུགས;

844 Broadside, *n.* གྲུ་ཟིང་གི་ལོགས་ཀྱི་མེ་སྒྲོག་ཚངས་མ་སྤེབ་ཅིག་ལ་
རྒྱབ་པ་ལ་ཟེར;

845 Broad sword, *n.* གྲི་པ་དུཾ་ཞེང་ཁ་ཆེན་པོ;

846 Brocade, *n.* ཀྱིང་གབ; ལེབ་གན;

847 Broccoli, *n.* སྤོ་ཚོད་ཀོ་བི་འདྲ་པོ་གཅིག;

848 Brochure, *n.* དཔེ་ཆ་མགོ་འཆོམ་ཅན་ཤོག་གྲངས་ཉུང་ངུ;

849 Brocket. ཤ་ཡོ་ལོ་ལོན;

850 Brogue, *n.* ཀོ་ལྷམ;

851 Broider, *n* གོས་མཐའ;

852 Broil, *n.* འཁྲུག་ཟིང;

853 Broil, *v.t.* བསྐོལ་བ; འཚོད་སྤོ་བྱེད་པ;

854 Broke, *v.i.* བཅག་པ;

855 Broken, *a.* ཆག་པ; ཆག་གྲུ་ཅན;

856 Brokenly, *ad.* ཆག་གྲུཾ; དང་བཅས་དེ;

857 Broker, *n* ཚོང་གི་བར་མི;

858 Brokerage. (དྷ་ལཱ་ལི; དྷ་ལཱལ; Hindi) ཚོང་འགྲིག་མཁན་བར་མི;

859 Bronchial, *a.* གློ་བའི་རླུང་བུག་གི;

860 Bronchitis, *n.* གློ་འཆམ; གློ་གཉན; འཚ་པ;

861 Bronze, *n.* ལི་མ་ཁྲོ; ཁྲོ; ལི;

862 Bronze, *v.t.* ལི་མདོག་ཏུ་འགྱུར་བ;

863 Brooch, *n.* གཀྲུ; བྲང་བརྒྱན; (ག་ཙང་ Sik.)

864 Brood, *n.* བྱ་མོས་སྒོ་ངའི་སྟེང་ལ་གབ་པ;

865 Brook, *n.* ཆུ་ཕྲུང;

866 Brook, *v.t.* འགག་པ;

867 Broom, *n.* ཕྱགས་མ; འཇག་མ;

868 Broth, *n.* ཐུག་པ; ཤ་ཁུ; ཤ་ཐུག;

869 Brothel, *n.* སྨད་འཚོང་མའི་ཁང་པ;

870 Brother. སྤུན་ཟླ;

871 Brotherhood. སྤུ; མཆེད་གྲོགས;

872 Brotherly, *n.* སྤུན་ཟླ་ལྟུ;

873 Brougham, *n.* ཤིང་རྟ་སྒོ་ལྡན་ཡང་མོ; ཤིང་རྟ་སྒོ་ཡོད་པ་འཁོར་
བདེ་པོ་ཞིག་ལ་ཟེར;

874 Brow, *n.* དཔྲལ་བ;

875 Browbeat, *vt.* དཔྲལ་བ་བཅག་པ;

876 Brown, *n.* དམར་སྨུག;

877 Brownish. སྨུག་པོ་ཙམ; སྨུག་ཁ;

878 Brownness, *n.* སྨུག་ཆ;

879 Browse, *v.t.* ཙ་ཟ་བ;

880 Bruise, *v.t.* བརྡུང་སྐྲམ་བཙུག་པ;

881 Bruit, *n.* ངར་བ; ངར་སྐད་འདོན་པ;

882 Brumal, *a.* དགུན་ཀའི;

883 Brunette. བུ་མོ་ཁ་མདོག་སྨུག་མདངས་ཅན; བུ་མོ་ཤ་ཅི་སྤོ
དམར་བུས་པ;

884 Brunt, *n.* ཙེ; གསུམ་ལག་སྤྲད་པའི་ཤུགས་སྐྲགས; སོ་ཁ;

885 Brush, *n* པིར; པག་ཟེ;

886 Brush, *v.t.* ཕག་ཟེ་རྒྱབ་པ; ཕྱིས་གཏང་བ; བྱི་དོར་བྱེད་པ;

887 Brusque, *a.* དྲང་ཐུབ; རྒྱུ་ག་ཞིས་དྲང་པོ་ཡིན་པ་ལ་ཐུབ་ཉི་ཁ་པོ;

888 Brussels sprouts. སྤོ་ཚོས་ཀོ་བིའི་རིགས་གཅིག;

889 Brustle, *v.i.* རྡིག་རྡིག་ཞེས་སྒྲ་འབྱིན་པ; རྡག་རྡག་གྱུར་བ;

890 Brutality, *n.* དུད་འགྲོ་ལྟའི་གྱོང་སྤྱོད;

891 Brutally, *ad.* དུད་འགྲོ་ལྟ་བུར;

892 Brute, *ad.* དུད་འགྲོ;

893 Brutish, *a.* དུད་འགྲོའི་རྣམ་པ་ཅན;

894 Brutishness, *n.* དུད་འགྲོའི་རྣམ་པ;

895 Bubble, *n.* ལྦུ་བ; དབུ་བ;

896 Bubble, *v.i.* ལྦུ་བ་སྒྲོན་པ;

897 Bubbler, *n.* མགོ་བསྐོར་ཅན; གཡོ་ཅན;

898 Bucentaur, *n.* སྐྱུང་གཏཾ་གྱི་སེམས་ཅན་ཕྱེད་ཀ་མི་ལ་ཕྱེད་ཀ་གླང་བྱས་པ;

899 Bucephalus, *n.* ཨེ་ལེག་ཟནྡར་གྱི་འཆིབ་ཆེན་གྱི་མིང;

900 Buck, *n.* ཤ་བ་ཕོ; རི་དྭགས་ཕོ;

901 Bucket, *n.* ཆུ་བཙུམས་པའི་ལྷུགས་ཀྱི་ཟོ;

902 Buckle, *n.* ཆབ་རྩེ;

903 Buckle, *v.t.* ཆབ་རྩེ་བརྡབ་པ;

904 Buckler, *n.* དགྲ་ལེ; ཕུབ;

905 Buckra, *n.* དཀར་པོ; བསྲུ་མོ;

906 Buckram. རས་སྦྲུར་མ; རས་སྦྲིན་ཙུས་ཕྲག་པོ་བཟོས་པ;

907 Buckskin, *n.* རི་དྭགས་པག་པ; ཤ་པགས་མཉེད་པ;

908 Buckwheat, *n.* བྲོ་བོ; འབྲུ་ནག་བྲོ་བོ;

909 Bud, *n.* སྨེ་ཏོག་གི་སྦྲུ་གུ;

910 Buddha, *n.* སངས་རྒྱས;

911 Buddhism. སངས་རྒྱས་ཀྱི་ཆོས;

912 Budding. སྨྱུ་གུ་བདགས་པ;

913 Budge, *v.t.* བཤུད་པ;

914 Budget. རྩིས་ཀྱི་འཆར་གཞི;

915 Budlet, *n.* མེ་ཏོག་ཟུ་གུ་ཆུང་ཆུང;

916 Buff, *n.* སྐྱུམ་ནང་མཆེ་བའི་ཀོ་བ;

917 Buffalo, *n.* མ་ཧེ;

918 Buffer, *n.* སྒོག་དང་ཐུབ་སོགས་ཀྱི་ནང་དུ་ཐུག་སྣ་བྱུང་
དོགས་ཀྱི་སྐྱིན་བལ་ཤབ་རྒྱབ་པ་གང;

919 Buffet, *n.* རྫོག; རྫོག་རིལ; མུར་རྫོག; རྫོག་མགོ;

920 Buffeting, *v.i.* ཁྲ་ཚུར་རཾ་འཁྲུམ་བཅག་ཞུས་པ;

921 Buffoon, *n.* གད་མོ་སླང་མཁན་གྱི་མི་མལ་མེད་ཆོ་མེད་འདྲ་ལ་ཟེར;

922 Buffoonery. ཆོ་མེད་ཀྱི་ལས; ཟབ་ཚུང་གི་ལས;

923 Bug. འདྲེ་ཤིག;

924 Bugbear, *n.* དོན་མེད་འཇིག་རེ་བསྐྲོད་པའི་མིང;

925 Buggy, *n.* ཤིང་རྟ་འཁོར་ལོ་བཞི་ལྡན་ཡང་ཡང་ཞིག་ལ་ཟེར;

926 Bugle. དུང་ཀྱོག; དམག་དུང;

927 Build, *v.t.* བཟོ་བ; བརྩིག་པ་རྒྱབ་པ;

928 Building, *n.* ཁང་པ;

929 Bulb, *n.* ལྦ་བ; ཙོང་ལྷ་བུའི་ར་ཙ;

930 Bulge, *n.* འབུར་འབུར; འབུར;

931 Bulk, *n.* བོང; གསོར; འབོར;

932 Bulkiness, *n.* བོང་ཆེ་བའི་ཚུལ་ཅན; བོང་ཆེ་ལུགས;

933 Bulky. བོང་ཆེན་པོ;

934 Bull, *n.* གླང;

935 Bullet, *n.* རྡེའུ;

936 Bulletin, *n.* བཀའ་རྒྱ;

937 Bullion, *n.* རྒྱ་དངུལ་ཡི་གསེར;

938 Bullock, *n.* གླང་གོག;

939 Bully, *n.* དབང་ཡོད་མཁན; རང་ལས་ཉམ་དམའ་བ་རྣམས་ནོན་མི;

940 Bulrush, *n.* ཆུའི་འགྲོ་དུ་སྐྱེ་བའི་སྨྱུག་མའི་རྩྭ; (ཆུ་སྨིག་མ; Sik.)

941 Bulwark, *n.* ལྕགས་རི;

942 Bum, *v.i.* འབུང་འབུང་ཅེས་པའི་སྒྲ་སྒྲིན་པ;

943 Bumble-bee, *n.* འབྲུཾ་འབྲུཾ་ལྷག་དཀར་ཅེས་པའི་སྦྲང་འབུ; (Sik.)

944 Bump, *n.* འབུར་འབུར; འབུར་རྡོག;

945 Bumper, *n.* ཆང་ཕོར་བསླང་དེ་ཁྱོག་པ;

946 Bumpkin, *n.* གླེན་པ;

947 Bun, *n.* ཁུར་མངར་མོ; བྲུ་རི་བག་ལེབ;

948 Bunch, *n.* ཆག་པ; ཆུན་པ;

949 Bunchy, *a.* ཆུན་པོར;

950 Bundle, *n.* ཆག་པ; {སྤོད; Sik. }

951 Bung, *n.* ཤི་ཁུང; ཁ་འདིག; ཤི་ཁུང་བཀག་པ;
ཤི་ཁུང་སྲུབ་པ;

952 Bungalow, *n.* མགྲོན་ཁང;

953 Bungle, *v.i.* དཀྲོག་དཀྲོག་བྱེད་པ;

954 Bungle, *n.* ནོར་འཁྲུལ; ནོར་འཛོལ;

955 Bungler, *n.* དཀྲོག་དཀྲོག་བྱེད་མཁན;

956 Bungling, *a.* དཀྲོག་དཀྲོག; ཚབ་ཚབ;

957 Bunt, *n.* འབྲུའི་སྦྲང་རིཊ་གཅིག;

958 Bunting, *n.* གྲུ་ཟིང་གི་རྩེ་ལ་འཕྱུར་བའི་དར་ཙོག;

959 Buoy, *n.* གྲུ་ཟིང་བདར་ནས་བཞག་མའི་ལྡིང་ཀྱི་སྣོད་ཚུ་སྦུབ:

960 Buoyant, *a.* ཡངས་མོ; ཉམས་བདེ་མོ;

961 Burbat, *n.* ཉའི་རིཊ་གཅིག;

962 Burden, *n.* ཁུར་པོ; དོ་བུ; དོས; ཁུར་ཚ;

963 Burden, *n.* ཁུར་པོ; དོ་བུ; དོས; ཁུར་ཚད;

964 Burden, *v.t.* དོ་བུ་བསྐལ་བ; ཁུར་པོ་བསྐུར་བ;

965 Burdensome, *a.* འཁུར་ངཱི་མོ;

966 Bureau, *n.* གཞུང་གི་ཡིག་ཚང་ཕྱག་ལས་མཛོད་མི;

967 Burg, *n.* གཞུང་གི་སྒེར་གཞིས་པའི་ཁྲལ་པ;

968 Burgeon, *v.i.* སྦུ་གུ་རྒྱུས་པ;

969 Burgess, *n.* གཞུང་གི་སྒེར་ཁྲལ;

970 Burgh. རྒྱལ་པོའི་སྒེར་གཞིས་ཀྱི་གྲོང་མཆོ;

971 Burgher, *n.* གཞུང་སྒེར་ཁྲལ་པ;

972 Burglar, *n.* ཇག་པ;

973 Burglary, *n.* ཨར་ཇག;

974 Burgundy, *n.* པ་རན་སིའི་ཡུལ་གྲུ་གཅིག་གི་མིང;

975 Burial, *n.* སྦུང་པོ་ས་འོག་སྦྲད་པའི་ལས;

976 Burin, *n.* གཟྲོ་ རིགས་པའི་གཟེང;

977 Burke, *v.t.* སྐྱེ་བསྡམ་དབུགས་འགག་ནས་གསད་པ;

978 Burl, *v.t.* གོས་བཀོན་པ;

979 Burlesque, *a.* གད་མོ་སླང་བའི་བཀྲད་མོ;

980 Burly, *a.* གཟུགས་པོ་ཆེན་པོ; སྦོམ་པོ;

981 Burn, *v.t.* མེར་བསྲེག་པ;

982 Burning-glass, *n.* མེ་ཤེལ;

983 Burnish, *v.t.* གཡའ་ཕྱི་བ; གཡའ་ཕྱིས་པ; (*n.*) བཀྲག; མདངས;

984 Burnt-offering, *n.* བསང་བསུར;

985 Burr, *n.* ས་བོན་གྱི་ཤུན་པ་ཚེར་མ་རིང་ངེ་བ་ཡོད་པ;
སོན་ཤུབ་ཚེར་མ་ཅན;

986 Burrow, *v.i.* དོང་བྲུ་བ;

987 Burst, *n.* ཆད་པ; གས་པ;

988 Burthen, *n.* དོ་བོ; འཁུར;

989 Burthensome, *a.* འཁུར་བཙི་མོ;

990 Bury, *v.t.* ས་དོང་དུ་སྦས;

991 Burying-place, *n.* དུར་ས; རོ་སྦས་ས;

992 Bush, *n.* འདབ;

993 Bushel. གྲོས; གཞལ་བའི་སྣོད;

994 Bushy, *a.* ཕུ་ཟིང་ངེ་བ; ཕུའི་ཕོན་ཀ་ཅན;

995 Busily, *ad.* ཧུར་པོར;

996 Business, *n.* ལས་ཀ;

997 Busk, *v.t.* སྐྲེ་དམན་གྱི་སྐེད་པ་བསྐུམ་རྒྱུའི་ཀོར་སེད་བྱ་བའི་སྟོད་
འཚང་གི་མདུན་གྱི་ལྷུང་ལེབ;

998 Buskin, *n.* ཀོ་ལྷམ;

999 Buskined. ཀོ་ལྷམ་གྱོན་པ; ཀོ་ལྷམ་ཅན;

1000 Buss, *n.* འོ; v.a. ཁ་ལྷན་པ;

1001 Bust, *n.* ཁོག་སྟོད་ཡན་གྱི་འདྲ་སྐུ;

1002 Bustard, *n.* བྱ་དེའི་རིགས་ཞིག;

1003 Bustle, *n.* ཕན་ཚུན་བྲེལ་བ་ཆེ་ཁུལ་གྱིས་འགྲོ་བ; བྲེལ་བས་ཁོལ་ཁོལ; བྲེལ་བ;

1004 Busy. ལས་སུ་བྲེལ་བ;

1005 But, *prep.* གལ་སྲི;

1006 Butcher, *n.* གཤན་པ;

1007 Butchered, *pp.* གསད་པ; དམར་གསད་བཏང་ཟིན་པ;

1008 Butcherly, *a.* གཤན་པ་ལྟ་བུའི;

1009 Butchery, *n.* གཤན་པས་དུད་འགྲོ་གསད་པ་བཞིན་དུ;

1010 Butler, *n.* གཉེར་པ;

1011 Butt, *n.* ཤིང་གི་ཆང་སྣོད་ཆེན;

1012 Butter. མར;

1013 Butteris. རྟའི་རྨིག་ལྷུཊ་བཅད་པའི་གཟོང;

1014 Buttery, *a.* མར་རྗོད;

1015 Buttock, *n.* ཀུབ་དོག; ཀུབ་ཚོས;

1016 Button, *n.* ཐེབ་ཙུ;

1017 Buttress, *n.* རྩིག་རྐྱོར; རྩིག་པའི་ཟུར་དུ་རྟེན་པའི་ཆེད་དུ་རྩིག་པའི་རྐྱོར་རྒྱབ་པ;

1018 Buxom, *a.* ཁ་ལ་ཉན་པོ; (རྒྱུཊ་ལེ་པད; Sik.)

1019 Buxomly, *ad.* ཡང་ཚོ་ལྡན་པ; རྒྱུཊ་ལེ་པད; ཤ་འཁྱོར་པོ; རྒྱུཊ་པ;

1020 Buy, *v.t.* ཉོ་བ;

1021 Buyer, *n.* ཉོ་མཁན;

1022 Buzz, *v.i.* སྦྲང་མའི་སྐད་ལྟུ་གཟི་ཟེར་བ; སྐོག་དུ་སྐད་ཆ་སྒྲགས་པ;

1023 Buzz, *n.* སྦྲང་མའི་སྐད; ཁྲིམ་ཚོགས་པའི་སྐད་ལྟུ; སྐོག་དུ་སྒྲིག་པའི་སྐད་ཆ;

1024 Buzzard. ཁྲའི་རིགས་ཀྱི་བྱ་ལེ་ལོ་ཅན་ཞིག་ལ་ཟེར; ཅི་མ་ཀུས;

1025 By, *prep.* འགྲིཾ་དུ; ཟུར་དུ; ལོགས་སུ; ཙ་རུ;

1026 Byre, *n* ནོར་ཁྲིམ; བ་ཕྱུགས་ཀྱི་ཁང་པ;

1027 Byzant, *n.* སྤོར་ ུས་ཀྱི་གསེར་ཊི་དེང་སང་ཕྱི་གཞུང་གི་གསེར་ཊི་རེ་བ་ཞིག;

C.

1 Cab, *n.* རྟ་ཞློག་པོ་གཅིག་གིས་འདྲེན་པའི་ཤིང་རྟ་ལ་ཟེར;

2 Cab, *n.* ཡ་ཀུ་དའི་གཞལ་སྡོད་ཀློ་རྡོ་ལ་ཕྱེད་དོ་ཙམ་པ་གཅིག;

3 Cabal, *n.* ནང་བསྟུན; ངན་ཁ་འདེབས;

4 Cabbage, *n.* པེ་ཙེ་ཚོད་མ; པེ་ཚས;

5 Cabin, *n.* གྲུ་ཟིང་ནང་གི་ཁང་མིག;

6 Cabinet, *n* སྒམ་ཆུང་མང་པོ་སྒྲིག་པའི་སྒཾ; ནང་བློན་གྱི་ལྷན་རྒྱས;

7 Cable. (Sik. རྩུ་འབེས); འཐག་པ་ཆེན; འཁྲི་ཤིང;

8 Cabman, *n.* ཤིང་རྟ་འདྲེན་མི;

9 Cabriolet, *n.* ཤིང་རྟ་རྟ་གཅིག་མ;

10 Cachexy, *a.* གཟུགས་པོ་བདེ་ཐང་མིན་པ;

11 Cachinnation, *n.* གད་མོ་སྐད་ཆེན་པོ;

12 Cackle, *v.i.* བྱ་མོའི་སྒོང་སྐད་བཞིན་རྒྱབ་པ;

13 Cacography, *n.* ཡིབ་འབྲོར་མ་ཚུད་པ;

14 Cactus, *n.* ཀླུ་ཤིང;

15 Cadaverous, *a.* རོ་གདོང་ཤིག་ཤིག; ངོ་སེར་ལྷི་མི;

16 Caddis, *n.* ས་ནང་གི་འབུ;

17 Caddy, *n.* ཛ་སྣོད་སྒཾ་ཆུང;

18 Cade, *n.* ཟོ; ཟོམ; ཤིང་གི་ཟོ་ཆེན་ཉ་ཕྲུག་པ;

19 Cadence or cadency, *n.* སྐད་འགྱུར; མདངས་དབྱངས་འགྱུར་སྟངས;

20 Cadence, *v.t.* or Cadency. དབྱངས་འགྱུར་རྒྱབ་པ;
མདང་དབྱངས;

21 Cadet, *n.* དམག་སྦྱོང་སློབ་གྲྭའི་སློབ་མ་ཞིག;

22 Cadi, *n.* ཧོར་པའི་ཁྲིམས་དཔོན་ནི་ཁྲིམས་བདག;
ཀུ་སུལ་མ་ནིའི་ཁྲིམས་བདག;

23 Cadmium, *n.* རིག་ཚའི་དཀྱིལ་དུ་རྟེན་པའི་རིན་པོ་ཆེ་དཀར་པོ་ཞིག་ལ་
ཟེར; ཚོན་རྩི་སེར་པོ;

24 Caesura. ཚིག་བཅད་འདོན་སྒྲོར་བ་ཤོལ་བའམ་བཅད་པ;

25 Cage, *n.* བྱིའུ་འཇུག་པའི་ཚང;

26 Cage, *v.t.* བྱིའུ་ཚང་དུ་བཙུག་པ;

27 Caique, *n.* ཧོར་པའི་གྲུ་ཟིང་ཆུང་ངུའི་རིགས་ལ་ཟེར;

28 Cairn, *n.* ཐོ; རྡོ་རྩིག་རྩེ་སྤུང་ཅན་དུ་བརྩིགས་པ;

29 Caisson, *n.* སྒམ; སྒྲོད;

30 Caitiff, *n.* མི་ངན; སྐྱུ་བོ; མ་རིགས; མི་སྡུག་རུ;

31 Cajole, *v.t.* ཁ་འཇམ་གྱིས་སླུ་བ; ཁ་འཛུམ་གྱིས་བསྐུལ་བ;

32 Cajolery, *n.* སླུ་ཁྲིད; ཁ་འཇམ;

33 Cake, *n.* ཁུ་ར; མར་དང་སྒོ་ངའི་ཁུ་ར་མངར་མོ; ཤུན་འབྲུ་ཁུར;

34 Cake, *v.t.* ཁུ་ར་ལྷུར་བརྩིག་པ;

35 Calabash, *n.* ཀུ་བ་བསྲུ་མོའི་རིགས་ཞིག;

36 Calamitous, *adj.* རྐྱེན་སྡང་པོར;

37 Calamity, *n.* རྐྱེན་ངན; བར་ཆད;

38 Calamitously, *ad.* རྐྱེན་ངན་དུ; གེགས་སུ;

39 Calamus, *n.* སྤྲ; བྱ་སྒྲོའི་རྩ་བ་ལའང་ཟེར;

40 Calash, *n.* ཤིང་རྟ་འཁོར་ལོ་བཞི་ལྡན་འབོ་ཏེ་མིའི་ཡུལ་ནས་ཐོན་པ;

41 Calcify, *v.t.* རྡོ་ལྟར་གྱུར་བ;

42 Calcine, *v.t.* བརྫོས་ནས་ཕྱེ་མར་བཏག་པ;

43 Calcography, *n.* ས་དཀར་གྱིས་རི་མོ་བྲི་བ;

44 Calculable, *a.* བརྩིས་སུ་ཡོད་པ;

45 Calculate, *v.t.* བརྩི་བ; བགྲངས་པ;

46 Calculator, *n.* བརྩི་མཁན;

47 Calculous, *a.* རྡོ་འདྲ་པོ;

48 Caldron, *n.* ཁྲོ་ཆེན;

49 Calefacient. བསྲོ་བའི; དྲོད་བསྲོ་བའི;

50 Calefactor, *n.* བསྲོ་བྱེད; བསྲོ་མཁན;

51 Calefy, *v.i.* བསྲོས་པ;

52 Calendar, *n.* ཟླ་ཐོ; བརྩིས་པ;

53 Calends. རོ་མན་ལུང་སུ་ཟླ་བའི་ཚེས་གྲངས་ཐོག་མ;

54 Calf. བེའུ;

55 Calibre, *n.* ཐུག་སྦྲབ; སྦྲབ་ཐུག;

56 Calico, *n.* རས་སྤྲར་མ; རས་པར་མ;

57 Calid, *a.* དྲོན་པོ; ཚ་པོ; ཚ་བའི་རིག་བྱ་ཅན;

58 Caliginous, *a.* སྨུན་རྨུ་ཅན; གནག་རྨུ་ཅན;

59 Caligraphy, *n.* ཡིག་གཟུགས་ཀྱི་ཁྱེར་སོ;

60 Calipers, *n.* ཀམ་པ;

61 Caliph, *n.* མུ་སུལ་མན་གྱི་རྒྱལ་པོའི་མིང;

62 Calisthenics, *n.* གཟུགས་ཀྱི་འགྲིང་བག་མཛེས་ཤིང་འགྱུར་བའི་འཁྲུལ་འཁོར་སྦྱོངས;

63 Calix, *n.* སྡོག་གི་ཁྲིའ་མེ་ཏོག་གི་ཁྲིའུ་འམ་རྩ་བའི་ཕོར་པའི་བཟོ་ཅན་གྱི་ཤུན་པའ;

64 Calk, *v.t.* རྟའི་རྨིག་ལྕགས་སྒྲི་བདག་མི་ཤོར་བའི་ཆེད་དུ་རྒྱབ་པ;

65 Call, *v.t.* བོས་པ; འབོད་པ; སྐད་གཏང་བ;

66 Callid, *a.* གྲུང་པོ; སྤྲུང་པོ;

67 Calling, *n.* ལས་བསྐལ; སྐལ་བ; བསྐོད་ཐང;

68 Callous, *a.* ཀྲུ་བོ; (Sik. ཁོག་དཀར;)

69 Callously, *ad.* ཤ་ཚ་མེད་པ་བྱེད་དེ;

70 Callousness, *n.* ཤ་ཚ་མེད་པའི་ཚུལ;

71 Callow, *adj.* ཤོག་སྒྲོ་མ་རྒྱས་པ; ཁ་སྤྲུ་མེད་པ;

72 Calm, *a.* ཞི་བ;

73 Calmly, *ad.* ཞི་བའི་ཚུལ་གྱི;

74 Calomel, *n.* འབྱོར་སྨན་ཞིག་གི་མིང;

75 Calorific, *a.* དྲོད་ཀྱི་སྐྱིང་པོ;

76 Caltrop, *n.* རྟ་དམག་འགོག་བྱེད་ཀྱི་མཚོན་ཆ་ལྕགས་ཀྱི་ར་བ་ལྔ་སྦྲ་ཞིག;

77 Calumniate, *v.t.* སྨུང་འདེབས་པ; འཕྲུར་ཁ་བརྫོང་བ;

78 Calumniation, *n.* སྨུང; སྨྲི; བཀྲལ་ཁ; བཀུར་པ;

79 Calumnious, *adj.* སྨུང་ཅན; སྨྲི་ཅན;

80 Calvary, *n.* ཡེ་ཤུ་གསལ་ཤིང་གི་རྩེར་བཀྱོན་ནས་སྒྲོང་པའི་ས་དེའི་མིང་ཡིན;

81 Calve, *v.i.* བེའུ་སྐྱེས་པ; བེའུ་བཙས་པ;

82 Calvinism, *n.* ཇོན་ཀལ་བིན་ཞེས་པའི་ཆོས་ལུགས;

83 Calx, *n.* ས་དཀར་རྩེ; ཚུ་ནི;

84 Calyx, *n.* མེ་ཏོག;

85 Cambric. རས་དཀར་སྲབ་མོ་ཞིག་གི་མིང;

86 Came. འོངས་བ; འོངས་པ;

87 Camel. རྔ་མོང;

88 Camelopard. རྔ་མོང་ལྟ་བུའི་རིགས་དྭགས་སྐེ་ཤིན་དུ་རིང་ཞིང་རི་མོ་གཟིག་ཁྲ་ལྟ་བུ་ཡོད་པ;

89 Camel's hair, *n* རྔ་མོང་གི་སྤུ;

90 Cameo, *n.* གཟི་འམ་ཕྱིང་སོར་ལ་བརྐོས་རྒྱབ་ནས་བཟོས་པའི་མིའི་པར་འབུར་སྐུ་དོད་པོ་ཡོད་པ;

91 Camera. འདྲ་པར་བླང་བྱེད་ཀྱི་འཁྲུལ་འཁོར; པར་ཆས;

92 Camomile, *n.* སྤོ་སྨན་གྱི་མེ་ཏོག་སྐྱེ་ནས་སྨན་ལ་འགྲོ་བ;

93 Camp, *n.* མགར; མཁར;

94 Campaign, *n.* དམག་འཐེན་པའི་མགོ་ནས་འཇུག་ཐུབ་ཀྱི་གནས་ཡུན་དེ་ལ་ཟེར; དམག་གཅིག་གི་ཐེང་རྒྱུན;

95 Camphor, *n.* ག་བུར;

96 Camwood, *n.* ཚོས་རྒྱབ་རྒྱུའི་ཤིང;

97 Can, *n.* ཟེ; v.i. ཐུབ; ཚུགས; ནུས་པ;

98 Canadian, *n.* ཀ་ན་ཊ་བྲ་བའི་ཡུལ་མི;

99 Canal, *n.* ཆུ་ཡུར; ཆུ་ལམ་མིས་བརྐོས་པ; ཡུར་བ་ཆེན་པོ;

100 Canary, *n.* ཀེ་ནེ་རིའི་མཚོ་གླིང་ནས་བྱུང་བའི་ཆང་མངར་མོ་ཞིག་དང་བྱིའུ་སྐད་སྙན་པོ་མདོག་སེར་སྐྱ་ཞིག་ལ་ཟེར;

101 Cancel, *v t.* ཁྲིམས་སྒྲུབ་བྱེད་པ; མེད་པར་གཏང་བ; སྒྲུབ་པ;

102 Cancellated, *pp.* གྲི་གུང་གི་ཁྲམ་བཞིན་དུ་རི་མོ་བྲིས་པ;

103 Cancer, *n.* སྐྲང་འབུར; སྐྲན་འབུར; རྨ་ཤུ;

104 Cancerous, *a.* སྐྲང་འབུར་ཅན;

105 Candelabrum, *n.* ཞུ་མར་ལྡ་སྒྲོན་སའི་ཀྱང་བུ་ཡལ་ག་མང་པོ་ཡོད་པ;

106 **Candid**, *a.* ཁ་སངས་སྙིང་སངས;

107 **Candidate**, *n.* ལས་ཀའི་གོ་སར་ཞུགས་འདོད་མཁན;

108 **Candidature**, *n.* གོ་ས་འཚོལ་བའི་སྐབས;

109 **Candidly**, *ad.* ཁ་སང་བྱེད་དེ;

110 **Candidness**, *n.* ཁ་སང་ལུགས;

111 **Candle**, *n.* སྤྲ་ཆིལ་གྱི་ཞུ་མར; ལྷ་ཞུ;

112 **Candour**, *n.* ཁ་སང་སྙིང་སང;

113 **Candy**, *v.t.* ཤེལ་ཀར་གྱི་ནང་དུ་བཙུག་ནས་བཞག་པ;

114 **Cane**, *n.* སྦ; (སྦ་ཚར; ཙོམ་ཚར Sik.)

115 **Canine**, *a.* ཁྱིའི་རྣམ་པ་ཅན;

116 **Caning**, *n.* སྦ་རྒྱུག་བརྡང་བ;

117 **Canister**, *n.* མེ་སྒྲོགས་ཀྱི་ཧྲེའུའི་ནང་ལ་མཆོད་ཆ་སྣ་ཚོགས་ཀྱིས་ཁེངས་པ;

118 **Canker**, *n.* རྨ་རློག་པ;

119 **Cannibal**, *n.* མི་ཤ་ཟ་མཁན;

120 **Cannibalism**, *n.* མི་ཤ་ཟ་བའི་སྤྱོད;

121 **Cannon**, *n.* མེ་སྒྲོག;

122 **Cannonade**, *v.t.* མེ་སྒྲོག་མང་པོ་རྒྱབ་པ;

123 **Cannonier**, *n.* མེ་སྒྲོག་རྒྱབ་མཁན;

124 **Cannonize**, *v.t.* བླ་རྒྱུད་ཀྱི་གྲལ་དུ་བཀོད་པ; གསེར་ཁྲིང་དུ་བཀོད་པ;

125 **Canny**, *a.* སྒྲེ་མ་མཁན; སྤྱང་པོ;

126 **Canoe**, *n.* ཤིང་གྲུ;

127 **Canon**, *n.* བླ་རྒྱུད་ཀྱི་བཅའ་ཡིག; ཆོས་ཁྲིམས་བཅའ་ཡིག;

128 **Canonical**, *a.* རྒྱུད་སྲོལ་གྱི་བླ་ཆས; བརྟེན་ཆས; བླ་མ་རྒྱུད་འཛིན་གྱི་སྐུ་ཆས;

129 Canopy, *n.* གནམ་ཡོལ;

130 Cant, *n.* ངེས་བྱུང་ཡོད་རྫུ་བྱེད་དེ་སྐད་ཆ་སྨྲ་བ;

131 Canteen, *n.* དམག་སྒར་ནང་གི་ཚོང་ཁང;

132 Canter, *v.i.* བང་ལ་འགྲོས;

133 Canto, *n.* གླུའི་ཤློ་ཀ་གང་རིགས་ཞིག;

134 Canton, *n.* རྫོང་ཁག;

135 Cantonment, *n.* དམག་སྒར;

136 Canvas, *n.* ཙ་རས་ཐུག་པོ; ཙ་རས;

137 Canvass, *v.t.* དོན་དཔྱད་པ; སྐྲོ་འདོག་བཅད་པ;

138 Cap, *n.* ཞྭ་མོ; ཐོད་ཁེབས;

139 Capability, *n.* ཡོང་སྟངས; འབྱོན་སྟངས;

140 Capable, *a.* འབྱོན་པ; ཡོང་བ; ཐུབ་པ; ནུས་པ;

141 Capacious, *a.* ག་ཤོངས་པ; ཡངས་པ;

142 Capacitate, *v.t.* ལས་སུ་རུང་བར་བྱེད་པ; འབྱོན་པར་བྱེད་པ; ནུས་པར་བྱེད་པ; ནུས་པ་དང་ལྡན་པར་བྱེད་པ;

143 Capacity, *n.* ནུས་པ; ཤོངས; ཚད;

144 Caparison, *n.* རྟ་ཆས; རྟ་ཁེབ; བརྒྱན་ཆས;

145 Cape, *n.* སྟོད་ཁེབས; དཔུང་ཁེབས; (རི་སྣ; Geography)

146 Caper, *v.i.* ར་ལྟར་འཆོང་བ; (n. ཚེར་སྣ་ཁ་གཅིག; Fr. Caper.)

147 Capillary, *n.* སྐྲ་ལྟར་ཕྲ་མོ; ཤིན་ཏུ་ཕྲ་མོ; ཕྲ་ཞིང་སྦུ་ག་ཡོད་པ;

148 Capital, *a.* ཨང་གི་དང་པོ; ཁྱད་པར་ཅན;

149 Capitalist, *n.* མ་རྩའི་བདག་པོ;

150 Capitally, *ad.* ཁྱད་པར་དུ་འཕགས་པར;

151 Capitation, *n.* མི་རེ་བཞིན་དུ་བགྲངས་པའི་ཁྲལ;

152 Capitulate, *v.i.* མགོ་གྱུར་བྱས་ནས་རྟེས་འབུལ་ཞུ་བ;

153 Capitulation, *n.* མགོ་གྱུར་ནས་རྗེས་འབུལ་ཞུ་བའི་ལས;

154 Capon, *n.* (དེ་བོ ; Colql.) (བྱ་ཕོ་སྦྲ་ཕབ་བཞག་པ; Sik.) དེ་བོ; བྱ་ཕོ་འབོ་ཕབ་ཕབ་པ; ཉ; ཡི་གེ;

155 Caprice, *n.* བློའི་འགྱུར་ལྡོག;

156 Capricious, *n.* བློ་འགྱུར་ལྡོག་ཅན;

157 Capricorn, *n.* དུས་འཁོར་རི་ཆུ་སྲིན་ཁྱིམ;

158 Capricornus, *n.* ར;

159 Capsicum, *n.* སི་ངན; (Sik. ཨ་ཀར; (ག་ཡིར་མག; Bhut.)

160 Capsize, *n.* ཁ་བུབ་སློག་པ;

161 Capsular, *a.* ས་བོན་གྱི་སྣོད་ལྟར་ནང་སྟོང་པ་ཡོད་པ;

162 Capsule, *n.* ས་བོན་གྱི་སྣོད; གང་བུག;

163 Captain, *n.* རྒྱ་དཔོན; མགོ་པ;

164 Captaincy, *n.* རྒྱ་དཔོན་གྱི་གོ་ས;

165 Captainship, *n.* རྒྱ་དཔོན་གྱི་གོ་ས་ཅན་དམག་བཀོད; དམག་སྣ་འདྲེན་
པའི་བློ་རིག;

166 Captious, *a.* ཟུར་འཚོལ་དད་ཅན; སྐྱོན་འཚོལ་དད་ཅན;

167 Captivate, *v.t.* འཛིན་པ; བཟུང་བ;

168 Captive, *n.* བཙོན་པ;

169 Captivity, *n.* བཙོན;

170 Captor, *n.* བཙོན་སྲུང; འཛིན་པ་པོ;

171 Car, *n.* ཤིང་རྟ་འཁོར་ལོ་ཅན་པོ;

172 Caracole, *n.* སྒྲས་[illegible]མ་བསྒོར་བསྒོར; རྟ་བཞོན་པས་བསྐོར་ཕྱེད་རྒྱབ་པ;

173 Carafe, *n.* ཆུ་སྣོད་ཤེལ་དེ;

174 Carat, *n.* འབྲུ་བཞིའི་བརྗིད;

175 Caravan, *n.* ཚོང་པ་སྤེབ་ཅིག་དུ་བྱང་ཐང་བགྲོད་པར་ཆས་པ;

176 Caravansary, *n.* ཚུགས་ཁང; མགྲོན་ཁང;

177 Caraway, *n.* གོ་སྙོད;

178 Carbine, *n.* མེ་མདའ;

179 Carbineer, *n.* མེ་མདའ་ཐུང་ངུ་ཁྱེར་བའི་དམག་མི;

180 Carbon, *n.* སོ་ལ; སོལ་ནག;

181 Carbonic, *a.* སོ་ལའི་རྫི་པ་ཅན;

182 Carbuncle, *n.* པད་རག་ཛྲས་མ; ཚོང; སྣ་གྲུག་གི་གང་ལ་སྣང་
འབུར;

183 Carcanet, *n.* ནོར་བུའི་བྱེ་བྲག་ཞིག་གི་མགུལ་བརྒྱན;

184 Carcass, *n.* ཕུང་པོ; རོ;

185 Card, *n.* མིང་ཡིག; ཤོ་བག་གི་ཤོ་གྲུ;

186 Cardinal, *n.* ཕྱོགས་སྐྱིའི་བླ་ཁག;

187 Care, *n.* ཉར; གཉེར་ཁ; *v.t.* ཉར་བྱེད་པ; སྐྱོངས་བ;
སྲུང་སྐྱོབས་བྱས་པ;

188 Career, *n.* བང; ཤི་རྗེ;

189 Careful, *ad.* རིག་པ་དྲིམ་བུ;

190 Caress, *v.t.* བྱཾ་པའི་རྣམ་འགྱུར་གྱིས་ཅབ་ཅབ་བྱས་པ;

191 Caressingly, *ad.* བྱམ་པའི་ཚུལ་གྱི;

192 Cargo, *n.* གྲུ་ཐོག་གི་འཚོང་ཟོག;

193 Caricature, *n.* འདྲ་པར་གཟུགས་བརྙན་ཡན་པ་ལ་སློས་དེ་གས་མོ་འི་
གནས་སུ་བཟོ་བ;

194 Carious, *a.* རུལ་པ; ཁོང་རུལ;

195 **Carmine**, *n.* རྒྱ་ཚོས་མདོག;

196 **Carnage**, *n.* ཤི་བསད;

197 **Carnal**, *a.* སྲིད་ཞེན; ཞེན་པའི; སྲིད་པའི;

198 **Carnality**, *n.* སྲིད་ཞེན་གྱི་རྣམ་པ;

199 **Carnally**, *ad.* སྲིད་ཞེན་གྱི;

200 **Carnival**, *n.* སྐྱིད་སྐྱིད;

201 **Carnivorous**, *a.* ཤ་ཟ་བའི་རིགས;

202 **Carol**, *n.* སྐྱིད་པའི་གླུ་དབྱངས;

203 **Carouse**, *v.i.* ཆང་འཐུང་བ;

204 **Carouser**, *n.* ཆང་འཐུང་མཁན;

205 **Carp**, *v.i.* སྐྱོན་ཆུང་ངུ་ལ་སྐྱོན་བདགས་པ;

206 **Carp**, *n.* འབྲོན་པའི་ཉ;

207 **Carpenter**, *n.* ཤིང་བཟོ་པ;

208 **Carpet**, *n.* གདན་གྱུམ་ཙེ;

209 **Carriage** རྟ་ཡིས་འདྲེན་པའི་ཤིང་རྟ་འཁོར་ལོ;

210 **Carrier**, *n.* འཁུར་མཁན;

211 **Carrion**, *n.* རོ;

212 **Carrot**, *n.* ལ་ཕུག་དམར་པོ; གུང་ལ་ཕུག;

213 **Carry**, *v.t.* འཁུར་བ; ཁྱེར་བ; (འབག་པ; Sik.)

214 **Cart**, *n.* གླང་གོག་གིས་འདྲེན་པའི་ཤིང་རྟ;

215 **Cartage**, *n.* གླང་གོག་གི་ཀ་རིའི་གླ་ཆ;

216 **Carte-de-visite**, *n.* འདྲ་པར་ཆུང་བའི་ཚད;

217 **Carter**, *n.* གླང་གོག་ལྷ་རི་དད་མི;

218 **Cartridge**, *n.* མེ་མདའི་རྫས་རྫོང་ཤོག་སྒྲིལ;

219 Carve, *v.t.* ཤིང་ལྷར་བཀོས་པ;

220 Carving, *n.* ཤིང་བརྐོས;

221 Cascade, *n.* འབབ་གཟར; ཐབ་གཟར;

222 Case, *n.* ཤུབ;

223 Case, *n.* ཁ་མཚུ; གླིང་གཞི;

224 Casemate, *n.* མེ་སྒྲིག་གི་རྫིའུ་ཐུབ་པའི་ཁང་མིག;

225 Cash, *n.* དངུལ་བཀྲང; *v.t.* དངུལ་དང་བརྗེ་བ;

226 Cashier, *a.* དངུལ་བརྩིས་པ;

227 Cashier, *v.t.* གནས་དབྱུང་གཏང་བ; ལས་སྣེ་སོར་གོ་ས་ལས་དབྱུང་བ;

228 Cashmere, *n.* ལ་དྭགས; ཀ་ཤི་མིར་ཡུལ;

229 Cask, *n.* ཤིང་འདོན; ཤིང་ཟྦི;

230 Casket, *n.* སྒྲོམ་ཆུང;

231 Casque, *n.* རྨོག;

232 Cassia, *n.* ཤྭ་ཤིང་ངམ་ཤིང་ཚ་སྤྲུས་ཞན་པ་ཅིག;

233 Cassimere, *n.* བལ་གྱི་ཐྲེར་ཕྲུག་རིང་གཅིག;

234 Cassino, *n.* ཤོག་བག་གི་བརྩེད་མོ;

235 Cassock, *n.* གོས་སེར་ཆུ་པ་རིང་མོ་པླ་དྲི་རྣམས་ཀྱིས་གྱོན་པའི་ཆས;

236 Cassowary. བྱ་ཆེན་པོ་ཞིག་གི་རིགས;

237 Cast, *v.t.* དབྲུག་གཏང་བ; འཕེན་པ; འཕང་པ (inactive) ལུག་རྒྱབ་པ;

238 Castaway. ཀུན་གྱིས་བོར་བ;

239 Caste, *n.* རུས་རིགས;

240 Caster, *n.* འཕང་མི; དབྱུག་མི;

241 Castigate, *v.t.* རྒྱུག་བརྡུང་བཏང་བ; ལྷུག་ཚན་བཏང་བ;

242 Castigation, *n.* རྒྱུག་བརྡུང་;

243 Casting, *n.* ལུགས་རྒྱབ་པ; ལུཊ་པར;

244 Castle, *n.* རྫོང་; མཁར;

245 Castor-oil, *n.* (ཏུ་ཏྲི་བ་འབྲས་བུའི་སྣུ; Bhut. & Sik.)

246 Castrate, *v.t.* འབོ་ཕབ་པ;

247 Casual. གློ་བུར་བའི; མ་མནོ་མ་བསམ་པའི;

248 Casually, *ad.* (Colql. ད་ག་ཟེ); སྣང་མེད་བཞིན་དུ; གློ་བུར་དུ;

249 Casualty, *n.* རྐྱེན་ངན;

250 Cat, *n.* བྱི་ལ; ཞི་མི;

251 Catacomb, *n.* ས་འོག་དུ་དུར་ཁང་ཡོད་པ;

252 Catalogue, *n.* ཐོ; ཀར་ཆབ;

253 Catapult, *n.* སྒྲོག;

254 Cataract, *n.* ཐབ; ཐབ་སྦུ;

255 Catarrh, *n.* ཡ་མ;

256 Catastrophe. (Sik. ཕྱི་རགས;) བྲུས་ཉེས;

257 Catch, *v t.* བཟུང་བ; འཛིན་པ; ཟིན་པ;

258 Catechise, *v.t.* བསླབ་བྱ་འདྲི་ལེན་བདབ་ཅིང་སྟོན་པ;

259 Catechism. བསླབ་བྱ་འདྲི་ལན་གྱི་ཚུལ་དུ་སྟོན་པའི་ཆོས;

260 Catechist, *n.* ཡེ་ཤུའི་ཆོས་འཆད་མི་ཡུལ་གྱི་སི་དག;

261 Catechumen, *n.* ཡེ་ཤུའི་ཆོས་ལུགས་འཛུངས་མི;

262 Categorical, *a.* གོ་རིམ་བཞིན་དུ་ཡོད་པ;

263 Category, *n.* གོ་རིམ;

264 Caterpillar. ཟ་ཚོད་ཀྱི་ལོ་མ་ཟ་བའི་འབུ;

265 Catgut, *n.* བརྒྱུས་ཐག; བརྒྱུས་པའི་ཐག་པ;

266 Cathartic, *a.* བ་ཤལ་སྨན;

267 Cathedral, *n.* གཙུག་ལག་ཁང; མ་མགོན;

268 Catholic, *a.* རྙིང་མ་བ; ཀུན་ཁྱབས; སྤྱི་སྤྱོམ;

269 Cat-o-nine-tails, *n.* རྟ་ལྕག་མགོ་དགུ་པ;

270 Cattle, *n.* ཕྱུགས;. རྐང་བཞི་ཕྱུགས;

271 Caucasian, *n.* ཀོ་ཀེ་སུས་གངས་འདབ་ནས་བྱུང་བའི་མི་རིགས;

272 Caul, *n.* མགོ་ཤུབ; མགོ་ཁེབ;

273 Cauliflower, *n.* སྤོ་ཚོད་མེ་ཏོག་ཡོད་པའི་རིགས;

274 Causal, *a.* རྒྱུའི; རྒྱུ་མཚན་གྱི; དོན་གྱི;

275 Causative, *a.* རྒྱུ་མཚན་བརྗོད་པ;

276 Cause, *n.* རྒྱུ་དོན;

277 Causelessly, *ad.* དོན་མེད་དུ; རྒྱུ་མཚན་མེད་པར;

278 Causeway, *n.* འདམ་འཇབ་ཀྱི་ནང་དུ་ལམ་མཐོན་པོར་བཟོས་པའི་ལམ;

279 Caustic, *a.* པག་པ་བསྲེག་པའི་ནུས་པ་ལྡན་པའི་སྨན;

280 Caution, *a.* སྲུང; ངོག་ཟེར;

281 Cavalcade, *n.* རྟ་བཞོན་མང་པོ་སྐྱེབ་གཅིག་ལ་ཡོད་པ;

282 Cavalier, *n.* བ་དྲུར; ཀླུ་དུར; དཔའ་འདུལ;

283 Cenotaph, *n.* དུར་སར་རོ་བཞག་ཁར་སྤྲིད་ཡོད་ཀྱང་རྡོ་ལེབ་ཐོག་ཁ་བྱང་
བཀོད་པ་ལ་ཟེར;

284 Censer, *n.* སྤོས་པོར;

285 Censor, *a.* དགེ་བསྐོས;

286 Censorious, *a.* མཚན་འདོགས་པའི; སྐྱོན་བརྗོད་པའི;

287 Censorship. དགེ་བསྐོས་ཀྱི་གོ་ས;

288 Censurable, *a.* སྐྱོན་བརྗོད་འོས;

289 **Censure**, *v.t.* གླེན་ཁ;

290 **Census**, *n.* ཡུལ་གྱི་མི་གྲངས་གཞུང་ས་ནས་རྒྱབ་པ;

291 **Cent**, *n.* ཟང་གི་ཊེ་ཀཱའི་རྡོང་ཚེ;

292 **Centaur**, *n.* མི་ལུས་རྟའི་སྨད་ཁོག་ཅན;

293 **Centenary**, *n.* ལོ་བརྒྱ་པ;

294 **Centipede**, *n.* འབུ་རྐང་པ་མང་པོ་ཡོད་པ་ཞིག་ལ་ཟེར;

295 **Central**, *a.* དཀྱིལ་མ; དབུས་མ;

296 **Centralize**, *v.t.* དབུས་སུ་བསྡུ་བ; དཀྱིལ་དུ་སྤོབས་བསྐྱེད་པ;

297 **Centre**, *n.* དབུས; དཀྱིལ;

298 **Centrifugal**, *a.* དབུས་ནས་ཕྱིར་འཁྱིར་བའི་ཆོས་ཉིད་ཅན;

299 **Centripetal**, *a.* ཕྱི་ནས་དབུས་སུ་འཁོར་བའི་ཆོས་ཉིད་ཅན;

300 **Centurion.** དང་པོ་རྡོ་མན་རྣམས་ཀྱི་བརྒྱད་པོན་ལ་ཟེར;

301 **Century**, *n.* ལོ་བརྒྱའི་རབ་འབྱུང; ལོ་གྲངས་བརྒྱ་ཕྲིཾ་པ་ཡོད་པའི་
ལོ་འཁོར; རམ་རབ་འབྱུང;

302 **Cere**, *v.t.* ཕྱི་ནས་སྦྲ་ཚིལ་གྱིས་བྱུགས་པ;

303 **Cereal**, *a.* འབྲུ་ཡི་རྣམ་པ་ཅན;

304 **Cerebellum**, *n.* ཀླད་རྒྱ་འོག་མ; ཀླད་པའི་དུམ་བུ་མགོའི་ལྟག་པར་
གནས་པ;

305 **Cerebrum**, *n.* ཀླད་རྒྱ་ངོ་མ་ཁོ་རང;

306 **Cerecloth**, *n.* སྦྲ་ཚིལ་བྱུག་པའི་རས་རོ་སྤྲིལ་རྒྱུའི་ཆེད་དུ་བཟོས་པ;

307 **Ceremonial**, *a.* ཆོ་ག་སྐུ་རིམ་གྱི;

308 **Ceremonious**, *a.* ལུས་ངག་གི་གུས་བརྟགས་ཅན;

309 **Ceremony**, *n.* ཆོ་ག; སྒྲིགས་ཡི; འགྲོ་ལུགས;

310 **Certain**, *a.* བརྟེན་བརྟེན; or གཏན་གཏན; ཁྲིག་ཁྲིག; ངེས་པོ;

311 Certainty. ངེས་པའི་ཆོས་ཉིད;

312 Certificate, *n.* མནའ་ཡིག; ལག་ཁྲེར་ཡིག;

313 Certify, *v.t.* མནའ་ཡིག་བྲིས་པ; དངོས་གནས་ཁུངས་དག་ཡིན་ཞེས་བྲིས་པ;

314 Ceruban, *a.* མཐིང་སྔོན; ནམ་མཁའི་སྔོ་མདངས་ཅན;

315 Cessation, *n.* འགག་ཆ; རྒྱུན་ཆད་པ;

316 Cession, *n.* སྟེར་སྦྱིན; བྱིན་པ; བརྩིས་སྤྲོད;

317 Chafe, *v.i.* བརྡར་ཤུར་བྱས་ནས་དྲོད་འབེབས་པ; ཚིག་པ་ཟ་བ; ཁོང་ཁྲོ་བསླང་པ;

318 Chaff, *n.* འབྲས་སོབ་བདུབ་ནས་བཞག་ཡོད་པ; སྙག་སྦྲོ;

319 Chaffinch. བྱིའུ་ཆུང་ཏུ་གླུ་སྙན་པོ་བྱས་པའི་རིཊ;

320 Chaffy. ཀྱ་རའི་ཚིག་འདྲ་པོ; དོན་མེད་ཀྱི་གཏད་མོ་འི་གཏཾ;

321 Chagrin, *n.* ཁོང་ཁྲོ;

322 Chain, *n.* ལྕགས་ཐག;

323 Chair, *n.* ཀྱུ་ཁྲི; ཀང་ཁྲི;

324 Chairman, *n.* ཁྲི་པ; མི་ཚོགས་ཀྱི་ནང་ནས་མགོ་པ་དེ་ལ་ཟེར;

325 Chaise, *n.* ཤིང་རྟ་འཁོར་གཉིས་བྱས་པ་ཞིག་ལ་ཟེར;

326 Chaldron, *n.* སྦྲོ་གསུམ་ཚུ་སོ་དྲུག་གི་སྣོད་ཞིག་ལ་ཟེར;

327 Chalice, *n.* ཚོགས་ཆང་གི་སྣོད་ཕོར་རོ་དུང་བཞིན་དེ་ལ་ཟེར;

328 Chalk, *n.* ས་དཀར;

329 Challenge, *n.* དགྲ་ལ་བཤགས་འདེབས་པའི་ཚིག;

330 Chamber, *n.* ཁང་མིག; གཟིམ་ཆུང;

331 Chamberlain, *n.* སྒྲོལ་གཉེར;

332 Chamelion, *n.* སེམས་ཅན་དམིག་པའི་རིགས་ཅིག་ལ་ཟེར;

333 Chamois, *n.* རི་དྭགས་རྒྱ;

334 Champ, *v.t.* སོ་རྒྱབ་པ;

335 Champagne, *n.* རྒུན་ཆང;

336 Champaign, *a.* ཐང་ཁོད་སྐྱམ་པོ;

337 Champion, *n.* དཔའ་བོ་ཁས་ལེན་པོ;

338 Championess, *n.* དཔའ་མོ; ཁས་བླངས་མོ; རྒྱབ་སྐྱོར;

339 Chance, *n.* གློ་བུར་གྱི་བརྟེན་འབྲེལ; སྟེས་དབང;

340 Chancel, *n.* དགོན་པའི་ལྷ་ཁང་གི་ཤར་ཕྱོགས་ཀྱི་ཐུག;

341 Chancellor, *n.* དྲུང་ཡིག་ཆེན; ཁྲིམས་སའི་ཁྲི་པ;

342 Chancellorship, *n.* སློབ་གྲྭ་ཆེ་མོའི་མགོ་པའི་གོ་ས;

343 Chancery, *n.* གཞུང་དེབ་ཀྱི་ཡིག་ཚང;

344 Chandelier, *n.* ལྷ་སྒྲོན་སའི་སྐྱག་ཡལ་ག་མང་པོ་བྱས་པ;

345 Chandler, *n.* འཚོང་པ; སྤ་དྲས་ཡིན་ན་ལྷ་བཟོ་མི་ལ་གོ;

346 Change, *v.t.* བསྒྱུར་བ; འགྱུར་བ; (*n.*) སྐྱོག་སྐྱོག; (of money).

347 Changer, *n.* འགྱུར་མཁན;

348 Channel, *n.* ཆུ་ལིཾ; རྒྱ་མཚོའི་ལི་ཕྲ་མོ;

349 Chant, *v.t.* དབྱངས་ཐན་པ; གདངས་དབྱངས་ཐན་པ;

350 Chantry, *n.* གདང་དབྱངས་ཐན་སའི་ལྷ་ཁང;

351 Chaos, *n.* སྙུན་ནག;

352 Chaotic, *a.* སྙུན་ནག་ཅན;

353 Chap, *v.t.* སེར་ག་གཏང་བ; གས་པ; སེར་ག་ཤོར་བ;

354 Chapel, *n.* ལྷ་ཁང་ཆུང་ཆུང;

355 Chaplain, *n.* དམག་གཟུའི་ཡང་ན་དམག་རྡུའི་བླ་མ;

356 Chaplaincy, *n.* དམག་མིའི་བླ་མའི་གོ་ས; བླ་མ་ལ་ཟེར;

357 Chaplet, *n.* མགོའི་བརྒྱན་ཆ; དབུ་བརྒྱན་ཅང་སྐོར;

358 Chapter, *n.* ལེའུ ;

359 Char, *v.t.* མེ་ལ་བསྲེག་སྟེ་ཞོབ་ཏུ་བཏང་བ ;

360 Character, *n.* མིའི་རྒྱུ་གཤིས ; སྤྱོད་ལུ ; མི་གཤིས ; རྒྱུ་གཤིས ;

361 Characteristic. གཤིས་དང་མཐུན་པའི ; གཤིས་ཁ ;

362 Characterize, *v.t.* གཤིས་དང་མཐུན་པར་བྱེད་པ ;

363 Charcoal, *n.* སོལ་བ ; or སོལ་མོག ;

364 Chargeable. ཁག་དཀྲི་རུ་འོས་པ ;

365 Charily, *ad.* ཕང་བཞིན་ཏུ ; དཀོན་པོར ; ཉུང་ཉུང་བྱེད་དེ ;

366 Chariness. ཕང་སེམས་ཆེ་ལུང ;

367 Chariot. ཤིང་རྟ་འཁོར་ལོ ;

368 Charioteer, *n.* ཤིང་རྟ་འདྲེན་མཁན ;

369 Charitable, *a.* སྦྱིན་པར་དགའ་བ ;

370 Charitably, *ad.* བློ་གཏོང་ཕོད་ཆེན་བྱེད་དེ ;

371 Charity, *n.* དགེ་བ ; སྦྱིན་པ ;

372 Charlatan. ཨེམ་ཆི་བརྫུས་མ ; ཧམ་བརྫུས་བྱེད་པའི་སྨན་པ ;

373 Charm, *n.* སྐུང་བ ; བདེ་ཉམས ;

374 Charmingly, *ad.* ཡིད་འཕྲོག་ནུས་པ་བྱེད་དེ ;

375 Charnet-house, *n.* མི་རོའི་རུས་པ་བཞག་སའི་ཁང་མིག ;

376 Chart. ས་ཁྲ ;

377 Charter, *n.* ཐ ; གན་རྒྱ ; ཁྲམ ; གན་ཡིག ;

378 Chartim, *n.* དམངས་མིར་ཚད་དབང་སྒྱུར་བའི་གཏམ་དོན ;

379 Chartist དམངས་མིར་ཚད་དབང་སྒྱུར་བའི་གྲོས་སྐྱུར་ཚུད་པ ;

380 Chary, *a.* འཕང་སེམས་ཅན ; ཉུང་ཉུང་བྱས་ནས ;

381 Chase, *v.t.* བདའ་དེད་བཏང་བ ; རྗེས་སུ་རྒྱུག་པ ;

382 Chase. ཁྲི་ར; བདའ་དེད;

383 Chaser, *n.* རི་ནོ་འི་ངོས་ལ་མིའི་གཟུགས་བརྙེན་འབུར་དུ་སྟོན་མི;

384 Chasm, *n.* ཟ་ཁྲང; ཟ་རོང;

385 Chaste. གཙང་མ;

386 Chasten, *v.t.* གཙང་མ་བཅོས་པ;

387 Chasteness. གཙང་ཚུལ;

388 Chastise, *v t.* ཚར་གཅད་པ;

389 Chastisement, *n.* ཚར་གཅོད;

390 Chat, *v.i.* སྐད་ཆ་ལབ་པ;

391 Chateau, *n.* རྫོང; ཡུལ་གཞིས་སུ་ཡོད་པའི་རྫོང;

392 Chattel, *n.* གཞི་ག་ཁྲལ་མེད་མན་པའི་གཞིས་ལ་ཟེར;

393 Chatter, *v.i.* ཅོ་ལོ་མོ་ལོ་བྱས་པ;

394 Chatterer, *n.* ཁ་ལ་གང་འཁོར་ལབ་མི; སོ་ཁྲུག་ཁྲུག་བྱེད་མི;

395 Chatty, *a.* ཟ་སྐྱོད;

396 Chaw, *v.t.* སྐྱུར་བ; རྗེ་བྲ་ཐམ་ཁའི་ལོ་མ་སྐྱུར་བ;

397 Cheap, *a.* ཁེ་པོ;

398 Cheapen, *v.t.* ཁེ་རུ་གཏང་བ;

399 Cheapness, *n.* ཁེ་པོ་འི་ཚུལ;

400 Cheat, *n.* མགོ་བསྐོར་བ;

401 Check, *n.* འགག་ཆ; འགག་ཆ་རྒྱབ་པ;

402 Checkers, *n.* འགག་མཁན;

403 Checkmate, *n.* བརྩེད་མོ་མིག་མངས་ཀྱི་སྐབས་སུ་རྗེའུ་དཀྱུར་སྤྱངས་
གཅིག་ལ་ཟེར;

404 Cheek, *n.* འགྲམ་པ; ཧམ་པ;

405 Cheep, *v.i.* བྱིའུ་འི་གཞོན་ནུ་མའི་སྐད་ཕྲ་མོ་འདོན་པ;

406 Cheer, *n.* སྤྲོ་བ;

407 Cheerful, *a.* བློ་བདེ་པོ; སྤྲོ་པོ; དགའ་མོ;

408 Cheerless, *a.* ཉམས་མི་དགའ་བ;

409 Cheery. སྤྲོ་བོ; ཉམས་དགའ་པོ;

410 Cheese. ཆུ་ར;

411 Chemical, *a.* སྨན་དང་རྫས་སྣ་ཚོགས་ཀྱི་འགྱུར་ལྡངས;

412 Chemist, *n.* སྨན་དང་རྫས་སྦྱོར་མཁན;

413 Chemistry, *n.* རྫས་ཀྱི་སྦྱོར་ཚུལ་གྱི་རིག་གནས; རྫས་སྦྱོར་རིག་གནས;

414 Cheque, *n.* དངུལ་ཁང་ནས་དངུལ་སྤྲོད་ལན་བྱས་པའི་གྲོ་ཡིག;
དངུལ་སྒྲོད་བྱས་པའི་ཡིགེ;

415 Cherish, *v.t.* སྐྱོངས་བ; བསྲོ་བ;

416 Cherry, *n.* ཁམ་རྒོས་འབྲས་བུ;

417 Cherub, *n.* མིའི་བྱིའུ་ལུས་ལ་ཤོག་པ་ཡོད་པའི་གཟུགས་བརྙན་ཅན་
གྱི་ལྷ་བུ; ལྷ་བུ;

418 Chess. མིག་མང་ལྟའི་བརྩེད་མོ་ཞིག;

419 Chest, *n.* བྲང་ཁོག;

420 Chestnut, *n.* སོ་ཀལ་ཟེར་བའི་འབྲས་བུ;

421 Chevalier, *n.* ཕ་རང་སིའི་ཡུལ་གྱི་སྐུ་དྲག;

422 Chew, *v.t.* སྨུར་སྨུར་བྱེད་པ;

423 Chicane. རྒྱ་སི་དགྲ་སི; གཡོ་སྒྲུ;

424 Chicanery. ཐབས་གཡོ་སྒྲུ;

425 Chicken, *n.* བྱི་འཕྲུག; བྱིའུ;

426 Chide, *v.t.* ལབ་ཤ་གཏང་བ;

427 Chief, *a.* མགོ་པ; གཙོ་བོ; སྤྱིར; འགོ་པ;

428 Chieftain, *n.* མི་བརྒྱུད་ཞིག་གི་གཙོ་བོ; སྡེ་པ;

429 Chieftainship. གཙོ་བོའི་གོ་ས; སྡེ་པ;

430 Chilblain, *n.* འཁྱུགས་ཤུ;

431 Child, *n.* སྤྱུ་གུ; or སྤྲུ་གུ;

432 Chill, *a.* གྲང་ངད་ཅན; (n) གྲང་ངད;

433 Chilliness, *n.* གྲང་ངད;

434 Chime, *n.* དྲིལ་བུའི་སྒྲ; མཐུན་པའི་སྒྲ;

435 Chimera, *n.* མིག་སྒྱུ་བློ་བཟོ;

436 Chimerical, *a.* མིག་སྒྱུའི་བློ་བཟོའི་རྣཾ་པ་ཅན;

437 Chimney, *n.* དུ་ཁུང;

438 Chimpanzee, *n.* སྤྲ་གཟུགས་པོ་མི་ཙམ་ཡོད་པའི་རིགས་ལ་ཟེར;

439 Chin, *n.* ཨོལ་སྒོ; མ་མཁལ; མ་ལི;

440 China, *n.* རྒྱ་ནག; དཀར་ཡོལ;

441 Chinchilla, *n.* ཨེ་མེ་རི་ཀ་ལྷོ་གླིང་ནས་ཐོན་པའི་སྤྱུ་འཛེ་བོའི་པག་པ་
ཞིག;

442 Chincough, *n.* འཚོ་པའི་རིང་ཀྱི་ནད་ཞིག;

443 Chine. རྒྱལ་ཚིགས་ཀྱི་རུས་པ;

444 Chink, *n.* སེར་ག; དངུལ་བགྲངས་པའི་སྒྲ་སིང་སིང་ཟེར་བ་དེ;

445 Chintz, *n.* རས་པར་མ་སྤྱུས་ལེན་ཀྱི་གྲངས;

446 Chip, *v.t.* ག་ཤག་པ; གཞོག་པ;

447 Chip, *n.* (ཤིང་ཞོར་ཕྲུག; Sik.) ཤིང་ཤབ;

448 Chirograph, *n.* ལག་བྲིས་མིང་བརྟན་འཁོད་པའི་ཡི་གེ;

449 Chirography, *n.* ཡི་གེའི་དྲི་སྤྱངས; ཡི་གེའི་གཟུང་བརྟེན;

450 Chirology, *n.* ལག་བརྡའ་ཀྲང་བརྡས་སྐད་ཆ་བྱས་པ;

451 Chirp, *v.i.* བྱིའུའི་སྐད་བཞིན་རྒྱབ་པ;

452 Chirrup, *v.t.* བྱིའུའི་སྐད་བཞིན་རྒྱབ་པ;

453 Chisel, *n.* གཟོང; (ལག་ཆ;)

454 Chit, *n.* ཡིགེ; ཡིག་ཆུང;

455 Chit-chat, *n.* ངག་བཀྱལ; སྐད་ཆ;

456 Chivalrous, *a.* དཔའ་བའི་བརྟུལ་ཞུགས་ཅན; དཔའ་སྙིང་ཅན;

457 Chivalrously, *ad.* དཔའ་བའི་བརྟུལ་ཞུགས་ཀྱིས;

458 Chivalry, *n.* དཔའ་ངར; དཔའ;

459 Chack, *v.t.* {Bhut. & S. ཤབ་རྒྱབ་པ} ཤབ་གཟེར་འཕྱུལ་བ;

460 Choice, *n.* གདམ་ཁ;

461 Choir, *n.* ཕྱི་ལུགས་དགོན་པར་གདང་དབྱངས་འཐེན་མི;

462 Choke, *v.t.* ཨོས་སྐྲོ་འགག་པ;

463 Choker, *n.* ཨོལ་སྐྲོ་འགག་མཁན;

464 Choler, *n.* ཞེ་སྡང; རླུང་ཁམས;

465 Cholera, *n* པ་ཤལ་ནད;

466 Choleric, *a.* རླུང་ཁམས་ཅན;

467 Choose, *v.t.* གདམ་ཁ་རྒྱབ་པ;

468 Chop, *v.t.* གཏུབ་པ; གཅབ་པ;

469 Chop, *v.i.* ཁ་ཕྱོགས་འགྱུར་བ;

470 Chop, *n.* ལུག་ཤ་འམ་བྱ་ཤའི་ཚོག་རྡོག་ཏུས་པ་བཅས་པ;

471 Chopper, *n.* གྲི་ཚད་དོ;

472 Choppy, *a.* རྒྱ་མཚོ་རླུང་གིས་བསྐྱོད་དེ་བརླབས་ཐར་ཐོར་དུ་ཡོད་པ་ལ་ཟེར;

473 Choral, *a.* གདང་དབྱངས་ཀྱི་སྡེ;

474 Chord, *n.* གླུ་དབྱངས་སྐད་ཆེ་ཆུང་སྣ་ཚོགས་སྙན་པོར་སྦྲིག་པོ་འདེབ་ཅིག་ཏུ་འདོན་པ;

475 Chorister, *n.* དབྱང་མའི་གྲལ་ནས་གཅིག;

476 Chorography, *n.* ས་ཆའི་བཤད་པ;

477 Chorus, *n.* གར་དང་གླུ་མཁན་མའི་མཚོ་ཐྲད་ཅིག;

478 Christ, *n.* འགྲོ་བ་འདྲེན་པའི་དད་དཔོན; ཡེ་ཤུའི་མིང; འདྲེན་མཆོག;

479 Christen, *v.t.* མིང་འདོགས་པ; ཡེ་ཤུའི་མཚན་བརྗོད་ནས་མིང་བཏགས་ཀྱི་སྟོན་མོ་བྱེད་པ; མིང་སྟོན;

480 Christendom, *n.* ཡེ་ཤུའི་ཆོས་ལུགས་འཛིན་པའི་ས་ཆ;

481 Christian, *n.* ཡེ་ཤུའི་ཆོས་ལུགས་འཛིན་མཁན;

482 Christianity, *n.* ཡེ་ཤུའི་ཆོས་ལུགས;

483 Christianize, *v.t.* ཡེ་ཤུའི་ཆོས་ལུགས་ལ་འགྱུར་བ;

484 Christmas, *n.* ཡེ་ཤུའི་དུས་ཆེན;

485 Christmas-box, *n.* ལོ་གསར་གྱི་ལག་བརྟགས་སྒམ་ཆུང;

486 Christology, *n.* ཡེ་ཤུའི་སྐུ་དང་མཛད་པའི་རྣམ་ཐར;

487 Chromatic, *n.* ཚོན་མདོག་གི་སྐོར; ཚོན་མདོག་ཅན;

488 Chronic, *a.* ཡུན་དུ་མནར་བའི་ནད; ཅོང་ནད;

489 Chronicle, *n.* ཉིཾ་ཐར; འདས་ལོ་དང་འགྲིག་ནས་ཡོད་པ;

490 Chronicler, *n.* ཉིཾ་ཐར་བརྩོམ་པ་པོ;

491 Chronologer, *n.* དུས་རབས་འདས་ལོའི་བགྲངས་བྱ་ལ་མཁས་པ; དུས་ངེས་པར་བརྩི་མཁན;

492 Chronological, *a.* འདས་ལོའི་སྐོར;

493 Chronology, *n.* འདས་ལོ་དང་དུས་སྐོར་ངེས་པར་བགྲངས་བའི་རིག་པ;

494 Chronometer, *n.* ཆུ་ཚོད་འཁོར་ལོ; ཆུ་ཚོད་འཁོར་ལོ་སྤུས་ལེགས་ཞིག་ལ་ཟེར;

495 Chrysalis, *n.* སམ་འབུ་ཕྱེ་མ་ལེབ་ལ་མ་གྱུར་གོང་ན་གླངས་པའི་ལུས་དེའོ;

496 Crysolite, *n.* རིན་པོ་ཆེའི་བྱེ་བྲག་ཁ་དོག་ལྗང་ཁུའམ་སེར་པོར་ཡོད་པ; པུཥྐ་ར; སྣཀད;

497 Chub, *n.* རྒྱུག་ཆུའམ་གཙང་པོར་གནས་པའི་ཉ་ཆོལ་ལྡན་ཞིག;

498 Chubby, *n.* གཟུགས་ཕྱང་ངུ་ཤ་རྒྱག་པ;

499 Chuck, *v.i.* འཕང་པ; འཕེན་པ;

500 Chuckle, *v.t.* རྒོད་བྲོ་བ;

501 Chuckle, *n.* གད་མོ་ཁ་སིམ་མེར་རྒོད་ཅིང་དི་དི་བྱེད་པའི་ཁལ་བྱས་པ;

502 Chum, *n.* མཐུན་བ་ཤེས; གྲོགས་མཆེད; དགའ་ཉེ; གདོ་ཚང;

503 Church, *n.* ཕྱི་གླིང་པའི་མཆོད་ཁང;

504 Churl, *n.* མི་ནག་པ; {གྲོང་པའི་ཨ་ཕ;} མི་ནག་པ་ཐེད་པོ; (a Bhut. expression) an idiomatic phrase.

505 Churn, *n.* དཀྲོག་པ; དཔེར་ན་ཞོ་དཀྲོག་པ་བཞིན;

506 Chyle, *n.* ཟས་གྲོད་པའི་ནང་ལ་གནས་དུས་སྤུ་ཁ་བ་སྐྱ་ན་རི་བ་ཞིག་དོན་རྒྱུ་ཡོད་པ་དེ་ལ་ཟེར;

507 Chyme, *n.* ཟ་གྲོད་པའི་ནང་དུ་བདག་ནས་ཟ་རི་ཛུ་རི་ཞིག་ཏུ་འགྱུར་བ་དེ་ལ་ཟེར;

508 Cicatric, *n.* བརྨ་རྗེས; བརྨས་བཀྲ; (pronounced in Sik. and Bhut. as སྨིམ་བཀྲ;)

509 Cicatrize, *v.t.* བརྨས་བཀྲ་ཆགས་སུ་བཙུག་པ; བརྨ་བཤུ་སྐས་དུ་འཛུག་པ;

510 Cider, *n.* ཨ་ཕུའི་སྦྲང་ཆང༌; ཀུ་ཕུ་ལི་དང་སྦྲང་ལས་བཟོས་པའི་ཆང༌;

511 Cigar, *n.* ཐམ་ཁ་ཙུ་རུད;

512 Cimeter, *n.* གྲི་གུག; རལ་གྲི་གུག་པོ; རལ་གྲི་ལྷག་པ་གུག་ཅམ་བྱས་པ;

513 Cinchona, *n.* ཀུ་ཞིན་གྱི་ཤིང;

514 Cincture, *n.* སྐ་རག; སྐེད་འཆིང; ཀ་བའི་སྐེད་པར་སྐེད་འཆིང་བརྒྱན་གྱི་ཚུལ་དུ་བཟོས་པ;

515 Cinder, *n.* མེ་ཡོ་མ; གོ་ཐལ་ཚ་མོ; མ་མདག;

516 Cinerary, *a.* གོ་ཐལ་གྱི;

517 Cinnabar, *n.* མཚལ; རྒྱས་ཚལ་ཅོག་ལ;

518 Cinnamon, *n.* ཤིང་ཚྭ;

519 Cinque, *n.* ཤོ་མིག་ལྔ་པ;

520 Cipher, *n.* ཀླད་ཀོར; སྟོང་མིག;

521 Circle, *n.* སྒོར་ཐིག;

522 Circlet, *n.* ཨ་ལོང;

523 Circuit, *n.* བསྐོར་བ;

524 Circuitous, *a.* སྒོར་དེ་ཡོད་པ; སྒོར་སྒོར;

525 Circular, *a.* སྒོར་སྒོར;

526 Circularity, *n.* སྒོར་བའི་ཉིཾ་པར་ཡོད་ཚུལ;

527 Circularly, *ad.* སྒོར་སྒོར་པོར;

528 Circulate, *v.t.* ཁྱིར་ཁྱིར་འཁོར་བ; འཁོར་བ;

529 Circulation, *n.* བསྐོར་དེ་འགྲོ་བ;

530 Circumcise, *v.t.* སྦུ་སྦུལ་མཎ་དང་ཡ་ཧུ་ད་པའི་ཆོས་ལུགས་ལྟར་ཁྲེའུའི་ཕོ་མཚན་གྱི་མགོ་འི་པགས་པ་བྲེག་པ ;

531 Circumcision, *n.* ཁྲེའུའི་མཛེའི་མགོ་ཤུབ་བྲེག་པ་དེ་ལ་ཟེར ;

532 Circumference, *n.* འཁོར་ཡུག་གི་ཚད ; མཐའ་སྐོར་གྱི་ཚད ;

533 Circumjacent, *a.* མཐའ་བསྐོར་དེ་གནས་པའི ;

534 Circumlocution, *n.* སྐད་ཆ་བསྐོར་དེ་ལབ་པ ;

535 Circumlocutory, *a.* བསྐོར་བ་རྒྱབ་རྒྱབ་ནས་བཤོད་པའི ;

536 Circumnavigate, *v.t.* འཛིག་རྟེན་བསྐོར་དེ་གྲུ་ཟིང་བཏང་ནས་འགྲོད་པ ;

537 Circumnavigation, *n.* འཛམ་གླིང་བསྐོར་དེ་གྲུ་བཏང་ནས་འགྲོ་བ ;

538 Circumscribe, *v.t.* ཁྲི་ནས་བསྐོར་དེ་རི་མོ་བྲིས་པ ;

539 Circumspect, *a.* བསྐོར་ནས་བལྟ་ཞིབ་བྱས་པ ;

540 Circumspection, *n.* བརྟག་ཅིང་བརྟག་པ་ཉིད ;

541 Circumspectly, *ad.* བརྟག་ཅིང་བརྟག་སྟེ ;

542 Circumstance, *n.* གནས་སྐབས ; སྐབས ; རྐྱེན ;

543 Circumstantial, *a.* རྐྱེན་ཕྲ་མོ་སྣ་ཚོགས་ལྡན་པ ;

544 Circumstantiate, *v.t.* རྐྱེན་ཕྲ་མོ་སྣ་ཚོགས་ཀྱིས་ར་སྤྲོད་པ ;

545 Circumvent, *v.t.* མགོ་བསྐོར་བ ;

546 Circumvention, *n.* མགོ་བསྐོར ;

547 Circumvolution, *n.* བསྐོར་བ་རྒྱབ་པ་ཉིད ;

548 Circumvolve, *v.t.* བསྐོར་བ་རྒྱབ་དེ་འགྲོ་བ ;

549 Circus, *a.* རྟ་རྩལ་ངོམས་སའི་བལྟས་ཁང ;

550 Cistern, *n.* ཆུའི་ཟླ ; (Sik.) ཆུ་སྒམ ;

551 Citable, *a.* འགྱུག་ཏུ་ཡོད་པ ;

552 Citadel, *n.* རྫོང ; དགུ་རྫོང ; མཁར ;

553 Citation, *n.* འགུག་འབྲང; འགུག་ཤོག;

554 Cite, *v.t.* ཁྲིམས་སར་འགུག་པ; ཁུངས་འདྲེན་པ;

555 Citizen, *n.* གྲོང་སྡེའི་མི་སྣ; ཁྲིམས་བདག; ཡུལ་པ; ཡོན་བདག;

556 Citizenship, *n.* ཁྲིམས་བདག་གི་གོ་ས;

557 Citron, *n.* གལ་བུ་ར; སྐྱོད་པད;

558 City, *n.* གྲོང་ཁྱེར; གྲོང་མཆོག་ཆེན; རྒྱལ་ས་མཐིལ;

559 Civet, *n* བྱི་ལའི་གླ་རྩི; བྱི་ལ་རིགས་གཅིག་ནས་བྱུང་བའི་གླ་རྩི;

560 Civil, *n.* ཞི་བའི་སྡེ; (a) ཞི་དུལ་ལྡན་པ;

561 Civilian, *n.* ཞི་བའི་ལས་མཚན; ཞི་བའི་དཔོན་རིགས;

562 Civility, *n.* ཞི་དུལ; སྤྱོད་ཉུ;

563 Civilization, *n.* ཤེས་རིག་རྒྱས་པ; ཡུལ་ཁམས་སུ་མི་ཀུན་སློབ་གཉེར་
ཤེས་རིག་ལྡན་པ་ཉིད;

564 Civilize, *v.t.* འདུལ་བ; ཤེས་རིག་དང་ལྡན་པར་བྱས་པ;

565 Civilized, *a.* དུལ་པོ;

566 Civilly, *ad.* ཞི་བའི་སྒོ་ནས;

567 Clack, *v.t.* སྒྲ་འབྱིན་པ; ཅ་ལག་བརྡབ་ཅིང་ཐག་ཐག་ཞེས་སྒྲ་
འབྱིན་པ;

568 Claim, *v.t.* ཐོབ་ཐང་བདའ་བ; *n.* ཐོབ་ཐང; ཐོབ་སྐྱོལ;

569 Claimable, *a.* ཐོབ་ཐང་བདའ་རྒྱུ་ཡོད་པ;

570 Claimant, *a.* ཐོབ་ཞེས་བདའ་མི;

571 Clairvoyance. མངོན་ཤེས; ཉིས་སྣང་མངོན་ཤེས;

572 Clam, *v.t.* འཐམ་པ; དམ་པོར་བཟུང་བ; འགེགས་པ;

573 Clamber, *v.t.* ཀང་ལག་བཞི་ཀས་བཟུང་བཞིན་འཛེག་པ;

574 Clamminess, *n.* རྙིན་པ་སྦྱོར་རྩི་དང་ལྡན་པ་ཉིད;

575 Clammy, *a.* སྙོན་འཛིག་འཛིག་ཡིན་ཁར་སྦྱོར་རྩི་ཅན; རྩི་ཅན;

576 Clamour, *n.* ཀུ་ཅོ; ཚོ་ངེས; ཀུ་སྒྲ; སྐད་ལོག;

577 Clamp, *n.* ཅ་ལག་དམ་པོར་བཟུང་བའི་ལག་ཆ;

578 Clan, *n.* མི་རྒྱུད; རུས་མཚན;

579 Clandestine, *a.* སྦས་པའི; གསང་བའི; ལྐོག་གི;

580 Clandestinely, *ad.* སྦས་ཏེ; གསང་བར; ལྐོག་ཏུ;

581 Clang, *v.t.* ལྕགས་སོགས་རྡོ་ཡི་ཐོག་ཏུ་བརྡུང་བ་ལྟ་བུའི་སྒྲ་འབྱིན་པ;

582 Clangour, *n.* སྒྲ་དྲག་པོ; སྒྲ་ཤུགས་ཅན;

583 Clank, *n.* ལྕགས་ཐག་བསིག་པ་ལས་བྱུང་བའི་སྒྲ་ལྟ་བུ;

584 Clank, *v.t.* ཁྲེང་ཁྲེང་ཞེས་པའི་སྒྲ་འབྱིན་པ;

585 Clannish, *a.* ཉེ་བར་འབྲེལ་བ;

586 Clansman. རིགས་རུས་ཅིག་པའི་མི; (ཀླ་རོག; Bhut.)

587 Clap, *v.t.* ཐལ་མོ་བརྡབ་པ;

588 Clapper, *n.* དྲིལ་བུའི་ལྕེ་ལྟ་བུ་སྨྲ་སྒྲོག་བྱེད་དེ;

589 Claret, *n.* རྒྱུན་ཆང་གི་རིགས་ཞིག;

590 Clarification, *n.* བཤུས་ནས་དྭང་རྙིག་ཕྱེ་བ་ཉིད;

591 Clarify, *v.t.* ཙག་ཚོད་པ; (Sik.) མར་བཤུ་བ;

592 Clarion, *n.* རག་དུང; རག་དུང་གི་སྒྲ;

593 Clarionet, *n.* རྒྱ་གླིང;

594 Clash, *v.i.* ཆ་ལང་བརྡབ་པའམ་དེའི་སྒྲ;

595 Clashing, *n.* ཆ་ལང་བརྡབ་པ;

596 Clasp, *n.* ཚབ་ཙོ;

597 Class, *n.* གྲལ;

598 Class, *v.t.* གྲལ་དུ་བཙུག་པ;

599 Classic, *n.* ཆོས་ཚིག;

600 Classical, *a.* དཔེ་ཆའི་ནང་གི་སྐད་ལྷ་བུ; ཆོས་ཚིག་གི་སྐད;

601 Classification, *n.* བྱེ་བྲག་གམ་རིགས་སོ་སོར་དབྱེ་བ་ཉིད;

602 Classify, *v.t.* རིགས་སྤུའི་གྲལ་སོ་སོར་དབྱེ་བ;

603 Clatter, *v.t.* ཁྲོ་ལོ་ལོའི་སྒྲ་འབྱིན་པ;

604 Clatter, *n.* ཁྲོ་ལོ་ལོའི་སྒྲ;

605 Clause, *n.* ཚིག་དོན; ཚིག; ཚིག་རྐང; དོན་མཚན;

606 Clavicle, *n.* ཀྲུམ་ཀྲུམ;

607 Claw, *n.* སྡེར་མོ;

608 Clay, *n.* སྦྱིམ་པ; འདམ;

609 Clayey, *a.* སྦྱིན་པའི; འདམ་གྱིས་བཟོས་པ;

610 Clean, *n.* དག་པོ; གཙང་མ; གམ་གཙང;

611 Cleanse, *v.t.* དག་པོ་བྱས་པ; གཙང་མ་བཅོས་པ;

612 Cleansing, *n.* གཙང་སྒྲ;

613 Clear, *a.* དྭངས་མོ; སྙིང་སང་སང;

614 Clearance, *n.* ཕྱེ་བརྡར; ཐོགས་ཆ་གསལ་ཟིན་པ་ཉིད; གཡལ་ཉིད་
འཕྲུར་ཟིན་པ་ཉིད; འཕྲུགས་འདར;

615 Clearing, *n.* ནགས་སེབ་དུ་ས་དུམ་ཙམ་གསལ་ནས་ཡོད་པ;

616 Cleave, *v.i.* འགེགས་པ; འཚོགས་པ; (to be cleft འགས་པ;)

617 Cleave, *n.* གཤག་པ; དབུག་པ; ཟིག་པ;

618 Clef, *n.* ཚད་དོ; (the knife) གཤན་པའི་ཚད་དོ;

619 Cleft, *n.* སྒྲ་སྙན་སོགས་ཀྱི་གདངས་ཤིག་གམ་དབྱངས་ཡིག;

620 Clemency, *n.* བྱམས་སྙིང;

621 Clement, *a.* བྱམས་སྙིང་ཅན;

622 Clergy, *n.* ཡེ་ཤུའི་ཆོས་ལུགས་ཀྱི་བླ་སྡེ;

623 Clerical, *a.* བླ་སྡེའི;

624 Clerk, *n.* དྲུང་ཡིག; ཡིག་མཁན;

625 Clerkship, *n.* ཡིག་མཁན་གྱི་གོ་གནས;

626 Clever, *a.* རིག་པ་ཅན; གྲུང་པོ;

627 Cleverly, *ad.* མཁས་པོ;

628 Cleverness, *n.* མཁས་སྤྱངས; མཁས་པོ;

629 Clew, *n.* སྣེ; སྐུད་པའི་སྣོ་མོ;

630 Click, *n.* སྒོ་ལྕགས་ནང་དུ་སྡེ་མིག་རྒྱབ་པའི་སྒྲ;

631 Client, *n.* རང་ལ་སྐྱབས་སུ་བཟུང་མི; རང་གིས་གང་སྐྱོབས་པ་དེ;

632 Cliff, *n.* བྲག་ལོགས་གཟར་པོ;

633 Climate, *n.* ས་ནམ་གྲངས་དྲོད; ས་ནམ;

634 Climatic, *a.* ས་ནམ་གྲང་དྲོད་ཀྱི;

635 Climb, *v.t.* འཛེག་པ;

636 Clinch, *n* ཉིཾ་པོར་བཟུང་བ;

637 Clincher, *n.* གཟེར་མགོ་བཀུག་ནས་བསྐྱུན་མཁན;

638 Clinger, *n* དཔྱང་མཁན;

639 Cling, *v.t.* དཔྱང་བ; འཁྲིས་པ; དཀྲིས་པ; འཁྲི་བ;

640 Clinical, *a.* ནད་པའི་མལ་སའི;

641 Clink, *v.t.* ལྕགས་ཀྱི་ལག་ཆ་རྡོ་དང་ཐུག་པའི་སྒྲ་ཀྲིང་ཀྲིང་བྱ་བ;

642 Clip, *v.t.* རྩེ་གཡམ་ནས་གཏོག་པ;

643 Clipping, *n.* རྩེ་གཡིམས་པའི་གྲུས་རུག;

644 Clique, *n.* ཁེན་འདེབས; ཁ་འདེབས;

645 Cloak, *n.* གོས; ཆུ་པ;

646 Clock, *n.* ཆུ་ཚོད;

647 Clod, *n.* ས་གོང;

648 Clog, *v.t.* དཀྲིགས་པ; ཐོགས་ཆ་རྒྱབ་པ;

649 Cloister, *n.* མཆོས་ཁང;

650 Close, *v.t.* ཁ་བཅད་པ;

651 Close, *a.* ཉེ་པོ; དམ་པོ;

652 Closeness, *n.* དམ་ལོད; (Sik.) ཉེ་ལོད;

653 Closet, *n.* གསང་སྤྱོད;

654 Clot, *n.* ཁྲག་ཆིག;

655 Cloth, *n.* གོས; རས་ཆ;

656 Clothes, *n.* གོས་ལོག;

657 Clothing, *n.* གོས་ལོག;

658 Clotheless, *a.* གོས་མེད;

659 Cloud, *n.* སྤྲིན་པ;

660 Cloudily, *ad.* སྤྲིན་པས་སྒྲིབ་བཞིན་པར;

661 Cloudiness, *n.* སྤྲིན་གྱིས་སྒྲིབ་པའི་ཉཾ་གྱུར;

662 Cloudless, *a.* སྤྲིན་མེད;

663 Cloudy, *a.* སྤྲིན་པས་སྒྲིབ་ཡོད་པ;

664 Clout, *n.* རས་ཀྱི་ལྷན་པ; བསྐྱན་པ; འབན་རས;

665 Clove, *n.* ལི་ཤི;

666 Cloven-footed, *a.* རྨིག་པ་གས་པའི་རིགས; དུད་འགྲོ་རྨིག་པ་གཉིས་སུ་གས་ནས་ཡོད་པ;

667 Clover, *n.* ཙ་སྤྱང་གི་རིགས་ཀྱི་སྤྱི་མིང;

668 Clown, *n.* གད་མོ་སླང་མཁན་གྱི་མི;

669 Cloy, *v.t.* ཞེན་ལོག་བསྐྱེད་པ; ཞེ་དམེ་བསླང་བ; ཞེ་དམེར་བ; སྐྱུན་པ;

670 Club, *n.* དབྱུག་པ; ཟ་ཁང;

671 Cluck, *v.i.* བྱ་མོས་བྱི་ཕྲུག་འབོད་པའི་སྐད་དེའོ;

672 Clue, *n.* སེང; (སང་སེང Sik.) བྱ;

673 Clump, *n.* སྤུང; འདུབ; ཚལ་འདུབ;

674 Clumsily, *ad.* རྫོར་པོ་བྱེད་དེ;

675 Clumsy, *a.* སྦྲོམ་པོ; ཀླུམ་པོ; རྫོར་པོ;

676 Cluster, *n.* ཚག་མོ; ཚག་མ; ཚག་པ; བམ་ཚག;

677 Clutch, *v.t.* དམ་པོར་བཟུང་བ; སྡེར་མོས་བཟུང;

678 Coach, *n.* ཤིང་རྟ་འཁོར་ལོ་ཆེན་མོ;

679 Coaction, *n.* ཚ་བཙུར; དབང་མེད་ཀྱི་ལས;

680 Coadjutor, *n.* ལས་རོགས;

681 Coagulate, *v.t.* ཆོག་རྡོག་ཏུ་འགོང་བ; ཆོག་རྡོག་ཆགས་པ; གོང་རྡོག་ཆར་པ;

682 Coagulation, *n.* ཆོག་རྡོག; རྡོག་རྡོག;

683 Coal, *n.* རྡོ་སོལ;

684 Coalesce, *v.t.* } འབྲེལ་བ; ལུས་གཉིས་གཅིག་ཏུ་འབྲག་སྦེ་སྐྱེས་པ;

685 Coalescence, *n.* } འབྲེལ་མ;

686 Coalition, *n.* གཅིག་ཁར་སྡོམ་པ; མཐུད་པ; ཐུག་འཕྲད;

687 Coarse, *a.* རྩུབ་རྩུབ; རྩུབ་མོ;

688 Coarsely, *ad.* རྩུབ་པོར;

689 Coast, *n.* རྒྱ་མཚོའི་ཚལ་ཁ;

690 Coaster, *n.* རྒྱ་མཚོའི་ཚལ་ཁ་འགྲིམ་པའི་གྲུ་ཆུང;

691 Coat, *n.* སྟོད་ལེ; ཁན་སྦྱར; གོ་ཅེ;

692 Coating, *n.* ཚོན་རྩེ་ལན་མ་རེ་ལ་ཀོ་ཊིང་ཟེར;

693 Coax, *v.t.* ཁ་སླུས་རྒྱབ་པ;

694 Coaxing, *n.* ཁ་སླུས་རྒྱབ་པའི་བྱས་ལས་དེ་ཀ; ཁ་སླུས;

695 Coaxingly, *ad.* ཁ་སྙན་པོ་བྱས་དེ;

696 Cole, *n.* ད་ཐང་ཐང; སློ་པོ་འི་རི་ཊ་ཞིག་ལའང་ཟེར;

697 Cobble, *v.t.* ཟབ་ཟོབ་དུ་བཙེམས་པ; ལྷཾ་རལ་པ་བཙེམས་པ;

698 Cobbler, *n.* ལྷམ་རལ་པ་བཙེམས་མཁན;

699 Cobra-de-capello, *n.* དུག་སྦྲུལ་རྒྱ་གར་ཤར་ན་ཡོད་པ་ཞིག;

700 Cob-web, *n.* འབྲུ་སྲོམ་གྱི་དྲ་བ;

701 Cochineal, *n.* རྒྱ་ཚོས་ལྷ་བྲའི་ཚོས་སྨུག་པོ་ཞིག;

702 Cock, *n.* བྱ་ཕོ;

703 Cockade, *n.* ཞྭ་མོ་འི་སྟེང་ལ་རྒྱབ་པའི་དར་སྣའི་རྒྱན་ཞི;

704 Cockatoo, *n.* མགོ་ལ་ཟེ་བ་ཡོད་པའི་ནེ་ཙོ་འི་རིགས་ཞིག;

705 Cocker, *v.t.* རྒྱུག་ལང་བདང་བ; གཙེས་ལང་བདང་བ;
ལང་དུ་ཤོར་བཙུག་པ;

706 Cockeh, *n.* ཤོ་ཁྲལ་འདུ་སའི་ཡིག་ཁང་གི་དཾ་ཐུག;

707 Cockle, *n.* ན་གིའི་རིགས་ཆུང་བ་ཞིག; ན་གི;

708 Cockney, *n.* ཀླེ་ལྡན་ཀྱི་རྒྱལ་སར་སྡོད་མི་རྣམས་ཀྱི་མིང་ངན;
ལོན་ཊོན་གྱི་དམང་རིཊ་ལ་ཟེར;

709 Cockroach, *n.* (འབྲུ་ཞོ་ལི་མ; Sik.)

710 Cockscomb, *n.* བྱ་ཕོ་འི་ཟེ་བ; མེ་ཏོག་དམར་པོ་ཞིག;

711 Cockswain, *n.* གྲུ་ཟྲིང་ནང་གི་ལས་སྡེ་ཆུང་བ;

712 Cocoa, *n.* སྣོད; ཡང་ཟ་སྣ་མི་ཅིག་པ་ཅིག་ལའང་ཟེར;

713 Cocoon, *n.* འབྲུ་ཤུབ; དར་སྲིན་གྱི་འབུའི་སོབ;

714 Coction, *n.* འཚོད་པ; འཚོད་སྟངས;

715 Cod, *n.* ཉ་ཆེན་པོ་ཞིག་གི་རིགས; ཉ་སྦོམ་པོ་ཞིག;

716 Cod, *n.* སྙན་མ་ཉ་བུའི་ས་བོན་གྱིས་ཁེངས་པའི་སོན་ཤུབ;
(སྐང་བོ Tsangha Collql.) (སྐམ་བུ; Ü-collql.)

717 Code, *n.* ཁྲིམས་ཡིག; བཅའ་ཡིག;

718 Codicil, *n.* ཟུར་ཚང; ཡིག་བྲིས་ཟིན་པའི་རྗེས་སུ་ཟུར་ཚང་བྲིས་པ;

719 Codify, *v.t.* ཁྲིམས་ཡིག་རིམ་བཞིན་འགྲིག་པ;

720 Cod-liver oil, *n.* རྒྱ་མཚོའི་ཉ་ཀོད་བུ་བ་དེའི་མཆིན་པའི་སྣུམ་བཙགས་པ་དེ་སྨན་ལ་འགྲོ་བ་ཞིག་འོང་བ་སྣུ་དེ་ལ་ཟེར;

721 Co-equal, *a.* གོ་གནས་མཉམ་པ; མཉམ་དོད;

722 Co-equality, *n.* གོ་མཉམ; མཉམ་དོད;

723 Coerce, *v.t.* དབང་གཙན་གྱིས་བསྐུལ་བའི; (ཨང་ན) གཙན་ཐོས་དབང་བསྐུར་བ; དབང་ཡོད་བྱས་པ;

724 Coercible, *a.* དབང་ཡོད་ཀྱིས་བསྐུལ་དུ་ཡོད་པ;

725 Coercion, *n.* དབང་གཙན; དབང་ཡོད;

726 Coetaneous, *a.* ན་མཉམ; ན་འདྲ;

727 Coeval, *a.* ན་མཉམ; ན་འདྲ; དུས་མཉམ་བྱུང་བའི་མཆིས་པ;

728 Co-exist, *v.t.* དུས་མཉམ་དུ་གནས་པའམ་མཆིས་པ;

729 Coffee, *n.* ཛ་སྣ་མི་ཅིག་པ་ཞིག; ཆོག་ཛ;

730 Coffer, *n.* དངུལ་སྒམ;

731 Coffin, *n.* རོ་སྒམ;

732 Cog, *n.* འཁོར་ལོའི་སོ; འཁོར་ལོའི་མདུན་དུ་ཤབ་འཛུག་པ; སྡེ་ཐབ་འགྲིལ་འགག་པ;

733 Cogency, *n.* བདེན་པའི་སྟོབས;

734 Cogent, *a.* བདེན་སྟོབས་ཅན;

735 Cogitate, *v.i.* བསམ་མནོ་བསྐོར་བ;

736 Cogitation, *n.* བསམ་མནོ;

737 Cognate, *a.* ཉེ་མཚན; ཉེ་ཐང་ཅན; ཕ་གཉེན;

738 Cognition, *n.* རྟོག་པ; རྣམ་པར་རྟོག་པ; འཛིན་རྟོག;

739 Cognizable, *a.* རྟོག་པ་བྱར་ཡོད་པ;

740 Cognizance, *n.* རྟགས་པ; རྟོག་པ;

741 Cognizant, *a.* རྟོག་པ་བྱེད་པའི; རྟོག་བཞིན་པའི;

742 Cog-wheel, *n.* རྒྱ་ཆོད་འཁོར་ལོ་འི་ནང་གི་འཁོར་ལོ་སོ་ཅན;

743 Cohabit, *v.i.* འབྱོར་བ་བྱེད་པ; ཁྲིག་པ་སྤྱད་པ;

744 Cohabitation, *n.* སྦྱོར་བ; འཁྲིག་ཆོས; ཉལ་པོ; (polite ལུས་འབྲེལ;)

745 Cohere, *v.i.* འབྱར་བ;

746 Coherently. མགོ་འཇུག་འགྲིག་པ;

747 Cohesion, *n.* འབྱར; སྦྱར; སྦྱོར;

748 Cohesive. འབྱོར་རྩི་ཅན;

749 Cohesiveness. འབྱོར་རྩི་ཆེ་ལུགས;

750 Cohort, *n.* དམག་དཔུང;

751 Coif, *n.* མགོ་ཁེབས;

752 Coil, *v.t.* འཁྲི་བ; བཀྲི་བ; དཀྲིས་པ;

753 Coin, *n.* དོང་ཙོ; ཊཾ་ཀ;

754 Coinage, *n.* དོང་ཙོ་བཟོ་ཐབས;

755 Coincide, *v.i.* དུས་གཅིག་ལ་འཛོམ་པ;

756 Coincidence, *n.* བརྡའ་མཚུངས; དུས་མཉེ་དུ་བབ་པའི་ཚུལ;

757 Coincident, *a.* བརྡའ་མཚུངས་པོ;

758 Coiner, *n.* ཊཾ་ཀ་བརྫུས་མ་བཟོ་མཁན;

759 Coition, *n.* འཁྲིག་པ; ཆར་སྤྱོད; ཉལ་པོ;

760 Coir, *n.* ཕ་ཐག; ཀོ་རྒྱུན; ཟླེ་དའི་འབྲས་བུའི་ཐག་པ;

761 Coke, *n.* རྡོ་སོལ་གྱི་ནང་ནས་རླུང་ (ཀླུས་སི་) ཞེས་པ་སྤྲོན་ཚར་བའི་ སོ་ལ་དེའོ;

762 Colander, *n.* ཚག་མ;

763 Cold, *a.* གྲང་མོ; གྲང་ངད; ཁྱགས་པ;

764 Coldly, *ad.* གྲང་ཆུར་རེ;

765 Coldness, *n.* གྲང་ངད; གྲང་ངར;

766 Cole, *n.* སྔོ་ཚལ་གྱི་སྐྱི་མིང;

767 Colic, *n.* གླང་ཐབས; རྒྱུ་གཟེར;

768 Collapse, *v.i.* ཉིབ་པ; གྱང་བཞིན་སྡིབ་པ; ནད་ཡོག་རྒྱབ་པ;

769 Collar, *n.* སྐེ་གོང; གོང་པ; གོས་ཀྱི་གོང;

770 Collate, *v.t.* ལག་བྲིས་ཀྱི་དཔེ་ཆ་བསྡུར་བ;

771 Collateral, *a.* ཕན་ཚུན་ཉེ་བར;

772 Collation. ཞུ་དག;

773 Collator. ཞུ་དག་པ;

774 Colleague, *n.* ཟླ་བོ; མཆེད་གྲོགས; དཔུང་གྲོགས;

775 Collect, *v.t.* སྒྲུག་པ; སྡུད་པ; བསོག་པ;

776 Collect, *n.* གསོལ་འདེབས་སྡུ་མ;

777 Collection, *n.* སྡུ་བ;

778 Collective, *n.* བསྡུས་པ;

779 Collectively, *ad.* བསྡུས་མར;

780 Collectorship, *n.* ཁྲལ་སྡུ་མཁན་གྱི་གོ་གནས;

781 College, *n.* གྲྭ་ཚངས; གཙུག་ལག་ཁང;

782 Collegiate, *a.* གཙུག་ལག་ཁང་ཡོད་པ;

783 Collide, *v.i.* ཤུགས་ཀྱིས་ཐ་རྡབ་པ; ཤུར་ཆེར་ཐུག་པ;

784 Collie, *n.* ལུག་རྫི་པའི་ཁྱི;

785 Collier, *n.* རྡོ་སོལ་སློན་མི; རྡོ་སོལ་ཚོང་མཁན;

786 Colliery, *n.* རྡོ་སོལ་གྱི་ས་གཏེར; རྡོ་སོལ་ཁྲ་ཉི;

787 Collision, *n.* ཤུར་གྱིས་འཐུག་ཚུལ; ཐང་སྤྲད་དུ་ཐུག་ཚུལ;

788 Collocate. བཞག་གནསུ་འཛོག་པ; གྲལ་འགྲིག་པ;

789 Colloquial, *a.* ཕལ་སྐད་ཀྱི་ཉི་པ་ཅན;

790 Colloquy, *n.* ཞུ་ལན; སྐད་ཆ;

791 Collude, *v.i.* གཡོ་སྒྱུ་བྱེད་པའི་ཁ་འདེབས་པ;

792 Collusion, *n.* ངན་ཁ་འདེབས་པ;

793 Collusively, *ad.* ངན་ཁ་འདེབས་བྱེད་དེ;

794 Colon, *n.* ཡི་གེའི་བར་གྱི་ཚིག་འདི་འདྲ; ནང་རྒྱུ་མ་གྱི་དཀྱིལ་ནས་
ཆ་ཆེ་ཤོས་དེ;

795 Colonel, *n.* རུ་དཔོན; མདའ་དཔོན;

796 Colonial, *a.* ཡུལ་འབྲོན་པའི;

797 Colonist, *n.* རང་ཡུལ་ནས་ཡུལ་གཞན་དུ་འཕོས་དེ་ཆར་མི;

798 Colonization, *n.* ཡུལ་གཞན་དུ་གཏན་དུ་བསྡོད་པའི་ཆེད་དུ་ཡུལ་སྤྲོས་མི;

799 Colonnade, *n.* ཀ་བས་བསྐུར་གྱིས་བརྒྱན་པའི་འདུ་ཁང;

800 Colony, *n.* རང་ཡུལ་ནས་ཐོན་དེ་ཡུལ་གཞན་དུ་ཆར་ནས་སྡོད་པ་དག་
ལ་ཟེར;

801 Colossal, *a.* མི་ཚད་ལས་ལྷག་པའི་གཟུར་ཚད་ཅན;

802 Colour, *n.* ཁ་མདོག; ཚོན; མདུང་དར; བ་དན་སོར;

803 Colourless, *n* ཁ་མདོག་མེད་པ;

804 Colportage, *n.* ཆོས་ཀྱི་པོ་ཏི་དང་དཔེ་ཆུང་བགོས་ཏེ་བྱིན་པ་ལ་ཟེར;

805 Colporteur, *n.* ཆོས་ཀྱི་པོ་ཏི་དང་དཔེ་ཆུང་བཤལ་སྤེ་ཚོང་མི;

806 Colt, *n.* རྟེའུ; ཕོ་རྟི;

807 Column, *n.* ཀ་ཆེན་དབྱིབ་ཟླུམ་པོ་ཅན; དམག་མཚོ; དཔག་དཔུང;
དམག་རུ;

808 Comb, *n.* ཤིག་ཤད; (སོ་མང; Sik.)

809 Comb, *n.* བྱ་པོའི་ཟེ་རྡོག; བྱ་པོའི་ཟེ;

810 Combat, *v.t.* རྫིང་བ; འཐབ་པ; རྒོལ་བ; འཁྲུག་རྫིང;

811 Combatant, *a.* འཐབ་པ་པོ; རྒོལ་བ་པོ;

812 Combativeness, *n.* འཐབ་དོད་ཅན་གྱི་མཚན་བརྟཊ;

813 Combination, *n.* ཁ་སྒྲིག; ཁ་འདེབ; ཁན་འདེབས;

814 Combine, *v.t.* དཔུང་གཞིབ; དཔུང་མཐུད་པ;

815 Combustion, *n.* མེ་མཆེད་ཚུལ;

816 Come, *v.t.* འོང་བ; ཕེབས་པ; བྱོན་པ;

817 Comedian, *n.* ཟླ་མོ་བའི་ནང་ནས་གད་མོ་སླང་བའི་ཉི་ཐར་འཆད་ཀྱང་
འཆད་ལ་ཉི་གྲུར་སྟོན་མི་སོཊ་ལ་ཟེར;

818 Comedy, *n.* གད་མོ་སླང་བའི་ཉི་ཐར་རི་ཟློས་གར; གད་མོའི་ཉི་པའི་
ཉིཾ་ཐར;

819 Comeliness, *n.* མཛེས་ཚུལ; ཡིད་ཁར་འོང་ལུཊ;

820 Comely, *a.* ཡིད་འོང;

821 Comet, *n.* གཟའ་དུ་བ་འཇུག་རིང; དུ་བ་མཇུག་རིང;

822 Comfit, *n.* མངར་ཛ་སྐམ་ཏོག་ཏོག;

823 Comfort, *v.t.* ཐུ་ངན་སང་བ; སྐྱོ་བ་སྐྱིད་པ; སེམས་བསོ་གཏང་བ;

824 Comfortable, *a.* སྐྱོ་པོ; སྐྱིད་པོ;

825 Comfortably, *ad.* སྐྱིད་པོར;

826 Comforter, *n.* སྐྱོ་གྲོཊ; སྐྱོ་བ་སྐྱིད་མཁན; སྐུ་ལ་དཀྲི་རྒྱུའི་བལ་གོས་
འཇིཾ་པོ་ཞིག;

827 Comfortless, *a.* སྐྱོ་ནོད; སྐྱོ་བུ; སྣ་མི་ཚང་པའི;

828 Comic, *a.* ཀྱོད་བྲོ་བུ;

829 Comma, *n.* ཚེག; ཡིག་ངར་གྱི་ཚེག;

830 Command, *v.t.* བཀའ་སྩོལ་བ;

831 Commandingly, *ad.* བཀའ་བསྒོ་བའི་ཚུལ་གྱི;

832 Commandment, *n.* ཞལ་གདོམས;

833 Commemorable, *a.* དགའ་སྟོན་འགྱེད་འོས;

834 Commemorate, *v t.* བྱ་བ་བཟང་པོ་བྱུང་བའི་བརྙེན་འགྲེལ་ལ་བརྩིས་ནས་
དགའ་སྟོན་འགྱེད་པ;

835 Commemoration, *n.* དགའ་སྟོན; ཁྲིམས་འདོན;

836 Commemorative, *a.* དགའ་སྟོན་གྱི;

837 Commence, *v.t.* མགོ་འཛུག་པ; མགོ་བརྩོམ་པའི་འཛུག་པ;

838 Commencement, *n.* སྟོན་ཐོག; ཐོག་མ་ཉིད;

839 Commend, *v.t.* མངག་པ; བརྗོད་པ; མངའ་པ;

840 Commendation, *n.* མངའ་པ; སྟོད་ར;

841 Commensurability, *n.* འདྲ་འདྲར་ཚད་དུ་ཡོད་པ;

842 Commensurable, *a.* འདྲ་འདྲར་ཚད་དུ་ཡོད་པ;

843 Commensurably, *ad.* འདྲ་འདྲར་ཚད་དེ;

844 Comment, *v.i.* འགྲེལ་པ; བཤད་པ;

845 Commentary, *n.* འགྲེལ་པ;

846 Commentator, *n.* འགྲེལ་པ་བདགས་མཁན;

847 Commerce, *n.* ཚོང;

848 Commercial, *a.* ཚོང་གི; ཚོང་ལ་རྟེན་པའི; ཚོང་དང་ཉེ་བའི;

849 Commercially, *ad.* ཚོང་གི་ངོས་ནས;

850 Commination, *n.* ཉེས་པ་བཅད་རྒྱུའི་འཛིག་རེ་བཀོད་རྒྱུ ;

851 Commingle, *v.t.* མཉམ་དུ་བསྲེས་པ ; སླ་བསྲེ་བ ;

852 Comminute, *v.t.* ཕྲེ་མར་བདག་པ ; ཞིབ་མོར་འཛོག་པ ;

853 Commiserate, *v.t.* ཤ་ཚ་བ ; སྙིང་རྗེ་སྐྱེ་བ ;

854 Commiseration, *n.* སྙིང་རྗེ ;

855 Commissariat, *n.* དམག་དཔུང་གི་གཉེར་རྒྱུར་སྒྲུབ་མི ;

856 Commissary, *n.* སྐུ་ཚབ ; ལས་འགན་གཏད་པའི་མི ;

857 Commission, *n.* སྐོས་པ ; འགེལ་བ ; མངག་པ ; {བཀའ་མངའ Respl.}

858 Commit, *v.t.* སྐུར་བ ; བཙོལ་བ ;

859 Committal, *n.* ཁྲིག་འཁྲུག ; གན་རྒྱུ ;

860 Committee, *n.* མི་སྡེ ;

861 Commodious, *a.* གྱ་ཡང་པོ ;

862 Commodity, *n.* ཚོང་ཟོག ; ཅ་ལག ;

863 Commodore, *n.* གྲུ་ཟིང་ཐོག་གི་དམག་དཔོན་མགོ་གནས ;

864 Common, *a.* ཕལ་པ ; དཀྱུས་མ ;

865 Commonly, *ad.* ཕལ་ཆེར ;

866 Commonwealth, *n.* དམངས་སྤྱོས་རྒྱལ་སྲིད་སྐྱོང་བའི་སྡེ ; མི་སེར་རྒྱལ་ཁབ ;

867 Commotion, *n.* ཅ་ཅོ ; ཁུར་སྒྲ ; འཁྲུག་ཟིང ; ནང་ཟིང ;

868 Commune, *v.i.* བཀའ་བསྟུན་བྱེད་པ ; གྲོས་བསྟུན་བྱེད་པ ;

869 Communicable, *a.* སྟོན་དུ་ཡོད་པ ; འཆད་དུ་ཡོད་པ ;

870 Communicant, *n.* འཆད་མཁན ;

871 Communicate, *v.i.* སྟོན་པ ; འཆད་པ ; སྒྲག་པ ;

872 Communication, *n.* ཡིག་འགྲུལ ; འབྲེལ་པ ; འགྲིམ་འགྲུལ ;

873 Communicative, *a.* ཁ་སང་པོ ; འཆད་འདོད་ཆ་པོ ;

874 Communion, *n.* ཡི་ཤུའི་ཚོཊ་འཁོར;

875 Community, *n.* མི་སྡེ;

876 Commutable, *a.* ཁྲིམས་ཡངས་ལྗི་བསྒོར་དུ་ཡོད་པ;

877 Commutation, *n.* བརྗེ་བསྒོར;

878 Commute, *v.t.* ཁྲིམས་ལྗི་བའི་སར་ཡངས་མོ་བསྒོར་བ;

879 Compact, *n.* བསྡུ་མོ; བརྟན་པོ; དོ་པོར་བཟུང་ཡོད་པ;

880 Companion, *n.* གྲོཊ; རོག་པོ; ཟླ་བོ; ཨ་དོ;

881 Companionship, *n.* ཟླ་བོ;

882 Company, *n.* རོཊ; ལྷོ་ཚང;

883 Comparable, *a.* དོ་མགྲན་དུ་ཡོད་པ; མགྲན་འཕེར;

884 Comparative, *a.* }
885 Comparatively, *ad.* } བསྡུར་བའི; མགྲན་པའི;

886 Compare, *v.t.* མགྲན་པ; བསྡུར་བ;

887 Comparison, *n.* མགྲན་ཟླ; སྡུར་ཁ;

888 Compartment, *n.* ཁང་མིག;

889 Compass, *n.* { མཐའ་འཁྱིར; མཚམས; མཐའ་བསྐོར་བ; (n.) ཕྱོཊ་བལྟའི་འཁོར་ལོ;

890 Compass, *v.t.* མཐའ་སྐོར་དེ་འགྲོ་བ; གནད་སྒྱུར་བ;

891 Compasses, *n.* བསྒྱིར་ལྕུ; རི་མོ་སྐོར་སྐོར་བྲི་རྒྱུའི་སྒྱིར་ལྕུ;

892 Compassion, *n.* སྙིང་རྗེ;

893 Compassionate, *a.* སྙིང་རྗེ་ཅན;

894 Compassionately, *ad.* } སྙིང་རྗེ་བསྐྱེད་དེ;

895 Compatibility, *n.* ཆ་མཐུན; དུས་མཚུངས་མཆིས་པ; ལྷ་མཚུངས;

896 Compatible, *a.* མཐུན་པ; སྦྲམ་པོ; དུས་མཉམ;

897 Compatriot, *n.* ཕ་ཡུལ་ཅིག་པའི་རོག་པ; {Bhut. ཟླའུ་རོགས;}

898 Compeer, *n.* འདྲ་འདྲ; ཟླ་བོ;

999 Compel, *v.t.* དབང་ཡོད་ཀྱི་བྱེད་དུ་བཙུག་པ; བརྟལ་བཙན་བྱེད་པ;

900 Compellation, *n.* ཞུ་ཚིག; ཞུ་ལུགས; དཔེར་ན་སྐུ་གཞོགས་ལགས་ཟེར་བ་ལྟའོ;

901 Compend, *n.* བསྡུ་བ; བསྡུ་མ; བསྡུས་པ;

902 Compendious, *a.* ཚིག་བསྡུད་ཀྱང་དོན་རྒྱས་པ;

903 Compendium. བསྡུས་པ;

904 Compensate, *v.t.* གུས་མཐུད་སྟེར་བ;

905 Compensation, *n.* ཁུས་མཐུད;

906 Compete, *v.i.* མགྲན་པ;

907 Competence, *n* མགྲན་ཟླ་འཕེར་བ; འགྲོན་སྤངས;

908 Competent, *a.* འགྲོན་པོ; འགྲོན་སྤངས་ཡོད་པ;

909 Competently, *ad.* འགྲོན་པོ་བྱེད་དེ; འགྲིམ་པོར;

910 Competition, *n.* མགྲན་ཟླ;

911 Competitor, *n.* མགྲན་པ་པོ;

912 Compilation, *n.* བརྩོམ་འགྲིག;

913 Compile, *v.t.* བརྩོམ་འགྲིག་བྱ་བ;

914 Compiler, *n* བརྩོམ་འགྲིག་བྱེད་མཁན;

915 Complaint, *a.* ངོ་སྲོད་ཅན;

916 Complaintly. ངོ་སྲོད་བྱེད་དེ;

917 Complain, *v.i.* ཞུ་ལོག་རྒྱབ་པ;

918 Complainant, *n.* ཞུ་ལོག་རྒྱབ་མཁན;

919 Complaint, *n.* ཞུ་ལོག;

920 Complaisant, *a.* ངོ་སྲོད་མཁན;

921 Complaisantly, *ad.* ངོ་སོད་བྱེད་དེ;

922 Complement, *n.* བསྐང་བ; ཁ་བསྐོངས;

923 Complete, *a.* ཡོངས་རྫོགས; ཅབ་ཚངས; ཁེ་གཙང; ཆ་ཚངས;

924 Completeness, *n.* ཡོངས་སུ་རྫོགས་ཚུལ;

925 Completion, *n.* མཐར་ཕྱིན; མཐའ་འཁྱོལ;

926 Complex, *a.* བསྲེས་མ; སྣ་ཚོགས་འགྲེལ་མ;

927 Complexion, *n.* གདོང་པའི་ཤ་མདངས;

928 Compliance, *n.* ཁ་ལ་ཉན་པ; ཁ་ལོ་ཆུན་ལུགས; མཉན་ལོ;

929 Compliant, *a.* ཁ་ལ་ཉན་པོ;

930 Compliantly, *ad.* ཁ་ལ་ཉན་པོ་བྱེད་དེ;

931 Complicate, *v.t.* ཁྲག་ཁྲུག; བརྫིང་ཞུགས་པ; སླ་བསྲེས་པ;

932 Complication, *n.* {Bhut. བར་རྫིང་ལྷུས་པ} ངན་གྲལ་དུ་བསྲེས་པ;

933 Complicity, *n.* ངན་གྲལ་དུ་ཐེ་གཏོགས; ཐེ་གཏོགས; ལེ་འཁྲི;

934 Compliment, *n.* སྟོད་ར; ངོ་སྟོད; ངོ་སོད; {ཐུགས་མཉེས་པའི་གསུང་གྲོས; Respl.}

935 Compliment, *v.t.* བསྟོད་ར་རྒྱབ་པ; ངོ་སོད་རྒྱབ་པ;

936 Complimentary, *a.* ངོ་སྲུང་དུ་གྱུར་པའི; བརྩི་བཞག་ཚུལ;

937 Comply, *v.i.* གཞན་གྱི་འདོད་དང་བསྟུན་པ; སྙེར་བ; བྱེན་པ;

938 Component, *n.* ཚངས་བའི་རྒྱུའམ་རྫས; རྒྱུ་རྫས;

939 Comport, *v.t.* འགྲོ་ལུགས་འགྲི་ག་པ; བྱེད་སྟངས;

940 Compose, *v.t.* བརྩོམས་པ; སྐྲ་ཉན་གྱི་སྐྲ་དང་འགྲིག་པ;

941 Composed, *a.* བློ་འབོང་ངེ; བློ་སྙོད་དེ; སྙོད་སྙོད་བྱེད་དེ;

942 Composedly, *ad.* བློ་སྙོད་དེ;

943 Composer, *n.* བརྩོམས་པ་པོ;

944 Composing-stick, *n.* པར་པའི་ལག་ཆས་རྒྱུག་པ་ཅིག;

945 Composition, *n.* བརྩོམ་པ;

946 Compositor, *n.* བརྩམ་པ་པོ; པར་འགྲིག་མཁན;

947 Composure, *n.* བློ་སྙོད;

948 Compound, *v.t.* བསྲེ་བ; རྫས་སྣ་འདུས་དེ་གཅིག་དུ་བཟོ་བ;

949 Compound, *a.* བསྲེས་མ;

950 Compounder, *n.* སྨན་བསྲེ་མཁན;

951 Comprehend, *v.t.* གོ་བ་ཐེབས་པ; དོན་གོ་བ;

952 Comprehension, *n.* གོ་བ;

953 Comprehensive, *a.* ག་ཡོངས་ཆེན; རྒྱ་ཆེན; ཁྱབས་ཆེན་པོ;

954 Comprehensively, *ad.* ག་ཡོང་རྒྱ་ཆེན་བྱེད་དེ;

955 Comprehensiveness, *n.* གོ་བ་རྒྱ་ཆེར་ཐེབ་པའི་ཆོས་ཅན;

956 Compress, *v.t.* འགོང་བ; བཙིར་བ; བོང་ཆུང་དུར་མནན་པ;

957 Compressibility, *n.* བཙིར་དུ་ཡོད་པའི་ཆོས་ཅན;

958 Compressible, *a.* བཙིར་དུ་ཡོད་པ; འགོང་དུ་ཡོད་པ;

959 Compression, *n.* རྫོག་པའམ་བཙིར་བའི་ལས;

960 Compressive, *a.* ཁྱབས་པ; བརྫིར་ནུས་པ;

961 Comprise, *v.t.* ཚང་བ; གྱུབ་པ; ཚོགས་པ; བསྡུས་པ;

962 Compromise, *n.* ཉང་འགྲིག; ངན་སླར་ཐེ་བ; མི་ཁ་འགོ་བའི་ཆེད་དུ་གྲལ་དུ་བཙུག་པ; ཁ་གཡོང་འགོ་བའི་ཆེད་དུ་མཉམ་དུ་ཐེ་བ;

963 Compulsatory, *a.* དབང་ཡོད་ཀྱི་བཀལ་བའི; ཤུར་ཀྱིས་བཀལ་བའི;

964 Compulsion, *n.* གཙན་གི་བྱེད་པ; དབང་གཙན;

965 Compulsively, *ad.* དབང་ཡོད་ཀྱིས;

966 Compulsory, *a.* དབང་ཡོད་དུ;

967 Compunction, *n.* གནོང་བགྱོད;

968 Computation, *n.* བརྩིས; གྲངས; ཚད;

969 Computable, *a.* བརྩིས་སུ་ཡོད་པ; གཞལ་དུ་ཡོད་པ; བརྩི་རུ་ཡོད་པ; བགྲང་དུ་ཡོད་པ; ཚད་གཞལ་དུ་ཡོད་པ;

970 Compute, *v.t.* བརྩིས་ལ་ཕབ་པ;

971 Computer, *n.* བརྩི་མཁན;

972 Comrade, *n.* ཟླ་བོ; རོག་པོ; རོགས;

973 Con, *v.t.* ནན་དན་དུ་བསཾ་པ; ལེགས་པར་བརྟག་ཅིང་བསླབ་པ;

974 Concatenate, *v.t.* རིམ་བཞིན་འབྲག་པ; མཐུད་པ;

975 Concave, *a.* ཀོང; ཀྱུང་ཀྱུང;

976 Concavity, *n.* ནང་དུ་ཀོང་ཀོང་ཡོད་ཚུལ;

977 Conceal, *v.t.* སྦས་པ;

978 Concealment, *n.* གསང་བ; སྦ་གསང;

979 Concede, *v.t.* འབུལ་བཞག་པ; ཁས་ལེན་པ;

980 Conceit, *n.* རང་མཐོང; ང་རྒྱལ; དྲན་སྐོད; བློ་ཤེ;

981 Conceited, *a.* མཆོར་པོ; རང་མཐོང་ཅན;

982 Conceitedly, *ad.* མཆོར་པོར;

983 Conceitedness, *n.* མཆོར་ཚུལ;

984 Conceivable, *a.* གོ་ནུས; མནོ་བསཾ་མཐོང་ནུས; བློ་ཡིས་དཔོག་ནུས;

985 Conceivably, *ad.* བློས་བཟུང་དུ་ཡོད་བཞིན་པར;

986 Conceive, *v.t.* མནོ་བ; ས་བོན་སྐྱིན་པ; ཁྲེའུ་ཆགས་པ; མངལ་དུ་བརྡེ་པ; མངལ་ཆགས་པ;

987 Concentrate, *v.t.* རྒྱུ་ཆུང་བདར་བསྡུ་བ; བཙུར་བ;

988 Concentration, *n.* བསྡུད་པ;

989 Concentre, *v.i.* རྩེ་གཅིག་ཏུ་བསྡུ་བ;

990 Concentric, *a.* དཀྱིལ་ཐིག་གཅིག་བྱས་པ;

991 Conception, *n.* དམིཊ་པ; གོ་བ;

992 Concern, *v.t.* དབང་དུ་བྱས་པ; དབང་དུ་བྱས་ན; *n.* འགན; ཁག་བྱས་གྲོགས;

993 Concerning, *pre.* རྗེན་ནས; དབང་དུ་བྱས་ན;

994 Concernment, *n.* འགན་ཡོག་པའི་ལས;

995 Concert, *v.t.* གྲོས་བཞིབས་བྱེད་པ;

996 Concertina, *n.* སྒྲ་སྙན་གྱི་རིཊ་ཞིག;

997 Concession, *n.* གནང་བ; མགོ་འདྲེན;

998 Conch, *n.* དུང;

999 Conciliate, *v.t.* མཐུན་གཞིབ་བྱེད་པ;

1000 Conciliation, *n.* མཐུན་སྒྲིག;

1001 Conciliatory, *a.* མཐུན་པའི;

1002 Concise, *a.* ངེས་པོ; ངེས་དོག; དོག་པོ;

1003 Conciseness, *n.* ངེས་པའི་ཚུལ;

1004 Conclude, *v.t.* མཇུག་བསྡུ་བ; མཐར་བཀྱུལ་བ;

1005 Conclusion, *n.* མཐའ;

1006 Conclusive, *a.* མཐར་ཐུག་པའི; ངེས་པའི;

1007 Concoct, *v.t.* ངན་ཁ་འདེབས་ཏེ་སྒྲིག་པ; ཐབས་བཤོཾས་པ;

1008 Concoction, *n.* ཐབས; འབྱོར་བ; ཐབས་འབྱོར;

1009 Concomitant, *a.* མཉེ་པོར་འགྲོ་མི; ཆབ་གཅིག་པ;

1010 Concord, *n.* མཐུན་ལིཾ;

1011 Concordance, *n.* མཐུན་ལིཾ;

1012 Concordant, *a.* མཐུན་པོ; མཛའ་བོ;

1013 Concourse, *n.* མི་སྡེ་དཔུང་ནས་ཚོགས་པ;

1014 Concrete, *a.* དངོས་པོ་མཁྲག་པོ ; བསྒྲ་བའི་དངོས་པོ ;

1015 Concubine, *n.* སྐྱེ་དམན ; བག་སྟོན་མ་བྱེད་པའི་ཆུང་མ ;

1016 Concupiscence, *n.* འདོད་ཆགས་ཆེན ; ཆར་ཞེན ; སྲིད་ཞེན ;

1017 Concur, *v.i.* བློ་མཐུན་པ ; མནོ་མཐུན་པ ;

1018 Concurrence, *n.* མནོ་མཐུན ; བློ་མཐུན ;

1019 Concurrent, *a.* མནོ་མཐུན ; མགོ་ཐུག་པའི་ཐིག ;

1020 Concussion, *n.* ཐུག་སྒྲ ; ཐུག་དྲག ; འཛག་སྒྲ ;

1021 Condemn, *v.t.* ཉལ་ཆེ་གཅོད་པ ; ཁྲིམས་གཏོང་བ ;

1022 Condemnation, *n.* ཁྲིམས ; ཉེས་པ ; བཀའ་སྐྱོན ;

1023 Condemnatory, *a.* ཉེས་པ་འཁྲི་བར་བརྗོད་པའི ;

1024 Condensate, *v.t.* བོང་ཆུང་དུར་བརྫོག་པའི་བཅོར་བ ;

1025 Condensation, *n.* ཆུ་རླངས་ཁྲིག་པ ;

1026 Condenser. ཆུ་རླངས་ཆུར་འགྱུར་བའི་བསྐྱོད་ཆས ;

1027 Condescent, *v.i.* སྙོམས་ཆུང་བྱེད་པ ;

1028 Condescending, *a.* ཆེ་ཐབས་མེད་པའི ; ཆེ་འདོད་མེད་པར་མཉེ་གཟུར་ལྷར་
བྱས་པའི ; སྙོམས་ཆུང་ལྡོག་གནང་བའི ;

1029 Condescension. སྙོམས་ཆུང་ལྡོག ;

1030 Condign, *a.* རིམ་པོ ; འོས་བབ ; ཐོབ་འོས ; བབ་འོས ;

1031 Condiment, *n.* སྤྲུ་ཙཾ ; སྤོར ;

1032 Condition, *v.i.* གནས་སྐབས ; གནས་ཚུལ ; ཚུལ ;

1033 Condition, *v.i.* ཆོག་དཔྱད ; ཁ་ཆོག ;

1034 Conditionally, *ad.* ཆོག་དཔྱད་དེ ;

1035 Condole, *v.i.* སེམས་བསོ་གཏང་བ ;

1036 Condolence, *n.* སེམས་བསོ ;

1037 Condone, *v.t.* དགོང་ཡང་གནང་བ;

1038 Conduce, *v.t.* ཕན་གྲོར་ས་འགྲོ་བ; ཕན་གྲོར་སུ་འཛུག་པ;

1039 Conducive, *a.* བྱ་བ་གང་ཟུང་ལ་ཕན་པར་འགྲོ་བའི; ཕན་གཞི་འི;

1040 Conduciveness, *n.* གྲོགས་སུ་འགྲོ་བ; [དྲངས་པ;

1041 Conduct, *n.* བྱ་སྤྱོད; བྱེད་སྟངས; *v.t.* འཁྲིད་པ; འདྲེན་པ;

1042 Conductible, *a.* དྲངས་སུ་ཡོད་པ; འཁྲིད་དུ་ཡོད་པ;

1043 Conductor, *n.* འདྲེན་མཁན; ཁྲིད་མཁན;

1044 Conduit, *n.* ཡུར་བ;

1045 Cone, *n.* ཚ་ཚ; ཟླུཾ་པོ་རྩེ་སྒུང་ཅན་གྱི་དབྱིབས་ཅན;

1046 Confabulate, *v.i.* མཉེ་རོགས་བཞིན་སྐད་ཆ་ལབ་པ;

1047 Confabulation, *n.* སྐད་ཆ་གང་བྱུང་སྨྲ་བ;

1048 Confection, *n.* མངར་ཛ;

1049 Confectioner, *n.* མངར་ཛ་བཟོ་མཁན;

1050 Confectionery, *n.* མངར་ཛའི་རིཊ; [པའི་མི་སྣ;

1051 Confederacy, *n.* མི་སྡེའི་ཡུལ་སྡེ་དཔུང་གཞིབ་སྡེ་གཅིག་ཏུ་ཁ་འདེབས;

1052 Confederate, *n.* ཁ་འདེབ་པའི་མི་སྣ;

1053 Confer, *v.t.* གནང་བ; བྱིན་པ; (to talk = སློལ་བ; གྲོས་བྱེད་པ)

1054 Conference, *n.* ཞལ་འཛོམས་བཀའ་མོལ;

1055 Confess, *v.t.* རང་གིས་རང་གི་སྐྱོན་བརྗོད་པ; བཤགས་པ་འབུལ་བ;
རང་མཐོངས་ཁས་བླངས་པ;

1056 Confessedly, *ad.* རང་གིས་ངོས་ལེན་པ་བཞིན་དུ;

1057 Confession, *n.* རང་གིས་རང་མནོང་བརྗོད་རྒྱུ;

1058 Confessor, *n.* བཤགས་པ་ཞེས་པའི་བླ་མ་ལ་ཟེར;

1059 Confidant, *n.* བློ་གཏད་པའི་མི; བློས་བཀལ་བ;

1060 Confide, *v.i.* བློ་གཏད་པ;

1061 Confidence, *n.* བློ་གཏད;

1062 Confidential, *a.* གསང་གཏམ; གསང་རྒྱ་ཉི་པོའི;

1063 Confidently, *ad.* བློས་ཁལ་བཞིན;

1064 Configuration, *n.* ཕྱིའི་བཟོ་དབྱིབས;

1065 Confine, *v.t.* བཙོན་དུ་བཟུང་བ; *n.* མཚམས;

1066 Confinement, *n.* བཙོན;

1067 Confirm, *v.t.* ཡིན་པ་ར་འཕྲོད་དུ་བརྗོད་པ;

1068 Confirmation, *n.* ར་འཕྲོད; བདེན་པ་ངོ་སྤྲོད;

1069 Confirmatory, *a.* ར་སྤྲོད་བྱས་པའི;

1070 Confiscate, *v.t.* གཞུང་བཞེས་གཏང་བ;

1071 Confiscation, *n.* གཞུང་བཞེས;

1072 Conflagration, *n.* མེ་རེག;

1073 Conflict, *n.* འཐབ་ཁྲུག; འཁྲུག་བརྩོད;

1074 Conflict, *v.i.* འཐབ་པ; ཁྲུག་པ;

1075 Confluence, *n.* ཆུ་འཛོམས; འཛོམས་ས;

1076 Confluent, *a.* འབྲེལ་མར་འབབ་པ; གཙང་པོ་གཉིས་གཅིག་དུ་
འབྲེལ་བ;

1077 Conflux, *n.* མཉེ་འབྲེལ་དུ་འབབ་པ;

1078 Conform, *v.t.* ཚུལ་མཐུན་དུ་བྱས; འགྲོ་ལུགས་དང་བསྟུན;

1079 Conformable, *a.* འགྲོ་ལུགས་འགྲིག་རྒྱུ་ཡོད་པ;

1080 Conformably, *ad.* འགྲིག་པོ་བྱེད་དེ;

1081 Conformation, *n.* བཟོ་དབྱིབས་དགོས་བྱ་དང་མཐུན་པ;

1082 Conformist, *n.* ཆོས་ལུགས་སྤྱི་དང་བསྟུན་མི;

1083 Conformity, *n.* མཐུན་ལུགས; འདྲ་ལུགས; ཅིག་ལུགས;

1084 Confound, *v.t.* ཕ་རོལ་པོ་ཀླད་འགེམས་པ; འཐོམ་དུ་འཛུག་པ;

1085 Confounded, *p.a.* མགོ་འཐོམ་པ;

1086 Confront, *v.t.* ཐང་སྤྲད་པ; ཡ་བཟུང་བྱས་པ; ཡ་བྱས་པ;

1087 Confuse, *v.t.* འཐོམ་བཅུག་པ; དཀྲུག་པ; ཡིད་དཀྲུག་པ; བློ་འཐོམ་དུ་བཅུག་པ;

1088 Confusedly, *ad.* འཐོམ་འཐོམ་བྱེད་དེ;

1089 Confusion, *n.* མགོ་འཁྲུལ; སེམས་ཟ་ཟེ་ཟི་ཟེ་བྱས་པ; མགོ་འཐོམ;

1090 Confutable, *a.* མི་བདེན་པར་སྟོན་དུ་ཡོད་པ;

1091 Confute, *v.i.* མི་བདེན་པར་ར་སྤྲོད་པ; ཁུངས་མ་དག་པར་སྟོན་པ;

1092 Congeal, *v.t.* འཁྱགས་པར་བཅོས་པ; ཆུ་འཁྱག་དུ་བཅུག (འཁྱིག་ཆད་པ Sik.) འཁྱག་རོམ་དུ་ཆད་སུ་བཅུག་པ;

1093 Congenial, *a.* མཉེ་ལུགས་མཐུན་པ;

1094 Congeniality, *n.* མཉེ་དང་འགྲོ་ལུགས་ཅིག་པ;

1095 Congenital, *a.* སྐྱེ་དུས་ནས་མཆེ་པོར་ཡོད་པ; དཔེར་ན་ཁོང་ནས་ཞ་ར་འཾ་ཡང་ན་དབང་པོ་སྐྱོན་ཅན་ལྟ་བུ;

1096 Congest, *v.t.* སྐྲངས་པ;

1097 Congestion, *n.* ཁྲག་འདུས་པའི་སྐྲངས་འབུར་གྱི་ནད;

1098 Conglobate, *v.t.* རིལ་རིལ་དུ་བཟོ་བ;

1099 Conglomerate, *v.t.* བསྲེས་ནས་གཅིག་དུ་འགྲོ་བ; སླ་བསྲེས;

1100 Conglomeration, *n.* བསྲེས་ནས་གཅིག་དུ་འགྲོ་བ;

1101 Congratulate, *v.t.* རྗེས་སུ་ཡིད་རངས་བརྗོད་པ; ལེགས་སོ་བརྗོད་པ;

1102 Congratulation, *n.* ལེགས་སོ་བརྗོད་པ;

1103 Congratulatory. ལེགས་སོའི;

1104 Congregate, *v.t.* ཚོགས་པ; འཛོམས་པ; འདུ་བ;

1105 Congregation, *n.* ཚོགས་འདུ; འཛོམས་འདུ;

1106 **Congress**, *n.* ཨེ་མེ་རི་ཀའི་ལྷན་རྒྱས་ཁང་ཆེན་དེ་ལ་ཟེར;

1107 **Congruence**, *a.* མཐུན་པ; བསོཾ་མཚོ་ཅིག་པ; བློ་སྣ་ཅིག་པ;

1108 **Congruent**, *a.* མཐུན་པར་མཆིས་པ; [འགྲིག་ཡུང;

1109 **Congruity**, *n.* རིན་ཡོད; འགྲིག་ཡོད; མཐུན་ཡོད; རིན་ཡུང;

1110 **Congruous**, *a.* རིན་པོ; འགྲིག་པོ; སྤྲོཾ་པོ; མཐུན་པོ;

1111 **Conic**, *a.* དབྱིབས་རྩ་བ་འགོར་འགོར་རྩེ་མ་སྦྱང་སྦྱང་ཅན;

1112 **Conical**, *a.* རྩེ་སྦྱང་ཅན;

1113 **Conics**, *n.* དབྱིབས་རྩེ་སྦྱང་ཅན་གྱི་བརྩིས;

1114 **Conjectural**, *a.* བློ་ཚོད་ཀྱི་དཔག་རྒྱའི;

1115 **Conjecture**, *v.t.* བསོཾ་ཚོད་དཔག་པ; *n.* བློ་ཚོད;

1116 **Conjoin**, *v.t.* མཉམ་དུ་འབྲག་པ; མཐུད་པ;

1117 **Conjoint**, *a.* ཁ་སྦྱིབས; ཁ་སྦྱིབས་ཀྱི;

1118 **Conjointly**, *ad.* ཁ་སྦྱིབས་དེ;

1119 **Conjugal**, *a.* གཟའ་ཚང་གི;

1120 **Conjugate**, *v.t.* } ལས་སྒྲུ་བྱ་བའི་རྣམ་དབྱེའི་དཔེ་སྣ་ཚོགས་སུ་འཆད་དེ་
1121 **Conjugation**, *n.* } སྟོན་པ; དཔེར་བརྗོད;

1122 **Conjunct**, *a.* མཉེ་འབྲེལ་དུ་ཡོད་པ;

1123 **Conjunction**, *n* འབྲེལ་བ; འབྲག་པ; འབྲེལ་ཚིག; འཕྲུད་པ;

1124 **Conjunctive**, *a.* འབྲེལ་བའི; འབྲག་པའི;

1125 **Conjunctly**, *ad.* མཉམ་འབྲེལ་དུ; [དུས་མཉེ;

1126 **Conjuncture**, *n.* གནས་སྐབས་སྣ་ཚོགས་སྐད་ཅིག་དུས་མཉེ་དུ་འཛོམས;

1127 **Conjure**, *v.t.* མིག་ཡོར་སྟོན་པ;

1128 **Conjurer**, *n.* མིག་སྒྲུ་སྟོན་མཁན; སྒྲུ་མ་མཁན;

1129 **Connate**, *a.* ཁོང་ནས་རང་འཁྲུངས; རང་ཆས;

1130 Connection, *v.t.* འབྲེལ་ཆ;

1131 Connivance, *n.* ཁ་ཅིག་བྱེད་ཚུལ;

1132 Connive, *v.i.* སྐྱོན་མཐོང་ཀྱང་མ་མཐོང་བ་ལྟར་བཞག་པ;

1133 Connoisseur, *n.* ཤེས་དང་ཆ་རྒྱུས་ཞིབ་མོ་ཡོད་པ; ཤེས་ཆོད་པ;
ཤེས་ཅན; རྒྱུས་ཡོད;

1134 Connubial, *a.* ཁྱིམ་ཐབས་ཀྱི་སྐོར;

1135 Conoid, *n.* འགོར་འགོར་རྩེ་སྒུང་ཅན་གྱི་དབྱིབས་ཅན;

1136 Conquer, *v.t.* བརྡུལ་བ; ཕམ་པ; དབང་དུ་བསྡུད་པ;

1137 Conquerable, *a.* དབང་དུ་བསྡུད་ཐུབ་པ; བརྡུལ་ཐུབ་པ;

1138 Conquest, *n.* རྒྱལ་ཁ; དབང་བསྡུད;

1139 Consanguineous, *a.* ཕ་རིང་ནས་ཉེ་བ; རུས་ཉེ;

1140 Consanguinity, *n.* རུས་ཉེ་ཡིན་ལུགས;

1141 Conscience, *n.* རིག་པ་ཡི་ཤེས; རང་རེའི་སེམས་ཀྱི་དཔང་པོ;

1142 Conscientious, *n.* རང་སེམས་དཔང་པོར་འཛུག་པ་པོ;

1143 Conscientiously, *ad.* རང་སེམས་དཔང་པོར་བཅོལ་སྟེ;

1144 Conscious, *a.* རིག་ཅིང་ཚོར་བ; སེམས་ཀྱི་ཚོར་བ; རིག་ཅིང་ཡོད;

1145 Consciousness, *n.* སེམས་ཚོར་བ; ཤེས་བཞིན; ཤེས་པ;

1146 Conscript, *a.* དེབ་ཐོར་འཁོད་པ; གྱུ་ཟིང་དམག་མིའི་གྲལ་དུ་དམག་
ཁྲལ་བཀལ་ནས་བཙུག་པ; དམག་ཁྲལ; གྱཱ་ཁྲལ;

1147 Consecrate, *v.t.* འབུལ་བ; བསྔོ་བ;

1148 Consecration, *n.* རབ་གནས; མངའ་གསོལ; བཀྲིས་ཕབ་པ;

1149 Consecutive, *a.* རིམ་པ་བཞིན་བསྟར་བ; རིམ་བརྒྱུད;

1150 Consent, *n.* ཁས་ལེན; རུང་ཞེས་ཁས་བླངས་པའི་ཚིག;

1151 Consent, *v.i.* ཁས་ལེན་བྱེད་པ;

1152 Consentient, *a* མཚོ་མཐུན་པ;

1153 Consequence, *n.* མདོ་ཁ; འབྲས་བུ; དེར་བརྟེན་བྱུང་བའི་འབྲས་བུ;

1154 Consequent, *a.* དེར་བརྟེན;

1155 Consequential, *a.* མདོ་ཁ; ཆེནོ་ཡོད་ལྷོག་ལྷོག;

1156 Consequently, *ad.* དེར་བརྟེན་ནས;

1157 Conservation, *n.* སྐྱང་པོར་ཙ་ག་བྱས་པ;

1158 Conservative, *a.* སྲོལ་རྙིང་པར་དད་པ; སྔར་སྲོལ་ཉར་བ;

1159 Conservator, *n.* སྲུང་སྐྱོབ་ཉ་ར་བྱ་མི; བཟུང་བར་དད་པ;

1160 Conservatory, *n.* གཉེར་ཚང; མཛོད་ཁང;

1161 Conserve, *v.t.* སྐྱང་པོར་འདུས་བཞག་པ;

1162 Consider, *v.t.* དགོང་བཞེས་གནང་བ; བསམ་མནོ་སྐོར་བ;

1163 Considerable, *a.* སྣང་ཆེན; རྩང་ཆེན; དགའ་མོ་ཡོད་པ;

1164 Considerate, *a.* བསམ་མནོ་ཅན; ཚོད་ཅན;

1165 Considerateness, *n.* ཚོད་རྩེ་ལྷུང;

1166 Consideration, *n.* བསམ་བློ; དགོང་བཞེས;

1167 Consign, *v.t.* བརྫིས་སྤྲོད་བྱས་པ; གཏད་པ; བཅོལ་བ; གཉེར་བ

1168 Consignee, *n.* གཉེར་གཏད་བྱས་ཡུལ;

1169 Consignor, *n.* གཉེར་གཏད་བྱེད་པོ;

1170 Consignment, *n.* གཉེར་གཏད་བྱས་པའི་ཟོག;

1171 Consist, *v.i.* མཆིས་པ; དེ་ནང་འདུས་པ; དེ་གྲལ་རྩུད་པ;

1172 Consistence, *n.* གར་སླ; འགྲིག་ལུགས;

1173 Consistent, *a.* གར་པོ; མཐུན་པ; སྒྲམ་པ; རན་པ;

1174 Consistently, *ad.* མཐུན་པོ་བྱེད་དེ;

1175 Consistory, *n.* འཚོང་ཁང; འདུ་ཁང;

1176 Consolation, *n.* སེམས་གསོ;

1177 Consolatory, *a.* སེམས་གསོ་འི་རྣ་པའི;

1178 Console, *v.t.* སེམས་གསོ་བཏང་བ; སེམས་གསོ་བ;

1179 Consolidate, *v.t.* གཅིག་སྡུ; གཅིག་ཏུ་འདུས;

1180 Consolidation, *n* གོང་བུར་བཟོ་བ;

1181 Consols, *n.* གཞུང་ཐོག་གི་སྟེང་དུ་ཡོག་པའི་བུན;

1182 Consonance, *n.s.* མཐུན་ཆ; སྒྲའི་མཐུན་ཆ;

1183 Consonant, *a.* སྒྲ་མཐུན་པོ; གསལ་བྱེད་ཡིག;

1184 Consort, *n.* (Respl. སྐུ་ཟླ) Col. ཟླ་བོ; ཁྱོ་གའི་སྐྱེ་དམན; ཟ་ཟླ;

1185 Consort, *v.i.* གཅིག་ཏུ་སྤྱོད་པ; ངོ་སོ་ཕྲན་པོ; མཉམ་པོར་སྤྱོད་པ;

1186 Conspicuous, *a.* དོད་པོ; གསལ་པོ;

1187 Conspicuously, *ad.* ཀུན་གྱིས་མཐོང་ནར;

1188 Conspiracy, *n.* གྲོས་ངན;

1189 Conspirator, *n.* གྲོས་ངན་བཤམ་མཁན;

1190 Conspire, *v.i.* གྲོས་ངན་བཤོམ་པ;

1191 Constable, *n.* ཀོ་བཙག་པ; ཅིན་ཁྲ; བྲུ་ལི་སི;

1192 Constancy, *n.* བློ་གཏན; དམ་ཚིག;

1193 Constant, *a.* Ditto, དམ་ཚིག་གཏན་པོ;

1194 Constellation, *n.* རྒྱུ་སྐར; ཟླ་སྐར; སྐར་མ;

1195 Consternation. དངངས་སྐྲག;

1196 Constipate, *v.t.* རྒྱུ་བསྡམས་པ; རྩ་བསྡོམས་པ;

1197 Constipation, *n.* རྩ་རྒྱུ་བསྡམས་པས་གྲོད་པ་གཟེར་བའི་ནད;

1198 Constituency, *n.* ཨིན་གཞུང་ལྷན་རྒྱས་ཚོགས་འདུའི་གྲལ་ཏུ་འཐུས་མི་
གསར་འཛུག་སྐབས་སྒྲུ་སོ་སོའི་འོས་ཁྲ་ ༦༧ ལམི;

1199 Constituent, *a.* འདུས་པའི་འབྱུང་ཁམས;

1200 **Constituent**, *a.* ཚང་བའི་རྒྱུ; རྒྱུ;

1201 **Constitute**, *v.t.* འདུས་མར་མཆིས་པ; འདུས་དེ་གྲུབ་པ;

1202 **Constitutor.** འདུ་མཁན;

1203 **Constitution.** གཟུགས་ཁམས; འདུས་བྱས་ཀྱི་ཕུང་པོ; ཕུང་པོ;

1204 **Constitutional**, *a.* འདུས་བྱས་ཀྱི; ཁམས་དང་མཐུན་པའི; ཡུལ་ཁྲིམས་ཀྱི; བསྟན་སྲིད་ཀྱི; ཆབ་སྲིད་ཀྱི;

1205 **Constrain**, *v.t.* ཤུགས་ཀྱིས་བསྐུལ་བ; ཚ་ནན་དྲག་པོས་བསྐུལ་བ;

1206 **Constrainedly**, *ad.* དབང་ཤུགས་ཀྱིས;

1207 **Constraint**, *n.* དབང་ཤུགས; དབང་བཙན;

1208 **Constriction**, *n.* ཉེ་པོར་བསྡམས་པ;

1209 **Constringe**, *v.t.* ནང་དུ་བསྐུམས་བཙུག་པ;

1210 **Constringent**, *a.* ནང་དུ་བསྐུམས་པའི་ནུས་པ་ཅན;

1211 **Construct**, *v.t.* བཟོ་བ; བཟོས་པ;

1212 **Construction**, *n.* བཟོ;

1213 **Constructive**, *n.* གཟོ་འི་སྐོར་གྱི; བཟོ་འི; བཟོ་བོ་འི;

1214 **Construe**, *v.t.* སྐད་གཞན་དུ་སྒྲ་བསྒྱུར་བ; དོན་ཕབ་པ;

1215 **Constuprate**, *v.t.* མེ་དོག་གཞོར་བ;

1216 **Constupration**, *n.* མེ་དོག་གཞོར་བྱེད;

1217 **Consubstantial**, *a.* རྒྱུ་གཅིག་པ;

1218 **Consubstantiate**, *v.t.* རྒྱུ་ཅིག་པར་གཟོ་བ;

1219 **Consul**, *n.* སྐྱ་ཚབ་བློན་པོ; ཆིན་བླ (a Chinese word Tibetanised).

1220 **Consulor**, *a.* ཕྱི་བློན་གྱི; ཆིན་བླའི;

1221 **Consult**, *v.i.* གྲོས་བསྡུན་པ;

1222 **Consultation**, *n.* གྲོས་བསྡུན; བཀའ་མོལ;

1223 Consume, *v.t.* འཛད་པ; ཟད་པ;

1224 Consummate, *v.i.* ལས་ཀྱི་མགོ་མཇུག་བསྡུང་བ; ཕྱིན་ཕར་རྒྱབ་པ; མཐར་འབྱིན; ཕར་ཕྱིན;

1225 Consummation, *n.* ལས་ཀྱི་ཕྱིན་ཕར; མཐར་ཕྱུག;

1226 Consumption, *n.* འཛད་པ; གློ་ནད;

1227 Consumptive, *a.* གློ་ནད་ཅན;

1228 Contact, *n.* རེག་པ; འདུས་དེ་རེག་པ;

1229 Contagion, *n.* འགོ་བའི་ནད;

1230 Contagious, *a.* འགོ་བའི་ནད་རིགས;

1231 Contain, *v.t.* ཤོང་བ; འགྲོ་བ; འདུག་པ;

1232 Contaminate, *v.t.* གྲིབ་བགོས་པ;

1233 Contamination, *n.* གྲིབ; ཉེས་གྲིབ;

1234 Contemplate, *v.t.* བསྒོམ་པ; དམིགས་པ་བསྐྱེད་པ;

1235 Contemplation, *n.* སྒོམ; དིང་ངེ་འཛིན; བསྐྱེད་རིམ;

1236 Contemplative, *a.* དིང་འཛིན་ཅན; སྒོཾ་ལ་གོཾས་པ;

1237 Contemporaneous, *a.* དུས་མཚུངས; དུས་མཉེ;

1238 Contemporary, *a.* དུས་མཉེ་དུ་བྱུང་པ;

1239 Contempt, *n.* བརྙས་པ; (Sik. ངན་ཅན); དམད་པ;

1240 Contemptible, *a.* ཡིད་སྨུག་ཆེ་ཆེ;(Sik.) སྨུག་རྩལ; ངན་པོ; (ཞམ་འདྲེན; Sik.).

1241 Contemptuous, *a.* བརྙས་འདོད་ཀྱི་རྣམ་འགྱུར་ཅན;

1242 Contend, *v.i* འཁྲུག་པ; བརྩོད་པ;

1243 Content, *n.* ཆོག་ཤེས; *v.i.* ཚིམས་པ; མགུ་བ;

1244 Contented, *a.* ཆོག་ཤེས་ཅན;

1245 Contentedly, *ad.* ཆོག་ཤེས་བཞིན་དུ; ཆོག་ཤེས་དང་ལྡན་པོ་བྱེད་དེ;

1246 Contention, *n.* འགྲན་སེམས; བརྩོད་གླིང; བརྩོད;

1247 Contentious, *a.* འཛིང་དད་མཁན;

1248 Contest, *v.t.* ཐོབ་ཤ; འཐབ་པའི་གཤའ; གཤགས;

1249 Context, *n.* ཚིག་གི་དོན་གསལ་བར་བྱས་པའི་འགྲེལ་བ;

1250 Contiguity, *n.* ཐག་ཉེ; འབྲག་ནས་ཡོད་པ;

1251 Contiguous, *a.* ཉེ་པོ; ཉེ་བར་མཆིས་པ;

1252 Continence *n.* སྲིད་ཞེན་འགག་ཅིང་བཙོམ་པ; སྲིང་ཞེན་སྤངས་ཚུལ;

1253 Continent, *ad.* འདོད་པའི་ཞེན་པ་དགག་པ;

1254 Continent, *n.* གླིང; འཛིག་རྟེན་གྱི་ཁྱིཾ་སྤུ་གླིང;

1255 Continental, *a.* གླིང་ཆེནོ་འི;

1256 Contingency, *n.* མ་ངེས་པའི; རྒྱུན་དུ་མི་བྱུང་བའི;

1257 Contingent, *a.* ངེས་མེད་ཀྱི་གལ་ཆེར་དགོས་དོན་ཆེད་དུ་དམག་དཔུང་
དུས་ཚོཾ་བསོག་ནས་ཡོད་པ;

1258 Continual, *n.* རྒྱུན་དུ; ཙར; ཙ་རེ; ནར་མར; འཕྲོ་བརྒྱངས་དེ;

1259 Continuance, *n.* འཕྲོ་མཐུད: ནར་སྒྲོངས; རྒྱུན་ཁྲོངས;

1260 Continuation, *n.* འཕྲོ; ནར་མ;

1261 Continue, *v.i.* འཕྲོ་བ; ནར་མར་བརྒྱངས་པ; འཕྲོ་བརྒྱང་བ;

1262 Continuity, *n.* འཕྲོ་མཐུད;

1263 Continuous, *a.* ནར་མར;

1264 Continuously, *ad.* ནར་མར;

1265 Contort, *v.t.* གཤེད་ཀྱིས་བཙུ་བ; སྤྲར་བཙུས་རྒྱབ་པ;

1266 Contortion, *n.* ཤུཊ་ཀྱི་གཡས་གཡོན་བཙུས་པ;

1267 Contour. *n.* གཟུགས་དབྱིབས; [རྐོང་ཟོག;

1268 Contraband, *a.* བཀའ་རྒྱས་དེ་པའི་ཟོང; སོ་བསྡོམས་ཀྱིས་བཀག་པའི་

1269 Contract, *v.t.* སྐུམ་པ; འཁོར་བ;

1270 Contracted, *v.t.* ཁུམས་པ; འདུས་པ;

1271 Contraction, *n.* ཁུམ་ཆ; སྐུམ་ཆ; ཁུམས; སྡུད;

1272 Contractors, *n.* ཁྲི་ཀ་གླངས་མཁན; འབོགས་མར་ལེན་མི;
བཟོ་མར་ལེན་མི;

1273 Contradict, *v.t.* འགོལ་བ; མན་པར་ལན་འདེབ་པ; འགག་པ;

1274 Contradiction, *n.* འགལ་བ; ལན་བཟློག; འགག་ལན;

1275 Contradictory, *a.* གོ་བཟློག; གོ་ལོག;

1276 Contradistinction, *n.* དབྱེར་སང; དབྱེ་བ;

1277 Contrariety, *n.* གོ་ལྡོག;

1278 Contrariwise, *ad.* གོ་ལྡོག་དུ;

1279 Contrary, *a.* བཟློག་སྟེ; གོ་བཟློག; གོ་ལྡོག;

1280 Contrast, *v.i.* མདངས་གཏོན་པའི་ཆེད་དུ་ཕན་ཚུན་སྒྲིག་ནས་བཞག་པ;

1281 Contravene, *v.t.* འགག་ཆ་རྒྱབ་པ;

1282 Contravention, *a.* འགག་ཆ;

1283 Contribute, *v.t.* གཞན་གྱི་གྲལ་དུ་འབུལ་བ;

1284 Contribution, *n.* བསྡུ་ལེན; ཁྲལ; འབུལ་བ;

1285 Contributor, *n.* འབུལ་བ་ཕུལ་མཁན; བདབ་མཁན;

1286 Contrite, *a.* མནོངས་འགྱོད་ཅན;

1287 Contritely, *ad.* འགྱོད་པ་སྐྱེས་དེ;

1288 Contrition, *n.* མནོངས་འགྱོད;

1289 Contrivable, *a.* ཐབས་འགྲིག་དུ་ཡོད་པ;

1290 Contrivance, *n.* གྲབས; ཐབས; འཁྲུལ;

1291 Contrive, *v.t.* ཐབས་སྒྲིག་པ;

1292 Control, *n.* ཚད་དབང; ཚད་དབང་འགྱུར་བ;

1293 Controller, *n.* དཔྱལ་བརྩིས་ཀྱི་དེབ་ཐོ་དག་གཞར་གཏང་མི;

1294 Controversialist, *n.* རྟོག་གེ་བ; བརྩོད་དད་མཁན;

1295 Controversial, *a.* བརྩོད་པའི་ཚིག་རྒྱུ;

1296 Controversy, *n.* བརྩོད་པ;

1297 Controvert, *v.t.* བརྩོད་ལན་འདེབ་པ;

1298 Controvertible, *a.* }
1299 Controvertibility, *n.* } བརྩོད་པས་བཟློག་ཏུ་ཡོད་པ;

1300 Contumacious, *a.* ཁྲིམས་ལུགས་སོང་ལ་སྣང་ཆུང་བྱས་ནས་མི་བརྩིས་པ;

1301 Contumaciously, *ad.* འོས་མིན་གདོང་མ་ཚིག་པར;

1302 Contumacy, *n.* བཀའ་ལ་བརྩིས་མེད;

1303 Contumelious, *a.* ཐབ་ཙོལ་ཏུ་ཚིག་ངན་པའི་གཤགས;

1304 Contumely, *n.* གཤགས་ཚིག་ངན་པ; ཐབ་ཙོལ;

1305 Contusion, *n.* བརྡུང་སྐྲམ;

1306 Convalescence, *n.* ནད་པ་རིམ་གྱིས་སོས་ལ་ཁད་ཏུ་མཆིས་པ;

1307 Convalescent, *a.* ནད་པ་སོས་ནས་ཡོད་པ;

1308 Convene, *v.i.* འཛོམ་པ; ཚོགས་པ;

1309 Convener, *n.* འཛོམ་འདུར་བཀུག་མཁན;

1310 Convenience, *n.* ལྷབས་བདེ; བདེ་འཛང; བདེ་ཐབས; མཛད་བདེ;

1311 Convenient, *a.* ལྷབས་བདེ་མོ; བྱེད་བདེ;

1312 Conveniently, *ad.* ལྷབས་བདེར; བྱེད་བདེར;

1313 Convent, *n.* ཆོས་སྡེ; སྡེ; དགོན་པ;

1314 Convention, *n.* ཁ་ཆད; བཅད་མཚམས; ཀུན་གྱི་འགྲོ་ལུགས;
རྒྱལ་ཁག་གི་འགྲོ་ལུགས; ཆིང་ཡིག; ཆིང;

1315 Conventionalism, *n.* འཇིག་རྟེན་འགྲོ་ལུགས་དང་མཐུན་པའི་གཏམ;

1316 Converge, *v.i.* མཐའ་ནས་དཀྱིལ་དུ་བསྡུ་བ;

1317 Convergent, *a.* མཐའ་ནས་དཀྱིལ་དུ་དཔག་པའི་རྣམ་པ་ཅན;

1318 Conversant, *a.* དཔེ་ཆར་འབྱུང་འབྱུང་ཉིད་ཀྱི་རྒྱུས་ལོན;

1319 Conversation, *n.* སྐད་ཆ; ཁ་འདྲི་ལབ; བགྲོ་གླེང; བཀའ་བགྲོ;

1320 Conversational, *a.* སྐད་ཆ་འགྲོ་གླེང་ལ་མཁས་པའི;

1321 Converse, *v.i.* གླེང་བ; གླེང་མོ་བྱེད་པ;

1322 Converse, *v.i.* སྐད་ཆ་བྱས་པ;

1323 Conversion, *n.* བློ་སྣ་ཆོས་སུ་འགྱུར་ཅིང་འཇུག་པ;

1324 Convert, *v.t.* བསྒྱུར་བ; བློ་ཁ་འགྱུར་བ; བློ་སྣ་འགྱུར་བ;

1325 Convertible, *a.* འགྱུར་རུང་བ; འགྱུར་དུ་ཡོད་པ;

1326 Convex, *a.* ཀོང་ཀོང;

1327 Convexity, *n.* ཀོང་ཀོང་གྱི་རྣམ་པ;

1328 Convey, *v.i.* འཁུར་པ; ཁྱེར་བ; སྐྱེད་པ;

1329 Convict, *v.t.* ནག་ཅན་ཡིན་པར་གོ་བ་ཕབ་པ; ཉེས་ཆད་ཕབ་པ;

1330 Convict, *n.* བཙོན་པ; ནག་ཅན་ཁྲིམས་འོག་ཏུ་མནར་བ;

1331 Conviction, *n.* བློ་ལ་གོ་བ་ཐེབས་པ; རྟོགས་པ;

1332 Convince, *v.t.* གོ་བ་འཕབ་པ; བདེན་པ་ར་སྤྲོད་བྱེད་པ;

1333 Convincible, *a.* གོ་བ་ཐུབ་ཏུ་ཡོད་པ;

1334 Conviviality, *n.* ཐུགས་སྤྲོ་གནང་འདོད;

1335 Convocation, *n.* ཚོགས་འདུ;

1336 Convoke, *v.t.* ཚོགས་འདུར་འགག་པ; [ལྡེབ་སྦྲུལ;

1337 Convolution, *n.* བལྟབ་ཚོགས; ལྡེབ; (ཚེ་རུག; Sik.) སྦྲུལ;

1338 Convolve, *v.t.* བལྟབ་པ; བལྡབ་པ;

1339 Convolvulus, *n.* ཙུ་འཛིས་གཅིག་གི་མིང; (Sik.) འཁྲི་ཤིང་རིང་ཅིག;

1340 Convoy, *v.t.* འསྐྱུང་རྒྱབ་བྱས་ནས་འགྲོ; བསྐྱུང་བའི་ཟློག;

1341 Convulse, *v.t.* ཤུར་ཆེན་པོར་སྐྱོམ་སྐྱོམ་བྱེད་པ; དཀྲུག་པ;

1342 Convulsion, *n.* འཁྲུགས; འཁྲོ་འཁྲོམ;

1343 Convulsive, *a.* ལུས་ཀྱི་རྩ་རང་དབང་མེད་པར་འཁྲམ་བརྒྱུང་བྱེད་པའི་ནད་ཡའང་ཟེར; རླང་ཟུག་རླང་ཟུག་བྱེད་ནས; འཕག་ཚད་བརྒྱངས་སྐྱུ;

1344 Convulsively, *a.* རླངས་ཟུག་ལྟ་བུར;

1345 Cony, *n.* བྱུད་མེད; སྐྱེས་དམན་ལ་གཙེས་པའི་མིང་འདོགས་ལུང;

1346 Coo, *v.i.* བྱིའུ་ཕེའུ་རྒྱལ་མོའི་སྒྲ་ལྟར་ཀུ་འུ་ཀུ་འུ་ཅེས་སྐད་རྒྱབ་པ;

1347 Cook, *v.t.* འཚོད་པ; བཙོ་བ;

1348 Cookery, *n.* ཟས་གཡོ་བའི་གཞུང; ཟས་འཚོད་ཐབས;

1349 Cool, *a.* སིལ་མོ; བསིལ་མོ;

1350 Coolie. དོས་པ; དོས་སྐྱེལ་པ;

1351 Coolness, *n.* ཚབ་ཚུབ་མེད་པ; ཁྲི་སྐྱོད; བག་སྐྱོད; སྐྱོད་ཆ; སྐྱོད་ལྡོག;

1352 Coop, *n.* ཁྲོར་མའི་ནང་བ་ར་གཞུལ་ནས་བཀོག་ཡོང་བ;

1353 Cooper, *n.* ཤིང་གི་ཟོ་བཟོ་མི; ལྷ་གྲུ་མི; བཀུག་པ; རྒྱུག་རྒྱབས་མི;

1354 Co-operate, *v.i.* ལས་ལ་མཉེ་པོར་ཙུབ་ནས་བྱ་བ;

1355 Co-operation, *n.* ལར་རྒྱར་ཁ་འདྲེབས་པ; འཚོང་སྡེ;

1356 Co-ordinate, *a.* གོ་སའུ་རིམ་པ་ཅིག་པ;

1357 Co-ordinately, *ad.* གོ་རིམ་ཅིག་པར;

1358 Co-ordination, *n.* གོ་རིམ་ཅིག་ལུང; གོ་མཉེ;

1359 Coot, *n.* ཆུ་བྱ་ཞུ་གུ་སྨུ་སྨུ་ཟེར་བ་གཅིག;

1360 Co-partner, *n.* འཚོང་རོད; སྐལ་བ་འདྲ་འདྲ་འཁྱེར་མི;

1361 Co-partnership, *n.* འཚོང་རོད; འཚོང་རོག;

1362 Cope, *n.* ཁེབས; (*s.*) འཁེབས; *v.t.* ཐད་ཡུག་རྒྱབ་པ; ཁ་འཐུག་པ;

1363 Copier, *n.* དཔེ་བཤུ་མི; དཔེ་བཤུ་མཁན;

1364 Coping, *n.* བརྩིག་པའི་རྩེ་ཁེབས་རྒྱབ་ས;

1365 Copious, *a.* མང་པོ; ལྷུད་ནས་ཡོང་བ; རྒྱས་པ;

1366 Copiously, *ad.* མང་པོར; ལྷུད་དེ;

1367 Copiousness, *n.* འབོལ་ལྷུག; འབོལ་རྩལ; འབོལ་ཉམས;

1368 Copper, *n.* ཟངས;

1369 Copse, *n.* སྦོ་འདུབ; ཚལ་འདུབ;

1370 Copula, *n.* མཐུད; མདུད་པ; སྦྱོར་མདུད;

1371 Copulate, *v.i.* ཕོ་མོ་འབྱོར་བ་བྱེད་པ; ཁྲིག་པ་སྤྱོད་པ;

1372 Copulation, *n.* འབྱོར་བ; ཁྲིག་ཆོས (classical).

1373 Copulative. མཐུད་པའི; འབྱོར་བའི;

1374 Copy, *n.* དཔེ;

1375 Copying press, *n.* དཔེ་བཤུའི་པར;

1376 Copyright, *n.* བསྟན་བཅོས་གསར་བརྩམས་བྱེད་པོའི་དབང་ཆ;

1377 Coquet, *v.t.* སྒེག་ཆོས་ཀྱིས་དགའ་སྣང་ཕྲད་གསོད་བྱེད་པ; སྒྲུལ་ཆེན;

1378 Coquetry, *n.* སྒེག་རྩལ; སྒྲུལ; གཡོ་སྒྱུ; བུད་མེད་ཀྱི་གཡོ་སྒྲུལ;

1379 Coquette. སྒེག་མོ; སྒྲུལ་ཅན་མ; བློ་མང་མ;

1380 Corade, *n.* ཀོ་གུ;

1381 Coral, *n.* བྱུ་རུ; བྱི་རུ; མཚོའི་ནོར;

1382 Corban, *n.* དཀོན་མཆོག་ལ་བསྔོས་ནས་འབུལ་བའི་རྒྱུ་ནོར;

1383 Cord, *n.* ཐག་པ;

1384 Cordial, *ad.* ཁྲིམས་དྭངས་མོ; ཕན་པོ; དྭངས་དཀར་པོ;

1385 Cordiality, *n.* ཁམས་དྭངས་ཚུལ; དྭངས་དཀར་ལུགས;

1386 Cordially, *ad.* དྭངས་དཀར་སྒོ;

1387 Cordon, *n.* སྤྱོང་སྐྱུཾ་ལྷམ་མ་གོ་གཉམ་སམ་ཚོ་ལོའི་བརྡར་སྒུ་གནང་བ;

1388 Core, *n.* སྙིང་ཆ; ནང་གི་སྙིང་ཆ;

1389 Coriaceous, *a.* ཀོ་བ་འདྲ་པོ;

1390 Coriander, *n.* སྨན་ཡོས་སིའི་འབྲུ;

1391 Corinthian, *a.* གྲིག་གི་བཟོ་ཀོ་རིན་ཐུན་བྱ་བའི་བཟོ་ལྟུ;

1392 Cork, *n.* ཤིང་ཤུན་ཤེལ་དཾ་གྱི་ཁ་བཙོད་བྱེད་པ་དེ;

1393 Corkscrew, *n.* ཤེལ་དཾ་གྱི་ཁ་བཙོད་འདོན་རྒྱུའི་བཙུས་ཐུར;

1394 Corky, *a.* ཤིང་ཤུན་ཀོཀ་འདྲ་པོ;

1395 Cormorant, *n.* ཆུ་བྱ་ཁྲུང་ཁྲུང;

1396 Corn, *n.* འབྲུ;

1397 Corn, *n.* ཀང་པའི་འཛུབ་མགོར་གས་པ་ཆག་པ་དེའོ;

1398 Cornelian, *n.* མ་ནེ་ཧྲོ, སྤུང;

1399 Corner, *n.* ཟུར, གྲུ, (Sik. གྲི་གུག;) མཐའ;

1400 Cornet, *n.* དུང་ཀྱོག;

1401 Cornice, *n.* ཕྲད་མཆོད་བརྩེགས;

1402 Corolla, *n.* འདོད་སྒྲུར;

1403 Corollary. བདེན་པ་ངོས་ཟིན་གྱི་ཐོག་ནས་ལྟུང་དྭངས་བའི་བདེན་པ;

1404 Coronation. གཙུག་གཏོར་ཕུལ་བའི་སྐབས; ཅོད་པཎ་གསོལ་བའི་དགའ་སྟོན; ཁྲི་འདོན་གྱི་དགའ་སྟོན;

1405 Coroner. མི་གློ་བུར་དུ་ཤི་བའི་སྐོར་ཞིབ་དཔྱད་བྱས་མཁན་གྱི་ལས་སྣེ;

1406 Coronet, *n.* གཙུག་གཏོར་ཆུང་བ; ཅོད་པན; ཀྲོག་ཞུ;

1407 Corporal, *n.* བཅུ་དཔོན; ཧཝ་དཱ་རིའི་གོ་གནས; དམག་མིའི་གོ་གནས་ཆུང་བ;

1408 Corporate, *a.* ཁ་སྒྲིལ་བ; ཁན་སྡེབ;

1409 Corporation, *n.* ཁ་སྒྲིག་ཁག་པར་རྒྱུ་ཅིག་པའི་སྡེ; ཡར་རྒྱུ་ཅིག་པའི་མི་སྡེ;

1410 Corporeal, *a.* གཟུགས་ཕོག་གི;

1411 Corps, *n.* དམག་མཚན་ཅིག; དམག་རུ;

1412 Corpse, *n.* རོ;

1413 Corpulent, *a.* རྒྱག་པ; ཤ་འབྱོར་པོ;

1414 Correct, *v.t.* དག་པོ;

1415 Correct, *a.* དག་ཆ་གཏོན་པ;

1416 Correction, *n.* དག་ཆ; ཉེས་སེལ; དག་སེལ;

1417 Corrective, *a.* སེལ་བྱེད; ཉེས་པ་སེལ་བྱེད;

1418 Correctly, *ad.* དག་པོར;

1419 Correctness, *n.* དག་ཚུལ; དག་ཐུབ;

1420 Correlation, *n.* ཉེ་ཐང; ཕན་ཚུན་ཉེ་ཐང;

1421 Correlative, *n.* ཉེ་བ; ཉེ་ཆ; ཉེ་ཐུབ;

1422 Correspond, *v.i.* མཐུངས་པ; འདྲ་བ;

1423 Correspondence, *n.* ཡིག་འགྲུལ;

1424 Correspondent, *a.* ཡིགེ་གཏང་མཁན;

1425 Corridor, *n.* ཁང་པའི་ནང་ཀ་ཞེབ; བར་འགྲུལ་ས; ཀ་ཞེབ; འཁྱམས;

1426 Corrigible, *a.* བཅོས་རྒྱབ་ཏུ་ཡོད་པ;

1427 Corroborate, *v.t.* ར་སྤྲོད་པ; ར་སྤྲོད་རྒྱབ་སྐྱོར;

1428 **Corroboration**, *n.* ར་སྤྲོད; ངེས་ཐག་ཆོད་དུ་སྟོན་པ;

1429 **Corrode**, *v.t.* གཡའ་འི་རྩ་ཡིས་ཟད་ནས་རྩུབ་པོ་བྱེད་པ;

1430 **Corrosion**, *n.* གཡའི་རྩ་ཡིས་ཟ་བ; དཔེར་ན་ཟང་དང་རིག་ཚ་མཚོ་དུ་
བཞག་ན་གཅིག་གིས་གཅིག་ཟ་བ་བཞིན;

1431 **Corrosive**, *a.* གཡའ་ཅན; ཟ་བྱེད;

1432 **Corrugate**, *v.t.* ཀྱོང་ཀྱོང་ཤོང་འབུར་དུ་འདུ་བ; ལྦ་ཤུར་གཏོན་པ;

1433 **Corrupt**, *v.t.* ལྷད་རྒྱབ་ནས་མེད་པ་བཅོ་བ; ངན་སྤྱད་རྒྱབ་པ;

1434 **Corrupter**, *n.* མེད་པ་བཅོ་མཁན; ངན་སྤྱད་རྒྱབ་མི;

1435 **Corruptible**, *a.* ལྷད་རྒྱབ་དུ་ཡོད་པ;

1436 **Corruption**, *n.* ལྷད; སྤྲུས་ངན་ལྷུར; ངན་ལྷད; ངན་སྤྱད;

1437 **Corsair**, *n.* རྒྱ་ཐོག་གི་ཇག་པ; གྲུ་ཟིང་བཙོམ་མཁན;

1438 **Corse**, *n.* ཕུང་པོ;

1439 **Corselet**, *n.* ཀོ་ཁྲབ; [ཞིག་ལ་ཟེར;

1440 **Corset**, *n.* མིམ་ས་ཆེབ་ཆོའི་སྐད་པ་སྦྲ་མོ་བཏང་བའི་ཁན་འབུར་

1441 **Coruscation**, *n.* འོད་ཆེམ་ཆེམ;

1442 **Corvette**, *n.* དམག་གྲུ་ཆང་ཚུ་མེ་སྒྲོག་སྤར་གཅིག་བྱུས་པ;

1443 **Cosmetic**, *n.* བྱད་ལ་བྱུག་རྒྱུའི་སྨན; གདོང་ལ་བྱུག་རྒྱུའི་སྨན;

1444 **Cosmical**, *n.* འཇིག་རྟེན་ཁམས་ཡོངས་ཀྱི; སྣང་སྲིད་ཀྱི;

1445 **Cosmogony**, *n.* འཇིག་རྟེན་ཆགས་རབ;

1446 **Cosmology**, *n.* འཇིག་རྟེན་ཁམས་ཀྱི་ཆགས་ཚུལ;

1447 **Cosmopolitan**, *n.* ཡུལ་གྱི་ཞེན་པ་དང་བྲལ་བ; རྒྱལ་ཁམས་ཕྱོར་མེད་པོ;

1448 **Cosmos**, *n.* སྣང་སྲིད;

1449 **Cost**, *v.t.* རིན་དུ་གནས་པ; རིན་བབ; རིན་གོང; གནང་ཁྲང;

1450 **Costermonger**, *n.* ཤིང་འབྲས་སྔོ་བ་ཤལ་ནས་ཚོང་མི;

1451 Costive, *a.* རྩ་རྩུ་བསྡོམས་པའི་ནད་གཞི;

1452 Costiveness, *n.* རྩ་རྩུ་བསྡོམ་ལྷུར;

1453 Costly, *a.* གནས་ཁྲང་ཆེན; གོང་ཆེན; རིན་གོང་ཆེན;

1454 Costume, *n.* ཆས; ཆ་ལུགས;

1455 Cot, *n.* མལ་ཁྲི; ཁྱིམ་ཆུང;

1456 Cotilion, *n.* མི་བརྒྱད་ཀྱི་ཁྲབ་པའི་ཀྲང་བཞིས་ཅིག;

1457 Cottage, *n.* ཁྱིམ་ཆུང;

1458 Cottager, *n.* ཁྱིམ་ཆུང་འཛིན་མི;

1459 Cotton, *n.* ཤིང་བལ; (ཀ་པོར; Sik.).

1460 Couch, *v.t.* མལ་ནང; བསྙལ་བ; ཚོར་སུ་བཅད་པ;

1461 Couch, *n.* མལ་ཁྲི; [ནས་སྡོད་པ;

1462 Couchant, *a.* རི་དྭགས་སོ་གཙན་གཟན་མགོ་བོ་བསྲེང་སྟེ་ས་ལ་ཉལ་

1463 Cough, *n.* གློ་ཆམ; འཚོ་པ; *v.i.* འཚོ་པ་རྒྱབ་པ; (གློ་སག་
རྒྱབ་པ; Sik.) གློ་འཁོར་བ;

1464 Could, *pa.* ཚུགས་པ; ཐུབ་པ་ཡོད;

1465 Council, *n.* བཀའ་བློན་ལྷུས;

1466 Councillor, *n.* ལྷུས་གྲལ་ནས་གཅིག;

1467 Counsel, *a.* བཀའ་གྲོས;

1468 Counsellor, *n.* བཀའ་གྲོས་པ; བཀའ་གྲོས་ཕུལ་མི;

1469 Count, *v.t.* བགྲངས་བ;

1470 Countenance, *n.* གདོང; ངོ; ཞལ; བཞིན; བྱེད་བཞིན;

1471 Counter, *ad.* ངོ་ལྡོག་དུ; གདོང་ཚུར་སུ; གདོང་ལེན;

1472 Counteract. *v.t.* ནུས་པ་བཟློག་པ; འགལ་བ; གབ་སློག་བྱེད་པ;

1473 Counteraction, *n.* འགལ་བཟློག་གི་ལས; བཟློག་ཐབས;

1474 Counteractor, *n.* འགལ་མཁན; བཟློག་མཁན;

1475 Counter-balance, *n.* ཕན་ཚུན་བཟེད་སྙོམས་པ;

1476 Countercheck, *v.t.* ཁ་ལན; གདོང་ལན;

1477 Counterfeit, *v.t.* བརྫུས་བྱས་པ;

1478 Counterfoil. དངུལ་འཛིན་གྱི་སྣྲ་གཉིས་མ; འཛིན་འདྲ་གཉིས;

1479 Countermand, *v.t.* བཀའ་བཀུར་བཅོམ་གནང་བ; སྔོན་བཀའ་གནང་ཟིན་པ་དེ་ཕྱིས་ནས་བཀག་པ;

1480 Countersign, *v.i.* ཡིགེའི་ཐོག་མིང་བརྟགས་བཀོད་པ;

1481 Countervail, *v.t.* རིན་ཐང་འདྲ་སྙོམས་བྱ་ཕ་པ; འགོད་པ;

1482 Countess, *n.* ཕྱི་གླིང་རྒྱལ་ཁག་གི་བློན་རིང་གི་ལྷམ; བློན་རིང་ཀའོ་ཏྲི་ཞེས་པའི་མི་ས་ས་ཧྲེབ;

1483 Counting, *n.* གྲངས་རྒྱབ་པོ; བགྲངས་བ;

1484 Countless, *a.* གྲངས་མེད;

1485 Country, *n.* ཡུལ;

1486 Countryman, *n.* ཡུལ་ཅིག་པའི་མི; ཡུལ་མི;

1487 Country, *n.* ཡུལ་མཚོ་རྫོང་གཞིས; གྲོང་སེབ;

1488 Couple, *n.* ཟུང; ཆ;

1489 Couplet, *n.* ཚིག་བཅད་ཡིག་གདང་གཉིས་སུ་ཡོད་པ;

1490 Coupling, *n.* ཆ་སྒྲིག་པ; ཟུང་སྦྱོར་བ;

1491 Coupon, *n.* འབྱོར་འཛིན; ཁ་ཡིག;

1492 Courage, *n.* སྤོབས་པ;

1493 Courageous, *a.* སྤོབས་པ་ཅན; སྙིང་སྟོབས་ཅན;

1494 Courageously, *ad.* སྤོབས་པ་དང་ལྡན་པར;

1495 Courier, *n.* བང་ཆེན;

1496 Course, *n.* ལཾ; ཐང; ཁ་སྐོར; ལཾ་སོ; གོ་ས;

1497 Courser, *n.* ཐང་ཆེན; རྟ; རྟ་འགྲོས་ཆེན;

1498 Court, *n.* ཁྲིམ་ར; རྒྱལ་ས; ཁྲིམས་ས;

1499 Courteous, *a.* ཡ་རབ་བཟང་པོའི་མིག་སྟོས་ཅན; ཟབ་གཟེངས་ལྡན་པ; ཞེ་ས་ཅན; བསྐུར་བསྟི་དང་ཞུ་ཏུད་ཅན;

1500 Courteously, *ad.* བཟང་པོ་བྱེད་དེ; ཟབ་གཟེངས་ཀྱིས;

1501 Courteousness, *n.* མིག་སྟོས་ཞེས; མགྲོན་ཆ་བཞག་དང་བསྐུར་བསྟི; ཟབ་གཟེངས;

1502 Courtesan, *n.* སྨད་འཚོང་མ; [ཕྲ་དུད;

1503 Courtesy, *n.* ཡ་རབ་ཀྱི་བྱེད་སྟངས; མགྲོན་ཆ་བཞག; བསྐུར་བསྟི;

1504 Courtier, *n.* ཁ་སྒྲུང་མཁན; རྒྱལ་ས་སྐྱོ་མཁན; མི་ཆེན་གྱི་གས་དུ་འགྲོ་ལྟུང་ལ་མཆངས་པར་འགྱུངས་པ;

1505 Courtly, *a.* བཟང་པོའི་སྤྱོད་འགྲོས་ཅ་མཁན;

1506 Courtship, *n.* གཉན་ཉེད་ཀྱི་ཨེ་གསར; མག་པའི་སློས་རྒྱུག;

1507 Cousin, *n.* ཕ་སྤུན;

1508 Cove, *n.* ཆུ་འཁྲོ་ཀྱི་ཁུག; བྲག་ཕུག; མཚམས་རོང;

1509 Covenant, *n.* གན་རྒྱ; རྒྱ; ཆ་གར;

1510 Covenanter, *n.* ཆ་གན་རྒྱའི་འོག་ཏུ་ཚུད་མཁན;

1511 Cover, *n.* ཁེབས; *v.t.* བཀབ་པ; སྦས་པ; འགེབ་པ; ཁེབས;

1512 Covering, *n.* ཤུབ; ཁེབས;

1513 Coverlet, *n.* མལ་ཟན་གྱི་ཤུབ;

1514 Covert, *a.* སྦས་པའི་ཚུལ་གྱི; *n.* ཡིབ་ཁུང;

1515 Covertly, *ad.* ཡིབ་ཏེ;

1516 Coverture, *n.* ཡིབ་ས;

1517 Covet, *v.t.* གཏབ་སེམས་བསྐྱེད་པ; ཡིད་ལ་འདོད་པ;

1518 Covetable, *a.* སྲིད་པར་འོས་པ;

1519 Covetous. སྲེད་པ་ཅན;

1520 Covetously, *ad.* འདོད་སྲེད་བསྐྱེད་དེ;

1521 Covetousness, *n.* འདོད་སྲེད;

1522 Covey, *n.* བྱིའུ་ཕྲུག་གི་ཚང;

1523 Cow, *n.* བ; བ་མོ; མོ;

1524 Cow, *v.t.* དབང་དུ་འདུས་པ; ལྷ་བ་བཅག་པ; དཔའ་འཁྲི་བ;

1525 Coward, *n.* སྙིང་མེད; སྐྲད་འདར་བ;

1526 Cowardice, *n.* སྙིང་སྟོབས་མེད་པའི་ཚུལ;

1527 Cowardliness, *n.* སྐྲད་འདར་པོའི་ངང་ཚུལ;

1528 Cowardly, *a.* སྐྲད་འདར་པོ;

1529 Cower, *v.i.* འཇིག་དངངས་ཀྱི་ས་ལ་འབུར་བ;

1530 Cowherd, *n.* ཕྱུགས་རྫི;

1531 Cowhide, *n.* པ་ཀོ; བའི་ཀོ་རློན;

1532 Cow-pox, *n.* བའི་ནུ་མའི་སྟེང་དུ་ཐོར་པའི་ནད;

1533 Cowslip, *n.* སྤང་རྒྱན་མེ་ཏོག; སྤང་རིའི་ལོགས་ལ་མེ་ཏོག་དབྱིབས་
བའི་ཁ་འདྲ་པོ་ཡོད་པ;

1534 Coxcomb, *n.* བྱ་ཕོའི་ཐེ་བ་འདྲ་པོའི་རས་དམར་གྱི་རྣ་པ་གད་མོ་མཁན་
རྣམས་ཀྱིས་གྱོན་པ; མེ་ཏོག་སྨྱུག་པོ་ཞིག་གི་མིང;

1535 Coy, *a.* ངོ་ཚ་ཅན; ངོ་ཞན་པ; ངོ་དམའ་བ;

1536 Coyness, *n.* ངོ་ཚ;

1537 Cozen, *v.t.* བསླུས་པ; སླུ་ཁྲིད་ཀྱིས་མགོ་བསྐོར་བ;

1538 Cozily, *ad.* དྲི་ཐིབ་ཐིབ་བྱེད་དེ; སྐྱིད་ཉམས་དོད་པོ;

1539 Cozy, *a.* སྐྱིད་ཉམས་ཅན; དྲོ་ཐིབ་ཐིབ;

1540 Crab, *n.* སྡིག་སྲིན;

1541 Crabbed, *a.* འཁྲུག་པོ; ཡོ་འཁྲུག་ཅན; [ཤོར་བ;

1542 Crack, *v.t.* གཤག་པ; སྒོང་གཏིཾ་སྒྲ་བ; *v.i.* གས་པ; སེར་ག་

1543 Cracker, *n.* གཤག་མི;

1544 Crackle, *v.i.* དག་དག་ཚག་ཚག་ཅེས་སྒྲ་སྒྲིན་པ;

1545 Cradle, *n.* ཁྲིའུ་སྐྱལ་སའི་སྐྱིའུ; ཁྲིའུ་ཆུང་གི་དུས;

1546 Craft, *n.* བཟོ; ལག་ཤེས་རིག་གནས; གནད;

1547 Craftily, *ad.* སྒྲུང་པོ་བྱེད་དེ;

1548 Craftiness, *n.* སྒྲུང་རིག;

1549 Craftsman, *n.* ལག་བཟོ་འབྱོངས་པོ;

1550 Crafty. སྒྲུང་རིག་ལྡན་པ; གཙང་རིག;

1551 Crag. *n.* བྲག་རི་རང་རོང; ཛ་རི་བྲག་རོང;

1552 Craggy, *a.* ཛོ་རོང;

1553 Cram, *v.t.* བསྐྱོད་དུ་བསྐྱིར་བ; ཡོན་དན་གཞུང་མི་འབྱུང་བར་རྒྱུགས་
འཁྲོལ་བའི་ཆེད་དུ་འབྱུངས་བ; བསླབ་གྲྭར་སློབ་
གཉེར་གཞུང་མི་འགྲོང་བར་འཕྲལ་གི་ཡིག་རྒྱུགས་འགྲོན་
པའི་ཆེད་དུ་འབྱུང་བ་ལ་ཟེར;

1554 Cramp, *n.* རྩ་འཁྲམ་པ;

1555 Crane, *n.* ཁྲུང་ཁྲུང་དཀར་མོ;

1556 Cranium, *n.* ཀ་པ་ལ;

1557 Crank, *n.* ཁྲུག་འདོད་པའི་འགྲོ་སྤྱོད་ཁད་མཚར་པོ;

1558 Cranny, *n.* སེར་ག; ཡིབ་ཁུང; ཨོ་ཁུང; [དཀྱི་བའི་དར་ནག;

1559 Crape, *n.* དར་ནག་མྱ་ངན་སྐབས་གྱོན་མི་དེ; མྱ་ངན་སྐབས་སུ་

1560 Crash, *v.t.* ཤུགས་ཀྱིས་ལྷུང་ནས་ཆག་པའི་སྒྲ་སྒྲིན་པ;

1561 Crate, *n.* ཤིང་ཐོག་ཐུག་སའི་ཅོ་པོའམ་སྒྲི་པོ;

1562 Crater. གང་རིའི་དཀྱིལ་ནས་མེ་ཐོན་སའི་ཛབ་དོང་ཁ;

1563 **Craunch**, *v.t.* འཇོབ་པ; ཧཱུཾ་ཧཱུཾ་བཅག་པ;

1564 **Cravat.** སྐེ་གོང་དཀར་ལ་ཁྲག་པ; རས་དཀར་སྦུར་མའི་གོང་ང;

1565 **Crave**, *v.t.* ཞུ་འཚལ་བ;

1566 **Craven**, *n.* སྙིང་རིད་པོ;

1567 **Craw**, *n.* བའི་གྲོའུ; བྱ་དེའི་གྲོ་བ;

1568 **Crawl**, *v.i.* ས་གྲིག་དུ་འབུ་བཞིན་དུ་འགྲོ་བ; [ཏྲུག་རྒྱུའི་ཚོན;

1569 **Crayon**, *n.* སྣམ་ཚོན; དཀར་རགལ་ཏ་ཏྲས་པའི་ཚོན་རྩི; སྣམ་པོར་

1570 **Craze**, *v.t.* བློ་སྟོབས་ཉི་པ; སྟོབས་བཅོཾ་པ;

1571 **Craze**, *n.* ཉམ་ད་བཏུག་པ; སེམས་མི་བརྟེན;

1572 **Crazily**, *ad.* ཁྲ་རེ་ཁྲོ་རེ་བྱེད་དེ;

1573 **Crazy**, *a.* འཁྲོམ་འཁྲོམ; སྨྱོན་པ;

1574 **Creak.** སྒོ་དབྱེ་བའི་སྐབས་ཀྱི་ཙོར་སྒྲ;

1575 **Cream**, *n.* འོ་མའི་དར་ཁ; འོ་སྤྲིད; བཙུད;

1576 **Creamy**, *a.* འོ་མའི་སྤྲིད་ལྟ་བུ;

1577 **Crease**, *n.* གཉེར་མའམ་སྲུབ; (ཚེའུ་རྩུག; Sik.)

1578 **Create**, *v.t* བཟོས་པ; (མཛད་པ; Respl.)

1579 **Creation**, *n.* བཟོ; (ཕྱག་བཟོ; Do.)

1580 **Creator**, *n.* མཛད་པ་པོ;

1581 **Creature**, *n.* སེན་སྲོག་ཆགས;

1582 **Credence**, *n.* ཡིད་ཆེས; དད་པ;

1583 **Credential**, *n.* ལག་འཁྱེར་ཡིག; ཡིད་ཆེས་པའི་ཆེད་དུ་བཀུར་བའི་ ལག་འཁྱེར;

1584 **Credibility**, *n.* ཡིད་ཆེས་འོས;

1585 **Credible**, *a.* ཡིད་ཆེས་འོས; བདེན་པ་འཆའ་འོས;

1586 Credit, *n.* བློ་ཁེལ་བའི་གདེངས; བུན; སྐྱིན་འབུ; གཡར་སྐྱིན;

1587 Creditable, *a.* ཡིད་ཆེས་པོ; མཚར་པོ; ངོ་མཚར་པོ;

1588 Creditably, *ad.* ངོ་སོ་ཐོབ་པ་བྱེད་དེ;

1589 Creditor, *n.* བུན་བདག; བུན་བཏང་མཁན་གྱི་བདག་པོ;

1590 Credulity, *n.* ཡིད་ཆེས་མ་ངེས་ཀྱང་བདེན་པར་འཆའ་འདོད;

1591 Credulous, *a.* གང་ལའང་ཡིད་ཆེས་མཁན;

1592 Credulously, *ad.* བདེན་བརྫུན་མེད་པར་ཡིད་ཆེས་ཏེ;

1593 Creed, *n.* ཆོས་ལུགས;

1594 Creek, *n.* གྲུག་རྩ་ཆུང་ཆུང; མཚོ་འཁྲི་ཁུག་ཁུག;

1595 Creep, *v.t.* བྲང་ཤུར་རྐྱབ་དེ་འགྲོ་བ;

1596 Creeper, *n.* རྩ་འཛིངས; འཁྲི་ཤིང;

1597 Cremona, *n.* པི་ཝླི་སྦྲུ་པ་ལེཊ་ཀྱི་གྲངས;

1598 Crescent, *n.* ཚེས; གསུམ་ཟླ་བ; ཟླ་བ་གསར་ཚེས;

1599 Cress, *n.* འཛིཾ་འཛབ་ཏུ་སྐྱེ་བ་སྔོ་ཚོད་ཀྱི་རིཊ་ཁ་ཚ་ཅན;

1600 Cresset, *n.* མེ་ཆག;

1601 Crest, *n.* ཙེ་སྤྲོ: ཙེ; སྤོག་གི་ཁྱུང་དོར་ཐོག་གི་འགྲོ;

1602 Crevice, *n.* ཟེ་རྫོབ; བྲག་སེབ;

1603 Crew, *n.* གྲུ་ཟིང་གི་མི་ལག;

1604 Crib, *n.* དུའི་བཙུས; ཕྲུག་གུའི་མལ་ཁྲི; ཁྱིམ་ཆུང;

1605 Cricket, *n.* ཚ་ག་འབུའི་རིཊ;

1606 Cricket, *n.* རྒྱན་བསྒྱུར་གྱི་བརྩེད་མོའི་ཉི་གྲངས་གཅིག;

1607 Crier, *n.* སྐད་འདོན་མཁན;

1608 Crime, *n.* ཁྲིམས་འགལ་གྱི་ལས;

1609 Criminal, *a.* ནག་ཅན; ཁྲིམས་འགལ་བྱེད་མི;

1610 Criminality, *n.* ཁྲིམས་འགལ་གྱི་ཉེས་པ;

1611 Criminate, *v.t.* ཁྲིམས་འགལ་བྱེད་པའི་ཁ་གཡོར་སྤྲུལ་བ;

1612 Crimination, *n.* ཉག་བརྗོད་པ;

1613 Crimson, *n.* ཀྱི་ཚོས་མདོག་ལྷར་དམར་བ;

1614 Cringe, *v.t.* བྲན་བཞིན་དུ་མགོ་གུར་བ; ཉུམ་ཉུམ་བྱེད་པ;

1615 Cringingly, *ad.* མགོ་གུར་བའི་ཚུལ་གྱི;

1616 Cripple, *n.* སྐྱོན་ཅན; དབང་པོ་མ་ཚངས་བ; ཞྭ་བོ;

1617 Crisis, *n.* དུས་གཉེན; གག; དུས་གག; ཉེན་ཁ་ཆེ་བའི་དུས;

1618 Crisp, *a.* སྐམ་ཧྲོག་ཧྲོག;

1619 Criterion, *n.* གཞལ་བའི་ཚད;

1620 Critic, *n.* བསྟེན་བཅོས་སོ་ལྷ་བྲིས་ཀྱི་ཉམས་ཚོད་པོ;

1621 Critical, *a.* གནད་འགག་ཆེ་སྐབས;

1622 Critically, *ad.* ཞིབ་བརྟག་བྱེད་དེ;

1623 Criticize, *v.t.* འབིགས་པ; མཆན་འདོར་པ;

1624 Criticism, *n.* མཆན་འདོར; སྐྱོན་ཡོན་གྱི་བཤད་སྐབས་མཆན་འདོར;

1625 Croak, *v.i.* སྦལ་པའི་སྐད་ལྷར་རྒྱབ་པ;

1626 Crochet, *n.* འཚེམ་སྦྲུག; བལ་སྐུད་ཀྱི་འཚེམ་སྦྲུག;

1627 Crockery, *n.* ཛ་མ་དང་སྣོད་ཆས;

1628 Crocodile, *n.* ཀུམ་བི་ར; ཆུའི་ནང་གི་སེམས་ཅན་ཆེན་ཞིག;

1629 Croft, *n.* ཁང་པའི་ཉེ་འདབ་ཏུ་ས་ཞིང་ཆུང་ངུ་ཡོད་པ;

1630 Crone, *n.* སྨོ་བོ་རྒན་མོ;

1631 Crony, *n.* གྲོ་རོགས་བཏིང་པ; ཡུན་རིང་དུ་འབྲེལ་བའི་མཐུན་གཤེས;
དགའ་མཐུན;

1632 Crook, *n.* ཁྱག་ཀ; འཁར་རྒྱུག་མགོ་གུག་པོ;

1633 Crooked, *pa.* ཡོ་བ; ཀྱོག་པོ; ཀྱུ་པ; འཁྱོག་པོ;

1634 Crookedness, *n.* འཁྱོག; ཡོ; ཀྱོག;

1635 Crop, *v.t.* ལོ་ཏོག་གཏོག་པ; རྩེ་གཡམ་པ; རྩེ་གཏོག་པ;
(*n.*) ལོ་ཏོག;

1636 Cross, *n.* བརྒྱང་ཤིང; ཀུར་ཁ;

1637 Cross, *adj.* སྐྱེད་བཙད་དུ; ཧྲོག་དེ; གབ་སློག་དུ; ངོ་གནག་ཐུག་གི;
ཁྲོས་དེ;

1638 Crossly, *ad.* ཁྲོས་པའི་ཉཾ་འགྱུར་གྱིས;

1639 Crossness, *n.* ཁྲོ་ཚུལ;

1640 Crosswise, *ad.* ཕྲེད་ལ; སེག་དྲས་སུ; སེར་ཁ་མོར; སེ་རལ་ཁར;

1641 Crotchet, *n.* མི་དྲན་དགུ་དྲན; འཚེམ་མདུད;

1642 Crouch, *v.i.* ཞུམ་པ; མར་སྒྲུམ་པ;

1643 Croup, *n.* ཁྲིའུ་ཆུང་གི་ལྐོག་མར་འཚཾ་པ་དང་འདེབས་པའི་ནད་
དྲག་པོ་ཞིག;

1644 Crow, *n.* ཨོ་རོག; ཕོ་རོག;

1645 Crowd, *n.* མི་མངས་ཚོགས་པའི་གསེབ; ཁྲོཾ;

1646 Crown, *n.* ཅོད་པན; སྤྱི་གཙུག; རྒྱལ་པོའི་ཅོད་པན; རྒྱལ་པོའི་
གཙུག་ནོར; རྒྱལ་པོའི་དབང; རྒྱལོའི་གོ་ས;

1647 Crown-prince, *n.* རྒྱལ་ས་འཛིན་རྒྱུའི་རྒྱལ་བུ;

1648 Crown-wheel, *a* ཚོད་འཁོར་ལོའི་ནང་འཁོར་སོ་ཡར་སློང་ནས་ཡོད་པ;

1649 Crucial, *a.* ཞིབ་རྟོག་གསལ་པོའི;

1650 Crucible, *n.* ཀོང་བུ; ཞུ་སྐྱོར;

1651 Crucifix, *n.* རྒྱང་ཤིང་གི་ཐོག་ཏུ་ཡེ་ཤུའི་འདྲ་སྐུ་ཡོད་པ;

1652 Crucify, *v.t.* རྒྱང་ཤིང་ལ་བཀྱོན་ནས་གསད་པ;

1653 Crude, *a.* རྫེན་པ; མ་ཆོད་པ; བཟོ་ལ་ཚེམས་མ་གྲུབ་པ;
སྙན་བག་ཅན; སྙན་དྲང་ཅན;

1654 Crudely, *adj.* བཟོ་བཅོས་མེད་པར; སྙན་དུགས་ཚ་པོ་བྱེད་དེ;

1655 Crudity, *n.* གཟོ་རྫེན; སྙན་དྲང;

1656 Cruel, *a.* དྲག་ཤུལ་ཅན; ག་ཀུག་སེམས་ཅན;

1657 Cruet, *n.* ཚལ་རྒྱུར་དང་ཁ་ཚའི་ཤེལ་དུམ་ཆུང་ངུ;

1658 Cruise, *v.i.* ཆུ་གྲོག་གི་འགྲུལ;

1659 Crumb, *n.* བག་ལེབ་ཀྱི་ཧུམ་བུ་འི་ནང་ཤ་ཕྲན་བུ;

1660 Crumble, *v.i.* ཧྲུག་ཧྲུག་དུ་ཉིལ་བ;

1661 Crumple, *v.t.* སྐྱུ་པ; ཁྲུམ་པ;

1662 Crupper, *n.* རྟའི་སྨད; སྒའི་སྨད;

1663 Crusade, *n.* ཡི་ཤུའི་ཆོས་ལུགས་པ་དང་མུ་སལ་མན་གྱི་དམག་འཁྲུག;
ཆོས་ལུགས་ཀྱི་ཕྲག་དོག་གི་དམག་འཁྲུག;

1664 Cruse, *n.* ས་བུམ; ཤེལ་དུམ;

1665 Crush, *v.t.* བསྙིལ་བ; ཕྱེ་མར་བརྡུག་པ; རྡེ་བ; གླེམ་པ; བཙར་བ;

1666 Crust, *n.* ཕྱི་པགས་སྲ་མོ; སེར་ཁོག; སེ་གོག;

1667 Crustacea, *n.* ཕྱི་པགས་བསྲ་མོ་དང་ལྡན་པའི་སྲོག་ཆགས་སྡིག་སྲིན་
ལྟ་བུའོ;

1668 Crustily, *adj.* ཕྱི་ལོགས་བསྲ་མོ་བྱེད་དེ;

1669 Crustiness, *n.* རྟེག་རྟེག་གི་རྣ་པ་ཅན;

1670 Crusty, *a.* ཕྱི་ལ་སེ་གོག་བསྲ་མོ་ཡོད་པ;

1671 Crutch, *n.* ཞ་འཕྲེང་ཅན་གྱི་ངར་ཁར་རྒྱུག་མཚན་འོག་ཏུ་བརྟག་རྒྱུ་དེ;
རྐང་ཆག་གི་འཁར་རྒྱུག;

1672 Cry, *v.i.* ང་རོ; འདོན་པ; སྐད་ངན་འཚེར་བ; ཅ་ཅོ་སྒྲོག་པ;
ངུ་བ; ངུ་ཤོར་བ; སྨྲེ་ངག་འདོན་པ;

1673 Crypt, *n.* ས་འོག་ཏུ་ལྷ་ཁང་ཕུར་ཁང་གི་ཆེད་དུ་རྒྱབ་པ་དག;

1674 Cryptical, *a.* སྦས་པའི; གསང་བའི;

1675 Crystal, *a.* ཤེལ་རྡོ; (ཧྲུའི་ཛིན; Chinese term).

1676 Crystalline, *a.* ཤེལ་རྡོ་ལྟུ; ཧྲུའི་ཛིན་ལྟ་བུ;

1677 Cryptography, *n.* གསང་ཡིག;

1678 Crystallize. ཤེལ་རྡོའི་རྣམ་པར་འགྱུར་བ;

1679 Cub, *n.* ཕྲུག་གུ; གཅན་གཟན་གྱི་ཕྲུག་གུ;

1680 Cube, *n.* ཤོ; ངོས་དྲུག་དང་ལྡན་པའི་ཤོ;

1681 Cubit, *n.* ཁྲུ;

1682 Cuckoo, *n.* ཁུ་བྱུག;

1683 Cucumber, *n.* གངོན; ཀ་ཀ་རང; གོན;

1684 Cud, *n.* བ་གླུགས་ཟླ་ཀྱི་ཟ་ཁྲིད་པའི་ནང་ནས་ཡར་སྐྱུག་ཏེ་སྐྱུར་
རྩུར་བྱ་རྒྱུ་དེ; (བལྡད; Sik.).

1685 Cuddle, *v.i.* པང་དུ་འཇེབས་པ;

1686 Cudgel, *n.* དབྱུག་པ;

1687 Cue, *n.* གཏིཾ་གྱི་ཟུར;

1688 Cuff, *v.t.* ཁྲི་བཅག་ཤུས་པ;

1689 Cuirass, *n.* གོ་ཁྲབ; བྲང་ལ་བཀབ་རྒྱུའི་ཟུར་ཁྲབ;

1600 Cuirassier, *n.* ཁྲབ་མ; ཁྲབ་ཅན; རྟ་པ་ཁྲབ་ཅན;

1691 Culinary, *a.* བཟའ་བཏུང་འཚོད་པའི་སྐོར;

1692 Cull, *v.t.* བདུ་བ; འདྲུག་པ; སྒྲུག་པ;

1693 Cully, *v.t.* མི་སྡུག་གི་མཐོ་སྐོར་བ;

1694 Culminate, *v.i.* ཡང་རྩེར་སླེབས་པ་མཐར་འཁྱོལ་བ; རྩེ་མོར་སླེབ་པ;

1695 Culmination, *n.* མཐར་ཐུག; ཡངས་རྩེ;

1696 Culpability, *n.* ཉེས་པ་འཁྲི་འོས;

1697 Culpable, *a.* ཁམ་ཡོག་ཉེན་ཆེན; ཉེས་པ་འཁྲི་བ;

1698 Culprit, *n.* ནག་ཅན; སྤྱོད་ངན་བྱེད་མཁན; ཉེས་པ་ཅན;

1699 Cultivable, *a.* ཞིང་ཁ་འདེབ་འོས;

1700 Cultivate, *v.t.* ཞིང་བརྨོས་བཀོ་བྱེད་པ; འབད་པ;

1701 Cultivation, *n.* ཞིང་ཁ; འབད་པ; ཞིང་ཁ་བདབ་པའི་ལས་ཀ;

1702 Culture, *n.* བརྨོས; བཀོ; སྦྱངས་པ; བརྟུལ་འབྱོང;
རྒྱུད་སྨིན་འབྱོང;

1703 Culvert, *n.* ཡུར་ཐོག་འགེབས་ཅན;

1704 Cumber, *v.t.* གོ་འགག་པ;

1705 Cumbrance, *n.* གོ་འགག་བྱེད;

1706 Cumin, *n.* གོ་སྙོད;

1707 Cumulate, *v.t.* གཅིག་ཁར་སྤུང་བ;

1708 Cumulation, *n.* སྤུང;

1709 Cumulative, *a.* སྤུང་བསག་བྱེད;

1710 Cunning, *a.* གཡོ་སྒྱུ; སྤྱང་རིག;

1711 Cunningly, *n.* སྤྱང་པོ་བྱེད་དེ;

1712 Cup, *n.* དཀར་ཡོལ; ཕོར་པ; ཕོར་པའི་ནང་གི་བདུང
བའི་ཡོ་བྱད;

1713 Cupboard, *n.* བཟའ་ཅ་བདུང་ཅ;

1714 Cupid, *n.* འདོད་ལྷ; ཕྲིག་པའི་ལྷ་ཀྱི་འདོད་པའི་དབང་ཕྱུག;

1715 Cupidity, *n.* འདོད་པ; བསྐྱེད་ཞེན; ཞེན་པ; སེར་སྣ;

1716 Cupola, *n.* གཉྫིར; གུང་ཐོག་སྦུཾ་པོ་རྩེ་སྒུང་རྩཾ་ཡོད་པ; གསེར་ཏོག;

1717 Cupping-glass, *n.* ཨབ་རྡུང་རྒྱབ་པའི་དཀར་ཡོལ; ཁྲག་པ; མེ་བུམ;

1718 Cur, *n.* ཁྱི་གུ; ཁྱི་ངན;

1719 Curable, *a.* བསོ་ནུས; བསོས་སུ་ཡོད་པ;

1720 Curate, *n.* ཇོ༔ཞིས་ཀྱི་སྨན་པ; ཟླ་མ;

1721 Curator, *n.* མགོ་འཛིན་པ; བདག་ཆེན; བལྟ་ལྟོས་པ; སྲི་ཁྲིབ་པ;

1722 Curb, *v.t.* རང་འདོད་ལ་བཀག་པ; བརྟུལ་བ; སྨབ་ཀྱི་མཾ་སྐྱོར;

1723 Curd, *n.* དར; ཞོ;

1724 Curdle, *v.i.* ཞོ་རུ་འགྱུར་བ;

1725 Cure, *n.* བསོས་པ; ནད་ལ་ཕན་པ;

1726 Cureless, *adj.* བསོས་དཀའ; བསོས་ཐུབ་མིན;

1727 Curiosity, *n.* ཞེས་འདོད; (ཁད་མཚར་པོའི་རྒྱུ་ནོར; curio).

1728 Curious, *n.* ཡ་མཚན་པོ;

1729 Curiously, *ad.* ཡ་མཚན་ཆེན་བྱེད་དེ;

1730 Curl, *v.t.* ལྷུག་མ་སྒྲིལ་བ;

1731 Curlew, *n.* ཆུ་བྱ་ཀང་རིང་ཞུ་གུ་ཐུང་ཐུང་བྱས་པ;

1732 Curly, *a.* ལྷུར་ཅན; རོག་རོག;

1733 Curly-headed, *n.* སྒུ་ལུ་མགོ; སྐྲ་རོག་རོག་ཡོད་པ;

1734 Curmudgeon, *n.* མི་སེར་སྣ་ཆེ་ཞེན་སེམས་ཆེ་བ;

1735 Current, *n.* ཆུའི་གཞུང; ད་ལྟ་ཡོད་སྒུས;

1736 Currency, *n.* ལུང་པ་སྤྱིར་འགྲོ་ཁྲང་ཡོད་པ;

1737 Current, *a.* དེང་དུས་ཀྱི;

1738 Curricle, *n.* ཤིང་རྟ;

1739 Curriculum, *n.* ཆོས་ཀྱི་ཡན་ལག་བསླབ་གྲྭར་ཇི་སློབ;

1740 Currier, *n.* ཀོ་བ་མཉེ་མཁན; (ཀོ་སློབ་པ; Bhut.).

1741 **Currish**, *a.* ཁྱི་ལྟུ;

1742 **Curry**, *v.t.* ཀོ་བ་སྙེད་པ; སྙེད་ཕྱུར་བྱེད་པ;

1743 **Curse**, *v.t.* དམོད་བོར་བ; དམོད་མོ་འདབ་པ;

1744 **Cursed**, *a.* སྡིག་ཅན; ངན་པ; དམོད་མོ་ཐོག་པ;

1745 **Cursive**, *a.* ཁྱུག་ཡིག་ཏུ་བྲིས་པ;

1746 **Cursory**, *a.* ཁྱུག་ཙཾ་པ; ཞིབ་བརྟག་མེད་པ; ཞིབ་བརྟགས་མ་བྱེད་པར་འ་ནེ་འོ་ནེའི་ལས་ཀ;

1747 **Cursorily**, *ad.* ཁྱུག་གེར; ཧྲིབ་ཙམ་དུ;

1748 **Curt**, *a.* སྡུཾ་སྡུཾ; ནར་འཛར་མེད་པར;

1749 **Curtail**, *v.t.* ཉུང་ངུ་འི་ཆུང་ངུར་བཅད་པ;

1750 **Curtain**, *n.* ཡོལ་བ;

1751 **Curtain-lecture**, *n.* སྐྱེ་དམན་གྱིས་ཁྱོ་བོ་ལ་མལ་སར་བཤད་བཤད་བརྡུང་བ;

1752 **Curtness**, *n.* སྡུཾ་ཙུལ; སྒྱུཾ་ཚུལ; སྡུ་སྟངས; སླུབ་ཤུར;

1753 **Curvated**, *a.* སྒྱེད་པ་ཀོ་ཀོང་བྱེད་པ; ཀྱག་ཀྱག;

1754 **Curvature**, *n.* ཀྱག; ཀོང་ཀོང; ཀྱོག;

1755 **Curve**, *n.* ཀྱག; སྐྱེ་ཀྱ;

1756 **Curvet**, *n.* འཕག་ཚག; འཕག་ཚག་རྒྱབ་པ;

1757 **Cushion**, *n.* འབེབ་སྟན; འབོལ་སྟན;

1758 **Custard**, *n.* སྒོ་ང་དང་འོ་མ་དང་ཀ་རས་བཟོས་པའི་མངར་བྱ;

1759 **Custodian**, *n.* གཉེར་པ; བརྩོན་སྲུང;

1760 **Custody**, *n.* གཉེར་བཙོལ; བཙོན;

1761 **Custom**, *n.* སྲོལ; ཁྲིམས;

1762 **Customarily**, *adj.* དུས་རྒྱུན་གྱི་སྲོལ་ལྟར;

1763 **Customary**, *a.* སྲོལ་ལྟར; ལུགས་སྲོལ་ལྟར;

1764 Customer, *n.* དུས་རྒྱུན་གྱི་ཉོ་འཚོང་བྱེད་མཁན;

1765 Cut, *v.t.* གཅོད་པ; འཛོག་པ; དྲ་བ; ཛ་བ; གཏུབ་པ; བྲེག་པ;
བགོས་པ; གཏོག་པ; ངོ་འབྲེལ་གཅད་པ;
ངོ་ཤེས་བཞིན་དུ་མ་ཤེས་པ་ལྟར་བྱས་པ;

1766 Cut-throat, *n.* བཀྲུ་གསད་རྒྱབ་མཁན;

1767 Cut purse, *n.* དངུལ་ཁུག་གཏོག་པའི་མི; འཇབ་རྐུན;

1768 Cutaneous, *a.* པཊ་པའི;

1769 Cuticle, *n.* པཊ་ཤུན་ཕྱི་མ་སྲབ་པོ་དེ;

1770 Cutlass, *n.* པ་དམ; གྲི;

1771 Cutler, *n.* གྲི་བཟོ་མཁན; གྲི་འཚོང་པ;

1772 Cutlery, *n.* གྲིའི་རིཊ་སྣ་ཚོཊ;

1773 Cutter, *n.* གཏོཊ་མཁན; གྲུ་ཆུང;

1774 Cutting, *n.* ཡལ་ག་བཅད་པ; ཤིང་འཛུག་པའི་ཕྱིར་ཡལ་ག་
བཅད་པ་དེ;

1775 Cuttlefish, *n.* ཉ་ཞིག་གི་མིང;

1776 Cwt., *n.* (hundred-weight). མོན་གཅིག་དང་ཤེལ་བཅུ་གཉིས་ཀྱི་རྫིད་ལ་ཟེར;

1777 Cycle, *n.* ལོ་འཁོར;

1778 Cyclone, *n.* རླུང་ཆར་ཆེན;

1779 Cyclopedia, *n.* བསྟེན་སྒྱུར; བསྟེན་འགྱུར; འགྲེལ་པ་རྒྱས་པ;

1780 Cyclops, *n.* བདུད་མིག་གཅིག་མ; རྒྱ་ཆེན;

1781 Cyclopean, *a.* བདུད་མིག་གཅིག་རིཊ་ཞིག; རྒྱ་ཆེན་པོ;

1782 Cygnet, *n.* ངང་ཕྲུག; བྱིས་པའི;

1783 Cylinder, *n.* སྐྱུག་དོང;

1784 Cymbal, *n.* རོལ་མོ;

1785 Cynic, *n.* འཁྲུན་དད་ཅན; ཁྲེ་ལྟར་ངར་ངར;

1786 Cypress, *n.* ཤུག་པ;

1787 Czar, *n.* ཙ་ཞི་ཡཱ་རྒྱོའི་མིང; ཙ་ཞའི་གོང་མའི་མཚན;

1788 Czarina, *n.* རྩ་ཞི་ཡཱ་རྒྱལ་མོ་ལ་ཟེར;

1789 Czarowitz, *n.* ཙ་ཞི་ཡཱ་རྒྱོའི་སྲས་གཅན་བཞོས;

D

1 Dab, *v.t.* སྦྲུག་ཙམ་བརྡུང་བ; འདམ་མཾ་རྩ་ལ་འཛོབ་པ;

2 Dabble, *v.t.* རྩས་བངས་པ; རྩ་ལ་ཀྲི་ཚུས་བཀྲུས་བྱེད་པ་བཞིན་བརྩེ་བ;

3 Dabbler, *n.* ཡོན་ནས་རིག་གནས་སོགས་ལ་བལྟ་ཙོ་རེ་འབྱུངས་པ;

4 Dace, *n.* རྒྱུག་རྩའི་ཉེའུ་རྩང་ཞིག་གི་མིང;

5 Dacoit, *n.* ཇག་པ;

6 Daddy, *n.* ཁྱེའུའི་ཚོང་སྐད་པ་ཕ་གཅན་ཅེས་འབོད་ལུགས;

7 Daft, *a.* བློ་སྟོབས་ཉམ་པོ; སེམས་བདེ་པོ་རང་མེད་པའི་མི;
བློ་ཉམ་པོ; བློ་འཁྱམས་པོ;

8 Dagger. སྤྲུ་གྲི; སྤྲོ་ཐུར་མ; ཤཾ་གྲི; མགར་ཟོག;

9 Daggle, *v.t.* འདྲི་ལ་བརྡུད་པ;

10 Daily, *a.* ཉིན་རེ་བཞིན;

11 Daintily, *n.* སྙིང་རྗེ་མོ་བྱེད་རེ;

12 Dainty, *n.* ཡག་པོ; སྙིང་རྗེ་མོ; སྤྲུས་དག་པོ;

13 Dairy, *n.* འབྲོག;

14 Dais, *n.* རྒྱབ་ལྷག; ཁྲི; གཞུགས་ཁྲིའི་རྒྱབ་ལྷག;

15 Daisy, *n.* སྤང་རྒྱན་སེ་དོག; མེ་ཏོག་དཀར་པོ་ཟེའུ་འབྲུ་སེར་པོ་སྤང་
ལ་སྐྱེས་པ;

16 Dale, *n.* གཞོང; ལུང་པ; རོང;

17 Dalai Lama, *n.* རྒྱལ་བ་རིནོ; ཏཱ་ལའི་བླ་མ; རྒྱ་མཚོའི་བླ་མ;

18 Dalliance, *n.* རོལ་བརྩེད;

19 Dally, *v.i.* རོལ་པ; བརྩེ་བ;

20 Dam, *n.* ཆུ་རགས; *v.t.* བསྐྱིལ་བ;

21 Damage, *n.* སྐྱོན; གྱོད; གོད; ཉེས་པ; གནོད་པ;

22 Damask, *n.* རས་ལ་ཟེ་དོག; སྣ་ཚོགས་ཀྱི་རི་མོ་ཡོད་པ;

23 Dame, *n.* བུད་མེད་རྒན་མོ; སྐྱེ་དམན་རྒན་མོ; སྐྱེ་དམན་ན་ཡོལ་ཟིན་པ; རྒན་སྨོང་མ;

24 Damn, *v.t.* དམྱལ་བར་འཕན་པ;

25 Damp, *n.* བརླན; (*a.*) བརླན་ཅན;

26 Damper, *n.* མེ་ཐབས་གདོང་ལ་ལྟུགས་ལེབ་བཀབ་པ་དེའོ;

27 Dampness, *n.* བརླན་ཚུལ;

28 Damsel, *n.* སྨན་ཤར་མོ; ན་ཆུང་མ;

29 Dance, *v.i.* བྲོ་ཁྲབས་པ; གར་བྱེད་པ; འཆམ་པ;

30 Dancer, *n.* བྲོ་མཁན; གར་མཁན;

31 Dancing, *n.* བྲོ; གར་ ཆམ;

32 Dandle, *v.t.* པུས་མོའི་གང་ལ་བཞག་ནས་གཡིང་བ;

33 Dandruff, *n.* ཀློ་ཤོ; མགོའི་སོབ;

34 Dandy, *n.* འཆོར་པོ; རང་སྤྲོང་ཅན; ཡང་འཁྲོགས་དཔྱང་ལའང་ཟེར; འཕེབ་དཔྱང;

35 Dandysm, *n.* འཆོར་འདོད;

36 Danger, *n.* ཉེན; ཉེན་ཁ; གེགས་རྐྱེན; བགེགས་རྐྱེན; རྐྱེན་ངན;

37 Dangerous, *a.* ཉེན་ཅན; མ་རུང་བ; གདུག་པ་ཅན;

38 Dangerously, *a.* ཉེན་ཆེན་པོ་བྱེད་དེ;

39 Dangle, *v.i.* དཔྱང་བ; དཔྱང་ནས་སྡོད་པ;

40 Dank, *a.* བརླན་ཡོད་པ; བརླན་པོ;

41 Danseuse, *n.* ཨ་ལྷེ་ལྷ་མོ་བ;

42 Dapper, *a.* གཟུགས་བོང་ཆུང་ཀྱང་ཁྲུག་པ;

43 Dapple, *a.* ཏ་ཁྲ; ཁྲ་ཁྲ;

44 Dare, *v.i.* སྤོབས་པ་བསྐྱེད་པ; བློ་ཡིས་ནུས་པ;

45 Daring, *n.* དཔའ་བོ; རྩལ་ཤོད་པ; སྤོབས་པ་ཅན; དཔའ་ཅན;

46 Dark, *a.* མུན་པ; སྐྲིབས་པ; སྨག; མདོག་ནག་པ;

47 Darken, *v.t.* འཐིབས་པ; འགྲིབ་པ;

48 Darkish, *a.* མདོག་ནག་ཙམ; མུན་རུབ་ཙམ;

49 Darkly, *ad.* ནག་ཐུམ་མེ; ནག་ཐུག་གེ;

50 Darkness, *n.* མུན་ནག;

51 Darksome, *a.* ནག་ཐྲི་ཐྲི; མི་གསལ་བ;

52 Darling, *n.* གཅེས་ཕྲུག; ཡིད་འོང; སྙིང་སྡུག;

53 Darn, *v.t.* གོས་སོགས་ལ་ཨི་ཁུང་ཡོད་པ་ཚེམས་ཀྱིས་སྤུབ་པ;

54 Darning, *n.* ཨོས་མོ་སོ་རལ་པའི་ཨི་ཁུང་སྤུབ་རྒྱུ་དེ;

55 Dart, *n.* མདུང; མདུང་ཐུང; ཐུར་མདུང;

v.i. འཚོང་བ; ཤུར་ཀྱིས་རྒྱུག་པ;

56 Dash, *v.t.* ལོགས་ལ་འཕང་པ; ཆུ་གཏོར་བ; བསྲེས;

57 Dash, *n.* ངོམས་ཚུལ; དཔའ་འདོད;

58 Dashing, *a.* འཕུར་དུ་འཚོ་བ; འཚོ་བ;

59 Dastard, *n.* སྙིང་མེད་པོ; སྐྲག་འདར་ཅན; འདར་མ;

60 Dastardly, *adv.* སྐྲག་འདར་སྟེ; འདར་མ་ལྟ་བུར;

61 Date, *n.* (of time). ཞག་གྲངས; ཚེས་གྲངས;

62 Date, *n.* (the fruit). ཁ་སུར; ཤིང་འབྲས་ཁ་སུར;

63 Dative, *n.* གསྡུཾ་རྟག་ནང་གི་ལ་སྒྲའི་རྣཾ་དབྱེ་དེའོ;

64 Daub, *v.t.* སྐུ་བ; བྱུག་པ;

65 Daughter, *n.* བུ་མོ;

66 Daunt, *v.t.* སྤྲ་གོང་བ; སྙིང་ཞུམ་དུ་བཅུག་པ; འཇིགས་རེ་བསྐྲོས་པ;

67 Dauntless, *a.* འཇིགས་མེད; མི་ཞུམ་པ; ཡ་ང་བག་ཚ་མེད་པ;

68 Daw. ཕོ་རོག;

69 Dawdle, *v.t.* ཡང་མ་ཡིངས་སྤུ་མི་ཆོ་ཆུ་ཟོད་བཏང་བ;

70 Dawn. ཐོ་རངས་ནམ་ལངས; ནམ་སྐྱ་རེང; སྐྱ་རེང;

71 Day, *n.* ཉི་མ; དུས; ཉི་མ་ཤར་བ་ནས་བཟུང་ནུབ་པའི་བར;
ཉིན་མོའི་དུས;

72 Daysman, *n.* གཤེར་དཔང་པ;

73 Dayspring, *n.* ཐོ་རངས; སྐྱ་རེང;

74 Daze, *v.t.* ཉི་འོད་ཀྱིས་མིག་ཆེམ་པ; འོད་ཟེར་ཆེན་པོས་མིག་ཆེམ་པ;
འཐོམ་བཅུག་པ;

75 Dazzle, *v.t.* ཐོམ་པར་འགྱུར་བ; མིག་ཆེམ་པ;

76 Deacon, *n.* ཁྲི་ལུགས་དགོན་པའི་ལས་སྣེ་སྤྱི་གཉེར་སྤྱི་གཉེར་ལུས་དོད;
སྤྱི་གཉེར་གྱི་དོད་ཀྱི་ལས་བྱ;

77 Dead, *a.* ཤི་སོང་བ; Dead body ཤི་བའི་རོ; (Dead-beat
ཐང་ཟད་དེ་ཆད་པ;)

78 Deaden, *v.t.* གསད་པ;

79 Deadly, *a.* སྲོག་འཇོཾ་ནུས;

80 Deadness, *n.* སྲོག་མེད་པའི་ཆོས་ཅན; ཞེམ་པོའི་ཆོས་ཅན;

81 Deaf, *a.* འོན་པ; རྣ་བ་འོན་པ; (བྱུ་བརྡུགས Bhut.)
(ལོན་དོག; འོན་བརྡུང Sik.)

82 Deafen, *v.t.* འོན་པ་བཅོ་བ;

83 Deafness, *n.* འོན་ཚུལ; འོན་ཆག;

84 Deal, *v.t.* འཚོང་རྒྱབ་པ; བྱེད་པ; འཚོང་འབྲེལ་བྱེད་པ;

85 Dealer, *n.* འཚོང་པ;

86 Dealing, *n.* ཚོང; འཚོང་འབྲེལ;

87 Dean, *n.* ཞལ་ངོ; ཆོས་སྡེའི་ལས་སྣ་གོ་ས་མགྲོན་པོ་གཅིག;
ཆོས་ཁྲིམས་པ;

88 Dear, *a.* རིན་གོང་ཆེན་པོ; གུས་པོ; གཅེས་པོ; རིན་ཐང་ཆེན་པོ;
རྩིས་ཆེན་པོ; ཤ་ཚ་པོ; ཉེ་པོ;

89 Dearly, *ad.* གོང་གུས་པོར; གཅེས་པོ་བྱེད་དེ;

90 Dearth, *n.* འཕེན་པ; དཀོན་ཚུལ; མུ་གེ;

91 Death, *n.* འཆི་བ;

92 Debar, *v.t.* བཀག་པ;

93 Debase, *v.t.* དམའ་འཕབ་རྒྱབ་པ; ཞབས་འདྲེན་པ; ཞབས་འདྲེན་
ཞུ་བ;

94 Debasement, *n.* ཞབས་འདྲེན; སྨད་ར་རྒྱབ་པ; སྨད་པ;

95 Debatable, *a.* རྩོད་པ་རྒྱབ་དུ་ཡོད་པ;

96 Debate, *v.t.* རྩོད་པ་རྒྱབ་པ; འགྲོ་གླེང་བྱེད་པ;

97 Debate, *n.* རྩོད་པ་བགྲོ་གླེང; གླེང་མོ;

98 Debauch, *v.t.* ཆང་འཐུང་སྨྱུ་བཞས་ལ་རོལ་བ;

99 Debauchee, *n.* ཤར་པོ; འཆལ་པོ;

100 Debauchery, *n.* ཆང་བཏུང་བ་དང་བུ་མེད་སོགས་ལ་རྒྱུན་དུ་བརྟེ་བ;

101 Debenture, *n.* བུན་ཡིག; གན་རྒྱ;

102 Debilitate, *v.t.* རྒུད་དུ་བཙུག་པ; ལུས་རྫུང་ཟད་དུ་བཙུག་པ;

103 Debility, *n.* ལུས་རྒུད་བ; ལུས་རྒྱུད; སྟོབས་ཉམ་པ; ལུས་སྟོབས་ཞོར་བ;

104 Debit, *n.* བུན་ཐོག་པའི་རེབ་ཐྲོ;

105 Debonnair, *a.* བསིལ་བསིལ་ཁྲབ་ཁྲབ; སྤྲོ་སེང་སེང; ཤང་པོ;

106 Debris, *n.* ས་རྡོ་རྡོ་རོ; རུད་རྡོ་རྡིབ;

107 Debt, *n.* བུན;

108 Debtor. བུན་གཡར་མི; བུན་སྐྱིན་ཐོག་ས་དེ; བུ་ལོན་ལེན་མཁན;

109 Decade, *n.* ལོ་བཅུ་བསྐོར་གཅིག;

110 Decalogue, *n.* བསྲུང་སྡོམ་གྱི་དམ་ཚིག་བཅུ་པོའམ; བསླབ་བྱ་བཅུ་པོ; ཡི་ལུགས་ཀྱི་སྤང་བླངས་བྱ་དགོས་པའི་བསླབ་བྱ་བཅུ་པོ་ལ་ཟེར;

111 Decamp, *v.i.* གྲོས་ཟུར་དུ་སོང་བ;

112 Decant, *v.t.* ཉིག་དིང་དུ་བཞག་སྟེ་དྭངས་མ་བྱོ་བ;

113 Decanter, *n.* ཤལ་བུམ; བྱོ་བའི་ཤེལ་དཾ;

114 Decapitate, *v.t.* མགོ་སྐེ་འཕྲལ་བ; མགོ་གཏོག་བ; མགོ་གཅོད་པ;

115 Decay, *v.i.* རུལ་དམ; ཤ་ཤི;

116 Decease, *n.* ཚེ་འཕོས; འཆི་བ; ཚེ་འདས;

117 Deceit, *n.* མགོ་སྐོར; གཡོ;

118 Deceitful, *a.* མགོ་བསྐོར་ཅན; གཡོ་སྒྲུ་ཅན;

119 Deceitfully. མགོ་བསྐོར་དེ;

120 Deceive, *v.t.* མགོ་བསྐོར་བ; བསླུས་པ;

121 Deceiver. མགོ་བསྐོར་མཁན;

122 December, *n.* ཕྱི་ཟླ་བཅུ་གཉིས་པ;

123 Decency, *n.* ཡིད་འོང་ཚུལ; སྤྱས་ཚུལ; ཁྲིམ་ཡོད;

124 Decennial, *a.* ལོ་བཅུ་རེར་ཡང་བསྐྱར་དུ་འབྱུང་བ; ལོ་བཅུ་རེ་ལ་འཁོར་བ;

125 Decent, *a.* ཡིད་ཞུང་པོ; ཁྲེལ་ཡོད་དང་ལྡན་པར; བག་ཡོད;

126 Decently, *ad.* ཞུངས་པོ་བྱེད་དེ; འགབ་པོ་བྱེད་དེ;

127 Deception, *n.* སླུ་ཁྲིད; རྒྱུ་ཟོག; གཡོ་སྒྱུ;

128 Deceptive, *a.* སླུ་ཁྲིད་མཁན;

129 Decern, *v.i.* ཁྲིམས་དབྱེ་བ; ཞིབ་དཔྱད་གཏང་བ;

130 Decide, *v.t.* ཐག་བཅད་པ; བཅད་མཚམས་གཏང་བ;

131 Decide, *v.t.* ཐག་ཆོད་པ; བློ་ཐག་ཆོད; ཐག་ཆོད་ཐད་ཆོད་བྱེད་པ;

132 Decidedly, *ad.* ཐག་ཆོད་པོར;

133 Deciduous, *a.* སྔོན་ཀར་ཟག་པའི་ཆོས་ཅན; མི་རྟག་པ;

134 Decimal, *a.* བཅུའི་ཆ་ཤས་སུ་བགོས་པའི་བརྩིས;

135 Decipher, *v.t.* བསང་བའི་ཡི་གེ་ཀློག་ཅིང་དོན་འགྲེལ་བ;

136 Decision, *n.* བློ་ཐག་ཐད་ཆོད; བཅད་མཚམས;

137 Decisive, *a.* ཐག་ཆོད་པ;

138 Deck, *v.t.* བརྒྱན་པ;

139 Declaim, *v.t.* དམངས་ཁྲོག་ཏུ་བརྗོད་པ;

140 Declaim, *v.i.* ཁྲོམ་ཁྲོག་གི་གཏམ; ཁྲོམ་ཁྲོག་ཏུ་བརྗོད་པ;

141 Declamation. ཁྲོམ་ཁྲོག་གི་གཏམ;

142 Declamatory, *a.* ཚིག་འདྲ་བཞིན་སློབ་སྦྱོར་མཁས་པོ;

143 Declaration, *n.* ཡིག་ཁྲོག་ཏུ་འཁོད་པའི་ཁ་ཚིག;

144 Declare, *v.t.* ཁ་ནས་བརྗོད་པ; ཀུན་གྱིས་ཤེས་པར་བྱས་པ;

145 Declension, *n.* མར་ངོ; མར་བབ་པ; དོན་འཕབ་པ;

146 Decline, *v.i.* བྱེད་ས་ཉམས་པ; དོན་ཕབ་པ;

147 Declivity, *n.* ཐུར;

148 Decoct, *v.t.* ཐང་གཏོན་པ; ཐང་བཀོལ་བ;

149 Decoction, *n.* ཐང་བཏོན་པ; ཐང; རྩས་ཐང;

150 Decompose, *v.t.* བཞིག་པ; རྫི་ཞིག་ནས་སོར་བྲལ་བ;

151 Decomposition, *n.* ཞིག་པ; རྩལ་ནས་ཞིག་པ; ཉིལ་བ; རྩལ་དེ་ཉིལ་བ;

152 Decorate, *v.t.* བརྒྱན་པ; བཀྲས་པ;

153 Decoration, *n.* བརྒྱན་ཆ;

154 Decorous, *a.* ཚུལ་མཐུན; ཕྱམ་པོ; འདྲ་ཆར་པོ;

155 Decorum. སྒྲིགས་ལོ་རྣི་བཞག;

156 Decoy, *v.t.* བསླུ་བ; བསླུས་དེ་ཁྲིད་པ;

157 Decrease, *v.i.* ཉིས་སྲུ་བཙུག་པ;

158 Decree, *n.* བཅད་མཚམས; བཀའ་རྒྱ;

159 Decrepit, *a.* འཕེར་མེད; རྒས་ཁོག; རྒན་ཁོག;

160 Decrepitate, *v.t.* འཆོག་སྒྲ་འབྱིན་པ; དཔེར་ན་ལན་ཚྭ་མེ་ལ་བཏབ་པ་བཞིན་ནོ;

161 Decrepitude, *n.* རྒས་ཁོབ་པའི་དུས;

162 Decretal, *adj.* ཁྲིམས་ས་ནས་བྱུན་བསྐོར་བཅད་མཚམས་གཞུང་ཚར་བའི;

163 Decry, *v.t.* གོ་ཤ་ཆོད་པར་བརྗོད་པ; དམའ་བརྗོད་པ;

164 Dedicate, *v.t.* འབུལ་བ; བསྔོས་པ;

165 Dedication, *n.* བསྔོ་འབུལ; བསྔོ་བ;

166 Dedicatory, *a.* བསྔོས་པའི;

167 Deduce, *v.t.* དེ་ནས་འདྲེན་པ; དེ་ནས་དེ་བྱུང་ཞེས་ཁུངས་འདྲེན་པ; ལུང་འདྲེན་པ;

168 Deducible, *a.* དེ་ནས་དེ་བྱུང་ཞེས་རྩས་དཔྱོད་དུ་ཡོད་པ;

169 Deduct, *v.t.* ཐོར་བ ; ཉུང་དུ་གཏང་བ ; འཐེན་པ ;

170 Deduction, *n.* དེར་བརྟེན་དེ་བྱུང་ཞེས་དེ་སྔ་ནས་བདེན་པ་དངོས་གནས་ཀྱི་གྲོག་ནས་མ་འོངས་པའི་འབྱུང་འགྱུར་བདེན་པར་ཆ་དཔག་པ ; དཔེར་ན་སྔར་བསྐལ་པའི་གྲོག་མ་ནས་ད་ལྟའི་བར་དབྱར་དགུན་སྟོན་དཔྱིད་རེ་མོས་བྱུང་བ་དངོས་གནས་ཡིན་པས་དུས་སང་དང་ཕྱི་ལོར་ཡང་འབྱུང་ངེས་པ་གཏན་ཁེལ་དུ་འཛིན་པ་བཞིན་ནོ ;

171 Deed, *n.* ལས ; བྱ་བ ;

172 Deem, *v.t.* མནོ་བ ; བསམ་པ ;

173 Deep, *a.* གཏིང་རིང ;

174 Deer, *n.* ཤ་བ ; རི་དྭགས ;

175 Deface, *v.t.* མེད་པ་བཙོབ ;

176 Defalcate, *v.t.* ཆད་བཏང་བ ; ཆད་བསྐུམ་བཏང་བ ; ཉམ་ཆག ; གཏང་བ ;

177 Defalcation. བསྐུམས་ཆད ; ཉམ་ཆག ;

178 Defamation. དམའ་བརྗོད ; དམད་ར ; དམའ་བརྗོད ;

179 Defame, *v.t.* དམད་ར་བརྗོད་པ ; སྐུར་པ་བཏབ་པ ;

180 Default, *n.* དགོང་འགལ ;

181 Defeasance, *n.* ཕམ་ཁ ; བྱུས་ཤོར ; བྱུས་ཉེས ;

182 Defeat, *n.* ཕམ་ཁ ; *v.t.* ཕམ་བཙུག་པ ; ཕམ་སྒྲད་པ ;

183 Defecate, *v t.* ཧྭང་སྐྱིགས་ཕྱིས་པ ; ཧྭང་བ ;

184 Defect, *n.* སྐྱོན ;

185 Defective, *a.* སྐྱོན་ཅན ;

186 Defence, *n.* བསྲུང་སྐྱོབས ; ལྕགས་རི ; འཐབ་ར ;

187 Defenceless, *a.* སྐྱབས་མེད་དསྲུང་མེད ; མགོན་སྐྱབས་བྲལ་བ ;

188 Defend, *v.t.* བསྲུང་བ; བསྐྱོབས་པ; སྐྱོང་བ;

189 Defendant, *n.* ཟུན་བསྐོར་བརྩོད་གཞིར་ཟུན་རྩ་དེ་ལ་ཟེར;

190 Defender, *n.* བསྲུང་སྐྱོབས་བྱེད་མཁན; བསྲུང་སྐྱོབས་བྱས་མཁན;

191 Defensible, *a.* བསྲུང་ཐུབ་པ;

192 Defensive, *a.* བསྲུང་བའི; འཛིང་རའི; འཐབ་རའི;

193 Defer, *v.t.* ཕར་འཕུལ་བྱས་པ; ཡུན་བསྲིང་བ; བརྩི་འཛོག་ཞུས་པ;

194 Deference, *n.* ངོ་བསྲུང་གིས་གདོང་ཁའི་མ; ཁྲིམས་དཔྱད་གཞན་གྱི་འདོད་ལ་གཞོལ་བ;

195 Defiance, *n.* གྱོལ; གྱོལ་བའི་ཚིག; ངར་སྒྲ;

196 Defiant, *a.* གྱོལ་རྒྱུའི་ནུས་པའི;

197 Deficiency, *n.* ཆད; མ་གབ་པ;

198 Deficient, *a.* མ་ཚང་བ; ཆད་ཡོད་པ;

199 Deficit, *n.* ཆད;

200 Defile, *v.t.* གཙོག་པ་བྱེད་པ; བསྙོབ; འབག་པ;

201 Defilement. གྲིབ;

202 Defineable, *a.* བཟོ་དབྱིབས་དང་ལོ་རྒྱུས་བརྗོད་དུ་ཡོད་པ;

203 Define. བཟོ་དབྱིབས་ཀྱིས་བཤད་པ་རྒྱབ་པ; ཚད་གཞལ་བ;

204 Definite. ངེས་པོ; གཏན་ཏིག; ངེས་གཏན་ཅན;

205 Definiteness, *n.* ངེས་ཏིག;

206 Definitely, *ad.* གཏན་གཏན་ཏིག་ཏིག་བྱེད་དེ;

207 Definition, *n.* བཟོ་དབྱིབས་སོགས་ཀྱི་བཤད་པ;

208 Definitive, *a.* ཚད་གཞལ་བྱེད; གཏན་གཏན;

209 Deflagrate, *v.i.* མེར་བསྲེག་པ; མེར་སྤྲར་བ;

210 Deflect, *v.i.* ཁ་ཕྱོགས་བསྒྱུར་བ; ཕར་ཚུར་བསྒྱུར་བ;

211 **Deflection**, *n.* འགྱུར་ལྡོག; ཁ་ཕྱོགས་བསྒྱུར་བ; སློག་པ;

212 **Deflour**, *v.t.* མེ་ཏོག་བཅོམ་པ;

213 **Deform**, *v.t.* མི་སྡུག་པར་བྱེད་པ; བཟོ་མེད་པ་བཅོམ་པ;

214 **Defraud.** གཡོ་སྒྱུས་འཕྲོག་པ;

215 **Defray**, *v.t.* ཟས་འགྲོ་གཏང་བ; འགྲོ་སོང་གཏང་བ;

216 **Defrayment.** འགྲོ་སོང་གཏོང་བྱེད;

217 **Deft**, *a.* ལག་བཟོ་འཇེམ་པོ; འཇེམ་པོ;

218 **Deftly**, *adv.* འཇེམ་པོ་བྱེད་དེ;

219 **Defunct**, *a.* འདས་པོ;

220 **Defy**, *v.t.* གྲོལ་བ;

221 **Degeneracy**, *n.* རིགས་ཉམས་པ; རིགས་ཞན་དུ་འགྱུར་བ;

222 **Degenerate**, *v.i.* ཉམས་དུ་བཙུག་པ; རིཊ་ཞན་པོ; རིཊ་དམའ་ཙུ་གཏང་བ;

223 **Degeneration**, *n.* རི'ཀས་ཉམས་པ; རིཊ་ཉམས་དུ་བཙུག་པ;

224 **Degradation.** གནས་ལས་འཕབ་པ; དམའ་བབ;

225 **Degrade**, *v.t.* དམའ་སར་འཕབ་པ;

226 **Degraded**, *p.a.* རིགས་དམན་པོར་གྱུར་ཟིན་པ;

227 **Degree**, *n.* ཐེམ་པ; ཐེམ་རིམ; ས; གོ; གོ་འཕང; རླབས;
ཁད་ཀྱིས་བཞིན་དུ; by degree རིམ་པ;

228 **Deification**, *n.* ལྷ་གྲལ་དུ་མངའ་གསོལ་བྱེད་པ་ཉིད;

229 **Deify**, *v.t.* ལྷར་འགྱུར་བ; ལྷ་གྲལ་དུ་བཙུག་པ;

230 **Deign**, *v.i.* མཛད་པ; གནང་བ;

231 **Deism**, *n.* དཀོན་མཆོག་ངོ་བོ་གཅིག་དུ་འདོད་པའི་གྲུབ་མཐའ;

232 **Deist**, *n.* དཀོན་མཆོག་ལ་མོས་མཁན;

233 **Deity.** ལྷ; དཀོན་མཆོག;

234 Deject, *v.t.* སྐྱོ་བ་བསྐྱེད་པ;

235 Dejectedly, *ad.* ཟུམ་པ; མི་དགའ་བ;

236 Dejection, *n.* བློ་སྐྱོག; Sik. སེམས་ཡམ;

237 Delay, *n.* ཕྱི་བ་ཤོལ; ཤོལ་བ; འགྱང་བ;

238 Delectable, *a.* དགའ་པོ; སྐྱིད་པོ;

239 Delectably, *ad.* སྐྱིད་པོར;

240 Delectation, *n.* དགར་སྐྱིད;

241 Delegate, *n.* སྐུ་ཚབས; *v.t.* མངག་པ;

242 Delegation, *n.* སྐུ་ཚབས་ཏུ་མངགས་པའི་མི;

243 Delete, *v.t.* སུབས་གཞག་པ; སུབ་པ;

244 Deleterious, *a.* གནོད་འགལ་ཅན; སྲོག་ལ་སྐྱོན་པའི;

245 Deliberate, *v.t.* བཀའ་བགྲོ་བ; བགྲོ་བ;

246 Deliberately, *ad.* བསམ་མནོ་ལེགས་པར་སྐོར་བཞིན་པར;

247 Deliberateness, *n.* བརྟག་ཅིང་བརྟག་པ་ཉིད;

248 Deliberation, *n.* གྲབས; འདུན་མ; འདུན་གྲོས;

249 Delicacy. འཇམ་མཉེན;

250 Delicate, *a.* མཉེན་པོ;

251 Delicious. ཞིམ་པོ;

252 Deliciousness, *n.* ཞིམ་ཁྱད;

253 Delight, *v.t.* དགའ་སྤྲོ་བསྐྱེད་པ; *n.* དགའ་མགུ; དགའ་སྤྲོ;

254 Delighted, *p.a.* དགའ་མོ;

255 Delightful, *a.* དགའ་འཚོར་ཆེ་བ;

256 Delightfully, *ad.* དགར་པོ་སྐྱིད་པོ་བྱེད་དེ;

257 Delightfulness, *n.* དགའ་སྐྱིད;

258 Delineate, *v.t.* རི་མོས་མཚོན་པ ;

259 Delineation, *n.* བཀོད་པ ; རིས ; རི་མོ ;

260 Delinquent, *n.* ལས་ལ་མཐུད་ཤོར་བྱེད་མཁན ;

261 Delirious, *a.* ཚད་འཚོལ་འཐབ་པ ;

262 Delirium, *n.* ཚད་འཚོལ ;

263 Deliver, *v.t.* སྒྲོལ་བ ; ཐར་བར་བྱེད་པ ; སྐྱོད་པ ; གཏོད་པ ; སྐྱུར་བ ;

264 Deliverance, *n.* ཐར་པ ; གྲོལ་བ ;

265 Deliverer, *n.* སྒྲོལ་བྱེད ; ཐར་པར་བཏང་མི ; སྐྱབས་མགོན ;

266 Dell, *n.* གྲོག་པོ ; གྲོག་ཕུག ;

267 Delta, *n.* ས་གྲུ་གསུམ ;

268 Delude, *v.t.* མགོ་བསྐོར་བ ; གཡོ་སྒྱུ་བཏང་བ ; བསླུ་བ ;

269 Deluge, *n.* ཆུ་ཚུད ;

270 Delusion, *n.* མིག་སྒྱུ ; སླུ་ཁྲིད ; མིག་ཁྲུལ ;

271 Delusive. མིག་སྒྱུའི་རྣམ་པ་ཅན ; ཀུན་རྫོབ ; འཁྲུལ་སྣང་ཅན ;

272 Delve, *v.t.* བརྐོ་བ ; རྐེམ་གྱིས་བརྐོ་བ ;

273 Demagogue, *n.* དམངས་རིགས་ཞོག་པ ;

274 Demand, *v.t.* འདོད་པ ; ཁྲལ་འགོད་པ ;

275 Demarcation, *n.* ས་མཚམས་དབྱེ་བ ;

276 Demean, *v.t.* སྤྱོད་པས་སྟོན་པ ; བྱ་སྤྱོད་ཀྱིས་སྟོན་པ ; བྱེད་སྟངས་ཀྱིས་མཚོན་པ ;

277 Demeanour, *n.* སྤྱོད་ལམ ; བྱ་སྤྱོད ;

278 Demerit. མི་དགེ ; སྡིག ;

279 Demi, *n.* ཕྱེད་ཀ ;

280 Demise. འདས་གྲོང ; འཆི་བ ;

281 Democracy, *n.* དམངས་སྤྱི ; ཡུལ་ཁམས་སུ་དབང་བསྒྱུར་དམངས་ཀྱི་ འཕྲུས་མིས་བྱས་པ ;

282 Democrat, *n.* དམངས་སྤྱིའི་དོན་གཙོ་ཆེར་བྱས་མཁན ;

283 Demolish, *v.t.* རྩ་བ་ནས་གཞིག་པ ; གཏོར་བ ;

284 Demolition, *n.* རྩ་གཞིག ;

285 Demon, *n.* འགོང་པོ ; བགེགས ;

286 Demoniac, *a.* བགེགས་ལྡེ་བུ ;

287 Demonstrable, *a.* མཚོན་དུ་ཡོད་པ ;

288 Demonstrate, *v.t.* མཚོན་པ ;

289 Demonstration, *n.* མཚོན་བྱེད ;

290 Demonstrative, *a.* མཚོན་པའི ;

291 Demoralization, *n.* མིག་སྟོས་ངན་པ ; དགེ་ངན་ཞུགས་པའི་ལས ; བློ་ངན་ཁྲིས་བསླད ;

292 Demoralize, *v.t.* བློ་དམན་པས་བསླད་པ ;

293 Demur, *v.i.* འགག་ཆ་རྒྱབ་པ ; བྱ་བ་ལ་ཐེ་ཚོམ་པ ;

294 Demure, *a.* སྙེམ་ཆུང ; སྙེམ་ཆུང་ལྡོག་ཁ་པོ ;

295 Demurrage, *n.* བགོར་ཆད ; འགྱངས་ཆད ;

296 Den, *n.* ཚང ; གཅན་གཟན་གྱི་ཚང ;

297 Denationalize, *v.t.* ཡུལ་གྱི་ཚད་དབང་འཕྲོག་པ ;

298 Deniable, *a.* མན་ཞེས་བརྗོད་དུ་ཡོད་པ ;

299 Denial, *n.* མན་ཞེས་བརྗོད་པ ; ཁས་མ་བླངས་ཙང་ཚོག་པ ;

300 Denizen, *n.* གནས་བདག ;

301 Denominate, *v.t.* མིང་བཏགས་པ ; མཚན་གསོལ་བ ;

302 Denomination, *n.* ཚོགས་ལུགས ; སྐྱོ་རིད ;

303 **Denominator**, *n.* — མིང་འདོགས་བྱེད་པོ་; མཚོན་བྱེད་; ཆ་ཤས་ཀྱི་བརྩིས་ཀྱི་སྐབས་སུ་ཡང་གི་སྟེང་འོག་གཉིས་འགོད་པའི་འོག་གི་ཡང་གྲངས་དེ་ཡིན་; དཔེར་ན་ ༣/༤ འཁོད་ཡོད་ན་བཞི་རྩ་བགོས་པའི་ཆ་གསུམ་ཟེར་བར་གོ་བས་འོག་མ་དེ་ཆ་ཇི་བགོས་དང་སྟེང་མས་དེ་ཁྲོག་ནས་ཇི་ཡོད་མཚོན་;

304 **Denote**, *v.t.* — དོན་མཚོན་པ་;

305 **Denounce**, *v.t.* — དམངས་ཁྲོག་ཏུ་སྐྱོན་བརྗོད་པ་;

306 **Denouncement**, *n.* — Ditto.

307 **Dense**, *a.* — སྟུག་པོ་; འཐུག་པོ་;

308 **Dental**, *a.* — སོ་ཡི་;

309 **Dentifrice**, *a.* — སོ་དག་བྱེད་ཀྱི་སྨན་;

310 **Dentist**, *n.* — སོ་ཡི་ཨེམ་ཆི་;

311 **Denude**, *v.t.* — བཤུས་པ་; གཞུར་བ་; གཞར་བ་; {དཔེར་ན་ཤིང་སྡོང་གི་ཐོག་ནས་ལོ་མ་གཞར་ནས་སྐྱ་ཧྲང་དེ་བཟོ་བ་བཞིན་;}

312 **Denunciation**, *n.* — སྨིགས་མོ་;

313 **Deny**, *v.t.* — མན་ཅེས་ཟེར་བ་;

314 **Density.** — སྟ་སྟུ་; འཐུག་ཡོད་;

315 **Depart**, *v i.* — ཆས་པ་; བཞུད་པ་; (deviate) འགྱུར་བ་;

316 **Department**, *n.* — སྡེ་; ཁག་;

317 **Departmental**, *a.* — སྡེའི་;

318 **Departure**, *n.* — ཆས་པ་; བཞུད་པ་; འགྲོ་བ་;

319 **Depend**, *v.i.* — བློ་བཀལ་བ་; བརྟེན་པ་; བརྟེན་ནས་འཚོ་བ་;

320 **Dependence**, *n.* — བརྟན་བྱ་; རག་ལས་; རེ་ལྟོས་བཅའ་བ་ཉིད་;

321 Dependency, *n.* རི་ལྟོས; བློས་བཀལ; འཁོར་འབངས; མངའ་འཁོར;

322 Dependent, *a.* བློ་འགེལ་བའི; བརྟེན་ཚམ་ཀྱི; བརྟེན་པའི;

323 Depict, *v.t.* ཞིབ་མོར་བཀོད་པ; ཚོན་ལེགས་པར་གཏང་བ;

324 Deplorable, *a.* ཡི་མུག་བསྐྱེད་ནུས་པ; ཡི་མུག་པོ;

325 Deplore, *v.t.* ཡི་མུག་སྐྱེ་བ;

326 Deploy, *v.t* རྒྱ་རྒྱངས་པ; བརྒྱང་བ;

327 Deplume, *v.t.* ཤོག་སྒྲོ་བཀོག་པ;

328 Deponent, *n.* མནའི་གལ་བཤད་པ; མནའ་བླངས་ཏེ་གཏམ་སྨྲ་བ་པོ;

329 Depopulation, *n.* མི་མེད་ལུང་སྟོང་དུ་བཟོས་པ;

330 Deportment, *n.* སྤྱོད་པ; སྤྱོད་འགྲོས;

331 Depose, *v.t.* ཁྲི་ལས་འཕབ་པ; གནས་ནས་དབྱུང་བ;

332 Deposit, *v.t.* བཅོལ་སྟེ་བཞག་པ;

333 Depositary, *n.* མཛོད;

334 Deposition, *n.* གཉས་དབྱུང; declaration གཏམ་གྱི་བརྗོད་བྱ;

335 Depot, *n.* མཛོད; གཉེར་ཁང; གཉེར་ཚང;

336 Deprave, *v.t.* ངན་པར་བཟོ་བ; ངན་བསླད་པ;

337 Depravity. ངན་པ་ཡང་ཤོར; ངན་པའི་བག་ཆགས;

338 Deprecate, *v.t.* གསོལ་བ་བཏབ; རྐྱེན་ངན་ཟློག་པ; ཟློག་པ;

339 Depreciate, *v.t.* རིང་གོང་ཕབ་པ;

340 Depreciation, *n.* གོང་མར་བཅག;

341 Depredation, *n.* འཕྲོག་བཅོམ;

342 Depress, *v.t.* མར་མནན་པ;

343 Depression, *n.* ལྡོང་ག; ས་ལ་ལྡེང་ཅགས་པ;

344 **Deprivation**, *n.* འཕྲོག་པ་ཉིད;

345 **Deprive**, *v.t.* འཕྲོག་པ; འཕྲལ་བ;

346 **Depth**, *n.* གཏིང;

347 **Deputation**, *n.* ངོ་ཚབ; ངོ་ཚབ་རྫོངས་བདའ;

348 **Depute**, *v.t.* སྐུ་ཚབ་རྫངས་བ; བཀའ་མངགས་སྟེ་བཏང་བ;

349 **Deputy**, *n.* ངོ་ཚབ; སྐུ་ཚབ;

350 **Derange**, *v.t.* དཀྲུག་པ; འཁྲུལ་པ;

351 **Derangement**, *n.* སྐྱོན; འཁྲུལ;

352 **Dereliction**, *n.* སྤངས་པ; བོར་བ; དམ་ཚིག་འཆོར་བ;

353 **Deride**, *v.t.* ཧི་ཧི་བགོད་པ; ཧི་བགོད་རྒྱབ་པ; (Sik.).

354 **Derision**, *n.* ཧི་བགོད;

355 **Derivation**, *n.* འབྱུང་ཁུངས; ཚིག་གི་འབྱུང་ཁུངས;

356 **Derivative**, *a.* གཞན་ལས་འབྱུང་བ;

357 **Derive**, *v.t.* འདྲེན་པ; འབྱུང་བ; དྲངས་བ; གཏོན་པ;

358 **Derogate**, *v.t.* ཚད་དབང་བཀུམ་པ; ཆུང་དུ་གཏང་བ;

359 **Derogation**, *n.* ཆུང་དུ་གཏང་རྒྱུ;

360 **Derogatory**, *a.* གནོད་པའི; དམའ་འཕབ་པའི;

361 **Dervish**, *n.* མུ་སུལ་མན་གྱི་ནང་ནས་སྡོམ་ཆེན་སྤྲང་ལུས་འཛིན་མི;

362 **Descant**, *n.* འགྲེལ་པ་རྒྱབ་པ;

363 **Descend**, *v.i.* མར་བབ་པ; ཐུར་དུ་བབ་པ;

364 **Descendant**, *n.* ཆད་པའི་རིགས་བརྒྱུད; བབ་མཁན;

365 **Descent**, *n.* ཐུར;

366 **Describable**, *a.* བཟོ་དབྱིབས་ལོ་རྒྱུས་བརྗོད་དུ་ཡོད་པ;

367 **Describe**, *v.t.* བཟོ་དབྱིབས་བརྗོད་པ;

368 Description, *n.* བཟོ་དབྱིབས་ཀྱི་བཤད་སྒྲ; བཤད་པ;

369 Descriptive, *a.* བཤད་སྒྲ་ནི་རྣམ་པར་གྱུར་བ;

370 Descry, *v.t.* མིག་གི་མཐོང་བ;

371 Desecrate, *v.t.*
372 Desecration, *n.* } ལྷ་ཁང་དམ་ཆོས་རྟེན་ལ་གཙོག་པ་བྱས་པ་དཔེར་ན་ ལྷ་ཁང་སོགས་གཞིས་རང་བཟོས་པ་ལྟ་བུ;

373 Desert, *v.t.* བོར་བ; དཔེར་ན་རང་ཡུལ་བོར་བ་ལྟ་བུ;

374 Desert ཐོབ་ཐང;

375 Deserted, *a.* བོར་ཟིན་པ;

376 Deserter, *n.* བོར་ནས་འགྲོ་མི;

377 Desertion, *n.* བོར་ནས་འགྲོ་བའི་ལས;

378 Deserve, *v.t.* འོས་པ; ཐོབ་འོས་པ;

379 Deservedly, *ad.* འོས་འབབས་སུ་འཆར་བ་བཞིན; བབ་ཆགས་བཞིན; འོས་བབ་བཞིན;

380 Deserving, *n.* ཐོབ་འོས་པའི;

381 Deservingly, *ad.* ཐོབ་འོས་པ་བཞིན;

382 Desiccant, *n.* སྐམ་པོར་གྱུར་བའི་ནུས་པ་ཅན;

383 Desiccate *v.t.* སྐམ་དུ་བཙུག་པ;

384 Desiderate, *v.t.* མེད་པ་ཚོར་བ; དྲན་ཟུག་སྐྱེས་པ;

385 Desideration, *n.* དྲན་པའི་རྒྱུ;

386 Design, *v.t.* དཔེ་རི་མོར་བཀོད་པ;

387 Designate, *v.t.* མིང་བཀོད་པ;

388 Designation, *n.* གོ་གནས་ཀྱི་མིང; གོ་གནས;

389 Designedly, *ad.* སྔོན་བསམ་རྗེས་དྲན་གྱིས; རྗེས་ཡོང་སྔོན་དྲན་བྱེད་དེ; ཐབས་གཞོམས་ཏེ;

390 Designing, *p.a.* ཐབས་གཡོ་སྒྱུ་ཅན;

391 Desirable, *a.* འདོད་ལ་བབ་པོ; མཁོ་ཅན; མཁོ་བ;

392 Desirably, *ad.* འདོད་ཁར་བབ་པོ་བྱེད་དེ;

393 Desire, *v.t.* འདོད་པ་བསྐྱེད་པ; ཡིད་སྨོན་བྱེད་པ; སྨོན་པ; འདོད་པ;

394 Desirous, *a.* འདོད་ཅིང;

395 Desist, *v.i.* འཕྲེང་ཆ་བྱས་པ; བྱས་འགྲོ་བོར་བ;

396 Desk, *n.* ཀྲུ་ཅོག་དཔྱི་ཞལ་ཅན;

397 Desolate, *v.t.* སྟོང་པར་བཟོ་བ; མི་མེད་ལུང་ཐང་དུ་བཟོ་བ;

398 Desolation, *n.* སྟོར་བརླག;

399 Despair, *v.i.* རེ་བ་ཟད་པ; ཡི་མུག་སྐྱེས་པ; སེམས་ཁོ་ཐག་ཆོད་པ;

400 Desparingly, *ad.* ཡི་མུག་སྟེ;

401 Despatch, *v.t.* ལམ་སང་གཏང་བ; གསད་པ;

402 Despatcher, *n.* ཡི་གེ་ཀྲུ་ཀྲུབ་ནས་སྤྲིང་མཁན་དེ་ལ་ཟེར;

403 Desperado, *n.* སྨྱོན་པ་ལྟ་བུའི་ཡ་མེད་ལ་ཟེར;

404 Desperate, *a.* ཡ་མེད;

405 Desperately, *ad.* ཡ་མེད་པའི་སྤྱོད་པ་ལྟར;

406 Desperation, *n.* ཡ་མེད;

407 Despicable, *a.* བརྙས་འོས; སྨད་འོས; ཐབས་སྡུག;

408 Despicably, *ad.* བརྙས་འོས་སུ; སྨད་འོས་སུ;

409 Despise, *v.t.* བརྙས་པ; སྨད་པ;

410 Despite, *n.* མ་བརྩིས་པར; མ་ལྟོས་པར;

411 Despitefully, *ad.* སྨད་ཆུང་དུ་འཛིན་ཅིང;

412 Despoil, *v.t.* ཅ་བརླག་གཏང་བ; བཤུས་པ; གཅེར་བུར་སྟོན་པ; འཕྲོག་པ;

413 Despond, *v.i.* ཐུ་སྙོང་བ; བློ་ཞུམ་པ;

414 Despondency, *n.* ཡི་སྨུག ;

415 Despot, *n.* རྒྱལ་པོ་དབང་བཙན་ཅན ; རྒྱལ་པོ་ཁྲིམས་དང་མི་འཁྲི
བར་སྣང་བ་གང་དྲན་བྱེད་མི ;

416 Despotic, *a.* བཙན་ཤུགས་ཅན་གྱི ; དབང་ཡོད་ཀྱི ;

417 Despotism, *n.* དབང་ཡོད ; བཙན་ཤུགས ;

418 Dessert, *n.* འོས་སྐལ ;

419 Destination, *n.* གཏད་དེ་འགྲོ་བའི་ས ; སྣ་གཏད ;

420 Destinate, *v.t.* ལས་དབང་གི་བཀོད་པ ;

421 Destiny, *n.* ལས་དབང་གི་སྐལ་བ ; སྨོ་བ ; སྐལ་བ ; བསོ་སྐྱེ ;
དབང་ཐང ;

422 Destitute, *a.* མངོན་མེད ; རྟེན་མེད ; ཀུན་གྱིས་བོར་བ ;
ར་མེད་དཔུང་མེད ;

423 Destitution, *n.* མངོན་མེད་པ ; ར་མེད་དཔུང་མེད ;

424 Destroy, *v.t.* ཚར་བཅོད་པ ; ཇམ་པ ; འགེམ་པ ; འཇིག་པ ;
འཇོམས་པ ;

425 Destroyer, *n.* འཇིག་བྱེད ; འཇོམ་བྱེད ; བརླག་བྱེད ;

426 Destructible, *a.* འཇིག་ཏུ་ཡོད་པ ; འཇོམ་ནུས ;

427 Destruction, *n.* འཇིག་པ་ཉིད ; འཇོམ་པ་ཉིད ; ཕྲེར་བརླག ;

428 Destructive, *a.* འཇིག་པར་བྱེད་པ ;

429 Desultoriness, *n.* བློ་ཚབ་ཚུབ་ཉིད ;

430 Desultory, *a.* བློ་ཚབ་ཚུབ་མང་པོ ; བྱ་བ་མགོ་མཇུག་མི་འགྲོང་པར
བྱེད་མཁན ;

431 Desultorily, *ad.* བློ་ཚབ་ཚུབ་བྱེད་དེ ;

432 Detach, *v.t.* འཕུད་པ ; འཕྲལ་བ ; ཕྲེན་པ ;

433 Detachment. འཕྲལ་བའི་དུམ་བུ; དམག་དཔུང་དུཾ་བུ;

434 Detail, *v.t.* སིལ་ནས་ཉུང་ཉུང་བྱས་ཚོང་བ;

435 Detailed. ཞིབ་མོར་དབྱེ་བ;

436 Detain, *v.t.* བསྐོར་བ; སྐྱིལ་བ; གཞོལ་བ;

437 Detect, *v.t.* བརྟེད་པ; ཉེས་བྱེད་པ་རྩས་ཚོད་པ; ཟིན་པ;
(ཟུན་པ; Sik.).

438 Detection, *n.* བརྟེད་པ་ཉིད; བརྟེད་ཚུལ; ཐོབ་ལུགས; ལག་བཟུང;

439 Deter, *n.* འཛིགས་རི་བཀོད་པ; བ་ཤོལ་འདེབ་ཀྱི་འཛིགས་རི་
བཀོད་པ;

440 Deterge, *v.t.* ཕྱིས་བདང་བ; སྦྲུབ་པ;

441 Deteriorate, *v.t.* ཉམས་སྲུ་བཙུག་པ;

442 Deterioration. ཉམས་པ; རྒུད་པ;

443 Determinate, *a.* ཐག་ཆོད་པའི; ཚད་གཞལ་ཟིན་པའི;

444 Determination, *n.* བློ་ཐག་ཆོད་པ་ཉིད;

445 Determine, *v.t.* བསྐུལ་བ་ *v.i.* ཐག་གཅོད་པ;

446 Detest, *v.t.* སྡོང་བ;

447 Detestable, *a.* སྡོང་འོས;

448 Detestation, *n.* སྡོང་འོས; སྡོང་པ་ཉིད;

449 Dethrone, *v.t.* ཁྲི་ལས་འཕབ; གནས་དབྱུང་གཏང་བ;

450 Detortion, *n.* དོན་གབ་ལོག་དུ་བརྗོད་པ; དོན་གཡོ་བ; གཙུ་བ;

451 Detract, *v.t.* འཕྲི་བ; ཉུང་དུ་གཏང་བ; ཁ་འཕྱར་བ; འཕྱ་བ;

452 Detraction, *n.* མིང་བཟང་པའི་མཚན་གྲགས་འཕྲོག་པ;

453 Detractor. འཕྱ་མཁན;

454 Detriment, *n.* གནོད་པ;

455 Detrimental, *a.* གནོད་འགལ་དུ་འགྱུར་པའི;

456 Deuteronomy, *n.* ཡི་ཤུའི་བསྟན་བཅོས་བཀྱིང་པའི་པོ་ཏི་ལྔ་པ་དེའོ;

457 Devastate, *v.t.* གཏོར་བཅོམ་བྱེད་པ;

458 Devastation, *n.* གཏོར་བརླག;

459 Develop, *v.t.* རྒྱས་པ; སྨིན་པ; གྲུབ་པ; སྨིན་ཅིང་གྲུབ་པ;

460 Development, *n.* རྒྱས་པ་ཉིད;

461 Deviate, *v.i.* འཁྱར་བ; འགོལ་བ; འདུན་མ་ལམ་ལོ་བ;

462 Deviation. འཁྱར་བ་ཉིད;

463 Device, *n.* ཐབས;

464 Devil, *n.* བདུད; བགེགས;

465 Devilish, *a.* བདུད་ཀྱི་རྣམ་པ་ཅན; བདུད་ལྟ་བུ;

466 Devious, *a.* ལམ་ནོར་བའི; བསྐོར་ཐག་རིང་པོའི;

467 Devisable, *a.* དམིགས་པས་སྤྲོས་སུ་ཡོད་པ;

468 Devise, *v.t.* དམིགས་པས་བཟོ་བ; སྤྲོས་པ; དགོངས་པ;

469 Deviser, *n.* སྤྲོས་པ་པོ;

470 Devoid, *a.* མ་ལྡན་པ; མེད་པ; མ་མཆིས་པ;

471 Devolve. འགན་བབ་པ; བཀའ་བབ་པ; བརྩིས་སྤྲོད་པ;

472 Devote, *v.t.* བསྔོ་བ;

473 Devoted, *a.* མོས་གུས་ཅན;

474 Devotee. རྣལ་འབྱོར་པ; སྒྲུབ་པ་པོ;

475 Devotion, *n.* གུས་པ; དད་པ; བརྩེ་གདུང; མོས་གུས;

476 Devotional, *a.* སྒྲུབ་པའི; གདུང་བའི; དད་པའི་སྒོ་ནས;

477 Devour, *v.t.* ཚུར་མིད་གཏོང་བ; ཧབ་ཧབ་ཟ་བ;

478 Devout, *a.* མོས་གུས་ཅན; གུས་པ; སྐལ་ལྡན;

479 Devoutly, *ad.* — མོས་གུས་ཀྱི་ངང་ནས་; གུས་པར་;

480 Dew, *n.* — ཟིལ་པ་;

481 Dewlap, *n.* — གླང་གི་ཨོ་ཤེལ་; གླང་གོག་གི་ཨོས་ཤལ་;

482 Dexterity, *n.* — རྩལ་; སྒྲུ་རྩལ་;

483 Dexterous, *a.* — སྒྲིམས་པ་; རྩལ་ཆེན་;

484 Diabetes, *n.* — དྲི་ཆུ་མང་པོ་བབ་པའི་ནད་གཞི་;

485 Diabolical, *a.* — ཕུང་འདྲེ་ལྟ་བུའི་;

486 Diadem, *n.* — ཅོད་པན་; ནོར་བུའི་ཅོད་པན་;

487 Diagnoses, *v.t.* — སྨན་པས་ནད་ཀྱི་རྟོག་ཞིབ་བྱ་བ་;

488 Diagonal, *n.* — རི་མོ་གྲུ་བཞིའི་གྲུ་བཅིག་ནས་དེའི་གཏོང་ཚུར་ཀྱི་གྲུའི་བར་
   སེར་ཁར་ཐིག་འཐེན་པ་དེའོ་; སྐེད་བཅད་; སེག་དྲས་;

489 Diagram, *n.* — དཀྱིལ་འཁོར་; རི་མོ་;

490 Dial, *n.* — ཆུ་ཚོད་འཁོར་ལོ་འི་ངོས་དེའོ་;

491 Dialect, *n.* — སྐད་ལུགས་;

492 Dialectic, *a.* — མཚན་ཉིད་ཀྱི་བརྗོད་པ་; སྐད་ཀྱི་སྐོར་;

493 Dialogue, *n.* — སྐད་ཆ་; མི་གཉིས་གསུམ་སྐད་ཆ་གང་ལབ་པ་དེ་ཡི་གེར་
   བཀོད་པ་;

494 Diameter, *n.* — ཟླུམ་བུའི་དཀྱིལ་ཐིག་; ཚངས་ཐིག་; རི་མོ་སྒོར་སྒོར་ཡོད་
   པའི་དཀྱིལ་ཐིག་;

495 Diamond, *n.* — རྡོ་རྗེ་ཕ་ལམ་; རྡོ་རྗེ་;

496 Diaphoretic, *n.* — ལུས་ཀྱི་རྔུལ་འདོན་བྱེད་;

497 Diaphragm, *n.* — བྲང་ཁོག་; མཆིན་རི་;

498 Diarist, *n.* — ཉིན་དེབ་བཀོད་མཁན་;

499 Diarrhoea, *n.* — སྐྱུང་བཤལ་; འཁྲུ་བ་;

500 Diary, *n.* ཉིན་རེ་བཞིན་གྱི་དེབ་ཐོ ;

501 Dice, *n.* ཤོ ;

502 Dictate, *v.t.* གཅིག་གིས་ངག་ནས་བརྗོད་བཞིན་གཞན་ལ་བྲིར་འཇུག་པ ;

503 Dictation, *n.* གཅིག་གིས་ཀློག་བཞིན་པ་ཡི་གེར་འབྲི་བ་དེའོ ;

504 Dictatorial, *a.* དབང་ཆེ་དོག་ཁ་པོ ; གཙན་པོའི་ངག་གིས ; དབང་སྐད་ཀྱིས ;

505 Diction, *n.* ཚིག་གི་བརྗོད་སྟངས ;

506 Dictionary, *n.* མིང་གི་མཛོད ; ཚིག་མཛོད ; སྐད་ཀྱི་ཤན་སྦྱར ;

507 Dictum, *n.* གསུངས ;

508 Didactic, *n.* བསླབ་པའི ;

509 Die, *v.i.* འཆི་བ ; ཚེ་ལས་འདས་པ ; སྣང་བ་ནུབ་པ ;

510 Die, *n.* (for coining) དངུལ་པར ; སྐོར་མོའི་པར ;

511 Diet, *n.* སྤྱོད་ལམ ; དགོར་ཟས ; ལྟོ་ཆས ; བཟའ་བཏུང་ ; ནད་པའི་བཟའ་དཔྱད ;

512 Differ. ཁྱད་ཞུགས་པ ; ཧེ་བག་ཞུགས་པ ; འདྲ་མིན ;

513 Difference, *n.* ཁྱད ; ཁྱད་པར ; བྱེ་བྲག ; ཧེ་བག ; མི་འདྲ ;

514 Different, *a.* མི་གཅིག་པ ; ཐ་དད་པ ; སོ་སོ ;

515 Difficult, *a.* དཀའ་མོ ; དཀའ་བོ ; ཁག་པོ ; དཀའ་ལས ;

516 Difficulty, *n.* དཀའ་ལས ;

517 Diffidence, *n.* སེམས་ཆུང་ ; ངོ་ཚ ; ངོ་ཞན་པ ; གདོང་དམའ་བ་ཉིད ;

518 Diffident, *a.* སེམས་ཆུང་ཅན ; ཐེ་ཚོམ་ཅན ;

519 Difformity, *n.* བཟོ་ཉེས ; སྐྱོན ; ལུས་ཀྱི་ཡན་ལག་ལ་སྐྱོན ;

520 Diffuse, *a.* འགྱེད་པ ; ཁྱབ་པར་བྱེད་པ ; ཁྱབས་སུ་བཙུག་པ ;

521 Diffusedness, *n.* ཁྱབས་པ་ཉིད ;

522 Dig, *v.t.* བརྐོ་བ; བྲུ་བ;

523 Digest, *v.t.* བཞུ་བ; ཞུ་བ; ཟས་ཁོག་པར་བཞུ་བ་ལྷུ;

524 Digest, *n.* ཞུ་བ; ཞུ་བ; ཁྲིམས་རིབ་བཙ་བདེར་བསྡུས་ནས་ཡོད་པ;

525 Digestible, *a.* བཞུ་ཙུ་ཐུབ་པ;

526 Digestibility, *n.* བཞུ་བའི་ནུས་པ;

527 Digestion, *n.* བཞུ་སྦྱོནས; བཞུ་བ;

528 Digit, *n.* སོར་མོའི་ཞེང་ཁ;

529 Dignify, *v.t.* དབུ་ཕང་བསྟོད་པ; གཟི་བརྗིད་བསྐྱེད་པ;

530 Dignitary, *n.* གོ་གནས་ཆེན་པོ; ལས་མཚན; གོ་ས་མཐོན་པོ་འཆང་མི;

531 Dignity, *n.* དབུ་ཕང; གཟི་བརྗིད; གོ་ཕང; གོ་ས; གྲས;

532 Digress, *v.i.* སྐད་ཆའམ་དོན་བརྗོད་འགྲོ་ལས་འཁྲུར་བ;

533 Digression, *n.* སྐད་ཆའི་གཞུང་ལས་འཁྲུར་བ་ཉིད;

534 Dike, *n.* ལྕགས་རི; རྫིག་པ; ཆུ་རགས; ཆུ་ལོན; རགས;

535 Dike, *v.t.* ཆུ་རར་རྒྱབ་པ; ཆུ་ཙུད་བཀག་རྒྱུའི་ལྕར་རི་རྒྱབ་པ;

536 Dilapidate, *adj.* གོག་པོ;

537 Dilapidation, *n.* གོག་པོ་ཉིད;

538 Dilate, *v.t.* ཕར་རྒྱུ་བརྒྱངས་པ; གདལ་བ;

539 Dilatoriness. ཕྱི་བཤོལ; འཕར་འགྱང;

540 Dilatory, *a.* ཕྱི་བཤོལ་མཁན; འཕར་འགྱང་མཁན;

541 Dilemma, *n.* གང་བྱ་འདི་བྱ་མ་ངེས་པ་ཉིད;

542 Diligence, *n.* བརྩོན་གྲུས; སྙིང་རུས;

543 Diligent, *a* བརྩོན་གྲུས་ཅན;

544 Diligently, *ad.* བརྩོན་གྲུས་བསྐྱེད་དེ;

545 Dilute, *v.t.* བསླད་པ;

546 Dim, *a.* ཧྲབ་རིབ; མི་གསལ་བ;

547 Dimension, *a.* ཚ; གྲུ; ཞེང;

548 Diminish, *v.t* ཆུང་དུ་གཏང་བ;

549 Diminution, *n.* ཆུང་དུ་གཏོང་ཚུལ;

550 Diminutive, *a.* ཆུང་ངུ;

551 Dimity, *n.* རས་ཙ་སྣ་གཅིག;

552 Dimly, *ad.* མི་གསལ་བར;

553 Dimness, *n.* མུན་པ་རབ་རིབ;

554 Dimple, *n.* (Sik.) འཛུམ་ཀྱོང; དགའ་འཁྱིལ;

555 Din, *n.* ཅ་ཅོ; ཁུར་སྒྲ; ཀུ་ཅོ; (ཕས་རས Colql.).

556 Dine, *v.i.* ཟས་ཟོས་པ; ཕྱི་དྲོའི་ཁ་ལག་ཟས་པ;

557 Ding, *v.i.* བརྡེག་པ; བརྡུང་བ; འཕངས་བ; དཀྲོལ་བ;

558 Dinginess, *n.* ནག་པོ; ནག་ལྷུགས;

559 Dingy, *a.* ནག་པོ; དྲི་མ་ཅན; ནག་ཁྲིག་གེ;

560 Dining-hall, *n.* ལྟོ་ཆས་ཟ་སའི་ཁང་པ;

561 Dinner, *n.* དགོང་མོའི་ཚོགས;

562 Dint, *n.* ཤུགས; འཐུག་སྒྲ; ཉུས་པ;

563 Diocesan, *n.* བླ་ཁག་གི; དགོར་སྡེ་ཡི;

564 Diocese, *n.* བླ་མ་གཅིག་གི་འོག་དུ་མཆིས་པའི་སྤྱིན་བདག;

565 Dip, *v.t.* ཆུ་ལ་འབང་བ; འཛུག་ཙམ་བྱེད་པ;
ཆུ་ལ་བྱིང་ཙམ་བྱེད་པ;

566 Diphthong, *n.* དབྱངས་ཡིག་གཉིས་འབྲེལ་མ;

567 Diploma, *n.* གཞང་ཤོག; བཀའ་རྒྱ; བཀའ་ཤོག; ལག་ཁྱེར;

568 Diplomacy, *n.* (གཡོ་ཐབས) གྲོས་ཉམས;

569 Diplomatic, *a.* གྲོས་མཁས; གྲོས་ཉམས་ཅན;

570 Dire, *a.* ཡ་ང་པོ; འཇིགས་སུ་རུང་པོ;

571 Direct, *v.t.* བསྐུལ་བ; བཀོད་པ་རྒྱབ་པ;

572 Direct, *a.* ཟང་ཐལ;

573 Direction, *n.* ཕྱོགས; ཁ་ཕྱོགས;

574 Directly, *ad.* ལམ་སང; ཟང་ཐལ་ལེར;

575 Director, *n.* བཀོད་ཁྲབས་གཏང་མཁན;

576 Directory, *n.* གཞུང་གི་ལས་སྣེ་དང་འཚོང་ཁང་ཆེ་བའི་མི་དྲག་ཚངས་
མའི་སྡོད་གནས་ཀྱི་དེབ་ཆེན;

577 Direful, *a.* ཡ་ང་པོ;

578 Dirge, *n.* ཤུ་ངན་གྱི་འབའ་ཟ;

579 Dirk, *n.* གྲི་གར་སོག; སྒྲོ་ཟུར་མ;

580 Dirt, *n.* དྲེག་མ; དྲི་མ; གཙོག་པ;

581 Dirty, *a.* དྲི་མ་ཅན;

582 Disability, *n.* མི་ནུས་པའི་རང་བཞིན; ཐུབ་མེད;

583 Disable, *v.t.* མི་ནུས་པ་བཅོས་པ;

584 Disabuse, *v.t.* བློའི་ནོར་འཁྲུལ་བསྒྱུར་བ; ཡིན་ལུགས་ཇི་བཞིན་སྟོན་པ;

585 Disadvantage, *n.* ཇུས་ཁ་རྒྱུག་མེད;

586 Disadvantageous, *a.* ཇུས་མི་རྒྱུག་པ;

587 Disaffect, *v.t.* དད་ལོག་བསྐྱེད་པ; དག་སྣང་ལོག་ཏུ་བཅུག་པ;

588 Disaffected, *a.* དད་ལོག་ཅན; དད་ལོག་བསྐྱེད་ཟིན་པ;

589 Disaffection, *n* དད་ལོག;

590 Disagree, *v.t.* མནོ་མ་མཐུན་པ; བློ་མ་མཐུན་པ; མ་མཐུན་པ;

591 Disagreeable, *a.* མི་མཐུན་པ; མཐུན་མེད; མི་སྡུག་པ;

592 Disagreement, *n.* བློ་མ་མཐུན་པ་ཉིད་;
593 Disallow, *v.t.* མ་གནང་བ;
594 Disannul, *v.t.* བརྩིས་མེད་དུ་བཏད་ཀྱིས་གཏང་བ;
595 Disappear, *v.t.* ཡལ་བ; མི་སྣང་བར་འགྱུར་བ;
596 Disappearance, *n.* ཡལ་འགྲོ་བ་ཉིད;
597 Disappoint, *v.t.* རེ་བ་སྟོང་ལོག་གཏང་བ;
598 Disappointment, *n.* རེ་བ་སྟོང་ལོག;
599 Disapprobation, *n.* མི་གནང་བ་ཉིད; བློ་ན་བབ་མིན; དགོང་པར་ལྷན་མིན;
600 Disapproval, *n.* ཀླན་ཀ་འདོགས་པ་ཉིད; མི་གནང་བ་ཉིད;
601 Disapprove, *v.t.* བློ་ལ་མ་བབ་པ; འདོར་བ; མི་གནང་བ;
602 Disapprovingly, *ad.* བློ་ལ་མ་བབ་བཞིན་དུ;
603 Disarm, *v.t.* མཚོན་ཆ་འཕྲོག་པ;
604 Disarrange, *v.t.* དཀྲུག་པ;
605 Disaster, *n.* བྲུས་ཉེས;
606 Disastrous, *a.* ཉེན་ཅན; བྲུས་ཉེས་ཅན;
607 Disavow, *v.t.* ཁྲུས་མེད་ཅེས་སྨྲ་བ; ཁྲུས་མེད་ཟེར་བ;
608 Disavowal, *n.* ཆ་ཁྲུས་མེད་ལུགས་བརྗོད་པ་ཉིད;
609 Disband, *v.t.* དམག་ཏུ་གཞིག་པ;
610 Disbelief, *n.* ལོག་ལྟ; དད་ལོག; ཡིད་མི་ཆེས; ཡིད་གཉིས; སོམ་ཉི;
611 Disbelieve, *v.t.* ལོག་ལྟ་སྐྱེ་བ; ལྟ་ལོག་འཆང་བ;
612 Disburden, *v.t.* དོ་བྲུ་ཕྲུད་པ;
613 Disburse, *v.t.* བགོ་གཤའ་རྒྱབ་པ;
614 Disbursement. བགོ་གཤའ; ཕོགས་རྒྱབ་པ;
615 Disc, *n.* ལི་འམ་གང་ཧྲུང་གི་མེ་ལོང་སྒོར་སྒོར; ལེབ་ལེབ་སྒོར;

616 Discard, *v.t.* བོར་བ; དབྱུང་བ;

617 Discern, *v.t.* མཐོང་བ; ཞིབ་མོར་བརྟག་པ;

618 Discerner, *n.* ཞིབ་མོར་བརྟག་མཁན;

619 Discernible, *a.* ཞིབ་མོར་བརྟག་ཏུ་ཡོད་པ;

620 Discernment, *n.* དབྱེ་ཞིབ;

621 Discharge, *v.t.* རྒྱབ་པ; འཐེན་པ; འཕང་པ;

622 Disciple, *v.t.* བསློབ་པ;

623 Disciple. བསློབ་མ; དངོས་སློབ;

624 Discipline, *v.t.* བསླབ་བྱ་ཁྲིམས་སུ་བཅུག་པ; འདུལ་བ; བཏུལ་བ;

625 Disclaim, *v.t.* ཁྲོས་བཏང་བ;

626 Disclose, *v.t.* ཁ་དབྱེ་ནས་བསྟོན་པ;

627 Discolour, *v.t.* མདོག་ངན་པོར་འགྱུར་བ; བར་དུ་གཅོད་པ;

628 Discomfit, *v.t.* ཕམ་པར་བྱེད་པ;

629 Discomfiture, *n.* ཕམ; འགེགས; གེགས;

630 Discomfort, *n.* མ་བདེ་བ; མི་བདེ;

631 Discompose, *v.t.* ཙུལ་བ; དཀྲུག་པ; འཁྲུགས་རྒྱབ་པ;
འདུས་བྱས་གཞིག་པ;

632 Disconcert, *v.t.* གེགས་བཀལ་བ; ཕམ་པ;

633 Disconnection, *n.* འབྲེལ་ཆ་རྒྱུན་བཅད་པ; འཕྲལ་བ; རྒྱུན་བཅད་པ;

634 Disconsolate, *a.* ཁོ་ཐག་ཆོད་ཅིང་ཡོད་པ;

635 Discontent, *n.* ཆོག་ཤེས་མེད་པ;

636 Discontinuance, *n.* རྒྱུན་ཆད; རྒྱུན་བཅད་པ; འཕྲོ་ཆད;

637 Discontinuation, *n.* རྒྱུན་ཆག་པ་ཉིད;

638 Discontinue, *v.t.* བྱེད་འཕྲོར་བཅད་པ;

639 Discord, *n.* སྒྲ་མི་མཐུན་པ;

640 Discount, *n.* — འབའ་ཏྲ; (a Hindi word); སློག་སློག་གི་ཛབ; འཛབ;

641 Discountenance, *v.t.* — ངོ་འབབ་པ; ངོ་བཅག་པ; ངོ་ཚ་ཕྱེ་བ; ངོ་གཙུ་བ;

642 Discourage, *v.t.* — ངོ་འབབ་པ; སྐྱིད་ལུག་ངསྐྱེད་པ; སྤོབས་པ་བཅོམ་པ;

643 Discouragement, *n.* — བློ་སྤོབས་དམད་པ་ཉིད; སྐྱིད་ལུག་བསྐྱེད་བྱེད;

644 Discourse, *n.* — འགྲོ་གླེངས; བཤད་པ;

645 Discover, *v.t.* — སྤྲར་མ་མཐོང་བ་ཞིག་མཐོང་བ;

646 Discovery, *n.* — གསར་བརྙེད;

647 Discredit, *v.t.* — བདེན་པ་མ་བཅའ་བ; ཡིད་མ་ཆེས་པ;

648 Discreditable, *a.* — ཡིད་མི་ཆེས་པ;

649 Discreet, *a.* — མཁས་པོ; སྤྲང་པོ;

650 Discreetly, *ad.* — གཙང་པོ་བྱེད་དེ;

651 Discretion, *n.* — བློ་རིག; མཁས་གཙང;

652 Discriminate, *v.t.* — དབྱེ་བ་ཕྱེ་བ;

653 Discrimination, *n.* — དབྱེ་དཔྱོད;

654 Discuss, *v.t.* — བརྗོད་པ་རྒྱབ་པ;

655 Discussion, *n.* — བརྗོད; (ཤགས་ཁ་ Sik. or ཁ་ཤགས);

656 Disdain, *v.t.* — མི་སྤྲུས་སྙམ་པ; མི་འོས་བསམ་པ; མགྲན་ཡར་མི་རུང་སྙོམ་པ; སྙང་ཆུང་བྱེད་པ; སྙང་མེད་དུ་འཛིན་པ;

657 Disease, *n.* — ནད;

658 Disembark, *v.t.* — གྲུ་ཐོག་ནས་ཕབ་པ;

659 Disembarkation, *n.* — བབ་པ་ཉིད; གྲུ་ཐོག་ནས་བབ་པ་ཉིད;

660 Disembowel, *v.t.* — ཁོག་པའི་ནང་ནས་འདོན་པ;

661 Disengage, *v.t.* — བཀྲོལ་བ;

662 **Disengaged**, *a.* བཀྲོལ་བ; དལ་བ; ཁོམས་པ;

663 **Disestablish**, *v.t.* སྲིད་འཛུགས་པའི་སྲོལ་གཞིག་པ;

664 **Disentangle**, *v.t.* དཀྲིགས་པ་དཀྲོལ་བ; དཀྲོལ་བ;

665 **Disfavour**, *n.* དགོང་ཕོག;

666 **Disfigure**, *v.t.* བཟོ་མེད་གཏང་བ; མེད་པ་བཟོ་བ;

667 **Disfigurement**, *n.* བཟོ་བརླག་པ་ཉིད;

668 **Disgorge**, *v.t.* ཡར་སྐྱུག་ཏུ་བཅུག་པ;

669 **Disgrace**, *n.* རྐང་འདྲེན; (ཞབས་འདྲེན; Hon.).

670 **Disguise**, *v.t.* ཆས་བརྗེ་བྱས་པ; འབག;

671 **Disgust**, *n.* ཞེན་ལོག; སྐྱོ་ཤས; ཁྲེལ; རྣམ་རྟོག;

672 **Dish**, *n.* སྡེར་མ;

673 **Dishearten**, *v.t.* སྙིང་ཆུང་དུ་བཅུག་པ; སྐྱོ་རུ་བཅུག་པ;

674 **Dishevel**, *v.t.* སྐྲ་སྒྲོལ་བ; སྐྲ་བཀྲོལ་བ;

675 **Dishonest**, *a.* མ་དྲང་བ; རྒྱུ་གཤིས་ཀྱོག་པོ; གྱ་གྱུ་ཅན;

676 **Dishonestly**, *ad.* མི་དྲང་བར;

677 **Dishonesty**, *n.* རྒྱུ་མི་དྲང་བ་ཉིད;

678 **Dishonour**, *v.t.* འཕྱར་ཁ; འཕྱར་སྐྲོ་གཏང་བ; འཕྱ་བ;

679 **Dishonourable**, *n.* འཕྱར་སྐྲོ་ཅན; བཟང་པའི་ཚུལ་དང་མི་ལྡན་པའི;

680 **Disincline**, *v.t.* ངང་ལོག་པ; བློ་ལོག་ཏུ་བཙུག་པ;

681 **Disingenuous**, *a.* འཁྱུ་ཁྲིག་ཅན; ཁ་སང་སྙིང་སངས་མིན་པ;

682 **Disinherit**, *v.t.* བུ་གྲལ་ནས་ཕུད་དེ་ཕ་གཞིས་མ་ཐོབ་པ་བཟོ་བ;
བུ་སྤྱ་ནས་ཕུད་པ; བུ་གྲལ་ནས་གཏོན་པ;

683 **Disinterested**, *a.* ཐོབ་ཤོར་མེད་པ; ཁྱེ་གུས་མེད་པ;

684 **Disinterestedly**, *ad.* ཁྱེ་གུས་མེད་པའི་བློ་ཡིས;

685 Disinterestedness, *n.* ཉེ་རིང་མེད་པ་ཉིད; རང་འདོད་ཀྱིས་མ་བསླད་པ;

686 Disjoin, *v.t.* མཐུད་མཚམས་ནས་དཀྲོལ་བ;

687 Disjoint, *v.t.* མཐུད་མཚམས་ཁྲོལ་བ་ཉིད;

688 Disjointed, *a.* མཐུད་མཚམས་ནས་ཁྲོལ་ཡོད་པ; ཚིགས་གྲོལ་ནས་ཡོད་པ;

689 Disjunction, *n.* ཁ་ཁག; ཁན་མི་སྒྲིག་པ་ཉིད; སོ་སོ; ཐ་དད; སོ་སོར་དབྱེ་བ་ཉིད; ཁ་བྲེས་པ་ཉིད;

690 Disjunctive, *a.* སོ་སོར་དབྱེ་བའི; འབྱེད་པའི;

691 Disjunctively, *ad.* སོ་སོར་དབྱེ་བའི་རྣམ་པས;

692 Disk, *n.* དཀྱིལ་འཁོར; སྒོར;

693 Dislike, *n.* དངས་མ་དཀར་བ; དགའ་ཆོར་མེད་པ; མི་དགའ་བ; མི་དགའ;

694 Dislocate, *v.t.* ཚིགས་བུད་པ;

695 Dislocation, *n.* ཁྲོལ་བ་ཉིད; ཚིགས་བུད་པ; གནས་ནས་བུད་པ;

696 Dislodge, *v.t.* གནས་ནས་ཕྱིར་བསྐྲད་པ;

697 Dislodgment, *n.* གནས་ནས་ཕྱིར་བསྐྲད་པ་ཉིད;

698 Disloyal, *a.* དམ་ཚིག་མེད་པ; དད་གུས་མེད་པ; དཾ་ཉམས;

699 Disloyally, *ad.* དམ་ཚིག་མི་ལྡན་པར;

700 Disloyalty, *n.* དམ་ཉམས་པ་ཉིད; དམ་ཉམས;

701 Dismal, *a.* ཡི་མུག་པོ; ངམ་གནག་པོ;

702 Dismantle, *v.t.* གཤིག་པ; གཏོར་བ; རྩ་ནས་གཤིག་པ;

703 Dismask, *v.t.* འབག་ཤུས་རྒྱབ་པ; འབག་བཤུས་པ;

704 Dismast, *v.t.* གྲུ་གཟིང་གི་དར་ཤིང་འགྲོལ་བ;

705 Dismay, *v.t.* ཧྲོན་སྤོར་བ; ཧྲོན་ཐོར་བ; ཞུ་པ་པ; དངངས་སྐྲག;

706 Dismember, *v.t.* ལུས་དུམ་བཤིལ་བ; ཡན་ལག་འཕྲལ་བ;

707 Dismemberment, *n.* ཡན་ལག་བཅད་པའི་ལས;

708 **Dismiss**, *v.t.* བཀའ་འགྲོལ་བ; གནས་ནས་དབྱུང་བ; གོས་ལས་
འཕེག་པ;

709 **Dismissal**, *n.* གནས་དབྱུང;

710 **Dismount**, *v.t.* རྟ་ལས་བབ་པ;

711 **Disobedience**, *n.* བཀའ་ལ་མ་བརྩིས་པའི་རྣམ་པ;

712 **Disobedient**, *a.* བཀའ་ལ་མ་བརྩིས་མཁན;

713 **Disobediently**, *ad.* བཀར་ལ་མ་བརྩིས་པར;

714 **Disobey**, *v.t.* བཀའ་ལ་མ་བརྩིས་པ;

715 **Disorder**, *n.* ཛ་རེ་ཛོ་རེ; ཟ་རེ་ཟི་རེ;

716 **Disorderly**, *ad.* འཁྲུགས་འཁྲུགས་པ; འཁྲལ་འཁྲུལ; འ་རེ་འུ་རེ;
ཟ་ངེ་ཟིང་ངེ;

717 **Disorganize**, *v.t.* སྡེ་ག་ཞིག་པ; འགྲིགས་ག་ཞིག་པ;

718 **Disown**, *v.t.* བདག་དུ་མི་བཟུང་བ; བོར་བ; གཏོང་བ;

719 **Disparage**, *v.t.* དམའ་བ་དང་སྒྲན་དེ་དམའ་ཕབ་པ;

720 **Disparagement**, *n.* དམའ་ཕབ; སྣང་ཆུང་དུ་བརྩི་བ;

721 **Disparity**, *n.* བརྟགས་མ་མཐུན་པ;

722 **Dispassionate**, *a.* བློ་ཆགས་སྡང་དང་བྲལ་བ;

723 **Dispatch**, *v.t.* གཏོང་བ; རྫོང་བ; མངག་པ;

724 **Dispel**, *v.t.* སེལ་བ; སྐྲོག་པ;

725 **Dispensable**, *a.* འབྲིས་དུ་ཡོད་པ; མེད་ཀྱང་ཆོག་པ;

726 **Dispensary**, *n.* སྨན་བགོ་བཤའ་རྒྱབ་ས; སྨན་ཁང;

727 **Dispensation**, *n.* བགོ་བཤའ་རྒྱབ་སྟངས; དཀོན་གི་སྦུར་ཇེ;

728 **Dispense**, *v.i.* འབྲིམ་པ; བགོ་བཤའ་རྒྱབ་པ; ཀུན་ལ་ཁྱབས་པར་
བྱེད་པའི་ཐབས;

729 Dispenser, *n.* བགོ་མཁན;

730 Dispense, *v.t.* འགྱེ་བ; འགྱེད; འཚོར་བ; འབྲེར་བ; གཏོར་བ;

731 Dispersion, *n.* ཁ་འགྱེར་བ; ཁ་འཐོར་བ་ཉིད;

732 Dispirit, *v.t.* སྙིང་ཆུང་ཆུང་འགྱུར་དུ་བཅུག་པ; སྤྲད་བཅོམ་པ;

733 Displace, *v.t.* བསྐྱོད་གནས་ནས་བཀྲད་པ་འམ་བཤུད་པ;

734 Display, *v.t.* ངོམ་པ; འགྲེམ་པ; གཙལ་བ;

735 Displease, *v.t.* དགོང་འགལ་ཞུས་པ; དགོང་པ་འགལ་བ; སེམས་མི་དགའ་བ་བྱེད་པ;

736 Displeasing, *a.* སེམས་མི་དགའ་བའི་རྣམ་པ་ཅན;

737 Displeasure, *n.* དགོང་འགལ; དགོང་ཁྲེལ; དགོང་ཚོམ; དབྱིང་ཚོམ;

738 Disposal, *n.* སྟེར་བྱིན; སྤྲེལ་བསྐྱུར; གཏང་བཞག;

739 Dispose, *v.t.* སྟེར་བྱིན་འཚོང་འགྱུར་སོགས་བྱས་པ;

740 Disposed, *a.* བློ་ཁ་ཕྱོགས་པ; བློ་སྣ་ཕྱོགས་ནས་ཡོད་པ;

741 Disposition, *n.* རྒྱུད; ངང; ངང་རྒྱུད; གཤིས; རྒྱུ; འཁྲིག་སྟངས; རང་གི་ནོར་བཀྲམ་སྟངས; བློ་ཁ་དད་པའི་འགྲོ་ཕྱོགས;

742 Dispossess, *v.t.* དབང་ཆ་བདག་བཟུང་འཕྲོག་པ;

743 Dispossession, *n.* དབང་ཆ་ཤོར་བ་ཉིད;

744 Disproof, *n.* ཁུངས་མ་དག་པར་ར་སྤྲད་པ་ཉིད; དག་སྐྱེལ་མ་དག་པ; ཁུང་མི་བཙུན་པའི་དག་སྐྱེལ;

745 Disproportion, *n.* ཆ་མ་སྙོམ་པ; ལུས་དང་ཡན་ལག་མ་སྙོམ་པ;

746 Disproportional, *a.* ཆ་མ་སྙོམས་པའི;

747 Disproportionately, *ad.* ཆ་མཐུན་མིན་དུ;

748 Disproval, *n.* བརྟན་ཐུག་འདོན་པ;

749 Disprove, *v.t.* བརྟན་དུ་ར་སྤྲོད་པ; བརྟན་ཡིན་པར་ར་སྤྲོད་པ; རྟན་ངོས་སྤྲོད་པ;

750 Disputable, *a.* བརྩོད་དུ་ཡོད་པ; བརྩོད་པ་ཡོད་པའི;

751 Disputant, *n.* བརྩོད་པ་པོ; ཁམ་མཆུ་མཁན; འཛིང་མོ་བ;
འཐབ་མཁན;

752 Disputation, *n.* བརྩོད་པ; འཛིང་ཁ; འཐབ་མོ; ཁ་བརྩོད;

753 Dispute, *v.i.* བརྩོད་པ་རྒྱབ་པ; ལབ་གླེང; གླེང་མོ;

754 Disqualification, *n.* ལས་སུ་མི་རུང་བ་བྱེད་པ་ཉིད; ལས་སུ་མ་རུང་བ་ཉིད;
རུང་མིན;

755 Disqualify, *v.t.* ལས་སུ་རུང་བའི་ཡོན་ཏན་མ་ཚང་བ; གྲལ་མ་ཚུད་པ་
བཟོ་པ; (Sik. གྲལ་མི་ཤོས་པ་བཟོ་བ);

756 Disquiet, *v.t.* བདེ་ཐ་མ་བཙུག་པ; དཀྲོག་པ;

757 Disquietude, *n.* ཚུབ; ཁྲུར; ཅ་ཅོ; བློ་སོད་མེད་པ; བྲེལ་བ;

758 Disquisition, *n.* ཞིབ་དཔྱད; དཔྱད་པ་ཞིབ་མོ;

759 Disregard, *v.t.* མ་བརྩིས་པ;

760 Disrelish, *n.* ཞེན་ལོག; ཁམ་ལོག; (Sik.) ཁམ་ཡོག;

761 Disreputable, *a.* འཕྲུར་ཁ་དང་ལྡན་པ; མི་ཁ་ཅན;

762 Disreputably, *ad.* མི་ཁ་ཡོག་ཉན་ཁ་པོ་བྱེད་དེ;

763 Disrespect, *n.* ཞེ་ས་མེད་པའི་རྣམ་པ;

764 Disrespectful, *a.* ཞེ་ས་མེད་པ; མི་གུས་པ;

765 Disruption, *n.* འགད་ཅིང་འཐོར་བ་ཉིད;

766 Dissatisfaction, *n.* ཡིད་མ་རང་པ་ཉིད;

767 Dissect, *v.t.* ཡན་ལག་དུམ་བུར་གསིལ་བ; འབྲེད་པ;

768 Dissection, *n.* རོ་དྲའི་སྐབས་སུ་ཐོག་མར་ལྷུ་དུམ་གསིལ་དེ་ནས་ཤ་
ལྤགས་རྩ་རྒྱུས་རོ་གས་འབྲལ་བ་དེ་འོ;

769 Disseize, *v.t.* དབང་ཡོད་ཀྱིས་ས་ཆ་འཕྲོག་པ;

770 Dissemble, *v.t.* བརྫུ་བ;

771 Dissembler, *n.* བརྫུ་མཁན;

772 Disseminate, *v.t.* ས་བོན་འཐོར་ཞིང་འདེབས་པ;

773 **Dissemination,** *n.* ས་བོན་འདེབས་པ་ཉིད;

774 **Dissension,** *n.* དབྱེན་པ; འཁོན; ནང་སེལ; སེལ;

775 **Dissent,** *v.t.* བློ་མ་མཐུན་པ; མནོ་མ་མཐུན་པ; འགྲིག་མིན;

776 **Dissenter,** *n.* བློ་མ་མཐུན་མཁན;

777 **Dissertation,** *n.* བརྗོད་ཡིག; བརྗོད་པའི་བསྟན་བཅོས;

778 **Dissever,** *v.t.* འཕྲལ་བ; འབྲེལ་ཐག་བཅད་པ;

779 **Dissimilar,** *a.* མི་འདྲ་བ; མི་ཅིག་པ;

780 **Dissimilarity,** *n.* ཁྱད་པར; འདྲ་མིན་གྱི་ཚུལ; མི་འདྲ་བ་ཉིད;

781 **Dissimulation,** *n.* བརྫུས་པ;

782 **Dissipate,** *v.t.* གཏོར་བ;

783 **Dissipation,** *n.* གཏོར་བརླག;

784 **Dissolute,** *a.* འཆལ་པོ; འཆོལ་པོ; འཆལ་པ;

785 **Dissolution,** *n.* ཚོགས་གྲེས་པ; (Sik.) ཚོགས་གྲོལ་བ་ཉིད;

786 **Dissolvable,** *a.* བཞུ་རུ་ཡོད་པ;

787 **Dissolve,** *v.t.* བཞུ་བ;

788 **Dissolvent,** *a.* བཞུ་བྱེད་ཀྱི་ནུས་པ་ཅན;

789 **Dissonance,** *n.* གདངས་མ་མཐུན་པ; གདངས་དབྱངས་མི་སྙན་པ;

790 **Dissonant,** *a.* གདངས་དབྱངས་མི་མཐུན་པའི;

791 **Dissuade,** *v.t.* གཞོལ་འདེབས་པ; མ་བྱེད་རོགས་ཅེས་ཟེར་བ;

792 **Dissyllable,** *n.* མིང་ཚིག་གཅིག་ལ་མིང་གི་ཆ་གཉིས་ལྡན; དཔེར་ན་རྣམ་རྟོག་དམ་ཚིག; བྱ་བ་བཞིན; སྒྲ་གཉིས་ལྡན་གྱི་མིང;

793 **Distaff,** *n.* {ཁྱུར་བཙང; (Sik.)} སྐུད་པ་བཀལ་དུས་དཀྲིས་དེའོ; (ཡོ་ག; Colql.).

794 **Distance,** *n.* ཐག་ཉེ་རིང;

795 **Distemper,** *n.* མི་བདེ་བ; ན་ཚ;

796 Distend, *v.t.* རྐྱོང་བ; བརྐྱང་བ; རྐྱ་བརྐྱང་བ; བསྐྱོང་བ;

797 Distention, *n.* རྐྱོང་བའི་ལས་རེ་ཀ; རྐྱང; རྐྱོང; སྐྱོང;

798 Distich, *n.* ཡིག་གྲལ་གཉིས་བྱས་པའི་ཚིགས་བཅད; ཤློ་ཀ། ཚིག་གཉིས་མ;

799 Distil, *v.i.* ཨ་རག་འཚག་པ;

800 Distillation, *n.* ཨ་རག་འཙག་པའི་ལས་ཀ་ཉིད;

801 Distiller. ཨ་རག་འདོན་མཁན;

802 Distillery, *n.* ཨར་ཁང; ཨ་རག་འདོན་ས;

803 Distinct, *adj.* ཁྲོལ་པོ; གསལ་པོ; ཁག་ཁག; སོ་སོ;

804 Distinction, *n.* ཁྱད; དབྱེ་བ;

805 Distinctly, *ad.* གསལ་པོར; དོད་པོར; ཁྲོལ་པོར;

806 Distinctness, *n.* གསལ་པོ་ཉིད; དོད་པོ་ཉིད;

807 Distinguish, *v.t.* སོ་སོར་དབྱེ་བ; སོ་སོར་རྟོག་པ;

808 Distinguishable, *a.* དབྱེ་རུ་ཡོད་པ;

809 Distinguished, *a.* འཕགས་པ; ཁྱད་པར་ཅན; ཁྱད་འཕགས;

810 Distort, *v.t.* གཟི་ཅས་གཟུས་རྒྱབ་པ; གཡོ་བ; དོན་གཡོ་བ;

811 Distortion, *n.* གཡོ་བཟུས; ཡོ་འཁྱོག; དོན་གྱི་ལྡོག;

812 Distract, *v.t.* གཡེང་བ; སེམས་གཡེང་བ;

813 Distraction, *n.* རྣམ་གཡེངས;

814 Distrain, *v.t.* བུན་གྱི་ཆེད་དུ་ཅ་ལག་སྣོ་ཐིལ་རྒྱབ་པ;

815 Distress, *n.* སྡུག་བསྔལ;

816 Distressed, *a.* སྡུག་བསྔལ་གྱིས་མནར་བའི;

817 Distribute, *v.t.* ཁྱབས་པར་བཀྲམ་པ; བགོ་བ; འགྲིམ་པ; འགྱེད་པ;

818 Distribution, *n.* ཁྱབས;

819 Distributive, *a.* ཁྱབས་པར་བྱེད་པའི; སྤྱི་ལ་ཁྱབས་པའི;

820 District, *n.* རྫོང་གཞིས; ཡུལ་ཁག; ཡུལ་སྡེ;

821 Distrust, *v.t.* བློ་མ་གཏད་པ; ཐེ་ཚོམ;

822 Disturb, *v.t.* དཀྲུག་པ; བར་དུ་བཅོད་པ; གཡེང་བ;

823 Disturbance, *n.* འཁྲུག་པ; འཁྲུག་ཟིང;

824 Disunion, *n.* ཁན་ལར་རྒྱ་མེད་པ་ཉིད; བློ་མ་མཐུན; བློ་ཐ་དད;

825 Disunite, *v.t.* འཕྲལ་བ; འབྲེལ་ཐག་བཅད་པ;

826 Disuse, *n.* ལས་སུ་མ་བསྐུལ་བ་ཉིད;

827 Disuse, *v.t.* ལས་སུ་མ་བསྐུལ་བར་བཞག་པ;

828 Ditch, *n.* ཆུ་འོབས; ཡུར་བ; ཡུར་རྡོང;

829 Ditto. གོང་གསལ; གོང་འཁོད་བཞིན;

830 Ditty. གླུ་བརྩོམས;

831 Diurnal, *a.* ཉིན་རེ་བཞིན་གྱི;

832 Dive, *v.i.* ཆུ་ལ་འཛུལ་བ; (Sik.) གཏིང་སྣུག་རྒྱབ་པ;

833 Diver, *n.* གཏིང་སྣུག་རྒྱབ་མཁན;

834 Diverge, *v.i.* ཁ་ཕྱོགས་འཁྱོག་པ; འཁྱུར་བ; འགྱུར་བ; རྩེ་བ;
ཟློག་པ;

835 Divergence, *n.* ཁ་ཕྱོགས་འགྱུར་བའི་བར་གྱི་ཁྱད་པར;

836 Diverses, *a.* སྣ་ཚོགས; ཐ་དད; མི་འདྲ་བ;

837 Diversely, *ad.* ཐ་དད་དུ;

838 Diversify, *v.t.* སྣ་ཚོག་སུ་སྤྲོས་པ;

839 Diversion, *n.* ཁམས་སང་བའི་ལས; སྒྱུ་བརྩེད; བརྩེ་མོ; གཡེང་བ;

840 Diversity, *n.* རྣམ་པ་སྣ་ཚོགས;

841 Divert, *v.t.* ཁ་ཕྱོགས་བསྒྱུར་བ; གཡེང་བ; བློ་འགྱུར་དུ་བཅུག་པ;

842 **Divest,** *v.t.* ཚད་དབང་དང་རྒྱ་ནོར་གང་ཡོད་པར་འཕྲོག་པ;

843 **Divide,** *v.t.* བགོ་བཤའ་རྒྱབས; བགོ་བ;

844 **Dividend,** *n.* བགོ་བཤའི་ཐོབ་སྐལ;

845 **Divination,** *n.* མོ; བྲ; བྲ་མོ; ཤེ་མོ; ཕབ་མོ་ལྷའི་མོའི་དག་པ་སྣ་ཚོད་ལ་ཟེར;

846 **Divine,** *a.* འཕགས་པའི;

847 **Divine,** *v.t.* མོ་བདབ་པ;

848 **Divinely,** *ad.* ཡེ་ཤེས་པའི; ཁྱད་པར་དུ་འཕགས་པར;

849 **Diving-bell,** *n.* ཆུ་ལ་ཞུགས་རྒྱུའི་ཁྲུལ་སྣམ;

850 **Divinity,** *n.* ལྷ; ཡེ་ཤེས་པ;

851 **Division,** *n.* བགོ་བཤའ;

852 **Divisional,** *n.* བགོ་གཤའི;

853 **Divorce,** *n.* གཉེན་ཡ་བྲལ;

854 **Divulge,** *v.t.* བསང་གནས་སྤྲོག་པ;

855 **Dizziness,** *n.* མགོ་ཡུ་འཁོར་བའི་ནད;

856 **Dizzy,** *a.* མགོ་ཡུང་འཁོར་བ; མགོ་ཡུ་འཁོར་འཁོར;

857 **Do,** *v.t.* བྱས་པ;

858 **Docile,** *a.* བཀོལ་ལྕུག་མཉན་པོ;

859 **Docility,** *n.* བཀོལ་ལྕུག་མཉན་པོ་ཉིད; རྒྱུད་མཉན་ཡུང;

860 **Dock,** *v.t.* རྩེ་གཡམ་པ; བཅད་པ;

861 **Dock,** *n.* གྲུ་ཟིང་བཞག་སའི་མཚོ་སྒོར; (the plant སྤོ་ཞིག་གི་མིང;)

862 **Docket,** *n.* ཡི་གེའི་དོན་བསྡུས་ཟིན་བྲིས;

863 **Doctor,** *n.* ཨེམ་ཆི;

864 Doctrinal, *a.* ཆོས་ཀྱི; གྲུབ་ཐའི་སྐོར;

865 Doctrinally, *ad.* ཆོས་ལུགས་ལྟར་ན; གྲུབ་ཐ་ལས;

866 Doctrine, *n.* ཆོས་ལུགས; གྲུབ་ཐ;

867 Document, *n.* ཡི་གེ; དེབ;

868 Documentary, *a.* དེབ་ཐེར་གྱི; དེབ་ཐེའི; ཡིག་དེབ་ཀྱི;

869 Dodge, *v.t.* ཕན་ཚུན་འཁྱོག་པ;

870 Doe, *n.* ཤ་མོ; རི་དྭགས་ཤ་བའི་མོ;

871 Doff. བཤུ་བ; ཕུད་པ;

872 Dog, *n.* ཁྱི; (*v.t.*) ཁྱི་བཞིན་རྗེས་སུ་མི་མཚོན་པར་འབྲིང་བ;

873 Doggerel, *n.* ཚིགས་སུ་བཅད་པ་ཡིན་པ་ལ་ཚིག་དོན་ཐེབ་སྦྱོར་སོགས་གང་ཡང་མེད་པ;

874 Dogma, *n.* གྲུབ་མཐའ; ཆོས་ལུགས;

875 Dogmatical, *a.* གྲུབ་མཐའི;

876 Dogmatism, *n.* གྲུབ་མཐའི་བསྟན་བཅོས་སུ་འཁོད་པའི་མན་ངག;

877 Dogmatize, *v.i.* རང་གི་ལྟ་བ་དེ་བརྩོད་མེད་ཡིན་ཚུལ་དུ་བརྗོད་པ;

878 Dole, *n.* སྦྱིན་པ; བསོད་སྙོམས;

879 Doleful, *a.* སྐྱོ་བ;

880 Doll, *n.* ཕྲུ་གུའི་རྩེད་མོ་བརྩེ་བྱེད་ཀྱི་ཁྱེའུའི་འདྲ་སྐུ; བྲུཾ་ཙུང་སང་སང; Bhut.

881 Dollar, *n.* དངུལ་སྒང; ཨེ་མེ་རི་ཀའི་དངུལ་སྒང;

882 Dolorous, *a.* སྐྱོ་ངལ་ཅན; སྡུ་ངན་ཅན;

883 Dolphin, *n.* ཉ་ཆེན་འི་རིགས་ཞིག;

884 Dolt. གླེན་པ;

885 Domain, *n.* མངའ་ཁུལ;

886 Don, *n.* པོར་དུ་གལ་པའི་སྐུ་དྲག་གི་མིང་;

887 Domestic, *a.* མི་དང་འགྲིས་པའི; མིའི་ཁྲིམ་དུ་མཆིས་པའི;

888 Domesticate, *v.t.* འགྲིས་སུ་བཙུག་པ;

889 Dominant, *a.* ཁྲབས་ཆེ་བ; ཕལ་ཆེ་བ; ཤུགས་ཆེ་བ;

890 Dominate, *v.t.* དབང་འགྱུར་བ;

891 Domination, *n.* དབང་བསྒྱུར;

892 Domineer, *v.i.* གཙན་དབང་བསྒྱུར་བ;

893 Dominion, *n.* རྒྱལ་ཁབས;

894 Don, *v.t.* ཆས་གྱོན་པ; (སྐུ་ལ་གསོལ་བ Hon.).

895 Donation, *n.* འབྱོར་འཛུགས; ཞལ་འདེབས;

896 Done, *pp.v.* བྱས་ཟིན; གྲུབ; ཚར; (མཛད་ཟིན; Hon.)

897 Donkey, *n.* བོང་བུ;

898 Donor, *n.* ཞལ་འདེབས་འབུལ་མཁན;

899 Doom, *n.* ལས; ལས་ཀྱི་བགོད་ཐང;

900 Door. སྒོ;

901 Dormant, *a.* ཞི་བར་གནས་པ; གཉིད་ལ་ཤོར་ནས་གནས་པ;

902 Dormitory, *n.* བསླབ་གྲྭའི་སློ་གྲུ་ཉལ་སའི་ཁང་པ;

903 Dormouse, *n.* ནགས་ཀྱི་བྱི་བ;

904 Dose, *v.t.* སྨན་ཐུར་དུ་བྱིན་ཅེས་བཀའ་བསྒོ་བ;

905 Dose, *n.* སྨན་ཐུར; སྨན་ཐིག;

906 Dost, *v.* བྱ་ཡིན; བྱའོ;

907 Dot, *n.* ཚེག; ཡིག་བར་གྱི་ཚེག;

908 Dotage, *n.* ཡིད་ཕམ་གྱི་སྐབས;

909 Dotard, *n.* བཙོལ་རྒུད; ཁམ་མེད; ཁམ་ཤོར་པོ;

910 Dote, *v.i.* འཕྲེང་སེམས་བསྐྱེད་པ; སེམས་འཕྲེང་བ;

911 Dotingly, *ad.* འཕྲེང་བཞིན་པར;

912 Double, *a.* ཉི་ཙེག; གཉིས་རྩེག; གཉིས་ལྡབ; ཉིས་ལྡབ;

913 Doubly, *ad.* གཉིས་རྩེག་དུ;

914 Doubt, *v.i.* ཐེ་ཚོམ་སྐྱེ་བ;

915 Doubtful, *a.* ཐེ་ཚོམ་ཅན;

916 Doubtingly, *ad.* ཐེ་ཚོམ་བསྐྱེད་བཞིན་དུ;

917 Doubtless, *ad.* ཐེ་ཚོམ་མི་དགོས་པ;

918 Dough, *n.* བག་ཟན; སྐྱོ་མ;

919 Dove, *n.* ཕྲེའུ་ཐི་ཐི་རྒྱལ་པོ; ཕྲེའུ་ཐི་ལི; ཀུ་ཀུ་ཐི་ཐི;

920 Dovetail, *n.* སྦྲང་རེབ་བཞིན་ནམ; ཡང་ན་ཕྱུག་རོན་མཇུག་སྒྲོ་བཞིན་རྩེ་ཕྱི་ལ་བཀྲམ་ནས་ཡོད་པ; (ཞྭན་ཅེའི་བཞིན; (Chinese term adopted by Tibetans) ཀྱུ་བ་ལྡར;)

921 Dowager, *n.* ལྷ་ཡུམ; གོང་མའི་ཡུམ;

922 Dowdy, *a.* རྫེར་པོ;

923 Dower, *n.* རྫོངས; བུ་མོ་བག་མར་གཏང་སྐབས་སུ་བྱིན་པའི་རྫོངས;

924 Down, *n.* བ་སྤུ;

925 Down, *ad.* མར; prep. ཁ་ཐུར་དུ;

926 Downcast, *a.* དབང་པོ་དམའ་བ; ཀློ་ཡི་ཆད་ཅན;

927 Downfall, *n.* རྒུད་པ; གུད;

928 Downhearted, *a.* སེམས་ཁོ་ཐག་ཆོད་པ; སེམས་ཞི་བ;

929 Downright, *ad.* ཁ་ཐུར་དུ་ཟུག་པ;

930 Downward, *ad.* ཁ་འཐུར་དུ; ཐུར་དུ; མར་ཕྱོགས་སུ;

931 **Downy,** *a.* བ་སྤུ་ཅན; བ་སྤུ་དང་ལྡན་པ;

932 **Doxology,** *n.* དཀོན་མཆོག་གསུམ་ལ་བསྟོད་པའི་མགུར་མ;

933 **Doze,** *v.i.* གཉིད་ཐུན་ཟབ་མོར་ཁུགས་པ;

934 **Dozen,** *n.* བཅུ་གཉིས; (འདར་ཟན; Hindi).

935 **Drab,** *n.* (a whore=སྨད་འཚོང་མ་); རས་ཅ་བསྐྱབ་ མོའི་རིགས་ཅིག;

936 **Draft,** *v.t.* ཡིག; ཟིན་བྲིས; *v.t.* ཟིན་བྲིས་བཏབ་པ; (of money དངུལ་འཛིན;)

937 **Draftsman,** *v.t.* རི་མོ་མཁན;

938 **Drag,** *v.t.* གྲུད་པ; (དྲས་པ;) དྲུད་པ;

939 **Draggle,** *v.t.* (Sik.) གྲུད་པ; ས་དྲུད་རྡོ་དྲུད;

940 **Dragon,** *n.* འབྲུག;

941 **Dragonfly,** *n.* ཆུ་སྤྲིང་རྒྱལ་མོ; (Sik.) & (Bhutia).

942 **Dragoon,** *n.* རྟ་དམག;

943 **Drain,** *v.t.* ཡུར་བ་འདྲེན་པ;

944 **Drake,** *n.* ཡ་རྩེ་པོ; འདམ་བྱ་པོ;

945 **Dram,** *n.* ཞོ; ཆུ་ཡིན་ན་ཏུབ་གང་ཙམ;

946 **Drama,** *n.* ཟློས་གར; (རྣམ་ཐར་དཔེར་ན་དྲི་མེད་ཀུན་ལྡན་ལྟ་བུ;)

947 **Dramatist,** *n.* ཟློས་གར་བརྩམས་མཁན;

948 **Dramatic.** ཟློས་གར་གྱི་ཚིག་དང་མཐུན་པའི;

949 **Drape,** *v.t.* རས་ཀྱིས་བཀབ་པ; རས་འགེབས་པ;

950 **Draper,** *n.* རས་དང་རས་གོས་འཚོང་མི;

951 **Drapery,** *n.* རས་ཅ;

952 **Draught.** འཐེན་པའི་ལས; འཐེན་སྟོབས; རྒྱབ; རི་མོའི་ཕྱི་གྲིམ; མི་དཔུང་གདམ་ཀ་བྱས་པ; (Sik. བཙག་འཐུ་རྒྱབ་པའི་མི་དཔུང); རླུང; ཀྱི་སིར;

953 **Draw,** *v.t.* འཐེན་པ; གཞིད་ཀྱིས་དྲང་བ; རི་མོ་བྲིས་པ; འདྲེན་པ;

954 **Drawback,** *n.* ཇུབ་པ; སྐྱུར་པ; འཁྲེན་པ; འགོད་པ; སྐྱོན;

955 **Drawer,** *n.* འཐེན་མཁན; བཤུད་སྒམ;

956 **Drawers,** *n.* དོར་མ; སྨད་གོས; {ཞབས་དོར; Hon.}

957 **Drawing,** *n.* རི་མོ; ལྷ་རིས; (ཕྱག་རིས Hon.)

958 **Drawing-room.** ཁང་པའི་ནང་གི་ཁང་མིག་དྲག་ཤོས; གཟིམ་ཚུང་སྤྱི་ཁང;

959 **Drawl,** *v.t.* སྐད་ནར་ཨ་ཛགས་དང་བཅས་ཏེ་སྐད་ཆ་ལབ་པ;

960 **Drawn-battle.** དམག་འཁྲུག་ལག་སྤྲོད་སྐབས་སུ་རྒྱལ་ཕམ་མ་ཕྱེ་བ;

961 **Dray,** *n.* ཅ་ལག་སྐྱེ་སོ་འདྲེན་པའི་ཆེད་དུ་ཤིང་རྟ་རིང་མོ;

962 **Dread,** *n.* དངངས་སྐྲག;

963 **Dreadful,** *n.* སྐྲག་པོ; འཇིགས་སུ་རུང་བ; ཡ་ང་པོ;

964 **Dreadfully,** *ad.* འཇིགས་སུ་རུང་བར;

965 **Dream,** *n.* རྨི་ལམ; { (Hon.) མནལ་ལམ; }

966 **Dreamer,** *n.* རྨི་ལམ་མཐོང་མཁན;

967 **Drear,** *a.* སྐུན་ནག་ཐིབ་ཐིབ; བློ་མི་ཆགས་པ;

968 **Drearily,** *ad.* ཉམས་མ་དགའ་བཞིན;

969 **Dregs,** *n.* ཉིག; ཉམས་མི་དགའ་བའི;

970 **Dreary,** *a.* བློ་མི་ཆགས་པའི;

971 **Drench,** *v.t.* ཆུ་འདམ་ཆར་པས་བང་བཙུག་པ;

972 **Dress,** *v.t.* གོས་གྱོན་པ;

973 **Dressy**, *a.* གོས་བཟང་གྱོན་པ་ལ་དད་པ; གོས་དད་ཅན;
ཟབ་སྤྲོད་སྤྲས་འདོད་ཅན;

974 **Dribble**, *v.i.* ཐིག་པར་ཟག་པ;

975 **Driblet.** ཐིག་མ; ཐིག་པ; ཐིག་ཕྲན;

976 **Drift**, *n.* རླུང་དང་ཆུ་ཡིས་འདེད་ཡོང་བའི་ཤིང་རྡུམ;
ཁ་ཕྱོགས; དོན;

977 **Drill**, *n.* ལྷུགས་སོར; (exercise) དམག་བརྩེས་འབྱུང་འདར;

978 **Drink**, *v.i.* བཏུང་བ; (ཞལ་སྐོམ; སྐྱེམས; Hon.)

979 **Drip**, *v.i.* ཐིག་པ་རྒྱབ་པ; འཛག་པ;

980 **Drive**, *v.t.* འདེད་པ; དེད་པ; སྐྱོད་པ;

981 **Drivel**, *v.i.* གླུན་སྐད་འདོན་ཅིང་སྐད་ཆ་བྱས་པ;

982 **Driver**, *n.* འདེད་མི;

983 **Drizzle**, *n.* ཆར་པ་ཟིམ་ཟིམ; སྦྲང་ཆར་ཟིམ་བུ;

984 **Droll**, *a.* གད་མོ་ཤོར་པོ; ཚོད་དྲོ་པོ; (ཚོད་དྲོ་ཆེ་ཆེ Sik.).

985 **Dromedary**, *n.* ཇ་ཞོང་བརྐའ་གོང་གཅིག་བྱས་པ་དེའོ;

986 **Drone**, *n.* བསིལ་སྦྲང་གི་སྦྲང་བོ་དེའོ;

987 **Droop**, *v.i.* སྨོ་ཤི་བ; གྱད་པ; མགོ་བོ་གུག་པ;

988 **Drop**, *n.* ཐིག་པ; ཆུ་ཐིག;

989 **Dropsical**, *a.* ཆུ་སྐྲངས་ཅན; ཆུ་སྐྲོས་ཤོར་བ; ཆུ་བསགས་གི་ནད་བུ་
ཅན; ཆུ་བསགས་གི;

990 **Dropsy**, *n.* ཆུ་སྐྲངས་པའི་ནད; ཆུ་སགས་པ; ཆུ་བསགས་གི་ནད;

991 **Dross**, *n.* ཉག་ཉིག;

992 **Drossy**, *a.* གཙོག་པོ; ཉག་ཉིག་ལྟ་བུ;

993 **Drought**, *n.* འཐེན་པ; ཆར་ཆུ་སྐམ་ཅིང་འཐེན་པ;

994 **Drove**, *n.* ནོར་ཕྱུགས་ཀྱི་ཁྱུ;

995 **Drover**, *n.* ནོར་ཕྱུགས་ཀྱི་ཁྲུ་དད་མཁན;

996 **Drown**, *v.t.* ཆུ་ལ་ནུབས་པ; ཆུ་ལ་སྣུབ་པ;

997 **Drowsily**, *ad.* གཉིད་ཀྱིས་དུབ་པ་འདྲ་པོ་བྱེད་དེ;

998 **Drowsiness**, *n.* གཉིད་དུབ;

999 **Drowsy**, *a.* གཉིད་ཀྱིས་དུབ་སྡེ;

1000 **Drub**, *v.t.* རྒྱུག་པས་བརྡུང་བ; དབྱུག་གུས་བསྣུན་པ;

1001 **Drubbing**, *n.* རྒྱུག་བརྡུང; བརྡུང་རྡེག;

1002 **Drudge**, *v.i.* འཁོལ་ལས་བྱས་པ; ལས་ཀ་སྡུག་པ་བྱེད་པ;

1003 **Drudgery**, *n.* འཁོལ་པོའི་ལས;

1004 **Drug**, *n.* སྨན་རྫས;

1005 **Druggist**, *n.* སྨན་རྫས་འཚོང་མཁན;

1006 **Druid**, *n.* སྔོན་དུས་དྲུཨིད་ལྟོའི་རྣམས་ཀྱི་བོན་བོན་དེ་དག་ལ་ཟེར; བོན་པོ;

1007 **Drum**, *n.* རྔ;

1008 **Drunkard**, *n.* སྐྱུར་གོང་ཅན; ཆང་འབའ་ཞིག་ཡོངས་སྤྱོད་ཅིང་སྐྱུར་གོང་བྱེད་པ་དག་ལ་ཟེར;

1009 **Drunken**, *a.* ར་གཟི་ནས་ཡོད་པ; ར་གཟི་པོ; ར་རོ་ཞིང་ཡོད་པ;

1010 **Dry**, *a.* སྐམ་པོ;

1011 **Dryness**, *n.* སྐམ་པའི་ཚུལ; སྐམ་ཚུལ; (སྐམ་ལོད Sik.)

1012 **Dual**, *a.* གཉིས; གཉིས་འབྲག; ཟུང;

1013 **Dub**, *v.t.* གོང་ས་བདག་སྐྱེམས་གནང་བ; མངའ་གསོལ་འགྱིད་པ;

1014 **Dubious**, *a.* ཐེ་ཚོམ་ཅན; ངེས་མེད; ཚོད་ཐིག་མིན;

1015 **Ducal**, *a.* ཌི་ཁུག་ཞེས་རྒྱལ་ཕྲན་གྱི;

1016 **Ducat**, *n.* དངུལ་ཊམ;

1017 **Duchy**, *n.* རྒྱལ་ཕྲན་ཞིག་ས་ཆ;

1018 **Duck**, *n.* འདམ་བྱ; ཡ་ཙེ (a Chinese word).

1019 **Duck**, *v.t.* ཆུ་ལ་སྦུབས་པ; ཆུ་ལ་འབང་བ;

1020 **Duckling**, *n.* འདམ་བྱའི་བྱེའུ;

1021 **Duct**, *n.* ཆུ་འདྲེན་པའི་དུང་ཕུང; ཆུ་དུང;

1022 **Ductile**, *a.* མཉན་གྱོང་འཛོམ་པོ;

1023 **Dudgeon**, *n.* ཁྲི་གར་སྒྲོག;

1024 **Due**, *n.* བུ་ལོན;

1025 **Duel**, *n.* མི་གཉིས་ཀྱི་འཛིང་ཀ; གཉིས་འཛིང;

1026 **Duet**, *n.* མི་གཉིས་སམ་འབའ་ཛ་སྐ་ཁ་གཉིས་འདེབས་ནས་རྒྱབ་
རྒྱུའི་གླུ;

1027 **Dugong**, *n.* རྒྱ་མཚོའི་ནང་གི་ཉ་ཆེན་པོ་ཞིག;

1028 **Duke**, *n.* རྒྱལ་ཕྲན;

1029 **Dull**, *a.* དཀྲག་མེད; རིག་སྐམ; (ཉ་བེ་ཉོ་བེ; Colql.).

1030 **Duly**, *ad.* རིམ་པར; དུས་དང་བསྟུན་ནས;

1031 **Dumb**, *a.* ལྐུག་པ; ཀླན་པ;

1032 **Dumbness**, *n.* ཀླར་ལྐུག;

1033 **Dun**, *a.* དམར་སྐྱུག; རག་པ; ཧ་རག་པ;

1034 **Dun**, *n.* བརྗོད་མཁན;

1035 **Dun**, *n.* གཙན་ཆས་ (Bhut.) ཐབ་ར; རི་མགོར་ཐབ་ར་བཅའ་
ནས་ཡོད་པ;

1036 **Dunce**, *n.* ཤེས་རབ་ཆུང་བ; བློ་སྨུན་ཅན; རིག་སྐམ;

1037 **Dung**, *n.* ལྕི་བ; རྟ་ནོར་སེམས་ཀྱི་ལྕི་བ;

1038 **Dungeon**, *n.* སྨུན་བཙོན; བཙོན་དོང;

1039 **Dunghill**, *n.* ལྕི་ཕུང;

1040 Dupe, *n.* མགོ་སྐོར་དུ་ཚུད་པའི་མི;

1041 Duplicate, *a.* སྒྲ་གཉིས;

1042 Duplicity, *n.* ཁ་གཅིག་ལྡེ་གཉིས; གཡོ་སྒྱུ;

1043 Durability, *n.* སྟན; ཡུན་རིང་གནས་པའི་ཚུལ; གཏན་ཕྱུང;

1044 Durable, *a.* སྟན་ཆེན་པོ; གཏན་པོ;

1045 Duration, *n.* གནས་ཡུན;

1046 During, *ppr.* སྐབས་སུ; རིངས་སུ;

1047 Dusk, *a.* ནམ་སྲོད; དགོང་ཁར; ས་སྲོད;

1048 Dusky, *a.* ཁ་མདོག་གནག་པ;

1049 Dust, *n.* རྡུལ; ཐལ་བ; (Sik.).

1050 Dutiful, *a.* གོ་ཆོད་ཅན; ཞུར་བརྩོན་ཅན; ལས་དོན་ཅན;

1051 Duty, *n.* གོ་ཆོད; ལས་ཀ; འགན; ལས་སྐལ;

1052 Dwarf, *n.* མི་འུ་ཐུང;

1053 Dwarfish, *a.* མིའུ་ཐུང་གི་ཆ་བྱད་ཅན;

1054 Dwell, *v.i.* གནས་པ; སྡོད་པ;

1055 Dwelling, *n.* གནས་ཁང;

1056 Dweller, *n.* གནས་པ་པོ; སྡོད་མི;

1057 Dwindle, *v.i.* ཉུང་དུ་སོང་བ;

1058 Dye, *n.* ཚོས་ཁ; *v.t.* ཚོས་རྒྱབ་པ;

1059 Dyeing, *n* ཚོས་མདོག་འགྱུར་བའི་ལས;

1060 Dyer, *n.* ཚོས་རྒྱབ་མི;

1061 Dynamics, *n.* ཤུགས་དང་སྟོབས་དང་ཐེག་སྲན་གྱི་རིག་གནས;

1062 Dynasty, *n.* རྒྱལ་རྒྱུད; གདུང་རྒྱུད;

1063 Dysentery, *n.* ཁྲུ་ནད; གྲང་རླུང་གི་ན་ཚ; ཁྲག་བཤལ; དམར་བཤལ;

1064 **Dyspepsia**, *n.* མ་འཇུ་བའི་ནད;

1065 **Dyspeptic**, *n.* ཕོ་ནད་ཅན;

1066 **Dysury**, *n.* དྲི་ཆུ་འགག་པའི་ནད;

E

1 **Each**, *a.* རེ་རེ;

2 **Eager**, *a.* འདོད་ཅན; འདོད་ལྡན; དུང་དུང;

3 **Eagerly**, *ad.* འདོད་པ་ཆེན་པོར;

4 **Eagerness**, *n.* འདོད་སྲེད; འདོད་གདུང;

5 **Eagle**, *n.* ཁྲུང;

6 **Ear**, *n.* རྣ་བ;

7 **Ear-ring**, *n.* རྣ་ལོང; (Hon.) སྙན་བརྒྱན); རྣ་ཆ;

8 **Earl**, *n.* རྒྱལ་ཕྲན་ནི་ཡུལ་ཕྱོགས་གཅིག་གི་འགོ་བ;

9 **Earldom**, *n.* ཨརླ་ཞེས་རྒྱལ་ཕྲན་ཞིག་གི་ས་ཆ;

10 **Early**, *a.* སྔ་དྲོ;

11 **Earn**, *v.t.* ཁེབ་པ; བསྒྲུབ་པ;

12 **Earnest**, *a.* དོན་དམ་པ; ཞེ་ནས;

13 **Earnestly**, *ad.* དོན་དམ་པར; སྙིང་ནས; ཞེ་ནས;

14 **Earth**, *n.* ས; ས་ཆེན་པོ;

15 **Earthen**, *a.* ས་ལས་གྲུབ་པ;

16 **Earthly**, *a.* ས་ཡི་རྣམ་པ་ཅན; སའི;

17 **Earthquake**, *n.* ས་གཡོས;

18 **Ease**, *n.* ལྷོད་ཆ; སྐྱིད་ཉམས; སྐྱིད;

19 **Easel**, *n.* ལྷ་བྲིས་པའི་རྐང་གསུམ;

20 Easily, *ad.* སླ་མོར; ལས་སླ་མོར;

21 Easiness, *n.* སླ་ཚུལ;

22 East, *n.* ཤར་ཕྱོགས;

23 Easter, *n.* ཕྱི་ལུང་གྱི་དུས་ཆེན་ཕྱི་ཟླ་བཞི་པའི་ཚེས་ནས་ཚུན;

24 Easterly, *ad.* ཤར་ཕྱོགས་ལ;

25 Eastern, *a.* ཤར་ཕྱོགས་ཡིན་པའི;

26 Eastward, *ad.* ཤར་ཕྱོགས་སུ;

27 Easy, *a.* སླ་བ; ལྷོད་པ; འབོལ་ཤིག་གི;

28 Eat, *v.t.* ཟ་བ; གསོལ; མཆོད་པ;

29 Eatable, *a.* བཟའ་རུ་རུང་བ; བཟའ་བཏུང;

30 Eater, *n.* ཟ་མཁན;

31 Eaves, *n.* ཅར; ཅར་ཞིང; (Sik.) གྱང་གི་ཁྱིམ་འདོང;

32 Ebb, *n.* ཞེམ་པ;

33 Ebony, *n.* ཤིང་འོས་མ; རྒྱ་གར་གྱི་ཐིག་ཤིང་བཟོ་བའི་ཤིང་ནག་པོ་
ར་ཅོ་འདྲ་བ་དེའོ;

34 Ebriety, *n.* ར་གཟིའི་ཚུལ;

35 Ebullient, *a.* ཁོལ་ནས་ལུད་འགྲོ་བཞིན་པ;

36 Ebullition, *n.* ཁོལ་ཚུལ; ཆུ་ལ་མེས་དྲོད་བཏགས་ཏེ་བསྐོལ་བ;

37 Eccentric, *a.* གཞན་དང་མི་ཅིག་པ; ཀུན་དང་སྤྱོད་ལམ་མི་མཐུན་པ;

38 Ecclesiastic, *n.* ལྷ་སྡེའི་ or ལྷ་སྡེའི་ལས་སྣེའི;

39 Ecclesiatical, *n.* ལྷ་སྡེའི་ལས་སྣེའི;

40 Ecclesiastically, *ad.* ལྷ་སྡེའི་ལས་སྣེའི་ངོས་ནས;

41 Echo, *n.* བྲག་ཆ; སྒྲ་བརྙན;

42 Eclat, *n.* སྟོད་རའི་གད་མོ; མཁས་ཆར; སིལ་བུར་ཐོར་བ;

43 **Eclipse** ཟླ་འཛིན;

44 **Ecliptic**, *n.* ཉིན་འཛིན་གྱི; ཉིན་ཟླ་གཟའ་འཛིན་གྱི་སྐོར; Ecliptic.

45 **Economical**, *a.* ཞིབ་བརྩིས་ཅན;

46 **Economize**, *v.t.* ཞིབ་བརྩིས་བྱས་པ;

47 **Economy**, *n.* ཞིབ་བརྩིས;

48 **Ecstasy**, *n.* བདེ་ཉམས; ཉམས་ཀྱི་བདེ་བ་རྒྱས་པའི་ཚུལ;

49 **Eddy**, *n.* (Sik.) ཨུང་རུར; མཚོ་བསྐོར;

50 **Eden**, *n.* མིའི་ཐོག་མ་ཨཱ་དམ་དང་ཧ་ཝཱ་གཉིས་ཀྱིས་བསྡོད་གནས་ས་སྟེང་གི་མཁའ་སྤྱོད་ཞིང;

51 **Edge**, *n.* ཁ; ཆ་ག; མཐའ; ཟུར;

52 **Edgewise**, *ad.* ཟུར་སྟུན་ནས;

53 **Edible**, *a.* ཟ་རུ་རུང་བ;

54 **Edict**, *n.* བཀའ་ཤོག; བཀའ་རྒྱ;

55 **Edification**, *n.* (མཁྱེན་རྒྱ; Hon.) ཤེས་བྱ་རྒྱས་ཆེད;

56 **Edifice**, *n.* བཀོད་པ;

57 **Edify**, *v.t.* དད་པ་འདྲེན་པ; དད་པ་བསྐྱེད་དུ་བཙུག་པ;

58 **Edit**, *v.t.* བརྩོམ་པ་མཁན་གྱི་བསྟན་བཅོས་པར་དུ་བཀོད་ཕྱིར་འགྲིག་པ;

59 **Edition**, *n.* པར་དུ་བཀོད་པའི་དཔེ་གྲངས;

60 **Editor**, *n.* པར་དུ་བཀོད་མཁན;

61 **Editorial**, *a.* པར་མཁན་གྱི;

62 **Editorship**, *n.* པར་མཁན་གྱི་གོ་ས;

63 **Educate**, *v.t.* འཚོ་བ; གསོ་བ; གསོ་སྐྱོང་བྱེད་པ; བསླབ་བྱ་སྟོན་པ;

64 **Education**, *n.* བསླབ་བྱ; ཡོན་ཏན; ཤེས་བྱ;

65 Educational, *a.* བསློབ་གཉེར་གྱི་སློར;

66 Educe. འཐོན་དུ་བཙུག་པ; ཕྱིར་འཐེན་པ; འཇོ་བ;

67 Eduction, *n.* ཕྱིར་འཐོན་པའི་ལམ;

68 Efface, *v.t.* ཕྱིས་བཞག་པ; སུབ་པ; རི་མོ་སུབ་པ;

69 Effect, *n.* འབྲས་བུ; ཅ་ལག; ཡོ་བྱད;

70 Effect, *v.t.* བྱེད་པ;

71 Effective, *a.* ལག་འཐོན་པ; ཕན་ཐོགས་པོ;

72 Effectual, *a.* དོན་ལ་ཕན་པ; ཕན་པོ; ནུས་ལྡན;

73 Effectually, *ad.* ཕན་པོར;

74 Effeminacy, *n.* བུ་དོར་དང་ལུས་ཀྱི་ཅ་ག་ལ་སྐྱེ་དམན་འདྲ་པོ;

75 Effeminate, *n.* སྐྱེ་དམན་ལྟ་བུ; འདར་མ; སྐྱིད་འདོད་མཁན;

76 Effeminately, *ad.* འདར་མ་བཞིན; སྐྱིད་འདོད་དང་མཆོར་འདོད་ཀྱི;

77 Effervesce, *v.t.* འཁོལ་བ; དབུ་བ་ཟེར་རེ་འཁོལ་ཡོང་བ;

78 Effervescence, *n.* དབུ་བ་སོར་སོར་དུ་འཁོལ་བ་ཉིད;

79 Effete, *a.* ཐང་ཆད་ཟིན་པ; གོག་པོ; ནུས་སྟོབས་ཉམས་ཟིན་པ;

80 Efficacious *a.* ནུས་ལྡན; ཕན་ནུས; ཕན་པའི་ནུས་པ་ཅན;

81 Efficacy, *n.* ནུས་པ;

82 Efficient, *a.* ལས་འཕེར་ཞིང་དོན་སྨིན་ལག་སོན་པོ;

83 Effigy, *n.* འདྲ་པར;

84 Efflorescence, *n.* མེ་ཏོག་ཤར་བའི་དུས;

85 Effluent, *a.* ཕྱིར་འབབ་པ; གཙང་པོ་གཅིག་གི་ནང་ནས་གཞན་དུ་འབབ་པ;

86 Effort, *n.* འབད་པ; བརྩོན་པ;

87 Effrontery, *n.* ཁྲེལ་དང་ངོ་ཚ་མེད་པ་ཉིད;

88 Effulgent, *a.* འོད་ཟེར་འཕྲོ་བ; འོད་དུ་འབར་བའི;

89 Effusion, *n.* བོ་བ; ཆུ་ལྷུར་འབོ་བ; བཞོ་བ;

90 Egg, *n.* སྒོ་ང;

91 Egotism, *n.* བདག་འཛིན; རང་ཉིད་ཁོ་ནའི་སྐད་ཆ་བཤད་པར་དད་པ;

92 Egotist, *n.* ང་རྒྱལ་མཁན;

93 Egregious. དྲག་པོ; ཚབ་ཆེན; དོད་པོ; དྲག་ཐལ་ཞོལ་བའི;

94 Egress, *n.* ཕྱི་ལ་བགྲོད་པ་ཉིད;

95 Egyptian, *n.* ཨི་ཇིཔྟ་ཞེས་པའི་མི་སེར་ལྗུང་པའི་ཡུལ་མི;

96 Eight, *n.* བརྒྱད

97 Eighteen, *n.* བཅོ་བརྒྱད;

98 Eighteenth, *n.* བཅོ་བརྒྱད་པ;

99 Eighth, *n.* བརྒྱད་པ;

100 Eightieth, *a.* བརྒྱད་བཅུ་པ;

101 Eighty, *n.* བརྒྱད་བཅུ་ཐམ་པ;

102 Either, *a.* ཡང་ན;

103 Ejaculate, *v.t.* སྐད་ཆའི་སྨྲ་བརྗོད་སྟངས་དྲག་པོ་བྱེད་དེ་བརྗོད་པ;

104 Ejaculation, *n.* དྲག་པོ་འི་སྨྲ་བརྗོད; ང་རོ་འདོན་པ; ང་རོ;

105 Eject, *v.t.* སྐྲོད་པ; འདོར་བ;

106 Ejection, *n.* སྐྲོད་པ; འདོན་པ;

107 Ejectment, *n.* ཕྱིར་དབྱུང; ཕྱིར་སྐྲད; ཕྱིར་འདོན;

108 Eke, *vt.* རིང་དུ་བསྣར་བ; བརྣན་པ; ཁ་སྣོན་རྒྱབ་པ;

109 Elaborate, *v.t.* དཀའ་སྤྱད་ཀྱིས་བསྒྲུབ་པ; ཞིབ་ཆ་དོད་པོར་བྱས་པ;

110 Elaborate, *a.* ཞིབ་ཆ་འདོད་ཅིང་ཚང་བ;

111 Elaborately, *ad.* ཞིབ་ཆ་དོད་པོར;

112 Elapse, *v.i.* འདའ་བ; དུས་ཡོན་པ;

113 Elastic. མཉེན་ལྷུག་ལྷེམ་པོ; མཉེན་གྱོང་འཛོམ་པོ;

114 Elasticity, *n.* མཉེན་ལྷུག;

115 Elate, *a.* ཁེངས་དྲེག་གིས་སྤྲོས་པ; བྱ་བ་ལམ་ཡོང་བྱུང་བར་རྟེན་ཁེངས་དྲེག;

116 Elate, *v.t.* ཡར་དེག་པ;

117 Elation, *n.* བྱུས་རྒྱག་པོ་བྱུང་བར་རྟེན་ཁེངས་དྲེག་གི་བློ;

118 Elbow, *n.* གྲུ་མོ; ཀྲི་ལིང་ (Sik. Bhut.).

119 Elbow, *v.t.* གྲུ་མོས་འཕུལ་བ;

120 Elder, *n.* རྒད་པོ; རྒན་པ;

121 Elderly, *ad.* རྒན་སོང;

122 Eldership, *n.* རྒན་པའི་གོ་ས;

123 Elect, *v.t.* གདམས་ཀ་བྱེད་པ; གདམ་ཁ་རྒྱབ་པ;

124 Election, *n.* གདམ་ཀ;

125 Elective, *a.* གདམ་ཀའི;

126 Elector, *n.* གདམ་ཀའི་ཚད་དབང་ལྡན་པའི་རྒྱལ་སྲིན;

127 Electuary, *a.* ལྗེ་གྲུ;

128 Electricity, *n.* གློག;

129 Electrify, *v.t.* གློག་གིས་ཁྲུབས་པར་བྱས་པ;

130 Elegance, *n.* གཟུགས་བྱད་དམ་དབྱིབས་ཆ་སྙོམས་ཤིང་ཡིད་དུ་འོང་བ་ཉིད;

131 Elegant, *a.* གཟུགས་བྱད་ཡིད་དུ་འོང་ཞིང་ཆ་སྙོམས་པོ;

132 Elegantly, *ad.* ཡིད་དུ་འོང་པོ་བྱེད་དེ;

133 Elegy, *n.* མྱ་ངན་ཚིགས་བཅད; མྱ་ངན་གྱི་སྒྲོ་གླུ; སྒྲོ་གླུ;

134 **Element**, *n.* འབྱུང་བ; ཁམས;

135 **Elementary.** སྟོད་དུ་འགྲོ་བའི; མགོ་ནས་བརྩམས་པའི;

136 **Elephantiasis**, *n.* རྒྱ་གར་དུ་མཆིས་པའི་ཡན་ལག་སྦོས་སྐྲང་ཀྱི་ནད;
རྐང་པ་གླང་ཆེན་གྱི་རྐང་པའི་བཟོ་ལྟར་སྦོས་པ;

137 **Elephant**, *n.* གླང་ཆེན;

138 **Elevate**, *v.i.* སྒྲ་འདོགས་པ; ཡར་བདེག་པ; སེང་བ; སྤར་བ;

139 **Elevation**, *n.* མཐོ་དམན;

140 **Eleven**, *n.* བཅུ་གཅིག;

141 **Eleventh**, *a.* བཅུ་གཅིག་པ;

142 **Elicit**, *v.t.* རྗེས་སུ་དཔག་སྟེ་དོན་གསལ་པོར་མཚོན་པ;

143 **Eligibility**, *n.* གདམ་ཀ་བྱ་འོས་པ་ཉིད;

144 **Eligible**, *a.* གདམ་ཀ་བྱ་འོས; རན་པ; སྤམ་པོ;

145 **Eligibly**, *a.d.* རན་པར; སྤམ་པོར;

146 **Eliminate**, *v.t.* མཐའ་ནས་འགག་པ; ཕྱིར་དབྱུང་བ;

147 **Elimination**, *n.* ཕྱིར་དོར་བ་ཉིད;

148 **Elision**, *n.* འདའ་བ;

149 **Elixir**, *n.* བདུད་རྩི;

150 **Elk**, *n.* ཁ་ཤ; ཤ་བ;

151 **Ell**, *n.* ལག་ཡིབ་གང་གི་ཚད;

152 **Ellipse**, *n.* སྒོང་གཟུགས;

153 **Ellipsis**, *n.* སྐབ་སྦྱོར་གྱི་ཚིག་ལྟར་ན་མིང་འགའ་མ་བཀོད་པར་ལྷག་
དང་བཅས་པའི་དོན་ལྡན; ལྷག་བཅས;

154 **Elliptical**, *a.* སྒོང་གཟུགས་ཅན;

155 **Elliptically**, *ad.* སྒོང་གཟུགས་སུ;

156 Elm, *n.* ཤིང་སྡོང་ཆེན་པོ་འི་རིགས་གཅིག ;

157 Elocution, *n.* ཚིག་གི་སྒྲ་བརྗོད;

158 Elocutionist, *n.* ཚིག་སྒྲ་དག་པོར་བརྗོད་པ་ཙམ་ལ་འབད་མི ;

159 Elongate, *a.* རིངས་དུ་གཏང་བ ;

160 Elongation, *n.* རིང་པོར་བཟོ་བའི་ལས་དེ་ཉིད; རིང་པོ་བཟོ་བ་ཉིད;

161 Elope, *v.i.* འབྲོས་པ; ཁྱོ་ཤུག་སློམ་ནས་བྲོས་པ ;

162 Elopement, *n.* བྲོས་གཟུར; མིའི་སྐྱེ་དམན་དང་འདེབས་ནས་བྲོས་པ;

163 Eloquence, *n.* ཁ་སྦྱང; ཁ་དབང; ཁ་ཤུགས ; ངག་དབང;

164 Eloquent, *a.* ཁ་བདེ་པོ; ངག་དབང; ཁ་ཤུགས་ཅན;

165 Eloquently, *ad.* ཁ་ཤུགས་ཆེན་པོ་བྱེད་དེ;

166 Else, *ad.* དེ་མིན;

167 Elsewhere, *ad.* གཞན་ཁར; གཞན་གར་ཡང; གཞན་དུ;

168 Elucidate, *v.t.* དོན་བཀྲོལ་སྟེ་བཤད་པ;

169 Elucidation, *n.* འགྲེལ་བཤད;

170 Elude, *v.t.* ཡིབ་པ;

171 Elusory, *a.* སྒྱུ་མ་ལྟུ;

172 Elysian, *a.* ལྷ་ཡུལ;

173 Elysium, *n.* ལྷ་ཡུལ་གྱི;

174 Emaciate, *v.i.* སྐྲེག་པ; སྐྲེག་དུ་སོང་བ ;

175 Emaciation, *n.* སྐྲེག་ཚུལ;

176 Emanate, *v.i.* འཕྲོ་བ ;

177 Emanation, *n.* སྤྲུལ་པ ;

178 Emancipate, *v.t.* སྒྲོལ་བ; ཐར་པར་འདྲེན་པ;

179 Emancipation, *n.* ཐར་པ ;

180 Emasculate, *v.t.* འབོ་ཕབ་པ; (Sik.) ཕོ་བཅོད་པ;

181 Embalm, *v.t.* རོ་ལ་སྨན་བདབ་སྟེ་མི་རུལ་བ་བཟོ་བ;

182 Embank, *v.t.* གད་པ་འཆོས་པ;

183 Embankment, *n.* གད་པ;

184 Embarge, *n.* གྲུ་ཟིང་ཕྱི་ནང་བགྲོད་པའི་འགག་ཆ;

185 Embargo, *v.t.* གྲུ་ཟིང་བགྲོད་པའི་འགག་རྒྱབ་པ;

186 Embark, *v.t.* གྲུ་ཟིང་ལ་ཞུགས་པ;

187 Embarkation, *n.* གྲུ་ཟིང་ཞུགས་པའི་ལས་རི་ཀ;

188 Embarrass, *v.t.* ཁ་ཁྲེངས་བཅུག་པ;

189 Embarrassment, *a.* ཁྲེངས་པ་ཉིད; ངོ་ཁྲེངས; ཁ་ཁྲེངས;

190 Embassy, *n.* རྒྱལ་ཁབ་གི་བློན་པོ་ཕྱོགས་སུ་རྫོང་བ་དེ་འོ;

191 Embed, *v.t.* ཚང་བཀོས་ནས་དེའི་ནང་དུ་གཡུ་ཁྲ་བཞིན་བཅུག་པའམ་
བགོད་པ;

192 Embellish, *v.t.* བརྒྱན་ཆས་བཀྲས་པ;

193 Embellishment, *n.* བརྒྱན་སྤྲས;

194 Ember, *n.* མེ་ཡོ་མ;

195 Embezzle, *v.t.* དངུལ་ཁྲིམ་ཟས་གཏང་བ;

196 Embezzlement, *n.* དངུལ་གཡོ་སྒྲུས་ཁྲིམ་ཟས་སུ་གཏང་བའི་ལས;

197 Embitter, *v.t.* སེམས་འཁོན་ཟེ་སྡུག་ཏུ་བཅུག་པ;

198 Emblem, *n.* བརྡགས; བརྡའ;

199 Emblematic, *adj.* བརྡའ་ཡི; བརྡགས་ཀྱི་མཚོན་པའི;

200 Emblematical, *adj.* (idem).

201 Embonpoint, *adj.* ཕ་འབྱོར་པོ; རྒྱགས་པ; ཉམ་རྒྱགས་པོ; དཔེར་ན་
སྦུད་རྒྱགས་པ་ལྟའོ;

202 Embodiment, *n.* གཟུགས་སུ་གྱུར་པ ;

203 Embody, *v.t.* གཟུགས་སུ་བསྒྱུར་པ ; བསྡུས་པ ; ཁོངས་སུ་བསྡུས་པ ;

204 Embolden, *v.t.* དབུགས་ཕྱིན་པ ; དཔའ་བསྐྱེད་པ ; བློ་བསྐྱེད་པ ;
བློ་ངར་བསྐྱེད་པ ;

205 Emboss, *v.t* སྦུར་བ ; འབུར་དུ་གཏོན་པ ; རི་མོ་འབུར་དུ་བཀོད་པ ;

206 Embowel, *v.t.* ནང་ཁྲོལ་འདོན་པ ;

207 Embower, *v.t.* མེ་ཏོག་གམ་ལོ་འདབ་གྱི་གུར་ཁང་དུ་བཙུག་པ ;

208 Embrace, *v.t.* འཁྱུད་པ ; འཁྲིལ་བ ; འཛིན་པ ; ཁྱབ་པ ;

209 Embrace, *n.* འཁྱུད་སྣང ; པང་འཁྱུད ;

210 Embrasure, *n.* རྫོང་གི་མེ་ཁུང ; མདའ་བུག ; (Bhut.).

211 Embroider, *v.t.* མཐའ་འཛགས ;

212 Embroidery, *n.* འཚེམ་བྲུག ; འཚེམ་བྲུག་གི་མཐའ་འཛར ;

213 Embroil, *v.t.* འཁྲུག་པ ; དཀྲུག་པ ; འཁྲུག་པ་སློང་བ ;

214 Embryo, *n.* སྲོག་ཆགས་མའི་མངལ་དུ་ཆགས་པའི་ཐོག་མ ;

215 Emendation, *n.* ནོར་འཁྲུལ་ལམ་ཚིག་འཛོལ་སང་པའི་ལས ;

216 Emerald, *n.* མརྒད ; ནོར་བུའི་བྱེ་བྲག་ལས་མརྒད་བྱ་བ་མདོག་ལྗང་
ཁུ་བྱུས་པ་དེའོ ;

217 Emerge, *v.i.* འབྱུང་བ ; འཐོན་ཡོང་བ ;

218 Emergency, *n.* གནད་གག ; གག ; གལ་ཆེ་བའི་དུས ;

219 Emergent, *a.* དོན་ལ་ཁད ; ཕྱིར་ཐོན་ལ་ཁད ;

220 Emery, *n.* ཕ་ལྷང་ལོང་བུ་བྱེ་མར་བདག་པ ;

221 Emetic, *n.* སྐྱུགས་སྨན ; བཤལ་སྨན ;

222 Emigrant, *a.* ཡུལ་གཅིག་ནས་གཞན་དུ་སྤོ་མཁན ;

223 Emigrate, *v.i.* ཡུལ་སྤོ་བ ;

224 Emigration, *n.* ཡུལ་སྤོ་བ་ཉིད ;

225 Eminence, *n.* མཐོ་ས ; ཕུལ་འབྱུང ; ཕུན་ཚོགས ; མངོན་མཐོ ;

226 Eminent, *a.* མཐོན་པོ ; ཁྱད་པར་ཅན ; ཕུལ་དུ་བྱུང་བ ; མངོན་པར་མཐོ་བ ;

227 Eminently, *ad.* ཁྱད་པར་དུ ;

228 Emir, *n.* ཨ་རབ་ཡུལ་གྱི་རྒྱལ་ཕྲན་ནམ་སྡེ་པ་སོགས་ཀྱི་མིང ;

229 Emissary, *n.* གསང་བའི་ལས་ཀར་རྫོངས་བའི་མི ;

230 Emission, *n.* ཆབ་གཅིག་དུ་ཕྱི་ལ་འདོན་པ་ཉིད ;

231 Emissive, *a.* ཕྱི་ལ་གཏང་བའི ;

232 Emit, *v.t.* འཕྲིན་པ ;

233 Emmet, *n.* གྲོ་མོག་འབུ ; འབུ་གྲོག་མ ;

234 Emolliate, *v.t.* མཉེན་པོར་བཟོ་བ ;

235 Emollient, *n.* མཉེན་པོ་བཟོ་བའི་སྨན ;

236 Emolument གསོལ་རས ; ཕོགས ; གདོ་ཕོགས ;

237 Emotion, *n.* འདུ་ཤེས ;

238 Emotional, *a.* འདུ་ཤེས་ཀྱི ;

239 Empale, *v.t.* གསལ་ཤིང་ལ་བསྐྲོན་པ ;

240 Emperor, *n.* གོང་མ་ཆེན་པོ ; གོང་མ་རྒྱལ་པོ་ཆེན་པོ ;

241 Emphasis, *n.* སྒྲ་དྲག ; དྲག་པོར་བརྗོད་པའི་སྒྲ ;

242 Emphasize, *v.t.* ཚིག་གི་ཕྲག་དུ་དོན་གསལ་པོར་བྱུང་བའི་ཆེད་དུ་བརྗོད་པའི་སྐབས་སུ་སྒྲ་དྲག་པོར་བརྗོད་པ་དེའོ ;

243 Empire, *n.* རྒྱལ་ཁམས ; ཡུལ་ཁམས ; རྒྱལ་ཁག ;

244 Empiric, *a.* དངོས་སུ་ལག་ལེན་ཉམས་མྱོང་ལ་རྟེན་པའི ;

245 Employ, *v.t.* སྐྱེལ་བ ; སྤྱོད་པ ; བྲེལ་བ ; ལས་སུ་འཛུག་པ ; བསྐུལ་བ ;

246 Employé, *n.* ལས་སྡེ ;

247 Employer. ལས་བསྐུལ་མཁན ;

248 **Employment**, *n.* ལས་ཀ།

249 **Emporium**, *n.* འཚོང་འདུས།

250 **Empower**, *v.t.* འགན་བཀལ། ཆོད་དབང་གནང་བ། དབང་སྐུལ་བ།

251 **Empress**, *a.* རྒྱལ་མོ་ཆེན་མོ། བཙུན་མོ། གོང་མ་རྒྱལ་མོ་ཆེན་མོ།

252 **Emptiness**, *n.* སྟོང་ཚུལ།

253 **Empty**, *a.* སྟོང་པ།

254 **Emptying**, *n.* སྟོང་པར་བཟོས་པ། སྟོང་སང་ངེར་བྱོ་བ།

255 **Empyreal**, *a.* དགའ་བ་ཡེ་ཤེས་ཀྱི། ཀ་དག གདོད་རྒྱལ་གྱི།

256 **Emu**, *n.* ཨསྟྲེ་ལི་ཡ་ཡུལ་དུ་མཆིས་པའི་བྱ་ཆེན་གྱི་རིགས་ཞིག

257 **Emulate**, *v.i.* གཞན་ལས་ལྷག་འདོད་དམ་གཞན་དང་མཉམ་འདོད་ཀྱིས་མགྲན་པ།

258 **Emulation**, *n.* མགྲན་པ། མགྲན་བློ།

259 **Emulous**, *a* མགྲན་བློ་ཅན།

260 **Enable**, *v.t.* ནུས་པར་བྱེད་པ།

261 **Enact**, *v.t.* བྱས་པ། བཅའ་བ། ཁྲིམས་སུ་བཅའ་བ།

262 **Enactment**, *n.* ཁྲིམས་ལུགས་བཅའ་བའི་ལས།

263 **Enamel**, *n.* ཀྱ་ཤའི་རྩི། ཀྱ་ཤའི་ཙ་ལག

264 **Enamour**, *v.t.* སེམས་ཞེར་བ།

265 **Encamp**, *v.i.* སྒར་ཕུབ་པ། སྒར་བཏབ་པ།

266 **Encampment** སྒར། དམག་སྒར།

267 **Enchant**, *v.t.* ཡིད་སྨྲོས་སུ་བཅུག་པ།

268 **Enchanter**, *n.* འགོང་པོ། སྨྲོས་བྱེད་པོ།

269 **Enchantment**, *n.* འགོང་པོའི་སྤྲུལ།

270 **Enchase**, *v.t.* ཁྲ་གོད་པ། ཁྲ་འབུར་གྱིས་བརྒྱན་པ།

271 Encircle, *v.t.* སྐོར་བ;

272 Enclose, *v.i.* སྐོར་བ;

273 Enclosure, *n.* ར་བ;

274 Encomium, *n.* བསྟོད་ར; བསྔགས་བརྗོད;

275 Encompass, *ad.* འཁྲིགས་པ; འཁྱུད་པ; སྐོར་བ;

276 Encore, *ad.* ཡང་བསྐྱར;

277 Encounter, *n.* ཐུག་འཕྲད;

278 Encourage, *v.t.* སྙིང་སྦྱིན་པ; བློ་བསྐྱེད་པ;

279 Encouragement, *n.* དབུགས་སྦྱིན;

280 Encouraging, *a.* དབུག་སྦྱིན་པའི;

281 Encroach, *v.i.* མཐའ་ནས་མནན་པ;

282 Encroacher, *n.* གོད་མནོན་པ;

283 Encroachment, *n.* གོང་མནོན;

284 Encrust, *v.t.* ཕྱི་ནས་སེར་གོག་ཆགས་པ;

285 Encumber, *v.t.* འཁུར་པོས་འགག་པ; ལམ་བགྲོད་འགག་པ;
དཔེར་ན་འཁུར་ལྕི་བས;

286 Encumbrance, *n.* འགོག་པ; འགག་ཆ; བསྐོར་བཀྱིལ;

287 Encyclopedia, *n.* མིང་གི་མཛོད་བརྗོད; ཟ་མ་ཏོག;

288 End, *n.* མཐའ; ཟུར;

289 Endanger, *v.t.* ཉེན་ཁ་ཆེར་བཀྱལ་བ;

290 Endear, *v.t.* བྱམས་སུ་བཅུག་པ;

291 Endearment, *n.* བྱམས་སེམས;

292 Endeavour, *n.* ཨུ་ཚུགས; འབད་པ; འབད་རྩོལ;

293 Ending, *n.* མཐར་ཐུག;

294 Endless, *a.* མཐའ་མེད་;

295 Endlessly, *ad.* མཐའ་མེད་པར་;

296 Endlessness, *n.* མཐའ་མེད་ཚུལ་;

297 Endogenous, *a.* ནས་ནས་བསྐྱེད་འཕེལ་བའི་;

298 Endorse, *v.t.* མགོ་འཆིན་རྒྱབ་པ་;

299 Endow, *v.t.* རྫོངས་ཕྱིན་པ་; སྦྱོར་འཛུགས་འབུལ་བ་;

300 Endurable, *a.* བསྲན་དུ་ཡོད་པ་; བཟོད་ཐུབ་པ་;

301 Endurance, *n.* བཟོད་བསྲན་; ཐེག་བསྲན་;

302 Endure, *v.t.* བཟོད་པ་; བསྲན་པ་;

303 Enemy, *n.* དགྲ་; སྡང་དགྲ་;

304 Energetic, *a.* གྲུང་པོ་; ཧུར་པོ་; ཧུར་བརྩོན་ཅན་;

305 Energetically, *ad.* གྲུང་པོ་བྱེད་དེ་;

306 Energize, *v.i.* ཧུར་བསྐྱེད་པ་;

307 Energy, *n.* ཧུར་བརྩོན་; གྲུང་; ངར་; ཤུགས་;

308 Enervate, *adj.* སྟོབས་ཉམས་སུ་བཅུག་པ་;

309 Enervation, *n.* ལུས་སྟོབས་ཉམས་པ་ཉིད་;

310 Enfeeble, *v.t.* ཤུད་དུ་བཅུག་པ་; ཉམ་དུ་བཅུག་པ་;

311 Enforce, *v.t.* ཤུགས་བསྐྱོད་པ་;

312 Enforcement, *n.* ཤུགས་བསྐྱོད་;

313 Enfranchise, *v.t.* བཙོན་ནམ་འཆིང་བ་ལས་དགྲོལ་བ་;

314 Enfranchisement, *n.* སྒྲོལ་བ་ཉིད་;

315 Engage, *v.t.* ལས་སུ་བཀོལ་བ་;

316 Engaged, *a.* གདས་མར་ཚུད་པ་; ཁེག་ཁྲིགས་སུ་ཚུད་པ་;
ཁས་བླངས་པ་;

317 **Engagement**, *n.* ཁ་ཆིག་བརྗེས་ནས་འཆིང་ཟིན་པའི་ཚུལ;

318 **Engaging**, *a.* ཡིད་ཁར་འོང་པོ;

319 **Engender**, *v.t.* བསྐྱེད་པར་བྱེད་པ;

320 **Engine**, *n.* འཁྲུལ་འཁོར;

321 **Engineer**, *n.* འཁྲུལ་གྱི་བཟོ་པ;

322 **Engineering**, *n.* འཁྲུལ་བཟོ;

323 **English**, *a.* ཨང་ག་རྗི; དབྱིན་རྗིའི;

324 **Engrave**, *v.t.* རི་མོ་རྡོ་བརྐོས་བྱེད་པ;

325 **Engraver**, *n.* བརྐོས་མཁན;

326 **Engross**, *v.t.* སྒེར་དབང་བྱེད་པ;

327 **Engulf**, *v.t.* ནང་དུ་འཐེན་ནས་སྦུབ་པ;

328 **Enhance**, *v.t.* སྤེལ་བ; སྐྱེད་སྤེལ་བ;

329 **Enhancement**, *n.* འཕེལ་བསྐྱེད;

330 **Enigma**, *n.* སྦྲས་ཚིག;

331 **Enigmatical**, *a.* སྦྲས་ཚིག་ལྟུའི;

332 **Enjoin**, *v.t.* ངམ་བསྒྲགས་པ;

333 **Enjoy**, *v.t.* ལོངས་སྤྱོད་པ;

334 **Enjoyment**, *n.* ལོངས་སྤྱོད;

335 **Enkindle**, *v.t.* མེ་མཆེད་པ; མེ་སྦར་བ;

336 **Enlarge**, *v.t.* ཆེ་རུ་བཟོ་བ;

337 **Enlargement**, *n.* ཆེར་བསྐྱེད; ཆ་ཆེ་རུ་གཏང་བ;

338 **Enlighten**, *v.t.* གསལ་བ;

339 **Enlist**, *v.t.* དམག་མིའི་གྲལ་དུ་བཙུག་པ;

340 **Enliven**, *v.t.* སྤྲོ་བ་བསྐྱེད་པ;

341 Enmity, *n.* དགྲ་སྣང; དགྲར་འཛིན;

342 Ennoble, *v.t.* བཟང་དུ་བཙོས་པ;

343 Ennui, *n.* བྱེད་རྒྱུ་གང་ཡང་མེད་པས་ངལ་བ; ཞེ་མེར་བ;

344 Enormity, *n.* རྫབས་ཆེ;

345 Enormous, *a.* རྒྱ་ཆེན་པོ;

346 Enormously, *ad.* རྒྱ་ཆེན་པོར;

347 Enough, *a.* རིན་ཆོད; རན་ཙམ; ལྷང་ཙམ; ལྷང་ཚད;

348 Enquire, *v.t.* འདྲི་བ;

349 Enrage, *v.t.* ཁོང་ཁྲོ་སློང་བ;

350 Enrapt, *n.* ཞི་བདེའི་ཉམས་ཀྱིས་མྱོས་པ;

351 Enrapture, *n.* བདེ་ཉམས;

352 Enravish, *v t.* ཡིད་འཕྲོག་པ;

353 Enrich, *v.t.* ཕྱུག་པོར་གཏང་བ;

354 Enrichment, *n.* ཕྱུག་པོར་གཏང་བའི་ལས;

355 Enrol, *v.t.* མིང་ཐོར་བཀོད་པ;

356 Ensample, *n.* ཕྱུས་མཚན; ཕྱུས་ཚད; དཔེ;

357 Enshrine, *v.t.* བཞུགས་སུ་གསོལ; ལྷ་ཁང་དུ་བཞུགས་སུ་གསོལ་བ;

358 Enshroud, *v.t.* རས་ཀྱིས་འགེབས་པ;

359 Ensign, *n.* གདུང་དར་པ; གདུང་དར;

360 Enslave, *v.t.* ཁོལ་པོར་བཀོལ་བ;

361 Enslavement, *n.* ཁོལ་པོར་བཀོལ་ལུགས;

362 Ensnare, *v.t.* བརྙི་རྒྱ་གཟུང་བ;

363 Ensue, *v.t.* འབྱུང་བ;

364 Entablature, *n.* ཀ་བའི་ཏོག་གི་པ་ཏ;

365 **Entail**, *v.t.* པ་གཞིས་ཐོབ་ཐང་དབྱེ་ནས་བཞག་པ;

366 **Entailment**, *n.* པ་གཞིས་སྲུས་ཐོབ་དབྱེ་ལུགས;

367 **Entangle**, *v.t.* འཁྲིགས་པ; བཀྲིགས་པ;

368 **Enter**, *v.t* ཞུགས་པ;

369 **Enterprise**, *n.* ལག་ཏུ་ལེན་པའི་ལས;

370 **Enterprising** ལས་གང་ལའང་འཆོར་ཐུག་མེད་པར་ཞུགས་ནུས་པ;

371 **Entertain**, *v.t.* མགྲོན་བདང་བ; ཐུགས་སྐྱོ་གདང་བ;

372 **Entertainer**, *n.* ཐུགས་སྐྱོ་གདང་མི;

373 **Entertaining**, *a.* སྐྱོ་བ་བསྐྱེད་ནུས;

374 **Entertainment**, *n.* ཐུགས་སྐྱོ;

375 **Enthrone**, *v.t.* ཁྲི་ལ་བཀོད་པ;

376 **Enthusiasm**, *n.* གདུང་ཤུགས;

377 **Enthusiast**, *n.* གདུང་ཤུགས་ཅན;

378 **Enthusiastic**, *a.* གདུང་ཤུགས་ཅན;

379 **Enthusiastically**, *ad.* གདུང་ཤུགས་ཀྱི་ངང་ནས;

380 **Entice**, *v.t.* བསླུ་བ; བསླུ;

381 **Enticement**, *n.* བསླུ་ཁྲིད;

382 **Entire**, *a.* གང་པོ; ཙ་ཚང; སྐང་པོ; ཡོངས་རྫོགས;

383 **Entirely**, *ad.* གང; ཧྲིལ་གྱི;

384 **Entitle**, *v.t.* ཐོབ་ཐང་དང་ལྡན་པར་བྱས་པ;

385 **Entity**, *n.* ངོ་བོ; དངོས་པོ;

386 **Entomb**, *v.t.* ས་འོག་ཏུ་སྦས་པ;

387 **Entomology**, *n.* འབུ་ཡི་སྐོར་གྱི་ཤེས་བྱ;

388 Entrails, *n.* ནང་ཁྲོལ;

389 Entrance, *n.* ནང་དུ་ཞུགས་སའི་སྒོ;

390 Entrance, *v.t.* དྲན་པ་བརྒྱལ་དུ་བཅུག་པ;

391 Entrap, *v.t.* བཀབ་མར་འཛིན་པ; བཀབ་རྒྱར་བཟུང་བ;

392 Entreat, *v.t.* ཞུ་བ་འབུལ་བ;

393 Entreaty, *n.* ཞུ་བ;

394 Entrust, *v.t.* བློ་གཏད་བཅོལ་བ; བློ་བཀལ་བ;

395 Entry, *n.* ནང་དུ་ཞུགས་ཚུལ;

396 Entwine, *v.t.* དཀྲིགས་པ; དཀྲི་བ; བཀྲི;

397 Enumerate, *v.t.* གྲངས་པ; བགྲང་བ;

398 Enumeration, *n.* གྲངས;

399 Enunciate, *v.t.* སྒྲ་དག་པར་བརྗོད་པ; བཀློས་པ;

400 Envelope, *n.* ཡིག་བསྐུམ་ས; ཡིག་ཕྱི་འཐུམ; ཡི་གེའི་ཀོག;

401 Envelop, *v.t.* བསྐུམ་པ; འཐུམ་རྒྱབ་པ;

402 Envelopment, *n.* འཐུམ;

403 Enviable, *a.* ཕྲ་དོག་བྱེད་འོས;

404 Envious, *v.t.* ཕྲ་དོག་ཅན;

405 Environ, *v.t.* མཐའ་ནས་བསྐོར་བ:

406 Environs, *n.* མཐའ་སྐོར; ཁ;

407 Envoy, *v.t.* ཕྲ་དོག་བྱེད་པ;

408 Envy, *v.t.* ངོ་ཚབ;

409 Epaulet, *n.* དམག་དཔོན་དག་གི་དཔུང་པའི་དཔུང་རྒྱན;

410 Ephemeral, *a.* ཉི་མ་གཅིག་ལས་མི་བརྟེན་པ;

411 Epic, *n.* དོན་ཆེན་ལྡན་པའི་ཚིགས་སུ་བཅས་པ་སློབ་སྦྱོར་ཀྱང་
ཤིན་དུ་ངམ་བརྗིད་ཆེ་བའི་བརྩམས་པ;

412 Epidemic, *a.* ནད་ཡམས;

413 Epigram, *n.* མཚན་འདོགས་ཀྱི་ཚིགས་བཅད;

414 Epilepsy, *n.* གཉས་སྐྱོན; བད་རླུང;

415 Epileptic, *a.* གཉས་སྐྱོན་ཅན; གཟའ་ནད་ཅན;

416 Epilogue, *n.* དཔེ་ཆའི་རྣམ་ཐར་གྱི་འཇུག་ཏུ་ཡོད་པའི་བརྗོད་བྱ;

417 Episcopacy, *n.* ཕྱི་ལུགས་ཀྱི་བླ་ཁག་གི་གོ་གནས;

418 Episcopal, *a.* སྤྱི་བླའི་དབང་འོག་བསྡུས་པའི;

419 Episode, *n.* བརྗོད་པའི་ལོ་རྒྱུས;

420 Epistle, *n.* ཞལ་གདམས;

421 Epistolary, *a.* ཞལ་གདམས་ཀྱི;

422 Epitaph, *n* དུར་ཁང་གི་ཐོག་ཏུ་རྡོ་ལ་ཡིག་འཁོད་ནས་ཡོད་པ;

423 Epithet, *n.* མིང་ངན; ཀུ་རེ;

424 Epitome, *n.* སྙིང་པོ་བསྡུས་མ; མདོར་བསྡུས་ཀྱི་སྙིང་པོ;

425 Epitomize, *v.t.* བསྡུད་པ;

426 Epoch, *n.* འདས་ལོ་འི་ལོ་མཚམས; དུས་ངོས་དགས་ཅན;

427 Epsom, *n.* འཇམ་བཤལ་གྱི་སྨན;

428 Equable, *a.* སྙོམས་པོ;

429 Equably, *ad.* སྙོམས་པོར;

430 Equal, *a.* འདྲ་འདྲ; མཉམ་མཉམ;

431 Equality, *n.* འདྲ་ཆ་མཉམ;

432 Equalization, *n.* སྙོམས་པོར་འཚོར་བའི་ལས་ཉིད;

433 Equalize, *v.t.* ཆ་སྙོམས་པ;

434 Equally, *ad.* འདྲ་འདྲར;

435 Equanimity, *n.* བདང་སྙོམས; མཉམ་ཉིད;

436 Equation, *n.* ཆ་སྙོམས་པའི་བརྩིས་གཞུང་;

437 Equator, *n.* འཛམ་བུ་གླིང་གི་སྙིང་པའི་ཐད་ཀྱི་ཐིག་དེའོ་;

438 Equatorially, *a.* འཛིག་རྟེན་གྱི་སྐེད་ཐེད་ཀྱི་ཐད་ཁའི་;

439 Equestrian, *n.* རྟ་བཞོན་པ་;

440 Equidistant, *a.* ཐག་རིང་ཐུང་འདྲ་འདྲ་;

441 Equilateral, *a.* གྲུ་རིང་ཐུང་འདྲ་འདྲ་;

442 Equilibrium, *n.* ཆ་སྙོམས་;

443 Equinox, *n.* སྟོན་དཔྱིད་ཉིན་མཚན་མཉམ་དུས་;

444 Equip, *v.t.* ཆས་སྒྲིག་པ་;

445 Equipage, *n.* (ཆས་བརྡགས (Sik.); ཡབ་ཆ; ཆ་ལུགས;

446 Equipment, *n.* ཆས; ཡབ་ཅ;

447 Equiponderate, *v.i.* བརྫིད་སྙོམས་པ་;

448 Equitable, *a.* གཞུང་བསྲོང་དུ་ཡོད་པ་;

449 Equity, *n.* གཞུང་དྲང་བ་ཉིད་;

450 Equivalent, *a.* འདྲ་འདྲ་;

451 Equivocal, *a.* དོན་ཐ་དད་གཉིས་དང་ལྡན་པ; བརྫུན;

452 Equivocate, *v.i.* བརྫུན་བཤད་པ་;

453 Equivocation, *n.* དོན་ཐ་དད་གཉིས་སུ་ལྡན་པའི་ཚིག;

454 Era, *n.* བསྐལ་པ་;

455 Eradicate, *v.t.* རྩ་བ་ནས་འདོན་པ; རྩད་ནས་བཅོད་པ་;

456 Eradication, *n.* རྩ་བ་ནས་འདོན་པ་ཉིད་;

457 Erase, *v.t.* བསྲུབ་པ་;

458 Eraser, *n.* བསྲུབ་བྱེད་;

459 Ere, *ad.* སྔོན་ནས་;

460 Ere, *prep.* དེ་སྔ་ནས;

461 Erect, *n.* དྲང་ལོང; ཀྱེ་རེ; ཀྲོང་ངེ;

462 Erect, *v.t.* དྲང་ལོང; སློང་བ; སྒྲིང་བ;. འཛུགས་པ; བཟེང་བ;

463 Erection, *n.* བསློང་བ; བཟོ་བ;

464 Erectly, *ad.* དྲང་ཚུགས་སུ; ཨར་ཀེ་རེར; ཀྲོང་ངེར;

465 Ere long, *ad.* ཡུན་རིང་མ་ལོན་གོང་ནས;

466 Ermine, *n.* སེན་བསྲེ་མོང་འདྲ་བ་ཞིག་གི་པགས་པ་དཀྲུན་ཀར་ཁྲུ་གུའི་
ཇུ་ནག་པོ་གཞན་དཀར་པོ་བྱས་པ་ཞིག;

467 Err, *v.i.* འཁྲུལ་བ; ནོར་བ; འགལ་བ; འཁྲུལ་གཞི;

468 Errand, *n.* བང་ཆེན;

469 Errant, *a.* རྒྱལ་ཁམས་པ; ཕྱོགས་ཉུལ་བ; འཁྱར་པོ;

470 Erratic, *a.* སྐྱོད་གནས་གཅིག་ཏུ་མི་ཆགས་པར་འཁྱར་པ;

471 Erratum, *n.* ཡིག་བྲི་བའི་སྐབས་སུ་འཛོལ;

472 Erroneous, *a.* ནོར་འཁྲུལ་ཅན;

473 Error, *n.* ནོར་འཁྲུལ;

474 Erudite, *a.* ཤེས་བྱ་ཀུན་ལ་མཁས་པ;

475 Erudition, *n.* ཤེས་བྱའི་ཡོན་ཏན་ལ་སྦྱངས་པོ་ཆེ་བ་ཉིད;

476 Eruption, *n.* ཐོར་པ; འཁོལ་ནས་ཟ་ཕྱུང་པ;

477 Eruptive, *a.* ཐོར་པ་ཅན;

478 Erysipelas, *n.* གདོང་པའི་སྐང་ལ་བད་ཁྲག་གི་ཐོར་པའི་ནད;

479 Escalade, *n.* དགྲ་རྫོང་གི་ལྕགས་རིའི་ཀེགས་ནས་ཡར་སྐས་ཀ་བཀྱེན་
ནས་འཛེག་པ་ཉིད;

480 Escalade, *v.t.* དགྲ་རྫོང་བཙན་ཐབས་སུ་འཚོམ་པ;

481 Escape, *v.t.* བྲོས་ནས་མཐར་བ;

482 Escapement, *n.* བྲོས་ཐར་; བྲོས་སྐྱུ་ཤོར་སའི་ལམ་; ཨི་ཁྲང་;

483 Escarp, *v.t.* རིའི་ངོས་གཟར་པོ་བཟོ་བ་; (*n*) རི་གཟར་;

484 Escheat, *n.* གཞུང་ལ་དག་པའི་གཞིས་ནོར་;

485 Eschew, *v.t.* སྤངས་པ་; འགྲུངས་འཕན་བྱས་པ་;

486 Escort, *v.t.* སྐུ་སྲུང་གི་ཚུལ་དུ་ཞབས་ཕྱི་ཞུ་བ་;

487 Esculent, *a.* ཟ་རུང་བའི་; ཟ་ལོ་བའི་;

488 Especial, *a.* ཁྱད་པར་; དམིཊ་གཏད་; གཞན་དང་མི་འདྲ་བ་;

489 Especially, *ad.* ཁྱད་པར་དུ་;

490 Esplanade, *n.* གྲོང་ཁྱེར་ཆེན་པོའི་ནང་དུ་ས་རྒྱ་ཆེ་ཞིང་བདེ་མོར་ཡོད་
པའི་ལམ་;

491 Espial, *n.* སོ་པའི་ལས་བྱས་མི་;

492 Espousal, *n.* ཟླ་གྲོགས་སུ་འཛིན་པ་;

493 Espouse, *v.t.* ཟླ་གྲོགས་བྱེད་པ་;

494 Espy, *v.i.* མཐོང་བ་; མཐོང་པ་;

495 Esquire, *n.* ཁྱིམ་བདག; གཞིས་ཀྱི་བདག་པོ་; མི་དྲག;

496 Essay, *v.t.* བཟློས་གར་;

497 Essay, *n.* བརྩོམས་པ་; བརྩམ་པར་བྱ་བ་;

498 Essayist, *n.* བཟློས་གར་མཁན་;

499 Essence, *n.* བཅུད་; སྙིང་པོ་;

500 Essential, *a.* སྙིང་པོའི་;

501 Essential, *n.* སྙིང་པོ་;

502 Establish, *v.t.* སྒྲུམ་འཛིང་བ་; སྒྲོལ་འཛུག་པ་;

503 Establishment, *n.* གདན་ས་; སྡེ་; འཁོར་ཆས་; འཁོས་བཅས་;

504 Estate, *n.* གཞིས་ཀ་;

505 Esteem — མཐོང་བསྐྱེད་པ;

506 Estimable, *a.* — བརྩིས་སུ་ཡོད་པ; བརྩི་འོས;

507 Estimate, *v.t.* — གོང་ཚོད་དཔག་པ;

508 Estimation, *n.* — བརྩིས; ཆ་འཇོག; མཐོང་ཆ་བཞག;

509 Estrange, *v.t.* — སེམས་འགྱངས་སུ་བཙུག་པ;

510 Estrangement, *n.* — ཕར་ཕར་བློ་འགྱངས་པ་ཉིད;

511 Estuary, *n.* — རྒྱུག་ཆུ་དང་རྒྱ་མཚོ་འཐུག་སར་ཁ་ཞེང་ཆེན་པོར་གདལ་བ་དེའོ;

512 Etc. or et cetera, *n.* — ལ་སོགས་པ;

513 Etch, *v.t.* — ཧྲབ་ཧྲོབ་ཏུ་བྲིས་པ; རི་མོ་ཧྲོབ་ཀྱི་བྲིས་པ;

514 Eternal, *a.* — གཏན་དུས; དུས་མཐའ་སྨུ་མེད;

515 Eternally, *ad.* — གཏན་དུ; དུས་མཐའ་སྨུ་མེད་དུ;

516 Eternity, *n.* — དུས་མཐའ་སྨུ་མེད;

517 Eternize, *v.t.* — གཏན་དུ་གནས་པར་བྱས་པ;

518 Ether, *n.* — འབྱུང་བ་ནམ་མཁའ; གནམ; ནམ་མཁའ;

519 Ethereal, *a.* — ནམ་མཁའི་ཆོས་ཅན;

520 Ethical, *a.* — སྤྱོད་ལམ་བཟང་པའི་སྐོར་གྱི;

521 Ethics, *n.* — སྤྱོད་ལམ་སྟོན་པའི་མདོ;

522 Ethiopian, *n.* — ཨི་ཛི་པྟི་ཡི་སྐད་ན་ཨི་ཐིའོ་པི་ཡཱ་བྱ་བའི་ཡུལ་གྱི་མི;

523 Ethnical, *a.* — མི་རིགས་དབྱེ་བ་ཕྱེ་བའི་སྐོར;

524 Ethnography — མི་རིགས་ཀྱི་རྣམ་གྲངས་དབྱེ་བའི་བསྟན་བཅོས;

525 Ethnology, *n.* — མི་རིགས་ཀྱི་རྣམ་གྲངས་བསྟོན་པའི་ཤེས་བྱ;

526 Etiquette, *n.* — འགྲོ་ལུགས; འཁྲིག་ལོ་རྣཾ་བཞག;

527 **Etymological,** *a.* བརྡགས་འཇུག་གི ;

528 **Etymologically,** *ad.* བརྡགས་འཇུག་དང་མཐུན་པར ;

529 **Etymologist,** *n.* བརྡགས་འཇུག་ལ་མཁས་པ ;

530 **Etymology,** *a.* བརྡགས་ཀྱི་འཇུག་པ ; ཐ་སྙེ ;

531 **Eucharist,** *n.* ཚོགས་འཁོར ; ཡེ་ཤུའི་ཞལ་ཀྱི་ཚོགས་འཁོར ;

532 **Eudiometer,** *n.* རླུང་གི་ནང་དུ་ཨོག་སི་ཛེན་ཞེས་པའི་སྲོག་འཚོ་བྱེད་ཀྱི་
རླུང་གི་ཆ་ཛེ་ཙམ་ཡོད་མེད་གཞལ་བྱེད་ཀྱི་ལག་ཆ ;

533 **Eulogist.** སྟོད་ར་རྒྱབ་མཁན ;

534 **Eulogium,** *n.* སྟོད་ར ;

535 **Eulogy,** *n.* སྟོད་ར ;

536 **Eunuch,** *n.* ཉུག་རུམ ; སུ་སྤུལ་སྣན་རྒྱལ་པོ་འི་བཙུན་མོ་སོགས་ཀྱི་
འཁོར་དུ་ཕ་གཅོད་ཟིན་པའི་སྐྱེས་པ་སོང་སྲུང་བྱར་
བཞག་པ་དེ་དག་གོ ; སྐྱེས་པ་ཕ་གཅོད་ཟིན་པ ;

537 **Euphony,** *n.* སྒྲའི་རན་ཚུལ ; སྒྲ་སྙན་འཇེབས་ལྡན་ཚུལ ;

538 **European,** *n.* ཡུ་རོབ་ཞེས་ནུབ་ཕྱོགས་པ ;

539 **Evacuate,** *v.t.* སྟོ་སང་ངེ་བཟོ་བ ;

540 **Evacuation,** *n.* སྟོངས་པ ; ཕྱིར་སྟོང་སང་ངེར་འདོན་པ་ཉིད ;

541 **Evade,** *v.t.* གཟུར་བ ; འཛུར་བ ; འཛོལ་བ ;

542 **Evanescent,** *a.* དངོས་མེད ;

543 **Evangelical,** *a.* ཕྲིན་བཟང་གི་སྐོར ;

544 **Evangelist,** *n.* ཕྲིན་བཟང་སྒྲོག་པ་པོ ;

545 **Evangelize,** *v.t.* ཕྲིན་བཟང་བསྒྲོག་པ ;

546 **Evaporate,** *v.t.* རླངས་པར་སྐམ་པ ;

547 **Evaporation,** *n.* རླངས་པར་ཡལ་བ་ཉིད ;

548 Evasion, *n.* འཛོལ་གཟུར ; གཟུར་བ་ཉིད ;

549 Evasive, *a.* འཛོལ་གཟུར་མཁན ;

550 Eve, *n.* དགོང་ཁ ; ཉིན་ཐས་ཀྱི་དུས་ཚོད ;

551 Eve, *n.* ཁྲི་ལུགས་ཡི་ཤུའི་རྗེས་འཇུག་དང་ལ་རྟ་ད་པ་དང་
སུ་སྲུལ་མན་སོང་ཀྱི་འདོད་ཚུལ་ལྟར་ན་བུད་མེད་བྱུང་
བའི་ཐོག་མ་དེའོ ;

552 Even, *a.* ཆ ; ཟུང ;

553 Even, *adv.* ཀྱང ; ཡང ; འང ;

554 Even, *v.t.* ཁོད་སྙོམས་པོ་བཟོ་བ ; ཁོད་བསྙོམས་པ ;

555 Evening, *n.* དགོང་ཁར ; ས་ཕྱིབ ; ས་སྲོད ; སྲོད ;

556 Evenness, *n.* ཁོད་སྙོམ་ཚུལ ; མཉམ་པ་ཉིད ;

557 Event, *n.* སྐབས ; དུས ; དུས་གནད་གག་ཅན ; རྐྱེན ;

558 Eventful, *a.* དུས་གནད་གག་ཆེན་པོ་འོ ;

559 Eventual, *a.* མཐའ་མའི ; ཕྱི་མའི ; རྗེས་ཀྱི ;

560 Eventually, *ad.* མཐའ་མར ; མཐར ; ཕྱིས་ནས ; རྗེས་སུ ;

561 Ever, *ad.* གཏན་དུ ; བརྟག་པར ; རྟག་ཏུ ;

562 Evergreen, *a.* རྟག་ཏུ་སྔོན་པོ ; ལོ་མ་དགུན་དཀར་མི་ཟགས་མི ;

563 Everlasting, *a.* རྟག་པར་གནས་པ ; མི་འཇིག་པ ;

564 Everlastingly, *ad.* རྟག་པར ;

565 Evermore, *ad.* རྒྱུན་ཆད་མེད་པར ; ཡང་ཡང ; ལྷག་པར ; ཆེས་ལྷག་པར ;

566 Every, *a.* རྗེ་སྙེད ; རྗེ་ཡོད ; ཅི་ཀུན ; རེ་རེ ; རེ ;

567 Evict, *v.t.* ཁྲིམས་སའི་གྲོག་ནས་གཞིས་ནས་དབྱུང་བ ;

568 Eviction, *n.* ཁྲིམས་སའི་བཅད་མཚམས་བཞིན་ས་གནས་ནས་ཕྱིར་
འབྲིག་པ ;

569 Evidence, *n* ཚ་དཔང; དཔང་པོ; རྒྱུ་མཚན;

570 Evident, *a.* མངོན་པ; ལྷར་སྣང་དུ་གསལ་བ; མངོན་དུ་ཡོད་པ;

571 Evidently, *ad.* མངོན་པར; མངོན་པ་ལྟར་ན; ལྷར་སྣང་དུ;

572 Evil, *a.* ངན་པ་ *n.* ངན; སྡུ་བ;

573 Evince, *v.t.* གསལ་པོར་བསྟོན་པ; གསལ་པོར་མཚོན་པ;

574 Evincible, *a.* གསལ་པོར་མཚོན་དུ་ཡོད་པའི;

575 Evoke, *v t.* ཕྱིར་འབོད་པ;

576 Evolution, *n.* ལུགས་འབྱུང; འབྱུང་ཚུལ; ཆགས་ཚུལ;

577 Evolve, *v.t.* ཁ་དབྱེ་བ; བརྒྱུང་བ;

578 Ewe, *n.* ལུག་མོ; མོ་ལུག;

579 Ewer, *n.* ཆུ་སྣོད; ཆབ་བླུམ;

580 Ex, *adj.* འགྲེས་པོ; སྔོན་མ; སྔ་མ;

581 Exact, *a.* ཞིབ་པ; གཏན་གཏན་ཏིག་ཏིག; ཁྲིག་ཁྲིག;

582 Exaction, *n.* ཁྲལ་འགོད་བཟི་མོ; ཁྲལ་བཟི་མོ;

583 Exactly, *ad.* ངེས་པར; ཁྲིག་ཁྲིག;

584 Exactness, *n.* ངེས་ཏིག; ཞིབ་ཆ;

585 Exaggerate, *v.t.* སྒྲོ་འདོགས་པ; སྒྲོ་སྤེལ་བ;

586 Exaggeration, *n.* སྒྲོ་བཏགས;

587 Exalt, *v.t.* དབུ་ཕང་བསྟོད་པ;

588 Exaltation, *n.* དབུ་ཕང་མཐོ་བ་ཉིད; དབུ་ཕང་ཡར་བསྐྱེད;

589 Examination, *n.* བརྟག་དཔྱད; དཔྱད་པ; དཔྱད;

590 Examine, *v.t.* བརྟག་དཔྱད་བྱ་བ;

591 Example, *n.* མིག་ལྟོས; དཔེ; (ཚུལ་སྟོན་པ; illustration.)

592 Exasperate, *v.t.* ཁྲོང་ཁྲོ་སློང་བ;

593 **Excavate**, *v.t.* དོང་བྲུ་བ; བཀོ་བ;

594 **Excavation**, *n.* དོང; ཧོབ; (དོང་བྲུས་པའི་ཧོབ་སྐྱོང; Sik.)

595 **Excavator**, *n.* དོང་བྲུ་མཁན;

596 **Exceed**, *v.t.* ལྷག་པ; ལྷག་ཐལ་བ;

597 **Exceedingly**, *ad.* ལྷག་པར; ཧ་ཅང་གི; ཧ་ཅང་རང;

598 **Excel**, *v.t.* ལྷག་པར་འཕགས་པ;

599 **Excellence**, *n.* ཁྱད་འཕགས; ངོ་མཚར་རྨད་བྱུང;

600 **Excellency**, *n.* རིན་པོ་ཆེ;

601 **Excellent**, *a.* ཁྱད་པར་འཕགས་པ;

602 **Excellently**, *ad.* ཨང་གི་དང་པོ་བྱེད་དེ;

603 **Except**, *v.t.* མ་གཏོགས་པ; ཕྱིར་ཕུད་པ;

604 **Except**, *prep.* མ་གཏོགས;

605 **Excepting**, *prep.* མ་གཏོས་པའི;

606 **Exception**, *n.* འགག་ཆ; ཕར་ཕུད;

607 **Exceptionable**, *a.* འགག་ཆ་རྒྱབ་འོས;

608 **Exceptional**, *a.* གཞན་དང་མི་འདྲ་བ; དཔེ་མེད; ཟླ་མེད;

609 **Excerpt**, *v.t.* དཔེ་ཆའི་ནང་ནས་གདམ་ཁ་བྱས་ཏེ་བཤུ་བ;

610 **Excess**, *n.* ལྷག; ལྷག་ཐལ; དྲག་ཐལ;

611 **Excessive**, *a.* ལྷག་དྲགས་པ;

612 **Excessively**, *ad.* དྲགས་རང་དྲགས་ཏེ; ཧ་ཅང་ཐལ་ཏེ;

613 **Exchange**, *v.t.* བརྗེས་བསྒོར་རྒྱབ་པ;

614 **Exchequer**, *n.* ཁྲིམས་ས་གོང་མ;

615 **Excise**, *n.* ཚང་དང་གཟི་བྱེད་སྐྱོས་བྱེད་ཀྱི་རྫས་ཀྱི་སྐོར;

616 **Exciseman**, *n.* ཚང་ཁྲལ་བསྡུ་བའི་ལས་སྣེ;

617 Excitability, *n.* རླུང་ཁམས; ཁོང་ཁྲོ་ཡང་རླུང་འདོད་པོ; ཁོང་ཁྲོ་ཡངས་[འདོད;

618 Excitable, *a.* རླུང་ཁམས་མཐོན་པོ;

619 Excite, *v.t.* ཁོང་ཁྲོ་བསླང་བ;

620 Excitement, *n.* ཁོང་ཁྲོ;

621 Exciting, *a.* ཁོང་ཁྲོ་སློང་ནུས;

622 Excitingly, *ad.* ཁོང་ཁྲོ་སློང་ནུས་བྱེད་དེ;

623 Exclaim, *v.i.* སྐད་ཆེན་པོར་བཤད་པ;

624 Exclamation, *n.* སྐད་ཆ་དྲག་པོར་བརྗོད་པའི་ཚིག;

625 Exclude, *v.t.* ཕྱི་ལ་འབིག་པ; ཕྱུད་པ; ཕྱིར་བདོན་པ;

626 Exclusion, *n.* བརྩིས་སྐྱུར་མ་འདེབས་པ་ཉིད;

627 Exclusive, *a.* མ་བརྩིས་པའི; ཕྱིར་དོར་བའི;

628 Exclusively, *ad.* ཀུན་དང་མི་འདྲ་བར; ཁ་ཁག་བྱེད་དེ; སོ་སོ་ཁ་ཁག;

629 Excommunicate, *v.t.* མི་གྲལ་ནས་གདོན་པ;

630 Excommunication, *n.* དམངས་འཕྱུགས; (Sik.).

631 Excoriate, *v.t.* པགས་པ་བཤུས་པ;

632 Excoriation, *n.* པགས་པ་བཤུས་པ་ཉིད;

633 Excrement, *n.* ལྕི་བ; དྲི་ཆེན; རྐྱག་པ;

634 Excrementitious, *a.* ལྕི་བའི; རྐྱག་པའི;

635 Excrescent, *a.* ཤ་ཐོར; ཐོར་པ; སྐྲང་འབུར; (འབུར་དྲོག; Sik.)

636 Excretion, *n.* ལུས་ནས་ཕྱིར་འབྲོན་པའི་ཁུ་བ; དཔེར་ན་རྣ་ནས་རྣབ་ལུད་དང་མིག་གི་མཆི་མ་ལྟ་བུའོ;

637 Excretory, *n.* ཁུ་བ་འདོན་རྒྱུ་ཡོད་པའི;

638 Excruciate, *v.t.* མནར་གཅོད་གཏོང་བ;

639 Excruciation, *n.* མནར་གཅོད;

640 Exculpate, *v.t.* སྡིག་པ་བཤགས་པ;

641 Exculpation, *n.* བཤགས་པ; སྡིག་བཤགས;

642 Excursion, *n.* ལས་ཅི་རུང་ཞིག་ལ་ཆས་པ; ལས་སུ་ཆས་པ;

643 Excursionist, *n.* གླིང་ག་འམ་སྐྱིད་སྐྱིད་ལ་ཆས་མཁན;

644 Excusable, *a.* དགོངས་ཡངས་གཏང་འོས; དགོང་པ་ཡངས་འོས;

645 Excuse, *v.t.* དགོང་པ་ཡངས་པ; དགོང་ཡངས་གནང་ནས;

646 Excuse, *n.* དགོང་ཡངས; ཁག་སོགས; (ཁམ་འཕྲུལ་ས་ Bhut.)

647 Execrable, *a.* བལྟ་ཉེན་མེད་པ; དམོད་བོར་འོས; སྡུག་རུལ;

648 Execrate, *v.t.* དམོད་མོ་འདབས་པ; གང་སྡུག་བཤད་པ;

649 Execration, *n* དམོད་མོ; ཞེ་གཉིང་ནས་ཁྲེལ་བ; ཞེ་ཁྲེལ;

650 Execute, *v.t.* ལས་བྱས་པ;

651 Execution, *n.* བྱས་པ; ལས་བྱེད; འབད་རྩོལ;

652 Executioner, *n.* ཁྲིམས་གཅོད་པོ; ཇོན་པ; མགོ་གཅོད་མི;

653 Executive, *n.* ལས་བྱེད; དོན་སྐྱོད་པ;

654 Executor, *n.* ཁ་འཆེམ་འཛོག་པའི་ཆོག་དོན་ལག་ལེན་དུ་འཁྲེར་བ་པོ;

655 Exegesis, *n.* དམ་པའི་ཆོས་སམ་བསྟན་བཅོས་སོགས་ཀྱིས་སྒྲ་བསྒྱུར;

656 Exemplar, *n.* དཔེ; མིག་ལྟོས་ཀྱི་དཔེ;

657 Exemplarily, *ad.* མིག་ལྟོས་ཀྱི་དཔེར་འོས་པར་བྱེད་དེ;

658 Exemplify, *v.t.* དཔེར་བརྗོད་རྒྱབ་པ; དཔེར་བརྗོད་ཀྱིས་མཚོན་པ;

659 Exempt, *v.t.* ཁྲིམས་ཡང; ཡངས་ཆ་གནང་བ;

660 Exemption, *n.* ཤོ་ཁྲལ་བཅའ་ཁྲལ་སོགས་ཡངས་པ;

661 Exercise, *v.t.* འབྱུང་བ; *n.* འབྱུང་རྒྱུགས;

662 Exert, *v.t.* འབད་པ; བརྩམས་པ;

663 Exertion, *n.* འབད་རྩོལ;

664 Exhalation, *n.* རླང་པ་ཕྱི་ལ་འདོན་པ་གང་; ཕྱི་ལ་ཐོན་པའི་རླང་པ;

665 Exhale, *v.t.* རླངས་ཀྱི་རྣམ་པར་ཕྱིར་དོར་བ; དབུགས་ཕྱིར་དོར་བ;

666 Exhaust, *v.t.* དུབ་པ; ངལ་དུ་བཙུག་པ;

667 Exhausted, *p. adj.* ངལ་དུབ་ཅན; ཐང་ཆད་པོ;

668 Exhaustion, *n.* ངལ་དུབ;

669 Exhaustive, *a.* ཡོངས་སུ་རྫོགས་པ;

670 Exhaustless, *a.* རྫོགས་རྒྱུ་མེད་པ;

671 Exhibit, *v.t.* བལྟས་མོར་བསྟོན་པ;

672 Exhibition, *n.* ཀུན་ལ་བསྟོན་པའི་བལྟས་མོ;

673 Exhilarate, *v.t.* སྤྲོ་བ་བསྐྱེད་པ;

674 Exhilaration, *n.* དགའ་སྤྲོ; དགའ་ཉམས;

675 Exhort, *v.t.* ཞུ་བ་འདྲེན་པ;

676 Exhortation, *n.* ཞུ་བ; (ཨོཾ་ཤེས་སྐུ་མཁྱེན་ Sik.).

677 Exigence, *n.* གལ་ཆེ;

678 Exigent, *a.* གལ་ཆེན་པོ;

679 Exile, *n.* མཐའ་འབྲིག;

680 Exile, *v.t.* མཐར་བཙུག་པ;

681 Exist, *v.t.* མཆིས་པ; གནས་པ;

682 Existence, *n.* སྲིད་པ; མཆིས་པ; གནས་པ; ཡོད་པ;

683 Existent, *a.* གནས་བཞིན་པ; མཆིས་བཞིན་པ;

684 Exit, *n.* ཕྱི་ལ་འགྲོ་བའི་སྒོ; ཕྱིར་ཐོན;

685 Exodus, *n.* ཡུལ་ནས་ཕྱིར་ཐོན་པ་ཉིད; ཡུལ་འཐོན;

686 Exogamy, *n.* རང་དང་ཉེ་བར་མི་འགྲོ་བའི་བུ་མོ་དང་མིན་པ་གཉེན་མི་འདེབས་པའི་སྲོལ;

687 **Exonerate**, *v.t.* མི་ཁ་སང་བ་; (སྐྱོན་སྤུབ་པ་; Sik. and Bhut.).

688 **Exoneration**, *n.* མི་ཁ་སངས་པ་ཉིད་; (སྐྱོན་སྤུབ་; Sik. and Bhut.). དགའ་འབྱུང་;

689 **Exorable**, *a.* ཞུ་བ་འབུལ་བས་བསྒྱུར་བཅོས་ཡོད་པ་;

690 **Exorbitance**, *n.* ཚོད་མེད་; ཚད་འགལ་; དྲགས་ཐལ་;

691 **Exorbitant**, *n.* ཚོད་མེད་པའི་; ཚད་ལས་འགལ་བའི་;

692 **Exorbitantly**, *ad.* ཚོད་མེད་པར་;

693 **Exorcise**, *v.t.* བགེགས་སྐྲོད་རྒྱབ་པ་; བཀྲད་པ་;

694 **Exorcism**, *n.* བགེགས་བཀྲོད་;

695 **Exorcist**, *n.* བཀྲད་པ་པོ་; ཁ་ཤད་པ་;

696 **Exordium**, *n.* སྔོན་དུ་བརྗོད་པ་; ཐོག་མའི་བརྗོད་པ་; སྔོན་འགྲོའི་

697 **Exotic**, *a.* ཡུལ་གཞན་ཞིག་ནས་འཁྱེར་ཡོང་བའི་;

698 **Expand**, *v.t.* རྒྱ་མགྲང་བ་; བརྒྱངས་བ་;

699 **Expanse**, *n.* རྒྱ་; ཁྱོན་; ཞེང་;

700 **Expansibility**, *n.* རྒྱ་ཁྱབས་;

701 **Expansion**, *n.* རྒྱ་ཁྱོན་; ཁ་ཞེང་;

702 **Expansive**, *a.* རྒྱ་ཆེན་པོ་;

703 **Expatiate**, *v.t.* རྒྱ་ཆེར་སྤེལ་ཏེ་འགྲེལ་བ་; རྒྱས་པར་སྤེལ་ཏེ་བཤད་པ་;

704 **Expatriate**, *v.t.* ཡུལ་ནས་ཕུད་པ་; མཐར་འབིག་པ་;

705 **Expatriation**, *n.* མཐའ་འབུད་; མཐའ་འབིག་;

706 **Expect**, *v.t.* རེ་བ་བྱེད་པ་; རེ་བ་བསྐྱེད་པ་; རེ་བ་;

707 **Expectancy**, *n.* རེ་བ་;

708 **Expectant**, *a.n.* རེ་བ་བྱེད་བཞིན་པ་;

709 **Expectation**, *n.* རེ་བ་;

710 **Expectorant**, *a.* གློ་ཁག་ཕྱིར་འདོན་བྱེད་ཀྱི་སྨན; གློ་ཁག་མཆིལ་མ་དང་ ལུད་པ་ཕྱིར་འདོན་བྱེད་ཀྱི་གློ་སྨན;

711 **Expectorate**, *v.t.* མཆིལ་མ་འདོར་བ;

712 **Expediency**, *n.* ཐབས་མྱུར་ལུགས; མྱུར་བའི་ཐབས;

713 **Expedient**, *n.* ཐབས; མྱུར་ཐབས;

714 **Expedite**, *v.t.* ཧུར་བརྩོན་བསྐྱེད་པ;

715 **Expedition**, *a.* རྫོང་བདའ; དཔུང་བསྐྱེད་དེ་ཆས་པ;

716 **Expeditionary**, *a.* མྱུར་པོ; སྐྱེན་པོ;

717 **Expeditious**, *a.* མྱུར་པོ; སྐྱེན་པོ;

718 **Expeditiously**, *ad.* མྱུར་པོར; སྐྱེན་པོ་བྱེད་དེ;

719 **Expel**, *v.t.* ཕྱི་ལ་སྤུད་པ; ཕྱིར་བསྐྲོད་པ;

720 **Expend**, *v.t.* འཛད་པ; འགྲོ་སོང་གཏང་བ;

721 **Expenditure**, *n.* འགྲོ་སོང; གཏོང་བྱེད;

722 **Expense**, *n.* གནས་ཁྲངས; འགྲོ་སོང་ཟས་སོང;

723 **Expensive**, *a.* འགྲོ་སོང་ཆེན་པོ;

724 **Experience**, *n.* ཉམས་མྱོང;

725 **Experienced**, *a.* ཉམས་མྱོང་ཅན; འབྱོངས་པོ; གོམས་པོ;

726 **Experiment**, *n.* ཉམ་དག་པ;

727 **Experimental**, *a.* ཉམས་དག་གི་ཕྱིར་དུ;

728 **Expert**, *a.* མཁས་པ;

729 **Expertness**, *n.* མཁས་ཚུལ;

730 **Expiatory**, *a.* སྡིག་པ་འབྱོང་བའི; སྡིག་འབྱོང་གི;

731 **Expiration**, *n.* ཕྱི་དབུགས; (meaning death ཚེ་དུས; ཚེའི་དུས་བྱས་པ; འཆི་བ);

732 Expire, *v.i.* ཤི་བ; འདས་པ; དུས་བྱས་པ;

733 Explain, *v.t.* བཤད་པ; གོ་བ་ཕབ་པ;

734 Explanation, *n.* རྒྱུ་མཚན་བརྗོད་རྒྱུ;

735 Explanatory, *a.* རྒྱུ་མཚན་བཤད་རྒྱུའི; འགྲེལ་པ་ལྟ་བུའི;

736 Expletive, *a.* ཕྱིར་འགེངས་པའི;

737 Explicate, *v.t.* ཕྱིར་གདལ་བ; ཀྲུང་བ;

738 Explication, *n.* དོན་བཀྲོལ་སྟེ་བཤད་པ;

739 Explicit, *a.* གོ་བ་ཁ་གསལ; གོ་བདེ;

740 Explicitly, *ad.* གོ་བདེར;

741 Explode, *v.i.* བགད་པ; རྫས་མེ་ཤོར་བ་བཞིན་བགད་པ;

742 Exploit, *n.* སྟང་མ; ལག་ལེན;

743 Exploration, *n.* ས་བལྟ་རྟོག་བྱེད་པ;

744 Explore, *v t.* སྤུར་མ་སླེབས་པའི་སར་ཉུལ་མ་བྱེད་པ;

745 Explorer, *n.* ཉུལ་མ; སོ་པ;

746 Explosion, *n.* བགད་པ;

747 Explosive, *a.* བགད་རྒྱུའི;

748 Explosively, *ad.* འགད་པ་བཞིན་བྱེད་དེ;

749 Exponent, *n.* དོན་ཞིབ་མོར་སྟོན་པ;

750 Export, *v.t.* ཡུལ་ནས་ཚོང་ཟོག་ཕྱིར་འདོན་པ;

751 Exportation, *n.* འཚོང་ཟོག་ཕྱིར་འདོན་པ;

752 Expose, *v.t.* ཕྱིར་སྟོན་པ; སྐྱོན་ཕྱིར་བསྟོན་པ;

753 Exposition *n.* ཀུན་གྱི་མཐོང་ས་འམ་གོ་ཐོས་སུ་སྟོན་པ་ཉིད;

754 Expositor, *n.* སྒྲ་བསྒྱུར་བ; དོན་བཀྲོལ་མི;

755 Expository, *a.* དོན་བཀྲལ་བའི; འགྲེལ་བའི;

756 Expostulate, *v.i.* ཟློག་གདམས་ཀྱི་སླབ་བྱ་སྟོན་པ;

757 Expostulation, *n.* ཟློག་གདམས་ཀྱི་གྲོས་འདེབས;

758 Exposure, *n.* ཀུན་གྱིས་མཐོང་སར་སྟོན་པ;

759 Expound, *v.t.* བཤད་པ; འགྲེལ་པ་བཤད་པ;

760 Expounder, *n.* འགྲེལ་པ་སྨྲ་བ་པོ;

761 Express, *v.t.* ངག་ནས་བརྗོད་པ; བརྗོད་པ; ཁ་ནས་ཐོན་པ;

762 Expressed, *a.* ཁ་ཐོན;

763 Expression, *n.* ཁ་ནས་བཤད་ཚུལ;

764 Expressive, *a.* གསལ་པོར་མཚོན་ནུས་པའི;

765 Expressly, *ad.* ཕྱིར་གཏད་དུ; དེ་ཁོ་ནའི་ཆེད་དུ; དེ་ཀའི་ཆེད་དུ;

766 Expropriate, *v.t.* ཕྲོག་པ;

767 Expugn, *v.t.* དབང་དུ་བསྡུ་བ; བཏུལ་བ;

768 Expulsion, *n.* ཕྱིར་འབུད;

769 Expunge, *v.t.* ཕྱིར་སྟོན་པ;

770 Expurgate, *v.t.* ཕྱིར་དབྱུང་བྱེད་པ;

771 Expurgation, *n.* སྐྱོན་གསལ་བ; ཉེས་ལྟུང་སེལ་བ;

772 Exquisite, *n.* ཁྱད་པར་འཕགས་པ;

773 Exquisitely, *ad.* མཆོག་ཏུ;

774 Extant, *a.* ད་བཟོད་ཀྱང་མཆིས་པ; ཡོད་བཞིན་པ;

775 Extemporaneous, *a.* ངག་ནས་ཐོལ་སྐྱེས་སུ་འཆད་པ;

776 Extempore, *ad.* ངག་འདོན;

777 Extemporize, *v.i.* ངག་ནས་ལམ་སང་ཐོལ་གྱིས་འཆད་པ;

778 Extend, *v.t.* རྒྱ་མགྱངས་པ;

779 Extension, *n.* རྒྱ; ཁྱོན; ཀྱ; རྒྱ་ཁྱབས; དཀྱུས;

780 **Extensive,** *a.* རྒྱ་ཆེན་པོ;

781 **Extensively,** *ad.* རྒྱ་ཆེན་པོར;

782 **Extent,** *n.* ས་རྒྱ;

783 **Extenuate,** *v.t.* དཀ་སྤྱངས་བྱེད་པ;

784 **Extenuation,** *a.* དཀ་སྤྱང;

785 **Exterior,** *n.* ཕྱི་ཁོག; ཕྱི་ངོས;

786 **Exteriorly,** *ad.* ཕྱི་ཕྱོག་ནས; ཕྱི་རྒྱ་ནས; ཕྱི་ནས;

787 **Exterminate,** *v.t.* རབ་བཅད་པ; རྒྱུད་བཅད་པ; ཁ་དག་ཏུ་བྱེད་པ;

788 **Extermination,** *n.* རྒྱུད་སྤོངས་པ;

789 **External,** *a.* ཕྱི་ལོགས་ཀྱི;

790 **Externally,** *ad.* ཕྱི་རྒྱ་ནས;

791 **Extinct,** *a.* རྒྱུད་ཆོད་པ; རབ་ཆོད་པ;

792 **Extinction,** *n.* བསད་པ; མེད་པ་བཅོས་པ; ཁ་དག;

793 **Extinguish,** *v.t.* མེ་བཞིར་དུ་གསད་པ; .བསད་པ;

794 **Extinguisher,** *n.* མེ་བསད་པའི་ལག་ཆ;

795 **Extirpate,** *v.t.* ར་རྩ་འདོན་པ; དམིགས་མེད་དུ་བཏང་བ; རྩྭ་བ་ནས་
བརྟག་པ;

796 **Extol,** *v.t.* སྟོད་ར་བརྗོད་པ;

797 **Extort,** *v.t.* བཙོར་སྐྱེ་ལེན་པ; བཙོར་བཅོམ;

798 **Extortion,** *n.* དབང་ཡོད་ཀྱི་བཅོམ་བཙོར;

899 **Extortionate,** *a.* དབང་ཡོད་ཀྱི་བཅོམ་བཙོར;

800 **Extortioner,** *n.* དབང་ཡོད་ཀྱི་བཅོམ་མཁན;

801 **Extra,** *a.* འཕེབ; ལྷག; (ཕྲལ་པ; ལྷག་ཕྲལ; colql.).

802 **Extract,** *v.t.* ཕྱིར་སྟོན་པ; ཕྱིར་འདོན་པ; བཀོག་པ; འདོན་པ;

803 Extraction, *n.* རིགས; ཐོན་ཁུངས;

804 Extradition, *n.* ཕྱིར་འབྲུད; ཡུལ་ནས་ཕྱིར་འབུད་དེ་ཕ་རོལ་པའི་དོན་སྐྱོད་ལས་སྐྱེའི་ལག་ཏུ་སྤྲོད་པ་དེའོ;

805 Extraneous, *a.* ཕྱིའི; ཕྱི་ཡོགས་ཀྱི; ཕྱི་ཁོང་གི;

806 Extraordinary, *a.* དུས་རྒྱུན་དང་མི་འདྲ་བའི; ཡ་མཚན་པོ; ཁྱད་མཚར་པོ;

807 Extravagance, *n.* ཆུ་ཟློས; འཕྲོ་བརླག;

808 Extravagant, *n.* རྒྱུ་དངུལ་འཕྲོ་བརླག་གཏོང་མི;

809 Extravagantly, *adv.* འཕྲོ་བརླག་ཏུ;

810 Extreme, *n.* མཐའ; ཐ་མ: ཟུར; *a.* མཐར; ཐ་མར;

811 Extremely, *ad.* ཤིན་ཏུ;

812 Extremity, *n.* མཐའ;

813 Extricable, *a.* ཕྱིར་སྟོན་དུ་ཡོད་པ; ཕྱིར་ཐོན་ཐུབ་པ;

814 Extricate, *v.t.* ཕྱིར་འདོན་པ; ཕྱིར་འདོན་བྱ་བ;

815 Extrication, *n.* ཕྱིར་འདོན;

816 Extrinsic, *n.* ཕྱི་རོལ་གྱི;

817 Extrude, *v.t.* ཕྱིར་བཙིར་སྟེ་དོར་བ;

818 Exuberance, *n.* གང་ཐལ་ཤོར་ནས་ཕྱིར་ལུད་པ་ཉིད;

819 Exuberance, *n.* འབོལ་པོ; གང་ཐམ་ཤོར་བ; རྒྱས་དྲགས་པའི;

820 Exuberant, *a.* ཕྱིར་འཛག་པའི;

821 Exudation, *n.* ཕྱིར་འཛག་པའི་བཅུད;

822 Exude, *v.t.* ཕྱིར་འཛག་པ;

823 Exult, *v.i.* དགའ་བའི་རྣམ་འགྱུར་ངོམ་པ;

824 Exultation, *n.* དགའ་བའི་ཀི་སྒྲ;

825 Eye, *n.* མིག;

F

1 **Fable**, *n.* བསྒྲུང; གཏམ་རྒྱུད;

2 **Fabric**, *n.* རས་ཙ;

3 **Fabricate**, *v.t.* བཙོས་པ; བཙོ་བ; སྒྲོས་པ;

4 **Fabrication**, *n.* སྒྲོས་པ;

5 **Fabulous**, *a.* སྒྲུང་གཏམ་མི་ངེས་པ;

6 **Face**, *v.i.* གདོང་དུ་འགྲོ་བ; *n.* གདོང; བཞིན; ངོས; ངོ;

7 **Facetious**, *a.* ཞོབ་ཅན; ཁ་བདེ་པོ; སྟོང་གཏམ་ཅན;

8 **Facetiously**, *ad.* སྟོང་གཏམ་བྱེད་དེ; ཁ་བདེ་བྱེད་དེ;

9 **Facile**, *a.* ཁ་ལ་ཉན་པོ; གང་ལབ་ཉན་པོ; བཙོས་སླ་མོ;

10 **Facilitate**, *v.t.* ལས་སླ་པོ་བཟོ་བ;

11 **Facility**, *n.* སླ་ཚུལ;

12 **Facing**, *n.* གདོང་སྤྲད; ཁ་སྒྲིལ; སྒྲིལ;

13 **Facsimile**, *n.* དཔེ; འདྲ་དཔེ;

14 **Fact**, *n.* བདེན་པ; ངོ་ཐོག་ཟེར་བ; དངོས་གནས་གང་ཡིན;

15 **Faction**, *n.* ཕྱོགས་པ; ཕྱོགས་རིགས; ཕྱོགས་སྡེ;

16 **Factious**, *a.* ཕྱོགས་རིགས་འཛིན་པ;

17 **Factitious**, *a.* སྒྲོས་བཅས; བརྫུས་མ; དངོས་གནས་མ་ཡིན་པའི;

18 **Factor**, *n.* ངོ་ཚབ; ལས་ཚབ; འགན་ཁུར་པ;

19 **Factory**, *n.* ཚོང་ཁང; བཟོ་ཁང;

20 **Factotum**, *n.* ལས་ཀུན་བྱས་པའི་ལས་མི;

21 **Faculty**, *n.* ནུས་པ; དབང; ཡོན་ཏན; ཆོས;

22 **Fade**, *v.i.* དཀྲག་ཡལ་བ; མདངས་ཡལ་བ;

23 **Faded**, *a.* མདངས་ཡལ་ཚར་བ; བཀྲག་མདངས་ཉམ་ཟིན་པ;

24 Fadeless, *a.* ཀྲས་མེད; ཉམ་རྒྱུ་མེད་པ;

25 Fag, *n.* བྲན་ལས; འཁོར་གཡོག; ཉེ་གནས; འཁོལ་གཡོག;

26 Fagot, *n.* ཤིང་ཁུར; ཤིང་ཁུར་ཚད་དུ་བཅིངས་ནས་ཡོད་པ;

27 Fahrenheit, *a.* རླུང་གི་ཚ་གྲང་ཏྲག་བྱེད་ཀྱི་ལག་ཆ་བཟོ་མཁན;

28 Fail, *v.t.* མ་ཐུབ་པ; ཕམ་པ; མི་ཐེབས་པ; ཆད་ཞུགས་པ;

29 Failing, *n.* སྐྱོན; མ་བྱུང་བ; ཆད;

30 Failure, *n.* མ་བྱུང་བ; ཕམ་ཚུལ; ནུས་མིན; འགྲོན་མིན;

31 Fain, *a.* དགའ་བཞིན་དུ; [Sik).

32 Faint, *a.* ཉམས་ཆུང; ཉམས་ཐག་པོ; ཐྲ་མོ; (དབུགས་ཕིང་ཕིང་

33 Faintly, *ad.* ཉམས་ཆུང་ངུར; སྐད་ཐྲ་མོས; ཉམས་ཐག་པོར;

34 Faint, *v.i.* དྲན་མེད་དུ་བརྒྱལ་བ; རླུང་བརྒྱལ་ཤོར་བ;

35 Faintness, *n.* ཉམས་ཆུང་ཚུལ; ཉག་ཐྲ་ཚུལ; རླུང་བརྒྱལ;

36 Fair, *a.* དཀར་པོ; དཀར་མདངས་ཅན; དྭང་པོ; མཛེས་པོ;
མཚར་པོ; བཟང་པོ;

37 Fair, *ad.* དྭང་པོར;

38 Fair, *n.* ཁྲོམ;

39 Fairly, *ad.* དགའ་མོར; གང་ཚམས; ཕལ་ཆེར;

40 Fairness, *n.* མཛེས་ཚུལ; བཟང་ཚུལ;

41 Fairy, *n.* དྲི་ཟའི་བུ་མོ; མི་མ་ཡིན་གྱི་བུ་མོ;

42 Faith, *n.* དད་པ; དམ་ཚིག;

43 Faithful, *a.* དམ་ཚིག་ཅན; དད་པ་ཅན; སླུ་མེད;

44 Faithfully, *ad.* དམ་ཚིག་དྭང་པོར;

45 Faithfulness, *n.* དམ་ཚིག་དྭང་ཚུལ; ངོ་ཚིག་ལྡན་ཚུལ;

46 Faithless, *n.* དམ་ཉམས;

47 **Faithlessness,** *n.* དམ་ཉམས་ཚུལ;

48 **Falchion,** *n.* རལ་གྲི་གུག་པོ; རལ་གྲི;

49 **Falcon,** *n.* ཁྲ; (བྱ་ཁྲ་རྫོར་པ; Bhut.)

50 **Falconer,** *n.* ཁྲ་ཉ་ར་བྱས་མཁན;

51 **Faldstool,** *n.* ལྷབ་སྟེགས; ལྷེབ་ཅོག;

52 **Fall,** *v.i.* འགྱེལ་བ; བརྡབ་པ; འགྲིལ་བ; བལྟུང་བ; འབབ་པ;
འཐིག་པ;

53 **Fall,** *n.* འབྲེ་བ; འཇིག་པ; གུད་པ; འགྱེལ་བ; འབབ་འགྱེལ;

54 **Fall,** *n.* ལྟུང་བ; ཆུ་གཟར; འབབ་གཟར; འབབ་གྲོད;

55 **Fallacious,** *a.* མི་བདེན་པའི; བརྫུན་པའི;

56 **Fallacy,** *n.* བརྫུན; མི་བདེན་པ; མི་ཐད་པ;

57 **Fallen,** *a.* གྱད་པ; འགྱེལ་བ; འགྱེལ་ཟིན་པ; གུད་གུད་པོ;

58 **Fallible,** *a.* ནོར་འཁྲུལ་ཞུགས་ཉེན་ཅན;

59 **Fallow,** *a.* ཡན་པ; ཞིང་ཁ་ཐང་རིང་དུ་བཞག; ཞིང་ག་བརྨོས་བཀོ་
རྒྱབ་ནས་ཐང་རིངས་སུ་བཞག་པ;

60 **Fallow,** *n.* ས་འམ་ཞིང་ཐང་རིང་དུ་བཞག་ཡོད་པ;

61 **False,** *a.* བརྫུན་པ; མི་བདེན་པ; བརྫུས་མ;

62 **Falsehood,** *n.* བརྫུན་ཚིག; བརྫུན;

63 **Falsely,** *ad.* བརྫུན་དུ; བརྫུན་བྱེད་དེ;

64 **Falsify,** *v.t.* བརྫུན་པར་བཟོ་བ;

65 **Falsity,** *n.* བརྫུན; མི་ཐད་ལུགས; མི་བདེན་ཚུལ;

66 **Falter,** *v.i.* འདར་བ;

67 **Faltering,** *n.* འདར་བཞིན; འདར;

68 **Fame,** *n.* གྲགས་པ; (མཚན་གྲགས; སྙན་གྲགས; Hon.)

69 **Familiar,** *a.* གོམས་པ; བསྲིས་པ; སྔོན་སྲིས་ཡོད་པ;

70 **Familiarity**, *n.* གོམ་འདྲིས ;
71 **Familiarize**, *v.t.* གོམས་སུ་བཙུགས་པ ;
72 **Familiarly**, *ad.* གོམ་འདྲིས་ཡོད་ཚུལ་གྱི ;
73 **Family**, *n.* བརྒྱུད; གདུང; རུས ; བུ་སྨད; གཞིས་བུ་སྨད ; གཟའ་མི ;
74 **Famine**, *n.* མུ་གེ ;
75 **Famish**, *v.t.* ལྟོགས་པ; ལྟོགས་པས་བསད་གཏང་བ ;
76 **Famous**, *a.* གྲགས་ཅན ; གྲགས་པ་ཆེན་པོ ;
77 **Famously**, *ad.* གྲགས་པ་ཆེན་པོ་བྱེད་དེ ;
78 **Fan**, *n.* རླུང་ཧེབ ; ཇ་ཡབ ;
79 **Fanatic**, *a.* ཆོས་པ་ཧ་ཅང་ཚོ་རིགས་བཅིངས་པོ ;
80 **Fanatical**, *a.* ཧ་ཅང་ཚོ་རིགས་སུ་འབྲེང་པའི་ཆོས་ཅན ;
81 **Fanatically**, *ad.* ལ་འཐམས་སུ་ཞོར་སྟེ ;
82 **Fanaticism**, *n.* ཆོས་ཀྱི་ཚོ་འཁྲང ; ལ་འཐམས ; ཚོ་རིགས ;
83 **Fanciful**, *a.* ཡིད་ལ་འགྲོ་པོ ;
84 **Fancifully**, *ad.* ཡིད་ལ་འགྲོ་པོ་བྱེད་དེ ;
85 **Fancy**, *n.* དམིགས་པ ; སེམས ; བློ ; བསམ་མནོ ; སྣང་བ ;
86 **Fancied**, *a.* མནོས་པ ; དམིགས་སོ ;
87 **Fane**, *n.* ལྷ་ཁང ;
88 **Fang**, *n.* མཆེ་བ ; མཆེ་སོ ;
89 **Fanged**, *a.* མཆེ་བ་ཅན ;
90 **Fanner**, *n.* རླུང་ཧེབ་རྒྱབ་མཁན ;
91 **Fantastic**, *a.* མཚར་པོ ; ཇམ་མཚར་པོ ; ཇམ་གཡེར་ཅན ;
92 **Fantastically**, *ad.* མཚར་པོ་བྱེད་དེ ; གཡེར་ཆེན་བྱེད་དེ ;
93 **Fantasy**, *n.* དམིགས་རྟེན ; སྙིང་སྨུག ; ལ་གསར ;

36

94 **Far**, *a.* ཐག་རིང་པོ;

95 **Farce**, *n.* རྐོད་དྲོའི་བཞད་མོ;

96 **Fare**, *v.i.* སྐྱོང་བ;

97 **Farina**, *n.* འབྲུའི་སྙིང་ཆ; འབྲུ་བཅུད;

98 **Farm**, *n.* གྲོང་གཞིས;

99 **Farmer**, *n.* ཞིམ་པ; ཡུལ་པ; གཞིས་པ; ཡུལ་གཞིས་པ;

100 **Farrier**, *n.* རྟའི་རྨིག་ལྕགས་རྒྱབ་མཁན;

101 **Farther**, *a.* དེ་ལས་རྒྱང་ཙམ; ཐག་རིང་པོ;

102 **Farthest**, *a.* ཐག་རིང་ཤོས; མཐུང་ཤོས;

103 **Farthing**, *n.* དོང་རྩེ་ཟང་ཊམ; ཕྱིན་རྫིའི་ཟང་ཊི; ཆུང་ཤོས;

104 **Fascinate**, *v.t.* དབང་དུ་བསྡུ་བ; ཡིད་འཆིང་བ;

105 **Fascination**, *n.* ཡིད་འཆིང;

106 **Fashion**, *n.* ཆ་ལུགས;

107 **Fast**, *a.* མགྲོགས་པོ; མ་ལག་ཅན; (ཚོས་གདན་པོ; meaning fast colour);

108 **Fast**, *v.t.* སྨྱུར་བར་གནས་པ;

109 **Fasten**, *n.* བཅིང་བ; འཆིང་བ;

110 **Fastidious**, *a.* མགུ་དཀའ; (ཉོག་ཅན; Sik.)

111 **Fastidiousness**, *n.* ཉོག་ཆེ་ལུགས; (Sik.).

112 **Fasting**, *n.* སྨྱུང་གནས;

113 **Fastness**, *n.* རྫོང་བཙན; བཙན་པོ; (བཙན་ཆས; Bhut.)

114 **Fat**, *a.* རྒྱགས་པ; ཤ་འབྱོར་པོ; ཤ་རྒྱས་པོ;

115 **Fat**, *n.* ཚི་ལུ; ཚིལ་བུ;

116 **Fatal**, *a.* སྲོག་ལ་ཐུག་པའི; ཉེན་ཅན;

117 **Fatalism**, *n.* ལས་བཀོད; ལས་ཀྱི་བཀོད་ཐང;

118 Fatality, *n.* ལས་ངན;

119 Fate, *n.* སྐལ་བ; ལས་སྐོས;

120 Fates, *n.* ལས; སྐལ་བ་བཀོད་ཐང;

121 Father, *n.* ཕ; ཨ་ཕ;

122 Fatherless, *a.* ཕ་མེད;

123 Fatherly, *a.* ཕ་ལྟ་བུ;

124 Fathom, གདོམ་པ;

125 Fathomable, *a.* གཞལ་དུ་ཡོད་པ;

126 Fathomless, *a.* གཞལ་བའི་ཚད་ལས་འདས་པ; གཞལ་མེད;

127 Fatigue, *v.t.* ངལ་དུ་བཅུག་པ; ངལ་བ; *n.* ངལ་དུབ;

128 Fatling, *n.* རྒྱགས་པོ་བཅོས་པའི་སེམས་ཅན;

129 Fatness, *n.* རྒྱགས་ཚུལ;

130 Fatten, *v.t.* རྒྱགས་པོ་བཅོས་པ; རྒྱགས་སུ་བཅོས་པ; ཚིལ་བུ་བདགས་སུ་བཅུག་པ;

131 Fatty, *a.* རྒྱགས་པ; ཚིལ་བུ་ཅན;

132 Fatuity, *n.* བླུན་རྨོངས;

133 Faugh, *intjn.* ཕད་ཚ་ལེ; ཕ་ཡེ;

134 Fault, *n.* སྐྱོན;

135 Faultless, *a.* སྐྱོན་མེད;

136 Faultlessly, *ad.* སྐྱོན་མེད་བཞིན་དུ;

137 Faulty, *a.* སྐྱོན་ཅན;

138 Faun, *n.* ཐོན་གྲིག་པའི་ལྷ་ཞིག;

139 Favour, *n.* མགོ་འདྲེན;

140 Favourable, *a.* མཐུན་པ;

141 Favourableness, *n.* མཐུན་སྣངས;

142 Favourably, *ad.* མཐུན་པོར;

143 Favourite, *n.* ཐུགས་འཛིན་པ;

144 Fawn, *n.* ཤ་ཕྲུག;

145 Fawn, *v.i.* གུས་ཅིང་དགའ་བའི་རྣམ་འགྱུར་གྱིས་འཚོང་འཚོང་བྱེད་པ;

146 Fawningly, *ad.* གུས་ཚུལ་གྱི;

147 Fealty, *ad.* མནའ་དམ; དཔོན་གཡོག་བར་གྱི་དམ་བཅའ;

148 Fear, *n.* འཚེར་སྣང; བརྩེ་བཞག; བརྩིས་འཇོག; འཇིག་སྣང;

149 Fearful, *a.* འཇིགས་སུ་རུང་བ; འཇིག་དངངས; [འཇིག་པ;

150 Fearfully, *ad.* འཇིགས་སུ་རུང་བ་ལྟར;

151 Fearless, *a.* ཉམ་ང་མེད་པ; མི་སྐྲག་པ;

152 Fearlessly, *ad.* མ་སྐྲག་པར;

153 Feasible, *a.* བྱེད་དུ་ཡོད་པ; [Hon.);

154 Feast, *n.* བཟའ་བཏུང་བཟང་པོ; བཟའ་བཏུང་རྒྱས་པོ; (ཐུགས་སྐྱོ

155 Feasting, *n.* བཟའ་བཏུང་ཚོགས་འཁོར;

156 Feat, *n.* རྩལ; སྟོང་མ; ལག་སྟོང;

157 Feather, *n.* བྱ་སྒྲོ;

158 Feathered, *a.* སྒྲོ་དང་ལྡན་པ; སྒྲོ་ཅན; སྒྲོ་ལྡན;

159 Feathery, *a.* སྒྲོ་ལྟ་བུ;

160 Feature, *n.* བྱད; ངོ; གདོང;

161 Featureless, *a.* གདོང་མེད་པ;

162 Febrifuge, *n.* ཚད་པའི་སྨན;

163 Febrile, *a.* ཚད་པའི;

164 February, *n.* ཕྱི་ཟླ་གཉིས་པ;

165 Fecundity, *n.* སྒྲོ་ང་སྨིན་པའི་ནུས་པ;

166 Federal, *a.* འདུན་འགྲིག་གི;

167 Federation, *n.* འདུན་མ; འདུན་གྲོས་ཅིག་པའི་སྡེ;

168 Fee, *n.* གླ; ངན་པ; གླ་ཆ;

169 Feeble, *a.* ཁྲུ་རེ་ཁྲོ་རེ; ཉ་ལེ་ཉོ་ལེ;

170 Feebleness, *n.* ཁྲུར་ཁྲོར; སྟོབས་ཉམ་ལྷུང; ག་ཤད་མེད་ཚུལ;

171 Feed, *v.t.* བསོ་བ; ཟས་སྦྱིན་པ;

172 Feed, *n.* ཟས; བཟའ་བཏུང; ཁ་ལག;

173 Feel, *v.t.* ཚོར་བ; རིག་པ; ཉོམ་པ; སེམས་ལ་ཚོར་བ;

174 Feeling, *s.* རིག་བྱ; ཚོར་བ; སེམས་ཚོར;

175 Feelingly, *ad.* སེམས་ཚོར་ཡོད་པ་བྱེད་དེ;

176 Feign, *v.t.* བཅོས་པ; བརྫུ་བྱེད་པ; ཁྲལ་བྱེད་པ; ལྷུགས་བྱེད་པ;
མ་ཡིན་ཡིན་བརྫུ་བྱེད་པ;

177 Feigning, *n.* བརྫུ་བ; ཚུལ; ཁྲལ; ལྷུགས་བྱེད་པའི་ལས;

178 Feint, *n.* གྲི་བརྩེད་བརྩེ་དུས་མགོ་ལ་རྒྱབ་རྒྱུ་ཡིན་ན་རྐང་པ་ལ་རྒྱབ་
ཁྲལ་བྱས་པ་དེའོ;

179 Felicitate, *v.t.* དགའ་བའི་བརྟེན་འགྲོལ་འགྲིག་པ;

180 Felicitation, *n.* དགའ་སྤྲོ;

181 Felicitous, *a.* དགའ་སྐྱིད་ལྡན་པའི;

182 Felicity, *n.* དགའ་སྤྲོ;

183 Fell, *a.* གདུག་རྩུབ་ཅན; རྩུ་ང་བོ; (*n.*) རི་སྐམ; *v.t.*
ལྷུང་བ; ཟགས་པ; འགྱེལ་བ; ཁྲེར;

184 Fellah, *n.* དུ་རུ་ཁ་པ་རྣམས་ཀྱི་ས་ཨི་ཛིབ་ཊའི་ཁྲལ་པའི་རིགས་ལ

185 Fellow, *n.* ཟླ་བོ; ཟླ་རོགས;

186 **Fellowship**, *n.* མཆེད་གྲོགས; (གཏོད་ཚང; Bhut.);

187 **Felly**, *n.* འཁོར་ལོའི་ཕྱིའི་སོ་ཁ;

188 **Felon**, *n.* ནག་ཅན; བཙོན་པ;

189 **Felonious**, *a.* མི་ངན; བཙོན་པ; སེམས་ངན་འཚོང་སྡེ;

190 **Felony**, *n.* འཛེབ་ཆེན་གྱི་ཉེས་ལས;

191 **Felt**, *n.* ཕྱིང་བུ; ཕྱིང་པ;

192 **Felting**, *n.* ཕྱིང་བུ་བཟོ་བའི་ཐབས;

193 **Female**, *n.* མོ;

194 **Feminine**, *a.* མོ་རིགས; མོ;

195 **Fen**, *n.* འདམ; གྲུམ་པ:

196 **Fence**, *n.* ར་བ; སྐྱོར་བ;

197 **Fencing**, *n.* གྲི་བརྩེད;

198 **Fend**, *v.t.* བསྲུང་སྐྱོལ་བྱས་པ; བསྲུང་བ; [འདབ;

199 **Fender**, *n.* ལྕགས་སམ་རག་གི་བར་འདབ; མེ་བདང་མའི་བར་

200 **Fennel**, *n.* མེ་དོག་སེར་པོ་ཅན་གྱི་སྔོ་ སྣུམ་ཞིག;

201 **Ferine**, *a.* གཙན་གཟན་འདྲ་བུ;

202 **Ferment**, *n.* ཚང་བསྐལ་ནས་འཁོལ་སྦེ་སྐྱང་བ་དེའོ; འཁོལ་བ;

203 **Fermentation**, *n.* ཚང་ཕབ་རྩིའི་ནུས་པས་འཁོལ་བ་དེ་ལ་ཟེར; ཚང་བསྐལ་ནས་དྲོད་ཡང་པ་དེ་ལ་ཟེར;

204 **Fern**, *n.* སྐྱེད་མ; སྐྱེས་མ;

205 **Ferocious**, *a.* འཇིགས་སུ་རུང་བ; དྲག་ཤུལ་ཅན; གདུམ་ཛོ་ཅན;

206 **Ferocity**, *n.* འཇིགས་རྫམས; དྲག་ཤུལ; གདུམ་ཛོས;

207 **Ferret**, *n.* ཞི་མིའི་རིགས་ཅིག;

208 **Ferry**, *n.* གྲུ; ཛིངས; བཟིང; གྲུ་ཁ;

209 Fertile, *a.* ས་ལྷུད་འཛོམ་པོ; ས་ཞིམ་པོ; ས་ལོ་ཐོག་འཐོན་ཆེན་པོ;

210 Fertility, *n.* ས་ལོ་ཐོག་ལེགས་ཚུལ;

211 Fertilize, *v.t.* སྨིན་པར་བྱས་པ;

212 Ferule, *n.* ལྕུག་ཚན;

213 Fervency, *n.* གདུང་ཤུགས; དྲོད་བཧགས;

214 Fervent, *a.* གདུང་ཤུགས་ཅན;

215 Fervently, *ad.* གདུང་ཤུགས་ཀྱི་ངང་ནས;

216 Fervid, *a.* དྲོད་ཚ་པོ; དྲོད་བཧགས་ཅན;

217 Fervour *n.* དྲོད་ཚད; དྲོད་བཧགས་ཡོན་ཏན;

218 Fester *v.i.* གཉན་འཛུག་པ; རྨ་རུལ་བ;

219 Festival, *a.* དུས་ཆེན; དགའ་སྟོན;

220 Festive, *a.* དགའ་སྟོན་གྱི;

221 Festivity, *n.* དགའ་སྟོན;

222 Festoon, *n.* དྲ་བ་དྲ་ཕྱེད;

223 Fetch, *v.t.* འཁྱེར་ཡོང་བ; ཁྲིད་པ; འདྲེན་པ; དྲངས་པ;

224 Fete, *n.* སྟོན་མོ; (ཕྱུགས་སྐྱོ; Hon.).

225 Fetid, *a.* རུལ་པོ; དྲི་ང་པོ;

226 Fetlock, *n.* རྟ་བོན; རྟའི་རྨིག་ཤུང་གི་སྤུ་ཚག་དེའོ;

227 Fetter, *n.* ལྕགས་སྒྲོག;

228 Fetus, *n.* མངལ་དུ་གནས་པའི་ཁྲིའུ་ཆུང་ཕྲུགས་དང་བཅས་པ་དེའོ;

229 Feud, *n.* འཐབ་རྩོད;

230 Feud, *n.* ཁྲལ; ས་ཁྲལ;

231 Feudal, *a.* བཀའ་བརྟེན་བླངས་ནས་བཟུང་བའི་ས་ཆ;

232 **Feudalism**, *n.* སྤྱི་མོ་འི་སྲོལ་ལྟར་གཡུལ་ངོ་འི་དུས་སུ་མཆོན་ཁྲིར་སྐྱེ་
འགྲོ་བའི་ཁ་ཆིག་བོར་ནས་ས་ཆ་སྤྱོད་ཚུལ;

233 **Feudatory**, *a.* ཁྲལ་ཕུལ་འདོན་རྒྱུའི་ཁ་ཆིག་བྱས་སྤྱོད་པའི་ས་ཆ་འཛམ་
ཁྲལ་པ;

234 **Fever**, *n.* ཚད་པ; ཚད་འབར; (ཧྲོད་འབར; Sik. & Bhut.).

235 **Feverish**, *a.* ཚད་པ་ཅན; ཧྲོད་འབར་ཅན;

236 **Few**, *a.* ཉུང་ཉུང;

237 **Fewness**, *n.* ཉུང་ཚུལ; Fiasco བྱུས་ཉེས; བྱུར་ཁ;

238 **Fiat**, *n.* བཀའ་རྒྱ; བཀའ་རྒྱ་ཚ་ནན་དྲག་པོ;

239 **Fib**, *n.* ཤོབ; བརྫུན; (འང; Sik. & Bhut.).

240 **Fibre**, *n.* ཤིང་གི་རྩ; རྩ; དཔེར་ན་སོ་མ་ར་ཙ་ལྷ་བུ;

241 **Fibreless**, *a.* རྩ་མེད་པའི:

242 **Fibrous**, *a.* རྩ་ཅན;

243 **Fickle**, *a.* འགྱུར་ལྡོག་ཅན;

244 **Fickleness**, *n.* འགྱུར་ལྡོག;

245 **Fiction**, *n.* བརྫུན; སྒྲུང་གཏམ; སྒྲུང;

246 **Fictitious**, *a.* དངོས་མིན; བརྫུ་མ;

247 **Fictitiously**, *ad.* བརྫུན་དུ;

248 **Fiddle**, *n.* པི་ཝམ;

249 **Fidelity**, *n.* དམ་ཚིག;

250 **Fidget**, *v.i.* ཙོག་གིར་མ་ཆགས་པ; ཕར་གཡེངས་ཚུར་གཡེངས་
བྱས་པ;

251 **Fie**, *int.* ཁི་ཁི་ཞེས་བཙོག་པའི་སྐྲ་སྒྲིན་པ;

252 **Fief**, *n.* (ཞིང་བཟན་གྱི་ས་གཞིས; Sik.).

253 Field, *n.* — ཞིང་; (battle-field གཡུལ་ངོའི་ཐང་); ཐང་; ལས་ཞི་དྲག་གང་བྱེད་རུང་དེ་བྱས་པའི་ས་ཆ་དེ; ས་ཆ; ས;

254 Field bed, *n.* — ཕྱོགས་ལ་འཁྱེར་བའི་མལ་ཁྲི;

255 Field gun, *n.* — མེ་སྒྲོག་འཁྱེར་བདེ་ཞིག;

256 Fiend, *n.* — བདུད; འདྲེ;

257 Fiendish, *a.* — འདྲེ་ལྟ་བུ; བདུད་ལྟ་བུ;

258 Fierce, *a.* — མ་རུང་བ; འཇིག་པོ; འཇིགས་སུ་རུང་བ; འཇིག་ཇམ་ཅན; གཏུམ་པོ; གཏུམ་དྲག;

259 Fiercely, *ad.* — འཇིགས་སུ་རུང་བར; གཏུམ་ཅིང་ཇམ་པའི་ཚུལ་གྱིས;

260 Fierceness, *n* — འཇིགས་རུང; འཇིགས་ཇམས; གཏུམ་ཇམ;

261 Fiery, *a.* — མེ་འབར་བ་ལྟ་བུ; ངར་ཅན; དྲག་པོ;

262 Fife, *n.* — རྒྱ་གླིང; (ལྔ; five).

263 Fifteen, *a.* — བཅོ་ལྔ;

264 Fifteenth, *a.* — བཅོ་ལྔ་པ;

265 Fifth, *a.* — ལྔ་པ;

266 Fifthly, *ad.* — ལྔ་པར;

267 Fiftieth, *a* — ལྔ་བཅུ་པ;

268 Fifty, *a.* — ལྔ་བཅུ;

269 Fig, *n.* — ཤིང་འབྲས་འབྲས་སྨྱོངས་སུ་ཀས་ལྷང་ཞེས་པ; ཁ་ཆེས་ཨན་ཇིལ་ཟེར་བ་དེ་འོ;

270 Fight, *v.i* — འཐབ་པ; བགྲོལ་བ;

271 Figurative, *a.* — བརྡའ་ཡི་མཚོན་པའི; བརྡའ་ལྡན; བརྡའ་ཡི་མཚོན་བྱེད; སྙན་ངག;

272 Figured. — རི་མོ་ཅན;

273 Figuratively, *ad.* — བརྡའ་རུ; བརྡར;

37

274 **Figure**, *n.* རི་མོ་; ཨང་གི་; བཟོ་རྣམ་; བྱེད་བཞིན་; གཟུགས་བྱེད་; གཟུགས་རྗེན་;

275 **Filament**, *n.* དར་མ་; དར་ཕྲུར་;

276 **Filbert**, *n.* (ཤིང་འབྲས་སོ་ཀས་འདྲ་པོ་ཞིག; (Sik.).

277 **Filch**, *v.t.* འཇབ་ཀྱིན་བརྐུ་བ་;

278 **File**, *n.* གྲལ་;

279 **File**, *n.* སེག་བདར་;

280 **Filial**, *a.* ཕ་ལ་གདུང་སེམས་; ཕའི་འདུ་ཤེས་;

281 **Filially**, *ad.* ཕའི་འདུ་ཤེས་དང་བཅས་ཏེ་;

282 **Filibuster**, *n.* ཇག་པ་; *v.t.* ཇག་པ་རྒྱབ་པ་;

283 **Filings**, *n.* བསེག་བར་རྒྱབ་པའི་ཕྱེ་མ་;

284 **Fill**, *v.t.* བསྐང་བ་; འགེངས་པ་;

285 **Fillet**, *n.* མགོ་ལ་བཀྲི་རྒྱུའི་སྣལ་མ་;

286 **Filling**, *n.* བཀག་བྱེད་; སྦུབ་བྱེད་; འགེངས་བྱེད་;

287 **Filly**, *n.* མོ་རྟེའུ་;

288 **Film**, *a.* དར་མ་; པགས་པ་སྲབ་མོ་;

289 **Filmy**, *a.* དར་མ་ལྟ་བུ་;

290 **Filter**, *v.t.* ཆུ་དུག་འདོར་བྱེད་པ་; ཆུ་དྭང་རྟིག་འབྱེད་སའི་སྣོད་;

291 **Filth**, *n.* དྲི་མ་; བཙོག; ལུད་དང་ཉག་ཉིག;

292 **Filthily**, *ad.* དྲི་མ་ཅན་བྱེད་དེ་; བཙོག་པོར་;

293 **Filthiness**, *n.* དྲི་མ་ཅན་གྱི་ཚུལ་; བཙོག་ཉམ་; བཙོག;

294 **Filthy**, *a.* དྲི་མ་ཅན་; བཙོག་པ་;

295 **Filtrate**, *v.t.* དྭངས་སྙིད་བསྒྲིང་བ་;

296 **Filtration**, *n.* དྭངས་སྙིད་བསྒྲིང་བའི་ལས་;

297 **Fin**, *n.* ཉ་ཡི་ཛ་ཤོག;

298 Final, *a.* རྗེས་མ ; ཐ་མའི ; མཐར་འཇུག་གི ;

299 Finale, *n.* ཐ ; མཐའ ;

300 Finally, *ad.* མཐར ;

301 Finance, *n.* དངུལ་གྱི་ཁྲལ་བབ ; བབ་ཡོང ;

302 Financial, *a.* དངུལ་བབ་ཀྱི་སྐོར ; (ཕྱག་སྒྲིའི་སྐོར ; Hon.) ལག་

303 Financially, *ad.* དངུལ་བབ་ཀྱི་སྐོར་དུ ; [སྒྲིའི་སྐོར ;

304 Financier, *a.* ཕྱག་མཛོད་པ ;

305 Finch, *n.* བྱིའུ་ཞིག་གི་མིང ;

306 Find, *v.t.* ཐོབ་པ ; བརྙེད་པ ; ཁྲིམས་སྐོར་ཡིན་ན་བརྟག་ཞིབ་མཛད་ཟིན་པའི་མཐར་བཅད་མཚམས་ཀྱི་ཐོག་ཏུ་སླེབ་པ ;

307 Finding, *n.* ཁྲིམས་སའི་བཅད་མཚམས ;

308 Fine, *a.* ཞིབ་མོ ; སྙིང་རྗེ་པོ ; ཡིད་འོང་པོ ; ཡག་པོ ;

309 Fine, *n.* ཆད་པ ;

310 Fineness, *n.* ཞིབ་མོའི་ཚུལ ; ཞིབ་ཚུལ ; ཞིབ་པའི་རྣམ་པ་ཅན ;

311 Finery, *n.* མཛེས་བྱེད་ཀྱི་རྣམ་པ ;

312 Finger, *n.* འཛུབ་མོ ;

313 Fingering, *n.* འཛུབ་མོའི་འཇུ་སྟངས ; འཆང་སྟངས ;

314 Finical, *a.* བྱ་བྱེད་ཕྲ་ཞིབ་ཀྱི་རིགས་ལ་ཤིན་ཏུ་སྣུམ་ཆ ;

315 Finis, *n.* མཐའ་མཇུག ; རྫོགས་མཚམས ;

316 Finish, *v.t.* ཚར་བ ;

317 Finite, *a.* ཚད་མ་ཅན ; ཚད་དང་མཐའ་ཅན ;

318 Fir, *n.* གུང ;

319 Fire, *n.* མེ ; ཚ་ཚད་རྒྱོང་ཚད ; (severe trial).

320 Firkin, *n.* འབོ ; མར་སྟང ; སྲང་བཅུ་དྲུག་གི་བཟེད་ཟླན ;

321 **Firm**, *a.* བརྟན་པོ་; (བསྲ་སྒྲིང་སྒྲིང་; Bhut.).

322 **Firm**, *n.* ཚོང་ཁང་; བཟོ་ཁང་;

323 **Firmament**, *n.* ནམ་མཁའ་; བར་སྣང་;

324 **Firman**, *n.* ཏུ་རུ་ཥྐའི་རྒྱལ་ཁང་གི་བཀའ་ཤོག;

325 **Firmly**, *ad.* བརྟན་པོར་;

326 **Firmness**, *n.* བསྟ་བརྟན་;

327 **First**, *n.* དང་པོ་; ཐོག་མ་;

328 **First-fruits**, *n.* ཕུད་; ཕུད་ཁ་;

329 **Firstling.** ཐོག་མ་; ཕྲུ་གོ་;

330 **Firstly**, *ad.* དང་པོར་;

331 **Fish**, *n.* ཉ་;

332 **Fisher**, *n.* ཉ་ར་བ་;

333 **Fisherman**, *n* ཉ་ར་པ་; ཉ་པ་;

334 **Fishery**, *n.* ཉ་བཟུང་ས་;

335 **Fishing**, *n.* ཉ་བཟུང་ས་རང་ལ་ཟེར་;

336 **Fishy**, *a.* ཉ་འདྲ་པོ་;

337 **Fissile**, *a.* ཤག་རྡང་པོ་;

338 **Fission**, *n.* ཉིས་ག་ཤག; ཕྱེད་བཀས་; ཡིང་བ་ཤག; ཐག་ཤག;

339 **Fissure**, *n.* སེར་གས་; སེར་ག་;

340 **Fist**, *n.* ཇོག་རིལ་; ཁུ་ཚུར་;

341 **Fistula**, *n.* ཚུབ་ལི་; { (Sik.) སྒྲོ་མོག }; བུག་ཕྲན་; (Sik. དུང་ཚུང་;)

342 **Fit**, *a.* ཐད་པ་; རན་པ་; ཏུང་བ་; ཆླང་ཟུག *v.t.* སྒྲིག་པ་;

343 **Fitful**, *a.* ཆླང་ཟུག་ཅན་; ཆླང་ཆླང་ལ་ཟུག་ཡང་མི་;

344 Fitly, *ad.* རན་པོར; སྟམ་པོར; འགྲིག་པོ་བྱེད་དེ;

345 Fitness, *n.* རུང་བ; ཐད་པ; རུང་ལྟར; ཐད་ལྟར;

346 Fitting, *n.* སྒྲིག་ཁ;

347 Five, *a.* ལྔ;

348 Fix, *v.t.* འགོད་པ; འགྱུར་བ; དུས་བྱེད་པ; དུས་ལྟབ་བྱེད་པ;
བརྟན་པོར་སྡོད་པ; *n.* གག; འགག་དྲི་པོ;

349 Fixedness, *n.* བརྟན་ཚུལ; མི་འགྱུར་བའི་ཆོས་ཉིད;

350 Fixture, *n.* སྦྱར་ཐེབས་པ;

351 Fizz, *v.i.* འབུ་བ་སོར་རི་འཁོལ་བ;

352 Flabby, *a.* ཉ་ལེ་ཉི་ལེ;

353 Flag, *n.* དར་ཅོག;

354 Flageolet, *n.* གླིང་བུ་བུ་ག་དྲུག་ལྡན; གླིང་བུ; (Sik. དོ་གླིང);

355 Flagitious, *a.* ཡ་མེད་སྡིག་ལས་འཛབ་ཛི་ཙམ་ཆེ་རུང་མི་འཛེམས་པ ;

356 Flagon, *n.* ཨར་དམ;

357 Flagrant, *n.* འཛབ་ཅན;

358 Flail, *n.* གདུན་ཤིང; (ཌེང་ཀྲི; Nepalese term adopted by Bhutias) (ཆོས་ Sik.).

359 Flake, *n.* ཁ་བའི་བལ་འདབ;

360 Flame, *n.* མེ་ཆག; མེ་ལྕེ;

361 Flaming, *a.* མེ་ལྕེ་ལྷབ་ལྷབ;

362 Flamingo, *n.* ཆུ་བྱ་བྲང་ཁོག་དམར་པོ་བྱུས་པ་ཞིག;

363 Flange, *n.* འཁོར་ལོ་འི་སྦུ་ཁྲུད་ཀྱི་ཟུར་བསྐྱང་ནས་ཡོད་པ;

364 Flank, *n.* དམག་རུའི་ཟུར་ལོགས;

365 Flannel, *n.* བལ་དང་རས་བསྲེས་ནས་འཐག་པའི་གོས;

366 Flap, *n.* གོས་ཀྱི་སྣེ་མོ; སྣེ་མོ;

367 **Flare**, *v.i.* མེ་ལྡེར་འབར་བ;

368 **Flaring**, *a.* བཀྲག་ཏར་པོ; མེ་འོད་ཐམ་ཐོམ་དུ་འཕྲོ་བཞིན་པ;

369 **Flash**, *n.* མེ་ལྡེ་འཁྱུག་པ་ཉིད; མེ་ལྡེ་འཁྱུག་ཙམ་པ;

370 **Flashing**, *n.* འོད་ཆེམ་ཆེམ་བྱེད་བཞིན་པ;

371 **Flashy**, *a.* འོད་ཆེམ་ཆེམ་དུ་འཕྲོ་བའི;

372 **Flask**, *n.* ཞེར་དམ་ལེབ་ལེབ;

373 **Flat**, *a.* ལེབ་ལེབ; [བསྙོན་སྤེ;

374 **Flatly**, *ad.* ཐད་ཀྱི; ལེབ་བསྙོན་སྤེ; རྫུར་མིན་པའི་ལེབ་ངོས

375 **Flatness**, *n.* ལེབ་ལེབ་ཡིན་པའི་ཚུལ; (ལེབ; Sik.).

376 **Flatten**, *v.t.* ལེབ་ལེབ་འཚོ་བ;

377 **Flatter**, *v.t.* ངོ་བསོད་བྱེད་པ; ངོ་བསོས་བྱས་པ;

378 **Flatterer**, *n.* ངོ་བསོ་མཁན; ཁྲམ་ཅན;

379 **Flattering**, *v.t.* ངོ་བསོ་འི་རྣམ་པ་ཅན; རྣ་བ་སྙན་པོ;

380 **Flatteringly**, *ad.* རྣ་བར་སྙན་འཇེབས་སུ;

381 **Flattery**, *n.* ངོ་སོ; ངོ་སྲུང;

382 **Flatulence**, *n.* འཕྱེན; འོག་རླུང; གྲོད་པ་སྦོམ་པའི་ནད;

383 **Flatulent**, *n.* སྦོང་པ; རླུང་གིས་རྒྱངས་པ;

384 **Flaunt**, *v.i.* འཕྱར་བ; ངོམ་བཞིན་འཕྱར་བ;

385 **Flavour**, *n.* བྲོ་བ; རོ;

386 **Flavourless**, *a.* བྲོ་བ་མེད་པ;

387 **Flaw**, *n* སྐྱོན; སེར་ག; གས་གྲུམ;

388 **Flawless**, *a.* སྐྱོན་མེད;

389 **Flawy**, *a.* སྐྱོན་ཅན;

390 **Flax**, *n.* སོ་མ་ར་ཙ;

391 Flaxen, *a.* སོ་མ་ར་རྩའི ;

392 Flay, *v.t.* པགས་པ་བཤུས་པ ;

393 Flea, *n.* ཁྱི་ཤིག ; ལྗི་བ ;

394 Fledge, *v.t.* ཤོག་སྒྲོ་བྱས་པ ; ཤོག་སྒྲོ་བཏགས་པ ;

395 Flee, *v.i.* བྲོས་པ ;

396 Fleece, *n.* བལ་འདབ ;

397 Fleecy, *n.* བལ་འདབ་ལྟ་བུ ;

398 Fleet, *n.* གྲུ་ཟིང ; གྲུ་གཟིངས་ཀྱི་དམག ;

399 Fleet, *a.* བང་མགྱོགས ;

400 Fleeting, *a.* ཡད་ཡུད་ཙམ་ལས་མི་གནས་པ ;

401 Fleetness, *n.* བང་མགྱོགས་པ་ཉིད ; མགྱོར་ཡུར ;

402 Flesh, *n.* ཤ ; ཤ་ཉེ ; གཟུགས ;

403 Fleshy, *a.* ཤ་ལྟ་བུ ;

404 Fleshly, *a.* གཟུགས་ཀྱི ; སྲིད་པའི་བདེ་བར་ཆགས་པའི ;

405 Fleur-de-lis, *n.* པད་མའི་མེ་ཏོག་གི་རི་མོ ;

406 Flexibility, *n.* མཉེན་ལྕུག ;

407 Flexible, *a.* མཉེན་པོ ; མཉེན་གྱོང་འཇོམ་པོ ;

408 Flexure, *n.* ཁྱོག ; ཀྱུག ;

409 Flicker, *v.i.* སྐྱུམ་ཟད་མར་མེ་བཞིན་ཡ་མེ་ཡེ་མེར་འབར་བ ;

410 Flier, *n.* འཕུར་མཁན ;

411 Flight, *n.* ནམ་འཕང ;

412 Flightiness, *n.* ནམ་འཕང ;

413 Flighty, *a.* ནམ་འཕང་ཅན ;

414 Flimsily, *ad.* དངོས་པོ་བསྣ་མཁྲིགས་མེད་པའི་སྒྲབ་མོ་བྱེད་དེ ;

415 **Flimsy**, *a.* སྲབ་མོ;

416 **Flinch**, *v.t.* ཉུར་བ; ཕྱི་བྲོས་རྒྱབ་པ; ཕྱི་ཉུར་རྒྱབ་པ;

417 **Flinching**, *n.* ཕྱི་ཉུར;

418 **Fling**, *v.t.* འཕང་བ; འཕེན་པ; གཏོར་བ;

419 **Flint**, *n.* ཅས་རྡོ; མེ་ལྕག་རྡོ;

420 **Flinty**, *a.* ཅས་རྡོ་ལྟ་བུ;

421 **Flippancy**, *n.* ཁ་ལ་གང་འཁོར་བདེ་མོར་བཤད་པ་ཉིད:

422 **Flippant**, *a.* ཁ་ལ་གང་བྱུང་བདེ་མོར་ལབ་འདོད་ཅན;

423 **Flirt**, *v.t.* ཁྲུལ་བཤད་པ;

424 **Flirtation**, *n.* ཁྲུལ; ཕོ་མོ་འི་ཁྲུལ་ཕན་ཚུན་བཤད་རྒྱུ་དེ;

425 **Flit**, *v.t.* འཁྲུག་ཙམ་བྱས་པ; འཁྲུག་པ;

426 **Flitch**, *n.* ཕག་པའི་སྤྲོ་ཚ་རྒྱབ་ནས་སྐམ་པ;

427 **Flitting**, *n.* སྤྲོ་བཤུད; ཡུལ་བཤལ: ཁྲུག་ཙམ་རེ་ལས་མི་གནས་པ;

428 **Float**, *n.* (ས་སྤྲགས; Sik.).

429 **Float**, *v.i.* ཆུའི་ཁར་ལྡིང་བ;

430 **Flock**, *n.* མཚོ་ཐད; མཚོ; ཁྱུ; (*v.t.* དཔུང་ཚོགས་པ);

431 **Flog**, *v.t.* ལྕག་ཚན་གྱིས་བརྡུང་བ;

432 **Flogging**, *n.* ལྕག་ཚན་གྱིས་བརྡུང་བ་དེ; རྒྱུག་བརྡུང; ཉེས་འདག;

433 **Flood**, *n.* ཆུ་རུད; ཆུ་རུད་བབ་པ; ཆུ་ལོག;

434 **Flooding**, *n.* བུད་མེད་ཀྱི་མཚན་མ་ནས་ཁྲག་མང་པོ་བབ་པ;

435 **Floor**, *n.* འཐིང་གཞི; གཞི་མ; མཐིལ;

436 **Flooring**, *n.* འཐིང་གཞི;

437 **Flop**, *v.t.* ས་ལ་ཞོ་དོབ་ཅེས་ལྷུང་ཡོང་བ;

438 **Flora**, *n.* མེ་ཏོག་དང་ཤིང་སྡོ;

439 Floral, *a.* མེ་ཏོག་གི་;

440 Florid, *a.* དམར་མདངས་ཅན་;

441 Florin, *n.* སྒྲོ་གོར་ཤི་ལིང་གཉིས་རེ་བ་;

442 Florist, *n.* མེ་ཏོག་འཚོང་མཁན་;

443 Flounce, *v.i.* བུད་མེད་ཀྱི་གོས་ཀྱི་གྲ་ཆག་ལྷུབ་ལྷན་;

444 Flounder, *v.i.* འཕག་ཚག་རྒྱབ་པ་;

445 Flour, *n.* ཕྱེ་; ཟམ་པ་; ཞིབ་ཟམ་; གྲོ་ཞིབ་;

446 Flourish, *v.i.* བདེ་བ་; འཚེར་བ་; *n.* རི་མོ་ཀྱག་ཀྱོག་;

447 Flow, *v.i.* འབབ་པ་; *n.* རྒྱུན་; འབབ་རྒྱུན་;

448 Flower, *n.* མེ་ཏོག་;

449 Flowery, *a.* མེ་ཏོག་འདྲ་པོ་;

450 Fluctuate, *v.i.* ཡར་བསྒྲེང་མར་བབ་བྱེད་པ་;

451 Fluctuation, *n.* ཡར་བསྒྲེང་མར་བབ་; དཔེར་ན་ཟློང་ཚའི་རིན་ཐྭ་བུ་;

452 Flue, *n.* དུ་བ་ཕྱིར་འཐོན་སའི་ལྷུགས་དུང་ངམ་དུ་ཁུང་;

453 Flue, *n.* (down or fur). (སྤུ་འཇམ་པོ་ཞིག);

454 Fluency, *n.* ལྕེ་མཆུ་བདེ་མོ་;

455 Fluent, *a.* སྐད་བདེ་སྒྲོར་ཡབ་ཐུབ་པའི་; སྐད་དག་ཅིང་བདེ་མོར་

456 Fluently, *ad.* སྐད་བདེ་པོ་བྱེད་དེ་; [སྨྲས་ཐུབ་པ་;

457 Fluid, *a.* ཁུ་བ་;

458 Fluidity, *n.* ཁུ་བའི་རྣམ་པ་;

459 Fluke, *n.* སྙེས་དབང་གིས་ཚ་འཁོད་པ་; ཉ་ལེབ་ལེབ་ཞིག་; ལུག་གི་མཆིན་པའི་ནང་གི་སྲིན་འབུ་;

460 Flummery, *n.* (ངོ་བསོད་སྐམ་པོ་ Sik.); འོ་མ་དང་ཕྱེ་དང་སྒོང་རྡོས་ཀྱི་བཟོས་པའི་མངར་བུ་;

461 Flunkey, *n.* གཡོག་པོ་; ཞབས་ཕྱི་; མི་མ་རབ་ངོ་བསོད་ཅན་;

462 **Flurry**, *n.* སེམས་ཚབ་ཚུབ ; ཚུབ ; ཚུབ་ཚུབ ;

463 **Flush**, *v.i.* གདོང་ལ་ཁྲག་རྒྱུག་ནས་དམར་པོར་འགྱུར་བ ;

464 **Fluster**, *v.t.* ཚབ་ཚབ ; ཚུབ ;

465 **Flute**, *n.* འཕྲེད་གླིང ;

466 **Fluted**, *n.* ལྷ་གཞོག་ཅན ; ལྷ་ཤུར་ཅན ;

467 **Fluting**, *n.* གཙུམ་རིས ;

468 **Flutter**, *n.* ཁྲག་ཁྲུག ; འདར་ཁྲུག ;

469 **Fluttering**, *n.* ཁྲག་ཁྲུག ; འདར་ཁྲུག ;

470 **Fluvial**, *n.* གཙང་པའི ; རྒྱུག་ཆུའི ;

471 **Flux**, *n.* འབབ ; ཆུ་ལོག ; ཆུ་རུད ;

472 **Fluxible**, *a.* བཞུ་རུང་བ ; བཞུ་རུ་ཡོད་པ ;

473 **Fluxion**, *n.* འབབ་རྒྱུན ;

474 **Fly**, *v.i.* འཕུར་བ ;

475 **Fly**, *n.* སྦྲང་བུ ;

476 **Fly blown**. སྦྲང་བུའི་ཕྲུག་གུས་བཀང་ཟིན་པ ; དཀར་དུ་མས་ཚང་བཙམ་ཟིན་པ ;

477 **Foal**, *n.* རྟེ་གི ; རྟེའུའི་རྟེ་གི ; བོང་ཕྲུག ; རྟེའུ ; ཏུ་རུག ;

478 **Foam**, *n.* ལྦུ་བ ; དབུ་བ ;

479 **Fob**, *n.* སྦྲ་ཁུག་ཉག་ཐག་ལ་རྒྱུང་བྲེད་དང་བཅས་པ ;

480 **Focus**, *n.* མིག་གཉིས་ཀའི་མཐོང་ཚད ;

481 **Fodder**, *n.* ཆག ; རྩ་ཆག ;

482 **Foe**, *n.* དགྲ ; དགྲ་བོ ; ཕ་རོལ་པོ ;

483 **Foeman**, *n.* ཕ་རོལ་དགྲ་བོ ;

484 **Fog**, *n.* སང་སྨུགས ; སྨུགས་པ ; ན་བུན ; ཀུག་ན ;

485 **Foggy**, *n.* ན་བུན་ཐིབ་ཐིབ ; སྨུགས་པ་ཐིབ་ཐིབ ;

486 **Fogy**, *n.* སྨྲེན་རྒན; མི་རྒན་ཆོ་མེད་པོ;

487 **Foible**, *n.* ཙ་སྐྱོན; སྐྱོན;

488 **Foil**, *v.t.* ཕམ་པ; ཕ་རོལ་དབང་དུ་བསྡུ་བ;

489 **Foist**, *v.t.* གསང་ཐབས་ཀྱིས་ནང་དུ་འདྲེན་པ;

490 **Fold**, *n.* ལྟེབ; ལྟབ་ཚོགས; (fold of sheep) ལྷས་ར;

491 **Foliage**, *n.* ལོ་འདབ;

492 **Folio**, *n.* ཤོག་ལྷེ; ཤོག་ལེབ;

493 **Folk**, *n.* མི་ཚོ;

494 **Folkland**, *n.* གཞུང་ས;

495 **Folklore**, *n.* སྤྱི་མོའི་བསྒྲུངས; གནའ་མིའི་གཏམ;

496 **Follicle**, *n.* བ་སྤུའི་བུ་ག;

497 **Follow**, *v.t.* རྗེས་སུ་འབྲིང་བ; ཕྱི་བཞིན་ཡོང་བ;

498 **Follower**, *n.* ཞབས་ཕྱི; འཁོར; བུ་སློབ;

499 **Following**, *n.* བཤམ་གསལ;

500 **Folly**, *n.* མ་རིག་འཁྲུལ་པ; མ་རིག་རྨོངས་པ; རྨོངས་པ;

501 **Foment**, *v.t.* ཆུ་ཚ་པོས་བཀུས་པ; ཆུ་ལྷང་ཚ་པོས་བདུག་པ;

502 **Fomentation**, *n.* ཆུ་ཚ་པོའི་ལྷངས་ལ་བདུག་པ;

503 **Fond**, *n.* གཅེས་པོ; ཤ་ཚ་པོ;

504 **Fondle**, *v.t.* གཅེས་གཅེས་བྱས་པ;

505 **Fondling**, *n.* གཅེས་ཕྲུག;

506 **Fondly**, *ad.* གཅེས་པོ་བྱེད་དེ;

507 **Fondness**, *n.* བརྩེ་གདུང; གཅེས་པའི་སེམས;

508 **Font**, *n.* ཁྲུས་ཀྱི་དུང་བན; ཁྲུས་བུམ;

509 **Fontal**, *a.* ཁྲུས་བུམ་གྱི;

510 **Food**, *n.* བཟའ་བ; བཟའ་ཙ;

511 **Fool**, *n.* གླེན་པ; (གླེན་གོག; (Bhut.).

512 **Foolscap**, *n.* ཤོ་གུ་དཀྱུས་རིང་ལ་ཞེང་ཆུང་བའི་བྲེ་ཁ;

513 **Foot**, *n.* ཞབས་ཕྱི; རྐང་པ; རྐང་ལེབ; རྐང་དམག;
(ཞབས; Hon.) སོར་བཅུ་གཉིས་ཀྱི་ཚད;

514 **Football**, *n.* རྐང་པས་བསྐྱོད་པའི་ཀྲུན;

515 **Footboard**, *n.* རྐང་སྟེགས་པང་ལེབ;

516 **Footman**, *n.* ཞབས་ཕྱི;

517 **Fop**, *n.* མཆོར་པོ; {ཛོར་འདོད་ཅན; (Sik.).}

518 **Foppery**, *n.* མཆོར་འདོད; བརྒྱན་གོས་མཆོར་པོ་འདོད་པ་ཉིད;

519 **Foppish**, *a.* མཆོར་འདོད་ཅན;

520 **Foppishly**, *ad.* མཆོར་འདོད་བྱེད་དེ;

521 **Foppishness**, *n.* མཆོར་འདོད; {ཛོར་འདོད; (Sik.).}

522 **For**, *prep.* ཆེད་དུ; དོན་དུ;

523 **Forage**, *n.* རྩྭ་ཆས; ཟན་པ; ཁ་ལག; བཟའ་བཏུང;

524 **Forasmuch**, *a.* དེས་ན; དེའི་ཕྱིར་དུ; དེ་བས་ན;

525 **Foray**, *n.* ཇག; དགྲ་བོའི་ཡུལ་དུ་ཇག་ཆོམ;

526 **Forbear**, *v.i.* རང་གི་རང་ཉིད་འགོག་པ; འཛེམ་པ;

527 **Forbearance**, *n.* འཛེམ་ཆ;

528 **Forbid**, *v.t.* འགོག་པ; བཀག་པ;

529 **Forbidding**, *a.* མི་སྡུག་པ; ཡིད་མི་འོང་བ; ངམ་གཉག་པོ;

530 **Force**, *n.* སྟོབས; དཔུང; ཤུགས་དབང; མཐུ; དབང་མེད་དུ་
བཙོལ་བ; གཤེད; ངར;

531 **Forceps**, *n.* སྐམ་འཛབ; ཀམ་པ;

532 Forcible, *a.* དབང་གཙན་གྱི;

533 Ford, *n.* ཆུའི་རྒལ་རབ; ཆུའི་རབ་ཁ;

534 Fordable, *a.* ཆུ་རྒལ་དུ་ཡོད་པ;

535 Fore, *a.* མདུན་ན; སྔོན་དུ; གདོང་དུ;

536 Fore, *ad.* སྔོན་མ; མདུན་ཁའི; གདོང་དུ་ཡོད་པའི;

537 Forebode, *v.t.* སྔོན་ནས་བརྡགས་དང་མཚན་མ་སྟོན་པ; མི་འདོད་པ་ཐོག་དུ་འབབ་རྒྱུའི་སེམས་ཀྱུ; སེམས་ཀྱུ་ཐོག་པ;

538 Foreboding, *n.* སྔོན་དྲན;

539 Forecast, *v.t.* འཆར་གཞི;

540 Forecastle, *n.* གྲུ་གཟིངས་ཀྱི་སྟེང་ཐོག་དུ་རྒྱབ་ལྷག; (Sik.).

541 Foreclose, *v.t.* སྔོན་ནས་བཀག་པ;

542 Foreclosure, *n.* བཀག་ཆ;

543 Foredoom, *v.t.* སྔོན་ནས་ཉེས་པ་གཏང་རྒྱུ་བྲུས་ཟིན་པ; སྔོན་ནས་ལས་ལ་བཀོད་ཟིན་པ;

544 Forego, *v.t.* བློས་གཏང་བ;

545 Forehanded, *a.* ལག་པ་སྒྲིགས་ཟིན་པ; དཔེར་ན་འཚོང་ཟོག་བརྩིས་མ་གླང་གོང་ནས་རིན་སྤྲོད་ཟིན་པ;

546 Forehead, *n.* དཔྲལ་བ;

547 Foreign, *n.* ཕྱི་རོལ་གྱི;

548 Foreigner, *n.* ཕྱི་རོལ་པ;

549 Foreknow, *v.t.* སྔོན་ཤེས་ཤེས་པ;

550 Foreknowledge, *n.* སྔོན་མཁྱེན; མངོན་ཤེས; མངོན་མཁྱེན;

551 Forelock, *n.* དཔྲལ་བའི་སྐྲའི་ཚུན་པ; དཔྲལ་སྐྲ;

552 Foreman, *n.* འགོ་པ;

553 **Foremast**, *n.* གྲུ་གཟིང་གི་དར་ཅིག་སྔོན་མ་དེ;

554 **Forementioned**, *a.* གོང་གསལ;

555 **Foremost**, *a.* མགོ་སྔོན་ཐོག;

556 **Forenamed**, *a.* གོང་གསལ;

557 **Forenoon**, *n.* སྔ་དྲོ; ཉི་མའི་སྔ་ཆ;

558 **Forensic**, *a.* ཁྲིམས་སའི་གླེང་བརྗོད་ཀྱི་གཞི་མར་རུང་བའི;

559 **Fore-ordain**, *v.t.* སྔོན་ནས་བཀོད་པ;

560 **Fore-ordination**, *n.* སྔོན་བཀོད;

561 **Forepart**, *n.* གདོང; མདུན་ངོས;

562 **Forerank**, *n.* གོ་གནས་ཀུན་ལས་མཐོ་བ;

563 **Forerun**, *v.t.* སྔོན་ནས་ཡོང་བ; སྔོན་ནས་རྒྱུག་པ;

564 **Forerunner**, *n.* སྔོན་བགྲོས་པ;

565 **Foresaid**, *a.* གོང་གསལ;

566 **Foresail**, *n.* གྲུའི་གདོང་དར;

567 **Foresee**, *v.t.* སྔོན་ནས་བསྟོན་པ;

568 **Foreshadow**, *v.t.* སྔོན་ནས་ཤེས་པ;

569 **Foreshow**, *v.t.* སྔོན་ནས་འཆར་བ;

570 **Foresight**, *n.* རྫས་ཡོང་སྔོན་དྲན; རྒྱ་ཕྱུགས་མཐོང་བློ;

571 **Foresighted**, *a.* རྫས་ཡོངས་སྔོན་དྲན་ཅན; རྒྱ་ཕྱུགས་མཐོང་མི;

572 **Foreskin**, *n.* མཛེའི་མགོ་ཤུབ; མཛེ་མགོ་འི་པགས་པ; འདོམ་པགས;

573 **Forespeak**, *v.i.* སྔོན་ནས་ཁས་མནན་པ;

574 **Forest**, *n.* ནགས་ཚལ;

575 **Forestall**, *v.t.* སྔོན་ནས་བཟུང་ཟིན་པ;

576 **Forester**, *n.* ནགས་ཚལ་བལྟ་ལྟོས་པ;

577 Foretaste, *n.* སྔོན་ནས་ཚོར་བའི་བྲོ་བ; ཉམས་མྱོང་སྔོན་མ;

578 Foretell, *v.i.* སྔོན་ནས་བཤད་པ; མངོན་ཤེས་པ;

579 Fore-thought, *n.* སྔོན་དྲན; རྒྱུ་ཕྱུགས་བསམ་བློ;

580 Forever, *ad.* ཇི་སྲིད་ནམ་གནས;

581 Forewarn, *v.t.* སྔོན་ནས་བྱ་ར་གཏང་བ;

582 Forewarning, *n.* སྔོན་ནས་བྱ་བཏང་བ་ཉིད; བྱ; བྱ་གཏོང;

583 Forfeit, *n.* ཤོར་བ;

584 Forfeitable, *a.* ཤོར་ཉེན་ཅན;

585 Forfeiture, *n.* ཤོར་རྒྱུ; ཤོར;

586 Forge, *n.* མགར་བའི་ཐབ; བཟོ་ཁང;

587 Forger, *n.* མིང་བརྫུ་བྲི་མཁན;

588 Forgery, *n.* ཡི་གེ་བརྫུས་མ་བྲི་མཁན; མིང་བརྟགས་ཡིག་བརྫུས་མ; ཡིག་བརྫུ;

589 Forging, *n.* ཡིག་བརྫུ་བྲི་བའི་ལས་ཉིད;

590 Forget, *v.t.* བརྗེད་པ; བློ་ལས་ཡོལ་བ; བློ་ཡིངས་ཤོར་བ;

591 Forgetful, *n.* བརྗེད་ཡིངས་ཅན;

592 Forgetfully, *ad.* བརྗེད་ཡིངས་སུ;

593 Forgetfulness, *n.* བརྗེད་ཡིངས;

594 Forgivable, *a.* བཟོད་གསོལ་གནང་འོས;

595 Forgive, *v.t.* བཟོད་གསོལ་གནང་བ;

596 Forgiveness, *n.* བཟོད་གསོལ;

597 Fork, *n.* རྩེ་གསུམ; ཀཱང་ཊཱ (Hindi).

598 Forlorn, *a.* ར་མདའ་བྲལ་བ; རོགས་མེད་དཔུང་མེད; ཞུ་བརྡུགས;

599 Form, *n.* དབྱིབས; གཟུགས་བརྙན; བཟོ་རྣམ;

600 **Form**, *n*. (ceremony) སྒྲིས་ལམ་རྣམ་བཞག ; ཁྲམ་སྟོང་པ ;
(a schedule) རེབ་ཐོ་འི་ཁྲམ་རེའུ་མིག ;

601 **Formal**, *a*. ཕྱི་རྒྱའི་སྒྲིག་ལམ་དང་མཐུན་པ ;

602 **Formalist**, *n*. འགྲིག་ལམ་ལ་ཧ་ཅང་རྩས་ཆེར་འཛིན་པ་པོ ;

603 **Formality**, *n*. འགྲིག་ལམ་འགྲོ་ལུགས ;

604 **Formally**, *ad*. འགྲོ་ལུགས་ལྟར་ན ;

605 **Formation**, *n*. བཟོ་ལྟ ; བཟོ ; བཟོ་བཅོས ;

606 **Former**, *a*. སྔ་མ ; སྔོན་མ ;

607 **Formerly**, *ad*. སྔར་སྔ་མོར ;

608 **Formidable**, *a*. འཇིགས་སུ་རུང་བ ; ཡ་ང་པོ ;

609 **Formula**, *n*. ཁ་སྐོན་གྱི་གོ་རིམ་འགྲིག་ནས་ཡོད་པ་དེའོ ;

610 **Fornication**, *n*. ལོག་གཡེམས ;

611 **Forsake**, *v.t.* སྤྲངས་པ ; སྐྱུར་བ ; འབོར་བ ; གཏོང་བ ;

612 **Forsaking**, *n*. སྤྲང་བྱ ; སྐྱུར་བ་ཉིད ;

613 **Forsooth**, *ad*. བདེན་པར ; གདན་གདན ;

614 **Forswear**, *v.t.* མནའ་བོར་ནས་མན་ཞིས་བརྫོད་པ ;

615 **Fort**, *n*. མཁར ; འཛིང་ར ; དམག་མགར ;

616 **Forte**, *n*. གང་ལ་མཁས་པའི་ཡོན་ཏན་འབྱུང་སྟོབས ;

617 **Forth**, *ad*. ཕྱིར ; མདུན་དུ ;

618 **Forthcoming**, *a*. ཡོང་རྒྱུ་ཡོད་པའི ; མྱུར་དུ་དོན་རྒྱུའི ;

619 **Forthwith**, *ad*. དེ་མ་ཐག ;

620 **Fortieth**, *a*. བཞི་བཅུ་པ ;

621 **Fortification**, *n*. འཛིང་ར ; དམག་མགར ;

622 **Fortify**, *v.t.* འཛིངས་ར་བཅའ་བ :

623 Fortitude, *n.* ཐེག་བསྲན; བསྲན་ཚུད; བསྲན་བཙུག;

624 Fortnight, *n.* བདུན་ཕྲག་གཉིས;

625 Fortress, *n.* འཛིང་ར;

626 Fortuitous, *a.* སྟེགས་དབང་གིས་བྱུང་བ;

627 Fortuitously, *ad.* སྟེགས་དབང་གིས;

628 Fortunate, *a.* སོ་དེ་ཅན; བསོད་ནམས་ཅན;

629 Fortunately, *ad.* སྟབས་ཡག་སྟེ; སྟབས་ལེགས་ཀྱིས;

630 Fortune, *n.* རྒྱུ་ནོར; བསོད་ནམས; དབང་ཐང;

631 Forty, *a.* བཞི་བཅུ;

632 Forum, *n.* སྒོ་སྒྲོར;

633 Forward, *ad.* མདུན་ཕྱོད; མདུན་ནས་ཡར; མདུན་དུ;

634 Forwarder, *n.* འཚོང་ཟོག་གསལ་ཡང་ན་ཡི་གེ་རྫོངས་མི;

635 Forwarding, *n.* འཚོང་ཟོག་གསལ་ཡང་ན་ཡི་གེ་རྫོངས་བདའ;

636 Forwardly, *ad.* ཚངས་དེ; འཚང་ཁ་རྒྱབ་སྟེ;

637 Forwardness, *n.* རྫངས་འདོད;

638 Forwards, *ad.* མདུན་ནས་ཡར; ཡར; གོང་འཕེལ་དུ;

639 Fosse, *n.* དགྲ་རྫིང་གི་ལྷུགས་རིའི་ཕྱི་ནས་ཆུ་ཡུར་ཆེན་པོ;

640 Fossil, *n.* སྲོག་ཆགས་ཀྱི་གཟུད་སོ་ཡང་ན་སྡོ་ལྷུམ་སོགས་སྐང་པོ་
རྡོ་ལ་འགྱུར་ནས་ཡོད་པ;

641 Fossilist, *n.* རྡོ་ལ་འགྱུར་བའི་གཟུགས་ཀྱི་རྒྱུས་ཅན;

642 Foster, *v.t.* བསོ་བ; བསྐྱེད་བསྲིང་བ; འཚོ་སྐྱོངས་བྱེད་པ;

643 Foul, *a.* ངན་པ; གཙོག་པ; (གནམ་ངན of weather)

644 Foul, *v.t.* གཙོག་པ་བཅོས་པ; དྲི་མས་རྙིག་པ;

645 Foully, *ad.* ངན་པར; བཙོག་པོ་བྱེད་དེ;

646 **Foulness**, *n.* ངན་རྩུལ; བཙོག་ལུགས;

647 **Foul play**, *n.* ངན་གཡོ;

648 **Found**, *v.t.* ཐྲིབ་པ; བསྐྱེད་པ;

649 **Foundation**, *n.* རྨངས; རྨངས་གཞི; རྨངས་སྒྲི;

650 **Foundationer**, *n.* དགོན་སྡེའམ་སློ་གང་ཚུང་གི་མ་ཁང་གིས་འཚོ་བ;

651 **Founder**, *n.* སློ་བདབ་མཁན;

652 **Founder**, *n.* ཁང་གཙུག་མཁན; རྒྱལ་རྒྱུད་ཀྱི་ཐོག་མ;

653 **Foundery**, *n.* ལྕུ་བརྒྱབ་སའི་ཁང་པ; ལྕུ་ཁང;

654 **Foundling**, *n.* ཕ་མ་མེད་པའི་ཕྲུའུ་དུ་སྒྲུག་བསྐྱེད་པ;

655 **Fountain**, *n.* ཆུའི་ཁང་མགོ;

656 **Four**, *a.* བཞི;

657 **Four score**, *a.* ཁལ་བཞི;

658 **Four square**, *a.* གྲུ་བཞི་ཟུར་བཞི་མཉམ་པ; ཟུར་མཉམ་པའི་རི་མོ་གྲུ་བཞི་བ;

659 **Fourteen**, *n.* བཅུ་བཞི;

660 **Fourteenth**, *a.* བཅུ་བཞི་པ;

661 **Fourth**, *a.* བཞི་པ;

662 **Fourthly**, *ad.* བཞི་པར;

663 **Fowl**, *n.* བྱ་དེ; བྱ; ཁྱིམ་བྱ;

664 **Fowler**, *n.* ཁྱི་ར་པ་བྱ་དེ་ཤ་སྨག་འཛིན་མི;

665 **Fowling**, *net*, *n.* བྱ་བྲེའུ་བཟུང་བའི་དྲ་བ;

666 **Fox**, *n.* ཝ;

667 **Fraction**, *n.* ཟུར་ཆ;

668 **Fractional**, *n.* ཟུར་ཆའི;

669 **Fractious**, *a.* འཐབ་རྩེ་རྣོ་པོ; འཁྲུག་པ་རྒྱབ་ལྷུང་ལང་པོ;

670 Fracture, *n.* ཆག་གྲུམ;

671 Fragile, *a.* ཆག་ལ་ཁད་པ;

672 Fragility, *n.* ཆག་པའི་ཆོས་ཅན;

673 Fragment, *n.* དུམ་བུ;

674 Fragmentary, *a.* དུམ་བུའི་སྐོར;

675 Fragrance, *n.* དྲི་ངད;

676 Fragrant, *n.* དྲི་བཟང་པོ;

677 Fragrantly, *ad.* དྲི་ངད་བཟང་པོ་བྱེད་དེ; དྲི་བཟང་ཕུལ་ལེ;

678 Frail, *n.* ཆག་ལ་ཁད་པ; སྟོབས་མེད; ཉི̊་ཆུང; དབུང་ཞན་པ;

679 Frailty, *n.* ཉམ་ཆུང་བའི་ཚུལ;

680 Frame, *n.* གྲམ; ཁྲི; ཁྲི་གྲམ;

681 Franc, *n.* ཕ་རང་སིའི་ཡུལ་གྱི་དངུལ་གྱི་ཊཾ་ཁ་ཕ་ལྷ་དང་མཉམ་པ་ [ཞིག་ལ་ཟེར;

682 Franchise, *n.* རང་དབང; རང་ཚོད;

683 Franchisement, *n.* རང་དབང་རང་ཚོད;

684 Frangibility, *n.* ཆག་སླ་བ་ཉིད;

685 Frangible, *a.* ཆག་གྲུམ་ཤོར་སླ་བ;

686 Frank, *a.* (Sik. ཁ་སང་སྙིང་སང;) ཤང་པོ; (Colql. Tib.)

687 Frankincense, *n.* སྤོས་དཀར་རམ་གུ་གུལ; གུ་གུལ;

688 Franklin, *n.* སྐོན་ཕྲོག་ཨིན་ཛིའི་ཡུལ་གྱི་ཁྲིམ་བདག་པོ;

689 Frankly, *ad.* ཁ་སང་སྙིང་སང་བྱེད་དེ; ཤང་པོ་བྱེད་དེ;

690 Frankness, *n.* ཁ་སང་ཚུལ; ཤང་ལུགས; ཤང་ཚུལ;

691 Frantic, *a.* སྨྱོ་ཚུབ་ཚུབ;

692 Franticly, *ad.* སྨྱོན་པ་ལྟ་བུ་བྱེད་དེ;

693 Fraternal, *a.* སྤུན་ཟླར་འོས་པ;

694 Fraternity, *n.* སྤུན; མཆེད་ལྷམ་དོ་ཛེ་སྤུན; སྤུན་ཚོའ;

695 Fraternize, *v.i.* སྤུན་ཟླ་ལྟར་ཚོར་ཅིང་གཞིབས་པ;

696 Fratricide, *n.* སྤུན་ཟླ་བསད་པའི་ལས་ངན;

697 Fraud, *n.* གཡོ་སྒྱུ; མགོ་སྐོར; བརྫུན;

698 Fraudulence, *n.* གཡོ; རྫུན;

699 Fraudulent, *a.* གཡོ་སྒྱུ་ཅན;

700 Fraudulently, *ad.* གཡོ་སྒྱུ་བྱེད་དེ;

701 Fraught, *a.* འཁལ་འགལ་ནས་ཡོད་པ; བསྒྲིས་པ;

702 Fray, *n.* འཐབ་འཛིང; འཛིང་ཁ;

703 Freak, *n.* སྣང་བ་གང་ཤར་གྱི་ལས; བརྩེད་མོ;

704 Freakish, *a.* བློ་འགྱུར་ལྡོག་ཅན;

705 Free, *a.* རང་དབང་ཅན;

706 Freedman, *n.* བྲན་འཁོལ་གྱི་གྲལ་ནས་ཐར་བ;

707 Freedom, *n.* རང་དབང; ཐར་པ; [བཞི་ག;

708 Freehold, *n.* ས་ཆ་ཁྲལ་མེད; ཁྲལ་ཁུལ་སོགས་རྣམ་ནས་མེད་པའི་

709 Freely, *a.* རང་དགར; རང་དགའ་རང་ཐང; རང་འདོད་ལྟར;

710 Freeman, *n.* རང་དབང་རང་ཚོད་ཅན་གྱི་ཁྱིམ་བདག;

711 Freeness, *n.* རང་དབང་ལྡན་ཚུལ;

712 Freestone, *n.* བྲ་རྡོ;

713 Freewill, *n.* སེམས་ལ་གང་དགའ་བསྒོམས་ཆོག་པའི་དབང;

714 Freeze, *v.t.* འཁྱགས་སུ་ཆགས་པ; འཁྱེག་ཏུ་བཅུག་པ;
འཁྱག་རོམ་ཆགས་པ;

715 Freezing point, *n.* གྲང་ངར་འཁྱགས་པ་ཆགས་པའི་ཚད:

716 Freight, *n.* སྣོ་ཆ;

717 **French**, *a.* ཕ་རན་སི་ཡུལ་གྱི;

718 **Frenzy**, *n.* སྨྱོ་འབོག;

719 **Frequent**, *a.* ཡང་ཡང;

720 **Frequently**, *ad.* ཡང་ནས་ཡང་དུ;

721 **Fresco**, *n.* རི་མོ; སྤྱིན་རིས; ལོགས་བྲིས; རྩིག་པའི་གྱང་ལོའི་རི་མོ;

722 **Fresh**, *a.* གསར་པ;

723 **Freshness**, *n.* གསར་བའི་ཚུལ; གསར་ཚུལ;

724 **Fret**, *v.t.* སེམས་འཚབས་པ; (སྙིང་སྡུགས་པ;)

725 **Fretful**, *n.* སེམས་ཚབ་ཚུབ་ཅན;

726 **Fretwork**, *n.* པ་ཏྲ; སྦྲུལ;

727 **Friable**, *a.* ཕྱེ་མར་ཞིག་སླ་མོ; ཕྱེ་མར་བྲུས་སླ་པོ;

728 **Friar**, *n.* སྟོང་ལྡན་པ; རྟོགས་ལྡན་པ; རྣལ་འབྱོར་པ;

729 **Fribble**, *a.* སྙིང་མེད་བཅོལ་བ་པོ; ལས་ཀ་སྙིང་ནས་མི་བྱས་པར
འཆང་ཅོ་བྱས་ནས་བཞག་མི;

730 **Friction**, *n.* བརྡར་འཕྱུར; ཕྱུར་ཕྱུར;

731 **Friday**, *n.* གཟའ་པ་སྤྲ་སང;

732 **Friend**, *n.* གྲོགས་པོ; མཐུན་བཤེས;

733 **Friendly**, *ad.* གྲོགས་པོ་ལྟུ;

734 **Friendship**, *a.* གྲོགས་པོར་གྱུར་བའི་ཚུལ; གྲོགས;

735 **Frieze**, *n.* ལྷ་ཁང་གི་གང་ཕྲོག་གི་ངོས་ལ་རི་མོ་དང་པ་ཏྲ་རྒྱས་པོ;

736 **Frigate**, *n.* དམག་གྲུ་ཆུང་བའི་རིགས་མེ་སྒྲོག ༢༨ ཅོ་ཡོད་པ;

737 **Frighten**, *n.* སྤྲ་སྐྲོང་བ; འཇིག་པ་བསྐྱེད་པ;

738 **Fright**, *n.* འཇིགས་པ; ཧོན་འཐོར་བ;

739 **Frightful**, *a.* འཇིག་རུང; ཉི་ང་པོ; སྣཾ་རྟོག་ཟ་པོ;

740 **Frightfully**, *ad.* འཇིགས་སུ་རུང་བར; རྣམ་རྟོག་ཟ་པོར;

741 **Frigid**, *a.* འཁྱགས་པས་བསྒྲ་མཁྲེགས་སུ་གྱུར་པ;

742 **Frigidity**, *ad.* འཁྱགས་རོམ་དུ་ཆགས་པ་ཉིད; འཁྱགས་རོམ;

743 **Frill**, *n.* ཁན་ཙར;

744 **Fringe**, *n.* ཁ་ཚར; (ཁན་ཙར)

745 **Frisk**, *v.i.* འཚོང་རྒྱུག་བྱེད་པ;

746 **Friskness**, *n.* འཚོང་རྒྱུག་བྱེད་འདོད;

747 **Frisky**, *a.* འཚོང་རྒྱུག་བྱེད་འདོད་ཅན;

748 **Frith**, *n.* རྒྱུག་ཆུ་རྒྱ་མཚོར་འབབ་དུས་ཁ་ཞེང་ཡངས་མོར་གྱུར་ཅིང་ཡོད་པ;

749 **Fritter**, *v.t.* རྡུམ་རྡུམ་བཅག་པ;

750 **Frivolity**, *n.* བབ་ཅོལ་བཤད་གད;

751 **Frivolous**, *a.* བབ་ཅོལ་གཞད་གད་ཅན;

752 **Frivolously**, *ad.* བབ་ཅོལ་དུ; (ཚོ་མེད་དུ Sik.).

753 **Friz**, *v.t.* རྩུབ་པོར་གཏང་བ;

754 **Frizzle**, *v.t.* གཙུག་འཁྱིལ་ཕྲུང་ཕྲུར་བཟོ་བ;

755 **Fro**, *ad.* རྒྱབ་ཕྱོགས; ཕྱི་ནུར;

756 **Frock**, *n.* བྲུ་པའི་སྟོད་རྩེ་ཕྲུ་དང་ཆེནོ་ཡོད་པ; གོས་རྩེ; ཀུ་ཏོ;

757 **Frog**, *n.* སྦལ་པ;

758 **Frolic**, *n.* རོལ་བརྩེད;

759 **Frolicsome**, *a.* བརྩེད་མོ་མཁན:

760 **Frolicsomeness**, *n.* རོལ་བརྩེད་ལ་དགའ་ལུགས;

761 **From**, *prep.* ནས;

762 **Frond**, *n.* ལོ་མ་དང་སྡོང་པོ་ཅིག་པ་ཡིན་པའི་ལོ་མ་རྒྱས་པ;

763 Front, *n.* མདུན;

764 Frontage, *n.* མདུན་གྱི་ས་ཁྱ;

765 Frontier, *n.* ས་མཚམས;

766 Frontispiece, *n.* ཚབ་གདོང; གདོང་ཤོག;

767 Frost, *n.* ཁ་བའི་བ་མོ; འཁྱག་རོམ; འཁྱག་ཟིལ;

768 Frosty, *a.* བ་མོ་ཅན;

769 Froth, *n.* ལྦུ་བ; རྦུ་བ;

770 Frothy, *n.* ལྦུ་བ་ཅན;

771 Froward, *n.* གླི་འཕྲུག་པོ; ཁེ་མཁྲང་པོ;

772 Frowardness, *n.* ཁེ་མཁྲངས་ཡུད;

773 Frown, *v.i.* དཔྲལ་བ་ཁྲོ་གཉེར་སྟོན་པ;

774 Frowningly, *ad.* ཁྲོ་གཉེར་སྟོན་བཞིན་པར;

775 Frozen, *n.* འཁྱུད་རོམ་ཆགས་པ;

776 Fructification, *n.* འབྲས་བུ་སྨིན་པ; འབྲས་བུ་སྨིན་ལུགས;

777 Fructify, *v.t.* འབྲས་བུ་སྨིན་པར་བྱས་པ;

778 Frugal, *a.* ཞིབ་བརྩིས་ཅན;

779 Frugality, *n.* ཞིབ་བརྩིས;

780 Fruit, *n.* འབྲས་བུ;

781 Fruitage, *n.* ཤིང་འབྲས་སྣ་ཚོད;

782 Fruitful, *a.* འབྲས་བུ་ཅན;

783 Fruitfulness, *n.* འབྲས་བུ་དང་ལྡན་པའི་ཚུལ;

784 Fruition, *n.* འབྲས་བུ་བཏུད་པའི་དུས;

785 Fruitless, *a.* འབྲས་བུ་མེད་པ;

786 Fruit-tree, *n.* ཤིང་འབྲས་སྡོང་པོ; (ཟ་སྡོང; Sik.).

787 **Frustrate**, *v.t.* ཕ་རོལ་པའི་འདུན་མ་གཞིག་པ; དོན་མེད་པར་བཟློ་བ;

788 **Frustration**, *n.* དོན་མེད་བཟློ་བ་ཉིད;

789 **Frustum**, *n.* བང་རིམ; ཤ་རིམ་བང་རིམ;

790 **Fry**, *v.t.* བརྔོ་བ; བརྔོས་པ;

791 **Frying-pan**, *n.* བརྔོ་བའི་སླང; ཛོ་སླང; སླང;

792 **Fuchsia**, *n.* མེ་ཏོག་གི་མིང;

793 **Fuddle**, *v.t.* ཆང་གིས་ར་བཟི་བ;

794 **Fudge**, *n.* (ཆོ་མེད; Sik.){ཛབ་ཆུང་གི་སྐད་ཆ་ (Tib. colloql.)}

795 **Fuel**, *n.* བུད་ཤིང; ཐབ་ཤིང;

796 **Fugitive**, *n.* བྲོས་གཟུར་པ; སྦྲོ་ཡོལ་པ;

797 **Fulcrum**, *n.* ལྡེ་ཤིང;

798 **Fulfil**, *v.t.* ལས་མཐར་ཕྱིན་པར་བྱ་བ;

799 **Fulfilment**, *n.* མཐར་ཕྱིན;

800 **Fulgency**, *n.* འོད་ཟེར;

801 **Fulgent**, *a.* འོད་ལྷག་གེ་བ;

802 **Full**, *a.* གང; ལྡེམ་གྱིས་ཁེངས་ནས་ཡོད་པ; ལྡེམས་པ;
གང་བ; ཁེངས་པ; *v.t.* འགེངས་པ; བསྐང་བ;

803 **Fuller's-earth**, *n.* དག་བྱེད་ཀྱི་རྫས་བྱལ་ཏོག་འདྲ་བུ་ཞིག;

804 **Fully**, *ad.* ཡོངས་སུ; གང་བར; ལྡེམ་གྱི;

805 **Fulminate**, *v.i.* སྒྲ་དྲག་པོར་འབྱིན་ནས་ཚོར་བསྔོམས་དང་བཀའ་རྒྱུ་སྒྲོག་པ;

806 **Fulmination**, *n.* རྫས་མི་བཞིན་འགད་པ; སྒྲ་དྲག་འབྱིན་པ;

807 **Fulness**, *n.* གང་བ་ཉིད;

808 **Fulsome**, *a.* བཀུངས་དྲག་པས་ཞེན་ལོར་བསྐྱེད་པའི;

809 **Fumble**, *v.i.* རྫོགས་པ; ནོམ་པ; ལག་པས་ནོམ་ནོམ་བྱེད་པ;

810 **Fume**, *n.* དུ་བ;

811 **Fumigate**, *v.t.* དུ་བས་བདུག་པ;

812 **Fumigation**, *n.* དུ་བ་བདུག་པའི་ལས་དེ་ཉིད;

813 **Fun**, *n.* རྒོད་བྲོ; གད་མོ་ཤོར་བའི་ལས; བཞད་མོ;

814 **Function**, *n.* ལས; དབང་པོ; བྱ་བ; བྱ་བ་བྱེད་པའི་ལས;

815 **Functionary**, *n.* ལས་སྣེ; འགན་ཅན;

816 **Fund**, *n.* མ་རྐང; རྐང་རྩ;

817 **Fuse**, *v.t.* ཞུན་བཀོལ་བ; (*n.*) རྫས་མེའི་ཁ་ཐག; ཁ་སྦྱར;

818 **Fusee**, *n.* མེ་བཀྲད; རྫས་མེའི་ཁ་སྦྱར;

819 **Fusibility**, *n.* ཞུན་བཀོལ་དུ་ཡོད་པའི་ཚུལ;

820 **Fusible**, *a.* ཞུན་བཀོལ་དུ་ཡོད་པ;

821 **Fusilier**, *n.* སྔོན་དུས་སུ་མེ་མདའ་མེ་ཙག་ཅན་ཐོག་པའི་དཔུང;
(Sik.) པ་ཐར་ཀཱ་ལ་མེ་མདའ་ཅན་གྱི་དམག་དཔུང;

822 **Fusillade**, *n.* མེ་རྒྱབ;

823 **Fusion**, *n.* ཞུན་བཀོལ་བ་ཉིད; ཞུན:

824 **Fuss**, *n.* ཅ་ཅོ; དོན་མེད་ཀྱི་བྲེལ་བ;

825 **Futile**, *a.* དོན་མེད;

826 **Futility**, *n.* དོན་མེད་པའི་རང་བཞིན;

827 **Future**, *a.* མ་འོངས་པའི་དུས་སུ;

828 **Future**, *n.* མ་འོངས་པ;

829 **Futurity**, *n.* མ་འོངས;

830 **Fuze**, *n.* ཁ་སྦྱར་ཐག་པ; མེ་སྒྲོག་གི་ཁ་སྦྱར་ཐག;

831 **Fuzz**, *v.i.* ཕྱུར་ཚ་བོའི་གང་ནས་རྒྱུ་དུལ་ཕྲ་མོ་འཕྲོར་བ་དེའོ;

832 **Fy, or Fye**, *int.* ཨ་ཁེ; ཕར་ཚ་ལ; ཨ་ཁ་ཁ; ཕ་ཨེ;

G

1 **Gab**, *n.* ཅོ་ལོ་སྨྲོ་ལོ ; ངག་འཁྱལ ; (Sik.) སྤོང་ཤོབ ;

2 **Gabble**, *v.i.* ཚིག་སྨྲ་མི་དག་པར་ཅ་ཅོ་སྒྲོག་པ ;

3 **Gad**, *n.* ལྕགས་ཀྱི་ཙང་རྩེ་རྣོན་པོ་བྱས་པ ; སྣུང་གྱུ ;

4 **Gadfly**, *n.* ལྕགས་སྦྲང ;

5 **Gaffer**, *n.* མི་ནག་སྐྱ་བོ་འི་ནང་ནས་མི་རྒན ;

6 **Gag**, *v.t.* ཁ་བཅིང་བ ; *n.* ཁ་ཆིང ;

7 **Gage**, *v.t.* རྒྱན་གཙུག་པ ; རྒྱན ; *n.* ཤིང་འབྲས་རིགས་ཞིག ;

8 **Gaily**, *ad.* ཉམས་སྤྲོ་པོར ;

9 **Gain**, *v.t.* རྒྱལ་བ ; བསྙེད་པ ; སྒྲུབས་པ ;

10 **Gainer**, *n.* རྒྱལ་མཁན ;

11 **Gainful**, *a.* ཁེ་ཕྲོབ་རྒྱུ་ཡོད་པ ;

12 **Gainsay**, *v.t.* རྩོད་རྒྱང་རྒྱབ་པ ; བརྩོད་པ ;

13 **Gait**, *n.* འགྱིང ; འགྲོ་སྟངས ; འགྱིང་གྱུག ;

14 **Galaxy**, *n.* སྐར་མའི་དར་ལམ་ཀྱི་ནར་རེ་བ་དེ་ལ་ཟེར ; སྐར་ཀྲམ ;

15 **Gale**, *n.* རླུང་དམར ; བུ་ཡུག ;

16 **Gall**, *n.* མཁྲིས་པ ; ཁ་དྲིག ; སྙིང་ནད ; འབྲོང་ཀལ་ཤིང་གི་ལྷ་བ་ཁྲག་དྲིག་ཅན་ཞིག་གོ ;

17 **Gall**, *v.t.* པག་པ་འབིག་པ ; བཟེག་པ ; བརྨས་པ ;

18 **Gallant**, *a.* འཆར་པོ ; སྙིང་སྟོབས་ཅན ; དཔའ་བོ ; མོ་མཐོང་ཅན ;

19 **Gallantly**, *ad.* མོ་མཐོང་ཆེན་པོ་བྱེད་དེ ;

20 **Gallantry**, *n.* མོ་མཐོང ; འཆར་འདོད ; དཔའ་བརྗིད ;

21 **Gall-bladder**, *n.* མཁྲིས་པའི་སྣོད་མཆིན་པ་དང་འབྲག་ནས་ཡོད་པ་དེ ;

22 Gallery, *n.* རིམ་རྩེག ; བང་རིམ ; ཁང་པའི་ཟུར་དུ་ཁང་མིག་དཀྱུས་རིང་དེ ;

23 Galley, *n.* གྲུ་ཟིང་ཞམ་ལེབ་ལེབ་གྲོག་ཅིག་ པ་དར་ཅོག་ དང་གྲུ་ཀྱུས་བསྐྱོད་པ་ཞིག་ལ་ཟེར ;

24 Gallon, *n.* བཏླན་གཞལ་བའི་སྣོད་ཤེལ་དམ་བཞི་ཤོང་པ་ཅིག ;

25 Gallop, *v.i.* བང་རྒྱུག་པ ; བཞི་རྒྱུག་རྒྱབ་པ ;

26 Galloway, *n.* རྟ་གཟུགས་བོང་ཆུང་ལ་སྤྱུག་སྤྲན་ཆེནོ་འི་རིགས་ཞིག ;

27 Gallows, *n.* ནག་ཅན་སྐྱེ་ཐག་དཔྱང་རྒྱབ་པའི་བདེག་དེའོ ;

28 Galvanic, *a.* རིན་པོ་ཆེའི་རིགས་ལས་གློག་བཅོས་པའི་ཐབས་ཀྱི་སྐོར ;

29 Galvanize, *v.t.* གློག་བཙུད་བྱུག་པ ;

30 Gamble, *v.i.* ཤོ་རྒྱབ་པ ;

31 Gambler, *n.* ཤོ་པ ;

32 Gambling, *n.* ཤོ ;

33 Gambol, *n.* རོལ་བརྩེད ;

34 Game, *n.* བརྩེད་མོ ; རི་དྭགས ; ཁྲི་ར ;

35 Gamester, *n.* ཤོ་རྒྱན་ལ་ཁ་ཞུགས་པ ;

36 Gammer, *n.* མི་སྐྱ་རྒན་མོ ;

37 Gander, *a.* ངང་པ་ཕོ ;

38 Gang, *n.* ཚོགས ;

39 Gangrene, *n.* ཤ་སོགས་ལ་གཉན་རྒྱབ་ནས་ཤ་ཤི་བ ;

40 Gangway, *n.* གྲུ་ཟིང་ལ་ཕྱི་ནང་བགྲོད་བྱེད་ཀྱི་ལམ ;

41 Gaol, *n.* བཙོན་ཁང ;

42 Gaoler, *n.* བཙོན་བསྲུང་བ ;

43 Gap, *n.* སེར་ཀ ;

44 Gape, *v.i.* ཁ་གདང་ནས་སྡོད་པ; ཁ་ཞིག་ནས་སྡོད་པ;

45 Garb, *n.* ཆས; ཆ་ལུགས;

46 Garbage, *n.* ནང་ཧྲོལ;

47 Garble, *v.t.* དབྱེ་གསལ་བྱེད་པ; ཡག་ཉེས་ཕྱེ་བ;

48 Garden, *n.* ལྡུམ་ར; གླིང་ཀ; ཚོད་ཞིང;

49 Gardener, *n.* ལྡུམ་རའི་གཉེར་པ; གླིང་སྲུང་པ;

50 Gargle, *v.t.* ཁ་བཤལ་བཤལ་གཏོང་བ;

51 Garland, *n.* དོ་ཤལ; མེ་ཏོག་ཕྲེང་བ; མེ་ཏོག་གི་དོ་ཤལ;

52 Garlic, *n.* སྒོག་སྐྱ; སྒོག་པ;

53 Garment, *n.* ན་བཟའ; དུག་ལོག; གོས;

54 Garner, *n.* འབྲུ་མཛོད;

55 Garnet, *n.* པད་བརྒྱུས; པད་རག་བརྒྱུས་མ;

56 Garnish, *v.t.* བརྒྱན་པ;

57 Garniture, *n.* བརྒྱན་ཆ;

58 Garret, *n.* ཡང་ཐོག་གི་ཁང་མིག;

59 Garrison, *n.* མཁར་རྫོང་སྲུང་མི་དམག་ཚོགས; མཁར་སྲུང་པ;
རྫོང་སྲུང་པ;

60 Garroter, *n.* སྐེ་བསྡམ་ནས་བསད་མི;

61 Garrulity, *n.* གད་མོ་ལངས་འདོད;

62 Garrulous, *a.* གད་མོ་རྒོད་རླུང་ལངས་པོ;

63 Garter, *n.* ལྷམ་སྒྲོག; (ཞབས་སྒྲོག; Hon.)

64 Gas, *n.* རླུང་གི་སྙིང་པོ་ཚགས་ནས་ཤེལ་དཾ་ནང་ལ་བླུག་པ;
རླུང་གི་བཅུད;

65 Gascon, *n.* སྟོང་གཏམ་ཅན; ག྄་སི་ཀོ་ན྄ི་ཞེས་བྱ་བའི་ཡུལ་པའི་མི;

66 Gasconade, *n.* སྟོང་གཏམ; དཔའ་གཏམ;

67 Gash, *v.t.* གྲི་བརྨས་གླིང་ཆེ་ཞིང་རིང་བ;

68 Gasp, *v.i.* ཁ་དང་དང་བྲེད་ནས་དབུགས་རྒྱབ་པ;

69 Gastric, *a.* ཕོ་བའི; ལྟོ་བའི; གྲོད་པའི;

70 Gate, *n.* རྒྱལ་སྒོ;

71 Gather, *v.t.* བསྒྲུག་པ; བསྡོག་པ; དཔུང་བ; འདུ་བ; འཛོམ་པ;

72 Gatherer, *n.* བསྒྲུག་མཁན; དཔུང་མཁན;

73 Gathering, *n.* འདུས་ཚོགས; དཔུང་ཚོགས;

74 Gaud, *n.* རྒྱན་འཚེར་པོ;

75 Gaudily, *ad.* འཚེར་པོ་བྱེད་དེ;

76 Gaudiness, *n.* འཚེར་འདོད; གཡེར་འདོད;

77 Gaudy, *n.* གཡེར་ཆེན; འཚེར་པོ; གཡེར་པོ་ཆེ; བཀྲག་ཆེན་པོ;

78 Gauge, *n.* གཞལ་བའི་ཚད་ཤིང; ཐིག་རིལ་འཇལ་བའི་ཚད;

79 Gauge, *v.t.* གཏིང་གཞལ་བ; གཞལ་བ;

80 Gauger, *n.* ཆང་དང་ཨ་རག་སོགས་ཀྱི་སྣོད་འཇལ་མཁན;

81 Gaul, *n.* སྔོན་དུས་ཀྱི་ཕྲཱ་རན་སི་ཡུལ་གྱི་མིང;

82 Gaunt, *n.* སྐྲིག་པོ; ལུས་རིད་པ; རྒྱུད་པོ; ཤ་སྐམ་པོ;

83 Gauntlet, *n.* ལྕགས་ཁྲབ་ཀྱི་ལག་ཤུབ;

84 Gauze, *n.* དར་རས; དར་རམ་རས་ཞིན་དུ་སྲབ་མོ;

85 Gay, *a.* དགའ་པོ; ཉམས་སང་ཅན;

86 Gaiety, *n.* དགའ་སྐྱིད; ཉམས་སང; ཉམས་དགའ;

87 Gaily, *ad.* དགའ་པོར; སྤྲོ་ཉམས་དོད་པོ་བྱེད་དེ;

88 Gaze, *v.i.* མིག་རྒྱུ་རེ་བལྟ་བ;

89 Gazelle, *n.* རི་དྭགས;

90 Gazette, *n.* གཞུང་བཀུང་ནས་གོ་གནས་བཀོ་བཞག་མཛད་པའི་ལོ་
རྒྱུས་བཀྲམ་པར་བྱེད་པའི་གསར་སྤྱུར;

91 Gazetteer, *n.* གནས་བཤད;

92 Gear, *n.* ཆས; གོ་ཆ; ཆས་གོས;

93 Gelatine, *n.* སྤྱིང; རྒྱུས་པ་དང་རྩའི་སྤྱིང;

94 Geld, *v.t.* ཁྲལ; ཁྲལ་བསྡུ་བ;

95 Gelding, *n.* རྟ་ཕོ་རྩེན; *v.t.* རྟ་འབོ་ཕབ་པ;

96 Gem, *n.* ནོར་བུ; རིན་པོ་ཆེ; ནོར་བུའི་བྱེ་བྲག; [ཁྲིག་པ; II.

97 Gemini, *n.* ཁྲིམ་བཅུ་གཉིས་ཀྱི་ཁྲིམ་ལས་ཁྲིག་པའི་ཁྲིམ; དུས་སྦྱོར་

98 Gender, *n.* མཚན་མ;

99 Genealogical, *a.* མི་རབས་ཀྱི་སྐོར;

100 Genealogist, *n.* མི་རབས་ཀྱི་རྒྱུས་ཅན;

101 Genealogy, *n.* མི་རྒྱུད; མི་རབས; ཆད་ས་ཆད་ཁུངས;

102 Genera, *n.* རིགས་དང་ཁུངས་ཀྱི་དབྱེ་བ;

103 General, *a.* སྤྱིར; གཙོ་ཆེ; ཕལ་ཆེར; སྤྱི་སྐྱོམས; སྤྱིར་སྟང;

104 Generality, *n* ཕལ་ཆེར;

105 Generalization, *n.* སྤྱི་སྡེར་དབྱེ་ལུགས; བཀུང་པའི་སྤྱི་མཚན་དུ་བཙུག
ལུགས; སྤྱི་མཚན་སོ་སོར་དབྱེ་ལུགས;

106 Generalize, *v.t.* སྤྱི་མཚན་དུ་དབྱེ་བ;

107 Generally, *ad.* གཙོ་ཆེར; ཕལ་ཆེར; ཐེ་སྐོམས་སུ;

108 Generalship, *n.* སྡེ་དཔོན་གྱི་གོ་ས; དམག་དཔོན་ཆེན་པོའི་གོ་ས;

109 Generate, *v.t.* སྐྲུན་པ; བསྐྱེད་པ;

110 Generation, *n.* མི་ཐོག; མི་རབས; བསྐྱེད་པའི་ལས;

111 Generative, *a.* འཕེལ་བསྐྱེད་ཅན;

112 Generator, *n.* བསྐྱེད་པ་པོ; བསྐྱེད་ཁན; ཚ་རླངས་ཀྱི་སྣོད;

113 Generic, *a.* རིགས་མཚན;

114 Generically, *ad.* རིགས་དང་མཚན་མར;

115 Generosity, *n.* བློ་རྒྱ་ཆེན་པོའི་གཏོང་ཕོད; གཏོང་ཕོད;

116 Generous, *a.* བློ་རྒྱ་ཆེན་པོ; གཏོང་ཕོད་ཅན;

117 Generously, *ad.* གཏོང་ཕོད་ཆེན་པོ་བྱེད་དེ;

118 Genesis, *n.* འཇིག་བརྟེན་ཆགས་རབ; འབྱུང་སྟངས; འབྱུང་ཁུང;

119 Genial, *a.* ཁམས་འཁྱོད་པོ; བློ་མཐུན་པོ; ཉམས་བདེ་པོ;

120 Geniality, *n.* ཁམས་འཁྱོད; བློ་དང་མཐུན་ཚུལ; ཉམས་བདེ་ཚུལ;

121 Genii, *n.* གཞི་བདག; ཡུལ་ལྷ;

122 Genital, *a.* སྲོག་བསྐྱེད་པའི་ལས་ཀྱི; སྲོག་བསྐྱེད་བྱེད་ཀྱི; མཚན་མའི;

123 Genitive, *n.* བདག་པོའི་སྒྲ་འི་འབྲེལ་སྒྲ; རྣམ་དབྱེ་དྲུག་པ;

124 Genius, *n.* སྔོན་འབྱངས་ཅན; སྔོན་འབྱངས་ལས་འགྲོ་ཅན་གྱི་མི;

125 Gent, *n.* མི་བཟང་གི་ལས་དོན་བྱེད་མཁན;

126 Genteel, *a.* སྤྱོད་ལམ་མཛེས་པོ; སྤྱོད་ལམ་བཟང་པོ;

127 Gentile, *n.* ཡ་ཧུ་དཔ་མ་ཡིན་པའི་རིགས; ཡེ་ཤུ་པ་མ་ཡིན་པ;

128 Gentility, *n.* རིགས་རུས་གཙང་ཞིང་དག་པ་ཉིད;

129 Gentle, *a.* ཞི་དུལ་ཅན; ཞི་འཇམ;

130 Gentlefolk, *n.* མི་བཟང; རིགས་བཟང;

131 Gentleman, *n.* སྐུ་དྲག; མི་བཟང;

132 Gentlemanly, *ad.* ཡ་རབ་ཀྱི་ཚུལ་ལྡན;

133 Gentlemanliness, *n.* ཡ་རབ;

134 Gentleness, *n.* ཞི་འཇམས;

135 Gentlewoman, *n.* སྐུ་དྲག་གི་ཇོ་མོ;

136 Gently, *ad.* ཞི་འཇམ་གྱིས ;

137 Gentry, *n.* མི་དྲག་རིམ ;

138 Genuine, *a.* ཕྲུས་དག་པོ ; བཟོ་བཅོས་མེད་པ ; ཕྲུས་གཙང ;

139 Genuineness, *n.* ཕྲུས་དག་ཡུང ; ཕྲུས་གཙང་ཡུང ;

140 Genus, *n.* རིགས་མཚན ;

141 Geographer, *n.* འཛམ་གླིང་གི་བཤད་པ་བརྩོམ་མི ;

142 Geographical, *n.* འཇོག་བརྟེན་གྱི་ཆར་ཚུལ ;

143 Geography, *n.* འཛམ་གླིང་རྒྱས་བཤད ;

144 Geological, *a.* འཇིག་བརྟེན་ཆར་རབ་ཀྱི ;

145 Geologist, *n.* འཇིག་བརྟེན་ཆར་ཚུལ་བརྟག་མཁན ;

146 Geology, *n.* འཇིག་བརྟེན ;. [བཟོའི་རིག་གནས ;

147 Geometrical, *a.* ཇིའོ་མེ་ཊྲི་བྱ་བའི་བརྩིས་དང་མཐུན་པ ; དབྱིབས་དང་

148 Geometry, *n.* དབྱིབས་དང་ བཟོ་སོ་སོའི་བྱུང་ སྟངས་ སྐྱུབ་ སྟངས་ དང་
མཚན་ཉིད་ཀྱི་རིག་གནས ;

149 Geranium, *n.* མེ་ཏོག་ལོ་མ་ལྷུ་པོ་བྱས་པ་ཞིག་གི་མིང ;

150 Germ, *n.* ས་བོན ;

151 Germinate, *v.i.* ས་བོན་སྨིན་ནས་སྨྱུ་གུར་བསྐྱེད་པ ;

152 Gesticulate, *v.i.* ལག་བརྡའ་ཀང་བརྡའ་བྱས་པ ;

153 Gesture, *n.* ལག་བརྡའ་ཀང་བརྡའ ;

154 Get, *v.t.* ཐོབ་པ ; get, *v.t.* (to seize) བཟུང་བ ; ལེན་པ ;
བླང་པ ; get up, *n.* ཉུར་ཐར ;

155 Getter, *v.t.* ཐོབ་མཁན ;

156 Getting, *n.* ཐོབ ; get off, *v.i.* ཐར་བ ; གྲོལ་བ ;

157 Gewgaw, *n.* ཟང་ཟིང་འབྲུ་མེད ; སྙིང་པོ་མེད་པའི་ཅ་ལག་ཟང་ཟིང ;

158 Ghastliness, *n.* རོ་གདོང་;

159 Ghastly, *a.* རོ་གདོང་; ཉམ་ང་པོ; (ངམ་གཟི་ཡོག་ཡོག; Sik.)

160 Ghaut, *n.* རོང་; རི་རོང་; གཞོང་; ཆུ་ཁར་བབ་པའི་རྡོ་སྐས;

161 Ghost, *n.* གདོང་འདྲེ; གཤིན་འདྲེ;

162 Ghostly, *n.* གདོང་འདྲེ་ལྟུའི;

163 Giant, *n.* མི་པོ་ཆེ; མི་རྒོད;

164 Gibberish, *n.* ཚིག་མགྱོགས་ཞིང་དོན་མི་གོ་བའི་སྐད་ཆ;

165 Gibbet, *n.* མི་སྐྱེ་ཐག་པ་ལ་དཔྱང་ནས་གསད་སའི་ཁྲམ་ཤིང;

166 Gibbous, *a.* སྐྱེད་པ་ཀོང་ཀོང;

167 Gibe, *v.i.* ཧི་ཧི་བྱེད་པ; ཧི་རྒོད་རྒྱབ་པ;

168 Giblets, *n.* བྱ་དེའི་ནང་ཁྲོལ; བྱའི་རྒྱུ་མཆིན;

169 Giddily, *ad.* མགོ་ཡུ་འཁོར་སྟེ;

170 Giddiness, *n.* མགོ་ཡུ་འཁོར་བའི་ནད;

171 Giddy, *n.* མགོ་ཡུ་འཁོར་པོ;

172 Gift, *n.* གནང་སྦྱིན;

173 Gifted, *a.* སྨོན་སྨྲང་ཅན; ལས་འཕྲོ་ཅན;

174 Gig, *n.* ཤིང་རྟ་འཁོར་ལོ་གཉིས་མ;

175 Gigantic, *a.* ཆེན་པོ;

176 Giggle, *v.i.* ཧི་ཧི་ཧི་ཧི་ཞེས་གད་མོ་རྒོད་པ;

177 Gild, *v.t.* གསེར་ཆུ་བྱུག་པ;

178 Gilder, *n.* གསེར་ཆུ་བྱུག་མཁན;

179 Gilding, *n.* གསེར་ཆུ་བྱུག་རྒྱུ་དེ;

180 Gill, *n.* ཉའི་རླུང་རྔུབས་ས་དེ; ཉའི་ན་བའི་ཐད་ནས་རླུང་རྔུབ་ས; ཉའི་ན་ཁེབས; [ཆའི་ཚད;

181 Gill, *n.* བོ་དོ་ལ་ཕྱེད་ཀའི་བཞི་ཆའི་ཚད; ཤེལ་དཾ་གྱི་བརྒྱད

182 Gilt, p.p. of gild. གསེར་ཆུ་བདར་ཟིན་པའི;

183 Gimbal, *n.* གྲུ་ཟིང་གི་ཐོག་ཐིང་ལྟའི་སྟེག;

184 Gimlet, *n.* སོར; ཨི་ཁྲང་འབིག་རྒྱུའི་ལག་ཆ་སོར;

185 Gin, *n.* བྲུ་རཾ་ཨ་རག;

186 Ginger, *n.* སྒེ་སྨུག;

187 Gingerly, *ad.* གོམ་པ་དོག་ཟིན་དང་བཅས་པ; གཙང་པོར;

188 Gipsy, *n.* མི་རིང་ཞིག; གནས་གཅིག་ཏུ་མི་སྡོད་པར་ཡུལ་ནས་ཡུལ་
གཞན་དུ་ཧྲག་པར་འཕོས་ནས་འགྲོ་བའི་མི་རིང་ཞིག;

189 Giraffe, *n.* ཨ་ཕྲི་ཀའི་ཡུལ་གྱི་རི་དྭགས་ཆེན་པོ་གཅིག;

190 Gird, *v.t.* སྐེ་རག་འཆིང་བ;

191 Girdle, *n.* སྐེ་རག;

192 Girl, *n.* བུ་མོ་གཞོན་ནུ;

193 Girlish, *a.* བུ་མོ་གཞོན་གཞོན་ལྟ;

194 Girt, *n.* སྐེ་རག་འཆིང་བ; མཐའ་བསྐོར་བ;

195 Gist, *n.* དོན; ཚིག་ཟུར་དོན;

196 Give, *v.t.* སྦྱིན་པ;

197 Giver, *n.* སྦྱིན་མཁན;

198 Glacial, *a.* ཤེལ་ལྟ; འཁྱག་པའི; འཁྱག་རོམ་གྱི;

199 Glacier, *n.* འཁྱག་རོམ་གྱི་ཐང་ཆེན;

200 Glacis, *n.* ཐུར་ཤག་སྐྱེལ་ཅན; ལམ་ཁ་ཐུར་སེག་འགྲོས་སུ་ཡིན་པ;

201 Glad, *a.* དགའ་པོ;

202 Gladden, *v.t.* དགའ་པོ་བྱས་པ; དགའ་བ་བསྐྱེད་པ;

203 Glade, *n.* ནགས་ཚལ་དཀྱིལ་དུ་སྟོང་གསེང་ཆད་པ;

204 Gladiator, *n.* གྲི་བརྡེད་མཁན; གྲི་བརྡེད་མཁས་པོར་སྦྱོངས་པ;

205 Gladly, *ad.* དགའ་བཞིན་དུ;

206 Gladness, *n.* དགའ་ཚོར ; སྤྲོ ; ཡིད་སྤྲོ ;

207 Gladsome, *a* དགའ་པོ ;

208 Glance, *n.* ཟུར་མིག་བལྟ་བ ; ཟུར་མིག ;

209 Gland, *n.* རྩ་རྡོག ; སྐྲན ;

210 Glanders, *n.* རྟའི་སྣ་རུ་རྒྱས་པའི་ནད ;

211 Glare, *n.* འོད་ཟེར ; ཟེར་གདང ;

212 Glaringly, *ad.* གདོང་བཟང ; གཡེར་པོ་ཆེ :

213 Glass, *n.* ཤེལ ; མེ་ལོང ;

214 Glassy, *a.* ཤེལ་ལྟ ;

215 Glaze, *v.t.* ཤེལ་གྱི་ངོས་ལྟར་སྣུ་པོ་བྱས་པ ;

216 Glazier, *n.* གི་གུང་གི་ཤེལ་འགྲིག་མི ;

217 Glazing, *n.* ཤེལ་འགྲིག་པའི་ལས་ཀ ; བརྡར ; ངོས་བརྡར ;

218 Gleam, *n.* འོད (*v.i.*) འོད་ཁྲུག་ཙམ་འཆར་བ ;

219 Glean, *v.t.* བདུ་བ ; བསྒྲུག་པ ; སྙི་མགོ་སྒྲུག་པ ;

220 Gleaner, *n.* སྒྲུག་མཁན ;

221 Gleanering, *n.* སྒྲུག་པའི་ལས་ཀ ;

222 Glee, *n.* དགར་བ ; དགའ་སྤྲོ ;

223 Gleeful, *a.* དགའ་སྤྲོ་ཅན ;

224 Gleeman, *n.* གླང་གཞིའི་ནད ; རྙག་བབ ;

225 Glen, *n.* ལུང་སྒྲོང ; གཤོང ;

226 Glib, *a.* སྨྲ་འདག་ཤོར་ཉན་ཅན ; སྨྲ་བདེ་པོ ;

227 Glibly, *ad.* ཁ་གཙང་པོར ; གཙང་པོ་བྱེད་དེ ; འཇམ་ལྷོག་ཁ་པོ་བྱེད་དེ ;

228 Glibness, *n.* ཁ་གཙང་ལུགས ; སྨྲ་འདག་ཤོར་ཉེན་ཆེ་ལུགས ;

229 Glide, *v.i.* ཤུད་དེ་འགྲོ་བ;

230 Glidingly, *ad.* ཤུད་དེ; སྒྲི་འདག་རྒྱབ་སྟེ;

231 Glimmer, *v.i.* མེ་རབ་རིབ་དུ་འབར་བ;

232 Glimmering, *n.* འོད་རབ་རིབ;

233 Glimpse, *n.* མིག་གིས་ཁྲུག་ཙཾ་བལྟ་བ;

234 Glisten, *v.i.* འོད་ཆེམ་ཆེམ་བྱེད་པ;

235 Glister, *v.t.* འོད་ཆེམ་ཆེམ་བྱེད་པ;

236 Glitter, *v.i.* (གཡའ་ལྷག་ལྷག་བྱེད་པ; Sik.)

237 Gloat, *v.i.* སྙིང་ཆོམ་འདབ་པ;

238 Gloating, *a.* སྙིང་ཆོཾ་འདབ་བཞིན་པའི;

239 Globe, *n.* རིལ་མ; འཛམ་གླིང་རིལ་བུར་འཛིན་པ་དེའོ;

240 Globular, *n.* རིལ་བུའི་དབྱིབས་ཅན; ཟླུམ་པོ;

241 Globule, *n.* རིལ་བུ་ཆུང་ཆུང; རིལ་ཕྲན; རིལ་བུ་ཕྲ་མོ;

242 Glomerate, *v.t.* རིལ་བུར་སྒྲིལ་བ;

243 Gloom, *n.* མུན་ནག; སྨག་རུམ;

244 Gloomily, *ad.* (Sik ནག་སྨུག་སྨུག;) མུན་ནག; ནག་ཐུག་གེར;

245 Gloominess, *n.* མུན་པ་གནག་ལུང; ངོ་གནག་ཚུལ;

246 Gloomy, *a.* (Sik. ནག་སྨུག་སྨུག;) མུན་ནག;

247 Glorify, *v.t.* གྲགས་པ་སྒྲིན་པ; སྙན་གྲགས་སྒྲོག་པ;

248 Gloriously, *ad.* ཡོངས་སུ་གྲགས་པའི; མཚན་གྲགས་ཆེན་པོ་བྱེད་དེ;

249 Glorious, *a.* ཡོངས་གྲགས; དཔལ་དང་གཟི་བརྗིད་ལྡན་པ; གྲགས་པ་ཆེན་པོ;

250 Glory, *n.* དཔལ; གཟི་བརྗིད;

251 Gloss, *n.* བཀྲག; འོད;

252 Glossarist, *n.* ཟྲ་མ་དོག་བརྩོམ་མཁན; འགྲེལ་པ;

253 Glossary, *n.* ཚིག་མཛོད་; འགྲེལ་བཤད་ཀྱི་བསྟན་བཅོས་;

254 Glossy, *n.* བཀྲ་བ་; སྣུམ་མདངས་ཅན་; སྣུམ་བག་ཅན་;

255 Glove, *n.* ལག་ཤུབ་;

256 Glover, *n.* ལག་ཤུབ་འཚོང་མཁན་;

257 Glow, *v.i.* མེ་འོད་དུ་འབར་བ་;

258 Glowing. མེ་ལྕེར་འབར་བཞིན་པ་; འབར་བཞིན་པ་;

259 Glue, *n.* ཀོ་སྤྱིང་; ཀོ་སྤྱིང་;

260 Gluey, *a.* སྤྱིང་རྩི་ཡོད་པ་; རྩི་ཅན་; སྤྱིང་ཡོད་པ་;

261 Glum, *a.* ངོ་ནག་ཐུག་ཐུག་;

262 Glut, *v.t.* ཡིད་ཚིམ་བར་དུ་ཟིན་པ་; ཡིད་ཚིམ་པར་ཟས་པ་;

263 Glutinate, *v.t.* སྦྱིང་འབྱར་རྒྱབ་པ་;

264 Glutinous, *a.* སྦྱིང་གི་རྩི་ཅན་;

265 Glutton, *n.* ལྟོ་དྲབ་ཅན་; གདོ་ཆས་བཟའ་ཆེ་མཁན་;

266 Gluttonous, *a.* ལྟོ་དྲབ་ཅན་;

267 Gluttony, *n.* ལྟོ་དྲབ་;

268 Glycerine, *n.* ཆུ་དང་ཆང་ནང་བསྲེས་ཐུབ་པའི་སྨན་སྣུམ་རྩེ་འདྲ་པོ་;

269 Gnarl, *v.i.* འཁྲུན་པའམ་ངར་བ་;

270 Gnash, *v.i.* སོ་མུར་བ་;

271 Gnashing, *n.* སོ་མུར་བའི་སྒྲ་;

272 Gnat, *n.* སྦྲང་འབུ་དྲི་མ་བུ་ག་; སྦྲང་འབུ་ཀང་རིང་;

273 Gnaw, *v.t.* སོ་རྒྱབ་པ་;

274 Gnawer, *n.* མུར་མཁན་; འདྲུད་མཁན་;

275 Gnomon, *n.* ཉིན་ཐུར་གྱི་གཟེར་;

276 Gnostic, *n.* ཡེ་ཤུའི་ཆོས་ལུཊ་ཅན་གྱི་གྲལ་ནས་སྔེ་གཅིག་སྔོན་དུས་
འབྱུང་འདུག་པའི་དེ་དག་གི་འདོད་ཚུལ་དུ་ཐར་པ་མོས་
གུས་དང་དད་པ་ལ་རག་མི་ལས་ཅིང་ཤེས་རབ་ལས་
བྱུང་བའི་ཡེ་ཤེས་ལ་རག་ལས་པར་འདོད་པའི་གྲུབ་
མཐའ་འཛིན་པ་ཞིག་ལ་ཟེར་རོ;

277 Go, *v.i.* འགྲོ;

278 Goings-out, *n.* ཕྱིར་འགྲོ; ཕྱིར་འགྲོ་རྒྱུ;

279 Goad, *n.* གླང་ཆེན་སྐྲུན་པའི་ལྕགས་ཀྱུ;

280 Goal, *n.* མཐའ; བདུག་སའི་མཐའ;

281 Goat, *n.* ར;

282 Gobble, *v.t.* སུར་ལོང་མེད་པར་ཟ་བ; ཁྱུར་མིད་གཏང་བ;

283 Goblet, *n.* མཆོད་ཤལ་ཡུ་རིང;

284 Goblin, *n.* འདྲེ; ཐེ་རང;

285 God, *n.* ལྷ; དཀོན་མཆོག;

286 Gods, *n.* ལྷ;

287 Goggle, *n.* མིག་ཤེལ་ཆེན་པོ;

288 Going, *n.* འགྲོ་བ;

289 Gold, *n.* གསེར;

290 Golden, *a.* གསེར་གྱི; གསེར་ལས་གྲུབ་པ;

291 Goldsmith, *n.* གསེར་མགར; གསེར་བཟོ་པ;

292 Gondola, *n.* གྲུ;

293 Gone, *a.* ཕྱིན་ཚར་བ;

294 Gong, *n.* འཁར་ང;

295 Goniometer, *n.* དངོས་པོའི་གྲུ་ཟུར་གཞལ་རྒྱུའི་ལག་ཆ་ཞིག;

296 Gonorrhæa, *n.* གྲང་གཞི;

297 Good, *ad.*, *a.* ཡག་པོ; ལེགས་མོ; བཟང་པོ;

298 Goodness, *n.* བཟང་ཚུལ; ལེགས་ཚུལ;

299 Goose, *n.* (Chinese and Tib.) ཨ་རྗེ; (Sik.) ཧྲང་སི; ངང་པ;

300 Gooseberry, *n.* ཏོ་ལུམ; ཏོ་ལུམ་ཚེར་མའི་འབྲུམ་བུ;

301 Gordian, *a.* སྦུ་གང་གི་ཀུང་དོན་ཧ་མི་གོ་བ; རྟོགས་དཀའ; དགྲོལ་དཀའ;

302 Gore, *v.t.* གཙུག་པ; རྭ་ཅོས་གཙུག་པ;

303 Gorge, *n.* ལུང་སྒྲོང; གཞོང; རོང;

304 Gorgeous, *a.* ཇམ་བརྗིད་ཆེན་པོ; ཇམ་ཟིལ་ཅན;

305 Gorgeously, *ad.* ཇམ་བརྗིད་ལྡན་པ་བྱེད་དེ;

306 Gorilla, *n.* མི་དྲེད; སྤྲེ་ཆེ་ཆུང་མི་བོ་ཆེ་ཙོ་བྱུས་པ་ཞིག;

307 Gormand, *n.* གྲོད་པ་ཆེན་པོ;

308 Gormandize, *v.i.* ཟས་ལ་ཚོད་མེད་དུ་ལོངས་སྤྱོད་པ;

309 Gory, *a.* ཁྲག་རལ་ཤིག་གེ་བ;

310 Gosling, *n.* ངང་ཕྲུག;

311 Gospel, *n.* དམ་ཆོས;

312 Gossamer, *n.* སྤོམ་ཐག; (སྦྲག་ཏྲག་ཟང་ཐག; Sik.) (སྦྲིབ་ཤལ་ཐག་བ; Bhut.)

313 Gossip, *n.* ལབ་ལབ; ཁ་བཤད;

314 Gossiping, *n.* ཁ་བཤད;

315 Gothic, *a.* ཁང་པའི་གྲུང་ཐོག་དང་གི་གྲུང་རྩེ་སྣང་ཅན་གྱི་བཟོ་དབྱིབས་ཅན;

316 Gouge, *n.* གཟོང་ལྟ་ཚུང་ཅན; (Bhut.)

317 Gourd, *n.* ཀུ་བ; ཀུ་བའི་འབྲས་བུ;

318 Gourmand, *n.* ཟས་ཆོད་མེད་ཟ་མཁན;

319 Gout, *n.* འབམ་གྱི་ན་ཚ;

320 Gouty, *a.* འབམ་གྱི་ན་ཚས་བརྡུང་བ; འབམ་ནད་ཅན;

321 Govern, *v.t.* དབང་བྱེད་པ; ངབང་ཞུང་བསྒྱུར་བ; དབང་བསྒྱུར་བ;

322 Governable, *a.* དབང་དུ་བསྡུ་ནུས; དབང་ཁུར་བ;

323 Governess, *n.* སྐྱེ་དམན་སྤྲུ་གུ་ལ་སློབ་བྱ་ཡོན་དན་སྟོན་མི;

324 Government, *n.* གཞུང་ཁྲིག; གཞུང;

325 Governor, *n.* བཀའ་བློན; རྫོང་བདག;

326 Gown, *n.* ཆུ་པ; གོས;

327 Grab, *v.t.* བར་མའི་ནང་དམ་པོར་གཟུང་བ;

328 Grace, *n.* ཐུགས་རྗེ;

329 Graceful, *a.* འགྱིང་བག་མཛེས་པོ; འགྱིང་ཤུག་ཅན;

330 Gracefully, *ad.* འགྱིང་བག་དང་ལྡན་པར;

331 Gracefulness, *n.* འགྱིང་བག;

332 Graceless, *n.* འགྱིང་བག་མི་ལྡན་པ; (ཁྲིད་མ་ཆར་པའི; Sik. & Bhut.)

333 Gracious, *a.* བཀའ་དྲིན་ཅན;

334 Graciously, *ad.* བཀའ་དྲིན་ཆེན་པོར;

335 Gradation, *n.* གོ་རིམ;

336 Grade, *n.* གོ་ས;

337 Gradient, *a.* རིམ་པས་ཕབ་ནས་ཡོད་པ;

338 Gradual, *a.* རིམ་པ་བཞིན;

339 Gradually, *ad.* རིམ་བཞིན་དུ; ག་ལེ་ག་ལེ;

340 Graduate, *v.t.* གོ་རིམས་དུ་དབྱེ་བ; སློབ་གྲྭའི་གོ་ས་སྤྲོད་པ;

341 Graft, *n.* ཤིང་གི་ཡལ་ག་རྐྱེན་པར་བཅད་དེ་ཤིང་སྡོང་གཞན་ཞིག་གི་སྟེང་དུ་ཙྭ་བ་ཟུག་བཙུག་པ;

342 Grain, *n.* འབྲུ;

343 Graminivorous, *a.* ཙྭ་ཟ་མཁན; རྩ་དང་ནོར་ཕྱུགས་ལྟ་བུ;

344 Grammar, *n.* བྱཱ་ཀ་ར་ཎ; དག་ཡིག;

345 Grammarian, *n.* གསུམ་བརྟག་དང་བརྡའ་དག་འཇུག་ལ་མཁས་པ;

346 Grammatical, *a.* གསུམ་བརྟག་ལྟར་ན;

347 Granary, *n.* འབྲུ་མཛོད; འབྲུ་ཁང;

348 Grand, *a.* རྒྱ་ཆེན་པོ; བརྗིད་པོ; གཟི་བརྗིད་ཅན; རྒྱས་པ;

349 Grandchild, *n.* ཚའུ་འམ་ཚ་མོ; ཚ་ཕྲུག;

350 Grand-daughter, *n.* ཚ་མོ;

351 Grandee, *n.* བློན་རིགས; བཀའ་བློན;

352 Grandeur, *n.* བརྗིད་ཚུལ;

353 Grandfather, *n.* (Tib.) པོ་བོ; པོ་འོ་ལགས; (Sik.) ཛོ་ཛོ་འོ; ཨ་ཛོ་འོ;

354 Grandmother, *n.* རྨོ་འོ་ལགས; མོ་འོ་ལཊ; ཨ་ཕྱི་ལཊ; (ཨ་ཉེགས; ཨ་ནཊ; Sik.); (ཨམ་རྒན; Bhut.).

355 Grandson, *n.* ཚའུ; ཚ་ཕྲུག;

356 Granite, *n.* རྡོ་སྲ་ཐག་ཆོད་ཀྱི་རིགས་ཞིག; རྡོ་དཀར་ཁྲ་ནག་ཁྲ་བྲས་པ་ཞིག;

357 Grant, *v.t.* སྟེར་བ; བྱིན་པ; (གནང་བ; བསྩལ་བ; Hon.).

358 Grantee, *n.* སྟེར་ས; བྱིན་ས; བསྩལ་ས;

359 Granulate, *v.t.* འབར་འབུར་དུ་བཟོ་བ; དཔེར་ན་ཀོ་བ་ས་རི་ལྟར;

360 Granulation, *n.* ཆུ་སྦུལ་རྡོལ་ཚུལ; གཟན་འབུར་རྡོལ་ཚུལ;

361 Granule, *n.* གཟན་འབྲུར་ཕྲ་མོ་; རིལ་ཕྲན་;

362 Grape, *n.* རྒུན་འབྲུམ་; མེ་སྤྲོགས་ཀྱི་དྲེའུ་རིལ་རིལ་; or ཧྲིལ་ཧྲིལ་;

363 Graphic, *a.* ལོ་རྒྱུས་འདྲ་ཡི་གེར་བཀོད་སྐབས་སུ་ཁྲ་ལམ་མེར་འཁོད་དེ་དངོས་སུ་མཐོང་རྒྱུ་ཡོད་པ་བཞིན་;

364 Graphically, *ad.* མཐོང་སྣང་དུ་སྟོན་པ་བཞིན་;

365 Grapnel, *v.t.* གྱུ་ཟེང་གི་དེང་ཛོ་ཡལ་ག་བཞི་བྱས་པ་ཞིག་;

366 Grasp, *v.t.* བར་མོ་འི་ནང་དུ་བཟུང་བ་;

367 Grasping, *a.* འདོད་པ་ཆེན་པོ་; ཧམ་པ་ཆེན་པོ་; (འདོད་པ་མགོར་བཙུག་; Sik.)

368 Grass, *n.* སྤྲང་རྩྭ་; ཞིའུ་སིང་; ཉ་ག་;

369 Grassy, *a.* སྤྲང་ཡོད་པ་;

370 Grasshopper, *n.* (Sik. ཉམ་དིག) ཆ་ག་འབུ་;

371 Grate, *n.* ལྕགས་ཀྱི་ཁྲ་མ་; རྡ་བ་; *v.t.* བརྡར་བ་; ཁྲ་མ་བཀག་པ་;

372 Grateful, *a.* དྲིན་བཟོ་ཅན་; དྲིན་བསམ་ཤེས་ཅན་; བཀའ་དྲིན་དྲན་པ་;

373 Gratefully, *ad.* བཀའ་དྲིན་བསམ་ཤེས་བཅས་དེ་;

374 Gratefulness, *n.* དྲིན་བཟོ་;

375 Gratification, *n.* འདོད་པ་བསྐང་བ་; རེ་བསྐོང་;

376 Gratify, *v.t.* ཐུགས་དམ་བསྐང་བ་;

377 Grating, *a.* ལྕགས་ཀྱི་ཁྲ་མ་;

378 Gratingly, *ad.* སོ་རྩེ་ཟློག་ཁ་བུ་;

379 Gratis, *ad.* རིན་མེད་དུ་; དལ་ཡར་བྱིན་པ་;

380 Gratitude, *n.* དྲིན་བཟོ་;

381 Gratuitous, *a.* ངོ་སོ་ལ་བལྟོས་ནས་བྱེད་པའི་ལས་; གླ་ཆ་མ་སྤྲང་བར་;

382 Gratuitously, *ad.* དཔལ་ཡར; བླ་མེད་རིན་མེད་དུ;

383 Gratuity, *n.* ཆང་རིན; བརྟན་པ; ཙིབ་རྡོ;

384 Grave, *n.* (Sik. རོ་འབུམ;) དུར་ཁང;

385 Grave, *a.* ངོ་མི་འཛུམ་པ; ངོ་གནག་ཐུག་གེ་བ;

386 Gravel, *n.* རྡོ་ཕྲུག; ཆུ་བསྐམ་པའི་ནད; ཆུ་འགག་པའི་ནད;

387 Gravelly, *a.* རྡོ་ཕྲུག་ཕྲུག་ཡོད་པ;

388 Graveness, *n.* ངོ་མི་འཛུམ་ལུགས; གནད་གལ་ཆེ་ལུགས;

389 Gravitate, *v.i.* གཏིང་དུ་ཆད་པ; ལྟེ་གཅིག་ཏུ་ཆད་པ;

390 Gravitation, *n.* གཟུགས་གཅིག་གིས་གཅིག་འདྲེན་པའི་ནུས་པ; སའི་ནུས་པས་ལུས་ཅན་བཟུང་བའི་ནུས་པ; ཡང་ལྗིའི་ཆོས་ཉིད;

391 Gravity, *n.* བརྗིད;

392 Gravy, *n.* ཤ་ཁུ; ཚོད་མའི་ཁུ་བ; [ལ་ཟེར;

393 Gray, *a.* སྐྱོ་སྐྱ; སྐྱོ་ཐོར; ཏ་ཡིན་ན་མདོག་གྱུ་དམར་རྩི་སྐྱོ་རག

394 Grayling, *n.* གཙང་ཆུའི་ནང་གནས་པའི་ཉའི་རིགས་ཞིག; ཕྱེ་མ་ལེབ་ཀྱི་རིང་ཞིག;

395 Grayish, *a.* སྐྱ་ཐོར་རེ་བ;

396 Graze, *v.t.* རྩྭ་ཟ་བ; རྩྭ་ཁར་ཕྱུགས་འཚོ་བ; བརྡར་ནས་པག་བཤུས་པ;

397 Grazing, *n.* རྩྭ་ཁ;

398 Grazier, *n.* ཕྱུགས་རྫི; བ་གླང་རྫི་བོ;

399 Grease, *n.* ཞག་རྩི; ཚོ་ལུ;

400 Greasy, *v.t.* སྨུམ་རྩི་ཅན;

401 Great, *n.* ཆེན་པོ;

402 Greatly, *ad.* ཆེར;

403 Greatness, *n.* ཆེ་ལུགས;

404 Grecian, *n.* གྲཱིག་གི་ཆ་ལུགས་ཅན;

405 Greed, *n.* ཟ་རྗོབ; ཟ་འདོད; ལྟོ་རྗབ;

406 Greedily, *ad.* ལྟོ་ངབ་ཀྱིས;

407 Greediness, *n.* ལྟོགས་ངབ;

408 Greedy, *a.* ལྟོ་རྗོབ་ཅན;

409 Greek, *a.* གྲཱི་སི་བྱ་བའི་ཡུལ་གྱི་མི;

410 Green, *a.* ལྗང་ཁུ; སྔང; ཉེའུ་སིང;

411 Greenish, *a.* ལྗང་ཁུ;

412 Greenness, *n.* ལྗང་ཁུ་ཉིད; མ་སྨིན་པ་ཉིད; ལྗང་མདངས; སྔོན་ཚུལ;

413 Greet, *v.t.* གཏོང་བསུ་བྱས་པ;

414 Greeting, *n.* གཏོང་བསུ;

415 Grenade, *n.* ལག་པས་འཕེན་རྒྱུའི་རེའུ་རྫས་ཀྱིས་ཁེངས་པ་ཞིག;

416 Grenadier, *n.* གོང་གི་རེའུ་གྲེ་ནེ་ཌི་བྱ་བ་འཕང་མཁན;

417 Greyhound, *n.* ཁྱི་ར་འགྲོངས་པའི་ཁྱིའི་རིགས;

418 Grief, *n.* སྐྱོ་ངད; སྡུག་བསྔལ; མྱ་ངན;

419 Grievance, *n.* སྐྱིད་སྡུག; ནད་མི་འཁྱུག་པའི་རྒྱུ་མཚན;

420 Grieve, *v.t.* བློ་ལ་སྡུག་བསྔལ་བཀོད་པ;

421 Grievous, *a.* སྐྱོན་པོ; སྡུག་པོ; ཚབ་ཆེན;

422 Grievously, *ad.* ཚབ་ཆེན་པོར;

423 Grill, *v.t.* ཤ་མེ་བསྲེག་གཏང་བ; མེ་བསྲེག་གཏང་བ; མེར་
བརྡུག་པ;

424 Grim, *a.* ངམ་གཉག་པོ;

425 Grimace, *n.* ངོ་གདོང་ཁམས་མཚར་གྱི་སྐྱེར་མར་བསྒྱུས་ཏེ་བསྟོན་པ;

426 Grime, *n.* དྲིག་པའི་ཁག་མ;

427 Grimly *ad.* ངམ་གནག་ཁྲུག་གེར;

428 Grimy, *ad.* དྲིག་མ་ནག་ཉིལ་ཉིལ;

429 Grin, *v.i.* སོ་ཕྲི་མཆུ་བརྗེས་པ; ངོ་གདོང་བསྒྲད་ནས་བསྟོན་པ;
གོད་བྲོ་འི་བརྡར་ངོ་བརྗེས་པ; ཁ་ཚོག་ཚོག་བྱས་པ;

430 Grind, *v.t.* བདག་པ; ཕྱེ་མར་བདག་པ;

431 Grinder, *n.* བདག་མཁན;

432 Grindstone, *n.* རང་ཐག; བརྡར་རྡོ;

433 Grip, *n.* ལག་འཛུ; སྦྲར་ཟིན; སྦྲར་འཛིན;

434 Gripe, *v.t.* གླང་ཐབས; ཕོ་བར་གླང་ཐབ་ཀྱིས་ཟུག་རྒྱབ་པ;
དམ་པོར་བཟུང་བ;

435 Griping, *a.* དམ་པོར་བཟུང་བའི;

436 Grisly, *ad.* འཇིགས་སུ་རུང་བ; ཡ་ང་པོ;

437 Grist, *n.* ཡོས་བདག་ཐང་གཅིག་གི་ཚད; ཁི་སང;

438 Gristle, *n.* ཆག་ཀྲུམ;

439 Gristly, *a.* རྩ་ཀྲུཾ་ཀྲུཾ;

440 Grit, *n.* གྱོ་མོ; རྡོ་རུག;

441 Grittiness, *n.* གྱོ་མོ་ཡོད་པའི་ཚུལ; རྡོ་རུག་ཅན;

442 Gritty, *n.* རྡོ་རུག་ཡོད་པ; གྱོ་མོ་ཅན;

443 Grizzle, *a.* མདོག་སྐྱ་བོ; སྐྱ་ཟེམ;

444 Groan, *v.i.* འཁྲུན་པ; (*n.*) འཁྲུན་སྐད; (*n.*) ཤུར་རིང;

445 Groaning, *n.* འཁྲུན་སྐད;

446 Groat, *n.* ཕྱེད་བརྒྱད; ཨ་ན་གསུམ་གྱི་དངུལ་ཞོ;

447 Grocer, *n.* {སྒོ་རི་ Sik.} ཛ་དང་ཀ་ར་སོགས་འཚོང་མི;

448 **Grocery**, *n.* {མོ་དི་དོ་ཁང་ Sik.} ཇ་དང་ཀ་ར་སོགས་ཀྱི་འཚོང་ཁང་;

449 **Grog**, *n.* ཆང་;

450 **Groin**, *n.* སྒ་སྦྲི; དཔྱི་མགོ; (དཔྱིའི་སྒ་སྦྲམ; Sik. and Bhut.)

451 **Groom**, *n.* རྟ་རྫི; (ཨ་དྲུང་པ; Bhut.) (Hon. ཆིབ་དཔོན);

452 **Groove**, *n.* ཁྲ་ཤུར;

453 **Grope**, *v.i.* སྙོམ་པ; ཉོམ་པ;

454 **Gross.** རགས་པ;

455 **Grossly**, *ad.* རྩ་པར; {meaning obscene, Sik. བཛྙེན་པར;
བཛྙེན་སྤེར;}

456 **Grotesque**, *a.* ཁད་མཚར; {ཧྲིཾ་ཁྲོལ་ཁྲོལ; Bhut.} (ཁྲོ་ལོག་ལོག;
Sik.)

457 **Grotesqueness**, *n.* ཁད་མཚར་ལུགས; (ཧྲིཾ་ཁྲོལ་ལུགས་ Bhut.)
(ཁྲོ་ལོག; Sik.)

458 **Grotto**, *n.* བྲག་ཕུག;

459 **Ground**, *n.* ས་གཞི;

460 **Group**, *n.* སྡེ; མཚོ; སྡེ་ཚོར; ཁྲོམ་ཚོགས;

461 **Group**, *v.t.* གཅིག་ཏུ་སྡུང་བ; སྡུང་བ; སྡེར་བསྡུ་བ;

462 **Grouse**, *n.* རི་སྐྱེག; གོང་མོ; འདབ་ཆར་གོང་མོ;

463 **Grove**, *n.* སྐྱེད་མོ་འི་ཚལ;

464 **Grovel**, *v.i.* ས་ལ་སྒྲེ་བ; ས་ལ་སྒྲུས་པ; དངངས་ནས་ས་ལ་འགོག་པ;

465 **Grow**, *v.i.* སྐྱེ་བ;

466 **Growl**, *v.t.* ངར་བ; (*n.*) ངར་སྐད;

467 **Grown-up**, *a.* ན་ལོན;

468 **Growth**, *n.* སྐྱེད; སྐྱེད; སྐྱེ; [བཟའ་བ;

469 **Grub**, *v.i.* ས་ལ་བཀོ་བ; *v.t.* སའི་གཏིང་ནས་བཀོས་པ; (*n.*) འབྲུ;

470 Grudge, *v.t* ཁོན་པ; to bear a grudge འཁོན་པ;

471 Grudgingly, *ad.* ཁོན་བཞིན་དུ;

472 Gruel, *n.* ཐུག་པ; ཙཾ་ཐུག;

473 Gruff, *a.* གདུམ་པོ; སྐད་རྩུབ་པོ; རྩུབ་པོ;

474 Gruffly, *ad.* རྩུབ་པོ་བྱེད་དེ;

475 Gruffness, *n.* སྐད་རྩུབ་ལུགས;

476 Grumble, *v.i.* མུ་དོ་ཅོ་དོ་སྨྲ་བ;

477 Grumbler, *n.* མུ་དོ་ཅོ་དོ་མཁན;

478 Grumbling, *n.* མུ་ཅོ;

479 Grumblingly, *ad.* མུ་ཅོ་དང་བཅས་ཏེ;

480 Grunt, *v.i.* ངུར་པ; ངུར་བ; འཁུན་པ;

481 Grunting, *n.* ཁུན་སྐད; ངུར་སྐད;

482 Guano, *n.* ཆུ་བྱའི་བྲུན་ཁག་མར་བརྩེར་ནས་ཡོད་པའི་ལུད;

483 Guarantee, *n.* ཁེག་འཁྲུག; ཁག་ཐེག་གན་རྒྱ;

484 Guarantee, *v.t.* ཁག་ཐེག་འཁུར་འགྲོང་བྱེད་པ;

485 Guarantor, *n.* ཁག་ཐེག་བྱེད་མཁན;

486 Guaranty, *n.* གཏས་མ; ཁེག་འཁྲུག;

487 Guard, *v.t.* བསྲུང་བ;

488 Guarded, *a.* སྲུང་བཞིན་དུ; འཛེམ་བག་དང་བཅས་ཏེ;

489 Guardedly, *ad.* འཛེམ་པའི་ཚུལ་གྱིས;

490 Guardian, *n.* སྲུ་གུའི་ཕ་མའམ་བདག་འཛིན་བྱས་མཁན; བལྟ་རྟོགས་པ;

491 Guardianship, *n.* སྲུ་གའི་བདག་འཛིན་བྱེད་མཁན་གྱི་གོ་ས;

492 Guava, *n.* ཤིང་ཐོག་ཨཾ་བག་བྲུ་བ; (བལ་པོ་སེ་བོ; Bhut. and Sik.)

493 Guerdon, *n.* སྐྱེས; བྱ་དགའ; གསོལ་རས; *v.t.* སྐྱེས་གནང་བ;

494 Guerrilla, *n.* དམག་དཔུང་ཆེནོ་ལ་དམག་མཚོན་ཆུང་ངུས་འཐབ་ཡུར;

495 Guess, *v.t.* བློ་ཚོད་དཔག་པ;

496 Guest, *n.* མགྲོན་པོ;

497 Guidance, *n.* སྣ་འཁྲིད; མི་ཤེས་སློབ་སྟོན;

498 Guide, *v.t.* ལམ་བསྟོན་པ; *n.* ལཾ་རྒྱུས་ཅན; (ལཾ་སིལ་པ; Sik.)

499 Guild, *n.* འཚོང་པའི་སྡེའམ་ཡང་ན་བཟོ་རིགས་པའི་སྡེ;

500 Guildhall, *n.* འཚོང་སྡེའི་འཚོགས་ཁང་ཆེན;

501 Guile, *n.* གཡོ་སྒྱུ;

502 Guileful, *a.* གཡོ་ཅན;

503 Guileless, *a.* གཡོ་རྒྱུ་མེད་པ;

504 Guilelessness, *n.* གཡོ་སྒྱུ་མེད་པའི་རང་བཞིན;

505 Guillotine, *n.* སྐེ་བཅད་རྒྱུའི་སྟ་གྲི;

506 Guilt, *n.* ཉེས་བྱས; ནག;

507 Guiltless, *a.* ཉེས་མེད; ནག་མེད;

508 Guilty, *a.* ཉེས་བྱས་ཅན; ནག་ཅན;

509 Guinea, *n.* གསེར་ཏི;

510 Guise, *n.* ཆ་ལུགས; ཆས;

511 Guitar, *n.* སྒྲ་སྙན;

512 Gulf, *n.* ཛ་རོམ; རྒྱ་མཚོའི་མཐའ་སའི་ནང་དུ་ཁ་བཞིན་ཆགས་པ་
ལ་ཟེར; ཛབ་དོང;

513 Gull, *v.t.* མགོ་བསྐོར་བ;

514 Gullet, *n.* ཨོལ་སྒོ;

515 Gully, *n.* གཞོང; སྒྲོང; ཆུ་སྒྲོང;

516 Gulp, *v.t.* ཁྱུར་མིད་གཏང་བ;

517 Gum, *n.* ཤིང་སྤྱིན ; ཤིང་རྩི ; འབྱོར་རྩི ;

518 Gummy, *a.* རྩི་ཅན ;

519 Gun, *n.* མེ་མདའ ; མེ་སྒྱོག ;

520 Gunner, *n.* མེ་སྒྱོག་མཁན ; མེ་སྒྱོག་རྒྱབ་མཁན ;

521 Gunny, *n.* སོ་མ་ར་ཙའི་སྒྲིབ ;

522 Gunshot, *n.* སྒྱོག་རྡེལ ; མེ་མདའི་རྡེའུ ;

523 Gunstock, *n.* མེ་མདའི་གུང་ཤིང ;

524 Gurgle, *v.i.* ཆུ་སྒྲ་དང་བཅས་ཏེ་འབབ་པ ; ལྷོག་ལྷོག་ཅེས་སྒྲ་འབྱིན་པ ;

525 Gush, *v.i* ཆུ་ཤུགས་ཀྱིས་འཐོན་པ ;

526 Gust, *n.* རླུང་ཚུབ ;

527 Gut, *n.* རྒྱུས་པ ; ནང་ཁྲོལ་རྒྱུ་མ ; (ཟ་ཐག་པ ; Sik.).

528 Gutta-percha, *n.* འགྲིག་གི་རིར་གཅིག ;

529 Gutter, *n.* ཡུར་བ ; ཆུའི་ཡུར་བ ;

530 Guttural, *n.* མགྲིན་པ་ནས་འབྱིན་པའི་ (སྒྲ) ;

531 Guzzle, *v.i.* བཟའ་བཏུང་བྲེལ་བྲེལ་བྱས་པ ; མིད་པ ;

532 Gymnasium, *n.* སྒྱུ་རྩལ་འབྱོང་བའི་བསླབ་གྲྭ ;

533 Gymnastical, *a.* སྒྱུ་རྩལ་སྦྱངས་རྒྱུའི་སྐོར ;

534 Gymnastics, *n.* སྒྱུ་རྩལ་སྦྱང་བའི་ཐབས་སམ་ལག་ལེན ;

535 Gypsum, *n.* རྡོ་ཞུན ; རྡོ་ཞུན་བྱེ་མ ;

536 Gyrate, *v.i.* འཁྱིར་བ ; ལྟེ་བ་བསྐོར་ཏེ་འཁྱིར་བ ;

537 Gyration, *n.* འཁྱིར་རི་རི་འགྲོ་བ་ཉིད ;

H

1 Ha, *int.* ཨ ; ཨའོ : ཧ ; ཞེས་པའི་གློ་བུར་གྱི་སྒྲ ;

2 Habeas—Corpus, *n.* བཙོན་སྲུང་པར་བཙོན་པའི་གཟུང་འདོན་དགོས་དང་བཟུང་བའི་རྒྱུ་རྐྱེན་བརྗོད་དགོས་པའི་ཁྲིམས་སའི་བཀའ་ཤོག ; or ཁྲིམས་སའི་བཀའ་ཤོག་བཙོན་པའི་གཟུགས་

Habeas—Corpus, *n.* (*Contd.*) ཁྲིམས་བདག་གི་མ་ཉན་དུ་བསྡོན་དགོས་དང་ནག་ཡོད་
མེད་རྟོག་བྱེད;

3 **Haberdasher,** *n.* འཚོང་ཀྲིབ; ཅ་གི་ཙེ་གིའི་ཚོང་པ; ཟང་ཟིང་ཕྲ་མོ་འི་

4 **Habiliment,** *n.* གོས་ཀྱི་ལྷུགས; གོས་ཀྱི་ཆ་ལུགས; [ཚོང་པ;

5 **Habit,** *n.* ལུགས་སྲོལ;

6 **Habitable,** *n.* སྡོད་ས་བསྐྲུབ་པ; གནས་བཅའ་རུང་བའི;

7 **Habitation,** *n.* སྡོད་ས; སྡོད་གནས;

8 **Habitual,** *a.* རྟག་ཏུ་གནས་པ; རྒྱུན་འཛུགས; རྒྱུན་ཁྲིངས; རྒྱུན་སྲོལ;

9 **Habitually,** *ad.* རྟག་པར; ནམ་རྒྱུན; རྒྱུན་སྲོལ་ལྟར; ནམ་རྒྱུན་ལྟར;

10 **Habituate,** *v.t.* གོམས་སུ་ཆུག་པ;

11 **Hack,** *v.t.* དུམ་བུར་གཏུབ་པ;

12 **Hackney,** *n.* རྟ་གླ་གཏོང་རྒྱུའི་རྟ;

13 **Hackneyed,** *a.* རྟ་གླར་བཏང་ཟིན་པ; རྒྱུན་དུ་སྤྱད་པའི;

14 **Hades,** *n.* བར་དོ་འི་གནས; དམྱལ་བ;

15 **Haft,** *n.* ཡུ་བ;

16 **Hag,** *n.* རྒྱ་བོ་རྒན་མོ; སྡུག་རྒན་མོ;

17 **Haggard,** *a.* རོ་གདོང་ལེན་ནས་ཡོད་པ; རོ་གདོང་ཚ་པ;

18 **Haggle,** *v.t.* གོང་ལ་ཙེག་ཙེག་བྱེད་པ;

19 **Hail,** *n.* སེར་བ; *v.t.* སྐད་གཏོང་བ; *n.* འབོད་པའི་སྐད;
{ཁམ་འགྱུལ; Sik. & Bhut.}

20 **Hair,** *n.* སྐྲ; སྤུ; Hd. ངབུ་སྐྲ;

21 **Hairy,** *a.* སྤུ་ཅན; (སྤུ་ཞོལ་ཞོལ; སྤུ་སྤུར་སྤུད; Sik. & Bhut.)

22 **Halberd,** *n.* མ་ང་དང་དགྲ་སྟ་འབྲག་མའི་མཚོན་ཆ;

23 **Hale,** *a.* ཐང་ཐང; གཟུགས་པོ་ཐང་པོ;

24 **Half,** *n.* ཕྱེད་ཀ;

25 **Halibut,** *n.* ཉའི་རིང་ཞིག་གི་མིང;

26 **Hall**, *n.* ཚོགས་ཁང་; འདུ་ཁང་; ཚོགས་ཆེན;

27 **Hallelujah**, *n.*, *int.* ལྷ་རྒྱལ་གྱི་འབོད་པ; ལྷ་རྒྱལ;

28 **Halloo**, *v.i.* ཀུ་འབོད་པ; {ཧུ་རྒྱབ་པ; Sik. & Bhut.}

29 **Hallow**, *v.t.* དག་པར་བྱས་པ; གཙང་སྦྲ་འདོན་པ;

30 **Hallucination**, *n.* འཁྲུལ་སྣང་; མིག་འཁྲུལ;

31 **Halo**, *n.* འོད་སྐོར: མཐའ་ཀྱུར;

32 **Halt**, *v.i.* སྡོད་པ; (*n.* ཞག་སྡོད་ས);

33 **Halter**, *n.* རྟའི་མཐུར; མཐུར་མགོ; མཐུར་ཐག;

34 **Halting**, *n.* ཞག་ས;

35 **Halve**, *v.t.* ཕྱེད་བ་གཉིས་རྒྱབ་པ;

36 **Halves**, *n.* ཕྱེད་མར་བགོས་བ;

37 **Halyard.** གྲུ་ཐིང་གི་དར་ཆེན་བརྒྱང་བབ་རྒྱབ་རྒྱུའི་ཐག་པ;
དར་ཆེན་གྱི་ཐག་པ;

38 **Ham**, *n.* ཕག་ཤ་ཚ་ཁག;

39 **Hammer**, *n.* ཐོ་བ;

40 **Hammock**, *n.* ཐག་པའི་དོལ་གྱི་ཧྨ་ལི; རྡ་བའི་ཉལ་ཁྲི; ཐག་པའི་དོལ་
བ་ཧྲིན་ལྷམས་པའི་མལ་ས;

41 **Hamper**, *n.* སླེ་བོ; (*v.t.* ལམ་བཀག་པ;) {Sik., *n.* ཅ་བྱུ་ཁུར་
རྒྱུའི་ཙེབ་སྒྲོད}; [& Bhut.)

42 **Hamstring**, *n.* རྐྱིད་ཙ; *v.t.* རྐྱིད་ཙ་བཅད་པ; (རྐྱིད་རྩ་ཕབ་པ; Sik.

43 **Hand**, *n.* ལག་པ; (Hon. ཕྱག); *v.t.* ལག་ཏུ་སྤྲོད་པ;
(ཕྱག་ཏུ་འབུལ་བ; Hon.)

44 **Handcuff**, *n.* ལག་ལྕགས་རྒྱབ་པ;

45 **Handful**, *n.* (Sik. པ་ར་གང); སྤྱོར་གང; བར་གང;

46 **Handicraft**, *n.* ལག་ཤེས་རིག་གནས; བཟོ; ལས་ཀ;

47 Handiness, *n.* ཁྲིར་བདེ;

48 Handkerchief, *n.* སྣབ་ཕྱིས; (ཞངས་འཕྱིས; Hon.)

49 Handle, *v.t.* ལག་སློག་རྒྱབ་པ; ལག་པ་འཆང་བ; *n.* ཡུ་བ;

50 Handmaid, *n.* (Bhut. ཨར་མོ); (གཡོག་མོ); (ཞལ་ལྷ་མ; Hon.)

51 Handsome, *a.* མཛེས་པོ; སྙིང་རྗེ་པོ; ཡིད་ཁར་འོང་པོ; (བལྟ་ན་སྡུག་པོ; Classical)

52 Handsomely, *ad.* ཡག་པོ་བྱེད་དེ;

53 Handsomeness, *n.* མཛེས་པའི་རང་བཞིན; མཛེས་ཆ;

54 Handspike, *n.* མདུང་ཤུང; འཁར་བ་ལྕུང་ཞན་ཅན;

55 Handwriting, *n.* ཡི་གེ; (ཕྱག་བྲིས; Hon.)

56 Hang, *v.t.* བཀལ་བ; དཔྱང་བ; འགེལ་བ; སྐེ་ལ་ཐག་པ་བདགས་ནས་དཔྱང་དེ་བསད་པ;

57 Hanger-on, *n.* དཔྱང་དེ་སྡོད་མཁན; (དཔྱང་དཀར; Sik.)

58 Hanging, *n.* སྐེ་ཐག་པས་བསྡམས་ནས་བསད་པའི་ལས; (སྐེ་ཐག་དཔྱང; Sik.)

59 Hangman, *n.* སྐེ་ཐག་པས་བསྡམས་ནས་བསད་མི་དེ;

60 Hank, *n.* སྣལ་མའི་མདུད་པ; (གཟི་སྐོར; Sik. & Bhut.)

61 Hanker, *n.* ཡིད་ལ་དུར་དུར་དྲན་པ; འདོད་ཆགས་སྐྱེ་བ;

62 Hankering, *n.* འདོད་པ; དྲན་ཟུག; ཡིད་ལ་ཀཾ་ཀཾ་དྲན་པ;

63 Hap, *n.* བྱུང་བ;

64 Hapless, *n.* སོ་དེ་མེད་པ; བསོད་ནམས་ཆུང་བ; ཨུ་ཐུག;

65 Happen, *v.i.* བྱུང་བ; འབྱུང་བ;

66 Happily, *ad.* ལྷབས་ཡག་ནས;

67 Happiness, *n.* བདེ་བ; སྐྱིད་པོ; ཉམས་དགའ;

68 Happy, *a.* བདེ་པོ; སྐྱིད་པོ;

69 Harangue, *n.* ཚོགས་གཏམ;

70 Harass, *n.* སྡུག་པོ་བཏོང་བ; (བརྡབ་སིག་གཏང་བ; Sik.).

71 Harbinger, *n.* སྔོན་འགྲོ་བ; པང་ཆེན; པང་ཅན;

72 Harbour, *v.t.* སྙིང་གི་གཉིང་ལ་འཆང་བ; ཡིབ་ཏུ་བཅུག་པ; གསང་ལྐབ་ཀྱིས་ཉར་བ;

73 Hard, *a.* བསྲ་མོ; མཁྲེག་མོ; དཀའ་ལས་ཁག་པོ; (Hon. སྐུ་མཉེལ་པོ;) མཁྲེ་པོ;

74 Harden, *v.t.* བསྲ་མོ་འཆོ་བ;

75 Hardened, *a.* {(Sik.) ཁོག་དཀར;) (སྐྱུ་བོ;)} སྐྱུ་བོར་སོང་བ; བསྲ་མོར་སོང་ཟིན་པ; མཁྲེའ་པོ;

76 Hardening, *n.* ངོས་བསྲ་རུ་བཏང་བྱེད; བསྲ་རུ་བཏང་བྱེད; སྐྱུ་སྦྱོང;

77 Hardihood, *n.* (Sik. སྐྱུ; གདོང་བཟང;) སྙིང་སྟོབས;

78 Hardiness, *n.* བྲེག་སྲན;

79 Hardly, *ad.* དཀའ་མོར; (དེའུ་རང་མན་ན Sik.);

80 Hardness, *n.* བསྲ་མཁྲེགས;

81 Hardship, *n.* དཀའ་ལས;

82 Hardy, *n.* བྲེག་སྲན་ཅན; སྡུག་བྲེག་པོ;

83 Hare, *n.* རི་བོང;

84 Harem, *n.* བཙུན་མོའི་གཟིམས་ཤག; རྒྱལ་པོའི་ལྕམ་མང་པོའི་གཟིམས་ཁང;

85 Hark! *v.i.* ཉོན་ཅིག;

86 Harlequin, *n.* འབག་ཆམ་ལ་ཨ་ཙ་ར་པོ་མོ་དང; ས་ནེ་བའི་ཇོན་པ་ལྟ་བུ་གད་མོ་སླང་ཆེད་དུ་ཡོང་མི;

87 Harlot, *n.* གཞང་ཚོང་མ; འཆལ་མོ; སྨད་ཚོང་མ;

88 Harm, *n.* ཉེས་སྐྱོན; གནོད་པ; སྐྱོན; (*v.t.* གནོད་པ་བྱེད་པ;)

89 Harmful, *a.* གནོད་འགལ་ཅན;

90 Harmfully, *ad.* གནོད་འགལ་དུ; གནོད་སེམས་ཀྱིས;

91 Harmless, *a.* གནོད་མེད;

92 Harmlessly, *ad.* གནོད་པ་མེད་པར;

93 Harmlessness, *n.* གནོད་པ་མེད་ཚུལ;

94 Harmonical, *a.* སྒྲ་མཐུན་པར; མཐུན་པར; སྙན་འཇེབ་འགྲིག་པོ;

95 Harmonious, *a.* མཐུན་པོ; སྙན་པོ; སྙན་འཇེབས་ལྡན་པོ;

96 Harmoniously, *ad.* མཐུན་པོ་བྱེད་དེ;

97 Harmonist, *n.* སྒྲ་སྙན་པོར་སྒྲིག་མཁན;

98 Harmonium, *n.* སྒྲ་སྙན་རིགས་ཞིག;

99 Harmonize, *v.t.* མཐུན་པོར་སྒྲིག་པ;

100 Harmony, *n.* སྒྲ་མཐུན་པོ; ཆ་མཉམ་པོ; ཆ་མཐུན;

101 Harness, *n.* སྒ་ཆས;

102 Harp, *n.* སྒྲ་སྙན;

103 Harper, *n.* སྒྲ་སྙན་བསྒྱུར་མི;

104 Harping, *n.* སྲུན་པོ་བྱས་ནས་བཀུར་བཟློས་བྱ་བ;

105 Harpoon, *n.* ཐུང་མདུང; ཉ་ཆེན་ཡོར་མོ་གསད་པའི་མདུང;

106 Harridan, *n.* འཆལ་མོ་རྒན་མོ; གཞང་ཚོང་རྒན་མོ;

107 Harrier, *n.* ཤ་ཁྱིའི་རིགས་ཞིག; བྱ་ཁྲ་ཏོར་པའི་རིགས་ཞིག;

108 Harrow, *n.* ཤེའུ; སོ་ནམ་པའི་ལག་ཆ་ཤེའུ་ཟེར་བ་དེ་ཡིན;

109 Harrowing, *a.* སྙིང་ཚ་གྲུང་གྲུང་བྱེད་པ; སྙིང་ཚ་ལྷང་ལྷང; ཚ་ལྷང་ལྷང;

110 Harry, *v.t.* འཕྲོག་བཅོམ་བྱེད་པ; བཙབ་སིག་གཏང་བ;

111 Harsh, *a.* བརྩུབ་པོ; གྲོང་པོ;

112 Harshly, *ad.* རྩུབ་མོར; རྩུབ་ཚུལ; གྲོང་པོར;

113 Harshness, *n.* གྲོང་ཚུལ; རྩུབ་ཚུལ;

114 Hart, *n.* རི་དྭགས་ཁ་ཤ; ཤྭ་བ; (ཁ་ཤ; Sik.)

115 Harvest, *n.* ལོ་ཏོག; སྟོན་ཐོག; སོ་ནམ;

116 Hash, *v.t.* ཤ་ཙུག་ཏུ་ཙབ་པ;

117 Hasp, *n.* ཡུ་བ;

118 Haste, *n.* བྲེལ་བ;

119 Hasten, *v.t.* བྲེལ་བ་བསྐྱེད་པ;

120 Hastily, *ad.* བྲེལ་ཟིང་ཚུབ་བེར; འ་རེ་ཁུ་རེ་བྱེད་དེ;

121 Hasty, *a.* བྲེལ་ཚུབ་ཅན;

122 Hat, *n.* ཞྭ་མོ;

123 Hatch, *v.t.* སྒོ་ང་ཚང་བཅའ་བ; སྒོ་ངའི་ཐོག་བྱ་མོས་དྲོད་བསྐྱེད་དེ་
སྨིན་དུ་བཅུག་པ;

124 Hatchet, *n.* སྟ་རེ; རྟ་གྲི;

125 Hatchway, *n.* གནམ་སྒོ;

126 Hate, *v.t.* ཞེ་ཁྲེལ་བ;

127 Hateful, *a.* ཞེ་ཁྲེལ་པོ;

128 Hatefully, *ad.* ཞེ་སྡང་གིས; སྡང་པོ་བྱེད་དེ;

129 Hatefulness, *n.* སྡང་ཚུལ; སྡང་བའི་རང་བཞིན; སྡང་ཚུལ;

130 Hatter, *n.* ཞྭ་མོ་བཟོ་མཁན; ཞྭ་བཟོ་མཁན; [བཅས;

131 Haughtily, *ad.* ང་རྒྱལ་དང་བཅས; ཁེངས་པ་དང་བཅས; ཁེངས་དྲེག་

132 Haughty, *a.* རང་མཐོང་ཅན; གདམ་འདོད་ཅན; ང་རྒྱལ་ཅན;
ཁེངས་དྲེག་ཅན; དྲེག་པོ;

133 Haul, *v.t.* འདྲེན་པ; ཧྲུད་པ;

134 Haunch, *n.* ཤ་ཟུག;

135 Haunt, *n.* འདྲེ་ཞུགས་པ;

136 Hauteur, *n.* ཁེངས་དྲེག; (ཀྱན་ཐང; Sik.) (ཧྲིག་ལྷོག; Sik.)

137 Have, *v.t.* ཡོད་པ;

138 Haven, *n.* གྲུ་གཟིངས་སོགས་ཆུ་རླུང་གིས་མི་ཚུབ་པར་ཡིབ་ནས་སྡོད་ས་བདེ་མོ་སོགས་ལ་ཟེར; ཡིབ་ས; གབ་ས;

139 Haversack, *n.* དམག་མིའི་འཁུར་ཆ; སྒྲི;

140 Havoc, *n.* དམར་ངོ; ཤི་བསད; ཤི་བརྨས;

141 Haw, *n.* ར་བ; ར་བས་བསྐོར་བའི་ཞིང;

142 Hawk, *n.* ཁྲ; ཟ་འདོད་ཅན;

143 Hawker, *n.* འཚོང་སྒོ་བཤལ་ནས་འགྲོ་མི; སྒོ་བཤལ་ནས་འཚོང་ཟོག་འཚོང་མི;

144 Hawking, *n.* འཚོང་སྐད་གཏང་བ;

145 Hawser, *n.* གྲུ་གཟིངས་ཀྱི་སྟེ་ཐག;

146 Hay, *n.* ཙྭ་སྐམ་པོ; སྤང་ཙྭ;

147 Hazard, *n.* ཡས་ཡུད; ཉེན་ཁ; ཤོ; རྒྱུན:

148 Haze, *n.* སང་རྨུག;

149 Hazel, *n.* (སི་རིས་ཤིང; Sik.)

150 Haziness, *n.* སང་རྨུག་གིས་འགྲིབ་པའི་ཚུལ;

151 Hazy, *a.* {སང་རྨུག་གིས་འགྲིབ་འགྲིབ་པ; Sik.} སྤྲིན་པས་འགྲིབ་ནས་ཡོད་པ;

152 He, *pron.* ཁོ;

153 Head, *n.* མགོ; འགོ་པ; གཙོ་བོ;

154 Headily, *ad.* མགོ་ཡུ་འཁོར་པོ་བྱེད་དེ;

155 Headiness, *n.* མགོ་ཡུས་འཁོར་བའི་རང་བཞིན;

156 Heading, *n* མགོ་ཡིག; *v.t.* མགོ་བྱེད་པ;

157 Headless, *a.* མགོ་མེད;

158 Headlong, *ad* — མགོ་ཐུར་དུ་བལྟས་ཏེ; (མགོ་མདུན་དུ་བཙུག་སྟེ; Sik.)

159 Headstrong, *a.* — མགོ་མཁྲེགས་པོ; (ཀླི་འཐུག་པོ; Tib. Colql.)

160 Heal, *v.t.* — བསོས; སྨ་བསོས་པ; ནད་བསོས་པ;

161 Health, *n.* — གཟུགས་ཁམས་བདེ་ཐང; ཁམས་བདེ;

162 Healthful, *a.* — བདེ་མོ; ཁམས་བདེ་བསྐྱེད་ནུས;

163 Healthfully, *ad.* — བདེ་མོར;

164 Healthy, *a.* — བདེ་པོ; ཁམས་བདེ་མོ;

165 Heap, *n.* — ཕུངས; སྤུངས;

166 Hear, *v.t.* — ཐོས་པ; ཉན་པ; གོ་བ; (གསན་པ; Hon.)

167 Hearer, *n.* — ཉན་མཁན; (གསན་མཁན; Hon.)

168 Hearken, *v.i.* — ཉན་པ; (གསན་པ; Hon.)

169 Hearsay, *n.* — ཕར་ཐོས་ཀྱི་གཏམ; འཕེར་གཏམ;

170 Hearse, *n.* — (སྐུ་ཕུར་འདྲེན་པའི་ཤིང་རྟ་འཁོར་ལོ; Hon.)
རོ་བཀྱལ་བའི་ཤིང་རྟ;

171 Heart, *n.* — སྙིང; སྙིང་པོ; ནང་ཆ; (ཐུགས; Hon.)

172 Hearth, *n.* — ཐབ; (གསོལ་ཐབ; Hon.)

173 Heartily, *ad.* — སྙིང་ཐག་པ་ནས;

174 Heartless, *a.* — སྙིང་མེད་པ;

175 Hearty, *a.* — སྙིང་གི་ལྡིང་ནས;

176 Heat, *n.* — དྲོད; ཚད་པ; ཚ་དྲོད;

177 Heath, *n.* — སྤང་གཞོང; སྤྱིང; ཉ་ག; ཉིཙ་སེང;

178 Heathen, *n.* — ཕྱི་པ; ཀླ་ཀློ;

179 Heathendom, *n.* — ཀླ་ཀློའི་གནས;

180 Heathenism, *n.* — ཀླ་ཀློའི་ལུགས;

181 Heating, *a.* — དྲོད་བཏང་མཁན; དྲོད་བསྐྱེད་བྱེད;

182 **Heave**, *v.t.* ཡར་སྒྲེང་པ; ཡར་འསྒྲིང་བ; ཡར་བཀྱག་པ;

183 **Heaven**, *n.* ནམ་མཁའ; མཁའ་སྤྱོད; མཐོ་རིས; དགུང་སྔོན;

184 **Heavenly**, *ad.* མཐོ་རིས་ཀྱི; དགུང་གི; མཁའ་སྤྱོད་ཀྱི; ནམ་མཁའི;

185 **Heavenward**, *ad.* མཐོ་རིས་ཀྱི་ཕྱོགས;

186 **Heavily**, *ad.* བཛི་སོར; བཛི་ལྗིག་གིར;

187 **Heaviness**. *n.* བཛི་ཡུར; བྲིང་རྨུགས; བཛིད་ལྗི་ཡུར;

188 **Heavy**, *a.* བཛི་པོ;

189 **Hebraism**, *n.* ཡ་ཧུ་ད་པའི་ཆོས་ཡུར;

190 **Hebrew**, *n.* ཡ་ཧུ་ད་པ;

191 **Hecatomb**, *n.* དམར་མཆོད; དམར་མཆོད་བརྒྱ་ཚར;

192 **Hector**, *v.t.* དབང་ཡོད་སྒྲུབ་ཆོད་བྱས་པ;

193 **Hedge**, *n.* ར་བ; ཞིང་གི་ར་བ; སྤོ་ལྷམ་ར་བའི་ཚུལ་དུ་སྐྱེ་བ;
(ར་ཚིགས; Sik)

194 **Hedgeless**, *a.* ར་བ་མེད་པ;

195 **Hedgehog**, *n.* བྱི་སྲུར; སྒྲོག་ཆགས་བྱི་སྲུར;

196 **Heed**, *v.t.* དོག་ཟོན་བྱེད་པ; ཟོན་བྱེད་པ;

197 **Heedful**, *a.* ཟོན་མཁས; ཟབ་པོ;

198 **Heedless**, *a.* དོག་སྣང་མེད་པ;

199 **Heedlessly**, *ad.* དོག་སྣང་མེད་པར;

200 **Heel**, *n.* རྐང་པའི་རྟིང་པ; མཐིལ; རྐང་མཐིལ; ལྷམ་མཐིལ;

201 **Hegira**, *n.* མཧྨད་ཞེས་སྨྲ་སྲུལ་སྨྲན་པའི་སྟོན་པ་དེ་བྲོས་པའི་
འདས་ལོ;

202 **Heifer**, *n.* (Sik. ཤེསབདང་མ); ཡ་གོག; (ཤེས་མོ; Bhut.)

203 **Heigh-ho**, *n.* ཀྱི་ཧུད;

204 **Height**, *n.* མཐོ་དམན;

205 **Heighten**, *v.t.* མཐོ་རུ་བཏང་བ;

206 **Heinous**, *a.* འཇོབ་ཆེན; འཇོབ་ཆེ;

207 **Heir**, *n.* བཤུལ་འཛིན; བཤུལ་བཟུང་པོ;

208 **Heiress**, *n.* བཤུལ་མཛིན་མོ;

209 **Hell**, *n.* དམྱལ་ཁམས;

210 **Hellenic**, *a.* གྲྀག་གི; གྲྀསི་ཞེས་པའི་ཡུལ་གྱི;

211 **Hellish**, *a.* དམྱལ་བ་ལྟུ;

212 **Helm**, *n.* གྲུ་ཟིང་འདྲེན་བྱེད་ཀྱི་འཁྲུལ་འཁོར;

213 **Helmet**, *n.* རྨོག; རྨོག་དཀར;

214 **Helmsman**, *n.* གྲུ་ཟིང་འདྲེན་མཁན; གྲུ་ཟིང་ཁ་ལྷོར་བསྒྱུར་བའི་འཁོར་ལོ་བཟུང་མི;

215 **Help**, *v.t.* ར་མདའ་བྱེད་པ; རོགས་བྱེད་པ; (གྲོགས་མཛད་པ; Hon.)

216 **Helper**, *n.* ར་མདའ་བྱེད་མཁན;

217 **Helpful**, *a.* ར་མདར་ཕན་པ;

218 **Helpfulness**, *n.* ཕན་གྲོགས;

219 **Helpless**, *a.* གྲོགས་མེད; སྐྱབ་མེད་དཔུང་མེད;

220 **Helplessly**, *ad.* ཐབས་མེད་དུ;

221 **Helplessness**, *n.* བྱ་ཐབས་མེད་ལུགས;

222 **Helve**, *n.* སྟ་རེའི་ཡུ་བ; དགྲ་སྟའི་ཡུ་བ;

223 **Hem**, *n.* མཐའ་འཛར; སྣེ་འཚེམས; སྣེ;

224 **Hemisphere**, *n.* འགོར་འཁྲིལ་ཕྱེད་ཀ;

225 **Hemispherical**, *n.* འགོར་འཁྲིལ་ཕྱེད་ཀ་བྱེད་པའི;

226 **Hemistich**, *n.* ཤློ་ཀ་ཕྱེད་པ;

227 **Hemlock**, *n.* དུག་སོ; སྔོ་དུམ་དུག་ཅན་ཞིག;

228 Hemorrhage, *n.* ཁྲག་རྒྱུན; ཁྲག་དོན་ཚབ་ཆེ;

229 Hemorrhoids, *n.* ཁྲག་རྒྱུན; ཁྲག་རྒྱུན་གཉེན;

230 Hemp, *n.* སོ་མ་ར་ཙ;

231 Hen, *n.* བྱ་མོ;

232 Hence, *ad.* འདི་ནས་ཕར;

233 Henchman, *n.* ཞབས་ཕྱི; (སྐུ་མདུན་པ; Hon.)

234 Heptagon, *n.* རི་མོ་ཟུར་བདུན་དང་ལྡན་པ;

235 Heptangular, *a.* རི་མོ་གྲུ་བདུན་པ;

236 Heptarchy, *n.* གཙོ་བོ་བདུན་གྱིས་དབང་བསྒྱུར་བའི་སྲིད;

237 Her, *pron.* མོའི; མོ་རང་གི;

238 Herald, *n.* བང་ཆེན; སྔོན་བསྒྲགས་པ;

239 Herb, *n.* སྔོ; སྔོ་ཚོད; སྔོ་ཚལ;

240 Herbage, *n.* སྔོ་སྐྱེ་ལུང;

241 Herbarium, *n.* སྔོ་དུམ་གོ་རིམ་འགྲིག་ནས་སྔོན་ཡོད་པའི་བང་མཛོད;

242 Herbivorous, *a.* སྔོ་དང་སྤང་ཟ་བའི་རི་དྭགས;

243 Herculean, *a.* གྲེད་པོ་ཆེ་ལྟའི;

244 Herd, *n.* ཁྱུ; མཚོ; དཔུང;

245 Herdsman, *n.* ཕྱུགས་བརྫི;

246 Here, *ad.* འདིར; འདི་གར;

247 Hereditary, *a.* ཕ་རིམ་བརྒྱུད་པ; རྒྱུད་ཀྱིས་ཟིན་པའི; རྒྱུད་པའི;

248 Heresy, *n.* ལོག་ཆོས;

249 Heretic, *n.* ཕྱི་པའི་ཆོས་ལུགས་འཛིན་པ;

250 Heretical, *a.* ཕྱི་པའི;

251 Heretically, *ad.* ཕྱི་པའི་འདོད་ལུགས་ལྟར;

252 Hereto, *ad.* འདི་བར་དུ; ད་ཕན; འདི་ཚུན;

253 Heretofore, *ad.* སྔོན་ཆད; ད་ཕན་ཆད; འདི་ཚུན་ཆད;

254 Herewith, *ad.* འདི་མ་དུན;

255 Heritage, *n.* ཕ་གཞིས; [གཉིས་མ་ནིང;

256 Hermaphrodite, *n.* མ་ནིང; ཕོ་མོ་གཉིས་ཀའི་མཚན་མ་ཚང་བ; མཚན་

257 Hermetic, *a.* } ཁ་དམ་པོ་བྱེད་དེ; ཞལ་དམ་ལྕུ་རྒྱབ་ནས་ཁ་བཅད་

258 Hermetically, *ad.* } པ་ལྟར;

259 Hermit, *n.* རི་ཁྲོད་པ; སྒོམ་ཆེན;

260 Hermitage, *n.* མཚོམས་ཁང;

261 Hero, *n.* དཔའ་བོ; ཕོ་དཔའ་བོ;

262 Heroic, *a.* དཔའ་བོ་ལྟུའི;

263 Heroically, *ad.* དཔའ་བོ་ལྟ་བུར;

264 Heroine, *n.* དཔའ་མོ;

265 Heroism, *n.* དཔའ; སྙིང་སྟོབས;

266 Heron, *n.* ཆུ་བྱའི་ཁྲ;

267 Herring, *n.* ཉ;

268 Hers, *pron.* མོའི;

269 Herself, *pron.* མོ་རང;

270 Hesitancy, *n.* ཚ་མེ་ཚོ་མེ;

271 Hesitate, *v.i.* ཚ་མེ་ཚོ་མེར་ལུས་པ;

272 Hesitation, *n.* ཁྲི་བ་ཤོལ; ཁྲི་འཐེན; ཁྲི་ནུར; ཚམ་ཚོམ;

273 Hesper, *n.* གྲིག་ཟུར་ལས་གྲོ་རང་སྐར་ཆེན་གྱི་མིང;

274 Hest, *n.* རྒྱུད་བསྐུལ; བཀའ; ཞུ་ཚུར;

275 Heterodox, *a.* འདོད་ཚུལ་གཞན་གྱི་གོ་ལུགས་དང་མི་མཐུན་པ;

276 **Heterodoxy**, *n.* ལྟ་བ་ལོག་པ;

277 **Heterogeneous**, *a.* རིགས་མི་མཐུན་པ;

278 **Hew**, *v.t.* གཞོག་པ; གཤགས་པ;

279 **Hewer**, *n.* གཞོག་རྒྱབ་མཁན; གཤག་མཁན;

280 **Hexagon**, *n.* ཟི་མོ་གྲུ་དྲུག་ཅན་པ;

281 **Hexagonal**, *a.* ཟི་མོ་གྲུ་དྲུག་ཅན་པ;

282 **Hexameter**, *n.* ཚིགས་བཅད་རྐང་པ་དྲུག་ཅན་པ;

283 **Hey**, *int.* ཀྱེ་ཧོ; ཀི་ཧི; ཀི་ཀི་ལྷ་དགའ་སྐྱིད་ཀྱི་སྒྲ;

284 **Hiatus**, *n.* སེར་ག; སྐུབ; སྐྱོན; ཆད; བར་བཅད;

285 **Hibernal**, *a.* དགུན་གྱི; གྲང་བའི་དུས་ཀྱི;

286 **Hibernian**, *n.* ཨ་ཡར་ལནྜ་བྲ་བའི་ཡུལ་གྱི;

287 **Hiccough**, *n.* ཨི་ཀུ; (Sik. ཧི་ཀུག;)

288 **Hidden**, *a.* སྦས་པ; གསང་བའི;

289 **Hide**, *v.t.* སྦ་བ; གསང་བ;

290 **Hide**, *n.* ཀོ་རློར; དམར་ཀོ;

291 **Hideous**, *a.* བལྟ་མི་བཟོད་པ; འཇིགས་སུ་རུང་བ; མི་སྡུག;

292 **Hideously**, *ad.* མི་སྡུག་པའི་ཚ་ཕྱེད་ཀྱི;

293 **Hiding**, *n.* སྦྲ་གསང; གབ་ཡིབ; (ཉེས་འདག; བརྡུང་འདག; meaning whipping);

294 **Hie**, *v.i.* བཤུར་བ; མྱུར་དུ་འགྲོ་བ; ཤུགས་ཀྱིས་བསྐྱོད་པ;

295 **Hierarch**, *n.* བསྟན་འཛིན་སྐྱེས་བུ; ཆོས་བདག; བདག་ཆེན; སྡེ་གནས་བདག་འཛིན་པ;

296 **Hierarchy**, *n.* བསྟན་པ; ཆོས་གཉིས;

297 **Hieroglyphic**, *n.* བརྡའ་རིས་ཀྱི་ཡི་གེ; བརྡའ་ཡིག;

298 Higgle, *v.i.* གད་མོ་ཧིག་ཧིག་ཅེས་བགོད་པ;

299 High, *a.* མཐོན་པོ;

300 Highly, *ad.* ཤིན་ཏུ; ཧ་ཅང་གི; སྣང་ཆེར;

301 Highness, *n.* མཆོག; རིན་པོ་ཆེ; གོང་ས་མཆོག;

302 Highwayman, *n.* ཇག་པ;

303 Hilarity, *n.* གད་མོ; གད་མོ་བགོད་འདོད;

304 Hill, *n.* རི; ལ; སྒང;

305 Hillock, *n.* སྒང; སྒང་འབུར;

306 Hilly, *n.* རི་རོང་ཅན; རི་རོང;

307 Hilt, *n.* ཡུ་བ;

308 Him, *pron.* ཁོ་ལ;

309 Himself, *pron.* ཁོ་རང;

310 Hind, *n.* ཧི་དྭར་ཤ་མོ; ལས་གཡོག་པ; *adv.* རྒྱབ་མ;

311 Hinder, *v.a.* བཀག་པ; འགེག་པ;

312 Hindrance, *n.* བཀག་བྱེད; བཀག་མཁན;

313 Hindooism, *n.* ཨ་ཙ་རའི་ཆོས་ལུགས; བྲཾ་ཟེའི་ཆོས་ལུགས;

314 Hinge, *n.* སྒོའི་ཏིང་པ; (Hindi ཀབ་ཛ;) (དབྱེ་ལྕགས;)

315 Hint, *v.t.* བརྡའ་སྟོན་པ; བརྡའ་ཙཾ་གྱིས་གསལ་འདེབས་པ; སྙེ;
ཟུར;

316 Hintingly, *ad.* བརྡའ་རུ; བརྡའ་ཙཾ་དུ; (ཟུར་དཔག་སྟེ; Sik.)

317 Hip, *n.* དཔྱི་མགོ;

318 Hippodrome, *n.* རྟ་རྒྱལ་འགྲོང་ས་ས;

319 Hippopotamus, *n.* ཆུ་ཕག;

320 Hire, *v.t.* གླ་བ; གླས་པ;

321 Hireling, *n.* གླ་པ;

322 His, *pron.* ཁོའི; (ཁོང་གི; Hon.)

323 Hiss, *v.t.* ཤུག་སྒྲ་སྒྲིན་པ;

324 Hissing, *n.* ཤུག་སྒྲ; ཆུ་ཚན་ཁོལ་བ་ལྟུའི་སྒྲ;

325 Historian, *n.* རྣམ་ཐར་བརྩོམ་མཁན;

326 Historic, *a.* རྣམ་ཐར་གྱི;

327 Historical, *a.* རྣམ་ཐར་ནང་གི;

328 Historically, *ad* རྣམ་ཐར་བཞིན་དུ;

329 History, *n.* རྣམ་ཐར;

330 Histrionic, *a.* ཨ་ལྕེ་ལྷ་མོ་བའི; ལྷ་མོ་བའི;

331 Hit, *v.t.* རྒྱབ་པ; རྡོག་པ; ཞུས་པ; ཁེས་པ;

332 Hitch, *v.i.* ལཾ་གྱི་འགག་ཆ; Sik. ཐོགས་འགག;

333 Hither, *ad.* འདིར; ཚུར; འདི་རུ;

334 Hitherto, *ad.* སྔར་ཐན; ད་བར་དུ;

335 Hitherward, *ad.* འདི་ཕྱོགས་སུ;

336 Hive, *n.* སྦྲང་ཚང;

337 Ho, *int.* ཀ་ཡེ; ཧོ;

338 Hoar, *a.* (Sik. སྐྲ་སིག་སིག); རྒས་ཏེ་སྐྲ་དཀར་དང་ལྡན་པ;
སྐྲ་དུང་ངེ་བ;

339 Hoard, *n.* སྤུངས; དཔུང་བའི་སྤུངས; (*v.t.* བཀང་བ); བསག་པ;

340 Hoarse, *a.* སྐད་འཛེར་བ; སྐད་སྒྲིབ་པ; སྐད་འཛེར་འཛེར;

341 Hoarsely, *ad.* སྐད་འཛེར་བཞིན;

342 Hoarseness, *n.* སྐད་འཛེར་ལུར;

343 Hoary, *a.* མགོ་དཀར་པོ; རྒས་ཏེ་མགོ་དཀར་པོ; (སྐྲ་དུང་དུང;
Sik.)

348 Hoax, *n.* བབ་ཅོལ་བརྫུན་མོ; (Sik. ཛུན་ཅན); (ཀུག་ཀུག; Tib. colql.)

349 Hobble, *v.i.* ཀང་པ་ཀྱོག་ཀྱོག་བྱེད་དེ་འགྲོ་བ;

350 Hobby, *n.* རྟ་ཁ་ངར་ཅན; ཡང་ཤོར; དལ་ལས;

351 Hobgoblin, *n.* ཐེའུ་རང; གདོང་འདྲེ;

352 Hocus-pocus, *n.* སྒྱུ་མ; མིག་འཕྲུལ;

353 Hoe, *n.* དོག་ཙེ; འཇོར; *v.t.* བཀོ་བ;

354 Hog, *n.* ཕག་པ;

355 Hoggish, *n.* ཕག་པ་ནང་ལྟར;

356 Hogshead, *n.* ཟོམ་ཆེན་ཆང་ཟོ་ཆེ་ནི; ཤེལ་དེ་ ༢༥༢ གཤོང་པ་ལ་ཟེར;

357 Hoist, *v.t.* འཕྱར་བ;

358 Hold, *v.t.* བཟུང་བ; འཛིན་པ; ཆ་བཞག་པ; འཆང་པ; གཏིའ་འདྲ་པོ་ཡིན་ན་ཆ་འཛིག་བྱེད་པ; བཟི་འཛོག; དཀྱིལ་བ; བོ་རྩ་མི་བཙུག་པར་དཀྱིལ་བ;

359 Holder, *n.* ཡུ་བ; འཛིན་མཁན; འཆང་བ་པོ;

360 Holding, *n.* ས་ཆ; ཞིང་ཁ; ཁྲམ་ས; (participle བཟུང་བཞིན་པ);

361 Hole, *n.* དོང; ཨི་ཁུང; ཛབ་དོང;

362 Holiday, *n.* དུས་ཆེན;

363 Holy, *ad.* དམ་ཆོག་གཙང་མ; དམ་པ; ཆོས་ལྡན;

364 Holiness, *n.* དེ་ཆོག་གཙང་ལུགས;

365 Hollow, *a.* ཁོག་སྟོང; ཁོང་སེང་ཅན;

366 Hollowness, *n.* ཁོང་སྟོང; སྟོང་ཚུལ;

367 Holly, *n.* སྐྱེར་པ;

368 Holocaust, *n.* སྦྱིན་བསྲེག;

369 **Holster**, *n.* རྟས་སྐའི་ཕོག་མི་མདའི་ཀོ་ཤུབ; ཏ་ཏོ;

370 **Holt**, *n.* ཤིང་འབྲས་ལྡུམ་ར;

371 **Holy**, *a.* དཾ་པ;

372 **Holyghost**, *n.* ཡེ་ཤེས་མཁའ་འགྲོ;

373 **Homage**, *n.* གུས་བཏུད;

374 **Home**, *n.* ཕ་ཡུལ;

375 **Homeless**, *n.* ཕ་ཡུལ་ཕ་གཞིས་མེད་པ; ཁྱིམ་མེད;

376 **Homeliness**, *n.* སྐྱ་ཚུལ; དཀྱུས་ཆས; དཀྱུས་མའི་སྐྱ་ཚུལ;

377 **Homely**, *a.* བཟོ་རྣམ་ཉེས་པ; བྱེད་བཞིན་མི་མཛེས་པ;

378 **Homesick**, *n.* ཕ་ཡུལ་དྲན་པ; [ཕའི་རས་ཆ;

379 **Homespun**, *n.* རང་ཁྱིམ་དུ་བཀལ་བ; རང་གི་ནང་དུ་བཀལ་བཏྲ་བྱེད

380 **Homestead**, *n.* ཁྱིམ; ནང;

381 **Homicidal**, *a.* མི་གསད་པའི་ལོ་རྒྱུས;

382 **Homicide**, *a.* མི་གསད;

383 **Homogeneous**, *a.* རིགས་གཅིག་པ;

384 **Homologous**, *a.* མཐུན་པ; [Colql.)

385 **Honest**, *a.* མི་དྲང་པོ; མི་བདེན་པོ; རྒྱུ་དྲང; (བཀའ་དྲང་རྒྱུ་དྲང;

386 **Honestly**, *ad.* དྲང་པོར;

387 **Honesty**, *n.* དྲང་པོ; དྲང་ཚུལ; དྲང་ཞུར;

388 **Honey**, *n.* སྦྲང;

389 **Honorary**, *n.* གླ་ཕོགས་མེད་པའི་ལས་སྣེ;

390 **Honour**, *n.* ངོ་སོ; མིང; སྙན་གྲགས;

391 **Honourable**, *n.* ངོ་སོ་ཅན; མཚན་གྲགས་དང་ལྡན་པ;

392 **Hood**, *n.* མགོ་ཁེབས;

393 **Hoodwink,** *n.* མགོ་ཁེབས་གཡོག་པ;

394 **Hoof,** *n.* རྨིག་པ;

395 **Hook,** *n.* ལྕག་ཀྱུ;

396 **Hoop,** *v.t.* (ཧུགས་རྒྱབ་པ; Sik. and Bhut.)
n. ལྕག་ཀྱི་ཤན་སྒོར་སྒོར;

397 **Hooping-cough,** *n.* གློ་འཚམ; གློ་ཡང་དུས་སྐྲ་ཧུ་ཧུ་ཞེས་འགྲོན་པའི་འཚ་བ;

398 **Hoot,** *n.* ཀི་འབོད་པ; ཀུ་རྒྱབ་པ;

399 **Hop,** *v.i.* ཧུབ་ཡར་བ; Sik.; མཆོངས་པ; *n.* སྐྱན་ཞིག;
ཁ་དིག་ཡོད་པའི་སྤོ་སྐྱན་ཞིག;
(*n.* ཀོག་ཐིང་ཡར་བ Sik.)

400 **Hope,** *v.t.* རེ་བ; *n.* རེ་བ;

401 **Hopeful,** *a.* རེ་བ་ཅན;

402 **Hopefully,** *ad.* རེ་བ་ཆེན་བྱེད་དེ;

403 **Hopefulness,** *n.* རེ་བ་ཆེ་ལྕུག;

404 **Hopeless,** *a.* རེ་བ་མེད་པ; (རེ་བ་ཆོ་ཟད; Bhut.) རེ་བ་ཟད་པ;

405 **Hopelessly,** *ad.* རེ་ཆེ་མེད་བཞིན་དུ;

406 **Hopelessness,** *n.* རེ་ཆེ་མེད་ལྕུག;

407 **Hopper,** *n.* ཧོབ་ཞེས་པའི་སྦྲོག་སྐྱན་དུ་འགྲོ་བ་དེ་སྨྱུག་མི; མཆོང་མི;
(ཀོག་ཐིང་ཡར་མི;. Sik.)

408 **Hopping,** *n.* རྒྱུང་རྒྱུང་མཆོང་བཞིན་པ; རྒྱུང་མཆོང; ཀོག་ཐིང;

409 **Horde,** *n.* དཔུང; མཆོ;

410 **Horizon,** *n.* གནམ་སའི་མཚམས;

411 **Horizontal,** *a.* གནམ་སའི་མཚམས་ངོས་སུ; ཐད་ཀར;

412 **Horizontally,** *ad.* གནམ་སའི་མཚམས་ངོས་སུ; ཐད་ཀར;

413 **Horn,** *n.* ར་ཅོ;

414 Hornet, *n.* (ཡིང་ཀོལ་མ; Sik.) (འབིང་ཀོལ་མ; Bhut.)

415 Horology, *n.* ཆུ་ཚོད་འཁོར་ལོ་བཟོ་བའི་རིག་གནས;

416 Horoscope, *n.* སྐྱེ་བརྩིས;

417 Horrible, *a.* ཡ་ང་པོ; བལྟར་མི་བཟོད་པ;

418 Horribleness, *n.* ཡ་ང་ཕྱུར;

419 Horribly, *ad.* ཡ་ང་པོ་བྱེད་དེ;

420 Horrid, *a.* འཇིགས་སྐྲག་ཅན;

421 Horrify, *v.t.* དངངས་པ; དངངས་སྐྲག་བཀོད་པ;

422 Horror, *n.* དངངས་སྐྲག;

423 Horse, *n.* རྟ; (ཆིབས་པ; Hon.)

424 Hortative, *n.* ཀྱེ; འབོད་སྒྲ; འབོད་པའི་སྒྲ;

425 Horticultural, *a.* མེ་ཏོག་གི;

426 Horticulture, *n.* མེ་ཏོག་འཚོ་སྐྱོངས;

427 Hosanna, *n.* ཀི་སྟོ; བསྟོད་དབྱངས; བསྟོད་པ་འབུལ་བའི་མདངས་
དབྱངས;

428 Hose, *n.* ཨོམས་མོ་སུ;

429 Hosier, *n.* ནང་གོས་ལྷམ་མ་འཚོང་མི; སྲིང་དང་བལ་སྐུད་ལྷས་
པའི་གྱུ་དུང་དང་ཞེན་འཇུག་སོགས་འཚོང་མི;

430 Hospitable, *a.* མགྲོན་མཐྲོང་ཅན;

431 Hospitably, *ad.* མགྲོན་མཐྲོང་ཆེན་བྱེད་དེ;

432 Hospital, *n.* སྨན་ཁང;

433 Hospitality, *n.* མགྲོན; མགྲོན་མཐྲོང;

434 Host, *n.* དམག་དཔུང; དཔུང་མཆོ;

435 Hostage, *n.* ཞིག་ཁྲུག; གཏམས་མ; མི་གཏམས་མར་བཟུང་ནས་བཞག་པ;

436 Hostess, *n.* གནས་མོ;

437 Hostile, *a.* པ་རོལ་པའི; དགྲ་རུ་གྱུར་པའི;

438 Hostilely, *ad.* དགྲ་བྱེད་དེ; དགྲར་གྱུར་སྟེ;

439 Hostility, *n.* དགྲ་ལ; ཁྲང་ལ;

440 Hostler, *n.* མགྲོན་ཁང་དུ་རྟའི་ཉ་ར་བྱས་མཁན;

441 Hot, *n.* ཚ་པོ; དྲོད་ཚ་པོ; ཚ་ངར་ཅན;

442 Hotel, *n.* (མགྲོན་ཁང;) ཟ་ཁང;

443 Hotly, *ad.* ཚ་པོར;

444 Hottentot, *n.* ཨེ་ཕྲི་ཀའི་གླིང་གི་ལྷོ་ཕྱོགས་ན་གནས་པའི་མི་རིགས;

445 Hound, *n.* ཤ་ཁྱི;

446 Hour, *n.* ཆུ་ཚོད;

447 Hourly, *a.* ཆུ་ཚོད་རེ་བཞིན;

448 House, *n.* ཁྱིམ; ཁང་པ; ནང; (གཟིམ་ཁང; Hon.)

449 Household, *n.* ཁྱིམ་ཐབ;

450 Householder, *n.* ཁྱིམ་ཐབ་འཛིན་མི; ཁྱིམ་བདག;

451 Housekeeper, *n.* ཁྱིམ་བསྐྱང;

452 Housekeeping, *n.* ཁྱིམ་བཟུང་ལུགས;

453 Houseless, *n.* ཁྱིམ་མེད; སྤྱོད་པའི་ཁྱིམ་དང་བྲལ་བའི;

454 Housewife, *n.* ནང་གི་ཨ་མ; ནང་མ;

455 Hovel, *n.* ཁྱིམ་སྡུག་རྒྱུལ; སྤྱིལ་པོ;

456 Hover, *v.i.* ཤོག་པ་གཡོབ་ཅིང་འཕུར་ལྡིང་བྱེད་ཅིང་འཁོར་བ;

457 How, *ad.* ཇི་ལྟར; གང་འདྲ་ཟེ;

458 Howbeit, *ad.* ཇི་ལྟར་ནའང;

459 Howdah, *n.* གླང་ཆེན་གྱི་སྟེང་དུ་རྒྱབ་རྒྱུའི་ཁྲི;

460 However, *ad.* ཇི་ལྟར་ནའང;

461 **Howitzer**, *n.* མེ་སྒྲོག ;

462 **Howl**, *v.i.* སྐད་ངན་འཆོར་བ;

463 **Howling**, *n.* སྐད་ངན;

464 **Howsoever**, *ad.* ཇི་ལྟར་བྱས་རུང; ཇི་ལྟར་ནའང; ཇི་ལྟར་ཡང;

465 **Hub**, *n.* འཁོར་ལོའི་ལྟེབ; གྲི་ཡུ;

466 **Hubbub**, *n.* འུར; འུར་སྒྲ;

467 **Huckster**, *n.* ཟ་རི་ཟི་རི་ཅ་ལག་ཆུང་ཆུང་འཚོང་མཁན;
(འཚོང་ཀྲེབ་ Sik.)

468 **Huddle**, *v.i.* ཕྲུཾ་ཕྲུཾ་ཁྲིལ་ཁྲིལ་དུ་དཔུང་བ; རག་གེ་ཙུག་གེར་དཔུང་བ;

469 **Hue**, *n.* ཁ་མདོག; མདངས;

470 **Huff**, *n.* ཁོང་ཁྲོ; རླུང; ཁྲག་རླུང; རེ་འཁང་གི་ཁོང་ཁྲོ;
(སྤྲོས་ཁྲོགས; Sik.)

471 **Huffish**, *a.* ཁོང་ཁྲོ་ཅན; ཁེངས་དྲེག་ཅན; (ཇིག་ལྷོག་ཅན; Sik.)

472 **Huffy**, *a.* ཁོང་ཁྲོ་ཅན; ཁེངས་དྲེག་ཅན; (ཇིག་ལྷོག་ཅན; Sik.)

473 **Hug**, *n.* པང་པ་བདབ་པ; པང་པར་འཛུང་བ;

474 **Huge**, *a.* སྦོམ་པོ; ཆེན་པོ;

475 **Hugely**, *ad.* ཆེནོར; ཆེན་པོ་བྱེད་དེ;

476 **Huguenot**, *n.* ཕ་རན་སིའི་ཡུལ་གྱི་ཡེ་ཤུའི་ཆོས་ལུགས་གསར་མར་
ཞུགས་པ་དག;

477 **Hulk**, *n.* གྲུ་གཟིངས་མོག་པོ;

478 **Hull**, *n.* ཕྱི་ཤུན; ཕྱི་ཁོག; གྲུ་ཟིང་གི་ཕྲོག;

479 **Hum**, *v.i.* ཧྲུ་སྒྲ་ལེན་པ; མདངས་དབྱངས་ལེན་པ;

480 **Human**, *a.* མིའི; མིའི་རྣམ་པ་ཅན;

481 **Humane**, *a.* སེམས་སྙིང་རྗེ་ཅན; མི་ལ་རབ་ཀྱི་བག་དང་ལྡན་པ;

482 Humanely, *ad.* ཡ་རབ་ཀྱི་བག་དང་ལྡན་པ་བྱེད་དེ;

483 Humanity, *n.* སྙིང་རྗེ; མིའི་འདུ་ཤེས; མིའི་བག; འགྲོ་བ་མིའི་རིང;

484 Humanize, *v.t.* རྒྱུད་བརྡུལ་བ; འཛཾ་པོ་བཅོས་པ; མིའི་བག་དང་ལྡན་

485 Humble, *a.* གུས་པོ; ཁོ་བཟོ་བ;

486 Humblebee, *n.* སྦྲང་འབུ་འཕྲུ་འཕྲུ་སྤག་དཀར; (Sik.)

487 Humbling, *n.* གུས་པོར་བཟོ་བ;

488 Humbly, *ad.* གུས་པའི་ངང་ནས;

489 Humbug, *n.* སྟོང་གཏམ; (ཤོབ. Sik.); ཧམ་པ; རྒྱག་བརྫུན;

490 Humdrum, *a.* སྙན་ཆ་མེད་པའི་སྒྲ; གང་བྱུང་མང་བྱུང;

491 Humid, *a.* གཤེར་ཞེར་ཅན; གཤེར་ལྡན;

492 Humidity, *n.* གཤེར་ཞེར་ཆེ་བའི་རང་བཞིན;

493 Humiliate, *v.i.* དམའ་སར་འབབ་པ;

494 Humiliation, *n.* དམའ་བབ;

495 Humility, *n.* གུས་པ; གུས་ཚུལ;

496 Humming, *n.* གླུ་མདང་ལེན་པ; ཟི་རི་རི; ཙུ་རུ་རུ; དེ་རི་རི;

497 Humorist, *n.* གད་མོར་དགའ་བའི་ཁིམས; གྲོད་དྲོ; གད་མོ;

498 Humorous, *a.* གད་མོ་སླང་ནུས་པ;

499 Humorously, *ad.* གད་མོ་སླང་ནུས་པ་བྱེད་དེ;

500 Humour, *n.* ཁམས་ཀྱི་དྭང་མ་རྒྱ་སེར་དུ་འགྱུར་བ;

501 Humorist, *n.* གྲོད་དྲོ་བརྩོམ་མཁན; (དཔེ་འཛལ་མཁན; Sik.)

502 Hump, *n.* འབུར་དོག; གྲེ་གུ; རྟོག; (བྱུ་རོ; གོང་དོག; Sik.)

503 Humpback, *n.* སྒྲེད་ཀོང; ལྷག་གུར; བརྟན་ལྷག་གུག་གུག;

504 Hun, *n.* ཧོར་སོག་གི་རིགས་ཀྱི་མི; མདོག་ནག་པ;
ག་ཤེད་ཆེ་བ་ལུས་སྡིག་པ;

505 Hunch, *n.* འབུར་རྡོག ; རྡོག་རྡོག ;

506 Hundred, *n.* བརྒྱ་ཕྲི་པ ;

507 Hundredth, *n.* བརྒྱ་པ ; བརྒྱའི་ཆ་ཤས ;

508 Hungarian, *n.* ཧང་གེ་རི་ཡུལ་གྱི་མི ;

509 Hunger, *n.* ལྟོགས་ཧྲི ; ལྟོགས་ཧབ ;

510 Hungrily, *ad.* ལྟོར་ལྟོག་ཁ་པོ ;

511 Hungry, *a.* ལྟོར་པ ; གྲོད་ཁོག་ལྟོགས་པ ;

512 Hunt, *v.t.* ཁྱི་ར་རྒྱབ་པ ;

513 Hunter, *n.* རྔོན་པ ; ཁྱི་ར་པ ;

514 Hunting, *n.* ཁྱི་ར་རྒྱབ་པའི ;

515 Huntsman, *n.* ཁྱི་ར་པ ; རྔོན་པ ; { ཤ་ར་པ Sik. }

516 Hurdle, *n.* { ཟེས་མ Sik. } { ཟེས་མ་སླ་སླ་བ Sik. }

517 Hurl, *v.t.* འཕང་པ ; ཤུགས་ཀྱི་འཕེན་པ ;
(སྒྲིག་སྐོར་རྒྱབ་པ ; Sik. & Bhut.)

518 Hurling, *n.* རྒྱན་འཕང་རྒྱའི་བརྩེད་མོ་ཞིག ;

519 Hurly-burly, *n.* འར་ཟུར ; { གུལ་གུལ Hindustani. }

520 Hurra, *int.* ཀི་སྤོའི་སྒྲ་འབྱིན་པ ; ཀི་སྤོ ;

521 Hurricane, *n.* རླུང་དམར ; རླུང་ཆེན ;

522 Hurry, *v.t.* བྲེལ་ཟིང :

523 Hurt, *v.t.* གནོད་པ་བསྐྱལ་བ ; རྨ་སྐྱོན་བྱས་པ ; བརྨས་པ ;

524 Hurtful, *a.* གནོད་པ་ཅན ;

525 Hurtless, *a.* གནོད་མེད ;

526 Husband, *n.* ཁྱོ ; ཁྱོ་ག ;

527 Husbanding, *n.* ཞིབ་བརྩིས ; ཟབ :

528 **Husbandman**, *n.* ཁྱིམ་བདག; སོ་ནམ་པ;

529 **Husbandry**, *n.* སོ་ནམ་པའི་ཞིང་ལས; སོ་ནམ;

530 **Hush**, *a.* ཁུ་སིམ་མི; ཁ་རོག་པར; [སྒྲུར་མ;

531 **Husk**, *n.* འབྲུ་སོབ; པགས་ཤུན; པཊ་པ; སྐང་བུ; སྤྲུན་པ;

532 **Husky**, *a.* སྐད་འགག་ནས་ཡོད་པ; སྐད་ཤོབ་ཤོབ;

533 **Hussar**, *n.* ཇ་དམག;

534 **Hussy**, *n.* སྐྱེ་དམན་ངན་པ; ནག་མོ;

535 **Hustings**, *n.* བི་ལྷད་ཀྱི་ཁྲིམས་ཁང་ཆེ་ཤོས;

536 **Hut**, *n.* སྤྱིལ་པོ;

537 **Huzza**, *n.* ཀི་ཀིའི་སྒྲ;

538 **Hyacinth**, *n.* མེ་ཏོག་ཧྱི་ངད་བཟང་པོ་བྱུས་པ་རྒྱ་ནག་པ་དག་གིས་ཁོག་
མིའི་ནང་བདབ་ནས་བསོ་བ་དེའོ;

མེ་ཏོག་ཙ་བ་སྔོག་པ་འདྲ་པོ་ཁ་མདོག་སེར་སྐྱ་ཧྱི་ངད་
བཟང་པོ་བྱུས་པ་ཞིག་གོ;

539 **Hydraulic**, *n.* ཆུའི་འཁྲུལ་འཁོར;

540 **Hydrocele**, *n.* བཏྲིག་པ་སྐྲང་པའི་ནད;

541 **Hydrogen**, *n.* ཆུའི་རླུང་པའི་སྙིང་པོ; ཆུའི་རླུངས་ཀྱི་རྫི་བརྩད;

542 **Hydrometer**, *n.* ཆུ་གཞལ་བའི་འཁྲུལ;

543 **Hydropathy**, *n.* ཆུ་ཡིས་ཕན་པའི་སྨན་དཔྱད; ཆུ་ཡི་སྨན་དཔྱད;

544 **Hydrophobia**, *n.* ཁྱི་སྨྱོན་གྱིས་སྐྲག་པ་ལས་བྱུང་བའི་ནད;

545 **Hyena**, *n.* ཟེད; དོམ་ཟེད; ཁྱི་ཟེད;

546 **Hygeian**, *a.* ཁམས་བདེ་བའི་སྨན་དཔྱད་ཀྱི; སྨན་གྱི་ལྷ་མོ་འི;

547 **Hymen**, *n.* བག་སྟོན་གྱི་ལྷ; སྤུ་གསར་གྱི་དར་མ;

548 **Hymeneal**, *a.* བག་སྟོན་གྱི་ལྷའི་སྐོར; ཟླ་གའི་དར་མའི; སྤུ་གསར་གྱི་
དར་མའི;

549 **Hymn,** *n.* མགུར་མ; ཆོས་བྲོ;

550 **Hymnal,** *n.* གསུངས་མགུར; མགུར་འབུམ;

551 **Hyperbole,** *n.* ཧ་ཅང་ཐལ་དྲག་པའི་སྤེལ་སྒྱུར་གྱི་ཚིག;

552 **Hypercritic,** *n.* ཧ་ཅང་སྐྱོན་བརྡག་འདོད་ཅན;

553 **Hyphen,** *n.* ཚིག; ཤད; ཚིག་ཚུང;

554 **Hypochondria,** *n.* རྩ་རླུང་གི་ནད་ཞིག་གི་མིང;

555 **Hypocrisy,** *n.* ཁ་ཆོས; སྒྱུ་ཟོག; ཚུལ་ཆོས;

556 **Hypocrite,** *n.* ཁ་ཞེ་མི་མཚུངས་པ; ཟོག་སྡོང; ཚུལ་ཆོས་མཁན;

557 **Hypocritical,** *a.* ཟོག་སྡོང་གི;

558 **Hypotenuse,** *n.* གྲུ་གསུམ་གྱི་རི་མོ་འདིའི་ནང་ནས་གི་གྲུ་ཆེ་བ་དེའི་མདུན་
དུ་ཡོད་པའི་ཐིག་གས་ཟུར་དེ་ལ་ཟེར;

559 **Hypothesis,** *n.* ཡིན་པར་འཛོག་པའི་བདེན་པ; ཡིན་པར་འཛོག་པའི་
བདེན་གཞི; བདེན་གཞི;

560 **Hypothetic,** *n.* བདེན་པར་བརྩིས་པའི་ཆོས་ཉིད་ཀྱི;

561 **Hyssop,** *n.* ཧྱོ་སྨན་ཞིག་གི་མིང;

562 **Hysteria,** *n.* དགའ་ཅུ་ཞོར་བའི་རླུང་གི་ནད;

563 **Hysterical,** *a.* རྩ་རླུང་གི་ནད་ཀྱི;

I

1 **I,** *pron.* ངེད; ང་རང; ང; བདག; ཁོ་བོ; བདག་ཉིད;
ངེད་རང;

2 **Ice,** *n.* འཁྱགས་པ; འཁྱགས་རོམ; ཆབ་རོམ;

3 **Icelander,** *n.* ཨ་ཡི་སི་ལནྜ་བའི་མཚོ་གླིང་དུ་སྡོད་མི;

4 **Ichneumon,** *n.* ནེཨུ་ལི;

5 **Icicle,** *n.* འཁྱར་སྡོང;

6 Icy, *a.* ཁྱག་པ་ལྟུ; ཁྱགས་རོམ་ལྟ་བུ;

7 Idea, *n.* བློ་ལ་འཆར་བའི་བསམ་མནོ ; བསམ་མནོ ; རྟོག་པ; སེམས་རྟོག;

8 Ideal, *a.* ཡིད་སྨོན་བྱེད་པའི;

9 Identical, *a.* དེ་ཀ; དེ་ཀ་ཉིད; དེ་རང; དེ་ཁོ་ན;

10 Identically, *ad.* དེ་ཀ་ཉིད་ལྟར; དེ་རང་རང;

11 Identify, *v.t.* ངོ་སྤྲོད; ངོས་འཛིན་བྱེད་པ;

12 Identity, *n.* དེ་ཀའི་ངོ་བོ ;

13 Ides *n.* སྔོན་དུས་རོམ་པའི་བརྩིས་ལྟར་ན་ཟླ་བ ༣, ༥, ༧, ༡༠ པ་རྣམས་ཀྱི་༧ སྐབས་དང་གཞན་མ་རྣམས་ཀྱི་ཚེས ༡༣ པར་བརྩི་བའོ ;

14 Idiocy, *n.* གླེན་འཐོམས;

15 Idiom, *n.* ཁ་ལབ་ལུགས་ཀྱི་དག་ཆ; སྐད་ཀྱི་འགྲོ་ལུགས; .

16 Idiomatic, *a.* སྐད་དག་པོ ; དག་ཆ་ཅན;

17 Idiot, *n.* གླེན་པ ;

18 Idiotic, *a.* གླེན་པ་ལྟ་བུ;

19 Idle, *a.* ལེ་ལོ་ཅན;

20 Idleness, *n.* ལེ་ལོ ;

21 Idly, *ad.* ལེ་ལོ་བྱས་ཏེ;

22 Idol *n.* འདྲ་སྐུ ;

23 Idolater, *n.* འདྲ་སྐུ་འབུར་སྐུ་ལུག་སྐུ་སོགས་ལ་ཕྱག་མཆོད་བྱེད་དེ་ཐར་པ་འདོད་པ;

24 Idolatrous, *n.* འདྲ་སྐུ་མཆོད་པའི;

25 Idolatry, *n.* འདྲ་སྐུ་མཆོད་པའི་ཆོས་ལུགས;

26 Idolize, *at.* མཆོད་པའི་སྐུ་འདྲ་ལྟར་ཞེ་ས་བསྐྱེད་པ; གུས་འདུད་ཆེན་པོ་བསྐྱེད་པ;

27 Idyl, *n.* བརྩོམ་སྒྲུ; ཡུལ་གྱི་ཚབ་གཞུང་ལ་བལྟས་ནས་ཚིང་སྒྲུ་བཅད་པ་བརྩོམས་པ;

28 If, *c.* གལ་སྲིད; ན; དཔེར་ན=འགྲོ་ན=བསྡོད་ན=ཟ་ན; འབྱུང་ན=ཅེས་པ་ལྟུའོ;

29 Igneous, *a.* མེ་ལས་འབྱུང་བ;

30 Ignescent, *a.* མེ་ལྟག་ཁྲིམ་ཁྲིམ;

31 Ignis-fatuus, *n.* འདྲེ་མེ; འདམ་འཛབ་ནང་ནས་འཐོན་པའི་མེ་སྒོ་ཡུད་ཡུད་བྱས་པ་གཅིག;

32 Ignite, *v.* མེ་སྦར་བ;

33 Ignitible, *a.* མེ་ཁ་དྭང་པོ; མེ་སྦར་བདེ་པོ;

34 Ignition, *n.* མེ་སྦར་བ་ཉིད;

35 Ignoble, *in.* སྐྱེ་བ་དམའ་བ;

36 Ignobly, *ad.* སྤྱོད་པ་དམན་པའི་ཚུལ་གྱིས;

37 Ignominious, *a.* ངོ་ཚ་པོ; སྤྱོད་པ་ངན་པོ; ཁྲེལ་དང་ངོ་ཚ་མེད་པའི; དམན་སར་འབེབ་པའི;

38 Ignominy, *n.* དམའ་འབེབ་ཀྱི་སྤྱོད་པ; དམའ་འབེབ; ངོ་ཤོར;

39 Ignoramus, *n.* གླེན་པོ་ཡིན་བཞིན་པར་མཁས་པར་རློམས་པ; གླེན་རྨོངས;

40 Ignorance, *n.* རྨོངས་པ; མ་རིག;

41 Ignorant, *a.* གླེན་རྨོངས་ཅན;

42 Ignorantly, *ad* རྨོངས་བཞིན་དུ;

43 Ignore, *v.t.* ཐེར་དུ་བསྐྱུར་བ; སྣང་མེད་བཞག་པ;

44 Ill, *a.* ན་བ; མ་བདེ་བ; མ་ལེགས་པ; ངན་པ;

45 Illation, *n.* བློ་ཡིས་དཔག་རྒྱུ ;

46 Illegal, *adj.* ཁྲིམས་ལས་འགལ་བའི ; ཁྲིམས་འགལ་གྱི ;

47 Illegality, *n.* ཁྲིམས་འགལ་གྱི་ཉེས་པ ;

48 Illegibility, *n.* ཡིག་ཀློག་མ་ཐུབ་པ ; ཀློག་བདེར་མེད་པའི་ཡིག ;

49 Illegible *n.* ཡིག་ངོ་མི་ཕྲོད་པ ; ཀློག་ཐུབ་མེད ;

50 Illegibly, *ad.* ཡིག་ངོ་མ་ཕྲོད་པའི ;

51 Illegitimacy, *n.* ཁུང་ཐུབ་མ་ཡིན་པ ; ཁུངས་དག་མེད ; ཁུངས་ལྡན་མེད ;
དཔེར་ན་ཕྲུ་གུ་ཡིན་ན་བསྐྱོལ་ལྷ་བུ་ན་ལེ་ལྷུ ;

52 Illegitimate, *a.* ཁྲིམས་སྲོལ་དང་ལྡན་མེད ;

53 Illiberal, *a.* ལག་ཡང་མེད ; ལག་དམ་པོ ; ཁུང་དོག་པོ ;

54 Illiberality, *n.* སེར་སྣ ;

55 Illicit, *a.* གནང་བ་མ་ཐོབ་པ ; མ་གནང་བ ; ཁྲིམས་དང་ལྡན་མེད ;

56 Illimitable, *a.* དཔག་ཏུ་མེད་པ ; གཞལ་དུ་མེད་པ ;

57 Illiterate, *a.* ཡིགེ་མ་ཤེས་པ ;

58 Illness, *n.* ན་ཚ ; ན་བ ;

59 Illogical, *a.* མཚན་ཉིད་དང་མ་མཐུན་པ ; མཚན་ཉིད་བདེན་པ་དང་
འགྲུབ་འགལ ;

60 Illume, *v.t.* འོད་གསལ་བར་བྱེད་པ ;

61 Illuminate, *v.t.* ཞུ་མར་མང་པོ་ཁྲ་རིང་ངེ་སྦར་བ ;

62 Illumination, *n.* མར་མེ་སྟོང་མཆོད་འབུལ་བ་ལྟར་ཞུ་མར་མང་པོ་སྦར་བ ;

63 Illuminator, *n.* པོ་ཐི་འམ་གློག་བམ་གྱི་ནང་ངཻ་ཕྱི་ཧུ་རི་མོ་བྲིས་ཚོན་བཏང
བྱས་མཁན ;

64 Illusion, *n.* སྒྱུ་མ ; མིག་འཕྲུལ ; འཕྲུལ་སྣང ;

65 Illusive, *n.* སྒྱུ་མ་ལྟ་བུ ;

66 Illustrate, *v.t.* འགྲེལ་པ; དཔེས་མཚོན་པ; (by parables).

67 Illustration *n.* རི་མོ; བྲིས;

68 Illustrative *adj.* མཚོན་བྱེད་ཀྱི་དཔེ;

69 Illustrious, *a.* དཔལ་ལྡན;

70 Image, *n.* འདྲ་སྐུ;

71 Imagery, *n.* དམིགས་པའི་རི་མོའམ་སྐུ; བསྐྱེད་རིམ་གྱི་དམིགས་སྐུ;

72 Imaginary, *a.* བློས་སྤྲོས་པའི; སྣང་བ་གང་དྲན་གྱི;

73 Imagination, *n.* བློ; དམིགས་པ; བསྐྱེད་རིམ་གྱི་བློ;

74 Imaginative, *a.* དམིགས་པ་རྣོ་པོ; དྲན་རྒྱུ་འབོལ་པོ;

75 Imagine, *v.t.* དམིགས་པ་བསྐྱེད་པ;

76 Imbecile, *a.* གླེན་པ; བློ་ལས་སྲུ་མི་ཐུང་བའི་མི; (འགྲོ་ཧོས་ (Sik.) (མགོ་འཐོམ་ Sik.) ཧན་ལྡང; ལུས་སེམས་གཉིས་ཀ་ དབང་པོ་མ་ཚང;

77 Imbecility, *n.* གླེན; འཐོམས;

78 Imbed, *v.t.* མལ་དུ་བཙུག་པ; བསྡིམ་པ; {དཔེར་ན་གཡུ་ཁྲ་ལྡུ་ རྡོ་ལེབ་ལ་བཀོས་ནས་བཙུག་པ;}

79 Imbibe, *v.t.* འཇིབས་པ; ཐིམ་པ; སིམ་པ;

80 Imbrue, *v.t.* བརླན་ལ་བང་བ; ཆུ་ལ་བང་བ;

81 Imbue, *v.t.* སེམས་སུ་བཙུག་པ; ཁ་དོག་འགྱུར་བ; ཆོས་རྒྱུབ་པ;

82 Imitable, *a.* དཔེ་བཤུ་ཐུབ་པའི; ལས་དོན་བྱ་ཐུབ་པའི; {ལས་སད་བྱ་རྩུ་པའི; (Sik.)}

83 Imitate, *v.t.* དཔེ་བཤུ་བ; ལས་དོན་བྱས་པ; {ལས་སད་བྱས་པ; (Sik.)}

84 Imitation, *n.* དཔེ; ལས་དོན; (ལས་སད; Sik.)

85 **Imitative,** *a.* ལས་དོད་བྱས་པའི ;

86 **Imitator,** *n.* ལས་དོད་བྱ་མཁན ;

87 **Immaculate,** *a.* དྲི་མེད ; སྐྱོན་མེད ;

88 **Immanent,** *a.* ནང་གནས ; ནང་དུ་མཆིས་པའི ; རང་ཆས ;

89 **Immanuel,** *n.* ཡེ་ཤུའི་མཚན་གཅིག ;

90 **Immaterial,** *a.* དངོས་པོར་མ་གྲུབ་པ ; དངོས་མེད ; དོ་གལ་མེད་པ ;

91 **Immature,** *a.* མ་སྨིན་པ ; ནམ་ཡོན་པ ; { ཧ་རོག (Sik.) }

92 **Immaturely,** *ad.* མ་སྨིན་པར ;

93 **Immaturity,** *n.* མ་སྨིན ;

94 **Immeasurable,** *a.* གཞལ་དུ་མེད་པ ; ཚད་མེད ;

95 **Immeasurably,** *ad.* གཞལ་མེད་དུ ;

96 **Immediate,** *n.* ལམ་སང ; དེ་མ་ཐག ;

97 **Immediately,** *ad.* དེ་མ་ཐག་དུ ; ཐལ་དུ ; ལམ་སེང ;

98 **Immemorial,** *a.* དྲན་པའི་ཡུལ་ལས་འདས་པ ; སྔར་སྔ་མོ་ཉིད་ནས ;

99 **Immense,** *n.* རྒྱ་ཆེན་པོ ;

100 **Immensely,** *ad.* རྒྱ་ཆེར ;

101 **Immensity,** *n.* རྒྱ་ཆེན ;

102 **Immerge,** *v.t.* ཆུའི་ནང་དུ་ཤུར་གྱིས་བཙུག་པ ;

103 **Immersion,** *n.* ཆུ་ལ་བང་བའི་ལས ;

104 **Immethodical,** *a.* གོ་རིམ་གྱིས་འགྲོ་ལུགས་མེད་པའི ; རིམ་པ་མ་བསྟུར་བའི ;
(ཆབ་ཆོབ ; (Sik.)

105 **Immigrant,** *n.* ཡུལ་གསར་དུ་འཕོས་པ ;

106 **Immigrate,** *v.i.* ཡུལ་གཅིག་ནས་གཞན་ཞིག་ཏུ་འཕོས་པ ;

107 **Immigration,** *n.* ཡུལ་འཕྲོན ; ཡུལ་འཕོ་བའི་ལས ;

108 Imminence, *n.* ཉེན་ཁ;

109 Imminent, *a.* འབྱུང་ཉེ་བ;

110 Immit, *a.* ནང་དུ་གཏང་བ; ནང་དུ་བླུག་པ;

111 Immoderate, *a.* ཚོད་མེད;

112 Immoderately, *ad.* ཚོད་མེད་དུ;

113 Immodest, *a.* ངོ་ཚ་མེད་པ; {གདོང་བཟང་དགྲ་བཀྱལ་ Sik.}

114 Immodestly, *ad.* ངོ་ཚ་མེད་པར; {གདོང་བཟང་དགྲར་བཀྱལ་དེ}

115 Immolate, *v.t.* ལྷ་སྲོག་མཆོད་པར་འབུལ་བ;

116 Immolation, *n.* དམར་མཆོད་ཀྱི་སྲོག་འབུལ;

117 Immoral, *a.* འཆོལ་པ; འཆལ་པོ; མི་ཚངས་པ; ཚུལ་ཁྲིམས་དང་
འགལ་བ;

118 Immorality, *n.* མི་ཚངས་པ;

119 Immortal, *a.* འཆི་མེད; བློ་ལས་ནི་ཡང་མི་ཡོལ་བ;

120 Immortality, *n.* འཆི་མེད;

121 Immortalize, *v.t.* འཆི་རྒྱུ་མེད་པ་བཟོ་བ;

122 Immovability, *n.* འགུལ་བསྐྱོད་མེད་པ;

123 Immovable, *a.* འགུལ་མི་ནུས་པ;

124 Immovably, *ad.* འགུལ་བསྐྱོད་མེད་པར;

125 Immunity, *n.* ནད་ཐར; ཆེ་ཐར; ནད་དམ་ཆད་པ་བགོ་བའི་ཐོག་པའི་
ཉེན་མེད་པ;

126 Immure, *v.t.* འདག་སྦྱར་རྒྱབ་པ; བཙོན་དུ་བཅུག་པ;

127 Immutability, *n.* འགྱུར་མེད;

128 Immutable, *adj.* འགྱུར་བ་མེད་པའི;

129 Impair, *v.t.* སྐྱོད་པ; སྐྱོན་རྒྱབ་པ;

130 Impale, *v.t.* མདུང་གྲུར་གྲུབ་ནས་གསད་པ;

131 Impalement, *n.* ར་བ;

132 Impalpable, *a.* ཚོར་བས་མ་ཟིན་པ;

133 Impart, *v.t.* འབོགས་པ; (དཔེར་ན་ཡོན་ཏན་འབོགས་པ་བཞིན);

134 Impartial, *a.* ཉེ་རིང་མེད་པ; ཕྱོགས་མེད;

135 Impartiality. ཉེ་རིང་མེད་པའི་ཉེ་སྙོམས; ཕྱོགས་མེད; མཉམ་པ་ཉིད;

136 Impartially, *ad.* ཉེ་རིང་མེད་པར;

137 Impassable, *a.* རྒལ་ནུས་མེད་པ; རྒལ་མི་ཐུབ་པའི;

138 Impassible, *a.* འདུ་ཤེས་མེད་པ; ཉོན་མོངས་པས་མི་གཡོ་བ;

139 Impassive, *a.* གཡོ་མེད; གཡོ་འགྱུལ་མེད་པའི;

140 Impassiveness, *n.* གཡོ་མེད;

141 Impatience, *n.* སྤྲོ་ཐུང; རྒྱུ་མ་ཐུང་ཐུང; ངང་ཐུང;

142 Impatient, *a.* ངང་ཐུང; བཟོད་སྲན་མེད་པ; སྤྲོ་ཐུང;

143 Impeach, *v.t.* ཁྲིམས་སར་འགུག་ཐོག་ཉེས་པ་བརྗོད་པ;

144 Impeachable, *a.* ཉེས་པ་བརྗོད་འོས;

145 Impeachment, *n.* ཉེས་བརྗོད;

146 Impeccable, *a.* སྡིག་སྒྲིབ་ཀྱིས་མི་གོས་པ;

147 Impede, *v.t.* ལམ་འགག་པ;

148 Impediment, *n.* གེགས; འགལ་རྐྱེན; བར་ཆད;

149 Impel, *v.t.* བརྫངས་བ; བསྐུལ་བ;

150 Impend, *v.i.* འབྱུང་ཉེ་བ; འབྱུང་ཉེན་ཆེ་ནོར་མཆིས་པ;

151 Impending, *p. adj.* འབྱུང་ཉེན་ཅན;

152 Impenetrability, *n.* མི་ཐིག་པ; བསྲ་མཚན;

153 Impenetrable, *a.* མི་ཐིག་པ;

154 Impenitence, *n.* གཉོངས་མེད; འགྱོད་མེད;

155 Impenitent, *a.* གནོང་འགྱོད་མེད་པའི; འགྱོད་མེད;

156 Imperative, *a.* གདཾས་ངག; གདོཾས་པའི་ཚིག; {སྐུལ་ཚིག; (mood)}

157 Imperceptibility, *n.* མི་མཐོང་བའི་རང་བཞིན; མི་མངོན་པ; མི་སྣང་བ;

158 Imperceptible, *a.* མིག་གིས་མི་ཟིན་པ; ཤིན་ཏུ་ཕྲ་མོ;

159 Imperceptibly, *ad.* མི་མངོན་པར;

160 Imperfect, *a.* ཕུན་སུཾ་མ་ཚོགས་པ; རྫལ་མ་རྫོགས་པའི;

161 Imperfection, *n.* རྫལ་མ་རྫོགས་པའི་རང་བཞིན;

162 Imperfectly, *ad.* རྫལ་མ་རྫོགས་པར;

163 Imperforate, *a.* ཨི་ཁུང་ཅན; བུག་པ་ཅན;

164 Imperial, *a.* གོང་མའི; མཆོག་གི;

165 Imperialism, *n.* གོང་མའི་བདག་སྐྱོམ; གོང་མའི་གོ་འཕང;

166 Imperialist, *n.* གོང་མའི་ཕྱོར་འཛིན་མཁན;

167 Imperil, *v.t.* འཇིག་པའི་གོགས་སུ་བཅུག་པ;

168 Imperious, *a.* གོང་མའི་བཀའ་ལྟ་བུ; སྣང་བ་མཐོན་པོ;

169 Imperiously, *ad.* ཉམས་སང་མཐོན་པོ་བྱེད་དེ;

170 Imperishable, *a.* མི་འཇིག་པ; རྟག་པ; གཏན་པ;

171 Impermeable, *a.* མི་རྡོལ་བ; མི་ཐིག་པ;

172 Impersonal, *a.* ངོ་བོ་མེད་པ; བདག་པོའམ་བདག་ཉིད་མེད་པ;

173 Impertinence, *n.* གདོང་བཟང; བག་འཛེམ་མེད་པ;

174 Impertinent, *a.* {གདོང་མམ་ཚིག་ Sik.} ཚོ་མེད; ཟབ་ཆུང; སྣང་ཆུང; འཛེམ་ཆུང;

175 Impertinently, *ad.* བག་འཛེམ་མེད་པར; {གདོང་མམ་ཚོག་བྱེད་དེ; (Sik.)}

176 Imperturbable, *a.* མི་འཁྲུགས་པ; མི་གཡོ་བ;

177 Impervious, *a.* མི་ཐིག་པ; མི་རྡོལ་བ;

178 Impetuosity, *n.* དྲག་ཤུལ; ངར;

179 Impetuous, *a.* དྲག་ཤུལ་ཅན; གཏུམ་པོ; ངར་མ;

180 Impetuously, *ad.* ངར་མོ་བྱེད་དེ;

181 Impetus, *n.* ཤུགས; སྟོབས་ཤུཊ;

182 Impiety, *n.* མི་དགེ;

183 Impinge, *v.t.* བརྡབ་པ; བརྡུང་བ; ཡོགས་སུ་བརྡབ་པ;

184 Impious, *a.* མི་དགེ་བའི;

185 Implacability *n.* བློ་ཁེངས་རྒྱུ་མེད་པ; ཆོམ་དུས་མེད་པ་ཉིད;

186 Implacable, *a.* བློ་ཆོམ་རྒྱུ་མེད་པ;

187 Implant, *v.i.* རྩ་བ་གཙུག་པ; ར་གཙུག་པ; བཀོད་པ;

188 Implement, *n.* ལག་ཆ; བཟོ་ཆས; [ཐེ་བ;

189 Implicate, *v.t.* དཀྲིས་པ; གཡོཊ་པ; བསྒོམ་པ; གྲལ་དུ་བཙུག་པ;

190 Implication, *a.* ཁ་འཕྱུལ་བ; ཁ་གཡོཊ་བཏཊ་པ་ཉིད;

191 Implicit, *a.* གདོན་མི་ཟ་བ; ཐེ་མི་ཚོམ་པ; (ལིང་འགེལ; Colql.)

192 Implicitly *ad.* བློ་རྩེ་གཉིས་མེད་དུ; བློ་ལིང་ངེ;

193 Implore, *v.t.* ཞུ་བ; {ཨོ་ཤེས་ཕྱག་འཚལ་སྨྲོན་པ; (Sik.& Bhut. Collql.)}

194 Imply, *v.t.* རྫུར་དཔག་པ; (Sik.) ཚ་དཔག་པ;) དཔོག་པ;

195 Impolite, *a.* གྱོང་པོ; ཞེ་ས་མེད་པའི་ངག; ཞེས་བསྐུར་བསྟི་མི་ལྡན་པ;

196 Impolitic, *a.* མི་མཁས་པ; ཐབས་མི་མཁས;

197 Import, *v.t.* ཕ་རོལ་པའི་ཡུལ་ནས་འཚོང་ཟོག་ཚུར་འདྲེན་པ;

198 Importance, *n.* གནད་ཆེན; གལ་ཆེ; གནད་ཆེ;

199 Important, *a.* གལ་ཆེན་པོ; སྙང་ཆེན་པོ;

200 Importation, *n.* ཕྱི་ནས་ནང་དུ་འདྲེན་པའི་འཚོང་ཟོག ;

201 Importunate, *a.* ཨུ་ཚུགས་ཅན ; གཉེན་ཁིས་ཅན ;

202 Importunately, *ad.* ཨུ་ཚུགས་ནན་དན་བྱེད་དེ ;

203 Importune, *v.t.* ནན་དན་བསྐྱེད་དེ ;

204 Importunity, *n.* ནན་དན ; { ཨུ་ཚུར་ (Collql.) } ; གཉེར་ཁིས ;

205 Impose, *v.t.* འགེལ་བ ; { སྐྱུལ་བ (to decisions) } ; འབྲིད་པ ; མགོ་སྐོར་བ ;

206 Imposing, *a.* མིག་ངོམས་པོ ; ཟིལ་གཡེར་ཆེན་པོ ;

207 Imposingly, *ad.* ཟིལ་ཆེན་པོ་བྱེད་དེ ;

208 Imposition, *n.* སླུ་བྲིད ; མགོ་སྐོར ; ཁྲལ ;

209 Impossibility, *n.* མི་གྲུབ་ངེས་པའི་ལས ; མི་ནུས་ངེས་པའི་ལས ;

210 Impossible, *a.* མི་ཡོང་མི་ཚོགས་མི་གྲུབ་ངེས་པ ;

211 Impost, *n.* ཤོ ; ཁྲལ ; བཙུ་ཁ ;

212 Imposthumate, *v.i.* སྤང་འབུར་བསྐྱེད་པ ;

213 Imposthume, *n.* གཉེན་འབུར ; སྤང་འབུར ;

214 Impostor, *n.* མགོ་བསྐོར་མཁན ;

215 Imposture, *n.* མགོ་བསྐོར ; གཡོ ; སླུ་བྲིད ;

216 Impotence, *n.* ནུས་པ་ཉིས་པ ; སྟོབས་ཤོར ; ལུས་སྟོབས་ཉིས་པ་ཉིད ;

217 Impotent, *a.* སྟོབས་མེད ; ལུས་སྟོབས་ཉི་པོ ;

218 Impotently, *ad.* སྟོབས་མེད་བཞིན་དུ ;

219 Impound, *v.t.* བཙོན་དུ་བཙུག་པ ; བཙོན་དུ་བཟུང་བ ;

220 Impoverish, *v.t.* དབུལ་པོར་གཏང་བ ;

221 Impoverishment, *n.* དབུལ་པོར་གཏང་བ་ཉིད ;

222 Impracticability, *n.* ལག་ལེན་བྱེད་མི་བདེ་བ་ཉིད ;

223 Impracticable, *a.* ལག་ལེན་བྱེད་མི་བདེ་བ;

224 Imprecate, *v.t.* དམོད་བོར་བ;

225 Imprecation, *n.* དམོད་མོ; དམོད; མཐུ; ཟོར;

226 Impregnability, *n.* གླར་མི་བརྙེད་པ;

227 Impregnable, *a.* གླགས་འཚལ་དུ་མེད་པ; བཙོཾ་མི་ཐུབ་པ;

228 Impregnate, *v.t.* སྦྲུཾ་བཅའ་བ; ཕྲུ་བཀལ་བ;

229 Impregnate, *a.* སྦྲུཾ་མ; ཕྲུ་མ;

230 Impregnation, *n.* ཕྲུ; སྦྲུཾ;

231 Impress, *v.t.* གཙར་པ; པར་རིར་བཀོད་པ; ཁོང་དུ་ཆུད་པ;

232 Impressible, *a.* བློ་ལ་པར་ཐེབ་པོ; བློ་བཀོལ་བདེ;

233 Impression, *n.* རི་མོ; པར་རིས; བློ་ལ་གཙར;

234 Impressive, *a.* གཙར་པོ; རི་མོ་བློ་ལ་དོད་པོ;

235 Impressment, *n.* གྲུ་གཟིང་གི་ལས་སུ་མི་བཟུང་བ་ཉིད; ཞུ་ལག་འདུར་
རྒྱུག་དུ་བཟུང་བ;

236 Imprint, *n.* པར; རི་མོ;

237 Imprison, *v.t.* བཙོན་དུ་བཙུག་པ;

238 Imprisonment, *a.* བཙོན་བཟུང;

239 Improbability, *n.* ཡོད་ལྷོག་ཁ་པོ་མིན་པ་ཉིད; མི་སྲིད་པ;

240 Improbable, *a.* དཔེ་མི་སྲིད་པ; ཡོང་མི་སྲིད; (ཡོད་ལྷོག་མ་ཁ; Colql.)

241 Improbably, *ad.* ཡོང་མི་སྲིད་བཞིན་དུ;

242 Impromptu, *ad.* and *a.* (ངག་ནས་) ཡིཾ་སང་འདོན་ཚིག;

243 Improper, *a.* མི་རིན; མི་རུང་བ; མི་འོས; མི་སྦྲི; མི་འགྲིག་པ;

244 Improperly *ad.* འོས་མིན་དུ; སྒྲ་ཆར་མིན་དུ;

245 Impropriety, *n.* སྒྲ་ཆར་མིན; སྦྲིཾ་མིན;

246 Improve, *v.t.* ཡར་བཅོས་བྱས་པ; བཟང་བཅོས་རྒྱབ་པ;

247 Improvement, *n.* ཡར་བཅོས;

248 Improvidence, *n.* ཉར་ཚར་མེད་པ་ཉིད; སྔོག་ཆ་མེད་པ; ཕྱིས་ཀྱི་ཆེད་དུ་ཉར་ཚར་མེད་པ; (Sik. འཁོར་འདས་མེད་པའི་རྒྱུ་གཤིས);

249 Improvident, *a.* དུས་ཕྱིས་ཀྱི་རྒྱུར་ཚར་མེད་པ;

250 Improvise, *v.t* སྔོན་ནས་འགྲིག་བསྒོམ་མེད་པའི་ལཾ་སང་བློ་ཡིས་བསྒོམས་ནས་འདོན་པ;

251 Imprudence, *n.* ཕྱིས་ཀྱི་བསམ་མནོ་མེད་པ; མི་སྐྱུང; མི་མཁས;

252 Imprudent, *a.* མི་སྐྱུང་བ; རིག་པ་མི་བྲིམ་པ;

253 Imprudently, *ad.* རྒྱུ་ཕྱུར་མི་མཐོང་བར; སྐྱུང་རིག་མེད་པར;

254 Impudence, *n.* ངོ་ཚ་དང་འཛེམ་བག་མེད་པ་ཉིད;

255 Impudent, *a.* ངོ་ཚ་རྒྱུ་མེད་པ; (Sik. གདོང་བཟང་དགྲར་བཀྱལ);

256 Impudently, *ad.* ངོ་ཚ་མེད་པར;

257 Impugn, *v.t.* བརྗོད་པ; བརྗོད་གླེང་འཛུག་པ;

258 Impulse, *n.* བློ་ངར; ཀུན་སློང;

259 Impulsive, *a.* ཀུན་སློང་གང་ཐུང་གིས་བསྐྱོད་བདེ་པོ; བློ་ངར་ཅན;

260 Impunity, *n.* ཉག་མེད་ཁྲོ་མེད;

261 Impure, *a.* མི་གཙང་བ; གཙོག་པ;

262 Impurity, *n.* མི་གཙང; གྲིབ; ཉམ་གྲིབ; བཙོག;

263 Imputable, *a.* གྲལ་དུ་ཁྲི་ངར་ཁ་འདོར་སྲུ་ཡོད་པ; ཁ་གཡོར་བདར་བདེ་པོ; ཁ་པོག་ཉེན་ཅན:

264 Imputation, *n.* ཁ་གཡོགས; ཁ་འདོར་པ་ཉིད;

265 Impute, *v.t.* ཁྲི་བར་ཁམ་འདོར་པ; ཁ་འདོར་པ;

266 In, *prep.* ནང་ལ;

267 Inability, *n.* མི་ནུས; མི་ཐུབ; མི་ལྕོག;

268 Inaccessible, *a.* མི་ཐར; འཇོག་ནས་ཐར་ས་མེད་པ;

269 Inaccuracy, *n.* ངེས་དྲིག་མེད་པ་ཉིད;

270 Inaccurate, *a.* མི་ངེས; ཚད་ལྡན་མིན་པ; གདན་དྲིག་མིན་པ;

271 Inaction, *n.* ལས་མེད; དལ་བ; དལ་ཁོམས; ལེ་ལོ; བྱར་མེད;

272 Inactive, *a.* ལས་ཀ་མི་བྱེད་པ; མི་རྒྱུར; མི་བརྩོན; ལེ་ལོ་ཅན;
(ཉོབ་ཉོབ; Colql.)

273 Inactivity, *n.* དལ་ལས; ཅིའང་མ་བྱས་པ་ཉིད; བྲེལ་མེད;

274 Inadequacy, *n.* འདང་མིན; ཁྱབས་མིན;

275 Inadequate, *a.* མི་འདང་པ; མི་ཁྱབས་པ;

276 Inadequately, *ad.* མི་ལངས་པ; མི་ཡོགས་པར; མ་ཁྱབས་པར;

277 Inadmissible, *a.* ཁྲིད་དུ་བཙུག་མི་རུང་བ; ཐང་གཏང་མི་རུང་བ;

278 Inadvertency, *n.* རིག་པ་མ་བྲིམ་པ; དྲན་པས་མ་ཟིན;

279 Inadvertently, *ad.* ཟ་བ་ལི་གཏད་པ; དྲན་པ་མ་འདོན་པ;

280 Inalienable, *a.* ཕར་སྤྲོ་རུ་མེད་པ; སྤྲོ་བཤུད་བྱེད་དུ་མེད་པ;

281 Inane, *a.* སྟོང་པ; སྟོང་སྐྱམ་ཧད་པོ; (useless, མཁོ་མེད;)

282 Inanimate, *a.* སྲོག་མེད; སྲོག་དང་མི་ལྡན་པ; བེམ་པོ;

283 Inanition, *n.* འཚོ་བ་མེད་པས་ལུས་སྟོབས་ཉམས་པ་ཉིད;

284 Inanity, *n.* མཁོ་མེད་པ་ཉིད; པན་ཆ་མེད་པ་ཉིད; ནོར་མི་ཉན;

285 Inapplicability, *n.* ལས་ལ་འཇུག་ཏུ་མི་རུང་བ;

286 Inapplicable, *a.* གདགས་སུ་མི་རུང་བ; འཇུག་པའི་མིན;

287 Inappreciable, *a.* མི་སྣང་བ; མི་མངོན་པ; མངོན་དུ་མེད་པ;

288 Inapprehensible, *a.* དོན་བཟུང་དུ་མེད་པ; དོན་མི་གོ་བ;

289 Inappropriate, *a.* མི་སྤྲིཾ་པ; མི་རུང་བ;

290 Inapt, *a.* མི་འབྱོར་པ; མི་ཡོང་བ; མི་མཁས་པ;

291 Inaptitude, *n.* འབྱོར་སྤངས་མེད་པ་ཉིད;

292 Inarticulate, *a.* ཚིག་སྒྲ་མི་དག་པ; སྒྲ་དག་པོ་མེད་པ;

293 Inasmuch, *ad.* ཇི་བཞིན; ཇི་ཙམ་ན; ཇིཙམ་དུ;

294 Inattention, *n.* རྣ་བ་མི་གཏད་པ; སྣང་མེད་དྲན་མེད;

295 Inattentive, *a.* རྣ་བ་མི་གཏད་ཁ་ཟུབ་སྐྱོན་དང་ལྡན་པ;

296 Inaudible, *a.* མི་གོ་བ; རྣ་བས་མི་ཟིན་པ;

297 Inaudibly, *ad.* མི་གོ་བར;

298 Inaugural, *a.* མངའ་གསོལ་གྱི; ཁྲི་འདོན་གྱི;

299 Inaugurate, *v.t.* ཁྲི་འདོན་བྱེད་པ; མངའ་གསོལ་བ;

300 Inauguration, *n.* ཁྲི་འདོན; མངའ་གསོལ;

301 Inauspicious, *a.* བརྟེན་འབྲེལ་ཉེས་པོ; བཀྲ་མི་ཤིས་པ;

302 Inauspiciously, *ad.* བཀྲ་མི་ཤིས་པར;

303 Inborn, *n.* རང་འཁྲུང; རང་སྐྱེས; རང་ཤར;

304 Inbred, *a.* རང་འབྱུང; ནང་ནས་སྐྱེས་པ; རང་ཤར;

305 Incalculable, *a.* བགྲང་དུ་མེད་པ; བགྲངས་ཡས;

306 Incalculably, *ad.* གཞལ་དུ་མེད་པར; བགྲངས་ཡས་སུ;

307 Incalescent, *a.* དྲོད་འབར་བ; དྲོད་བསྐྱེད་པ;

308 Incantation, *n.* བཟླས་པ; བཟླས་བརྗོད;

309 Incapability, *n.* འབྱོར་ཁངས་མེད་པའི་ཚུལ;

310 Incapable, *a.* མི་འབྱོར་པ; འབྱོར་སྤངས་མེད་པ;

311 Incapacious, *n.* སྣོད་དུ་མི་རུང་བ; མི་གཤོང་པ;

312 Incapacitate, *v.t.* ལས་སུ་མི་རུང་བར་བཅོས་བ; ནུས་པ་བཅོམ་པ;

313 Incapacity, *n.* མི་ནུས; མི་ཡོང; མི་འབྱོར; མི་ཐུབ;

314 Incarcerate, *v.t.* བཙོན་དུ་བཙུག་པ;

315 Incarceration, *n.* བཙོན་བཟུང;

316 Incarnate, *v.t.* སྐྱེ་བ་བླངས་པ;

317 Incarnation, *n.* (སྐུ་སྐྱེ; Hon.) ཉཻ་སྤྲུལ; སྐྱེ་འཕྲེང; སྐུ་ཕྲེང;

318 Incase, *v.t.* ཤུབ་དུ་བཙུག་པ;

319 Incasement, *n.* ཕྱི་ནས་འཐུམ་རྒྱབ་པ་ཉིད; ཕྱི་འཐུམ; ཤུབ་བཅས;

320 Incautious, *a.* སྤྱང་རིག་མེད་པ;

321 Incautiousness, *n.* སྤྱང་རིག་མེད་པའི་ཚུལ;

322 Incendiarism, *n.* ཁང་ཁྱིམ་ལ་མེ་རྒྱབ་པའི་ལས;

323 Incendiary, *a.* & *n.* མེ་རྒྱབ་མི;

324 Incense, *v.t.* བསང; བསུར;

325 Incentive, *a.* བསྐུལ་རྫས;

326 Inception, *n.* ནང་དུ་བཙུག་པའི་མགོ; མགོ་འཛུག་པ་ཉིད;

327 Inceptive, *a.* མགོ་བརྩམས་པའི;

328 Incessant, *a.* ཆད་མེད;

329 Incessantly, *ad.* མི་ཆད་པར; ཆད་མེད་དུ;

330 Incest, *n.* ཕ་དང་བུ་མོ་ལྷ་བུ་ནང་འབྲེལ་གྱི་ལོག་གཡེམ;

331 Inch, *n.* སོར་ཚད; སོར་མོའི་ཚད; ཀང་ལེབ་ཀྱི་བཅུས་ཆ;

332 Incident, *n.* མགོ་འཛུག་ཙམ་པ;

333 Incidental, *a.* དུས་སྐབས; འབྱུང་ཡུར; སྐབས་བྱུང;

334 Incidentally, *ad.* འབྱུང་ཉེར་གྱི; བརྟེན་ནས་འབྱུང་བའི;

335 Incipient, *a.* མགོ་བརྩམ་ཙམ; མགོ; ཐོག་མ;

336 Incision, *n.* ཧར་གྲིས་གཅད་པ; གྲིས་གཅད་སྟངས; ཧར་གྲུས;

337 Incite, *v.t.* བསྐུལ་བ; ལས་སུ་སློང་བ; ཕྱུང་སྲི་བསླང་བ;

338 **Incitement**, *n.* སྐུལ; སྦུང་སྐྲི;

339 **Incivility**, *n.* གྲོང་རྩུལ;

340 **Inclemency**, *n.* གྲང་ངར་ཆེ་ལྷུང་; རྩུབ་ལྷུང་;

341 **Inclement**, *n.* རྩུབ་ངར་ཅན; གྲང་ངད་ཆེན;

342 **Inclinable** *n.* སྒྲོག་ཏུ་ཡོད་པ; བཀུག་ཏུ་ཡོད་པ;

343 **Inclination**, *n.* གཟུང་བ; བབ་ཆད; ཁྲོག; གྲུག; གྲི་གྲུ;

344 **Incline**, *v.i.* འགྲུག་པ; འཁྲོག་པ; *n.* ཁྲག; གྲུག;

345 **Inclined**, *a.* འདྲེད་ལ་འཁྲོག་ནས་ཡོད་པ; སེར་ཁར་བབ་པ;

346 **Inclose**, *v.t.* ནང་དུ་བསྡུམ་པ;

347 **Inclosure**, *n.* ནང་འདྲེད; ནང་དུ་ཡོད་པའི་མཆོན་པ;

348 **Include**, *v.t.* ནང་དུ་ཐེབས་པ; ནང་དུ་འདེབས་པ; ནང་དུ་རྩུད་པ;

349 **Inclusive**, *a.* ནང་དུ་ཐེ་བའི;

350 **Incognito**, *a. ad.* ངོ་མ་བསྟོན་པ;

351 **Incoherence**, *n.* གཏེ་ལ་ཆ་ངེས་དང་འགྲོ་བསྡུད་མེད་པའི; ཆ་ངེས་མེད་
པར་ལབ་པ་ཉིད;

352 **Incoherent**, *a.* འགྲོ་མཐུད་མེད་པ; ཆ་ངེས་མེད་པ;

353 **Incombustible**, *a.* མེ་ཁ་མི་དངས་བ; མེ་ཁ་མི་ལེན་པ;

354 **Income**, *n.* བབ་ཡོང; ཡོང་བབ; སྙེབ;

355 **Incomer**, *n.* ནང་ལ་ཡོང་མཁན;

356 **Incoming**, *a.* ནང་ལ་ཡོང་བཞིན་པའི;

357 **Incommensurate**, *a.* ཆ་ཡ་མེད་པ; འདངས་མིན;

358 **Incommensurately**, *ad.* མི་འདངས་མི་མཚེ་པར;

359 **Incommode**, *v.t.* གནས་སྡོད་བདེར་མ་བཙུག་པ;

360 **Incommodious**, *a.* གནས་སྡོད་བདེ་མིན;

361 Incommunicable, *a.* གཞན་ལ་སྤེལ་དུ་མེད་པ;

362 Incommutable, *a.* བརྗེ་བསོར་བྱེད་དུ་མེད་པ;

363 Incomparable, *a.* མགྲན་ཟླ་བྲལ་བ; ཟླ་མེད; མགྲན་བྲལ;

364 Incompatibility, *n.* མི་མཐུན་པ་ཉིད; མི་མཚུངས་པ་ཉིད;

365 Incompatible, *a.* མི་མཚུངས་པ; མཚུངས་མིན;

366 Incompetence, *n.* འགྲོན་སྤྱང་མེད་པ་ཉིད;

367 Incompetent, *a.* མི་འགྲོན་པ; མི་འཕེར་བ;

368 Incomplete, *a.* མ་འཚང་བ;

369 Incompliance, *n.* མི་གནང་བ; མི་བྱིན་པ་ཉིད; མི་བྱེད་པ་ཉིད;

370 Incomprehensible, *a.* དོན་མི་གོ་བ་ཉིད;

371 Incomprehensibility, *n.* དོན་རྟོག་དཀའ་བ;

372 Incompressible, *a.* བཙུར་སྡེ་མི་འཚུར་བ;

373 Incomputable, *a.* བགྲངས་ཡས; གྲངས་མི་ཚོད་པ;

374 Inconceivable, *a.* བློས་མི་ཁྱུད་པ;

375 Inconceivably, *ad.* བློས་མི་ཁྱུད་བཞིན་དུ;

376 Inconclusive, *a.* མཐར་མ་འཁྱོལ་བ; ཐག་མ་ཆོད་པ;

377 Inconclusively, *ad.* ཐག་མ་ཆོད་པར;

378 Incongruent, *a.* མི་འགྲིག་པ; འགྲིག་མིན;

379 Incongruity, *n.* མཐུན་པ་དང་འགྲིག་པ་མེད་ཡུང;

380 Incongruous, *n.* ཡ་མ་ཟུང;

381 Inconsequent. རྒྱུ་དང་རྐྱེན་མི་འགྲིག་པའི;

382 Inconsiderable, *a.* གནད་གག་མེད་པའི; སྣང་མི་ཆེ་བ; རྩས་ཆེན་པོ་མིན་པའི;

383 Inconsiderate, *a.* གཟུ་ལུམ་ཅན; བློ་གྲོས་མེད; བློ་མེད; བསམ་མནོ་གཏོང་རྒྱུ་མེད་པ;

384 Inconsiderateness, *n* གཟུ་ལུམ; བསཾ་མནོ་མེད་པའི་རང་བཞིན;

385 Inconsistence, *n*: ཚུལ་དང་མཐུན་མིན;

386 Inconsistent, *a*. ཡ་མ་ཟུང; ཆ་ལུར་མི་མཐུན་པ; ཚུལ་ལྡན་མིན;

387 Inconsistently, *ad*. ཡ་མ་ཟུང་དུ;

388 Inconsolable, *a*. བློ་སྐྱིག་སང་དུ་མེད་པ; མྱ་ངན་མི་སང་པ;
སང་མེད་ཀྱི་མྱ་ངན;

389 Inconstancy, *n*. བློ་བརྟན་མིན;

390 Inconstant, *a*. བློ་མི་བརྟན་པ;

391 Incontestable, *a*. བརྗོད་མེད;

392 Incontinence, *n*. བློ་ཉོན་མོངས; ཉོན་མོངས་སྤྱོད་ཞེན;

393 Incontinent, *a*. བློ་འཆར་ཞེན་གྱིས་སློག་པ; སྤྱོད་ལྡན;

394 Incontinently, *ad*. ཆར་ཞེན་དང་བཅས;

395 Incontrovertible, *a*. བརྗོད་པས་མི་བཟློག་པ;

396 Inconvenience, *n*. སྟབས་མི་བདེ་བ་ཉིད; བདེ་མིན;

397 Inconvenient, *a*. ལྟབས་བདེ་མིན;

398 Incorporate, *v.t*. ཁོངས་སུ་ཚུད་པ; ཁོངས་གཏོར;

399 Incorporation, *n*. ཁོངས་ཚུད; བསྡུས་པ; ཁོངས་བསྡུད;

400 Incorporeal, *a*. ལུས་མེད;

401 Incorrect, *a*. མ་དག་པ;

402 Incorrigible, *n*. བཅོས་ཁ་རྒྱབ་དུ་མེད་པ;

403 Incorrupt, *a*. ངན་སློད་མི་ཞུར་པ;

404 Incorruptible, *a*. བརྟན་པས་བསླུ་མི་ནུས་པ; དྲང་པོ;

405 Incorruption, *n*. གཙང་སྦྲ་དག་པོ; སྤྲུས་དག་པོ;

406 Incorruptness, *n*. སྤྲུས་དག་པ་ཉིད; ངན་མ་ཞུར་པ་ཉིད;

407 Increase, *v.i.* ཡར་འཕེལ་བ ;

408 Incredibility, *n.* ཡིད་མི་ཆེས་པའི་རང་བཞིན ;

409 Incredible, *a.* ཡིད་མི་ཆེས་པའི ; མི་སྲིད་པ ;

410 Incredulity, *n.* བདེན་པར་མི་འཆའ་བའི་ཚུལ ;

411 Incredulous, *a.* བདེན་པ་འཆའ་བར་མི་འོས་པ ;

412 Increment, *n.* ཡར་འཕར ;

413 Incriminate, *v.t.* ཉེས་བྲུས་ཀྱི་ཁ་གཡོཊ་དཀྲི་བ ;

414 Incrust, *v.t.* ཁོག་མར་ཆཊ་པ ; (སེ་གོག་ཆཊ་པ ; Sik.)

415 Incrustation, *n.* སེར་ཁོག ; ཁོག་མ་ཆཊ་ནས་ཡོད་པ ;

416 Incubate, *v.i.* སྒོ་ངའི་ཕྲུག་བསྒྲོས་ནས་སྐྱིན་པར་བྱས་པ ;

417 Incubation, *n.* སྒོ་ང་སྐྱིན་བྱེད་ཀྱི་ལས་དེ་ཉིད ;

418 Inculcate, *v.t.* གདམས་པ ; བསླབས་པ ;

419 Inculcation, *n.* ཡང་ནས་ཡང་དུ་འཆད་དེ་བསླབ་པ ;

420 Inculpable, *a.* ཉེས་པས་མི་གོས་པ ;

421 Incumbency, *n.* གོ་ས་འཛིན་པ་ཉིད ;

422 Incumbent, *a.* གོ་གནས་བཟུང་མི ; གོ་ས་འཛིན་མི ;

423 Incur, *v.i.* ཟག་པ ; འཁྲི་བ ;

424 Incurable, *a.* མི་བསོས་པ ; ཕན་བསོས་མེད་པ ;

425 Incurably, *ad.* མི་བསོས་པར ;

426 Incursion, *n.* གོང་མཚོན ; དགྲའི་ཡུལ་དུ་དམག་འདྲེན ;

427 Indebted, *a.* བུན་ཐོག་པ ; བུན་ཟུག་པ ;

428 Indebtedness, *n.* བུན་ཟུག་པའི་རང་བཞིན ;

429 Indecency, *n.* བག་མེད་པའི་རང་བཞིན ;

430 Indecent, *a.* མི་ཕྱམ་པ ; མ་རབ་ཀྱི་སྤྱོད་ལོ་ལྟའི ;

431 Indecently, *ad.* འོས་མིན་དུ;

432 Indecision, *n.* བློ་ཐག་མ་ཆོད་པའི་ཚུལ;

433 Indecisive. ཐག་མ་ཆོད་པའི;

434 Indeclinable, *a.* སྒྲ་དོན་འགྱུར་རུང་ཚིག་གི་བཟོ་མི་འགྱུར་བ་གང;

435 Indecorous, *a.* སྒྲིའ་ལོཾ་དང་མ་མཐུན་པའི;

436 Indecorum, *n.* སྒྲིས་ལོཾ་མཐུན་མིན;

437 Indeed, *ad.* ངེས་པར; གཏར་གཏན་རང;

438 Indefatigable, *a.* ངལ་རྒྱུ་མེད་པ;

439 Indefatigably, *ad.* ངལ་དུབ་མེད་པར;

440 Indefeasible, *a.* བཅོམ་དུ་མེད་པ;

441 Indefectible, *a.* སྐྱོན་བདར་སུ་མེད་པ;

442 Indefensible, *a.* བསྲུང་དུ་མི་ནུས་པ; སྐྱོབས་མི་ནུས་པ;

443 Indefinable, *a.* མཐའ་མཚོན་དུ་མེད་པ; བརྗོད་དུ་མེད་པ;

444 Indefinite, *a.* མ་ངེས་པའི; མཐའ་མ་ཆོད་པ;

445 Indefinitely, *ad.* མ་ངེས་པར; ངེས་མེད་དུ;

446 Indeliberate, *a.* བསྲུང་སྐྱོབས་མི་ཐུབ་པ;

447 Indelible, *a.* སུབ་པས་མི་ཐུབ་པ;

448 Indelicate, *a.* སྣན་ཆ་མེད་པར; འཛམ་མཉན་མེད་པའི;
{སྐྱ་ཀྲག་གི; Sik.}

449 Indelicately, *ad.* བག་ཡོད་དང་མི་ལྡན་པར;

450 Indemnification, *n.* གུས་འཐུད;

451 Indemnify, *n.* གུས་མཐུད་སྐྱབ་པ;

452 Indemnity, *n.* གུས་སྐྱུར; གུས་མཐུད;

453 Indent, *v.t.* མངར་པ;

454 Indenture, *n.* བྲ་གན་རྒྱ; བྲ་ཡིག;

455 Independence, *n.* རང་དབང་རང་ཚོད; རང་དབང;

456 Independent, *a.* རང་དབང་ཅན;

457 Independently, *ad.* སྒུ་ལའང་བརྟེན་མི་དགོས་པར;

458 Indescribable, *a.* བཤད་དུ་མི་ནུས་པ;

459 Indestructible, *a.* འཇིག་མེད; གཞོམ་གཞིག་མེད་པ;

460 Indeterminable, *a.* ངེས་པར་ཆ་དཔག་མི་ནུས་པ;

461 Indeterminate, *a.* ངེས་པར་ཆ་དཔག་མི་ནུས་པ;

462 Indetermination, *n.* ངེས་པར་ཆ་དཔག་མི་ནུས་པ་ཉིད;

463 Index, *n.* དཀར་ཆག;

464 India, *n.* རྒྱ་གར; ཧིན་དུ་སྟཱན;

465 Indian, *n.* རྒྱ་གར་པ;

466 Indicate, *n.* བསྟན་པ; མཚོན་པ; བརྡ་ཡིས་བསྟན་པ;

467 Indication, *v.t.* བསྟན་ཚུལ; བརྡའ་མཚོན; མཚོན་བྱེད;

468 Indicative, *a.* མཚོན་བྱེད; བསྟན་པར་བྱེད་པའི;

469 Indict, *v.t.* ཉེས་པ་བརྗོད་པ; འཇོམ་ཁྲོག་དུ་ཉེས་པ་བརྗོད་པ;

470 Indictment, *a. n.* ཉེས་བརྗོད;

471 Indifference, *n.* ཆར་སྣང་གི་བློ་དང་བྲལ་བ; བཏང་སྙོམ;

472 Indifferent, *a.* བཏང་སྙོམས་ཀྱི་བློ་དང་ལྡན་པ; སྣང་མེད;

473 Indifferently, *ad.* དཀའ་སྡུག་བྲལ་བའི་བཏང་སྙོམ་དང་བཅས;

474 Indigence, *n.* དབུལ་ཕོངས;

475 Indigenous, *a.* ཡུལ་དེ་རང་དུ་སྐྱེ་བའི;

476 Indignant, *a.* དགོང་པ་འཚོམ་ནས་ཡོད་པ; ཁྲོས་པ;

477 Indignantly, *ad.* ཁྲོས་པའི་ཚུལ་གྱིས;

478 Indignation, *n.* ཀོ་ལོང་; འཁང་འཁོན་; སེམས་ཁོན་;

479 Indignity, *n.* སེམས་ཕོག་; བློ་ཕོག་; འཁོན་;

480 Indigo, *n.* རམས་; ཚོས་སྔོན་པོ་;

481 Indirect, *a.* དྲང་པོར་མ་ཡིན་པའི་; ཐེར་ཟུག་ཏུ་མ་ཡིན་པ་;

482 Indirectly, *ad.* ཐེར་ཟུག་ཏུ་མ་ཡིན་པར་;

483 Indiscretion, *n.* བློ་བག་མེད་ཀྱི་སྤྱོད་པ་; མི་རིཊ་པའི་སྤྱོད་པ་;

484 Indiscriminate, *a.* དབྱེ་བ་མེད་པར་; གང་བྱུང་བྱུང་;

485 Indiscriminately, *ad.* གང་བྱུང་མ་བྱུང་དུ་; གང་བྱུང་;

486 Indispensable, *a.* མེད་ཐབས་མེད་; མེད་ཀ་དག་;

487 Indispensably, *ad.* མེད་ཐབས་མེད་དུ་;

488 Indispose, *v.t.* བྱ་སྙིང་མི་འདོད་པ་; བྱེད་བདེ་མེད་པ་; མི་བདེ་བ་;

489 Indisposition, *n.* མི་བདེ་བ་; ཁམས་ཉོག་ཚུལ་;

490 Indisputable, *a.* ངེས་གཏན་ཁེལ་; གཏན་གཏན་; བརྗོད་མེད་;

491 Indisputably, *ad.* ངེས་པར་; ངེས་གཏན་ཁེལ་དུ་;

492 Indissoluble, *a.* མདུད་པ་བཀྲོལ་དུ་མེད་པ་;

493 Indissolubly, *ad.* མདུད་པ་དམ་པོར་; དཀྲོལ་དུ་མེད་པར་;

494 Indistinct, *n.* མི་གསལ་བ་;

495 Indistinctly, *ad.* མི་གསལ་བར་;

496 Indistinctness, *n.* མི་གསལ་བའི་རང་བཞིན་;

497 Indistinguishable, *a.* ངོས་མི་འབྲིད་པ་;

498 Indite, *v.t.* བྲི་བ་; ཟིན་བྲིས་སུ་བཀོད་པ་;

499 Inditement, *n.* བརྩོམ་པ་;

500 Individual, *a.* སོ་སོ་སྐྱེ་བོ་; སོ་སོ་ཐད་ཐད་; རང་རང་སོ་;

501 Individuality, *a.* སོ་སོར་འགྱུར་པའི་ཆོས་ཉིད་;

502 **Individualize,** *v.t.* བྱེ་བྲག་སོ་སོ་འི་རིས་ཕྱེ་བ་པ;

503 **Individually,** *ad.* སོ་སོར; རང་རང་སོ་སོ་བྱེད་དེ;

504 **Indivisible,** *n.* བགོ་བཤའ་བྱེད་དུ་མེད་པ; དབྱེར་མེད;

505 **Indivisibly,** *n.* དབྱེར་མེད་པར; བགོ་བཤའ་མེད་པར;

506 **Indocile,** *a.* རྒྱུད་མ་དུལ་བ; གྱོང་པོ; ཙ་གྱོང་པོ;

507 **Indocility,** *n.* ཙ་གྱོང་ཚུལ;

508 **Indoctrinate,** *v.t.* ཆོས་ཀྱི་གྲུབ་མཐར་བསླབ་པ;

509 **Indoctrination,** *n.* གྲུབ་ཐ་གང་རིང་སྲུ་བཙུག་པ་ཉིད;

510 **Indolence,** *n.* ལས་ལ་མི་དགའ་བའི་རང་བཞིན; ཅི་མ་ནུས;
སྙིད་ཉམས; ཀུང་ཤུར་མེད་པ;

511 **Indolent,** *n.* ཅི་མ་ནུས; མི་གྲུང་བ;

512 **Indomitable,** *a.* བཏུལ་བས་མི་ཐུལ་བ;

513 **Indorse,** *v.t.* འགོ་མཆེན་བཀོད་པ;

514 **Indorsee,** *n.* གང་གི་ཆེད་དུ་འགོ་མཆན་བཀོད་པ;

515 **Indorsement,** *n.* འགོ་མཆེན; ཡིག་གེའི་རྒྱབ་ནོན་ནས་ཡང་ན་འགོ་མཆེན;

516 **Indraught,** *n.* ནང་དུ་དྲུབ་པ; རླུང་ནང་དུ་འདྲེན་པ;

517 **Indubitable,** *a.* གོར་མ་ཆག་པ; གདོན་མི་ཟ་བ;

518 **Induce,** *v.t.* བསྐུལ་མ་ཞུ་བ; ནན་གྱིས་བསྐུལ་བ; སྐུལ་བ;

519 **Inducible,** *a.* བསྐུལ་དུ་ཡོད་པ;

520 **Inducement,** *n.* བརྟན་པ; ཀུན་སློང; སླུ་རྗེ; མདོ་ཁ;

521 **Induct,** *v.t.* བརྟིས་སྐྱོད་གཏད་པ; བརྟིས་གཏོད་པ;

522 **Inductive,** *a.* (of science) དངོས་སྦྱོ་ཚད་མ་གཞིར་བཞག་གི་རིག་
གནས;

523 **Indulge,** *v.t.* གཅིས་ལང་གཏང་བ; ལང་ཤོར་གཏང་བ;

524 Indulgence, *n.* གཅེས་ལང་; ལང་ཤོར་;

525 Indulgent, *a.* གཅེས་ལང་གཏང་མཁན་;

526 Indurate, *v.i.* སྙིང་མཁྲེགས་སུ་གཏང་བ་; རྡེའུ་བོར་འགྱུར་བ་;

527 Induration, *n.* ཁྲངས་རྡེའུ་སུ་འགྱུར་བ་ཉིད་;

528 Industrial *a.* འབད་བརྩོན་གྱི་;

529 Industrious, *a.* གྲུང་པོ་; བརྩོན་པ་ཅན་; འབད་པ་ཅན་;

530 Industry, *n.* གྲུང་ཤུར་; འབད་རྩོལ་; བརྩོན་འགྲུས་;

531 Indwelling, *a.* ནང་དུ་བསྡོད་མི་; ནང་གནས་ཀྱི་;

532 Inebriate, *v.t.* ར་བཟི་རུ་བཅུག་པ་; ར་བཟི་བཟོས་པ་;

533 Inebriety, *n.* ར་བཟི་སྐྱོང་གོང་;

534 Ineffable, *a.* བརྗོད་དུ་མེད་པ་; {དགའ་བདེ་བརྗོད་དུ་མེད་པ་ལྷུའོ་;}

535 Ineffaceable, *a.* སྲུབ་པས་ཟླུབ་རྒྱུ་མེད་པ་;

536 Ineffective, *a.* དོན་མེད་; ཕན་པ་མེད་པ་;

537 Ineffectual, *a.* འབྲས་བུ་མེད་པ་; མདོ་ཁ་མེད་; མདོ་མེད་;

538 Ineffectually, *ad.* དོན་མེད་དུ་;

539 Inefficacious, *n.* མི་ཕན་པ་; ཕན་ཆ་མེད་པ་;

540 Inefficacy, *n.* མི་ཕན་པའི་རང་བཞིན་;

541 Inefficiency, *n.* ཅིའང་མི་ལྷོར་པའི་རང་བཞིན་;

542 Inefficient, *a.* མི་ལྷོར་པ་; མི་འབྱོན་པ་; མི་ནུས་པ་;

543 Inelegant, *a.* མི་མཛེས་པ་; ཡིད་ཁར་མི་འོང་བ་;

544 Ineligible, *a.* མི་འོས་པ་; མི་སྲུམ་པ་;

545 Inept, *a.* འབྱོན་སྟངས་མེད་པ་; མི་འབྱོན་པ་;

546 Inequality, *n.* མི་མཉམ་པའི་རང་བཞིན་;

547 Inequitable, *a.* མི་དྲང་བ; ཚ་བ་ནས་འདོན་མི་ཐུབ་པ;

548 Inert, *a.* ཟེམ་པོ་ལྷུར་འགྱུལ་སྐྱོད་མེད་པ;

549 Inertia, *n.* ཟེམ་གཟུགས་ཀྱི་རང་བཞིན་ཙམ་མེར་བཞག་ཆོ་འགྱུལ་སྐྱོད་མེད་པ་དང་སྐྱོད་ཆོ་ལྷོད་ཆ་མེད་པ;

550 Inertly, *ad.* ཟེམ་པོ་ལྷུར་ལྷི་ཐྲུལ་ལེ;

551 Inertness, *n.* ཟེམ་པོ་ལྷུར་ལྷི་བ་ཉིད;

552 Inestimable. རིན་འཐང་གཞལ་མེད;

553 Inestimably, *ad.* རིན་ཐང་གཞལ་མེད་དུ;

554 Inevitable, *a.* གདོན་མི་ཟ་བ; ཡོང་གཏན་འཁེལ;

555 Inevitably, *ad.* གདོན་མི་ཟ་བར;

556 Inexact, *a.* ཁྲིག་ཁྲིག་མེད་པ; ངེས་ཏིག་མེད་པ;

557 Inexactness, *n.* ངེས་ཏིག་མེད་པ་ཉིད;

558 Inexcusable, *a.* དགོང་ཡང་གཏང་མི་རུང་བ;

559 Inexhaustible, *a.* ཟད་རྒྱུ་མེད་པ; རྫོགས་རྒྱུ་མེད་པ; མ་ངལ་བ; ཐང་མ་ཆད་པ; འཟད་མེད; འཛད་མེད;

560 Inexhaustibleness, *n* འཛད་རྒྱུ་མེད་པའི་རང་བཞིན;

561 Inexorable, *a.* གསོལ་བ་མི་ཐེབས་པའི; བློ་ལྷོག་མེད;

562 Inexpedience, *n.* ཕྱེད་མི་བདེ་བ་ཉིད;

563 Inexpedient, *a.* ཕྱེད་བདེ་མིན་པ;

564 Inexpensive, *a.* ཟས་འགྲོ་ཆུང་བ; གཏོང་སྒོ་ཆུང་བ;

565 Inexperience, *n.* གོམས་འགྲིས་མེད་པ;

566 Inexperienced, *a.* མ་གོམས་པ;

567 Inexpert, *a.* མ་མཁས་པ;

568 **Inexpiable,** *a.* འདག་ཀྱུ་མེད་པ; བཤགས་པས་མི་དག་པ;

569 **Inexplicable,** *a.* ཧ་གོ་མི་ཐུབ་པ; ཧ་མི་གོ་བ;

570 **Inexplicit,** *a.* ཁ་མི་གསལ་བ; ཁ་གསལ་གོ་བདེ་མིན་པ;

571 **Inexpressible,** *a.* བརྗོད་དུ་མེད་པ; བཤད་མི་ཐུབ་པ;

572 **Inexpressibly,** *ad.* ཚིག་གིས་མཚོན་དུ་མི་ནུས་པར;

573 **Inexpressive,** *a.* མི་གསལ་མི་རྡོད་པ;

574 **Inextinguishable,** *a.* མེ་སིམ་མི་ཐུབ་པ; མེ་བསད་མི་ཐུབ་པ;

575 **Inextricable,** *a.* འཁྲིཊ་ལས་མི་གྲོལ་བ; སྒྲོལ་མ་ནུས་པ;

576 **Infallibility,** *n.* མི་འཁྲུལ་བ་ཉིད; ཉོས་འཁིལ;

577 **Infallible,** *a.* སྐྱོན་མེད; ཁྲུལ་མེད; ནོར་ཁྲུལ་མེད་པ;

578 **Infallibly,** *ad.* ནོར་ཁྲུལ་མེད་པར; ངེན་པོར;

579 **Infamous,** *a.* གྲཊ་པ་ཉམས་པའི; འཕྱར་སྒོ་ཅན;

580 **Infamy,** *n.* མི་ཁ; འཕྱར་ཁ;

581 **Infancy,** *n.* ཕྲུ་གུའི་དུས;

582 **Infant,** *n.* ཕྲུ་གུ་ཆུང;

583 **Infanticide,** *a.* ཕྲུ་གུ་ཆུང་གསད་པའི་ནག;

584 **Infantine,** *a.* ཕྲུ་གུ་ཆུང་ངུའི;

585 **Infantry,** *n.* རྐང་དམག;

586 **Infatuate,** *v.t.* ཡིད་སྨྱོས་སུ་བཅུག་པ; སྨྱོས་པ;

587 **Infatuation,** *n.* ཡིད་སྨྱོས;

588 **Infect,** *v.t.* ནད་སོཊ་འགོ་བ; ནད་འགོར་བཅུག་པ;

589 **Infected,** *a.* ནད་འགོས་ཚར་བ;

590 **Infection,** *n.* འགོ་ནད;

591 **Infectious,** *a.* འགོ་བར་བྱེད་པའི; གོས་རྒྱུའི;

592 Infecundity, *n.* འབྲས་བུ་མི་སྨིན་པའི་ཆོས་ཉིད;

593 Infelicitous, *a.* མི་མཐུན་པའི; མི་མཚུངས་པའི; མི་བདེ་བའི;

594 Infelicity, *n.* ཉམས་མི་དགའ་བའི་ཚུལ; མི་མཐུན;

595 Infer, *v.t.* བློ་ཡིས་རྗེས་སུ་དཔག་པ; རྗེསུ་དཔག་པ;

596 Inferable, *a.* རྗེས་དཔག་ཏུ་ཡོད་པ;

597 Inference, *n.* རྗེས་དཔག;

598 Inferior, *a.* དམའ་བ; དམན་པ; འོག་མ; ཞན་པ;

599 Inferiority, *a.* དམའ་ཕྱུར; ཞན་ཕྱུར;

600 Infernal, *n.* ངན་སོང་གི; དམྱལ་བའི;

601 Infertile, *a.* ལོ་ཏོག་མི་འབྱུང་བ;

602 Infest, *v.t.* གནོད་ཅིང་འཚེ་བ;

603 Infidel, *a.* མུ་སྟེགས་པ; ལྟ་ལོག་ཅན; དད་ལོག་ཅན; དམ་ཉམས;

604 Infidelity, *n.* དཾ་ཚིག་འཆལ་བའི་ལས;

605 Infinite, *a.* མཐའ་ཡས; མཐའ་མེད་པ; དཔག་མེད;

606 Infinitely, *ad.* དཔག་ཏུ་མེད་པར;

607 Infinitive, *a.* མ་ངེས་པའི;

608 Infinitude, *n.* མཐའ་ཡས་མུ་མེད;

609 Infinity,,*n.* མཐའ་ཡས; མུ་མེད;

610 Infirm, *a.* མི་བརྟན་པ; ནད་པ; རྒུད་པོ;

611 Infirmary, *n.* སྨན་ཁང; ནད་པ་བསོ་ས;

612 Infirmity, *n.* ནད; སྟོབས་ཞོར; ཉམ་རྒུད;

613 Infix, *v.t.* ནང་ལ་འཛུག་པ; ནང་དུ་བཙུགས་པ;

614 Inflame, *v.t.* མེ་སྦར་བ;

615 Inflammability, *n.* མེ་ཁ་དངས་བའི་ཚུལ;

616 Inflammation, *n.* རྟོད་འབར; ཚད་འབར; མེ་ཁ་དྭང་ལུགས;

617 Inflammatory, *a.* མེ་སྤྲར་བའི; འབར་བར་བྱེད་པའི་སྲི; ཕུང་གི;

618 Inflate, *v.t.* རླུང་བརྒྱང་བ;

619 Inflation, *n.* རླུང་བརྒྱངས;

620 Inflect, *n.* བཀུག་པ;

621 Inflection, *n.* གུག; སྣན་བཀུག;

622 Inflexibility, *n.* གྲོང་པོའི་རང་བཞིན; གྲོང་ལུར;

623 Inflexible, *a.* མཉམ་པོ་མན་པ; གྲོང་པོ;

624 Inflict, *v.t.* ཚར་གཅད་པ; མནར་གཅོད་གཏང་བ; མནར་བ;

625 Infliction, *a.* ཚར་གཅོད; མནར་གཅོད;

626 Influence, *n.* ངོ; དྲག་ཤུལ; ཁ་དྲག;

627 Influential, *a.* ངོ་ཅན; དྲག་ཤུལ་ཅན; ཁ་དྲག་པོ;

628 Influenza, *n.* ཚ་བ་མགོ་ཡོར; ཚ་རིམས;

629 Influx, *n.* མང་དུ་ལུད་པ་ཉིད; ཚང་ཁ;

630 Infold, *v.t.* ནང་དུ་བསྡུད་པ;

631 Inform, *v.i.* སྙན་ཞུ་འབུལ་བ;

632 Informal, *a.* ཉང་ལུར; འགྲོ་ལུར་དང་མི་ལྡན་པ;

633 Informality, *n.* སྒྲིས་ལམ་འགྲོ་ལུར་ལྟར་མིན་པ་ཉིད;

634 Informally, *ad.* ནང་སྟབས་སུ; (ནང་ལུགས་སུ Colql.)

635 Informant, *n.* བྱ་བཀྱལ་མཁན; བྱ་ར་གཏང་མཁན;

636 Information, *n.* བྱ; ལོ་རྒྱུས; (Hon. སྙན་ཞུ;)

637 Informer, *n.* སྐྱོན་ར་ཤད་མཁན; ཉེས་བྱས་ཀྱི་སྐད་ཆ་བཤད་མཁན;

638 Infraction, *n.* ཧྲལ; འགལ; ཁྲིཾ་ཧྲལས;

639 Infrangible, *a.* ཉེས་འགལ་གཏང་མི་ཐུབ་པ;

640 Infrequence, *n.* རྒྱུན་དུ་མི་འབྱུང་བ་ཉིད;

641 Infrequent, *a.* རྒྱུན་དུ་མེད་པའི;

642 Infringe, *v.t.* ཁྲིམས་ལུར་རྒལ་བ;

643 Infringement, *n.* ཁྲིམས་རྒལ;

644 Infuriate, *v.t.* ཁྲོས་པ; ཁྲོ་བོ; ཚིག་པ་ཟོས་པ;

645 Infuse, *v.t.* ནང་དུ་འཇུག་པ; རྒྱུད་བསྐུལ་ཞུས་པ; བཙུད་འདོན་པ;

646 Infusible, *a.* བཞུ་རུ་མི་སྲུབ་པ; བཞུ་མི་ནུས་པ;

647 Infusion, *n.* ཐང་སྨན; ཆུ་བླུད་ནས་ཐུང་ངམ་བཙུད་འདོན་པ་གང;

648 Ingathering, *n.* ལོ་ཏོག་བསྡུ་བ; ནང་འཚར་ནང་དུ་བསྡུ་བ; འདུས་ཚོར;

649 Ingenious, *a.* དམིར་ཅན; ཐབས་སྦྱོར་མཁས;

650 Ingeniously, *ad.* དམིར་པ་ཆེནོ་བྱེད་དེ;

651 Ingenuity, *n.* ཐབས་ཤེས; བློ་རིག; ཐབས་སྦྱོར;

652 Ingenuous, *a.* ཁ་ཁྲིག་མེད་པ; ཁ་ཞེ་མེད་པ; དྲང་པོ་ཟུར་ཟ་མེད་པ; བཟང་པོ; ཡ་རབ;

653 Ingle, *n.* སེ་བདང་ས;

654 Inglorious, *a.* གྲགས་པ་ཉིས་པའི; འཕྱུར་སྒོ་ཅན་གྱི;

655 Ingloriously, *ad.* མི་ཁ་འཕྱུར་སྟེ;

656 Ingoing, *a.* ནང་དུ་ཞུགས་པའི;

657 Ingot, *a.n.* རང་བྱུང་རིན་པོ་ཆེའི་གོང་དོག; གསེར་རྩི་དངུལ་གྱི་རྡོག་རྡོག;

658 Ingratiate, *v.t.* མགོ་འདྲེན་གཟིར་བསྐྱངས་གནང་བ་ཞུ་འཚལ་བ;

659 Ingratitude, *n.* དྲིན་བཟོ་མེད་པ་ཉིད; དྲིན་ལོག་བརྗལ;

660 Ingredient, *n.* རྫས;

661 Ingress, *n.* ནང་འཛུལ; ནང་ཞུར; ནང་དུ་འཛུལ་བའི་ཚད་དབང;

662 **Ingulf**, *v t.* ནང་དུ་བཙུག་པ; ནང་དུ་ཐིམ་པ;

663 **Inhabit**, *v.t.* སྡོད་པ; གནས་བཅའ་བ; གནས་པ;

664 **Inhabitable**, *a.* སྡོད་གནས་བཅའ་འོས;

665 **Inhabitant**, *n.* ཡུལ་བསྡོད་པ;

666 **Inhalation**, *n.* སྣ་ནས་མར་ཧྲུབ་རྒྱུའི་སྐབས; རླུང་ནང་དུ་ཧྲུབ་པ་དེ;

667 **Inhale**, *v.t.* སྣ་ནང་ཧྲུབ་པ;

668 **Inharmonious**, *a.* སྒྲ་མི་སྙན་པ; མི་མཐུན་པའི་སྒྲ;

669 **Inhere**, *v.i.* ནང་དུ་འབྱར་བ;

670 **Inherence**, *n.* ནང་དུ་མཆིས་པ; (དཔེར་ན་མེ་ལ་དྲོད་མཆིས་པ་ལྟ;) རང་ཆས;

671 **Inherent**, *a.* ནང་གནས; རང་ཆས་སུ་ཡོད་པ;

672 **Inherit**, *v.t.* ཕ་གཞིས་ཐོབ་པ;

673 **Inheritance**, *n.* ཕ་གཞིས; ནོར་སྐལ; གཞིས་སྐལ;

674 **Inheritor**, *n.* ཕ་གཞིས་ཐོབ་མཁན;

675 **Inhibit**, *v.t.* མནན་པ; འགག་པ; ནང་དུ་བསྣུན་པ; ཕྱི་འཐེན་རྒྱབ་པ;

676 **Inhospitable**, *a.* གཞན་ལ་གནས་ཚང་དང་བཟའ་བཏུང་སོགས་སྤྲེར་མི་ཕོད་པ;

677 **Inhospitableness**, *n.* མགྲོན་ལ་ངན་པའི་རང་བཞིན;

678 **Inhuman**, *n.* མིའི་སྤྱོད་པ་དང་མི་མཐུན་པ; གདུག་རྩུབ་ཅན;

679 **Inhumanity**, *n.* མིའི་སྤྱོད་པ་དང་མི་མཚུངས་པ་ཉིད; དྲག་རྩུབ་ཅན་གྱི་སྤྱོད་པ;

680 **Inhume**, *v.t.* ཁང་དུ་སྦ་བ;

681 **Inimical**, *a.* དགྲར་འཛིན་ཅན;

682 **Inimitable**, *a.* ལས་དོད་བྱར་མི་ནུས་པ;

683 Iniquitous, *a* སྡིག་ཅན་གྱི;

684 Iniquity, *n.* སྡིག་ལྟུང; སྡིག་པ; ལྟུང་བ;

685 Initial, *a.* མིང་ཡིག; མིང་བརྡ;

686 Initiate, *v.t.* དབང་ལུང་གནང་བ;

687 Initiation, *n.* དབང་ལུང;

688 Initiatory, *a.* དབང་ལུང་སྐུལ་བའི;

689 Inject, *v.t.* ནང་དུ་ཆུ་བཙིར་རྒྱབ་ནས་སླུག་པ; འཛུག་པ;

690 Injection, *n.* ནང་ལ་སྨན་སླུག་པ; འཛུག་པ;

691 Injudicious, *a.* ཚུལ་མཐུན་མིན; མི་རན་པ;

692 Injudiciously, *ad.* ཚུལ་མཐུན་མིན་དུ;

693 Injudiciousness, *n.* ཚུལ་མཐུན་མིན་དུ;

694 Injunction, *n.* གདམས་པ;

695 Injure, *v.t.* གནོད་པ་བསྐྱུལ་བ;

696 Injurious, *a.* གནོད་པ་ཅན; གནོད་སེམས་ཅན;

697 Injury, *n.* གནོད་པ;

698 Injustice, *n.* ཁྲིམས་མེད; ཁྲིམས་ཡོ;

699 Ink, *n.* གནག་ཚ;

700 Inkling, *n.* སེང་བུ; ལོ་རྒྱུས་ཟུར་ཙམ;

701 Inland, *a.* ས་ཕྲོག; གླིང་ནང; ཡུལ་ལྷིང;

702 Inlay, *v.t.* སྦྲ་བརྡབ་པ; སྦྲ་འདབ་པ; སྦྲ་བཀོད་པ;

703 Inlet, *n.* མཚོ་ལག;

704 Inly, *a.* ནང་མའི; སྦུག་གི; གསང་བའི;

705 Inmate, *n.* ནང་ལ་སྡོད་མཁན;

706 Inmost, *a.* ནང་གི་སྦུག་རང་གི;

707 Inn, *n.* མགྲོན་ཁང་;

708 Innate, *a.* རང་ཆས; རང་རང་སོ་སོའི་སྔོན་སྐྱང་གི;

709 Innately, *ad.* རང་ཆས་སུ; ནང་དུ་མཆིས་པའི;

710 Innateness, *n.* རང་ཆས་ཉིད;

711 Innavigable, *a.* གྲུ་མི་ཐར་བའི; གྲུ་ཟིང་འགྲོ་ས་མེད་པའི;

712 Inner, *a.* ནང་མ; སྦུག;

713 Innermost, *a.* ནང་གི་ཡང་ནང་མ; སྦུག་རང་གི;

714 Inning, *n.* ལོ་རྟོག་བསྐུ་རྒྱུ;

715 Inkeeper, *n.* མགྲོན་ཁང་བདག་པོ; ཟ་ཁང་པ;

716 Innocence, *n.* (སངས་རྒྱས་དཀར་པོའི་རང་བཞིན; Sik.)

717 Innocent, *a.* སྐྱོན་གྲིས་མ་གོས་པའི;

718 Innocuous, *a.* མི་གནོད་པའི; སྐྱོན་མི་བྱེད་པའི; མི་སྐྱོན་པའི;

719 Innocuously, *ad.* མི་གནོད་པར;

720 Innovate, *v.t.* ལུགས་གསར་འཛུག་པ; ལུགས་སྲོལ་གསར་དུ་འཛུག་པ;

721 Innovation, *n.* ལུགས་གསར་འཛུད; གསར་སྲོལ;

722 Innovator, *n.* གསར་སྲོལ་མཁན;

723 Innoxious, *a.* གནོད་འགལ་མེད་པའི;

724 Innuendo, *n.* ཚིག་སྐུག; ཟུར་དཔག; ཚིག་ཟུར;

725 Innumerable, *a.* གྲངས་ཀྱིས་མི་ཚོད་པ; བགྲངས་ཡས;

726 Inobservance, *n.* ཞིབ་རྟོག་མེད་པའི་རང་བཞིན;

727 Inobservant, *a.* ཞིབ་བརྟག་མེད་པ;

728 Inoculate, *v.t.* ལུས་ལ་ནད་མི་གོས་པའི་ཆེད་དུ་སྨན་ནམ་གཉེར་པོ་འཛུག་པ;

729 Inoculation, *n.* ནད་ཀྱི་གཉན་པོ་འཛུག་པའི་ཐབས;

730 Inoffensive, *a.* གནོད་མེད;

731 Inoffensiveness, *n.* གནོད་མེད་ཡིན་ཚུལ;

732 Inoperative, *n.* ལས་སུ་མི་རུང་བ; དོན་མི་ཆོད་པ; གོ་མི་ཆོད་པ;

733 Inopportune, *a.* སྐབས་མཚུངས་མིན; (Sik. ཁ་ཐུག་ངན་པ;)

734 Inordinate, *a.* ཚད་འགལ; ཚོད་མེད;

735 Inorganic, *a.* སྲོག་དུ་གྲུབ་པ་མ་ཡིན་པ; དཔེར་ན་གསེར་དངུལ་ཟང་ལྷུ;

736 Inquest, *n.* རྟག་ཞིབ; དྲི་ཞིབ;

737 Inquietude, *n.* བློ་སོད་མིན;

738 Inquire, *v.i.* དྲི་བ་བཅད་པ; དྲི་ཞིབ་དཔྱད་པ;

739 Inquirer, *n.* དྲི་བ་པོ;

740 Inquiry, *n.* འདྲི་ཚིག; འདྲི་བ; ཞིབ་རྟོག;

741 Inquisition, *n.* ཁྲིམས་གྲོག་གི་ཞིབ་དཔྱད;

742 Inquisitive, *a.* ཞིབ་དཔྱད་ཅན; དྲི་ཞིབ་ཅན; རྟོག་འདོད་ཅན;

743 Inquisitiveness, *n.* དྲི་ཞིབ་ཆེ་བའི་ཚུལ; དྲི་ཞིབ་ཆེ་ཁྱད;

744 Inquisitor, *n.* ཞིབ་དཔྱོད་པ;

745 Inquisitorial, *a.* ཞིབ་དཔྱད་ཀྱི;

746 Inroad, *n.* ཇག་འཇོམས; ཇག; དམག་འདྲེན;

747 Insalubrious, *a.* ཁམས་འཕྲོད་མེད་པའི; ཁོམས་མི་བདེ་བའི;

748 Insane, *a.* སེམས་བརྟེན་པོ་མེད་པ; སྨྱོན་པ;

749 Insanity, *ad.* སྨྱོ་འབོག;

750 Insatiable, *a.* ཚོད་མེད; འདོད་པ་ཁེངས་རྒྱུ་མེད་པ;

751 Insatiate, *a.* ཚོད་མེད;

752 Inscribe, *v.t.* རྡོ་བརྐོས་རྒྱབ་པ; པར་བརྐོ་བ;

753 **Inscription**, *n.* རྡོ་བརྐོས; བརྐོས་རིས; བྱང་བུ;

754 **Inscrutability**, *n.* དོན་དཔྱད་དུ་མེད་པའི་རང་བཞིན;

755 **Inscrutable**, *a.* དོན་དཔྱད་ན་མི་ཟིན་པ;

756 **Insect**, *n.* འབུ; སྲོག་ཆགས་ཕྲ་མོ; རྐང་དྲུག་ལྡན་པ;

757 **Insecure**, *a.* བརྟེན་པོ་མེད་པ; འཚེར་ཉེན་ཅན; སྐྱོར་ཉེན་ཅན;

758 **Insecurely**, *ad.* མི་བརྟེན་པར; མི་སྐྱིང་བའི;

759 **Insecurity**, *n.* མི་བརྟེན; མི་སྐྱིང; འཚེར་ཉེན;

760 **Insensate**, *a.* བློ་རིག་མེད་པའི; སྨོངས་པའི;

761 **Insensibility**, *n.* ཚོར་བ་མི་ལྡན་པའི་རང་བཞིན;

762 **Insensible**, *a.* ཚོར་རྒྱུ་མེད་པ; ཚོར་བ་མི་ལྡན་པ;

763 **Insensibly**, *ad.* མ་ཚོར་བར; ཚོར་བ་དང་མི་ལྡན་པར;

764 **Inseparable**, *a.* འབྲལ་མི་ཐོད་པའི; འབྲལ་མེད; དབྱེར་མེད;

765 **Inseparably**, *ad.* འབྲལ་མི་ཐོད་པར;

766 **Insert**, *v.t.* ནང་དུ་བཙུག་པ; སྐྱུབ་བཙུག་བྱེད་པ;

767 **Insertion**, *n.* སྐྱུབ་བཙུག;

768 **Inside**, *pre. or.* ནང་ལོགས;

769 **Insidious**, *a.* འཚེ་བའི; གླགས་འཚོལ་བའི; མ་ཚོར་བར་བསླུ་བའི;

770 **Insight**, *n.* ནང་གི་བྱ་བ་བྱེད་སྟངས; ནང་རྒྱུས;

771 **Insignia**, *n.* རྒྱལ་སྲིད་སྣ་བདུན; རྒྱལ་པོ་འི་ཕྱག་མཚན;

772 **Insignificance**, *n.* སྙིང་མེད; སྙིང་ཆུང; ཙས་ཆུང;

773 **Insignificant**, *n.* སྙིང་ཆུང་བའི; ཙས་ཆུང་བའི;

774 **Insincere**, *n.* ངོ་ལྐོག་ཅན; ཁ་ཅིག་ཞེ་གཉིས;

775 **Insincerity**, *n.* ངོ་ལྐོག;

776 **Insinuate**, *v.t.* ཟུར་དཔག་པ; ཚིག་བཀུག་རྒྱབ་པ;

777 Insinuation, *n.* ཚིག་ཟུར; ཚིག་བཀུག;

778 Insipid, *a.* བྲོ་བ་མེད་པ;

779 Insipidity, *n.* (Sik. བྲ་ལྷག་བྲོ་ལྷག་མེད་པ་ཉིད);

780 Insist, *v.i.* ནན་ཆེར་བསྐུལ་བ;

781 Insnare, *v.t.* རྙིར་བཟུང་བ;

782 Insobriety, *n.* རིག་པ་མི་གསལ་བའི་རང་བཞིན;

783 Insolence, *n.* (Sik.) གདོང་བཟང; གདོང་མ་ཆོག;

784 Insolent. (Sik.) གདོང་བཟང་དགྲ་བསྐྱལ;

785 Insolently, *ad.* གདོང་མ་ཆོག་པའི་ཚུལ་གིས;

786 Insolubility, *n.* བཞུ་མི་ནུས་པའི་རང་བཞིན;

787 Insoluble, *a.* བཞུ་མི་ནུས་པ; དོན་བཀྲལ་དུ་མེད་པ;

788 Insolvàble, *a.* དོན་བཤད་དུ་མེད་པ; དོན་མི་བརྟེད་པ;

789 Insolvency, *n.* བུན་མི་ཐེབས་པའི་ཚུལ;

790 Insolvent, *a.* བུན་མི་འབྱོར་བ; བུན་མ་ཐེབས་པ;

791 Insomuch, *ad.* འདི་ཙམ་དུ;

792 Inspect, *v.t.* རྟོག་ཞིབ་བྱ་བ; བལྟ་རྟོག་བྱ་བ;

793 Inspection, *n.* བལྟ་རྟོག;

794 Inspector, *n.* བལྟ་རྟོག་བྱེད་མཁན;

795 Inspectorship, *n.* བལྟ་རྟོག་བྱེད་པོའི་གོ་ས;

796 Inspiration, *n.* རིག་པའི་སྙིང་དུ་ངར་བསྐྱེད་པ; སྙིང་ངར;

797 Inspire, *n.* སྙིང་ངར་བསྐྱེད་པ; སྤུར་བསྐྱེད་པ;

798 Inspired, *a.* ལྷ་ཞུགས་པའི; (ཁོག་པ་བཀྲོངས་བའི; colql.)

799 Inspirer, *n.* ཁོག་པ་བརྒྱངས་མཁན; སྙིང་ཤུགས་བྱིན་མི;

800 Inspirit, *v.t* སྙིང་ཤུགས་གཙུག་པ; དབུགས་བྱིན་པ;

801 Inspissate, *n.* ཁྲུ་བཞིན་ཀ་མོར་ཆད་བཙུག་པ;

802 Instability, *n.* བདག་ཉིད་མེད་པའི་རང་བཞིན;

803 Install, *v.t.* བསྐོ་བཞག་མཛད་པ; ཁྲི་ལ་བསྐོད་པ; ཁྲི་མངའ་གསོལ་བ;

804 Installation, *n.* ཁྲི་ལ་མངའ་གསོལ; ཁྲི་འདོན; མངའ་གསོལ;

805 Instalment *n.* ཀི་སི་ཏི; (a Hindi word Tibetanised.)

806 Instance, *n.* དཔེ; སྐབས; {as for instance.} =དཔེར་ན;

807 Instant, *a.* ཡུན; ཡུད་ཙམ་པ; དར; སྐད; ཡུད;

808 Instantaneous, *a.* སྐད་ཅིག་དེ་ཉིད; རིམ་ཐག;

809 Instantaneously, *ad.* སྐད་ཅིག་དེ་ཉིད་དུ;

810 Instate, *v.t.* ཁྲི་ལ་བསྐོ་བཞག་བྱེད་པ;

811 Instead, *ad.* ཚབ་ཏུ; ཚབས་སུ;

812 Instep, *n.* རྐང་ལེབ་ཀྱི་སྒུག; རྐང་རྟེད;

813 Instigate, *v.t.* རྒྱུད་བསྐུལ་བ; ཁོག་པ་བརྒྱང་བ;

814 Instigation, *n.* རྒྱུད་བསྐུལ; ངན་ལས་སུ་བསྐུལ་བ; ཁོག་བརྒྱང;

815 Instigator, *n.* རྒྱུད་བསྐུལ་རྒྱུབ་མཁན;

816 Instill, *v.t.* ནང་དུ་བླུད་པ;

817 Instinct, *a.* དུད་འགྲོའི་རང་ཆས་ཀྱི་རིག་པ; རང་བཞིན;

818 Instinctive, *a.* དུད་འགྲོའི་མངོན་ཤེས་ཀྱི; ཤུད་ཀྱི;

819 Institute, *v.t.* མགོ་འཛུགས་པ; མགོ་བརྩམས་པ;

820 Institution, *n.* བཅའ་བའི་སྡེ; འཛུགས་པའི་སྡེ; ཁྲིམས་ཡིག; བཅའ་བའི་ཁྲིམས; བཅའ་ཡིག; མན་ངག་སྡེ; ལུང་སྡེ; ཁྲིམས་སྡེ;

821 Instruct, *v.t.* བསླབ་བྱ་བསྟོན་པ;

822 Instruction, *n.* བསླབ་བྱ;

823 Instructive, *a.*	སློབ་འདོས; གོ་བ་སྤྲེལ་ནུས;
824 Instructor, *n.*	སློབ་དཔོན;
825 Instrument, *n.*	ལག་ཆ; ཆ་ལག; ཆ་བྱེད;
826 Instrumentality, *n.*	ལག་ཆར་འགྱུར་ཚུལ;
827 Insubjection, *n.*	དབང་དུ་མི་སྡུད་པའི་ཚུལ;
828 Insubordinate, *a.*	བཀའ་ལ་མི་བརྩི་བ;
829 Insubordination, *n.*	གོང་མའི་བཀའ་འདོག་མི་སྡུད་པ་ཉིད;
830 Insufferable, *a.*	བསྲན་དུ་མེད་པ; མི་བཟོད་པ;
831 Insufferably, *ad.*	བཟོད་བསྲན་མི་ཐུབ་པར;
832 Insufficiency, *n.*	འདང་མིན; ལངས་མིན; འགྲིག་མིན;
833 Insufficient, *a.*	མ་འདང་པ; མ་ལངས་པ; མ་འགྲིག་པ;
834 Insufficiently, *ad.*	མ་འདང་པར;
835 Insular, *a.*	མཚོ་གླིང་གི་ཆའི; ཆུ་ཡིས་མཐའ་བསྐོར་བའི;
836 Insulate, *v.t.*	ས་དང་འགྲིམ་འགྱུམ་འབྲེལ་ཆ་ཐད་ཀྱིས་གཅད་པ;
837 Insulated, *a.*	འབྲེལ་ཆ་ཐད་ཆོད; གཅིག་ཀྱེར;
838 Insulation, *n.*	གློག་གི་ལག་ལན་དུ་དགོས་པའི་ལྕགས་སྐུད་དེའི་ཕྱི་འཐུམས་དེའོ;
839 Insulator, *n.*	གློག་གི་ལག་ལན་དུ་དགོས་པའི་ལྕགས་སྐུད་དེའི་ཕྱི་ནས་དཀྲིས་པ་དེའོ;
840 Insult, *n.*	ཚིག་རྩུབ་བརྗོད་པ; ཁོང་ཁྲོ་བསྐྱེད་པ;
841 Insultingly, *ad.*	འཁོན་འཛིན་དེ; འཁང་བའི་ཚུལ་གྱི;
842 Insuperable, *a.*	མི་ནོན་པའི;
843 Insuperably, *ad.*	མི་ནོན་པར;
844 Insupportable, *a.*	མི་ཐེག་པའི;

845 Insupportably, *ad.* མི་ཐེག་པར ;

846 Insuppressible, *n* སྨྲ་མི་ཐུབ་པ ; མི་ནོན་པ ;

847 Insurance, *n.* ཁག་ཐེག་ཟུས་པ་ཉིད ; ཁེག་འཁྲུག ;

848 Insure, *v.t.* ཉེན་ཁ་ལས་བསྲུང་བའི་འགན་ཁག་དགྲི་བ ;

849 Insurgent, *a.* ངོ་ལོག་རྒྱབ་མཁན ; ངོ་ལོག་མཁན ;

850 Insurmountable, *a.* དབང་གིས་མི་ནོན་པའི ;

851 Insurrection, *n.* ངོ་ལོག ; སྡོ་ཁྲུག་གི ; འཁྲུག་པ ;

852 Insurrectionary, *a.* སྡེ་ཁྲུག་གི ;

853 Insusceptible, *a.* ཚོར་མི་ནུས་པའི ; མི་ཚོར་བའི ;

854 Intact, *a.* མ་ཉམས་པ ; མ་ཞིག་པར ; མ་སྐྱོན་པར ; ཉམས་མེད ;

855 Intangible, *a.* བཟུང་དུ་མེད་པ ; དངོས་མེད ;

856 Integer, *n.* སྒང་པོ ; ཧྲིལ་པོ ; རྫོག་རྫོག་གཅིག ;

857 Integral, *a.* མ་བསྒྲིལ་བའི ; མ་ག་ཤད་པ ; ཧྲིལ་པོ ; སྒང་ཧྲིལ ;

858 Integrate, *a.* གོང་བུར་བསྒྲིལ་བ ; ཧྲིལ་མར་བཟོ་བ ;

859 Integrity, *n.* སྒང་ཚངས ; མ་ཉམས་པ ; དབང་ཚང ;

860 Integument, *n.* དར་ཤུན ; དར་མ ; དར་བསྲབ ;

861 Intellect, *n.* བློ་གྲོས ; ཤེས་རིག ; ཤེས་རབ ; བློ་རིག ;

862 Intellectual, *n.* བློ་རིག་གི ;

863 Intellectually, *ad.* བློ་རིག་གི་ཐོག་ནས ;

864 Intelligence, *n.* བློ་རིག ; ཤེས་རིག ;

865 Intelligent, *a.* བློ་མནོ་བ ; ཤེས་རིག་ལྡན་པ ; བློ་ལྡན ; བློ་གྲོས་ཅན ;

866 Intelligently, *ad.* བློ་རིག་ལྡན་པར ; བློ་གྲོས་ཀྱིས ;

867 Intelligible, *a.* གྲོལ་པོ ; གོ་སླ་བ ;

868 Intelligibly, *ad.* གོ་སླ་བར ;

869 Intempérance, *n.* ཚོད་མེད; ཚོད་མེད་དུ་ལོང་སྤྱོད་པའི་ལས;

870 Intemperate, *a.* ཚོད་མེད; བག་མེད་དུ་སྤྱོད་འདོད་ཅན;

871 Intemperately, *ad.* ཚོད་མེད་དུ;

872 Intend, *v.t.* བསྒོ་བ; འདོད་པ; དགོངས་པ་བཞེས་པ; དམིགས་པ;

873 Intendant, *n.* ལས་སྣེ;

874 Intended, *n.* བསྒོམས་པ; དགོང་པར་བཞེས་པའི;

875 Intense, *a.* ཧོད་དྲག་པོ; དྲག་པོ;

876 Intensely, *ad.* ཧོད་དྲག་པོར; ཕུར་རྩུར་སུ;

877 Intensify, *v.t.* ཧོད་དྲག་དུ་གཏང་བ;

878 Intensity, *n.* ཤུར; དྲག་པོའི་ཤུགས; ངར; ངད;

879 Intent, *n.* དོན; བསམ་པ;

880 Intention, *n.* བློ་འདོད; འདོད་པ; ཡིད་ཀྱི་འདོད་པ;

881 Intentional, *a.* བསམ་བློ་བཏང་སྟེ; ཤེས་བཞིན;

882 Intentionally, *ad.* ཤེས་བཞིན་དུ;

883 Intently, *ad.* འདུན་པ་དྲག་པོས;

884 Inter, *v.t.* སྐྱུང་བ; རོ་སྦྲ་བ; ཕུར་ཁང་དུ་བཅུག་པ;

885 Intercede, *v.t.* ཞུ་འབུལ་བྱེད་པ; གསོལ་བཏབ་བྱེད་པ;

886 Intercept, *v.t.* བར་ནས་འཛབ་པ;

887 Interception, *n.* བར་ནས་ལག་དུ་ཐེབས་པ་ཉིད;

888 Intercession, *n.* གཞན་གྱི་ཕྱིར་གསོལ་བ་བཏབ་པའི་ལས;

889 Intercessor, *n.* ངོ་ཤེན; ངོ་ཆེན;

890 Interchange, *v.t.* བརྗེ་བསོར;

891 Intercourse. འབྲེལ་བ; ཁ་བསྡེབ; འབྲེལ་ཆ;

892 Interdependent, *a.* བརྟེན་ནས་གནས་པའི;

893 Interdict, *v.t.* བཀའ་རྒྱས་བསྒོམས་པ;

894 Interest, *n.* བསྐྱེད; གཟུང་བ་ (concern) འཕེལ་བསྐྱེད; ཡར་བསྐྱེད;

895 Interested, *a.* ཁེ་སྤྱོང་ཅན; ཁྲེ་གཟུས་ཕོག་པའི་མི;

896 Interesting, *a.* ཡིད་ཁར་འགྲོ་པོ; ཡིད་འདྲེན་ཐུས;

897 Interfere, *v.i.* ཁ་འཛུག་པ; བར་དུ་ཞུགས་པ;

898 Interference, *n.* བར་དུ་ཞུགས་པའི་ལས;

899 Interim, *n.* བར་ཡུན; ར་བར; བར་སྐབས;

900 Interior, *a.* ནང་ཁོང; ཁོག; ཁོང་པ;

901 Interjacent, *a.* བར་གྱི; བར་དུ་མཆིས་པའི; བར་མའི;

902 Interject, *v.t.* དཀྱིལ་དུ་འཕང་པ; བར་དུ་འཕེན་པ;

903 Interjection, *n.* གློ་བུར་བའི་སྒྲ; གློ་བུར་དུ་འདོན་པའི་སྒྲ;

904 Interlace, *v.t.* ལྷས་མ་ལྷ་བ;

905 Interlay, *v.t.* བར་ཤབ་སྤེ་བཞག་པ;

906 Interleave, *v.t.* བར་དུ་ཤོག་ལྷེ་བཙུག་པ;

907 Interlink, *v.t.* སིང་ཙུང་གིས་འབྲེལ་བ་དཔེར་ན་གོ་ཁྲབ་བཞིན; ཨ་ལོང་རྩུང་དུས་འབྲེལ་བ;

908 Interlock, *v.i.* གཅིག་གིས་གཅིག་ནིཾ་པོར་འཐུམས་པ;

909 Interlocution, *n.* གླེང་མོ; སྐད་ཆ; གཏཾ་གླེང;

910 Interlocutor, *n.* བར་དུ་གླེང་མོ་བྱེད་མཁན;

911 Interlope, *v.i.* ཁག་འགན་མེད་པར་ཕྲ་ཕྲོར་བྱ་བ;

912 Interloper, *n.* ཤི་ཁྲལ་མི་བདབ་པར་འཚོང་བྱེད་མཁན;

913 Interlude, *n.* བལྟས་མོ་འི་ར་བར་དུ་འབབ་ཛ་གདང་བ་དེ;

914 Intermarriage, *n.* གཉེན་འབྲེལ;

915 Intermarry, *v.i.* ཕན་ཚུན་གཉེན་བདའ་པ;

916 Intermeddle, *v.i.* དོན་མེད་བར་ཚང་རྒྱབ་པ; དོན་མེད་བར་དུ་ཐེབ;

917 Intermeddler, *n.* དོན་མེད་བར་ཚང་རྒྱབ་མཁན;

918 Intermediate, *a.* བར་གྱལ; འབྲིང་པོ; བར་པ;

919 Interment, *n.* དུར་ཁང་དུ་སྦས་པ; ཕུར་ཁང་དུ་བཙུག་པ;

920 Interminable, *a.* ཟད་མཐའ་མེད་པ; མཐའ་མི་མངོན་པ;

921 Interminate, *a.* མཐའ་མི་མངོན་པ; མཐའ་ཡས;

922 Intermingle, *v.t.* བསྲེས་པ; སླ་བསྲེ་བ;

923 Intermission, *n.* བར་བར་དུ་ཆད་བྱུང་བ; བར་ཆད;

924 Intermit, *v.t.* བར་དུ་གཅད་པ;

925 Intermittent, *n.* བར་བར་ཆད་པའི; ཉིན་སྐོར་ཅན;

926 Intermix, *v.t.* སླ་བསྲེ་བ;

927 Intermixture, *n.* བསྲེ་བ; སླ་བསྲེས; བསྲེས་མ;

928 Internal, *a.* ནང་ཁོང་གི;

929 Internally, *ad.* ནང་ཁོང་དུ;

930 International, *a.* རྒྱལ་ཁམས་སམ་རང་ཡུལ་ནང་ཁོང་གི;

931 Internecine, *a.* རང་ནང་ཕུང་བྱེད; ནང་ཁྲུག;

932 Interpolate, *v.t.* ཚིག་བསླད་བཙུགས་པ;

933 Interpolation, *n.* ཚིག་བསླད;

934 Interpose, *v.t.* བར་དུ་ཚང་པ; བར་ཚང་བཙུག་པ;

935 Interposition, *n.* བར་ཞུགས; བར་འཚང;

936 Interpret, *v.t.* འགྲེལ་བ; སྐད་བསྒྱུར་བ;

937 Interpretation, *n.* དོན;

938 Interpreter, *n.* སྐད་བསྒྱུར་པ; སྐད་པ;

939 Interregnum, *n.* ཁྲི་འཛིན་སྔ་ཕྱི་གཉིས་ཀྱི་བར་སྐབས;

940 **Interrogate**, *v.t.* འདྲི་བ;

941 **Interrogation**, *n.* འདྲི་བའི་ཚིག;

942 **Interrogative**, *a.* འདྲི་ཚིག་གི;

943 **Interrupt**, *v.t.* བར་དུ་བཅད་པ; འཕྲོ་བཅད་པ;

944 **Interruption**, *n.* བར་བཅད;

945 **Intersect**, *v.t.* གཉིས་ཤག་ཏུ་བགོས་པ;

946 **Intersperse**, *v.t.* ཐ་རེ་ཐོ་རི་བྲུས་བཀོད་པ;

947 **Interspersion**, *n.* ཁ་ཐོར་དུ་བཀོད་པ་གང;

948 **Interstice**, *n.* བར; དབྲག; སྲུབ;

949 **Intertwine**, *v.t.* བཙུག་དཀྲིས་རྒྱབ་པ; ལྩུག་ལྐས་རྒྱབ་པ;

950 **Interval**, *n.* བར་སྐབས;

951 **Intervene**, *v.i.* བར་དུ་འཛུག་པ;

952 **Intervention**, *n.* བར་དུ་ཞུར་པའི་ལས; བར་མཆོས;

953 **Interview**, *n.* མཇལ་འཕྲད; ངོ་མཇལ;

954 **Interweave**, *n.* བསྲིས་ནས་འཐགས་སུ་བཏག་པ;

955 **Interwoven**, *a.* འཐག་སུ་བཏག་ནས་ཡོད་པའི;

956 **Intestate**, *n.* བཤུལ་སྡོངས;

957 **Intestinal**, *a.* ནང་རྟོལ་གྱི; རྒྱུ་མའི;

958 **Intestine**, *a.* རྒྱུ་མ; ལོང་ག;

959 **Intimacy**, *n.* ངོ་ཤེས; ནང་རྒྱུས; ངོ་འབྲེལ;

960 **Intimate**, *a.* རྒྱུས་ཡོད; རྒྱུས་མངའ; རྒྱུས་ཅན; ངོ་འགྲིས་ཅན;

961 **Intimate**, *v.t.* བཤད་པ; གོ་བར་བཤད་པ; རྣ་བར་བརྗོད་པ;

962 **Intimately**, *ad.* རྒྱུས་ཡོད་བྱེད་དེ;

963 **Intimation**, *n.* གོ་བཤད;

964 **Intimidate**, *v.t.* འཇིག་སྐྲག་བཀོད་པ;

965 **Intimidation**, *n.* འཇིག་སྐྲག;

966 **Into**, *prep.* ནང་དུ;

967 **Intolerable**, *a.* བཟོད་གླག་མེད་པ; (ཟེ་མི་ཚུཊ་པ; Sik.)

968 **Intolerably.** བཟོད་གླག་མེད་པར;

969 **Intolerance**, *n.* མི་བཟོད; མི་ཐེག;

970 **Intolerant**, *a.* བཟོད་བསྲན་མེད་པ;

971 **Intoleration**, *n.* བསྲན་གཙུག་མེད་ལུཊ;

972 **Intonate**, *v.i.* སྒྲ་འགྲིག་པ; [སྟངས;

973 **Intonation**, *n.* སྒྲ་འདྲེན་སྟངས; སྒྲ་བོད་སྟངས; སྒྲ་དབྱངས་འདྲེན

974 **Intone**, *v.i.* སྒྲ་དབྱངས་འདྲེན་པ; སྐད་འདོར་འདོན་པ;

975 **In toto**, *ad.* ཡོངས་སུ; ཡང་དག་པར; ཡོངས་རྫོགས་སུ;

976 **Intoxicate**, *v.t.* ར་བཟི་རུ་བཅུག་པ;

977 **Intoxication**, *n.* ར་བཟི; ར་རོ;

978 **Intra**, *ad.* ནང་ཁོང་དུ;

979 **Intractable**, *a.* མི་ཐུལ་བ;

980 **Intransitive**, *a.* གཞན་གྱི་ཐོག་མི་འགྲོ་བའི; ཕར་འགྲོ་བ་མེད་པའི;
བྱེད་ཡུལ་མེད་པའི་བྱ་བ; དཔེར་ན་འགྲོ་བ་ཉལ་བ་ལྡུར;

981 **Intransmissible**, *a.* ཕར་སྤྲོ་མི་ནུས་པའི;

982 **Intransmutable**, *a.* འགྱུར་དུ་མེད་པའི; [བསྐོར་བ;

983 **Intrench**, *v.t.* ར་བས་མཐའ་བསྐོར་བ; ས་དོང་ཡུར་བ་གཏིང་རིང་གིས·

984 **Intrenchment**, *n.* འཐབ་ར; འཛིང་ར;

985 **Intrepid**, *a.* ཉམ་ང་བག་ཚ་མེད་པ;

986 **Intrepidity**, *n.* ཉི་ང་མེད་པའི་རང་བཞིན;

987 Intrepidly, *ad.* ཉི་ང་མེད་པར;

988 Intricacy, *n.* མགོ་ཉོག; འཁྲིད་པོ; བཀྲོལ་དཀའ;

989 Intricate, *a.* མགོ་ཉོག་ཅན; བཀྲོལ་དཀའ་པོ;

990 Intricately, *ad.* བཀྲོལ་དཀའ་བྱེད་དེ;

991 Intrigue, *n.* ནང་གཡོ;

992 Intriguer, *n.* ནང་གཡོ་བརྩོ་མཁན;

993 Intrinsic, *a.* སྙིང་པོའི;

994 Intrinsically, *ad.* སྙིང་པོར;

995 Introduce, *v.t.* ངོ་སྤྲོད་བྱེད་པ;

996 Introduction, *n.* ངོ་སྤྲོད;

997 Introductorily, *ad.* ངོ་སྤྲོད་ཀྱི་ཚུལ་དུ;

998 Introductory, *a.* ངོ་སྤྲོད་པའི;

999 Intrude, *v.i.* མི་འདོད་བཞིན་པ; བར་བཅད་བཏང་བར་ཡོང;

1000 Intruder, *n.* བློ་ལ་མེད་པའི་མི་ནང་ལ་སོང་བ;

1001 Intrúsion, *n.* མ་འབོད་པར་ནང་ལ་སོང་བ;

1002 Intrusive, *a.* སོང་མི་ཆོག་བཞིན་དུ་ཡོང་མཁན;

1003 Intrust, *v.t.* བློ་གཏད་པ; བློ་འགེལ་བ;

1004 Intuition, *n.* ནང་གི་ཉམས་འཆར་བ་དེ; ཉམས;

1005 Intuitive, *a.* རང་ནང་གྱི; རང་གི་ཁོང་ནས; རང་ཤེས;

1006 Intuitively, *ad.* ཁོང་ནས་རང་འབར་གྱི;

1007 Intwine, *v.t.* ནང་དུ་བཙུམས་ནས;

1008 Inumbrate, *v.t.* གྲིབ་མའི་འོག་བཙུག་པ;

1009 Inundate, *n.* ཆུ་ཡིས་མནན་པ; ཆུ་ཧུད་ཕབ་པ;

1010 Inundation, *n.* ཆུ་ཧུད;

1011 **Inure,** *v.t.* སྒྲིས་སྲུ་བཙུག་པ; འབྱུང་བ; གོམས་བཙུག་པ;

1012 **Inutility,** *n.* ཕན་ཆ་མེད་ཡུང; ཕན་མེད;

1013 **Invade,** *v.t.* གོང་མཚོན་བྱེད་པ; དམང་འདྲེན་སྟེ་གོང་མཚོན་བྱེད་པ;

1014 **Invader,** *n.* གོང་མནན་བྱེད་མི;

1015 **Invalid,** *a.* ནད་པ;

1016 **Invalidate,** *v.t.* དོན་འཕེར་མིན་དུ་བཟོས་པ; སྟོབས་བཅོཾ་པ;

1017 **Invalidity,** *n.* དོན་མེད;

1018 **Invaluable,** *a.* རིན་ཐང་མེད; རིན་ཐང་བྲལ་བ; མེད་མི་རུང;
(མེད་ཀ་དག; Colql.);

1019 **Invariable,** *a.* འགྱུར་ལྡོག་མེད་པ;

1020 **Invariableness,** *n.* འགྱུར་མེད;

1021 **Invariably,** *ad.* རྟག་པར་རྒྱུན་དུ; འགྱུར་ལྡོག་མེད་པར;

1022 **Invasion,** *n.* གོང་མཚོན;

1023 **Invective,** *n.* ཁ་གཡོགས;

1024 **Inveigh,** *v.i.* ཁ་གཡོགས་འཕྲུལ་བ;

1025 **Inveigle,** *v.t.* སླུས་ཏེ་འཁྲིད་པ; སླུ་ཁྲིད་ཀྱིས་འདྲེན་པ;

1026 **Invent,** *v.t.* གསར་དུ་སྤྲོས་པ;

1027 **Invention,** *n.* གསར་སྤྲོས;

1028 **Inventive,** *a.* གསར་དུ་སྤྲོས་ནུས་པ;

1029 **Inventiveness,** *n.* གསར་དུ་སྤྲོས་པའི་བློ་རིག;

1030 **Inventor,** *n.* གསར་སྤྲོས་མཁན;

1031 **Inventory,** *n.* ཐོ; དེབ་ཐོ; དཀར་ཆབ;

1032 **Inverse,** *a.* ཉེང་དུ་ལྡོག་སྟེ;

1033 **Invest,** *v.t.* ནང་དུ་བཀུག་པ; ཕྱི་ནང་སློག་པ; མགོ་མཇུག་བསྒྱུར་བ;

1034 **Investigate,** *v.t.* རྩས་བཅོད་བྱེད་པ; ཞིབ་དཔྱོད་པ;

1035 **Investigation**, *n.* ཞིབ་བཅད; ཞིབ་དཔྱད;

1036 **Investigator**, *n.* ཞིབ་བཅད་བྱ་མཁན;

1037 **Investiture**, *n.* བཀོ་བཞག; གོ་གནས་སུ་བཀོ་བཞག; སྐུལ་བ;

1038 **Investment**, *n.* བཀོ་བཞག་གི་ལས;

1039 **Inveterate**, *a.* ཡང་དུ་ཤོར་བ; ཁ་སྐྱོང;

1040 **Inveterately**, *ad.* ཡང་ཤོར་བྱེད་དེ;

1041 **Invidious**, *n.* ཅུ་ང་ཕྲག་དོག་སྐྱོང་ཉེན་ཅན;

1042 **Invidiously**, *ad.* ཕྲ་ལོག་སྐྱོང་འོས་བྱེད་དེ;

1043 **Invigorate**, *v.t.* སྟོབས་བསྐྱེད་པ;

1044 **Invigorating**, *n.* སྟོབས་བསྐྱེད་ནུས;

1045 **Invigoration**, *n.* སྟོབས་བསྐྱེད;

1046 **Invincibility**, *n.* མི་ཕམ; མི་འཛེམ་པ; མི་གཞོམ;

1047 **Invincible**, *a.* སུས་ཀྱང་ཕམ་མི་ནུས་པ;

1048 **Invincibly**, *ad.* མི་ཕམ་པར;

1049 **Inviolability**, *n.* གནོད་པ་ཐུབ་མིན;

1050 **Inviolable**, *a.* གནོད་མི་ཐུབ་པ;

1051 **Inviolate**, *a.* གནོད་པ་མ་འཁྲུས་པར;

1052 **Invisibility**, *n.* མི་སྣང་བའི་རང་བཞིན;

1053 **Invisible**, *a.* མིག་གིས་མི་མཐོང་པ;

1054 **Invisibly**, *ad.* མི་སྣང་བར; མ་མཐོང་བ་བྱེད་དེ;

1055 **Invitation**, *n.* མགྲོན་འབོད; སྤྱན་འདྲེན;

1056 **Invite**, *v.t.* མགྲོན་དུ་འབོད་པ;

1057 **Invitingly**, *ad.* མགྲོན་བོས་ཀྱི་ཚུལ་དུ;

1058 **Invocate**, *v.t.* སྤྱན་འདྲེན་ཞུ་བ;

1059 Invocation, *n.* སྤྱན་འདྲེན་གྱི་གསོལ་འདེབས;

1060 Invoice, *n.* འཚོང་ཟོག་གཏང་ཐོ་འི་ཡིག;

1061 Invoke, *v.t.* ཞུ་བ་འདྲེན་པ; སྤྱན་འདྲེན་ཞུ་བ;

1062 Involuntarily, *ad.* རང་དབང་མེད་པར;

1063 Involuntary, *a.* རང་དབང་མེད་པའི;

1064 Involution, *n.* ནང་དུ་འཁྱིལ་བ;

1065 Involve, *v.t.* འཐུམ་པ; ནང་དུ་བཙུག་པ; སྦྲར་བཙུག་པ;

1066 Invulnerable, *a.* ཆག་གྲུམ་གཏང་མི་ནུས་པ; མི་འཛིག་པ; མི་གཞིག་པ; མི་ཆོད་པ; གཞིག་མི་ནུས་པ;

1067 Inward, *a.* ནང་ཕྱོགས;

1068 Inwardly, *ad.* ནང་ཕྱོར་སུ; ཁ་ནང་བལྟས་དེ;

1069 Inweave, *v.t.* ནང་དུ་བདག་པ;

1070 Inwrapped, *a.* འཐུམ་པ; ནང་དུ་བསྟུམ་པ;

1071 Inwrought, *a.* རི་མོ་ནང་དུ་བཀོ་བ;

1072 Ionic, *a.* ཁང་བཟོ་པ་ཊ་དང་མཚོ་ཆ་ལྡན་པ;

1073 Iodine, *n.* རིན་པོ་ཆེའི་གྲལ་དུ་མི་ཚུད་པའི་འབྱུང་ཁམས་བཞི་ནས་གཅིག;

1074 Ipecacuanha, *n.* སྤོ་སྨན་གྱི་རྩ་བ་ཞིག;

1075 Irascible, *a.* སྤྲོ་ཐུང;

1076 Ire, *n.* ཞེ་སྡང; ཁོང་ཁྲོ;

1077 Iris, *n.* མཛའ་ཚོན; མིག་གི་རྒྱལ་མོ;

1078 Irk, *v.t.* བསྐུན་པ; སྐུན་བྱིན་པ;

1079 Irksome, *a.* ཞེ་སྐུན་པོ;

1080 Irksomeness, *n.* ཞེ་སྐུན;

1081 Iron, *n.* ལྕགས ;

1082 Ironical, *a.* སྒྲ་དོན་གོ་ལྡོག་ཏུ་སྨྲ་བའི་གཏམ ;

1083 Irony, *a.* གཏམ་གྱི་སྒྲ་དོན་གོ་ལྡོག་ཏུ་སྨྲ་ལུགས ;

1084 Irradiant, *a.* འོད་ཆེམ་ཆེམ ;

1085 Irradiate, *v.t.* འོད་ཟེར་འཕྲོ་བ; འོད་འཕྲོ་བ;

1086 Irrational, *n.* རྟོ་མེད; ཟབ་མེད ;

1087 Irreclaimable, *a.* བཅོས་ཐབས་མེད་པ ;

1088 Irreconcilable, *a.* མཐུན་པོར་འགྲིག་ཐབས་བྲལ་བ ;

1089 Irrecoverable, *a.* སླར་ཐོབ་རེ་བྲལ་བ ; སླར་མི་བརྙེད་པ ;

1090 Irredeemable, *a.* སླར་ཚོང་ཉོ་མི་ཐུབ་པ; སླར་བླུ་ཐབས་བྲལ་བ ;

1091 Irrefragable *a.* ལན་མི་ཐེབས་པ ; ལན་མི་ལྡོག་པ ; ལན་འདེབ་དུ་མེད་པ;

1092 Irrefutable, *a.* བརྗོད་ལན་མི་ཐེབས་པ ;

1093 Irregular, *a.* རྒྱུན་སྲོལ་དང་མི་མཐུན་པ; (ཚབ་བེ་ཚོབ་བེ ; Colql.);

1094 Irregularity, *n.* ཚུལ་དང་མཐུན་མིན ;

1095 Irrelevant, *a.* དོན་དང་མི་གཏོགས་པ ; དོན་དང་མི་ཉེ་བ ; གཏམ་དོན་མི་

1096 Irreligion, *n.* ཆོས་མིན ; [མཚུངས་པ ;

1097 Irreligious, *a.* ཆོས་མེད ; སྐལ་མེད ;

1098 Irremediable, *a.* བཅོས་ཁ་མི་ནུས་པ ; བཅོས་སྨུ་མེད་པ ;

1099 Irremissible, *a.* དགོང་བཞེས་བཀུར་མི་འོས་པ ;

1100 Irreparable, *a.* བཅོས་ཐབས་མེད་པ ;

1101 Irreprehensible, *a.* བཀའ་སྐྱོན་མ་ཐོག་པ ; བཀའ་སྐྱོན་གནང་མི་འོས་པ ;

1102 Irreproachable, *a.* སྐྱོན་བྲལ ; སྐྱོན་མེད ; ཟེ་རྒྱུ་མེད་པ ;

1103 Irreprovable, *a.* སྐྱོན་མེད ; བཀའ་སྐྱོན་མི་ཐོག་པ ;

1104 Irresistible, *a.* མི་ཐུབ་པ ; ཐོལ་ནུས་མེད་པ ;

1105 Irresistibly *ad.* མི་ཐུབ་པ་བྱེད་དེ ; (ཟེ་ལྷར་མ་ཚུད་པ ; Sik.)

1106 Irresolute, *a.* བློ་ཐག་མ་ཆོད་པ; ཐག་ཆོད་མེད་པ; (བློ་ཚམ་ཚོམ ; Sik.)

1107 Irresolutely, *ad.* བློ་ཚ་མེ་ཚོ་མེར ;

1108 Irresolution, *n.* བློ་ཚམ་ཚོམ ;

1109 Irresolvable, *a.* བློ་ཐག་བཅད་ས་མེད་པ ;

1110 Irrespective, *a.* དེ་ལ་མ་གཏོགས་པའི ; མ་བརྩིས་པའི ;

1111 Irresponsible, *a.* ཁག་འགན་མ་ཡོང་པ ; ཁག་མེད་འགན་མེད ;

1112 Irresponsibly, *ad.* ཁག་འགན་མེད་པར ;

1113 Irretrievable, *a.* སླར་ཕྲོབ་ས་མེད་པ ;

1114 Irreverence, *n.* དད་གུས་མེད་པའི་ཚུལ་ལམ་རྣམ་འགྱུར ;

1115 Irreverent, *a.* དད་གུས་མི་ལྡན་པ ;

1116 Irreverently, *ad.* མ་གུས་པའི་ཚུལ་གྱིས ;

1117 Irrevocable, *a.* སླར་ཟློག་འགྱུར་དུ་མེད་པ ;

1118 Irrevocably, *ad.* ལྡོག་ཏུ་མེད་པར ; འགྱུར་དུ་མེད་པར ;

1119 Irrigate, *v.t.* ཞིང་ལ་ཆུ་ཡུར་འདྲེན་པ ;

1120 Irrigation, *n.* ཞིང་ལ་ཆུ་འདྲེན་པའི་ཐབས ;

1121 Irritability, *n.* རྩེ་རེག་ཆེ་བའི་ཉཾ་འགྱུར ;

1122 Irritable, *a.* རྩེ་རེག་ཅན ;

1123 Irritably, *ad.* རྩེ་རེག་ཆེན་པོ་བྱེད་དེ ;

1124 Irritant, *a.* གཉན་བསྐྱེད་བྱེད ; ཚ་འབར་སྐྱང་བྱེད ;
ཚུབ་ཏུ་བཙུག་བྱེད ;

1125 Irritate, *v.t.* ཁོང་ཁྲོ་སློང་བ ; ཁྲོ་རུ་བཙུག་པ ; གཉན་བསྐྱེད་པ ;

1126 Irritation, *n.* ཚ་འབར ; ཟབ་རག ; (གཡའ་ཟུག་ཚ་ཟུག ; Sik.)

1127 Irruption, *n.* ཤུ་ཐོར ; (ཆུ་ཐོལ ; Sik.)

1128 **Is**, *v.i.* ཡིན; ཡོད; རེད; འདུག;

1129 **Isinglas**, *n.* ཉ་སྦྱིང; ཉ་སྤྱིང;

1130 **Islamism**, *n.* མུ་སུལ་སྨན་ཆོས་ལུགས;

1131 **Island**, *n.* མཚོ་གླིང; གླིང་ཕྲན;

1132 **Islander**, *n.* མཚོ་གླིང་པ;

1133 **Isle**, *n.* མཚོ་གླིང;

1134 **Islet**, *n.* མཚོ་གླིང་ཆུང་ཆུང;

1135 **Isolate**, *v.t.* གཅིག་པོར་ལོགས་སུ་གཏོན་པ; སོ་སོར་ཕྱེ་བ;

1136 **Isolated**, *a.* གཅིག་ཀྱིར་དུ་བོར་བ; གཅིག་ཀྱི་རི;

1137 **Isolation**, *n.* གཅིག་པོར་ལུས་ཚུལ; སོ་སོར་ཕྱེད་ཚུལ; གཅིག་ཀྱིར;

1138 **Isosceles**, *a.* རི་མོ་གྲུ་གསུམ་ཡིན་པའི་ཟུར་གཉིས་འདྲ་འདྲ་ཡོད་པ;

1139 **Israelite**, *n.* ཡ་ཧུ་ད་པའི་མི་དག་ལ་ཟེར;

1140 **Issue**, *v.i.* ཐོན་པ; འབྱུང་བ;

1141 **Issue**, *n.* ཐོན་ཁུང; འབྱུང་ཁུང; བུ་ཚ; སྐྱེ་རྒྱུད; འབྱུང་འགྱུར;

1142 **Isthmus**, *n.* གླིང་ཆེན་པོ་གཉིས་འབྲེལ་བར་བྱེད་པའི་སའི་སྐེད་པ

1143 **It**, *pr.* འདི; དེ; ཉི; [ཕྲ་མོ;

1144 **Italian**, *a*, or *n.* ཡུལ་ཨི་ཊ་ལི་ཟེར་བའི་མི;

1145 **Italic**, *n.* ཨི་ཊ་ལིའི་ཡིག; དབྱིན་ཇིའི་ཡིག་པར་མ་ཚུགས;

1146 **Italicize**, *v.t.* ཨི་ཊ་ལིའི་ཡིགེར་བཀོད་པ; པར་མ་ཚུགས་ཡིག་དུ་བྲི་བ;

1147 **Itch**, *n.* རྫོ; (ཀོང; Sik. & Bhut.) (*v.i.* གཡའ་བ; Sik.)
(ཟབ་རག་ཞང་པ; Tib. Colql.)

1148 **Item**, *ad.* དངོས་པོའི་གྲངས;

1149 **Iterate**, *v.t.* བསྐྱར་ཟློས་བྱས་པ; ཡང་བསྐྱར་བཟླ་བ;

1150 **Iteration**, *n.* བསྐྱར་བཟློས;

1151 Itinerant, *n.* འགྲུལ་པ; རྒྱལ་ཁམས་པ;

1152 Itinerary, *n.* འགྲུལ་ཐོག་ཏུ་བྲིས་པའི;

1153 Itself, *pr.* དེ་ཀ; དེ་རང; དེ་ཉིད; དེ་ཀོ;

1154 Ivory, *n.* བ་སོ; གླང་ཆེན་གྱི་མཆེ་བ;

1155 Ivy, *n.* སྤོ་སྦྲུམ་ཤུང་དང་རྩིག་པའི་ཡོང་ནས་ཡར་འཁྲིལ་ནས་འགྲོ་བ་ཞིག; འཁྲི་ཤིང་ཤུང་ཡོང་དང་རྩིག་པའི་ཡོང་ལ་ཡལ་ག་འཁྲིལ་ནས་འགྲོ་བ་ཞིག;

J.

1 Jabber, *n.* ཐར་ཐར་ལབ་པ; ཚིག་སྒྲ་དག་མ་དག་མེད་པར་གང་བྱུང་དུ་ལབ་པ; ཁ་ལ་གང་འཁོར་ལབ་པ;

2 Jack, *n.* ཤིང་ཐོག་སྦྲམ་སེ;

3 Jackdaw, *n.* ཨོ་རོག; ཕོ་རོག; སྐྱུང་ཀ;

4 Jackal, *n.* ཅེ་སྤྱང; དུར་སྤྱང; ཝ་སྤྱང; ཁྲི་སྤྱང;

5 Jackanapes, *n.* ག་ཞར་པོ; (མས་མེད་བསམ་བཀྲ་ཤིས; Sik. & Bhut.)

6 Jackass, *n.* བོང་གུ་ཕོ; ཕོ་བོང; ཀླི་འཕྲུག་པོ;

7 Jacket, *n.* ཀེཙ་ཙེ; ཀེ་ཙེ; (འོན་འཇུག; Colql.)

8 Jacobine, *n.* ཕྲ་རང་སིའི་དམེ་འཁྲུག་ཆེན་པོའི་སྐབས་ཀྱི་ཕྱོགས་སྡེ་གཅིག;

9 Jade, *n.* ཧ་ཀོད་མ་རྒྱས་ཁེབ; སྒྲི་དམན་རྒན་མོ;
(ག་ཡང་ཀྲི; the stone jade.)

10 Jade, *v.t.* འོ་རྒྱལ་བཀོད་པ;

11 Jag, *v.t.* ཁ་རང་རིང་བཟོ་བ; ཅོང་ཅོང་བཟོ་བ;

12 Jaguar, *n.* གུང; གཅན་གཟན་གུང;

13 Jah, *n.* ཡ་ཧུ་ད་པའི་སྐད་ལ་ཁོ་རང་ཆོའི་ཡུལ་ལྷ་འམ་དགྲ་ལྷ་དེའི་མཚན;

14 Jail, *n.* བཙོན་རོང; བཙོན་ཁང;

15 Jailer, *n.* བཙོན་སྲུང་;

16 Jalap, *n.* ཛ་ལཔ་སྨན;

17 Jam, *v.t.* བསྐུམ་པ; བཙིར་བ; བར་དུ་འཐམ་པ (*n.*)

(ཞིང་འབྲས་ཀྱི་མངར་བུ; the sweet.)

18 Jamb, *n.* མེ་གདང་སའི་ཐབ;

19 Jangle, *n.* མི་སྙན་པའི་སྒྲ་འབྱིན་པ;

20 Jangler, *n,* ཅང་ཅང་གི་སྒྲ་འབྱིན་མཁན; སྙ་བ་གཟན་པོའི་སྒྲ་འབྱིན་པ;

21 Janitor, *n.* སྒོ་བསྲུང; (སྒོ་ར་པ; Bhut.)

22 January, *n.* ཕྱི་ཟླ་དང་པོ;

23 Japan, *n.* རི་ཕིན་ཡུལ; རི་པིན་རྒྱལ་ཁབས;

24 Japanese, *a.* རི་ཕིན་ཡུལ་པ; རི་པིན་པ;

25 Jar, *v.i.* & *n.* *v.i.* གཟན་པ; *n.* ཛ་བུམ;

26 Jargon, *n.* སྐད་ཀྱོག;

27 Jasmine, *n.* ཀུན་ད; མེ་ཏོག་ཀུན་ད;

28 Jasper, *n.* གཡང་ཏིའམ་མ་ནོ་ཧ; ཚོང; མཆོང;

29 Jaundice, *n.* རྒྱ་ནད་མིག་སེར; ཀླ་ཡ་ནག་པོ;

30 Jaunt, *v.i.* འཁྱམས་བ་ཤལ; ཕང་སང;

31 Javelin, *n.* མདུང་ཐུང;

32 Jaw, *n.* འགྲམ་ཤུས; ཡ་མཁལ་མ་མཁལ;

33 Jay, *n.* ཁྲ་ད; འཆལ་མོ;

34 Jealous, *a.* ཕྲག་དོག་ཅན; ཙེ་རེ; མིག་སེར་ཅན;

35 Jealously, *ad.* མིག་སེར་དང་བཅས་དེ; ཕྲ་དོག་པོ་བྱེད་དེ;

36 Jealousy, *n.* མིག་སེར; མགྲིན་སེམས; ཆགས་སྡང;

37 Jean, *n.* རས་གོས་ཐྲིན་བུ་བ་དེའི; (Bhut. སེང་འཐག་མ);

38 Jeer, *v.i.* ཀུ་རེ; ཧི་ཧི; ཧི་གོད;

39 Jehovah, *n.* ཡ་ཧུ་ད་པའི་ལྷ; ཡང་སྙིང་དུ་རྒྱ་བྱིན; ལྷ་འདི་རྣམ་པས་རྟོག་ཞེས་དང་གྲིག་པས་ཛྷ་ཡི་ཧྭར་ཞེས་གསོལ་བར་བཤད;

40 Jejune, *n.* ལྟོ་སྟོང; སྟོང་པ; རབ་ཆད;

41 Jelly, *ad.* འགྲིག་འགྲིག; ཐྲིག་ཐྲིག; ཐིག་ཐིག;

42 Jenny, *n.* བོང་གུ་མོ; བྲེའུ་མོ; ཇུར་མ;

43 Jeopard, *v.t.* ཉེན་ཅན་གྱི་སར་བཏོན་པ; ཡང་ཡུད་ཁར་བཀྱལ་བ;

44 Jeopardy, *n.* ཀྱེན་ངན; བར་ཆད; ཉེན་ཁ; འཇིག་ཆེན; འཇིག་པའི་ཉེན་ཁར་བཀྱལ་བ;

45 Jerk, *v.t.* (Colql. འབིཾ་འཇག་རྒྱབ་པ) འཐུལ་བ;

46 Jessamine, *n.* ཀུན་ད; མེ་ཏོག་ཀུན་ད;

47 Jesse, *n.* ཛྲེ་བཏེ; འཛམ་བ་དྲི་བཏེག་ས;

48 Jest, *n.* ཀུ་རེ; ཀྱལ་ཀ; ཁ་ཤགས; ག་ཟ;

49 Jester, *n.* ཀུ་རེ་བྱས་མཁན; ཀོད་བྲོ་སློང་མཁན;

50 Jesting, *n.* ཀུ་རེའི་གནས; གད་མོ་འི་གནས;

51 Jestingly, *ad.* ཀུ་རེ་ལྟ་བུར;

52 Jesuit, *n.* མི་སྲི་ཅན; ཕྲུང་ཅན; སྲི་ཕྲུང་ཁྲི་ཅན; སློན་ཡེ་ཤུའི་ཆོས་ལུགས་ཀྱི་མི་སྡེ་ཞིག;

53 Jesuitism, *n.* ཛེ་སུ་ཡིད་བྱ་བའི་སྡེ་དེའི་ཆོས་ལུགས;

54 Jet, *n.* (of water ཆུ་མདའ) (Stone རྡོ་ནག; ནོར་བུའི་བྱེ་བྲག;

55 Jew, *n.* ཡ་ཧུ་ད་པ;

56 Jewel *n.* ནོར་བུ; རིན་པོ་ཆེའི་བྱེ་བྲག; ནོར་བུའི་བྱེ་བྲག;

57 Jeweller, *n.* རིན་པོ་ཆེའི་འཚོང་པ;

58 Jewelry, *n.* རྒྱན་ཆ; རིན་རྒྱན་ཆ;

59 Jewish, *a.* ཡ་ཧུ་ད་པའི;

60 Jib, *n.* དར་ཅིག་གྲུ་གཙུག་པ་གྲུ་ཟེའུ་གི་གདོང་དུ་འཕྱར་བ ;

61 Jig, *n.* གླུ་དབྱངས་རྒྱུར་ཉམས་དོད་པོ ; ཀང་བྲོ་རྒྱུར་པོ་ཞིག ;

62 Jilt, *n.* བུད་མེད་ཨེ་གསར་ཅན ; *v.t.* བུ་དང་བུད་མེད་བཟའ་ཚང་བྱེད་རྒྱུའི་ཁ་ཆིག་བརྗེས་ཟིན་པའི་ཕྱིས་ནས་བོར་བ་དེའོ ;

63 Jingle, *v.i.* སིར་སིར་ཆིང་ཆིང་ཞེས་སྒྲ་འབྱིན་པ ;

64 Job, *n.* ལས་ཀ ;

65 Jockey, *n.* (ཨ་རྡུང་པ་ Bhut.) རྟ་སྤུལ་པ ; རྟ་བཙག་པ ;

66 Jocose, *a.* གད་མོ་ཤོར་པོ ; ཀྲོད་བྲོ་པོ ;

67 Jocular, *a.* གད་མོ་བྲོ་བའི ;

68 Jocularity, *n.* གད་མོ ; ཀྲོད་བྲོ་ཉམས ;

69 Jocund, *a.* ཉམས་སང་ཅན ; དགའ་ཉམས་ཅན ;

70 Jog, *v.t.* བགྲོད་པ ; འགྲོ་བ ;

71 Joggle, *n.* འགྲིག་ཁའི་ཉེག་ཐེམ ;

72 John, *n.* མིང ;

73 Join, *v.t.* མཐུད་པ ; འབྲག་པ ; འབྲེལ་བ ; སྦྲིག་པ ; སྦྱོར་བ ;

74 Joiner, *n.* ཤིང་བཟོ་པ ; མཐུད་པ་པོ ;

75 Joint, *n.* མཐུད་མཚམས ; འབྲེལ་མཚམས ; ཚིགས ;

76 Jointer, *n.* རྫོ་གཉིས་མཐུད་པའི་ལྕང ;

77 Jointly, *ad.* མཐུན་མོང་དུ ; སྒྲུས ;

78 Jointure, *n.* བུད་ཀྱི་སྐྱེར་ནོར ; (སྤྱི་མག ; Sik. or པིས་མག ;)

79 Joist, *n.* གདུང་མ ; (གཙལ Sik.) (འོག་ཚལ) ;

80 Joke, *n.* ཀུ་རེ ; ཀྲོད་བྲོ ;

81 Joker, *n.* ཀྲོད་བྲོ་མཁན ; ཀུ་རེའི་སླལ་པ ;

82 Jokingly, *ad.* ཀུ་རེའི་ཉམ་པར ;

83 Jollity, *n.* སྤྲོ་ཉམས ;

84 Jolly, *a.* སྤྲོ་པོ; སྤྲོ་ཉམས་ཅན;

85 Jolt, *v.t.* ག་ཤེད་ཀྱིས་དཀྲུག་པ;

86 Jonquil, *n.* ཆུ་ཚོད་རིགས་གཅིག་གི་མིང;

87 Jostle, *v.t.* ལོཊ་སུ་བརྡབ་པ; ངོས་ལ་བརྡབ་པ; འཐུག་རྒྱབ་པ;

88 Jot, *v.t.* ཟུར་ཙཾ་བཀོད་པ; ཡིགེར་སྡུས་པོར་བཀོད་པ;

89 Journal, *n.* ཉིན་རེའི་བདུན་རེའི་ཟླ་རེ་བཞིན་པར་དུ་བཀོད་པའི་གསར་བསྒྱུར;

90 Journalism, *n.* གསར་བསྒྱུར་ལ་བཀོད་རྒྱུའི་ཡིག་བྲི་བ;

91 Journalist, *n.* གསར་བསྒྱུར་པར་དུ་བཀོད་དེ་བཀྲམ་མཁན;

92 Journey, *n.* འགྲུལ;

93 Journeying, *pp.* འགྲུལ་པ; འགྲུལ་རྒྱབ་བཞིན་པ;

94 Journeyman, *n.* ཉིན་ལས་པ; ལས་མི;

95 Joust, *v.t.* འཛིང་ག; རྩལ་མགྲན;

96 Jove, *n.* ལྷ་དབང་རྒྱ་བྱིན;

97 Jovial, *a.* ལྷ་དབང་རྒྱ་བྱིན་ལྟ་བུའི་ངང་ཚུལ་ཅན; སྤྲོ་ཉིས་ཅན;

98 Joy, *n.* དགའ་ཚོར; དགའ་བ;

99 Joyful, *a.* དགའ་ཚོར་ཆེན་པོ;

100 Joyfully, *ad.* དགའ་ཚོར་ཆེན་པོ་བྱེད་དེ;

101 Joyless, *a.* དགའ་བ་མེད་པ;

102 Joyous, *a.* དགའ་པོ;

103 Joyously, *ad.* དགར་བའི་ངང་ཚུལ་གྱིས;

104 Jubilant, *a.* དགའ་བའི་དབྱངས་ཅན; དགའ་བའི་ཉམས་ལྡན;

105 Jubilee, *n.* གསེར་ཁྲི་འཛིན་ནས་ལོ་ལྔ་བཅུ་ལོན་པ་ན་དགའ་སྤྲོའི་སྟོན་མོ་འགྱེད་པ; ལོ་ལྔ་བཅུ་ཁྲི་འཛིན་མཛད་པའི་དགའ་སྟོན;

106 **Judaism**, *n.* ཡ་ཧུ་ད་པའི་ཆོས་ལུགས;

107 **Judge**, *n.* ཁྲིམས་བདག; གཤེར་དཔང; ཁྲིམས་དཔོན;

108 **Judgment** *n.* ཁྲིམས་སའི་བཅད་མཚམས;

109 **Judicatory**, *a.* ཁྲིམས་བདག་གི; ཁྲིམས་རའི;

110 **Judicature**, *n.* ཁྲིམས་ར; ཁྲིམས་དཔྱད་བྱ་ཆོག་པའི་ཚད་དབང;

111 **Judicial**, *a.* ཁྲིམས་སྐོར་གྱི; ཁྲིམས་ཀྱི;

112 **Judicially**, *ad.* ཁྲིམས་སྐོར་ལྟར་ན; ཁྲིམས་སྡེའི་འགྲོ་ལུགས་ལྟར་ན;

113 **Judicious**, *a.* ཚོད་ཡོད; ཁྲིམས་ལུགས་དང་མཐུན་པའི; ཟབ་པོ;

114 **Judiciously**, *ad.* ཚོད་ཡོད་པ་བྱེད་དེ; བློ་ཚོད་ཤིང་པོར;

115 **Judiciousness**, *n.* བློ་ཚོད་ཅན་གྱི་ངང་ཚུལ;

116 **Jug**, *n.* ཆུ་སྣོད; ཡོན་ཆབ་བུམ་པ; ཆབ་འབིར;

117 **Juggle**, *v.t.* སྒྱུ་མ་བརྩེ་བ;

118 **Juggler**, *n.* སྒྱུ་མ་མཁན;

119 **Jugglery**, *n.* སྒྱུ་མ;

120 **Juice**, *n.* ཁུ་བ;

121 **Juiceless**, *a.* ཁུ་བ་མེད་པ; བཅུད་མེད་པ;

122 **Juicy**, *a.* བཅུད་ལྡན; ཁུ་བ་ཅན;

123 **Jujube**, *n.* རྒྱ་སྐད་དུ་བྡ་ཡེར་ཟེར་བའི་ཤིང་ལྗོན་ཞིག; མངར་བྲ་ཞིག་གི་མིང; བྡ་ཡར་ཚེར་མའི་འབྲས་བུའི་མངར་བྲ;

124 **July**, *n.* ཕྱི་གླིང་པའི་ཟླ་བ་བདུན་པ; ཕྱི་ཟླ་བདུན་པ;

125 **Jumble**, *n.* བསྲེ་བ; (སླ་བསྲེས་དཀྲུ་བསྲེས; Sik.)

126 **Jump**, *v.i.* འཆོས་རྒྱབ་པ; འཆོང་བ; (ཐུབ་ཡར་བ; Sik.)

127 **Junction**, *n.* མཐུད་མཚམས; ཆུ་འཛོམས;

128 **Juncture**, *n.* གནོད་གལ་ཆེ་སྐབས; སྐབས་མཚམས;

129 June, *n.* ཕྱི་ཟླ་དྲུག་པ;

130 Jungle, *n.* ནགས་སེབ; ནགས་ཚལ;

131 Junior, *a.* གཞོན་པ; གཅུང་པོ; ན་གཞོན;

132 Juniorship, *n.* གཞོན་སྐྱེས་ཀྱི་སྐྱོར་རྒྱུག;

133 Juniper, *n.* གདུང་ཤིང;

134 Junk, *n.* རྒྱ་ནག་གི་གྲུ་ཟིང;

135 Junket, *n.* ཐུད་མངར; འོ་ཐུད་ལས་བཟོས་པའི་མངར་བྱ;

136 Juno, *n.* ནཾ་མཁའི་རྒྱལ་མོ; ལྷའི་དབང་པོའི་ལྕམ;

137 Jupiter, *a.* ལྷའི་དབང་པོ; གྲིག་པ་དང་རྡོ་མན་པ་རྣམས་ཀྱི་ལྷ་དབང་རྒྱ་བྱིན;

138 Jurisdiction, *n.* མངའ་འོག;

139 Jurisprudence, *n.* ཁྲིམས་རྒྱུས; ཁྲིམས་ཡིག་བསྟན་བཅོས;

140 Jurist, *n.* ཁྲིམས་ཡིག་ལ་མཁས་པ;

141 Juror, *n.* དཾ་བཅའ་བླངས་ཏེ་ཁྲིམས་གཅད་པོའམ་གཤེར་དཔང་དུ་འཁོད་པ་ཞིག་ལ་ཟེར;

142 Jury, *n.* ཁྲིམས་བདག་མནའ་དཾ་ཅན་མི་བཅུ་གཉིས་ཙཾ་ཞིག་ལ་ཟེར; མི་བཅུ་གཉིས་ཙཾ་ལས་མི་ཉུང་བ་ལྷེམ་བསྒྲུག་བྱས་དཾ་བཅའ་བླངས་ཏེ་གཤེར་དཔང་དུ་བཀོད་པ་དག་ལ་ཟེར;

143 Juryman, *n.* ཁྲིམས་བདག་མནའ་དཾ་ཅན་གྱི་གྲལ་ཐོར་འཁོད་པ;

144 Just, *a.* ཉེ་རིང་མེད་པར་དྲང་པོ; ཁྲིམས་དྲང་པོ; དྲང་པོ;

145 Just, *ad.* ཙམ; ད་ལྟ་རང; འབའ་ཞིག;

146 Justice, *n.* བཀའ་ཁྲིམས་སྙོམས་པོ; ཁྲིམས་དྲང;

147 Justiceship, *n.* ཁྲིམས་བདག་གི་གོ་ས; ཁྲིམས་དཔོན་གྱི་གོ་ས;

148 Justiciar, *n.* ཁྲིམས་ཀྱི་ཞལ་ལྕེ་པོ;

149 Justifiable, *a.* བདེན་པ་སྒྲོང་དུ་ཡོད་པ;

150 Justification, *n.* བདེན་པ་བཟང་བ; བདེན་བརྡར;

151 Justifier, *n.* བདེན་པ་སྐྱོང་མཁན;

152 Justify, *v.t.* བདེན་པ་བཟང་བ;

153 Justly, *ad.* དྲང་པོར; ཉེ་རིང་མེད་པར;

154 Justness, *n.* ཉེ་སྐྱོམས; དྲང་ཚུལ;

155 Jut, *v.i.* སླེབས་པ; ཕར་ལྷག་སྟེ་གཡབས་པ;

156 Jute, *n.* སོ་མ་ར་ཙ;

157 Jutty, *n.* གྲུ་ཁྲོག་འཚོང་ཟློག་བཀལ་སའི་རྡོ་སྟེང;

158 Juvenile, *a.* ན་གཞོན་གྱི; བྱིས་པའི;

159 Juvenility, *n.* གཞོན་ཚུལ;

160 Juxtaposition, *n.* ཉེ་སར་བཞག་པའི་ཚུལ; ཉེར་གནས;
ཉེ་བར་གནས་པ་གང;

K

1 Kabob, *n.* ཀ་བྱུ་རི;

2 Kaleidoscope, *n.* མཛའ་ཞེལ་ཀྱི་བལྟད་མོ་བལྟ་རྒྱུའི་ཅ་ལག;

3 Kail, *n.* སྔོ་ཚལ་ལོ་མ་ཆེ་ལ་ནང་ཕྱོར་སྒྲིལ་བ;

4 Kangaroo, *n.* རི་དྭགས་ཞིག་གི་མིང; ཨོ་སི་ཊྲེ་ལིཡ་བྷ་བའི་མཚོ་གླིང་ན
གནས་པའི་རི་དྭགས་མགོ་བྱི་བ་ལྟ་བུ་ལག་གཉིས་ཐུང་ལ
རྐང་གཉིས་རིང་བ་སྦྲུག་གྱུ་ལྟོ་བའི་ལོང་སུ་སྐྱེ་ཡོད་པའི
ནང་ཁྲིར་ནུས་པ་ཞིག་ལ་ཟེར;

5 Keel, *n.* གྲུ་ཐིང་གི་ཞམ་རྣོན་པོ་དེའི;

6 Keen, *a.* རྣོན་པོ; རྣོ་ངར་ཅན;

7 Keenly, *ad.* རྣོན་པོ་བྱེད་དེ;

8 Keenness, *n.* རྣོ་བ; རྣོ་ཚུལ; རྣོ་ངར;

9 Keep, *v.t.* བཞག་པ; སྟེན་པ;

10 Keep, *n.* (of a castle) དབུ་རྩེ; རྫོང་གི་ཟུག་གཙན་ཤོས;
འཚོ་སྐྱོངས;

11 Keeper, *n.* བསྲུང་མཁན;

12 Keeping, *n.* ཅག; བྱ་ར; ཉ་ར; ཉར་ཚགས;

13 Keepsake, *n.* བཤུལ་བཞག; སེམས་རྟེན;

14 Keg, *n.* ཤིང་ཟོམ་ཆུང་ཆུང་ཞིག; ཟོ; རྫོབ;

15 Ken, *v.t.* མཐོང་པ; *n.* མིག་མཐོང;

16 Kennel, *v.t.* ཁྱིའི་ཁང་པ;

17 Kerchief, *n.* སྣབ་ཕྱིས; (Hon. ཤང་ཕྱིས;)

18 Kernel, *n.* ཉང་རྫད;

19 Kerseymere, *n.* བལ་གོས་སིང་འཐག་མ; (commonly called སྲུག);

20 Ketch, *n.* གྲུ་ཆུང་དར་ཅོག་གཉིས་ལྡན་པ;

21 Ketchup, *n.* སྐྱུར་ཚས; དང་ཁ་བྱི་བྱེད་ཀྱི་སྐྱུར་ཚས; ཤ་མོ་དང་ལམ་
འབྲིར་སོག་ཀྱི་སྐྱུར་ཚས;

22 Kettle, *n.* ཁོག་ཏི;

23 Key, *n.* ལྡེ་མིག;

24 Khan, *n.* མགྲོན་ཁང; རྒྱ་སྲུལ་སྔན་རྟེས་ཀྱི་ནང་རྒྱལ་པོ་འམ་
དཔོན་པོ; (ཁན; ཁང; དཔེར་ན་ཁང་ད་ཡི་རྒྱལ་པོ་ལྷུ);

25 Kibe, *n.* ཉད;

26 Kick, *v.i.* (*n.* རྡོག་ཐོ;) རྡོག་རྒྱག་ཞུས་པ; རྡོག་རྒྱབ་རྒྱབ་པ;
(རྡོག་ཐུམ; Sik.)

27 Kid, *n.* རེའུ; རེ་གུ; ར་ཕྲུག;

28 Kidnap, *v.t.* མི་རྐུན་རྒྱབ་པ;

29 Kidnapper, *n.* མི་རྐུ་མཁན;

30 Kidnapping, *n.* མི་རྐུ་བའི་ལས; མི་བརྐུན;

31 Kill, *n.* གསད་པ;

32 Kiln, *n.* སོལ་བརྩིག; པའུ་ཁྲི;

33 Kilt, *n.* ཨང་དར; དམད་གཡོར; [འབྲུལ;

34 Kimbo, *n.* སྐེ་གཟེར; ལག་པ་དཀུ་ལ་རྗེ་བལ་པོའི་ལུགས་ཀྱི་ཕྱག་

35 Kin, *n.* ཉེ་བ; གཉེན;

36 Kind, *a.* དྲིན་ཅན; *n.* རིགས;

37 Kindle, *v.t.* སྦར་བ; ཞུ་མར་ལྷར་སྦར་བ;

38 Kindliness, *n.* ཀྱུད་འཛམ; ཤ་ཚ; བརྩེ་གདུང;

39 Kindly, *ad.* ཀྱུད་འཛམ་པོར;

40 Kindness, *n.* དྲིན; སྐུ་དྲིན:

41 Kindred, *n.* གཉེན་ཉེ་བ; ཉེ་འཁོར;

42 King, *n.* རྒྱལ་པོ;

43 Kings-evil, *a.* རྗེ་ཤུའི་ནད; སྦང་ནད; ཀློ;

44 Kingdom, *n.* རྒྱལ་ཁབ;

45 Kingfisher, *n.* ཆུ་བྱ་ཉ་ར་པ་སྤྱུ་མདོག་ཏ་ཅང་མཚར་པོ་ལྡན་པ་ཞིག;

46 Kingly, *ad.* རྒྱལ་པོར་འོས་པ;

47 Kinsfolk, *n.* ཉེ་འཁོར;

48 Kinsman, *n.* ཉེ་བ; ཕོ་ཉེ;

49 Kinswoman, *n.* མོ་ཉེ;

50 Kirk, *n.* དགོན་པའམ་ལྷ་ཁང;

51 Kiss, *n.* འོ; *v.t.* འོ་ལྷན་པ; འོ་རྒྱབ་པ;
(ཁ་ལྷན་པ; འོ་བཀྱལ་བ; Sik. and Bhut.)

52 Kitchen, *n.* ཐབས་ཚང; (གསོལ་ཐབ; Hon.)

53 Kite, *n.* ཁྲ; (ཤོག་གུའི་བྱ་འཕིར; paper kite)

54 Kith, *n.* ཉེ་བ; སྐྱ་ཉེ;

55 Kitten, *n.* ཞི་མིའི་ཕྲུ་གུ;

56 Knack, *n.* གནད; ཐབས; ཁྲིད་སྟངས;

57 Knag, *n.* ཤིང་གཟེར; ཤིང་འཛེར་གོག;

58 Knap, *v.t.* བཙག་པ; སྐུམ་ཁྲིས་བཙག་པ; *n.* འབུར;

59 Knapsack, *n.* ཁུར་སྟངས; དམག་མིའི་རྒྱབ་ཏུ་ཁུར་བའི་སྒྲི;

60 Knave, *n.* མི་མ་རབས; མི་ངན;

61 Knavish, *a.* མ་རབས་ཀྱི་སྤྱོད་ངན་ཅན;

62 Knead, *v.t.* བརྫི་བ;

63 Kneading, *n.* བརྫི་བ;

64 Knee, *n.* པུས་མོ;

65 Kneel, *v.t.* པུས་མོ་གཙུག་པ;

66 Knell, *n.* གཤིན་པོ་འི་བརྡའ་གཏང་བའི་དྲིལ་བུ;
དྲིལ་ཆེན་གྱི་སྒྲའི་ཤི་བརྡའ;

67 Knife, *n.* གྲི;

68 Knight, *n.* དཔའ་བརྟུལ; རྟ་དུར; སྐུ་གཉེར; སྐུ་དྲག;
(དྲག་ཤོས Bhut.)

69 Knighthood, *n.* རྟ་དུར་གྱི་གོ་ས; ལྷར་གྱི་གོ་གནས;

70 Knightly, *ad.* དཔའ་བརྟུལ་ལྟ་བུའི;

71 Knit, *v.t.* ལྷས་པ; བསླས་པ;

72 Knitting, *n.* ཨོས་མོ་སྤུ་སོར་ལྷ་བའི་ལས;

73 Knob, *n.* འབུར; རྡོག་རྡོག;

74 Knock, *n.* ཐུག་སྒྲ; *v,t.* ཐུག་རྒྱབ་པ; བརྡབ་པ; ཞུས་པ;
ཀྲག་རྒྱབ་པ;

75 Knocker, *n.* སྒོ་ལ་ཀྲག་རྒྱབ་རྒྱུའི་དབྱུག་པ;

76 Knoll, *n.* སྤོ; སྒང་འབུར་འབུར; སྤོ་ཐོ;

77 Knot, *n* མདུད་པ; ཤིང་གཟེར; ཤིང་འཛེར;

78 Knottiness, *n.* འཛེར་པ་ཡོད་ཚུལ;

79 Knotty, *a.* གྲུ་བ་ཅན; ཚ་ཅན; འཛེར་པ་ཅན;

80 Know, *v.t.* ཤེས་པ; རྒྱུས་ལོན་པ;

81 Knowable, *a.* ཤེས་སུ་ཡོད་པ; ཤེས་དགོས་གང་ཡོད;

82 Knowing, *a.* རྒྱུས་ཅན;

83 Knowingly, *ad.* རྒྱུས་ཡོད་བཞིན;

84 Knowledge, *n.* ཡོན་ཏན; ཤེས་བྱ; (མཁྱེན་བྱ; Hon.)

85 Knuckle, *n.* སོར་ཚིགས;

L

1 Label, *n.* ཁ་ཡིག; ཁ་བྱང;

2 Labial, *n.* མཆུ་ཡི;

3 Laboratory, *n.* ལས་ཀ་བྱེད་སའི་ཁང་པ; སྨན་དང་རྫས་ཀྱི་སྦྱོར་བ་བྱེད་སའི་ཁང་པ;

4 Laborious, *n.* དཀའ་ལས་ཅན;

5 Labour, *n.* ལས་ཀ; སྐྱེ་ནད; (ཁྱེའུ་གཙས་པའི་ན་ཟུག; of birth)

6 Labourer, *n.* ལས་ཀ་བྱེད་མཁན; ལས་མི; གླ་པ;

7 Labyrinth, *n.* རྒྱ་ནག་ལྷང་རི་ལྷུའི་གྲི་ཀྱོག;

8 Lac, *n.* ལ་ཆ;

9 Lace, *n.* ཚེམ་འབྲུག; བོལ་རྒྱན; བོལ་རྒྱན་རྒྱུད;

10 Lacerate, *v.t.* རྨ་ཁ་ཧྲལ་བ; རྨ་ཁ་གཤག་པ;

11 Laceration, *n.* རྨ་ཁ་ཧྲལ་བ;

12 Lack, *v.t.* མེད་པས་དགོས་པ; མ་ལྡན་པ; མེད་པ;

13 Lackey, *n.* གཡོག་པོ;

14 Laconic, *a.* ཚིག་སྡུད་པོ; ཁ་ཉུང་པོ; གནད་ཚིག་གཅིག་པ;

15 Laconically, *ad.* གནད་ཚིག་གཅིག་པ་བྱེད་དེ; གནད་སྡུད་པོ་བྱེད་དེ;

16 **Lacteal**, *a.* འོ་མ་འདྲ་པོ; འོ་མའི་རྒྱུ; འོ་མའི;

17 **Lad**, *n.* ཕྲུ་གུ; ཕྲུ་གུ; ཕྲུ་གུ;

18 **Ladder**, *n.* སྐས་ཁ; སྐས་ཐེམ;

19 **Lade**, *v.t.* དོ་བྲུ་བཀུར་བ; ཁལ་འགེལ་བ; ཁལ་བཀལ་བ;

20 **Laden**, *a.* དོ་བྲུ་ཁུར་ནས་ཡོད་པ;

21 **Lading**, *n.* དོ་བྲུ་བཀལ་རྒྱུ; ཁལ་འགེལ་རྒྱུ;

22 **Ladle**, *n.* སྐྱུབ་མདའ; སྐྱོག; (བཟའ་རྩུ; Sik.).

23 **Lady**, *n.* ཇོ་མོ; བུད་མེད་ཆེ་བའི་རིགས;

24 **Lag**, *n.* རྒྱབ་ཐེན་རྒྱབ་ནས་བསྡད་པ; ཀ་ཀོར་བྱེད་པ;

25 **Laggard**, *a.* རྒྱབ་ཐེན་ཅན; རྒྱབ་ཐེན་རྒྱབ་དད་ཅན; ཕྱི་བ་ཞོལ་ཅན;

26 **Lagoon**, *n.* རྒྱ་མཚོའི་ཐ་རླབས་འགྲམ་ལ་སྐྱིལ་སྙིང་ཀར་འཁྱིལ་ཏེ་ཆགས་པ; རྒྱ་མཚོ་ཐ་རླབས་འགྲམ་ལ་ཡར་སྐྱིལ་ནས་ཀུང་ཀོང་ཡོད་སར་སྙིང་ཀར་འཁྱིལ་ནས་ཆད་པ;

27 **Lair**, *n.* ཚང; དཔེར་ན་སྟག་ཚང་དོཾ་ཚང་ལྟ་བུའོ;

28 **Laity**, *n.* མི་སྡེ;

29 **Lake**, *n.* མཚོ;

30 **Lamb**, *n.* ལུ་གུ;

31 **Lambkin**, *n.* ལུ་གུ་ཆུང་ཆུང;

32 **Lambskin**, *n.* ཚ་རུ; ལུ་གུའི་པགས་པ;

33 **Lame**, *a.* ཞར་བ; ཞར; ཞ་བོ;

34 **Lamellar**, *a.* ཤུན་སྦུབ་མོར་བརྩེགས་པ; ཉེའུ་ཆུང་གི་ཉ་སག་ལྟ་བུའི་ཤུན་སྦུབ་སྔོར་སྔོར;

35 **Lameness**, *n.* ཞ་རྩལ; ཞ་བ་ཡིན་ལུགས; ཞ་བའི་རྣམ་འགྱུར;

36 **Lamely**, *ad.* ཞ་བོའི་རྣམ་འགྱུར་གྱིས;

37 **Lament**, *v.i.* སྨྲ་ངན་བྱེད་པ;

38 **Lamentable**, *a.* — མྱ་ངན་ཅན; སྨྲེ་ཤས་བསྐྱེད་ནུས;

39 **Lamentation**, — མྱ་ངན་གྱི་ཀུ་ཅོ;

40 **Lamp**, *n.* — ཞུ་མར;

41 **Lampoon**, *v.t.* — འཚུན་བདར་པའི་ཡིག་བྲི་བ; སྐྱོན་བརྗོད་ཀྱི་ཡིག་བྲིས་བ; སྐྱོན་མཚང་འབྲུ་བའི་ཡི་གེ་བྲི་བ;

42 **Lampooner**, *n.* — ཡི་གེར་བཀོད་ནས་སྐྱོན་བརྗོད་མཁན; སྐྱོན་མཚང་འབྲུ་བའི་ཡིག་བྲི་མི;

43 **Lamprey**, *n.* — སྐྲུལ་ཉ;

44 **Lance**, *n.* — མདུང;

45 **Lancer**, *n.* — མདུང་ཐོགས་པ;

46 **Lancet**, *n.* — ཙཀྲ; སྨན་པའི་ཙཀྲ;

47 **Land**, *n.* — ས; གླིང; ཡུལ; *v.t.* ས་དེ་ཁར་བབས་པ; གྲུ་ཟིང་གི་ཐོག་ནས་བབ་སྟེ་སར་འཇོག་པ;

48 **Landing**, *n.* — འབབ་ས;

49 **Landed**, *a.* — ས་ལ་བྲུས་པ; ས་ཐོག་བབ་ཟིན་པ;

50 **Lane**, *n.* — ལམ་ཕྲང; ལོཾ་ཕྲན;

51 **Language**, *n.* — སྐད;

52 **Languid**, *a.* — ཉ་བེ་ཉེ་བེ; ཤུར་པོ་མིན་པ; ཐོམ་པོ་མཁན;

53 **Languidly**, *ad.* — ཐོམ་ཐོམ་བྱེད་དེ; ཁྲ་རེ་ཁྲོ་རེ་བྱེད་དེ;

54 **Languish**, *v.i.* — ཉམས་པ; རྒུད་པ; ཉམ་ཐག་པོར་གྱུར་བ;

55 **Languishing**, *a.* — རྒུད་པོར་གྱུར་བཞིན་པ;

56 **Languor**, *n.* — ཐོམ་ནོག; ཉལ་ཉོལ; གཟུགས་ཙ་འབྲུ་སྐྱོད་ཅིང་ངལ་བ;

57 **Lank**, *a.* — ཞ་རིད་པོ; ཞ་སྐམ་པོ; སྐྱིག་པོ;

58 **Lantern**, *n.* — ལོ་ཁའི་སྒྲོན་མེ; སྒང་ཞུ; སྒྲོན་མེ;

59 Lap, *v.t.* ལྕེས་བདག་པ; ལྕེབ་ལྡག་རྒྱབ་པ; དཔེར་ན་ཁྱིའིཾ་ཞི་མིས་འོ་མ་ལྕེས་ལྡག་པ་བཞིན;

60 Lap, *n.* ཐུ་བ; ཕང་པ; སྙོག; པང་པ;

61 Lapidary, *n.* ནོར་བུའི་བྱེ་དྲག་བཟོ་སྟོན་མཁན;

62 Lapidation, *n.* ནོར་བུའི་བྱེ་དོར;

63 Lapidist, *n.* ནོར་བུའི་བྱེ་དྲག་གི་རྒྱུས་ཅན;

64 Lapse, *n.* ཉུད་པ; རིམ་བཞིན་དུ་འགྲུངས་པ; རིམ་བཞིན་དུ་གྲུད་པ;

65 Lapwing, *n.* བྱིའུ་ཞིག་གི་མིང;

66 Larboard, *n.* གྲུའི་མཇུག་ནས་ཡར་བལྟས་པའི་གཡོན་ལོགས;

67 Larceny, *n.* རྐུ; རྐུ་མ;

68 Lard, *n.* པག་ཚིལ;

69 Larder, *n.* ཤ་མཛོད;

70 Large, *a.* ཆེན་པོ; སྦོཾ་པོ; བོང་ཆེ་བ;

71 Largely, *ad.* གཙོ་ཆེར;

72 Largeness, *n.* སྦོམ་ཚུལ; སྦོམ་ལོད; སྦོམ་ལུགས;

73 Largess, *n.* གསོལ་རས; གནང་ཆ; བྱ་དགའ;

74 Lark, *n.* བྱིའུའི་རིགས་ཞིག; ཡང་ན་བརྗེད་མོ་ལ་ཡང་ཟེར;

75 Larva, *n.* འབུ་སྔོ་ངའི་ནང་ནས་ཕྱིར་འཐོན་སྟེ་སམ་འབུ་བྱུས་སྐྱོད་སྐབས; (འབྲུའི་དཀར་དུ་མ; Sik.).

76 Larynx, *n.* ཨོལ་སྒྲོ; (སྦ་ཀྲོག; Sik.); ལྐོག་མ;

77 Lascivious, *a.* འདོད་ཆགས་ཆེན་པོ; སྨད་ཞེན་ཅན; (ཁྲོ་དད་ཅན; vulgar).

78 Lasciviousness, *n.* འདོད་ཆགས; (ཁྲོ་དད; རྒྱོ་དད; ཁྲོ་དད་ཅན; Ditto.)

79 Lash, *n.* རྟ་ལྕག; *v.t.* རྟ་ལྕག་རྒྱབ་པ;

80 Lass, *n.* བུ་མོ;

81 Lassitude, *n.* ངལ; སྐྱུ་ངལ; ཉ་བེ་ཉོ་བའི་ཚུལ; ལུས་ཀྱི་རྩ་འབྲུ་ཞིག་ཚུལ; ངལ་ཚུལ;

82 Lasso, *n.* ཞགས་པ;

83 Last, *a.* ཚང་མའི་གཞུག་ལ; ཕྱིས་ཤོས; ཀུན་གྱི་རྗེས་མ; ཀུན་གྱི་རྗིང་མ;

84 Last, *v.i.* ཐུབ་པ; གནས་པ; འདང་པ;

85 Lasting, *a.* བསྲན; སྲོག་ཆེན་པོ; ཡུན་རིང་ཐུབ་པ;

86 Lastly, *ad.* མཐར་འཇུག་ཏུ;

87 Latch, *n.* ཨ་ཤིང; སྒོའི་ཨ་ཤིང;

88 Latchet, *n* ལྷམ་སྒྲོ; ལྷམ་སྒྲོག་པའི་རྒྱུན་ཐག;

89 Late, *a.* ཕྱི་པོ; གོབ་པོ; འདས་པོ;

90 Lateness, *n.* ཕྱིས་ཚུལ; ཕྱིས་ལོད; ཕྱིས་ལུད;

91 Lately, *ad.* ཁ་སང་ཁེས་ཉིན་ཞིག་ན; ཁ་སྲིང་ཙམ་ན;

92 Latent, *a.* གབ་ནས་ཡོད་པ; མི་མངོན་པར་གནས་པ; སྦྲས་པའི་ཚུལ་དུ་གནས་པ;

93 Latently, *ad.* སྦས་ཚུལ་དུ;

94 Later, *a.* དེ་བས་ཀྱང་ཕྱིས་པ;

95 Lateral, *a.* ཟུར་ནས་འབྱུང་བའི;

96 Laterally, *ad.* ཟུར་ནས;

97 Lateritious, *a.* རྫ་པག་གི་མདོག་ཅན;

98 Latest, *a.* ཕྱིས་ཤོས; ཐམས་ཅད་ཀྱི་རྗིང་མ;

99 Lath, *n.* ཤིང་ཤབ;

100 Lathe, *n.* གཤགས་པའི་ལག་ཆ; གཤག་གཟོང་དང་འཁོར་ལོ་བཅས་པ;

101 Lather, *v.i.* ལྦུ་བ་སྦོབ་སྦོབ་སྒྱུར་པ;

102 Lather, *n.* ལྦུ་བ; ཡི་ཙེ་དང་ཆུ་བསྲེས་པ་ལས་བྱུང་བའི་ལྦུ་བ; དབུ་བ;

103 Lathing, *n.* ག་ཤགས་རྒྱབ་པ; [སྐད;

104 Latin, *a.* སྔོན་དུས་ཀྱི་རོ་མན་རྒྱལ་ཁབ་ཀྱི་སྐད་དེའོ; རོ་མན་གྱི

105 Latitude, *n.* ཞིང་ཁ; རྒྱ་ཁྱོན; ཀློང; མཐོ་དམན་གྱི་རིམ་པ; ས་ཁྲའི་ངོས་སུ་སྙེད་བཅད་ཀྱི་ཐིག་རིས་དག་ལ་ཟེར;

106 Latitudinal, *a.* ཞིང་ཁའི་ཕྱོཊ;

107 Latitudinarian, *n.* བློ་ཁ་ཡངས་མོ; འཛིན་གཟུང་སྤོང་བ;

108 Latter, *a.* རྗེས་མ; ཕྱི་མ; ཉིང་མ;

109 Latterly, *ad.* རྗེས་སུ; ཉིང་ནས;

110 Lattice, *n.* རྒྱ་ཁྲ;

111 Latrine, *n.* གསང་སྤྱོད;

112 Laud, *v.t.* བསྟོད་པ; བསྟོད་ར་བརྗོད་པ;

113 Laudable, *a.* སྟོད་ར་རི་བ;

114 Laudably, *ad.* སྟོད་ར་ཐོབ་པ་བྱེད་དེ;

115 Laudanum, *n.* ཨ་ཕི་ཡུ་དང་ཨ་རག་བཏུལ་བ; (གཡའ་ཕི་ཡ་ཨ་རབ་ལ་སྦྱངས་པ; medl.)

116 Laudatory, *a.* སྟོད་ར་ཅན; བསྟོད་པ;

117 Laugh, *v.i.* གད་མོ་ཤ་བ;

118 Laughable, *a.* བགད་མོའི་གནས་སུ་གྱུར་པ; ཀོད་དྲོ་པོ;

119 Laughingstock, *n.* གད་མོའི་གནས;

120 Laughter, *n.* གད་རྒྱངས; གད་མོ;

121 Launch, *v.t.* མདུང་ལྷར་འཕང་བ; གྲུ་ཟིང་ལྷར་བཤུད་པ; *n.* གྲུ་ཆུང;

122 **Laundress**, *n.* གོས་འཁྲུ་མི་སྐྱེ་དམན;

123 **Laundry**, *n.* གོས་བཀྲུ་ས;

124 **Laureate**, *n.* དགུང་གསར་སྐབས་བརྩོཾ་པ་འབུལ་མཁན་གྱི་གོ་ས་འཛིན་པ་པོ;

125 **Laurel**, *n.* དབུར་དགུན་མེད་པར་མདོག་མི་འགྱུར་བར་གནས་པའི་ཤིང་ལྗོང་ཞིག;

126 **Lava**, *n.* ཟྲག་ཞུར་ཞེས་མི་ལྷེ་ཅན་གྱི་རི་ཡི་ཁོག་པ་ནས་ཐོན་པའི་ཁྲོ་ཆུ་ལྷ་བུ་ཞིག; རྡོ་ཞུན་འཁོལ་མ་རི་བོ་ཧ་གདོང་གི་ནང་ནས་ཆུ་མཁྲིས་བཞིན་དོན་པ་དེའོ;

127 **Lavatory**, *n.* ཁྲང་ཁྲུ་ཁྲུབ་ས;

128 **Lave**, *v.t.* བཀྲུས་པ; ཆུས་ཟབ་པ;

129 **Lavender**, *n.* མེ་ཏོག་ཧྲི་ཞིམ་པོ་ཞིག་གི་ཤིང; མེ་ཏོག་དེ་ལས་བྱུང་བའི་སྦྱུག་པ་དེའོ;

130 **Lavish**, *a.* འཕང་མེད་དུ; ཕང་མེད;

131 **Lavishly**, *ad.* ཕང་མེད་དུ;

132 **Law**, *n.* ཁྲིམས; བཀའ་ཁྲིམས;

133 **Lawful**, *a.* ཁྲིམས་མཐུན;

134 **Lawfully**, *ad.* ཁྲིམས་དང་མཐུན་པ་བྱེད་དེ;

135 **Lawfulness**, *n.* ཁྲིམས་དང་མཐུན་ཡུང;

136 **Lawgiver**, *n.* ཁྲིམས་བཅའ་མཁན;

137 **Lawless**, *a.* ཁྲིམས་མེད;

138 **Lawlessness**, *n.* ཁྲིམས་མེད་ཀྱི་བྱ་བ; ཁྲིམས་མེད་རལ་བགལ;

139 **Lawn**, *n.* ནེའུ་སིང; སྤང་ཤོང;

140 **Lawsuit**, *n.* ཁ་མཆུ; བརྩོད་གླེང; གླེང་གཞི;

141 **Lawyer**, *n.* ཁ་པ; ཁྲིམས་སར་ཞུ་བ་སྐྱོར་མིའི་ཁ་པ;

142 Lax, *a.* ལྷོད་ལྷོད;

143 Laxative, *a.* བཤལ་དབབ་པའི་ནུས་ཅན;

144 Laxative, *n.* བཤལ་སྨན;

145 Lay, *v.t.* བཞག་པ; མར་ཕབ་པ; བབ་པ; (རྡུལ་ལྡངས་ལ་ཆགས་པ; སྒྲིག་ནས་བཞག་པ; བཀབ་པ; འཕྲིང་བ; འཛོལ་བ; སྒྲིལ་སྤྱུང་བ; གཏན་སྐབས་སྒྲིག་པ; to lay eggs སྒོ་ང་སྐྱེ་བ; (to lay aside ཕར་བཞག་པ;)

146 Lay, *n.* གླུ; (གླུ་ཟེ; Bhut.); སྒྲུང་གླུ་ཙ་ལེན་པ;

147 Lay, *n.* (མི་སྐྱ; མི་ནག; Laity).

148 Laying, *n.* བྱ་མོས་སྒོ་ང་སྐྱེ་དུས; དཀར་རྩི་བྲུག་ཕྱུངས་དང་པོ་དེའོ;

149 Layman, *n.* མི་སྐྱ;

150 Lazar, *n.* ནད་ངན་གྱིས་ཟིན་པའི་མི;

151 Lazaretto, *n.* ནད་ངན་གྱི་འཆིང་བའི་མི་རྣམས་ཀྱི་སྨན་ཁང;

152 Lazily, *ad.* ལེ་ལོ་བྱེད་དེ; ནོབ་ནོབ་པོར; ལེ་ལོར;

153 Laziness, *n.* ལེ་ལོ; སྙོམས་ལས;

154 Lazy, *a.* སྙོམས་ལས་ཅན; ནོབ་ནོབ;

155 Lea, *n.* སྤང་ལྡོངས;

156 Leach, *v.t.* ཐལ་ཁྲུ་འཚག་པ;

157 Leach, *n.* (leech) སྲིན་འབུ་པད་པ;

158 Lead, *v.t.* ཁྲིད་པ; མགོ་ཁྲིད་བྱེད་པ; *n.* འགོ་ཁྲིད;

159 Lead, *n.* ཞ་ནེ; མཚོའི་གཏིང་རྟག་པའི་ཞ་ནེ་རྡོ; {པར་པའི་ཡིག་སྦྱང་དཔེར་འབྱེད་པའི་ཆེད་དུ་ལྕགས་སམ་ཞ་ནེའི་ཐིག་ཤབ་མོ་དེའོ;}

160 Leaded, *a.* ཞ་ཉེའི་ཕོན་ཅན;

161 Leaden, *a.* ཞ་ཉེའི;

162 Leader, *n.* འགོ་པ; འགོ་བྱེད; འཁྲིད་མཁན;

163 Leadership, *n.* འགོ་བྱེད; འགོ་པའི་གོ་ས;

164 Leading, *a.* འགོ་འཁྲིད; མིག་སྟོས;

165 Leaf, *n.* ལོ་མ; ལོ་འདབ; འདབ་མ;

166 Leaf, *v.i.* འདབ་མ་ཁྲུང་པ; ལོ་འདབ་དགོད་པ;

167 Leafage, *n.* ལོ་འདབ;

168 Leafiness, *n.* ལོ་འདབ་མང་ཕྱུར;

169 Leafless, *a.* ལོ་འདབ་མེད་པ;

170 Leafy, *a.* ལོ་འདབ་ཅན;

171 Leaflet, *n.* ལོ་མ་ཆུང་ཆུང; (Booklet=དཔེ་ཆུང;)

172 League, *n.* ཁན་སྡོམ; ཁན་སྡེབས;

173 Leaguer, *n.* ཁན་སྡོམ་པོ; ཁྲི་ནས་བསྐོར་མཁན;

174 Leak, *n.* ཐིག་མིག; ཐིག་པ་རྒྱུབ་སའི་ཁི་ཁྲུང;

175 Leak, *v.i.* ཐིག་པ་རྒྱུབས་པ; (vulgar གཅིན་གཏང་བ; or
ཆུ་གཏང་བ;)

176 Leakage, *n.* ཐིག་པ་གཟར་ཚུལ;

177 Leaky, *a.* ཐིག་པ་སྨང་པོ;

178 Lean, *v.i.* བསྐྱེལ་བ; སྐྱེལ་སྟེ་སྡོད་པ;

179 Lean, *a.* སྐྲིག་པ; ཤ་སྐམ་པ; སྐྱུར་པ་མ་ཡིན་པ; རིད་པོ;

180 Lean, *v.i.* སྐྱེལ་བ; སྐྱེས་པ;

181 Leanness, *n.* སྐྲིག་ཚུལ;

182 Leap, *v.i.* འཆོང་རྒྱབས་པ;

183 Learn, *v.t.* བསླབ་པ; རང་ཉིད་བསླབ་པ; རང་གིས་ཚུར་བསླབ་པ;

184 Learned, *a.* མཁས་པ; ཡོནྡ་ཅན;

185 Learnedly, *ad.* ཡོནྡ་ཅན་གྱི་ངང་ཚུལ་དུ;

186 Learner, *n.* ཡོནྡ་སྦྱངས་མཁན;

187 Learning, *n.* ཡོནྡ; སློབ་གཉེར;

188 Lease, *v.t.* ཁང་པའམ་ས་ཆ་གླ་ཆར་གཡར་གཏང་བ;

189 Leasehold, *n.* { བཀའ་འཛིན་ནང་ཚུད་ཀྱི་ས་ཆ; བཀའ་འཛིན་ལྟར་གྱི་ས་ཆ;

190 Leaseholder, *n.* གླ་ཆ་སྤྲད་ནས་འཛིན་པ་པོ་དེ་ཉིད;

191 Leash, *n.* ཁྲི་སྡོམ; ཁྲི་ཐག;

192 Least, *a.* ཉུང་ཤོས; ཆུང་ཤོས; མཐའ་མ; (མཐའ་ན; at least).

193 Leather, *n.* ཀོ་བ་བསྐྱིད་པ; སྐྱིད་ཀོ;

194 Leathren, *a.* ཀོ་བའི; སྐྱིད་ཀོའི;

195 Leave, *n.* དགོང་ཞུ; བཞག་པ; དོར་བ; བོར་བ; སྤང་པ;

196 Leaven, *n.* ཁུ་རའི་ནང་བླུག་རྒྱུའི་ཕབ་རྩི;

197 Leavings, *n.* ལྷག་འཕྲོ; ཁ་འཕྲོ; ལྷག་མ; ལྟོ་ལྷག;

198 Lecher, *n.* ཆགས་པ་ཅན; ཁྲིག་ལ་སྲེད་པ་ཆེན་པོ;
(རྒྱོ་གཟན; Sik.)

199 Lecherous, *a.* མོ་དད་ཅན; (རྒྱོ་དད་ཅན; Sik.).

200 Lecture, *n.* ཚོགས་གཏམ;

201 Lecturer, *n.* ཚོགས་གཏམ་གཤང་མཁན;

202 Ledge, *n.* བྲག་སོ; བྲག་གི་སོ་ཁ;

203 Ledger, *n.* ཐུན་ཚུར་ཐོབ་ཕར་ཤོར་གྱི་དེབ་ཐོ;

204 Lee, *n.* ཀླུང་རྙོའི;

205 Leech, *n.* འབུ་པད་པ; སྲིན་འབུ་པད་པ; {ཨིམ་ཆི་ལ་ཡང་ཟེར;}

206 **Leek**, *n.* རམ་པ;

207 **Leer**, *n.* ཟུར་མིག; (མིག་ཁྲལ་གཙུག་སྤེ་བཟླ་རྒྱུ་དེ;)

208 **Lees**, *n.* ཚང་ཉིག;

209 **Left**, *a.* གཡོན; གཡོན་ཕྱོར; རྒྱུག་རྩེའི་ཀང་མགོ་ནས་བསྐྱུས་པའི་གཡོན་འགྲི; (*p.t.* of leave བོར་བཞག་པ;)

210 **Leg**, *n.* ཀང་པ; (ཞབས; Hon.).

211 **Legacy**, *n.* ནོར་སྐལ; འདས་པོའི་ཁ་ཆེམས་སུ་འཇོག་པའི་ནོར་སྐལ;

212 **Legal**, *a.* ཁྲིམས་མཐུན;

213 **Legalize**, *v.t.* ཁྲིམས་དང་མཐུན་པར་གནང་བ;

214 **Legality**, *n.* ཁྲིམས་དང་མཐུན་ཚུལ;

215 **Legally**, *ad.* ཁྲིམས་དང་མཐུན་པར;

216 **Legate**, *n.* སྐུ་ཚབ; སྐྱབས་མགོན་ལྷའི་སྐུ་ཚབ་ཏུ་བླ་མ་འདུ་མངའ་པ་དེའོ; བླ་ཆེན་གྱི་སྐུ་ཚབས;

217 **Legation**, *n.* སྐུ་ཚབ་ཏུ་མངའ་བ; ཕྱོར་ཀྱི་རྒྱལ་ཁབ་ཏུ་སྐུ་ཚབ་ཕྱི་བློན་གྱི་གདན་ས;

218 **Legend**, *n.* གསེར་འཕྲེང; ནཾ་ཐར; སྐུ་འཕྲེང; བླ་རྒྱུད;

219 **Legendary**, *a.* བླ་རྒྱུད་རྣམ་ཐར་ལྟ་བུ;

220 **Legible**, *a.* ཀློག་བདེ་པོ; ཀློག་ཐུབ་ཅམ; གསལ་པོ;

221 **Legibleness**, *n.* ཀློག་བདེའི་ཚུལ;

222 **Legibly**, *ad.* ཀློག་བདེ་མོར;

223 **Legion**, *n.* དང་པོའ་རོ་མན་ཞེས་པའི་དམག་ཚུ་མི་གྲངས་གསུམ་སྟོང་ནས་བདུན་སྟོང་བར་ཡོད་པ་ལ་ཟེར; མཚོ; སྡེ; སྤུང;

224 **Legionary**, *a.* དམག་ཚུའི;

225 **Legislate**, *v.i.* ཁྲིམས་ཡིག་བཅའ་བ; ཁྲིམས་བཅའ་བ;

226 Legislation, *n.* ཁྲིམས་བཅའ་ཚུལ;

227 Legislative, *a.* ཁྲིམས་ཀྱི་མངའ་བདག; ཁྲིམས་ཀྱི་ཁ་ལོ་པ;

228 Legislator, *n.* ཁྲིམས་བཅའ་མཁན;

229 Legislature, *n.* ཁྲིམས་ཀྱི་སྡེ; ཁྲིམས་འགོ་འཛུགས་བྱེད་པའི་སྡེ;

230 Legitimacy, *n.* སྐྱེ་ཁུངས་དག་ཚུལ; ཁུངས་དག་པོ;

231 Legitimate, *v.t.* ཁུངས་དག་པོར་བཟོ་བ;

232 Legitimate, *a.* ཁུངས་དག་པོ;

233 Legitimately, *ad.* ཁུངས་དག་པོར;

234 Leisure, *n.* ལོང; ལྷོད་ལོང; དལ་ཁོམས; དལ་བ;

235 Leisurely, *ad.* ལྷོད་ལྷོད་བྱེད་པ;

236 Lemon, *n.* (Sik. ཚོས་པད་ཞེས་པའི་ཤིང་འབྲས་སྐྱུར་མོ་ཞིག;)

237 Lemonade, *n.* ཆུ་ཡི་ནང་ལ་ཚོས་པད་ཀྱི་དྲི་ཡོད་པ; ཚོས་པད་ཀྱི་དྲི་དང་ལྡན་པའི་བཏུང་བ་ཞིག; {མཱི་ཋཱ་པཱ་ནཱི; ཆུ་མངར་མོ;}

238 Lend, *v.t.* གཡར་བ; གཡར་བྱིན་པ;

239 Lender, *n.* གཡར་བྱིན་མཁན;

240 Length, *n.* རིང་མཐུང; དཀྱུས;

241 Lengthen, *v.t.* དཀྱུས་སུ་རིང་དུ་བཏང་བ; དཀྱུས་སུ་བརྐྱང་བ;

242 Lengthiness, *n.* དཀྱུས་རིང་ཚུལ;

243 Lengthwise, *ad.* དཀྱུས་སུ;

244 Lengthy, *a.* རིང་མོ; (མནར་འཛེར་ཅན; Sik.).

245 Leniency, *n.* ཐུ་ཡངས་གཉང་ཚུལ; དགོངས་པ་ལྷོད་ཚུལ; ཐུགས་སྙིང་གི་དགོངས་པ;

246 Lenient, *a.* དགོངས་པ་ཡངས་པོ;

247 Leniently, *ad.* ཡངས་མོར; ཐུགས་སྙིང་གི་དགོངས་པ་བཞིན་ཀྱིས;

248 **Lenity**, *n.* སྤྲུའ་དགོངས་ཡངས་ཚུལ; འཇམ་ཚུལ;

249 **Lens**, *n.* མེ་ཤེལ་ལིཾ་རྒྱངས་ཤེལ་གྱི་ཤེལ་ལྟ་བུ; ཟུར་སྒྲབ་མོ་དཀྱིལ་སྦུག་ཅིང་འབུར་ཡོད་པ; ཤེལ་གསལ་མོ;

250 **Lent**, *n.* ཞག་མོ་བཞི་བཅུ་ཐམས་པའི་སྨྱུང་གནས་ཀྱི་དུས་ཆེན;

251 **Lenten**, *a.* སྨྱུང་གནས་ཀྱི;

252 **Lentil**, *n.* སྲོ་ཞིག་དང་དེའི་ས་བོན་དེའི་མིང; རྒྱ་གར་དུ་དཱལ་ཞེས་པའི་སྲན་ཆུང་དེའོ; སྲན་ཆུང;

253 **Leo**, *n.* སེངྒེ; དུས་འཁོར་སེང་གེ; སེང་གེའི་ཁྱིམ;

254 **Leonine** *a.* སེངྒེ་ལྟ་བུ;

255 **Leopard** *n.* གཟིག; (Sik. སྟག་མོ་གཟིག;)

256 **Leper**, *n.* མཛེ; མཛེ་ནད་ཅན; མཛེ་པ;

257 **Leprosy**, *n.* མཛེ; མཛེ་ནད;

258 **Leprous**, *a.* མཛེ་ནད་ཅན; མཛེ་རྒྱབ་པ; མཛེ་ཅན; མཛེ་པ;

259 **Less**, *a* ཉུང་བ; ཆད་པ;

260 **Lessee**, *n.* གླ་པོ་ལེན་མཁན; ཁང་གླ་འི་ས་ཆ་ཁྲལ་གླར་ལེན་མི;

261 **Lessen**, *v.t.* ཉུང་དུ་བཏང་བ;

262 **Lesson**, *n.* ཆོས་རྒྱུད; ཡིག་རྒྱུགས;

263 **Lest**, *c.* འབྱུང་གི་དོགས; སྲིད་ཀྱི་དོད;

264 **Let**, *v.t.* བཅུག་པ; འཇུག; གནང་བ; གཏང་བ;

265 **To Let a house.** ཁང་པ་ཁང་གླར་གཏང་བ; གླ་རུ་གཏང་བ;

266 **Let off**, *v.t.* གཏོང་བ; བཏང་བ; སློད་པ; སློད་བཏང་བ;

267 **Lethargy**, *n.* ལེ་ལོ; སྙིད་པ་སྐྱུར་བ; སྙིད་ལུག; བྱིངས་རྨུག;

268 **Letter**, *n.* ཡི་གེ; (ཕྱག་བྲིས; Hon.).

269 **Levant**, *n.* ཡུལ་ཞིག་གི་མིང; ཤར་ཕྱོགས་ཀྱི; ཤར;

270 Levant, *v.i.* བྲོས་པ; གཞུར་བ;

271 Levee, *n.* རྒྱལ་པོའི་དྲུང་ལྷ་མཇལ་གཏང་བ་དེའོ; མཇལ་ཁ;

272 Level, *n.* ཁོད་སྙོམས་པོ;

273 Leveller, *n.* ཁོད་སྙོམས་མཁན;

274 Levelling, *n.* ཁོད་སྙོཾས་པའི;

275 Lever, *n.* དབྱུག་མདའ; ལྕང་སེ་ཤིང་གི་དབྱུག་པ;
(སྐྱེའུ་མདའ; Sik. & Bhut. or སྐྱེའུ;)

276 Leveret, *n.* རི་བོང་སྐྱེས་ནས་ལོ་གཅིག་ལོན་པ་ལ་ཟེར; རི་བོང་ཕྲུག་གུ;

277 Leviathan, *n.* ཆུ་སྲིན; ཆུའི་ནང་གི་སེམས་ཅན་ཆེན་ཞིག;
ཆེན་པོ་འི་སྦྲུ་མིང;

278 Levite, *n.* ཡ་ཧུ་ད་པའི་བོན་པོ་ལེ་ཝི་ཞེས་པའི་མི་རྒྱུད;

279 Levitical, *a.* བོན་པོ་འི; [ཡིག;

280 Leviticus, *n.* ཡ་ཧུ་དའི་བོན་སྟོན་ལེ་ཝི་ཞེས་པས་བཅའ་བའི་ཁྲིམས་

281 Levity, *n.* ཡངས་ཚུལ; བྱ་སྤྱོད་ཡངས་མོའི་ཚུལ;

282 Levy, *v.t.* ཁྲལ་བསྡུ་བ; ཁྲལ་འགོད་པ;

283 Levy, *n.* ཁྲལ་བསྡུད; ཁྲལ་བསྡུ;

284 Lewd, *a.* འཆལ་པོ; གཙོག་པ; གཡེམ་དད་མཁན;
(རྒོ་འདོད་ཅན; Colql.).

285 Lewdly, *ad.* གཙོག་པོ་བྱེད་དེ; འཆལ་འཆལ་ལྟར;

286 Lewdness, *n.* ལོག་གཡེམ་གྱི་ལས; འཆལ་གཡེམ; མི་ཚངས;

287 Lexicographer, *n.* ཚིག་མཛོད་བརྩམས་མཁན;

288 Lexicographical, *a.* ཚིག་མཛོད་ཀྱི་རྣམ་པ་ཅན;

289 Lexicography, *n.* ཚིག་མཛོད་བརྩམས་པའི་བྱ་བ;

290 Lexicon, *n.* ཚིག་མཛོད་ཟམ་དེག;

291 Liable, *a.* རང་གྲོག་ཟུག་པ; ཐོག་པ; ཟུག་པ; འགན་ཐོག་པ;

292 Liability *n.* རང་གྲོག་ཐོག་པའི་འགན;

293 Liar, *n.* ཧམ་པ་བཤོད་མཁན; རྫུན་སྨྲ་མཁན;
(ཤོབ་ཅན; འང་མཁན; Sik. & Bhut.).

294 Libation, *n.* གསེར་སྐྱེམས; ཆང་མཆོད; ཆང་ཕུད;

295 Libel, *n.* སྨད་ར;

296 Libellous, *a.* སྨད་རའི;

297 Liberal, *a.* ལག་ཡངས་པོ; གཏོང་ཕོད་ཅན;

298 Liberalism, *n.* བློ་ཡངས་པོ་དག་གི་ལྟ་བ; བློ་ཁོག་ཡངས་པོ་རྣམས་
ཀྱི་འདོད་བློ་འི་གཏོ;)

299 Liberality, *n* གཏོང་ཕོད;

300 Liberalize, *v.t* བློ་རྒྱ་ཆེར་གཏང་བ;

301 Liberally, *ad.* གཏོང་ཕོད་ཆེན་བྱེད་དེ;

302 Liberate, *v.t.* དཀྲོལ་བ; གཏོང་བ; སྒྲོད་བཏང་བ;

303 Liberation, *n.* གྲོལ་བ;

304 Liberator, *n.* དཀྲོལ་མཁན;

305 Libertine, *n.* གཡེར་པོ; འཆལ་པོ; (དང་སང་དབང་པོ;)

306 Libertinism, *n.* ཆང་དང་མོ་དད་ཆོད་མེད;

307 Liberty, *n.* རང་དབང; རང་ཚད; རང་དགའ་རང་ཐང;

308 Libidinous, *a.* སྲེད་ཞེན་ཅན; འདོད་སྲེད་ཅན; འདོད་ཆགས་ཆེན;
(རྒྱོ་དད་ཆེན་པོ; ཙ་ཀྲི་ར; Vulgar).

309 Libra, *n.* སྲང་གི་དུས་སྦྱོར; སྲང; སྲང་གི་ཁྱིམ;

310 Librarian, *n.* དཔེ་མཛོད་དོ་དམ་པ; དཔེ་གཉེར་པ;

311 Library, *n.* བསྟན་བཅོས་སྣ་ཚོགས་ཀྱི་ཁང་པ; དཔེ་མཛོད;

312 Librate, *v.t.* སྲང་ལ་འདེག་པ; ཡང་བཟི་སྐོམས་པ;

313 Libration, *n.* ལྡེམས་རྒྱབ་ཚུལ; ལྡེམ་ལྡེམ;

314 License, *n.* གནང་བ; དགོང་པ; བཀའ་གནང; བཀའ་ཡང;

315 Licensee, *n.* དགོང་ཡངས་ཐོབ་མཁན;

316 Licentiate, *n.* ཆོས་འཆད་ཚོག་པའི་གནང་བ་ཐོབ་པ;

317 Licentious, *a.* ཉོན་མོངས་རང་དགར་སྤྱོད་པའི;

318 Licentiousness, *n.* ཉོན་མོངས་རང་དགར་སྤྱོད་པའི་ཚུལ;

319 Lichen, *n.* ཤིང་སྡོང་གི་ལོའ་སྲུ་སྐྱེས་པའི་སྤོ་སྨད་མ་ཟེར་བ;
(སྤོ་སྐྱུལ་པའ་ལྷ་བུ་ཞིག;)

320 Lick, *v.t.* རོ་བདའ་བ; བྲོ་བ་མྱང་བ; ལྕེ་ཡིས་ལ་དག་པ;
ལྕེ་ལྷག་རྒྱབ་པ;

321 Licking, *n.* བརྡུང་བརྡེག;

322 Licker *n* བརྡུང་བ; བརྡུང་བརྡེག་གཏང་མཁན;

323 Lickerish, *a.* ཞིམ་འདོད་ཅན; རོ་ལ་ཆགས་པ;

324 Lid, *n.* ཁ་བཅོད; ཁེབས;

325 Lie, *v.i.* ཉལ་བ; མཆིས་པ; བརྫུན་བཤད་པ; *n.* རྫུན;
(ཤོབ; འང; Sik.).

326 Lie, *v.i.* (to lie with བཤོ་བ; ཁྲིག་པ་སྤྱོད་པ;)

327 Liege, *a.* གཙོ་བོ;

328 Liegeman, *n.* འབངས; འཁོར་འབངས; འབང་མི;

329 Lieu, *n.* ཚབ; སྐྱིན་པ;

330 Lieutenant, *n.* བརྒྱ་དཔོན; {དམག་ཡས་དཔོན་འགོ་ཆུང་བ;}
དཔོན་ཚབ; ལས་ཚབ;

331 Life, *n.* སྲོག; ཚེ; སྐྱེ་བ;

332 Lifeless, *a.* སྲོག་མེད;

333 **Lift,** *v.t.* ཡར་འདེག་པ; ཡར་བསྒྲེང་བ; འཁྱོག་པ; ཡར;

334 **Ligament.** *n.* མདུད་པ་དཱ་པོ;

335 **Ligamental,** *a.* མདུད་པའི;

336 **Ligature,** *n,* འཆིང་མདུད;

337 **Light,** *n.* འོད; གསལ་ཆ; གོ་བ; (རིག་པའི་གསལ་ཆ;)

338 **Lighten,** *v.i.* བབ་པ; འོད་ཀྱི་ཁྱབས་པ; འོད་དུ་གསལ་བ;

339 **Lighten,** *v.t.* ཡང་དུ་གཏོང་བ;

340 **Lightly,** *ad.* ཡངས་ཡངས་བྱེད་དེ;

341 **Lightness.** *n.* (ཡང་ཡོད) ཡང་ལྷུར; ཡང་ཚུལ; བརྗོད་མེད་པས་ ཡང་ལུགས;

342 **Lightning,** *n.* གློག་ལྷེ; འབྲུག;

343 **Lightsome,** *a.* སྐྱ་གསལ་གསལ; ཡང་མོ;

344 **Ligneous,** *a.* ཤིང་ལས་གྲུབ་པ; ཤིང་གི;

345 **Like,** *a.* འདྲ་པོ; (resembling) *v.t.* དགའ་བ;

346 **Likelihood.** *n.* འདྲ་ཚོད; ཡིན་ཚོད;

347 **Likely,** *ad.* ཡིན་དོ; ཡིན་ཚོད;

348 **Liken,** *v.t.* མགྲན་པ; ཡིན་ཟློག་བྱས་པ; འདྲ་མིར་བཅོས་པ;

349 **Likeness,** *n.* སྐུ་འདྲ; སྐུ་པར; བཟོ་བྱད; འདྲ་པར; འདྲ་སྐུ;

350 **Likewise,** *n.* དེ་བཞིན་དུ; ཡང;

351 **Liking,** *n.* དགའ་ཁྱད; དགའ་ལྷུར; དང་དཀར་ཕྱུར;

352 **Lilac** *n.* མེ་ཏོག་ཁ་མདོག་སྔོ་དམར་བྱས་པ་ཞིག; ཙཾ་བྲི་མེ་ཏོག;

353 **Lily,** *n.* པདྨ; ཨུཏྤལ;

354 **Limb,** *n.* སྨུག་ལག; སྨུག་བཞི; ཡན་ལག;

355 **Limbed,** *a.* ཡང་ལག་དང་ལྡན་པ; ཡན་ལག་བདར་པ;

356 Limber, *a.* མི་སྐྱོར་ཀྱི་འཁོར་ལོའི་སྣེ་དང་འཁོར་ལོ་གཉིས་པོ;

357 Lime, *n.* རྡོ་ཞོ;

(ཆུན་ Hindi word Tibetanised ཚུ་ནེ་ Bhut.)

358 Limit, *n.* མཐའ; ཚད; ཁྲི་རིམ;

359 Limitable, *a.* མཐའ་དཔག་ཏུ་ཡོད་པ; ཚད་གཞལ་དུ་ཡོད་པ;

360 Limitation, *n.* ཚད; མཐའ་མཚམས; མཚམས;

361 Limited, *a.* ཚད་གཞལ་ཟིན་པ; འཇལ་ཟིན་པ; མཐས་བསྐྱོམས་པ;

362 Limner, *n.* འདྲ་ཐང་བྲི་བ; རི་མོ་མཁན;

363 Limp, *v.i.* འདར་འདུར; འདལ་ལེ་འདོལ་ལེ; ཉ་ལེ་ཉོ་ལེ;

364 Limpet, *n.* ཉིའུ་ཆུང་ཉ་ཅིབ་ཟི་འགྲིན་འབུའི་རིགས;

365 Limpid, *a* དྭང་མོ; གསལ་པོ; (སྙིང་སང་སང་ Sik. & Bhut.).

366 Line, *n.* ཐིག; ཐིག་སྐུད; སྐུད་པ; སྣལ་མ;

(ཞེང་མེད་པའི་དཀྱུས; Geometrical line).

367 Lineage, *n.* རིགས་རྒྱུད; རྒྱུད་པ; རིགས; (Hon. གདུང་རྒྱུད;)

མཆེད་ཁྱངས; (ཚད་ས་ཚད་ཁྱངས; Sik.).

368 Lineal, *a.* རྒྱུད་པའི; དཔེར་ན་རྒྱུད་པའི་བླ་མ་ལྷུར;

369 Lineament, *n.* བྱད་བཞིན; ངོ་གདོང; ངོ་རིས; གཟུགས་བརྙན;

370 Linear, *a.* ཐིག་གི; ཐིག་གུར་ཚགས་པའི; ཐིག་གི་རྣམ་པ་ཅན;

371 Linen, *n.* ཀ་རྫིའི་རས; ཀ་ཙི;

372 Ling, *n.* ཉའི་རིགས་གཅིག; སྤྲང་རྩྭ;

373 Linger, *v.i.* བགོར་ནས་བསྡོད་པ; བགོར་བ; ཁྲུ་རི་ཁྲི་རི་བྱས་

སྡོད་པ;

374 Lingual, *a.* སྐད་ཀྱི; ལྕེ་ཡི;

376 Lingual, *a.* ཕོ་མཚན་དབང་ཕྱུག་ཏུ་ལྟ་བ; དབང་ཕྱུག་གཟུགས་བརྙན;

376 **Linguist**, *n.*	སྐད་ལ་མཁས་པ; སྨྲ་བ; སྐད་རིགས་དུ་མར་མཁས་པ;
377 **Linguistic**, *a.*	སྐད་རིགས་སྣ་ཚོགས་ཀྱི་སྐོར;
378 **Lining**, *n.*	ནང་ཤ; གོས་སམ་ཆུ་པའི་ནང་ཤ; (ནང་ཤབ; Sik.).
379 **Link**, *n.*	གདོལ་མིག; ཨ་ལོང;
380 **Linnet**, *n.*	བྱིའུ་དབྱང་སྙན་ཅན་ཞིག;
381 **Linseed**, *n.*	ཏིལ་གྱི་རིགས; (ཏི་སི Hindi) སོ་མ་ར་ཙའི་འབྲས་བུ་དེའི;
382 **Lint**, *n.*	ཤིང་བལ་གྱི་རས་ངོས་གཅིག་སྤུ་ཅན; སྤྲིང་བལ་གྱི་རས་སྤུ་མ་རྨ་བཅོས་ལ་མཁོ་བ་ཞིག;
383 **Lintel**, *n.*	{of door སྒོའི་ཨ་ཐེམ;}
384 **Lion**, *n.*	སེངྒེ; གཅན་གཟན་གྱི་རྒྱལ་པོ་སེང་གེ;
385 **Lioness**, *n.*	སེངྒེ་མོ;
386 **Lionize**, *v.t.*	ཆེ་བསྟོད་བྱེད་པ;
387 **Lip**, *n.*	མཆུ; ཁའི་མཆུ;
388 **Liquation**, *n.*	ལྕུ་བསྐོལ་བའི་ཞུན་བཀོལ་བའི་ལས;
389 **Liquefy**, *v.t.*	ཆུར་བཞུ་བ;
390 **Liquefiable**, *a.*	ཆུར་བཞུ་རུང་བ;
391 **Liquid**, *a.*	ཁུ་བ; ཆུ; ཆབ; རློན;
392 **Liquidate**, *v.t.*	བརྩིས་དག་པ; བུན་ཐེབས་པ; བུན་གཙང་དག་བཏབ་པ;
393 **Liquidation**, *n.*	བརྩིས་དག་པའི་ལས; བུན་གཙང་དག་བྱེད་པའི་ལས;
394 **Liquidator**, *n.*	བརྩིས་དག་པར་བྱེད་མཁན; བུན་གཙང་མཁན;
395 **Liquidity**, *n.*	ཆུ་བཞིན་སླ་བའི་རང་བཞིན; རློན; ཞེར;
396 **Liquor**, *n.*	ཨ་རག;
397 **Lisp**, *v.i.*	ཁྲིའུ་བཞིན་གཅེས་སྐད་འདོན་བཞིན་ཚིག་སྨྲ་མི་དག་པར་བརྗོད་པ; གཅེས་སྐད་འདོན་པ;

398 List, *n.* ཐོ; དེབ; དེབ་ཐེར;

399 Listen, *v.i.* ཉན་པ; མཉན་པ;

400 Listener, *n.* ཉན་པ་པོ;

401 Listless, *a.* དྲན་པ་མ་གཏང་པར; དྲན་པ་རྒྱ་ཡན་ཤོར་བའི;
དྲན་པ་ཉམས་པ; (སྙིང་མེད་དྲན་མེད; Sik.).

402 Listlessly, *ad.* དྲན་པ་རྒྱ་ཡན་དུ་གཏང་སྟེ;

403 Listlessness, *n.* དྲན་པ་རྒྱ་ཡན;

404 Litany, *n.* གསོལ་འདེབས; ཁ་དོན; (ཞབས་བརྟེན; Hon.).

405 Literal, *a.* ཡིགེའི་སྒྲ་བཞིན; ཁ་ཐུག; ཡིགེའི་འབྲུ་དོན་ལྟར;

406 Literalism, *n.* ཡིགེའི་ཚིག་གི་དོན་ལྟར་འགྲིམས་པ་ཉིད; ཡིགེའི་
འབྲུ་དོན་འགྲིམ་འདོད;

407 Literally, *ad.* ཡིགེའི་སྒྲ་དོན་ལྟར་ན; (ཡིགེའི་འབྲུ་དོན་ལྟར་ན;)

408 Literary, *a.* ཡིགེའི་ཐོག; ཡིགེའི་སྐོར;

409 Literate, *a.* ཡིག་ཤེས་པ;

410 Literaty, *n.* ཡིག་ཐོག་མཁས་པ; ཡོན་དན་ཅན; ཡོན་ལྡན་པ;

411 Literature, *n.* ཡིག; བསྟན་བཅོས་ཡིག; ཆོས; རིག་པ;

412 Litharge, *n.* ཞ་ནེའི་སྨན; རྒྱ་ཞ་ནེ་ལས་བྱུང་བའི་སྨན་ཞིག་གོ;

413 Lithe, *a.* མཉེན་གྱོང་འཇོམ་པོ;

414 Lithesome, *a.* མཉེན་གྱོང་འཇོམ་པོ;

415 Lithograph, *v.t.* རྡོའི་ངོས་ལ་བཀོད་པའི་པར; རྡོ་པར;

416 Lithographer, *n.* རྡོ་པར་པ;

417 Lithographic, *a.* རྡོ་པར་གྱི;

418 Lithography, *n.* རྡོ་པར;

419 Litigant, *n.* ཁ་མཆུ་བརྩོད་མཁན; གླེང་མོའི་དོ་བདག;

420 Litigate, *v.t.* ཁམ་མཆུ་བརྩོད་པ;

421 Litigation, *n.* གླིང་བརྩོད; ཁ་མཆུ;

422 Litigious, *a.* ཁམ་མཆུ་བརྩོད་དད་ཅན;

423 Litter, *n.* ཕྱུབ་མའི་ཕྱུང; ཁྲད; ཁྱོགས; འཁྱོར; (bier དཀྱུ་ཁྲི;)

424 Litter, *v.t.* ཁྲི་གྱུ་བཙམ་པ;

425 Little, *a.* ཆུང་ཆུང; ཉུང་ཉུང; ཉམ་ཆུང;

426 Littleness, *n.* ཆུང་ངུའི་ཚུལ; ཀྱུ་ཆུང་བའི་ཚུལ;

427 Liturgy, *n.* ཞབས་བརྙེན;

428 Live, *v.i.* བསྐྱོད་པ; འདུག་པ; འཁོད་པ; གནས་པ; མཆིས་པ;
(to live by ཟ་བ; འཚོ་བ;)

429 Lived, *a.* གནས་པ; མཆིས་པ; བསྐྱོད་པ;

430 Livelihood, *n.* འཚོ་བའི་སྤྱོར་ཐབས; འཚོ་བ་སྐྱུབ་ཐབས; འཚོ་གྱུ;

431 Liveliness, *n.* སྤྲོ་འཕེལ་བའི་ཉམས;

432 Livelong, *a.* ཚེ་གང;

433 Lively, *a.* སྤྲོ་སེང་སེང; གཙང་པོ; ཁྲམ་པ;

434 Liver, *n.* མཆིན་པ;

435 Livery, *n.* ཡབ་ཁྲུག་པ་རྣམས་ཀྱི་གོས་ཆ; སྐུ་མདུན་པའི་གོས་ཆས;

436 Lives, *n.* སྲོག་དུ་མ; *v.i.* གནས་སོ; སྡོད་དོ;

437 Livid, *a.* གསལ་པོ; འབུར་དོད་པོ;

438 Lividity, *n.* སྔོ་བམ;

439 Living, *a.* གསོན་པོ; *n.* འཚོ་ཐབས; འཚོ་བ;

440 Lizard, *n.* ཙང་པ; སྲོག་ཆགས་ཙང་པ་འདམ་དུ་དབྱིག; (རླུང་འགམ; Chameleon). (ཛ་དོག་མ; Sik.) (ཟེམ་ལྷ; Sik.)

441 Llama, *n.* ལུག་གི་རིགས་ཞིག;

442 Lo, *int.* བལྟོས་ཤིག;

443 Load, *n* དོ་བྱ; འཁུར་དོས; འཁུར་ཚད;

444 Loadstone, *n.* རྡོ་ཁབ་ལན;

445 Loaf, *n.* ཁུ་ར; བག་ལེབ; *v.i.* འཁྲུམས་པ་ཤལ་བྱེད་པ;

446 Loam, *n.* ས་ནག་པོ་ལྷུད་ཅན;

447 Loam, *v.t.* ས་ལྷུད་བཀྲམ་པ; ས་ལྷུད་འདེབས་པ;

448 Loan, *n.* བུན; གཡར་སྐྱིན;

449 Loan, *v.t.* གཡར་བ; *v.t.* གཡར་སྐྱིན་བྱིན་པ;

450 Loath, *a.* བློ་ལ་མི་འགྲོ་བ; མི་འདོད་བཞིན་པ;

451 Loathe, *v.t.* གཙོག་པ; ཞེན་པ་ལོག་པ; ཞེ་ཁྲེལ་བ;

452 Loathful, *a.* གཙོག་པོ; ཞེན་ལོག་བསྐྱེད་བྱེད;

453 Loathing, *n.* ཞེན་ལོག; སྐྱུག་བྲོ; (ཁམ་ལོག; Sik. & Bhut.).

454 Loathly, *ad.* ཞེན་ལོག་བསྐྱེད་བྱེད;

455 Loathsome, *a.* གཙོག་པ; དམེ་བ; སྐྱུག་བྲོ་པོ; (ཁམ་ལོག་ཆེ་ཆེ; Sik. & Bhut.).

456 Lobby, *n.* སྒོ་འགག; སྒོ་སྦྱོར;

457 Lobe, *n.* རྣ་བའི་མཇུག; (Hon. སྙན་ཤལ;) རྣ་ཤལ; ཆ; དུམ་བུ;

458 Lobster, *n.* སྡིག་སྲིན; (ཧྲི་སྲིན; Chinese term Tibetanised).

459 Local, *a.* ས་གནས་ཀྱི;

460 Localism, *n.* ས་གནས་ཀྱིས་ཕིས་འགོས་པ; ཚད་པ; ས་གནས་སོ་སོའི་ཁམས་ཀྱི་འགྲོ་ལུགས;

461 Locality, *n.* ས་གནས;

462 Localization, *n.* གནས་སོ་སོར་ཚོར་བའི་སྒོ་རེར་རྟོག་པ; ཚོར་བ་ལུས་ཀྱི་ཆ་གང་རུང་ཞིག་ལ་གདད་པ; ལུས་ཀྱི་ཆ་གང་རིགས་ཞིག་ལ་ཚོར་བའི་དབང་པོ་བསྡུ་བ;

463 Localize, *v.t.* གནས་སོ་སོར་བཀོད་པ;

464 Locally, *ad.* ས་གནས་སུ; གནས་སོ་སོར;

465 Locate, *v.t.* གནས་ཚོད་བརྟག་པ; ས་གནས་ངོས་བཟུང་བ; གནས་ངོས་འཛིན་བྱེད་པ;

466 Location, *n.* ས་ཆ; ས་གནས; གནས;

467 Loch, *n.* མཚོ;

468 Lock, *n.* སྒོ་ལྕགས; *v.t.* སྒོ་ལྕགས་རྒྱབ་པ;

469 Locker, *n.* སྒོ་ལྕགས་རྒྱབ་ས་ཡོད་པའི་ཁང་མིག་བཙན་པོ;

470 Locket, *n.* ག་ཐུང; གཟུ;

471 Locomotion, *n.* འགྲོ་འདུག; འགྲོས; འགྱུ་བ;

472 Locomotive, *a.* རཱི་ཡི; འགྲོ་བའི་འཁྲུལ་འཁོར;

473 Locust, *n.* ཆ་ག་འབུ; (ཉམ་ཡོར; Sik.) (འབུ་ཕེའུ་དར་བ; Bhut.) ཞིང་ཚེར་མ་ཅན་མི་དོག་དཀར་པོ་དྲི་ངད་བཟང་པོ་ལྡན་པ་མང་པོ་ཅན་ཞིག་གོ;

474 Locution, *n.* ཁ་ལབ་ལུགས; སྨྲ་བརྗོད; སྨྲ་བརྗོད;

475 Lode, *n.* ལྕགས་སཾ་ཟང་རྡོ; ལྕགས་རྡོ་འདམ་ཟང་རྡོ;

476 Lodestone, *n.* རྡོ་ཁབ་ལེན;

477 Lodge, *v.t.* གནས་ཚང་གཡར་བ; གནས་ཚང་སྤྲོད་པ; སྡོད་གནས་བྱིན་པ; *n.* དགོན་པ; ཚོགས་ཁང; སིལ་པོ་སྐྱིད་ཚལ་ནང་དུ་ཁང་ཆུང;

478 Lodger, *n.* གནས་ཚང་གཡར་ནས་བསྡོད་མི;

479 Lodging, *n.* གནས་ཚང;

480 Lodgment, *n.* གནས་ཚང་བཅའ་བ་ཉིད;

481 Loft, *n.* སྟེང་ཐོག;

482 Loftily, *ad.* མཐོན་པོ་བྱེད་དེ; མཐོ་ལྷོག་ཁ་པོ་བྱེད་དེ;

483 Loftiness, *n.* མཐོ་ཚུལ; མཐོ་འདོད་ཆེ་ལུགས;

484 Lofty, *a.* མཐོན་པོ;

485 Log, *n.* ཤིང་སྟུམ; གྲུ་ཟིང་གི་བང་གཞལ་བྱེད་ཀྱི་ཤིང་སྟུམ་དེ་ ལའང་ཟེད;

486 Logarithm, *n.* བགྲངས་བའི་བརྩིས་ལུང་གཅིག;

487 Loggerhead. གླེན་པ; (མགོ་འཐོམ; Sik.).

488 Logia, *n.* ལུང་བསྟན; གཏམ; དཔེ་གཏམ;

489 Logic, *a.* རིག་བྱེད; སྨྲ་བའི་རིག་བྱེད; སྨྲ་དབྱར་ཀྱི་རིག་པ; སྨྲ་རིག་པ; སྨྲ་ཚད་མའི་རིག་པ;

490 Logical, *a.* རིག་པ་དང་མཐུན་པར; སྨྲ་རིག་པ་དང་ལྡན་པ;

491 Logician, *n.* སྨྲ་བ་རིག་པ་དང་མཐུན་པ; སྨྲ་མཁས; སྨྲ་བའི་རིག་པ་ཅན;

492 Logistical, *a.* བགྲང་བར་མཁས་པ;

493 Logwood, *n.* ཤིང་དམར་སྨྱུག་ཞིག;

494 Logos, *n.* སྔོན་དུས་སྒྲིག་པའི་ཆོས་ལུང་ལྟར་ན་འཇིག་བརྟེན་ན་རང་ཆས་སུ་གནས་པའི་ནུས་མཐུ་དེའོ; ལྷའི་བཀའ་འམ་ལུང;

495 Loll, *v.i.* བསྙེས་མ་ལྕེ་འདོན་པ;

496 Lolly, *n.* གོང་བུ; རྡོག;

497 Loin, *n.* བརླ; བརླ་ཤ;

498 Loiter, *v.i.* བགོར་གཞི་རྒྱབ་པ; ཁྲུ་རི་ཁྲི་རི་བྱས་སྡོད་པ;

499 Loiterer, *n.* བགོར་གཞི་རྒྱབ་མཁན; བཤུལ་དུ་ལུས་པ;

500 Loll, *v.i.* འཕྲེད་སྙལ་རྒྱབ་པ; ཉལ་བ; སྙལ་བ;

501 Lone, *a.* རང་ཉིད་གཅིག་པུ; གཅིག་པོ;

502 Loneliness, *n.* ཀློ་སྟོང་པོ་; དབེན་ཚུལ་; (ཀློ་ཏར་ལུགས་; Sik.).

503 Lonely, *ad.* རང་ཉིད་ཅིག་པོ་;

504 Lonesome, *a.* ཀློ་སོད་; རང་ཉིད་ཀྲུང་ཀྲུང་; (ཀློ་ཏར་ཆེ་ཆེ་; Sik.).

505 Long, *a.* རིང་པོ་; རིང་མོ་; (*v.i.* དུང་དུང་བྱས་ནས་དྲན་པ་; to long for).

506 Longevity, *n.* ཚེ་རིང་ལྷུཊ་; ཚེ་རིང་;

507 Longing, *n.* དྲན་ཟུག་;

508 Longingly, *ad.* ཡིད་གདུང་བའི་ཚུལ་གྱིས་; དྲན་ཟུག་དང་བཅས་སྟེ་;

509 Longitude, *n.* དཀྱུས་ཀྱི་ཐིག་ཚད་; རྩེ་ནས་ཞམ་ཐུབ་ཏུ་ཐིག་རྒྱབ་པའི་རི་མོ་; ས་ཁྲའི་ནང་ཡོད་ན་དཀྱིལ་ཐིག་ནས་ཤར་ནུབ་ཐག་ཉེ་རིང་གཞལ་ཐིག་;

510 Longitudinal, *a.* དཀྱུས་ངོས་; ཚལ་པར་; མགོ་ནས་མཇུག་གི་ངོས་སུ་ཐིག་ཚལ་པར་འགོས་པའི་;

511 Loo, *n.* ཤོག་འབག་གི་བཙེད་མོ་ཞིག་;

512 Look, *a.* ལྟར་སྣང་; ལྟ་བ་; བལྟད་མོ་; སྣང་ངོ་; སྣང་བ་; *v.t* བལྟ་བ་; *v.i.*

513 Looker-on, *n.* བལྟས་མོ་བལྟ་མཁན་;

514 Looking, *v.i.* བལྟས་བཞིན་པ་;

515 Looking-glass, *n.* མེ་ལོང་;

516 Look after, *v.t.* ཅག་ཁྲིད་པ་བྱར་བྱས་པ་;

517 Look down on, *v.i.* དམའ་མཐོང་བྱས་པ་;

518 Loom, *n.* འཐགས་བདག་པའི་ཅ་ལག་; འཐགས་ཆ་; *v.i.* མིག་ངོར་འཆར་བ་;

519 Loon, *n.* གླན་པ་;

520 Loop, *n.* {ཨོ་ཏྲིད་; Sik.} ཞགས་པ་;

521 Loose, *v.t.* བཀྲོལ་བ; adj. མ་འཆིང་བ; ཞིག་ནས་ཡོད་པ; ལྷོད་ལྷོད;

522 Loosely, *ad.* བཀྲོལ་ཏེ; ལྷོད་པོ་བྱེད་དེ;

523 Loosen, *v.t.* བཀྲོལ་བ; ལྷོད་པ;

524 Looseness, *n.* འཆལ་འཛོལ; (of stomach ཁྲུ་བ་ཤལ); ལྷོད་ཆ;

525 Loot, *n.* འཕྲོག་བཅོམ་རྒྱབ་པའི་ཅ་ལག; གནགས;

526 Lop, *v.t.* བཅད་པ; གཞུར་བ; ཡལ་ག་བཅད་པ;

527 Lopping, *n.* སྡོང་བཞུར; ཡལ་ག་གསམ་པ;

528 Loquacious, *a.* ཁ་བདེ་པོ; གཏམ་འདོད་ཅན; ཁ་མང;

529 Loquacity *ad.* ཁ་མང་བའི་རང་བཞིན; ཁ་བདེ་ཚུལ;

530 Lord, *n.* གཙོ་བོ; རྗེ་བོ; ཇོ་བོ; དཔོན་པོ;

531 Lordliness, *n.* རྗེ་བོར་སྣམ་པའི་འཁྱིང་བག; རྗེ་བོའི་ངང་ཚུལ; གཙོ་བོའི་འཁྱིང་བག;

532 Lordling, *n.* རྗེ་བོ་ཆུང་ངུ;

533 Lordly, *ad.* རྗེ་བོར་འོས་པ;

534 Lord's Day, *n.* གཟའ་ཉི་མ;

535 Lordship, *n.* ཇོ་བོ་ཡར; དཔོན་པོ་ཡར; སྐུ་གཞོན་ཡར;

536 Lord's Supper, *n.* {ཡེ་ཤུའི་ལྷར་ཀྱི་ཚོར་འཁོར;}

537 Lore, *n.* ཡོནྡ; ཤེས་བྱ; བསྟན་བཅོས; (མཁྱེན་བྱ; Hon.).

538 Lose, *v.t.* སྟོར་བ; ཤོར་བ; བརླག་པ;

539 Loser, *n.* ཤོར་མཁན;

540 Loss, *n.* རྒྱུ་ཤོར; གོད; གྱུས; གྱུད; གྱོད;

541 Lost, *a.* བརླག་ཟིན་པ; ཤོར་ཟིན་པ;

542 Lot, *n.* སྐལ་བ;

543 Loth, *a.* བློ་ཡིས་ཁུར་མི་འདོད་པ; མི་འདོད་པ; ཁ་བློ་མེད་པ;
བློ་ལ་བབ་མིན;

544 Lotion, *n.* སྦྲུ་ཕྱུར; སྨན; བཀྲུ་སྨན;

545 Lottery, *n.* ཅི་ཊྛི; (a Hindi word).

546 Lotus, *n.* པདྨ; ཆུ་སྐྱེས; ཀུ་མུད; ཨུད་པ་ལ;

547 Loud, *a.* སྐད་ཆེན་པོ;

548 Loudly, *ad.* སྐད་ཆེན་པོར;

549 Loudness, *n.* སྐད་ཆེ་ཚུལ;

550 Lounge, *v.i.* འཕྲེད་ཉལ་བྱས་ནས་བསྡད་པ;

551 Lounger, *n.* ལས་གང་ཡིན་རུང་ཡུན་རིང་བསྒོར་མི; འཕྲེད་
བསྙལ་བྱ་མི;

552 Lounging, *a.* འཕྲེད་བསྙལ་བྱས་བཞིན་པ; འཕྲེད་བསྙེལ་དུ་ཉལ་བ;

553 Louse, *n.* ཤིག;

554 Lousiness, *n.* ཤིག་གཟན་གྱི་ཚུལ; ཤིག་འབོལ་ཚུལ; ཤིག་ཉིལ་ལེ་བ;

555 Lousy, *a.* ཤིག་གཟན;

556 Lout, *n.* གླེན་པ་འགྲོ་འདུག་མི་སྤྲོ་པ; (འགྲོ་རྟོས; Sik.).

557 Lovable, *a.* སྙིང་རྗེ་པོ; བྱམས་འོས; ཡིད་འོངས;

558 Love, *n.* བྱམས་སེམས; གདུང་སེམས;

559 Loveliness, *n.* ལྷ་ན་སྡུག་ཡུཊ;

560 Lovelorn, *a.* གདུང་སེམས་ཀྱིས་མནར་བ;

561 Lovely, *ad.* ཡིད་ཁར་འོང་པོ; ཡིད་འོངས;

562 Love-match, *n.* པན་ཚུན་སེམས་ཤོར་བའི་མཛའ་གྲོགས;

563 Lover, *n.* བྱམས་པ; སྙིང་སྡུག;

564 Loving, *a.* གདུང་སེམས་ཅན; བྱམས་པོ; བྱམས་སེམས་ཅན;

565 Lovingly, *ad.* གདུང་སེམས་ཆེ་ཆེ་ལྟར;

566 Low, *a.* དམན་པོ; དམའ་མོ; དམན་ས; དམའ་པོ;

567 Low, *v.i.* བ་གླང་གི་སྐད་འདོན་པ; བའི་སྐད་འདོན་པ;

568 Lower, *v.t.* མར་དབབ་པ; མར་ཕབ་པ;

569 Lowermost, *a.* དམའ་ཤོས;

570 Lowing, *n.* བ་ལུག་གི་སྐད་རྒྱབ་ཤུར;

571 Lowland, *n* ས་ཆ་དམའ་བ; ཡུལ་སྨད; སྨ་ཡུལ;
ལུང་པའི་མདའ;

572 Lowliness, *n.* དམན་ཆ;

573 Low-spirited, *a.* དབང་པོ་དམའ་བ; སེམས་ཆུང; ཉམས་ཆུང; ལྟ་བ་ཞན་པ;

574 Loyal, *a.* རྗེ་བོར་དམ་ཚིག་ཅན; དམ་ཚིག་བརྟེན་པོ;

575 Loyalty, *ad.* རྗེ་དང་འབངས་ཀྱི་དམ་ཚིག;

576 Loyally, *n.* དམ་ཚིག་གཙང་མར;

577 Lozenge, *n.* མངར་བྲ་སྒོར་སྒོར; མངའ་བྲ་སྒོར་སྒོར་ལེབ་ལེབ;

578 Lubricate, *v.t.* བསྐུམ་བྱུག་པ;

579 Lubrication, *n.* བསྐུམས་བྱུག་ཚུལ;

580 Lucent, *a.* བཀྲག་ཆེན; འོད་ཆེམ་ཆེམ;

581 Lucerne, *n.* སྔོང་ཏུཾ་ཞིག;

582 Lucid, *a.* དྭངས་མོ;

583 Lucidity, *n.* དྭངས་ཚུལ;

584 Lucidly, *ad.* དྭངས་སང་སང་བྱེད་དེ;

585 Lucigen, *n.* ཞུ་མར་འོད་ཆེ་ཐག་ཚོད་ཞིག;

586 Lucifer, *n.* ཕྱི་ཡུར་བདུད་རྒྱལ་གྱི་མིང; མེ་ཅག; མེ་ཀྲད;

587 Luck, *n.* གཡང; བྱུས; སོ་དེ; སྐྱུང་དུ; ཁ་རྗེ; བསོད་ནམས;

588 **Luckily,** *ad.* ལྟབས་ཡག་ནས;

589 **Luckiness,** *n.* ལྟབས་ཡག; སྟབས་ལེགས; བྱུས་ལེགས;

590 **Luckless,** *a.* ལྟབས་ཉེས; སོ་དེ་མེད; སོ་ཟད; ཁ་ཏྲེ་མེད;
བསོད་ནམས་ཆུང་ཆུང;

591 **Lucky,** *a.* སོ་དེ་ཅན; བསོད་ནམས་ཅན; ཁ་ཏྲེ་ཅན;

592 **Lucrative,** *a.* དངུལ་བབས་ཆེ་བ; ཁེ་སང་ཅན;

593 **Lucre,** *n.* ཟང་ཟིང; རྒྱུ་ནོར; ཁེ་སང;

594 **Lucubrate,** *v.i.* ཉུ་མར་བདེག་ནས་མཚན་མོར་སློབ་གཉེར་ལ་འབད་པ;

595 **Lucubration,** *n.* རང་ཉིད་གཅིག་པོར་བསཾ་བློ་ཞིབ་མོར་གཏང་ནས་བརྩོཾས་
པའི་ཡིག;

596 **Ludicrous** *a.* གད་མོ་འི་གནས་སུ་གྱུར་པ; ཀྲོད་ཤོར་པོ;

597 **Ludicrously,** *ad.* ཀྲོད་ཏྲོ་ཟླ་བྱེད་དེ;

598 **Ludicrousness,** *n.* ཀྲོད་ཏྲོ་ལུགས;

599 **Lug,** *v.t.* ཧྲུད་ཟ;

600 **Luggage,** *n.* དོ་བུ; དོས་ཆས;

601 **Lugubrious,** *a.* ཤུ་ངན་གྱི་སྨྲས་ངག་འདྲ་པོ; ཁྲུལ་སྣང་སྣང;

602 **Lukewarm,** *a.* དྲོན་འཇམ; ཤ་ཚ་ཆེར་མེད་པ;
(ཚུ་ཚན་ལ་བེ་ལོ་བེ; Sik.)

603 **Lukewarmly,** *ad.* ཤ་ཚ་ཆེར་མེད་པར; (ལ་བེ་ལོ་བེ་བྱེད་དེ; Sik.)

604 **Lukewarmness,** *n.* ཤ་མི་ཚ་ལུགས;

605 **Lull,** *v.t.* ཕར་ཚུར་གཡུག་ནས་གཉིད་དབབ་པ;
པང་པར་གཡེངས་དེ་གཉིད་འགུག་པ;

606 **Lullably,** *ad.* ཨོ་ལོ་གཉིད་བཀུག་པའི་གླུ་དབྱངས;

607 **Lumbago,** *n.* སྐྱེད་གཟེར་གྱི་ན་ཚ; སྐྱེད་པ་གཟེར་ནད;

608 **Lumber**, *n.* གོ་འགག་པའི་ཅ་ལག;

609 **Lumber**, *v.* འགྲོ་སྟངས་ཇོར་པོ་བྱེད་ནས་འགྲོ་བ;

610 **Luminary**, *n.* འོད་སྒྲོན;

611 **Luminous**, *a.* འོད་འཕྲོ་བ; འོད་ལྡན;

612 **Luminously**, *ad.* འོད་འཕྲོ་བཞིན་དུ;

613 **Lump**, *n.* གོང་དོག; གོང་བུ; རྡོག; རྡོག་རྡོག;

614 **Lumpish**, *a.* གོང་བུ་ལྟུ; རྡོག་རྡོག;

615 **Lumpy**, *a.* གོང་བུ་ལྟུ; རྡོག་རྡོག;

616 **Lunacy**, *n.* སྨྱོ་འབོག;

617 **Lunar**, *a.* ཟླ་བའི;

618 **Lunatic**, *a.* སྨྱོན་པོའི;

619 **Lunch**, *n.* ཉིན་ཕྱེད་ཡོལ་ཚུན་གྱི་ཁ་ཟས; (བཟའ་ཚུང; Bhut.)
(*v.t.* བཟའ་ཚུང་ཟ་བ; Bhut.)

620 **Luncheon**, *n.* ཉིན་ཕྱེད་ཡོལ་ཚུན་གྱི་ཁ་ཟས;

621 **Lung**, *n.* གློ་བ;

622 **Lunge**, *v.i.* གྲི་བརྩེད་ཀྱི་སྐབས་སུ་གྲི་རྩེས་འཕུལ་བ;
(*v.t.* གྲི་རྩེ་རྣོན་པོས་འཕུལ་བ; འཕུལ་དུ་བཙུག་པ;)

623 **Lunged**, *a.* གློ་བ་ལྡན་པ; གློ་བ་ཅན;

624 **Lurch**, *n.* ལིང་ལིང་བྱེད་དེ་ཟུར་བསྐྱལ་ལོག་གེ་བ་བྱེད་པ;

625 **Lure**, *v.t.* བསླུས་པ; *n.* སླུ་རྫོ ; སླུ་ཐབས;

626 **Lurid**, *n.* སེར་ལྷམ་ལྷམ; རོ་གདོང་ལྷི་ལྷི;

627 **Lurk**, *v.i.* ཡིབ་ནས་བསྡད་པ;

628 **Lurking**, *a.* ཡིབ་པ; ཡིབ་སྡེ་ཡོད་པ;

629 **Luscious**, *a.* བཅུད་ཅན; ཤ་ཅན; ཁུ་བ་ཅན; རོ་བཅུད་ཆེར་ལྡན་པའི;
བྲོ་བ་ཅན; རོ་བཅུད་ལྡན་པ;

630 Lusciously, *ad.* བྲོ་བཅུད་ཆེན་པོ་བྱེད་དེ; བྲོ་བ་ཆེན་པོ་བྱེད་དེ;

631 Lusciousness, *n.* བྲོ་བཅུད་ཆེ་ཡུང; རོ་བཅུད་ལྡན་ཚུལ; བྲོ་བ་ཆེ་ཡུང;

632 Lust, *n.* འདོད་ཆགས; ཆགས་ཞེན; སྲེད་པ; སྲེད་ཞེན; ཆགས་པ; ཞེན་པ;

633 Lustful, *a.* འདོད་སྲེད་ཅན; འདོད་ཆགས་ཅན;

634 Lustfully, *ad.* འདོད་སྲེད་ཆེནོ་བྱེད་དེ;

635 Lustfulness, *n.* འདོད་སྲེད་ཆེ་ཡུང;

636 Lustily, *ad.* གཤུགས་ཆེན་པོ་བྱེད་དེ; སྟོབས་ཤུགས་ཀྱིས;

637 Lustiness, *n.* འདོད་སྲེད; ཆགས་པ་ཆེ་ཡུང; བཤེད; ཤུགས;

638 Lustre, *n.* གཟི་འོད; གཟི་བརྗིད; བཀྲག་མདངས; བཀྲག;

639 Lustring, *n.* གོས་ཆེན་བཀྲག་གཡེར་ཆེནོ་ཞིག;

640 Lustrous, *a.* གཟི་འོད་ཅན;

641 Lustrum, *n.* ལོ་ལྔ་ལྔའི་དུས་བསྐོར; ལྔ་བསྐོར་ལྔ་ཐུག; སྔོན་དུས་རཱོ་མན་གྱི་མི་གྲངས་བགྲངས་ཟིན་མཚམས་སུ་བསང་གསོལ་ཞིག་བྱ་སྲོལ་ཡོད་འདུག་པ་དེ་ལོ་ལྔ་ལྔའི་རྗེས་སུ་བྱས་པས་ལྔ་སྐོར་རོ;

642 Lustry, *a.* ལོ་ལྔ་ལོན་པར་མཆོད་འབུལ་བྱ་བ་སྔོན་རཱོ་མན་གྱིས་ཡུང;

643 Lute, *n.* སྒྲ་བསྙེན; ཏོ་ཅིན;

644 Lutheran, *a.* ལུ་ཐཱར་གྱི་རྗེས་འཇུག; མཱར་ཏིན་ལུ་ཐཱར་ཞེས་ཡི་ཤུའི་ཆོས་ལུགས་འཛིན་མིའི་གྲལ་ནས་སྤྲཱོ་ཏེ་སི་ཏེནྟ་བྱ་བའི་ཐོག་མ་དེའོ;

645 Luxuriance, *n.* རྒྱས་ཡུང; རྒྱས་སྤངས;

646 Luxuriant, *a.* ལོ་འདབ་རྒྱས་པོ;

647 Luxuriantly, *ad.* རྒྱས་བཞིན་དུ; རྒྱས་དེ;

648 Luxurious, *a.* སྤྲོ་ཉམས་རྒྱས་པོ ; སྐྱིད་ཉམས་ཅན ;
དཔལ་འབྱོར་ཕུན་སུམ་ཚོགས་པོ ;

649 Luxuriously, *ad.* སྤྲོ་ཉམས་འཕེལ་སྟེ ; བདེ་སྐྱིད་ཕུན་སུམ་ཚོགས་པོ་བྱེད་དེ ;

650 Luxury, *n.* འདོད་ཡོན་ཆེ་བའི་སྤྲོ་ཉམས ; ཕུན་ཚོགས་འདོད་ཡོན ;

651 Lycanthrophy, *n.* མི་ལུས་ལས་སྤྱང་ཀིའི་ལུས་སུ་འགྱུར་བའི་རྫུ་འཕྲུལ ;

652 Lydditer, *n.* མེ་རྫས་ནུས་པ་ཆེན་པོ་ཞིག་འདི་ལྡད་དུ་ཀཎྜ་བྷ་བའི་ཡུལ་
དུ་བཟོས་པ ; རྒྱ་ནི་གོ་ཐའ་ལོ ;

653 Lye, *n.* གོ་ཐལ་དང་བུལ་ཏོག་ཆུ་ལ་བསྲེས་པ་ཞིག ;

654 Lyceum, *n.* མི་གྲོས་པ་ཅན་དག་ལ་ཆོས་འཆད་ས ;

655 Lying, *a.* བརྫུན་གྱི ; ཧཾ་པའི་འཕྲེད་སྐྱལ་དུ ; སྐྱེ་ནད ;

656 Lynch, *v.t.* ཁྲིམས་ཞིབ་དཔྱོད་མེད་པར་ཉེས་པ་གཏང་བ ; དམང་ས་
པས་ཁྲིམས་གཅོད་བྱས་པ ;

657 Lynx, *n.* དབྱི ; or ཨི ;

658 Lypriph, *n.* ཆུ་སེར་འབྲུ་ནད་སྐྱུང་བའི་ནད་འཛུག་ཐབས་སུ་བྱུག་
རྒྱུའི་རྣག་ཆུ་འདྲ་པོ་དེའི ;

659 Lyre, *n.* སྒྲ་ཉན་གྱི་རིཊ་གཅིག ;

660 Lyric, *a.* བརྩོམ་གླུ ;

661 Lyrist, *n.* གླུ་བརྩོཾ་མཁན ;

M

1 Ma, *n.* ཨ་མ ;

2 Macaroni, *n.* རྒྱ་ཐུག ;

3 Macaw, *n.* ཨེ་མེ་རི་ཀའི་ནེ་ཙོ་ཡིད་འོང་གཅིག ;

4 Maccabees, *n.* ཡ་ཧུ་ད་པའི་བསྟན་བཅོས ;

5 Mace, *n.* ཛ་དི་ཕ་ལ ; དབྱུག་ཏོ ; ཞང་དབྱུག་ཁྲིམས་བདག་བཏཊ ;
མཚན་དུ་ཐོག་སྟེ་ཁྱེར་བ་དེའི ;

6 **Macerate**, *v.t.* རྒྱུད་དུ་བཙུག་པ; ཆུ་ལ་བང་ནས་མཉམ་ཆར་བཙུག་པ;

7 **Machinate**, *v.t.* ཐབས་འགྲིག་པ; གཡོ་འཕྲུལ་བྱེད་པ;

8 **Machination**, *n.* ཐབས; གཞད; གཡོ་འཕྲུལ;

9 **Machine**, *n.* འཕྲུལ་འཁོར;

10 **Machinery**, *n.* འཕྲུལ་འཁོར་གྱི་རྣམ་པ; འཕྲུལ་འཁོར་གྱི་རིང་སྣ་ཚོགས;

11 **Machinist**, *n.* འཕྲུལ་འཁོར་བཟོ་མི;

12 **Mackerel**, *n.* ཉའི་རིང་ཞིག;

13 **Mad**, *a.* སྨྱོན་པ;

14 **Madam**, *n.* ཇོ་མོ;

15 **Madcap**, *n.* སྨྱོན་པ;

16 **Madden**, *v.t.* སྨྱོས་སུ་བཅུག་པ; སྨྱོས་པ;

17 **Mademoiselle**, *n.* ཕ་རན་སའི་སྐད་ལ་སྐུ་དྲག་གི་སྲས་མོ་དག་ལ་ཟེར; ཇོ་མོ; སྲས་མོ;

18 **Madhouse**, *n.* སྨྱོན་པ་དག་བཅུག་སའི་ཁང་པ;

19 **Madly**, *ad.* སྨྱོན་པ་ལྟར;

20 **Madman**, *n.* མི་སྨྱོན་པ; སྨྱོན་པ;

21 **Madness**, *n.* སྨྱོ་འབོག;

22 **Magazine**, *n.* རྫོད; རྫས་ཁང; ལོ་རྒྱུས་སྣ་ཚོགས་ཡོད་པའི་དཔེ་དེབ; མཛོད;

23 **Maggot**, *n.* ཤའི་འབུ; འབུ; (Sik. དཀར་དམ);

24 **Maggoty**, *a.* ཤ་འབུ་ཉིལ་ལི་བ {དཀར་དམ་ཉིར་ཉིར; Sik.}

25 **Magi**, *n.* སྔགས་པ; ཤུ་སྲུལ་མཉན་གྱི་ཡུལ་དུ་སྔགས་ཡུང་པ;

26 **Magic**, *n.* སྔགས; མིག་འཕྲུལ; སྒྱུ་མ; ངན་སྔགས;

27 **Magician**, *n.* སྒྱུ་མ་མཁན; སྔགས་པ; ངན་སྔགས་མཁན;

28 **Magisterial** *a.* ཁྲིམས་བདག་གི;

29 Magistracy, *n.* ཁྲིམས་བདག་གི་གོ་གནས;

30 Magistrate, *n.* ཁྲིམས་བདག;.

31 Magna, *n.* ཆེན་པོ; (ལེ་ཊིན་སྐད་དུ་ཆེན་པོ་ལ་ཟེར);

32 Magnanimity, *n.* ཁོག་ཞོངས; སྙིང་རྗེ; བློ་རྒྱ; སེམས་བཟང;
{དགོངས་ཡངས; Hon.}

33 Magnanimous, *a.* བློ་ཁོག་ཡངས་པོ; བློ་སྤོབས་ཅན; བློ་རྒྱ་ཆེན་པོ;
{དགོངས་པ་མཐོན་པོ;}

34 Magnanimously, *ad.* ཁོག་ཞོངས་ཆེན་བྱེད་དེ; {དགོངས་པ་ཆེན་པོའི་ངང་
ནས; Hon.}

35 Magnate, *n.* བློན་རིང; རྗེ་བོ;

36 Magnesia, *n.* ཐུ་གང;

37 Magnet, *n* རྡོ་ཁབ་ལེན; ཁབ་ལེན;

38 Magnetic, *a.* རྡོ་ཁབ་ལེན་གྱི་ནུས་པ་ཅན; ཁབ་ལེན་ལྟ་བུ;

39 Magnetism, *n.* ཁབ་ལེན་གྱི་ནུས་པ;

40 Magnetize, *v.t.* ཁབ་ལེན་གྱི་ནུས་པ་འཇུག་པ; ཁབ་ལེན་ནུས་པས་ཁྱབས་
དེ་ལྟར་འདྲེན་ནུས་སུ་བྱེད་པ;

41 Magnificence, *n.* བརྗིད་ཚུལ; གཟི་བརྗིད; རྒྱ་ཆེ་ལུར;

42 Magnificent, *a.* གཟི་བརྗིད་ཅན;

43 Magnificently, *ad.* རྒྱ་ཆེ་དཔང་མཐོར; གཟི་བརྗིད་ལྡན་པོ་བྱེད་དེ;

44 Magnify, *v.t.* ཆེན་པོར་གཏང་བ; རྒྱ་ཆེར་སྣང་བ;

45 Magnitude, *n.* ཆེ་ཆུང; རྒྱ་ཁྱོན;

46 Magpie, *n.* བྱེའུ་ཅ་པྲི; (བྱེའུ་ཆ་ཅུ; Sik. & Bhut.)

47 Mahogany, *n.* {ཤིང་པན་འབྲས; Sik. ཀོག་ཤིང};
ཙམ་པ་ཤིང་ཟེར་བ་དེའོ;

48 Mahometan, *n.* སུ་སྤྱལ་ལྷན་ཆོས་ལུགས་འཛིན་མཁན;

49 Maid, *n.* མོ་གཞོན; གཡོག་མོ; ཞལ་ལྟ་མ;

50 Maiden, *n.* གཞོན་ནུ་མ; (དམན་ཤར་མོ; Sik.)

51 Mail, *n.* (གོ་ཁྲབ;) Coat of ཁྲབ; (སྒྲག; Dak post).

52 Main, *a.* མཆོག; གཞུང;

53 Mainly, *ad.* ཙ་ཆེར;

54 Mainmast, *n.* གྲུའི་དར་ཤིང་གཙོ་མ་འམ་གུང་མ་དེ;

55 Mainsail, *n.* གྲུའི་དར་ཡོ་ཆེ; གྲུ་གཟིངས་ཀྱི་དར་ཆེན་དཀྱིལ་མ་དེ;

56 Mainspring, *n.* ཆུ་ཚོད་འཁོར་ལོ་སོང་བསྐོར་རྒྱུའི་ལྕུང་ལེབ་སྤྲབ་མོ་ངར་
ལྡར་སྒྲིལ་མ་གཙོ་ཆེ་བ་དེའོ;

57 Maintain, *v.t.* འཚོ་བ; འཚོ་བས་འཚོ་བ;

58 Maintenance, *n.* འཚོ་བ; གསོ་གདན;

59 Maintainer, *n.* འཚོ་བྱེད; འཚོ་མཁན;

60 Maize, *n.* འབྲུ་ཀན་ཙོང; བོད་དུ་མ་སྨིན་ལོ་ཏོག་ཟེར;
འབྲུག་པས་རྒྱ་ཟས་ཟེར;

61 Majestic, *a.* དཔའ་བརྗིད་ཅན; རྒྱལ་པོའི་འཁྱིང་བག་ཅན;
ལྷུན་ཆགས་གཟི་བརྗིད;

62 Majestically, *ad.* དཔའ་བརྗིད་ཆེན་བྱེད་དེ;

63 Majesty, *n.* དཔའ་བརྗིད; གཟི་བརྗིད; དཔལ;

64 Major, *a.* རྒན་པ; (Hon. སྐུ་འགྲེས;)

65 Major, *n.* རྒན་པོ; (འགྲེས་པ; Hon.)

66 Majority, *n.* ཕོན་ཆེ; གྲངས་མངས;

67 Make, *v.t.* བྱེད་པ; བཟོ་བ; བཅོས་པ;
(མཛད་པ; བཀོད་པ; Hon.)

68 Maker, *n.* གཟོ་བ་པོ; (མཛད་པ་པོ; Hon.)

69 Making, *n.* བཟོ; བཟོ་སྟངས; བཟོ་བལྟ; [ཟེར;

70 Malachite, *n.* སྤང་གཞི་ལྷུང་ཁྲའི་རི་ཏ་ཞིག; རྒྱ་གར་པས་ད་ན་ཕ་རང་

71 Maladministration, *n.* བསྒྱུར་བཀོད་ཕྱིན་ཅི་ལོག; བསྒྱུར་བཀོད་ངན་པོ;

72 Malady, *n.* ནད; མི་བདེ; ནད་གཞི; (སྙུན་གཞི; Hon.)

73 Malapert, *a.* གདོང་བཟང; གདོང་མམ་ཚིག; (Sik.)

74 Malaria, *n.* རྒྱ་དུ་ཏ; ཚད་པའི་ནད;

75 Malconformation, *n.* འདུས་བྱས་ངན་པ; བཟོ་ཉེས;

76 Malcontent, *n.* ནད་འཁྲུག་མིན; བློ་ཁེངས་མིན;

77 Male, *n.* (mail གོ་ཁྲབ;) ཕོ; ས་བོན་འདེབ་བྱེད་ཀྱི་མཚན་མ་ཅན;

78 Malediction, *n.* དམོད་མོ;

79 Malefactor, *n.* ངན་བྱེད་མཁན;

80 Malevolence, *n.* ངན; འཁོན; ཧུ་ང; གདུག་རྩུབ;

81 Malevolent, *a.* འཁོན་ཅན; ཧུ་ང་ཅན; ངན་སེམས་ཅན;

82 Malevolently, *ad.* ངན་སེམས་ཀྱིས;

83 Malformation, *n.* བཟོ་ཉེས; མི་སྡུག་པའི་མཚན་ཅན;

84 Malice, *n.* འཁོན; བློ་ངན; ཧུ་ང;

85 Malicious, *a.* བློ་ཉེས; འཁོན་ཅན; གནོད་སེམས་ཅན;

86 Maliciously, *ad.* ངན་སེམས་ཀྱིས;

87 Maliciousness, *n.* ངན་སེམས; ཧུ་ང་དང་ཕྲག་དོག; གནོད་སེམས; བསམ་པ་ངན་ཚུལ;

88 Malign *n.* གནོད་འགལ་དགྲུར་པའི; གནོད་པའི;

89 Malign, *v.t.* འཁོན་བཙུག་པ; སྨྲི་རྒྱབ་པ; ཕྲུང་འདེབས་པ;

90 Malignancy, *n.* གནོད་སེམས; བསམ་ངན; སྡང་སེམས;

91 **Malignant**, *a.* ཟུ་ངན; སྡང་ཏོག; མ་རུང་གདུག་པོ;

92 **Malignity**, *n.* སྡང་སེམས; ཁྲོ་ངན;

93 **Mall**, *n.* བསིལ་གྲིབ་ཅན་གྱི་ལམ; གཞུང་ལམ; བསྐོར་ལམ;

94 **Malleability**, *n.* ཐོ་བས་བརྡབ་ཏུ་ཡོད་པ་ཉིད; མཉེན; མཉེན་ཆ;

95 **Malleable**, *a.* ཐོ་བས་བརྡུང་ནས་ལེབ་ལེབ་བཟོ་ཐུབ་པ; མཉེན་པོ;
ཞ་ནེ་བཞིན་གྲང་མོར་བརྡུང་ནས་བཟོ་འཐོན་པ་གང;

96 **Malleate**, *n.* ཐོ་བས་བརྡབ་པ;

97 **Mallet**, *n.* ཤིང་གི་ཐོ་བ;

98 **Mallows**, *n.* (ཡག་ཤིང་གི་རིཊ; Sik.)

99 **Malpractice**, *n.* སྤྱོད་ངན; ལོག་པའི་སྤྱོད་པ;

100 **Malt**, *n.* ཆང་རྒྱུའི་འབྲུ; གྲོ་རྩྭ་ལ་བང་ནས་སྦྲུ་ཀྱུ་ཐོན་མཚམས་
སྐྱ་སྐམ་ནས་ཆང་འབྲུ་བྱས་པ་དེའོ;

101 **Maltese**, *n.* མལ་ཊ་ཞེས་བྱ་བའི་མི་རིཊ; མེ་ཌི་ཊ་རེ་ནེ་ཨན་རྒྱ་མཚོའི་
ནང་ན་ཡོད་པའི་མཚོ་གླིང་མལ་ཊ་ཞེས་པར་གནས་
པའི་མི་རིགས་དང་སྐད;

102 **Maltreat**, *v.t.* མནར་གཅོད་གཏོང་བ; ཐུབ་རྩོད་བྱེད་པ;

103 **Maltreatment**, *n.* མནར་གཅོད;

104 **Maltster**, *n.* ཆང་འབྲུའི་རྒྱུ་བཟོ་མཁན;

105 **Malversation**, *n.* གཞུང་ལས་ལོག་པར་བྱེད་པ་ཉིད; སྤྱོད་ཉེས;
གཞུང་ལས་ཕྱིན་ཅི་ལོག;

106 **Mamma**, *n.* མ; ཨ་མ;

107 **Mammal**, *n.* ནུ་མ་ཅན;

108 **Mammalia**, *a.* ནུ་མ་ཅན་གྱི་རིཊ; ནུ་ཞོས་ཕྲུ་གུ་བསོ་བའི་རིཊ་ཀྱི་སྡེག་
ཆགས;

109 Mammon, *n.* ནོར་བཟང་ཟིང་གི་ལྷ; ནོར་བཟང་ཟིང་དེ་ཉིད་ཕར་ལྷའི་ཀྱི་བར་ཆད་དུ་འཛིན་དུས་དེ་སྐད་ཟེར;

110 Mammoth, *n.* བསྐལ་པ་སྔོན་མའི་གླང་ཆེན་གྱི་རིགས་དེང་དུས་རྒྱུད་ཆད་ནས་མེད་པ་ཞིག;

111 Man, *n.* སྐྱེས་པ་པོ; ཀང་གཉིས་མི; མགོ་ནག; མི་པོ; མི; *v.t.* རྫོང་དང་དམག་སྒར་དམག་གྲུ་སོགས་ལ་དམག་མིས་བཀང་བ;

112 Manacle, *n.* ལྕགས་སྒྲོག; *v.t.* ལྕགས་སྒྲོག་རྒྱབ་པ;

113 Manage, *v.t.* ཁ་ལོ་བསྒྱུར་བ; བཀོལ་བ;

114 Manageable, *a.* བཀོལ་དུ་ཡོད་པ; ལས་སུ་བཀོལ་དུ་ཡོད་པ;

115 Management, *n.* བཀོལ་སྤྱོད;

116 Manager, *n.* ཁ་ལོ་བསྒྱུར་མཁན; བཀོལ་མཁན;

117 Manatee, *n.* ཆུ་ལ་གནས་པའི་སེམས་ཅན་ཆེན་པོ་ཞིག; མཚོའི་བ་མོ་ཡང་ཟེར;

118 Manciple, *n.* སྤྱི་གཉེར; གཙུག་ལག་གི་བཟའ་ཆ་བསྒྲུབ་མི;

119 Mandarin, *n.* རྒྱ་མིའི་དཔོན་པོ་འདི་གོ་གནས་གཅིག་གི་མིང; མན་དྷ་རིན;

120 Mandatary, *n.* བཀའ་བསྐུལ་ས; བཀའ་བསྐུལ་བའི་ཡུལ; གང་ལ་བཀའ་ཤོག་བསྐུལ་བ་དེ;

121 Mandate, *n.* བཀའ; བཀའ་རྒྱ;

122 Mandatory, *a.* བཀའ་རྒྱའི་རྣམ་པའི;

123 Mandible, *n.* མ་ཡི; མ་མཁལ;

124 Mandoline, *n.* སྒྲ་བརྙེན་རག་སྐུད་ཧཱུྃ་བཟང་སྐུད་བཞིའམ་དྲུག་དང་ལྡན་པ;

125 Mandragora, *n.* བཟི་བྱེད་ཀྱི་ནུས་པ་ལྡན་པའི་དུག་སྔོ་ཞིག;

126 Mandrel, *n.* ཤགས་ཀྱི་ལྡེ་ཤིང;

127 **Mandrill,** *n.* སྤྲེའུ་རིཊ་ཆེ་ལ་འཇིགས་སུ་རུང་བ་ཞིག;

128 **Mandrake,** *n.* གཟི་བྲེད་ཀྱི་ཤུས་པའི་ཤིང་ལྷམ་ཆུང་ཆུང་ཅིག;

129 **Mane,** *n.* ཟེ་བ; རལ་པ; གསུ་རལ;

130 **Maneless,** *n.* རལ་པ་མེད་པ;

131 **Manes,** *n.* ཤི; ནཾ་ཤེས;

132 **Manful,** *a.* ཕོ་ཡ་རབ; ཕོ་ཁྲོ་ག;

133 **Manfully,** *ad.* ཕོ་ཁྲོ་ག་བཞིན; ཕོ་ཁྲོ་ག་འདྲ་པོ་བྱེད་དེ;

134 **Mange,** *n.* ཁྲིའི་ཇོ; {ཁྲི་པླེག; Sik.}

135 **Manger,** *n.* ཁྲི་ཚང;

136 **Mangle,** *v.t.* གདུབ་སྡེ་མེད་པ་བཟོ་བ; ནོར་མ་ཉམ་པ་བཟོ་བ;

137 **Mango,** *n.* ཤིང་འབྲས་ཨམ་འབི; ཨམ་རའི་འབྲས་བུ;

138 **Mangrove,** *n.* ཤིང་སྔོར་ཆེན་ཞིག་གི་རིཊ;

139 **Mangy,** *a.* ཇེ་ཅན; (ཀོང་གཟན; བྲེག་གཟན་ Sik. & Bhut.);

140 **Manhood,** *n.* ཕོ་ཚོད; ཕོའི་ན་ཚོད; ཕོའི་བློ་ཚོད;

141 **Mania,** *n.* སྨྱོ་འབོག; སྙིང་རླུང;

142 **Maniac,** *a.* སྨྱོན་པ;

143 **Manifest,** *a.* སྣང་ངོར་འཆར་བ; ནཾ་རོལ་བསྟོན་པ; གསལ་པོར་
མངོན་པ; མངོན་དུ་ཡོད་པ; མངོན་པ;

144 **Manifestation,** *n.* ནོ་རོལ; ནཾ་སྤྲུལ;

145 **Manifestly,** *ad.* སྣང་ངོར་གསལ་པོར; སྣང་ངོར་འཆར་བ་ལྟར་ན;

146 **Manifesto,** *n.* རྒྱལ་པོའམ་འགོ་དཔོན་གྱི་ཡིགེའི་འཆར་གཞི;

147 **Manifold,** *a.* སྣ་ཚོཊ; དུ་མ་སྣང་བ་སྣ་ཚོགས;

148 **Manikin,** *n.* མིའུ་ཐུང; མིའི་གཟུགས་བརྙན; ཨེ་མེ་རི་ཀའི་བྱིའུ་
ཆུང་སྐྱིང་ཇེ་པོ་ཞིག;

149 Manipulate, *v.t.* ལག་ལེན་བྱས་པ་; ལག་པའི་ལས་བྱས་པ་;

150 Manipulation, *n.* ལག་ལན་བདེ་ཉམས; ཕྱུག་ལག་བདེ་ཉིས; ལག་ལས;

151 Mankind, *n.* འགྲོ་བ་མིའི་རིགས;

152 Manliness, *n.* ཕོ་རབ་ཀྱི་ངང་ཚུལ;

153 Manly, *a.* ཕོ་ཡ་རབ; ཕོ་རབ་ཀྱི་ཚུལ་ལྡན;

154 Manna, *n.* ཨསྲི་ད; བདུད་རྩི; ལྷས་སེམས་འཚོ་བའི་ཟས;

155 Manner, *n.* སྤྱོད་འགྲོས; སྤྱོད་པ;

156 Mannerism, *n.* སྤྱོད་ལམ; རྒྱུ་གཤིས; རྒྱུན་གྱི་སྤྱོད་ལུ;

157 Mannerist, *n.* རྒྱུན་གྱི་སྤྱོད་ལམ་གཅིག་ལ་ཡང་ཞེན་བ;

158 Mannerliness, *n.* སྤྱོད་ལུ་མཛེས་པ་ཉིད;

159 Mannerly, *ad.* སྤྱོད་ལམ་མཛེས་པོ; བག་ཡོད་དང་ལྡན་པོ;

160 Mannish, *a.* ཁྲོ་ག་ལྟ་བུ; སྐྱེས་པའི་སྤྱོད་འགྲོས་ཅན;

161 Manoeuvre, *n.* དམག་དཔུང་གི་བསྒྱུར་བཀོད; དམག་དཔུང་བཀྲམ་ཐབས;

162 Manor, *n.* རྫོང་དཔོན་ནཾ་ཡུལ་དཔོན་གྱི་སྣེར་གཞིས;

163 Manse, *n.* བླ་ཁག་གི་ཆོས་གཞིས;

164 Mansion, *n.* ཁང་པ; (གཟིམ་ཤག; Hon.) (ཁང་བཟང; Hon.)

165 Manslaughter, *n.* མི་གསད;

166 Manslayer, *n.* མི་གསད་མཁན;

167 Mantel, *n.* སྟེག; (སྒང་ཁ; Sik.)

168 Manual, *a.* ལག་ཕྲེར་གྱི; ལག་པའི; ཕྲེར་བདེའི་དཔེ་ཆ; .

169 Manufactory, *n.* བཟོ་ཁང; བཟོ་གྲྭ;

170 Manufacture, *v.t.* གཟོ་བ; སྒྲུབ་པ; བསྐྲུན་པ; *n.* བཟོ་རིགས; ལག་བཟོ;

171 **Manumission**, *n.* འཁོལ་བྲན་གྱི་གྲལ་ནས་བཏོན་པའི་ལས ; ཆོ་གཡོག་གི་
གྲལ་ནས་བཏོན་པའི་ལས ;

172 **Manumit**, *v.t.* འཁོལ་གྱི་གྲལ་ནས་བཏོན་པ ;

173 **Manure**, *v.t.* ལུད་བླུད་པ ; ཞིང་གར་ལུད་འདེབས་པ ; *n.* ལུད ;.

174 **Manuring**, *n.* ལུད་བྲངས་བའི་ལས ; ལུད་འདེབས ; ལུད་འདྲེན ;

175 **Manuscript**, *n.* དཔེ་ཆ་ལག་བྲིས་མ ;

176 **Many**, *a.* མངས་པོ ; མང་པོ ;

177 **Map**, *n.* ས་ཁྲ ;

178 **Map**, *v.t.* ས་ཁྲ་གཟོ་བ ; འཆར་གཞི་གཏིང་བ ;

179 **Maple tree**, *n.* ཤིང་སྡོང་རིཊ་གཅིག ;

180 **Mar**, *v.t.* གནོད་བསྐྱུལ་བ ; མེད་པ་བཟོ་བ ;

181 **Maraud**, *v.i.* ཇག་བཅོམ་ལ་ཆས་པ ; ཇག་ལ་ཆས་པ ;

182 **Marauder**, *n.* ཇག་འཇོམ་པ ; ཇག་པ ; མི་རྒོད ;

183 **Marble**, *n.* རྡོ་ཀ་མ་རུ་པ ;

184 **March**, *n.* ཀང་འགྲུལ ; *v.i.* གོམ་འགྱངས་རིང་ཐུང་མཉམ་པ་བྱེད་དེ་
འགྲོ་བ ; *n.* དམག་མིའི་འགྲོ་སྟངས ;

185 **Marching**, *n.* འགྲོ་བའི ; འགྲོ་བཞིན་པའི ;

186 **Marchioness**, *n.* མར་ཀུ་ཎྲིསི་ཞེས་ཞབས་པད་ལྷའི་ལྷམ་དགའ་ལ་ཟེར ;
ལྷམ་སྐུ་གཞོན ;

187 **Mare**, *n.* རྟ་རྒོས་མ ;

188 **Margin**, *n.* མཐའ ; ཟུར ; ཐ་ཆ ; མཐའ་འཛག ; སྣེ ;

189 **Marginal**, *a.* ཟུར་འཁོད ;

190 **Marigold** *n.* སེར་ཆེན་མེ་ཏོག ; (Sik.)

191 **Marine**, *n.* རྒྱ་མཚོའི ;

192 Mariner, *n.* མཉན་པ; གྲུ་ཟིང་གི་གྲོག་ལས་ཀ་བྱ་མི;

193 Mariolatry, *n.* ཡེ་ཤུའི་ཡུམ་སྨྲི་རི་འམ་ལ་མཆོད་པའི་ཆོས་ལུགས;

194 Marital, *a.* གཉེན་གྱི་སྐོར; བག་སྟོན་གྱི;
(གཉེན་ཆང་འཐུང་གི; Sik.)

195 Maritime, *a.* རྒྱ་གྲོག་གི;

196 Mark, *n.* རི་མོ; རྟགས; ཚད; ཚད་ཧོ; མཚན་རྟགས; ཐཾ་ཀ;
རྟགས་ཐཾ; དབྱེ་བར་བྱེད་པའི་མཚན་མ; སོ་མཚམས;
v.t. རྟགས་རྒྱབ་པ; རི་མོ་བཀོད་པ;

197 Market, *n.* ཚོང་འདུས; ཁྲོམས;

198 Marketable, *a.* ཁྲོམ་པོ; ཚོང་དུ་ཉན་པ;

199 Marking-ink, *n.* གནག་ཚ་ཁྲུས་ཀྱང་མི་དག་པ་ཞིག; ཁྲུ་རྒྱུའི་གོས་ལ
རྟགས་བཀོད་རྒྱུའི་གནག་ཚ;

200 Marksman, *n.* མདའ་འཕེ་མི་མདའ་ཚ་ལ་འཁོད་པོ; ཚ་ཁྲིག་པོ;

201 Marl, *n.* ས་ལྷུད;

202 Marmalade, *n.* ཤིང་འབྲས་ཁྲེ་མ་ཀ་རའི་ནང་འཚོད་དེ་བཟོས་པའི་
མངར་བྱ; ཤིང་འབྲས་མངར་བྱ;

203 Marque, *n.* ལག་འཁྱེར་བཀའ་ཤོག;

204 Marquis *n.* རྒྱལ་སྲིད་ནུ་ཞབས་པད་ལྷ་བུའི་གོ་ས;

205 Marriage, *n.* གཉེན; ཆང་ས;

206 Marriageable, *a.* གཉེན་རྒྱབ་རན་པ; བག་མར་གཏང་རན་པའི;

207 Marrow, *n.* རྐང་མར; རུས་པའི་ནང་གི་རྐང་མར;

208 Marrowy, *a.* རྐང་མར་ལྟ་བུ;

209 Marry, *v.t.* གཉེན་རྒྱབ་པ; ཆང་ས་རྒྱབ་པ; བག་སྟོན་འགྱེད་པ:

210 Mars, *n.* ཕྱི་གླིང་པ་རྩིས་ཀྱི་དགྲ་ལྷ; གཟའ་མིག་དམར;

211 **Marsh**, *n.* འདམ་འཛབ; འདམ་མཚོ; (འདམ་འཛིར; Sik.).

212 **Marshal**, *n.* སྤྱི་དཔོན; སྤྱི་མདའ; སྤྱི་ཁྱབས་མདའ་དཔོན;

213 **Marshalship**, *n.* སྤྱི་དཔོན་གྱི་གོ་ས;

214 **Marshy**, *a.* འདམ་འཛབ་ཀྱི་རྣམ་པ་ཅན;

215 **Marsupial**, *a.* སྦྲ་གུ་ལུས་ཀྱི་ཨམ་ཕག་ནང་འཁྱེར་མི; ལྷོ་བའི་ཕྱི་ཡོར་ན་པར་པའི་སྐྱེ་འདྲ་པོ་ཡོད་པའི་ནང་སྦྲུ་གུ་བཙུག་ནས་འགྲོ་བའི་སེཾན་ཨོསི་ཊྲེ་ལི་ཡཱ་གླིང་ན་ཡོད་པ་ཞིག;

216 **Mart**, *n.* ཚོང་འདུས; ཚོང་ར;

217 **Marten**, *n.* སྲེ་མོང་སྤྱུ་གྲ་ལེར་ཅན་ཞིག;

218 **Martial**, *a.* དམག་ཆས་ཀྱི; དམག་མིའི་ངང་ཚུལ་ཅན; དཔའ་ངར་ལྡན་པོ;

219 **Martin**, *n.* བྱེའུ་ཁྲག་དཀའི་རིང་ཞིག;

220 **Martinet**, *n.* ཁྲིམས་ནཾ་པོ; འགོ་དཔོན་ཁྲིམས་དམ་པོ;

221 **Martingale**, *n.* (ཏའི་འཛིར་འབབ; Hindi word Tibetanised by equestrians) གོང; ཏའི་སྦྲབ་གོང;

222 **Martlet**, *n.* བྱེའུ་ཁྲག་དཀའི་རིང་ཅིག;

223 **Martyr**, *n.* བདེན་པའི་ཆེད་དུ་སྲོག་ལ་ཐུག་པ; ནག་མེད་ཉེས་མེད་སྲོག་ལ་ཐུག་པ;

224 **Martyrdom**, *n.* བདེན་པའི་ཆེད་དུ་སྲོག་ལ་ཐུག་པ་གང;

225 **Martyrology**, *n.* བདེན་པའི་ཆེད་དུ་སྲོག་ལ་ཐུག་པའི་ཐོ་ཐར;

226 **Marvel**, *n.* ཡ་མཚན; ངོ་མཚར; (ཁྱད་མཚར; Collql.)

227 **Marvellous**, *n.* ཡ་མཚན་ཅན; མཚར་པོ;

228 **Marvellously**, *ad.* ཡ་མཚན་ཆེན་པོ་བྱེད་དེ;

229 **Masculine** *a.* ཕོ་འི་མཚན་ཉིད་ཅན; སྐྱེས་པའི་མཚན་ཉིད་ཅན;

230 **Mash**, *v.t.* ཕྱེ་མར་བརྡིག་པ; བརྫོག་པ; རྫོག་རྫོག་བརྡུང་བ;

231 **Mashing**, *n.* བརྫོག་པ; བརྫོག་པའི་ལས;

232 **Mask**, *n.* འབག; གདོང་ལ་གྱོན་པའི་འབག;

233 **Mason**, *n.* རྡོ་བཟོ་པ; (རཱཛ་མིསི་ཏྲཱི; Hindi word).

234 **Masonic**, *a.* རྡོ་བཟོ་པའི;

235 **Masonry**, *n.* རྡོ་བཟོ; རྩིག་བཟོ;

236 **Masquerade**, *n.* འབག་ཆམ;

237 **Mass**, *n.* མཚོ་ཕུང; ཕུང; དཕུང;

238 **Mass**, *n.* ཞལ་འདོན;

239 **Massacre**, *n.* ཤི་གསད་ཀྱི་འཁོར་ལོ་བསྐོར་བའི་ལས; ཤི་གསད་མང་པོ; མི་མངས་ཁྲག་ལ་སྦྱོར་བའི་ལས; *v.t.* མི་མང་པོ་གསད་པ;

240 **Massive**, *a.* འཐུག་པོ; (སྦྲིང་སྦྲིང; Bhut.) སྦོམ་ལ་འཐུག་པ; བསྲ་ཞིང་བརྟེན་པ;

241 **Massiveness**, *n.* འཐུག; བསྲ་བརྟེན; དཔང་འཐུག་ཚུལ;

242 **Mast**, *n.* གྲུ་ཆེན་གྱི་དར་ཤིང;

243 **Master**, *n.* བདག་པོ; གཙོ་བོ; སློབ་དཔོན; དཔོན་པོ;

244 **Mastership** *n.* བདག་པོའི་གོ་ས;

245 **Masterful**, *a.* གཙོ་བོའི་ངང་ཚུལ་ཅན; བཙན་པོ;

246 **Masterpiece**, *n.* ལག་བཟོ་སྙིང་ཐུབ; ལག་བཟོའི་ནང་ནས་དྲག་ཤོས;

247 **Mastership**, *n.* འགོ་དཔོན་གྱི་གོ་གནས;

248 **Mastery**, *n.* ཚད་དབང;

249 **Masticate**, *v.t.* སྨུར་སྨུར་བྱེད་པ;

250 **Mastiff**, *n.* འདོགས་ཁྱིའི་རིགས;

251 **Mat**, *n.* རེ་ལྡེ;

252 Match, *n.* ཡ་ཟླ; མཚུངས་ཟླ; ཆ་ཟླ; ཟུང་ཡ; གཟའ་ཟླ;

253 Match, *n.* (མེ་ཙག; ཙག་ཊ; མེ་ཀྲད; Collql.)

254 Matchless, *a.* ཡ་མེད; མཚུངས་མེད; ཟླ་མེད;

255 Matchlock, *n.* བོད་མདའ་ལྕ་བུའི་མེ་མདའ་སྙིང་པ་ལ་ཟེར;

256 Mate, *n.* ཟླ་བོ; རོག་པ; ལས་རོགས;

257 Mateless, *a.* ཟླ་མེད; གྲོགས་མེད;

258 Materia, *n.* སྨན་སྦྱོར་གྱི་རྫས; སྨན་རྫས;

259 Material, *a.* རྫས; རྒྱུ; དངོས་པོ;

260 Materialism, *n.* དངོས་པོ་ལ་བདག་པར་འཛིན་པའི་ཆོས་ལུགས;

261 Materialist, *n.* དངོས་པོ་ལ་དངོས་པོར་འཛིན་མཁན;
དངོས་སུམ་ཚད་མར་འཛིན་མཁན;

262 Materially, *ad.* དངོས་སུ; དངོས་པོར;

263 Maternal, *a.* མ་ཉིའི་ཕྱོགས་ཀྱི;

264 Maternally, *ad.* མ་ཉིའི་ཕྱོགས་ནས; མའི་ཕྱོགས་ནས་ཉེ་ཐང;

265 Maternity *n.* མ་རུ་གྱུར་པའི་དུས; ཨ་མར་གྱུར་བའི་གནས་སྐབས;

266 Mathematical, *a.* བགྲང་བའི་གཞལ་བའི་རྩིས་ཀྱི་སྐོར;

267 Mathematically, *ad.* བགྲང་བའི་རྩིས་ལྟར་ན;

268 Mathematician, *n.* བགྲང་ཅན་ནི་གཞལ་བའི་རྩིས་པ;

269 Mathematics, *n.* རྩིས; གཞལ་དང་བགྲང་བའི་རྩིས;

270 Matin, *a.* ཐོ་རང; སྔ་དྲོ; ཐོ་རང་གི; སྔ་དྲོའི; ནང་མའི;
(ཞོགས་པའི; Collql.)

271 Matricide, *n.* མ་གསོད་པ་པོ; ཨ་མ་གསད་པའི་འཛེབ་ཆེན;

272 Matriculate, *v.t.* རིབ་ཐོར་འཁོད་དེ་སྟེར་ཞུ་པ;

273 Matriculation, *n.* རིབ་ཐོར་འཁོད་དེ་ཞུ་བ་ཉིད;

274 Matrimonial, *a.* གཉེན་ཚང་མའི;

275 Matrimony, *n.* གཉེན; བག་མ་གཏོང་ལེན;

276 Matrix, *n.* མངལ; མའི་མངལ; པར; ཚང;

277 Matron, *n.* ཁྲིམ་བདག་མོ་ཀུན་སྨང;

278 Matronly, *n.* ཁྲིམ་བདག་མོ་ཀུན་མོའི་འགྲིང་བག་ཅན;

279 Matter, *n.* དངོས་པོ; རྒྱུ; བཅུད; རྫས; རྣག;

280 Mattery, *n.* རྣག་ཡོད་པ;

281 Matting, *n.* རི་ལྕེའི་གདན;

282 Mattock, *n.* བཀོ་སྟེའུ; ས་བཀོ་བའི་གནྡྲི; (Sik. & Collql.).

283 Mattress, *n.* འབེབ་གདེན; འབེབ་སྟེན;

284 Maturate, *v.t.* སྨིན་པར་བྱེད་པ;

285 Mature, *a.* སྨིན་སྟེ་ཡོད་པ; ན་ལོན;

286 Maturely, *ad.* སྨིན་པོ་བྱེད་དེ; དོན་སྨིན་ངེས་པོ་བྱེད་དེ;

287 Maturity, *n.* ལོ་ན་སྨིན; ན་ལོན; ཐོ་ལོ་ལོན;

288 Maugre, *pr.* ཡོད་བཞིན་དུ་མ་གཏོས་པར; མ་གཏོས་པར;

289 Maul *n.* བསྐྱིག་པ; དབྱུག་པས་བརྡུང་སྟེ་བསྐྱིག་པ; (ཉ་རེ་ཉེ་རེ་བཅོས་པ; Colql.) སྨེར་མོས་ཅབ་རྒྱལ་བཅོས་པ;

290 Maund, *n.* གྲོས; སྲང་ཉི་སྲང་བརྒྱད་ཅུའི་བརྫིད; གྲོས་ཚད; སྦྲི་འི་ཚད; སྲང་བརྒྱད་ཅུ་ཡོད་པ;

291 Mausoleum, *n.* སྤུར་ཁང་བཟོ་བཀོད་ཁྱད་འཕགས་ཅན; བང་སོ;

292 Mavis, *n.* བྱེའུ་གླུ་སྙན་པོ་བསྒྱུར་མི་ཞིག;

293 Maw, *n.* གྲོད་གོག; ལྐོ་བ; གྲོད་པ;

294 Mawkish, *a.* གཙོག་པོ; ཞེན་པ་ལོག་པོ; སྐྱུག་བྲོ་པོ;

295 Maxim, *n.* གཏམ་རྒྱུད; གཏམ་དཔེ;

296 Maximum, *n.* ཆེ་ཤོས; མཐོ་ཤོས; དྲག་ཤོས; ཅ་ཆེ་ཤོས;

297 May, *v.t.* ཐུབ; ནུས; ཚུད; ཆོག་པ;

298 **May**, *n.* ཕྱི་ཟླ་ལྔ་པ; ལོ་ན་གཞོན་དུས; ཆོ་མགོ;
v.i. མི་ཆོའི་མགོ་ཚུགས་པ; སྲིད་པ;

299 **May**, *n.* ཕྱི་ཟླ་ལྔ་པ་ཚེས་པ་ན་ཤར་བའི་མེ་ཏོག་དཀར་པོ་ཞིག་ལ་ཟེར;

300 **Maya**, *n.* སྒྱུ་མ;

301 **Mayor**, *n.* གྲོང་ཁྱེར་ཆེན་འི་ཁྲིམས་དཔོན་གཙོ་བོ;

302 **Mazarine**, *n.* ཆོས་སྔོན་མཐིང་མདོག་ཡག་པོ་ཞིག་ལ་ཟེར;
ཕྱུ་པ་སྔོན་པོ་ཞིག་ལའང་ཟེར;

303 **Mazda**, *n.* མི་ལྷ་མཆོད་མི་ཕཱར་སི་རྣམས་ཀྱི་བསྟན་བཅོས་ཟེནྡ་བེསྟ་ཞེས་པར་ཡུང་བསྔོན་པའི་ལྷ་ཆེན་དེའོ;

304 **Maze**, *n.* མགོ་འཁྱོམ; ཤེས་པ་འཁྱོམ་པའི་ས་ཆ; མགོ་རྙོག;
རྒྱ་ནག་ལྷུང་རི་ལྷུའི་ས་ཆ;

305 **Mazy**, *a.* མགོ་རྙོག་ཅན; ཁྲི་གུ་ཅན; ཐང་བགྲོད་དཀའ;

306 **Me**, *pron.* ང་ལ; བདག་ལ; ཁོ་བོ་ལ; ཁོ་བོར;

307 **Mead**, *n.* སྦྲང་དང་ཆུ་བསྲེས་མའི་ཆང;

308 **Meadow**, *n.* སྤང་ཐང; སྤང་གཞིང;

309 **Meagre**, *a.* ཤས་མི་ཞན་པོ; སྐྲིག་པོ; ཉམ་ཐག་པོ; ཉི་ཕྲ་མོ;
ཕྲ་མོ; (དཀོན་དཀོན་ཐག་ཐག; Sik.).

310 **Meagrely**, *ad.* དཀོན་དཀོན་ཐག་ཐག; (Sik.).

311 **Meagreness**, *n.* དབུལ་ཉམས; དཀོན་ཉེས; སྐྲིག་ཚུལ;

312 **Meal**, *n.* ཟན; ཟམ; *n.* (flour) རྩམ་པ; ཕྱེ;

313 **Mealy**, *ad.* ཕྱེ་རྩམ་འདྲ་པོ;

314 **Mean**, *a.* རིང་དམན; རིང་ངན; བློ་ངན; བློ་ཆུང; བློ་དམན;
དབུལ་པོ: ངན་པ; ((middle) འབྲིང་པོ; བར་པ;

315 **Meander**, *n.* ལམ་ཀྱག་ཀྱོག ; *v.i.* འཁྱོག་སྟེ་འགྲོ་བ ;

316 **Meaning**, *n.* དོན ; བརྡ ;

317 **Meaningless**, *n.* དོན་མེད་པའི ;

318 **Meanly**, *ad.* སྒྲོ་སྦུ་བྱེད་དེ ;

319 **Meanness**, *n.* ངན་ཚུལ ; དམན་ཚུལ ; (ཞེན་སེམས ; Sik.).

320 **Meantime**, *ad.* བར་སྐབས་སུ ;

321 **Measles**, *n.* ཤས་མ ; (Sik. & Bhut.) རིམས་ནད་ཞིག་གི་མིང :

322 **Measurably**, *ad.* ཚད་གཞལ་དུ་ནུས་པའི ;

323 **Measure**, *n.* ཚད ; རྒྱ་ཁྱོན ; མཐའ ; བྲེ ; *v.t.* ཚད་གཞལ་བ ;

324 **Measureless**, *n.* ཚད་འདས ; དཔག་ཡས ;

325 **Measurement**, *n.* ཚད ; ཚད་གཞལ་བ་ཉིད ;

326 **Meat**, *n.* ཤ ;

327 **Mechanic**, *n.* འཕྲུལ་འཁོར་གྱི་བཟོ་པ ; བཟོ་བོ ;

328 **Mechanical**, *a.* འཕྲུལ་འཁོར་གྱི ; བཟོའི ; འཕྲུལ་འཁོར་ལྟར་རང་ཤུགས་ཀྱིས་འགྲོ་བའི ;

329 **Mechanically**, *ad.* འཕྲུལ་འཁོར་གྱིས་བྱས་པ་ལྟར་བསམ་མནོ་མེད་པར ;

330 **Mechanician**, *n.* འཕྲུལ་འཁོར་བཟོ་མི ;

331 **Mechanics**, *n.* འཕྲུལ་འཁོར་གྱི་བཟོ ; བཟོ ; ལག་བཟོ ;

332 **Mechanism**, *n.* འཕྲུལ ; འཕྲུལ་འཁོར ; འཕྲུལ་ཐབས ;

333 **Mechanist**, *n.* འཕྲུལ་འཁོར་བཟོ་མི ; བཟོ་པ ;

334 **Medal**, *n.* གསོལ་རས་སམ་བདག་སྐྱེས་སྐུལ་བའི་ཧཊ་སུ་རིན་པོ་ཆེ་གང་རུང་གི་མི་ལོང་སྐེའི་བྲང་ལ་བཏགས་རྒྱུ་ཞིག ; ཧཊ་སྨ ;

335 **Medallist**, *n.* མེ་ཊིལ་བཟོ་མི ; ཧཊ་སྨ་བཟོ་མི ;

336 **Medallion**, *n.* མེ་ཊིལ་ཆེན ; ཧཊ་སྨ་ཆེན་པོ ;

337 Meddle, *v.i.* དོན་མེད་དུ་ཐེ་གཏོགས་བྱེད་པ; བར་དུ་བཅད་པ; ཁ་འཛུག་པ; ཐེ་བ;

338 Meddler, *n.* བར་བཅད་གཏོང་མི; ཐེ་ཐོགས་བྱེད་མཁན; བར་ཆད་གཏོང་མཁན;

339 Meddlesome, *a.* བར་བཅད་གཏོང་འདོད་ཅན;

340 Meddling, *n.* ཐེ་ཐོགས་བྱེད་བཞིན་པའི; ཐེ་ཐོགས་མཁན;

341 Medial, *n.* དབུས་མ; དཀྱིལ་མ; དབུ་མ;

342 Median, *a.* གུང་མ; དཀྱིལ་མ; དབུས་མ; སྔོན་དུས་སུ་ཨཱ་ཧྲུའི་མི་རྒྱུད་ཕྱིས་སྟག་གཟིག་གི་རྒྱལ་ཁབས་དང་འབྲེལ་བ་ཞིག;

343 Mediate, *adj.* བར་མ; *v.i.* བར་སྡུམ་བྱེད་པ; *v.t.* བསྡུམ་པ;

344 Mediation, *n.* བར་སྡུམ; སྡུམ;

345 Mediator, *n.* བར་མི; སྡུམ་བྱེད་མཁན;

346 Mediatorial, *a.* བར་སྡུམ་བྱེད་མི;

347 Mediatorship, *n.* སྡུམ་བྱེད་མཁན;

348 Medicable, *a.* སྨན་དཔྱད་ཀྱིས་བསོས་སུ་ཡོད་པ;

349 Medical, *a.* སྨན་གྱི་སྐོར; བསོ་དཔྱད་ཀྱི་སྐོར;

350 Medically, *ad.* སྨན་གྱི་སྐོར་ནས;

351 Medicate, *v.t.* སྨན་དཔྱད་གཏང་བ;

352 Medication, *n.* སྨན་གྱི་སྦྱོར་ཐབས;

353 Medicinal, *a.* སྨན་དུ་འགྲོ་བའི; སྨན་རྫང་བའི;

354 Medicine, *n.* སྨན;

355 Medieval, *a.* བར་དར་གྱི་དུས; ཡེ་ཤུའི་རབ་འབྱུང་བཅོ་ལྔ་ནས་བཅོ་བརྒྱད་ཀྱི་བར;

356 Mediocrity, *n.* སྤྲུས་འབྲིང; འབྲིང་ཙམ;

357 Meditate, *v.i.* བསྒོམ་པ; མཉམ་པར་བཞག་པ;

358 Meditation, *n.* སྒོམ; མཉམ་བཞག; ཏིང་ངེ་འཛིན;

359 Meditative, *a.* སྒོམ་ལ་དགའ་བ; སྒོམ་གྱི;

360 Mediterranean, *a.* ས་ཆེའི་དབུས་སུ་ཡོད་པ;

361 Medium, *n.* དཀྱིལ་མ; དབུས་མ; བར་པ; བར་མི;

362 Medlar, *n.* ཤིང་སྒོང་ཞིག་གི་མིང;

363 Medley, *n.* དམག་ཟིང; མི་ཟིང; (སྣ་བསྲེས་དགུ་བསྲེས; (Sik.) སྣ་ཚོགས; ཟིང;

364 Medusa, *n.* སྤྲིན་མོ་མཐོང་བ་ཙམ་གྱིས་རྡོར་འགྱུར་ནུས་པའི་དྲག་མོ;

365 Meed, *n.* གྲོབ་ཐང; གསོལ་རས; བྱ་དགའ;

366 Meek, *n.* གུས་པོ; གུས་པའི་ངང་ཚུལ་ཅན;

367 Meekly, *ad.* གུས་པས;

368 Meekness *n.* གུས་ཚུལ; གུས་པ;

369 Meerschaum, *n.* རྫའི་ཐ་མ་ཁའི་གང་ཟག;

370 Meet, *v.t.* ཐུག་པ; འཕྲད་པ; (Hon. མཇལ་བ);

371 Meet, *a.* རན་པ; ཐྲམ་པ;

372 Meeting, *n.* འཛོམ་འདུ; འཛོམས་དུས; མདུན་ས;

373 Meetness, *n.* རན་ལུགས; ཐྲམ་ལུའི;

374 Megaciphalous, *a.* མགོ་ཆེན་པོ་འི་རིགས;

375 Megalith, *n.* རྡོའི་ཕ་བོང་ཆེན་པོ;

376 Megalomania, *n.* རང་ཉིད་ཆེན་པོར་གྱུར་པར་སྣང་བའི་འཁྲུལ་སྣང;

377 Megalosaurus, *n.* རིའ་ཁ་དག་སོང་བའི་སྔ་དུས་ཀྱི་ལྟོ་འགྲོ་ཤ་ཁྲག་ཟས་སུ་སྤྱོད་པ་ཞིག་གོ;

378 Megaphone, *n.* སྒྲ་གོ་བར་བྱེད་པའི་ལག་ཆ་ཞིག;

379 Megascope, *n.* — འདྲ་པར་ཆེར་གཏོང་བའི་འཕྲུལ་གྱི་ལག་ཆ་ཤེལ་ལ་བྱས་པ་ཞིག ;

380 Megatherium, *n.* — སྔ་དུས་ཀྱི་དུད་འགྲོ་རྐང་བཞི་གླང་པོ་ཆེའི་རིགས་ཡིན་པ་ལ་དེ་ལས་ཧ་ཅང་ཆེ་བ་དེང་དུས་རིགས་ཆད་ནས་མེད་པ་ཞིག་གོ ;

381 Megrim, *n.* — ཡ་མ ; མགོ་དང་གདོང་ཕྱེད་གཟེར་བའི་ནད ;

382 Melancholy, *ad.* — ཡི་མུག ; (བློ་སྐྱོག ; སྐྱུལ་སྣང ; Sik.).

383 Melanic, *adj.* — ནག་པོ ;

384 Melanite, *n.* — རྡོ་ནག ;

385 Melee, *n.* — ཟིང་འཁྲུག ; འཛིང་ཁ ;

386 Meliorate, *v.t.* — བཟང་དུ་བཟོ་བ ; བཟང་བཅོས་རྒྱབ་པ ;
v.i. བཟང་དུ་འགྱུར་བ ;

387 Melioration, *n.* — བཟང་བཅོས ; ཡར་དྲག ;

388 Meliphagous, *adj.* — སྦྲང་རྩི་ཟས་ལ་བསྟེན་པའི ;

389 Melliferous, *a.* — སྦྲང་རྩི་འབྱུང་བའི ;

390 Melifluous, *n.* — སྙན་པོ ; སྙུམ་པོ ; སྦྲང་རྩི་ལྟ་བུ ; སྙོམས་པོ ;

391 Mellow, *a.* — སྨིན་ཅིང་མཉེན་པོ ; སྙན་པོ ; སྨིན་པོ ;
ཆང་གིས་ར་ཕྱེད་གཟི་བྱས་ནས་ཡོད་པ ;

392 Melodious, *a.* — སྒྲ་སྙན་ཆ་ཅན ;

393 Melodiously, *ad.* — སྒྲ་སྙན་པོ་བྱེད་དེ ;

394 Melodiousness, *n.* — དབྱངས་སྙན་ཚུལ ;

395 Melody, *n.* — མགུར ; སྒྲ་སྙན ; དབྱངས་སྙན ; དབྱངས ;

396 Melon, *n.* — ག་གོན ; (རྒྱ་གོན་ Bhut.) (ཁར་བུ ; Sik.).

397 Melrose, *n.* — རྒྱ་ཚོར་གོ་ལབ་མེ་ཏོག་གི་སྦྲང་རྩི ; སེ་བའི་མེ་ཏོག་གི་སྦྲང་རྩི ;

398 Melt, *v.t.* བཞུ་བ; འཇུ་བ; *v.i.* ཞུ་བ;

399 Member, *n.* འཐུས་མི; ཡན་ལག; ཚིགས; གྲལ་པ;

400 Membership, *n.* སྡེའི་གྲྭ་པའི་གོ་ས; འཐུས་མིའི་གོ་ས;

401 Membrane, *n.* དར་མ; དར་སྲབ; པཊ་ཤུན་སྲབ་མོ;

402 Membranous, *a.* དར་མ་ཅན;

403 Memento, *n.* སེམས་རྟེན; རྟེན; (བཤུལ་བཞག; Sik.); དྲན་བྱེད;

404 Memoir, *n.* ཟིན་བྲིས; བརྗེད་ཐོ;

405 Memorable, *a.* བརྗེད་ཐོར་འགོད་འོས;

406 Memorandum, *n.* བརྗེད་ཐོ;

407 Memorial, *n.* སྙན་ཞུ;

408 Memorialist, *n.* སྙན་ཞུ་ཞུ་མི;

409 Memorialize, *v.t.* སྙན་ཞུ་ཞུ་བ;

410 Memory, *n.* དྲན་པ; ཡིད; བློ;

411 Men, *n.* མི་རྣམས;

412 Menace, *v.t.* འཇིགས་རེ་སྐྲུད་པ; བསྡིག་པ; སྡུ་བཀོང་བ;

413 Menacing, *a.* འཇིག་རེ་སྐྲད་བཞིན་པ; སྡིགས་བཞིན་པའི;

414 Menagerie, *n.* གཅན་གཟན་གྱི་ཁང་པ;

415 Menagogue, *n.* ཟླ་མཚན་མང་དུ་དབབ་དུ་བཅུག་པའི་སྨན;

416 Mend, *v.t.* བཅོས་ཁ་རྒྱབ་པ; བསྐྱར་བཅོས་བྱེད་པ;

417 Mendacious, *a.* ཁྲམ་སེམས་ཅན;

418 Mendacity, *n.* ཁྲམ་སེམས; ཁྲ་མ;

419 Mender, *n.* བསྐྱར་བཅོས་བྱེད་མཁན;

420 Mendicant, *n.* བསོད་སྙོམས་སློང་མི; སློང་མོ་བ;

421 Mending, *n.* བཅོས་ཁ;

422 Menial, *n.* བྲན་གཡོག;

423 Meniscus, *n.* ཚེས་གསུམ་ཟླ་བ;

424 Menses, *n.* བུད་མེད་ཀྱི་ཟླ་མཚན; (སྦུ་ཁྲག; vulgar).
(བྱང་སེམས་དམར་པོ; པདྨ་རཀྟ; classical).

425 Menstrual, *n.* ཟླ་མཚན་གྱི; (གཟུགས་རིགས་ཀྱི; Sik.).

426 Menstruum, *n.* གོང་དོག་བཞུ་བར་བྱེད་པའི་ཆུ;

427 Mensurability, *n.* གཞལ་དུ་ཡོད་པའི་རང་བཞིན;

428 Mensurable, *a.* གཞལ་དུ་ཡོད་པའི;

429 Mensuration, *n.* གཞལ་བའི་རྩིས;

430 Mental, *a.* རིག་པའི; བློ་ཡི;

431 Mentally, *ad.* རིག་པར; བློར;

432 Menthol, *n.* པེ་པར་མིནྟ་ཞེས་བྱ་བའི་སྨྲུ་ལས་བྱུང་བའི་ག་བུར་ཡ་
མ་དང་མགོ་གཟེར་ལ་ཕན་པ་ཞིག;

433 Mention, *n.* བརྗོད་པ; སྨོས་པ; འཆད་པ; བཤད་པ:

434 Mentionable, *a.* བརྗོད་དུ་རུང་བའི;

435 Mentor, *n.* སློབ་སྟོན་བྱ་མི་མཁས་པོ;

436 Menu, *n.* བཞེས་སྒོ་འི་འི་ཐོ་ལག་གང་འབུལ་གྱི་ཐོ་ཡིག་མིང་བྱང:
ཞལ་ལག་ཐོ;

437 Mephistopheles, *n.* ཕིསྟོ་ཞེས་བྱ་བའི་གླེས་གར་གྱི་དཔེ་ཆར་བདུད་སྡིག་ཅན
གྱི་མིང་ངོ;

438 Mephitis, *n.* ས་ལས་འབྱུང་བའི་ཡང་ན་ཉག་ཉིག་ ཐེ་ཙལ་ ཤོར་
བའི་ཐོག་ནས་བྱུང་བའི་དུག་རླངས;

439 Mercantile, *a.* ཚོང་སྐོར་གྱི; ཚོང་གི;

440 Mercenary, *a.* ཚོང་པའི་གཤིས; ཚོང་པའི་རྒྱུ་གཤིས་ལྟ་བུ:

441 Mercer, *n.* དར་གོས་དང་བལ་གོས་འཚོང་པ;

442 Merchandise, *n.* ཚོང་ཟོག;

443 Merchant, *n.* ཚོང་པ;

444 Merchantman, *n.* ཚོང་པའི་གྲུ;

445 Merciful, *a.* སྙིང་རྗེ་ཅན;

446 Mercifully, *ad.* སྙིང་རྗེའི་ངང་ནས;

447 Mercifulness, *n.* སྙིང་རྗེ་ཆེ་ལུགས;

448 Merciless, *a.* སྙིང་རྗེ་མེད་པ;

449 Mercilessly, *ad.* སྙིང་རྗེ་མེད་པར;

450 Mercury, *n.* དངུལ་ཆུ; (གཟའ་མིག་དམར; Astronomy).

451 Mercurial, *n.* དངུལ་ཆུའི; རིག་རིག་པོ; ཁྲུག་ཁྲུག;

452 Mercy, *n.* སྙིང་རྗེ; (ཐུགས་རྗེ; Hon.).

453 Merciful, *adj.* ཐུགས་རྗེ་ཅན;

454 Mere, *a.* དེ་ཙམ; ཙམ; འབའ་ཞིག; ཁ་རྐྱང;

455 Mere, *n.* ཁྲོན་པ; མཚོ; ཉོག་ཆུ;

456 Merely, *ad.* དེ་ཙམ་པ་ཞིག; དེ་ཀ་ཙམ་དུ; དེ་ཙམ་ཞིག་དུ;

457 Meretricious, *adj.* སྨད་འཚོང་མའི་མགྲུངས་གཡེར་གྱིས་སླུ་བའི;
བརྫུས་མའི;

458 Merge, *v.t.* ནུབ་པ; འཐིམ་པ; འདྲིང་བ;

459 Meridian, *n.* གུང; ཉིན་དགུང; གནམ་གྱི་གུང;

460 Merino, *n.* བྲེར་ལུག; བྲེར་མ; རྒྱ་ཕེར;

461 Merit, *n.* དགེ་བ; བསོད་ནམས;

462 Meritorious, *a.* བསོད་ནམས་ཅན་གྱི; དགེ་བའི;

463 Mermaid, *n.* ཀླུའི་བུ་མོ;

464 Merops, *n.* བྱིའུ་སྦྲང་འབུ་ཟ་མཁན;

465 Merrily, *a.d.* ཉམས་བདེ་མོར; སྤྲོ་བུ་བྱེད་དེ;

466 Merriment, *n.* ཉིས་སང་; སྤྲོ་ཉམས་; དགའ་སྤྲོ་; སྐྱིད་སྐྱིད་;

467 Merry, *a.* ཉམས་དགའ་པོ་;

468 Mesh, *n.* དྲ་བ་;

469 Mesmerize, *v.t.* སྣང་བ་དབང་དུ་སྡུད་པ་; ཡིད་འཆིང་བ་;

470 Mess, *n.* ཐུག་པ་; ཤ་དང་འབྲས་དང་ལོ་ཏོག་སྣ་ཚོགས་བསྲེས་པའི་ཐུག་པ་;

471 Message, *n.* འཕྲིན་;

472 Messenger, *n.* འཕྲིན་སྐྱེལ་པ་; བང་ཆེན་པ་; ཕྱ་མ་ཧྲ་;

473 Messiah, *n* འགྲོ་བ་འདྲེན་བྱེད་;

474 Messianic, *a.* འགྲོ་བ་འདྲེན་བྱེད་ཀྱི་སྐོར་གྱི་;

475 Messieurs, *n.* སྐུ་གཉོགས་རྣ་པ་ཚོ་ཞེས་ཕྲེ་རེང་སིའི་སྐད་དུ་;

476 Messmate, *n.* ལྟོ་ཚང་; ཐབ་རོགས་;

477 Messuage, *n.* ཁང་ཁྱིམ་སྐོ་ར་ཡིག་ཁང་དང་བཅས་པ་;

478 Met, *v.t.* འཕྲད་པའི་འདས་ཚིག; ཐུག་ཕྲད་བྱུང་ཟིན་པ་;

479 Metabasis, *n.* འགྱུར་འགྱུར་ལྡོག;

480 Metabolism, *n.* རྫས་ཀྱི་འགྱུར་ལྡོག;

481 Metacarpel, *n.* ལག་པའི་ཕྲུར་ན་དང་མཛུབ་མོའི་སྐོར་གྱི་;

482 Metachronism, *n.* སྔར་གྱི་འབྱུང་གྱུར་སོང་དུས་ཕྱིས་པར་བཀོད་པའི་ནོར་འཇོལ;

483 Metachrosis, *n.* ཁ་དོག་གི་འགྱུར་ལྡོག; དཔེར་ན་སྦྲུག་ཆགས་ཀ་མི་ལིན་ཞེས་པའི་ཅང་པ་དེ་ལྟ་བུའོ;

484 Metagnostic, *n.* བློ་ལས་འདས་པ་; ཀུན་གྱི་མཆོག་ཡོད་པ་ལ་དེའི་མཚན་ཉིད་བློ་འདས་སུ་འཛིན་པའི་གྲུབ་མཐའ་ཅན་;

485 Metal, *n.* རིན་པོ་ཆེའི་རིགས་; གསེར་དངུལ་ཟངས་ལྕགས་;

486 Metallic, *a.* རིན་པོ་ཆེའི་རྒྱུ་ལས་;

487 **Metalliform**, *n*. རིན་པོ་ཆེའི་དབྱིབས་ཅན;

488 **Metalling**, *n*. ལམ་ཁར་རྡོ་འི་ཨར་གའི་འཐིང་གཞི;

489 **Metallize**, *v.t*. རིན་པོ་ཆེར་འགྱུར་བ;

490 **Metallurgy**, *n*. རིན་པོ་ཆེའི་ལག་ལེན་གྱི་ལས་ཚོགས;

491 **Metamorphic**, *a*. ལུས་བསྒྱུར་གྱི;

492 **Metamorphose**, *v.t* ལུས་བསྒྱུར་བ;

493 **Metamorphosis**, *n*. ལུས་བསྒྱུར; དཔེར་ན་མིའི་ལུས་ལས་གཅན་གཟན་གྱི་
ལུས་སུ་འགྱུར་བ་བཞིན; ལུས་འགྱུར་བ་ཉིད;

494 **Metaphor**, *n*. སྙན་དངགས་གཟུགས་སུ་བཀོད་པའི་དཔེ་ཅན; དཔེ་རྒྱན;

495 **Metaphorical**, *a*. སྙན་ངག་གི; གཟུགས་སུ་བཀོད་པའི;
གཟུག་ཅན་གྱི་རྒྱན་ལྡན;

496 **Metaphorically**, *ad*. སྙན་ངག་དུ; སྙན་ངག་གི་ཚིག་དུ; གཟུགས་སུ་བཀོད་དེ;

497 **Metaphrase**, *n*. ཚིག་རེ་རེ་བཞིན་ནས་ངེས་པར་སྒྲ་བསྒྱུར་བ;
ཚིག་གི་འབྲུ་གཉེན;

498 **Metaphysical**, *a*. སེམས་དོན་རིག་པའི;

499 **Metaphysically**, *ad*. སེམས་དོན་རིག་གནས་ལྟར་ན;

500 **Metaphysician**, *n*. མཚན་ཉིད་པ; ཉན་ཐོས་བྱེ་བྲག་སྨྲ་བ;

501 **Metaphysics**, *n*. སེམས་དོན་རིག་གནས;

502 **Metayer**, *n*. ཞིང་ཁ་བོགས་མར་བླངས་ནས་བདབ་མི; འབྲས་ལྡོངས་
སུ་ཀུད་ལ་སྤྱོད་མི་ཟེར; ཞིང་ཁ་ཕྱུན་མོང་དུ་བདབ་མི;

503 **Metempirical**, *adj*. ཚོར་སྣའི་ཕྱི་རོལ་གྱི; ཚོར་བྱེད་ཀྱི་དབང་པོའི་སྤྱོང་བ་
ལས་འདས་པ;

504 **Metempsychosis**, *n*. སེམས་ཅན་འཆི་བའི་ནང་པར་བླ་གནས་སོ་སྣ་ཤེས་དེ་
ཉིད་སྲིད་པ་བར་དོར་ལུས་གཞན་ལེན་ཕྱིར་ཉིད་
མཚམས་སྦྱོར་བ;

505 Methane, *n.* འདམ་མཚོའི་ནང་ནས་འཐོན་པའི་དུག་རླངས ;
འདམ་གྱི་དུག་རླངས ;

506 Mete, *v.t.* འཇལ་བ ; གཞལ་བ ;

507 Meteor, *n.* གནམ་རྡོ ; སྐར་མདའ ;

508 Meteoric, *a.* སྐར་མདའི ;

509 Meteorological, *a.* གནམ་བཟང་ངན་བརྟག་དཔྱད་སྐོར་གྱི ;

510 Meteorology, *n.* གནྡ་བཟང་ངན་གྱི་བརྟག་དཔྱད་བྱ་བའི་སྐོར་གྱི་རིག་གནས;

511 Meter, *n.* ཚད ; ཚད་གཞལ་རྒྱུའི་ལག་ཆ ;

512 Meteyard, *n.* ག་ཛེ་ཞེས་ཁྲུ་དོའི་ཚད་ཤིང ;

513 Metric, *adj.* ཚད་ཀྱི ; གཞལ་བའི་ཚད་ཀྱི་སྐོར་གྱི ;

514 Methinks, *v.* ངས་བསམ་ན ; ངའི་བློ་ལ ; ངའི་བསམ་ཚར ;

515 Method, *n.* ཐབས ;

516 Methodic, *a.* ཐབས་དང་ལྡན་པའི ;

517 Methodical, *a.* ཐབས་དང་ལྡན་པའི ;

518 Methodically, *ad.* ཐབས་དང་ལྡན་པར ;

519 Methodism, *n.* ཐབས་དང་ལྡན་ལུགས ;

520 Methodist, *n.* ཐབས་གཙོ་བོར་བསྟེན་པའི་སྡེ ; བསྐྱང་བྱ་སྐྱོད་ལོ་དམ་
པོར་བསྟེན་པའི་ཀི་རི་སི་དན་ནི་ཡི་ཤུའི་རྗེས་འཇུག ;

521 Methodize, *v.t.* ཐབས་འགྲིག་པ; ཐབས་གོ་རིམ་འགྲིག་པ; ཐབས་སྒྲིག་པ;

522 Methomania, *n.* ཆང་རླུང་སྐྱེ་བའི་ནད ; ཆང་མ་འཐུང་ན་སྐྱོན་ཚད་པ་འདྲ་
པོ་འབྱུང་བའི་ནད ;

523 Methyl, *n.* ཤིང་ལས་བྱུང་བའི་ཨ་རག་གི་སྙིང་པོ ;

524 Metic, *n.* ཡུལ་འཐོན་པ ; ཡུལ་འཁྱམས་ནས་ཡུལ་གཞན་དུ་སྡོད་མི ;

525 Meticulous, *adj.* ཧ་ཅང་སྐྱུང་ཐལ་ཤོར་བའི ; སྤྲང་མ ;

526 Metonymy, *n.* — འབྱུང་གནས་དང་འབྲེལ་བའི་རྗེས་གྲུབ་ཀྱི་མིང་; དཔེར་ན་འདུ་ཤེས་ལ་སྙིང་དང་ཚང་ལ་ཤེལ་དམ་ཞེས་འདོད་པ་ལྟར་རོ;

527 Metre, *n.* — ཚིག་རྐང་; ཤློ་ཀའི་ཚིག་རྐང་;

528 Metrical, *a.* — ཚིགས་སུ་བཅད་པའི; ཤློ་ཀར་བསྒྲིགས་ཡོད་པ;

529 Metropolis, *n.* — རྒྱལ་པོའི་ཁབ; གྲོང་མཆོག; གྲོང་ཁྱེར་ཆེན་པོ; རྒྱལ་ས;

530 Metropolitan, *a.* — གྲོང་མཆོའི; རྒྱལ་སའི;

531 Mettle, *n.* — ངར;

532 Mettled, *a.* — ངར་ཅན;

533 Mettlesome, *n.* — ངར་ལྡན; ངར་པོ; ཁ་ངར་ཅན;

534 Meum, *n.* — ལོ་ཏིན་སྐད་དུ; ངའི;

535 Mewl, *v.i.* — ཁྱེའུའི་སྨྲེ་ངག་འདོན་པ;

536 Mew, *n.* — ཞི་མིའི་སྐད; བྱི་ལའི་སྐད་མིའུ་མིའུ་བྱ་བ;

537 Mew, *v.t.* — མིའུ་མིའུ་ཞེས་ཞི་མི་ལྟ་བུའི་སྐད་རྒྱབ་པ;

538 Mew, *v.i.* — བཙོན་དུ་བཟུང་བ; བཙོན་དུ་བཙུག་པ;

539 Mexican, *n.* — མེག་སི་ཀའི་ཡུལ་གྱི་མི;

540 Mezereon, *n.* — ཤིང་སྡོང་མེ་ཏོག་དམར་སྐྱ་ཤར་བ་ཤིང་ཤུན་ཁ་ཅང་གི་རོ་བསྐ་བ་སྨན་དུ་འགྲོ་བ་ཞིག་གོ;

541 Mezzanine, *n.* — ཁང་པའི་ཐོག་མཐོ་པོ་གཉིས་ཀྱི་བར་དུ་དམའ་བ་ཞིག་ཡོད་པ; ཁང་ཐོག་དེ་འདྲའི་སྐྱི་ཁྱང;

542 Mezzotint, *n.* — ཟང་པར་ནས་རི་མོ་ཁྲུལ་ངེ་པར་ནང་བཞིན་ཡོང་བ་ཞིག;

543 Miasma, *n.* — རླངས; རླངས་པ་ངན་པ;

544 Miaul, *v.i.* — ཞི་མིའི་སྐད་རྒྱབ་པ;

545 Mica, *n.* — རྡོའི་མེ་ལོང;

546 Michaelmas, *n.* ཕྱི་ཟླ་དགུ་པའི་ཚེས་ ༢༩ ཉིན་གྱི་དུས་ཆེན;

547 Mickle, *adj.* སྐོཊྚ་སྐད་དུ; མང་པོ;

548 Micky, *n.* ཨ་ཡར་ལནྜ་བྱ་བའི་ལུང་པར་ཕྲུ་གུ་ལ་ཟེར;

549 Microbe, *n.* སྲོག་ཆགས་ཧ་ཅང་ཕྲ་ཞིང་མི་མངོན་པ;

550 Microcephalous, *adj.* མགོ་ཆུང་དུ་འདས་ མགོ་འི་བཟོ་ལྟས་ པར་ མ་གྲུབ་ པ་དང་ ལྡན་པ;

551 Microcosm, *n.* ཧ་ ཅང་ ཆུང་ བའི་ ནང་ སྲིད་ པ་ཕྱོད་ ཚང་ བའི་ གཟུགས་ ཅན་ དཔེར་ན་མི་ ལུས་ གཅིག་ལ་སྣང་ སྲིད་ཀྱི་ཆོས་ཕྱོད་ཚང་ བ་ལྟ་ལ་ཟེར;

552 Microcyte, *n.* ཁྲག་གི་ནང་གི་སྲོག་ཆགས;

553 Microdentism, *n.* སོ་ཆུང་ཆུང་ཡིན་ལུགས;

554 Microdont, *adj.* སོ་ཆུང་ཆུང་ཅན;

555 Micrograph, *n.* ཧ་ཅང་ཕྲ་མོ་འི་རི་མོ་བྲི་རྒྱུའི་ལག་ཆ་ཞིག;

556 Micrology, *n.* ཧ་ཅང་ཕྲ་མོའི་ཆོས་ཅན་གྱི་རིག་གནས;

557 Micrometer, *n.* རི་མོའི་ དཀྱུས་ ཞེང་ ངཾ་ ཡང་ ན་གཞུ་ཧ་ཅང་ ཆུང་ཆུང་གཞལ་ རྒྱུའི་ལག་ཆ་ཞིག་གོ;

558 Microphone, *n.* སྒྲ་ ཆུང་ ངུ་ཧ་ ཅང་ གསལ་པོར་གོ་བར་བྱེད་ པའི་ལག་ཆ་ ཞིག;

559 Microphyllous, *n.* ལོ་འདབ་ཧ་ཅང་ཕྲ་མོ་ཅན;

560 Microphyte, *n.* སྔོ་ལྗུམ་ཧ་ཅང་ཆུང་བས་མིག་གིས་མི་ཟིན་ཙམ;

561 Microphyle, *n.* བུད་ མེད་ ཀྱི་ ཟླ་ མཚན་ གྱི་ ནང་ ན་སྒོང་ ཕྲན་ཡོད་ པ་དེའི་ ངོས་ སུ་བུ་ ག་ ཧ་ ཅང་ ཕྲ་མོ་ཡོད་ པ་ དེར་ སྐྱེས་ པའི་ ས་ བོན་གྱིས་ཐིགས་ནས་ནང་དུ་ཕྱུར་པའི་སྒོ་དེའོ;

562 Microscope, *n.* གཟུགས་བརྙན་ཆུང་ངུ་ཆེན་པོར་སྟོན་རྒྱུའི་ཤེལ;

563 Mid, *a.* དཀྱིལ་དུ; དབུས་སུ; སྦུག་དུ;

564 Middle, *a.* དབུས; དཀྱིལ; སྙིད་པ;

565 Middlemost, *a* དབུས་མཐིལ་དུ; དཀྱིལ་མ; གུང་དཀྱིལ་རང་གི;

566 Middling *a.* འབྲིང་པོ;

567 Midge, *n,* སྦྲང་འབུ་ལྷུཊ་ཕྱེ;

568 Midland, *n.* མའི་དབུས; ཡུལ་དབུས;

569 Midnight, *n.* ནུབ་ཕྱེད; ནམ་ཕྱེད;

570 Midriff, *n.* བྲང་ཁོག; མཆིན་དྲི;

571 Midshipman *n.* གྲུ་གཟིང་གི་ཐོག་ལས་སློ་གཞོན་པ; དམག་གྲུའི་ཐོག་
འགོ་དཔོན་ན་གཞོན;

572 Midst. *n.* བར་དུ; དཀྱིལ་དུ; སྦུག་དུ;

573 Midsummer, *n.* དབྱར་ཕྱེད; དབྱར་སྐང;

574 Midway, *adv.* ལམ་ཕྱེད;

575 Midwife, *n.* བུ་ཚ་སྐྱེ་སྐབས་ཀྱི་སྐྱིད་སྒྲོ་བྱེད་མཁན་བུད་མེད;
ཁྲིའུ་ བཙས་ དུས་ར་ མདའ་ བྱེད་ རྒྱུར་ འགྲོངས་ པའི་
བུད་མེད;

576 Midwifery, *n.* བུ་ནད་ཀྱི་སྐབས་སུ་ཨམ་ཆིའི་ལག་ལེན;

577 Mien, *n.* དཔའ་བརྗིད; འགྱིང་བག;

578 Might, *n.* སྟོབས; ཤུགས;

579 Mightily, *ad.* སྟོབས་ལྡན་ལྡར; སྟོབས་དང་ལྡན་པའི་ངང་ཚུལ་གྱིས;

580 Mightiness, *n.* སྟོབས་དང་ལྡན་ཚུལ;

581 Mighty, *a.* སྟོབས་ལྡན;

582 Mignonette, *n.* མེ་ཏོག་ཞིག་གི་མིང:

583 Migrate, *v.t.* ཡུལ་སྤོ་བ;

584 **Migration**, *n.* ཡུལ་སྤོ་བརྒྱུད;

585 **Migratory**, *a.* ཡུལ་སྤོ་མི;

586 **Mikado**, *n.* རི་བེན་གྱི་གོང་མའི་ མཚན་རི་བེན་སྐད་དུ་འཕང་པའི་རྒྱལ་
སྒོ་ཟེར་བ་ཡིན་སྐད;

587 **Milch**, *a.* འོ་མ་སྦྱིན་མི;

588 **Mild**, *a.* ཞི་བ; མཉེན་པོ; འཇམ་པོ;

589 **Mildew**, *n.* སྦོ་རྣམ; སྦོ་ཡམས; སད; རོག; སྦོ་སད;
སྦོ་འི་ནད་སྦོ་ཡམས;

590 **Mildly**, *ad.* འཇམ་པོར; ཞི་བའི་ཚུལ་གྱིས;

591 **Mildness**, *n.* འཇམ་མཉེན;

592 **Mile**, *n.* དཔག་ཚད; ཨིན་ཇིའི་སྐྲེ་ཡིའི་ཚད་ནི་གཛེ ༡༧༦༠ ཡོད;

593 **Militant**, *a.* ལག་ཐུག་པའི; དམག་འཁྲུག་ལ་ཞུགས་པའི;

594 **Military**, *a.* དམག་མིའི; དམག་གི;

595 **Militate**, *v.i.* འཐབ་པ; འཐབ་པར་ཆས་པ; བྲང་སྣུད་དེ་ཡོད་པ;

596 **Militia**, *n.* ཡུལ་བསྲུང་བའི་དམག་དཔུང; (དཔའ་བཟས་པ; Bhut.)
བསྐྱོང་དམག; གཡུང་དམག;

597 **Milk**, *n.* འོ་མ;

598 **Milker**, *n.* འོ་མ་འཇོ་མཁན;

599 **Milkman**, *n.* འོ་མ་ཚོང་མི;

600 **Milkmaid**, *n.* འོ་མ་ཚོང་མཁན་བུ་མོ;

601 **Milky**, *a.* འོ་མ་ལྟ་བུ;

602 **Mill**, *n.* རང་འཐག;

603 **Mill**, *v.t.* རང་འཐག་ཏུ་འཐག་པ; འཐག་པ;

604 **Mill-board**, *n.* ཤོག་སྲུར་མཁྲེགས་པོ་འི་སྤྱང་ལེབ;

605 Millenarian, *n.* ལོ་སྟོང་ཕྲག་གཅིག་གནས་པའི ;

606 Millennial, *a.* ལོ་སྟོང་གི ;

607 Millenium, *n.* ལོ་སྟོང་མཚོ་གཅིག ; ལོ་སྟོང་ཕྲག་ཅིག ;

608 Miller, *n.* ཆུ་འཐག་གི་བདག་པོ ; ཆུ་འཐག་ག་མཁན་པོ ;

609 Millepore, *n.* བྱི་རུ་ཡལ་ག་ཅན་ཞིག ;

610 Millet, *n.* སྨོན་འབྲུ ;

611 Milliard, *n.* བྱེ་བ་ཕྲག་སྟོང་ངཾ་དུང་ཕྱུར་བཅུ་ཡི་གྲངས ;

612 Milliner, *n.* གོ་སྲུ་འཚེམ་མཁན ;

613 Millinery, *n.* བུད་མེད་ཀྱི་མགོ་ཁེབས་དང་ཞྭ་མོའི་ཚས་སོཊ ;

614 Million, *n.* བྱེ་བ ; འབུམ་བཅུའི་གྲངས ;

615 Milliped, *n.* འབུ་ཀང་མང་ཞིག ;

616 Millionaire, *n.* དངུལ་བྱེ་བ་ས་ཡ་ཅན ;

617 Mill-pond, *n.* ཆུ་འཐག་གི་ཁྲོན་པ ;

618 Mill-stone, *n.* རང་འཐག་རྡོ ;

619 Millocrat, *n.* ཆུ་འཐཊ་བདག་པོ་ཧ་ཅང་ཕྱུག་པོ་ལ་ཟེར ;

620 Millreis, *n.* པོར་ཏུ་གཱལ་ཡུལ་གྱི་ཊཾ་ཀ་ཨིན་ཇིའི་ཤི་ལིང་བཞི་དང་
པེན་སི་ལྔའི་རིན་བྲམ་པ་ཞིག ;

621 Milsey, *n.* འོ་ཚཊ ;

622 Milt, *n.* ཉ་པོ་འི་ནང་ཆ་མཆེན་པོ་དེ ;

623 Miltonic, *adj.* མིལ་ཊོན་ཞེས་ཨིན་ཇིའི་བརྩམ་པ་པོ་ཧ་ཅང་མཁས་པོ་ཞིག་
བྱུང་འདུག་པ་དེའི་སྐོར་གྱི ;

624 Mimic, *a.* ལས་རོད་ཅན ; ལད་མོ་བྱེད་མཁན ;

625 Mimicry, *n.* ལས་རོད ; ལད་མོ ; མིག་ལྟོས ;

626 Mim, *adj.* ཟབ་ལྷོག་ཁ་པོ་སེམས་ཆུང་ལྷོག་ཁ་པོ ;

627 **Minosa**, *n.* རོང་ན་སྐྱེ་བའི་སྤྲོ་ལྕུམ་མིའི་ལག་པས་རེག་ཙཾ་རྩུམས་ན་ལོ་མ་སྐྱིད་འཁྲོ་བ་སླར་ཡུད་ཙམ་ནས་གསོས་ཡོང་བ་ཞིག་ཡོད་པ་དེ་ལ་ཟེར; རྒྱ་གར་བས་དེ་ལ་ཚུའི་སྲུའི་གཟུགས་ཟེར་བར་འདུག;

628 **Minaret**, *n.* ཛོང་དབུ་རྩེ; (Bhut. ཛོང་གདུམ་རིལ);

629 **Mince**, *v.t.* ཤ་རྡུག་གཙབ་པ;

630 **Mincingly**, *ad.* གོམ་པ་ཐུང་ངུ་རྒྱབ་ཅིང;

631 **Mind**, *n.* སེམས; བློ; ཤེས་པ; སེམས་ཉིད; གཏིས་ཀ; དྲན་པའི་འགྲོ་སྟོར; བློ་འདོད; འདོད་པ; ཡིད; སེམས་སྣང; སྣང་བ; དམིགས་པ;

632 **Minded**, *a.* བློ་སྐྱེ་བ; འདོད་པ; ཐུད་བློ་འཆང་བ;

633 **Mindful**, *a.* བློ་ལ་ཡོད་པ; དྲན་པའི་ཐོག་ཡོད་པ:

634 **Mine**, *a. pr.* ངའི; or ང་ཡི;

635 **Mine**, *n.* གཏེར་ཁ; ཁངས; *adj. pron.* ངའི; བདག་གི; ཁོ་བོའི;

636 **Mine**, *v.i.* & *v.t.* གཏེར་འདོན་པ; གསང་སྟབས་ཀྱིས་བརྐྲུག་པ; (ས་མེ་གཏང་བ; Bhut.).

637 **Miner**, *n.* ས་གཏེར་འདོན་པའི་ལས་བྱེད་མཁན; ས་གཏེར་འདོན་པ་པོ;

638 **Mineral**, *n.* ས་འོག་ནས་འབྲོན་པའི་རིན་པོ་ཆེའི་རྫ;

639 **Mineralogist**, *n.* ས་གཏེར་གྱི་དཔྱད་པ་མཁན;

640 **Mineralogy**, *n.* ས་གཏེར་གྱི་དཔྱད་པའི་རིག་གནས; རིན་པོ་ཆེའི་བྱེ་བྲག་སོར་དབྱེ་བའི་རིག་གནས;

641 **Minerva**, *n.* སྔོན་དུས་རོ་མན་པ་རྣམས་ཀྱི་ཤེས་རབ་ཀྱི་ལྷ་མོ; ཡང་དམག་ལ་ཆས་དུས་སྐྱོང་མར་འཛིན་པ་ཞིག་གོ;

642 **Mingle**, *v.t.* སླ་སྲེ་བ; སྲེ་བ; བསྲེས་པ;

643 **Mingling**, *n.* བསྲེས་མ; བསྲེས;

644 **Miniature**, *n.* འདྲ་པར་ཆུང་ཆུང་;

645 **Minim**, *n.* ཆུ་ཐིག; ཐིག་པ; སླ་མོའི་ཚད་ཀྱི་ཆུང་ཤོས;

646 **Minimum**, *n.* ཆུང་ཤོས; ཐ་ཆུང;

647 **Minion**, *n.* ཞལ་ལྟ་མ; སྙན་གསལ་པ;

648 **Minister**, *n.* བློན་པོ; མདུན་ན་འདོན; མཆོད་བཤམ་པ; པཎྜི;
v.i. ལས་གཡོག་རྒྱག་པའི;

649 **Ministerial**, *adj.* ཞབས་ཕྱིའི; ལས་གཡོག་པ; ལག་འདོན་པའི་ལག ལེན་པའི;

650 **Ministration**, *n.* ལས་ཀ; ལག་ལེན; ལག་འདོན;

651 **Ministry**, *n.* ཞབས་ཕྱི; ཞབས་འདེགས; འགྲོ་དོན;

652 **Miniver**, *n.* པག་པ་སྤྱུ་འཕྲེར་མ་ལ་ཟེར་ཞབས་ཕྱི་ཞུབ; Hon.

653 **Mink**, *n.* སྲེ་མོང་ལྟའི་མིན་སྤྱུ་གྲ་ཞིང་མོ་ཡོད་པ་ཞིག;

654 **Minnow**, *n.* ཀྲུག་ཆུ་འམ་གཙང་པོའི་ཉ་ཆུང་ཆུང་ཞིག;

655 **Minor**, *a.* གཞོན་ནུ; ན་མ་ལོན་པ; ན་ཆུང; ན་གཞོན;

656 **Minority**, *n.* ན་གཞོན; ནམ་ཚར་བའི་དུས;

657 **Minotaur**, *n.* སྔོན་ དུས་སུ་ བདུད་ མགོ་བོ་མི་ལ་ གཟུགས་པོ་གླང་ བྱས་པ་ ཞིག་ལ་ཟེར;

658 **Minster**, *n.* ལྷ་ཁང;

659 **Minstrel**, *n.* གླུ་གཞས་བརྩམ་ནས་དབྱངས་སུ་འཐེན་མི;

660 **Minstrelsy**, *n.* གླུ་ཡི་དཔེ་ཆ; གླུ་གཞས་བརྩོམས་པའི་སྡེ;

661 **Mint**, *n.* དངུལ་ཏེ་པར་རྒྱབ་ས; དངུལ་གྱི་པར་ཁང;
(the herb) (ཡང་སྤོ་སྨན་པུ་དི་ན་བྱ་བ་དེ་ལ་འང་ཟེར);

662 **Mint,** *n.* སྤོ་སྨན་པུ་དི་ན་ཧ་བ་དེའོ ;

663 **Mintage,** *n.* པར་དུ་བཀོད་ཟིན་པའི་དངུལ་ཊཾ ;

664 **Minuend,** *n.* གྲངས་གང་ཞིག་ནས་ཕྱིར་དོར་རྒྱུ་ཡོད་པ་དེའོ ;
གང་གི་ཕྲོག་འཕྲི་དགོས་པའི་གྲངས་འབོར ;

665 **Minuet,** *n.* གླུ་གར་ཞབས་བྲོ་ལྷོད་ཅིང་འགྱིང་ལྡན་ཞིག ;

666 **Minus,** *a.* འཕྲི་བའི ; དོར་བའི ;

667 **Minute,** *n.* གྲངས་དྲུག་ཅུ་འདྲིན་པའི་ཡུན ; ཆུ་སྲང ;
ཆུ་ཚོད་གཅིག་གི་དྲུག་ཅུའི་ཆ ;

668 **Minutely,** *ad.* ཞིབ་མོར ; ཕྲ་མོར ;

669 **Minuteness** *n.* ཕྲ་ཞིབ ;

670 **Minutiae,** *n.* ཞིབ་ཆ ;

671 **Minx,** *n.* བྱི་མོ་ ཁ་ བདེ་པོ་ ངོ་ ཚ་ ཆེར་ མེད་ པར་ སྐྱེ་ དམན་ ཁྲི་
གཟིག་ཁ ;

672 **Miocene,** *adj.* སའི་རིམ་པ་བར་པ ;

673 **Miosis,** *n.* མར་གུད ; ཆུང་དུ་སོང་བ ;

674 **Mirable,** *adj.* ཡ་མཚན་ཅན ;

675 **Miracle,** *n.* ཛུ་འཕྲུལ ; ཆོ་འཕྲུལ ;

676 **Miraculous,** *a.* ཛུ་འཕྲུལ་ལྟུ ;

677 **Miraculously,** *ad.* ཛུ་འཕྲུལ་ལྟུར ;

678 **Mirage,** *n.* སྨིག་རྒྱུ ;

679 **Mire,** *n.* འདམ་རྫབ ;

680 **Mirror,** *n.* མེ་ལོང ; (Magic-mirror : ཕྲ་མོ་ཕབ་སའི་མེ་ལོང) ;

681 **Mirth.** གད་མོ ; གད་རྒྱངས ; དགའ་ཉམས ; སྤྲོ ;

682 **Mirthful,** *a.* གད་རྒྱང་ཅན ; སྤྲོད་བྲོ་ཅན ; གད་མོར་དགའ་བའི ;

683 Mirthfully, *ad.* སྐྱིད་བྲོས་ཁེངས་ཏེ; དགའ་ཉིས་ཆེ་ནོར;

684 Miry, *a.* འདམ་རྫབ་ཅན;

685 Mirza, *n.* སྟག་ གཟིག་གི་ ཡུལ་ དུ་ རྒྱལ་ སྲས་ཀྱི་ གོ་ གནས་ འཛིན་པ་ ལ་ཟེར;

686 Mis, *a.* ཕྱིན་ཅི་ལོག་པའི་དོན་ལྡན་གྱི་ཚིག་ཕྲད་དོ; འགལ; ལོག;

687 Misadventure, *n.* གོད་ཆ; འགལ་རྐྱེན; བར་ཆད;

688 Misadvertence, *n.* ཅག་ག་ཐག་པོ་མེད་པའི་རང་བཞིན; (སྣང་མེད་རྫོག་བསྐྱུར; Sik.).

689 Misadvised, *a.* བསླབ་བྱ་གོ་ལོག་ཐེབས་པའི;

690 Misalliance, *n.* གཉེན་འབྲེལ་ཉེས་པ;

691 Misanthrope, *n.* མི་ཀུན་ལ་ཞེ་ཁྲེལ་མི;

692 Misanthropy, *n.* མི་ཀུན་ལ་ཡིད་མི་ཆེས་ཤིང་དོགས་པ་ཟ་བའི་ངང་ཚུལ;

693 Misapplication, *n.* ལས་སྦྱོར་ལོག་པ; ཕྱིན་ཅི་ལོག་ཏུ་སྦྱར་བ;

694 Misapply, *v.t.* ལོག་པར་སྦྱོར་བ; ཕྱིན་ཅི་ལོག་ཏུ་སྦྱར་བ;

695 Misapprehend, *v.t.* གོ་བ་ལོག་པར་འཛིན་པ; ཕྱིན་ཅི་ལོག་ཏུ་གོ་བ;

696 Misapprehension, *n.* དོན་གོ་ལོག; འཛིན་དོན་ལོག་པ;

697 Misappropriate, *v.t.* ལས་དོན་ལོག་པར་སྦྱར་བ; ཧམ་ཟས་བྱེད་པ;

698 Misappropriation, *n.* དོན་འགལ་དུ་སྦྱར་བ་ཉིད; ཧམ་ཟས; རྒྱུ་ནོར་ཧམ་ཟས་བྱས་ནས་བདོག་པ;

699 Misarrange, *v.t.* སྒྲིག་ཁ་ནོར་ཤིག་པ; ལྷུག་པ;

700 Misarray, *n.* གོ་རིམ་མ་སྒྲིག་པའི་ཚུལ;

701 Misarrangement, *n.* སྒྲི་ཁ་ལྷུག་ཚུལ; (སྒྲི་སྟངས་ཇོར་ལུགས; Colql.)

702 Misbecoming, *a.* མི་སྡིཾ་པ;

703 Misbegotten, *a.* འབྱུང་སྟངས་ཉེས་པ; འབྱུང་ཁུངས་ཉེས་པ; བཟོ་ཉེས;

704 Misbehave, *v.t.* སྤྱོད་པ་ངན་པོ་སྟོན་པ; ལོག་པར་སྤྱོད་པ;

705 **Misbehaviour**, *n.* ངན་སྤྱོད; ལོག་སྤྱོད;

706 **Misbelief**, *n.* མི་དད་པ; དད་ལོག; ཡིད་མ་ཆེས;

707 **Misbelieve**, *v.t.* ཡིད་མ་ཆེས་པ; མ་དད་པ;

708 **Miscalculate**, *v.t.* རྩིས་ལེགས་པར་མ་རྒྱབ་པ;

709 **Miscalculation**, *n.* རྩིས་ལོག;

710 **Miscarriage**, *n.* སྦྲུམ་ཤོར་བ; (བུ་ཚ་ཤོར་བ; Sik. & Bhut.) དོན་འཆོར; སྤྱོད་ཚུལ་དད་པ་ལོག་པོ;

711 **Miscarry**, *v.t.* བྱ་བ་ཕྱིན་ཅི་ལོག་ཏུ་བྱེད་པ; བྱ་བ་ལཾ་མ་ལོང་བ; འཆུག་པ; བྱ་བ་འཆུག་པ; བྱ་བ་ལཾ་དུ་མ་སོང་བ;

712 **Miscellaneous**, *a.* ཙ་གི་ཙི་གི; སྣ་ཚོགས; ཟ་རི་ཟི་རི;

713 **Miscellany**, *n.* སྣ་ཚོགས;

714 **Mischance**, *n.* བར་ཆད; ཟུར;

715 **Mischief**, *n.* གནོད་པ; གནོད; ངན; རྐྱེན་ངན;

716 **Mischievous**, *a.* གནོད་པ་ཅན; ཇན་ཅན; (ཚུབ་ཀྱིར་ར; Colql.) ངན་བྱེད་མཁན;

717 **Mischievously**, *ad.* གནོད་སེམས་ཀྱིས; ངན་སེམས་ཀྱིས;

718 **Misconceive**, *v.t.* དོན་གོ་ལོག་ཏུ་འཛིན་པ; གོ་བ་ལོག་པར་ཐེབས་པ;

719 **Misconception**, *n.* དོན་ལོག་པར་གོ་བ;

720 **Misconduct**, *n.* སྤྱོད་ལོག; ལོག་སྤྱོད; བྱེད་སྟངས་ཕྱིན་ཅི་ལོག; *v.t.* བྱ་བ་ཕྱིན་ཅི་ལོག་ཏུ་བྱེད་པ;

721 **Misconjecture**, *n.* འོལ་ཚོད་ལོག་པ;

722 **Misconstrue**, *v.t.* དོན་ལོག་ཏུ་གོ་བ; སྒྲ་ལོག་ཏུ་འཛིན་པ;

723 **Miscount**, *v.t.* གྲངས་ལེགས་པར་མ་བགྲང་བ; གྲངས་ཁ་གཏན་གཏན་མ་རྒྱབ་པ;

724 **Miscreant**, *n.* མི་ངན; ཉཾ་ཉམས: བསྟན་བཤིག;

725 **Misdate**, *n.* ཚེས་གྲངས་ནོར་སྦྱི་བཀོད་པ;

726 **Misdeed**, *n.* ཉེས་བྱས; བྱ་བ་ངན་པ;

727 **Misdemeanour**, *n.* དམུ་རྒོད་ཀྱི་ངང་ཚུལ; བག་མེད;
(གདོང་མམ་ཚིག་གི་བྱ་ག; Sik.)

728 **Misdirect**, *v.t.* ལཾ་ལོག་སྟོན་པ;

729 **Misdoubt**, *n.* ཐེ་ཚོམ; སོམ་ཉི;

730 **Misemploy**, *v.t.* ལོག་པར་སྤྱོད་པ; ལོག་པའི་ལས་སུ་སྐུལ་བ;

731 **Misemployment**, *n.* ལོག་པར་ལོས་སུ་སྤྱོད་པ་ཉིད; ལས་ཕྱིན་ཅི་ལོག་ཏུ་སྐུལ་བ;

732 **Miser**, *n.* སེར་སྣ་ཅན་གྱི་མི; ལག་དཾ་པོ;

733 **Miserable**, *a.* སྡུག་རྩུལ; སྡུག་པོ; སྡུག་བསྔལ་ཅན;

734 **Miserably**, *ad.* སྐྱོ་སྣུ་བྱེད་དེ; ཞུ་ཕྲུག་པོ་བྱེད་དེ;

735 **Misericorde**, *n.* ཐུགས་རྗེ; སྙིང་རྗེ; བཟོད་གསོལ; མགར་སོག་གྲི་ཚུང་
དམག་ཏུ་མི་བརྐྱས་པ་དག་གསད་པའི་ཆེད་དུ་འཛིན་པ;

736 **Miserly**, *adj.* བཀྲེན་བཀྲེན་པོ; སེར་སྣ་དང་བཅས་པའི;

737 **Misery**, *n.* སྡུག་བསྔལ;

738 **Misfit**, *n.* མི་རན་པའི་ཆས་གོས; ལུས་ལ་མི་སྦྲ་པའི་ཆས;

739 **Misfortune**, *n.* ཟུས་ཉེས; འགལ་རྐྱེན;

740 **Misgive**, *v.t.* ཐེ་ཚོམ་སྐྱེད་པ; དོགས་པ་སྐྱེད་པ; ཐེ་ཚོམ་པ;

741 **Misgiving**, *n.* སེམས་རྟོག; དོགས་སྣང; བློས་མ་ཁེལ; སེམས་དོགས;

742 **Misgovern**, *v.t.* ཚད་དབང་བསྒྱུར་ཉེས་པ;

743 **Misgovernment**, *n.* དབང་བསྒྱུར་ལུགས་ཉེས་པ་ཉིད;

744 **Misguide**, *v.t.* ལཾ་ལོག་ཏུ་འདྲེན་པ; ལམ་ལོག་ཏུ་འཁྲིད་པ;

745 **Mishandle**, *v.t.* ལག་ལེན་ཉེས་པ;

746 **Mishap**, *n.* རྐྱེན་ངན; ཟུས་ཉེས; (སྒྲི་རགས; Sik.)

747 **Misinform**, *v.t.* ལོ་རྒྱུས་ཕྱིན་ཅི་ལོག་ཏུ་ཞུ་བ;

748 **Misinterpret**, *v.t.* བརྡའ་དོན་ལོག་པར་བསྒྱུར་བ; སྒྲ་དོན་གོ་ལོག་ཏུ་སྒྱུར་བ;

749 **Misinterpretation**, *n.* བརྡ་དོན་ལོག་པ;

750 **Misjudge**, *v.t.* ཁྲིམས་དཔྱད་ལོག་པ; དཔྱད་ཉེས་པ;

751 **Mislay**, *v.t.* བཞག་ས་ལོག་པ; གར་བཞག་མེད་པ; གར་བཞག་བློ་ཡིས་མི་དྲན་པ;

752 **Mislead**, *v.t.* མགོ་ཁྲིད་ཕྱིན་ཅི་ལོག་ཏུ་བྱེད་པ; ལཾ་ལོག་ཏུ་ཁྲིད་པ:

753 **Misleader**, *n.* མགོ་འཁྲིད་ངན་པོ; (ཀུན་མགོ་ཉེས; Sik.)

754 **Mismanage**, *v.i.* ལས་ཀྱི་ཁ་ལོ་ཕྱིན་ཅི་ལོག་ཏུ་སྒྱུར་བ; ཕྱིན་ཅི་ལོག་ཏུ་ལས་བཀོལ་བ; ལོག་པར་བཅོལ་བ;

755 **Mismanagement**, *n.* ལས་འགྱུར་ཁ་ཕྱིན་ཅི་ལོག;

756 **Misname**, *v.t.* མིང་ལོག་འདོགས་པ;

757 **Misnomer**, *n.* མིང་ལོག; མ་སྦྱམ་པའི་མིང;

758 **Misplace**, *v.t.* བཞག་ས་ནོར་བ;

759 **Misprint**, *v.t.* པར་འཛོལ་ཐེབས་པ;

760 **Mispronounce**, *v.t.* ཚིག་སྒྲ་མི་དག་པར་བརྗོད་པ; སྒྲ་ལོག་ཏུ་བརྗོད་པ: སྒྲ་བརྗོད་ལོག་པ;

761 **Mispronunciation**, *n.* ཚིག་སྒྲ་མི་དག; སྒྲ་འདྲེན་སྟངས་ལོག་པ;

762 **Misquote**, *v.t.* ཁུངས་འདྲེན་གབ་ལོག; ལུང་འདྲེན་མ་དག་པ;

763 **Misreckon**, *v.t.* རྩིས་འཁྲུལ་བ;

764 **Misrepresent**, *v.t.* གོ་ལྡོག་ཏུ་སྟོན་པ; བཟང་ངན་གབ་ལོག་ཏུ་ཞུ་བ:

765 **Misrepresentation**, *n.* ཞུ་ལོག;

766 **Misrule**, *n.* དབང་སྒྱུར་སྟངས་མ་ལེགས་པ; དབང་ཡོད;

767 **Miss**, *n.* བུ་མོ་ཁྱོ་ག་མ་ཐུག་པ་ལ་འབོད་པའི་ཚིག; (སྲས་མོ་ལགས);

768 Miss, *v.t.*	ཤོར་བ; མ་ཐོག་པ; མ་ཐེབས་བ; མེད་པ་ཚོར་བ; འཚོར་བ;
769 Misbecoming, *a.*	མི་སྤྲོ་པ;
770 Misshape, *v.t.*	བཟོ་ཉེས་བཟོ་བ; གཟུགས་བརྟན་མ་ལེགས་པར་བཅོས་པ;
771 Missile, *a.*	ལག་རྡོ; འཕེན་བྱེད་ཀྱི་མཚོན་ཆ་རྡོ་དང་རྡེའུ་ལྡུ;
772 Missing, *a.*	བརླག་པ; མ་ཚང་བ; སྟོར་བ;
773 Mission, *n.*	བང་ཆེན་རྫངས་བའི་ལས; འཕྲིན;
774 Missionary, *n.*	ཆོས་ཀྱི་འཕྲིན་སྤེལ་མཁན; པཱ་དྲི;
775 Missive, *a.*	འཕེན་བྱེད་ཀྱི་ལག་རྟ; བསྐུར་བའི་ཡི་གེ;
776 Misocapnic, *adj.*	ཐ་མ་ཁའི་དུ་བ་སྐྱིང་ནས་ཞེ་ཁྲེལ་བ;
777 Misogynist, *n.*	བུད་མེད་ལ་ཞེ་ཁྲེལ་བ;
778 Misogamist, *n.*	ཁྲིམ་ཐབས་འབྲེལ་བ་ལ་སྐྱིང་ནས་ཁྲེལ་བ;
779 Misology, *n.*	རིགས་པ་ལ་ཁྲེལ་བ;
780 Misotheism, *n.*	དཀོག་ལ་ཞེ་ཁྲེལ་མི;
781 Misspell, *v.t.*	འབྲངས་སྦྱོབས་ནོར་དེ་འབྲི་བ; ཡི་གེ་མ་དག་པར་བྲི་བ;
782 Mispelling, *n.*	འབྲངས་སྦྱོབ་ནོར་འཁྲུལ;
783 Misspend, *v.t.*	ཟས་འགྲོ་གཏོང་སྤངས་ཉེས་པ; ཕྲོ་བརླག་གཏང་བ; རྒྱུས་བཟོད་བཏང་བ;
784 Misstate, *v.t.*	ཡིན་ལུགས་དྲང་པོར་མི་བཤད་པ་རྣམ་པ་ཞུ་བ;
785 Misstatement, *n.*	བརྫུན་བཤད; ཡིན་ལུགས་བཞིན་མི་བརྗོད་པ; ཧཾ་ཤུ;
786 Mist, *n.*	སང་སྨུག; སྨུག་པ; ཁུག་སྣ;
787 Mistakable, *a.*	ནོར་ཉེན་ཅན;
788 Mistake, *v.t.*	ནོར་བ; འཛོལ་བ; འཁྲུལ་བ;

789 **Mistaken**, *a.* ལམ་ནོར་གྱི; ནོར་འཛོལ་གྱི; ནོར་བའི;

790 **Mistakenly**, *ad.* ཡི་ནོར་སྟེ; ནོར་སྟེ;

791 **Mistily**, *ad.* མི་གསལ་བར; རབ་རིབ་བཞིན;

792 **Mistime**, *v.t.* དུས་བདབས་སྐྱིག་ལུགས་མ་བྱུང་བ;
དུས་སྔུ་མ་བྱས་པ;

793 **Mistiness**, *n.* རྨུག་པའི་རབ་རིབ་དང་ལྡན་ཚུལ; སང་རྨུག་འཐིབ་ཚུལ:

794 **Mistletoe**, *n.* ཤིང་སྡོང་ཆེན་པོ་འི་སྟེང་དུ་སྐྱེ་བའི་སྤོ་ཞིག་གི་མིང;
སྤོ་བུ་ཤེལ་ཅོའི་རིགས་ཤིག;

795 **Mistranslate**, *v.t.* ཚིག་སྒྲ་སྒྱུར་ལུགས་མ་བྱུང་བ; སྒྲ་ལོག་ཏུ་སྒྱུར་བ;

796 **Mistranslation**, *n.* སྒྲ་དོན་གབ་ལོག;

797 **Mistress**, *n.* སློབ་དཔོན་གྱི་ཆུང་མ; ཇོ་མོ; བདག་མོ;
སྐྱེ་དམན་དགེ་མཁན;

798 **Mistrust**, *n.* བློ་མ་གཏད་པ; བློས་མ་འཁེལ་བ;

799 **Misty**, *a.* རྨུག་པའི་རབ་རིབ་ཅན; སང་རྨུག་ཐིབ་ཐིབ;

800 **Misunderstand**, *v.t.* གོ་ལོག་ཐེབས་པ; གོ་བ་ལོག་པ;

801 **Misunderstanding**, *n.* བློ་མ་མཐུན་པ; བློ་མཐུན་མེད; འགྲིག་མེད; འཆམ་མེད;

802 **Misuse**, *v.t.* སྤྱོད་ལུགས་མ་ལེགས་པ; བེད་སྤྱོད་ཉེས་པ;

803 **Mite**, *n.* རྫལ་མ; རྫལ་ཕྲན; དེས་ན་མིའུ་ལའང་ཟེར;

804 **Mitigate**, *v.i.* ཡང་ཆ་གཏོང་བ; ཉེས་པ་ལ་ཆུང་ཡང་ཙམ་གཏོང་བ:

805 **Mitigation**, *n.* ཡང་ཆག;

806 **Mitre**, *n.* བླ་མའི་གཙུག་ཏོར་རྩེ་ཆོས་ཞྭ; ཆོས་ཞྭ;

807 **Mitten**, *n.* མཛུབ་མགོ་མ་ཁེབས་པའི་ལག་ཤུབ;
སོར་མཛུབ་ཕྱིར་ཐོན་པའི་ལག་ཤུབ;

808 **Mity**, *a.* སྲོག་ཆགས་འབུ་སོགས་ཕྲ་མོས་ཁེངས་ནས་ཡོད་པ;

809 **Mix**, *v.t.* སྲེ་བ; བསྲེས་པ; འདྲེ་བ; འདྲེས་པ;

810 Mixed, *a.* བསྲེས་པ; or བསྲེས་མ; (བསྲེས་ཅན; Sik.)

811 Mixture, *n.* འདྲེས་མ; བསྲེས་མ; སྦྱོར་བ;

812 Mizzen, *n.* གྲུ་གཟིངས་དར་ཆེན་གསུམ་ཡོད་པའི་དར་ཅོག་རྒྱབ་མ་དེའོ;

813 Mizzle, *v.i.* ཆར་པ་ཟིམ་ཟིམ་འབབ་པ;

814 Mnemonics, *n.* དྲན་པར་ཕན་བྱེད;

815 Moan, *v.t.* འཁུན་པ;

816 Moat, *n.* དགྲ་རྫོང་གི་ཕྱི་ཡི་ཆུ་ཡུར;

817 Mob, *n.* མི་མང་ཚོགས་པའི་དཔུང; དམངས; ཚོགས; མི་ཕལ་པའི་ཚོགས;

818 Mobility, *n.* བསྒྱུར་ཁ་རྒྱབ་བདེ་བའི་རང་བཞིན; བསྒྱུལ་བདེ;

819 Mock, *v.t.* ཐོ་འཚམ་པ; ཧི་ཧྲོད་རྒྱབ་པ; ཧི་ཧི་བྱེད་པ;

820 Mockery, *n.* ཐོ་འཚམ་པའི་རྣམ་འགྱུར;

821 Mocking, *a.* ཐོ་འཚམ་ཞིང་ཡོད་པ;

822 Mode, *n.* སྐབས; སྟངས; ལུགས;

823 Model, *n.* དཔེ;

824 Moderate, *a.* འབྲིང; ཚོད་ཅན; ཚོད་ཡོད;

825 Moderate, *v.t.* འབྲིང་ཙམ་དུ་འཕབ་པ; མར་བཅག་བྱེད་པ; མར་སློད་པ;

826 Moderately, *ad.* འབྲིང་ཙམ་དུ; རན་པར;

827 Moderation, *n.* ཚོད་ཡོད; ཚོད; རང་ཚོད;

828 Modern, *a.* དེང་དུས་ཀྱི;

829 Modernize, *v.t.* དེང་དུས་ཀྱི་འགྲོ་ལུགས་དང་མཐུན་པར་བྱེད་པ;

830 Modest, *a.* འཛེམ་བག་ཅན; ངོ་ཚ་ཅན; བག་ཡོད་དང་ལྡན་པ;

831 Modestly, *ad.* ཁྲེལ་འཛེམ་གྱི་བག་དང་ལྡན་པར;

832 Modesty, *n.* ཁྲེལ; ཁྲེལ་ཡོད; ཁྲེལ་འཛེམ;

833 Modification, *n.* འགྱུར་བཅོས; སྒྱུར་བཅོས;

834 Modify, *v.t.* འགྱུར་བཅོས་རྒྱབ་པ;

835 Modish, *a.* འགྲོ་ལུགས་དང་མཐུན་པའི;

836 Modulate, *v.t.* སྐད་འགྱུར་རྒྱབ་པ; སྒྲ་འགྲིག་པ;

837 Modulation, *n.* སྒྲའི་འགྲིག་སྟངས;

838 Module, *n.* གཞལ་བའི་ཚད་ཆུང་ཆུང་ཞིག;

839 Mogul, *n.* སོག་པོ;

840 Mohair, *n.* ཨེངྒོ་ར་ཟེར་བའི་ར་བལ་ཧ་ཅང་འཇམ་ཞིང་དར་ལྟ་བུའི་མདོག་ལྡན་གྱི་གོས;

841 Moiety, *n.* ཕྱེད་ཀ; ཕྱེད་ཙ; དཔྱ; ཟུར་དཔྱ;

842 Moist, *a.* བཞར་ཅན; རློན་པ; ཆུ་འཛིག་འཛིག; གཤེར་ཅན;

843 Moisten, *v.t.* བརླན་གྱིས་སྦྱང་བ; ཆུར་སྦང་བ; (བད་བཏབ་པ; Bhut. & Sik.)

844 Moistness, *n.* བརླན་པ; བརླན་བཤེར;

845 Moisture, *n.* བཙུད; བད;

846 Molar, *n.* འགྲམ་སོ; ཕྲུག་སོ;

847 Molasses, *n.* བུར་སྒྲུག; བུ་རམ;

848 Mold *n.* ཕྱུ་པར;

849 Mole, *n.* སྨེ་བ; ལུས་ཀྱི་སྨེ་བ;
(the animal བྱི་བ་གན་རྒྱལ་བྱ་བ; Sik. & Bhut.)

850 Molecular, *a.* རྡུལ་ཕྲན་གྱི;

851 Molecule, *n.* རྡུལ; རྡུལ་ཕྲན; རྡུལ་ཕྲ་རབ;

852 Molest, *v.t.* དཀྲོག་རྐྱེན་བྱེད་པ; དཀྲུག་པ; སློང་བ;

853 Molestation, *n.* དཀྲུག; བར་ཆད;

854 Mollient, *a.* མཉན་པོ་བཟོ་བའི་ནུས་པ་ཅན ;

855 Mollification, *n.* མཉན་པོར་བཟོ་བ་ཉིད ;

856 Mollify, *v.t.* མཉན་པོར་བཟོ་བ ;

857 Mollusc, *n.* སྐྱུག་པའི་བུ་མོ་ཞེས་པའི་སྲོག་ཆགས་དེའི་རིགས་སོ ;
(ཉོག་རྙོག ; Sik.)

858 Moment, *n.* ཡུན ; ཡལ ; གནད་གལ ; ཡུད ;

859 Momentarily, *ad.* ཡུན་ཙམ་པར ; ཡུད་ཙམ་དུ ;

860 Momentariness, *n.* ཡུད་ཙམ་པའི་རང་བཞིན ;

861 Momentary, *a.* ཡུན་ཙམ་ལས་མི་གནས་པ ;

862 Momentous, *a.* གལ་ཆེན ; གནད་གག་ཅན ;

863 Momentousness, *n.* གལ་ཆེ་བ་ཉིད ; གནད་གག ;

864 Momentum, *n.* ལུས་བོང་དང་བསྟུན་པའི་འགྲུ་བའི་ཤུགས ;

865 Monad, *n.* རྡུལ་ཕྲ་རབ ; སྲོག་ཆགས་ཀྱི་ནང་ནས་ཕྲ་ཤོས་དེའོ ;

866 Monandry, *n.* ཁྱོ་གཅིག་བསྟེན་པའི་ལུགས ;

867 Monarch, *n.* རྒྱལ་པོ ;

868 Monarchal, *a.* རྒྱལ་པོའི ;

869 Monarchical, *a.* རྒྱལ་པོའི་སྲིད་ཀྱི ; རྒྱལ་སྲིད་ཀྱི ;

870 Monarchist, *n.* རྒྱལ་པོའི་སྲིད་འཛིན་པ་ལ་དད་མི ;
རྒྱལ་པོའི་ཕྱོགས་ཞུས་མཁན ;

871 Monarchy, *n.* རྒྱལ་པོས་དབང་བའི་རྒྱལ་སྲིད ; རྒྱལ་སྲིད ;

872 Monastery, *n.* དགོན་པ ;

873 Monastic, *n.* དགོན་པའི ;

874 Monday, *n.* གཟའ་ཟླ་བ ;

875 Monetary, *a.* དངུལ་གྱི་སྐོར ;

876 Money, *n.* དངུལ; ནོར; དངུལ་དང་གསེར་དང་ཟང་སོགས་ལ་
ཕྱུང་པ་སོ་སོའི་བརྟགས་བཀོད་དེ་ཚོང་ཟོག་ཉོ་འཚོང་
བྱེད་བདེ་བའི་ཆེད་དུ་བཟོས་པའི་ཊཾ་ཀ་སོར་ལ་ཟེར;

877 Moneyed, *a.* དངུལ་མང་པོ་ཡོད་པ; ཕྱུག་པོ;

878 Moneyless, *a.* དངུལ་མེད་པ; དབུལ་པོ;

879 Monger, *n.* འཚོང་པ;

880 Mongrel, *a.* རིགས་ལྷད་ཅན; དཔེར་ན་དྲེའུ་དང་མཛོ་ལྟ་བུ;

881 Monition, *n.* དྲན་བསྐོད; གསལ་འདེབས;

882 Monitor, *n.* གསལ་འདེབས་རྒྱབ་མཁན; སློབ་དཔོན; བཤེས་གཉེན;

883 Monk, *n.* གྲྭ་པ; དགེ་སློང;

884 Monkey, *n.* སྤྲེའུ;

885 Monkish, *a.* གྲྭ་པ་ལྟ་བུ; དགེ་སླུ་སློང་གི; གྲྭ་པའི;

886 Monody, *n.* མྱ་ངན་སྨྲས་ངག་གི་གླུ;

887 Monogram, *n.* ཐེའུ་རྟགས་རང་གི་མིང་ཡིག་གཉིས་གསུམ་ལྷས་མ་ལྷས་
ནས་ཡོད་པའོ; མིང་ཡིག་བསྡུ་ཡིག་དུ་བྲིས་པའི་ནས་
ཐེའུ་རྟགས;

888 Monopolist, *n.* འབོགས་མ་ཉུ་མཁན;

889 Monopolize, *v.t.* འབོག་མར་གླང་བ;

890 Monopoly, *n.* འཚོང་འབོག་མ; འབོག་མ; རྩ་བ་གཅིག་པོས་མ་
གཏོགས་གཞན་གྱིས་བཏོག་མི་ཚོག་པའི་འབོག་མ;

891 Monosyllable, *n.* ཚིག་གཅིག་པ; སྒྲ་གཅིག་པའི་མིང;

892 Monotheism, *n.* ལྷ་གཅིག; ལྷ་གཅིག་འབའ་ཞིག་ཏུ་ལྟ་བའི་གྲུབ་ཐ;

893 Monotone, *n.* སྒྲ་རྡོག་པོ་གཅིག་པ; སྐད་མཐོ་དམན་གཅིག;
དབྱངས་འགྱུར་གཅིག་པ;

894 Monotonous, *a.* སྐད་གཅིག་རང་གཅིག་བྱུས་པའི; དབྱངས་འགྱུར་ཅིག་
རང་བྱུས་པས་ཉ་བ་སྐྱོ་བའི་དབྱངས;

895 Monotony, *n.* གཅིག་པ་ཁོ་ནས་ཡིད་སྐྱུན་བསྐྱེད་ཉུས་པ;

896 Monsoon, *n.* དབྱར་ཆར་དུས; ཆར་སྐང;

897 Monster, *n.* འདྲེ; བདུད; མི་རྒོད; ཧ་ཅང་ཆེན་པོ;

898 Monstrosity, *n.* དཔེ་མི་སྲིད་པའི་ལུས་ཅན;

899 Monstrous, *a.* དཔེ་མི་སྲིད་པའི; རྣམ་རྟོག་ཟ་པོ; ཧ་ཅང་སྦོམ་པོ;

900 Month, *n.* ཟླ་བ;

901 Monthly, *a.* ཟླ་རེ་བཞིན;

902 Monument, *n.* མཆོད་རྟེན;

903 Monumental, *a.* བརྟེན་གྱི་རྣ་པར་གྱུར་པའི;

904 Mood, *n.* ཁམས;

905 Moodily, *ad.* རླུང་ཁམས་དང་བཅས་ཏེ; ཡི་མུག་གི་ངང་ནས;

906 Moodiness, *n.* རླུང་ཁམས་ལྷང་བ་ཉིད; ཡི་མུག;

907 Moody, *a.* རླུང་ཁམས་ཅན; ཡི་མུག་པོ;

908 Moon, *n.* ཟླ་བ;

909 Moonbeam, *n.* ཟླ་བའི་འོད; ཟླ་ཟེར;

910 Moonless, *n.* ཟླ་ནག;

911 Moonlight, *n.* ཟླ་འོད;

912 Moonshine, *n.* ཟླ་བའི་འོད; སྙིང་པོ་མེད་པའམ་ཡང་ན་སྣང་ངོར་འཆར་ཙམ་ལས་དོན་མདོ་ཁར་ཅི་ལའང་མ་ཕན་པའི་ཆོས་ཅན་གང་ཡིན་པ་ལ་ཟེར;

913 Moonstruck, *a.* ཟླ་བའི་གདོན་གྱིས་བཅོ་བ; སྨྱོན་པ;

914 Moony, *a.* ཟླ་འོད་བཞིན་ཡོམ་ཡོམ; ཤེས་པ་མི་དྭན་པ;

915 Moor, *n.* ཞིང་ཤོང; སྤང་ཤོང; ཡང་སྔོན་དུས་སུ་ཡུལ་ལྷན་གྱི་མི་རིགས་ཞིག་ལའང་ཟེར;

916 Moor, *v.t.* གྲུ་ཟིང་འགྲམ་ལ་བདགས་པ ;

917 Moorage, *n.* གྲུ་ཟིང་བདཱ་ས ;

918 Moor-cock, *n.* (ནཱ་བྱ་གྱི་རིག ; Sik.) ནཱ་ཀྱི་བྱ་པོ་འབྲས་ལྗོངས་སུ་གྱི་རིག་ཟེར་ལ་འབྲུག་པས་ལས་ཀོར་མིག་དམར་ཟེར་བ་དེའོ ;

919 Moor-hen, *n.* ནཱ་ཀྱི་བྱ་མོ ; ནཱ་བྱ ;

920 Mooring, *n.* གྲུ་གཟིང་འདཱོ་པའི་ལས ;

921 Moorish, *a.* འདམ་འཛབ་ཀྱི་ཐང་ལྷུ ; མི་རཱི་ཤ་མདོག་ནག་པོ ;

922 Moorland, *n.* འདམ་འཛབ་ཀྱི་ཐང་ཡོད་ས ;

923 Moose, *n.* ཤ་མོ ; རི་དྭཱ་ཤ་བའི་མོ ;

924 Moot, *v.t.* གྲོས་འདོན་པ ; གཏམ་སྒྲོ་བཙཱུ་པ ;

925 Mop, *n.* འཛཱ་མ ; འཕྱགས་ཤིང ;

926 Mope, *v.t.* རང་ཉིད་གཅིག་པོ་རྣོག་པ ; བློ་ཕམ་དུ་གནས་པ ;

927 Mopingly, *ad.* བློ་ཕམ་པའི་ངང་ཚུལ་གྱིས ;

928 Mopish, *a.* བློ་ཕམ་ལྡོག་ཁ་པོ ;

929 Moral, *a.* ཚུལ་ཁྲིམས་ཀྱི ; { of a story (མདོ་དོན) ; }

930 Morale, *n.* གཡུལ་ངོ་འི་ཐོག་གི་དཔའ་སྙིང་དང་ཛངས་བློ ; འཁྲུག་ལག་སྤྲད་པའི་སྐབས་དཔུང་པན་ཚན་གྱི་དཔའ་སྙིང ; དམག་ལྷ་དར་ལྕུགས ;

931 Moralist, *n.* འདུལ་ཁྲིམས་འཆད་པ་པོ ; འདུལ་ཁྲིམས་འཆད་བ་པོ ;

932 Morality, *n.* ཚུལ་ཁྲིམས ; སྤྱོད་ལཾ་ཚུལ་ལྡན ; མི་ཆོས་ཚུལ་ཁྲིམས ;

933 Moralize, *v.t.* ཚུལ་ཁྲིམས་ཀྱི་སྐོར་བཤད་པ་བརྩམ་པའི་འགྲེལ་པ་འཆད་པ ;

934 Moral certainty. འགྲུབ་ངེས་པའི་གདེངས ;

935 Morass, *a.* འདམ་འཛབ ; འདམ་མཚོ ;

936 Morbid, *a.* ནད་བུ་ཅན; ཅིང་ཅན; ནད་ཀྱིས་བཅོས་པའི;
ནད་ཁམས་ཅན; ནད་ཁམས་ལྟ་བུ;

937 Morceau, *n.* དུམ་བུ་ཆུང་ཆུང་ཞིག; ཁ་ཚོད་ཆུང་ལ་ཞིམ་པ;

938 Mordacious, *n.* སོ་རྒྱབ་འདོད་ཅན; (fig. སྐྱོན་འདོན་པའི);
སྐྱོན་འཚོལ་བའི;

939 Mordacity, *n.* སོ་རྒྱབ་པ་ལྟ་བུའི་ཚ་དབབ་ཅན; སྐྱུར;

940 Mordant, *a.* ཚ་དབབ་དབ; ཚོས་ཀྱི་བཀྲག་མདངས་གནན་པར་བྱ་པའི་
རྫས་དཔེར་ན་ཚ་སྐྱུར་ལྟ་བུ;

941 More, *a.* མང་པོ;

942 Morel, *n.* ཟ་རུང་བའི་ཤ་མོའི་རིང་ཞིག;

943 Morello, *n.* ཁམ་ཀོད་འབྲས་བུ;

944 Moreover, *adv.* མ་ཟད; ལྷག་པར་དུ;

945 Morganatic, *a.* སྐུ་དྲག་དང་ཕལ་པའམ་རིགས་དམན་པའི་བུ་དང་བུ་མོ་
གཉེན་དུ་འབྲེལ་བས་ཞན་པ་རིས་དྲག་པའི་གྲལ་དུ་མི་
ཚུད་ཅིང་བུ་ཚ་སྐྱེ་རུང་དྲག་གྲལ་དུ་མི་ཚུད་པའི་གཉེན་
ཡིག་བཀོད་པའི་སྲོལ; གཉེན་དྲག་ཞན་སྦྲག་པའི་
ཁྲིམས་ལུགས་ལྟར;

946 Morglay, *n.* གྲི་རིང;

947 Morgue, *n.* གྲོང་ཁྱེར་དུ་ཤི་བའི་རོ་ངོས་ཟིན་བྱ་སའི་ཁང་པ;

948 Morion, *n.* རྨོག་དཔྲལ་ཁེབས་དང་གདོང་ཁེབས་མེད་པ;

949 Mormon, *n.* ཡེ་ཤུའི་ཆོས་ལུགས་འཛིན་མི་ཡིན་པ་ལ་ཆུང་མ་མང་དུ་
བསྟེན་རུང་ཅེས་འདོད་ཅིང་ཕྱི་ལོ་ ༡༨༣༠ མན་ཆད་དུ་
དེ་ལྟར་བྱེད་པ་ཨ་མེ་རི་ཀའི་ཡུལ་དུ་ཆགས་པའི་མི་སྡེ་
ཞིག་གི་མིང;

950 Morn, *n.* སྔ་དྲོ; ནང་པར;

951 Morning, *n.* ཐོ་རང; ཞོགས་པ; སྔ་དྲོ; ནམ་ལང;

952 Morocco, *n.* ཡུལ་ཞིག་གི་མིང་; ཡུལ་དེ་ནས་འབྱོན་པའི་ཀོ་བ་སྐྱེད་ཡག་པོ་བྱོན་པ་ཞིག་གི་མིང་ཡང་ཟེར; མོ་རོ་ཀོ་ཡུལ་གྱི་འབྲུ་ལེ་ཀོ་བ;

953 Morose, *a.* སྐྲོ་མདོག་ཅན;

954 Morpheus, *n.* གཉིད་དང་རྨི་ལིཾ་གྱི་ལྷ; ཐམ་ཁ་གསར་པི་ཡའི་གཟི་བྱེད་ཀྱི་བཙུད;

955 Moroseness, *n.* སྐྲོ་མ་དོག;

956 Morrow, *ad.* སང་དྲོ;

957 Morse, *n.* མཚོ་རྟ; {the ཆུའི་གླང་;}

958 Morsel, *n.* ཁམ་ཚད;

959 Mortal, *a.* མི་རྟག་པ; འཆི་ངེས་པ;

960 Mortality, *n.* ཤི་ཆད;

961 Mortally, *ad.* འཆི་ངེས་པར;

962 Mortar, *n.* གཏུན་ཁུང; མཆིག; (cannon སྒྲོགས;)

963 Mortgage, *n.* གཏས་མ; *v.t.* གཏས་མར་བཙུག་པ;

964 Mortgagee, *n.* གཏས་མ་བླངས་མི;

965 Mortgagor, *n.* གཏས་མ་བཙུག་མི; or གཏས་མ་བཞག་མི;

966 Mortification, *n.* གཟུགས་ལ་བསྙེས་པ; སྡུག་པོ; མནར་གཅོད;

967 Mortify, *v.t.* མནར་བཅོད་གཏོང་བ; སྡུག་པོ་བཅོལ་བ;

968 Mortise, *n.* ཤིང་ཆའི་མཐུད་མཚམས་ཀྱི་ཀྲི་ཁ;

969 Mortuary, *n.* གཤིན་པོའི་དུར་ཁྲི;

970 Mosaic, *n.* རྡོ་ཚོས་སྣ་འགྲིག་ཏེ་བཟོས་པའི་རྡོ་བཅལ;

971 Moslem, *n.* མུ་སུལ་མན;

972 Mosque, *n.* མུ་སུལ་མན་གྱི་ལྷ་ཁང་ངམ་དགོན་པ;

973 Mosquito, *n.* སྦྲང་འབུ་རྐང་རིང; དེ་མ་བུ་ག;

974 Moss, *n.* {སྤོ་སྐྱགས་མ; (Sik.)}

975 Mossy, *a.* སྤོ་སྐྱང་མས་བཀྲུན་པ; (སྐྱགས་མ་ཅན; Sik.).

976 Most, *a.* མང་ཤོས; མགྲོ་ཤོས; དྲག་ཤོས; ལྷག་ཤོས;

977 Mostly, *ad.* མང་ཤོས; ཅ་ཆེ་ཤོས; ཕལ་ཆེར;

978 Mote, *n.* རྡུལ; རྡུལ་ཕྲན;

979 Moth, *n.* ཕྱེ་མ་ལེབ་ནུབ་མོར་འཕྱོན་མི་དག; མཚན་མོར་ཡོང་བའི་ཕྱེ་ལེབ;

980 Mother, *n.* མ; ཨ་མ; Hon. ཡུམ;

981 Mother, *a.* སྐྱེ་ས; འབྱུང་ཁུངས; མའི་ཚབས་སུ་བྱེད་པའི;

982 Motherhood, *n.* མའི་གོ་ས;

983 Motherless, *a.* མ་མེད;

984 Motherly, *ad.* མ་ལྟ་བུ;

985 Mothy, *a.* ཕྱེ་མ་ལེབ་ཀྱིས་ཁྱེངས་པ; ཕྱེ་ལེབ་ཉིལ་ལེ་བ;

986 Motion, *n.* འགྲུ་བ; འགྲུལ་བསྐྱོད; སྤར་བཙོར; (Sik.)

987 Motionless, *a.* འགྲུལ་བསྐྱོད་མེད་པ;

988 Motive, *n.* ཀུན་སློང;

989 Motley, *a.* ཁྲ་བོ; ཐིག་ཁྲ;

990 Motor, *n.* སྐྱོད་བྱེད; (Motor-car རླུང་གི་བསྐྱོད་པའི་འཁོར་ལོད);

991 Mottled, *a.* ཐིག་ཁྲ་ཅན;

992 Motto, *n.* ཁ་བྱང; མདོ་དོན་བསྡུས་པའི་ཁ་བྱང་ཡིག; མཚོ་འདུན་མདོར་བསྡུས; ཡིག་ཚིག་གཅིག་གཉིས་སུ་རང་གཞིས་རྒྱུན་ཁྲིར་ངང་རྩལ་བསྟོན་པའི་ཚིག;

993 Mould, *n.* སླུང; ལུག་རྒྱབ་པའི་པར; པར; སླུག་པར;

994 Mould, *v.t.* ལུ་སླུག་པ; སླུག་པར་རྒྱབ་པ;

995 Mouldable, *a.* སླུང་སུ་ཡོད་པ;

996 Moulder, *v.i.* རྨ་པ་སྐྱེས་པ; རུལ་ཏེ་ཞོར་བ;

997 Mouldiness, *n.* སྐྱོ་རྨ;

998 Moulding, *n.* ཀླུང; པར་དུ་བླུག་པ་ཉིད;

999 Mouldy, *a.* སྐྱོ་རྨ་ཅན;

1000 Moult, *v.i.* སྤུ་ཁ་བརྗེ་བ; སྤུའམ་སོབ་བརྗེ་བ;

1001 Mound, *n.* ས་རྡོའི་ཕུང; ས་ཕུང་རྡོ་ཕུང;

1002 Mount, *n.* གཞོན་པ; རུ; (a hill སྒང་འབུར) བདེག;
v.t. ཞོན་པ; འཛེག་པ;

1003 Mountain, *n.* གངས་རི;

1004 Mountaineer, *n.* རི་པ;

1005 Mountainous, *a.* གངས་རིའི་རྣི་པ་ཅན;

1006 Mountebank, *n.* ཨེམ་ཆི་བརྫུས་མ;

1007 Mourn, *v.i.* མྱ་ངན་བྱེད་པ;

1008 Mourner, *n.* མྱ་ངན་བྱེད་མཁན;

1009 Mournful, *a.* མྱ་ངན་ཅན; སྨྲེ་ངག་ཅན;

1010 Mournfully, *ad.* ཀློ་སྐྱོ་བའི་ངང་ཚུལ་གྱིས;

1011 Mourning, *n.* མྱ་ངན; སྨྲེ་ངག;

1012 Mouse, *n.* ཙི་ཙི; བྱི་བ;

1013 Mouth, *n.* ཁ;

1014 Mouthful, *n.* ཁ་གཅིག; ཁ་ཁེངས་ཙམ་ཅིག; ཁ་ཚོད;

1015 Movable, *a.* འགུལ་དུ་ཡོད་པ; སྤོ་བཤུད་ཡོད་པ;

1016 Move, *v.t.* སྒུལ་བ; བཤུད་པ; སྐྱོད་པ; གཡོ་བ;

1017 Movement, *n.* འགུལ་བསྐྱོད; འགྱུ་བ;

1018 Moving, *a.* འགུལ་བཞིན་པ; འགྱུ་བཞིན་པ;

1019 Mow, *v.t.* བཛ་བ; བཙས་མ་བཛས་ནས་སྤྱུང་སྤེ་ཡོད་པ;

1020 Mow, *v.t.* གདོང་སྐྱེག་སྤེ་སྟོན་པ;

1021 Much, *a.* མང་པོ; *adv.* ཤིན་ཏུ; ཡོངས་སུ; ཧ་ཅང;

1022 Mucilage, *n.* སྤྱིང་རྩུ; དམ་རྩི་སླ་མོ; (ཤན་ཐག; Sik.)

1023 Mucilaginous, *a.* (དམ་རྩི་ཤན་ཐག་ཅན; Sik.)

1024 Mud, *n.* འདམ; འདམ་འཛབ;

1025 Muddle, *v.t.* འདམ་མཚོ; འདམ་འཛབ;

1026 Muddy, *a.* འདམ་འཛབ་ཅན;

1027 Muff, *n.* ལག་པ་གཉིས་ཀ་འཛུག་སའི་སྤུའི་ཤུབ;

1028 Muffle, *v.t.* འཐུམ་སྒྲུབ་པ;

1029 Mug, *n.* ཟོ; ཛའི་ཚང་ཡོར; ཚང་སྣོད;

1030 Mulberry, *n.* སེང་སླ་སྡོང་པོ; སེང་སྡེང་སྡོང་པོ; སེང་སླའི་འབྲས་བུ;

1031 Mulct, *v.t.* བཏོག་པ; ཆད་པ་བཅད་པ; *n.* ཆད་པ;

1032 Mule, *n.* དྲེའུ; དྲེལ; ཕ་བོང་བུ་མ་རྒོད་མའི་ཕྲུ་གུ;

1033 Mulish, *a.* དྲེའུ་ལྟ་བུ;

1034 Multifarious, *a.* སྣ་ཚོགས་སྤྲུ་ཚོགས; (Colql.).

1035 Multifariously, *ad.* རྣམ་པ་སྣ་ཚོགས་སུ; དུ་མར;

1036 Multiform, *a.* རྣམ་པ་སྣ་ཚོགས;

1037 Multiple, *n.* གྲངས་མང;

1038 Multiplicand, *n.* བསྒྱུར་བྱ;

1039 Multiplication, *n.* གྲངས་བསྒྱུར; དགུ་ཐའི་བསྒྱུར་རྩིས;

1040 Multiplicator, *n.* བསྒྱུར་བྱེད;

1041 Multiplicity, *n.* གྲངས་མང;

1042 Multiplier, *n.* བསྒྱུར་རྒྱུའི་གྲངས;

1043 Multiply, *v.t.* བསྒྱུར་བ; དགུ་ཐ་བསྒྱུར་བ;

1044 Multitude, *n.* དཔུང་ཚོགས; ཁྲོམ; ཚོགས; {གསེབ}

1045 Multitudinous, *a.* དཔུང་ཚོགས་ཅན; ཁྲོམ་ཚོགས་ལྟུ;

1046 Mum, *a.* ཁ་རོག་པར;

1047 Mumble, *v.i.* ཚིག་མི་གསལ་བར་སྨུ་ཅོ་སྨྲ་བ;

1048 Mummery, *n.* ཆས་བསྒྱུར; རྩེད་མོ་བྱེད་དེ་ཆས་འགྱུར་བྱ་བ;
ཆ་ལུགས་ཚོ་གྱི་འཁྱེར་རོད;

1049 Mummy, *n.* མི་རོ་སྐམ་པོ; མི་རོ་སྨན་བྱུག་ནས་སྐམ་པོར་བཅོས་པ;

1050 Mumps, *n.* རང་ཉིད་གཅིག་པོ་སྨུ་ཅོ་སྨྲ་བ;

1051 Munch, *v.t.* སྨུར་བ;

1052 Mundane, *a.* འཇིག་རྟེན་པའི; འཁོར་བའི;

1053 Municipal, *a.* གྲོང་ཁྲིམས་སྡེའི;

1054 Municipality, *n.* གྲོང་སྡེའི་བསྒྱུར་བཀོད་ཀྱི་སྡེ; གྲོང་གི་ཁྲིམས་སྡེ;

1055 Munificence, *n.* གནང་ཆའི་གསོལ་རས་རྒྱ་ཆེ;

1056 Munificent, *a.* གནང་ཆ་རྒྱ་ཆེན;

1057 Munificently, *ad.* གཏང་ཆ་རྒྱ་ཆེར;

1058 Munition, *n.* དམག་གི་ལག་ཆ; དམག་ཆས་རྒྱགས་དང་རྫས་རྫེལ;

1059 Murder, *n.* མི་བསད; ཀུ་བསད;

1060 Murderer, *n.* ཀུ་བསད་རྒྱབ་མི;

1061 Murderess, *n.* སྐྱེ་དམན་ཡིན་པ་ལ་ཀུ་བསད་རྒྱབ་མི;

1062 Murderous, *a.* ཀུ་བསད་ཀྱི་ཉེ་པ་ཅན; ཀུ་བསད་ལྟ་བུ;

1063 Murky, *a.* སྨུན་ཧྲུ་ཅན;

1064 Murmur, *n.* སྐད་དམའ་པོ་བྱེད་དེ་འཁྲེན་པ; མན་སྨུན་བཀྲང་བ;

1065 Murmurer, *n.* མ་ཉི་སྨུ་ཉི་བགྲང་མཁན; སྐོག་ལབ་མཁན;

1066 Murrain, *n.* ཕྱུགས་ནད;

1067 Muscle, *n.* རྩའི་ཚགས་པ་ཤ་རྩ་གྲུར་པ; ཤ; ཉྭ;

1068 Muscular, *a.* ཤ་རྒྱུས་པ; ཉྭ་སྲུལ་རགས་པ;

1069 Muscularity, *n.* ཤ་རྒྱུས་ཚུལ;

1070 Muse, *v.i.* བསམ་མནོ་བསྐོར་བ;

1071 Museum, *n.* གནམ་སྲུས་བང་མཛོད; (ཇ་དུ་གྷར; Hindi term).

1072 Mushroom, *n.* ཤ་མོག; མོག་རོ; སེ་ཤ;

1073 Music, *n.* སྒྲ་སྙན་འབད་འཛད; རོལ་མོ;

1074 Musical, *a.* སྒྲ་སྙན་པོའི་སྐོར་གྱི; རོལ་མོའི;
སྒྲ་སྙན་འབད་འཛད་ལྟ་བུ;

1075 Musician, *n.* འབད་འཛད་གཏང་མཁན; རོལ་མཁན;

1076 Musingly, *ad.* བསཾ་མནོ་བསྐོར་ཞིང;

1077 Musk, *n.* གླ་རྩི;

1078 Musket, *n.* མེ་མདའ; ཀྲིབ་མདའ;

1079 Musketeer, *n.* མེ་མདའ་པ;

1080 Musketry, *n.* མེ་རྟབ;

1081 Musky, *a.* གླ་རྩེའི་དྲི་ཅན;

1082 Muslin, *n.* སྲིང་རས; ཀ་ཅིའི་རས་སྲབ་མོ;

1083 Mussel, *a.* ཉ་ཕྱིའི་འབུ; ཉ་ཕྱིའི་ནང་གི་སྲོག་ཆགས་དེའོ;

1084 Mussulman, *n.* མུ་སུལ་མན་ཞེས་ཁ་ཆེའི་ཆོས་ལུགས་པ;

1085 Must, *v.i.* དགོས; དགོས་ངེས;

1086 Mustache, *n.* སྨ་ར; ཁ་སྤུ;

1087 Mustard, *n.* ཡུང་དཀར; ཡུང་འབྲུ; ཡུང་དཀར་འབྲུ་ཕྱེ་མར་བཏག
ནས་ཡོད་པ;

1088 Muster, *v.t.* དཔུང་བཀུག་པ; དཔུང་འདུས་པ;

1089 Mustiness, *n.* རྡུལ་ཧམ་ཅན; བམ་རྡུལ;

1090 Musty, *a.* བམ་པ; ཧམ་ཞ་ཅན; བམ་དྲི་ཅན;

1091 Mutability, *n.* འགྱུར་ལྡོག;

1092 Mutable, *a.* འགྱུར་ལྡོག་ཅན;

1093 Mutation, *n.* ས་ཡི་བཀའ་རྟེན་ཡིགེའི་གྲོག་ཏུ་མིང་སྒྱུར་བ;

1094 Mute, *a.* ཁ་རོག་པ; ལྐུགས་པ;

1095 Mutely, *ad.* ཁ་རོག་པར; ལྐུག་པ་ལྟར;

1096 Mutilate, *v.t.* གཏུབ་པ; གཏུབ་ཏེ་མེད་པ་བཟོ་བ;

1097 Mutilation, *n.* བཅད་གཏུབ; ཡན་ལག་བཅད་གཏུབ;

1098 Mutineer, *n.* ངོ་ལོག་མཁན;

1099 Mutinous, *a.* སྤྲི་ཅན; ངོ་ལོག་བྱེད་འདོད་ཅན;

1100 Mutinously, *ad.* ངོ་ལོག་སྟེ;

1101 Mutiny, *n.* ངོ་ལོག;

1102 Mutter, *v.i.* ཁུ་ཅོ་སྨྲ་བ; རང་ཉིད་ཅིག་པོ་ཁ་ངན་སྨྲ་བ;

1103 Mutterer *n.* གཅིག་པོར་ཁ་ངན་སྨྲ་དད་ཅན;

1104 Mutton, *n.* ལུག་ཤ;

1105 Mutual, *a.* ཕན་ཚུན་ཆ་མཉམ;

1106 Mutually, *ad.* ཕན་ཚུན་འདྲ་བར;

1107 Muzzle, *n.* ཁ་མཚུལ; མཚུལ་པ; ཁ; (ཟང་མདུང; Sik.)

1108 My, *a.* ངའི; བདག་གི; ང་ཡི; ཁོ་བོའི;

1109 Myriad, *n.* དཔུང་མཚོ; གྲངས་མང; ཁྲི་མཚོ; ཁྲི;

1110 Myrrh, *n.* གུ་གུལ;

1111 Myrtle, *n.* ཤིང་འདབ་མ་རྟག་པར་སྔོ་ཞིང་ངེ་སྣོད་མི;

1112 Myself, *pron.* ང་རང; རང་ཉིད;

1113 Mysterious, *n.* གསང་བའི་; གསང་བའི་སྒོ་ནས་; གསང་བའི་ཚུལ་ཅན་;

1114 Mysteriously, *ad.* གསང་གསང་ཡིན་ཁུལ་གྱི་;

1115 Mystery, *n.* གསང་བ་ཉིད་; གསང་རྒྱ་;

1116 Mystic, *n.* གསང་སྔགས་པ་; རྒྱུད་པ་; རྒྱུད་སྡེ་པ་;

1117 Mystical, *a.* གསང་སྔགས་པའི་; རྒྱུད་སྡེའི་;

1118 Mysticism, *n.* སྔགས་ཀྱི་གསང་བ་; གསང་བའི་རྒྱ་;

1119 Mystify, *v.t.* གསང་བར་འཐུམ་པ་; གསང་བ་སྣ་ཚོགས་ཡོད་ཁུལ་བྱས་པ་;

1120 Myth, *n.* བསྒྲུང་གཏམ་;

1121 Mythical, *a.* བསྒྲུང་གཏམ་གྱི་;

1122 Mythological, *a.* ལྷའི་ལོ་རྒྱུས་ལྟར་ན་; ལྷའི་མངོན་རྟོག་;

1123 Mythologist, *n.* ལྷའི་ལོ་རྒྱུས་ཁོ་ན་ལ་འབད་མི་;

1124 Mythology, *n.* ལྷའི་ལོ་རྒྱུས་;

N

1 Nab, *v.t.* ལྷག་པ་ནས་བཟུང་བ་;

2 Nabob, *n.* མུ་སུལ་མན་གྱི་རྫོང་བདག་རྒྱལ་ཕྲན་དུ་གྱུར་པ་;

3 Nadir, *n.* འོག་གི་ཕྱོགས་; སྟེང་དུ་གནམ་གྱི་གུང་དེའི་ཁ་སྐྱོད་གང་ཡིན་པ་དེ་ལ་ཟེར་;

4 Nag, *n.* རྟའུ་; རྟ་ཆུང་ཆུང་;

5 Nail, *n.* གཟེར་; ལྕགས་གཟེར་;

6 Nailer, *n.* གཟེར་རྒྱབ་མི་;

7 Naked, *a.* དམར་ཧྲང་ངེ་; སྒྲེན་མོ་; རྗེན་པ་; གཅེར་བུ་;

8 Nakedly, *ad.* དམར་ཧྲང་ངེར་; ལུས་བརྗེན་པར་; གཅེར་བུར་; སྒྲེན་མོར་;

9 Nakedness, *n.* ལུས་རྗེན; དམར་རྗེན; གཅེར་བུའི་ཆ་ལུགས;

10 Name, *n.* མིང; མཚན;

11 Nameless, *n.* མིང་མེད;

12 Namely, *ad.* མིང་དུ་བརྗོད་ན; མིང་ནས་འབོད་ན;

13 Namesake, *n.* མིང་ཟླ;

14 Nap, *n.* གཉིད་ཐུན;

15 Nape, *n.* གོང; (སྐེའི་ལྟག་པ; nape of the neck) ལྟག་པ; གཉའ་བ;

16 Naphtha, *n.* ས་སྣུམ་དང་རྫིག་འབྱེད་པའི་སྣུམ་ཏ་ཅང་དང་མོ་ཞིག་ལ་ཟེར;

17 Napkin, *n.* གདོང་རས; སྣབ་ཕྱིས;

18 Narcotic, *n.* ཐམ་ཁ; གཟི་བྱེད་ཀྱི་རྫས; ཐ་མ་ཁའི་ལོ་མའི་དུག;

19 Narcotic, *a.* ཐམ་ཁའི; གཟི་བྱེད་ཀྱི་ནུས་པ་ཅན;

20 Narrate, *v.t.* བཤད་པ;

21 Narration, *n.* བཤད་པ; ལོ་རྒྱུས;

22 Narrative, *n.* བཤད་པ; གཏམ; ལོ་རྒྱུས;

23 Narrow, *a.* ཕྲ་མོ; དོག་པོ;

24 Narrowly, *ad.* རེཙུ་རང; ཕྲན་བུ་ཞིག་ནས

25 Narrowness, *n.* དོག་པོ་ཉིད;

26 Nasal, *a.* སྣའི; སྣའི་སྐོར་གྱི;

27 Nascent, *a.* རྒྱུའི་ས་བོན་དུ་འཆར་བ;

28 Nastily, *ad.* སྐྱུག་བྲོ་བུ་བྱེད་དེ;

29 Nastiness, *n.* སྐྱུག་བྲོ་བ་ཉིད;

30 Nasty, *a.* སྐྱུག་བྲོ་བ;

31 Natal, *a.* སྐྱེས་སྐར་གྱི; སྐྱེ་བའི་དུས་ཀྱི; སྐྱེ་དུས་ཀྱི་སྐོར;

32 Nation, *n.* ཡུལ་ཁག; རྒྱལ་ཁག;

33 National, *a.* ཡུལ་ཁམས་ཀྱི;

34 Nationalism, *n.* ཡུལ་ཁམས་ཀྱི་ཡར་རྒྱ;

35 Nationality, *n.* ཡུལ་ཁམས;

36 Nationalize, *v.t.* ཡུལ་སྤྱིར་བཙུག་པ;

37 Native, *n.* ཡུལ་མི;

38 Natural, *a.* རང་བཞིན་གྱི་གཤིས; རང་གཤིས;

39 Naturalist, *n.* འཇིག་རྟེན་འདིའི་སྲོག་ཆགས་སྣ་ཚོགས་ལ་རྟག་དཔྱད་བྱ་མི;

40 Naturalization, *n.* ཡུལ་མིའི་ཡར་རྒྱུར་འཇུག་པ་ཉིད;

41 Naturalize, *v.t.* ཡུལ་མིའི་གྲལ་དུ་བཙུག་པ;

42 Naturally, *ad.* རང་བཞིན་གྱི; རང་གཤིས་ཀྱི;

43 Naturalness, *n.* རང་གཤིས;

44 Nature, *n.* འཇིག་རྟེན་གྱི་ཆོས་ཉིད; ནང་སྲིད་ཀྱི་ཆོས; སྲིད་པའི་ཁམས;

45 Naught, *n.* གང་ཡང་མེད;

46 Naughtily, *ad.* བཀྲ་མ་ཤིས་པ་བྱེད་དེ; བསྟན་གཤིག་བྱེད་དེ;

47 Naughtiness, *n.* བཀྲ་མ་ཤིས; ཚུབ; བསྟན་གཤིག;

48 Naughty, *a.* ཚུབ་པོ; ང་རྒྱལ་ཅན; བསྟན་གཤིག་ཆེ་པོ;

49 Nauseate, *v.i.* དྭངས་ཀ་ལོག་པ; སྐྱུག་བྲོ་བ;

50 Nauseous, *a.* དྭངས་ཀར་མི་འགྲོ་བ; དང་ཁ་མི་བདེ་བ; ཁམས་མི་བདེ་བ;

51 Nauseousness, *n.* ཁམས་ལོག་ཉིད; སྐྱུག་བྲོ;

52 Nautical, *a.* གྲུ་ཟིང་གི་སྐོར་གྱི;

53 Nautilus, *n.* ཆུའི་ནང་གི་སྲོག་ཆགས་དུང་དང་ཉ་ཕྱིའི་རིགས;

54 Naval, *a.* གྲུ་ཟིང་གི;

55 Nave, *n.* (ལྟེ་ཤིང; Sik.); འཁོར་ལོའི་ལྟེ་ཤིང;

56 Navel, *n.* ལྟེ་བ; ལྟེ་ཁུང;

57 Navigable, *a.* གྲུ་བཏང་ས་ཡོད་པ; གྲུ་གཟིང་ཐར་བའི; གྲུ་ཟིང་བགྲོད་བདེའི;

58 Navigate, *v.i.* གྲུ་ཟིང་གཏང་བ;

59 Navigation, *n.* གྲུ་ཟིང་གཏང་བའི་ཐབས; གྲུ་ཟིང་གཏང་བའི་ལག་ལེན;

60 Navigator, *n.* གྲུ་ཟིང་བཏང་མཁན;

61 Navvy, *n.* སྔོན་དུས་གྲུ་གཟིང་གི་ཐོག་དུ་ཙུ་ལག་རྒྱུག་མི; དེང་དུས་ས་བཀོ་བའི་འཁྲུལ་འཁོར་ཞིག་ལ་ཟེར;

62 Navy, *n.* གྲུ་ཟིང; དམག་གྲུའི་དཔུང་ཚོགས;

63 Nay, *ad.* མན; མ་རེད; ཡིན་དོགས་མེད;

64 Nazarite, *n.* ནཟར་ཐིར་སྡོད་མི;

65 Neap-tide, *n.* རྒྱ་མཚོ་བ་སྐྱོར་ཞབ་སྐབས;

66 Near, *a.* ཐག་ཉེ; དྲུང་དུ; ཉེ་བར; མཐུན་པའི་ཉེ་བ;

67 Nearly, *ad.* དེའུ་རང; ཉེ་བར; ཕ་ལམ; གང་མཚམས; ཙམ;

68 Nearness, *n.* ཉེ་བ་ཉིད; ཉེ་ཚུལ; ཉེ་ཡུལ; (ཉེ་མི་ཉེ; Sik.)

69 Neat, *n.* སྤུས་དག; སྤྲ་དག; གད་གཙང་མོ; གམ་གཙང་མོ;

70 Neatly, *ad.* སྤུས་དག་པོ་བྱེད་དེ;

71 Neatness, *n.* སྤུས་དག་ཆ; སྤུས་དག་ཡུར; གད་གཙང་ལུགས;

72 Nebulous, *a.* གནམ་གྱི་གྲུང་ན་དང་ལམ་འདྲ་ཟླའི་དུ་བ་སྟོ་ཡམ་མེ་ཡོད་པ་དེའི;

73 Necessarily, *ad.* ངེས་པ་བཞིན; རང་བཞིན་གྱིས;

74 Necessary, *a.* དགོས་པ ; རིགས་པ ; མཁོ་བ ;

75 Necessitate, *v.t.* དགོས་བྱེད་བྱུང་བ ;

76 Necessitous, *a.* དགོས་པ་ཆེ ; གལ་ཆེ ;

77 Necessity, *n.* དགོས་གལ ;

78 Neck, *n.* སྐེ ; འཇིང་པ ; (Hon. མགུལ ; མགྲིན་པ) ; གཉའ་བ ;

79 Neckcloth, *n.* མགུལ་ཆིངས ; Hon.

80 Necklace, *n.* (Hon. མགུལ་རྒྱན) ; (སྐེ་ཆས་རྒྱན་ཆ ; སྐེ་སྒྲུང ; Sik.)

81 Necromancer, *n.* མོ་པ ; མོ་མ ;

82 Necromancy, *n.* མོ་བོན ;

83 Nectar, *n.* བདུད་རྩི ;

84 Nectarine, *n.* བདུད་རྩི་ལྟར་རོ་མཆོག་ལྡན་པ ;

85 Need, *n.* དགོས་ཆེད ; གྱོང ; གལ ;

86 Needful, *a.* དགོས་གལ་ཅན ;

87 Needle, *n.* ཁབ ; ཚེམ་ཁབ ;

88 Needless, *a.* དགོས་མེད ; མཁོ་མེད ;

89 Needlessly, *ad.* དགོས་པ་མེད་བཞིན ; མཁོ་མེད་པར ;

90 Needs, *ad.* དགོས་པ ; དགོས་བྱེད ; འཁོ་རྒྱུ ;

91 Needy, *a.* དབུལ་པོ ; བཀྲེན་པོ ;

92 Never, *ad.* ནམ་ཡང་མིན ; གཞར་ཡང་མི ;

93 Nefarious, *a.* དམ་འགལ་གྱི་སྤྱོད་ལམ་ཅན ;

94 Nefariousness, *n.* དམ་ཉམས ; དམ་འགལ ;

95 Negation, *n.* ཁས་མ་ལེན ; མིན་ལུགས ; མ་མཆིས་པའི་ཚུལ ;
འགག་པ ; མན་ཞེས་བརྗོད་པའི་ལས ;

96 Negative, *a.* མིན་པ ; འགག་པའི་སྒྲ ;

97 Negatively, *adv.* མིན་པར; འགག་པའི་ཚུལ་གྱིས;

98 Neglect, *v.t.* རས་སུ་བོར་བ; བཤོལ་བ; དཀྱུར་བ; ཅ་ག་མ་བྱེད་པ; སྣང་མེད་དུ་བོར་བ;

99 Neglectful, *a.* ཅ་ག་མེད་པ; སྣང་མེད;

100 Neglectfully, *ad.* ཅ་ག་མེད་པར; སྣང་མེད་དུ;

101 Negligence, *n.* ཅ་ག་མེད་པ་ཉིད; སྣང་མེད;

102 Negligent, *a.* ཅ་ག་མེད་མཁན;

103 Negotiable, *a.* གྲོས་འགྲིག་ཏུ་ཡོད་པ;

104 Negotiate, *v.i.* འདུན་འགྲོས་བྱ་བ;

105 Negotiation, *n.* འདུན་འགྲོས;

106 Negress, *n.* ནཱི་གྲཱོ་བྱ་བའི་མི་རིགས་ཀྱི་སྐྱེ་དམན;

107 Negro, *n.* ནཱ་ཡི་གར་ཞེས་ཨེ་ཕྲཱི་ཀའི་གླིང་གི་མི;

108 Neigh, *n., v.i.* རྟ་སྐད་འཚེར་བ;

109 Neighbour, *n.* ཁྱིམ་མཚེས;

110 Neighbourhood, *n.* ཉེ་འདབ;

111 Neighbouring, *a.* ཉེ་འདབ་ཀྱི;

112 Neighbourly, *n.* ཁྱིམ་མཚེས་ལྟ་བུའི;

113 Neighing, *n.* འཚེར་སྐད;

114 Neither, *pron.* གཉིས་ཀ་མིན;

115 Neither, *conj.* དེ་ཡང་མིན;

116 Neology, *n.* བརྡའ་རྙིང་གི་ཚིག་ལ་དོན་ནམ་གོ་བ་གསར་དུ་བཞག་པ;

117 Nephew, *n.* ཚོའུ; ཚ་བོ;

118 Neptune, *n.* ཕྱི་ལུགས་སུ་རྒྱ་མཚོའི་ལྷ;

119 Nerve, *n.* རྒྱུང་རྩ; ལུས་ཀྱི་རྩ་སྦྲན;

120 Nerveless, *a.* རླུང་རྩ་ཉམ་པ; རྩ་ཞེན་པོ;

121 Nervous, *a.* རླུང་ཁམས་ཅན; རྩ་འདར་ཅན;

122 Nervously, *ad.* རླུང་ཁམས་དང་བཅས་ཏེ;

123 Nest, *n.* བྱིའུའི་ཚང;

124 Nestle, *v.i.* ཚང་ལ་འབུར་བ; གབ་པ; འཛབ་པ;

125 Net, *n.* དོལ; དྲ་བ;

126 Net, *v.t.* དྲ་བར་བཙུག་པ; བརྟེད་པ; ཐོབ་པ;

127 Nether, *a.* འོག་མ; དམད་མ;

128 Nethermost, *a.* དམའ་ཤོས; ཚང་མའི་འོག་ན་མཆིས་པ་གང;

129 Nettle, *v.t.* ཟྭ; ཟྭ་ཚོད;

130 Neuralgia, *n.* ཡ་མ;

131 Neuter, *n.* མ་ནིང; མཚན་མེད;

132 Neural, *a.* ཕན་མེད་གནོད་མེད; གཡུལ་འཁྲུག་གི་སྐབས་སུ་ཕན་ཚུན་
གང་ལ་ཡང་མ་ཕྱོགས་ཤིང་མ་གཏོགས་པ;

133 Neutrality, *n.* དགྲ་མིན་གཉེན་མིན;

134 Neutralize, *v.t.* ནུས་པ་བཅོམ་པ;

135 Never, *ad.* ནམ་ཡང་མིན; ནམ་ཡང་མེད; གཞར་ཡང;

136 Nevertheless, *ad.* འོན་ཀྱང; དེ་ལྟར་ལའང་རུང;

137 New, *a.* གསར་པ; སོ་མ; གསར་པོ;

138 Newfangled, *a.* ལུགས་གསར; གསར་སློས་ཀྱི;

139 Newly, *ad.* གསར་དུ;

140 Newness, *n.* ཨ་གསར; གསར་ཚུལ; གསར་ལུགས;

141 News, *n.* གསར་སྒྱུར; ལོ་རྒྱུས་གསར་པ;

142 Newt, *n.* དེ་དབྱིག; རྩང་པའི་བཟོ་ལྟ་བུའི་སྲོག་ཆགས་ཞིག;

143 Next, *a.* དེའི་ཕྱི་མ; དེའི་རྗེས་མ; གཉིས་པ; ཕྱི་མ; རྗེས་མ;

144 Nib, *n.* ལྕང་ཀྱི་སྣུ་གུའི་ཁ; ལྕགས་སྨྱུག་གི་ཁ་དེའོ;

145 Nibble, *v.t.* སོ་རྒྱབ་པ; སོ་ཡིས་དྲུད་པ;

146 Nice, *a.* སྙིང་རྗེ་པོ; ཡག་པོ; ཞིམ་པོ; དང་ཁར་རྒྱག་པོ;

147 Nicely, *ad.* ཡག་པོ་བྱེད་དེ; ཞུན་དག་པོ་བྱེད་དེ;

148 Nicety, *n.* ཞུན་དག་འདོད; ཁམས་གཙང་ལུགས; ཟབ་ལུགས;

149 Niche, *n.* ཁུང; ཧོར་གཞུ;

150 Nickname, *n.* མིང་ངན;

151 Nicotine, *n.* ཐམ་ཁའི་སྙིང་པོ;

152 Niece, *n.* ཚ་མོ; སྤུན་ཟླ་འམ་རང་ལ་མིང་སྲིང་དུ་འགྲོ་བའི་བུ་མོ;

153 Niggard, *n.* ལག་དཾ་པོ; བཀྲེན་པོ; སེར་སྣ་ཅན; དབུལ་པོ;

154 Niggardliness, *n.* སེར་སྣ་ཅན་གྱི་རྒྱུད; འཆིང་བ་དམ་པོ;

155 Niggardly, *ad.* བློས་མི་ཐོད་བཞིན; བཀྲེན་བཀྲེན;

156 Nigh, *ad.* ཐག་ཉེ;

157 Night, *n.* མཚན་མོ;

158 Nightingale, *n.* བྱིའུ་ཀ་ལ་པིང་ཀ;

159 Nightly, *ad.* ནུབ་རེ་བཞིན;

160 Nihilism, *n.* ཧ་ཅང་ལོག་པའི་ལྟ་བ;

161 Nil, *n.* ཐིག; ཅིའང་མེད; གང་ཡང་མེད;

162 Nill, *v.t.* མ་འདོད་པ; བློ་ལ་མ་བབ་པ;

163 Nimble, *a.* ཁྲུག་པོ;

164 Nimbleness, *n.* ཁྲུག;

165 Nimbly, *ad.* ཁྲུག་པོ་བྱེད་དེ;

166 Nine, *a.* དགུ;

167 Ninefold, *a.* དགུ་ལྡབས; དགུ་སྒྱུར;

168 Nineteen, *n.* བཅུ་དགུ;

169 Nineteenth, *a.*, *n.* བཅུ་དགུ་པ;

170 Ninetieth, *a.*, *n.* དགུ་བཅུ་པ;

171 Ninety, *a.* དགུ་བཅུ་ཐམ་པ;

172 Ninny, *n.* གླེན་པ; གླེན་འཐོམ;

173 Ninth, *a.* དགུ་པ;

174 Ninthly, *ad.* དགུ་པར;

175 Nip, *v.t.* བཙོག་པ;

176 Nippers, *n.* བཙོག་བྱེད; ཀམ་པ;

177 Nipple, *n.* ནུ་མགོ; ནུ་ཏི; ནུ་མའི་ཏི;

178 Nit, *n.* སྲོ་མ; ཤིག་སྲོ;

179 Nitrate, *n.* ཨུ་ཟིའི་སྐྱུར་དང་བུལ་རྡོག་གཉིས་བསྲེས་པ་ལས་བྱུང་བའི་ཚྭ་ཞིག;

180 Nitre, *n.* ཟི་ཚྭ;

181 Nitrogen, *n.* རླུང་གི་ཆ་སྨད་ཅིག; བར་སྣང་གི་རླུང་གི་ལྔ་ཆ་བཞི་ནི་ཆ་འདིས་ཁྱབས་པ་ཡིན་སྐད; རླུང་གི་ནང་ན་རང་བར་དབྱེ་ན་འབྱུང་ཁམས་བཞི་ཡོད་ལ་དེ་དག་ནི (༡) ཨོག་སི་ཛེན་ཞེས་མེ་དང་སྲོག་འཚོ་བྱེད་ཡིན (༢) ཧཻ་ཊྲོ་ཛེན་ཞེས་ཆུའི་དང་མ་དང (༣) ཀར་བོན་ཞེས་སོལ་བ་དང་དུ་བའི་རྒྱུ་དང (༤) ནཱ་ཡི་ཊྲཱོ་ཛེན་ཞེས་སྤོ་དང་ཤིང་སོགས་འཚོ་བྱེད་ཀྱི་རྒྱུ་ཡིན་ལ་འདིས་བར་སྣང་རླུང་གི་ལྔ་ཆ་བཞི་ཙམ་ཁྱབས;

182 No, *ad.* མན; མེད; མ; མིན;

183 Non, *n.* མ; མི; མེད; མིན; ཞེས་པའི་འགག་སྒྲའོ;

184 Nobility, *n.* སྐུ་དྲག་གི་རིང; སྐུ་དྲག; བློན་རིང; ཇེ་རིང;

185 Noble, *a.* བཟང་པོ; དཔལ་ལྡན;

186 Nobleman, *n.* སྐུ་དྲག; བློན་རིགས;

187 Nobleness, *n.* བཟང་ཚུལ; ཡ་རབ་ཀྱི་ངང་ཚུལ;

188 Nobly, *ad.* ཡ་རབ་བཟང་པོའི་ཚུལ་གྱིས;

189 Nobody, *a.* སུའང་མིན;

190 Nocturnal, *a.* མཚན་མོའི;

191 Nod, *v.i.* མགོ་འཇོག་འཇོག་བྱེད་པ;

192 Nodding, *n.* མགོ་བོ་གུག་གུག;

193 Node, *n.* ཚིགས; མདུད་པ; (འབུར་དོག; Sik.)

194 Noise, *n.* ཅུར་སྒྲ; ཀུ་ཅོ; ཅ་ཅོ;

195 Noiseless, *n.* ཅུར་སྒྲ་མེད་པ;

196 Noiselessly, *ad.* ཁྲ་སིམ་མེར;

197 Noisily, *ad.* ཅུར་སྒྲ་དང་བཅས་ཏེ;

198 Noisome, *a.* ཅ་ཅོ་ཅན; ཀུ་ཅོ་ཅན;

199 Noisy, *a.* ཅ་ཅོ་ཅན; ཀུ་ཅོ་ཅན;

200 Nomad, *n.* རྒྱུ་གར་ཁམ་པ་བཞིན་ཡུལ་གྲ་དག་ཏུ་བཤལ་མི;

201 Nomadic, *a.* རྒྱུ་གར་ཁམ་པ་བཞིན་ཡུལ་གྲ་དག་ཏུ་བཤལ་མི;

202 Nomenclature, *n.* མིང་འདོགས་སྟངས;

203 Nominal, *a.* མིང་ཙམ་གྱི; (མཚན་ཙམ་པའི; Hon.)

204 Nominally, *ad.* མིང་ཙམ་དུ; (མཚན་ཙམ་དུ; Hon.)

205 Nominate, *v.t.* མིང་བཏགས་པ; (མཚན་གསོལ་བ; Hon.)

206 Nomination, *n.* མཚན་གསོལ; མིང་བཏགས; མིང་འདོགས; (མཚན་གསོལ; Hon.)

207 Nominative, *a.* མིང་གི་མཚོན་པ་ཉིད; (Grammar རྣམ་དབྱེ་དང་པོ;)

208 Nonage, *n.* བྱིའུ་ཆུང་གི་དུས; ན་གཞོན་དུས; ན་མ་ལོན་པའི་དུས;

209 Nonagenarian, *a.* & *n.* མི་ལོ་བརྒྱད་ཅུ་གྱ་དགུ་དང་བརྒྱ་ཐཾ་པའི་བར་གྱི་རྒེད་པོ;

210 Nonary, *a.* & *n.* དགུའི་སྡེ;

211 Nonce, *n.* རེ་ཞིག; སྐབས་འདིར;

212 Non-appearance, *n.* ངོས་སྦྲོན་རྒྱུ་མེད་པ;

213 Non-attendance, *n.* མ་འཚོགས་པ;

214 Nonchalant, *a.* བློ་ལྷོད; སྣང་མེད; ཚབ་ཚུབ་མེད་པ;
སེམས་ཁྲལ་མེད་པ;

215 Non-christian, *a.* ཡེ་ཤུ་རྗེས་འཇུག་མིན་པ;

216 Non-compliance, *n.* མི་ཉན་པ;

217 Nonconformist, *n.* ཆོས་སྤྱི་གཞུང་པ་དང་མི་འཁྲི་བ;

218 Non-conformity, *n.* གཞུང་དང་མ་མཐུན་པ;

219 Nondescript, *n.* ཆ་ཕྱེད་ཡ་མ་ཟུང;

220 None, *a.* & *pron.* སུའང་མིན; གང་ཡང་མེད; ཅིའང་མིན;

221 Nonelastic, *a.* བསྲ་མོ; མི་མཉེན་པ; མཉེན་ཆ་མེད་པ; མཁྲེགས་པོ;

222 Nonentity, *n.* མིང་ཡེ་མེད་པ; (ངོ་མེད་དབྱུ་མེད; Sik.)
བདག་མེད་ཀྱི་ལྟ་བ;

223 Nonet, *n.* འབད་ཛ་སྒྲ་དགུའི་གདངས་དབྱངས;

224 Non-existence, *n.* མ་མཆིས་པ་ཉིད; མེད་པ; མི་སྲིད་པ;

225 Non-existent, *a.* མ་མཆིས་པ; མ་སྲིད་པ;

226 Non-fulfilment, *n.* དོན་འགྲུབ་མིན; དོན་མ་འགྲུབ་པ; དོན་འཆུག་པ;

227 Non-improvement, *n.* བཟང་བཅོས་མེད་པ;

228 Nonillon, *n.* ཨང་གྲངས་གཅིག་གི་ཐོག་ཏུ་ཀླད་སྐོར་ལྔ་བཅུ་ང་བཞི་ ལྡན་པ; བྱེ་བ་དགུ་སྒྱུར;

229 Nonpareil, *n.* ཟླ་མེད; མཚུངས་མེད;

230 Nonpareil, *a.* མགྲན་ཟླ་མེད་པ; ཟླ་མེད;

231 Non-payment, *n.* དངུལ་མ་སྤྲོད་བ;

232 Non-performance, *n.* ལག་ལེན་འཁོད་མིན;

233 Nonplus, *n.* འདི་བྱ་འདི་བྱེད་མེད་པར་འཐོམས་ཏེ་ལུས་པ; ཅིའང་བྱ་ཚོད་མ་ཐིང་པར་ལུས་པའི་ཚུལ;

234 Non-proficient, *n.* མ་མཁས་པ; མ་འབྱོངས་པ;

235 Non-residence, *n.* ཡུལ་དུ་མ་སྡོད་པ་ཉིད;

236 Non-resident, *n.* ཡུལ་བསྡོད་པ་མིན་པའི;

237 Non-resistance, *n.* མི་རྒོལ་བ་ཉིད;

238 Non-resistant, *n.* མ་རྒོལ་བ; སྲུང་སྐྱོབས་མི་བྱེད་པ;

239 Nonsense, *n.* ཚོ་མེད; ཟབ་ཆུང; (མལ་མེད; Sik.)

240 Nonsensical, *a.* ཟབ་ཆུང་བའི; (ཚོ་མེད་པའི; Sik.)

241 Nonsensically, *ad.* ཟབ་ཆུང་བྱེད་དེ;

242 Non-suit, *n.* ཁས་མཆུ་ར་མེད་དུ་སོང་ཙན་ཕྱིར་འཐེན་བྱེད་པ;

243 Nook, *n.* གྲི་གུ; ཁུག;

244 Noon, *n.* ཉིན་ཕྱེད;

245 Noontide, *n.* ཉིན་གུང་གི་ཚོད;

246 Noonday, *n.* ཉིན་གུང;

247 Noose, *n.* བརྙི; ཞགས་པའི་བརྙི; ཐག་བརྙི;

248 Nor, *conj.* དེའང་མིན;

249 Normal, *a.* རྟག་པར་རྒྱུན་གྱི་ཚད;

250 Norman, *a.* ནོར་མན་ཌི་ཞེས་པའི་ཡུལ་མི;

251 North, *n.* བྱང; ཉིན་གུང་གི་ཉི་མའི་མདུན་སྐྱོད་ཀྱི་ཕྱོགས་དེའོ;

252 Northerly, *a.* & *ad.* བྱང་ཕྱོགས་ནས་བྱུས་པའི;

253 Northern, *a.* བྱང་ཕྱོགས་ཀྱི;

254 Northward, *a.* བྱང་ཕྱོགས་སུ;

255 Norwegian, *n.* ནོར་ཝེའི་རྒྱལ་ཁབ་ཀྱི་མི་རིགས;

256 Nose, *n.* སྣ་གུག; སྣ;

257 Nosegay, *n.* སྣ་ལ་སྣོ་བ་བསྐྱེད་བྱེད་ཀྱི་མེ་ཏོག་ཚག་པ;

258 Noseless, *a.* སྣ་མེད; སྣ་དང་མི་ལྡན་པ;

259 Nostril, *n.* སྣ་བུག;

260 Not, *ad.* མ; མན; མེད; མིན;

261 Notable, *a.* གཡེར་ཆེན; མིང་ཐོན; སྐད་གྲགས་ཅན;

262 Notably, *ad.* གཡེར་ཟླ་ཆེནོ་བྱེད་དེ; སྐད་གྲགས་ཆེནོར;

263 Notary, *n.* ཐ་གན་ཡིག་སོར་ཡིན་ངེས་བརྗོད་ཚོག་པའི་དྲུང་ཡིག;

264 Notation, *n.* ཚོག་ཤད;

265 Notch, *n.* (ཉེག་གྲེམ; Sik.)

266 Note, *n.* དངུལ་ལྡོར; ཡིག་ཆུང; ཟིན་བྲིས; བརྗེད་ཐོ;

267 Note, *v.t.* ཡི་གེར་བཀོད་པ;

268 Noted, *a.* བརྡར་ཅན; ངོས་བརྡར་ཅན;

269 Noteworthy, *a.* ངོ་སོ་འཐོན་པོ; སྐད་གྲགས་འཐོན་པོ;

270 Nothing, *n.* གང་ཡང་མན; ཅིའང་མིན;

271 Notice, *n.* སྒྲུན་ཡིཾ; བུ་ར; དྲན་པ; དྲན་སྣང; *v.t.* མཐོང་བ;

272 Noticeable, *a.* མངོན་པར་གསལ་བ;

273 Notification, *n.* སྒྲ་གྲགས; དྲིལ་བསྒྲགས;

274 **Notify**, *v.t.* སྒྲ་གྲགས་པར་བྱེད་པ; ཁྲིལ་བསྒྲག་པ;

275 **Notion**, *n.* འདུ་ཤེས; འཛོན་པ; བཟུང་བ; བཟུང་འཛོན; རྟོག་པ;

276 **Notional**, *a.* འདུ་ཤེས་ཀྱི; བཟུང་འཛོན་གྱི; རྟོག་པའི;

277 **Notoriety**, *n.* ངན་པའི་མིང; འཕུར་སྒོ; ངན་གྲགས;

278 **Notorious**, *a.* ངན་པའི་སྐད་གྲགས་ཅན; ཧོ་ལོ་ཅན; འཕུར་ཁ་ཅན;

279 **Notoriously**, *ad.* ཧོ་ལོ་འཕུར་སྟེ;

280 **Notwithstanding**, *conj.* མ་གཏོགས་པར; མ་བརྩིས་པར;

281 **Nought**, *n.* གང་ཡང་མེད་པ;

282 **Noun**, *n.* མིང་གི་ཉཾ་དབྱེ;

283 **Nourish**, *v.t.* འཚོ་བས་འཚོ་བ;

284 **Nourisher**, *n.* འཚོ་བྱེད;

285 **Nourishment**, *n.* འཚོ་བའི་ཟས;

286 **Novel**, *a.* སྒྲོས་གཏར; ཉཾ་ཐར་རཾ་བསྒྲུང་སྒྲོས་སྤྲོས་ཏེ་བརྩོམ་པ;

287 **Novelist**, *n.* སྒྲོས་གཏར་བརྩོམ་མཁན;

288 **Novelty**, *n.* ཨ་གསར;

289 **November**, *n.* ཕྱི་ཟླ་བཅུ་གཅིག་པ;

290 **Novice**, *a.* གྲྭ་བཙུན་གསར་དུ་སྒྲིགས་ལ་ཞུགས་མི; དགེ་ཚུལ;

291 **Novitiate**, *n.* གྲྭ་བཙུན་གསར་པའི་གོ་ས; དགེ་ཚུལ;

292 **Now**, *ad.* ད་ལྟ; ད་ལམ; དེང;

293 **Now-a-days**, *adv.* དེང་སང; དེང་དུས; ད་རེས;

294 **Noway**, *ad.* གང་ནས་ཀྱང་མིན; གང་ལྟར་ཅུང་མིན;

295 **Nowhere**, *ad.* གར་ཡང་མེད;

296 **Nowise**, *ad.* གང་ནས་ཀྱང་མིན;

297 **Noxious**, *a.* ཁམས་ལ་གནོད་པོ; ལུས་ཁམས་ལ་གནོད་པོ;

298 Nucleus, *n.*	སྦྲུམ་གཞི; བཅའ་བའི་རྟེན; ཕུང་པོའི་རྟེན; སྐར་མ་དུ་བ་མཇུག་རིང་གི་མགོ་དེའོ;
299 Nude, *n.*	སྒྲེན་མོ; གཅེར་བུ;
300 Nudge, *v.t.*	གྲུ་མོས་སྣུག་པ; (ཀྲུ་ཤིང་གིས་སྣུག་པ; Sik.)
301 Nudity, *n.*	ལུས་རྗེན; གཅེར་ཚུལ; གཅེར་པོ;
302 Nugatory, *a.*	མངོན་ཆུང; མཁོ་མེད;
303 Nugget, *n.*	གསེར་རྡོག་གོང་བུ; གསེར་གོང; གསེར་རྡོག;
304 Nuisance, *n.*	ཀུན་གྱི་བློ་ལ་ཕོག་པའི་ལས; སྣུན་པ; སེམས་སྣུན;
305 Null, *a.*	ར་མེད; དོན་མེད; ནུས་པ་མེད་པ;
306 Nullification, *n.*	སྤྱོན་གྱི་དོན་ལྡན་གྱི་ཁྲིམས་ཕྱིས་ནས་བཀག་སྟེ་དོན་མེད་བཟོ་བའི་ལས;
307 Nullah, *n.*	ལུང་སྒྲོང; ཆུ་ལུང;
308 Nullify, *v.t.*	ནུས་པ་བཅོམ་པ;
309 Numb, *a.*	ཚོར་བ་ཉམས་པ; གྲང་བས་ཉེན་ནས་ཚོར་རྒྱུ་མེད་པར་འགྱུར་བ;
310 Number, *n.*	གྲངས;
311 Numberless, *a.*	གྲངས་མེད; གྲངས་ལས་འདས་པ;
312 Numbers, *n.*	ཁ་གྲངས;
313 Numerable, *n.*	བགྲངས་དུ་ཡོད་པ;
314 Numeral, *a.*	གྲངས་ཀའི;
315 Numerary, *a.*	གྲངས་སུ་ཕྲེབ་པའི;
316 Numeration, *n.*	གྲངས་བགྲངས་ལུགས;
317 Numerator, *n.*	བགྲངས་མཁན; གྲངས་བརྩི་མཁན;
318 Numerical, *a.*	གྲངས་ཀས་བཅད་ན; གྲངས་སུ་བགྲང་བའི;
319 Numerically, *ad.*	གྲངས་ལྟར་ན;

320 Numerous, *n.* གྲངས་མང་;

321 Numerously, *ad.* མང་པོར་;

322 Numismatic, *a.* ཊཾ་ཀའི་སྐོར་;

323 Numskull, *n.* མགོ་འཐོམ་པོ་; གླེན་པ་; གླེན་པའི་མགོ་བོ་;

324 Nun, *n.* གྲྭ་བཙུན་མོ་; ཨ་ནི་;

325 Nuncio, *n.* བླ་ཆེན་པོབ་བྱ་བའི་སྐུ་ཚབ་ཡུལ་གྲ་དག་གི་རྒྱལ་པོའམ་
གོང་མའི་མདུན་རྫོངས་པ་དག་གོ་;

326 Nunnery, *n.* ཨ་ནེའི་དགོན་སྡེ་;

327 Nuptial, *a.* བག་མ་གཏོང་ལེན་གྱི་;

328 Nurse, *n.* ཞལ་ཟླ་མ་; མ་མ་;

329 Nursery, *n.* ཤིང་ལྗང་འདབ་ས; ཕྲུ་གུ་བསྐྱེད་བསྲིང་ས; ཕྲུ་གུ་བསོ་ས;

330 Nursling, *n.* བསོ་ཕྲུག; ཁྲིའུ་ཆུང་;

331 Nurture, *n.* འཚོ་བའི་ཟས; ཟས; བསྐྱེད; འཚོ་སྐྱོང་;

332 Nut, *n.* ཤིང་འབྲས; སྒོ་ནས; ཤིང་ཐོག་གུ་ཡུག་ཨ་ན;

333 Nutmeg, *n.* ཛཱ་ཏི;

334 Nutriment, *n.* བཅུད; ཟས་ཀྱིས་བཅུད;

335 Nutrition, *n.* ཟས་བཅུད;

336 Nutritious, *a.* ཟས་བཅུད་ཅན;

337 Nutshell, *n.* འབྲས་བུའི་ཤུན་པ;

338 Nylghau, *n.* རིའི་གླང་ཆུང་དཔལ་གདོང; རི་ནོར; གླང་ཆུང་ར་སྔོན;

339 Nymph, *n.* མཚོ་སྨན; སྨན་མོ;

340 Nympholepsy, *n.* འདོད་པའི་གདུང་བས་སྨྱོས་པ;

341 Nymphomania, *n.* སྐྱེ་དམན་འདོད་ཆགས་དྲག་པོ་འབར་བའི་ནད;
སྐྱེ་དམན་སྐྱེས་པ་འབའ་ཞིག་ཡིད་ལ་ཀིཾ་ཀིཾ་པོར་དྲན་
པའི་ནད་ཚང;

O

1 O, *intjn.* ཀྱེ་མ ; ཡང་ཡིག་འདི་བཞིན་དབྱིན་ཡིག་གི་ཀ་ཁའི་ཡིག་བཅོ་ལྔ་པ་དེའོ ; དབྱིན་ཡིག་གི་ནང་ནས་དབྱངས་ཡིག་བཞི་པ་ཨོ་དེའོ ;

2 Oak, *n.* ཚར་ཤིང ; བེ་ཤིང ; (Oak forest) བེ་བྲོད ;

3 Oakum, *n.* སོ་མ་ར་ཙའི་ཐག་པ་རྙིང་པ་གཞིག་སྟེ་གྲུ་ཟིང་གི་སེར་ག་སྤུབ་བྱེད ;

4 Oar, *n.* གྲུ་སྐྱ ; གྲུ་ཁྲེམ ;

5 Oasis, *n.* བྱེ་ཐང་ཆེན་པོའི་དབུས་སུ་ཡུལ་ཆགས་པ ;

6 Oat, *n.* གྲོ ; ཀ་རྩམ ; ཡུག་པོ ; འབྲུ་གྲོ ;

7 Oaten, *a.* ཀ་རྩམ་གྱི ;

8 Oath, *n.* མནའ ; དམ་བཅའ ;

9 Obduracy, *n.* སྙིང་མཁྲེར་པ་ཉིད ; རྡེད་པོའི་རང་བཞིན ;

10 Obdurate, *a.* རྡེད་པོ ; རྨུ་རྒོད ;

11 Obedience, *n.* བཀའ་ལ་ཉན་པ ; ཅི་གསུང་དང་ལེན ;

12 Obedient, *a.* བཀའ་ལ་ཉན་པོ ;

13 Obediently, *ad.* བཀའ་ལ་ཉན་པོ་བྱེད་དེ ;

14 Obeisance, *n.* ཕྱག་འཚལ ; ཕྱག ; ལྷ་ཕྱག ; གུས་ཕྱག ;

15 Obelisk, *n.* རྡོ་རིང་ཟུར་གཞོན་རྩེ་སྣུང་ཅན ;

16 Obese, *a.* ཤ་རྒྱག་པ ; (སྐུ་ཤ་འབྱོར་པོ ; Hon.)

17 Obfuscate, *v.t.* བསྒྲིབ་པ ;

18 Obey, *v.t.* བཀའ་ཉན་པ ;

19 Obituary, *n.* གཤིན་པོའི ;

20 Object, *n.* ཅ་ལག ; དངོས་པོ ; མདོ་ཁ ; དོན ; རྒྱུ ;

21 Objection, *n.* འགག་ཆ ; འགག་པ ;

22 Objectionable, *a.* འགོག་འོས ;

23 Objective, *a.* སྤྱོད་བྱེད་ཀྱི་རྒྱུ ;

24 Objectively, *ad.* ཕྱི་རོལ་གྱི་ཞིང་དུ ; ཕྱི་རོལ་དུ་བལྟ་བའི་ཡུལ་དུ ; སྤྱོད་ཡུལ་བཞིན ;

25 Objector, *n.* ཕྱི་རོལ་ཞིང་དུ་གནས་ཚུལ ; མཐའ་བོར་བ ;

26 Objurgate, *v.t.* ལབ་བཤད་གཏང་བ ; (བཀའ་བཀྱོན་གནང་བ ; Hon.)

27 Oblate, *a.* འཇིག་རྟེན་པ་ཡིན་ཀྱང་ཆོས་གྲར་ཞི་བ ;

28 Oblation, *n.* གསེར་སྐྱེམས ; མཆོད་པ ;

29 Obligation, *n.* དྲིན ; (ངོ་ས ; Sik.)

30 Obligatory, *a.* དྲིན་ཐོག་པའི ; ངོ་ས་ཐོག་པའི ; Sik.).

31 Oblige, *v.t.* དྲིན་བཀལ་བ ; དྲིན་འོག་བཙུག་པ ;

32 Obliging, *a.* དྲིན་འགེལ་བའི ;

33 Obligingly, *ad.* དྲིན་འགེལ་རྒྱུའི ;

34 Oblique, *a.* ཤང་ཁ ; ཕྲེད་ལ ; ཁྱོམ་ཁྱོམ ; ཡོ་བ ;

35 Obliquely, *ad.* སེར་ཁ་རུ ; འཕྲེད་སྐལ་དུ ; ཡོ་ཡོ ;

36 Obliquity, *n.* ཡོ ; བརྟན ; ཁྲུལ ;

37 Obliterate, *v.t.* སུབ་པ ;

38 Obliteration, *n.* བྲི་སུབ ; སུབ ; ཡལ་བ ;

39 Oblivion, *n.* དྲན་པའི་ཐོག་ནས་ཡལ་བ ; ཡལ་བ ; བརྗེད་ཡིངས་ཐུགས་སྐྱོལ ;

40 Oblivious, *a.* བརྗེད་ཡིངས་ཅན ; སེམས་ལས་ཡལ་དེ ;

41 Obliviously, *ad.* སེམས་ལས་ཡོལ་བརྗེད་དེ ;

42 Oblong, *a.* གྲུ་བཞི་ཡིན་པ་ལ་དཀྱུས་རིང་ལ་ཞེང་ཁ་ཐུང་བ ;

43 Obloquy, *n.* མི་ཁ ; འཕྱར་ཁ ;

44 Obnoxious, *a.* ཉེས་པ་བཅད་འོས་སུ;

45 Obnoxiously, *ad.* གཡོན་ཅན; ཉེས་པ་ཅན; ཁྲིམས་བཅད་འོས;

46 Obscene, *a.* ངོ་ཚ་བའི་རྗེན་གཉེར; ངོ་ཚ་པོ; རྗེན་པ; (རྗེན་ཕྱེར་ཕྱེར; Sik.)

47 Obscenely, *ad.* རྗེན་པར;

48 Obscenity, *n.* རྗེན་ཕྱེར་རེ་བའི་ཚུ་ལྗང;

49 Obscuration, *n.* སྒྲིབ་པ;

50 Obscure, *a.* མུན་པ; གོ་དཀའ་བ; མུན་ནག་ལྟུ;

51 Obscurely, *ad.* གོ་དཀའ་མོར;

52 Obscurity, *n.* མུན་ནག; མུན་པ; སྨག་རུམ;

53 Obsecrate, *v.t.* ཨོ་ཤེས་ཕྱུག་འཚལ་ཞུ་བ; ཞུ་བ་འབྲེན་པ; ཞུ་བ་འདེབ་པ;

54 Obsequious, *a.* ཞེ་ས་དང་སྙན་འཛད་དྲང་ཐལ་བའི; ངོ་བསྟོད་དྲགས་སུ་ཐལ་བའི;

55 Obsequy, *n.* གཤིན་པོའི་དགེ་སྦྱོར་ཆོ་ག;

56 Observable, *a.* བརྟག་པ་བྱར་ཡོད་པ; མངོན་དུ་ཡོད་པ;

57 Observance, *n.* སྲུང་བ; སྲུང་བྱ;

58 Observant, *a.* ཞིབ་རྟོག་མཁན;

59 Observation, *n.* ཞིབ་རྟོག; རྟག་དཔྱད;

60 Observatory, *n.* མཐོང་གསེར་ཆེ་ས་ནས་རྒྱ་སྐར་བལྟ་ས;

61 Observe, *v.t.* སྲུང་བ; བལྟ་བ; ཞིབ་པར་བལྟ་བ;

62 Observer, *n.* སྲུང་མཁན; ཞིབ་པར་བལྟ་མཁན;

63 Observing, *a.* མཐོང་དེ; རྟོག་ཞིབ་ཅན;

64 Obsolete, *a.* བརྡ་བརྙིང;

65 Obstacle, *n.* གེགས; འགག་ཆ; ཐོགས་བརྡུང;

66 **Obstinacy**, *n.* མགོ་མཁྲེགས; (དབུ་གྲིང; Sik.)

67 **Obstinate**, *a.* སྙིང་པོ; མགོ་མཁྲེགས་ཅན; (དབུ་གྲིང་ཅན; དབུ་སྐྱགས་ཅན; མཉོ་ཀྱུང་ཅིག; Sik. & Bhut.)

68 **Obstreperous**, *a.* ཀུ་ཅོ་ཅན; ཐམས་རམས་ཚ་པོ;

69 **Obstreperously**, *ad.* ཐམས་རམས་ཚ་པོ་བྱེད་དེ;

70 **Obstruct**, *v.t.* འགེགས་པ; བཙུར་བ; བཀག་པ;

71 **Obstruction**, *n.* བགེགས; འགག་ཆ; (ཐོགས་འགག; Sik.)

72 **Obstructive**, *a.* འགག་ཆར་གྱུར་པའི; གེགས་སུ་གྱུར་པའི;

73 **Obtain**, *v.t.* བསྒྲུབ་པ; བརྙེད་པ; ཐོབ་པ; ལེན་པ; འགྲུབ་པ;

74 **Obtainable**, *a.* ཐོབ་ཏུ་ཡོད་པ; འགྲུབ་ཏུ་ཡོད་པ;

75 **Obtrude**, *v.t.* མ་དགོས་པའི་སྐབས་སུ་ཚང་ཁ་རྒྱབ་པ;

76 **Obtrusion**, *n.* མི་དགོས་པའི་ཚང་ཁ;

77 **Obtrusive**, *a.* མི་དགོས་པའི་ཚང་ཁ་ཅན;

78 **Obtuse**, *a.* རྣོད་མེད; དབུ་རིལ; དབྲིལ་དབྲིལ;

79 **Obtuseness**, *n.* རྣོ་མེད་པའི་རང་བཞིན;

80 **Obviate**, *v.t.* གཅོད་པ; བཟློག་པ;

81 **Obvious**, *a.* གོ་བདེ་པོ; གོ་བ་ཁ་གསལ; གསལ་པོ;

82 **Obviously**, *ad.* ཁ་གསལ་པོར;

83 **Obviousness**, *n.* གོ་བ་ཁ་གསལ་ལུགས;

84 **Occasion**, *n.* རྐྱེན; གླགས; སྐབས;

85 **Occasional**, *a.* སྐབས་སྐབས་ཀྱི;

86 **Occasionally**, *ad.* སྐབས་སྐབས་སུ;

87 **Occident**, *n.* ནུབ་ཕྱོགས; འདི་ནས་བརྩིས་པའི་ཕྱི་གླིང་གི་ཡུལ་རྣམས་ལ་ཟེར;

88 Occidental, *a.* ནུབ་ཕྱོགས་པའི ; ནུབ་ཕྱོགས་ཀྱི ;

89 Occult, *a.* གསང་བ་སྐོར་ཀྱི་སྐོར ; རྫུ་འཕྲུལ་གྱི ; གསང་བའི ;

90 Occultation, *n.* གཡབས་མོ ; ཁེབས ; འགེབས་པ་ཉིད ; སྦས་པ ;

91 Occupancy, *n.* བདག་ཏུ་བཟུང་ནས་འཛིན་པ་ཉིད ; བཟོག་པ་ཉིད ; བདག་བཟུང ;

92 Occupant, *n.* བདག་བཟུང་བྱེད་མཁན ; ནང་གནས་པོ ; བདག་པོ ;

93 Occupation, *n.* བདག་བཟུང ; ཁྲིམ་འཛིན ; ལས་ཀ ; ལས་འཛིན ;

94 Occupier, *n.* བདག་ཏུ་བཟུང་མཁན ; བདག་པོ ; ནང་ན་གནས་མི ;

95 Occupy, *v.t.* འཛིན་པ ; བཟུང་བ ; གནས་བཟུང་བ ; ཚང་བཅའ་བ ;

96 Occur, *v.i.* འགྱུར་བ ; འགྲོན་པ ; འོང་བ ; འབྱུང་བ ;

97 Occurrence, *n.* རྐྱེན ; དངོས་པོ ; འབྱུང་འགྱུར ;

98 Ocean, *n.* རྒྱ་མཚོ ; བ་ཚྭ་ཅན་གྱི་རྒྱ་མཚོ ;

99 Ochre, *n.* བཙག ; ཚོན་ངང་སེར ;

100 Octagon, *n.* ཟུར་བརྒྱད་མ ;

101 Octahedron, *n.* གཞིར་བརྒྱད་ངོ་བརྒྱད་ཡོད་པའི་གཟུགས ;

102 Octave, *a.* སྐད་མཐོ་དམན་གྱི་ཐེམ་རིམ་བརྒྱད ; དབྱངས་རིམ་པ་བརྒྱད ;

103 Octavo, *n.* ཤོག་ཀུ་ཞེ་ཁ་གང་ཤོག་ལེབ་བརྒྱད་ལ་བལྟབ་པའི་ཤོག་གདོང ;

104 October, *n.* ཕྱི་ཟླ་བཅུ་པ ;

105 Octogenarian, *n.* ལོ་བརྒྱད་ཅུ་ལོན་པའི་རྒན་པོ ;

106 Octogenary, *a.* ལོ་བརྒྱད་ཅུ་པ ;

107 Ocular, *a.* མིག་གི ; མིག་གར ;

108 Oculist, *n.* མིག་གི་ཨེམ་ཆི ; མིག་ནད་ཀྱི་ཨེམ་ཆི ;

109 Odd, *a.* ཡ; མཚར་པོ; ཁྱད་མཚར; ཡ་ག་གཅིག;

110 Oddity, *n.* ཁྱད་མཚར་ལྟར; ཡ་མཚན་ལྟར; ཡ་མ་ཟུང;

111 Oddly, *ad.* ཁྱད་མཚར་པོ་བྱེད་དེ; ཨ་མཚར་པོ; ཡ་མ་ཟུང་དུ;

112 Odds, *n.* ཟུས་ཁ;

113 Ode, *n.* གླུ་དབྱངས;

114 Odious, *a.* ཞེ་ཁྲེལ་པོ; ཞེན་ལོག་པོ; ཁྃ་ལོག་པོ;

115 Odiously, *ad.* སྨུན་པོར; ཡིད་སྨུན་པོ་བྱེད་དེ;

116 Odiousness, *n.* ཡིད་དུ་མི་འོང་བ་ཉིད; ཞེ་ཁྲེལ་བའི་རང་བཞིན;

117 Odium, *n.* ཡིད་སྨུན་འཕྲུར་ཁ; མི་ཁ;

118 Odoriferous, *a.* དྲི་མ་ཡབ་ཡབ; དྲི་མ་ཆིལ་ཆིལ;

119 Odorous, *a.* དྲི་ལྡན;

120 Odour, *n.* དྲི; དྲི་མ; དྲི་ངད;

121 Of, *pron.* ཀྱི; གྱི; ཡི; འི; ནས་ལས;

122 Off, *a.* ཕར; ལས; རྒྱངས་སུ;

123 Offence, *n.* སྡིག་པ; ཉེས་པ; སེམས་སྨུན;

124 Off and on, *adv.* ཡང་ནས་ཡང;

125 Offend, *v.t.* སྡིག་པ་བྱེད་པ; ཉེས་པ་བྱེད་པ; འཁང་བ; འཁུ་བ;

126 Offensive, *a.* ཞེན་དུ་ཐུ་བ; མི་ཟེམ་པ; ཡིད་དུ་མི་འོང་བ;

127 Offensively, *ad.* ཡིད་དུ་མི་འོང་བར;

128 Offer, *n.* སྦྱིན་པ; མཆོད་པ; ཚོང་ལ་ཡིན་ན་ཁ་འབོན་གྱི་རིན་གོང;
རིན་གོང་ཁ་འབོན;

129 Offering, *n.* མཆོད་སྦྱིན; འབུལ་བ; ཡོན; མཆོད་པ;

130 Offertory, *n.* མཆོད་སྦྱིན་གྱི;

131 Off hand, *ad.* འགྲུངས་ཆ་མེད་པར; ལམ་སང;

132 Office, *n.* ཡིག་ཚང; འགང་པོ;

133 Officer, *n.* འགོ་པ; ལས་སྣེ; ལས་སྣ;

134 Officer, *v.t* འགོ་པ་བྱེད་པ; ལས་སྣེ་འགོད་པ;

135 Official, *a.* བཀའ་བློན་གྱི; བཀའ་ཤག་གི;

136 Officially, *ad.* བཀའ་ཤག་ཡིག་ཚང་བརྒྱུད་དེ;

137 Officiate, *n.* ལས་ཚབ་བྱེད་པ;

138 Officious, *a.* (ངོ་སྣོད་མཁན; Sik.)

139 Officiously, *ad.* (ངོ་སྣོད་བྱེད་དེ; Sik.)
ངོ་སྣོད་ཀྱི་ཞབས་ཕྱིར་ཐུར་ལྷོག་བྱེད་དེ;

140 Offshoot, *n.* ཡལ་ག; སྨྱུ་གུ;

141 Offspring, *n.* བུ; བུ་བརྒྱུད; རྒྱུད; སྐྱེ་བརྒྱུད;

142 Oft, *ad.* ཡང་ཡང;

143 Often, *ad.* རྒྱུན་དུ; (དུས་རྒྱུན; Collql.)

144 Ogle, *v.t.* མིག་ཙུམ་རྒྱབ་པ;

145 Ogling, *a.* ཆགས་པའི་མིག་གི་བལྟ་ཞིང་མིག་ཙོ་རྒྱབ་བཞིན་བྲུལ་བཤད་པ;

146 Ogre, *n.* བདུད; སྲིན་པོ;

147 Oh, *int.* ཀྭས; ཀྭ་ཡེ; ཀྱེ; ཀྱེ་མ;

148 Oil, *n.* སྣུཾ; *v.t.* སྣུམ་བསྐུ་བ; སྣུཾ་བྱུག་པ;

149 Oily, *a.* སྣུམ་ཆིལ་ཆིལ; ཞག་རྩི་ཅན; སྣུཾ་རྩི་ཅན;

150 Ointment, *n.* སྐུད; བྱུག་པ;

151 Old, *a.* རྒད་པོ; ཆེན་མོ; རྙིང་པ;

152 Olden, *a.* དང་པོའི; སྔ་མོའི; གནའ་བོའི; དང་པོའི་དུས་ཀྱི;

153 Oldish, *a.* རྒས་སེ; རྒན་སོང་མཚམས;

154 Olfactory, *n.* སྣ་གྲུག; དྲི་སྣོམ་བྱེད་ཀྱི་དབང་པོ;

155 Oligarchy, *n.* རྒྱལ་ཁབ་མི་རིགས་ཉུང་ངུ་ཞིག་གི་དབང་བའི་ཁྲིམས་ལུགས་ཅན;

156 Olive, *n.* སྐྱུ་རུ; (ཁ་ཤ་སྐྱུར་མོ; Sik.) ཁ་སྐྱུར་འབྲས་བུ;

157 Olympaid, *n.* གྲིག་གི་རྩེས་ལྟར་ན་ལོ་བཞི་རེའི་ལོ་འཁོར་ལ་ཟེར;

158 Omega, *n.* མཐའ་མཇུག; གྲིག་ཡི་གེའི་མཐའ་མ་དེའོ;

159 Omen, *n.* ལྟས་དང་མཚན་མ; སྔ་ལྟས; རྟགས;

160 Ominous, *a.* ལྟས་ངན་པོ;

161 Ominously, *ad.* ལྟས་ངན་ལྟོག་ཁ་པོ་བྱེད་དེ; ལྟས་ངན་པོ་བྱེད་དེ;

162 Omission, *n.* བཤོལ་བ་ཉིད; བཤོལ་བ; ལུས་པ; བཤོལ;

163 Omit, *v.t.* བཤོལ་བ; བཤོལ་ནས་བཞག་པ;

164 Omnibus, *n.* ཤིང་རྟ་འཁོར་ལོ་བཞི་ལྡན; ཀུན་འདུས;

165 Omnipotence, *n.* སྟོབས་ཀུན་མངའ་བ; སྟོབས་ཡོངས་སུ་རྫོགས་པ;

166 Omnipotent, *a.* སྟོབས་ཡོངས་སུ་རྫོགས་པའི;

167 Omnipresence, *n.* ཀུན་དུ་ཁྱབ་ཅིང་མཆིས་པ་ཉིད;

168 Omnipresent, *a.* ཀུན་ཁྱབ;

169 Omniscience, *n.* ཀུན་མཁྱེན་པ་ཉིད;

170 Omniscient, *a.* ཀུན་མཁྱེན;

171 On, *prep.* ཐོག་དུ; སྟེང་དུ; གང་དུ; ཁ་རུ;

172 Once, *ad.* ཀྱང; once ལན་གཅིག; ཚར་གཅིག; ཐེང་གཅིག;

173 One, *a.* གཅིག; དེ་ཀ; དེ་ཁོ་ན;

174 Oneness, *n.* གཅིག་པ་ཉིད;

175 Onerous, *a.* འགན་ཆེན་པོ; ཇེད་ལྗི་མོ;

176 Onion, *n.* ཙོང; སྔོ་ཚས་ཙོང;

177 Only, *ad.* ཁ་རྐྱང་; འབའ་ཞིག;

178 Onset, *n.* འཆོང་ནས་བཀོལ་བ་ཉིད; ཤོར་ནས་བཀོལ་བ; རྒྱུག་ག་ཤར་ལྷོད་དེ་འཆོང་ཡོང་རྒྱུ་དེའོ;

179 Onslaught, *n.* དཔུང་ག་ཤེད་བསྐྱེད་དེ་འཆམ་ཡོང་བ་ཉིད; དྲག་པོའི་དཔུང་ཤེད་ཀྱིས་བཀོལ་བ;

180 Onward, *a.* ཡར;

181 Onyx, *a.* གཟི;

182 Ooze, *n.* འདམ་འཛམ་པོ; འདམ་སླ་མོ་ཆུ་ག་ལེར་འབབ་པ;

183 Opacity, *n.* ཕྱི་ནང་མི་གསལ་བ་ཉིད;

184 Opaque, *a.* ཕྱི་ནང་མི་གསལ་བ;

185 Ope, *v.t.* ཁ་དབྱེ་བ; སྒོ་དབྱེ་བ; ཁ་ཕྱེ་བ;

186 Opening, *n.* བུ་ག; ཁ;

187 Openly, *ad.* ཀུན་གྱིས་མཐོང་སར; མ་གསང་བར; མངོན་པར;

188 Openness, *n.* ཕྱི་གསལ་ནང་གསལ་ཉིད;

189 Operate, *v.t.* ལས་བྱེད་པ; སྐྱུལ་བ; སྟོབས་སྐྱེད་པ;

190 Operation, *n.* ལས; ལག་ལེན;

191 Operative, *a.* ལས་སུ་སྐྱུལ་བའི;

192 Operator, *n.* ལས་བྱེད་མཁན;

193 Operose, *n.* དཀའ་ལས་ཅན;

194 Ophidia, *n.* སྦྲུལ་གྱི་རིགས;

195 Opiate, *n.* གཉིད་འཐེབ་ཀྱི་སྨན་ཐ་མག་གཡའ་ཕི་ཡ་ཡོད་པ;

196 Opinion, *n.* བློ; བློ་མནོ; བསམ་མནོ; བསམ་ཚོད; བློ་ཚོད;

197 Opinionated, *a.* བསམ་མནོ་རྐྱང་གཅིག་པ;

198 Opinionative, *a.* ཀླྀ་འཕྲུག་པོ;

199 Opium, *n.* གཡའ་ཕིན; བཟི་བྱེད་ཀྱི་དུག་སྨན་ཐ་མ་ཁར་ལོངས་སུ་
སྤྱོད་པའི་རྫ་ཨ་ཕིམ་ཟེར་བ་དེའོ;

200 Opponent, *a.* དགྲ་ཡ; ཕ་རོལ་པོ; {བྲང་སྤྲོད Sik. & Bhut.}

201 Opportune, *a.* དུས་ལ་བབ་པོ; དུས་ལ་ཕན་པོ; ལས་ལོང་གི་སྐབས;
དུས་རྒྱུག་པའི་སྐབས;

202 Opportunely, *ad* དུས་རྒྱུག་པོ་བྱེད་དེ;

203 Opportunity, *n.* དུས་ཁ; སྐབས་ལེགས; སྐབས་སྐྱེས;

204 Opposable, *a.* འགོག་ཏུ་ཡོད་པ; མདུན་འགོག་ནུས་པ;

205 Oppose, *v.t.* གདོང་འགོག་པ; གདོང་སྤྲོད་པ;

206 Opposer, *n.* གདོང་འགོག་མཁན;

207 Opposite, *a.* ཁ་ཐུག;

208 Oppositely, *ad.* གབ་སློག་ཏུ; གོ་ལྡོག་ཏུ;

209 Opposition, *n.* གདོང་འགག; གདོང་ལེན;

210 Oppress, *v.t.* གནན་པ; དབང་ཡོད་བྱེད་པ; གཟུ་ལུ་བྱེད་པ;

211 Oppression, *n.* སྡུག་བཙེལ; མནར་གཅོད; གཟུ་ལུམ;

212 Oppressive, *a.* གཟུ་ལུམ་གྱི; རས་ཚོད་ཀྱི;

213 Oppressiveness, *n.* གཟུ་ལུམ; དབང་ཡོད་གདོང་སྟངས;

214 Oppressor, *n.* གཟུ་ལུམ་བྱེད་མི;

215 Opprobrious, *n.* སྒྲུག་བྲོ་ཅན; འཕྱར་སྨོ་ཅན; ཁ་ངན; ཁ་བཙོག;

216 Opprobrium, *n.* ཁ་ངན; ཁ་བཙོག; བཤད་ངན; བཙོག་ཚིག;

217 Optative, *a.* འདོད་པ་བསྟན་པའི; འདོད་པའི;

218 Optic, *n.* མིག; ལྟ་བའི་དབང་པོ;

219 Optical, *a.* མིག་གི་སྐོར;

220 Optical, *a.* མིག་གི་སྐོར་གྱི;

221 Optician, *n.* མིག་ཤེལ་བཟོ་མཁན;

222 Optics, *n.* མིག་གི་མཐོང་སྣང་དང་འོད་ཀྱི་སྐོར་གྱི་རིག་གནས;

223 Optimist, *n.* མཐར་ལེགས་པར་ཡོང་བར་རེ་བ་འཆང་མི; ང་བཟང་རེ་ཅན;

224 Option, *n.* གདམ་ཀ;

225 Optional, *a.* གདམ་ཀར་ཡོད་པ;

226 Opulence, *n.* དཔལ་འབྱོར; ལོངས་སྤྱོད; དཔལ་འབྱོར་ཕུན་ཚོགས;

227 Opulent *a.* ཕྱུག་པོ; འབྱོར་པ་ལྡན་པ; དཔལ་འབྱོར་ཅན;

228 Or, *conj.* ཡང; ཀྱང; ཡང; འང; འམ; མམ;

229 Oracle, *n.* ལྷའི་ལུང་བསྟན; ལུང་བསྟན་འཆད་པ་པོ;

230 Oracular, *n.* ལུང་བསྟན་འཆད་པའི; ལུང་བསྟན་ལྟ་བུའི;

231 Oral, *a.* ངག་སྒྲོག; ངག་གི;

232 Orally, *ad.* ངག་སྒྲོག་གིས;

233 Orange, *n.* ཚ་ལུམ་པ; ཤིང་འབྲས་ཚ་ལུ;

234 Orang-outang, *n.* མི་དྲེད;

235 Oration, *n.* འཆོར་གདམས; དམངས་སྒྲོག;

236 Orator, *n.* འཆོར་གདམས་བཤད་མི; or གཏང་མི;

237 Oratorical, *n.* འཆོར་གདོམས་ལྟ་བུའི;

238 Oratory, *n.* ཁའི་བཤད་པ་བདེ་མོ; འཆོར་གདོམས;

239 Orb, *n.* རིལ་བུ; གོང་བུ;

240 Orbed, *a.* རིལ་བུའི་རྣམ་པ་ཅན;

241 Orbit, *n.* བར་སྣང་ཁམས་སུ་གཟའ་སྐར་རྣམས་ཀྱི་རྒྱུ་ལམ;

242 Orchard, *n.* ཤིང་འབྲས་ལྡུམ་ར;

243 Ordain, *n.* བསྒྲིན་པར་རྗོད་པ; བསྒྲིན་རྗོད་མཛད་པ; བསྒོ་བཞག་མཛད་པ; གོ་རིམ་སྒྲིག་པ;

244 **Ordained,** *a.* སྡོམ་པ་ཡོག་ཟིན་པ;

245 **Ordeal,** *n.* རྡོ་སྐུམ་ལྕྭ་དང་འཛིང་ཁའི་མནའ་འཇུག་པ;

246 **Order,** *n.* བཀའ; གོ་རིམ; རིམ་པ; གོས; དོག་བདག་སྐྱེམ; ཆོ་ལོ; གོ་གནས; བརྡག་རྐྱེན;

247 **Ordinal,** *n.* དང་པོ་གཉིས་པ་ཞེས་གོ་རིམ་དུ་བསྟར་བའི་གྲངས;

248 **Ordinarily,** *ad.* འཆར་ཆེན་ལྟར་ན; དུས་རྒྱུན་ལྟར་ན;

249 **Ordinary,** *a.* དཀྱུས་མ; རྒྱུན་འཁྱེར; དཀྱུས་མི; རྒྱུན་དུ་དྲང་རྒྱུའི་ཚང;

250 **Ordination,** *n.* སྡོམ་པ་ཡོག་པ; རབ་ཏུ་བྱུང་བ;

251 **Ordinance,** *n.* མི་སྒྲིགས; བཀའ་ཤོག; བཀའ་ཡིག;

252 **Ordure,** *n.* སྐྱི་བ; བ་སྐྱུང་ཀྱི་ལྕི་བ;

253 **Ore,** *n.* ལྕྭ་ཀྲུག; ལྕྭ་རྡོ་ཟང་རྡོ་སོང;

254 **Organ,** *n.* ཡན་ལག; འབའ་ཟ;

255 **Organic,** *a.* ལུས་སུ་གྲུབ་པའི; ལུས་ཀྱི་ཉིང་པའི; གཟུགས་སུ་གྲུབ་པ་གང་ཡིན་པའི;

256 **Organism,** *n.* ལུས; སྲོག་ཏུ་གྲུབ་པ; ལུས་ཅན; སྲོག་ཅན; གཟུགས་ཅན;

257 **Organist,** *n.* འབའ་ཟ་གཏང་མཁན;

258 **Organization,** *n.* གཟུང་བཅའ་བའི་ལུས; གཟུང; སྡེ;

259 **Organize,** *v.t.* ཡན་ལག་རྣམས་སྒྲིག་ནས་གཟུང་བཅའ་བ;

260 **Oriel,** *n.* འཕྱོང་རྒྱས; རབ་གསལ;

261 **Orient,** *n.* ཤར་ཕྱོགས;

262 **Oriental,** *a.* ཤར་ཕྱོགས་པའི;

263 **Orientalism,** *n.* ཤར་ཕྱོགས་པའི་ལུགས;

264 **Orientalist,** *n.* ཤར་ཕྱོགས་པའི་སྐད་རིག་ལ་མཁས་པ;

265 **Orifice,** *n.* ཨི་ཁུང; བུ་ག; བུག་པ;

266 Origin, *n.* འབྱུང་ཁུངས;

267 Original, *a.* ཐོག་མའི; ངོ་མ; སྔོན་དཔེ་མེད་པའི་བློ་སྤྲོས;

268 Originality, *n.* སྔོན་མེད་པའི་གསར་འབྱུང་གི་བློ་སྤྲོས;

269 Originally, *ad.* ཐོག་མར; ཐོ་མར;

270 Originate, *v.t.* ཐོག་མར་སྟོན་པ;

271 Origination, *n.* འབྱུང་ལུགས; ཁུངས;

272 Originator, *n.* ཐོག་མར་སྟོན་པ་པོ;

273 Orion, *n.* སྐར་མ་སྨིན་དྲུག;

274 Orison, *n.* ཞུ་ཐུན; ཁ་དོན; གསོལ་འདེབས;

275 Ornament, *n.* རྒྱན་ཆ;

276 Ornamental, *a.* རྒྱན་སྒྱུར;

277 Ornamentation, *n.* རྒྱན;

278 Ornate, *a.* རྒྱན་གྱི་ཉཾ་པར;

279 Ornithology, *n.* བྱེའུའི་རིགས་ཀྱི་དབྱེ་བའི་རིག་གནས;

280 Orphan, *n.* དྭ་ཕྲུག;

281 Orphanage, *n.* དྭ་ཕྲུག་འཚོ་སྐྱོང་བྱེད་སའི་བསླབ་གྲྭ;

282 Orpiment, *n.* ཚོས; ཚོན;

283 Orthodox, *a.* ཆོས་ལུགས་སྤྲོས་མེད་དུ་འཛིན་པ; ཆོས་ལུགས་དག་པོ;

284 Orthodoxy, *n.* ཆོས་ལུགས་རྟོག་པ;

285 Orthoephy, *n.* ཡི་གེའི་སྒྲ་དག་པར་འདྲེན་པའི་མན་ངག;

286 Orthographer, *n.* ཡི་གེའི་དེབ་ཚངས་ཤིང་དག་པར་འབྲི་མི;

287 Orthography, *n.* སྦྱང་གློག; དཔེ; ཡི་གེའི་དེབ;

288 Ortolan, *n.* བྱ་ཞིག; བྱེའུ་རིགས་ཞིག;

289 Oscillate, *v.i.* འཁྲོས་རྒྱབ་པ; ཡོམ་ཡོམ་བྱེད་པ;

290 Oscillation, *n.* ཡོམ་ཡོམ;

291 Osprey, *n.* ཉ་བཟུང་བའི་ཁྲ; བྱ་ཁྲ་ཧོར་པ;

292 Osseous, *a.* རུས་པའི; རུས་པ་ལས་གྲུབ་པ;

293 Ossify, *v.t.* རུས་པར་འགྱུར་བ;

294 Ostensible, *a.* ཕྱིར་ངོམ་དུ་ཡོད་པ; སྟོན་དུ་ཡོད་པ;

295 Ostensibly, *ad.* མངོན་དུ་ཡོད་པར;

296 Ostentation, *n.* ངོམས་འདོད;

297 Ostentatious, *a.* ངོམ་འདོད་ཅན;

298 Osteology, *n.* ཙ་རྒྱུད་ལས་རུས་པའི་གྲུབ་ཚུལ་གྱི་རིག་གནས;

299 Ostracism. དམངས་གྲལ་ནས་ཕུད་པའི་ལས;

300 Ostracise, *v.t.* དམངས་ཀྱི་གྲལ་ནས་ཕུད་པ;

301 Ostrich, *n.* ཨེ་ཕྲི་ཀའི་གླིང་ན་ཡོད་པའི་བྱ་དེ་ཆེན་པོའི་རིགས;

302 Other, *pron.* གཞན; ཕ་རོལ་པོ;

303 Otter, *n.* སྲིཾ;

304 Ottar, *n.* མེ་ཏོག་གི་ཙི་སྣུམ་བྱུག་པ་འི་བྲེ་བྲག; other.

305 Ottoman, *a.* ཏུ་རུ་ཀའི་རྒྱལ་ཁམས་ཀྱི;

306 Ought, *v.* དགོས; རྒྱུ;

307 Ounce, *n.* ཚ་ཊང་ (Hindi छटाक)

308 Ouphe, *n.* འབྱུང་པོ; ཀླུ་མོ;

309 Our, *pron.* ང་ཚིའི; ང་ཚོའི; བདག་ཅག་གི;

310 Ourself, *pron.* ང་རང་ཚོ; ང་ཅག་རང; བདག་ཅག་རང;

311 Oust, *v.t.* ཕྱིར་འཐིགས་པ; ཕྱིར་ཕུད་པ; ཕྱིར་འདོན་པ;

312 Ouster, *n.* ཕྱིར་འབུད;

313 Out, *ad.* ཕྱིར; ཕྱི་ལ; ཕྱི་རུ; ཕྱི་ལོགས་སུ; ནང་ལ་མིན་པ; ཕྱིར་རྒྱངས་ཀྱི; ཀུན་གྱི་མཐོང་སར; ནང་ནས་ཕྱིར;

314 Outbalance, *v.t.* ཛིད་ལྗི་ཐལ་ཤོར་བ;

315 Outbid, *v.t.* གོང་སྤར་བ; གོང་ཆེ་རུ་བསྒྲིངས་ནས་སྤེར་བ;

316 Outbreak, *n.* ཕྱིར་འཐོར་ཡོང་བ; འགད་པ; འཐོར་བ;

317 Outbuilding, *n.* ཁྱམས་ཀྱི་ཁང་པ; ཁྱིམས་ཁང;

318 Outburst, *n.* འཐོར་རྒོད; ཕྱིར་འགད་པ; འབར་བ;

319 Outcast, *n.* གདོལ་བ; རིགས་དམན; ཡུལ་ནས་འབིག་པ;

320 Outclearance, *n.* ཡོངས་རྫོགས་ཕྱིར་འདོན་བྱ; སྲིབ་ཚོང;

321 Outcome. ཕྱིར་འབྱུང; འབྲས་བུ; མདོ་ཁ;

322 Outcry, *n.* ཀུ་ཅོ; སྨྲེ་ངག; འོ་དོད; ཅ་ཅོ;

323 Outdo, *v.t.* བྱས་ལས་སོགས་ལ་གཞན་དང་འགྲན་ཟླར་རྒྱལ་བ;

324 Outdoors, *ad.* ཕྱི་ལོགས; ཕྱི་རོལ་དུ;

325 Outer, *a.* ཕྱི་མ;

326 Outermost, *a.* ཕྱི་མཐའ;

327 Outfit, *n.* གོས; གྱོན་པ;

328 Outflank, *v.t.* དམག་ག་ཤོག་ཕྱིར་ལྷག་པར་རྐྱོང་བ;

329 Outgeneral, *v.t.* དམག་བཀོད་བཟང་བས་ལྷག་པ;

330 Outgo, *v.t.* ལྷག་པ; ལྷག་སྟེ་འགྲོ་བ;

331 Outgoing, *n.* ཕྱི་ལ་འགྲོ་བའི;

332 Outgrow, *v.t.* བསྐྱེད་ལྷག་པ; ཡར་སྐྱེ་བ;

333 Outgrowth, *n.* སྐྱེད་ཚལ; ལྷག་བསྐྱེད;

334 Outguard, *n.* ཕྱི་རིམ་སྲུང་བ་པོ;

335 Outguarded, *a.* ཕྱི་རིམ་བསྲུངས་པའི;

336 **Outjest,** *v.i.* ཀུ་རེས་བཙེམ་པ; རྐྱེད་བྲོ་རང་གིས་མནན་པ;

337 **Outhouse,** *n.* འཁོར་གཡོག་གི་ཁྱིམ; འཁོར་ཡུག་གི་ཁྱིམ;

338 **Outlandish,** *a.* ཕྱི་རོལ་པའི་ཆ་ལུགས་ཅན;

339 **Outlast.** གནས་ཡུན་རིང་བ; ཚེ་རིང་པོར་གནས་པ;

340 **Outlaw,** *n.* ཁྲིམས་ཀྱིས་མི་བསྲུང་བའི་ཁྲིམས་ཧྲལ་པ;

341 **Outlawry,** *n.* ཁྲིམས་ཧྲལ;

342 **Outlay,** *v.i.* གཏོང་བྱེད་གཏང་བ; ཟས་འགྲོ་གཏང་བ;

343 **Outlet,** *n.* ཕྱིར་འཐོན་སའི་ལོ;

344 **Outlier,** *n.* སའི་བང་རིམ་ཕྱི་མ;

345 **Outline.** ཕྱི་མའི་རི་མོ; ཕྱི་རིས;

346 **Outlive,** *v.t.* ཚེ་ལྷག་པར་གནས་པ; རྗེས་སུ་ལུས་པ;

347 **Outlook,** *n.* བྱ་ར; བསྲུང་རྫི; བལྟ་རྒྱུ; བལྟ་ས;

348 **Outlying,** *a.* ཕྱིར་གནས; མཐའ་མཚམས་ཀྱི;

349 **Outmost,** *a.* ཕྱི་མཐའ;

350 **Outnumber,** *v.t.* གྲངས་སུ་ལྷག་པ; གྲངས་ལྷག་པར; དཔུང་བ;

351 **Outpost** *n.* (བཙན་ཆས Bhut.); དམག་དཔུང་སྔོན་མཆོད་ལས་
རྒྱངས་ན་གནས་པའི་བཙན་ཆས;

352 **Outpour,** *v.t.* ཕྱིར་ལུད་པ; ཕྱིར་རྒྱུ་བ;

353 **Output,** *n.* ལྕགས་ཁའི་ཟངས་ཁའི་སོལ་ཁའི་ལོ་ལྟར་རི་བླ་བའི་འདོན་
ཁངས; འདོན་ཁངས; ཐོན;

354 **Outrage,** *v.t.* ཉེས་པ་ཚད་མེད་བྱེད་པ;

355 **Outrageous,** *a.* \མཚམས་མེད་པའི་ཉེས་བྱས;

356 **Outrance,** *n.* མཐར་ཐུག; ངན་མཐར་ཐུག; བྱུས་མཐའ;

357 **Outre,** *adj.* (ཨུ་ཏྲེ)=དུས་རྒྱུན་གྱི་བྱ་བ་དང་ཡུ་ནས་མིག་ཅིག་པའི;

358 Outride, *v.t.* རྟ་ལ་ཞོན་ནས་པ་རོལ་པ་ལས་མགྱོགས་ཙམ་རྒྱུག་པ;

359 Outright, *ad.* ཡི་སང; ཐལ་གྱིས; ཧར་གྱིས;

360 Outrun, *v.t.* རྒྱུག་གཞར་ལྷག་པ; བང་ལྷག་པ;

361 Outset, *n.* མགོ་སྔོན་ཐོག; མགོ་འཛུག་སྐབས; དང་ཐོག;

362 Outshine, *v.t.* འོད་ལྷག་པར་འགྱེད་པ;

363 Outside, *n.* ཕྱི་ངོས;

364 Outskirt, *n.* ཕྱིའི་མཐའ་མཚམས;

365 Outspoken, *a.* ཁ་གསལ་པོ;

366 Outspread, *v.t.* ཕྱིར་བརྐྱངས་བ;

367 Outstand, *v.t.* ཕྱིར་ལུས་པ; རྩིས་ལྷག་འགྲོ་ལུས་པ;

368 Outstanding, *a.* ཕྱིར་ལུས་པའི; རྩིས་འགྲོས་ཀྱི;

369 Outstretch, *v.t.* ཕྱིར་འདིང་བ; ཕྱིར་བརྐྱངས་པ;

370 Outstrip, *v.t.* བང་རྒྱུག་ནས་རྒྱལ་བ;

371 Outvie, *v.t.* འགྲན་ཟླ་ལས་རྒྱལ་བ; འགྲན་ཐོག་ལྷག་པ;

372 Outward, *a.* ཕྱི་ཕྱོགས་སུ; ཕྱི་ལོགས་སུ;

373 Outwardly, *ad.* ཕྱི་ལོགས་སུ;

374 Outweigh, *v.t.* ཚོད་ལྷག་པར་ལྗི་བར་འགྱུར་བ;

375 Outwit, *v.t.* སྤྱང་རིག་འགྲན་ནས་ལྷག་པ;

376 Outwork. ཕྱིའི་ལྕགས་རི;

377 Oval, *a* སྒོང་གཟུགས;

378 Ovation, *n.* དམངས་ཀྱིས་ལེགས་སོ་བརྗོད་པ;

379 Oven, *n.* མེ་ཐབ; མེ་ཁྲང;

380 Over, *ppr.* ཐོག; སྒང; གོང;

381 Overawe, *v.t.* ཟིལ་གྱིས་མནན་པ;

382 **Overbalance**, *v.t.* ཛྲིད་མ་སྙོམས་པ;

383 **Overbear**, *v.t.* དབང་ཡོད་ཀྱིས་མནན་པ;

384 **Overbearing**, *a.* དབང་ཡོད་ཅན;

385 **Overboard**, *ad.* གྲུ་ཐོག་ནས་མར;

386 **Overborne**, *n.* ཁྱེར་ཐལ་ཤོར་བ; བཀལ་ནས་འཁྱེར་བ;

387 **Overburden**, *v.t.* དོ་བུ་ཛི་དཀྱི་ཐལ་ཤོར་བ;

388 **Overcast**, *a.* སྨུག་པས་སྒྲིབས་པ;

389 **Overcharge**, *v.t.* རིན་གོང་ཆེནོ་སྤྲར་བ;

390 **Overcloud**, *v.t.* སྤྲིན་པས་སྒྲིབ་པ;

391 **Overcoat**, *n.* གོ་ཙེ; ཀེ་ཙེ; ཀེཝུ་ཙེ;

392 **Overcoloured**, *a.* ཚོན་མཚོ་དྲག་པ; བཀྲག་གཡེར་ཆེས་པ;

393 **Overcome**, *v.t.* དབང་དུ་སྡུད་པ;

394 **Overdo**, *v.t.* ལྷག་ཐལ་ཤོར་ནས་བྱེད་པ; ཚོད་ཐལ་ཤོར་བ;

395 **Overdue**, *a.* བརྩིས་ལྷག་འཁྲིས་བདབ་རྒྱུ; བདབ་དུས་ལས་ལྷག་པ;

396 **Overestimate**, *v t.* ཙིས་ལྷག་པ; རྩིས་ཆེ་ཐལ་ཤོར་བ;

397 **Overflow**, *v.t.* ཆུ་ལུད་པ;

398 **Overgrow**, *v.t.* ལྷག་ཕྱི་སྐྱེ་བ; འཛག་སྐྱུས་འཕྱུར་བ; ཕུར་མས་ཁེངས་པ;

399 **Overhang**, *v.t.* སྟེང་ནས་མར་དཔྱང་བ; གཟར་བ;

400 **Overhaul**, *v.t.* ནན་རྟོག་བྱེད་པ; རྡུད་པ; འབྲུད་པའམ་འབྲུ་བ;

401 **Overhead**, *v.t.*, *ad.* མགོ་ཐོག;

402 **Overhear**, *v.t.* མ་རིག་པར་གོ་བ; ཕར་ཐོས་སུ་གོ་བ; གསང་སྟབས་སུ་གོ་བ;

403 **Overjoy**, *v.t.* དགའ་དྲགས་པ;

404 **Overland**, *a.* ས་ཐོག;

405 Overlap, *v.t.* སྟེང་ནས་འགེབས་པ;

406 Overleap, *v.t.* འཆོངས་ཐལ་བ;

407 Overload, *v.t.* དོ་བུ་འགེལ་དྲགས་པ; དོ་བུ་ཧྲི་དྲགས་པ;

408 Overlook, *v.t.* སྟེང་ནས་མར་བལྟ་བ;

409 Overmaster, *v.t.* དབང་གིས་ནོན་པ;

410 Overmatch, *v.t.* བྲང་ལ་ལས་ལྷག་པར་རྒྱལ་བ; དགྲ་ལས་རྒྱལ་བ;

411 Overmuch, *ad.* ཆེས་ལྷག་པར;

412 Overnight, *ad.* མདང་ནུབ་ནས;

413 Overpay, *v.t.* དངུལ་སྟེར་ཡོད་ཆེ་དྲགས་པ;

414 Overplus, *n.* གོ་ཁྲབ་ཀྱི་དཔུང་ཁེབས་དང་པོ་ཞེས;

415 Overpower, *v.t.* དབང་གིས་མནན་པ;

416 Overpowerful, *a.* དབང་ཡོད་ཅན;

417 Overrate, *v.t.* རིན་བརྩིས་ཆེས་དྲགས་པ;

418 Overreach, *v.t.* མགོ་གཡོགས་གཏང་བ;

419 Overrule, *v.t.* སྟེང་ནས་དབང་བ; or བཀའ་ཁྲོག་དབང་སྒྱུར་བ;

420 Overrun, *v.t.* གོང་མནན་བྱས་ནས་ཁྱབ་པ;

421 Oversee, *v.t.* བལྟ་རྟོག་བྱེད་པ;

422 Overseer, *n.* ལས་བྲུབ་པ; བལྟ་ལྟོས་པ; ལས་འགོ་པ; དོ་དམ་པ;

423 Overset, *v.t.* མགོ་མཇུག་སློག་པ; ཁ་བུབ་སློག་པ;

424 Overshadow, *v.t.* གྲིབ་མས་སྒྲིབ་པ;

425 Oversight, *n.* ནོར་འཁྲུལ;

426 Oversleep, *v.t.* གཉིད་ཐལ་བ;

427 Overspread, *v.t.* ཁྱབ་པར་འགེབས་པ; སྒྲིབ་པ;

428 Overstate, *v.t.* ཞུ་ཧམ་མགོ་ཐལ་ཤོར་བ; ཆེས་ཆེར་སྒྲོ་འདོགས་པ;

429 Overstock, *v.t.* གང་ཐལ་ཤོར་བ;

430 Overstrain, *v.t.* འཐེན་ཚབ་ཆེས་པ;

431 Overstrictness, *n.* སྒྲིག་ངོ་དྲག་པ; སྒྲིགས་ལོ་ཧ་ཅང་དམ་པོ;

432 Overt, *a.* དམངས་ཐོག; ཀུན་གྱིས་མཐོང་སར;

433 Overtake, *v.t.* རྗེས་ཟིན་པ;

434 Overtask, *v.t.* ལས་ཁུར་ལྗི་དྲག་པ; ལས་ཀ་ལྗི་དྲག་པ;

435 Overthrow, *v.t.* མགོ་མཇུག་སློག་པ; རྒྱངས་སུ་འཕེན་པ;

436 Overtly, *ad.* དམངས་ཐོག་ཏུ; ཀུན་གྱིས་མཐོང་སར;

437 Overtop, *v.t.* མགོ་ནས་ཡར་ལྷག་པ;

438 Overture, *n.* སློང་ཚང (in matrimony). In music སྔོན་བརྗོད;

439 Overturn, *v.t.* ཕྱིར་ཀློག་གཏང་བ; མགོ་མཇུག་སློག་པ;

440 Overvalue, *v.t.* རིན་ཐང་བརྩིས་ཆེ་དྲག་པ;

441 Overwatch, *v.t.* སྲུང་བའི་ལས་ཧ་ཅང་ཡུན་རིང་བས་ཐང་ཆད་པ;

442 Overweening, *a.* རང་མཐོང་ཆེ་དྲག་པ;

443 Overweigh, *v.t.* གཅིག་ལས་ཇིད་ལྗི་བ;

444 Overweight, *n.* ཇིད་ཐེབ; ཇིད་ལྷག་ཐེབ་པ་དེ;

445 Overwhelm, *v.t.* ནོན་པ; མནར་པ; དབང་དུ་སྡུད་པ;

446 Overwork, *v.t.* ལས་བསྐྱལ་ཚབ་ཆེ་བ;

447 Overwrought, *a.* ལས་ཚབ་ཆེ་བ;

448 Owe, *v.t.* བུན་ཆག་པ;

449 Owl, *n.* འུག་པ;

450 Own, *v.t.* བདག་པོར་འགྱུར་བ; *a.* རང་གི;

451 Owner, *n.* བདག་པོ;

452 Ownership, *n.* བདག་པོའི་ཚུལ;

453 Ox, *n.*	གླང་གོག;
454 Oxen, *n.*	གླང་གོག་ཚོ; གླང་གོག་རྣམས;
455 Oxygen, *n.*	རླུང་གི་ནང་མེའི་རྒྱུའི་ཆ;
456 Oyster, *n.*	ཉ་ཕྱི;

P

1 **Pabulum,** *n.*	བཟའ་བ; ལྟོ་ཚས; ཟས; བུད་ཤིང;
2 **Pace,** *n.*	གོཾ་པ; གོཾ་ཚད; *vb.* གོཾ་པ་འབོར་བ;
3 **Pacific,** *a.*	ཞི་བ; ཞི་འཇཾ་གྱི་ངང་ཚུལ་དང་ལྡན་པ;
4 **Pacification,** *n.*	ཞི་བ; ནང་སྒྲིག;
5 **Pacificator,** *n.*	མཐུན་ཞིབ་བྱེད་མི;
6 **Pacify,** *v.t.*	ཞི་རུ་བཅུག་པ;
7 **Pack,** *n.*	འཁེལ་བ; གཏིག་པ;
8 **Package,** *n.*	འབོག་སྒྲིལ;
9 **Packer,** *n.*	སྒྲོམ་མཁན; འགེལ་མཁན;
10 **Packet,** *n.*	ཐུམ་བུ;
11 **Packing,** *n.*	(ཐུམ་རྒྱབ་པའི་ལྷུང) ཐུམ; ཐུམ་རྒྱབ་སྟངས;
12 **Pad,** *n.*	ལྷན་པ;
13 **Paddle,** *v.i.*	གྲུ་སྐྱས་འཕྱུལ་ནས་འགྲོ་བ;
14 **Padlock,** *n.*	སྒོ་ལྕུག; ཉོང་པ;
15 **Pagan,** *n.*	ཀླ་ཀློ;
16 **Paganism,** *n.*	ཀླ་ཀློའི་ཆོས;
17 **Page,** *n.*	ཤོག་གདོང; ཨབ་ཕྲུག; སྐུ་མདུན་པ; (ཚང་སྐར་པ; Bhut.)
18 **Pageant,** *n.*	ལྟད་མོ;

19 Pageantry, *n.* ཁྱད་མཚར་གྱི་ལྟད་མོ;

20 Pagoda, *n.* མཆོད་རྟེན:

21 Pail, *n.* ཟོ་བ;

22 Pain, *n.* ཟུག་རྔུ; ན་ཚ; གཟེར;

23 Painful, *a.* ན་ཚ་དང་ལྡན་པ; ཟུག་གཟེར་ཅན;

24 Painless, *a.* ན་ཚ་མེད་པ;

25 Painstaking, *a.* བརྩོན་འགྲུས་ཅན; འབད་པ་ཅན;

26 Paint, *v.t.* ཚོན་གཏང་བ;

27 Painter, *n.* ལྷ་བྲིས་པ;

28 Painting, *a.* ལྷ་བྲིས; ལྷིབ་རིས;

29 Pair, *n.* ཆ;

30 Palace, *n.* ཕོ་བྲང;

31 Palanquin, *n.* འཁྱོག; ཁྱོགས་དབྱུང; (ཕེབ་དབྱུང;)

32 Palatable, *a.* དང་ཁར་འགྲོ་པོ; རྐན་དང་མཐུན་པོ; ཟ་སྙིང་སྤྲོ་པོ;

33 Palatal, *n.* རྐན་གྱི;

34 Palate, *n.* རྐན; ཡ་རྐན;

35 Palatial, *a.* ཕོ་བྲང་ལྟུ;

36 Palaver, *n.* ཁ་གླུ; ཁ་ཡ; སྐད་ཆ་ཚོ་མེད;

37 Pale, *a.* སྐྱ་བྲེ་རེ; སེར་ཤུག་གེ;

38 Paleness, *n.* སྐྱ་བྲེ་རེ་ཡིན་ཚུལ;

39 Palette, *n.* ཚོན་ཀོང;

40 Palfrey, *n.* རྟ; རྟ་གཟུགས་ཆུང་ངུའི་རིགས་ཤིག;

41 Palisade, *n.* ར་བ;

42 Pall, *n.* རོ་རས; རོ་ཡོལ;

43 Pallas, *n.* གྲིག་པའི་དམག་དང་ཤེས་རབ་ཀྱི་ལྷ་མོ;

44 Pallet, *n.* འབེབ་སྟན;

45 Palliate, *v.t.* ཐུགས་བསྐང་བ; བཤགས་པ; བཟོད་གསོལ་བྱས་པ;

46 Palliation, *n.* བསྐང་བསྐྱོ; བསྐང་བསོ;

47 Palliative, *a.* བསྐོང་བའི;

48 Pallid, *a.* བཀྲག་སྐྱ་བོ;

49 Palm, *n.* ལག་མཐིལ; ཐལ་མོ;

50 Palmate, *a.* ལག་མཐིལ་གྱི་བཟོ་དབྱིབས་ཅན་མཐིལ་དང་འཛུབ་མོ་ཅན;

51 Palmistry, *n.* ལག་རིས་བརྟག་པ;

52 Palmy, *a.* རྒྱས་པའི; ད་ལའི་ཤིང་ལྟ་བུའི;

53 Palpable, *a.* དངོས་བཟུང་ཡོད་པ;

54 Palpitate, *v.i.* ཐུག་ཐུག་འཕར་བ; ཕིར་ཕིར་ཐུག་ཐུག་བྱས་འཕར་བ;

55 Palpitation, *n.* ཐུག་ཐུག; སྙིང་ཐུག་ཐུག་འཕར་བདེའོ;

56 Palsied, *a.* རེངས་པ; ཡན་ལག་གནམ་སྐྱོན་གྱིས་འགུལ་བསྐྱོད་བྱ་མི་ནུས་པ;

57 Palsy, *n.* གནམ་སྐྱོན; རྩ་བརྡར;

58 Paltriness, *n.* ཉམ་ཆུང་ལུགས;

59 Paltry. ཉམ་ཆུང; མདོ་མེད; མགོ་མེད;

60 Pampas, *n.* ཨེ་མེ་རི་ཀའི་ལྷོ་གླིང་དུ་ཤིང་སྡོང་མེད་པའི་སྤང་ཐང་རྒྱ་ཆེན་པོ;

61 Pamper, *v.t.* ཡང་ཤོར་གཏང་བ;

62 Pamperos, *n.* པམ་པ་སི་ཟེ་བའི་སྤང་ཐང་དེར་བྱུང་བའི་རླུང་དམར་ཆེན་ཞིག;

63 **Pamphlet**, *n.* མདོ་མཚན ; མདོ; དཔེ་ཆ་ཤོག་གྲངས་ཉུང་དུ་བྲིས་པ;

64 **Pan**, *n.* སྣང; སྣོད་སྣང; ལྷུར་སྣང;

65 **Panacea**, *n.* ནད་ཀུན་འཇོམས་པའི་སྨན; གཉན་འཇོམས;

66 **Pancake**, *n.* སྒོང་དང་འོ་མ་དང་མར་དང་གྲོ་ཕྱེ་ལས་བཟོས་པའི་འཁུར;

67 **Pandemonium**, *n.* དཀྲུལ་བ་ངུ་འབོད་ཅན;

68 **Pander**, *n.* (ལྷ་ཐག་འདྲེན་མི; Bhut.) མགྲོན་གཉེར་རྒྱག་མི; བར་མི; Sik. སྐྱེས་པ་དང་བུད་མེད་མཛའ་གྲོགས་སུ་འགྱུག་མི;

69 **Pane**, *n.* ཤེལ་ཁ་གང; ཤེལ་ལེབ་ཁ་གང; ཤེལ་སྒོ་ཁྲི་ཁ;

70 **Panegyric**, *n.* བཤད་བསྟོད; བཤད་བྱའི་བསྟོད་པ; མངོན་རྟོགས;

71 **Panegyrist**, *n.* བཤད་བྱའི་བསྟོད་པ་རྩོམ་མི; མངོན་རྟོགས་རྩོམ་མི;

72 **Panel**, *n.* ཤིང་ལེབ; སྤྲང་ལེབ;

73 **Pang**, *n.* ཟུག་ཏུ; ཟུག་གཟེར; ཟུག; ན་ཟུག;

74 **Panic**, *a.* དངངས་སྐྲག; ཧོན་འཐོར; སྐྲག་འདར;

75 **Pannier**, *n.* ཏེ་སྒྲོ;

76 **Panoply**, *n.* དགྲ་ཆས; ཇཾ་པའི་ཆས་གོས;

77 **Panorama**, *n.* མིག་གིས་གར་ཁྱབ་ཀྱི་ཡུལ་ལྗོངས; མཐོང་གཡེར; མཐོང་ས;

78 **Pant**, *v.i.* དབུགས་རིང་རིང་བྱེད་པ;

79 **Pantaloon**, *n.* དོར་མ; རྒྱ་དོར;

80 **Pantheism**, *n.* ལྷ་མང་པོར་འདོད་པའི་ཆོས་ལུགས;

81 **Pantheistic**, *a.* ལྷ་མང་པོར་འདོད་པའི་ཆོས་ལུགས་ཅན;

82 **Pantheon**, *n.* ལྷ་ཚོགས་ཀྱི་གྲངས;

83 **Panther**, *n.* གཟིག; (སྟག་མ་གཟིག; Sik. & Bhut.)

84 Pantograph, *n.* རི་མོ་ཇི་ལྟ་བ་བཞིན་དཔེ་བཤུ་རྒྱུའི་ལག་ཆ;

85 Pantomine, *n.* ཉཾ་ཐར་ལྟད་མོར་སྟོན་པ;

86 Pantry, *n.* སྒོ་བང; (ལྷང་ཀ་ Sik.) ཟུག་སྒོ; བང་ཟ;
གཉེར་ཚང; མཛོད་ཁང;

87 Pants, *n.* དོར་མ;

88 Pap, *n.* ཉུ་མ;

89 Papa, *n.* པ; ཨ་པ;

90 Papacy, *n.* ཡེ་ཤུའི་ཆོས་ལུགས་རྙིང་མ་དེའོ;

91 Papal, *a.* པོབ་ཞེས་པའི; པོབ་ཀྱི;

92 Paper, *n.* ཤོག་བུ;

93 Papier-mache, *n.* ཤོག་བུ་སྦྱར་མ; ཤོག་སྦྱར་མཁྲེག་པོ་སྦང་ལེབ་འདྲ་པོ;

94 Papist, *n.* ཡེ་ཤུའི་ཆོས་ལུགས་རྙིང་པའི་རྗེས་སུ་འཛིན་པ;

95 Papistry, *n.* རོམ་ཞེས་པོབ་ཀྱི་ཆོས་ལུགས;

96 Papyrus, *n.* ལོ་མའི་ཤོག་བུ;

97 Par, *n.* གོང་མཉམ;

98 Parable, *n.* དཔེ་གཏམ; གཏམ་དཔེ;

99 Parabola, *n.* སྒོང་གཟུགས་དབྱིབས་ཅན;

100 Paraclete, *n.* གྲོགས་བྱེད་མཁན; ཞུ་བ་སྒྲོན་རོགས་བྱེད་མཁན;
ཡེ་ཤེས་སེམས་དཔའ;

101 Parade, *n.* དམག་རྩེས; དམག་འགྲོངས;

102 Parade, *v.t.* དམག་སྒྲིག་རྒྱ་བ;

103 Paradise, *n.* འདོད་ཁམས་ཀྱི་ལྷ་ཡུལ;

104 Paradox, *n.* དོན་དེ་ད་བདེན་ཀྱང་དྲང་དོན་ད་མི་ངེས་པའི་བདེན་པ;

105 Paragon, *n.* དཔེ་བླ་མ་མཆིས་པ; མཚུངས་མེད; བླ་མེད;

106 Paragraph, *n.* ཚིག་དོན; ཡི་གེའི་ཚིག་དོན་གཅིས་ཤད་ཀྱི་མཚམས་སྦྱར;

107 Parallel, *a.* རྩ་རྩེ་མི་ཐུག་པའི་ཐིག་གཉིས་འཕྲེལ ;

108 Parallelism, *n.* ཐིག་ཉིས་འཕྲེལ་དུ་གནས་པའི་ཚུལ ;

109 Parallelogram, *n.* གྲུ་བཞི་ཟུར་བཞི ;

110 Paralysis, *n.* ག་ཉི་སྐྱོན་གྱིས་གཟུགས་སྐད་གཞི་ཡན་ལག་རེངས་པ་ཚོར་
བ་འགག་པའི་ནད ;

111 Paralytic, *n.* ག་ཉི་སྐྱོན་གྱི ; གཟའ་ནད་ཀྱི ;

112 Paralyze, *v.t.* རེངས་པ ; རེངས་པར་བྱེད་པ ;

113 Paramount, *a.* ཀུན་གྱི་མཆོག ; གོང་མ ;

114 Paramour, *n.* སྙིང་བརྩེ ; སྙིང་སྡུག ;

115 Parapet, *n.* ལྕགས་རིའི་བང་རིམ ;

116 Paraphernalia, *n.* རྒྱན་ཆ་ལུགས ; ཆས ; རྒྱན་ཆས ;

117 Paraphrase, *n.* ཚིག་དོན་གྱི་འགྲེལ་པ ;

118 Paraquet, *n.* ནེ་ཙོ ; ནེ་ཙོ་ཆུང་ངུ ;

119 Parasite, *n.* ལུས་ལ་གཟན་བྱེད ; སྡོང་པོར་གཟན་བྱེད ; བ་ཐག་ཤིང ;

120 Parasitic, *n.* གཟན་བྱེད་ཀྱི་སྲིན་འབུ ;

121 Parasol, *n.* ཉི་གདུགས ;

122 Parboil, *v.t.* སྐྱེད་འཚོད་ཙམ་བཙོས་པ ;

123 Parcel, *n.* ཐུམ ; ཐུམ་བུ ;

124 Parch, *v.t.* མེ་ལ་བསྐོལ་ནས་བསྐམ་པ ; བསྐམ་པ ;

125 Parchment, *n.* ཀོ་ཤོག་ར་ལྤགས་ཀྱིས་བཟོས་པ ;

126 Pard, *n.* གཟིག ;

127 Pardon, *v.t.* དགོངས་ཡངས ; བཟོད་གསོལ་བཞེས་པ ;
དགོངས་ཡངས་གནང་བ ;

128 Pardonable, *a.* དགོངས་ཡངས་གནང་འོས ;

129 Pare, *v.t.* རྩེ་གཡམ་པ; རྩེ་འཕྲོག་པ;

130 Paregoric, *n.* ཟུག་སེལ་བྱེད;

131 Parent, *n.* ཕ་མ;

132 Parentage, *n.* ཕ་མའི་ཁུངས; ཕ་རིགས་མ་ཁུངས;

133 Parental, *a.* ཕ་མ་ལྟུ;

134 Parenthesis, *n.* ཚིག་གི་རྒྱུན་ཆ; ཚིག་གི་ཁ་རྒྱུན;

135 Parenthetic, *a.* ཚིག་གི་ཁ་སྐོན་གྱི་རྣཾ་པ་ཅན;

136 Paring, *n.* རྩེ་གཡམས་གཡམས་པའི་རག་རྡུག; རག་རྡུག;

137 Parish, *n.* དགོན་ཞོལ་གྱི་གྲོང; ཞོལ;

138 Parishioner, *n.* ཞོལ་པ;

139 Parity, *n.* མཉམ་དོད;

140 Park, *n.* སྐྱིད་ཚལ;

141 Parlance, *n.* སྐད་ཆ; གླེང་མོ;

142 Parley, *n.* གཏམ་བྱེད་པ;

143 Parliament, *n.* དབྱིན་ཇི་བཀའ་གྲོས་ལྷན་རྒྱས; དབྱིན་གཞུང་བཀའ་ཤག;

144 Parliamentarian, *n.* བཀའ་ཤག་ལྷུས་པ;

145 Parliamentary, *a.* བཀའ་ཤག་ལྷུས་ཀྱི;

146 Parlous, *n.* ཡད་ཡུད་ཅན; འཕོ་རྒྱལ་བུས་ཐོག་ཆེན;

147 Parochial, *a.* གྲོང་ཚུང་གི;

148 Parody, *n.* ཁ་དོན་ནཾ་སྨྲའི་ཚིཊ་བཅད་འགྱུར་ནས་རྒོད་བྲོར་བཟོས་པའི་ཚིག་བརྗོམ;

149 Paroquet, *n.* ནེ་ཙོ;

150 Paroxysm, *n.* ཟུག་གླང; ཟུག་གླང་འཕབ;

151 Parricide, *n.* ཕ་གསོད་པོ; ཕ་མ་གསོད་པའི་མཚམས་མེད་པའི་ལས་ཅན;

152 Parrot, *n.* ནེ་ཙོ;

153 Parry, *v.t.* ཕྱིར་ལྡོག་པ; ཟློག་པ;

154 Parse, *v.t.* ཚིག་གི་ཕྲ་སྐད་བརྗོད་པ;

155 Parsee. མེ་ལྷ་མཆོད་པའི་ཆོས་ལུགས་ཅན་ཛ་རོ་སྟྲ་ཞེས་པའི་རྗེས་འཇུག;

156 Parsimonious, *a.* དྲིབ་རྩིས་ཅན; ལག་པ་དམ་པོ; སེར་སྣ་ཅན;

157 Parsimoniously, *ad.* དྲིབ་རྩིས་ཀྱིས;

158 Parsimony, *n.* ཞིབ་རྩིས; དྲིབ་རྩིས (Sik.) སེར་སྣ;

159 Parsley, *n.* སྔོ་ཚལ་དྲི་ངད་བཟང་པོ་ཞིག;

160 Parsnip, *n.* སྔོ་ཚལ་ལབ་རྟོག་ཅན་ཞིག;

161 Parson, *n.* ལྷ་ཁང་གི་པུ་དྲི;

162 Parsonage, *n.* པ་དྲི་གཅིག་གི་ཆོས་གཞིས་དང་ཁང་པ;

163 Part, *n.* སྐང་པོའི་ཆ; ཉུམ་བུ; བགོ་བཤའ; སྐལ་བ; ཕྱོགས; *v.t.* བགོ་བཤའ་རྒྱབ་པ; བགོས་པ; འབྲལ་བ; འཕྲལ་བ; *v.i.* བྲལ་བ; གྱེས་པ; (for my part) ང་རའི་འཕྲེད་ནས; ང་རང་གི་འཕྲེད་ནས); (to take part) ཕྱོགས་བྱེད་པ;

164 Partake, *v.i.* བགོས་དེ་ཟ་བ; བགོ་བཤའ་ལེན་པ;

165 Partaker, *n.* བགོ་བཤའ་ལེན་མི;

166 Partial, *a.* ཉེ་རིང་ཅན; ཟུར་ཟ་ཅན;

167 Partiality, *n.* ཉེ་རིང;

168 Partially, *ad.* ཟུར་ཙམ་དུ;

169 Participate, *v.i.* མཉམ་དུ་སྤྱོད་པ; མཉེ་པོར་རོལ་པ;

170 Participation, *n.* མཉམ་པོར་སྤྱོད་པ་ཉིད;

171 Participial, *a.* བྱེད་པའི་སྒྲ་ལྡན་གྱི་ཁྱད་ཆོས་ཀྱི་རྣམ་པའི་མིང་; དཔེར་ན;
གོ་ཆོད་པོ; སྦྱོང་པོ; ཟེར་བ་ལྟུའོ;

172 Participle, *n.* ཁྱད་ཆོས་མཚོན; བྱའི་སྒྲའི་རྣམ་པ་ཅན་གྱི་མིང་གང་རུང;

173 Particle, *n.* ཟུར་ཆ; (ཕྲད Grammar).

174 Particular, *a.* བྱེ་བྲག; (in particular བྱེ་བྲག་ཏུ; or ཁྱད་པར་དུ;)

175 Particularity, *n.* ཕྲ་ཞིབ; ཞིབ་ཆ; རྣམ་དབྱེའི་ཞིབ་ཆ;

176 Particularize, *v.t.* བྱེ་བྲག་ཏུ་དབྱེ་བ;

177 Particularly, *ad.* བྱེ་བྲག་ཏུ;

178 Parting, *a.* བྲེ་བྲལ; འབྲལ་བ;

179 Partisan, *a.* ཕྱོགས་ཀྱི་མི; ཕྱོགས་པ; ཕྱོགས་བཟུང་མི;

180 Partisanship, *n.* ཕྱོགས་བཟུང་པ;

181 Partition, *n.* བགོ་བཤའ;

182 Partly, *ad.* ཟུར་ཙམ་དུ;

183 Partner, *n.* ཟླ་རོགས; ཟླའོ; ཚོང་ཤག;

184 Partnership, *n* ཟླ་རོགས་ཀྱི་གོ་ས; ཚོང་ཤག་གི་གོ་ས;

185 Partridge, *n.* (ཀང་ཀོར་མ; Sik.) བྱེའུ་སྲེག་པ་ལྟ་བུ་ཞིག;

186 Parturition, *n.* ཁྱེའུ་བཙས་པའི་ལས; བཙས་པ;

187 Party, *n.* ཕྱོགས་སྡེ;

188 Paschal, *a.* ཡེ་ཤུའི་ཆོས་ལུགས་ཀྱི་ཚོགས་འཁོར་གྱི་སྐོར;

189 Pasha, *n.* སུ་སུལ་མནའ་དུ་ཏུ་ཁ་པའི་རྫོང་དཔོན་ལ་ཟེར;

190 Pass, *v.i.* བརྒལ་ནས་འགྲོ་བ;

191 Pass, *n.* ལམ; ལ་ལམ; (of a passport ལམ་ཡིག;)

192 Passable, *a.* ལམ་ཐར་བ; བགྲོད་དུ་ཡོད་པ; ལམ་འཕེར་ཙམ;
གང་ལ་གང་མཆིས;

193 **Passably**, *ad.* དགའ་མོ་བྱེད་དེ; གང་མཚམས་སུ;

194 **Passage**, *n.* ལམ;

195 **Passenger**, *n.* འགྲུལ་པ;

196 **Passer**, *n.* འགྲོ་མི; ཕན་ཚུན་བགྲལ་དེ་འགྲོ་མི;

197 **Passible**, *a.* སྙིང་སྡུ་མོ; {(Collql. Sik.) མ་རིག་ཨ་ཚ;}

198 **Passing**, *ad* ཞིན་དུ; ཏ་ཙང;

199 **Passion**, *n.* ཉོན་མོངས; ངར; གློ་ངར; ཞེ་སྡང;

200 **Passionate**, *a.* ཁྲོ་བོ; (ཐུགས་གཏུམ་པོ; Hon.) ཉོན་མོངས་ཤས་ཆེན; འདོད་ཤུགས་ཅན; གཏུ་པོ; རླུང་ཁམས་མཐོ་པོ; འདོད་ཆགས་ཆེན;

201 **Passionately**, *ad.* གཏུམ་པོ་བྱེད་དེ; ཁྲོས་ཏེ;

202 **Passionless**, *a.* ཉོན་མོངས་པ་མེད་པ; ངར་མེད་པ;

203 **Passive**, *a.* ཞི་བ; ལྷམ་མེ་བ; ལྷན་ནེ་བ; མི་འགྱུར་བ;

204 **Passively**, *ad.* ལྷམ་མེར; ཞི་བར;

205 **Passiveness**, *n.* ཞི་བའི་ངང་ཚུལ; ཞི་ཚུལ; ཞི་བའི་རང་བཞིན;

206 **Passivity**, *n.* ཞི་བ་ཉིད; ཞི་བའི་ངང་ཚུལ;

207 **Passover**, *n.* ཡ་ཧུ་ད་པའི་ལུགས་ཀྱི་ལོ་ལྟར་གྱི་སྟོན་མོ;

208 **Passport**, *n.* ལམ་ཡིག; ལམ་ཡིག་བཀའ་ཤོག;

209 **Past**, *a.* འདས་པ; འདས་སོང་བ;

210 **Paste**, *n.* ཀྱོ་མ; ཀྱོ་ནག; ཕྱེ་མ་དང་ཆུ་བསྲེས་པ;

211 **Pastern**, *n.* རྟའི་རྟ་བོན་ནས་སྨིག་པའི་བར་གྱི་རྐང་ཚིགས་ཆ་དེའོ;

212 **Pastime**, *n.* དལ་ལས;

213 **Pastor**, *n.* མི་མཆོད་ཕྲད་གཅིག་གི་བླ་མ; གྲོང་མཆོད་ཕྲན་བུ་ཞིག་གི་བླ་ཁག་ཞིག་ལ་ཟེར; རྫི་བོ; ལུག་རྫི;

214 Pastoral, *a.* ལུག་རྫིའི་;

215 Pastorate, *n.* བླ་ཁང་སྲུན་བྱ་ཞིག་གི་གོ་ས;

216 Pastry, *n.* བག་ལེབ་དང་སྣུམ་འཁུར་བག་ཕྱེས་བཟོས་པ་དག;

217 Pasturage, *n.* རྩྭ་ཁ;

218 Pasture, *n.* རྩྭ་ཁ;

219 Pat, *v.t.* ཙབ་ཙབ་བྱེད་པ;

220 Patch, *v.t.* ལྷན་པ་རྒྱབ་པ;

221 Pate, *n.* ཐོད་པ; དཔྲལ་བ;

222 Patella, *n.* སྤྱིར་མ་ཆུང་ཆུང་;

223 Paten, *n.* དབང་གཏོར་གྱི་པད་སྡེར; ཡེ་ཤུའི་ཀྱི་དབང་ཚོགས་ཀྱི་
སྐབས་སུ་བག་ལེབ་བཞག་སའི་སྡེར་མ་དེ་ལ་ཟེར;

224 Patent, *a.* དམངས་གྲོག་གི; གསང་རྒྱ་མེད་པའི; གཞུང་ཐམ་གྱིས་
བསྲུང་བའི; གཞུང་ཐམ་བཟོ་འདི་ཅ་ལག་གི་སྨན་སོར་མི་
ཚོང་གཅིག་ལ་ཐོགས་མ་བསྐུལ་བའི་བཀའ་རྒྱ་དང་
བཅས་པ་ལ་ཟེར;

225 Patentee, *n.* ཚོང་ཟོག་གང་རུང་ཐོགས་མར་བཟུང་ཚོག་པའི་གཞུང་
ཐམ་འཆང་མཁན;

226 Paternal, *a.* ཕ་མ་ལྷ;

227 Paternoster, *n.* རྡོ་མན་ཀ་ཕོ་ལིག་པའི་ལུང་ཀྱི་ཡེ་ཤུའི་ཞབས་བརྟན;

228 Path, *n.* ལོ་ལམ་ཕྲ་མོ; ལམ་ཕྲན;

229 Pathetic, *a.* སྙིང་ལ་ཐུག་པའི; སྙིང་ལ་འཛེར་པའི;

230 Pathetically, *ad.* སྙིང་ལ་འཛེར་པོ་བྱེད་དེ;

231 Pathless, *a.* ལམ་མེད་པ;

232 Pathology, *n.* ན་ཚའི་འབྱུང་རྐྱེན་ན་སྟངས་དང་གཉེན་པོ་སོར་བསྟེན་པའི་ རྒྱུད་དམ་བསྟན་བཅོས ;

233 Pathos, *n.* འཁྲུལ་ཉམས ;

234 Pathway, *n.* ལམ ;

235 Patience, *n.* བཟོད་པ ; ཞེག་སྲན ; སྲན་བཙུགས ;

236 Patient, *a.* བཟོད་སྲན་ཅན ;

237 Patiently, *ad.* སྲན་ཆེནོ་བྱེད་དེ ;

238 Patness, *n.* སྤྲམ་ལྷུགས ; རན་ལྷུགས ;

239 Patriarch, *n.* མི་དམངསད་ཀྱིལ་ནས་རྒན་པོ ; རྒྱུད་པའི་རྒན་ཤོས ; མི་རབས་ཆགས་པའི་རྒན་པོ་ཀུན་གྱི་སྤྱི་དཔོན་དུ་ བཀུར་ག ;

240 Patriarchal, *a.* མི་རྒྱུད་ཀྱི་རྒན་པོས་དབང་བསྒྱུར་བའི་ཁྲིམས ;

241 Patrician, *a.* རྗེ་རིགས ; སྔོན་དུས་རོམ་གྱི་རྒྱལ་སར་འཐུས་མི་རྣམས་ཀྱི་ རིགས་རྒྱུད ;

242 Patricide, *n.* ཕ་གསོད་པ ;

243 Patrimonial, *a.* ཕ་གཞིས་ཀྱི ; ཕ་མེས་ཀྱི ;

244 Patrimony, *n.* ཕ་གཞིས ; ཕ་ནོར ;

245 Patriot, *n.* ཕ་ཡུལ་གྱི་ལས་རྒྱ་གཙོ་བོར་འདོན་པ ; བསྟན་སྲིད་ཀྱི་ལས་རྒྱ་གཙོ་བོར་འདོན་མི ;

246 Patriotic, *a.* བསྟན་པ་དང་ལས་རྒྱའི་ཁུར་བླང་ཅན ; ལེན་མཁན ;

247 Patriotism, *n.* བསྟན་པ་ལས་རྒྱའི་ཐེག་པ་ཁུར་བླང ; ལེན་རྩལ ;

248 Patrol, *v.i.* སོ་པ ; སྐྱུལ་མ ;

249 Patron, *n.* རྒྱབ ; མགོ་འདྲེན་བྱེད་མི ; (Hon. མགོ་འདྲེན་མཛད་མི ;)

250 Patronage, *n.* མགོ་འདྲེན ;

251 Patroness, *n.* མགོ་འདྲིན་བྱེད་པ་མོ་;

252 Patronizer, *n.* མགོ་འདྲིན་མཛད་མཁན་;

253 Patronize, *v.t.* མགོ་འདྲིན་མཛད་པ་;

254 Patronizingly, *ad.* མགོ་འདྲིན་བྱེད་པའི་ཁུལ་གྱིས་; མགོ་འདྲིན་བྱེད་པའི་ངང་ཚུལ་གྱིས་;

255 Patronymic, *n.* པ་རྣམས་ལས་འཆད་པའི་མིང་;

256 Patten, *n.* ཀ་རྡེན་; ལྷམ་གྱི་དོག་པ་ཤིང་ལ་བྱས་པ་;

257 Patter, *v.i.* ཏབ་ཏབ་ཅེས་སྒྲ་འབྱིན་པ་;

258 Pattern, *n.* དཔེ་; སྤུས་འཚད་;

259 Patty, *n.* སྣུམ་འཁུར་; ཤ་བག་ལེབ་;

260 Patulous, *a.* རྒྱས་བཞིན་པའི་;

261 Paucity, *n.* དཀོན་ཚུལ་; དཀོན་ཡང་; ཉུང་ཉུང་; དཀོན་ཉེས་;

262 Pauline, *a.* ཡེ་ཤུའི་རྗེས་འཇུག་པའུ་ལའི་སྐོར་གྱི་;

263 Paunch, *n.* གསུས་པ་; ལྟོ་བ་;

264 Pauper, *n.* དབུལ་པོ་;

265 Pauperism, *n.* དབུལ་པོངས་;

266 Pause, *n.* སྒྲུང་པ་; ངང་འཐེན་བྱེད་པ་; (ཐེང་བསྐྱུ་ཆགས་པ་; Sik.)

267 Pave, *v.t.* རྡོ་བཅལ་སྒྲིག་པ་;

268 Pavement, *n.* རྡོ་བཅལ་;

269 Pavilion, *n.* གུར་; བླ་གུར་ཆེན་པོ་; ཚོང་གུར་; ཁྲི་གུར་; གསེར་ཐོག་གཏྲེ་ལ་ཅན་གྱི་ཁང་བཟང་;

270 Paving, *n.* རྡོ་བཅལ་; རྡོ་ཞལ་; (རྡོ་ཆལ་; (Collql.)

271 Pavise, *n.* ལུས་པོ་ཡོངས་ཁེབས་པའི་ཕུབ་ཆེན་ཞིག་;

272 **Paw**, *n.* ལག་པ; གཅན་གཟན་གྱི་ལག་པ་སྡེར་མོ་དང་བཅས་པ; *v.i.* ལག་གཡོབ་རྒྱབ་པ;

273 **Pawn**, *n.* གཏའ་མ;

274 **Pawnbroker**, *n.* གཏའ་མ་བླངས་ཏེ་དངུལ་སྐྱིན་གཏོང་མི;

275 **Pax**, *n.* མཛའ་བའི་འོ; ཡེ་ཤུའི་སྐུ་འདྲ་རྒྱང་ཞིང་གི་ཡོགས་སྐུ་ཡོད་པ་དེ་འོ;

276 **Pay**, *v t.* དངུལ་བྱིན་པ; བུ་ལོན་བཏབ་པ; བུན་འཇོར་བ; སྐྱིན་པ་འཇལ་བ; ལན་འཇལ་བ; *v.i.* བྱ་དགའ་བྱིན་པ; དངུལ་ཁུག་པ; ཁེ་སང་འབྱུང་བ;

277 **Paid**, *a.* དངུལ་སྤྲོད་ཟིན་པའི;

278 **Payable**, *a.* དངུལ་སྤྲོད་འོས་པའི;

279 **Payee**, *n.* དངུལ་སྤྲོད་ས;

280 **Payer**, *n.* དངུལ་སྤྲོད་མི;

281 **Paymaster**, *n.* བླ་སྦྱིན་མཁན་བདག་པོ;

282 **Payment.** དངུལ་སྤྲོད་རྒྱུ;

283 **Pea.** སྲན་མ;

284 **Peace**, *n.* མདུན་མ; མཐུན་འགྲིག; མདུན་འགྲིག; ཆམ་མཐུན; མཐུན་ལེ;

285 **Peaceable**, *a.* མཐུན་པོ; མཛའ་པོ; སྐྱིད་པོ;

286 **Peaceably**, *ad.* མཛའ་པོ་བྱེད་དེ; ཞི་བའི་ཚུལ་གྱིས; མཐུན་པོ་བྱེད་དེ;

287 **Peaceful**, *a.* མཐུན་པོ; མཛའ་པོ; སྐྱིད་པོ; དབེན་པ; ཞི་བ;

288 **Peacefully**, *ad.* མཐུན་པོར; མཛའ་མོར;

289 **Peacemaker**, *n.* མཐུན་གཞིབས་མཁན;

290 **Peace-offering**, *n.* གཏང་རག་གི་འབུལ་བ;

291 Peach, *n.* ཁམ་བུ་འབྲས་བུ; *v.i.* ནང་ཁ་ཕྱི་བཀྱལ་བྱས་པ;
(ནང་ཆ་ཁྲིམ་འདོར་བྱས་པ; Collql.)

292 Peacock, *n.* རྨ་བྱ;

293 Peahen, *n.* རྨ་བྱ་མོ;

294 Peag, *n.* ཀར་ཞ་པ་ནི་འགྲོན་བུ;

295 Pea-green, *n.* སྲན་མའི་གང་བུ་ལྗུའི་མདོག་ལྗང་ཁུ;

296 Pea-jacket, *n.* གྲུ་གཟིངས་ཀྱི་མཆར་པ་རྣམས་ཀྱིས་གྱོན་པའི་གོ་ཐུང་ཐུང་
ཞིག་ལ་ཟེར;

297 Pea-maggot, *n.* སམ་འབུ་ཆུང་ཆུང་སྲན་མའི་གང་བུའི་ནང་དུ་སྐྱོང་སྐྱེས་
ནས་བཞག་མི་ཞིག;

298 Peak, *n.* རི་རྩེ; གངས་ཀྱི་རྩེ;

299 Peal, *n.* ལྡིར་སྒྲ; འབྲུག་སྒྲ; ཅུར་སྒྲ;

300 Pean, *n.* རྒྱལ་པོའི་མདུན་ན་འདོན་གྱི་དེབ་འབྲེལ་ཆ་ལྷུང་ཀྱི་
པཏ་ཚཏ;

301 Pear, *n.* ཚུ་ལི; སླི; ཤིང་འབྲས་སླི་ཟེར་བ་དེའོ;

302 Pear-tree, *n.* ལི་ཤིང; སླི་སྡོང;

303 Pearl, *n.* མུ་ཏིག;

304 Pearlaceous, *a.* མུ་ཏིག་འདྲ་པོ; ཉ་ལྕིབས་འདྲ་པོ;

305 Peal-ash, *n.* ཚྭན་གྱི་ཕྱི་མ་ཏ་ཅང་དཀར་པོ་མུ་ཏིག་འདྲ་པོ་ཞིག;

306 Pearl-barley, *n.* ནས་འབྲུ་སོག་བཙང་བྱས་ཟིན་པ; (Sik.)

307 Pearl-button, *n.* ཉ་ལྕིབས་ཀྱི་སྒྲུབ་ཙེ;

308 Pearl-eyed, *adj.* མིག་འབྲས་ལ་ལིང་ཏོག་ཡོད་པ;

309 Pearl-fisher, *n.* མུ་ཏིག་མཆོ་གཏིང་འདོན་མི;

310 Pearl-fishery, *n.* མུ་ཏིག་ཐོན་ས;

311 **Pearling**, *n.* འབྲུ་སོག་བརྡུང་རྒྱབ་པའི་ལས་དེ་ལ་ཟེར; (Sik.).

312 **Peasant**, *n.* སོ་ནམ་པའི་ཁྲལ་པ;

313 **Peasantry**, *n.* ཁྲལ་མི་སོ་ནམ་བྱེད་མི; སོ་ནམ་པ;

314 **Pease**, *n* སྲན་མ; སྲན་མའི་མང་ཚིག;

315 **Peat**, *n.* ཤིང་དང་ལོ་འདབ་སྦུར་ཐེབས་ནས་སའི་ཁག་མར་ཆད་པ;

316 **Pebble**, *n.* ཤེལ་རྡོ; མེ་རྡོ; མིག་ཤེལ་སྒྲུས་ལེའུ་ཀྱི་གྲངས་ཤིག;

317 **Pebbly**, *a.* ཤེལ་རྡོས་ཁེངས་ནས་ཡོད་པ; མེ་རྡོ་ཅན; ཆུ་རྡོ་ཅན;

318 **Peccability**, *n.* སྡིག་ལ་གོམས་ཉེན;

319 **Peccable**, *a.* སྡིག་ལ་ཁ་ཞུར་ཉེན་ཆེན་པོ; སྡིག་ལ་གོམས་ཉེན་ཆེན;

320 **Peck**, *v.t.* གཙབ་པ; མཆུ་ཐོས་གཙབ་པ;

321 **Peckish**, *a.* གྲོད་པ་ལྟོར་པོ; ལྟོགས་ལྷོག་ཁ་པོ;

322 **Pectoral**, *a.* བྲང་ཁོག་གི་སྐོར; *n.* བྲང་ཁེབས; བྲང་བརྒྱན་སེ་མོ་དོ;

323 **Peculate**, *v.i.* རང་ལ་ཉར་ཚར་ཀྱི་ཆེད་དུ་བཅོལ་བའི་ནོར་ཐག་དུ་རང་
ཆེད་དུ་སྤྱོད་པ:

324 **Peculation**, *n.* བཅོལ་ནོར་ཧྲཾ་ཟས;

325 **Peculiar**, *n.* གཞན་གྱིས་མི་བརྫོག་པའི; གཞན་དང་མི་འདྲ་བའི;

326 **Peculiarity**, *n.* ཁྱད་པར; དབྱེ་ཁྱད;

327 **Peculiarly**, *ad.* ཁྱད་པར་དུ;

328 **Pecuniary**, *a.* རྒྱུ་དངུལ་སྐོར་གྱི;

329 **Pedagogue**, *n.* བསླབ་གྲྭའི་དགེ་མཁན;

330 **Pedal**, *a.* རྐང་པའི; རྐང་པའི་སྐོར;

331 **Pedal**, *n.* རྐང་པས་བསྐྱུལ་རྒྱུ་ཡོད་པའི་འཁྲུལ་འཁོར;

332 **Pedant**, *n.* ཡོནྟ་ངོམས་དད་ཅན;

333 **Pedantic**, *a.* ཡོནྟ་ངོམས་དད;

334 Pedantry, *n.*	ཡོནྡ་ངོམས་འདོད་ཅན་གྱི་ཁྲིར་སོའམ་འགྲོ་སྟངས་སྟོད་སྟངས;
335 Peddle, *v.i.*	འཚོང་བ་ཤལ་རྒྱབ་པ; སྒྲོ་འཚོང་པ;
336 Pedestal, *n*	ཞབས; ཞམ་ར;
337 Pedestrian. *a*	ཀང་སྟོང་འགྲུལ་པ; ཀང་འགྲུལ་པ;
338 Pedicel, *n*	མེ་ཏོག་གམ་ལོ་འདབ་ཀྱི་ཡུ་བ་ཕྲ་མོ་དེའོ;
339 Pedigree, *n.*	ཕ་མེས་ཀྱི་རྒྱུད་པ;
340 Pedimanous, *n.*	ཀང་ལག་བཞི་ཀ་ལག་པ་འདྲ་པོ་ཡོད་པའི་སེམས་ཅན;
341 Pediment, *n*	སྒོ་ཐོག་གི་རྒྱན་བཟོ་གྲུ་གསུམ་པའི་ཏོར་གཞུ;
342 Pedler, *n*	སྒོ་བཤལ་སྟེ་འཚོང་མི; སྒོ་འཚོང་པ;
343 Pedo-baptism, *n.*	ཁྲིའུ་ཆུང་དུས་ནས་ཆོས་སུ་བཙུག་པ;
344 Pedo-baptist, *n.*	ཁྲིའུ་ཆུང་ཆོས་གྲལ་དུ་བཙུག་པར་སོམས་མི;
345 Peel, *v.t.*	ཕྱར་པ་བཤུས་པ;
346 Peep, *v.i.*	ཡིབ་ནས་ལྟ་བ;
347 Peer, *n.*	སྐུ་དྲག; བློན་རིང; ཨིན་གཞུང་བཀའ་ཤག་རྗེ་བོའི་སྐྱེནས་ཁང་གི་གྲལ་པ; ཡ་ཟླ; དོ་ཟླ; *v.i.* ཡིབ་ནས་བལྟ་བ;
348 Peerage, *n.*	བློན་རིང་ཀྱི་གོ་ས; ཞབས་པད་ཀྱི་གོ་ས;
349 Peerless, *a.*	མཚུངས་མེད; ཟླ་མེད; འགྲན་གྱི་དོ་མེད;
350 Peevish, *a.*	(Sik. ཁ་འཆལ་པོ; རླུང་གཟན; ཁྲི་སྣ་པ; currish.
351 Peevishness, *n.*	རླུང་ཁམས་ཚོད་མེད;
352 Peg, *n.*	ཤིང་གཟེར; ཕུར་པ; ར་ཕུར; of measure ཆང་སྟོད་ཆུང་ཆུང་ཏུབ་གང་ཙོ་པ་ཞིག་ལ་ཟེར;
353 Pegging, *n.*	ཕུར་པས་བདབ་པའི་ལས་དེ་ཀ;

354 Peg-aways ལས་ལ་འབད་པ་ཆེནོ་བྱས་པ;

355 Peg (to take down a). ལྷུ་བ་ཕབ་པ; ལྷུ་བ་བཅག་པ;

356 Pegasus, *n.* རྟ་ལྡིང་གི་གཤོག་པ་ཅན་མེ་ཏི་ཨུ་ས་ཞེས་པའི་མ་མོ་དྲུག་
མོ་དེ་བསད་སྐབས་དེའི་ཁྲག་ལས་བྱུང་བར་བཤད;

357 Pegmatite, *n.* རྡོའི་རིགས་ཤིག;

358 Pekoe, *n* ཇ་འབྲུ་ཐང་ཡག་ཤོས་དེ;

359 Pelf, *n* ཟང་ཟིང; སྒྱུ་མའི་ནོར་རྫས; རྒྱུ་ནོར;

360 Pelican, *n.* བྱའི་རིཊ་གཅིག;

361 Pellet, *n* རྡེའུ; རིལ་བུ; རྡེལ་སྲན;

362 Pellicle, *n.* དར་ཁ; དར་ཤུན; ཞག; ནལ་མ;

363 Pell-mell, *ad.* སླ་བསྲེས་ནས; (སླ་བསྲེས་དཀྲུ་བསྲེས; Sik.)

364 Pellucid, *a.* དྭངས་མོ;

365 Pelt, *n.* ཀོ་རློན; *v.t.* རྡོས་བརྡུང་བ; རྡོ་འཕང་སྟེ་བརྡེག་པ;

366 Pelvis. *n.* དཔྱི་མགོ;

367 Pen, *n.* སྨྱུ་གུ; བྱའི་གཤོག་པའི་སྒྲོ་ཀང;

368 Pen, *v.t.* བཙོན་དུ་བཟུང་བ; ར་བར་འཇུད་པ; *n.* ར་བ;
ལྷས་ར;

369 Penal, *a.* ཁྲིམས་ཀྱི་སྐོར; ནག་ཁྲིམས་གཅོད་པའི;

370 Penalty, *n.* ཁྲིམས་ཆད; ཆད་པ;

371 Penance, *n.* སྒྲིབ་སྦྱོང་གི་དཀའ་ཐུབ;

372 Pence, *n.* ཟང་ཊམ་དུ་མ་ཟང་ཊི་མང་པོ;

373 Pencil, *n.* སོལ་ཕིར;

374 Pendant, *n.* ཁང་པའི་འདུ་ཁང་ནང་དཔྱང་རྒྱའི་དར་གྱི་ཚ་ཟུར;

375 Pendent, *a.* དཔྱང་ནས་ཡོད་པ;

376 Pending, *a.* ཐག་མ་ཆོད་པ; བསྒུར་ནས་ཡོད་པ;

377 Pendragon, *n.* སྤྱི་དཔོན; སྔ་དུས་བྲི་ཊེན་པའི་འགོ་དཔོན;

378 Pendulum, *n.* ཆུ་ཚོད་འཁོར་ལོའི་འཕྱུང་རྡོ་དེའི;

379 Penetrability, *n.* ཕིག་ཏུ་ཡོད་པའི་ཆོས་ཉིད;

380 Penetrable, *a.* འཕིག་ཏུ་ཡོད་པ;

381 Penetrate, *v.t.* ཕུག་པ; (or ཕིག་པ;) གསང་བ་རྟོལ་བ;
རྟོན་ཏ་གོ་བ;

382 Penetrating, *a.* ཕིག་ནུས; ཤི་ཁྲང་ཕིག་འགྲོ་རྒྱུ་ལྷུ;

383 Penetration, *n.* ཤི་ཁྲང་ཕུག་ཚུལ; ཤི་ཁྲང་འབིག་པའི་ལས;
འབིག་པའི་ལས;

384 Penetrative, *a.* ཤི་ཁྲང་འབིག་ནུས་པའི; རྩེ་སྣྲང་ཅན;

385 Penguin, *n.* བྱང་འཁྱག་རོམ་གླིང་གི་ཆུ་བྱའི་རིགས་ཞིག;

386 Peninsula, *n.* ཡུལ་ལམ་གླིང་ཕལ་ཆེར་ཆུས་བསྐོར་བ;

387 Peninsular, *n.* ཡུལ་ལཾ་གླིང་ཕལ་ཆེར་ཆུས་བསྐོར་བའི;

388 Penis, *n.* ཕོ་རྟགས་ཕོ་མཚན; མཛེ་ (vulgar)
(སྐྱེས་པའི་རྡོ་རྗེ; གསང་བའི་རྡོ་རྗེ; classical).

389 Penitence, *n.* འགྱོད་བ་ཤར; གནོང་འགྱོད;

390 Penitent, *a.* འགྱོད་སེམས་ཅན; བདུལ་ཕྱུར; གནོང་འགྱོད་ཅན;

391 Penitential, *a.* འགྱོད་པ་སྐྱེས་པའི; གནོང་ཞིང་འགྱོད་པའི;

392 Penitentiary, *a.* བཙོན་ཁང;

393 Penitently, *ad.* འགྱོད་སེམས་དང་བཅས་ཏེ;

394 Penknife, *n.* སྨྱུག་གྲི; གྲི་ཆུང་བལྷ་གྲི;

395 Penman, *n.* སྨྱུག་གུའི་ལས་ལ་མཁས་པོ; རྩོམ་པ་པོ;

396 Penmanship, *n.* ཡིག་བྲིས;

397 Pennant, *n.* བ་དན; དར་སྣ; དར་ལྕེ;

398 Pennate, *adj.* ཤོག་པ་ཅན;

399 Penny, *n.* ཟང་ཏི་བོད་ཀྱི་སྐར་ལྔའི་རྡོད; ཤི་ལིང་གི་བཅུ་གཉིས་ཀྱི་ཆ;

400 Pennies, *n.* ཟང་ཏི་པེ་ནི་རང་གི་གྲངས་མང;

401 Pence, *n.* པེ་ནི་མང་པོའི་རྡོད་ཀྱི་དངུལ;

402 Penny-royal, *n.* སྤོ་ཆོལ་དྲི་ངད་བཟང་པོ་ཅན་ཞིག;

403 Penology, *n.* བཙོན་ཁང་གི་ལྟ་སྟོས;

404 Pensee, *n.* བསམ་བློ;

405 Penseroso, *n.* བློའི་འཁྲུལ་སྣང; ངེས་འབྱུང་གི་བློ;

406 Penniless, *a.* ནོར་མེད; པེ་ཤ་གཅིག་ཀྱང་མེད་པ;

407 Pennon, *n.* མདུང་དར;

408 Penny, *n.* ཟང་ཏི;

409 Pension, *n.* གས་པའི་ལྟོ་ཕོཊ; ཞུར་བཞུགས་པའི་ཕོཊ;

410 Pensioner, *n.* གད་པོའི་ལྟོ་ཕོཊ་ཐོབ་མཁན;

411 Pensive, *a.* སྐྲོ་ལྡོག་ཁ་པོ;

412 Pent (*pa. t.* of pen). ར་བ་བཙུག་པ;

413 Pentagon, *n.* ཀྲུ་ལྔ་པ; ཟུར་ལྔ་པ; རི་མོ་ཀྲུ་ཟུར་ལྔ་ལྡན;

414 Pentagram, *n.* སྐར་རིས་རྩེ་ལྔ་པ;

415 Pentapetalous, *adj.* མེ་ཏོག་འདབ་མ་ལྔ་ལྡན;

416 Pentaphyllous, *a.* ལོ་མ་ལྔ་ལྡན; ལོ་འདབ་ལྔ་བྱས་པ;

417 Pentapolis, *n.* གྲོང་ཁྱེར་ཆེན་ལྔ་འདུས;

418 Pentarchy, *n.* མི་ལྔ་སྡེས་དབང་བསྒྱུར་བའི་གཞུང;

419 Pentateuch, *n.* ཡ་ཧུ་ད་པའི་བསྟན་བཅོས་པོ་དེ་ཐོག་མ་ལྔ་པོ་དེ;

420 Pentecost, *n.* ཡ་ཧུ་ད་པའི་དུས་ཆེན;

421 Penult, *n.* མཐའ་མའི་གོང་དུ་མཆིས་པ་གང; མིང་ཚིག་གི་སྒྲའི་ནང་ནས་མཐའ་མའི་གོང་མ་དེ;

422 Penultimate, *a.* གཅིག་གི་མ་གཏོགས་མཐའ་མཇུག་པ;

423 Penurious, *a.* དབུལ་པོ; བཀྲེན་པོ;

424 Penury, *n.* དབུལ་ཕོངས;

425 Peon, *n.* (ཙབ་ཀྲ་ཤིས; Hindi word) (ཕྱུ་མ་ཧྲ);

426 People, *n.* མི་དམངས;

427 Peotomy, *n.* ཕོ་རྡགས་བཅད་པའི་ལག་ལེན;

428 Pepper, *n.* ཕོ་བ་རིལུ;

429 Peppermint, *n.* ཕི་ཕི་མིང་མེ་ཏོག་གི་སྙིང་པོ;

430 Per, *prep.* མདུན་དུ; ལག་ཏུ; བརྒྱུད་དེ;

431 Peradventure, *ad.* ཅིག་བྱེད་ན; སྲིས་དབང་གིས; ངེས་མེད་དུ;

432 Perambulate, *v.t.* བསྐོར་བ་བྱེད་པ;

433 Perceivable, *a.* མཐོང་སར་ཡོད་པ;

434 Perceive, *v.t.* མཐོང་བ; མངོན་པ; ཚོར་བ;

435 Percentage, *n.* བརྒྱ་རེ་ལ་སྐྱེད; བརྒྱ་རེ་ལ་རིན;

436 Perceptibility, *n.* མཐོང་སྣང;

437 Perceptible, *a.* མངོན་དུ་ཡོད་པ; མཐོང་སར་ཡོད་པ;

438 Perception, *n.* རིག་པ; མཐོང་སྣང; མངོན་པ; ཚོར་བ;

439 Perceptive, *a.* རིག་བྱེད་ཀྱི; མངོན་པའི; ཚོར་བའི;

440 Perch, *n.* བྱིའུའི་གདང; སྙེགས་མཐོན་པོ; ག་ཛེ་ལྔ་དང་ཕྱེད་ཀའི་ཚད;

441 Percher, *n.* བྱིའུ་གདང་ལ་བབ་པའི་རིགས;

442 Perchance, *ad.* ཅིག་བྱེད་ན; ངེས་མེད་དུ;

443 Percipient, *a.* མཐོང་སྣང་ཅན; མངོན་བྱེད;

444 Percolate, *v i.* ཟགས་པ; འཛག་པ; *v.t.* ཚགས་སུ་བཙགས་པ;

445 Perdition, *n.* དམྱལ་བ;

446 Peregrinate, *v.i.* ཡུལ་བཤལ་བྱེད་པ; ས་བཤལ;

447 Peregrination, *n.* ཡུལ་བཤལ;

448 Peremptorily, *ad.* ཐག་ཆོད་པོ་བྱེད་དེ;

449 Peremptoriness, *n.* ཐག་ཆོད;

450 Peremptory, *a.* ཐག་ཆོད་པོ; (ཐག་ཆོད་ནད་ཆོད; Sik.)
ཐག་ནད་ཆོད;

451 Perennial, *a.* རྒྱུན་དུ་གནས་པའི; ལོ་ཁོར་མོ་ཡུག་ཏུ་གནས་པའི;

452 Perfect, *a.* སྐྱོན་མེད; ཡོན་ཏན་ཚངས་པ; ཡོན་ཏན་རྫོགས་པ;

453 Perfectibility, *n.* རྫོགས་སུ་ཡོད་པ; ཚངས་སུ་ཡོད་པ;

454 Perfectable, *a.* ཡོན་ཏན་རྫོགས་སུ་ཡོད་པ;

455 Perfection, *n.* ཡོན་ཏན་རྫོགས་པ; མཚན་ལྡན;

456 Perfectly, *ad.* ཡོངས་རྫོགས་སུ;

457 Perfectness, *n.* ཡོངས་རྫོགས; མཚན་རྫོགས; མཚན་ཡོངས་རྫོགས;

458 Perfidious, *a.* དམ་ཉམས;

459 Perfidiously, *ad.* དམ་ཉམས་ལྟར;

460 Perfidy, *n.* དམ་འགལ; དམ་ཉམས;

461 Perforate, *v.t.* ཨི་ཁུང་ཕིག་པ; ཕུག་པ; ཕིག་པ;

462 Perforation, *n.* ཨི་ཁུང; རྩབ་རྒྱབ་པ;

463 Perforce, *ad.* བཙན་ཤུགས་ཀྱིས; དབང་ཡོད་ཀྱིས;

464 Perform, *v.t.* བྱེད་པ; ལག་ལེན་དུ་བཀལ་བ;

465 Performable, *a.* ལག་ལེན་ཐུས་པ;

466 Performance, *n.* ལག་ལེན་;

467 Performer, *n.* ལག་ལེན་བྱེད་མི་;

468 Perfume, *n.* དྲི་བཟང་; བྱུག་པ་; དྲི་ཆབ་; བསང་དུད་; སྤོས་དུད་; སྤོས་ཆབ་;

469 Perfumer, *n.* བྱུག་པ་བཟོ་མཁན་; སྤོས་བཟོ་མཁན་;

470 Perfumery, *n.* དྲི་དང་བྱུག་པའི་རིགས་; སྤོས་ཆབ་དང་སྤོས་ཀྱི་རིགས་;

471 Perfunctory, *a.* ཛ་རེ་ཛོ་རེ་; (འགྲོ་ལ་ཕན་ཕྱིར་; Sik. collql.) (གང་བྱུང་མ་བྱུང་; T. collql.).

472 Perfunctorily, *ad.* ཛ་རེ་ཛོ་རེ་བྱེད་དེ་; སྤུས་དག་པོ་མ་ཡིན་པར་གང་བྱུང་དུ་;

473 Pergunnah, *n.* རྒྱ་གར་དུ་རྫོང་ཁག་ཇི་ལའི་འོག་གི་གྲོང་སྡེ་གཅིག་ལ་ཟེར་; (རྒྱ་སྐད་ཡིན་;)

474 Perhaps, *ad.* གཅིག་བྱེད་ན་; སྟེས་དབང་གིས་;

475 Peri, *n.* སྟག་གཟིག་གི་ཡུལ་ལྟར་ན་ལྷ་མར་ལྷུང་བ་དག་ལས་ཆེད་པའི་ལྷ་སྨན་མོ་དག་ལ་ཟེར་;

476 Peril, *n.* ཉེན་ཁ་; ཉེན་; ཀྱེན་ངན་;

477 Perilous, *a.* ཉེན་ཁ་ཅན་;

478 Perineum, *n.* མཚན་མ་དང་གསང་གནས་བར་གྱི་སྐྲད་ཁོག་ལ་ཟེར་;

479 Period, *n.* དུས་སྐབས་;

480 Periodic, *a.* དུས་དུས་ཀྱི་;

481 Periodical, *a.* དུས་ཀྱི་;

482 Periodically, *ad.* དུས་དུས་སུ་;

483 Periosteum, *n* རུས་པའི་ཕྱིའི་དར་ཤུན་དེ་;

484 Periphery, *n.* མཐར་; ཟླུམ་པོའི་ཕྱི་རིམ་གྱི་མུ་ཁྱུད་;

485 Periphrase *v.a.* སྐན་ངག་དུ་སྨྲ་བ་; (སྨྲ་བཅག་བྱེད་དེ་ལབ་པ་; Sik.).

486 Perish, *v.i.* འཆི་བ ; འཇིག་པ ;

487 Perishable, *a.* འཇིག་ཏུ་ཡོད་པའི ;

488 Peristyle, *n.* སྒོ་ཡངས་ཀྱི་ཕྱི་ཙུ་ཀ་བས་བསྐོར་བའི་ཁྱམས་ར ;

489 Perjure, *v.t* མནའ་ཟ་བ ;

490 Perjured, *a.* མནའ་གཟན ;

491 Perjurer, *n.* མནའ་གཟན ;

492 Perjury, *n.* མནའ ;

493 Permanence, *n.* རྟག་པ ;

494 Permanent, *a.* གདན་གནས ; རྟག་པར་གནས་པའི ; གདན་འཛུགས ;

495 Permanently, *ad.* གདན་གནས་སུ ; གདན་འཛུགས་སུ ; རྟག་པར ;

496 Permeability, *n.* ཚགས་སུ་ཡོད་པའི་ནུས་པ ; ཚགས་བཙག་འོས ;

497 Permeable, *a.* ཚགས་སུ་བཙག་ཏུ་ཡོད་པ ;

498 Permeate, *v.t.* ཁྱབ་པ ; ཁང་བུ་དག་ནས་ཁྱབ་པ ; ཐུག་ཕྲན་བརྒྱུད་དེ་ཁྱབ་པ ;

499 Permissible, *a.* བྱེད་དུ་བཅུག་འོས ; གནང་འོས ;

500 Permission, *n* དགོངས་པ ; གནང་བ ;

501 Permissive, *a.* བཀའ་གྲོལ་བའི ; སྟོལ་བའི ;

502 Permit, *v.t.* བྱེད་དུ་བཅུག་པ ; བཀའ་གྲོལ་བ ;

503 Permutation, *n.* བརྗེ་གསོར ;

504 Pernicious, *a.* གནོད་པ་ཅན ; ངན་ཅན ;

505 Perniciously, *ad.* གནོད་ཆེར ; ངན་ཆེར ;

506 Peroration, *n.* མདོར་བསྡུས་སུ་སྟོན་པ་ཉིད ; བསྡུས་པ ; མདོར་སྡུས ;

507 Perpendicular, *n.* ཡར་སླང ; དྲང་རྩུགས ; དྲང་བཙུགས ; ཀ་རེ ;

508 Perpendicularly, *ad.* དྲང་རྩུགས་སུ ; (ཀ་རེ ; ཡར་ཀ་རེ ; Collql.).

509 Perpetrate, *v.t.* ཉེས་པ་ཚབ་ཆེན་གྱི་ལས་བྱས་པ ;

510 Perpetration, *n.* ཉེས་བྱས; སྡིག་ལས; ཉེས་པ་ཚབ་ཆེན་གྱི་ལས;

511 Perpetrator, *n.* ཉེས་བྱེད་པོ;

512 Perpetual, *a.* རྟག་པ; གཏན་འཇགས; རྒྱུན་དུ་ཆག་མེད་གནས་པ;

513 Perpetually, *ad.* གཏན་འཇགས་སུ;

514 Perpetuate, *v t.* གཏན་དུ་གནས་པར་བྱེད་པ;

515 Perpetuation, *n.* གཏན་གནས་བཟོ་བ; རྟག་བརྟེན;

516 Perpetuity, *n.* གཏན་གནས; རྟག་ཏུ་གནས་ཚུལ;

517 Perplex, *v.t.* མགོ་འཐོམ་པ; མགོ་འཁོར་བ;

518 Perplexity, *n.* མགོ་འཁྲིམ;

519 Perquisite, *n.* ཐོབ་བྱའི་ཟམ་གོས; ཡོགས་ཀྱི་ཁ་སྐོན་དུ་ཟུར་བསོས་ཐོབ་ཐང;

520 Perquisition, *n.* ཞིབ་རྟོག་རྩད་གཅོད་ཉི་པོ;

521 Perquisitor, *n.* གཞིས་ཉེ་མཁན་དང་པོ་དེའི;

522 Perrier, *n.* སྒྲིག་རྗེ་འཕེན་པའི་འཁྲུལ་འཁོར; སྒྲིཊ;

523 Persecute, *v.t.* བརྡབ་སིགས་གཏོང་བ; འདེད་པ; འཚེ་བ;

424 Persecution, *n.* བརྡབ་སིགས; འཚེ་བ;

525 Persecutor, *n.* བརྡབ་སིགས; གཏོང་མི; འདེད་མི;

526 Perseverance, *n.* བརྩོན་འགྲུས; ནན་ཏན;

527 Perseus, *n.* བྱང་གི་ནམ་མཁའི་སྐར་མ་ཞིག་གི་མིང; སྔོན་གྲིག་པ་ནོརས་ཀྱི་སྒྲུང་ལྟར་ན་དྲག་མོ་མེ་ཌིཨུ་སཱ་ཞེས་པ་གསོད་མི་དཔའ་བོ་དེའི;

528 Persevere, *v.i.* ནན་ཏན་དུ་བརྩོན་པ;

529 Perseveringly, *ad.* ནན་ཏན་དུ;

530 Persist, *v.i.* ནན་གྱིས་སྨུད་པ; ཨུ་ཚུཊ་སྐྱེད་པ;

531 Persistence, *n.* ཞུ་རྩོད; ཉན་དན;

532 Persistent, *a.* ཞུ་རྩོད་ཅན; འབད་པ་ཅན;

533 Persistently, *ad.* ཞུ་རྩོད་བྱེད་དེ; ཉན་གྱིས་འབད་དེ;

534 Person, *n.* གཟུགས; མི; མི་བོ; (སྐུ་གཟུགས; སྐུ་ལུས; སྐུ Hon.);
ལུས;

535 Personable, *a.* གཟུགས་བྱད་ལེགས་པོ; གཟུགས་བྱད་སྡོན་དུ་ཧུང་བ;

536 Personage, *n.* (Hon. སྐུ); མི་བོ; སྐྱེས་བུ;

537 Personal, *a* སྐུའི; གཟུགས་ཀྱི; ལུས་ཀྱི; སྐུ་སྒེར་གྱི;

538 Personality, *n.* བདག; ང་བདག; བདག་དུ་ལྟ་བ; བདག་འཛིན;

539 Personally, *ad.* མི་རང་རང་དུ་ཐེ་བའི; རང་རང་གི་ངོར;

540 Personalty, *n.* མི་ཤི་བའི་གཉིས་ནོར་སོགས་ལ་ཟེར;

541 Personate, *v.t.* ཡིན་བཅོས་བྱེད་པ; གཟུགས་བཅོས་བྱེད་པ;

542 Personification, *n.* གཟུགས་སུ་བཀོད་པ་ཉིད;

543 Personify, *v.t.* གཟུགས་སུ་བཀོད་པ;

544 Personnel, *n.* ལས་མི; ལས་བྱེད་པོ; དཔེར་ན་དམག་དཔུང་གི་ནང་
ནས་མཆོན་ཆ་དང་དམག་ཆས་མ་ཡིན་པའི་དམག་མི་
ཁོ་ན་ལ་ཟེར;

545 Perspective, *a.* རི་མོ་འབུར་དུ་མཐོང་བའི་བྲི་སྟངས;

546 Perspicacious, *a.* བློ་རྣོན་པོ; དབང་པོ་རྣོན་པོ;

547 Perspicuity, *n.* དབང་རྣོན; བློ་རྣོ; ཤེས་རབ་རྣོ་བ;

548 Perspicuous, *a* གསལ་པོ; ཕྱི་གསལ་ནང་གསལ;

549 Perspire, *v.i.* ཚད་པའི་རྔུལ་མ; ལུས་ཀྱི་རྔུལ་མ;
ལུས་ལས་ཚད་པའི་རྔུལ་འཐོན་པ; རྔུལ་འཐོན་པ;

550 Persuade, *v.t.* གྲོས་འདེབས་ཏེ་བློ་བཀོལ་བ; བློ་སྒྱུར་བ; སྐུལ་བ;

551 Persuasion, *n* — གྲོས་འདེབས; གཞོལ་འདེབས; ཆོས་བཤད་ཛབ་གྲངས;

552 Persuasive, *a.* — བློ་བསྒྱུར་ནུས་པའི་གྲོས་འདེབས; སྐུལ་མའི;

553 Pert, *a.* — ཁ་ཡང་པོ; ཁ་བདེ་པོ; ལྕེ་བདེ་པོ;

554 Pertain, *v.i.* — གཏོགས་པ; འབྱུང་བ; ཉེ་བ; སྐོར;

555 Pertinacious, *a.* — མགོ་མཁྲེཊ་པ; ཀླི་འཐུག་པོ; {གདོང་བཟང་ Sik.} ངོ་མཁྲེཊ་ཅན; (མཉོ་བཀྱང་གཅིག; Sik.).

556 Pertinacity, *n.* — མགོ་མཁྲེཊ; དབུ་གྱོང; མཉོ་བཀྱང་གཅིག; ཐག་ཆོད;

557 Pertinent, *a.* — དོན་ལ་རན་པ; (དཔེས་ཆེ་ཆེ; Sik.) གླེང་དོན་དང་མཐུན་ཞིང་རན་པོ; (སྦྱར་ཆེ་ཆེ; Bhut.).

558 Pertinently, *ad.* — སྐབས་དེར་གླེང་བའི་དོན་དང་རན་པར; (དཔེས་ཆེར; Sik.) (སྦྱར་ཆེར; Bhut.).

559 Pertly, *ad.* — ཁ་བདེ་པོ་བྱེད་དེ; ལྕེ་མཆུ་བདེ་མདོག་ཁ་པོ་བྱེད་དེ;

560 Pertness, *n.* — ལྕེ་བདེ; ཁ་བདེ; འཛེམ་བག་མེད་པ་ཉིད;

561 Perturb, *v t.* — དཀྲུག་པ; འཚུབ་ཏུ་བཅུག་པ; འཚུབ་བསྐྱལ་བ;

562 Perturbation, *n.* — འཁྲུག; འཚུབ;

563 Peruke, *n.* — སྐྲ་བརྫུའི་ཞྭ་མོ;

564 Perusal, *n.* — ཞིབ་མོར་བལྟགས་པ་ཉིད; ཞིབ་ཀློག;

565 Peruse, *v.t.* — ཞིབ་མོར་བལྟཊ་པ;

566 Pervade, *v.t.* — ཁྱབ་པ;

567 Perverse, *a.* — ག་ལོག; བློ་ག་ལོག; ཕྱིན་ཅི་ལོག;

568 Perverseness, *n.* — ཕྱིན་ཅི་ལོག་པ་ཉིད;

569 Perversion, *n.* — ཡིཾ་མམ་བློ་ལོག་ཏུ་ཞུཊ་པ;

570 Perversity, *n* — བློ་ལོག;

571 **Pervert**, *v.t.* ལམ་སོ་ལོ་ལོག་པར་བཙུག་པ ;

572 **Perverter**, *n.* (སྤྲོ་ཟེབ ; སྤྲོ་སོབ=Bhut.)

573 **Pervious**, *a.* ཕྱི་ནང་རྡོལ་བ ; ཕྱི་རྡོལ་ནང་རྡོལ ; བུག་སྒྲན་ཅན ; བུ་ག་ཅན ;

574 **Pessary**, *n.* མངལ་སྒོད་མགོ་མཇུག་ལོག་པའི་སྐབས་སུ་བཅོས་ཐབས་ལ་སྦྱུའི་ནང་ལ་འཇོག་རྒྱུའི་ཅ་ལག་ཞིག ;

575 **Pessimism**, *n.* འཁོར་བ་སྡུག་བསྔལ་འབའ་ཞིག་ཏུ་ལྟ་བའི་ཆོས་ལུགས ;

576 **Pessimist**, *n.* མི་འདོད་པ་འབའ་ཞིག་ཕྲོག་ཏུ་བབ་བར་འདོད་མི ;

577 **Pest**, *n.* ནད ; ནད་ཡམས ; སད ; རིམས ;

578 **Pester**, *v.t.* གཅོས་པ ; འཆེ་བ ;

579 **Pestiferous**, *a* འཆེ་བ་ཅན ; ནད་ཡོམས་ལྡང་པོ ;

580 **Pestilence**, *n.* ནད་རིམས ; རིམས ; ཡམས ; རིམས་དྲག་པོ ;

581 **Pestilent**, *a.* ན་ཚ་ལྡང་པོ ; ལུས་སེམས་ལ་གནོད་པའི ;

582 **Pestilential**, *a.* གནོད་པའི ; ན་ཚ་སླང་པོའི ;

583 **Pestern**, *n.* ཁོང་ཁྲོ་བསླང་བ ; (ཟག་པ་སོག་པ ; Sik.)

584 **Pestle**, *n.* གཏུན་ཤིང ; { རྡོ་དིར་ Sik. & Bhut.} གཏུན ; (སྐོག་དིང ; Sik.)

585 **Pet**, *n.* ཕྲུགས་ཟེན ; སྤྱུར་གཟིགས་སེན ; གཅེས་བྱ་བྱེད་པའི་སེན ;

586 **Petal**, *n.* སྨྟོག་གི་འདབ་མ ;

587 **Petiole**, *n.* ཡུ་བ ; ལོ་མའི་ཀང་ཐྲན ; ལོ་མ་དང་ཡལ་ག་འབྲག་པའི་ཀང ;

588 **Petition**, *n.* ཞུ་བ ; སྙན་ཞུ ; ཞུ་ཡིག ;

589 **Petitioner**, *n.* ཞུ་བ་པོ ; ཞུ་བ་འབུལ་མཁན ;

590 **Petrean**, *adj.* རྡོ་བྲག་གི་སྐོར ;

591 Petrel, *n.* ཆུ་བྱ་ཞིག་གི་མིང་;

592 Petrifaction, *n.* རྡོ་རུ་འགྱུར་བ་ཉིད་;

593 Petrify, *v.t.* རྡོ་རུ་སྒྱུར་བ་; རྡོ་རུ་འགྱུར་བ་;

594 Petroleum, *n* ས་མར་ཁུ་; ས་སྣུམ་;

595 Petrol, *n.* ས་སྣུམ་གྱི་དྭངས་མ་ཨ་རག་འདྲ་པོ་;

596 Petronel, *n.* མེ་མདའ་རྟ་དམག་ལག་མདའ་;

597 Petted, *adj.* གཅེས་ཕྲུག་ཡང་ཞོར་;

598 Petticoat, *n.* སྨད་གོས་; སྐྱེ་དམན་གྱི་དོར་མ་;

599 Pettifogger, *n.* ཁ་མཆུ་ཆུང་ངུའི་འགན་ལེན་མི་ཨུ་ཀིལ་;

600 Pettifoggery, *n.* སྐྱད་འརྫོད་; གཡོ་སྒྲམ་;

601 Pettish, *a.* ཕུས་ཅན་; བརྙོག་ཕུས་ཅན་; རླུང་ཁིམས་ཅན་;
(མ་རིག་ཨ་ཆ་; Sik.).

602 Petty, *a.* ཆུང་ཆུང་; ཕྲན་ཚེག་; ཕྲ་མོ་; ཕྲན་བུ་;

603 Petulance, *n.* བྱབ་ཆུང་ཆུང་གིས་ངོ་དཀར་ནག་འགྱུར་བ་;

604 Petulant, *a.* དོན་མེད་ཁོང་ཁྲོ་ཅན་; སྣ་ཐུང་; སྒྲོ་ཐུང་;

605 Petulantly, *ad.* ཁོང་ཁྲོ་དང་བཅས་ཏེ་;

606 Pew, *n.* ལྷ་ཁང་ནང་གི་ཁྲི་ར་བ་ཅན་;

607 Pewter, *n.* དིག་ཚ་དང་ཞ་ཉེ་འབྲེལ་མ་;

608 Pewterer, *n.* དིག་ཚའི་ལས་བྱེད་མི་;

609 Phaeton, *n.* ཤིང་རྟ་འཁོར་ལོ་བཞི་ལྡན་ཁེབས་མེད་པ་;

610 Phalanx, *n.* ཀང་དམག་; རུ་ཞིབ་ཅིང་འཐུག་པོར་སྒྲིག་པ་;

611 Phallus, *n.* པོ་མོ་འི་གསང་མཚན་མཆོད་ཡུལ་དུ་བྱེད་པ་དེའོ་;

612 Phantasm, *n.* ཉིས་སྣང་གི་གཟུགས་བརྙན་;

613 Phantasmagoria, *n.* ཉིས་སྣང་དུ་འཆར་བའི་གཟུགས་བརྙན་སྣ་ཚོགས་པ་;

614 Phantom, *n.* མིག་སྒྲུ; དངོས་པོ་མེད་པའི་གཟུགས་བརྙན;

615 Pharisaical, *a* ཕྱི་འཆོས་མཁན; ཚུལ་འཆོས་མཁན;

616 Pharisaism, *n.* ཡ་ཧུ་ད་པའི་གྲལ་ནས་ཕེ་རི་ཤི་བྱ་བའི་སྡེ་དེའི་ཆོས་ལུགས་དང་ལྟ་སྤྱོད;

617 Pharisee, *n.* ཕྱོགས་ཡ་ཧུ་ད་པའི་ཆོས་སྡེ་ཚུལ་ཆོས་མཁན;

618 Pharmaceutical, *adj.* སྨན་སྦྱོར་གྱི་གཙུག་ལག་གི་སྐོར;

619 Pharmacopoeia, *n.* སྨན་སྦྱོར་གི་གཙུག་ལག;

620 Pharmacy, *n.* སྨན་སྦྱོར་གྱི་མཛོད;

621 Pharos, *n.* སྒྲོན་མེའི་རྫོང; རྒྱ་མཚོའི་འགྲམ་དུ་བྲག་རིའི་ཐོག་ཏུ་སྒྲོན་མེ་བཏེག་པའི་ཆེད་རྫོང་བརྩིགས་པ;

622 Pharynx, *n.* ལ་ཀན;

623 Phase, *n.* ལྟར་སྣང; གོ་རིམ;

624 Pheasant, *n.* བྱས་ལྷང་བྱ; ནར་ཀྱི་བྱ; རི་བྱ; (ཀྱེ་ལྷེང་བྱ; Sik.).

625 Phenacetin, *n.* མགོ་ན་བ་དང་ཚ་རིམས་ཀྱི་སྨན;

626 Phenomena, *n.* སྣང་བའི་ཡུལ; སྣང་སྲིད;

627 Phenomenon, *n.* སྣང་སྲིད;

628 Phial, *n.* ཤེལ་དམ;

629 Philanthropic, *a.* གཞན་ཕན་སེམས་བསྐྱེད་ཅན; ཕན་སེམས་ཅན;

630 Philanthropist, *n.* གཞན་ཕན་སེམས་བསྐྱེད་ཅན་གྱི་མི;

631 Philanthropy, *n.* ཀུན་ཕན་གྱི་སེམས་བསྐྱེད;

632 Philippic, *n.* དམངས་ཚོགས་ཐོག་གི་བཀའ་བཀྱོན་ཚོགས་གཏོས;

633 Philistine, *n.* ཡོན་དན་སློབ་སྦྱངས་མེད་པའི་མི; ཕྱོན་དུས་ཡ་ཧུ་ད་པའི་དགྲར་གྱུར་པའི་རྒྱལ་ཁག་ཞིག;

634 Philogyny, *n.* མོ་དད;

635 Philogynist, *n.* མོ་དད་ཅན ;

636 Philologer, *n.* ཚིག་སྦྱེབ་སྦྱོར་ལ་མཁས་པ ;

637 Philological, *a.* སྦྱེབ་སྦྱོར་གྱི ;

638 Philology, *n.* སྒྲ་རིག་པ ; སྒྲ་དང་སྐད་ཀྱི་རིག་པ ; སྦྱེབ་སྦྱར ;

639 Philomath, *n.* སློབ་གཉེར་ལ་དད་པ ;

640 Philomathy, *n.* ཡོན་ཏན་སྦྱང་བ་ལ་དགའ་བ ;

641 Philomel, *n.* བྲིའུ་ཀ་ལ་པིང་ཀ ;

642 Philopolemic, *a.* འཐབ་རྩོད་ལ་དགའ་བའི ;

643 Philosophy, *n.* ཚད་མ་རིག་པ ; སེམས་དོན་རིག་པ ; སྣང་སྲིད་ཀྱི་དོན་
དང་རྒྱུ་རྐྱེན་བཙལ་བའི་རིག་གནས ;

644 Philotechnic, *adj.* ལག་ཤེས་རིག་གནས་ལ་དད་པ ;

645 Philozoic, *adj.* སེམས་ཅན་ལ་དགའ་བའི ;

646 Philter, *n.* དབང་སྡུད་སྦྱང་བ ; དབང་སྡུད་ཀྱི་རྫས་དང་མན་ངག ;

647 Phlegm, *n.* ལུད་པ ; བད་ཀན ;

648 Phlegmatic, *a.* (ཁ་ལྡིན་པོ ; Sik.) ཁ་ཆེར་མི་ལབ་པ ;

649 Phonetic, *a.* སྒྲ་འབྲིན་སྟངས་དང་མཚུངས་པའི ;

650 Phonograph, *n.* མི་སྐད་ལས་དོད་བྱས་པའི་འཕྲུལ་འཁོར ; ཁ་པར ; a newly coined Tibetan word, meaning a photograph of the mouth ; also called སྐད་པར ;

651 Phonography, *n.* སྒྲའི་དོད་ཀྱི་རི་མོ་བཀོད་པའི་རིག་གནས ;

652 Phosphoric, *a.* ཕོ་རང་སྐར་ཆེན ; ཕོ་སི་ཕོ་ར་སི་ཞེས་སྦྲ་ཆོལ་ལི་གླད
དཀར་ལྷུའི ; སྨན་མདོག་སེར་པོ་ཅན་པའི་ནང་འོད
འཕྲོ་ག་དེ་འདྲ་པོའི ;

653 Phosphorus, *n.* རྫས་ཁ་དོག་སེར་པོ་འོད་སྦྱིན་པ་མེ་ཁ་དྲང་བ་ཞིག ;

654 Photograph, *n.* (ཊོ་སྐོ་ཁྲ་ཕིར ; a Hindi word) ; འདྲ་པར ;
རྫས་སྦྱོར་གྱི་འདྲ་པར ;

655 Photographer, *n.* འདྲ་པར་རྒྱབ་མཁན;

656 Photography, *n.* འདྲ་པར་གྱི་རྒྱབ་ཐབས;

657 Phrase, *n.* ཚིག; ཚིག་ཀང;

658 Phraseology, *n.* ཚིག་འབོད་སྟངས;

659 Phren, *n.* སེམས; སེམས་ཉིད;

660 Phrenological, *a.* མགོ་བོའམ་ཀ་པ་ལའི་རྟག་དཔྱད་ཀྱི;

661 Phrenologist, *n.* མགོ་བོའམ་ཀ་པ་ལའི་མཚན་བརྟག་མཁན;

662 Phrenology, *n.* མགོ་བོ་འི་མཚན་དཔྱད་ཀྱི་རིག་པ;

663 Physic, *n.* སྨན;

664 Physical, *a.* གཟུང་ཀྱི; ལུས་ཀྱི;

665 Physician, *n.* སྨན་པ;

666 Physics, *n.* སྨན་རྒྱུད;

667 Physiognomy, *n.* བྱད་བཞིན; ངོ་རིས; ངོ་གདོང; ངོ་གདོང་ལ་བལྟས་ནས་བརྟག་དཔྱད་བྱེད་པའི་རིག་གནས;

668 Physiologist, *n.* ལུས་གྲུབ་ཚུལ་གྱི་རིག་པ་འབྱོངས་པ;

669 Physiology, *n.* སྲོག་གྲུབ་སྟངས; ལུས་གྲུབ་ཚུལ་གྱི་རིག་པ;

670 Physique, *n.* གཟུགས་ཁམས; ལུས་བོང;

671 Phytochemistry, *n.* སྔོ་ལྗུམ་དང་ཤིང་སྣའི་གྲུབ་ཚུལ་དང་རྫས་ཀྱི་དབྱེ་དཔྱད;

672 Phytonomy, *n.* སྔོ་ལྗུམ་བྱུང་ཚུལ་དང་སྐྱེ་ཚུལ་བསྟན་པའི་རིག་གནས;

673 Phytophagous, *adj.* སྔོ་སྨུག་ཟས་སུ་བསྟེན་པའི;

674 Phytotomy, *n.* སྔོ་ལྗུམ་གཤག་གཅུབ་དང་དྲ་བའི་རིག་གནས;

675 Phytozoa, *n.* སྔོ་ལྗུམ་ལྟ་བུའི་སྲོག་ཆགས;

676 Pianoforte, *n.* པ་ཧྲའི་སྦོཾ་ཀང་པའི་ཁྲུལ་གྱིས་སྒྲ་སྙན་གཏང་བ་ཞིག;

677 Piastre, *n.* ཏུ་ཅ་ཀྲའི་ཡུལ་གྱི་དངུལ་ཊཾ;

678 Piazza, *n.* སྤྱིང་ནས་ཁྲོག་འགེབས་པའི་སྐོར་ལམ ;

679 Pibroch, *n.* རྒྱ་གླིང ;

680 Pica, *n.* ལྟང་པར་ཡིག་སྦྲོམ་གྲལ ;

681 Picador, *n.* ཧ་པ་མདུང་ཐོགས་གླང་དང་འཛིང་དུས་མདུང་གིས་
གཙག་མི་དེ་ལ་ཟེར ;

682 Pick, *v.t.* སྒྲུག་པ ; འཐུ་བ ;

683 Pickable, *a.* སྒྲུག་ཐུབ་པ ; འཐུ་རུང་བ) ;
(of a lock སྒོ་ལྕགས་ཡིན་ན་འབྱེད་དུ་ཡོད་པ) ;

684 Pickaxe, *n.* རྒྱ་སྐད་དུ་གླ་ཡིང་དྷུ ; ཞིས་ལམ་བཀོ་བའི་ལག་ཆ་
ཞིག་གོ ;

685 Picket, *n.* ར་བ ; (སྟག་ར Sik.); དམག་སྐར་གཙོ་མའི་མདུན་ན་
འགྲུངས་ཚམ་དུ་དམག་མི་སྲུང་རྒྱ་པའི་སྐར་གཏབ་ནས་
ཡོད་པ་དེའོ ;

686 Pickle, *n.* སྒྲུར་ཚས ; ཚུར་སྒྲུར ; (ཤའོ་ཚས ; Chinese)
(ཙཊ་ནི ; Hindi).

687 Picklock, *n.* སྒོ་ལྕགས་སོང་རྒྱེ་བྱེད་ཀྱི་ལག་ཆ་ཞིག ;

688 Pickpocket, *n.* མཐེབ་ཀྲིབ ; ཨམ་བག་ནང་ནས་ཅ་ལག་བརྐུ་བ་ལ་
མཁས་པ ;

689 Picnic, *n.* གླིང་ག་གཏང་བ ; གླིང་གའམ་ནགས་སེབ་དུ་སྤྱང་སང་
གི་ཚུལ་དུ་ཐུགས་སྤྲོ་གཏང་བ་ལ་ཟེར ;

690 Pictorial, *a.* རི་མོའི ; རི་མོ་དང་ལྡན་པ ;

691 Picture, *n.* རི་མོ ; ཐང་ཀ ;

692 Picturesque, *a.* བབ་ཆགས་པོ ; རི་མོར་བཀོད་འོས ; རི་མོར་བཀོད་
ཚོ་སྙིང་རྗེ་པོ་ཡོང་ངེས ; གྲ་ཆཊ་པོ ;

693 Pie. *n.* རྒྱ་གར་གྱི་ཟངས་ཏོ་ཚུང་ཞོས; (the dish) ཞ་སྡུག; ཞ་བག་ལེབ;

694 Piebald, *a.* རྟ་ཁྲ; ཁྲ་བོ; ཁྲ་ཁྲ;

695 Piece, *n.* དུམ་བུ; རྡོག་རྡོག; (རས་བུབས; ཟེང་ཚ་ཡིན་ན་ཡུག; of cloth).

696 Pier, *n.* རྩིག་སྐྱོར; ཟམ་པའི་ཁང་པའི་རྡོར་གཞུའི་ཀ་བའི་རྩིག་སྐྱོར; གྲུ་གཟིང་གི་གྲོག་ནས་བབས་སའི་རྡོ་བརྩིག་གམ་ཡང་ན་སྦྱང་ལེབ་ཀྱི་གྲུ་ཁ; གྲུ་ཁ;

697 Pierce, *v.t.* ཕིགས་པ; ཨོ་ཁང་འབིགས་པ; ཕིག་པ;

698 Piercing, *a.* ཚ་ལྷང་ལྷང; སྐད་ཡིན་ན་སྙིང་ཚ་ལྷང་ལྷང; གཟེར་གྲུང་གྲུང;

699 Piercingly, *ad.* ཚ་ལྷང་ངེར; གཟེར་གྲུང་ངེ;

700 Pietist, *n.* ཡེ་ཤུའི་ཆོས་ལུགས་འཛིན་མིའི་གྲལ་ནས་ཧར་མན་ཡུལ་དུ་བྱུང་བའི་སྡེ་ཞིག; ཆོས་པ་གདུང་ཤུགས་ཆེ་ཐལ་ཅན;

701 Piety, *n.* ཆོས་སེམས; དགེ་སེམས;

702 Pig, *n.* ཕག་པ; (of metal ཟངས་ལྕགས་སོགས་ཀྱི་དུམ་བུ);

703 Pigeon, *n.* ཕུག་རོན;

704 Pigment, *n.* ཚོན་རྩི; ཚོན;

705 Pigmy, *n.* མིའུ་ཐུང;

706 Pike, *n.* མདུང; མཚོན་ཆ་མདུང; ཡང་ཉའི་རིགས་ཞིག་ཀྱང་ཡིན;

707 Pikestaff, *n.* མདུང་ཤིང; མདུང་གི་ཡུ་བ;

708 Pilaster, *n.* ཀ་བ་གྲུ་བཞི་པ; རྡོ་རྩིག་གི་ཀ་བ་གྲུ་བཞི་པ;

709 Pile, *n.* ཕུང་པོ; སྤུང; *v.t.* སྤུང་ནས་འཛོག་པ;

710 Piles, *n.* ཁྲག་སྒང་བབས་ཀྱི་ནད; གསང་གནས་ནས་ཁྲག་འབབ་པའི་ནད;

711 Pilfer, *v.i.* ཀུ་མ་ཀུ་བ་ཡིན་པ་ལ་ཅ་ལག་ཆུང་ཆུང་ཀུ་བ; ཀུ་སྲན་རྒྱབ་པ;

712 Pilferer, *n.* ཀུ་སྲན; ཀུན་ཆུང;

713 Pilgrim, *n.* གནས་སྐོར་པ;

714 Pilgrimage, *n.* བསྟི་གནས; གནས་མཆོག; (གནས; Collql.)

715 Pill, *n.* རིལ་བུ;

716 Pillage, *n.* ཀུ་ཕྲོག; ཨར་ཇག; འཕྲོག་བཅོམ;

717 Pillager, *n.* ཇག་པ; འཆོམ་ཀུན;

718 Pillar, *n.* ཀ་བ;

719 Pillion, *n.* ཁྱོ་གའི་རྒྱབ་ལ་སྐྱེ་དམན་ཞོན་སའི་རྟ་སྒའི་འབོལ་གདན་རེའོ;

720 Pillory, *n.* ནག་ཅན་གྱི་སྒོ; ནག་ཅན་ལ་གཡོག་པའི་ཤིང་གི་སྒོ་ལ་ཟེར;

721 Pillow, *n.* སྔས་འབོལ; སྔས; མགོ་སྔས; དབུ་སྔས;

722 Pilot, *n.* གྲུ་གཟིངས་སོགས་ཀྱི་ལམ་རྒྱུས་མཁན; གྲུ་གཟིངས་ཀྱི་ཁ་ལོ་པ;

723 Pimple, *n.* ཤུ་བ; ཐོར་པ; ཤུ་ཐོར;

724 Pin, *n.* ཁབ་གཟེར་མགོ་མ; ཁབ་གཟེར; གཟེར་ཆུང;

725 Pincers, *n.* ཀམ་པ; སྐམ་པ; (སྐྱས་འཛབ; Sik. & Bhut.)

726 Pinch, *v.t.* སེན་ཐོག་རྒྱབ་པ; ཤ་བཙུས་རྒྱབ་པ; (*n.* མཛུབ་མོ་དང་མཐེ་བོང་གཉིས་ཀྱི་བར་དུ་ཚུད་པའི་རྫས་པ་ཐུན་གཅིག;

727 Pinchbeck, *n.* ཟངས་ཀྱི་ཆ་ལྔ་དང་ཏིག་ཚ་ཆ་གཅིག་བསྲེས་པའི་ལི; ལི;

728 Pincushion, *n.* ཁབ་གཟེར་བཞག་སའི་འབོལ་གདན;

729 Pindari, *n.* སྔོན་དུས་རྒྱ་གར་དུ་དར་བའི་འཆོམ་ཀུན་པའི་མི་སྡེ་ཞིག;

730 Pindaric, *n.* སྔོན་གྲིག་གི་རྩོམ་པ་པོ་པིན་ཌར་ཞེས་པར;

731 Pine, *n.* ཐང་ཤིང་; སྒྲོན་མེའི་ཤིང་;

732 Pinion, *n.* ཤོག་སྒྲོ; ཤོག་རྩེ; ལྷུགས་སྒྲོག; *v.t.*

733 Pink, *n.* མེ་ཏོག་གི་རིགས་ཞིག; དམར་སྐྱའི་མདོག;

734 Pinnace, *n.* གྲུ་ཆུང;

735 Pinnacle, *n.* ལྷ་བརྩུགས; ལྟོག; རི་རྩེ; ཁང་གཙུག;

736 Pint, *n.* ཤེལ་དམ་གྱི་ཚད་ཕྱེད་ཀ;

737 Pioneer, *n.* སྔོན་དུ་འོང་མཁན; སྔོན་འགྲོད་པ; ལམ་སྟོན་པ;
སྔ་འཁྲིད; དམག་མི་སྔོན་དུ་ཕྱིན་ནས་ལཾ་བཟོ་མི;

738 Pious, *a.* དགེ་སེམས་ཅན; ལྷ་ཆོས་ཅན; ཆོས་སེམས་ཅན;

739 Piously *ad.* དགེ་སེམས་བྱས་དེ; བསམ་པ་རྣམ་དག་གིས;
བསཾ་པ་རྣཾ་པར་དག་པར;

740 Pip, *n.* (ཤིང་འབྲས་ཀྱི་ནང་རྡས; Sik.) (ཤིང་ཐོག་གི་འབྲས་བུ);
བྱ་རྣཾས་ཀྱི་ནད;

741 Pipe, *n.* གླིང་བུ; གང་ཟག;

742 Pipkin, *n.* རྫ་སྣོད; རྫ་མ་ཆུང་ཆུང;

743 Piquancy, *n.* ཁ་ཚ་བའི་རོ; རྣོ་བ་ཉིད;

744 Piquant, *a.* རྣོ་པོ; རྣོན་པོ; དང་ཁ་འབྱེད་པོ; ཚ་བའི་རོ་ལྡན;
བྲོ་བ་ཁ་ཚ་པོ;

745 Pique, *v.t.* གློ་ཐོག་སྦྱིན་པ; (*n.*) གློ་ཐོག; འཁོན; སྙིང་སྐྲན;
འཁོན་འཛིན;

746 Piracy, *n.* རྒྱ་མཚོའི་ནང་དུ་གྲུ་གཟིངས་ཀྱི་ཇག་འཆོམས;

747 Pirate, *n.* གྲུ་གཟིངས་ཀྱི་ཇག་པ; རྒྱ་མཚོའི་འཆོམ་ཀུན;

748 Pisces, *n.* ཁྱིམ་བཅུ་གཉིས་ཀྱི་ནང་ནས་ཉའི་ཁྱིམ;

749 Pismire, *n.* འབུ་གྲོག་མའི་མིང་;

750 Pistashio, *n.* (Hindi) པི་སྟཱ; ཤིང་འབྲས;

751 Pistol, *n.* མེ་མདའ་ཆུང་ཆུང་;

752 Piston, *n.* སྤུབ་མདའ;

753 Pit, *n.* དོང་; ཛ་དོང་; ས་དོང་;

754 Pitch, *n.* རཱ་ཀོན; (Hindi) བཀྲག་རྩི་ནག་པོ; རྒྱངས; མདའ་རྒྱངས; སྐད་རྒྱངས; ཚོན་རྩི་ནག་པོ;
མཐོ་དམའི་ཚད;

755 Pitcher, *n.* བུམ་པ་སྐྱེ་རིང་; ཆུ་སྣོད; ཛ་སྣོད; ཟོ; ཟོ་ལག;

756 Pitchy, *a.* བཀྲག་རྩི་ནག་པོ་ལྟར་གནག་པ; མཐོ་དམའི་ཚད་ལྡན;

757 Piteous, *a.* སྙིང་རྗེའི་ཡུལ་གྱུར; ཉམ་ཐག་པོ; སྙིང་རྗེ་འོས;

758 Piteously, *ad.* ཉམ་ཐག་པའི་ཚུལ་བཅས; སྙིང་རྗེ་རྗེ་ལྟར;

759 Pitfall, *n.* ཛབ་དོང་; འདེབ་དོང་; རྟུས་བཀབ་པའི་ས་དོང་;

760 Pith, *n.* སྙིང་པོ; ཤིང་གི་ནང་ཆ་འི་དྭང; རྩུས་ཆ; ཀང;
སྟོབས;

761 Pithily, *ad.* སྙིང་པོ་ཡོད་པ་བྱེད་དེ; སྙིང་པ་ཅན་དུ་གྱུར་ཏེ;

762 Pithy, *a.* བཅུད་ཆེན; སྙིང་པོ་ཅན; བཅུད་ཅན; སྟོབས་བསྐྱེད་པའི;

763 Pitiable, *a.* ཉིཾ་ཐག་པོ; སྙིང་རྗེ་བ; འུ་ཐུག་པོ; སྙིང་རྗེ་རྗེ་འདྲ་བོ;
སྙིང་རྗེ་འོས;

764 Pitiful, *a.* སྙིད་རྗེ་ཅན; སྡུག་བསྔལ་ཅན;

765 Pitifully, *ad.* སྙིང་རྗེ་ཅན་བྱེད་དེ; སྙིང་རྗེ་དང་ལྡན་པར;

766 Pitiless, *a.* སྙིང་རྗེ་མེད་པ;

767 Pitilessly, *ad.* སྙིང་རྗེ་མེད་པར;

768 Pittance, *n.* སད་སྲུད་ཙམ་ཞིག; གསོལ་རས་སུ་ཐོགས་ཕྲན་བུ་ཞིག;

769 **Pitted**, *a.* དོང་ཆུང་རྡུར་རེ་བ; དོང་ཆུང་དུམ་ཁེངས་པ;

770 **Pity**, *n.* སྙིང་རྗེ;

771 **Pityingly**, *ad.* སྙིང་རྗེ་བྱས་ནས; སྙིང་རྗེ་ནས;

772 **Pivot**, *n.* ལྟེ་བ; ལྟེ་ཤིང; འཁོར་ལོའམ་རང་འཐག་གི་ལྟེ་ཤིང;

773 **Placability**, *n.* དགོངས་པ་ཡངས་སུ་ཚོག་པའི་ཚུལ; ཞི་བར་འགྱུར་རུང་བའི་ག་ཤིས;

774 **Placable**, *a.* དགོངས་པ་ཡངས་ཚོག་ཚོག;

775 **Placard**, *n.* པར་ཤོག; སྒྲ་སྒྲོགས་བྱེད་ཀྱི་པར་ཤོག; གཏཾ་སྒྲོགས་བྱེད་ཀྱི་པར་ཤོག;

776 **Place**, *n.* ས་ཆ; གནས;

777 **Placenta**, *n.* ཤ་མ;

778 **Placid**, *a.* ཞི་བ; བཟོད་ལྡན;

779 **Placidly**, *ad.* ཞི་བར;

780 **Plagiarism**, *n.* གཞན་གྱི་ཡི་གེ་སོགས་བརྐུས་ནས་བདག་གི་ཡིན་ཞེས་བརྗོད་པའི་བྱ་བ་ལ་ཟེར;

781 **Plagiarist**, *n.* གཞན་གྱི་ཡིག་བརྐུས་ནས་ངོམ་མཁན; གཞན་གྱི་ཡིག་ཐྲེང་སོར་རྐུ་མཁན;

782 **Plagiary**, *n.* གཞན་གྱི་ཡིག་བརྐུས་ནས་རང་གི་ཡིན་མདོག་ཁ་པོ་བྱེད་མི;

783 **Plague**, *n.* ལྷོག་པ; གཉན་ནད; ཡམས་ནད; གཉན་ལྷོག;

784 **Plaid**, *n.* གཟན; (གཡང་ལུས; Sik.); (བཀབ་ནེ; Bhut.).

785 **Plain**, *a.* སྐྱ་མོ; བཟོ་བཅོས་མེད་པ; མདོག་ཏར་པོ་མིན་པ; སྐྱ་བོ; *n.* ཐང;

786 **Plainly**, *ad.* བཟོ་བཅོས་མེད་པ་བྱེད་དེ; གསལ་བར; དག་པར;

787 Plainness, *n.* སྐྱ་ཚུལ; སྐྱ་ལུགས; སྐྱ;

788 Plaint, *n.* སྐྱོ་སྨྲེ; སྐྱོ་བའི་ལོ་རྒྱུས; སྙན་ཞུ; སྨྲེ་ངག;
ཁྲུ་ངན་གྱི་སྨྲེ་ངག;

789 Plaintiff, *n.* ཞུན་བདག;

790 Plaintive, *a.* སྐྱོ་མོ; སྐྱོ་བའི་སྨྲེ་ངག་བཅས་དེ;

791 Plaintively, *ad.* སྐྱོ་མོར; སྐྱོ་མདོག་ཁ་པོ་བྱས་དེ; སྐྱོ་བའི་སྨྲེ་ངག་
དང་བཅས་དེ;

792 Plait, *n.* (ལྕང་སྐས; Sik.) ལྕང་ལོ;

793 Plan, *n.* བཟོ་རིས; བཟོ་འི་དཔེ་རིས;

794 Plane, *a.* འཁོད་སྙོམས་པོ;

795 Planet, *n.* གཟའ;

796 Planetary, *a.* གཟའ་ཡི་སྐོར་གྱི; གཟའི;

797 Plank, *n.* སྤང་ལེབ; (ཨན་འདར; Sik.).

798 Plant, *n.* སྡོང་བུ; ཤིང་ལྗང; ཤིང་སྡོང་ཆུང་ཆུང;
v.t. ཤིང་སྡོང་འཛུག་པ;

799 Plantain, *n.* ཤིང་འབྲས་སྐྱེད་སྡོང;

800 Plantation, *n.* ཞིང་ཁ; ཞིང;

801 Planter, *n.* ཞིང་ཁའི་མགོ་བྱེད; ཞིང་ལས་པ; སོ་ནམ་པ;

802 Planting, *n.* ཤིང་འཛུག་པའི་ལས;

803 Plash, *n.* འདམ་ཁྲ; འདམ་རྫབ; འདམ་མཚོ; ཕུར་བ;

804 Plasm, *n.* ལྷུ་པར;

805 Plasma, *n.* སྤྲིག་ཆར་གྱི་ས་བོན; ཅལ་རྡོ་ཁ་མདོག་ལྗང་ཁུ་ཤེལ་ལྟར་
དྭངས་བ་ཞིག་ལ་ཟེར;

806 Plaster. *n.* འདམ་ཤག ; རྫོ་ཞི་དང་བྱེ་མ་དང་རྩ་བྱུས་སྦྱོར་བའི་ཞལ་བ ; ཙུ་ཤི་དང་བྱེ་མ་བསྲེས་པའི་ཞལ་ལ ; (Collql.). འདམ་བག ;

807 Plastering, *n.* འདམ་ཀྱུར ; ཞལ་བའི་ངོས་འཇམ་པོ་བཟོ་བའི་བྱ་བ ;

808 Plastic, *a.* སྒྲ་ཚིལ་དྲོན་མོ་ལྟར་སླ་ཞིང་མཉེན་མོ་ཡོད་པ ; ལུ་གླུག་དུ་ཡོད་པ་བཟོ་བཅོས་སུ་ཉན་པ ;

809 Plastron, *n.* ལྟང་ཁྲབ་ཀྱི་བྲང་ཁེབས ; སྐྱི་དམན་གྱི་གོས་ནས་ཐོ་ཁེབས་དེ་ལ་ཟེར ;

810 Plat, *v.t.* སླུས་མ ; ལྐས་པ ;

811 Plate, *n.* ཤོག་ལེབ ; ལེབ ; སྡེར་མ ;

812 Plateau, *n.* ས་ཁག་མཐོ་བའི་ཐང་དཔེར་ན་བོད་ཡུལ་ལྟ ;

813 Platform, *n.* སྟེགས ; (རྒྱབ་ལྐག ; རྡོ ; Sik.)

814 Platinum, *n.* རྩ་ཟང ; རིན་པོ་ཆེའི་བྱེ་བྲག་མདོག་དངུལ་ཇི་ལྟ་བུ་ཞིག་ལ་གསེར་ལས་རྩ་ཆེ་བ་ཞིག ;

815 Platitude, *n.* ཆོ་མེད ; སྙིང་པ་མེད་ཚུལ ; བྲོ་བ་མེད་པ ;

816 Platonic, *a.* རིག་པའི་དབྱིངས་ཀྱི་རིག་པའི ; པེ་ལེ་ཊོ་ཞེས་སྔོན་དུས་གྲིག་པའི་སྟོན་པ་ཞིག་ཞིག་བྱུང་བ་དེ་ལྟ་བུ ; གྲོ་གྲོས་ཀྱི ;

817 Platter, *n.* གཞོང་པ ; སྡེར་མ་ཆེན ;

818 Plaudit, *n.* བསྟོད་པ ; བསྔགས་པ ; རྗེད ;

819 Plausibility, *n.* ཡིན་མདོག་ཁ་ལུགས ;

820 Plausible, *a.* ཡིན་མདོག་ཁ་པོ ;

821 Play, *v.i.* རྩེད་མོ་རྩེ་བ ; ཀུ་རེ ; རྩེད་མོ ;

822 Playfellow, *n.* རྩེ་གྲོགས ; རྩེད་མོ་རྩེ་གྲོགས ;

823 Playful, *a.* རྩེད་མོ་རྩེ་དད་མཁན;

824 Playfully, *ad.* ཀུ་རེའི་ཚུལ་དུ; རྩེད་མོའི་ཚུལ་དུ;

825 Playfulness, *n.* རྩེད་མོ་རྩེ་འདོད;

826 Playhouse, *n.* རྩེད་ཁང;

827 Playmate, *n.* རྩེད་གྲོགས;

828 Plaything, *n.* རྩེད་མོའི་ཅ་ལག;

829 Playwright, *n.* རྩེད་མོ་བཟོ་མཁན; (རྩེད་སྣ་མཁན; Bhut.)
ཟློས་གར་མཁན; ཟློས་གར་གྱི་བསྟན་བཅོས་རྩོམ་པ་པོ;

830 Plea, *n.* ཞུ་བ; ཁ་འདོགས་ས; སྙད་བཏགས་ས;

831 Plead, *v.i.* ཞུ་བ; ཞུ་འབུལ་བྱེད་པ; ཞུ་བ་འདྲེན་པ;

832 Pleader, *n.* ཞུ་བ་པོ; ཁ་མཁན; ཁ་ཚབ;

833 Pleadings, *n.* སྙན་ཞུ; ཞུ་བ;

834 Pleasant, *a.* སྤྲོ་པོ; ཉམས་དགའ་པོ;

835 Pleasantly, *ad.* སྤྲོ་མོར; ཉམས་དགའ་བཞིན;

836 Pleasantness, *n.* སྤྲོ་ཚུལ; ཉམས་དགའ; སྤྲོ་བ;

837 Pleasantry, *n.* ཀུ་རེ; རྩེད་མོ; ཁ་ལས; (ཞལ་ཀྲུ; སྐུ་རྩེད; Hon.)

838 Please, *v.t.* སེམས་དགའ་སྦྱིན་པ; དགའ་བ་སྐྱེད་པ;

839 Pleasing, *a.* ཡིད་ཆོམ་པོ; སེམས་དགའ་མོ; བདེ་མོ;
ཡིད་སིམས་པ;

840 Pleasurable, *a.* བདེ་བ་སྐྱེད་ནུས;

841 Pleasure, *n.* དགའ་སྤྲོ; དབང་པོ་ཆོམ་བྱེད;

842 Plebeian, *a.* དམངས་པལ་པའི; རིགས་དམན་པའི;

843 Pledge, *n.* གཏའ་མ;

844 Pleiades, *n.* སྐར་མ་སྨིན་དྲུག;

845 **Plenary**, *a.* ཡོངས་རྫོགས; ཚང་མ;

846 **Plenipotentiary**, *n.* ཕྱི་བློན་གཏམ་ཐག་ཆོད་པའི་རིགས; འགན་ལེན་པ;
ཕྱི་བློན་དོན་གཅོད་པ;

847 **Plenish**, *v.t.* སྐྱབ་པ; སྒྲིག་པ; ཀྲ་སྒྲིག་པ;

848 **Plenitude**, *n.* རྒྱས་ཚུལ; གང་ཚུལ;

849 **Plenteous**, *a.* འབོལ་པོ; མོད་པོ; ཡོན་ལྡན; ཡོན་ཆེ;

850 **Plenteousness**, *n.* འབོལ་ཚུལ; འབོལ་ལུགས;

851 **Plentiful**, *a.* འབོལ་པོ; འབོལ་ཐག་ཆོད;

852 **Plentifully**, *ad.* འབོལ་པོར; འབོལ་ཤིག་གིར;

853 **Plenty**, *n.* མང་པོ; འབོལ་པོ; (འཛོག་དོ; Collql.) ཡོན་ཆེ;

854 **Pleonasm**, *n* ཚིག་གི་ལོ་མ་རྒྱས་ཚུལ; རྒྱས་བཤད;

855 **Plethora**, *n.* ཁྲག་རྒྱས་པ; རྒྱས་པ; བདོ་བ;

856 **Plethoric**, *n.* ལུས་ཀྱི་སྦྱོད་ལམ་རྒྱས་པོ; རྒྱས་དྲགས་པས་མནར་བ;

857 **Pleura**, *n.* གློ་བའི་བར་བཅད་དར་མ;

858 **Pleurisy**, *n.* གློ་བའི་ཚད་འབར་གྱི་ནད; གློ་བའི་དར་མ་ལ་ཚད་པ་
ལྡང་བ;

859 **Pliability**, *n.* མཉེན་ལྷུག;

860 **Pliable**, *a.* མཉེན་པོ; འགྱུག་བསྒྲང་ཐྲེད་དུ་ཡོད་པ;

861 **Pliableness**, *n.* མི་ལ་ཡིན་ན་ཁ་ཏ་ཐྲེད་བདེ་པོ; བསྐྱུལ་བདེ་པོ;
བསྐྱུ་ལ་བཙུག་བདེ་པོ; འཆུན་བདེ་བ;

862 **Pliancy**, *n.* ཁ་ལོ་འཆུན་ལུགས; བསྐྱུལ་བཙུག་བདེ་པོ; འཆུན་བདེ་ལུགས;

863 **Pliant**, *a.* ཁ་ལོ་འཆུན་པོ;

864 **Plicate**, *a.* ལྡིང་གཡབ་ལྟར་བསྐྱུས་ནས་ཡོད་པ;

865 **Pliers**, *n.* སྐམ་པ; སྐས་འཛབ; Collql. རྐམ་པོ་འཛབ་ཙེ;

866 Plight, *n.* ཚུལ; འཁོས་ཀ; ཁ་འཁོས; ཁ་ཐབས;

867 Plight, *v.t.* ལྷས་མ་རྒྱབ་པ;

868 Plod, *v.i.* ག་ལེ་ག་ལེར་འགྲོ་བ; དལ་བུར་འགྲོ་བ;

869 Plodding, *a.* འབད་པས་འགྲོ་བའི;

870 Plot, *n.* ཐབས; གཡོ; འཕྲུལ; (*n.*) ས་ཆ;

871 Plotter, *n.* ཐབས་སློག་མཁན; གཡོ་འཕྲུལ་གཤོཾ་མཁན;

872 Plough, *n.* གླང་རྨོས; རྨོས་ཐུར; *v.t.* གླང་རྨོས་རྒྱབ་པ;
ཁྲུ་སློག་པ; རྨོན་པ་རྒྱབ་པ; རྨོ་བ;

873 Ploughable, *a.* རྨོས་སུ་རུང་བ;

874 Ploughman, *n.* རྨོ་མཁན; བརྨོས་མཁན; རྨོན་མཁན་པ;

875 Ploughshare, *n.* ཐོང་ཐུར; གཤོལ་ཐུར;

876 Plover, *n.* ཆུ་བྱ; འདམ་བྱ;

877 Pluck, *v.t.* གདོག་པ; འབལ་བ; བཤུ་བ;

878 Plug, *n.* སྲུབ་བྱེད; འགེགས་བྱེད; འགོག་བྱེད; (of tobacco)
རྗེབ་ཐག་ཐ་མ་ཁ་ཁམ་གཅིག;

879 Plum, *n.* ཤིང་ཐོག;

880 Plumage, *n.* སྒྲོ; སྤུ་སྒྲོ;

881 Plumb, *n.* ཚོང་ཐིག་གི་རྡོ; ཞ་ཉེའི་ཚོང་རྡོ;

882 Plume, *n.* སྤུ་སྒྲོ; སྒྲོ;

883 Plummet, *n.* ཞ་ཉེའི་ཆུའི་གཏིང་གཞལ་རྒྱུའི་གཏིང་རྡོ;

884 Plump, *a.* ཉམས་རྒྱགས་པ; བརྗིད་ཆེན་པོ; བརྟས་པ; ལུས་བརྟས་པ;

885 Plumply, *ad.* སྒྲ་གསང་དང་གྱ་གྱུ་སོར་མེད་པར་ཁ་གསལ་པོ་བྱེད་དེ;
རྡོག་གིས;

886 Plunder, *v.t.* བཅོམ་པ; འཕྲོག་པ; (*n.*) སྐུགས;

887 Plunderer, *n.* འཆོམ་པོ ; ཇག་པ ; འཆོམ་པ་པོ ; འཕྲོག་པ་པོ ;

888 Plunge, *v.t.* ཕྱིར་ཀྱིས་འཐེན་པ ; ཆུར་བཙུག་པ ;

889 Pluperfect, *a.* འདས་པའི་དུས་ཀྱི་གོང་གི་དུས་བྱུང་བ ;

890 Plural, *a.* ཁ་གྲངས་དུ་མ ; གཅིག་ལས་མང་བ ; མང་ཚིག ;

891 Plurality, *n.* གྲངས་དུ་མར་མཆིས་པའི་ཚུལ ;

892 Ply, *v.t.* འབད་བརྩོན་བྱེད་པ ; འབད་པ ; བརྩོན་པ ;

893 Pneumatic, *a.* རླུང་གིས་བསྐུལ་བའི ; རླུང་གི་སྐོར་གྱི ;

894 Pneumatics, *n.* རླུང་གི་སྐོར་གྱི་རིག་གནས ;

895 Poach, *v.t.* (Eggs) སྒོ་ང་ཆུ་ཚན་ལ་འཚོད་པ ;
(Game) གཞན་གྱི་རྒྱ་ནང་བསྲོས་ནས་བཞག་པའི་རི་དྭགས་ཀུ་བ ; གཅག་པ ; གསོད་པ ; (to stab). གཅོག་པ ;

896 Pock, *n.* སྐྲང་འབུར ; ཕྱ་ཐོར ;

897 Pocket, *n.* སྦ་ཁུག ; ཨམ་བག ;

898 Pockmark, *n.* ཕྱ་བའི་རྗེས ;

899 Pod, *n.* སྲན་མ་ལྕུ་བུའི་ས་བོན་གྱི་ཕུབས་བྱས་པའི་འབྲས་བུ་དེའོ ; གང་བུ ;

900 Poem, ཚིགས་སུ་བཅད་པའི་བརྩམས་པ ; ཚིགས་བཅད ;

901 Poesy, *n.* ཚིགས་སུ་བཅད་པ་རྩོམ་པའི་རིག་གནས ; ཚིགས་བཅད ;

902 Poet, *a.* རྩོམ་པ་མཁན་པོ ; སྙན་ངག་མཁན ;

903 Poetess, *n.* རྩོམ་པ་མཁན་མོ ; སྙན་ངག་མཁན་མོ ;

904 Poetic, *a.* ཚིགས་བཅད་ལྟ ;

905 Poetical, *a.* སྙན་དག་ལྟ ;

906 Poetically, *ad.* སྙན་ཚིག་ཏུ ; ཚིགས་བཅད་དུ ;

907 Poetry, *n.* ཚིགས་བཅད; སྙན་ངག;

908 Poignancy, *n.* ཏ་ཙང་ཟུག་གཟེར་བཀོད་པའི་ནུས་པ;

909 Poignant, *a.* ཏ་ཙང་ཚ་པོ; ཚ་བེར་རེ་བ; ཚ་བེར་ཅན;

910 Point, *n.* རྩེ;

911 Pointed, *a.* རྩེ་སྦྲུང་ཅན; རྩེ་རྣོ་པོ; རྩེ་རྣོན་པོ;

912 Pointedly, *ad.* རྣོ་པོ་བྱེད་རི; ཟུར་དཔག་སྟེ; ཟུར་ཟ་དང་བཅས་ཏེ;

913 Pointer, *n.* ཤ་ཁྲི;

914 Pointing, *n.* རྩེ་སྦྲུང་རྣོད་བདར་བའི་ལས;

915 Poise, *v.t.* སྙེད་པ་ནས་བཟུང་སྟེ་བསྲིང་བ; རྫིད་སྐྱོམས་པོར་བཟུང་བ; འགྲོག་པའམ་ཀྲོགས་པ;

916 Poison, *n.* དུག;

917 Poisoner, *n.* དུག་མཁན;

918 Poisonous, *a.* དུག་ཅན;

919 Poke, *n.* གཙག་པ;

920 Poker, *n.* མེ་དཀྲུག་ཀྲུའི་ལྕགས་དབྱུག; མེ་དཀྲུག; མེ་དཀྲུག་བྱེད;

921 Poking, *a.* ཏ་ཙང་གྲུས་རྩལ; བྲན་གྱི་རྩལ་ལྟ;

922 Polar, *a.* འཛིག་རྟེན་འདིའི་བྱང་དང་ལྷོ་འི་མཐའམ་ཙ་རྩེའི་ཉེ་འདབ་ཀྱི;

923 Pole, *n.* འཁར་རྒྱུག་རིང་མོ; འཁར་བ; འཛིག་རྟེན་གྱི་ལྷོ་བྱང་གི་མཐའ;

924 Polemic, *a.* གབ་ལྷོག་ཅན; རྩོད་ལན་ལྷོག་ཚིག;

925 Polecat, *n.* སྲེ་མོང་ལྟའི་གཙན་གཟན་ཆུང་བ་གཅིག;

926 Polemic, *n.* རྩོད་པ; ཆོས་རྩོད་ཀྱི་རྣམ་ཐར; རྩོད་པ་པོ;

927 Police, *n.* པུ་ལི་སི; ཁྲིམས་སྲུང་དམག་མི; སྐོར་ལྟག་པ;

928 Policeman, *n.* པུ་ལི་སི་ཤུ་པ་ཡི;
(Hindustani word, used in Sik. and Bhut.)

929 Policy, *n.* སྤྱོད་པ་བསྲུང་བའི་ཤེས་བྱ་རིག་གནས;
ཇོ་ཇིཾ་བྱེད་པའི་ཐབས་འཁྲུལ;

930 Polish, *v.t.* འཇམ་རྒྱབ་པ; བདར་བ;

931 Polite, *a.* ངག་འཇམ་པོ; ཞེ་ས་ཅན; ཞེ་ས་དང་བཅས;

932 Politely, *ad.* ཞེ་ས་དང་བཅས་ཏེ;

933 Politeness, *n.* ཞེ་ས;

934 Politic, *a.* རྒྱ་ཕྱུར་མཐོང་པོ; མཐའ་ཕྱུར་བརྟག་མཁས་པོ;

935 Political, *a.* རྒྱལ་ཁབ་གི་རྩིས་གཞིའི; གཞུང་དོན་གྱི;

936 Politically, *ad.* གཞུང་དོན་གྱི་བྱ་བ་ལྟར་ན;

937 Politician, *n.* གཞུང་དོན་དང་རྒྱལ་ཁབ་གི་གཡོ་ཐབས་ཅན;

938 Politics, *n.* རྒྱལ་ཁབ་གི་མཐའ་དོན་གྱི་ལས;

939 Polity, *n.* ཞི་བའི་སྲི;

940 Poll, *n.* གཞུང་ཐོག་ཏུ་མི་གྲངས་མིང་དང་བཅས་པའི་དེབ་ཐྲ;

941 Pollen, *n.* མེ་ཏོག་གི་ནང་ན་ཕྱེ་མ་ས་བོན་གྱི་ཐིག་ལེའོ;

942 Pollute, *v.t.* བཙོག་པ་བྱེད་པ;

943 Pollution, *n.* བཙོག; སྒྲིབ;

944 Poll, *n.* རྒྱ་སྐར་གྱི་གྲངས་ནས་སྐར་མ་གཅིག་གི་མིང;

945 Polo, *n.* རྟ་པས་རྟ་ཐོག་ནས་བརྩེ་རྒྱུའི་རྩེད་མོ་ཞིག;

946 Poltroon, *n.* འདར་མ་སྐྲག་འདར; (རྩི་མཾ་ནས; Sik.) སྙིང་རྡུལ་པོ;
སྐྲག་མེད་པོ;

947 Polyact, *adj.* འོད་ཟེར་དུ་མ་དང་ལྡན; འོད་ཟེར་མང་པོ་ཡོད་པ;

948 Polyandry, *n.* སྐྱེ་དམན་གཅིག་ལ་ཁྱོ་ག་མང་པོ་བསྟེན་ཚོག་པའི་སྲོལ;

949 Polycarpic, *n.* ཤིང་སྡོང་ཊི་ཡང་ན་སྔོ་ལྡུམ་ལོ་གཅིག་ལ་ཤིང་འབྲས་ལན་མང་དུ་གདགས་པའམ་ཡང་ན་ལོ་མང་པོའི་རིངས་གདགས་པ;

950 Polycracy, *n.* གོང་མ་མང་པོས་དབང་སྒྱུར་བའི་སྲོལ;

951 Polygamist, *n.* བཟའ་ཚོ་མང་པོ་སྟེན་མཁན;

952 Polygamy, *n.* ཆུང་མ་མང་པོ་བླང་ཙུང་བའི་ཁྲིམས་སྲོལ;

953 Polyglot, *n.* སྐད་རིགས་མི་གཅིག་པ་སྣ་ཚོགས་ཤེས་མཁན;

954 Polygon, *n.* ཟི་མོ་ལེབ་ངོས་སུ་གྲུ་ཟུར་མང་པོས་བསྐོར་བ;

955 Polynesia, *n.* མཚོ་གླིང་གཅིག་གི་མིང;

956 Polyp, *n.* སྲོག་ཆགས་ལུས་དང་ཆུང་བུ་ག་ཧ་རེ་བ; མགོ་བོ་དེ་བཞིན་སྨ་ཟིང་ངེ་ཡོད་པ་དཔེར་ན་འབུ་དེ་སྤྲིན་ལྷུ;

957 Polysyllable, *n.* སྒྲ་དུ་མ་ལྡན་པའི་མིང་ཚིག;

958 Polytheism, *n.* དཀིག་གམ་ལྷ་མང་པོ་ཡོད་པར་འདོད་པའི་གྲུབ་མཐའ;

959 Polytheist, *n.* ལྷ་མང་པོར་འདོད་པའི་གྲུབ་མཐའ་ཅན;

960 Polytheistic, *a.* ལྷ་མང་པོར་འདོད་པའི་གྲུབ་མཐའི་སྐོར་གྱི;

961 Pomade, *n.* མགོ་སྐྲ་གྱི་ཚབ་ཏུ་ཆོལ་གྱི་བྱུག་པ་ཞིག;

962 Pomegranate, སེ་འབྲུ;

963 Pommel, *n.* སྒའི་སྤུ་རྩ;

964 Pomp, *n.* བརྫམ་སིང; { Sik. རྫིག་མདོག;} ཟིལ; གཡེར; གཟི་བརྗིད; ཉམས;

965 Pompom, *n.* མེ་སྒྲོན་རྩེའུ་ཆུང་ངུ་མགྲོན་པར་འཕང་པ་ཞིག;

966 Pomposity, *n.* བརྫམ་བརྗིད; གཟི་བརྗིད; ཟིལ; ཉམས;

967 Pompous, *a.* བརྫམ་སིང་ཅན; གཡེར་པོ; (ཉམས་སང་ཅན; Sik.).

968 Pompousness, *n.* ཇོ་རྒྱལ; (རྫིག་མདོག; Sik.) ངོམ་འདོད;

969 Pond, *n.* རྫིང; ལྟིང་ཀ; ཨུང་སློག (Sik.) མཚོ་ཆུང;

970 Ponder, *v.t.* བསམ་མནོ་ལེའ་པར་སྐོར་བ;

971 Ponderable, *a.* རྫིད་སྲང་ལ་བཀུག་ཏུ་ཡོད་པ;

972 Ponderous, *a.* རྫིད་ཆེན་པོ; བོང་ཆེན་པོ;

973 Poniard, *n.* གྲི་སྒྲོ་ཟུར་མ; གྲི་མགར་སོག;

974 Pontiff, *n.* བླ་ཆེན; སྤྱི་བླ; རོ་མན་ཀ་ཐོ་ལིག་པའི་བླ་མ;

975 Pontifical, *a.* བླ་ཆེན་གྱི;

976 Pontoon, *n.* གྲུ་གཟིངས་ཆུང་ཆུང་གཏིང་ལེབ་ལེབ་བྱས་པ་དམག་མིའི་ཟཾ་པ་གདང་དུས་མཁོ་བ;

977 Pony, *n.* རྟ; བོད་རྟ་འདྲ་པོ;

978 Pool, *n.* སློག་ཆུ; ལྟིང་ཀ;

979 Poop, *n.* གྲུའི་མཇུག;

980 Poor, *a.* དབུལ་པོ; བཀྲེན་པོ;

981 Poorly, *ad.* བཀྲེན་ཉམས་ཁ་པོ; དབུལ་པོའི་ཚུལ་དུ;

982 Pop, *n.* གྲུང་གིས་འཐོན་པ; གཉིས་འབྲེལ་གྱི་སྐད་ཆ་འ་དོན་པ;

983 Pop, *v.t.* རྩེད་མོ་རྩེ་རྒྱུའི་མེ་མདའ;

984 Pope, *n.* སྤྱི་བླ; ཕྱི་གླིང་ཡུལ་གྱི་དབུ་བླ་ཆེ་ཤོས་རོཾ་དུ་བཞུགས་པ་དེའོ;

985 Popery, *n.* པོབ་ཀྱི་ཆོས་ལུགས;

986 Popish, *a.* པོབ་ལྟ་བུ; ཕྱི་གླིང་རྒྱལ་ཁབ་ཡོངས་ཀྱི་སྤྱི་བླ;

987 Poplar, *n.* ལ་ཁའི་ཤིང;

988 Poppy, *n.* ཐ་མ་ཁ་གསར་ཡི་ཡའི་མེ་ཏོག་དང་འདྲས་བུ;

989 Populace, *n.* མི་དམངས;

990 Popular, *a.* མི་དམངས་དང་མཐུན་པ; ཀུན་མཐུན;

991 Popularity, *n.* མི་དམངས་ཀྱིས་བསྟོད་པ; ཀུན་དང་མཐུན་ལུགས;

992 Populate, *v.t.* ཡུལ་མི་ཡིས་བཀང་བ;

993 Population, *n.* མི་ཚོགས; ཡུལ་གྱི་མི་གྲངས; མི;

994 Populous, *a.* མི་མང་པོ་ཡོད་པ; མི་ཚོགས་ཆེནོ;

995 Porcelain, *a.* དཀར་ཡོལ;

996 Porch, *n.* སྒོ་སྒྲོར;

997 Porcupine, *n.* ཟྲི་ཕྲུར; (ཟྲི་དུལ་མ; Sik.) གཟིག་མོང;

998 Pore, *n.* བུ་ག;

999 Pork, *n.* ཕག་ཤ;

1000 Porous, *a.* སིང་བུག་ཅན; བུ་ག་ཕྲ་མོ་ཡོད; སིབ་སིབ;

1001 Porphyry, *n.* བྲག་རྡོ་སྤོ་དམར་བྲུས་པ་ཞིག;

1002 Porpoise, *n.* རྒྱ་མཚོའི་ནང་ན་གནས་ལུས་ཉ་ཡིན་པ་ལ་མངལ་སྐྱེས་ཅན་ཕྲང་པ་དང་སྣུམ་གྱི་ཆེད་དུ་རྩས་ཆེ་བ་ཞིག་ཡིན;

1003 Porridge, *n.* ཐུག་པ;

1004 Porringer, *n.* ཛ་མ; (ཀ་ཊོ་ར; Hindi word).

1005 Port, *n.* གྲུ་གཟིངས་བདེ་མྱུར་སྲུ་འབབ་ས་ཡོད་པའི་ཆུ་འགྲོཾ; གྲུ་ཁ; (རྒུན་ཆང་སྨུག་པོ; the wine) (ལུས་ཀྱི་འགྲིང་བག; of body); འགྲིང;

1006 Portable, *a.* འཁྱེར་ཐུབ་པའི; ཡང་པོ;

1007 Portage, *a.* མི་མདའ་སེར་ཁར་ཁྱོག་སྟེ་བཟུང་བ; འཁྱེར་གླ; (བདའ་གླ; transport).

1008 Portal, རྒྱལ་སྒོ་ཆུང་དུ;

1009 Porte, *n.* ཏུ་རུཀ་འི་རྒྱལ་གཞུང་ལ་ཟེར;

1010 Portend, *v.t.* སྔ་ལྟས་སྟོན་པ;

1011 Portend, *n.* སྔ་ལྟས;

1012 Portentous, *a.* སྔ་ལྟས་ཅན;

1013 Portentously, *ad.* སྔ་ལྟས་སུ;

1014 Porter, *n.* སྒོ་ར་པ; (ཀུ་ལི་ Hindi) དོས་པ;

1015 Portfolio, *n.* ཡིག་ཚའི་སྣོད་སྒམ;

1016 Portico, *n.* ཁང་པའི་མདུན་ན་ཡོད་པའི་ཁྱམས;
(སྒོ་སྒྱོར; or སྒོམ་སྒྱོར; Sik. Collql.) སྒོ་སྒྱི; སྒོ་སྒྱང;

1017 Portion, *n.* ཆ; དུམ་བུ;

1018 Portliness, *n.* གཟི་བརྗིད;

1019 Portly, *a.* གཟི་བརྗིད་ཅན;

1020 Portmanteau, *n.* ཀོ་སྒམ;

1021 Portrait, *n.* འདྲ་ཐང; ཐང་ཀ; བྲིས་སྐུ་འདྲ་པར; འདྲ་སྐུ;

1022 Portraiture, *n.* འདྲ་ཐང;

1023 Portray, *v.t.* མིའི་གཟུགས་བརྙན་འབྲི་བ;

1024 Pose, *n.* འགྱིང; སྡོད་སྟངས;

1025 Poser, *n.* ཚིག་གོ་བ་དཀའ་མོ;

1026 Position, *n.* གོ་ས; སྡོད་སྟངས; གནས; ས་ཆ; འདོད་ཚུལ;

1027 Positive, *n.* ཡིན་པར་ཁས་ལེན་པའི; ཡིན་ཕྱོགས;

1028 Positively, *ad.* བདེན་པར; གདན་གདན་བྱས་ནས;

1029 Possess, *v.t.* དབང་བ; བདོག་པ; བདག་ཏུ་བཟུང་བ;
བདག་གིར་བྱེད་པ; མངའ་བ;

1030 Possession, *n.* བདག་བཟུང; དབང་ཆ; ལག་འོག;

1031 Possessive, *a.* འབྲེལ་སྒྲ;

1032 Possessor, *n.* བདག་པོ;

1033 Posset, *n.* འོ་མ་ལ་ཚུར་སྐྱུར་རྒྱབ་ནས་ཞོ་བསྐོལ་བ; འོ་མ་ཚ་པོའི་
ནང་དུ་ཆང་བླུག་ནས་ཞོ་ཆགས་བཅུག་པའི་བཏུང་བ;

1034 **Possibility**, *n.* ཡིན་སྲིད་ཕྱོད;

1035 **Possible**, *a.* ཡིན་སྲིད་པ;

1036 **Possibly**, *ad.* ཡིན་སྲིད་དེ;

1037 **Post**, *n.* གོ་ས; གོ་གནས; (position or appointment of) (ཀ་བ; Pillar) བརྡོད་ཕུར; བརྡོད་ཕུར; ཕུར་པ; ཀ་བ; (མདུན་པ; Sik.) (ཌཱཀ; Hindi word).

1038 **Postage**, *n.* ཡི་གེ་ཌཱཀ་ཐོག་བཏང་བའི་གླ་ཆ;

1039 **Postage-stamp**, *n.* ཌཱཀ་ཡིག་གི་ཀོག་ལ་འབྱར་རྒྱུའི་ཊི་ཀ་སི;

1040 **Post-boy**, *n.* ཌཱཀ་ཡིག་སྐྱེལ་མི་ཕྲུག་གུ;

1041 **Postal**, *a.* (ཌཱཀ་གི; Hindi word Tibetanised).

1042 **Poster**, *n.* བྲ་མ་ཧ;

1043 **Posterior**, *a.* མཇུག་ངོས་ཀྱི; རྒྱབ་དོག་གི;

1044 **Posteriority**, *n.* མཇུག་ངོས; རྒྱབ་དོག;

1045 **Posterity**, *n.* བུ་རྒྱུད; བཤུལ་མི; མི་རྒྱུད;

1046 **Postern**, *n.* རྒྱབ་སྒོ; གསང་སྒོ;

1047 **Postfix**, *n.* རྗེས་འཇུག;

1048 **Posthumous**, *a.* ཕ་ཤི་བའི་རྗེས་སུ་སྐྱེས་པའི་བུ;

1049 **Postilion**, *n.* ཤིང་རྟ་འཁོར་ལོའི་རྟའི་སྒབ་ཁ་སྐྱུར་མི; ཤིང་རྟའི་ཁ་ལོ་པ;

1050 **Posting**, *n.* ཡི་གེ་གཏོང་བ་བཞིན;

1051 **Post mortem**, *a.* རོ་དྲ; མི་ཤི་བའི་རོ་དྲས་ནས་བལྟ་ཡ་དེ;

1052 **Postpone**, *vt.* དུས་ཡུན་བསྲིང་བ; དུས་བཤོལ་བ;

1053 **Postponement**, *n.* ཡུན་ཕར་འགྱངས;

1054 **Postscript**, *n.* ཡི་གེའི་མཇུག་དུ་བྲི་བ;

1055 **Postulant**, *n.* གོས་ཞུ་བ་པོ;

1056 **Postulate**, *vt.* རྟོག་ཞིབ་མེད་པར་བདེན་པར་འཆའ་བ;

1057 **Posture**, *n.* འདུག་སྟངས; སྤྱོད་སྟངས;

1058 **Pot**, *n.* བུཾ་པ; རྫ་མ;

1059 **Potable**, *a.* འཐུང་ཉན་གྱི; འཐུང་རུང་བའི;

1060 **Potash**, *n.* གོ་ཐལ; གྱི་སྙིང་པོ;

1061 **Potation**, *n.* སྐོམ་སེལ; བཏུང་བའི་བྱ་བ; བཏུང་བ; (སྐྱེམས་གསོལ; སྐྱེམས; Hon.).

1062 **Potato**, *n.* ཞོ་གོག; (སྐྱི་བ; པི་ལིང་སྐྱིའུ; (Sik.)

1063 **Potency**, *n.* ནུས་པ; དབང;

1064 **Potent**, *a.* ནུས་ལྡན; ནུས་པ་ཅན;

1065 **Potentate**, *n.* སྟོབས་ལྡན; དབང་ཡོད་ཚད་ཡོད་ཀྱི་མི;

1066 **Potential**, *a.* དབང་ཡོད་པ; ནུས་པ་ཅན; དབང་ཆེན; ཡོད་སྲིད་པ;

1067 **Potentially**, *ad.* སྟོབས་ཀྱི་སྒོ་ནས; དབང་བྱས་ནས;

1068 **Pother**, *n.* མགོ་འཁོར་བའི་ལས; ཁྲོལ་ཟིང; འདུ་འཛི; ཀུ་ཅོ; *v.t.* མགོ་འཁྲོམ་བཙུག་པ;

1069 **Potion**, *n.* བཏུང་རྒྱུའི་སྨན་ཚད; བཏུང་བའི་སྨན་ཐུན;

1070 **Potlid**, *n.* ཁོག་མའི་ཁ་གཅོད;

1071 **Potshead**, *n.* ཁོག་མའི་ཆག་ཀྱོག;

1072 **Pottage**, *n.* ཚོད་མ;

1073 **Potter**, *n.* རྫ་མཁན;

1074 **Pottery**, *n.* རྫ་བཟོ; རྫ་མ; རྫ་སྣོད; རྫ་མ་བཟོ་ས;

1075 **Pouch**, *n.* ཐང་ཁུག; རྐྱེའུ;

1076 **Poultice**, *n.* སྒྲོ་སྦྱར; སྒྲོ་མ་ཚ་པོའི་འབྱར;

1077 Poultry, *n.* བྱ་དེ; ཁྱིམ་བྱ;

1078 Pounce, *n.* མཆོང་སྟེ་བཟུང་བ;

1079 Pound, *n.* སྐྱང; (For cattles དུད་འགྲོའི་ཀྱུ་ར;)

1080 Poundage, *n.* དུད་འགྲོ་ཀྱུ་རའི་ནང་ཚུད་པའི་ཆད་པ;

1081 Pounder, *n.* (ཚོམ་ཐུད; Sik.) རྡུང་བྱེད; གཏུན; གཏུན་ཤིང;

1082 Pour, *v.t.* ལྡུད་པ; འབྲོ་བ;

1083 Pouring, *a.* འབྲོ་བ་བཞིན;

1084 Pout, *n.* ཁ་ལྕུག་པ; ཡིད་མི་དགའ་བ་ཕྲན་བུའི་བརྡར་མཆུ་ལྕུག་པ;

1085 Pouter, *n.* ཕུག་རོན་རིགས་ཤིག;

1086 Poverty, *n.* དབུལ་པོངས;

1087 Powder, *n.* ཕྱེ་མ; ཕྱེ;

1088 Powdery, *a.* ཕྱེ་ལྟུ;

1089 Power, *n.* མཐུ; སྟོབས; དབང; ནུས་པ; ཤུགས;

1090 Powerful, *a.* མཐུ་ཆེན; སྟོབས་ལྡན; དབང་ཆེན;

1091 Powerfulness, *n.* སྟོབས་དང་ལྡན་པའི་ཚུལ;

1092 Powerfully, *ad.* སྟོབས་དང་ལྡན་པོ་བྱེད་དེ;

1093 Powerless, *a.* མཐུ་མེད; སྟོབས་མེད; དབང་མེད;

1094 Practicable, *a.* ལག་ལེན་བྱེད་དུ་ཡོད་པ;

1095 Practical, *a.* ལག་ལེན་ལ་འགྲོ་བ; ལག་ལེན་ཐོག་འབྱོངས་པོ;

1096 Practically, *ad.* ལག་ལེན་ཐོག་ཏུ; དངོས་གནས;

1097 Practice, *n.* ལག་ལེན; ཉམས་ལེན; སྦྱོང་པ;

1098 Practise, *v.t.* ལག་ལེན་བྱེད་པ; སྦྱོང་པ;

1099 Practised, *a.* ལག་ལེན་མཁས་པོ; འབྱོངས་པོ;

1100 Practitioner, *n.* ལག་ལེན་བྱེད་མཁན; སྨན་ལ་ལག་ལེན་དང་ཉམས་མྱོང་ཅན;

1101 **Praetor**, *n.* སྔོན་དུས་རྭོ་མན་པའི་སྤྱི་དཔོན་ཀུན་སྭལ་དམག་དཔོན་བྱེད་མི་ལ་ཟེར;

1102 **Praetorian**, *adj.* རྭོ་མན་པའི་ཁྲིའི་ཊར་ཞེས་སྤྱི་དཔོན་ཆེན་པོའི་སྐུ་སྲུང་དམག་མིའི;

1103 **Pragmatical**, *adj.* ཐེ་གདོགས་བྱེད་འདོད་ཅན; ཐ་སྙད་ཅན; སྔ་དུས་ནམ་ཐར་དུ་བྱུང་བའི་ལོ་རྒྱུས་ལས་ཕན་གནོད་ཇི་བྱུང་ཙམ་བརྟག་འདོད་ཅན;

1104 **Pragmatism**, *n.* འདོད་རྩོལ་གང་ཡིན་རུང་དེའི་ལག་ལེན་བྱེད་ན་མི་ལ་ཕན་གནོད་ཇི་བྱུང་གི་ངོས་ནས་གཞལ་འདོད་ཅན;

1105 **Prairie**, *n.* སྤང་ཐང་རྒྱ་ཆེན་པོ;

1106 **Praise**, *n.* བསྟོད་ར; བསྟོད་པ;

1107 **Praiseworthy**, *a.* བསྟོད་འོས; བསྔགས་འོས;

1108 **Prakrit**, *n.* རྒྱ་གར་ཡུལ་དབུས་སུ་དར་བའི་སཾ་སྐྲི་ཏའི་སྐད་ཀྱི་ཟུར་ཆག་གི་ཡུལ་སྐད་དག་ལ་ཟེར; ཟུར་ཆག་གི་སྐད;

1109 **Praam**, *n.* གྲུ་ཆུང་གཤམ་ལེབ་ལེབ་བྱས་པའི་ཐོག་ཏུ་མེ་སྒྲོག་བཀལ་བ་དག་ལ་ཟེར;

1110 **Prance**, *v.i.* བང་འགྲོས་རྒྱབ་པ;

1111 **Prank**, *n.*, འཕག་ཚགས; སྤྲེལ་རྩེད; རྩེད་མོ; སྤྱོན་སྤྱོད; *v.t.* བརྒྱན་པ; བསྐོན་པ; ཆས་སྤྲད་པ;

1112 **Prate**, *v.i.* ཙལ་ཙོལ་སྨྲ་བ; དོན་མེད་ཀྱི་སྐད་ཆ་སྨྲ་བ;

1113 **Prating**, *n.* ཙ་ཙོ; (adj. གསང་བ་མི་ཐུབ་པར་ཤོར་འགྲོ་བའི);

1114 **Prattle**, *v.i.* བུ་ཚའི་སྐད་ཆ་ལྟ་བུ; ཚིག་མང་དོན་ཉུང་གི་སྐད་ཆ;

1115 **Prattler**, *n.* དོན་མེད་སྐད་ཆ་སྨྲ་མཁན; བུ་ཚོ;

1116 **Prawn**, *n.* ཉ་སྡིག་སྲིན; སྡིག་སྲིན; (ཤའོ་སྨྲི; Chinese dried prawn).

1117 Pray, *v.i.* གསོལ་བ་བཏབ་པ;

1118 Prayer, *n.* ཁ་ཏོན; གསོལ་འདེབས;

1119 Prayerful, *a.* ཁ་ཏོན་འདོན་འདོད་ཅན; གསོལ་བ་བཏབ་བློ་ཅན;

1120 Prayerless, *a.* གསོལ་བ་མི་འདེབས་པ;

1121 Prayerlessness, *n.* གསོལ་འདེབས་མི་འདོན་པའི་ཚུལ;

1122 Preach, *v.i.* འཆད་པ; ཆོས་འཆད་པ;

1123 Preacher, *n.* འཆད་པ་པོ; དམངས་ཁར་ཆོས་འཆད་མི;

1124 Preamble, *n.* སྔོན་དུ་བརྗོད་པ; ཐོག་མར་བརྗོད་བྱ;

1125 Prebend, *n.* དཀོར་སྐམ;

1126 Prebendary, *n.* དཀོར་སྐལ་ཐོབ་པའི་བླ་ཁག;

1127 Precarious, *a.* གཏན་གཏན་མེད་པ; ཕ་རོལ་པོ་འི་བློ་དང་བསྟུན་པའི;
ངེས་རིག་མེད་པའི;

1128 Precariously, *ad.* ངེས་རིག་མེད་པར;

1129 Precaution, *n.* དོགས་ཟོན;

1130 Precautionary, *a.* དོགས་ཟོན་བྱེད་པའི;

1131 Precede, *v.t.* སྔོན་དུ་འགྲོ་བ; གདོང་དུ་འགྲོ་བ; གྲལ་མགོར་འཁོད་པ;

1132 Precedence, *n.* གྲལ་མཐོ་དམན་གྱི་གོ་རིམ; གོང་དུ་ཚུད་པའི་ཐོབ;

1133 Precedent, *a.* ཐོག་མའི་དཔེ;

1134 Preceding, *a.* སྔོན་མ; སྔ་མ; སྔོན་འགོ; གོང་དུ་ཕྱིན་པ;

1135 Precept, *n.* བཀའ་བསྒྲིགས; བསླབ་བྱ; གདམས་ངག; ཕྱག་ལེན;
བཀའ་བདགས་ཁྲིམས; ཆོས; གདམས་པ;

1136 Preceptive, *a.* བསླབ་བྱའི; གདམས་ངག་གི་རྣམ་པའི;

1137 Preceptor, *n.* སློབ་དཔོན; སྟོན་པ;

1138 Precinct, *n.* རྭ་ད; ས་ཆ; ཁང་པའི་ལྷུན་རིའི་ནང་ཚུད་ཀྱི་ས་ཆ;

1139 Precious, *a.* རིན་པོ་ཆེ; དཀོན་པོ; གོང་ཆེན་པོ; རྩས་ཆེན་པོ;

1140 **Preciously**, *ad.* རིན་པོ་ཆེ་ལྟ་བུ་བྱེད་དེ; ཧམ་ཆེན་པོ་བྱེད་དེ;

1141 **Precipice**, *n.* གཟར་ལོང་; གཡང་ས;

1142 **Precipitable**, *a.* (chemistry) གཞན་ལ་ཆང་སྤུ་བཙུག་ཏུ་ཡོད་པ; དཔེར་ན་ལན་ཚྭ་རམ་བུལ་ཏོག་ཆུ་ལ་བཞུ་བ་དེ་ཆང་སྤུ་བཙུག་པ;

1143 **Precipitance**, *n.* ཆབ་ཆབ; ཆབས་དྲག་པ; བྲེལ་ཚུབ; ཆབ་ཚུབ;

1144 **Precipitant**, *n.* མགོ་ཐུར་དུ་སྨྱོན་ནས་ལྷུང་བ;

1145 **Precipitate**, *v.t.* མགོ་ཐུར་དུ་འཕེན་པ; འཕེན་པ; འཕང་བ; ཤུགས་ཀྱིས་རེད་པ; ཧུར་ལྷག་རྒྱབ་ནས་བྱ་བ་ཆབ་ཆབ་དུ་གཏང་བ;

1146 **Precipitately**, *ad.* ཧུར་ལྷག་རྒྱབ་སྟེ; ཆབ་ཆབ་བྱེད་དེ; བྲེལ་དྲག་ཏེ;

1147 **Precipitation**, *n.* བྲེལ་བ; (བྲེལ་ཚུབ; collql.) རྒྱངས་པ་ཚུར་འགྱུར་བའི་ལས; (chemistry) དཔེར་ན; གོ་ཐལ་ཆུ་ལ་ལྷུར་ནས་མཐིལ་དུ་ཆགས་སྤུ་བཙུག་པའི་བྱ་བ་ལྟ་བུའོ;

1148 **Precipitous**, *a.* བྲག་གཟར་པོ; གཟར་ལོང;

1149 **Precis**, *n.* མདོར་བསྡུས; བསྡུས་པ;

1150 **Precise**, *a.* ཁྲིག་ཁྲིག; ངེས་དིག་ཅན;

1151 **Precisely**, *ad.* ཁྲིག་ཁྲིག་བྱེད་དེ; གཏན་གཏན་དིག་དིག་བྱེད་དེ; ངེས་པར་དུ;

1152 **Precision**, *n.* ངེས་ཚུལ; ངེས་དིག; (ཚ་འཁོད་ངེས་ལུགས; Sik.); ཚད་ཁང་འཁོད་ལུགས;

1153 **Preclude**, *v.t.* སྔོན་ནས་ཕྱིར་འདོན་པར་ཐག་བཅད་པ; འགོག་པ; མི་ཐུབ་བ་བཟོ་བ;

1154 **Precocious**, *a.* ཁྲིའུ་ཆུང་དུའི་དུས་ནས་རྒན་ཉིས་བྱེད་འདོད་ཅན; དབང་པོ་སྨིན་པ་སྔ་ཐལ་ཤོར་བའི; སྨིན་པ་སྔ་དྲག་པའི;

1155 Precocity, *n.* — དྲན་པ་བདར་སྔ་ཡུར; (colql.)

1156 Preconceive, *v.t.* — སྔོན་ནས། བློས་རིག་པ; སྔོན་ནས་དམིར་པ;

1157 Preconception, *n.* — རྒྱུས་མ་ལོན་གོང་ནས་བློ་ཆོད་དཔག་པའི་ལས;

1158 Precontract, *v.t.* — སྔོན་ནས་ཁ་ཆིག་བྱས་ཟིན་པ; སྔོན་ནས་འགན་ལེན་ཁ་ཆིག་གྲལ་ཟིན་པ; ཁ་ཆིག་སྔོན་ནས་ཤོར་ཟིན་པ;

1159 Precursor, *n.* — སྔོན་བགྲོད་པ;

1160 Predaceous, *adj.* — སྒྲོག་ཆགས་གཞན་བཅོམ་ནས་རང་ཉིད་འཚོ་བའི་རིར;

1161 Predate, *v.t.* — ཆོས་གྲངས་མ་སླེབས་གོང་ནས་ཡི་གེར་བཀོད་པ;

1162 Predatory, *a.* — ཟག་འཚོམ་པའི; འཚོམ་ཀུན་པའི;

1163 Predecessor, *n.* — སྔ་མ; དེ་གོང་གི; ལས་ཁུངས་སྔ་མ;

1164 Predesign, *vt.* — སྔོན་ནས་ཐབས་སྒྲིག་པ;

1165 Predestination, *n.* — སྔོན་ནས་ལས་སུ་བསྐོས་པའི་སྐལ་བ; སྔོན་ལས་འདོད་མི; བཀོད་ཐང; སྔོན་ནས་བཀོད་པའི་བཀོད་ཐང;

1166 Predestinate, *v.t.* — སྔོན་ནས་ལས་ལ་སྐོབ;

1167 Predetermination, *n.* — སྔོན་ནས་ཐག་བཅད་པ་ཉིད;

1168 Predetermine, *v.t.* — སྔོན་ནས་ཐག་བཅད་པ;

1169 Predicable, *a.* — དེ་ལྟར་ཡིན་ཞེས་བརྗོད་དུ་ཡོད་པ;

1170 Predicament, *n.* — གེགས; གལ་ཆེ་བའི་གནས་སྐབས; འཕྲང;

1171 Predicate, *v.t.* — བྱ་བ་བརྗོད་པ; ལོ་རྒྱུས་བརྗོད་པ;

1172 Predication, *n.* — བརྗོད་པ; ཡིན་ལུགས་བརྗོད་པའི་ལས; བརྗོད་བྱ; མཚན་ཉིད་དཾ་ཡོན་དན་བརྗོད་བྱ;

1173 Predict, *v.t.* — ལུང་བསྟན་བཤད་པ; མངོན་ཤེས་འཆད་པ;

1174 Prediction, *n.* — མངོན་ཤེས; ལུང་བསྟན;

1175 Predisposition, *n.* — སྔོན་ནས་བློ་འི་ཕྱོར་ལུགས; སྔངས་དཀར; ཡིད་ཀྱིས་འདོད་ཕྱོར;

1176 **Predominance**, *n.* ཤས་ཆེན་པོར་ཁྱབ་པ; ཁྱབ་ཆེ་ལུགས; ཤས་ཆེ་ལྷག;

1177 **Predominant**, *a.* ཆེར་ཁྱབ་པའི; ཕལ་ཆེ་བའི;

1178 **Predominate**, *v.i.* དབང་གིས་མནན་པ; དབང་སྒྱུར་བ; གཙོ་ཆེར་འགྱུར་པ;

1179 **Pre-eminence**, *n.* ཁྱད་པར་འཕགས་པ་ཉིད; གཞན་ལས་ལྷག་ཚུལ;

1180 **Pre-eminent**, *a.* ཁྱད་འཕགས;

1181 **Pre-eminently**, *ad.* ཁྱད་པར་དུ་འཕགས་པར;

1182 **Pre-emption**, *n.* གཞན་མའི་སྔོན་ནས་ཉོ་ཆོག་པའི་ཚད་དབང;

1183 **Preen**, *v.t.* བྱེའུ་རང་རང་གི་སྤུ་སྒྲོ་མཆུ་རྩེས་སྒྲིག་པ;

1184 **Pre-engagement**, *n.* སྔོན་ནས་ལས་ཀྱི་སྒྲོར་འཛུད་པ;

1185 **Pre-exist**, *v.t.* སྔོན་ནས་སྲིད་པ; སྔོན་ནས་མཆིས་པ;

1186 **Pre-existence**, *n.* སྐྱེ་བ་སྔ་མ;

1187 **Pre-existent**, *a.* ཐོག་མ་ནས་སྲིད་དེ་མཆིས་པ; གདོད་ནས་མཆིས་པ;

1188 **Preface**, *n.* སྔོན་བརྗོད;

1189 **Prefatory**, *a.* སྔོན་དུ་བརྗོད་བྱའི;

1190 **Prefer**, *v.t.* གདམ་ཀ་རྒྱབ་པ;

1191 **Preferable**, *a.* གདམ་ཀ་བྱ་འོས; གདམ་འོས;

1192 **Preferably**, *ad.* གདམ་ཀ་བྱས་ན;

1193 **Preferment**, *n.* གོ་གནས་ཡར་སྤར;

1194 **Prefix**, *v.t.* སྔོན་དུ་འཇུག་པ; *n.* སྔོན་འཇུག;

1195 **Pregnancy**, *n.* སྦྲུམ;

1196 **Pregnant**, *a.* སྦྲུམ་མ; དོན་ཆེན་པོ་སྦེད་པའི་ཚུལ་དུ་ཡོད་པ; དོན་ལྡན;

1197 **Prehensile**, *adj.* ལག་པས་བཟུང་དུ་ཡོད་པའི; མཛུག་མ་ལྟ་བུ;

1198 **Prehension**, *n.* བཟུང་བ; འཛིན་པ; བློས་འཛིན་པ; གཟུང་འཛིན;

1199 **Prehistoric**, *a.* ཧཾ་ཐར་དུ་འཁོད་པའི་གོང་གི་བྱུང་ཚུལ;

1200 **Prejudge**, *v.t.* སྔོན་ནས་བཅད་མཆོས་བཏང་བ;

1201 **Prejudice**, *n.* སྙིང་ནད; སེམས་འཁོན;

1202 **Prejudicial**, *a.* སྙིང་ནད་དང་བཅས་པའི; སེམས་འཁོན་དང་བཅས་པའི;

1203 **Prelacy**, *n.* ལྷ་སྡེའི་གོ་ས་ལས་ཁངས;

1204 **Prelate**, *n.* ལྷ་སྡེའི་ལས་ཁངས་ཀྱི་གོ་ས; ཕྱོགས་སྤྱི་བླ; བླ་ཁག;

1205 **Preliminary**, *a.* ཐོག་མའི; སྔོན་དུ་འགྲོ་བའི;

1206 **Prelude**, *n.* འབའ་ཟའི་ཐོག་མའི་སྒྲ;

1207 **Premature**, *a.* མ་སྨིན་པའི; དུས་ལ་མ་བབ་པའི; མ་རན་གོང་ནས་བྱུང་པའི;

1208 **Prematurely**, *ad.* དུས་ལ་མ་བབ་པར; མ་རན་པར;

1209 **Prematureness**, *n.* དུས་མ་སྨིན་པའི་རང་བཞིན;

1210 **Premeditate**, *v.i.* བསམ་བློ་སྔོན་ནས་གཏང་བ;

1211 **Premeditation**, *n.* རྗེས་ཡོང་སྔོན་དྲན;

1212 **Premier**, *n.* ཡང་གི་དང་པོ; གཙོ་ཆེ་ཤོས; གཙོ་དྲག; (ཡང་དང; colql.) བློན་པོ་གཙོ་ཆེ་ཤོས;

1213 **Premiership**, *n.* གཙོ་དྲག་གི་གོ་ས;

1214 **Premise**, *v.t.* གཞན་གྱི་གོང་ནས་བཤད་པ་འདམ་གཏང་བ; གོང་སྨྲས; གོང་དུ་གསལ་བ; *n.* ཁང་པ་དང་དེ་དང་ཉེ་བའི་ས་ཆ་བཅས་པ;

1215 **Premium**, *n.* གསོལ་རས; དངུལ་གསོལ་རས;

1216 **Premonition**, *n.* སེམས་རྟོག; སེམས་ལ་འཆར་བའི་རྟོག་པ;

1217 **Preoccupy**, *v.t.* སྔོན་ནས་བདག་ཏུ་བཟུང་བ;

1218 **Preordain**, *v.t.* སྔོན་ནས་ལས་ལ་བཀོད་ཟིན་པ;

1219 **Preparation**, *n.* གྲབས་རྒྱུ; སྟ་གོན; གྲ་སྒྲིག; གྲབས་སྒྲིག; གྲབས་ཤོམ;

1220 Preparative, *a.* གྲབས་སྒྲིག་པའི་ཁྲལ་གྱི;

1221 Preparatory, *a.* གྲབས་སྒྲིག་པའི;

1222 Prepare, *v.t.* ཞོམས་པ; སྦྱོར་བ; བཅོ་བ; (victuals གཡོ་བ;) གྲ་སྒྲིག་རྒྱབ་པ; གྲབས་བྱེད་པ;

1223 Prepay, *v.t.* སྔོན་ནས་དངུལ་སྦྱིན་པ;

1224 Prepayment, *n.* སྔོན་ནས་དངུལ་སྤྲོད་པ་ཉིད;

1225 Preponderance, *n.* ཁྱབས་ཆེ་བ; ཤུགས་ཆེ་བ;

1226 Preponderate, *v.t.* ཆེར་ཁྱབ་པ; བོང་ཆེར་གནས་པ; ལྗིད་ཆེར་གནས་པ;

1227 Preposition, *n.* སྔོན་དུ་གནས་པ; ཐོག་མར་གནས་པ;

1228 Prepossess, *v.t.* ཡིད་ཀྱི་དང་བ་འདྲེན་པ; ཡིད་བརླམས་པ; ཕྱོགས་རིས་ཀྱི་དབང་དུ་འགྱུར་པ;

1229 Prepossession, *n.* སྔོན་ནས་བརྟག་པའི་ལས; ཡིད་དང་འདྲེན་ཚུལ;

1230 Preposterous, *a.* དཔེ་མི་སྲིད་པ; ཚོ་མེད;

1231 Preacquisite, *n.* ཐོག་མའི་དགོས་མཁོའི་རྒྱུ་རྫས;

1232 Prerogative, *n.* སྔོན་གྱི་ཐོབ་ཐང;

1233 Presage, *n.* སྔ་ལྟས; *v.t.* སྔ་ལྟས་སྟོན་པ;

1234 Prescience, *n.* མངོན་པར་ཤེས་པ; མངོན་ཤེས;

1235 Prescient, *a.* མངོན་ཤེས་ཀྱི;

1236 Prescribe, *v.t.* སྨན་ཡིག་འབྲི་བ;

1237 Prescriber, *n.* སྨན་ཡིག་འབྲི་མཁན;

1238 Prescription, *n.* སྨན་ཡིག;

1239 Presence, *n.* མདུན་དུ་ཡོད་པའི་ཚུལ; ཡོད་པ; (དྲུང; སྤྱན་སྔ; སྐུ་མདུན; Hon.).

1240 Present, *v.t.* ཀོར་སྲུ་ཚང་བ ; འབུལ་བ ; (Hon. སྤྱུད་སྤུར ;)
(ད་ལྟའི་དུས་སུ་ཡོད་པ ; time) ; *ad.* ད་ལྟ ;
n. ལག་རྟགས ; འཕྲོས་མ ; སྐྱེས ; ཕྱག་རྟགས ; རྟེན ;
(ཞུ་རྟེན ; གཟིང་རྟེན ; to a superior, Hon. ཕྱག་མཇལ ;)
(གསོལ་རས ; given by superior བྱ་དགའ ;)

1241 Presentable, *a.* མིར་སྟོན་དུ་ཡོད་པ ; ངོམ་འོས ;

1242 Presentation, *n.* སྤྱན་འབུལ་ཞུ་བ ; འབུལ་བ ;

1243 Presentiment, *n.* སེམས་ལ་རྟོག་པ་སྔོན་ནས་འཆར་བ ;

1244 Presently, *ad.* དེ་མ་ཐག ; ད་ལྟ་ཉིད ; (ལམ་སང ; ད་ལྟ་རང ; colql.)

1245 Presentment, *n.* འབུལ་སྤུངས ; འབུལ་ཞུར ;

1246 Preservation, *n.* ཅག་ག ; སྲུང་སྐྱོབས ; ཉར་བ ; ཉར་ཚགས ;

1247 Preservative, *a.* ཅག་གའི ; ཉར་ཚགས་ཀྱི ;

1248 Preserve, *v.t.* ཅག་ག་བྱེད་པ ; སྲུང་སྐྱོབས་བྱེད་པ ;

1249 Preserver, *n.* ཅག་ག་བྱེད་མཁན ; སྲུང་སྐྱོབས་བྱེད་མི ;

1250 Preside, *v.i.* གཙོ་འཛིན་བྱེད་པ ; གཙོ་བོ་བྱེད་པ ; གྲལ་མགོ་འཛིན་པ ;

1251 Presidency, *n.* ཁྲི་པའི་གདན་ས ;

1252 President, *n.* གཙོ་བོ ; ཁྲི་འཛིན་པ ; ཁྲི་པ ;

1253 Presidential, *a.* ཁྲི་པའི ; ཁྲི་འཛིན་པའི ;

1254 Press, *v.t.* བཙིར་བ ; མནན་པ ; བརྫིས་པ ; ནན་གྱིས་ཨུ་ཚུགས་བྱེད་པ ;
བཀན་པ ; བཙར་བ ; (གླེམ་པ ; colql.)

1255 Pressingly, *ad.* ནན་ཆེར ; ནན་གྱིས ;

1256 Pressman, *n.* པར་ཁང་བདག་པོ ;

1257 Pressure, *n.* བཙིར ; བཙར་བའི་ཤུགས ; གླེམ་པའི་རྫིད ;

1258 Prestige, *n.* ཐོབ་ཐང ;

1259 **Presumably**, *ad.* བློའི་དཔག་རྒྱུར་;

1260 **Presume**, *v.t.* བློ་ཚོད་དཔག་པ;

1261 **Presuming**, *a.* ཧམ་པ་ཅན; ཧམ་ཆེན; ལྷ་བ་ཅན;

1262 **Presumption**, *n.* བློའི་དཔག་ཚོད; (ཧོམ་ཚོད; Sik.)

1263 **Presumptive**, *a.* (མནོ་ཚོད་ཀྱིས་བཅད་པའི; Sik.)
བློ་ཡིས་དཔག་ཚོད་ཀྱིས་བཅད་པའི;

1264 **Presumptuous**, *a.* བློ་སྤྲོབས་དང་ལྷ་བ་ཅན; ལྷ་ཧཾ་ཅན;

1265 **Presumptuousness**, *n.* ཧམ་པ; རློམས་སེམས་ཆེ་ཞུགས;

1266 **Presuppose**, *v.t.* སྔོན་ནས་བློ་ཚོད་འཕིང་བ;

1267 **Pretence**, *n.* ཁ་གསོབ; ཀྱོད;

1268 **Pretend**, *v.t.* (བརྫུན་འཐབ་པ; Sik.) ཁ་འཛོར་པ; ཁ་བརྡར་པ;
{(Sik.) ཀྱོད་བཤད་པ;}

1269 **Pretender**, *n.* བརྫུས་མ; མིན་པའི་ཡིན་མདོག་བྱེད་མཁན;

1270 **Pretendingly**, *ad.* ཀྱོད་བཤད་དེ; ཡིན་མདོག་ཁ་པོ་བྱེད་དེ;

1271 **Pretension**, *n.* བརྫུན; ཧམ་པ; ཀྱོད;

1272 **Pretentious**, *a.* རེ་བའི་གོང་ལས་ལྷག་པ་དགོས་འདོད་ཅན;

1273 **Preterimperfect**, *a.* སྔོན་བྱུང་བའི;

1274 **Preterit**, *a.* འདས་ཟིན་པའི;

1275 **Preternatural**, *a.* འཇིག་རྟེན་ན་དཔེ་མི་སྲིད་པའི;

1276 **Preterperfect**, *a.* འདས་པའི;

1277 **Preterpluperfect**, *a.* འདས་པའི་གོང་འདས་པའི་དུས་མཚོན་པའི་སྒྲ་ཅན;

1278 **Pretext**, *n.* ཁ་གསོབ་འཕྲུལ་ས; ཀྱོད; ཁ་འདོགས་ས;

1279 **Prettily**, *ad.* ཡིད་ཁར་འོང་པོ་བྱེད་དེ;

1280 Prettiness, *n.* མཛེས་པའི་རང་བཞིན ; ཡིད་གར་འོང་ལུགས ; མཛེས་ལུགས ;

1281 Pretty, *a.* མཛེས་པོ ; སྙིང་རྗེ་པོ ; ཡིད་འོང ;

1282 Prevail, *v.i.* དར་བ ; ཁྱབ་པ ;

1283 Prevailing, *a.* དར་བའི ; རྒྱ་ཆེར་ཁྱབ་པའི ;

1284 Prevalence, *n.* དར་བ ; མཆིས་པ ; ཁྱབ་པ ;

1285 Prevalent, *a.* དར་ནས་ཡོད་པའི ; དར་ནས་ཡོད་པའི ;

1286 Prevaricate, *v.t.* བརྫུན་སྨྲ་བ ; བདེན་པ་སྦྱང་བ ; གཏམ་འཁྱོག་དེ་སྨྲ་བ ;

1287 Prevarication, *n.* བརྫུན ; བདེན་པར་མི་སྨྲ་བ་ཉིད ;

1288 Prevent, *v.t.* འགེགས་པ ;

1289 Prevention, *n.* འགེགས་ཆ ;

1290 Preventive, *a.* འགེགས་པའི ;

1291 Previous, *a.* དེའི་གོང་གི ; དེའི་སྔོན་མ ;

1292 Previously, *ad.* སྔོན་ནས ; གོང་ནས ;

1293 Prey, *n.* ཁྲི་ར ; ཤ་སྐལ ; ཟས་སྐལ ;

1294 Prey, *v.i.* ཁྲི་ར་རྒྱབ་པ ; ཁྲི་ར་པས་འདེད་པ་ལྷར་བཙལ་བ ; སེམས་བྲེལ་གྱིས་གདུངས་པའི་མནར་བ ;

1295 Priapism, *n.* ཕོ་མཚན་དྲག་པར་སྒྲེང་ནས་སྡོད་པ ; (རྒྱོ་དད ; vulgar).

1296 Price, *n.* རིན ; གོང ; གནས་ཁུངས ;

1297 Priced, *a.* རིན་བརྒྱབ་པའི ; རིན་གོང་དེ་ཙམ་ཞེས་བཀོད་ནས་ཡོད་པའི ;

1298 Priceless, *a.* རིན་ཐང་བྲལ་བ ; ཧ་ཅང་རྩས་ཆེན་པོ ;

1299 Prick, *v.t.* ཚེར་མས་བཙུག་པ ; གཙག་པ ; ཁབ་ཀྱིས་གཙག་པ ;

1300 Prick, *n.* བཙག་ཁབ་ཀྱིས་གཙུག་པ་དེའོ ;

1301 **Prickle**, *n.* ཚེར་མ ;

1302 **Prickly**, *adj.* ཟུག་བྱེད; ཚེར་མ་རོང་རོང; ཚེར་མ་ཅན;

1303 **Pride**, *n.* ང་རྒྱལ ;

1304 **Priest**, *n.* མཆོད་གནས་པ; དགེ་སློང; ཆོས་པ;

1305 **Priestless**, *n.* མཆོད་གནས་མེད་པ; Priestess དགེ་སློང་མ;

1306 **Priesthood**, *n.* དགེ་འདུན;

1307 **Priestly**, *a.* དགེ་འདུན་གྱི་རྣམ་པའི;

1308 **Prig**, *n.* མི་ཁ་བདེ་པོ; ཡོན་ཏན་མེད་པའི་ཡོད་མདོག་ཁ་པོ་བྱེད་མི;

1309 **Prim**, *a.* (སྨུམ་ཚུས་ཚུས; Sik.) (གད་གཙང་པོ);
ཟབ་ཆགས་པོ;

1310 **Primacy**, *n.* གོ་གནས་དང་པོའམ་མཐོ་ཤོས ;

1311 **Primarily**, *ad.* ཐོག་མའི; དང་པོའི; སྔོན་གྱི; ངོ་བོའི;

1312 **Primary**, *a.* མགོ་སྔོན་ཐོག་གི; ཀ་ཁ་ལྟ་བུ;

1313 **Primate**, *n.* ལྷ་སྡེའི་ལས་ཁངས་རིམ་པ་དང་པོ; ལྷ་སྡེའི་གོ་གནས་ཀྱི་གྲལ་ལས་མཐོ་ཤོས; ཉ་ཞོས་འཚོ་བའི་སྲོག་ཆགས་ཀྱི་གྲལ་ནས་རིས་མཐོ་ཤོས; དཔེར་ན་མི་དང་སྤྲེའུ་ལ་སོགས་པ་ལྟ་བུ་སྟེ;

1314 **Prime**, *a.* ཐོག་མའི; ཡང་དང; དར་བའི་བསྐང;

1315 **Prime**, *n.* ཐོག་མ; སྔོན་ཐོག; གཙོ་ཆེ་ཤོས;

1316 **Prime**, *v.t.* མེ་མདའི་ཁ་རྫས་སླུག་པ; ཚང་ངམ་ཨ་རག་གིས་བརྒྱང་བ; ཁོག་པ་བརྒྱང་བ་ལའང་གོ;

1317 **Primer**, *n.* ཀ་ཁའི་དཔེ་ཆ.;

1318 **Primrose**, *n.* ལ་ཕའི་ནེའུ་གསིང་གི་དཀྱིལ་དུ་དབྱིད་དུས་ཤར་བའི་མེ་ཏོག་སེར་སྐྱ་ཞིག ;

1319 Priming, *n.* མེ་མདའི་ཁ་རྫས ;

1320 Primiparous, *a.* སྦྲུམ་ཐོག་མ་ཚར་པ ; མངལ་སོན་དང་ལྡན་པའི་ཐོག་མ ;

1321 Primitive, *a.* བསྐལ་པ་སྔོན་གྱི ;

1322 Primness, *n.* གད་གཙང་ལྷུར ; ཆབ་ཚར་ལུགས ;

1323 Primogenitor, *n.* མེས་པོ ;

1324 Primogeniture, *n.* བུ་ཆེན་པས་ཕ་གཞིས་ཐོབ་སྲོལ ;

1325 Primordial, *a.* ཐོག་མའི ; དང་པོའི ;

1326 Primeval, *a.* དང་པོ་དང་པོའི ; བསྐལ་པ་སྔོན་གྱི ; བསྐལ་པ་ཐོག་མའི ;

1327 Prince, *n.* རྒྱལ་བུ ; རྒྱལ་སྲས ;

1328 Princedom, *n.* རྒྱལ་བུའི་མངའ་འབངས ;

1329 Princely, *a.* རྒྱལ་བུར་འོས་པ ;

1330 Princess, *n.* རྒྱལ་པོའི་སྲས་མོ ;

1331 Principal, *a.* གཙོ་ཆེ་བ ;

1332 Principality, *n.* རྒྱལ་པོའི་ཁབ ; རྒྱལ་ཕྲན་གྱི་གདན་ས ; རྒྱལ་ཁབ ;

1333 Principally, *ad.* གཙོ་ཆེར ;

1334 Principate, *n.* (རོམ་ནི་ཐར་ལས) ; རོམ་གྱི་རྒྱལ་ཁབ་ཏུ་ཐོག་མར་གོང་མ་རྒྱལ་པོ་ཉིས་ཀྱིས་དབང་བསྒྱུར་དུས་མི་སེར་རྒྱལ་ཁག་གཞུང་གིས་བཙན་བའི་འགྲོ་ལུགས་འགའ་ཡང་ཡོད་པའི་ཁྲིམས་དེའོ ;

1335 Principle, *n.* གྱི ; གཞུང ; བློ་སྐའི་འདུན་པའི་གཞུང ; གཞི ; མ་གཞི ; གཙོ ; རྒྱུད ; རྒྱུ་གཤིས ;

1336 Print, *v.t.* པར་རྒྱབ་པ ;

1337 Printed-goods, *n.* རས་པར་མ ; པར་རྒྱབ་པའི་རྒྱུ་ཟོང ;

1338 Printer, *n.* པར་མཁན ;

1339 Printing, *n.* པར་ལས ;

1340 Prior, *a.* ཐོག་མ ; (in Italy ཞལ་ངོ ; ཁྲིམས་བདག ;)
བླ་མའི་འོག་ནས་རིམ་པ་གཉིས་པ་དབུ་མཛད་ལྟ་བུ ;

1341 Prioress, *n.* ཨ་ནི་དགོན་པའི་ལས་སྣེ་དབུ་མཆོད ;

1342 Priority, *n.* སྔོར་གྲན་པའི་ཐོབ་ཐུ ;

1343 Prism, *n.* འཛའ་ཤེལ་གྱི་ཟུར ; ཤེལ་རྡོ་གཞོགས་ལྷན་གྱི་ཟུར་འཛའ་ཚོན་འཆར་བ་པོ་དེའོ ;

1344 Prismatic, *a.* འཛའ་ཤེལ་ལྟར་ཟུར་ཅན ;

1345 Prison, *n.* བཙོན་ཁང ;

1346 Prisoner, *n.* བཙོན་པ ;

1347 Privacy, *n.* གསང་བ ;

1348 Private, *n.* གསང་བའི ; སྒེར་གྱི ;

1349 Privateer, *n.* གྲུ་གཟིངས་འཇོམས་པ་པོ ; གཞུང་གྲུ་མ་ཡིན་པའི་སྒེར་པའི་གྲུ་མཚོན་ཆ་སྐྱུད་དེ་ཕ་རོལ་པའི་གྲུ་གཟིངས་བཅོམ་པར་མངའ་པ་དག་ལ་ཟེར ;

1350 Privately, *ad.* གསང་སྟེ ;

1351 Privation, *n.* ཡོ་བྱད་ཀྱིས་དབེན་པའི་ཚུལ ; དཀའ་ཐུབ ;

1352 Privative, *a.* དཀའ་ཐུབ་སྐྱུད་པའི ;

1353 Privilege, *n.* ཐོབ་ཐང ;

1354 Privileged, *a.* ཁྲིམས་ཡང་གནང་ནས་ཡོད་པའི ;

1355 Privily, *ad.* གསང་བའི་ཐོག ;

1356 Privy, *a.* གསང་བའི ; ལྐོག་གི ; སྒེར་གྱི ; གསང་སྤྱོད ;

1357 Prize, *n.* གསོལ་རས ; མགུ་མཚན ;

1358 Probability, *n.* ཡོང་མདོག ; ཡོང་ཉན ; འབྱུང་སྲིད་པའི་ལས ;

1359 Probable, *a.* འབྱུང་ཉན་ཡོད་པ ; ཡོང་ཉན་མ ;

1360 Probably, *ad.* གཅིག་བྱེད་ན ;

1361 Probate, *n.* ཁྲིམས་ས་ཚད་ལྡན་གྱི་སྐུ་མདུན་ག་ཤིན་པོའི་ཁ་ཆེམས་
གཏན་གཏན་ཡིན་ཕྱུང་ར་སྤྲོད་ཞུ་བའི་ལས་ཀ་དེ་ལ་ཟེར;

1362 Probationer, *n.* དགེ་བསྙེན;

1363 Probe, *n.* བརྟག་དཔྱད; དཔྱད་པ; རྨ་བརྟག་བྱེད་ཀྱི་སྐྱུང་གྲུ;

1364 Probity, *n.* གཏན་ཚུལ; གཏན་ཕྱུང;

1365 Problem, *n.* གཏམ་ཐག་མ་ཏུད་པ་བཀྲོལ་དཀའ་མོ;

1366 Problematical, *a.* གཏམ་ཐག་མ་ཏུད་པ་བཀྲོལ་དཀའ་མོ;

1367 Proboscis, *n.* གླང་སྣ; མཆུ་སྒྲོས;

1368 Procedure, *n.* འགྲོ་ཕྱུང;

1369 Proceed, *v.t.* འགྲོ་བ; འགྲུ་བ; སྤྲོ་བ;

1370 Proceeds, *n.* འཐོན; བབ; བབ་ཡོང; རིན;

1371 Proceeding, *n.* མཛད་པ; ཕྱག་ལས; (Hon.)

1372 Process, *n.* ལག་ལེན་བྱེད་སྟངས;

1373 Procession, *n.* འཆིབ་གྲལ; སེར་འཕྲེང;

1374 Proclaim, *v.t.* བཀའ་སྒྲོག་པ; བཀའ་རྒྱ་སྒྲོག་པ;

1375 Proclamation, *n.* བཀའ་བཏར་པ; བཀའ་འདོར་པ;

1376 Proclivity, *n.* བློ་འདོད; འདོད་ཕྱོར;

1377 Proconsul, *n.* རོ་མན་གྱི་ཨམ་བན་ལས་རོར་ཀྱི་དོད;

1378 Procrastinate, *v.t.* ཡུན་ཕྱིར་བརྒྱངས་པ; དུས་འགྱངས་པ; བཞོལ་བ;

1379 Procrastination, *n.* ཕྱི་བཞོལ; ཕར་འགྱངས;

1380 Procreate, *v.t.* སྐྱེད་པ; བཞོ་བ;

1381 Proctor, *n.* ལྷ་སྡེའི་ཁྲིམས་སའི་ཁ་ཚབ་པ;

1382 Procurable, *a.* འཚོལ་ན་སྒྲུར་ཐུབ་པ; བསྒྲུབ་ཏུ་ཡོད་པ;

1383 Procure, *v.t.* སྒྲུབ་པ; གཉེར་བ; འབྱོར་བ; འཚོལ་བ;

1384 **Procurer,** *n.* (ལྦ་ཐག་དྲང་མི; Bhut.) སྐྱེ་དམན་གཞང་འཚོང་མ་འཚོལ་ནས་སྐྱེལ་མི; སྐྱུབ་པ་པོ; གཉེར་བ་པོ; (literally) (མགྲོན་གཉེར; an ironical term in Sikkim).

1385 **Procuress,** *n.* (ལྦ་ཐག་དྲང་མི; Bhut.) (མགྲོན་གཉེར་རྒྱུག་མི);

1386 **Prodigal,** *a.* སྟོང་ཟད་ཅན; ཆུ་ཟོད་ཅན;

1387 **Prodigality,** *n.* ཆུ་ཟོད; འཕྲོ་བརླག;

1388 **Prodigally,** *ad.* ཆུ་ཟོད་དུ; ཆུ་ཟོས་སུ;

1389 **Prodigious,** *a.* ཁྱད་མཚར; ཡ་མཚན་ཅན;

1390 **Prodigiously,** *ad.* ཁྱད་མཚར་པོ་བྱེད་དེ;

1391 **Prodigiousness,** *n.* ཁྱད་མཚར་ཡུང; ཡ་མཚན་ཡུང;

1392 **Prodigy,** *n.* དཔེ་ཟླ་མེད་པའི་ཁྱེའུ;

1393 **Produce,** *n.* འཐོན་ཁུང; ལོ་ཏོག;

1394 **Producer,** *n.* འདོན་མི;

1395 **Product,** *n.* འབྲས་བུ; འཐོན;

1396 **Production,** *n.* འབྱུང་ཁྱུ; འབྲས་བུ;

1397 **Productive,** *a.* འདོན་ཁངས་ཆེན; འཕེལ་བསྐྱེད་ཅན;

1398 **Productively,** *ad.* འཐོན་ཁུངས་ཆེན་པོར or ཆེན་པོ་བྱེད་དེ;

1399 **Productiveness,** *n.* འཕེལ་བསྐྱེད; འཐོན; ཁེ;

1400 **Profanation,** *n.* ཆོས་འགལ་གྱི་བྱ་བ;

1401 **Profane,** *a.* ཆོས་དང་འགལ་བའི; ཆོས་མིན;

1402 **Profaneness,** *n.* ཆོས་མིན་ནི་ཆོས་ལ་དམོད་པའི་ལས;

1403 **Profanely,** *ad.* ཆོས་ལ་དམོད་པའི་ཚུལ་གྱིས;

1404 **Profanity,** *n.* ཆོས་མིན་ནི་ཆོས་ལ་དམོད་པའི་ལས;

1405 **Profess,** *v.t.* ཁས་བླངས་པ; དམངས་ཐོག་ཏུ་ཁས་བླངས་པ;

1406 **Professedly,** *ad.* ཁས་ལེན་བྱས་པ་བཞིན;

1407 Profession, *n.* ལས་ཁངས; གོ་ས; གོ་གནས; ལས་ཀ;

1408 Professional, *a.* གོ་གནས་དང་བསྟུན་པའི; བྱེད་ལས་ཀྱི་སྐོར;

1409 Professor, *n.* པཎྜི་ཏ; དགེ་བཤེས;

1410 Professorship, *n.* དགེ་བཤེས་ཀྱི་གོ་ས;

1411 Proffer, *v.t.* འབུལ་བ; འབུལ་ལི་ཞུ་བ;

1412 Proficiency, *n.* མཁས་ཤུགས; མཐར་ཕྱིན་ཤུགས;

1413 Proficient, *a.* མཐར་ཕྱིན་པོ;

1414 Proficiently, *ad.* མཐར་ཕྱིན་པར;

1415 Profile, *n.* གདོང་ངོ་བྱད་བཞིན་ཕྱེད་ཀའི་རི་མོ;

1416 Profit, *n.* ཁེ; ཁེ་སྤོག; ཁེ་བཟང;

1417 Profitable, *a.* ཕན་ངེས་པའི; ཁེ་བཟང་ཅན;

1418 Profitably, *ad.* ཕན་ངེས་པར;

1419 Profitless, *a.* ཁེ་མེད;

1420 Profligacy, *n.* བག་མེད་ཀྱི་སྤྱོད་པ;

1421 Profligate, *a.* འཆོལ་པོ;

1422 Profound, *a.* ཀློང་རྡོལ; ཟབ་པ; གཏིང་ཆོད་པོ;

1423 Profoundly, *ad.* ཟབ་པར; ཟབ་མོར;

1424 Profuse, *a.* འབོལ་པོ;

1425 Profusely, *ad.* འབོལ་པོ་བྱེད་དེ;

1426 Profuseness, *n.* འབོལ་ཉམས; འབོལ་ཚུལ;

1427 Progenitor, *n.* ཕ; སྐྱེད་བྱེད;

1428 Progeny, *n.* བུ་རྒྱུད; རིང་རྒྱུད; གདུང་རྒྱུད;

1429 Prognosis, *n.* མངོན་ཤེས; ནད་གཞིའི་སྔ་ལྟས;

1430 Prognostic, *a.* མངོན་ཤེས་ལུང་བསྟན; ཕྱུར་བཤད;

1431 **Prognosticate**, *v.t.* མ་འོང་ལུང་བསྟན་འཆད་པ; ཐུར་བརྡར་ལྟ་བ;

1432 **Prognostication**, *n.* མ་འོང་མངོན་ཤེས; ཐུར་བརྡར;

1433 **Prognosticator**, *n.* མངོན་ཤེས་པ; ཐུར་བརྡར་བཤད་མི;

1434 **Programme**, *n.* འགྲུལ་ལོ་ལས་ཀའི་འཆར་གཞི;

1435 **Progress**, *n.* ཡར་བསྐྱེད; ན་འཕར; བསྐྱེད;

1436 **Progression**, *n.* ཡར་བསྐྱེད; ན་འཕར; བསྐྱེད;

1437 **Progressive**, *a.* ཡར་བསྐྱེད་ཀྱི;

1438 **Progressively**, *ad.* ཡར་བསྐྱེད་ཀྱིས;

1439 **Prohibit**, *v.t.* བཀག་པ; འཁེགས་པ; འགོར་པ;

1440 **Prohibition**, *n.* འགག; འགག་ཆ;

1441 **Project**, *v.t.* འགོད་པ; (བྱ་བ་བརྩམས་པ; *n.* བཤོམས་པའི་ལས;)

1442 **Projectile**, *n.* འཕང་པའི་རྡོའམ་མདའ;

1443 **Projection**, *n.* གཡབ་རིང; སྣ་རིང; བཀོད་རིས; རི་མོ;

1444 **Projector**, *a.* ཐབས་སྒྲིག་མི; བཀོད་པ་བྱེད་མི; བཀོད་མི;

1445 **Prolific**, *a.* སྐྱེ་སྒྲོ་ཅན; སྐྱེ་སྒྲོ་ཆེན་པོ;

1446 **Prolix**, *a.* བཤད་པ་རྒྱས་པོ;

1447 **Prolixity**, *n.* བཤད་རྒྱས་ཐལ་ཤོར་བ་ཉིད; རྒྱས་བཤད;

1448 **Prologue**, *n.* མགོ་བརྗོད; སྔོན་བརྗོད;

1449 **Prolong**, *v.t.* རིང་དུ་སྤྲིང་བ; བཤོལ་བ; སྤྲིང་བ;

1450 **Prolongation**, *n.* སྣ་རིང; རྒྱངས་རིང; སྤུད་མ;

1451 **Promenade**, *n.* ཞབས་བསྐོར་ཞབས་འཆར་སའི་ལོ; བསྐོར་ལམ;

1452 **Promethean**, *adj.* པྲོ་མི་ཐིས་ཅེས་སྔོན་དུས་སྟེང་ལྷ་ནས་མེ་བརྐུས་ནས་དེའི་ཉེས་ཆད་དུ་བྲག་ལ་བདར་ནས་བྱ་རྒོད་ཞིག་གིས་ཤ་གཅབ་པའི་མནར་གཅོད་བཏང་དུ་བཅུག་པ་དེའི་སྐོར་གྱི;

1453 **Prominence,** *n.* མངོན་མཐོ་འི་ས; ངོ་མཐོན; ངོ་མཐོན་པོ; མཐོན་པོ་འི་ས; དོད་ཕྱུཊ;

1454 **Prominent,** *a.* ངོ་མཐོན; མཐོན་པོ; མངོན་མཐོ;

1455 **Prominently,** *ad.* མངོན་མཐོར;

1456 **Promiscuous,** *a.* བསྲེས་མ; སྣ་བསྲེས་དཀྲུ་བསྲེས; འདྲེས་མ;

1457 **Promiscuously,** *ad.* འདྲེས་མར; བསྲེས་ནས;

1458 **Promise,** *n.* ཆད; ཁས་ལེན་པ; ཁས་བླངས; *v.t.* འཆེ་བ;

1459 **Promissory,** *a.* བུན་གྱི་གན་རྒྱའི་ཡི་གེའི; བུན་ཡིག་གི;

1460 **Promontory,** *n.* རི་སྣ;

1461 **Promote,** *v.t.* ཡར་སྤུར་བ; ཡར་སྐྱེད་པ;

1462 **Promotion,** *n.* ཡར་བསྐྱེད; ན་སྤུར;

1463 **Prompt,** *a.* (གྲ་ཁད་ཁད; Bhut. & Sik.) བྱེད་ཚོག་ཚོག;

1464 **Prompter,** *n.* བྱ་བ་བྱེད་དུ་འཇུག་པ་པོ;

1465 **Prompting,** *n.* ཆོས་རྒྱུཊ་འབུལ་སྐབས་སུ་རཾ་སྐོར་བྱས་པ་དེ;

1466 **Promptitude,** *n.* གྲ་སྒྲིག་པོར་མཆིས་པ་ཉིད; ལམ་སང་བྱེད་ཚོག་པ་ཉིད;

1467 **Promptly,** *ad.* ལམ་སང;

1468 **Promptness,** *n.* ལམ་སང་གྲ་སྒྲིག་ལུགས;

1469 **Promulgate,** *v.t.* སྤེལ་བ; རྒྱས་པར་སྤེལ་བ;

1470 **Prone,** *a.* ཁ་བུབ་དུ; མགོ་བོ་མདུན་ཕྱོཊ་བཀུག་ནས;

1471 **Proneness,** *n.* ཁ་བུབ་དུ་གནས་པའི་ཚུལ;

1472 **Prong,** *n.* ཁ་ཊམ; མཚོན་ཆ་རྩེ་གསུམ་པའམ་རྩེ་དུ་མ་ཡོད་པ;

1473 **Pronominal,** *a.* མིང་ཚབ་དུ་གཏོཊ་པའི;

1474 **Pronoun,** *n.* མིང་གི་རྣམ་དབྱེའི་ཚབ་དུ་འཇུག་པའི་ཚིག; མིང་ཚབ;

1475 **Pronounce,** *v.t.* སྒྲ་བརྗོད་པ;

1476 **Pronounced,** *a.* སྒྲ་གྲགས་པ;

1477 **Pronouncing**, *n.* སྒྲ་བརྗོད་བཞིན་པ;

1478 **Pronunciation**, *n.* ཚིག་གི་སྒྲ་བརྗོད;

1479 **Proof**, *n.* ར་འཕྲག; ར་སྤྲོད; ཡིན་ལུགས་ར་སྤྲོད;
བདེན་ལུགས་ཁུངས་སྐྱེལ;

1480 **Prop**, *v.t.* སྐྱོར་བ; ཡར་བཏེག་པ; རྒྱབ་རྟེན་བྱེད་པ;

1481 **Propaganda**, *n.* ཆོས་ལུགས; ཆོས་ལུགས་རྒྱ་ཆེར་སྤེལ་ཆེད་དུ་འབད་
པའི་མི་སྡེ;

1482 **Propagate**, *v.t.* ར་བཙུགས་པ; ཀང་བཙུག་པ;

1483 **Propagation**, *n.* སྤེལ་བ; སྐྱེད་སྤྲིང་བའི་བྱ་བ;

1484 **Propel**, *v.t.* རྒྱབ་ནས་སྐྱུལ་བ; མདུན་དུ་འཕུལ་བ;
(འབི་འཛག་རྒྱབ་པ; colql.)

1485 **Propeller**, *n.* འཕུལ་མཁན;

1486 **Propend**, *v.i.* བློ་ཕྱོགས་པ;

1487 **Propense**, *a.* དགེ་བ་ལ་ཆགས་པའི; བློ་ཕྱོར་པའི;

1488 **Propensity**, *n.* བག་ཆགས; བློའི་དཀར་ཕྱོར; ཡིད་ཀྱི་འགྲོ་ཕྱོར;

དངོས; གང་ཡིན་པ; རིགས་པ; འཐད་པ;

1489 **Proper**, *a.* རན་པ; འོས་པ;

1490 **Properly**, *ad.* དངོས་སུ; ངོ་ཐོག; རིགས་པར;

1491 **Property**, *n.* རྒྱུ་དངོས; བདག་པོའི་ནོར་རྫས; ནོར་རྫས;
བདོག་པའི་རྒྱུ་རྫས;

1492 **Prophecy**, *n.* ཐུགས་བརྡག; མངོན་ཤེས; ལུང་བསྟན;

1493 **Prophesy**, *v.t.* མངོན་ཤེས་བཤད་པ;

1494 **Prophesying**, *n.* མངོན་ཤེས་བཤད་པ་ཉིད;

1495 **Prophet**, *n.* ལུང་བསྟན་རྗོད་མི;

1496 **Prophetic**, *a.* མངོན་ཤེས་ལྟ་བུ;

1497 Prophetically, *ad.* མངོན་ཤེས་བཞིན་དུ;

1498 Propitiate, *v.t.* ཐུགས་དམ་བསྐང་བ;

1499 Propitiation, *n.* ཐུགས་དམ་བསྐང་གསོ;

1500 Propitiator, *n.* བསྐང་གསོ་བ;

1501 Propitiatory, *a.* བསྐང་གསོའི;

1502 Propitious, *a.* བཀྲ་ཤིས་པ; དགེ་བ; མཐུན་པོ;

1503 Propitiously, *ad.* བཀྲ་ཤིས་པོ་བྱེད་དེ;

1504 Proportion, *n.* ཐིག་ཚད; ཆ; ཚད; ཟུར་ཆ;

1505 Proportional, *a.* ཆ་མཐུན་པ; ཆུ་ཞེང་གབ་པོ;

1506 Proportionally, *ad.* ཆ་མཐུན་པོར;

1507 Proportionate, *a.* ཆ་མཐུན་པོ; ཆ་ལྡན;

1508 Proportionately, *ad.* ཆུ་ཞེང་འགབ་པོར;

1509 Proposal, *n.* འདུན་གྲོས; འདུན་མ; (གྲོས་སྟུན; སྟུན་མོལ;)

1510 Propose, *v.t.* འདུན་གྲོས་བྱེད་པ; གྲོས་བསྟུན་པ; གྲོས་སྟུན་བྱེད་པ;

1511 Proposition, *n.* འདྲི་བའི་ཚིག; ཚིག་མདུད་བཀྲོལ་དགོས་པའི་འདྲི་བ;

1512 Propound, *v.t.* རྗོད་པ; སྟོན་པ; འཆད་པ;

1513 Proprietary, *a.* བདག་པོའི་ཚད་དབང་གི་སྐོར;

1514 Proprietor, *n.* བདག་པོ;

1515 Propriety, *n.* ཡ་རབས་ཀྱི་སྤྱོད་པ; ཚུལ་ལྡན་གྱི་སྤྱོད་པ;

1516 Prorogation, *n.* མགྱངས་སྨུ་བསྒྲིང་བ་ཉིད; ཐར་མགྱངས;

1517 Prorogue, *v.t.* དུས་འགྱངས་བསྒྲིང་བ;

1518 Prosaic, *a.* (Sik. ཐང་གདལ); ཐལ;

1519 Proscribe, *v.t.* མཐའ་འགོག་པ; མཐར་ཕྱུད་པ;

1520 Prose, *n.* ལྷུག་ཚིག; ཚིག་ལྷུག་པོ;

1521 Prosecute, *v.t.* བདུག་སར་མ་འཁྲོལ་བར་དུ་འབད་པ;

1522 Prosecution, *n.* (དར་ཁྲ་སི ; a Hindi word) ཁ་མཆུ་བཙུག་པའི་བྱ་བ;

1523 Prosecutor, *n.* ཁ་མཆུ་བཙུག་མཁན; ག་ཞགས་འཛུག་མཁན;

1524 Proselyte, *n.* ཕྱི་ལྷ་ཆོས་ལ་བསྒྱུར་བའི་མི;

1525 Proselytize, *v.i.* རང་ཆོས་དང་ལྷ་བ་ལ་བསྒྱུར་ནས་རང་གྲལ་དུ་བཙུག་པ;

1526 Prosing, *n.* གྲོ་བ་མེད་པའི་བརྩོམ་པའམ་བརྗོད་པ;

1527 Prosody, *n.* སྡེབ་སྦྱོར;

1528 Prospect, *n.* མཐའ་ལྟད;

1529 Prospective, *a.* ཡོང་བར་རེ་བའི; ཡོང་རེའི;

1530 Prospectively, *ad.* ཡོང་རེའི་སྒོ་ནས;

1531 Prosper, *v.t.* དར་བ; རྒྱས་པ; ཡར་རྒྱས་འབྱུང་བ;

1532 Prosperity, *n.* དར་རྒྱས;

1533 Prosperous, *n.* དར་ཞིང་རྒྱས་པ;

1534 Prosperously, *ad.* དར་པོ་བྱེད་དེ; རྒྱས་ཤིང;

1535 Prostitute, *v.t.* སྨད་འཚོང་མ; འཆལ་མོ; བཞང་འཚོང་མ;

1536 Prostitution, *n.* འཆལ་བ་ཉིད; སྨད་འཚོང་གི་སྤྱོད་པ་ཉིད;

1537 Prostrate, *v.t.* གན་རྐྱལ་དུ་སྒྲིལ་བ; གན་རྐྱལ་བརྡབ་པ;

1538 Prostration, *n.* གན་རྐྱལ་འགྲིལ་བ་ཉིད;

1539 Protect, *v.t.* སྐྱོབ་པ; སྲུང་བ;

1540 Protection, *n.* བསྲུང་སྐྱོབས;

1541 Protective, *a.* བསྲུང་བའི;

1542 Protector, *n.* བསྲུང་སྐྱོབས་བྱེད་མཁན;

1543 Protectorate, *n.* ས་སྐྱོང་གིས་དབང་བའི་སྲིད;

1544 Protectorship, *n.* སྲིད་སྐྱོང་གི་གོ་ས;

1545 Protegee, *n.* སྐྱབས་འོག་ཏུ་གནས་པའི་མི;

1546 Protest, *v.i.* ཞུ་ཡོག་གི་སྐན་ཞུ་འབུལ་བ;

1547 Protest, *n.* ཞུ་ཡོག;

1548 Protestant, *a.* ཡེ་ཤུའི་ཆོས་ལུགས་གསར་པའི་རྗེས་འཇུག; *n.* གསར་མ་པ;

1549 Protestantism, *n.* ཡེ་ཤུའི་ཆོས་གསར་པ;

1550 Protocol, *n.* ཡི་གེའི་འཆད་གཞི་ཐོག་མའི་ཟིན་བྲིས;

1551 Proto-martyr, *n.* ཆོས་ཕྱིར་ཤི་མི་དང་པོ་དེའོ;

1552 Prototype, *n.* ཐོག་མའི་དཔེ;

1553 Protract, *v.t.* རིང་དུ་བསྣར་བ;

1554 Protraction, *n.* བསྣར་བ་ཉིད;

1555 Protractor, *n.* ཐིག་རིང་དུ་བསྣར་བའི་ཐིག་ཤིང;

1556 Protrude, *v.t.* སྣེ་རིང་པོར་ལུག་ནས་ཡོད་པ;

1557 Protrusion, *n.* འདོན་པ་ཉིད; ཕྱོན་དུ་འདོན་པ་ཉིད; འཕྱུལ་བ་ཉིད; ལུག་ནས་ཡོད་པ་ཉིད;

1558 Protuberance, *n.* སྤྱང་འབུར; འབུར་སྦུ་དོད་པ;

1559 Protuberant, *a.* འབུར་འབུར;

1560 Proud, *a.* རང་མཐོང་ཅན; ཁེངས་དྲེགས་ཅན;

1561 Proudly, *ad.* ཁེངས་དྲེགས་དང་བཅས་དེ;

1562 Provable, *a.* ར་སྤྲོད་བྱེད་དུ་ཡོད་པ;

1563 Prove, *v.t.* ར་སྤྲོད་བྱ་བ; ར་སྤྲུར་བ;

1564 Provender, *n.* རྩྭ; དུའི་རྩྭ;

1565 Proverb, *n.* གཏམ་དཔེ;

1566 Proverbial, *a.* གཏམ་དཔེར་གྲགས་པ;

1567 Proverbially, *ad.* གཏམ་དཔེར་གྲགས་བཞིན་དུ;

1568 Provide, *v.t.* རྒྱུགས་སྒྲུབ་པ; སྒྲུབ་པ;

1569 **Providence**, *n.* དཀོན་མཆོག; མགོན་པོ; སྐྱབས་མཆོག;

1570 **Provident**, *a.* (འཁོར་འདས་མཁན Sik.); བསོག་འཇོག་ཅན;

1571 **Providential**, *a.* སྐྱབས་སུ་གྱུར་པ; མགོན་དུ་བབ་པ;

1572 **Providentially**, *ad.* སྐྱབས་སུ་བབ་དེ;

1573 **Providently**, *ad.* ཕྱིས་ཀྱི་དོན་དུ་ཕན་པར་དེ་ནས་བསོག་པ;

1574 **Provider**, *n.* སྒྲུབ་མཁན;

1575 **Province**, *n.* རྫོང་གཞིས;

1576 **Provincial**, *a.* རྫོང་གཞིས་ཀྱི;

1577 **Provincialism**, *n.* རྫོང་གཞིས་ཀྱི་ལར་རྒྱ་འབབ་ཞིག་ལ་གཞོལ་བ; ཕལ་སྐད; ཡུལ་ཀྱི་སྐད་འཛིན;

1578 **Provision**, *n.* རྒྱགས;

1579 **Provision**, *v.t.* རྒྱགས་བསྒྲུབ་པ;

1580 **Provisional**, *a.* བཙན་ཀང་ནང་ལྟར; གནས་སྐབས་ཀྱི;

1581 **Proviso**, *n.* ཚིག་ཀང; དོན་མཚན; འཆིང་བྱེད་པའི་ཚིག;

1582 **Provocation**, *n.* ཁོང་ཁྲོ་སློང་བའི་རྒྱུ;

1583 **Provoke**, *v.t.* ཁོང་ཁྲོ་སློང་བ; མཚང་བྲུ་བ; ཉམས་བྲུ་བ;

1584 **Provokingly**, *ad.* ཁོང་ཁྲོ་ཟ་པོ་བྱེད་དེ;

1585 **Provost**, *n.* དགེ་བསྐོས;

1586 **Prow**, *n.* གྲུའི་ཧ་མགོ; གྲུའི་མདུན་ངོ; གྲུའི་མགོ;

1587 **Prowess**, *n.* སྟོབས; རྩལ; སྒྱུ་རྩལ;

1588 **Prowl**, *v.t.* འཁྱམས་པ; ཛག་གམ་ཀུ་མའི་ཆེད་དུ་འཁྱམས་པ;

1589 **Proximate**, *a.* ཉེ་བའི;

1590 **Proximity**, *n.* ཐག་ཉེ་ཕྱོགས; ཉེ་ཐང; ཉེ་ཚུལ;

1591 **Proximo**, *a.* ཟླ་བ་ཕྱི་མ; (Sik. ཟླ་བ་རྗེས་མ);

1592 Proxy, *n.* ངོ་ཚབ་;

1593 Prude, *n.* སྐྱེ་དམན་ངོ་ཚ་ཆེ་མདོག་ཁ་པོ་ལ་ཟེར་;

1594 Prudence, *n.* སྐྱུང་རིག་; (Sik. འཛངས་ནུར་ཤེས་པའི་བློ་རིག་);

1595 Prudent, *a.* སྐྱུང་པོ་; སྐྱུང་རིག་དང་ལྡན་པ་; (Sik. འཛངས་ནུར་ཤེས་པ་);

1596 Prudently, *ad.* སྐྱུང་པོ་བྱེད་དེ་;

1597 Prune, *v.t.* རྩེ་གཡམ་པ་; རྩེ་གཅོག་པ་; འགུམ་པ་;

1598 Prune, *n.* ཤིང་འབྲས་; (Sik. རྒྱུན་འབྲུམ་རིགས་ཞིག་);

1599 Prunella, *n.* ཤུ་ཅོ་ནུ་འཾ་བལ་གོས་མཁྲེར་པོའི་རིགས་ཞིག་; (སྐྲོག་མའི་ནད་; disease).

1600 Pruning, *n.* ལོ་འདབ་རྒྱས་དྲགས་དུས་རྩེ་གཅོག་རྒྱུ་དེ་;

1601 Prurient, *a.* འཆལ་སེམས་ལ་ཁ་ཞུགས་པ་; སྐྱེས་པ་འམ་བུད་མེད་འདོད་ཆགས་འབབ་ཞིག་ཡོད་ལ་བྱེད་པར་ཁ་ཞུགས་པ་;

1602 Prurigo, *n.* ལུས་ཀྱི་པགས་པ་རྗོ་ཙན་;

1603 Prussian, *n.* པྲུ་ཤི་ཡ་ཡུལ་གྱི་མི་རིགས་;

1604 Pry, *v.i.* ལྟ་བ་; ཞིབ་ཏུ་ལྟ་བ་; འབྲུ་བ་;

1605 Pryingly, *ad.* གསང་ཞིང་ལྟ་ཁྲལ་གྱིས་;

1606 Psalm, *n.* མགུར་གླུ་; མགུར་མ་;

1607 Psalmist, *n.* མགུར་མ་རྩོམ་པ་པོ་;

1608 Psalmody, *n.* མགུར་མ་འཁྲིན་སྤྲངས་; མགུར་དབྱངས་གླང་ལུགས་;

1609 Psalter, *n.* མགུར་འབུམ་; མགུར་མའི་དཔེ་ཆ་;

1610 Pseudo, *a.* མིང་གི་སྔོན་དུ་འཇུག་པའི་ཚིག་ཕྲད་ཡིན་པ་ལ་དོན་རྫུས་མའི་དོན་ལྡན་; དཔེར་ན: — Pseudonym, *n.* མིང་རྫུས་མ་ཞེས་པ་ལྟ་བུའོ་;

1611 Pseudograph, *n.* བསྟན་བཅོས་སོ་རྩོམ་པ་རྫུས་མ་;

1612 Pshaw, *int.* ཁི་ཁི; ཕེ་ཚ་ལེ; ཟེར་བ་ལྷ་བུའི་སྨྱུག་བྲོ་བའི་སྒྲ;

1613 Psychical, *a.* སེམས་ཀློང་གི;

1614 Psychological, *a.* སེམས་དོན་གྱི;

1615 Psychologist, *n.* སེམས་དོན་མན་ངག་ཅན;

1616 Psychology, *n.* སེམས་ཀློང་གི་མན་ངག;

1617 Ptarmigan, *n.* བྱ་ཁྲུང་ཁྲུང་འདྲ་བྱ་ཞིག་གི་མིང;

1618 Puberty, *n.* གཞོན་པའི་ལང་ཚོ་རྒྱས་པའི་སྐབས;

1619 Pubescent, *a.* ལང་ཚོ་ལ་བབ་པའི་རྟགས་སྤུ་མཚན་མ་སྤུ་ཡིས་བརྒྱན་ཡོད་པའི་ཚུལ་ཅན; གཞོན་པའི་མཚན་མར་སྤུ་སྐྱེས་ནས་ཡོད་ཚུལ;

1620 Public, *a.* ཀུན་གྱི་མདུན་ན; ཀུན་གསལ; དམངས་པའི; *n.* དམངས;

1621 Publican, *n.* མགྲོན་ཁང་ངམ་ཚང་ཁང་བདག་པོ;

1622 Publication, *n.* པར་དུ་བཀོད་པའི་བྱ་བ;

1623 Publicity, *n.* དམངས་ཐོག་གྲགས་ཚུལ;

1624 Publicly, *ad.* ཀུན་འཛོམས་ཐོག;

1625 Publish, *v.t.* པར་དུ་བཀོད་པ;

1626 Publisher, *n.* པར་དུ་བཀོད་མཁན;

1627 Puce, *a.* ཚོན་དམར་སྨུག; ན་རོན་ཁ་མདོག; འཇི་བ; ཁྲི་ཤིག;

1628 Pucka, *a.* Anglo-Ind. རྗིད་ཁྲིག་ཁྲིག; ངོ་མ; གཏན་པོ;

1629 Pucker, *v.t.* གཉེར་མར་སྡུད་པ; (གཉེར་མ་སྡུམ་པ; Sik.)

1630 Pudding, *n.* སྒོ་ང་དང་འོ་མ་མར་བཅས་བཟོས་པའི་མངར་ཟས;

1631 Puddle, *n.* ཆུ་ཉོག་འཁྱིལ་ནས་ཡོད་པ; འདམ་ཉོག;

1632 Pudency, *n.* ངོ་ཚ; བག་ཡོད;

1633 Pudendum, *n.* གསང་གནས; སྟུ; གཞང;

1634 Pudge, *n.* མིའམ་སེམས་ཅན་ཤ་རྒྱགས་པོ་གཟུཊ་ཐུང་ཐུང་;

1635 Puerile, *a.* ཅོལ་ཆུང་; ཆོ་མེད་; བྱིས་པ་ལྟ་བུ་;

1636 Puerility, *n.* ཅོལ་ཆུང་གི་ཚུལ་; ཆོ་མེད་;

1637 Puff, *n.* འགྲམ་པ་ཕུས་བཀང་བ་; ཕུ་རྒྱབ་པ་; དཔེར་ན་ཐ་མ་ཁའི་དུ་བ་ཕྱིར་ཕུ་རྒྱབ་པ་བཞིན་; ཤ་མོའི་ནང་ན་ཐལ་བས་ཁེངས་ཏེ་ཡོད་པ་རང་རི་འབྲས་ལྦོང་སྲུ་ཐལ་དུང་ཞེས་ཟེར་བ་དེ་ལའང་ཟེར་སྐད་དོ་; སྤྱིར་ན་རླུང་གི་ཕུ་ཤུགས་ཆེ་ཞིང་ཡུན་ཐུང་བ་ལ་ཟེར་;

1638 Puffing, *n.* མི་རེ་བའི་སྤྲོད་ར་; སྤྲོད་ར་དྭགས་ཐལ་ཤོར་བ་;

1639 Puffy, *a.* ཤ་རྒྱཊ་པོ་; ཤ་འབྱོར་པོ་རླུང་ཚུབ་ཚུབ་; དབུཊ་ཐུང་ཐུང་;

1640 Pug, *n.* སྒྲི་བོ་ཕོ་མོ་འགའ་ཡིས་ཤིན་དུ་གཅེས་པར་འཛིན་པའི་ཁྱི་གུ་འམ་ཡང་ན་སྤྲེའུ་དག་ལ་ཟེར་; (རྒྱ་ཁྱི་གདམ་སེ; Bhut.)

1641 Pug, *n.* (foot-print) སེམས་ཅན་གྱི་རྐང་རྗེས་;

1642 Puggaree, *n.* ཐ་ཐོད་; རྒྱ་གར་པའི་ཐོད་;

1643 Pugh, *int.* ཨ་ཁི་; ཁི་ཁི་; ཆེ་ཆེ་; ཟེར་བ་ལྟའི་ཞེ་ཁྲེལ་བའི་སྒྲ་;

1644 Pugilist, *n.* རྡོག་རིལ་གྱི་འཛིང་ཁ་ལ་འགྲོངས་པོ་;

1645 Pugnacious, *a.* འཛིང་རླུང་ཡང་པོ་; འཛིང་བ་ལ་དགའ་བ་; འཐབ་རྩེ་རྣོ་པོ་; འཐབ་འདོད་ཅན་;

1646 Pugnacity, *n.* འཛིང་འདོད་; འཛིང་སྲན་; འཐབ་སྲན་;

1647 Pugnose, *n.* རྒྱ་ཁྱིའི་སྣ་ཀུག་ལྟ་བུ་;

1648 Puisne, *a.* ཁྲིམས་བདག་ཆུང་བ་;

1649 Puissant, *a.* སྟོབས་ལྡན་;

1650 Puke, *v.i.* སྐྱུགས་པ་ཤོར་བ་; སྐྱུགས་བྱེད་ཀྱི་སྨན་ལའང་ཟེར་;

1651 Pull, *v.t.* འདྲེན་པ; འཐེན་པ; (འདྲུད་པ; to pull down) སྐྱིལ་བ; ཧྲིབ་པ; འདྲལ་བ; to pull off བཤུ་བ; (to pull out འབྱིན་པ; འགོག་པ;) བཀོག་པ; འདོན་པ;

1652 Pullet, *n.* བྱིའུ;

1653 Pulley, *n.* ཐག་པ་སེང་འཐེབས་བྱེད་རྒྱུ་ཤིང་ངོ་རག་གི་འཁོར་ལོ; འཁོར་ལོའི་སོ་ཁར་ཐག་པ་དྲང་མའི་ལྦ་ཤུར་ཡོད་པ;

1654 Pullman, *n.* རེ་ལིའི་ཁང་པ་སྐྱིད་པོ་ཤལ་ཆེར་ཉལ་ས་བྱེད་པ;

1655 Pullulate, *v.i.* ཉུ་གུ་སྐྱེ་བ; སྐྱེ་བ;

1656 Pulmonary, *a.* གློ་བའི་སྐོར་གྱི; གློ་བའི;

1657 Pulp, *n.* ཤ; ཀང; ཤིང་འབྲས་སྙིང་གི་ཤ;

1658 Pulpit, *n.* ཆོས་ཁྲི;

1659 Pulsate, *v.i.* འཕར་བ; ཐུག་ཐུག་བྱེད་པ; རྩའི་འཕར་འགྱུ;

1660 Pulsation, *n.* ཐུག་ཐུག;

1661 Pulse, *n.* སྲན་མ; སྲན་མའི་རིགས་སྣོད;

1662 Pulses, *n.* རྩ; ལག་རྩ; རྩའི་འགྱུ་བ; རྩའི་འཕར་འགྱུ;

1663 Pulverize, *v.t.* ཕྱེ་མ་གཏུག་པ;

1664 Puma, *n.* གཟིག་གི་རིགས་ཤིག;

1665 Pumice, *n.* རྡོ་འབོ་ཟེབ་ཀྱི་རིགས་ཤིག;

1666 Pump, *n.* ཆུ་ཡར་འདྲེན་བྱེད་ཀྱི་ཟ་ལྦོང་འདྲ་བ་ཞིག;

1667 Pumpkin, *n.* ཡང་གུད; གོར; ཤུང;

1668 Pumpernickel. ཛར་མན་པའི་ཡུངས་ཀར་ཁྲེར་ཟན་བག་ལེབ;

1669 Pun, *n.* ཚིག་བསྒྱུར་དོན་ཁྱད་མཚར་བྱས་པ;

1670 Punch, *n.* ཆང་སྣ་ལྡ་བསྲེས་མ; (instrument) ཤོ་ཁུང་འབིག་བྱེད་ཀྱི་ལག་ཆ;

1671 Puncheon, *n.* (a cask པཱི་པཱ Hindi;) ཆུ་ཟོམ་ཆེན;

1672 Punchinello, *n.* མིའུ་ཐུང་རྒྱགས་པ;

1673 Punctate, *a.* ཚེག་མང་པོ་རྒྱབ་པ;

1674 Punctilio, *n.* སྒྲིགས་ལི་འགྲོ་ལུགས་དག་པོ; ཆས་བཙན་པོ;

1675 Punctilious, *a.* ཆས་བཙན་ཆེན་པོ; འགྲོ་ལུགས་གྲིམ་པོ;

1676 Punctual, *a.* དུས་བཏབ་དང་རན་པར་བྱེད་པའི;

1677 Punctuality, *n.* དུས་བཏབ་དང་མཚུངས་པར་འཛོམ་པའི་སྤྲོལ;
དུས་བཏབ་ལ་འཁིལ་ལུགས;

1678 Punctually, *ad.* དུས་བཏབ་དང་མཚུངས་པར;

1679 Punctuate, *v.t.* ཚེག་བཀོད་པ; ཚེག་ཤད་རྒྱབ་པ;

1680 Punctuation, *n.* ཚེག་དང་ཤད;

1681 Puncture, *n.* བཙབ; བཙག; ཁབ་བཙགས;

1682 Pungency, *n.* ཟེར; ཚ་ཟེར་ཅན; ཚ་ངད་ཅན;

1683 Pungent, *a.* ཟེར་ཅན; རྩུབ་པོ; ཚ་བ; ཚན་དེ; ངར་པོ;
(ཁ་ཚ་ཟེར་ཟེར; Sik.)

1684 Pungently, *ad.* ཁ་ཚ་ཟེར་རེ་བ་བྱེད་དེ; ཁ་ཚ་བར;

1685 Punic, *a.* & *n.* ཕུ་ནུས་ཀཱར་ཐེ་ཛི་ཞེས་པའི་རྒྱལ་ཁབ་གི;

1686 Punish, *v.t.* འཇུན་པ; ཆད་པས་གཅོད་པ;

1687 Punishable, *a.* ཆད་པ་བཅད་འོས; ཉེས་པ་བཅད་འོས;

1688 Punishment, *n.* ཆད་པ; ཉེས་པ; ཉེས་ཆད;

1689 Punitive, *a.* ཉེས་པ་བཅད་པའི; ཆད་པ་བཅད་པའི;

1690 Punk, *n.* (archaic) འཆལ་མོ; བཞང་འཚོང་མ;

1691 Punk, *n.* ཤིང་རུལ; ཤིང་རུལ་གྱི་སྟེང་དུ་སྐྱེས་པའི་ཤ་མོ་སྤྲ་བ་
བྱེད་པ;

1692 Punkah, *n.* རླུང་གཡབ;

1693 Punner, *n.* ཀ་བའམ་རྫོང་ཕྲུར་སོར་ཀྱི་རྩ་བར་ས་བརྡུང་རྒྱུའི་ལག་ཆ;

1694 Punster, *n.* ཚིག་དཔེ་བྱེད་ཅན་རྩོམ་མི; ཚིག་ཁྲུད་མཚར་རྩོམ་མཁན;

1695 Punt, *n.* (Sik. གྲུ་བཞམ་ལེབ་ཅིང་གྲུ་བཞི་བྱེད་པ;) *v.t.* རྒྱུན་
ལ་རྡོག་རྒྱག་ཞུས་པ;

1696 Puny, *a.* ཕྲ་མོ; ཀིམ་ཀིམ་པོ;

1697 Pup. *n.* ཁྱི་གུ; ཕྲུ་གུ; ཨ་ཡོ;

1698 Pupa, *n.* སྲིན་བུའི་སོ་འབུ་ཕྱེ་ལེབ་མ་འགྱུར་ཙམ་ན་བར་པ་བླང
ནས་ལུས་ཡོང་དུས་ལ་ཟེར; སྲིན་བུ་སྐྱེ་བའི་སྐབས
གསུམ་པ;

1699 Pupil, *n.* སློབ་མ; སློབ་ཕྲུག;

1700 Puppet, *n.* མིའུའི་གཟུགས་བརྙན་ལྕུགས་ཐག་གི་འཁྲུལ་གྱིས་འགུལ
སྐྱོད་བྱ་རྒྱུ་ཡོད་པ;

1701 Puppy, *n.* ཁྱི་གུ; (ཨ་ཡོ་ Collql.)

1702 Purblind, *a.* མིག་ཕྱེད་ལོང;

1703 Purchasable, *a.* ཉོ་ས་ཡོད་པ; ཉོས་ན་ཐོབ་པ;

1704 Purchase, *v.t.* ཉོ་བ;

1705 Purchaser, *n.* ཉོ་མཁན;

1706 Purda, *n.* ཡོལ་བ; རྒྱ་གར་གྱི་སྐྱེ་དམན་སྦས་ནས་བཞག་སྲོལ་ལ་ཟེར;

1707 Puree, *n.* (Fr.) ཚོད་མ; ཤ་དང་སྔོ་ཚོད་འདྲེས་ནས་འཚོད་པ;

1708 Pure, *a.* གཙང་མ; ལྷད་མེད; བསྲེས་མེད;

1709 Purely, *ad.* གཙང་མར;

1710 Purgation, *n.* བཤལ; དག་བཤལ; གཙང་བཤལ;

1711 Purgative, *a.* བཤལ་སྨན;

1712 Purgatory, *n.* བར་དོའི་གནས; སྲིད་པ་བར་དོ;

1713 Purge, *v.t.* བཤལ་བ; ཁྲུ་བ;

1714 Purification, *n.* — དག་པར་བྱ་བ; དག་སྦྱངས;

1715 Purify, *v.t.* — དག་སྦྱངས་བྱེད་པ;

1716 Puritan, *n.* — ཀུན་སྤྱོད་དམ་པོའི་ཆོས་ལུགས་འཛིན་མཁན;

1717 Puritanism, *n.* — ཡི་ཤུའི་ཆོས་ལུགས་གསར་པའི་གྲལ་ནས་བྱེད་སྤྱོད་ཤིན་དུ་དམ་པོའི་གྲུབ་མཐའ་ཅན་གྱི་འདོད་ཚུལ;

1718 Purity, *n.* — གཙང་ལུགས; གཙང་སྦྲ; སྤྱུས་དག་ལུགས;

1719 Purl, *n.* — གསེར་སྐུད་དཾ་དངུལ་སྐུད་ཀྱི་ལྷམས་མ; གོས་ཀྱི་མཐའ་ལ་རྒྱན་བྱེད; *v.i.* ཆུ་རླུང་སྒྲ་ཆུང་ངུ་འབྱིན་ཞིང་འབབ་པ;

1720 Purl, *v.t.* — མགོ་མཏྲུག་འགྱུར་བ; གོས་ཀྱི་མཐའ་ལ་གསེར་སྐུད་སོགས་ཀྱིས་རྒྱན་པ;

1721 Purlieu, *n.* — ས་མཚམས; མཐའ་མཚོཾས;

1722 Purlin, *n.* — གུང་ཐོག་གི་ལྷག་པའི་ཤིང;

1723 Purloin, *v.t.* — སྐྲིར་དོན་དུ་བདོག་པ; ཀུ་བ; འཇབ་པ;

1724 Purple, *n.* — ན་རོན་མདོག; སྨོ་དམར་མདོག;

1725 Purport, *n.* — དོན; མདོ་ཁ; ཚིག་དོན;
(དགོངས་དོན; དགོངས་པ; Hon.)

1726 Purpose, *n.* — དོན; ཆེད་དུ་མངཱ་པའི་དོན;

1727 Purposely, *ad.* — ཆེད་མངཱ་སུ;

1728 Purpura, *n.* — པགས་པའི་ངོས་ལ་དམར་ཐིག་མང་པོ་འབྱུང་བའི་ན་ཚ;

1729 Purr, *n.* — ཞི་མིའི་ངུར་སྒྲ;

1730 Purse, *n.* — དངུལ་ཁུག; སྒོ་ཁུག; དངུལ་ཁུག་གང;

1731 Purser, *n.* — ཕོགས་དཔོན;

1732 Purslane, *n.* — སྤྲོ་ཚལ; སྤྲོ་ཚོད;

1733 Pursuant, *a.* — མཚུངས་པར; མཐུན་པར;

1734 **Pursue**, *v.t.* བདའ་རིང་བྱེད་པ; འདེད་པ; དེད་པ;

1735 **Pursuer**, *n.* རྗེས་འདེད་པོ;

1736 **Pursuit**, *n.* རྗེས་དེད; བདའ་རིང;

1737 **Pursy**, *a.* སྤྲོ་ཁྲག་བཞིན་དུ་སྦུམ་ནས་ཡོད་པ;

1738 **Pursuivant**, *n.* སྐྱ་རྡུང་པ; རྒྱལ་པོའི་བྲ་མ་ཧ;

1739 **Purtenance**, *n.* སྐྲིགས་གྲོབ; སྐྲིས་ཀྱི་གྲོབ་ཐང; རྫིས་འགྲིག;
རྫིན་འགྲིག; (Sik.) གྲོབ་ཐང;

1740 **Purulent**, *a.* རྣག་ཡོད་པའི; རྣག་ཅན; གཉན་འབུར;

1741 **Purvey**, *v.t.* སྒྲུབ་མཁོ་སྒྲུར་བ; སྒྲུབ་པ; རྒྱགས་སྒྲུབ་པ;

1742 **Purveyance**, *n.* མཁོ་སྒྲུབ;

1743 **Purveyor**, *n.* གཉེར་ཚང་མཁོ་སྒྲུབ་པ;

1744 **Purview**, *n.* དགོངས་དོན; དོན་གྱི་ཁྱབས; ལྟ་བའི་ཐུ་ཐག;

1745 **Pus**, *n.* རྣག; རྣག་ཆུ; ཁྲག་རྣག;

1746 **Push**, *v.t.* རྡེགས་པ; འཕུལ་བ; སྣུག་པ;
(Collql.) འབི་འཇག་རྒྱབ་པ;
{(Bhut.) ལྷོག་སྐོར་བ; ཨར་བ; སློག་ཨར་བ;}

1747 **Pushing**, *a.* མགོ་བདེ་པོ; འབི་འཇག་རྒྱབ་བཞིན་པ; འཕུལ་བཞིན་པ;

1748 **Pushtoo**, *n.* ཁ་ཆེའམ་ཀཱ་བུ་ལིའི་སྐད;

1749 **Pusillanimity**, *n.* སྙིང་སྟོབས་ཆུང་བ་ཉིད;

1750 **Pusillanimous**, *a.* ཀླད་འདར; སྙིང་སྟོབས་ཞན་པོ;

1751 **Pusillanimiously**, *ad.* སྙིང་ཁམས་ཆུང་ངུ་བྱེད་དེ;

1752 **Puss**, *n.* ཞི་མི;

1753 **Pustule**, *n.* ཐོལ་པ; བྱི་ཐོལ; བྱི་ཐོར; ཐོར་པ;

1754 Put, *v.t.* བཙུག་པ; འཛུག་པ;
put off ཁ་གཡོགས་པ; ཁ་འདོགས་པ;
put about ཁ་ཕྱོགས་སྒྱུར་བ;
put an end འགེགས་པ; བཀག་པ;
put a stop to རྒྱུན་བཅད་པ; ཐད་ནས་བཅད་པ;

1755 Putrefaction, *n.* རུལ་རྣམ; རུལ་བའི་བྱ་བ; བམ་རུལ;

1756 Putrefy, *v.t.* རུལ་དུ་བཙུག་པ;

1757 Putrid, *n.* རུལ་བ;

1758 Putties, *n.* རྐང་དཀྲིས;

1759 Puttoo, *n.* ཁ་ཆེའི་སྣམ་བུ་ཙུབ་མོ་ཞིག;

1760 Putty, *n.* ས་དཀར་དང་སྣུམ་འདྲེས་པའི་སྦྱར་རྩི་ཞིག;

1761 Puzzle, *v.t.* མགོ་འཁྲོམ་བཙུག་པ;

1762 Pyaemia, *n.* ཁྲག་ནད; ཁྲག་རྣག་ཏུ་འགྱུར་བའི་ནད;

1763 Pygal, *a.* རྔ་སོགས་དུད་འགྲོའི་སྨད་ཀྱི་སྐོར;

1764 Pygmy, *n.* མིའུ; མིའུ་ཐུང;

1765 Pyjamas, *n.* དོར་མ; རྒྱ་དོར;

1766 Pyogenesis, *n.* རྣག་གྲུབ་ཚུལ;

1767 Pyopoiesis, *n.* རྣག་བབ་ལུགས;

1768 Pyorrhea, *n.* རྣག་གར་པོ་བབ་ལུད;

1769 Pyosis, *n.* རྣག་སྐྱུད; རྣག་སྐྱུད་ཚུལ;

1770 Pyramid, *n,* བང་རིམ;

1771 Pyramidal, *a.* གྲུ་བཞི་བང་རིམ་གྱི་རྣམ་པར;

1772 Pyre, *n.* (Sik. ཤིང་ཁྲི;) རོ་བསྲེག་པའི་ཤིང་བརྩེགས་པ་དེའོ;
སྲེག་ཁང;

1773 Pyretics, *a.* ཚད་ནད་ཀྱི; ཚ་བའི་ནད་ཀྱི;

1774 **Pyriform,** *a.* སྒྲི་འམ་ཀ་ཤུའི་བཟོ་འདྲ་པོ;

1775 **Pyrites,** *n.* ཨུ་ཟི་དང་བ་བླ་འདྲེས་མ;

1776 **Pyrogen,** *n.* རྫས་སམ་དངོས་པོ་གང་རུང་ལུས་ཀྱི་ཁྲག་ལ་འདྲེས་ན་ཚད་པའི་ནད་སྐྱེད་བྱེད;

1777 **Pyrognomic,** *a.* དྲོད་གང་མཚོས་བཏུར་ན་འོད་ཆེར་འགྲོ་བའི་རྒྱུ་རྫས་དག་ལ་ཟེར; དྲོད་ཆུང་ཟད་ཕོག་པས་འོད་འཚེར་བའི་རྫས་དག་ལ་ཟེར;

1778 **Pyrography,** *n.* ཤིང་གི་ངོས་ལ་དྲོད་དང་མཉམ་བཙོར་བྱེད་རི་པར་བདབ་པའི་ཐབས;

1779 **Pyrology,** *n.* དྲོད་ཀྱི་སྐོར་གྱི་རིག་གནས;

1780 **Pyromancy,** *n.* མེ་ལ་རྟེན་པའི་མོ་ལུང;

1781 **Pyronomics,** *n.* ཚ་དྲོད་ཀྱི་རིག་གནས;

1782 **Pyrophone,** *n.* ཕྱི་ལོ་ ༡༨༧༣ ནང་ཨོ་གེན་ཀེསྣ་ནེར་ཞེས་པས་གསར་དུ་སྒྲོས་པའི་སྒྲ་སྙན་ཞིག; དེའི་ཕྱི་ཤུན་ཤེལ་དུམ་བུས་པ་ནང་དུ་རླུང་ཏི་ཧྲ་ཇེན་མེ་སྤར་བས་སྒྲ་འབྱིན་པ་ཞིག་གོ;

1783 **Pyrotechnics,** *n.* རྫས་བཟོ་བའི་རིག་པ; རྫས་སྦྱོར་གྱི་ལག་ལེན; རྫས་ཀྱི་ལག་ལེན;

1784 **Pyrotechnist,** *n.* རྫས་བཟོ་བའི་བྱ་བ་ལ་མཁས་པ;

1785 **Pyroxylic,** *a.* ཤིང་གི་རླངས་པ་བཙགས་པ་ལས་བྱུང་བའི;

1786 **Pyrrhic,** *n.* སྔོན་དུས་གྲིག་པའི་དམག་བྲོ་ཞིག;

1787 **Pyrrhic,** *adj.* ཡེ་ཤུའི་འདས་ལོའི་གོང་ནས་ལོ ༣༡༨—༢༧༢ པའི་བར་དུ་བྱུང་བའི་ཨེ་པི་རུས་ཀྱི་རྒྱལ་པོ་པིར་ཧས་ཞེས་པའི་སྐོར་གྱི;

1788 **Pythagorean,** *a.* སྔོན་དུས་གྲིག་པའི་སློབ་ཆེན་པི་ཐ་གོ་རི་ཡ་བྱ་བ་ཞིག་བྱུང་བའི་ཆོས་ལུགས་ཅན;

1789 Python, *n.* སྦྲུལ་གཉེན་ (Bhut. & Sik.) སྦྲུལ་སྦྲམ་ཆེན; འབར་མོ; ཤ་ཟ་མ; ངན་སྔགས་མཁན་མོ;

1790 Pyx, *n.* གཡང་ཏྃ་བཞག་སའི་སྣམ་ཨེན་གཞུང་དངུལ་དང་གསེར་ཏྃ་གྲི་པར་ཁང་དུ་བཞག་པ་དེའོ;

Q

(ཨིན་ཇིའི་ཀ་ཁའི་ཡིག་འབྲུ་བཅུ་བདུན་པའོ; རྣོ་མན་གྱི་གྲངས་དོན་ལྟར་ན་ལྔ་བརྒྱ་ཐམ་པའི་དོན་ཡིན་ནོ།)

1 Quack, *v.i.* ཡ་ཅོའི་སྐད་ཇི་བཞིན་འདོན་པ; འདམ་བྱའི་སྐད་བཞིན་འདོན་པ;

2 Quackery, *n.* སྨན་རྒྱུས་མེད་པའི་ཨེམ་ཆིའི་བྱ་བ་དེ་དགའ་ཟེར;

3 Quad, *n.* གྲུ་བཞི; བཙོན་ཁང;

4 Quadrangle, *n.* རྡོ་ཆས་གྲུ་བཞི; ཡོགས་བཞི་བཞི་གྲུ་བཞི་མཉམ་པའི་རི་མོ;

5 Quadrangular, *a.* གྲུ་བཞི་པ; ཡོགས་བཞི་གྲུ་བཞི་མཉམ་པའི;

6 Quadrant, *n.* སྐར་ཐིག་གཞལ་བའི་ལག་ཆ་ཞིག; སྐོར་ཐིག་གི་བཞི་ཆ་གཞལ་རྒྱུའི་སྐར་རྩིས་པའི་ལག་ཆ་ཞིག;

7 Quadrate, *adj.* ཡོད་བཞི་གྲུ་དྲང་ཞིང་མཉམ་པའི་རི་མོ་གྲུ་བཞི་པ;

8 Quadratic, *a.* གྲུ་བཞིའི་རྣམ་པ་ཅན;

9 Quadricentennial, *adj.* ལོ་བཞི་བརྒྱ་རེ་བྱེད་པའི;

10 Quadricorn, *a.* རྭ་ཅོ་བཞི་དང་ལྡན་པའི;

11 Quadridentate, *a.* སོ་བཞི་དང་ལྡན་པའི;

12 Quadrifoliate, *adj.* ལོ་འདབ་བཞི་ལྡན;

13 Quadrennial, *a.* ལོ་བཞི་བཞིར་ལན་རེ་འབབ་པ;

14 Quadrennially, *ad.* ལོ་བཞི་བཞིར་བབས་པར; ལོ་བཞི་བཞིར;

15 Quadrilateral, *n.* ཟུར་བཞི་ལྡན་པ; ལོགས་བཞི་གྲུ་བཞི་ལྡན་པ;

16 Quadriliteral, *a.* ཡིག་འབྲུ་བཞི་བཞི་ཅན;

17 Quadrillion, *n.* གྲངས་ཡིག་སྤྲད་ཀོར་ཏི་ཤུ་བཞི་ལྡན་པ;

18 Quadruped, *a.* ཀང་བཞི་པ; དུད་འགྲོ;

19 Quadruple, *a.* བཞི་འདབ;

20 Quaff, *v.t.* ཧུབ་ཀྱིས་འཐུང་བ;

21 Quagga, *n.* རྐྱང་སྟག་རིས་ཅན;

22 Quaggy, *a.* འདེ་རྫབ་ཅན;

23 Quagmire, *n.* འདམ་རྫབ; འདམ་སྐྱག;

24 Quail, *n.*, *v.i.* འདར་བ; གབ་པ; སྐྲད་འདར་བ;

25 Quail, *n.* ཁྲེའུ་ཞིག་གི་མིང;

26 Quaint, *a.* གཞན་དང་མི་འདྲ་བར་ཡ་མཚན་པོ;

27 Quaintly, *ad.* སྒྲམ་པོར; ཁྱད་མཚར་པོ་བྱེད་དེ;

28 Quaintness, *n.* ཁྱད་མཚར་ཚུལ;

29 Quake, *v.i.* ལུས་འདར་བ;

30 Quaker, *n.* འདར་བ་པོ; སྔོན་དུས་ཨིན་ཇིའི་ནང་ནས་ཆོས་ལུགས་
ཧ་ཅང་གུས་ཚུལ་ཅན་ཞིག;

31 Quaking, *a.* འདར་བཞིན་པ;

32 Quakingly, *ad.* འདར་སིག་སིག་དུ; འདར་བཞིན་དུ;

33 Qualification, *n.* ཡོན་ཏན་འཛོམ་པ; དཔའ་རྒྱལ་ཡོན་ཏན;

34 Qualified, *a.* ཡོན་ཏན་གྱིས་བརྒྱན་པ;

35 Qualify, *v.t.* རྒྱན་དུ་བྱེད་པ;

36 Quality, *n.* ཕྱུས་བཟང་ངན; ཡོན་ཏན;

37 Qualm, *n.* སྙིང་རྒྱག; སྐྱོ་བུར་གྱི་ནད; སྐྱོ་བུར་གྱི་ཞེན་ལོག;

38 Quandery, *n.* གག ; གག་ཐུག ; དཀའ་གནད ;

39 Quantity, *n.* གྲངས ; མང་ཉུང ;

40 Quantum, *n.* བོང ; ཚད ; མང་ཉུང ;

41 Quaquaversal, *adj.* ལྟེ་བ་ནས་ཕྱིར་ཕྱོགས་པའི ;

42 Quarrantine, *n.* མི་གཞན་དང་བདུག་དུ་མི་བརྡུག་པར་བཅད་རྒྱུར་བཞག་པ ; དཔེར་ན ; འགོ་བའི་ནད་ཡོད་ན་ཡོ་འགྲུལ་གྱི་བཅད་རྒྱ་ལྟ་བུ ;

43 Quarrel, *n.* འཐབ་མོ ; འཁྲུག་པ ;
a lozenge or diamond ཤེལ་གྲུ་བཞི་གྲུ་སྣང་ནས་བཞག་པ ;

44 Quarrelling, *n.* འཐབ་དད་མཁན ;

45 Quarrelsome, *a.* འཐབ་དད་མཁན ; འཁྲུག་རྩོད་མཁན ;

46 Quarry, *n.* རྡོ་ཁྲང ; *v.t.* རྡོ་ཁྲང་ནས་རྡོ་བརྡོན་པ ; also (entrails, etc.) *n.* ཁྲི་ར་རྒྱབ་ནས་བསད་པའི་ཤའི་ནང་ཆ་ཤ་ཁྲི་ལ་བྱིན་པ་དེའོ ; ཁྲི་ར་བརྒྱབས་པའི་སེམས་ཅན་ནི་ཤ་དེའོ ;

47 Quart, *n.* ཤེལ་བུམ་གང་གི་ཚད ;

48 Quartation, *n.* གསེར་དང་དངུལ་འདྲེས་མ་ནི་དྲིག་ཨེ་སིཊ་གླུག་ནས་སོ་སོར་འབྱེད་པའི་ལས ;

49 Quarter *n.* (avoird.) = 28 lbs. སྲང་ཉི་ཤུ་རྩ་བརྒྱད་ཀྱི་ལྡིད ; ཆུ་ཚོད་ཀྱི་བཞི་ཆ ; མི་ནིཊ་བཅོ་ལྔ ; ལུག་ཁོག་གི་བཞི་གླིང་གཅིག ;

50 Quarter, *n.* སྡོད་གནས ; བཞི་ཆ ;

51 Quartered, *a.* གནས་ས་བཅོལ་བ ; བཞིར་བགོས་པ ;

52 Quarterly, *a.* བཞི་ཆའི ;

53 Quartermaster, *n.* སྡོད་གནས་ཀྱི་ལས་སྣ་པ;

54 Quartz, *n.* (ཅས་རྡོ; Sik. & Bhut.)

55 Quash, *v.t.* བཅར་བ; བཅོར་བ;

56 Quaternion, *n.* བཞི་སྡེ; ཤིང་གཅིག་སྒྲ་བཞི་ལྡན་པ; དཔེར་ན:
དེ་བཞིན་གཤེགས་པ་ལྟ་བུར;

57 Quaver, *v.i.* སྐད་འདར་ཞུགས་པ; སྐད་འདར་རྒྱབ་པ;

58 Quay, *n.* མཚོ་མཐར་གྲུ་གཟིངས་ལ་རྡོ་བྲུ་བཀལ་ཕབ་བྱེད་སཿ གྲུ་ཁ;

59 Quean, *n.* བུད་མེད་གདོང་བཟང་མ; སྐྱེ་དམན་ངོ་ཚ་མེད་པ:
འཚོང་མོ;

60 Queen, *n.* རྒྱལ་མོ;

61 Queen-ant, *n.* གྲོག་འབུའི་རྒྱལ་མོའམ་གཙོ་མོ;

62 Queen-bee, *n.* གསེར་སྦྲང་མའི་རྒྱལ་མོ;

63 Queen-consort, *n.* རྒྱལ་པོའི་བཙུན་མོ;

64 Queen-regnant, *n.* རྒྱལ་མོ; ཕོ་རྒྱུད་ཆད་ནས་སྲས་མོ་ལ་རྒྱལ་ཁྲི་བྱུང་བ;

65 Queen-mother, *n.* རྒྱལ་པོའི་ཡུམ; ལྷ་ཡུམ;

66 Queen-regent, *n.* རྒྱལ་མོ་ཁྲི་པ;

67 Queenly, *ad.* རྒྱལ་མོ་ལྟ་བུ;

68 Queen's Bench, *n.* བཙུན་མོའི་ཁྲིམས་ཁང;

69 Queer, *a.* མཚར་པོ; ཡ་མཚན་པོ;

70 Queerly, *ad.* མཚར་པོར; ཡ་མཚན་པོར;

71 Quell, *v.t.* བདུལ་བ; འདུལ་བ;

72 Quelch, *n.* ཆུ་ལྷམ་གྱི་ནང་ཁུངས་ནས་འཛིར་འཛིར་ཞེས་སྒྲ་འབྱིན་པ;

73 Quench, *v.t.* ངོམས་པར་བྱེད་པ;

74 Quenchable, *a.* ངོམས་སུ་ཡོད་པ;

75 Quenchless, *a.* ངོམས་མེད;

76 Querimonious, *a.* ངོམ་པ་མེད་པའི;

77 Querist, *n.* འདྲི་བ་པོ;

78 Querulous, *a.* འཐབ་ཅན; རྩོད་པ་མཁན; སྐད་བདགས་དད་མཁན;

79 Query, *n.* འདྲི་ཚིག; དྲི་བ;

80 Quest, *n.* འཚོལ་བ; བཙལ་བ;

81 Question, *n.* འདྲི་ཚིག; དྲི་བ;

82 Questionable, *n.* འདྲིར་ཡོད་པ; ཡིད་མི་ཆེས་པ;

83 Questionably, *ad.* ཡིད་ཆེས་མེད་པར;

84 Questioner, *n.* འདྲི་བ་པོ;

85 Queue, *n.* (Kū. ལྕུང་ལྷས; Sik.) སྐྲའི་ལྕུང་ལོ;

86 Quey, *n.* (Scot.) བ་གཞོན; (ཤས་སྣང་མ; Sik.)

87 Quibble, *n.* ཐ་སྙད; ཚིག་གི་རྩ་རྩེའི་དབྱེ་ཞིབ;

88 Quibbler, *n.* ཐ་སྙད་ཅན;

89 Quick, *a* མགྱོགས་པོ;

90 Quick, *n.* ཤིང་ལྕུང་གསོན་པོ; ཤ་གསོན་མོ; ཚོར་ལྡན;

91 Quicken, *v.t.* གསོན་པོ་བཅོས་པ; མགྱོགས་སུ་བཅུག་པ;

92 Quicklime, *n.* ཚུ་ནེ; ཛོ་ཞེ;

93 Quickly, *ad.* མགྱོགས་པོར;

94 Quickness. མགྱོགས་ཚུལ; (མགྱོགས་ལོད; Sik.) མགྱོགས་ལུགས;
མྱུར་མགྱོགས;

95 Quicksand, *n.* རྒྱུག་ཆུའི་གདིང་གི་བྱེ་མ་སླ་མོ;

96 Quickset, *n.* ཤིང་ལྕུང་གིས་བཅོས་པའི་ར་བ; ར་བར་འགྱུར་བའི་
ཕྱིར་བཙུགས་པའི་ཚོར་ཤིང;

97 **Quicksilver**, *n.* དངུལ་ཆུ;

98 **Quid**, *n.* དངོས་པོ; གང་ཟང; ཁམ་རྡོག; ཁམ་ཚད;
(Slang) གསེར་ཏཻ;

99 **Quid-nunc**, *n.* གསར་འགྱུར་གནས་ཚུལ་ཅི་ཡོང་ལྟ་མཁན;

100 **Quid-pro-quo**, *n.* སྐྱིན་འཚབ; སྐྱིན་འཇལ;

101 **Quiescence**, *n.* ཞི་བ; ཞི་གནས;

102 **Quiet**, *a.* ཁ་རོག; ཅ་ཅོ་མེད་པ; དབེན་པ; ལྷོད་པོ;

103 **Quietly**, *ad.* ཁ་རོག་པར;

104 **Quietness**, *n.* ཞི་ཚུལ; དབེན་ཚུལ; ལྷོད་ཚུལ;

105 **Quietude**, *n.* དབེན་པ; གློ་སེད;

106 **Quill**, *n.* སྒྲོ; སྒྲོ་སྨྱུག;

107 **Quilt**, *n.* རས་བལ་མལ་གཟན;

108 **Quince**, *n.* ཤིང་འབྲས་ཤིག་གི་མིང;

109 **Quinine**, *n.* ཚད་པའི་སྨན;

110 **Quin-nat**, *n.* ཉ་ཡོ; ས་མོན་ཉའི་རྒྱལ་པོ;

111 **Quinsy**, *n.* ཀྲོག་མའི་ནད;

112 **Quintain**, *n.* ཕྱ་མོའི་རྩལ་སྦྱོང་གི་རྟེད་སོ་ཞིག;

113 **Quintescence**, *n.* སྙིང་པོ; ངོ་བོ;

114 **Quintuple**, *a.* ལྔ་འདབ;

115 **Quip**, *n.* ཁ་ལན་རྣོ་ངར་འཛོམ་པོ་ཞིག;

116 **Quire**, *n.* ཤོག་གྲུ་ཁ ༢༤ འི་བམ་ཚག;

117 **Quirk**, *n.* ཚིག་གི་དབྱེ་བ; ཞིབ་མོར་དབྱེ་བ;

118 **Quit**, *v.t.* སྤྲོང་བ; interjection ཡར་ཡོག་རྩར་ཡོག་མེད་དོ
ཞེས་བྱུང་འདུག་པའི་ཚིག;

119 Quit-claim, *n.* ཁ་མཆུ་ཁྲིམས་སར་བདུག་མི་ཆོག་པའི་གན་རྒྱ ;

120 Quite, *ad.* ཡོངས་སུ་རྫོགས་པར ;

121 Quiver, *n.* མདའ་དོང ; *v.i.* འདར་བ ;

122 Qui-vive, *n.* (Kē-vēv. Fr.) དེར་འགྲོ་མི་སུ་ཡིན ; ཞེས་པའི་དྲི་བ ;

123 Quixotic, *a.* ད་ཅང་ཐམ་བའི་བརྗོད་བྱ ; ཕྱི་ལོ ༡༥༤༧–༡༦༡༦ བར་སར་བ་ཌི་ཞེས་པས་རྟོགས་བརྗོད་གཅིག་བྲིས་པའི་ཊོན་ཀྱིག་ཟྔོ་ཞེས་པ་དེ་འདྲ་པོ ;

124 Quiz, *n.* ཀུ་རེ་སླ་བ ;

125 Quoad, *n.* ཇི་སྲིད་བར ; འདིའི་བར ;

126 Quondam, *a.* སྔོན་གྱི ; སྔ་མའི ;

127 Quorum, *n.* བཞི་སྡེ ; བྱ་བ་མཐར་སྐྱེལ་ཐུབ་པའི་གྲངས་བཅས་ལས་སྣའི་ཚོགས ;

128 Quota, *n.* མི་སྡེའི་དཀྱིལ་རེའི་ཐོག་ལ་རང་རང་གིས་བདབ་དགོས་པའི་སྐལ་བ་དེ་དོ ;

129 Quotation, *n.* དཔེ་ཆ་གཞན་ནས་ཡི་གེ་གཞན་ཞིག་ནས་ཚིག་བཤུ་བ ; ལུང་འདྲེན ;

130 Quote, *v.t.* ཀློ་ཀའམ་ཚིག་བཤུ་བ ; ལུང་འདྲེན་བྱེད་པ ;

131 Quoth, *v.t.* ན་རེ ; ཟེར་རོ ;

132 Quotient, *n.* ཐོབ་ཨང ;

R

(ཨིན་ཡིག་ཀཱ་ལི་བཅོ་བརྒྱད་པ)།

1 Ra, *n.* ལྷའི་བུ་ཉི་མ ;

2 Rabanna, *n.* མ་ཌ་གསྐར་ཞེས་པའི་མཚོ་གླིང་ན་བཏག་པའི་ཤིང་ཤུན་གྱི་རི་ལྡི ;

3 **Rabat**, *n.* གོས་ཀྱི་སྐེ་གོང་མར་སློག་པ་ཞིག་ལ་ཟེར;

4 **Rabbet**, *n.* ཨན་འདར་སྤྱང་ལེབ་ཀྱི་ཟུར་ན་ཡྭ་ཤུར་བརྡོན་ནས་གཞན་ཞིག་དང་སྦྲིག་དུས་ལྟེ་ཞིག་བརྡར་ནས་འགྲིག་ཚོག་པའི་ཤུར་དེའོ;

5 **Rabbi**, *n.* ཡ་ཧུ་དཔའི་ཨེམ་ཆི་མཁས་པ་དག་ལ་ཟེར;

6 **Rabbinical**, *a.* ཡ་ཧུ་དཔའི་ཆོས་ལུགས་ཀྱི;

7 **Rabbit**, *n.* རི་བོང;

8 **Rabble**, *n.* དམངས་རིགས་དྲག་ཞན་འདྲེས་པའི་ཁྲོམ་ཚོགས་ལ་ཟེར; དམངས་རིགས་མི་ཚོད་ཐས་རས་ཚ་པོ; ཐལ་ཚོད;

9 **Rabid**, *a.* སྨྱོན་པ;

10 **Rabi**, *n.* རྒྱ་གར་གྱི་འབྲུའི་སྟོན་ཐོག་ཆེན་པོ;

11 **Rabot**, *n.* ཇོ་ཀུ་མ་ཙུ་པ་བྲི་དོར་བྱེད་རྒྱུའི་འཁྲིག་དེའོ;

12 **Raccoon**, *n.* ལྦགས་པ་གཡུ་ལེབ་ཅན་གྱི་སྒོག་ཆད་དོམ་འདྲ་པོ་ཞིག; ཨེ་མེ་རི་ཀའི་གླིང་བྱང་མ་དེར་ཡོད་པ་ཞིག;

13 **Race**, *n.* རྒྱུད་པ; རིགས; བང; རྒྱུག་ཤར;

14 **Racer**, *n.* བང་རྒྱུག་མཁན;

15 **Racial**, *a.* རྒྱུད་པའི; རིགས་རུས་ཀྱི;

16 **Rack**, *n.* འཛེར་ཤིང; ཤིང་གཟེར; རྒྱང་ཤིང;

17 **Racket**, *n.* གྲིད་གོང་གི་རྩེད་མོ་ལ་མཁོ་བའི་ལག་ཆ་ཞིག;

18 **Racy**, *a.* བྲོ་བ་ཅན; རོ་ལྡན; རོ་བཅུད་ལྡན་པ;

19 **Radiance**, *n.* འོད;

20 **Radiant**, *a.* འོད་འཕྲོ་བའི;

21 **Radiantly**, *ad.* འོད་འཕྲོ་བཞིན་དུ;

22 **Radiate**, *n.* འོད་ཀྱིས་འགེངས་པ; འོད་འཚེར་བ; འོད་འཕྲོ་བ;

23 Radiated, *a.* འོད་ཀྱིས་བརྒྱན་པའི ;

24 Radiation, *n.* འོད་འཕྲོ་བའི་ཚུལ; འོད་འཕྲོ་ཚུལ;

25 Radical, *a.* རྩ་བའི; རྒྱུ་ཡི; ངོ་བོའི; གདོད་མའི;

26 Radical, *n.* རྩ་བ་ནས་གསར་བཅོས་འདོད་པའི་བློན་རིགས:

27 Radically, *ad.* རྩ་ནས; གཞི་ནས;

28 Radicle, *a.* ར་རྩ་ཕྲ་མོ; རྩ་བ་ཕྲ་མོ;

29 Radish, *n.* ལ་ཕུག;

30 Radius, *n.* སྒོར་ཐིག་དཀྱིལ་ནས་མཐའ་ལ་ཐུག་པའི་ཐིག་དེའོ;

31 Raffle, *v.i.* ཅིཊྛཱ་རྒྱབ་པ; (Hindi word).

32 Raft, *n.* ཤིང་དུམ་སྦྲགས་ནས་བཅིངས་པའི་གྲུ;
(ས་པགས; Sik.) (གདུང་མའི་གྲུ;)

33 Rafter, *n.* གུང་ཐོག་གི་རྩིབས་མ; ལྕུ་ཤིང;

34 Rag, *n.* དྲག་རུལ; གོས་རུལ;

35 Rage, *n.* ཞེ་སྡང;

36 Ragged, *a.* གོས་རུལ་ཅན; རུལ་པོ;

37 Raging, *n.* དྲག་ཤུབ; དབང་འཚོང; ཤུགས; *adv.* ཚིག་པ་ཟ་ཡིན;
འཚུབ་བཞིན་པ; འབར་བཞིན་པ;

38 Raid, *n.* ཇག་ཚོམ;

39 Rail, *n.* ར་བ; *v.t.* ཁ་ངན་འདེབས་པ; མུ་ཅོར་བརྗོད་པ;

40 Railing, *n.* ར་བ;

41 Railing, *a.* ཁ་ངན་འདེབས་དད་ཅན;

42 Raillery, *n.* མུ་ཅོ; ཁ་ངན;

43 Railway, *n.* རྡེ་ལིའི་ལམ;

44 Raiment, *n.* ན་བཟའ;

45 Rain, *n.* ཆར་པ;

46 **Rainy**, *a.* ཆར་པ་འབབ་བཞིན་པ;

47 **Raise**, *v.t.* ཡར་སླང་བ;

48 **Raisable**, *a.* སླང་རྒྱུ་ཡོད་པ་འམ་འགྲོན་ནུས་པ;

49 **Raisin**, *n.* རྒུན་འབྲུམ; རྒུན་འབྲུམ་དཀར་པོ;

50 **Raising**, *n.* ཡར་སླང་བ;

51 **Rake**, *n.* སོ་ནམ་པའི་ཞིང་ས་སྐྱོམས་རྒྱུའི་ལག་ཆ; འཆལ་པོ;
v.t. གྲུ་གཟིངས་ཀྱི་གསུལ་ངོར་གྲུའི་མགོ་ནས་མཇུག་བར་ཡང་མཇུག་ནས་མགོ་འི་བར་མེ་སྒྲིགས་ཀྱིས་ཆར་བཞིན་འབབས་པ་ལ་ཟེར;

52 **Rakish**, *a.* འཆལ་པོ; འཆོར་འདོད་ཅན; འཆོར་པོ་ལྟ་བུ;

53 **Rally**, *vt.* འཁོར་བ་སྐྱོད་པ; དཔེར་ན་གསུལ་ངོར་མི་འཁོར་བ་སླར་སྐྱོད་པ་ལྟུའོ;

54 **Ram**, *n.* ལུག་ཕྲུག; མདའ་བོ་ཆེ;

55 **Ramble**, *v.i.* འཁྱམ་པ; འཁྱམ་འཁྱམ་བྱེད་པ;

56 **Rambler**, *n.* འཁྱམ་པོ;

57 **Ramify**, *v.t.* ཡལ་གར་བགོ་བ;

58 **Ramification**, *n.* ཤིང་གི་ར་རྩ་དང་ཡལ་ག་བགོས་འགྲོ་བའི་ཚུལ;

59 **Rammer**, *n.* རྫས་སྲིར་བའི་རྫས་ཅང; མིན་འབིད;

60 **Ramp**, *v.i.* ཤུགས་ཀྱིས་མཆོང་པ;

61 **Rampant**, *a.* དཔེར་ན་སེངྒེ་གནམ་ལ་མཆོང་བ་ལྟར་ཡར་ལང་བའི་ཚུལ་དུ་འདུག་པ;

62 **Rampart**, *n.* ལྕགས་རི;

63 **Ramrod**, *n.* མེ་མདའ་རྫས་རྫོང་རྒྱབ་པའི་འཁར་བ་དེའོ; མིན་འདེད;

64 **Rancid**, *a.* སྐྱུར་པོ; ཞོ་སྐྱུར་ལྟུའོ;

65 **Rancour,** *n.* སྙིང་ནད; གདུག་རྩུབ; མ་རུང;

66 **Rancorous,** *a.* གདུག་པ་ཅན;

67 **Random,** *n.* ངེས་མེད;

68 **Range,** *n.* ལ་གདང; མདའ་འགྲངས; མེ་མདའི་སྐོགས་ཚད;
ལ་རྒྱུད; རི་རྒྱུད;

69 **Ranger,** *n.* ནགས་ཚལ་ལྟ་ལྟོས་བྱེད་མི་ལས་སྣ;

70 **Rank,** *n.* གྲལ; གོ་ས;

71 **Rank,** *a.* དྲི་ངར་པོ; སྐྱུར་པོ; རྒྱས་དྲགས་པོ; ལོ་མ་རྒྱས་པོ;

72 **Rankle,** *v.i.* ཟུག་ཟེར་རྒྱབ་པ; ཚ་བ;

73 **Ransack,** *v.t.* གདིང་དཀྲུགས་ཏེ་འཚོལ་བ;

74 **Ransom,** *n.* བླུ་ཡོན;

75 **Rant,** *v.i.* འཚོལ་ལང་སྨྱོ་ལང་དུ་སྐད་ཆ་གང་བྱུང་སྨྲ་བ; ཁ་ཟད་པ;

76 **Rap,** *v.i.* ཇིག་པ;

77 **Rapacious,** *a.* འཕྲོག་བཅོམ་ལ་ཁ་ཞུགས་པ;

78 **Rapacity,** *n.* རང་འདོད་ཁེངས་མེད; ཟ་འདོད་ཆེན; འདོད་ངན;

79 **Rape,** *n.* བུད་མེད་ལ་མོ་རང་གི་བློར་མི་འདོད་བཞིན་དུ་སྤྱོད་པ;
དབང་ཡོང་དུ་གཡེམ་བྱེད་པ; དབང་ཡོད་བྱེད་པ;
དབང་ཡོད་བྱེད་དེ་སྦྱོར་བ་བྱེད་པ; ལོག་གཡེམ;
n. (Plant) ཡུག་གི་རྩ་བྱེད་རྒྱུའི་སྔོ་ལྷུམ་ཞིག;
n. (grape-juice refuse) རྒུན་འབྲུམ་གྱི་ཁུ་བ་ཆང་
བཟོས་ཟིན་པའི་ལྷག་འཕྲོས;

80 **Rapid,** *a.* མྱུར་པོ; མགྱོགས་པོ; སྐྱེན་པོ; ཁྱུག་པོ;

81 **Rapidity,** *n.* མགྱོགས་ཚུལ; མགྱོགས་ལོད; ཁྱུག;

82 **Rapidly,** *ad.* མྱུར་བར; མགྱོགས་པོར;

83 **Rapier,** *n.* གྲི་ཐྲ་མོ་མགར་ཟེར་འདྲ་པོ;

84 Rapine, *n.* ཇག་འཆོམ; དབང་ཡོད; དྲག་ཐུབ;

85 Rapparee, *n.* ཨ་ཡར་ལནྡ་གྱི་ཡུལ་དུ་དམག་མི་ཇག་ལ་ཁ་ཞུགས་པ;

86 Rapprochement, *n.* མཐུན་ལམ; རྒྱལ་ཁག་སོ་སོའི་བར་དུ་མཐུན་ལམ་
ལེགས་འགྲིག་མགོ་འཛུགས་པ;

87 Rapture, *n.* དགའ་མགུ; བདེ་བ; དགའ་སྤྲོ; སྤྲོ་བ;

88 Rapturous, *a.* བདེ་པོ; སྤྲོ་པོ; དགར་པོ;

89 Rare, *a.* དཀོན་པོ;

90 Rarefacation, *n.* སླ་མོར་གྱུར་ཚུལ;

91 Rarefy,. སླ་མོར་བཅོས་པ;

92 Rarely. དཀྲོན་པོར;

93 Rarity, *n.* དཀོན་ཚུལ;

94 Rascal, *n.* མི་ངན;

95 Rascality, *n.* མ་རབས་ཀྱི་སྤྱོད་པ;

96 Rase, *v.t.* གཏོར་བ; མེད་པར་བཅོ་པ; རྡུལ་དུ་རློག་པ;

97 Rash, *a.* གློད་ཐལ་ཞོར་བ; ཧོར་གཏམ་ཅན;

98 Rashly, *ad.* གློད་དྲགས་པ་ལྷུར;

99 Rasp, *n.* ཤིང་སོགས་བརྡར་བའི་སེག་བརྡར;

100 Rat, *n.* བྱི་བ;

101 Rate, *n.* རིན་གོང;

102 Rather, *ad.* (ལོས་ཀྱང་ or ལོས; ལ་ཁད་པ; Colql.)
དཔེར་ན; (rather small) (ཆུང་ལ་ཁད་པ;
ཆུང་དྲགས་པ; ཆུང་ཙམ;)
(ཆུང་ཆེ་དྲགས་པ; ཆེ་ལ་ཁད་པ; rather big.)

103 Ratification, *n.* རྩི་འཛོམ་མཛད་དེ་རྒྱབ་བསྟན་མཛད་པའི་རྒྱབ་སྐྱོན;

104 Ratify, *v.t.* རྒྱབ་སྐྱོར་ཐེ་འཇོག་བྱེད་པ;

105 Ratio, *n.* ཅ་ལག་གཅིག་གིས་གཅིག་ལ་ཉེ་བའི་ཉེ་ཚུལ; ཉེ་ཚ;

106 Rational. རིགས་པས་འཐད་པ; སེམས་ལ་འཐད་པ; མཁས་པོ;

107 Rationality, *n.* རིགས་པ་དྭངས་ཚུལ;

108 Rationally, *ad.* རིགས་པར་འཐད་པོ་བྱེད་དེ;

109 Rattle, *v.i.* ཅ་ཅོ་སྒྲ་བ; རྡེའུ་དཀྲུག་པ་ལྟུའི་ཏྲོག་ཞེས་སྒྲ་སྒྲོག་པ;

110 Rattling, *n.* ཏྲོག་ཏྲོག་ཅེས་པའི་སྒྲ་འབྱིན་པ;

111 Ravage, *n.* བཅོམ་ཚུལ; འཕྲོག་བཅོམ;

112 Rave, *v.i.* སྨྱོན་པ་ལྟ་བུའི་བྲོ་ཅོ་སྒྲ་བ;

113 Ravel, *v.t.* བཀྲིགས་པ; དཀྲི་བ; འཁྲིགས་སུ་བཙུག་པ;

114 Raven, *n.* ཀུང་ཀ; བྱ་རོག;

115 Raver, *n.* སྨྱོ་བ་པོ; སེམས་ཤོར་བ་པོ; མི་རིགས་པར་སྨྲ་བ་པོ;

116 Ravenous, *a.* ལྟོགས་ཛབས་ཅན; ཟ་ཛམ་པ; ཟས་ལ་ཛམ་པོ;

117 Ravenously, *ad.* ལྟོགས་ཛབས་ཆེན་པོ་བྱེད་དེ; ཟས་ལ་ཛམ་པོ་བྱེད་དེ;

118 Ravine, *n.* ལུང་སྒྲོང; (ལུང་རྫེར; Bhut.) གཤོང;

119 Raving, *n.* སྨྱོན་པོ; འཆོལ་པོ;

120 Ravish, *v.t.* དབང་ཡོད་ཀྱིས་མི་ཚངས་སྤྱོད་པ; དགའ་སྤྲོ་དཔག་མེད་སྐྱིན་པ; ཡིད་འཕྲོག་པ;

121 Raw, *a.* རྗེན་པ; མ་སྨིན་པ; མ་འཚོད་པ; མ་ཚོས་པ; མ་འབྱོངས་པ;

122 Ray, *n.* འོད་ཟེར; ཟེར; ཉ་ཞིག་གི་མིང་ཡང་ཡིན;

123 Raze, *v.t.* རྒྱེལ་བ; གཏོར་བ; མེད་པར་བཅོམ་པ;

124 Razor, *n.* སྤྲ་གྲི;

125 Re. (Regarding = སྐོར་ལ་ཞེས་པའི་བསྡུས་ཡིག);

126 Reabsorb, *v.t.* — རྔོད་དམ་ཟླན་སྤྲར་ཚུར་འཐེན་པ;

127 Reabsorption, *n.* — རྔོད་དམ་ཟླན་ཟླངས་པའི་ཚུལ;

128 Reach, *v.t.* — སླེབ་པ;

129 React, *v.i.* — ཚུར་ལྡོག་པ; ལས་ཀ་ཕྱིར་ལོག་པ; ཕྱིར་འཁོར་བ;
ལས་ལན་འཁོར་བ;

130 Reaction, *n.* — ལུས་ལྡོག་ཚུལ; ཚུར་ལྡོག་གི་བྱ་བ;

131 Read, *v.t.* — ཀློག་པ;

132 Read, *a.* — ཀླགས་ཟིན་པ;

133 Reader, *n.* — ཀློག་པའི་དཔེ་ཆ; ཀློག་མཁན;

134 Readily, *ad.* — མྱུར་བར; (གྲ་ཁད་པོ་བྱེད་དེ; Bhut.).
གྲབས་སྒྲིག་པོ་བྱེད་དེ;

135 Readiness, *n.* — (Bhut. གྲ་ཁད་པོའི་ཚུལ;) གྲ་སྒྲིག་ཡོད་པའི་ཚུལ;

136 Reading, *n.* — ཀློག; ཀློག་པའི་ཚིག;

137 Ready, *a.* — གྲབས་སྒྲིག་པོ; གྲ་ཁད་ཁད;

138 Real, *a.* — ངོ་ཐོག; ངེས་པ་ཅན; དངོས; དངོས་ཅན;

139 Reality, *n.* — དངོས; ཡང་དག་པ་ཉིད; ངོ་བོ་ཉིད; གནས་ཚུལ;

140 Realize, *v.t.* — དངོས་སུ་སྒྲུབ་པ; ངེས་པར་སྒྲུབ་པ;

141 Really, *ad.* — ངོ་ཐོག; ངེས་པར;

142 Realm, *n.* — རྒྱལ་ཁམས; ཁིམས;

143 Ream, *n.* — ཤོག་གུའི་ཐིཾ་ཚག་ཉི་ཤུ་ཐིཾ་པ་ལ་ཟེར;

144 Reanimate, *v.t.* — སྲོག་སྐྱེད་པ; དབུཊ་བཏྟ་པ; ཡང་གསོ་བ;

145 Reap, *v.t.* — རྔ་བ; བརྔས་པ;

146 Reaper, *n.* — རྔ་མཁན; རྔ་བ་པོ;

147 Reappear, *v.i.* — ཡང་འཐོན་འོང་བ; སླར་ཡང་མངོན་དུ་འབྱུང་བ;

148 Reappoint, *v.i.* — སླར་ཡང་སྐོ་བ; ཡང་བསྐྱར་སྐོ་བ;

149 Reappointment, *n.* ཡང་བསྐྱར་གོ་སར་སྐོ་བའི་བྱ་བ;

150 Rear, *n.* དམག་མཇུག; དམག་དཔུང་གི་རྒྱབ་ཕྱོར;

151 Reascend, *v.i.* ཡང་བསྐྱར་འཛེག་པ;

152 Reason, *n.* རྒྱུ; རིགས་པ; རྒྱུ་མཚན; དོན་ཚ; བློ་གྲོས;

153 Reasonable, *a.* བློ་ལ་འཐད་པ; ཚོད་ཡོད; ཚུལ་མཐུན;

154 Reasonableness, *n.* ཚོད་ཡོད་ཡིན་པའི་ཆོས་ཉིད; རིགས་པ་ཉིད;
བློ་ལ་འཐད་ལུགས;

155 Reasonably, *ad.* བློ་ལ་འཐད་བཞིན་དུ; ཚུལ་མཐུན་པར;

156 Reasoner, *n.* བློ་དང་བསྟུན་ཏེ་རྩོད་མཁན;

157 Reasoning, *n.* མཚན་ཉིད་དབྱེ་བ;

158 Reassemble, *n.* ཡང་བསྐྱར་ཚོགས་པ;

159 Reassert, *v.t.* ཡང་བསྐྱར་ཡིན་པར་རྗོད་པ;

160 Reassertion, *n.* སླར་ཡང་ཡིན་པར་རྗོད་པའི་བྱ་བ;

161 Reassure, *v.t.* བློ་ཤུགས་བཙུགས་པ;

162 Reattempt, *v.t.* སླར་ཡང་རྩོམ་པ;

163 Rebate, *v.t.* བཅག་བཅག་རྒྱབ་པ; གོང་བཅག་པ;

164 Rebatement, *n.* རིན་གོང་ནང་བཅག;

165 Rebel, *n.* ངོ་ལོག་རྒྱབ་པ;

166 Rebellion, *n.* ངོ་ལོག;

167 Rebellious, *a.* ངོ་ལོག་རྒྱབ་རྒྱུང་ལང་པོ;

168 Rebound, *v.i.* ཤུགས་ཀྱིས་ཚུར་ལྡོག་པ;

169 Rebuff, *n.* འགག་ཆ; གདོང་ལྡོག;

170 Rebuild, *v.t.* སླར་བཞེངས་པ; གསར་བཞེངས་རྒྱབ་པ;

171 Rebukable, *a.* བཀའ་བཀྱོན་གནང་འོས;

172 Rebuke, *v.t.* བཀའ་བཀྱོན་གནང་བ;

173 **Rebuker**, *n.* བཀའ་བཀྱོན་གཏང་མཁན;

174 **Recall**, *v.t.* ཕྱིར་འབོད་པ; སྐད་གཏང་བ;

175 **Recant**, *v.t.* སྔར་ནས་སྨྲས་ཟེར་པ་སླར་ཁས་མི་ལེན་པ;

176 **Recanter**, *n.* སྔར་སྨྲས་པ་དེ་ཕྱིས་སུ་ཁས་མི་ལེན་མཁན;

177 **Recantation**, *n.* ཁས་མི་ལེན་པའི་ཚུལ;

178 **Recapitulate**, *v.t.* བསྐྱར་བཟློས་བྱེད་པ;

179 **Recast**, *v.t.* སླར་དུའང་བསྐྱར་དུ་བླུག་རྒྱབ་པ;

180 **Recede**, *v.i.* ཕྱི་འགྲོས་རྒྱབ་པ;

181 **Receipt**, *n.* འབྱོར་འཛིན;

182 **Receivable**, *a.* འབྱོར་རན;

183 **Receive**, *v.t.* འབྱོར་བ; ཐེབས་པ; ཐོབ་པ;

184 **Receiver**, *n.* བསྡུ་ལེན་བྱེད་མཁན;

185 **Recent**, *a.* ཉེ་དུས་ཀྱི; ཉེ་ལམ་གྱི;

186 **Recently**, *ad.* ཉེ་དུས་སུ;

187 **Receptacle**, *n.* སྣོད; ཤུབས; ཚང;

188 **Reception**, *n.* གྲ་སྒྲིག; ཕེབ་བསུ་གྲ་སྒྲིག;

189 **Recess**, *n.* ཕུག; མཛོད་ཕུག; ཁང་ཕུག; བཅད་གྲུ;

190 **Recipe**, *n.* སྨན་སྦྱོར་ཐབས་ཀྱི་ཡི་གེ; སྨན་ཡིག;

191 **Reciprocal**, *a.* ཕན་ཚུན་གཉིས་ཀའི་ལས་འདྲ་མཉམ;

192 **Reciprocally**, *ad.* ཕན་ཚུན་འདྲ་འདྲ་བྱེད་དེ; འདྲ་མཉམ་དུ;

193 **Recital**, *a.* ངག་བཟླས; ངག་འདོན;

194 **Recitation**, *n.* བཟླས་པ; ཁ་དོན; ཁ་འདོན;

195 **Recite**, *v.t.* བཟླས་པ; ངག་ནས་འདོན་པ:

196 **Reck**, *v.t.* ཁྱད་པར་བྱེད་པ; བརྩི་བ;

197 Reckless, *a.* ཡ་མེད; ཁྱད་པར་མེད་པ; མི་བརྩི་བ;

198 Recklessly, *ad.* ཡ་མེད་དུ;

199 Reckon, *v.t.* རྩིས་བྱེད་པ; རྩི་བ;

200 Reckoner, *n.* རྩིས་མཁན; རྩིས་པ;

201 Reckoning, *n.* རྩིས;

202 Reclaim, *v.t.* གསར་བཅོས་རྒྱབ་པ; བཅོས་ཁ་རྒྱབ་པ; གསོ་བ;

203 Reclamation, *n.* གསོ་བ; བདའ་རིད;

204 Recline, *v.t.* བཀྱེད་པ; སྙེས་པ; སྙེ་བ; ཉལ་ནས་འདུག་པ;

205 Recluse, *n.* བྱ་བཏང་པ; དབེན་པར་གནས་པའི་མཚམས་པ;

206 Recognition, *n.* ངོ་སྤྲོད;

207 Recognizance, *n.* ངོས་འཛིན;

208 Recognize, *v.t.* ངོ་འཕྲོད་པ; ངོ་སྤྲོད་པ;

209 Recoil, *v.i.* སླར་ལྡོག་པ; ཕྱི་ནུར་རྒྱབ་པ; ཕྱི་བྲོས་རྒྱབ་པ;

210 Recoin, *v.i.* ཡང་བསྐྱར་ཊཾ་ཁའི་པར་དུ་བླུག་པ; པར་སྐྱོར་རྒྱབ་པ;

211 Recollect, *v.t.* དྲན་བསོམས་རྒྱབ་པ;

212 Recollection, *n.* དྲན་པ;

213 Recommence, *v.t.* སླར་ཡང་མགོ་འཛུགས་པ;

214 Recommend, *v.t.* རྒྱབ་བསྣན་བྱེད་པ; སྐྱོད་པ;

215 Recommendation, *n.* མཐུན་གྲུར་གྱི་ཡི་གེ;

216 Recommit, *v.t.* སླར་ཡང་འཇུག་པ; སླར་བཅོལ་བ;

217 Recompense, *n.* ངན་པ; གནང་སྦྱིན; བྱ་དགའ; *v.t.* འཚབ་པ; བཇན་པ;

218 Recompose, *v.t.* སྒྲིག་སྐྱོར་རྒྱབ་པ; སླར་ཡང་སྒྲིག་པ;

219 Reconcile, *v.t.* སྡུམ་པ; ནང་འགྲིག་རྒྱབ་པ; ཁོ་ཐག་ཆོད་པ;

220 Reconcilement, *n.* སྡུམ; ནང་འགྲིག;

221 **Reconciler**, *n.* སྡུམ་མཁན;

222 **Reconciliation**, *n.* སྡུམ; མཐུན་བྱ; ནང་འགྲིག;

223 **Reconstruct**, *v.t.* སླར་ཡང་བཟོ་བ; སླར་བཅོ་བ;

224 **Record**, *v.t.* ཡི་གེར་བཀོད་པ; འགོད་པ; *n.* དེབ་ཐེར;

225 **Recorder**, *n.* ཡི་གེར་བཀོད་མཁན; དེབ་ཐེར་མཁན;

226 **Recount**, *v.t.* ལོ་རྒྱུས་བཤད་པ;

227 **Recourse**, *n.* ཞུ་བ; ཐབས་ཡི; གྲོགས; འཚོལ; སྐྱབས་འཇུག;

228 **Recover**, *n.* འཚོ་བ; ཕྱིར་བླང་བ; སླར་ཐོབ་པའམ་རྙེད་པ;

229 **Recovery**, *n.* ནད་དྲག་པ;
འཚོ་བ; ཕྱིར་ཐོབ་པ;

230 **Recreant**, *a.* མི་ངན;

231 **Recreation**, *n.* སྐྱོ་སངས; གཡེངས་པ;

232 **Recriminate**, *v.i.* ཕན་ཚུན་སྐྱོན་ར་རྗོད་པ;

233 **Recross**, *v.t.* སླར་ཡང་རྒལ་བ;

234 **Recruit**, *v.t.* ཁ་བསྐོ་རྒྱབ་པ; ཁ་སྐོང་བ;

235 **Rectangle**, *n.* ཟོགས་བཞི་གྲུ་དྲང་པོ་བཞི་ཐུབ་པ;

236 **Rectangular**, *n.* ཟོགས་བཞི་གྲུ་བཞིའི་དབྱིབས་ཅན;

237 **Rectification**, *n.* བཅོས་ཁ;

238 **Rectify**. བཅོས་ཁ་རྒྱབ་པ;

239 **Rectitude**, *n.* དྲང་ཚུལ; ཡ་རབས་ཀྱི་ཚུལ;

240 **Rector**, *n.* མགོ་དཔོན; དཔོན་སློབ;

241 **Rectorship**, *n.* མགོ་དཔོན་གྱི་གོ་ས; དཔོན་སློབ་ཀྱི་གོ་ས;

242 **Rectory**, *n.* དཔོན་སློབ་ཀྱི་གདན་ས;

243 **Recur**, *v.i.* སླར་ཡང་འབྱུང་བ;

244 **Recurrence**, *n.* སླར་ཡང་ཡང་ཡིད་ལ་འཇམ་དྲན་པར་འབྱུང་ཚུལ;

245 Recusant, *n.* རྒྱལ་པོ་ལ་ཆོས་ཀྱི་ཁྲིམས་སོགས་དང་དགོན་སྡེའི་འགོ་པར་མི་བརྩི་བར་འདོད་པ་དག;

246 Red, *n.* དམར་པོ;

247 Redden, *v.i.* དམར་པོར་འགྱུར་བ; *v.t.* དམར་པོར་སྒྱུར་བ;

248 Redeemable, *a.* བླུ་རུ་ཡོད་པ; འཁྲོལ་དུ་ཡོད་པ;

249 Redeemer, *n.* སྐྱབས་མགོན;

250 Redeliver, *v.t.* སླར་ཡང་སྤྲོལ་བ;

251 Redemption, n. བླུབ་བ; ཁྲོལ་བ;

252 Redemptory, *a.* བླུ་བའི; བླུ་རིན་དུ་བྱིན་པའི; བསྒྲལ་བའི;

253 Redistribute, *v.t.* སླར་ཡང་བགོ་བ;

254 Redness, *n.* དམར་ཚུལ;

255 Redouble, *v.t.* སྡུད་པ; སླར་ཡང་ཡང་སྡུད་པ;

256 Redoubt, *n.* མཁར; (གཙན་ཚགས; Bhut.) འཛིང་ར;

257 Redound, *v.i.* སླར་འཁོར་བ; མཐུན་རྐྱེན་དུ་འགྱུར་པ;

258 Redress, *v.t.* བཟོ་བཅོས་རྒྱབ་པ; བཅོས་ཁ་རྒྱབ་པ;

259 Reduce, *v.t.* གཅོད་པ; ཆུང་དུ་གཏང་བ; དམའ་ཕབ་རྒྱབ་པ; གོང་བཅག་པ;

260 Reduction, *n.* གོང་བཅག་པའི་ལས;

261 Redundance, *n.* འཕེལ་དྲགས་པའི་སྐྱོན; འཕེལ་དྲགས་པས་སྐྱོན་དུ་གྱུར་པ;

262 Redundant, *a.* འཕེལ་དྲགས་པ;

263 Reduplicate, *v.t.* ཟླབ་སྐྱོར་རྒྱབ་པ;

264 Re-echo, *v.t.* བྲག་ཆའི་བྲག་ཆ་འབེར་བ;

265 Reed, *n.* སྨྱུག་མ; སྨྱུ;

266 Reedy, *a.* སྨྱུག་མ་ཅན;

267 Reek, *n.* དུ་བ; རླངས་པ; *v.i.* དུ་བའི་རླངས་པ་འཕྲུལ་བ;

268 Reel, *n.* སྐོ་རི་ཨཏྲ་ཡུལ་གྱི་ཞབས་བྲོ; *v.t.* སྐུད་པ་སྒྲིལ་བ;
v.i. མགོ་ཡུ་འཁོར་བ; འཁྱོམ་ཡོར་ཡོར་བྱེད་པ;
ཞབས་བྲོ; སྐུད་པའི་གྲུ་གུ་སྒྲིལ་ས;

269 Re-endow, *v.t.* སླར་ཡང་མ་ཀྲང་གཙུག་པ; སླར་ཡང་འབུལ་བ་
འབུལ་པ; སླར་ཡང་རྫོངས་རྒྱབ་པ;

270 Re-engagement, *n.* སླར་ཡང་ལས་སུ་འཛུག་པ;

271 Re-enter, *v.t.* སླང་ཡང་ནང་དུ་འཛུལ་བ; ཞུར་པ;

272 Re-entry, *n.* སླར་ཞུར;

273 Re-establish, *v.t.* སླར་བཅའ་བ; སླར་ཀྲང་བཙུག་པ;

274 Re-examine, *v.t.* སླར་དཔྱད་པ; སླར་བརྟག་ཞིབ་བྱེད་པ;

275 Refectory, *n.* ཟ་ཁང;

276 Refection, *n.* བཟའ་བཏུང; ཁ་ཟས;

277 Refer, *v.t.* ཞུ་བ; རྒྱུ་མཚན་བསྟུང་བ; ཁྲངས་སྐྱེལ་བ;
ལོ་རྒྱུས་འདྲེན་པ; རྒྱུ་རྐྱེན་དཔྱད་པ;

278 Referee, *n.* དཔང་པོ;

279 Reference, *n.* འདྲི་བསྟུན;

280 Refine, *v.t.* སི་གཙང་བ་སྦྱོང་བ; དག་སྦྱངས་བྱེད་པ;

281 Refinement, *n.* གཙང་ཉིས; གཙང་སྤྲ; སྤྱོད་ལམ་གཙང་ཉིས; དྭངས་སྤྲ;

282 Refiner, *n.* སྦྱོང་བྱེད;

283 Refining, *n.* མ་དག་པ་སྦྱང་ནུས་པའི;

284 Refit, *v.t.* སླར་སྒྲིག་པ;

285 Reflect, *v.t.* བསམ་མནོ་ཡང་ནས་ཡང་དུ་སྐོར་བ;

286 Reflecting, *a.* གཟུར་བརྟན་འཆར་བའི;

287 Reflection, *n.* མི་ལོང་གི་ངོས་ནས་གཟུགས་བརྙན་འཆར་བ ; བསམ་མནོ ; བརྟག་པ ;

288 Reflective, *a.* གཟུགས་བརྙན་འཆར་བར་བྱེད་པའི ; བརྟག་པའི ; བསམ་མནོའི ;

289 Reflector, *n.* མི་ལོང་གི་ངོས་ལྷར་འོད་ལྡོག་བྱེད ;

290 Reflex, *a.* གཟུགས་བརྙན་འཆར་བའི ; *n.* གཟུགས་བརྙན ;

291 Reflexive, *a.* འདས་པའི་སྐོར་གྱི ; འདས་པའི་བྱ་བ་སོགས་ལ་བསྡོ་པའི ;

292 Reflexively, *ad.* ཕྱིར་ལྡོག་པར་བྱེད་པའི ; འདས་པའི་ཚུལ་དང་བྱ་བ་སོགས་ལ་ཡང་ཡང་བསམ་དེ ;

293 Reflux, *n.* ཆད་པ ; ཆག་པ ; ཕྱིར་ལྡོག ; ལྡོག་པ ;

294 Reflux, *a.* ཆད་པའི ; ལྡོག་པའི ;

295 Reform, *v.t.* ཁ་བསྒོ་རྒྱབ་པ ; སྐྱར་བཟང་བཅོས་རྒྱབ་པ ;

296 Reform, *n.* ཁ་བསྒོ ; བསྟུན་པའི་ཁ་བསྒོ ; བཅོས་ཁ ;

297 Reformation, *n.* ལེགས་བཅོས ;

298 Reformatory, *a.* ལེགས་བཅོས་ཀྱི་རྣམ་པ་ཅན ;

299 Reformer, *n.* ལེགས་བཅོས་རྒྱབ་མཁན ;

300 Refound, *v.t.* བསྐྱར་འཛུག་བྱེད་པ ;

301 Refractory, *a.* གྱོང་པོ ; ཁྲིམས་མེད་འགལ་རལ ;

302 Refrain, *v.t.* བསྡམ་པ ; འགོགས་པ ; འཛེམ་པ ;

303 Refresh, *v.t.* ངལ་སང་བ ; ཧུར་སྐྱེད་པ ;

304 Refreshment, *n.* བཟའ་ཆ་འཐམ་ཡང་ཉང་ལ་བསྒོས་པས་ཧུར་བསྐྱེད་ཐུས ;

305 Refrigerant, *a.* བསིལ་བྱེད ; ཚ་བ་སེལ་བར་བྱེད་པའི ;

306 Refuge, *n.* སྐྱབས་གནས ;

307 Refugee, *n.* སྐྱབས་མགོན་ཞུ་མཁན; སྐྱབས་འཚོལ་བ;

308 Refulgence, *n.* འོད་ཟེར;

309 Refulgent, *a.* འོད་འཕྲོ་བའི;

310 Refund, *v.t.* སླར་ལོག་སྤྲོད་པ;

311 Refusal, *n.* མི་གནང་བ; མི་སྦྱིན་མི་སྟེར་མི་བྱེད་པའི་དགག་ཚིག;

312 Refuse, *v.t.* འདོར་བ; མི་གནང་བ; མི་སྦྱིན་པ; མི་སྟེར་བ;

313 Refuse, *n.* གལ་རོ; སྙིགས; (ཉག་ཉིག; Col.) ལྷག་འཐྲོ;

314 Refutation, *n.* རྩོད་པ་བཟློག་པའི་ཚིག;

315 Refute, *v.t.* རྩོད་པ་ཟློག་པ;

316 Regain, *v.t.* སླར་ཐོབ་པ;

317 Regal, *a.* རྒྱལ་པོ་ལྟ་བུ;

318 Regalia, *n.* རྒྱལ་པོའི་སྐུ་ཆས; གཙུག་དོར་དང་རྒྱལ་པོའི་སྐུ་རྒྱན་ལ་སོགས་པ་ལྟ; དཔེར་ན་དབུའི་གཙུག་དོར་དང་ཅོད་པན་སོགས;

319 Regality, *n.* རྒྱལ་པོའི་ཁམས;

320 Regard, *v.t.* གཟིགས་པ; དགོངས་པ; མགྲོན་སྐྱེད་པ; ཅེ་བ;

321 Regard (*s.*, *n.*) ལྟ་བ; ཅེ་བ; གཟིགས་སྒྲོང;

322 Regardful, *a.* གཅང་པོ;

323 Regale, *v.t.* ཐུགས་དམ་སྐོང་བ; ཐུགས་སྤྲོ་སྐྱེད་པ; མགྲོན་གཏོང་བ;

324 Regardless, *a.* མ་བརྩིས་པ;

325 Regency, *n.* རྒྱལ་ཚབ་ཀྱི་གོ་ས;

326 Regenerate, *v.t.* སླར་བསོ་བ; ངེས་འབྱུང་སྐྱེད་པ;

327 Regeneration, *n.* ངེས་འབྱུང; བློ་སྣ་ལྷ་ཆོས་སུ་འགྱུར་བ;

328 Regent, *a.* རྒྱལ་ཚབ; སྲི་སྲིད;

329 Regent, *n.* རྒྱལ་ཚབ; སྲི་སྲིད;

330 Regicide, *n.* རྒྱལ་པོ་བཀྲོང་མཁན;

331 Regimen, *n.* བཅའ་ཁྲིམས;

332 Regiment, *n.* དམག་དཔུང;

333 Region, *n.* ལྗོངས་པ;

334 Register, *n.* ཐོ; དེབ; དཀར་ཆག; *v.t.* ཐོ་འབྲི་བ; དེབ་ཐོར་བཀོད་པ;

335 Registration, *n.* དེབ་ཐོར་བཀོད་པའི་ལས;

336 Registry, *n.* གཞུང་དེབ་ཏུ་བཀོད་ཤུགས;

337 Regret, *v.t.* སེམས་སྐྱོ་བ;

338 Regretful, *a.* སེམས་སྐྱོ་བ་བསྐྱེད་ནུས;

339 Regular, *a.* ཚུལ་ཅན; རྒྱུན་འཛུགས་ཀྱི; དུས་བཏབ་དང་མཐུན་པ;

340 Regularity, *n.* སྒྲིག་ལམ་དང་མཐུན་ཚུལ;

341 Regularly, *ad.* རྒྱུན་འཛུགས་སུ;

342 Regulate, *v.t.* ཚུལ་ལྡན་དུ་བཟོ་བ; རྒྱུན་སྐྱོང་བ;

343 Regulation, *n.* ཁྲིམས; སྒྲིག་ལམ;

344 Regulator, *n.* སྐྱོང་བྱེད; བཅོས་ཁ་རྒྱབ་བྱེད;

345 Rehearsal, *n.* ངག་ནས་བཟླས་པ;

346 Rehearse, *v.t.* བཟླས་པ་བཟླ་བ; སློག་འདོན་པ;

347 Reign, *n.* རྒྱལ་སྲིད;

348 Reimburse, *v.t.* དངུལ་ངར་དུ་བཅད་དེ་བཞག་པ་སླར་འཇལ་བ; སླར་ལོག་སྤྲོད་པ; འགྲོ་སོང་ཟད་པ་སླར་འཚབ་པ;

349 Reimbursement, *n.* ཟད་ཚབ;

350 Rein, *n.* སྲབ;

351 Reindeer, *n.* བྱང་ཕྱོགས་འཁྱག་རོམ་གླིང་དུ་ཡོད་པའི་ཤ་བའི་རིགས;

352 Reinforce, *v.t.* རྒྱབ་དཔུང་རྫོང་བ; དམག་རྒྱབ་རྫོང་བ;

353 Reinforcement, *n.* རྒྱབ་དཔུང; རྒྱབ་སྐྱོན;

354 Reins, *n.* སྲབ་ཐག;

355 Reinstate, *v.t.* སྔར་ཁྲི་ལ་བཀོད་པ; ཡང་བསྐྱར་ཁྲི་མངའ་གསོལ་བ;

356 Reject, *v.t.* སྤང་བ; མ་གནང་བ;

357 Rejection, *n.* སྤོང་བ;

358 Rejoice, *v.i.* དགའ་བ; Hon. མཉེས་པ; Hon. དགྱེས་པ;

359 Rejoicing, *n.* དགའ་མགུ; དགའ་ཚོར;

360 Rejoin, *v.t.* སྔར་མཐུད་པ; རང་གནས་སུ་སླར་སླེབ་པ;

361 Relapse, *v.t.* ཡང་ལོག་པ; ནད་ལོག་རྒྱབ་པ; སྔར་ཟགས་པ;

362 Relate, *v.i.* ཉེ་བ; (*v.t.* བཤད་པ;)

363 Relation, *n.* གཉེན; ཉེ་འབྲེལ;

364 Relationship, *n.* ཉེ་འབྲེལ;

365 Relative, *a.* ཉེ་བར་གྱུར་པའི; *n.* གཉེན; གཉེན་ཚན;

366 Relax, *v.t.* གློད་པ; ལྷོད་དེ་གློད་པ;

367 Relaxation, *n.* ལྷོད; ཡང་ཆ; ལྷོད་ཆ;

368 Relay, *n.* ཌ་ཁུལ; (ཌའི་སྒྲུག; Sik.) also (སྒྲུག་ཌ; Hindi used in Sik.)

369 Release, *v.t.* བཀྲོལ་བ; གཏང་བ;

370 Relent, *v.i.* ཁྲོ་ལྡོག; སྙིང་རྗེ་ཞུ་བ;

371 Relentless, *a.* ཁྲོ་ལྡོག་མེད་པ; སྙིང་རྗེ་མེད་པ;

372 Relentlessly, *ad.* ཁྲོ་ལྡོག་མེད་དུ; སྙིང་རྗེ་མེད་པར;

373 Relevance, *n.* འབྲེལ་ཆ; སྐྱིང་དོན་དང་འབྲེལ་བ་ཉིད;

374 Relevant, *a.* གཏམ་གླིང་བཞིན་པ་དེ་དང་འབྲེལ་བ་བ; འབྲེལ་པའི;

375 Reliable, *a.* ཁུངས་ཐུབ; ཡིད་ཆེས་འོས;

376 Reliably, *ad.* ཁངས་ཐུབ་བྱེད་དེ; བློས་ཁེལ་བྱེད་དེ;

377 Reliance, *n.* བློ་གཏད; དཔུང་བཅོལ;

378 Relic, *n.* བྱིན་རྟེན; རིང་བསྲེལ; འཕེལ་གདུང; སྐུ་གདུང; གདུང་ཤ་རི་རམ;

379 Relict, *n.* ཡུག་ཟ་མ; ཁྱོ་ག་ཤི་བའི་སྐྱེ་དམན;

380 Relief, *n.* གྲོགས་རམ; ར་མདའ;

381 Relieve, *v.t.* ར་མདའ་བྱེད་པ;

382 Religion, *n.* ཆོས་ལུགས; ཆོས; ལྷ་ཆོས;

383 Religious, *a.* ཆོས་ལ་དཀར་བ;

384 Relinquish, *v.t.* བློས་གཏང་བ;

385 Relinquishment, *n.* སྤོང་བ;

386 Reliquary, *n.* བྱིན་རྟེན་བཞུགས་སྒམ;

387 Relish, *v.t.* རོ་ལ་དགྱེས་པར་རོལ་བ; སྤྲོ་བ; དགྱེས་པ;

388 Reluctance, *n.* མི་འདོད; བློ་ལ་འགྲོ་མིན; བློ་ལ་བབ་མིན;

389 Reluctant, *a.* བྱ་འདོད་མེད་པ; ཡིད་ལ་མི་བབ་པའི;

390 Reluctantly, *ad.* མི་འདོད་བཞིན་དུ;

391 Rely, *v.i.* དཔང་བཙར་བ; བློ་བཀལ་བ; རྟེན་པ;

392 Remain, *v.i.* ལྷག་ལུས་པ; འདུག་པ; བཞུགས་པ;

393 Remains, *n.* རཤུལ་དུ་དོར་བ་གང; རོ; སྐུ་སྤུར; ཟས་འཕྲོ;

394 Remainder, *n.* ལྷག་འཕྲོ; ལྷག་ལུས;

395 Remake, *v.t.* སླར་བཅོ་བ; བསྐྱར་བཅོས་རྒྱབ་པ;

396 Remand, *v.t.* སླར་བཙུག་པ;

397 Remarks, *n.* མཆན་འགོད; མཐོང་ཐོས་ཀྱི་ལོ་རྒྱུས་བཀོད་བ;

398 Remarkable, *a.* གསེར་པོ; དོད་པོ; བརྟག་འོས; ཁྱད་མཚར་པོ;

399 Remarkably, *ad.* ཇཾ་ཤིང་དོད་པོ་བྱེད་དེ; ཁྱད་མཚར་པོ་བྱེད་དེ;

400 **Remediable**, *a.* བསོས་སུ་ཡོད་པ; བསོ་ཉམས;

401 **Remediless**, *a.* མི་བསོས་པ; མི་ཕན་པ;

402 **Remedy**, *n.* ཕན་བསོས; གཉེར; གསོ་བྱེད; གསོལ་སྨན;

403 **Remelt**, *v.t.* སླར་བཞུ་བ; སླར་ཞུན་སྐོལ་བ;

404 **Remember**, *n*, *v.t.* དྲན་པ; བློ་ལ་དྲན་པ;

405 **Remembrance**, *n.* དྲན་པ;

406 **Remind**, *v.t.* དྲན་བསོས་རྒྱབ་པ; ཡིད་སྐུལ་བ;

407 **Reminiscence**, *n.* དྲན་བསོས;

408 **Remiss**, *a.* བརྗེད་གཡེངས་ཅན;

409 **Remission**, *n.* ཡང་ཆ;

410 **Remit**, *v.t.* ཡང་ཆ་གནང་བ; སྐོར་སོ་གཏོང་བ;
དངུལ་ཊཱག་ཐོག་ཏུ་བསྐུར་བ;

411 **Remittance**, *n.* དངུལ་བསྐུར་རྒྱུ; དངུལ་ཊཱག་ཐོག་བསྐུར་བ་དེ;

412 **Remnant**, *n.* ལྷག་མ; འཕྲོས་པ;

413 **Remodel**, *v.t.* པར་གསར་དུ་འགོད་པ;

414 **Remonstrance**, *n.* ལས་འགོག་པའི་རྒྱུ་མཚན་ཞིབ་མོར་བརྗོད་པ;

415 **Remonstrate**, *v.i.* ལས་སོགས་རིགས་པས་འགོག་ཐབས་བྱེད་པ;

416 **Remorse**, *n.* སྙིང་རྗེ; ཤ་ཚ; གནོངས་འགྱོད;

417 **Remorseless**, *a.* སྙིང་རྗེ་མེད་པ; གནོང་མེད;

418 **Remorselessly**, *ad.* གནོངས་འགྱོད་མེད་པར;

419 **Remote**, *a.* ཐག་རིང; རྒྱང་ན;

420 **Remotely**, *ad.* ཐག་རིང་པོར;

421 **Remoteness**, *n.* འགྲངས་ཚུལ; ཐག་རིང་ཚུལ;

422 Remount, *v.t.* — རྟ་གཞན་ལ་ཞོན་པ; *n.* རྟ་བསྒྱུ; སླར་ཞོན་པ; སླར་འཛོག་པ;

423 Removal, *a.* — སྤོ་རྒྱུད; སྤོ་བ; བརྒྱུད་པ;

424 Remove, *v.t.* — སྤོ་བརྒྱུད་རྒྱབ་པ; སྤོ་སྤུས་རྒྱབ་པ;

425 Remunerate, *v.t.* — བྱ་དགའ་སྦྱེར་བ; གསོལ་རས་གནང་བ; རྔན་པ་སྦྱེར་བ;

426 Remuneration, *n.* — གླ་ཆ; གསོལ་རས; བྱ་དགའ; རྔན་པ;

427 Remunerative, *a.* — བྱ་དགའ་ཆེན་པོ་ཁྲུག་པའི; ཡོང་སྒོ་ཆེན་པོའི;

428 Renal, *a.* — མཁལ་མའི་སྐོར་གྱི;

429 Rencounter, *n.* — ལག་འཛིང; གདོང་འཛིང; སྤར་འཛིང;

430 Rend, *v.t.* — ཧྲལ་བ; གཤག་པ;

431 Render, *v.t.* — སྦྱིན་པ;

432 Rendering, *n.* — སྦྱིན་བཞིན་པ;

433 Rendezvous, *a.* — འཛོམས་ས;

434 Renegade, *n.* — ཆོས་ལོག; གྲྭ་ལོག;

435 Renew, *v.t.* — སླར་བསོ་བ; ཡང་བསོ་བྱེད་པ;

436 Renewal, *n.* — སླར་བསོས; ཡང་གསར་འཚུར;

437 Renewing, *a.* — སླར་བསོས་པའི;

438 Rennet, *n.* — བེའུའི་གྲོད་པའི་ནང་གིའོ་དྲིག་དེ་རྫས་སུ་སྒྱུར་ནས་འོ་
མ་ཞོ་ལ་བཟོ་བའི་ཐབ་དུ་བཟོས་པ; འོ་མ་ཞོར་
འགྱུར་བའི་ཐབ; (ག་ཉེར; Sik.).

439 Renounce, *v.t.* — སྤོས་གཏང་བ;

440 Renown, *n.* — གྲགས་པ; སྙན་གྲགས;

441 Rent, *n.* — ཁྲལ; གོས་རྒྱལ་བའི་ཨི་ཁང་ལའང་ཟེར;

442 Renter, *v.t.* — ལེགས་པར་ཆོམ་པ;

443 Renunciation, *n.* — སྤོས་བཏང་བའི་ལས་དེ་ཉིད; སྤོས་གཏང;

444 Reopen, *v.t.* ཡང་བསྐྱར་སྒོ་ཕྱེ་བ;

445 Reorganize, *v.t.* ཡང་བསྐྱར་ཁྲིན་སྒྲིམ་པ;

446 Repair, *v.t.* བཟོ་བཅོས་རྒྱབ་པ;

447 Repair, *n.* ཉམས་བསོ; ཞིག་བསོ; བཅོས་ཁ;

448 Reparation, *n.* གདོང་བཅོས (Sik. ཐྲི་སྐྱིག་སངས་ཐབ;) ཉམས་བསོ; ཞིག་གསོ;

449 Repartee, *n.* ཁ་ཤགས་ལན; ཚིག་ལན; ཁ་ལན;

450 Repast, *n.* ཁ་ཟས;

451 Repay, *v.t.* སྐྱིན་འབྲུ་འཛལ་བ; སྐྱིན་པ་འཚབ་པ;

452 Repeal, *v.t.* སྔོན་གྱི་ཁྲིམས་སྔར་དམངས་ཚོགས་ལྷུས་ཀྱིས་སྲུབ་པ;

453 Repeat, *v.t.* ཡང་བསྐྱར་བྱེད་པ;

454 Repeatedly, *ad.* ཡང་ནས་ཡང་དུ; བསྐྱར་དེ;

455 Repel, *v.t.* ཕྱིར་ཟློག་པ; རྒོལ་བ;

456 Repent, *v.i.* མནོང་འགྱོད་སྐྱེ་བ;

457 Repentance, *n.* མནོང་འགྱོད;

458 Repentant, *a.* མནོང་འགྱོད་ཅན;

459 Repetition, *n.* བསྐྱར་ནས་བྱེད་པའམ་ངག་ནས་འདོན་པ; བརླས་བརྗོད; བརླས་པ;

460 Repine, *v.i.* སེམས་ཅོང་བ; སྐྱོ་བ་སྐྱེ་བ;

461 Replace, *v.t.* སྣར་བཞག་པ; སྔར་གྱི་གནས་སུ་བཞག་པ; ཚབ་འཛུགས་པ;

462 Replenish, *v.t.* ཁ་བསོ་རྒྱབ་པ;

463 Replenishment, *n.* ཁ་བསོ;

464 Replete, *a.* (གངས་རྒྱལ་ Sik.) ཡོངས་སུ་ཁེངས་ནས; ལྷག་ལྷག་ཁེངས་ནས་ཡོད་པ;

465 Repletion, *n.* འགེངས་ཁྲམ་ཞོར་བ་ཉིད;

466 Reply, *v.i.* ལན་འདེབས་པ;

467 Report, *v.t.* སྙན་ཞུ་འབུལ་བ;

468 Reporter, *n.* སྙན་སྒྲོན་ཞུ་མི;

469 Reporting, *n.* སྙན་ཞུའི;

470 Repose, *v.i.* སྐྱིད་ཉལ་བྱེད་པ;

471 Reposite, *v.t.* གཏམ་བཅོལ་བྱེད་པ;

472 Repository, *n.* མཛོད; གཙུ; རྟེན་སྒྲོམ;

473 Reprehend, *v.t.* (བཀའ་བཀྱོན་གནང་བ; Hon.) གཤེ་གཤེ་གཏོང་བ;

474 Reprehension, *n.* (བཀའ་བཀྱོན་ Hon.) གཤེ་གཤེ;

475 Represent, *v.t.* སྤྲུན་འབུལ་ཞུ་བ;

476 Representation, *n.* ཞུ་བ་ཞིབ་མོ;

477 Representative, *a.* ངོ་ཚབ; འཐུས་མི; སྐུ་ཚབ;

478 Repress, *v.t.* མར་མནན་པ;

479 Reprieve, *v.t.* དགོངས་ཡང་གནང་བ;

480 Reprimand, *n.* ཁ་བརྡུང; (Sik.) གདོང་ཚུན་ (Sik.)
གཤེ་གཤེ; བཀའ་བཀྱོན; (respeotful ཞལ་ཏ;)

481 Reprint, *v.t.* ཡང་བསྐྲུར་པར་དུ་བཀོད་པ;

482 Reproach, *v.t.* ཁ་གཡོགས; ཁ་ངན; བཀའ་བཀྱོན;

483 Reproachful, *a.* ནོང་ཅན; ཕུས་ཅན; བཀའ་བཀྱོན་གྱི་རྣཾ་པའི;

484 Reproduction, *n.* རིགས་སྤེལ; སྐྱར་བསྐྱེད; སྲིད་འཕེལ་
རྒྱུད་སྤེལ;

485 Reproof, *n.* གདོང་བཙུན; ལབ་བཤད; བཀའ་བཀྱོན;

486 Reprove, *v.t.* ལབ་བཤད་གཏང་བ; བཀའ་བཀྱོན་གནང་བ;

487 Reptile, *a.* སྦྲུལ; འབུ; སྲིན་བུ; ལྟོ་འགྲོ;

488 **Republic**, *n.* རང་དབང་ཅན; མི་སེར་རྒྱལ་ཁབ; མི་དམངས་སྤྱིའི་རྒྱལ་སྲིད;

489 **Repugnance**, *n.* མིག་གཤིས་མ་མཐུན་པ; ངང་མི་དགར་བ; སྐྱུག་བྲོ; མི་དགའ;

490 **Repugnant**, *a.* ཡིད་གར་མ་འགྲོ་བ; མི་མཐུན་པ;

491 **Repulse**, *v.t.* ཕྱིར་ཟློག་པ; *n.* ཕྱིར་ཟློག; གདོང་ཟློག;

492 **Repulsive**, *a.* མི་སྡུག་པའི་རྣམ་འགྱུར་ཅན; ཁམས་ལོག་པ; {དད་པ་ལོག་ཆེ་ཆེ; Sik.}

493 **Repulsively**, *ad.* སྐྱུག་བྲོ་པོ་བྱེད་དེ; ཞེ་མེར་བར;

494 **Repulsiveness**, *n.* མི་སྡུག་པའི་རྣཾ་འགྱུར;

495 **Repurchase**, *v.t.* སླར་ཉོ་བ;

496 **Reputable**, *a.* མི་བཟང་པོའི་མིང་གྲགས་པ; སྙན་གྲགས་ཅན;

497 **Reputation**, *n.* མིང; གྲགས་པ;

498 **Repute**, *v.t.* མིང་ཐོན་པ; གྲགས་པར་འགྱུར་བ;

499 **Reputedly**, *ad.* ཀུན་གྱིས་བཟང་པོར་བརྩིང་བས;

500 **Request**, *n.* ཞུ་བ; སྙན་ཞུ; *v.t.* ཞུ་བ་སྙོན་པ; ཞུ་བ་འབུལ་བ;

501 **Require**, *v.t.* དགོས་པ; མཁོ་བ;

502 **Requirement**, *n.* མཁོ་བྱེད; ཁག་ཅན; དགོས་བྱེད; ཉེ་མཁོ;

503 **Requisite**, *n.* དགོས་བྱ; མཁོ་ཅན; དགོས་བྱེད་ཅན; *n.* ཉེ་མཁོ;

504 **Requital**, *n.* ཚབ; སྐྱིན་ཚབ; ཇན་པ; འཇལ་ལན;

505 **Requite**, *v.t.* འཚབ་པ;

506 **Rescind**, *v.t.* སླར་བཏོག་པ; བཅད་པ; ཕྱིས་མེད་པར་བྱེད་པ;

507 **Rescrift**, *n.* བླ་ཆེན་པོབ་ལྷ་བུའམ་སྐྱབས་མགོན་ལྷ་བུའི་བཀའ་ལན;

508 **Rescue**, *v.t.* ཐར་དུ་བཙུག་པ; སྐྱོབ་པ; སྲུང་བ;

509 **Research**, *v.t.* འབད་རྩོལ; ཞིབ་དཔྱོད་བྱེད་པ; རྟོག་དཔྱོད་བྱེད་པ;

510 **Resemblance**, *n.* འདྲ་ཚུལ ; འདྲ་ལུགས ; གཅིག་ལུགས ;
(ཅོག་ཐེག་ལུགས ; Bhut.)

511 **Resemble**, *a.* འདྲ་བ ; གཅིག་པ ; (ཅོག་ཐེག་པ ; Bhut.)

512 **Resent**, *v.t.* སེམས་ལ་ཕོག་པའི་རྐྱེན་གྱིས་ཁྲོལ་བ ;

513 **Resentment**, *n.* འཁོན ; སེམས་ཕོག ;

514 **Reservation**, *n.* བསག་པའི་ལས ;

515 **Reserve**, *v.t.* བསག་བ ;

516 **Reservedly**, *a.* ཁ་གསལ་རང་མིན་པར ;

517 **Reservoir**, *n.* བསོག་པའི་མཛོད་ནི་སྣོད ; ཆུ་གསོག་པའི་གནས ;
ཆུ་ཁྱིམ ;

518 **Reset**, *v.t.* སླར་ཕྲ་གདབ་པ ; ཡར་བསྐྱར་ཕྲ་བཀོད་པ ;
པར་བསྐྱར་དུ་སྒྲིག་པ ;

519 **Resettle**, *v.t.* ཡང་བསྐྱར་འགྲིག་ཆ་བྱེད་པ ;

520 **Reside**, *v.i.* སྡོད་པ ; གནས་བཅའ་བ ; གནས་པ ;

521 **Residence**, *n.* གནས་ས ; སྡོད་གནས ;

522 **Resident**, *a.* གནས་མཁན ; སྡོད་མཁན ;

523 **Residue**, *n.* སྙིག་མས ; ལྷག་ལུས ;

524 **Resign**, *v.t.* དགོངས་པ་ཞུ་བ ; སེམས་ཁོ་ཐག་བཅད་པ ;
བྱུར་དུ་བཞུགས་པ ;

525 **Resignation**, *n.* དགོངས་ཞུ ;

526 **Resin**, *n.* ཤིང་ཐི ; ཐང་ཐི ; (ཐང་ཚུ ; ཤིང་ཁ་ཚུ ; Sik.)

527 **Resist**, *v.t.* ཁྲོལ་བ ; འགག་པ ;

528 **Resistance**, *n.* པར་ཁྲོལ ; འགག་ཆ ; གདོང་འགག ;

529 **Resistible**, *a.* ཁྲོལ་དུ་ཡོད་པ ; དགག་དུ་ཡོད་པ ;

530 **Resistless**, *a.* འགེག་ནུས་མེད་པ ; འགོག་མི་ཐུབ་པ ;

531 **Resolute**, *a.* (Bhut. ཐག་ཆོད་ནན་ཆོད་;) བློ་ཐག་ཆོད་པོ་;

532 **Resolution**, *n.* བློ་ཐག;

533 **Resolvable**, *a.* ཐག་བཅད་རུང་བ; ཐག་བཅད་འོས་པ;

534 **Resolve**, *v.t.* ཐག་གཅོད་པ;

535 **Resort**, *v.i.* འཁོར་བ;

536 **Resound**, *v.t.* འཁྲོལ་བ; སྒྲ་ལྡིར་བ; སྒྲ་འདོན་པ; *v.i.* བྲག་ཅ་འཁོར་བ;

537 **Resource**, *n.* ཐབས; གཉེར་མཛོད;

538 **Respect**, *v.t.* བཀུར་བ; རྩིས་བྱེད་པ; བཀུར་སྟི་བྱེད་པ;

539 **Respectability**, *n.* ཡ་རབས;

540 **Respectable**, *a.* ཞེ་ས་འོས་པ; སྐུ་དྲག;

541 **Respectably**, *ad.* ཞེ་ས་བཀུར་སྟི་དང་བཅས་ཏེ;

542 **Respected**, *a.* བཀུར་སྟི་ཐོབ་པའི;

543 **Respectfully**, *ad.* ཞེ་ས་དང་བཅས་ཏེ;

544 **Respecting**, *a.* སྐོར;

545 **Respective**, *a.* གོ་རིམ་བཞིན;

546 **Respectively**, *ad.* གོ་རིམ་བཞིན་དུ;

547 **Respiration**, *n.* དབུགས་ཀྱི་རྒྱུ་བ;

548 **Respire**, *v.i.* དབུགས་འདོན་པ; དབུགས་གཏོང་བ;

549 **Respite**, *n.* དབུགས་ལྷོད་ཡོང; བྱ་བ་ཤོལ;

550 **Resplendence**, *n.* འོད་ཟེར; གཟི་འོད;

551 **Resplendent**, *a.* འོད་འཚེར་འཚེར; འོད་ཟེར་ཅན;

552 **Respond**, *v.i.* ལན་འཛལ་བ; ལན་འདེབས་པ;

553 **Respondent**, *n.* ལན་འཛལ་བ་པོ;

554 **Response**, *n.* ལན; ཁ་ལན;

555 Responsibility, *n.* འགན; (ཁག་འགན; Sik. & Bhut.)

556 Responsible, *a.* འགན་ཅན;

557 Responsive, *a.* ལན་འདེབས་འདོད་ཅན; ལན་དུ;

558 Rest, *n.* སྐྱིད; ཉལ; བདེ; ངལ་བསོ; དལ་བ;

559 Rested, *a.* ངལ་བསོས་ཟིན་པ;

560 Restful, *a.* ངལ་བསོ; བདེ་ཉམས་ཁ་པོ; སྐྱིད་པོ;

561 Restitution, *n.* སླར་ལོག; ཀང་ཚབ;

562 Restive, *a.* ཚབ་ཚབ;

563 Restless, *a.* སྐྱིད་པོ་མི་ཆགས་པ; (ཅོག་གེར་སྡོད་མི་ཐུབ་པ; Collql.)

564 Restlessness, *n.* སྐྱིད་པོར་མི་ཆགས་ལུགས;

565 Restoration, *n.* སླར་ལོག; ཕྱིར་སློད;

566 Restorative, *a.* སླར་བསོ་བྱེད;

567 Restore, *v.t.* སླར་བསོ་བ;

568 Restrain, *v.t.* འགེག་པ; བཀག་སྡོམ་བྱེད་པ;

569 Restraint, *n.* འགེག་ཆ; བཀག་སྡོམ;

570 Restrict, *v.t.* འགེགས་པ; ཁྲིམས་ལ་འཛོག་པ; འཚུར་བ;
བཀས་སྡོམ་པ;

571 Restriction, *n.* བཀའ་ཁྲུས་བསྡམ་པ; བཀའ་ཡིས་འཆིང་བ;
བཀག་ཆ; འགག་ཆ;

572 Restrictive, *a* འགོག་བསྡམ་བྱ་བའི་ནུས་པ་ཅན་གྱི; བཀག་སྡམ་གྱི;

573 Result, *v.i.* འབྲས་བུ་འབྱུང་བ; *n.* འབྲས་བུ; མདོ་ཁ; སྙིང་པོ;

574 Resume, *v.t.* སླར་མགོ་འཛུགས་པ;

575 Resume, *v.t.* སླར་བླངས་པ; སླར་ལེན་པ; སླར་བརྩམ་པ;

576 Resumption, *n.* སླར་ལེན; (ཕྱིར་ལོག་བཞེས་པ Hon.)

577 Resurrection, *n.* སླར་སྐྱེ་བ་བླངས་པ; སླར་སྐྱེས; འདས་ལོག;

578 **Resuscitate**, *v.t.* འཚི་བ་བསོ་བ; ཤི་བ་སླར་བསོ་བ;

579 **Retail**, *v.t.* ཞིབ་འཚོང་བྱེད་པ; ཀ་ཤགས་འཚོང་བྱེད་པ;

580 **Retain**, *v.t.* བཟུང་བ; ཉར་བ; བདག་འཛིན་བྱེད་པ;

581 **Retainer**, *n.* ཞབས་ཕྱི; འཁོར་གཡོག; རྗེས་འབྲང་པོ;

582 **Retaliate**, *v.t.* ལན་ལོག་པ; ལོག་རྒྱབ་པ; ལན་རྒྱབ་པ;
དགྲ་ཤ་ལེན་པ;

583 **Retaliatory**, *a.* ལན་ལོག་པའི་ཁུལ་གྱི;

584 **Retaliation**, *n.* ལན་ལོག; དགྲ་ལན; ལན;

585 **Retard**, *v.t.* འགྲོགས་ཆ་རྒྱབ་པ; གྲོགས་འགག་རྒྱབ་པ;

586 **Retch**, *v.t.* སྐྱུག་མེར་ལང་བ; སྐྱུག་པ;

587 **Retention**, *n.* བཟུང་བ; བཟུང་འཛིན;

588 **Retentive**, *a.* བློའམ་དྲན་པར་བཟུང་ནུས་པའི; མི་བརྗེད་གཟུངས་ཐོབ;

589 **Reticular**, *a.* དྲ་བའི་རྣམ་པ་ཅན;

590 **Reticule**, *n.* དྲ་བའི་དངུལ་ཁུག; དྲ་ཕད; དྲ་བའི་སྒྲིབ:

591 **Retinue**, *n.* འཁོར་གཡོག;

592 **Retire**, *vt.* ཕྱི་ནུར་རྒྱབ་པ; ཕྱི་འགྲོས་རྒྱབ་པ; དགོངས་ཞུས་རྒྱབ་པ;
ཟུར་དུ་བཞུགས་པ;

593 **Retired**, *a.* དགོངས་པ་ཞུས་ཟིན་པ;

594 **Retirement**, *n.* དགོངས་ཞུ;

595 **Retrot**, *v.t.* ལྡོག་སྟེ་ཕྱིན་པ; ལན་འཛལ་བ; ལན་བདབ་པ:

596 **Retouch**, *v.t.* (ཞུན་ཐར་རྒྱབ་པ; Sik. & Bhut.)

597 **Retrace**, *v.t.* ཡོང་བཤུལ་དུ་སླར་ལོག་པ; ཡོང་བཤུལ་འགྲིམས་པ;

598 **Retract**, *v.t.* སླར་བསྡུ་བ;

599 **Retraction**, *n.* ཕྱི་ནུར་རྒྱབ་པ; སྔོན་ཡིན་པར་བརྗོད་ཟིན་པ་སླར་མིན་
ཞེས་ལབ་པ;

600 Retreat, *v.i.* ཕྱི་འགྲོས་རྒྱབ་པ; ཕྱི་ནུར་རྒྱབ་པ; *v.t.* ཟློག་པ; ཕར་ཟློག་པ;

601 Retreat, *n.* རྒྱབ་ལོག་འགྲོ་བ; ཕྱི་ནུར་རྒྱབ་པ;

602 Retrench, *v.t.* བཏོག་པ; བཅད་པ; གྲངས་ཕབ་པ; བསྲི་བ; ཉུང་དུ་གཏོང་བ;

603 Retrenchment, *n.* གཏོང་ཕྱེད་བསྐམས་པ; ཉུང་དུ་གཏང་བ; ནོར་བསྲིས;

604 Retribution, *n.* རྣམ་སྨིན; ལ་གཡོགས; ལས་འབྲས;

605 Retributive, *a.* ལ་གཡོགས་ཀྱི་ཚུལ་ཅན; ལས་འབྲས་ཀྱི;

606 Retrievable, *a.* སླར་གསོ་རུ་ཡོད་པ;

607 Retrieve, *v.t.* སླར་ཐོབ་པ; ཡང་ཚུར་ཐོབ་པ;

608 Retrocede, *v.i.* ཕྱི་ནུར་རྒྱབ་པ; ཕྱི་འགྲོས་རྒྱབ་པ;

609 Retrocession, *n.* སྤང་འབུར་སོའི་ཞུས་ལ་ཐིམ་ནས་ཡལ་བ;

610 Retrogradation, *n.* སྤུས་ཞན་དུ་ཞན་དུ་འགྲོ་བ; རིམ་གྱིས་རྒྱུད་པ;

611 Retrograde, *a.* ཕྱིར་ལོག; མར་རྒྱུད་པའི;

612 Retrospect, *v.t.* ཕྱིར་ལོག་ལྟ་བ;

613 Retrospection, *n.* ཕྱིར་བལྟས;

614 Return, *v.i.* ལོག་ཡོང་བ; ཕྱིར་ལོག་པ; ལོག་འགྲོ་བ; *v.t.* ལོག་སྤྲོད་པ; སླར་འཇལ་བ;

615 Returnable, *a.* སླར་ལོག་རུང་བ;

616 Reunion, *n.* སླར་འཛོམ་པ; སླར་འདུ་བ;

617 Reunite, *v.t.* སླར་མཐུད་པ; དབྱུང་གཉིབས་པ;

618 Reveal, *v.t.* སྟོན་པ; གསང་བ་སྒྲོག་པ; སྦས་པ་དེ་སྟོན་པ;

619 Revel, *v.i.* དགའ་བྲོད་འགྱུར་བ;

620 Revelation, *n.* གསང་བ་མངོན་གསུམ་དུ་སྟོན་པ; ལུང་བསྟན;

621 Reveller, *n.* ལོངས་སུ་སྤྱོད་པ་པོ; དགའ་དགའ་སྤྲོ་སྤྲོ་བྱེད་པ་པོ;

622 Revelry, *n.* ཞབས་གཞས; ལོངས་སྤྱོད; མགྲོན; སྟོན་མོ; ཕྲུའ་སྤྲོ;

623 Revenge, *v.t.* དགྲ་ལན་འཇལ་བ ; དགྲ་ཤ་ལེན་པ ;

624 Revengeful, *a.* འཁོན་སེམས་ཅན ;

625 Revenger, *n.* དགྲ་ལན་འཇལ་མི ; དགྲ་ཤ་ལེན་པ་པོ ; དགྲ་ལན་ལེན་མི ;

626 Revenue, *n.* ཁྲལ ; ཁྲལ་བབ ;

627 Reverberate, *v.t.* སྒྲ་ལྡིར་བ ; *v.i.* བྲག་ཅ་འཁོར་བ ;

628 Revere, *v.t.* གྲིས་མོས་པ ; བཀུར་བ ; བསྐུར་སྟི་བྱེད་པ ;

629 Reverend, *a.* མོས་སྲུ་འོས་པ ; བཀུར་འོས ; ཚེ་དང་ལྡན་པ ;

630 Reverent, *a.* གུས་པའི་རྣམ་འགྱུར་ཅན ; གུས་པོ ; གུས་ཚུལ་ཅན ;

631 Reverential, *a.* གུས་ཚུལ་གྱི ;

632 Reverently, *ad.* གུས་པས ;

633 Reverie, *n.* ཉམས་སྣང ; ཉིན་མོར་སྣང་བ་གང་ཤར་དུ་བཏང་བའི་
མི་ལམ ;

634 Reverse, *v.t.* ཁ་ཕྱོགས་ཟློག་པ ; ཟློག་པ ; མགོ་མཇུག་པ ;

635 Reversion, *n.* ཁ་ཕྱོགས་ལྡོག་འགྱུར ; ཕྱིར་ལྡོག ; བོགས་མ་འདྲ་ཡིན་
ན་ལེན་མི་རིམ་སྤྱིན་མི་དེ་ལ་སླར་ཅིས་སྤྲོད་པའི་བྱ་བ ;

636 Revert, *v.t.* སླར་ལྡོག ; ཕྱིར་ལོག་སློད་པ ; ལྡོག་པ ;

637 Revertible, *a.* སླར་ལོག་རྒྱུ་ཡོད་པའི ;

638 Revet, *v.t.* རྡིག་སྐྱོར་རྒྱབ་པ ;

639 Review, *v.t* ཁྲིམས་ཀྱི་ཞིབ་དཔྱོད་བསྐྱར་དུ་མཛད་པ ; སྤྱན་གྱིས་
གཟིགས་པ ; ཚང་མར་ལྟ་བ ; གྲལ་བསྒྲར་དེ་ལྟ་བ ;
n. དམག་མི་གྲལ་བསྒྲར་དེ་ལྟ་བ ;

640 Revile, *v.t.* སྨད་ར་བརྗོད་པ ; ཁ་ངན་སྨྲ་བ ;

641 Reviler, *n.* ཁ་ངན་རྗོད་མི ;

642 Revisal, *a.* ཞུ་དག་བསྐྱར་བཅོས ;

643 Revise, *v.t.* ཞུ་དག་བྱེད་པ ; ཞུ་དག་རྒྱབ་པ ; ཞུ་དག་བསྐྱར་
བཅོས་བྱེད་པ ;

644 Revival, *n.*	ཡང་བསོས; སླར་དར་བ; དར་ཤུར; ཆོས་དར;
645 Revivalist, *n.*	ཡང་གསོ་བ་པོ; སླར་དར་བར་བྱེད་མི; སླར་སྤྲེལ་མཁན;
646 Revive, *v.i.*	སླར་བསོ་བ;
647 Revivify, *v.t.*	ཡང་བསོ་བྱེད་པ; སླར་སྲོག་སྐྱེད་པ;
648 Revocable, *a.*	སྤྱིར་བྱས་པ་ཕྱིས་ནས་འགྱུར་ལྡོག་བྱར་ཡོད་པ;
649 Revocation, *n.*	བཀའ་གནང་ཟིན་པ་སླར་བསྡུ་བ; ཁ་ཆད་བྱས་ཟིན་པ་སླར་སྒྱུར་བ;
650 Revoke, *v.t.*	སྔོན་ཁྲིམས་བཅས་ཟིན་པ་སླར་རྩིས་མེད་དུ་བཟོ་བ;
651 Revolt, *v.i.*	ངོ་ལོག་རྒྱབ་པ; བཀའ་ལོག་དོ་ལོག་བྱེད་པ; *n.* ངོ་ལོག; དོ་ལོག;
652 Revolution, *n.*	ངོ་ལོག; མངའ་འབངས་ཡོངས་ཁ་གཅིག་སྟེ་ངོ་ལོག་རྒྱབ་པའི་བྱ་བ; of a wheel འཁོར་ལོ་འཁྱིར་སྟངས;
653 Revolutionist, *n.*	ངོ་ལོག་གམ་དམངས་ལང་ནས་རྒྱལ་བ་ལ་དར་པ;
654 Revolutionary, *a.*	ངོ་ལོག་གི;
655 Revolve, *v.t.* & *v.i.*	ཁྱིར་ཁྱིར་དུ་བསྐོར་བ; ཁྱིར་རི་འཁོར་བ;
656 Revolver, *n.*	མེ་མདའ་ཐུང་ཐུང; (རི་སི་རྡོལ་མེ་མདའ; English word Tibetanised).
657 Revulsion, *n.*	ཟློ་ལོག;
658 Reward, *v.t.*	གསོལ་རས་གནང་བ; *n.* གསོལ་རས;
659 Re-write, *v.t.*	སླར་འབྲི་བ;
660 Rhetoric, *n.*	སྙེབ་སྦྱོར; སྙན་ངག; ཚིག་རྒྱན;
661 Rhetorical, *a.*	ཚིག་རྒྱན་ཅན;
662 Rhetorician, *n.*	ཚིག་རྒྱན་ལ་མཁས་པ;
663 Rheum, *n.*	ཚམ་པ་རྒྱབ་དུས་སྣ་ནས་ཆུ་འབྱིན་པ་གང; སྣབས་ཞེད; ཁ་ཆུ་སྣ་ཆུ;

664 **Rheumatism**, *n.* གྲུམ་ནད; གྲུམ་བུ;

665 **Rhinoceros**, *n.* བསེ་རུ; རི་རྭ་བསེ་རུ;

666 **Rhomb**, *n.* རི་མོ་ལོགས་བཞི་ལྷན་ཀྱང་གྲུ་བཞི་པོ་གྲུ་དྲང་མིན་པ;

667 **Rhomboid**, *n.* རི་མོ་ལོགས་བཞི་ལྷན་ཀྱང་གྲུ་བཞི་པོ་གྲུ་དྲང་མིན་པ;

668 **Rhubarb**, *n.* ཆུ་རྩ; སྤོ་ཆེ་ལོའི་རྩ་བ་སྨན་ནས་སྨན་ལ་འགྲོ་བ་དེ;

669 **Rhyme**, *n.* ཤློ་ཀ་འི་ཚིགས་བཅད་རྐང་མཐའ་སྒྲ་གཅིག་པ;
ཚིགས་བཅད་ཀྱི་མཐར་ཡི་སྒྲ་མགོ་འོག་གཅིག་པ;

670 **Rib**, *n.* རྩིབས་མ;

671 **Ribald**, *a.* གོད་བྲོ; རྫེན་གཏམ་གྱི; རྫེན་གཏོ་ཀུ་རེའི;

672 **Ribaldry** *n.* རྫེན་གཏམ; ཁ་བཙོག; (བཙོག་གཏོ་རྫེན་གཏམ; Sik.).

673 **Ribbed**, *a.* རྩིབས་མ་ཅན;

674 **Ribbon**, *n.* སྟོང་སྐུད་ཀྱི་ལྷས་མ: ལྷམ་སྒྲོག་དང་ཡང་གདན་ཐག་པ;

675 **Rice**, *n.* འབྲས;

676 **Rich**, *a.* ཕྱུག་པོ; འབྱོར་ལྡན;

677 **Richly**, *ad.* ལེགས་པར; འབོལ་པོར; མང་པོར;

678 **Richness**, *n.* ཕྱུམ་ལུགས; ལེགས་ལུགས; ཞག་སྩི་ཆེ་ལུགས;

679 **Rick**, *n.* ཕུབ་མའི་བ་རྩྭའི་ཕུང་བརྩེགས; རྩྭ་ཕུང; འབྲུ་སྤུངས;

680 **Rid**, *v.t.* ཕྱིར་དོར་བ; སེལ་བ; སྒྲོལ་བ;

681 **Riddance**, *n.* དོར་ལུགས; སེལ་བའི་བྱ་བ;

682 **Riddle**, *n.* ཉིས་སད; ཚོད་བགམ; ཚོད་བྱ; ལྡེམ་པོ;

683 **Ride**, *v.i.* རྟ་ལ་ཞོན་པ; ཞོན་པ;

684 **Rider**, *n.* རྟ་ཞོན་པ་པོ; རྟ་པ;

685 **Ridge**, *n.* སྒང་ཟེ; རི་རྩེ; རི་རྒྱུད;

686 **Ridicule**, *n.* ཕྱབ་ཅོལ; (ཚོ་མེད; ཛབ་མེད; ཛབ་ཆུང; Collql.).
གད་མོའི་གནས;

687 Ridiculous, *a.* ཧབ་ཆུང་;

688 Ridiculously, *ad.* ཧབ་ཆུང་བྱེད་དེ;

689 Riding, *n.* བཞོན་པ;

690 Rife, *a.* རན་པ; ཁྱབ་བཞིན་པ; ཆེས་ཆེར་ཁྱབ་པ;
འཕེལ་པོ; མོད་པོ;

691 Riffraff, *n.* མིའི་གྲལ་ནས་སྨུག་རྒྱལ་བསྨུས་པ; ཕྲུག་སྙིགས;
མི་ཕྲ་ཤལ; འཁྲིམས་པོ;

692 Rifle, *v.t.* འཕྲོག་པ; སྤོག་ནས་བཅོམ་པ; [Bhut.).
n. མེ་མདའ་ནང་བཙུས་ཅན; (ལྷུཏ་ཤུར་ཅན་མ;

693 Rifleman, *n.* མེ་མདའ་ལྷུཏ་ཤུར་ཅན་ཐོགས་པ;

694 Rift, *n.* སེར་ག; སེར་ཁ; སེར་ཀ;

695 Rigging, *n.* ཐག་བཀྲམ; གྲུ་གཟིངས་ཀྱི་དར་ཆེན་བཙུང་བའི་ཐག་བཀྲ;

696 Right, *a.* འཐད་པ; ཡིན་པ; དྲང་པོ;

697 Righteous, *a.* བཟང་པོ; ཡ་རབས;

698 Righteously, *ad.* ཡ་རབས་བཞིན;

699 Righteousness, *n.* བཟང་པོའི་སྤྱོད་པ; ཡ་རབས་ཀྱི་སྤྱོད་པ;

700 Rightful, *a.* (ཡིན་ངེས་ཤེས་པའི; Colql.) ཐོབ་ཐང་ཅན;
ཐོབ་སྐལ་ཅན; (ཐོབ་ལྡན་སྡེན་གྱི; Sik.).

701 Rigid, *a.* དམ་པོ; སྲ་མོ; མཁྲེགས་ལུགས; མཁྲེཊ་པ; སྲ་བ;

702 Rigidity, *n.* དམ་ལུགས; སྲ་ལུགས; མཁྲེགས་ལུགས;

703 Rigorous, *a.* རྩིང་པོ;

704 Rigour, *n.* རྩིང་ལུགས;

705 Rile, *v.t.* ཁོང་ཁྲོ་སློང་བ; ཚིག་པ་ཟ་རུ་འཛུག་པ;

706 Rill, *n.* ཆུ་ཕྲང; འབབ་ཆུ;

707 Rim, *v.t.* ཁ་གྲིལ་བརྒྱབ་པ; (སྨུ་བཀག་མ; Classical).
སོ་བཀག་པ; *n.* ཁ་གྲིལ; སྣེ་འཚམ;

708 **Rime,** *n.* བ་མོ; ས་ལ་ཆགས་པའི་བ་མོ; ཟིལ་པའི་བ་མོ;

709 **Rind,** *n.* པགས་པ; ཤུན; ཕྱི་སྐོག;

710 **Ring,** *n.* སོར་གདུབ; མཛུབ་སྐོར; ཨ་ལོང;

711 **Ringdove,** *n.* ཐིའུ; (ཐི་ཐི་རྒྱལ་མོ; Bhut.) ནགས་ཀྱི་ཨོ་རོན;
ནགས་ཀྱི་ཕུགས་རོན;

712 **Ringleader,** *n.* སྣ་འཁྲིད་པ; ལྟེ་པོ;

713 **Ringlet,** *n.* སྐྲ་ཆག; ལན་བུ; ལན་ཚར; སྐྲ་འཁྱིལ་བའི་ལན་བུ;

714 **Ringworm,** *n.* ཤ་བཀྲ; པགས་བཀྲ; པགས་ནད་བེའུའི་ཇོ་ལྟ་བུ;
ཇོ་འི་ནཾ་པ་ཞིག; (Sik. བེའུ་གོང);

715 **Rinse,** *v.t.* ཆུས་བཤལ་བ;

716 **Riot,** *n.* ཁྲིལ་ཟིང; འཁྲུག་ཟིང; འཐབ་འཛིང;

717 **Rioter,** *n.* ཁྲིལ་ཟིང་སློང་མཁན;

718 **Riotous,** *a.* ཁྲིལ་ཟིང་སློང་འདོད་ཅན;

719 **Rip,** *v.t.* ཡར་གཤག་པ; གྲིས་གཤག་པ;

720 **Ripe,** *a.* སྨིན་པ;

721 **Ripen,** *v.i.* སྨིན་དུ་བཅུག་པ;

722 **Ripeness,** *n.* སྨིན་ཚུལ; སྨིན་ལུགས;

723 **Ripple,** *n.* ཆུ་གཉེར; *v.i.* ཆུའི་རླབས་ཕྲན་ལང་བ;

724 **Rise,** *v.i.* ལང་བ; ཡར་ལང་བ;

725 **Risible,** *a.* རྒོད་བྲོ་བའི; གད་མོ་སློང་བའི;

726 **Rising,** *n.* ལང་ལུགས; ཡར་ལང་བའི་བྱ་བ; (ཡར་ལོང; Sik.).

727 **Risk,** *n.* ཉེན་ཁ; བསྐྱོ་བ; སྲོག་བསྐྱོ་བ;

728 **Rite,** *n.* ཆོ་ག; རིམ་གྲོ; སྐུ་རིམ;

729 **Ritual,** *n.* ཆོ་ག་ཕྱག་ལེན; *a.* སྐུ་རིམ་གྱི་སྐོར;

730 Ritualism, *n.* ཆོ་ག་ཕྱག་ལེན་དང་བཅས་པའི་ཆོས;

731 Rival, *n.* འགྲན་མཁན;

732 Rivalry, *n.* འགྲན་ཟླ;

733 Rive, *v t.* གཤག་པ; གཤོག་པ; *n.* འགྲམ; ཆུ་འགྲམ;

734 River, *n.* ཀྱུག་ཆུ; གཙང་པོ; ཆུ་བོ;

735 Rivet, *v.t.* བཙུམ་ཕྱུར་གྱིས་བརྡུན་པོར་མནན་པ; (*n.*) བཙུམ་ཕྱུར;
བརྡུན་པོར་མནན་པའི་གཟེར;

736 Rivulet, *n.* ཀྱུག་ཆུ་ཆུང་ཆུང; ཆུ་ཕྲན;

737 Roach, *n.* ཉའི་རིགས་ཞིག;

738 Road, *n.* ལམ;

739 Roam, *v.i.* འཁྱམས་པ;

740 Roan, *a.* སྨུ་ཁ་སྐྱུང་ནག;

741 Roar, *v.i.* ངར་བ; ངར་སྐད་འབྱིན་པ; *n.* ངར་སྐད;

742 Roarer, *n.* ངར་སྐད་འབྱིན་མི;

743 Roaring, *n.* ངར་སྐད་འདོན་ཚུལ;

744 Roast, *v.t.* སྲེག་པ; རྔོད་པ;

745 Roasting, *n.* སྲེག་བརྔོས;

746 Rob, *v.t.* འཕྲོག་པ; མ་བྱིན་པར་ལེན་པ;

747 Robber, *n.* ཇག་པ;

748 Robbery, *n.* ཇག; Bhut. ཨར་ཇག; ཇག་ཀྲུན;

749 Robe, *n.* ན་བཟའ;

750 Robin, *n.* བྱིའུ་ཞིག་གི་མིང;

751 Robust, *a.* ལུས་རགས་པ; སྟོབས་ལྡན; ནད་མེད; ཉམས་རྒྱགས་པོ;

752 Rock, *n.* བྲག; ཕ་བོང; རྡོ་ཕ་བོང;

753 **Rocket**, *n*. ཤོག་བག; ཀུ་གཟིངས་སམ་དམག་དུས་བརྡ་བྱེད་པའི་ཕྱིར་དུ་གནམ་ལ་གཏོང་རྒྱུའི་ཤོག་པག;

754 **Rocky**, *a*. བྲག་རོང;

755 **Rod**, *n*. དབྱུག་པ;

756 **Rodomontade**, *n*. ཁ་ཤོབ; ཁ་བྲད; སྟོང་གཏམ;

757 **Roe**, *n*. ཉ་མོ; (ཁ་ཉ་མོ; Sik.) (ཉའི་སྒོང; of fish).

758 **Rogue**, *n*. མི་ངན; (སྐྱ་བོ; Bhut. & Sik.) གཡོན་ཅན; གཡོ་སྒྱུ་ཅན;

759 **Roguery**, *n*. གཡོ་སྒྱུ; སྤྱོད་ཉེས; ཁྲ་མ;

760 **Roll**, *v.t.* སྒྲིལ་བ;

761 **Roller**, *n*. སྒྲིལ་རྒྱུའི་ལྷུང་སྡོང; ལམ་སོགས་མཉམ་དུ་སྙོམས་པར་བྱེད་རྒྱུའི་འཕྲུལ་འཁོར; སྒྲིལ་བྱེད་ལྕགས་འཁོར;

762 **Rolling-pin**, *n*. བག་ལེབ་སོགས་བྲིབ་རྒྱུའི་དབྱུག་པ; ཤིང་རིལ; .

763 **Roman**, *a*. རོམ་གྱི་མི་རིགས;

764 **Romance**, *n*. སྒྲུང་གཏམ་གྱི་རིགས་ཀྱི་དཔེ་ཆ;

765 **Romantic**, *a*. སྒྲུང་གཏམ་ནང་བཞིན;

766 **Romish**, *n*. རོ་མན་ཀ་ཐོ་ལིག་སྡེའི་ཁྲིངས་གདོགས;

767 **Romp**, *n*. རྩིག་སྒྲ་དང་བཅས་མཆོང་བ;
(འཇོ་སྡིག་ཅན་གྱི་ན་ཆུང་མ; of a girl).

768 **Rood**, *n*. ཡེ་ཤུའི་བརྒྱང་ཤིང; ས་ཚད་ཨེ་ཀར་གཅིག་གི་བཞི་ཆ;

769 **Roof**, *n*. ཀུང; ཐོག;

770 **Roofing**, *n*. ཐོག་ཆ; ཐོག; ཁང་པའི་ཐོག་གི་ཆས;
ཐོག་འབུབས་པའི་བྱ་བ;

771 **Rook**, *n*. སྒྲུང་ཀ;

772 Room, *n.* ས་ཆ; གུ་ཡངས; གུ; ཁང་མིག; (གཟིམ་ཚང; Hon.).

773 Roomy, *a.* གུ་ཡངས་པོ;

774 Roost, *n.* གུའི་གདང; གདང;

775 Root, *n* རྩ་བ;

776 Rooted, *a.* རྩ་བ་ཚུགས་ཟིན་པ;

777 Rope, *n.* ཐག་པ;

778 Rosary, *n.* འཕྲེང་བ;

779 Rose, *n.* གྲུ་སེ་མེ་ཏོག; (Hindi གུ་ལཱབ་མེ་ཏོག;) སེ་བ་མེ་ཏོག; (སྤུག་ཚོར་མེ་ཏོག; Bhut.)

780 Rosin, *n.* ཐང་ཆུའི་སྙིགས་སམ་འབའ་ཆ;

781 Rosy, *a.* དམར་སྐྱ; དཀར་ལ་དམར་མ་དངས;

782 Rot, *v.t.*, *v.i.* རུལ་བ; རུལ་དུ་བཅུག་པ;

783 Rotate, *v.i.* འཁོར་ལོ་འཁོར་བ;

784 Rotation, *n.* འཁོར་ལོ་འཁོར་ལུགས;

785 Rotatory, *n.* འཁོར་བའི;

786 Rote, *n.* བློ་ལ; ཡིད་ལ་བཟུང་བའི་བྱ་བ;

787 Rotten, *a.* རུལ་བ;

788 Rotteness, *n.* རུལ་ལུགས;

789 Rouge, *n.* ཚོས་ཁ; ངོ་གདོང་ལ་དམར་མདངས་སྐྱེད་པའི་ཚོས;

790 Rough, *a.* རྩུབ་པོ; རགས་པ; རྩིང་པོ;

791 Roughly, *ad.* རྩུབ་པོར; རྩིང་པོ་བྱེད་དེ; རགས་པར;

792 Roughness, *n.* རྩུབ་ཚུལ; རྩུབ་ལུགས;

793 Round, *a.* ཟླུམ་པོ; སྒོར་སྒོར; རིལ་རིལ;

794 **Roundhead**, *n.* སྔོན་དུས་ཀྲོམ་ཝེལ་གྱི་དམག་དཔུང་རྣམས་ལ་ཟེར;

795 **Roundly**, *ad.* ཟླུམ་འཁྲིལ་ལེར;

796 **Roundness**, *n.* ཟླུམ་པོ་ཡིན་ཚུལ; ཟླུཾ་ཚུལ;

797 **Rouse**, *v.t.* ཡར་སློང་བ;

798 **Rout**, *n.* ཅུར་ལངས་ནས་ཁ་འཐོར་ཕྱིན་པ; དམག་ཕམ་པ;

799 **Route**, *n.* ལམ;

800 **Routine**, *n.* ལམ་འདོན; བྱ་བ་བྱེད་རྒྱུའི་སྒྲིས་ལམ་གྱི་ཐོ:

801 **Rove**, *v.i.* འཁྱམ་པ; ས་སྐྱུལ་བ;

802 **Rover**, *n.* འཁྱམ་པོ;

803 **Row**, *n.* གྲུ; (noise ཅུར; འཁྲུག་པ;) *v.t.* གྲུ་སྐྱུལ་བ:
གྲུ་སྐྱ་རྒྱབ་པ;

804 **Rower**, *n.* གྲུ་སྐྱ་རྒྱབ་ནས་གྲུ་སྐྱུལ་མི;

805 **Royal**, *a.* རྒྱལ་པོར་འོས་པ;

806 **Royalist**, *n.* རྒྱལ་པོའི་ཕྱོགས་བྱེད་མི;

807 **Royalty**, *n.* རྒྱལ་པོའི་ཕྱུད་ཆ; རྒྱལ་རིགས;

808 **Rub**, *v.t.* ཕྱིས་པ; འཕྱུར་བ; བདར་འཕྱུར་བྱེར་པ;
ཕྱི་དོར་བྱེད་པ; སྐུབ་པ;

809 **Rubber**, *n.* གྲིག;

810 **Rubbish**, *n.* སྙིགས; ཕྱག་སྙིགས;

811 **Ruby**, *n.* པདྨ་ར་ག;

812 **Rudder**, *n.* གྲུའི་ཁ་ཕྱོགས་སྒྱུར་བའི་འཕྲུལ་འཁོར;
སྐྱ་མཇུག;

813 **Ruddy**, *a.* དམར་མདངས་འཆར་བ;

814 **Rude**, *a.* རྒྱང་པོ; དམུ་རྒོད; རྩུབ་པོ;

815 Rudely, *ad.* གྲོང་པོར ; དམུ་རྒོད་ཀྱིས ;

816 Rudeness, *n.* དམུ་རྒོད ; མི་སྲུན ;

817 Rudiment, *n.* དངོས་པོ་གང་ཅུང་གྲུབ་པའི་གཞི་ཐོག་མ་དེའོ ; འཆའ་གཞི ;

818 Rue, *v.t.* འགྱོད་པ་སྐྱེ་བ ; གནོང་པ་སྐྱེ་བ ; སྐྱོ་བ ;

819 Rueful, *a.* མྱ་ངན་ཅན ; སྐྱོ་མདོག་ཅན ;

820 Ruffian, *a.* མི་ངན ; མི་སྲུན་པ ; འཛབ་ཆེན ;

821 Ruffianism, *n.* དམུ་གྲོང ; མི་སྲུན་པའི་བྱ་བ ;

822 Ruffianly, *ad.* དམུ་གྲོང་གི་སྤྱོད་པས ;

823 Ruffle, *v.t* དཀྲུག་པ ;

824 Rug, *n.* གདན ; གྲུམ་ཟེ་གདན ; གྲུམ་ཟེ ;

825 Rugged, *a.* གྲོང་པོ ; རྩུབ་པོ ;

826 Ruggedness, *n.* རྩུབ ; འཁོད་མ་སྙོམས་པ་ཉིད ;

827 Ruin, *n.* གྲོང་སྟོང ; ཞིག་ཤུལ ;

828 Ruinous, *a.* ཞིག་ནས་ཡོད་པ ; གནོད་པའི ; འཕྲོ་བརླག་ཅན ;

829 Ruinously, *ad.* འཕྲོ་བརླག་ཏུ ;

830 Rule, *n.* ཚད་དབང ; མངའ་དབང ; སྲིད ; དབང་སྲིད ; བཅས་ཁྲིམས ; (ཐིག་ཤིང ;)

831 Ruler, *n.* ཐིག་ཤིང ; མངའ་བདག ; ཚད་དབང་སྐྱུར་མཁན ;

832 Rumble, *n.* ལྡིར་སྒྲ ;

833 Ruminant, *n.* འགྲམ་རྩྭ་སྐྱུར་བའི་དུད་འགྲོ ; ལྡད་མཁན ; འགྲམ་རྩྭ་སྐྱུར་མཁན ;

834 Ruminate, *v.i.* ལྡད་སྒྲིག་པ ; བསམ་མནོ་སྐོར་བ ; ལྡད་པ ;

835 Rummage, *v.t.* གཡེང་བ ; (སྤྱོག་ཅིང་འཚོལ་བ ; Collql.) ཞིབ་ཏུ་འཚོལ་བ ;

836 **Rumour**, *n*. འཐེར་གཏམ ; ཆ་ངེས་མེད་པའི་གཏམ ;

837 **Rump**, *n*. ཚང་ར ; སེམས་ཅན་བ་གླང་སོགས་ཀྱི་ཚང་རའི་ཤ་གླིང ;

838 **Rumple**. *v.i* འཁོད་མི་སྙོམས་པར་བཟོ་བ ; (Sik. རང་རོང་བཟོ་བ ;)
སྙིག་པ ; བཟོ་བལྟ་སྙིག་པ ;

839 **Run**, *v.i*. རྒྱུག་པ ; མཆོང་པ ; ཆུ་ལྟར་ཞུད་པ ;

840 **Runaway**, *n* བྲོས་ཤོར་བ ; {བྲོས་འཁོལ་པ་ Sik.}

841 **Runner**, *n* རྒྱུག་མཁན ;

842 **Running**, *n*. རྒྱུག་བཞིན་པའི ;

843 **Rupee**, *n*. སྒོར་མོ ; ཕྱི་སྒོར ;

844 **Rupture**, *n*. འཁྲུག་པ ;

845 **Rural**, *a*. གྲོང་པའི ; མི་ནག་པའི ; ཡུལ་པའི ; གཞིས་པའི ;

846 **Rush**, *n*. (reed སྨྱུག་མ ;) འཚང་ཀ ; ཧབ་རྒྱུག ; ཧབ་བཤར ;
v.t., v.i. བཤུར་བ ; (Sik.) ཤུགས་སྐྱོད་ཅིང་ཡོང་བ ;
ཤུགས་ཀྱིས་འཚང་བ ; དབང་ཡོད་ཀྱིས་འཚང་བ ;

847 **Rushing**, *adj*. ཤུགས་ཀྱིས་སྐྱོད་བཞིན་པ ;

848 **Rushy**, *a*. ཆུ་སྨྱུག་མས་ཁེངས་པ ; སྨྱུག་མས་ཁེངས་པ ;

849 **Russet**, *a* སྨྱུག་ནག ; བལ་གོས་སྨྱུག་ནག་རྩུབ་པོ་ཞིག ;

850 **Rust**, *n* ལྕགས་ཀྱི་བཙའ ;

851 **Rustic**, *n*. ཡུལ་གྲོང་པ ; འཚོང་འདུས་པ་མ་ཡིན་པའི་ཡུལ་གྲོང་
འཛོན་ནས་སོ་ནམ་པའི་ལས་བྱེད་མི ;

852 **Rusticity**, *n*. གླེན་པའི་ཚུལ ; གླེན་དགས ; གྲོང་མིའི་ཚུལ ;

853 **Rustle**, *v.i*. ཏོག་ཏོག་ཅེས་སྐད་འབྱིན་པ ; དཔེར་ན་ཤུག་ཀྱུ
འདར་བའི་སྐད་ལྟ་འདོན་པ ;

854 **Rusty**, *a*. བཙའ་ཅན ; བཙའ་རྒྱབ་པ ;

855 Rut, *n.* ཤུལ; ལམ་ཀར་འཁོར་ལོའི་འགྲོ་ཤུལ་ལྟ་བུ;

856 Ruth, *n.* སྙིང་རྗེ;

857 Ruthless, *a.* སྙིང་རྗེ་མེད་པ;

858 Ruthlessly, *ad.* སྙིང་རྗེ་མེད་པར;

859 Rye, *n.* འབྲུ་སྣ་ཞིག;

860 Ryot, *n.* འབངས; མི་སེར; ཁྲལ་མི;

S

1 Sabaean, *n.* ཡེ་མེན་ཡུལ་གྱི་མི;

2 Sabaism, *n.* སྐར་མ་མཆོད་པའི་ཆོས་ལུགས; སྐར་མཆོད;

3 Sabaoth, *n.* དམག་དཔུང; དགྲ་ལྷ; དམག་སྤྱི; ཡ་ཧུ་ད་པའི་
ལུགས་པའི་དམག་ལྷ;

4 Sabbatarian, *n.* ཕྱི་ལུགས་སུ་ཞག་བདུན་པའི་དུས་ཆེན་སྲུང་མི;

5 Sabbath, *n* ངལ་བསོ་བའི་ཉི་མ; གཟའ་ཉི་མ;

6 Sabbatic, *a.* ངལ་བསོའི་དུས་ཆེན་ལྟ་བུ;

7 Sabian, *a.* ནམ་མཁའི་ཉི་ཟླ་རྒྱུ་སྐར་རྣམས་ལྷར་བཟུང་ནས་མཆོད་མི;

8 Sable, *n.* ནག་པོ; རུ་ཤའི་ཡུལ་ནས་རོན་པའི་སེམས་ཅན་གྱི་
ལེར་པོ་སྤུ་མདོག་སྨུག་པོ་ཞིག;

9 Sabre, *v.t.* རལ་གྲི;

10 Sac, *n.* སྦུམ་ཀོ; ཆུ་རྐྱལ; སྨན་རྫོག་གི་དར་མ;

11 Saccharine, *a.* མངར་ཆ; ཀ་རའི་མངར་མདངས་ཡོད་པ་ལ་གནོད་བྱེད་
ཀྱི་ནུས་པ་དང་བྲལ་བའི་སྨན;

12 Sacerdotal, *a.* དགེ་འདུན་གྱི;

13 Sack, *n.* རས་ཕད; ཕད་གོག; རྐྱལ་པ; སྒྲི; རས་ཁུག;

14 Sackcloth, *n.* སྲ་ངན་མཚོན་བྱེད་ཀྱི་རས་ཆ; སོ་མ་ར་ཙའི་སྐྱེ་རས;

15 Sackful, *a.* སྐྱེ་གང; ཕད་ཀོག་གང; རྐྱལ་པ་གང;

16 Sacrament, *n.* ཆོ་ག; དབང་ཆོག; དམ་འབྲག་གི་ཆོ་ག;
ཁྲིད་རྒྱབ་ཀྱི་ཆོ་ག;

17 Sacramental, *a.* ཆོ་གའི; དབང་ཆོག་གི;

18 Sacred, *a.* དམ་པ; ཆོས་ལྡན;

19 Sacredly, *ad.* དམ་པར;

20 Sacredness, *n.* དམ་པ་ཡིན་ལུགས;

21 Sacrifice, *n.* དམར་མཆོད; (དབུགས་གཏང; Sik.) མཆོད་པ; *v.t.*
མཆོད་པ་ཕུལ་བ; སྲོག་འབུལ་བྱེད་པ;

22 Sacrificial, *a.* མཆོད་པའི;

23 Sacrilege, *n.* ཆོས་འགལ;

24 Sacrilegious, *a.* ཆོས་འགལ་གྱི་སྤྱོད་པ་ཤིན་ཏུ་ཚབས་ཆེན་པོ;

25 Sad, *a.* སེམས་སྐྱོ་པོ; (Hon. ཐུགས་སྐྱོ་པོ;)

26 Sadden, *v.t.* སེམས་སྐྱོ་རུ་བཅུག་པ;

27 Saddle, *n.* སྒ; རྟའི་སྒ;

28 Saddler, *n.* སྒ་བཟོ་མཁན;

29 Saddlery, *n.* སྒ་ཆས;

30 Sadly, *ad.* སེམས་སྐྱོ་པོར;

31 Sadness, *n.* སེམས་སྡུག; སྐྱོ་ངད;

32 Safe, *a.* བརྟན་པོ; བློ་བདེ་མོ; བཙན་པོ; ཉེན་ཁ་མེད་པ;

33 Safeguard, *n.* བསྲུང་རྒྱབ་གཏན་གཏན; སྐྱེལ་སྲུང;

34 Safely, *ad.* བརྟན་པོར;

35 Safety, *n.* བརྟན་ཆ; ཉེན་མེད; བློ་བདེ; བཙན་རྩལ;

36 Saffron, *n.* གུར་གུམ; (ཏྲི་བཟང; Bhut.) (ཁ་ཆེ་ཤ་ཁ་མ; Bhut.)

37 Sagacious, *a.* རིག་པ་ཆེན་པོ; སྤྲང་པོ; གཙང་པོ;

38 Sage, *a.* & *n.* མཁས་པ; དགེ་བཤེས;

39 Sagittarius, *a.* དུས་སྦྱོར་གཞུ; གཞུའི་ཁྱིམ;

40 Sago, *n.* འབྲུ་སྣ་ཞིག་གི་མིང; (སཱ་གུ་དཱ་ན; Hindi).

41 Said, *a.* ལབ་ཟིན་པའི; སྐད་ཆ་ཡོད་པའི;

42 Sail, *n.* གྲུ་གཟིངས་ཀྱི་དར་མོ་ཆེ;

43 Sailing, *n.* གྲུ་གྲོག་འགྲོ་བའི་བྱ་བ; ཆུ་གྲོག་གི་འགྲུལ་ཡི་དེའི་བྱ་བ;

44 Sailor, *n.* མཉན་པ; གྲུ་གྲོག་གི་ལས་ཀ་བྱེད་མི; སྐྱ་བ་འཛིན;

45 Saint, *n.* གྲུབ་ཐོབ; (Buddhist. བྱང་ཆུབ་སེམས་དཔའ;)

46 Saintlike, *a.* བྱང་ཆུབ་སེམས་དཔའ་ལྟ་བུ;

47 Saintly, *ad.* བྱང་ཆུབ་སེམས་དཔའི་ངང་ཚུལ་ཅན;

48 Sake, *n.* དོན་དུ; ངོ; (for my sake ངའི་ངོ་ལ་བསམ་ནས;
or ངའི་ངོ་ལ་བལྟས་ནས;)

49 Salad, *n.* སྔོ་ཚོད; སྔོ་ཚས་རྗེན་པོའི་སྐྱུར་ཚས;

50 Salam, *n.* ཕྱག་འབུལ;

51 Salamander, *n.* མེ་ཤིས་འཚོ་བའི་སེམས་ཅན;

52 Salary, *n.* ལྷ་ཕོགས; ཕོགས; (གསོལ་ཕོགས; Hon.)

53 Sale, *n.* འཚོང; འཚོང་རྒྱུ; འཚོང་བའི་བྱ་བ;

54 Saleable, *a.* འཚོང་དུ་རུང་བ;

55 Salesman, *n.* ཚོང་མཁན; ཚོང་པ;

56 Salient, *a* གཏོད་འཁྱིལ་ས; གནད་ས; ཕྱི་ལོགས་སུ་འབུར་འབུར་
ཐོན་པ; སྣད་ས;

57 Saline, *a.* ཚྭ་ལྡན;

58 **Saliva**, *n.* ཁ་ཆུ; ཞལ་ཆུ; མཆིལ་མ;

59 **Salivate**, *v.t.* ཁ་ནས་མཆིལ་མ་མང་དུ་སྐྱིད་པ;
མཆིལ་མ་མང་དུ་འདོན་པ;

60 **Sallow**, *n.* བཀྲག་སེར་པོ; སེར་བཀྲག་ཅན;

61 **Sally**, *n.* ཕར་རྒོལ;

62 **Salmon**, *n.* ཉ་པོ་ཁྲིན་རྒྱུག; ཉའི་རིགས་ཞིག;

63 **Saloon**, *n.* (Sik. སྒོ་ཡངས;) (གཟིམ་ཆུང་ཆེན་མོ; in a palace).

64 **Salt**, *n.* ཚྭ; ལན་ཚྭ;

65 **Saltpetre**, *n.* ཟེ་ཚྭ;

66 **Salubrious**, *a* ཁམས་གཙང་མོ; དྭངས་སྙོ་པོ; ཕྱིས་འཕྲོད་ཅན:

67 **Salutary**, *a.* ཁམས་ལ་འཕྲོད་པོ; ཁམས་འཕྲོད་ཡོད་པའི:

68 **Salutation**, *n.* ཕྱག་འབུལ;

69 **Salute**, *n.* ཕྱག་འབུལ;

70 **Salvation**, *n.* ཐར་པ;

71 **Salve**, *n.* བྱུག་སྨན; རྨ་སྨན;

72 **Same**, *a.* གཅིག་པ; འདྲ་བ; ནང་ལྡར; དེ་ཀ་རང;

73 **Sameness**, *n.* གཅིག་ཚུལ; འདྲ་ཚུལ; འདྲ་ལུགས;

74 **Sample**, *n.* སྤྱུས་ཚད; དཔེ;

75 **Sanative**, *a.* ཕན་བྱེད;

76 **Sanctification**, *n.* བསང་སྦྱང;

77 **Sanctifier**, *n.* བསང་སྦྱང་བྱེད་མཁན;

78 **Sanctify**, *v.t.* བསང་སྦྱང་བྱེད་པ; གཙང་མོ་བཟོ་བ;

79 **Sanctimonious**, *a* གཙང་མོ་ཡིན་ཁུལ་ཅན; ཆོས་ལ་དཀར་མདོག་ཁ་པོ;
ཆོས་སེམས་ཆེ་མདོག་ཁ་པོ;

80 Sanctimony, *n.* ཆོས་དང་ལྡན་ཁྲལ ; ཆོས་སེམས་ཆེ་ཁྲལ ;

81 Sanction, *n.* བཀའ ; གནང་བ ; བཀའ་ཡི་གནང་བ ;

82 Sanctity, *n.* བྱིན་རླབས ; བྱིན་ལྡན་ཡིན་ཚུལ ; གཙང་སྦྲ ;

83 Sanctuary, *n* གནས་དམ་པ ; བྱིན་ཆགས་པའི་གནས ; དགོན་གནས་
དེ་པ་གང་གི་ནང་དུ་ཚུད་པས་འཇིགས་པ་ལས་ཐར་བ ;

84 Sand, *n.* བྱེ་མ ;

85 Sandal, *n.* ཙནྡན ;

86 Sand-paper, *n.* ཀོབ་སག ; སྤྲང་ལེབ་བམ་ཤིང་གི་ཅ་ལག་གི་ངོས་
སྦྱམ་པོ་བཟོ་རྒྱུའི་ཤོག་གུ་རྩུབ་པོ ;

87 Sandwich, *n.* ཤ་བག་ལེབ ;

88 Sandy, *a.* བྱེ་མ་ཅན ;

89 Sane, *a.* རིག་པ་ཧྲུར་པོ ; དྲན་པ་གསལ་པོ ;

90 Sanguinary, *a.* ཟ་ཁྲག་ཅན ;

91 Sanguine, *a.* རེ་བ་ཆེན་པོ ; དམར་པོ་ཁྲག་གི་མདོག་ཅན ; ཁྲག་རལ་
ཤིག་ཤིག ;

92 Sanguinely, *ad.* རེ་བ་ཆེན་པོ་སྐྱེད་དེ ;

93 Sanguineous, *a* དམར་པོ ; ཁྲག་གི་མདོག་ཅན ;

94 Sanhedrim, *n.* ཡ་ཧུ་ད་པའི་ཚོགས་འདུ་ལྷ་མིའི་སྐྱེ་མི་གྲངས་བདུན
ཅུ་དོན་གཉིས་ཡོད་པ ;

95 Sanitary, *a.* གཙང་སྦྲ་དང་ལྡན་པ ;

96 Sanity, *n.* བློ་སེམས་གཏན་པོ་འི་ཚུལ ;

97 Sap, *n.* ཤིང་གི་ཁ་ཚུ ; རྩི་བཅུད ; ཤིང་གི་རྩི་བཅུད ;
(ཁ་ཚུ ; Sik. & Bhut.).

98 Sapient, *a.* མཁས་པོ ; མཐོང་རྒྱ་ཆེན་པོ ;

99 Sapless, *a.* རྩི་བཅུད་མེད་པ;

100 Sapling, *n.* ཤིང་ཕྲུང; (ཤིང་ལྷུང; Bhut. & Sik.).

101 Sapphire, *n* ཨིན་དྲ་ནཱི་ལ; ནོར་བུའི་བྱེ་བྲག་མདོག་སྔོ་ལ་གསལ་ཞིང་
འཚེར་བ་ཞིག;

102 Saracen, *n.* སྨུ་སྲུལ་མཱན;

103 Sarcasm, *n* ཧེ་ཧེ; བསྡིང་ཚིག; འཕྱ་ཚིག; གབ་ཚིག:

104 Sarcastic, *a* བབ་ཅོལ་གྱི་རྣཾ་པའི་གབ་ཚིག་ཅན;

105 Sarcastical, *a.* བབ་ཅོལ་གྱི་རྣཾ་པའི་གབ་ཚིག་ཅན;

106 Sarcastically, *ad.* བསྡིང་ཚིག་གི་སྒོ་ནས; གབ་ཚིག་གི་རྣམ་པར;

107 Sarcophagus, *n.* རྡོའི་ཕུར་སྒྲོམ;

108 Sardanapalian, *a.* སྔོན་དུས་ནི་ནེ་བྷེ་རྒྱལ་ཁབ་ཏུ་རྒྱལ་པོ་སར་ཊ་ན་པཱ་ལ་སི་
ཞེས་བྱ་བ་འདོད་ཡོན་ལོངས་སྤྱོད་ལ་ཤིན་ཏུ་ཞེན་པ་ཞིག
བྱུང་འདུག་པ་ལྟ་བུ;

109 Sardine, *n.* ཨི་ཊུ་ཧྲེ་རིང་འདྲ་བའི་རིཊ་ཞིག;

110 Sardonic, *a.* འཕྱ་སྨད་ཀྱི་རྣཾ་པར་གད་མོ་གོད་པའི; འཕྱ་སྨྱིད་ཀྱི;

111 Sardonyx, *n.* གཟི་ཚོང; མ་ནེ་ཧོ; མཆོང;

112 Sarsaparilla, *n.* སྨན་དུ་འགྲོ་བའི་ར་རྩ་ཞིག; ཁྲག་སྨན;

113 Sash, *n.* (of window སྒོ་ཆུང་གི་ཁྲ་མ;) གཡང་ལུགས;
གཟན; སྐེ་རགས;

114 Satan, *n.* བདུད;

115 Satanic, *a.* བདུད་ལྟ་བུ;

116 Satchel, *n.* ཕད་ཆུང; སྒྲིབ་ཆུང;

117 Satellite, *n.* གཟའ་ཡི་གྲུམ་ནས་ཆུང་ཤོས་དཔེར་ན་ཟླ་བ་ལྟ་བུ;

118 Satiable, *a.* ཡིད་ངོམས་པ; ཡིད་ཚིམས་པོ; ཡིད་ཚིམས་སུ
ཡོད་པོ;

119 Satiate, *v.t.* ཡིད་ངོམས་པར་བྱེད; ཚིམས་པར་བྱེད་པ; ཚིམས་སུ་བཙུག་པ;

120 Satiety, *n.* ཚིམས་དྲགས་ནས་སུན་སྐྱེ་བ་དེ;

121 Satin, *n.* (Collql. ཟུབ;) ཡ་ཤེ;

122 Satire, *n.* མཚན་འདོགས; བསྡིང་ཚིག; འཕྱ་བའི་གབ་ཚིག;

123 Satiric, *a.* སྐྱོན་འདོར་གྱི་གབ་ཚིག་གི་རྩོཾ་པ་ཅན;

124 Satirical, *a.* སྐྱོན་འདོར་གྱི་གབ་ཚིག་གི་རྩོཾ་པ་ཅན;

125 Satirist, *n.* སྐྱོན་འདོར་གྱི་གབ་ཚིག་རྩོམ་པ་པོ;

126 Satirize, *v.t.* སྐྱོན་འདོར་གྱི་ཡུལ་དུ་བཟོ་བ; སྐྱོན་བདར་སར་བཟོ་བ; སྡིང་བ; འཕྱ་བ;

127 Satisfaction, *n.* ཡིད་ཚིམས; ཡིད་རངས;

128 Satisfactorily, *ad.* ཡིད་རངས་པོར;

129 Satisfactory. *a.* ཡིད་རངས་པོ;

130 Satisfy, *v.t.* ཡིད་རངས་སུ་བཙུག་པ; འདོད་པ་སྐོང་བ; ཐུགས་དོཾ་སྐོང་བ;

131 Saturable, *a.* བསྐང་དུ་རུང་བ;

132 Saturate, *v.t.* ཁེངས་པར་སྐོང་བ;

133 Saturation, *n.* ཁེངས་པར་བགེངས་པའི་བྱ་བ;

134 Saturday, *n.* གཟའ་སྤེན་པ;

135 Saturn, *n* གཟའ་སྒྲ་གཅན;

136 Satyr, *n.* ནགས་སེབ་དཀྱིལ་གྱི་མི་མ་ཡིན་ལུས་ཕྱེད་མི་དང་ཕྱེད་ར་ཡི་ལུས་སུ་ཡོད་པ་ཞིག་གོ;

137 Sauce, *n.* ཚུར; སྐྱུར་དང་ཁ་ཚ་འདྲེས་པའི་ཚུར;

138 Saucer, *n.* པད་སྡེར; སྡེར་མ;

139 **Sauciness**, *n.* (གདོང་བཟང; Sik.) (གདོང་མ་འཚོག; Sik.).

140 **Saucy**, *a.* བག་མེད; (གདོང་བཟང་དཀྲར་སྤྱིལ; Sik.) (ཧབ་ཞེ་རྡོབ་ཞེ; Collql.) (Sik. གདོང་མ་འཚོག;)

141 **Sauerkraut**, *n.* ཛར་མན་པའི་སྔོ་ཚས་ཀོ་བི་སྐྱུར་ལ་སྦང་བ; ཤོ་ཚས;

142 **Saunter**, *v.i.* དལ་བུར་འཁྱམ་འཁྱམ་བྱེད་པ;

143 **Saurian**, *n.* ད་བྱིད་ལྟ་བུ; སྦྲོག་ཆ་ཅང་པ་ལྟ་བུ;

144 **Sausage**, *n.* རྒྱུ་མ; ཕག་པའི་རྒྱུ་མའི་ནང་ཤ་རྡུག་དང་ཚིལ་བུས་རྒྱོང་བ; (ཕག་པའི་དཀར་རྒྱུང; Sik. & Bhut.).

145 **Savage**, *a.* ངན་པ; ཀླ་ཀློ; རྡིད་པོ; ནགས་སེབ་དཀྱིལ་གྱི: དམུ་རྒོད;

146 **Savagely**, *ad.* ཀླ་ཀློ་ལྟར; ངན་པོར;

147 **Savannas**, *n.* ཐང་ཆེན;

148 **Save**, *v.t.* སྐྱོབ་པ; སྐྱབས་འཇུག་གནང་བ;

149 **Saving**, *a.* བསྲི་ཅན; སྐྱོབ་བྱེད *n.* བསོག་པ; བསོག་པའི་ནོར་རྫས;

150 **Savingly**, *ad.* བསྲིས་ནས; བསོག་འཇོག་བྱས་ནས;

151 **Saviour**, *n.* འདྲེན་པོ; སྐྱབས་མགོན;

152 **Savour**, *n.* བྲོ་བ;

153 **Savoury**, *a.* བྲོ་བ་ཅན;

154 **Saw**, *n.* སོག་ལེ; *v.t.* སོག་ལེ་རྒྱབ་པ; (མཐོང་བྱུང; of *See*). ཤིང་དྲ་བ;

155 **Saxon**, *n.* སྦྱོན་བི་ལད་གོང་གནོན་བྱས་པའི་མི་རིགས་ཛར་མན་ཡུལ་ནས་ཡིང་བ;

156 **Say**, *v.t.* ལབ་པ;

157 **Saying**, *n.* ལབ་རྒྱུའི་གཏམ; གཏམ; སྐད་ཆ;

158 Scab, *n.* རྨ་ཁེག;

159 Scabbard, *n.* གྲི་ཤུབས; ཤུབས;

160 Scabby, *a.* རྨ་ཤུ་ཅན;

161 Scabies, *n.* པགས་ནད་ཇོ; ཇོ; (ཀོང; Sik.).

162 Scaffold, *n.* ཁྲི་སྟེགས; (Sik. & Bhut. ཨན་ཅོ;) སྟེགས;

163 Scald, *v.t.* འཚིག་པ; སྲེག་པ; ཆུ་ཚན་གྱིས་པའམ་པ་ལ་ཆུ་ཁྲེར་
སྐྱེད་པ; ཆུ་ཚ་པོས་བསྲེག་པ;

164 Scale, *n.* ཚད; ཉ་སག; སྦྲུལ་སག་ལྟ་བུའི; *v.t.* འཇོག་པ;

165 Scallop, *n.* ཉ་ལྤིབས; (ན་གི་ཨམ་ཚོག; Collql.).

166 Scalp, *n.* ཀཔླི; (བཛྲ; Tantric).

167 Scalpel, *n.* ཨེམ་ཆེའི་དྲས་རྒྱབ་རྒྱུའི་གྲི་ཆུང;

168 Scaly, *n.* ཉ་སག་ཅན; ཉ་སག་འདྲ་པོ་ཡོད་པ;

169 Scamble, *v.i.* སུ་ཐོབ་སྤར་བཤའ་བྱེད་པ;

170 Scamp, *n.* (འཇབ་ཆེན;) ཀུ་རེའི་ཚིག་དུ་འམ་གཅེས་པའི་བཟ་རྡུ་
ཞེན་དུ་ཡིད་འོང་བ་ལ་ཟེར; ངོ་ཐྲིག་ཡིན་ན་ཀུ་མ་
འཇབ་ཆེན་ལ་ཟེར; *v.t.* ལས་ཀ་ཇོར་པོར་བྱེད་པ;

171 Scamper, *v.i.* རྒྱུག་བཤའ་སྐྱོད་པ; *n.* རྒྱུག་བཤའ; རྒྱུག་འགྲོས་
མྱུར་འཕུར;

172 Scan, *v.t.* ལྟ་བ; ཉུལ་བ;

173 Scandal, *n.* སྐུར་པ; མི་ཁ; འཕྱ་ཁ; འཕྱ་སྨོ;

174 Scandalize, *v.t.* མི་ཁ་འཕོག་དུ་བཅུག་པ; (འཕྱ་སྨོ་སླང་བ;
འཕྱ་སྨོ་གསོ་བ; Collql.).

175 Scandalous, *a.* མི་ཁ་འཕོག་རྒྱུ; འཕྱ་སྨོ་ཅན;

176 Scandalously, *ad.* ཀྱལ་ཀ་དང་བཅས་ཏེ;

177 **Scanning.** *n.* & *v.t.* ཚིག་བཅད་ཀྲང་པ་བགྲངས་པའི་ལས; also (scansion *n.*).

178 **Scansores,** *n.* བྱེའུ་སྐྱེར་ཁྲུ་མདུན་དུ་གཉིས་རྒྱབ་ཏུ་གཉིས་བྱས་པ་ཞིག;

179 **Scant,** *n.* དཀོན་པོ; ཕྲིད་ཙམ; འདང་ཙམ; འདང་ལམ་འདང་ཙམ;

180 **Scantily,** *ad.* དཀོན་ཐག་ཐག་བྱེད་དེ; དཀོན་མཛོག་ཁ་པོ་བྱེད་དེ;

181 **Scantiness,** *n.* དཀོན་ཉམས; དཀོན་མཛོག;

182 **Scanty,** *a.* དཀོན་པོ; ཉུང་ཉུང;

183 **Scape-goat,** *n.* སྐྱུད་བཀལ་ནས་ཚོ་ཐར་བཏང་བའི་ར;

184 **Scapegrace,** *n.* བཀྲ་མ་ཤིས; ལྷུ་གུ་རྟག་ཏུ་ཉེས་པ་ཤ་སྟག་འབྱུང་བ;

185 **Scapula,** *n.* སོག་པ; དཔུང་པའི་སོག་པ;

186 **Scar,** *n.* རྨའི་བཀྲ; རྨ་རྗེས; (བྲག་གཟར; Rock).

187 **Scarab,** *n.* སྤྱི་ཏྲས་ཨི་ཛི་བྲི་རྒྱལ་པོ་སོགས་ཀྱི་མགུལ་ལ་བཏགས་པའི་ནོར་བུའི་བྱེ་བྲག་འབུའི་དབྱིབས་སུ་བྱས་པ;

188 **Scaramouch,** *n.* ལྷུན་པོ་སྟོང་གཏམ་ཅན་མི་ཀུན་གྱིས་གད་མོ་འི་གནས་སུ་བཞག་པ;

189 **Scarce,** *n.* ཉུང་ཉུང; དཀོན་པོ;

190 **Scarcely,** *ad.* དཀོན་པོར; དཀའ་མོར;

191 **Scarcity,** *n.* དཀོན་ལྷུགས;

192 **Scare.** *v.t.* དངངས་སྐྲག་བཀོད་པ; *n.* དངངས་སྐྲག;

193 **Scarf,** *n.* དར་ལྷུག; (Sik. ག་ཡང་ལྷུགས); བཟན; ཁ་དཀྲིས; བཀབ་ནེ; Bhut.

194 **Scarification,** *n.* གཏར་སྲིག; ཡེམ་ཆིས་ལུས་ཀྱི་པགས་པར་གཙག་བུས་གཏར་ཁ་རྒྱབ་པ་དེ;

195 Scarify, *v.t.* གཏར་སྲིག་རྒྱབ་པ;

196 Scarlet, *n.* དམར་པོ; ཁ་མདོག་དམར་སྨུག;

197 Scatter, *v.t.* གཏོར་བ;

198 Scattering, *n.* གཏོར་བཞིན་པ; ཐོར་བ; ཁ་ཐོར;

199 Scavenger, *n.* ལུད་འདྲེན་བྱེད; ལམ་འཕྱག་མི;

200 Scene, *n.* ལྟད་མོ;

201 Scenery, *n.* (Sik. རི་ལྗོངས་ཀྱི་ཆགས་གཞུང;) སའི་ཆགས་ཚུལ; མཐོང་རྒྱ;

202 Scent, *n.* དྲི་ངད; དྲི་བཟང; དྲི་བསུང;

203 Scepsis, *n.* ཚད་མ་རིག་པའི་ཐེ་ཚོམ;

204 Sceptic, *n.* དད་མེད; ལོག་ལྟ་ཅན; ཐེ་ཚོམ་ཅན;

205 Sceptically, *ad.* ཡིད་མ་ཆེས་པ་ལྟར;

206 Scepticism, *n.* མི་དད་པའི་ངང་ཚུལ; ཡིད་ཆེས་མེད;

207 Sceptre, *n.* རྒྱལ་པོ་རྒྱལ་མོ་འི་ཕྱག་ལ་བསྣམས་རྒྱུའི་བེ་ཅོན;

208 Schedule, *n.* ཤོག་གྲིལ; དེབ་ཐོ; དཀར་ཆག;

209 Schema, *n.* མདོ; མདོར་བསྡུས;

210 Scheme, *n.* (Sik. གནད;) ཐབས; འཕྲུལ; འཆར་གཞི;

211 Schemer, *n.* གཡོ་ག་ཤོམ་མཁན; ཐབས་སྒྲིག་མཁན;

212 Schism, *n.* ལྟ་བའི་ཁྱད་པར; ཆོས་ལུགས་ཀྱི་ནང་གསེས་ཀྱི་འབྱེ་བ;

213 Schismatic, *n.* ལྟ་བའི་ཁྱད་པར་གྱིས་དགོན་སྡེ་ལས་འགྱེ་མི;

214 Scholar, *n.* ཡོནྟ་ཅན; མཁས་པ; སློབ་མ; སློབ་ཕྲུག;

215 Scholarly, *a.* ཡོནྟ་ལྡན་པའི་ངང་ཚུལ་གྱི;

216 Scholarship, *n.* སློབ་གཉེར་འབྱོང་བའི་ཕྱོགས་སམ་མཐུན་རྐྱེན;

217 Scholastic, *a.* བསླབ་གྲྭའི་སྐོར་གྱི;

218 Scholiast, *n.* འགྲེལ་པ་རྩོཾ་མཁན;

219 Scholium, *n.* དང་པོའི་དཔེ་ཆའི་ཤོག་ལྷེབས་ཀྱི་ཐོག་ཏུ་འགྲེལ་མཆན་བྲིས་པ་དེ་ལ་ཟེར; མཆན་བུ;

220 School, *n.* བསླབ་གྲྭ; སྡེ; ཆོས་ལུགས་ཀྱི་སྡེ; སློབ་གཉེར་སྦྱང་ས;

221 Schooling, *n.* སློབ་གཉེར;

222 Schooner, *n.* གྲུ་ཟིང་ཆུང་ཆུང;

223 Sciagraphy, *n.* རི་མོར་གྲིབ་མདངས་རྒྱབ་པའི་ལག་ལེན་གྱི་རིག་པ;

224 Sciamachy, *n.* གྲིབ་མ་དང་འཐབ་པའི་བྱ་བ;

225 Sciametry, *n.* གཟའ་འཛིན་གྱི་བརྟག་དཔྱད;

226 Sciatica, *n.* དཔྱི་མགོ་ཡི་ནད;

227 Science, *n.* རིག་གནས; རིག་པ; (གཙུག་ལག; classical).

228 Scientific, *a.* རིག་གནས་དང་མཐུན་པའི;

229 Scientifically, *ad.* མངོན་སུམ་ཚད་མའི་རིག་པ་ལྟར་ན;

230 Scimiter, *n.* རལ་གྲི;

231 Scintillate, *v.i.* མེ་སྟག་འཕྲོ་བ; འོད་ཆེམ་ཆེམ་བྱེད་པ;

232 Scintillation, *n.* མེ་སྟག་ཁྲོམ་མེ་འབྱུང་རྒྱུ་དེ; མེ་སིན་འཐོན་པའི་བྱ་བ; མེ་སྟག་སྤྲོ་བའི་བྱ་བ;

233 Scion, *n.* གདུང་རྒྱུད; རིགས; ལྕུག་ཕྲན; སྨྱུ་གུ;

234 Scirrhus, *n.* (ཟེམ་ཐོར་ (Sik.) ཐོར་པ;

235 Scissel, *n.* རིན་པོ་ཆེ་སྣ་ཚོགས་ཀྱི་རྡུལ་ཕྲུག;

236 Scissors, *n.* འཇེམ་ཙེ; ཛེམ་ཙེ;

237 Scoff, *v.i.* ཧེ་ཧེ་བྱེད་པ; བཀྲུས་པ; བཀྲུས་བཙོས་བྱེད་པ;

238 Scoffer, *n.* ཧེ་སྒོད་བྱེད་མི;

239 Scoffing, *n.* ཧེ་སྒོད;

240 Scold, *v.i.* ཁ་ངན་སྨྲ་བ; ཚིག་རྩུབ་བརྗོད་པ;. ཤད་ཤད་གཏོང་བ; ཁ་ངན་རྒྱབ་པ;

241 Scolding, *n.* ཁ་ངན; ཚིག་རྩུབ;

242 Sconce, *n.* མགོ; མྱོག; སྒང་ཞུ; འཕབ་ར; འཛིང་ར;

243 Scoop, *v t.* (དབོག་པ; བཞར་བ; Sik.) འཚུ་བ; བཙུ་བ; *n.* སྐྱོག;

244 Scooper, *n.* པར་ཀོ་བའི་ལག་ཆ; (བཞར་མ; དེ་ཀྱོང; Sik.).

245 Scope, *n.* དམིགས་པའི་དོན; དགོངས་དོན; རྒྱ་ཁྱོན་ཚད;

246 Scorch, *v.t.* མེ་བཞུར་གཏང་བ;

247 Score, *n.* ཁལ; ཙིས; ཉི་ཤུ;

248 Scorn, *n.* སྣང་ཆུང; (ཅུད་དམད; Bhut.) བརྙས་བཅོས; ཙིས་མེད;

249 Scorner, *n.* སྣང་ཆུང་དུ་ཙི་མི;

250 Scornful, *a.* (སྣང་མེད་ལོག་ལོག; Sik.) བརྙས་བཅོས་བྱེད་མདོག་ཁ་པོ;

251 Scorpio, *n.* སྡིག་པའི་ཁྱིམ; དུས་སྦྱོར་ཁྱིམ་བརྒྱད་པ;

252 Scorpion, *n.* སྡིག་པ་རྣ་རྫ;

253 Scot, *n.* སྐོཊ་ལནྜ་ཊའི་མི; ཁྲལ; དཔྱ་ཁྲལ;

254 Scotch, *a.* སྐོཊ་ལ་ནྜེ་ཊའི་ལུགས་སྲོལ་ལྟར;

255 Scottish, *a.* སྐོཊ་ལནྜ་ཊའི;

256 Scoundrel, *n.* མི་ངན; འཛབ་ཆེན; ཁྲེལ་གཞུང་མེད་པའི་མི; ཁྲེལ་མེད;

257 Scour, *v.t.* འཕྱིད་བདར; བྱི་དོར་བྱེད་པ;

258 Scourge, *v.t.* ལྕག་ཚན་གྱིས་བརྣབས་པ; *n.* ལྕག་ཚན;

259 Scourger, *n.* ལྕག་ཚན་ཤུ་བ་པོ;

260 **Scout**, *n.* སོ་པ; སྒུལ་མ; ས་སྐྱན་པ; *v.t.* སྲོར་མི་འཐད་པས་
ངོར་བ; སྐྱུར་བ;

261 **Scowl**, *v i.* མིག་ངན་ལྟ་བ; གདོང་ནག་འདོན་པ;

262 **Scrabble**, *v.i.* རི་མོ་ཨ་ཀྱོག་བ་ཀྱོག་འབྲི་བ; རི་མོ་གང་བྱུང་འབྲི་བ;

263 **Scraggy**, *a.* (སྲིག་ཅིང་རྩུབ་པ; སྲིག་ཅིང་རོང་རོང; རྩུབ་ལ་རིད་པ;
སྲིག་ཀྲོག; Sik.)

264 **Scramble**, *v.i.* སུ་མགྱོགས་ཧབ་ཤ་རྒྱབ་པ;

265 **Scrambling**, *a.* མགྱོགས་རེས་ཧབ་ཤ;

266 **Scrap**, *n.* ཆག་དུམ; བག་ལེབ་ཀྱི་དུམ་བུ; *n.* (fight འཐབ་འཛིང;)

267 **Scrape**, *v.t.* (Sik. བཞར་བ); (སྐྱི་བཀྲད་པ; Bhut.) *n.* བྱུར;
གེགས; བགེགས;

268 **Scraper**, *n.* བཞར་མཁན;

269 **Scraping**, *n.* བཞར་བཞར་བའི་ཉག་ཉིག;

270 **Scratch**, *v.t.* སྲར་ཤ་རྒྱབ་པ; འབྲད་པ; (བྲེག་པ; Sik.) འདྲད་པ;

271 **Scratch**, *n.* སྲར་ཤ; ལག་དྲད;

272 **Scratcher**, *n.* འབྲད་མཁན; འདྲད་མཁན;

273 **Scrawl**, *v.t.* ཡི་གེ་ཛ་རེ་ཛོ་རེ་འབྲི་བ; སྨྱུག་གུ་འདྲེད་པ; *n.*
(ཡི་གེ་ལྕུཊ་སྐྲོག་ས; Collql. Sik.)

274 **Scream**, *v.i.* སྐད་ངན་ཤོར་བ; སྐད་ཆེན་ཤོར་བ; *n.* སྐད་ངན;

275 **Screech**, *v.i.* ཅུག་པའི་སྐད་ལྷར་འདོན་པ; *n.* སྐད་ངན; ཅུག་སྐད;

276 **Screen**, *n.* ཡོ་ལ; བཅད; བར་ཤག;

277 **Screw**, *n.* བཙུས་སྦུར; *v.t.* བཙུས་སྦུར་རྒྱབ་པ;

278 **Scribble**, *v.t.* ཡི་གེ་བཟོ་མེད་འབྲི་བ;

279 **Scribe**, *n.* དྲུང་ཡིག; ཡིག་མཁན;

280 Scrimmage, *n.* འཐབ་འཛིང་; འཁྲི་འཛིང་; ཐྲར་འཛིང་; ལག་འཛིང་;

281 Scrip, *n.* སྤྱིའུ་ཆུང་; སྤྱང་པོའམ་གནས་སྐོར་པའི་སྤྱིའུ་;
(སྤྱིབ་ཆུང་; Sik.).

282 Scrip, *n.* དངུལ་འཛལ་བའི་འཛིན་; འབྱོར་འཛིན་;

283 Script, *n.* ཡིག་ཆུང་; ཟུར་ཆུང་;

284 Scriptural, *a.* བསྟན་བཅོས་ཀྱི་; གསུང་རབ་ཀྱི་;

285 Scripture, *n.* བསྟན་བཅོས་; ཀུ་ར་མཐའི་བསྟན་བཅོས་; གསུང་རབ་;
ཉིཾ་ཆོས་ཀྱི་གཞུང་;

286 Scrivener, *n.* ཡིག་བྲིས་པ་;

287 Scrofula, *n.* ལུས་ལ་སྦྲོས་སྐྲང་ཆད་མེད་ཀྱི་ནད་;

288 Scroll, *n.* ཤོག་གྲིལ་; འཆད་གཞི་; ཐོ་;

289 Scrotum, *n.* འཇྲིག་ཤུབས་;

290 Scrub, *n.* ཕོན་སྤོང་གང་བའི་ས་ཆ་; (ཚལ་འདུབ་; ཚེར་འདུབ་;
Sik.).

291 Scrub, *v.t.* ཕྱི་བདར་བྱས་པ་;

292 Scrubby, *a.* (སྤོ་འདུབ་དམའ་ཤིབཤིབ་; Sik.) ཕོན་པ་ཅན་;

293 Scruple, *n.* རྗེད་གོག་གི་དཀྱིལ་ཆུང་ཤོས་ཤིག; འཛལ་ཚད་ཆུང་ཤོས་
ཁྲེ་ཆོམ་; འཛེམ་བག་;

294 Scrupulous, *n.* འཛེམ་བག་ཅན་;

295 Scrutinize, *v.t.* ཞིབ་རྟོག་བྱེད་པ་;

296 Scrutiny, *n.* ཞིབ་རྟོག་;

297 Scud, *v.i.* གྲུ་ཟིང་རླུང་གི་མདུན་དུ་རྒྱུག་པ་; བང་རྒྱུག་པ་;

298 Scuffle, *n.* ཐྲར་འཛིང་; ལག་འཛིང་;

299 Scull, *n.* གྲུ་ཆུང་; གྲུ་སྐྲུ་ཐུང་ལ་ཡང་བ་ཞིག་;

300 Scullion, *n.* གཡོག་པོ་ལས་ཀ་སྐྲུག་བྲོ་འདྲ་བྱེད་མི་; མི་སྨུག་ཅལ་;
ཐབ་ཚང་གི་གཡོག་པོ་;

301 **Sculptor**, *n.* རྡོ་སྐུ་བཀོ་མཁན;

302 **Sculptural**, *a.* རྡོ་སྐུའི་རྣམ་པ་ཅན;

303 **Sculpture**, *n.* རྡོ་སྐུ་བཟོ་བའི་ལག་ལེན་གྱི་རིག་པ;
n. pl. རྡོ་སྐུའི་རིང;

304 **Scum**, *n.* ཉག་ཉིག; སྙིགས;

305 **Scummer**, *n.* ཉོ་མའི་དར་ཁ་གཡོ་བའི་ལག་ཆ་ཞིག;

306 **Scurf**, *n.* (གླེའི་ཤེ; Sik.) (སོབ; མགོའི་སོབ་དོག; Bhut.)
མགོའི་དྲེག་པ;

307 **Scurrility**, *n.* འབྲས་དཀར་ཁྲབ་མིའི་སྐད་ཆ་ལྟ་བུ; ཁ་བཙོག;
བཙོག་གཏམ;

308 **Scurrilous**, *a.* འབྲས་དཀར་ཁྲབ་མིའི་སྐད་ཆ་ལྟ་བུ;
ཚུལ་མིན་གྱི་སྤྱོད་པའི;

309 **Scurrily**, *ad.* ངན་སྤྱོད་བྱེད་དེ; ཚུལ་མིན་གྱི་སྤྱོད་པའི་སྒོ་ནས;
བག་མེད་པར;

310 **Scurvy**, *n.* (Colql. ཇོ་ཀྲིར་བ;) ཤུས་ངན; ངན་སྤྱོད; ཀོང་པ;
ཟ་ཀོང; (ཀོང་གཟན; Sik.)

311 **Scutage**, *n.* ཐུལ་རྫོང་དུ་དངུལ་ཁྲལ་བསྡུ་བ;

312 **Scuttle**, *v.t.* བུ་ག་འབུགས་པ; གྲུ་གཟིངས་བུ་ག་ཕུག་ནས་སྦུབ་པ;

313 **Scythe**, *n.* ཟོར་ར; ཟོར་བ;

314 **Sea**, *n.* རྒྱ་མཚོ; བ་ཚ་ཅན་གྱི་རྒྱ་མཚོ;

315 **Seal**, *n.* རྒྱ; ཐེའུ; ཐེ་ཙེ;

316 **Seal**, *n.* (the animal བྱང་གི་འཁྱག་རོམ་རྒྱ་མཚོའི་ནང་གནས
པའི་མངལ་སྐྱེས་སེམས་ཅན་མགོ་བོ་སྤྲུམ་འདྲ་བ་
ཁོག་སྨད་ཉ་འདྲ་བ་སྤུ་གྲ་ལེབ་ཡོད་པ་ཞིག་ལ་ཟེར;

317 Sealing-wax, *n.* ལ་ཆ;

318 Seam, *n.* ཚེམ་ཁ; ཚེམ;

319 Seamanship, *n.* རྒྱ་མཚོའི་གྲུ་གཟིངས་ཀྱི་ལས; རྒྱ་མཚོར་གྲུ་གཏོང་བའི་བྱ་བའམ་རིག་པ;

320 Seamless, *a.* ཚེམ་ཁ་མེད་པ;

321 Seamster, *n.* ཚེམ་བུ་པ;

322 Seamstress, *n.* ཚེམ་བུ་པའི་སྐྱེ་དམན;

323 Seamy, *n.* ཚེམ་ཁ་ཅན;

324 Seance, *n.* མི་མ་ཡིན་གྱི་ཆོ་འཕྲུལ་སྟོན་པ་ལ་བརྟག་དཔྱད་བྱེད་པའི་ཆེད་དུ་མི་འགའ་ཚོགས་པ;

325 Sear, *v.t.* བསྐམས་པ; སྐམ་ཏོག་གེར་བཏང་བ; སྐེམས་པ; མེ་བཙུར་རྒྱབ་པ; རྙིད་པར་བྱེད་པ;

326 Search, *v.t.* འཚོལ་བ; བཙལ་བ;

327 Searcher, *n.* འཚོལ་མཁན;

328 Searching, *a.* གཏིང་མཐོང་བའི; ལྟ་ཞིབ་བྱེད་པའི;

329 Searchingly, *ad.* ལྟ་ཞིབ་ཞུས་ཏེ;

330 Searcloth, *n.* རོ་རས;

331 Season, *n.* ནམ་ཟླའི་དུས; དུས; ནམ་དུས; ནམ་ཟླ;

332 Seasonable, *a.* དུས་བབ་རན་པོ; དུས་ལ་བབ་པོ;

333 Seasoning, *n.* ཟས་ལ་རྫས་སྦྱོར; སྦྱོ་བ་འདོན་པའི་རྫས; སྦྲོད; ཚ་སྦྱོར; ཚོད་སྦྱོར; སྦྱོར;

334 Seat, *n.* སྡོད་ས; ཁྲི; (བཞུགས་ཁྲི; Hon.)

335 Secant, *a.* གཅོད་པར་བྱེད་པའི; གཏོག་པའི; བགོ་བར་བྱེད་པའི;

336 Secede, *v.i.* ཕྱིར་འགྲོ་བ; གྲལ་ནས་འཐེན་པ; རྒྱབ་ཤུད་བྱེད་པ; ཕྱི་ནུར་བྱེད་པ;

337 Secession, *n.* ཕྱི་ནུར; རྒྱབ་ཤུད;

338 Seclude, *v.t.* ཕྱིར་བསྐྲད་ནས་བཞག་པ; (གཅིག་པོར་ཧྲབ་ནས་བཞག་པ; Sik.) མཚམས་ལ་བཅུག་པ;

339 Seclusion, *n.* གཅིག་པོར་གནས་པ; དབེན་པ; བས་མཐའ; མཚམས; (བཅད་རྒྱ; Hon.).

340 Second, *a.* དང་པོའི་ཕྱིས་ནས་གཉིས་པ; གཉིས་པ;

341 Secondary, *a.* རིམ་པ་གཉིས་པ; དོན་གཉིས་པ;

342 Secondly *ad.* གཉིས་པར;

343 Secrecy, *n.* སྦྲ་གསང; གསང་བ;

344 Secret, *a.* སྦས་པའི; གསང་བའི;

345 Secretary, *n.* དྲུང་ཡིག; སྤྱི་དྲུང; ཕྱག་མཛོད; དོ་དམ་པ;

346 Secretaryship, *n.* དྲུང་ཡིག་གི་གོ་ས;

347 Secrete, *v.t.* སྦ་བ; སྦྲིད་པ;

348 Secretion, *n.* ཆུ་སེར; རྣག;

349 Secretly, *ad.* སྦས་པའི་ཚུལ་གྱིས;

350 Sect, *n.* སྡེ; ཆོས་ལུགས་སོ་སོའི་སྡེ;

351 Sectarian, *a.* ཕྱོགས་རིས་ཅན; ཆོས་ལུགས་སོ་སོའི་སྡེའི་སྐོར;

352 Sectary, *n.* ཆོས་ལུགས་འཛིན་མཁན; ཕྱོགས་རིས་ཅན;

353 Section, *n.* ཕྱོགས་སྡེ; དུམ་བུ; སྡེ; སྡེ་ཚན; ལེའུ; སྐལ་བ; གཤག་མ; ཡང་གྲངས; ལེ་མཚན;

354 Sectional, *a.* ཕྱོགས་སྡེའི;

355 Sector, *n.* (Geometrical sector) སྐོར་ཐིག་གི་དཀྱིལ་ནས་སྣུ་ཁྱུད་བར་དུ་ཐིབ་རིས་གཉིས་བྲིས་པའི་བར་དུ་གང་ཆུད་པའི་རྒྱ་ཁྱོན་དེ་ལ་ཟེར;

གང་གཏོག་ཟིན་པ་དེ; གཏོག་པར་བྱེད་མཁན་དེ་འདང་ངོ;

356 Secular, *a.* མི་སྐྱའི; འཇིག་རྟེན་པའི; མི་ཆོས་ཀྱི;

357 Secularization, *n.* ལྷ་ཆོས་ལས་མི་ཆོས་ལ་འགྱུར་བ;

358 Secularize, *v.t.* ལྷ་ཆོས་ལས་མི་སྐྱའི་དོན་ལ་ཕན་པ་བཟོ་བ;

359 Secure, *a.* བརྟན་པོ; བློ་བདེ་མོ; འཇིགས་སྣང་མེད་པའི;
(སྲིང་སྲིང; Sik.) གཏན་གཏན;

360 Securely, *ad.* དཾ་པོ་བྱེད་དེ; (སྲིང་གི; Bhut. & Sik.)

361 Security, *n.* གློ་བདེ; བརྟན་ས; (གཏའ་མ; surety).

362 Sedan, *n.* འཁྱོར; ཕེབ་དཔུང; འཁྱོགས་དཔུང;

363 Sedate, *a.* མལ་ཅན; ཚོ་ཅན; ཞི་བ; སྒམ་པོ;

364 Sedately, *ad.* ལྷོད་ལྷོད་དུ; ཞི་བའི་ངང་གིས;

365 Sedateness, *n.* ཞི་ཉམས; ལྷོད་ཉམས;

366 Sedentary, *a.* སྡོད་རྒྱུན་ཅན་གྱི; སྡོད་པར་གོམས་པའི; སྡོད་ས་གཅིག་
རང་ལ་སྡོད་པའི;

367 Sedge, *n.* ཚུ་ཚ; ཚུ་དག; ཤུ་དག; ཚུའི་འགྲམ་དང་འདམ་རྫབ་
སོར་ལ་སྐྱེ་བའི་སྤང་རྩྭ་རྩུབ་མོ་ཞིག;

368 Sediment, *n.* སྙིགས; ཉག་ཉོག; ཉོག;

369 Sedition, *n.* སྡི; སྡུང; སྡུང་སྡི; དཀྲུག་ཤིང;

370 Seditious, *a.* སྡི་ཅན; སྡུང་སྡི་ཅན;

371 Seditiously, *ad.* སྡུང་སྡི་སྡེ་དཀྲུག་གིས;

372 Seduce, *v.t.* སླུ་བ; རྫོད་པ; འཁྲིད་པ; འདྲིད་པ;

373 Seducement, *n.* སླུ་འཁྲིད;

374 Seducer, *n.* ཁ་སླུ་མཁན; མི་དགེའི་བཤེས་གཉེན;

375 Seduction, *n.* སླུ་འཁྲིད;

376 Sedulous, *a.* འབད་བརྩོན་ཅན;

377 Sedulously. *ad.* འབད་པ་ཆེན་པོས;

378 Sedulousness, *n.* འབད་བརྩོན;

379 See, *v.t.* མཐོང་བ; མིག་གིས་མཐོང་བ;

380 Seed, *n.* ས་བོན; (སོན; ས་ངོན; Sik.).

381 Seedy, *a.* (Sickly ནད་བུ་ཅན; ག་ཅོང་ཅན;)
(ས་བོན་གྱིས་གང་བ; full of seeds).

382 Seeing, *pp.i.* མཐོང་བཞིན་པ;

383 Seek, *v.t.* བཙལ་བ; འཚོལ་བ;

384 Seeker, *n.* འཚོལ་བ་པོ; འཚོལ་མཁན;

385 Seel, *v.t.* (མིག་ཐང་གིས་འཛུམ་པ; Sik.).

386 Seem, *v.i.* ལྟར་སྣང་དུ་ཤར་བ; སྣང་བ; མཐོང་བ;

387 Seemer, *n.* སྣང་བ་པོ; སྣང་བར་འགྱུར་བ་པོ;

388 Seeming, *a.* ལྟར་སྣང་གི; སྣང་བའི; སྣང་བཞིན་པའི;

389 Seemingly, *ad.* ལྟར་སྣང་དུ; སྣང་བར;

390 Seemly, *a.* རིགས་པའི; འོས་པའི; འདྲ་ཆགས་པོ;

391 Seer, *n.* མཐོང་མཐོང་མཁན; མངོན་ཤེས་ཅན; མོ་མ; མོ་པ;
(weight of 80 tolas སེར; Hindi.)

392 Seesaw, *n.* བར་སྣང་དུ་གཡེང་བའི་རྩེད་མོ; ཤིང་ལེབ་ཀྱི་སྣེ་གཉིས་ལ་མི་གཉིས་སྡོད་ཡར་བརྡེག་མར་བབ་བྱེད་དེ་གཡེང་བའི་རྩེད་མོ;

393 Seethe, *v.t.* སྐོལ་བ; ལྦུ་བ་སོར་སོར་དུ་སྐོལ་བ; གདུ་བ;

394 Segment, *n.* དུམ་བུ; ཚལ་པ; ག་ཤག་མ;

395 Seignior, *n.* བདག་པོ; རྗེ་བོ; དཔོན་པོ;

396 Seine, *n.* ཉ་རྒྱ་ཆེན་པོ; ཉ་འཛིན་བྱེད་ཀྱི་གདོལ་ཆེན་པོ;

397 Seize, *v.t.* བཟུང་བ; འཛིན་པ; འཛིན་བཟུང་བྱེད་པ;

398 Seizer, *n.* འཛིན་པ་པོ;

399 Seizure, *n.* འཛིན་བཟུང;

400 Seldom, *ad.* དུས་འགའ་རེ་ཙམ་མིན་པ;
(བར་བར་ཙམ་མིན་པ; སྐབས་སྐབས་མིན་པ;)

401 Select, *v.t.* གདིཾ་ཀ་རྒྱབ་པ; འདམ་པ; འདམ་ཀ་བྱེད་པ;
(འདིཾ་ང་བྱེད་པ; classical) (བསལ་བ;)

402 Selection, *n.* གདམ་ཀ; འདམ་ང; འདམ་ཀ;

403 Self, *a.* བདག་ཉིད; ང; རང; བདག; ང་བདག;

404 Selfish, *a.* རང་འདོད་ཅན;

405 Self-abandonment, *n.* རང་གིས་རང་བློས་གཏང་བའི་བྱ་བ;

406 Self-abasement, *n.* རང་གིས་རང་ཉིད་དམའ་འཕབ་པའི་བྱ་བ; [Sik.)

407 Self-abuse, *n.* རང་གིས་རང་ཉིད་ཀྱི་ཁུ་བ་འབྱིན་པ; (གཏད་བརྡུང་བ;

408 Self-affected, *a.* རང་མཐོང་ཅན;

409 Self-asserting, *a.* རང་གི་བློ་ལ་གང་འཆར་བ་དེ་ཐག་ཆོད་ནན་ཆོད་དུ་བཤད་
འདོད་ཅན;

410 Self-born, *a.* རང་བྱུང;

411 Self-conceit, *n.* རང་མཐོང་ཆེན་པོ; གཏེ་འདོད; [Sik.).

412 Self-confidence, *n.* རང་གིས་རང་ཉིད་ལ་བློས་ཁེལ་བ; (བློ་བདེ་ཐུག་ཐུག;

413 Self-denying, *a.* བདག་པས་གཞན་གཅེས་ཅན; བྱ་བ་བློས་གཏང་བ;

414 Selfishly, *ad.* རང་འདོད་ཀྱིས;

415 Selfishness, *n.* རང་འདོད;

416 Sell, *v.t.* འཚོང་བ; ཟོག་དང་དངུལ་བརྗེ་གསོར་རྒྱབ་པ;
ཁྲི་ཟམ་ནས་བླ་འཚོང་བ; མགོ་བསྐོར་བ;

417 Semantron, *n.* གྲིག་པའི་ལྷ་ཁང་དུ་ཚོགས་བརྡ་གཏོང་བའི་སྦྲང་ལེབ་ཀྱི་
གན་ཊི;

418 Sematic, *adj.* དོན་ལྡན; རྟ་མཚན་ཅན; ལྟས་དང་མཚན་མ་ཅན;

419 Semblance, *n.* འདྲ་བ; དཔེ; འདྲ་ཚུལ;

420 Semen, *n.* ཁྲིག་ལེ; སྐྱེས་པའི་ས་བོན; ཁུ་བ;
(བྱང་སེམས་དཀར་པོ; classical).

421 Semi, *n.* & *a.* ཕྱེད; ཕྱེད་ཀ;

422 Seminal, *a.* ཁྲིག་ལེའི; སྐྱེས་པའི་ཁྲིག་ལེའི;

423 Seminary, *n.* བསླབ་གྲྭ; སློབ་གཉེར་སྦྱང་ས;

424 Semiology, *n.* ལག་བརྡ་ཀྲང་བརྡའི་དོན་གོ་བར་བྱེད་པའི་རིག་པ;
སྨན་རྒྱུད་ལྟར་ན་ནད་ཀྱི་མཚན་ཉིད་བརྟག་དཔྱད་ཀྱི་སྐོར;

425 Sen, *n.* ཛ་པན་ཡུལ་གྱི་ཟངས་ཏཾ;

426 Senate, *n.* ཚོགས་འདུ་ལྷན་རྒྱས; བཀའ་ཤག་ལྷན་རྒྱས;

427 Senator, *n.* བློན་རྟུང; ཚོགས་འདུ་ལྷན་རྒྱས་ཀྱི་གྲལ་ནས་མི་གཅིག;

428 Senatorial, *a.* བློན་རྟུང་གི; བཀའ་ཤག་ལྷན་རྒྱས་ཀྱི་སྐོར་གྱི;

429 Send, *v.t.* གཏང་བ; གཏོང་བ;

430 Send-off, *n.* ཕེབ་སྐྱེལ; (Hon.) ལམ་སྐྱེལ;

431 Senescent, *a.* རྒས་པའི;

432 Seneschal, *n.* སྤྱི་དྲུས་སུ་ཁང་པ་ཆེན་པོའི་ནང་གི་གཉེར་ཆེན;

433 Senhor, *n.* པོར་ཏུ་གལ་གྱི་མི་དྲག་ལ་སྐུ་གཞོན་ཟེར་བའི་དོད;

434 Senile, *a.* རྒེད་པོ;

435 Senior, *a.* རྒན་པ; (སྐུ་བགྲེས; Hon.)

436 Senna, *n.* བཤལ་སྨན་ཞིག;

437 Sensation, *n.* ཚོར་བ; ཚོར་སྣང: སྐད་གྲག; ཀུན་གྱིས་ཚོར་བ;

438 Sensational, *a.* སྐད་གྲགས་ཅན; ཀུས་ནས་སློང་བྱེད; སེམས་དཀྲུག་བྱེད;

439 Sense, *n.* རིག་པ; ཚོ; ཚོ་ཚོད; དོན་དག; དོན; བློ་གྲོས;
ཚོར་བ; དབང་པོ; (Hon. དགོངས་པ;)

440 Senseless, *a.* ཚོ་མེད; དྲན་མེད; མནོ་མེད; ཚོར་བ་མེད་པ;

441 Sensibility, *n.* ཚོར་བ;

442 Sensible, *a.* ཚོར་བ་ཟབ་མོ; སེམས་ཚོར་ཅན; རིག་པ་ཅན; བློ་ལྡན; ཚོར་བ་ཅན; ཤེས་བློ་ཅན; ཚུལ་མཐུན; ཤང་པོ;

443 Sensibly, *ad.* ཚོར་བ་དང་ལྡན་པར;

444 Sensitive, *a.* ཚོར་བའི་དབང་པོ་རྣོན་པོ; ཚོར་བ་གསལ་པོ; ཚོར་བ་རྣོ་པོ; དབང་པོ་རྣོན་པོ;

445 Sensitiveness, *n.* རིག་ཚོར་གསལ་དྭཊ་པ་ཉིད; (མ་རིག་ཨ་ཚ; Sik.)

446 Sensory, *a.* རྩ་ཁམས; ཚོར་བའི་རྩ་མདུད་ཀྱི་འཁོར་ལོ; ཚོར་བའི་དབང་པོ;

447 Sensual, *a.* སྲིད་ཞེན་གྱི; རེག་པའི་བདེ་བར་ཞེན་པའི; ཞེན་ཆཊ་ལ་དགའ་བའི; འདོད་ཆཊ་ཅན;

448 Sensualist, *n.* སྲིད་ཞེན་ལ་ཆཊ་པ་ཆེ་བ; འདོད་ཆཊ་ཅན; འདོད་ལྡན;

449 Sensuality, *n.* སྲིད་པའི་བདེ་བར་ཆཊ་པ་ཉིད; ཞེན་ཆཊ; འདོད་ཆགས;

450 Sentence, *n.* ཚིག་ཀང; ཞལ་ཆེ; བཅད་མཚམས; ཡིག་གདང; བརྗོད་པ;

451 Sententious, *a.* དོན་ཅན; གཏམ་གནའ་བོའི་དཔེ་དང་ལྡན་པ; གཏམ་དཔེ་ཅན;

452 Sentient, *a.* སེམས་ཅན; ཚོར་བ་ཅན;

453 Sentiment, *n.* སེམས; འདུ་ཤེས; བསམ་པ;

454 Sentimental, *a.* ཐུགས་སེམས་དང་བཅས་པའི; འདུ་ཤེས་དང་ལྡན་པའི; སྙིང་རྗེ་སྐྱེད་བྱེད;

455 Sentimentalism, *n.* འདུ་ཤེས་ཆེ་བའི་ངང་ཚུལ;

456 Sentimentality, *n.* འདུ་ཤེས་སམ་སྙིང་རྗེ་ཆེ་མདོག་ཁ་ཕྱཊ;

457 Sentinel, *n.* སྒོ་སྲུང་; སྒོ་ར་པ; སྐོར་ལྟུག་པ;

458 Separable, *a.* དབྱེ་རུ་ཉམས་པ;

459 Separate, *v.t.* འཕྲལ་བ; སོ་སོར་དབྱེ་བ; དབྱེ་བ; དབྱེ་བ་འབྱེད་པ;

460 Separately, *ad.* ཁ་ཁ་སོ་སོར; སོ་སོར; ཁ་ཁ;

461 Separation, *n.* ཁ་བྲེས་པ; བྲལ་བ;

462 Sepoy, *n.* དམག་མི; རྒྱ་གར་གྱི་མི་རིགས་ཡིན་གཞུང་གི་དམག་མིར་འཛུག་པ་དག་ལ་ཟེར;

463 Sepia, *n.* ཉ་ཞིག་གི་གཟུགས་ལས་བྱུང་བའི་ཁྲ་བ་སྨུག་ནག་ཚོན་རྩིར་བཟོ་བ་ཞིག;

464 Sepsis, *n.* རྨ་གཉན; རྨ་རུལ;

465 Septuagenarian, *a.* & *n.* ལོ་ན་དྲུག་ཅུ་རེ་དགུ་དང་བརྒྱད་ཅུའི་བར་གྱི་རྒན་པོ;

466 Septuagenary, *a.* བདུན་ཅུའི;

467 Sept, *n.* རིགས་རུས; མི་རྒྱུད;

468 September, *n.* ཕྱི་ལུགས་ཀྱི་ཟླ་བ་དགུ་པ;

469 Septennial, *a.* ལོ་བདུན་བ་དུན་རེར་བྱུང་བའི;

470 Sepulchral, *a.* དུར་ཁང་གི་སྐོར; དུར་ཁང་གི; རོ་ས་ལ་སྦེད་པའི;

471 Sepulchre, *n.* དུར་ཁང; (རོ་འབུམ; Sik.)

472 Sepulture, *n.* དུར་ཞུགས; རོ་དུར་ཁང་དུ་སྦེད་པའི་བྱ་བ;

473 Sequel, *n.* མདོ་ཁ; སྙིང་པོ;

474 Sequence, *n.* ནི་སྒྲིར; ཕྱི་ནས་ཡོང་རྒྱུ; རྗེས་འབྲང་མདོ་ཁ; སྙིང་པོ;

475 Sequent, *a.* རྗེས་སུ་འབྲང་བའི;

476 Sequester, *v.t.* འཕྲལ་བ; སོ་སོར་བྱེད་པ;

477 Sequestration, *n.* ཁ་འཕྲམ; དབེན་པ; རི་ཁྲོད; བས་མཐའ; གཞུང་བཞེས;

478 Sequin, *n.* ཟྲི་ཉི་སི་རྒྱལ་ཁབ་ཀྱི་གསེར་ཊཾ་ཞིག;

479 Seraglio, *n.* སུ་སུལ་ཐན་གྱི་སྐུ་དྲག་ཚོའི་སྐྱེ་དམན་སྡོད་ས;

480 Serai, *n.* མགྲོན་ཁང;

481 Seraph, *n.* མཁའ་འགྲོ;

482 Seraphic, *a.* མཁའ་འགྲོ་ལྟ་བུ;

483 Serb, *n.* སར་བི་ཡའི་མི;

484 Serenade, *v.t.* རོལ་གར; འབའ་འཇའ; *v.t.* མཚན་མོའི་དུས་སུ་གླིང་གར་འབའ་འཇའ་དང་བྲོ་གར་གཏང་བ;

485 Serene, *a.* (Sik. ཐྲོ་སོད་པོ;) ཞི་བ; སྐྱིད་པོ; (ཁྲ་སིམ་པོ; Colql.)

486 Serenely, *ad.* སྐྱིད་པོ་བྱེད་དེ; ཞི་བར; (ཁྲ་སིམ་མེ; Colql.)

487 Serenity, *n.* སྐྱིད་པོ་ཉིད; ཞི་བ;

488 Serf, *n.* (Sik. ཉང་བཟན;) ཁྲིམས་ཀྱི་བྱ་བ་བྱེད་མཁན་སྐེར་གཡོག;

489 Serfdom, *n.* ཉང་བཟན་གྱི་ཚུལ; སྐེར་གཡོག;

490 Serge, *n.* ཕྲེར་མ; བལ་གོས་ཕྲེར་ཕྲུག;

491 Sergeant, *n.* བརྒྱ་དཔོན;

492 Serial, *a.* གྲངས་ཀ་ལྟར; གྲངས་ཀྱི་རིམས་པའི; གྲངས་རིམ་གྱི;

493 Seriate, *v.t.* རིམ་བཞིན་བསྟར་བ;

494 Seriatim, *adv.* རབས་རིམ་ལྟར; རིམ་པ་ལྟར;

495 Sericate, *a.* དར་རྩི་གོས་ཆེན་གྱི་ངོས་ལྟ་བུ;

496 Sericulture, *n.* དར་སྲིན་གསོ་ཕྱུང; དར་སྐྲུད་འདོན་ལུགས;

497 Series, *n.* རབ་རིམས; གྲངས་རིམ; རིམ་པ;

498 Serious, *a.* (Colql. འཛེབ་ཆེ;) ཚབས་ཆེ; ཚབས་ཆེན་ or ཚབས་ཅན;

499 Serious, *a.* དངོས ; དངོས་གནས ; དོན་ལྡན ; ཚ་ཅན ; གཏོད་བློ་མེད
པའི་ངོ་ཐོག ; Sik. དོན་དམ ; མལ་ཅན ; Sik.

500 Seriously, *ad.* ཚབས་ཆེན་པོ་བྱེད་དེ ; དོན་དམ་པར ; དངོས་གནས་སུ ;
དངོས་སུ ;

501 Seriousness, *n.* འཛོབ་ཆེ་ལུགས ; ཚབས་ཆེ་ལུགས ;

502 Serjeant, *n.* དམག་སི་བཅུ་ཙམ་གྱི་འགོ་པ ;

503 Sermon, *n.* ཚོང་གཉིས ; ཚོང་སུ་ཆོས་བཤད ; ཚོགས་བཤད ;
ཚོགས་གཏམ ;

504 Sermonize, *v.t.* ཚོང་གདམས་སུ་འབྲི་བ ;

505 Serous, *a.* ཝོ་མའི་ཆུ་དང་འདྲ་བའི ; སླ་བ ; སླ་མོ ; དར་བ་འདྲ་བ ;

506 Serpent, *n.* སྦྲུལ ; སྦྲུལ་ཆེ་བའི་རིགས ; སྔོན་བདུད་སྡིག་ཅན་གྱིས་
སྦྲུལ་ཏུ་ཛུས་པས་ན་བདུད་སྡིག་ཅན་ལའང་གོ ;

507 Serpentine, *a.* སྦྲུལ་ལྟར་ཀྱོག་ཀྱོག ;

508 Serrated, *a.* སོག་ལེ་ལྟར་སོ་ཅན ; སོག་ལེ་ལྟ་བུའི་སོ་ཅན ;

509 Serum, *n.* ཆུ་སེར ;

510 Servant, *n.* གཡོག་པོ ;

511 Serve, *v.t.* གཡོག་རྒྱུག་པ ; ཞབས་ཕྱི་ཞུ་བ ; (འབུལ་བ ; ཕུལ་བ ;
(ཕྱི་ཞུ་བྱེད་པ ; Hon.) བྲང་བ ; འདྲེན་པ ; འབྲིམ་པ ;

512 Servian, *a.* & *n.* སར་བི་ཡ་ལུང་པའི་མི་འམ་སྐད ;

513 Service, *n.* ལས་ཀ ; གཡོག ; ཞབས་ཕྱི ;

514 Serviceable, *a.* ལས་སུ་རུང་བ ; ཕན་འགྲོགས་པོ ; གོ་ཆོད་པོ ;

515 Servile, *a.* བྲན་ལྟར ; གུས་ལྡན ; ཧ་ཅང་གུས་པའི་ཚུལ་ཅན ;

516 Serviette, *n.* (གསོལ་ཚིག་གི་ཐོག་ཏུ་གདིང་རྒྱུའི་སྣེ་རས་ཆུང་ཆུང ;
Sik.)

517 Servilely, *ad.* དམན་པའི་ཚུལ་གྱིས ; གུས་པའི་ཚུལ་གྱིས ;

518 Servility, *n.* གུས་ཚུལ; དམན་པའི་ཚུལ;

519 Servitude, *n.* ཁོལ; བྲན་ལས; ཁོལ་པོ་ཉིད;

520 Sessame, *n.* སྙིན་འབྲུ; (ཞིམ་ཚི; or ཟིམ་ཚི; Sik.) ཏིལ;

521 Session, *n.* བཞུར་སྟངས; ལྷན་རྒྱས་ཚོགས་པ;
བཀའ་ཤག་ལྷན་རྒྱས་ཚོར་དུས; འདུག་སྟངས;

522 Set, *v.t.* & *v.i.* སྒྲིག་པ; རྒས་པ; བཞག་པ;
Set it down སར་བཞག;
The sun is set ཉི་མ་རྒས་ཟིན;
Set the table or set the dishes ཅོག་ཅེའམ་
སྣོད་སྡེར་སྒྲིག་ཅིག; འཛོག་པ;

523 Settle, *n.* ཁྲི་མགྲོ་པོ; སྟེགས་བུ་མགྲོ་བོ;

524 Settled, *a.* ཞེད་འཛར་སུ་ཆགས་པ; ཁྲིམས་བཅད་པའི;
ས་གནས་ཚུགས་པའི; མཐིལ་དུ་ཆར་པའི;

525 Settlement, *n.* ཡུལ་ཆགས་པ; ས་བགོས; ས་ཆ་ཚད་འཛལ་བའི་བྱ་བ;
ངོ་དམ; འགྲིག་འཛུགས; མཐུན་འགྲིག;

526 Settler, *n.* ཡུལ་དུ་གསར་ཆགས;

527 Seven, *a.* བདུན;

528 Seventeen, *a.* བཅུ་བདུན;

529 Seventeenth, *n.* བཅུ་བདུན་པ;

530 Seventh, *a.* བདུན་པ;

531 Seventieth, *a.* བདུན་ཅུ་པ;

532 Seventy, *a.* བདུན་ཅུ;

533 Sever, *v.t.* གཅད་པ; འཕྲལ་བ; སོ་སོར་འཕྲལ་བ;

534 Several, *a.* མང་པོ;

535 Severally, *ad.* སོ་སོར;

536 Severance, *n.* འབྲལ་བ་ཉིད; འབྲལ་བའི་བྱ་བ;

537 Severe, *a.* ཚབས་ཆེན;

538 Severely, *ad.* ཚབས་ཆེན་པོར;

539 Severity, *n.* བརྩབས་སིགས; དབང་ཡོད; དྲག་ཤུབ; སྙིང་རྗེ་མེད་པའི་ངང་ཚུལ;

540 Sevres, *n* སྲི་བར་ཡུལ་དུ་བཟོས་པའི་དཀར་ཡོལ་སྣུམ་ལེའི་ཀྱི་རིའི་ཞིག;

541 Sew, *v.t.* འཚེམ་པ;

542 Sewage, *n.* བཙོག་པ་ལྦ་ཆུའི་ལམ་བརྒྱུད་ནས་ཡོང་བ་ལ་ཟེར;

543 Sewer, *n.* ས་འོག་དུ་བཙོག་ཆུ་རྒྱུ་བའི་ལམ; བཙོག་ཆུའི་ཡུར་བ;

544 Sewerage, *n.* གྲོང་ཁྱེར་དུ་བཙོག་ཆུའི་ཡུར་བ་དང་དེའི་དོ་དམ་གྱི་བྱ་བ་སོའི་ལ་ཟེར;

545 Sewing, *n.* འཚེམ;

546 Sex, *n.* མཚན་མ; ཕོ་མོ་མ་ཉིང་གི་རྟགས;

547 Sexagenarian, *a.* ལོ་ན་བཞི་བཅུ་ཞེ་དྲུག་དང་བདུན་ཅུའི་ཡི་བར་གྱི་རྒན་པོ;

548 Sexagenary, *a.* དྲུག་ཅུའི;

549 Sextan, *a.* ཉི་མ་དྲུག་རེར་ལྡང་བའི་ཚད་པ;

550 Sextant, *n.* སྐར་ཐིག་གི་དྲུག་ཆ;

551 Sexton, *n.* དགོན་སྡེའི་དོ་དམ་བྱེད་པའི་ལས་སྟེ་བའམ་དཔོན་པོ;

552 Sexual, *a.* ཕོ་མོའི;

553 Sexualise, *v.t.* ཕོ་མོར་དབྱེ་བ;

554 Shabbily, *ad.* (Colql. ཛ་རེ་ཛེ་རེ་བྱེད་དེ;) ཏྲིག་པ་དང་བཅས་ཏེ; གོས་རྒྱུས་པོ་རྙིན་ཏེ;

555 Shabby, *a.* (Collql. ཛེ་རེ་ཛོ་རེ;) དྲེག་པ་དང་བཅས་པ;
གོས་རྒྱལ་དྲེག་པ་ཅན་གྱོན་པ;

556 Shackle, *n.* ལྕང་ཐག; ལྕགས་སྒྲོག; ལྕང་ཤན;

557 Shade, *n.* གྲིབ་མ; གྲིབ་མདངས;

558 Shading, *n.* (In art གྲིབ་མདངས;) སྒྲིབ་པའི་བྲི་བ;

559 Shadow, *n.* གྲིབ་ནག; གྲིབ་མ;

560 Shadowy, *a.* གྲིབ་ནག་ལྟ་བུ; གྲིབ་མ་ཅན;

561 Shady, *a.* གྲིབ་བསིལ་ཅན;

562 Shaft, *n.* ཡུ་བ; མདའ; ཉག་ཐྲན; མདུང; གློག་འཁྱུག;

563 Shaggy, *a.* སྤྲ་རྩུབ་པོ; རྩུབ་པོ;

564 Shagreen, *n.* ཀོ་བ་བྲུ་ལི;

565 Shah, *n.* སྟག་གཟིག་ཡུལ་གྱི་རྒྱལ་པོ;

566 Shake, *v.t.* དཀྲུག་དཀྲུག་བྱེད་པ; འདར་བར་བྱེད་པ; སྒྲུལ་བ;
བསིག་པ; གཡུག་པ; Sik.).

567 Shaking, *a.* བདར་བཞིན་པ; སྒྲུལ་གྱིན; སིག་སིག་འདར་བཞིན;

568 Shaky, *a.* འདར་སིག་གེ་བ; བརྟན་པོ་མེད་པ; ཡོམ་ཡོམ;
(ལེམ་ལེམ; Bhut. & Sik.).

569 Shako, *n.* དམག་ཞྭ;

570 Shall, *v.i.* འགྱུར; ཡོང་; བྱ་ཚིག་གི་ཚིག་གྲོགས; རྒྱུ; ཡོང;
འགྱུར་ལ་ཉེ་པའོ;

571 Shallop, *n.* གྲུ་ཆུང་ཆུང;

572 Shallow, *n.* གཏིང་མེད་པ; (Sik. བྱུས་བྱུས; ཆལ་ཆལ;)
གཏིང་སྲབ་པ;

573 Shallowness, *n.* གཏིང་ཉེ་བ; གཏིང་སྲབ་ལུགས;

574 Sham, *a.* སྐྱད་ཅན; ཀྱིད་ཅན; རྫུས་མ; ངོ་ཐོག་མན་པ;

575 Shamanism, *n.* གདོང་འདྲེ་མཆོད་པའི་ཆོས་ལུགས; བོན་ཆོས; བོན་ལུགས;

576 Shambles, *n.* བཤས་ར; བཤན་པའི་བཤས་ར;

577 Shame, *n.* ངོ་ཚ; ཁྲེལ;

578 Shamefaced, *a.* ངོ་ཚ་ཅན;

579 Shameful, *a.* ངོ་ཚ་པོ;

580 Shamefully, *ad.* ངོ་ཚ་པོ་བྱེད་དེ;

581 Shameless, *a.* ངོ་ཚ་མེད་པ; ཁྲེལ་མེད;

582 Shamelessly, *ad.* ངོ་ཚ་མེད་པ་བྱེད་དེ;

583 Shammy, *n.* ཀོ་བ་ཨག་པོ་ཞིག; ར་རྒོད་ཀྱི་ཀོ་བ་མཉེས་པ་ལ་ཟེར;

584 Shampoo, *v.t.* ཁྲུས་རྒྱབ་པའི་དུས་སུ་ལུས་མཉེད་ཞུར་བྱེད་པ;

585 Shamrock, *n.* སྤོ་ལྷམ་འདབ་མ་གསུམ་ལྡན;

586 Shank, *n.* རྗེ་ངར; (ངར་གདོང; Sik.).

587 Shanty, *n.* སྤྱིལ་བུ; also སྤྱིལ་པོ;

588 Shape, *n.* གཟུགས་དབྱིབས; དབྱིབས; བཟོ་བལྟ;

589 Shapeless, *a.* གཟུགས་མི་སྡུག་པ; དབྱིབས་མི་ལེགས་པ;
བཟོ་དབྱིབས་འདི་ཡིན་མེད་པ;

590 Shapely, *a.* གཟུགས་མཛེས; འདྲ་ཆགས་པོ; དབྱིབས་ལེགས;
དཔེ་བྱད་ཅན;

591 Shard, *a.* རྫ་སྣོད་ཀྱི་དུམ་བུ; སྐོང་ཤུབས;
(plough-share ཐོང་ལྕགས་སྣ;)

592 Share, *n.* སྐལ་བ; བགོ་བཤའ;

593 Sharer, *n.* སྐལ་བ་ལེན་མཁན; ལས་དོན་གྱི་ཕྱག་འབྲེལ;

594 Shark, *n.* (ཉ་ཨ་ཡིམ; Bhut. & Sik.) ཉ་ཆེན་པོ་མི་ཁྱུར་མིད་
གཏང་ནུས་པ་ཞིག;

595 Sharp, *a.* རྣོན་པོ; རྣོ་བ;

596 Sharpen, *v.t.* རྣོ་བརྡོན་པ; རྣོ་ངར་སྐྱེད་པ; རྣོ་འདོན་པ; རྣོ་བདར་བ;

597 Sharper, *n.* རྣོ་འདོན་པ་པོ; ཁ་ཚོང་པ;

598 Sharpness, *n.* རྣོ་ངར; རྣོ;

599 Shatter, *v.t.* བཤིལ་བུར་གཏོར་བ; བཅག་པ; དུམ་བུར་བཤིལ་བ;

600 Shave, *v.t.* བཞུར་བ; བཞར་བ;

601 Shaver, *n.* གཞོར་ཏུ; བཞར་བ་པོ; སྐྲ་མཁན; འབྲེག་བྱེད;
སྐྲ་འབྲེག་མི; སྐྲ་བཞར་མི;

602 Shaving, *n.* བཞར་གྱིར; འབྲེག་བཞིན་པ;
shavings ཤིང་བཟོ་བྱས་པའི་ཉག་ཉིག;

603 Shawl, *n.* གཟན; བལ་གཟན;

604 She, *pron.* མོ; མོ་རང;

605 Shea, *n.* ཨ་ཕྲི་ཀ་ནུབ་ཕྱོགས་སུ་ཡོད་པའི་ཤིང་སྡོང་ཤིང་མར་སྐྱེར་
བ་ཞིག; མར་ཤིང;

606 Sheaf, *n.* ཚག་པ; (བམ་ཚག; Sik.).

607 Shear, *v.t.* བལ་འབྲེག་པའི་ཅེམ་ཙེ; ཛེམ་ཙེ;

608 Sheath, *n.* གྲི་ཤུབས;

609 Sheathe, *v.t.* གྲི་ཤུབས་སུ་བཙུག་པ;

610 Shed, *v.t.* འཁྲིན་པ; འདོན་པ; དོར་བ; *v.i.* འཛག་པ;

611 Sheen, *n.* མཚོན་ཆ་སྟོ་སྐྱབ་སྐྱབ་ཀྱི་འོད་ཟེར; འོད; གཟི་བརྗིད;
གཟི་འོད;

612 Sheep, *n.* ལུག;

613 Sheepish, *a.* ལུག་ལྟ་བུ; གླེན་པ་ལྟ་བུ; སྡར་མ;

614 Sheepishly, *ad.* ལུག་ལྟ་བུར; ཁྲུན་དགས་བསྡོན་དེ;

615 **Sheer,** *a.* ཁ་རྒྱང་; ཁ་ཁ་སོ་སོ་; དག་པ་; ཁེ་གཙང་; གཙང་མ་;
ལྷད་མེད་;

616 **Sheet,** *n.* ཡུག; རས་ཡུག; (དྲས་ཁ; of paper).

617 **Shekel,** *n.* ཡ་ཧུ་ད་པའི་ཊཾ་ཀ་ཞིག;

618 **Shelf,** *n.* (ལྷང་ཁ Sik.); སྟེགས;

619 **Shell,** *n.* འགྲོན་བུ; *v.t.* པགས་པ་བཤུ་བ;

620 **Shellac,** *n.* ལ་ཚ;

621 **Shell-fish,** *n.* ཉ་སླིབས; ཉ་ཕྱིས;

622 **Shelter,** *n.* ཡིབ་ཁུང; ཡིབ་ས; སྐྱབས; སྐྱིབ; བྲག་སྐྱིབས;

623 **Shelve,** *v.t.* (ལྡིང་ཁར་བཀལ་ནས་བཞག་པ; Sik.).
སྟེགས་བུའི་ཐོག་བཞག་པ; བཤོལ་བ;

624 **Shelving,** *n.* སྟེགས་བུར་འཛོག་པའི་བྱ་བ; སྟེང་བུ་སོང་སྒྲུབ་པའི་བྱ་བ;

625 **Shepherd,** *n.* ལུག་རྫི; རྫི་བོ;

626 **Shepherdess,** *n.* ལུག་རྫི་མོ; རྫི་མོ;

627 **Sheriff,** *n.* གྲོང་ཁྱེར་རྩེ་ཡུལ་ཁག་གི་དཔོན་པོ་ཆེན་པོ;

628 **Sherry,** *n.* རྒྱ་ཆང་དཀར་པོ;

629 **Shew,** *v.t.* སྟོན་པ; མཚོན་པ;

630 **Shibboleth,** *n.* ཚོད་བགས་པའི་ཚིག; རང་ཕྱོགས་མཚོན་པའི་བརྡ;

631 **Shield,** *n.* (དགྲ་ལེ Bhut.); ཕུབ; ཕུབ་ཆུང;
v.t. སྲུང་བ; སྐྱོབས་པ;

632 **Shift,** *v.t.* སྤོ་བ; བཤུད་པ; སྐྱུ་བ; སྐྱུས་འདེགས་པ;

633 **Shifting,** *n.* སྤོ་ཡིན; སྐྱུ་བཞིན་པ; སྤོ་བའི་བྱ་བ;

634 **Shiftless.** ཐབས་མེད; ཙུ་ཐུག་པ; ཙུ་རྡུགས་པ;

635 **Shilling,** *n.* (Sik. ཐ་ལྔ;) (ཊཾ་ཀ) དབྱིན་ཇིའི་དངུལ་ཊཾ་ཞིག;

636 Shilly-shally, *v.i.* བློ་ཐག་ཉ་ཆོད་པ;

637 Shim, *n.* (Sik. ཤིང་ཤབ; ཤབས; རྩབས;)

638 Shimmer, *v.i.* འོད་ཟེར་འདར་བཞིན་ཤར་བ; འོད་འདར་ཡོ་ཡོ;

639 Shin, *n.* ངར་གདོང་; ཀང་ངར; རྗེ་ངར;

640 Shindy, *n.* འཁྲུག་པ; འཐབ་མོ; ཐས་རས; ཐུག་ཆོས;

641 Shine, *v.i.* ཤར་བ; འཚེར་བ; འོད་དུ་འབར་བ;

642 Shingle, *n.* ཤིང་ལེབ; གྱོ་མོ; སེག་མ;

643 Shingles, *n.* (Sik. འབྲི་ལྷུག;) མེ་དབལ;

644 Shining, *a.* འཚེར་བཞིན་པ; འོད་འཚེར་འཚེར;

645 Shinto, *n.* ཛ་པཱན་ཡུལ་པའི་ཆོས་ལུགས་རྙིང་པ་ནང་པའི་ཆོས་ཀྱིས་པ་ལ་ཆེར་སྤྱན་ཟིན་པ་དེའོ;

646 Ship, *n.* གྲུ་གཟིངས;

647 Shipmate, *n.* གྲུ་གྲོག་གི་ལས་སྣེ;

648 Shipment, *n.* གྲུ་གྲོག་གི་ཚོང་ཟོག;

649 Shipping, *n.* གྲུ་ལ་དོས་སོགས་འགེལ་བའི་བྱ་བ; རྒྱ་མཚོ་འམ་ཆུ་གྲོག་འགྲིམ་འགྲུལ;

650 Shipwreck, *n.* གྲུ་ཆག་གྲུམ; གྲུ་བརླགས་པ;

651 Shire, *n.* ཡུལ་གྲུ; ཡུལ་ཁག; ཡུལ་སྡེ;

652 Shirk, *v.t.* བློ་དམན་ཞན་སེམས་ཀྱི་སྒོ་ནས་ལས་ལ་ཕྱི་ཤུར་བྱེད་པ; ལས་ལ་ཆོར་ནས་འཛུར་བ;

653 Shirt, *n.* (Hindi ཀཱ་མིཙ;) སྟོད་གོས;

654 Shit, *n.* & *v.i.* སྐྱག་པ; *v.i.* དྲི་ཆེན་དོར་བ; སྐྱག་པ་གཏང་བ;

655 Shiver, *n.* བསིལ་བུ; *v.i.* གྲང་བས་ཉེན་ནས་འདར་བ;

656 Shivering, *n.* བདར་བཞིན་པ;

657 Shoal, *n.* ཉ་ཁྱུ; (ཉའི་མཚོ་ཐང; Sik.) རབ;
ཆུ་ཀང་ཐང་བཀྲལ་ས;

658 Shoaly, *a.* ཉ་ཚོགས་ཅན; རབ་ཅན; གཏིང་སྲབ་ས; གཏིང་ཉེ་བའི;

659 Shock, *n.* ཐྲུག་སྒྲ; ཐུག་རྡུགས; (འཇིག་སྒྲ; Collql.) ཤུགས;
བརྡབ་པའི་ཤུགས;

660 Shocking, *a.* ཧ་ལས་པོ; ཧཾ་ཧོག་ཟ་པོ; འཇིགས་རུང; སྐྱུག་བྲོ་པོ;

661 Shockingly, *ad.* (ཧཾ་ཧོག་ཟ་པོ་བྱེད་དེ;) སྐྱུག་བྲོ་པོ་བྱེད་དེ;

662 Shoddy, *n.* སོག་པོ; རྡུལ་པོ; གོས་རྡུལ; *n.* ཨིན་མདོག;

663 Shoe, *n.* ལྷམ; (ཧིད; Chinese) ལྷམ་ཡུ་ཐུང་ཐུང;
v.t. རྟའི་རྨིག་པ་ལ་ལྕགས་རྒྱབ་པ;

664 Shogun, *n.* ཛ་པན་རྒྱལ་ཁམས་སུ་མི་རིགས་རྒྱུད་པར་བབ་པའི་
དམག་དཔོན་སྤྱི་ཁྱབ་ཆེན་པོ;

665 Shoot, *v.t.* མདའ་འཕང་བ; མེ་མདའ་རྒྱབ་པ; *v.i.* ཤར་དེ་ཡོང་བ;
ཤར་བ; (*n.* སྨྱུ་གུ; ལྕུག་ཕྲན; of herbs & plants).

666 Shooter, *n.* མདའ་འཕེན་བྱེད; མེ་མདའ་རྒྱབ་མཁན; མེ་མདའ་
པི་སི་ཏོལ་ཁ་རྒྱག་མ;

667 Shooting, *n.* ཁྲི་ར; བྱ་དང་རི་དྭགས་ཁྲི་ར་རྒྱབ་ཚོག་པའི་ཐོབ་ཐང;

668 Shop, *n.* (Hindi ཛོ་ཁང;) ཚོང་ཁང;

669 Shopping, *n.* ཉོ་ཆ; ཉོ་འཚོང;

670 Shore, *n.* (Sik. ཚལ་ཁ;) ཆུ་འགྲམ; འགྲི;
v.t. ཐེགས་རྒྱབ་པ; ཡར་བཏེག་པ;
n. འདེགས་བྱེད་ཀྱི་སྟེགས;

671 Short, *a.* & *adv.* ཐུང་ཐུང; མ་ཡང་བ; མ་ལྷང་པ;

672 Short-lived, *a.* ཚེ་ཐུང;

673 Short-tempered, *a.* ཞ་ཐུང; སྤྲོ་ཐུང; རྒྱུ་མ་ཐུང་ཐུང;

674 Short-sighted, *a.* མཐོང་རྒྱ་ཐུང་ཐུང་;

675 Short-handed, *a.* ལག་སྟབས་བདེ་མིན; ལག་སྣེ་དབེན་པ; ལག་ཐུང་བ;

676 Shortage, *n.* དཀོན་ཞུགས; དཀོན་རྩུལ;

677 Shorten, *v.t.* ཐུང་དུ་གཏང་བ; སྡུང་བ;

678 Shortening, *n.* ཐུང་དུ་གཏང་བཞིན་པ;

679 Shortly, *ad.* མྱུར་དུ; མི་རིང་བར;

680 Shortness, *n.* ཐུང་ཚད;

681 Shot, *n.* རྡེའུ;

682 Should, *imp.* དགོས;

683 Shoulder, *n.* དཔུང་པ; ཕྲག་པ;

684 Shout, *v.i.* སྐད་ཆེན་པོ་རྒྱབ་པ;

685 Shove, *v t.* འཕུལ་བ; (འབི་འཛག་རྒྱབ་པ; Collql.).

686 Shovel, *n.* (Sik. ཅེམ;) ཁྲེམ; འཛག་མ;

687 Show, *v.t.* སྟོན་པ; *n.* ལྟད་མོ;

688 Shower, *n.* ཆར་འབབ; འབབ་སྟངས;

689 Showery, *a.* ཆར་ལྡན; ཆར་དུས་ཀྱི; ཆར་ཟིམ་ལྷར་འབབ་པའི;

690 Showiness, *n.* ངོམས་འདོད; ངོམ་དད;

691 Showing, *n.* སྟོན་གྱིན; སྟོན་བཞིན་པ; ངོམ་གྱིན;

692 Showman, *n.* ལྟད་མོ་སྟོན་མཁན;

693 Showy, *n.* ངོམ་དད་ཅན;

694 Shrapnel, *n.* མི་སྒྲོག་གི་རྡེལ་ཤབས་ཀྱི་ནང་དུ་རྡེའུ་ཕྲན་མང་པོ་ཡོད་པ;

695 Shred, *n.* སྣེ་ཚར; རས་སྐྱུད་ཀྱི་སྣེ་ཚར; *v.t.* འདྲལ་བ; དྲལ་བ;

696 Shrew, *n.* སྐྱེ་དམན་ཁ་ཆ་པོ; སེམས་ཅན་བྱི་བ་འདྲ་པོ་ཞིག; ཨ་བྲ or ཨ་པྲ;

697 **Shrewd**, *a.* བློ་རིག་བཀྲ་པོ ; མགོ་བཀྲ་མོ ; གྲུང་བ ; གྲུང་པོ ;
གཅང་པོ ; སྤྲུང་པོ ;

698 **Shrewdly**, *ad.* གྲུང་པོ་ཉིད་དེ ; སྤྲུང་པོ་ཉིད་དེ ;

699 **Shrewdness**, *n.* གཅང་རིག ; སྤྲུང་གྲུང ;

700 **Shriek**, *v i.* སྐྱི་ངག་འདོར་བ ;

701 **Shrift**, *n.* མཐོལ་བཤགས ; མཐོལ་བཤགས་འབུལ་ལོང ;

702 **Shrike**, *n.* བྱིའུ་མཆུ་རྡོ་གུག་ཅིང་སོག་ལེའི་སོ་འདྲ་པ་ཡོད་པ་འབྲུ་
དང་བྱིའུ་ཆུང་ལ་ཤིན་དུ་འཚོ་བའི་རིགས་ཞིག ;

703 **Shrill**, *a.* སྐད་སྒྲ་ལ་འཛང་བ་ཙ་བར་གཟན་པོ ; སྐད་ཙ་བར་གཟན་
པོ ; (ཀྱུའ་སྐད་ཀྱང་ཀྱང ; Sik.).

704 **Shrimp**, *n.* ཉ་སྡིག་སྲིན ; མིའུ ; མིའུ་ཕྲུང ;

705 **Shrine**, *n.* ལྷ་ཁང ; སྐུ་གདུང་ངམ་རིང་སེལ་བཞུགས་སའི་སྒྲོམ་བུ ;

706 **Shrink**, *v.i.* འཁུམ་པ ; འཛུར་བ ; ཕྱི་ནུར་རྒྱབ་པ ;

707 **Shrinkage**, *n.* འཁུམས་ཚད ;

708 **Shrinking**, *a.* འཁུམ་བཞིན་པ ; ཕྱི་ནུར་རྒྱབ་བཞིན་པ ; འཛུར་བཞིན་པ ;

709 **Shrivel**, *v.i.* འཁུམ་པ ;

710 **Shroud**, *n.* རོ་རས ;

711 **Shrub**, *n.* (སྤྲོ་འདབ ; Sik.) སྐྱོང་བུ ; ཕོན་པོ ; ཕོན་སྐྱོང ;

712 **Shrubbery**, *n.* ཕོན་པ ; ཕོན་སྐྱོང་ལྷུམ་ར ;

713 **Shrubby**, *a.* ཕོན་པས་གང་བ ;

714 **Shrug**, *v.t.* དཔུང་གཤིག་རྒྱབ་པ ; གཤིག་པ ; བཤིག་པ ; ཤིག་པ ;

715 **Shudder**, *v.i.* འདར་བ ; ལུས་པོ་འདར་བ ;

716 **Shuffle**, *v.t.* (*prevaricate* འཛུར་བ ;) shuffle cards ཤོག་སྒྲི་བ ;
(ཕན་ཚུན་ཤུད་པ ; move).

717 Shun, *v.t.* སྤྱང་བ; འཛེམ་པ; འཛུར་བ;

718 Shunt, *v.t.* ཊྲེ་ཡི་ལམ་གཞུང་ནས་ཟུར་ལོ་དུ་སྒྱུར་བ;

719 Shut, *v.t.* ཁ་གཅོད་པ; སྦུབ་པ; སྒོ་སྒོབ,ས་རྒྱབ་པ;

720 Shuttle, *n.* སྤུན་བུ; (སོན་པ; Sik.) སྤུན་རོང; Bhut.).

721 Shy, *a.* ངོ་ཚ་ཅན; ངོ་དམར་བ;

722 Shyness, *n.* ངོ་ཿམཛར་ཚུལ; ངོ་ཚ; བག་ཚ;

723 Shylock, *n.* ཛུན་བདག་སྐྱིད་ཀ་ཅང་ཆེ་ལ་ཤ་ཚ་མེད་པར་ལེན་མཁན;

724 Siamese, *n.* ཊཱ་ཡོཾ་ལུང་པའི་མིའམ་སྐད;

725 Siberian, *n.* སཱ་ཨི་བྲཱི་རཱི་ཡུལ་པའམ་སྐད;

726 Sibilant, *a.* སྒྲ་གནས་སོ་ཅན; སྒྲ་འབྱིན་དུས་སོ་བར་ནས་སི་སྒྲ་དང་
བཅས་དེ་འདོན་དགོས་པའི་མིང་ངཾ་སྒྲའི་རིགས་ལ་ཟེར;
དཔེར་ན:—སྦྲཱི; ཟེར་བའི་མིང་ལྟ་བུའི;

727 Sibyl, *n.* ལྷ་བབ་སྲེ་དམན; མོ་མ; (རྣལ་འབྱོར་མ; Sik.)
(ཨམ་ཇོ་མོ; Bhut.).

728 Siccative, *a.* & *n.* སྨམ་ཚོན་ལ་ཐུག་རྒྱུའི་སྐེམ་བྱེད་ཀྱི་རྫས;

729 Sice, Syce, *n.* ཆིབ་དཔོན; རྟ་གཡོག; (ཨ་རྡུང་པ; Bhut.)

730 Sick, *a.* ནད་པ; ན་བ; ཁྲོ་འཚལ་བ; (སྙུང་བ; སྙུན་ཐེབས;
Hon)

731 Sicken, *v.i.* ན་བཙུག་པ; ན་རྩ་འཛུག་པ;

732 Sickish, *a.* ཙུང་ཟད་ན་བ; ན་བ་ལྟ་བུ;

733 Sickle, *n.* ཟོར་བ;

734 Sickly, *ad.* ནད་གཅོང་ཅན; ནད་བུ་ཅན;

735 Sickness, *n.* ན་ཚ; ནད; (སྙུང་གཞི; Hon.).

736 Side, *n.* ཟུར; ལོགས; གཞོགས; ཕྱོགས; *v.i.* ཕྱོགས་སུ་འགྱུར;

737 Sidereal, *a.* སྐར་མའི་སྐོར; སྐར་མའི་འཁྲིས་ལས་གཞལ་བ;

738 Sideways, *ad.* ཟུར་བཙུས་ནས; ཟུར་བསྒྱུར་ནས; ཟུར་ལོགས་སུ;

739 Siding, *n.* ཟུར་ལམ; རེ་ལེའི་བཟུར་ལམ;

740 Sidle, *v.i.* (Sik. ཟུར་བརྒྱུད་རྒྱབ་སྟེ་འགྲོ་བ;) གུས་ཚུལ་ཡི་འཛིགས་ཚུལ་གྱིས་ཟུར་འགྲོས་བྱེད་པ;

741 Siege, *n.* དཔུང་གིས་བསྐོར་ཞུགས;

742 Sieve, *n.* ཚག་མ; (བསྲིགས་མ; Sik.) (དར་ཚག;) ཁྲོལ་མ;

743 Sift, *v.t.* དར་ཚག་རྒྱབ་པ; ཚག་མའི་ནང་ནས་བཙག་པ; འཚག་པ;

744 Sigh, *v.i.* དབུགས་རིང་ཕྱིར་བ; *n.* དབུགས་རིང;

745 Sight, *n.* མིག་གི་དབང་པོ; མཐོང་ས; མཐོང་བའི་ནུས་པ; མཐོང་རྒྱ; ལྟད་མོ; མཐོང་ས;

746 Sighted, *a.* ཚོ་དཔག་པ; མེ་མདའ་ཚོ་དཔག་རྒྱུའི་ཆས་དང་ལྡན་པར་བྱེད་པ;

747 Sightless, *a.* མིག་དང་མ་ལྡན་པ; ཞ་ར; ཞར་ར; ལོང་བ; ལྡོང་བ; (ལོང་ང; Collql.)

748 Sightly, *a.* ལྟད་མོར་འོས་པ;

749 Sign, *n.* རྟགས; མཚན་མ; བརྡ;

750 Signal, *n.* བརྡའ; བརྡ;

751 Signalize, *v.t.* བརྡ་ཡིས་མཚོན་པ; ངོ་སོ་འདོན་པ; རྟའ་འདོན་པ;

752 Signally, *ad.* མིག་སྟོས་སུ་ཕན་པར;

753 Signature, *n.* མིང་རྟགས; ལག་རྟགས; རང་གི་མིང་ཡིག་རང་གིས་བྲིས་པ་ལ་ཟེར;

754 Sign-board, *n.* ཤིང་བྱང; མིང་བྱང; སྒོ་ཡིག; སྒོ་བྱང;

755 Signet-ring, *n.* ཐིའུ་ཡོད་པའི་སོར་གདུབ; མིང་རྟགས་ཡོད་པའི་སོར་གདུབ;

756 Signet, *n.* ཐེའུ; ཐེ་ཙེ; (ཐེའུ་ཚུང; or ཉང་ཐུ) དཾ་ཕྱག; ཐཾ་ཀ; ཕྱག་དཾ;

757 Signification, *n.* དོན;

758 Significant, *a.* (Bhut. དོད་པ་དབྱེར་པོ;) དོར་པོ; གསལ་པོ; དོན་ཅན;

759 Significantly, *ad.* (ཧྲམ་ག་ཡེར་དོད་པོར; Bhut.) གསལ་བར; also གསལ་པོར;

760 Signify, *v.t.* དོན་མཚོན་པ; དོན་བཤད་པའམ་འཆད་པ; ངེས་ཚིག་རྗོད་པ;

761 Signor, *n.*
762 Signora, *n.*
763 Signorina, *n.*
ཨི་ཊ་ལི་པའི་སྐད་དུ་སྐུ་གཞོགས་ལགས་ལྕམ་སྐུ་གཞོན་ཡང་སྲས་མོ་ལགས་ཞེས་ཞུས་པའི་དོད་དོ;

764 Silence, *n.* ཁ་རོག; སྐད་ཅང་མེད་ལུགས; ཁ་བཅམ; ཁུ་སིམ;

765 Silent, *a.* ཁ་རོག; ཁ་བཙུམ; ཁུ་སིམ་མེ;

766 Silently, *ad.* ཁ་རོག་པར; (ཁུ་སིམ་མེར;) (ཁུ་སིམ་སིམ; Collql.).

767 Silenus, *n.* མི་གཤན་ར་བཞི་སྐྱུར་གོང་ཅན;

768 Silesia, *n.* དར་རས; རས་སྲབ་མོ;

769 Silhouette, *n.* འདྲ་པར་གདོང་ཕྱེད་ཕྱོགས་ནས་བྲིས་པ; གདོང་ཕྱེད་ཀའི་དབྱིབས་ཀྱི་རི་མོ;

770 Silk, *n.* དར; གོས་ཆེན;

771 Silken, *a.* དར་གྱི; གོས་ཆེན་གྱི;

772 Silky, *a.* དར་ལྟ་བུ;

773 Sill, *n.* སྒོ་ཐེམ; སྒོ་ཁྲང་གི་མ་ཐེམ; ཐེམ་སྟེགས; མ་ཐེམ;

774 Sillily, *ad.* གླེན་པ་བཞིན་དུ; རྨོངས་པ་བཞིན་དུ; ལྐུན་པའི་ཚུལ་གྱིས;

775 Silliness, *n.* ལྐུན་རྨོངས; གླེན་དྲགས; ལྐུན་དྲང; ཀླུག་དྲང;

776 Silly, *a.* བླུན་པོ་; གླེན་པ་; (ལྐུགས་པ་; Collql.).

777 Silt, *n.* ཆུ་ཀླུང་སོགས་ཆུ་ཡི་གཏིང་ན་ཆགས་པའི་འདམ་སྙིགས་;

778 Silvan, *a.* ནགས་ཚལ་གྱི་; ནགས་ཀྱི་;

779 Silver, *n.* དངུལ་;

780 Silvery, *a.* དངུལ་ལྟ་བུ་;

781 Similar, *a.* (འདྲ་པོ་; Sik.) འདྲ་བ་; གཅིག་པ་;

782 Similarity, *n.* འདྲ་ཚུལ་; འདྲ་ལུགས་; གཅིག་ལུགས་;
(ཅོག་ཐེག་ལུགས་; Bhut.) (ཅོག་ཐེག་པ་; Bhut.).

783 Simile, *n.* འདྲ་དཔེ་; ཚིག་གི་འདྲ་དཔེ་; དཔེ་;

784 Similitude, *n.* དཔེ་; འདྲ་ལུགས་; མཉམ་;

785 Simmer, *v.i.* ཆུ་འཁོལ་བ་; ཆུ་ཚན་འཁོལ་བ་; འཁོལ་བ་;

786 Simper, *v i.* ཚེ་མེད་པའི་འཛུམ་སྟོན་པ་; ཆགས་ཉམས་བཅས་པའི་
འཛུམ་དམུལ་བ་;

787 Simple, *a.* རྐྱང་པ་; (འདུས་མ་བྱས not compound);
(of persons གཡོ་སྒྱུ་མེད་པ་; རྒྱུད་གཞི་དྭང་པོ་);
རྒྱུ་གཉིས་དྭང་པོ་;

788 Simplicity, *n.* མ་བཅོས་; སྤྲོས་པ་མེད་ལྷུག་; དྲང་ལྷུག་;

789 Simplification, *n.* གོ་སླ་པོ་བཅོས་པ་ཉིད་; གོ་བདེར་བྱེད་པའི་བྱ་བ་;

790 Simplify, *v.t.* གོ་སླ་མོ་བཟོ་བ་; གོ་བདེ་བར་བྱེད་བ་;

791 Simply, *ad.* ཤ་སྟག་; ཤ་དག་; ཁ་རྐྱང་; རྐྱང་རྐྱང་; འབའ་ཞིག་;
ལས་སླ་མོར་; འཇམ་ཤུག་གེར་;

792 Simulate, *v.t.* ཡིན་རྫུ་བྱེད་པ་; རྫུ་བ་;

793 Simulation, *n.* འདྲ་མ་; རྫུ་; རྫུན་;

794 Simultaneous, *a.* གཅིག་ཅར་; མཉམ་དུ་; སྐད་ཅིག་དུ་; ཅིག་ཅར་;
དུས་མཉམ་;

795 Simultaneously, *ad.* གཅིག་ཅར་དུ་; མཉམ་དུ་; དུས་མཉམ་དུ་;

796 Sin, *n.* སྒྲིབ་པ; སྡིག་པ; ཉེས་པ; ལྟུང་བ; སྐྱོན;

797 Since, *ad.* དེ་ནས་བཟུང་སྟེ; དེ་ཚུན; དེས་ན; དེའི་ཕྱིར་དུ;

798 Sincere, *a.* ཁ་ཞེ་མེད་པར་དྲང་པོ; དྭང་བ; དྲང་པོ; ཉོ་ཚིག་ཅན;

799 Sincerity, *n.* དྲང་ཚུལ; དྲང་ཡུར; ཁ་ཞེ་མེད་ལུར; དྭང་བ་ཉིད;

800 Sincerely, *ad.* ཁ་ཞེ་མེད་པར; སྙིང་གི་སྡིངས་ནས; དྭང་བས;

801 Sine, *n.* དཀར་ལས་མེད་པའི་གོ་ས་བདག་སྐྱེམ;

802 Sinew, *n.* རྩ་རྒྱུས; རྩ་བ;

803 Sinewy, *a.* རྩ་ཁྲབ་ཁྲབ; རྩ་འདར་ར་འབུར; ཐང་པོ;
གཟུགས་པོ་ཐང་པོ; སྟོབས་ལྡན;

804 Sinful, *a.* སྡིག་པ་ཅན; སྡིག་ཅན;

805 Sinfully, *ad.* སྡིག་ཆེན་བྱས་དེ; སྡིག་པ་བྱས་ནས;

806 Sinfulness, *n.* སྡིག་པ; ཉེས་པ; སྐྱོན་སྒྲིབ; ཉོན་སྒྲིབ;

807 Sing, *v.i.* གླུ་ལེན་པ; གླུ་བླང་བ;

808 Singe, *v.t.* མེ་ར་ཤུར་གཏོང་བ; མེ་གཞོབ་གཏོང་བ; བཤུར་བ;
མེ་ཡིས་ར་ཤུར་བ;

809 Singer, *n.* གླུ་མཁན; གླུ་གཏོང་མཁན; གླུ་ལེན་མཁན;
(གླུ་དཔོན; Sik.)

810 Singing, *n.* གླུ; གླུ་ལེན;

811 Single, *a.* རྐྱང་པར; རྡོག་པོ་གཅིག; གཅིག་ཀྱེར; གཅིག་པུར;
གཅིག་ཀ; རེ་རེ; གཅིག་པོ;

812 Singleness, *n.* གཅིག་ཀྱེར་ཡིན་ཚུལ;

813 Singly, *ad.* རེ་རེ་བཞིན; གཅིག་པུར;

814 Sing-song, *n.* གླུ་ས་དབྱངས; གླུ་དབྱངས་མི་སྙན་པ;

815 Singular, *a.* ཕྱི་དང་མི་འདྲ་བ; གཅིག་རྐྱང; གཅིག; ཡ་མ་ཟུང;
ཁྱད་པར; ཁྱད་ཆོས;

816 Singularity, *n.* སྤྱི་དང་མི་འདྲ་བའི་རང་བཞིན; སྤྱི་དང་མི་འདྲ་ལུགས;
ཁྱད་མཚར་ལུགས;

817 Singularly, *ad.* སྤྱི་དང་མི་འདྲ་བ་བྱེད་དེ; ཁྱད་པར་དུ; བྱེ་བྲག་ཏུ;

818 Sinister, *a.* (of heraldry གཡོན;. གཡོན་ཕྱོགས); ལྟས་ངན་པོ;
གཡོན་ཅན; གཡོ་ཅན; གཡོ་སྒྱུ་ཅན;

819 Sink, *v.i.* ནུབ་པ; ཆུ་གཏིང་འབྱིང་བ; འབྱིང་བ;

820 Sinless, *a.* སྡིག་མེད;

821 Sinlessness, *n.* སྡིག་པ་མེད་ཚུལ;

822 Sinner, *n.* སྡིག་ཅན;

823 Sinuous, *a.* ཡང་ཡོང་ཅན; འབྱུར་ཀྱོང་ཅན; ཕྱི་བཅུས་ནང་བཅུས་
ཅན; འབར་འབུར་ཅན; བཅུས་པ; འཆུས་པ;

824 Sip, *v.t.* ཧུབ་པ; ཧུབ་ཀྱིས་སྐྱོར་བ; ཧུབ་ཆུང་ངུས་བཏུང་བ;
ཧུབ་ཀྱིས་འཐུང་བ;

825 Sir, *n.* སྐུ་གཞོགས; གཙོ་བོ; ཇོ་བོ; ཇོ་བོ་ལགས; སྐུ་ཞབས;
སྐུ་ཞོགས;

826 Sire, *n.* ཕ; (Hon. ཡབ་ཆེན;) ཇོ་བོ; ཇོ་ཇོ;
(ལྷ; in addressing a king)
(ཨ་བྲིང; Sik. Lepcha).

827 Siren, *n.* དྲི་ཟའི་བུ་མོ་ལྷ་བུ་ གཟུགས་མཐོང་སྐད་ཐོས་པ་ ཅས་ཀྱིས་
སྐྱེས་པ་རྒྱོས་སུ་ ནུས་པའི་ སྒྲ་འབྱིད་ ཅན་མ;
མཚོ་སྨན་མོ; ཡིད་འཕྲོག་མ; འཇོ་སྒེག་མ;

828 Sirius, *n.* བྱང་སྐར; བྱང་གི་སྐར་མ་ཁྲི་ཐོད;

829 Sirloin, *n.* ཀང་གཟུག་གི་ཤ་རྡོག; ཀང་གཟུག;

830 Sirrah, *n.* ཁོ་རེ; ཀྭ་སེ; ལྦ་ཡེ;

831 Sirup, *n.* མངར་རྩི; སྦྲང་རྩིའི་ཁུ་བ;

832 Sister, *n.* སྲིང་མོ; (Hon. མཆེད;)
(Elder ཨ་ཅེ; Younger ནུ་མོ;)

833 Sisterly, *a.* སྲིང་མོ་ལྟ་བུ;

834 Sit, *v.i.* སྡོད་པ; (Hon. བཞུགས་པ;)

835 Sitter, *n.* སྡོད་མི; (བཞུགས་མི; Hon.)

836 Site, *n.* མལ; ས་ཆ; གནས;

837 Sitting, *n.* སྡོད་ཐོག; སྡོད་ཐང; སྡོད་སྟངས; ལྷན་རྒྱས་ཚོགས་པ;

838 Situated, *a.* གནས་པ;

839 Situation, *n.* སྡོད་གནས; གོ་གནས; གོ་ས; ས;

840 Six, *a.* དྲུག;

841 Sixpence, *n.* ཨ་ན་དྲུག; ཨིན་ཇིའི་དངུལ་ཏཾ་རྒྱ་གར་དུ་ཨ་ན་
དྲུག་གི་དོད;

842 Sixpenny, *a.* ཨ་ན་དྲུག་གི་དངུལ་ཤིག;

843 Sixteen, *a.* བཅུ་དྲུག;

844 Sixteenth, *a.* བཅུ་དྲུག་པ;

845 Sixth, *n.* དྲུག་པ;

846 Sixthly, *ad.* དྲུག་པར;

847 Sixtieth, *a.* དྲུག་ཅུ་པ;

848 Sixty, *a.* དྲུག་ཅུ;

849 Size, *n.* ཁྱོན; སྦོམ་ཆུང; ཚད; བོང; ལུས་ཚད; ཆེ་ཆུང;
བོང་ཚད; and བོང་ཚོད;

850 Sizing, *n.* བོང་ཚད་དང་བསྟུན་ཏེ་གཞིབས་ལུགས; (ཚད; ཁྱི;
བོང; ཏཾ་ཙེ; སྦྱོར་ཙེ;) གཅིར་ཚང་ནས་ཐོབ་རྒྱུའི་
བཟར་བཏུང་གི་ཚད; དངོས་གནས;

851 Skate, *n.* ཀྱཾ་མཐིལ་དུ་འདོགས་རྒྱུ་འཁོར་ལོ;

852 Skein, *n.* སྐུད་པའི་རྡོག་པ;

853 **Skeleton,** *n.* ཀེང་རུས; (རུས་པའི་གྲོས; Sik.).

854 **Sketch,** *n.* ཁྲབ་རིས; བཀོད་པ; ཟུར་ཙམ་བསྒྲུ་བ; རི་མོ; རིས;
བཀོད་རིས; སྟོས; སྤྲི་སྤྲོས;

855 **Sketchy,** *a.* ཁྲབ་བཟོ་འདྲ་པོ; ཁྲབ་རིས་ལྟ་བུ;

856 **Skewer,** *n.* (ཟན་སྦྱུ; Sik.) སྐྱུ་བ; ཤ་བརྡུགས་ནས་སྲེག་པའི་
ལྕུགས་ཀྱི་སྐྱུ་བ;

857 **Skid,** *n.* གྲུ་གཟིངས་ཀྱི་ཡོང་སྲུ་ཤིང་ཆ་འདོར་ནས་གཏོད་སྐྱོན་
སྐྱུང་བྱེད;

858 **Skiff,** *n.* གྲུ་ཆུང;

859 **Skilful,** *a.* མཁས་པོ; ཐབ་ཤེས་པ; སྐྱེམ་པོ; སྐྱུང་པོ;
འབྱོངས་པོ;

860 **Skilfulness,** *n.* སྐྱུང་བ; སྐྱེད་ལུགས; རྩལ་འབྱོང་ལུགས; གྲུང་བ;
གྲུང་ལུར;

861 **Skilfully,** *ad.* སྐྱུང་པོ་བྱེད་དེ; སྐྱེན་པོར;

862 **Skill,** *n.* ཐབས; སྐྱུང་རིག; སྒྱུ་རྩལ; རྩལ;

863 **Skilled,** *a.* རྩལ་འབྱོངས་པོ;

864 **Skim,** *v.t.* ཁ་ནས་གཡམ་པ; དར་ཁ་འཕྱུག་པ; བཞམས་པ;

865 **Skimmer,** *n.* དར་ཁ་གཡམ་རྒྱུའི་ལག་ཆ; སྤྲིས་མ་སོགས་བཞམས་
པའི་ལག་ཆ; སྐྱོགས; གཟར་བུ;

866 **Skin,** *n.* པགས་པ; ཀོ་བ;

867 **Skinned,** *a.* པགས་པ་ཅན; ཀོ་བ་ཅན; ཤུན་ཅན;

868 **Skinny,** *a.* ཀོ་བ་འདྲ་པོ; ཀོ་བ་ཅན; པགས་པ་ཅན; ཤ་སྐམ་པོ;

869 **Skip,** *v.i.* རྒྱུང་རྒྱུང་མཆོང་བ; ཐག་མཆོང་རྒྱབ་པ; མཆོང་བ;

870 **Skirmish,** *n.* དམག་མི་ཐ་རེ་ཐོ་རེ་བྱས་དེ་ལག་སྦྲད་པ;
དམག་འཐབ་ཆུང་དུ;

871 Skirmishing, *n.* འཁྲུག་ལག་སྤྲད་པའི་མགོ་འཛུག་མི;

872 Skirt, *n.* གོས་མཐའ; གོས་སྨད; ཐུབ;

873 Skittish, *a.* འགྱུར་ལྡོག་ཅན; (མལ་མེད; ཚོ་མེད; Bhut. & Sik.)
ཇབ་ཆུང; བག་མེད; འཆལ་པ;

874 Skulk, *v.i.* ཕྱི་ནུར་རྒྱབ་པ; ལམ་གཟུར་བ; འཛུར་བ; ཡིབ་པ;
གབ་པ;

875 Skull, *n.* ཀ་པ་ལ; ཐོད་པ;

876 Sky, *n.* ནམ་མཁའ; གནམ; ཀུན་གསལ;

877 Slab, *n.* གར་པོ; འདམ; རྡོ་ལེབ;

878 Slabber, *v.i.* མཆིལ་མ་ཐོར་བ;

879 Slack, *a.* ལྷོད་ལྷོད; དཾ་བཀྲིག་བཀྲིག་མིན་པ;

880 Slacken, *v.i.* & *v.t.* ལྷོད་པ; ལྷོད་ལྷོད་གཏོང་བ; གློད་པ;

881 Slackness, *n.* ལྷོད་པ་ཉིད; ལྷོད་སྟངས;

882 Slag, *n.* ལྕགས་སམ་ཟངས་སོགས་ཞུན་འཁོལ་བའི་འཚོག་རོ་རྡོག;

883 Slaggy, *a.* ལྕགས་རོ་འདྲ་པོ;

884 Slake, *v.t.* ཁ་སྐོམ་བསོད་པ; ངོམ་བསོད་པ; ཁ་ངོམ་པར་བྱེད་པ;

885 Slam, *v.t.* སྒོ་འཕར་རྡེག་པ; སྒོ་ཤུགས་ཀྱིས་གཅད་པ;

886 Slander, *n.* སྐྱད་ར་བརྗོད་པ; ཕྲ་མ;

887 Slanderous, *a.* ཕྲ་མའི་ཉེ་པ་ཅན;

888 Slang, *a.* སྐད་ཟུར་ཆག; མི་ནག་ཕལ་པའི་སྐད; ཕལ་སྐད;
གྲོང་སྐད; ཟུར་སྐད;

889 Slant, *a.* ཕྱེད་སྐྱལ་ཅན; སེར་ཁར; ཕྱེད;

890 Slantingly, *ad.* ཕྱེད་སྐྱལ་དུ; ཡོན་པོར; ཕྱེད་ལ; ཕྱད་དུ;

891 Slap, *n.* འགྲམ་ལྕག; (ཐལ་ལྕག; Sik.).
v.t. ཐལ་ལྕག་ཕུས་པ; འགྲིམ་ལྕག་ཕུས་པ;

892 Slash, *v.t.* གྲིས་བྲེག་པ; གྲི་དབྱུག་ནས་གཙད་པ;

893 Slate, *n.* རྡོ་ཏིའི་བྱང་ཤིང; རྡོ་ཤོག; ཀྱ་མ; རྡོ་ལེབ;

894 Slating, *n.* རྡོ་ཤོག་གི་ཁྲོག་འགེབས་པ་ཉིད; རྡོ་ལེབ་ཀྱིས་ཁྲོག་
འབུབས་པའི་བྱ་བ;

895 Slattern, *n.* བུད་མེད་རང་ལུས་ཀྱི་བྱི་དོར་ཙམ་མི་ནུས་པ;

896 Slaty, *a.* ཀྱ་མ་ལྟ་བུ: རྡོ་ལེབ་ཅན; རྡོ་ལེབ་ལྟ་བུ; རྡོ་ནག་གི་
རྡོ་ཤོག་ཅན;

897 Slaughter, *n.* ཤི་གསད;

898 Slave, *n.* ཁོལ་པོ; བྲན་ཁོལ; བྲན; ཁོལ་བྲན; (གྱོ་བོ; Bhut.)

899 Slaver, *n.* ཁོལ་པོ་ཉོ་འཚོང་བྱེད་པའི་གྲུ་གཟིངས; མཆིལ་མ;
v.t. མཆིལ་མ་འཁྲོར་བ;

900 Slavery, *n.* བྲན་ཁོལ་བསྐྱོན་པའི་སྲོལ; ཁོལ་པོ་འཁོལ་བའི་སྲོལ;
བྲན་འཁོལ་སྲོལ;

901 Slavish, *a.* བྲན་ཁོལ་ལྟ་བུ;

902 Slavishly, *ad.* བྲན་ཁོལ་ལྟ་བུར;

903 Slay, *v.t.* གསད་པ; གསོད་པ; (བཀྲོང་བ; Hon.—used when
speaking of slaying a respectable person).

904 Slayer, *n.* གསད་མཁན; གསོད་པ་པོ; བཀྲོང་མི;

905 Sled, *n.* གངས་ཀྱི་ཁྲོག་རྒྱུག་རྒྱུའི་ཤིང་རྟ;

906 Sledge, *n.* ཁྲོ་ཆེན; ཁྲོ་བ་ཆེན་པོ; ཁ་བའི་སྟེང་དུ་རྒྱུ་བའི་ཤིང་རྟ;

907 Sleek, *a.* སྦྲུམ་ཚུར་ཚུར; སྦྲུབ་ཚུར་རེ་བ; སྦྲུཾ་པོ;

908 Sleep, *n.* & *v.i.* (*n.*) གཉིད; *v.t.* ཉལ་བ; གཉིད་ཉལ་བ; གཉིད་ཁུག་པ;
གཉིད་ལོག་པ;

909 Sleeper, *n.* གཉིད་ཉལ་མཁན; ཉལ་མཁན; གཉིད་ལོག་མཁན;

910 Sleepiness, *n.* གཉིད་བྲོ་བའི་ཚུལ; གཉིད་བྲོ་ལུགས; གཉིད་འདོད་ལུགས;

911 Sleeping, *a.* གཉིད་ཉལ་ཞིང་ཡོད་པ; ཉལ་གྱིན; ཉལ་བཞིན་པ;

912 Sleepy, *a.* གཉིད་བྲོ་བ; གཉིད་ཅན; གཉིད་གཡུར་བ; གཉིད་འདོད་པ;

913 Sleet, *n.* གངས་ཀྱི་བལ་འདབ་རླུང་གིས་བདས་ཡོང་བ; གངས་ཆར; ཁ་ཆར; ཁ་བ་དང་ཆར་པ་མཉམ་དུ་འབབ་པ;

914 Sleeve, *n.* ཕུ་དུང; ཕུ་ཐུང; (ཕུ་ལུང; Sik. & Bhut.).

915 Sleigh, *n.* ཁྱག་རོམ་ཐོག་འདྲེན་རྒྱུའི་ཤིང་རྟ; ཁྱག་པའི་ཐོག་ཁར་འདྲེན་པའི་ཐེག་པ;

916 Sleight, *n.* འཁྲུག་སྟབས; སྒྱུ་རྒྱུ;

917 Slender, *a.* ཕྲ་མོ; ཕྲ་བ; ཕྲ་པོ;

918 Slenderly, *ad.* ཕྲ་མོ་བྱེད་དེ;

919 Slenderness, *a.* ཕྲ་ཚུལ; ཕྲ་བ་ཉིད; ཕྲ་ལུགས;

920 Slice, *v.t.* ལེབ་ལེབ་དུ་འབྲེག་པ; དུམ་བུར་གཏུབ་པ; གཏུབ་པ;

921 Slide, *v.i.* འདྲེད་འདག་རྒྱབ་ནས་འགྲོ་བ; འདྲུད་དག་ཤོར་བ; འདྲེད་པ;

922 Sliding, *n.* འདྲེད་འདག་ཤོར་བཞིན་པ; འདྲེད་བཞིན་པ;

923 Slight, *a.* ཕྲན་བུ; ཅུང་ཟད; ཉག་ཕྲ; ཤ་སྐམ་པོ; (སྐུ་ཤ་སྐམ་པོ; Hon.—when applied to a person of slight build).

924 Slightly, *ad.* ཕྲན་བུར; ཕྲན་བུ་ཕྲན་བུར; ཅུང་ཟད་ཅུང་ཟད;

925 Slightness, *n.* ཉག་ཕྲ་ལུགས; ཕྲ་ལུགས; ཤ་སྐམ་ལུགས;

926 Slily, *a.* གཅང་པོ་བྱེད་དེ; གཡོ་སྒྱུའི་སྒོ་ནས;

927 Slim, *a.* ཕྲ་རིལ་རིལ་; ཕྲ་མོ་; ཤ་སྐམ་པོ་; ཕྲ་བ་; ཕྲ་པོ་; (ཕྲ་སང་སང་; Sik.).

928 Slime, *n.* རྫ་; རྫ་ས་; འདམ་; འདམ་བག་;

929 Slimy, *a.* རྫ་ས་ཡིས་གང་བ་; འདམ་བག་ཅན་; (འདམ་ཉིར་ཉིར་; Sik.).

930 Sling, *n.* ཨུར་རྡོ་; སྒུ་རྡོ་; ཨུར་རྡོ་འཕེན་བྱེད་ཀྱི་ཐག་པ་;

931 Slink, *v.i.* ཤུད་པ་; ཤུད་དེ་གབ་སྟེ་ཕྱི་ནུར་རྒྱབ་སྟེ་འགྲོ་བ་; *v.t.* ཕྲུག་ཆུང་ཀྱི་མངལ་ལྷུགས་པར་བྱེད་པ་;

932 Slip, *v.i.* འདྲེད་འདག་ཤོར་བ་; ཉུད་རྒྱབ་པ་; འདྲེད་པ་;

933 Slipper, *n.* ཧད་; ལྷམ་གོག་ཧད་;

934 Slippery, *a.* འདྲེད་འདག་ཤོར་ཉེན་ཅན་; སྨུཾ་ཧུས་ཧུས་;

935 Slipshod, *a.* ཧད་ལྷམ་གོན་པའི་; ལྷམ་ཡུ་རིང་པར་བརྡུགས་པའི་ཧད་ལྷམ་གྱོན་པ་;

936 Slit, *v.t.* དྲལ་བ་; བཀས་པ་; འགེས་པ་; གཤོག་པ་; གཤག་པ་;

937 Sliver, *n.* ཚལ་པ་; དུམ་བུ་རིང་མོ་; གཤགས་མ་; *v.t.* གཤག་མར་གཤག་པ་;

938 Slobber, *v.i.* ཁ་ཆུ་ཟུད་པ་; ཁ་སྣ་ནས་མཆིལ་རྫབས་ཟུད་པ་;

939 Sloop, *n.* གྲུ་གཟིངས་དར་ཤིང་གཅིག་རང་གཅིག་བཅས་པ་;

940 Slop, *n.* ཆུ་ཉག་ཉིག་; ཐབ་ཚང་ནང་སྐྱོད་སོགས་བཤལ་བཀྲུ་བྱེད་པའི་ཆུ་སྙོག་;

941 Slope, *n.* ཐུར་; ཐུར་ཐུག་ཡིན་པ་ལ་དྲང་ཚུགས་སུ་མིན་པར་སེར་ཁར་རི་དབྱི་གཡལ་ཆགས་པ་; *v.t.* དབྱི་ཞལ་འབབས་པ་; Sik. *v.i.*). འབབ་གཞོལ་;

942 Sloping, *a.* དབྱི་ཞལ་ཆགས་པ་; ཐུར་སེག་གྲམ་སུ་ཐོགས་པའི་; འབབ་བཞོལ་དུ་ཆགས་པ་;

943 Slopingly, *ad.* — དཔྱི་ཞལ་དུ; Sik. སག་དྲས་སུ; བྲར་ལ; (ཞོང་ངེར; Colql.). འབབ་གཞོལ་དུ;

944 Slot, *n.* — འཕྲུལ་འཁོར་སོགས་ཀྱི་ནང་དུ་ལྦ་ཤུར་གཏོན་ནས་ཡོད་པ་དེའི་ནང་དེའི་ཆ་ལྷག་གཞན་འགྲིག་ཏུ་ཡོད་པའི་ལྦ་ཤུར; ཤ་བའམ་ཁ་ཤའི་རྐང་རྗེས་ཀྱིས་མཚོན་པའི་ཤ་ལམ;

945 Sloth, *n.* — ལེ་ལོ; སྙོམ་ལས;

946 Slothful, *a.* — ལེ་ལོ་ཅན;

947 Slothfully, *ad.* — ལེ་ལོ་བྱས་ནས;

948 Slothfulness, *n.* — ལེ་ལོ་ཆེ་ཚུལ; ལེ་ལོའི་དབང་དུ་སོང་ཚུལ; ལེ་ལོ; སྙོམ་ལས;

949 Slouch, *v.i.* — གུག་སྒེ་འགྲོ་བ; གུག་གུག་བྱེད་པ; འདུད་པ;

950 Slough, *n.* — (འདམ་འཛེར; Sik.) འདམ་རྦུག; འདམ་རྫབ་ཅན; སྦྲུལ་གྱིས་དོར་བའི་པགས་པོ;

951 Sloven, *n.* — རང་གི་ལུས་ཀྱི་གོས་ཀྱི་བྱི་དོར་གཙེས་སྲུས་མི་བྱེད་མཁན;

952 Slow, *a.* — བུལ་པོ; ལྷོད་ལྷོད; ནོབ་ནོབ; ག་ལེ་བ; མགྱོགས་པོ་མིན་པ; (གོབ་པོ;) (གོབ་གོབ; Sik.).

953 Slowly, *ad.* — ག་ལེ་ག་ལེ; གོབ་པོ་བྱེད་དེ; (བུལ་བར; classical).

954 Slowness, *n.* — ལྷོད་ཆ; གོབ་ལུགས; ནོབ་ལུགས; ལྷོད་ལུགས; བུལ་བ;

955 Slub, *n.* — བལ་འཁལ་རྒྱུའི་ཆེད་དུ་བཙུས་ཙམ་བྱེད་དེ་བཞག་པ་གང; བལ་འདབ་བཙུས་མ;

956 Slubber, *v.t.* — ལས་ཀ་ཉུར་མི་དག་པར་གང་བྱུང་བྱེད་པ;

957 Sludge, *n.* — འདམ་རྫབ་གར་པོ;

958 Slug, *n.* མི་མདའི་རྡེའུ་བཟོ་དབྱིབས་རིལ་རིལ་མ་ཡིན་པ;

959 Slug, *n.* འབུ; འབུ་ཕྱི་ལོགས་སྦུ་ཕྱི་སྐོག་མེད་པ་ཞིང་ལྡུང་དང་སྨུ་གུ་སོགས་ལ་ཤིན་ཏུ་གཟན་པོ་དག་ལ་ཟེར;

960 Sluggard, *n.* མི་ཉོབ་ཉོབ; ལེ་ལོ་ཅན; མི་གོབ་གོབ; མི་བྲུལ་པོ;

961 Sluggish, *a.* འགྱུལ་སྐྱོད་མི་ནུས་པ; སྤོབས་ཤུགས་མེད་པ;

962 Sluggishness, *n.* འགྱུལ་སྤོབས་མེད་ལུགས;

963 Sluice, *n.* ཆུ་སྒོ; ཆུ་ཡུར་གྲི་ཀ;

964 Slum, *n.* གྲོང་ཁྱེར་ཆེན་པོའི་ནང་དུ་ལམ་མམ་སྤྱང་གག་བཙོག་པ;

965 Slumber, *v.i.* གཉིད་ཐུང་ཙམ་ཁུག་པ; གཉིད་ཧྲིབ་ཙམ་ཁུག་པ;

966 Slunk, *pp.* of slink. གཟུར་ནས་བྱིན་པ;

967 Slur, *v.t.* ནག་པོ་བཟོ་བ; མེད་པ་བྱེད་པ; ཞབས་འདྲེན་ཞུ་བ; སྨེད་པ;

968 Slut, *n.* བྲུད་མེད་རང་ལུས་ཀྱི་གོས་ལ་གཙེས་སྤྲས་དང་བྱ་དོར་མི་ནུས་པ;

969 Sly, *a.* གཅང་པོ; གཡོ་སྒྱུ་ཅན; གཡོན་ཅན;

970 Slyly, *ad.* གཡོ་སྒྱུ་བྱས་ནས;

971 Slyness, *n.* གཡོ་སྒྱུ;

972 Smack, *v.i.* & *v.t.* ཀན་སྐྲ་ཐག་ཐག་འབྱིན་པ; (འོ་སྐྱེལ་བ; ཁ་སྦྱར་བ; to kiss) (རོ་མྱང་བ; བྲོ་བ་མྱང་བ; to taste).

973 Small, *a.* ཆུང་ཆུང;

974 Smallness, *n.* ཆུང་ཚད;

975 Smalt, *n.* ཤེལ་སྔོན་པོ་ཞིག;

976 Smart, *adj.* གྱུང་པོ; མགོ་བདེ་པོ;

977 Smartly, *ad.* གྱུང་པོ་བྱས་ཏེ; མགོ་བདེ་པ་བྱས་ཏེ;

978 Smartness, *n.* གྱུ; མཆོར་ལྡུར; སྤྱང་བ; གྲུང་བ; སྤྱང་གྲུང;

979 Smash, *v.t.* རྡུག་རྡུག་གཅོག་པ; དུམ་བུར་བསིལ་བ;
ཐལ་བར་རློག་བ;

980 Smatter, *v.i.* ཁ་རིག་རྒྱབ་པ; *n.* ཤེས་བྱའི་གདིང་ཚོད་མ་ཡོན་པའི་
ཁ་ཟད;

981 Smattering, *n.* ཡོན་ཏན་མཐར་ཕྱིན་རང་མེད་པའི་ཁ་ཐད;

982 Smear, *v.t.* འབྱུག་པ; སྐུ་བ; བསྐུ་བ;

983 Smell, *v.t.* དྲི་སྣོམ་པ; སྣོམ་པ;

984 Smelt, *v.t.* ཞུན་བཞུ་བ་ལ་ཟེར; ཞུག་རྒྱབ་པ;
ལིའི་ཁྲི་ལྷ་བྲུ་ཞུར་དུ་བཀོལ་བ་ལ་ཟེར;

985 Smile, *v.i.* འཛུམ་སྟོན་པ; འཛུམ་པ; འཛུམ་དམུལ་བ;

986 Smilingly, *ad.* འཛུམ་དམུལ་ལེར; (འཛུམ་མེ་རེ; Sik.).

987 Smite, *v.t.* རྡེག་པ; རྡུང་བ; གསོད་པ;

988 Smith, *n.* མགར་བ;

989 Smithy, *n.* མགར་ཚང;

990 Smock, *n.* ནང་གོས་ཤ་སྦྲར; བུད་མེད་ཀྱི་འོག་འཇུག;
སྦྲ་གྲུའི་གོས་ཁེབས; (མགོ་གཙུག་མ; Bhut.).

991 Smoke, *n.* དུ་བ; དུད་པ;

992 Smokeless, *a.* དུ་བ་མེད་པ;

993 Smoker, *n.* ཐ་མ་ཁ་འཐེན་མི;

994 Smokiness, *n.* དུད་པས་སྒྲིབ་ཚུལ;

995 Smoking, *n.* དུ་བ་ཚུབ་ཚུབ; དུད་པ་འཕྱུལ་འཕྱུལ; ཐ་མ་ཁ་འཐེན་རྒྱུ;

996 Smoky, *a.* དུད་པ་འཕྱུལ་ལེ་བ; དུད་པ་ཡང་ཡང; དུ་བ་ཚུབ་ཚུབ;

997 **Smooth**, *a.* སྣུམ་ཚུར་རེ; འཇཾ་ཚུར་རེ་བ; ངོས་འཇམ་པོ;
སྣུམ་ཐུམ་ཐུམ; སྙོམས་པོ;

998 **Smoothfaced**, *a.* ངོ་སོད་ཅན; ངོ་དགའ་ཅམ་གྱི; ངོ་སྲུང་བའི;

999 **Smoothly**, *ad.* འཇཾ་ཤུག་གེ; སྣུམ་ཚུར་རེ; སྙོམས་པོར;

1000 **Smoothness**, *n.* ངོས་འཇམ་ལུགས; སྣུམ་ལུགས; སྣུམ་ཆ;

1001 **Smother**, *v.t.* དབུགས་བཀག་ནས་གསོད་པ; དབུགས་བཀག་པ;
དབུང་སུབ་པ;

1002 **Smoulder**, *v.i.* མེ་ལྕེ་མེད་བཞིན་དུ་འབར་བ; མི་མངོན་པར་འབར་བ;
(ཚ་སྨུག་དུ་འབར་བ; Sik.).

1003 **Smudge**, *v.t.* སྣག་འཛོབ་རྒྱབ་པ; རི་མོའམ་ཤོག་གུའི་ཕྲོག་ལ་
སྣག་འཛོབ་རྒྱབ་པ; ཕྱི་ལོགས་སུ་སྦྲང་བུ་སྐྱུང་ཆེད་
དུ་དུ་བ་གཏོང་བ; ནག་ནོག་ཤོར་བ;

1004 **Smug**, *a.* རང་གིས་རང་ཉིད་ལ་ཚོམ་མཁན;
གཙང་སྦྲ་ཆེ་མདོག་ཁ་པོ;

1005 **Smuggle**, *v.t.* གཞུང་སར་ཤོ་ཁྲལ་སོགས་མ་བཏབ་པར་ཚོང་ཟོག
གསང་སྟབས་ཀྱིས་ཕྱིར་འདོན་ནང་འདྲེན་བྱེད་པ;

1006 **Smuggler**, *n.* གསང་སྟབས་ཀྱིས་ཚོང་ཟོག་ཕྱིར་འདོན་དང་འདྲེན་
བྱེད་མི;

1007 **Smuggling**, *n.* གསང་སྟབས་ཀྱིས་ཚོང་ཟོག་ཕྱིར་འདོན་ནང་འདྲེན་བྱེད་
པའི་བྱ་བ;

1008 **Smut**, *n.* ནག་ཐིག; ནག་ཁྲིབ; དྲིག་པ; སྒྲོན་དྲིག; སྦྲང་དྲིག;
དུད་དྲིག; སྒྲི་ནག; སོལ་དོག; ཐལ་སྦུབ; དུ་བ་རལ་པ,

1009 **Smutty**, *a.* བཙོག་གཏམ་ཅན; རྫེན་གཏམ་ཅན;

1010 Snack, *n.* ཟས་ཕྲན་བུ་ཞིག་འ་རི་ཨུ་རི་བྱས་ནས་བཟས་པ་ (ལ་ཟེར);

1011 Snaffle, *n.* སྲབ; སྲབ་ལྷང་རྐྱང་པ;

1012 Snag, *n.* (of tooth སོ་རོང; Sik.) གཟངས་རིང; ཁ་ཧྲག;
(ཁཊ; Sik.) རྩེ་ཟླུམ་ལ་གཟངས་རིང;

1013 Snag, *n.* ཡལ་ག་རོང་པ; ཡལ་ག་རོང་རོང;

1014 Snail, *n.* སྦྲུག་པའི་བུ་མོ; (Sik. ཏོག་ཏྲོག); Lepcha ཏུག་ནོལ;
ན་བུན་བུ་མོ;

1015 Snake, *n.* སྦྲུལ; (Sik. འབིཨུ; or སྦིཨུ;) (Lep. སྦུ;)
ལྟོ་འགྲོ; ལྟོ་འཕྱེ; ལྕེ་གཉིས་པ;

1016 Snakish, *a.* སྦྲུལ་གྱི་སྤྱོད་པ་ལྟ་བུ;

1017 Snaky, *a.* སྦྲུལ་གྱི་བཟོ་ལྟ་བུ;

1018 Snap, *v.t.* ཧབ་ཤ་རྒྱབ་པ; འཕྲོག་པ; བཀོག་པ; སོ་རྒྱབ་པ;
སོ་འདེབས་པ; སྨུག་པ; ཐག་སེ་གཅད་པ; དུས་
གྱིས་བཅག; ཧད་ཀྱིས་གཅོག་པ; ཐུལ་གྱིས་གཅོག་པ;

1019 Snapper, *n.* ཧབ་ཤ་རྒྱབ་མཁན;

1020 Snappish, *a.* ཧབ་ཤ་རྒྱབ་ལྷུང་ཡང་པོ; སྣ་ཐུང; སྣ་ཚོགས་ཐུང་ཐུང;
ངར་ནས་ལབ་མཁན; ངར་ལྷུང་ཡང་པོ;

1021 Snare, *n.* རྙི; རྒྱ; རྙི་ཐག;

1022 Snarl, *v.i.* ཧུར་བ; སྤུར་བ; ཧུར་སྒྲ་འབྱིན་པ; འཁྲན་པ;
ང་རོ་སྒྲོག་པ; ངར་སྐད་སྒྲོག་པ;

1023 Snatch, *v.t.* འཕྲོག་པ; ཧད་ཀྱིས་འཕྲོག་པ; དབང་ཡོད་ཀྱིས་ལེན་པ;

1024 Sneak, *v.i.* ཤུད་པ; ཡིབ་སྟེ་འགྲོ་བ; འཇབ་སྟེ་འགྲོ་བ; འཇབ་པ;

1025 Sneaking, *a.* འཇབ་མཁན;

1026 **Sneer**, *v.i.* ཟུར་གད་རྒྱབ་པ; སྣ་བཤུད་རྒྱབ་པ; སྣ་བཙེམས་པ; མ་རྩི་བའི་ཉེ་འཁྱུར་འདོན་པ; སྣང་ཆུང་བྱེད་པའི་ཉེ་འཁྱུར་འདོན་པ; བརྙས་བཅོས་བྱེད་པ; ཧི་ཧི་བྱེད་པ; (སྣས་འཛིད་རྒྱབ་པ; Sik.).

1027 **Sneeze**, *v.i.* སྣ་སྦྲིད་པ; སྦྲིད་པ; (སྦྲིས་པ་ཤགས་པ; Sik.).

1028 **Sneezing**, *n.* སྦྲིད་པ;

1029 **Snicker**, *v.i.* དལ་བུས་གད་མོ་ཤོར་བ; ཆུང་ངུར་རྒོད་པ; ངང་གིས་རྒོད་པ;

1030 **Sniff**, *v.i.* དྲི་སྣོམ་པ; དཀུ་བ; (སྣས་སྦྲིད་རྒྱབ་པ; Sik.).

1031 **Snip**, *v.t.* རྩེ་གཡམ་པ; དྲ་བ; དྲས་པ; སྤོ་གད་རྒྱབ་པ;

1032 **Snipe**, *n.* འདམ་བྱའི་རིགས་ཤིག;

1033 **Snivel**, *n.* སྣབས་ལྷུད; སྣབས; སྣ་ལྷུད; (སྣེཝུ; Sik.).

1034 **Snob**, *n.* མི་རིགས་ངན; མི་རིགས་དམའ་བ; ལྷམ་བཟོ་བ; མི་སྐྱེ་ས་སྐྱེ་ཁུངས་མེད་པས་མི་དྲག་གི་ལས་དོན་བྱེད་མཁན;

1035 **Snod**, *a.* གད་གཙང; གཙང་སྤྲ་ཆེ་མདོག་ཁ་པོ; *v.t.* གཡམ་པ;

1036 **Snood**, *n.* སྤྲ་འདོགས; སྤྲ་འདོགས་བྱེད་ལྷམས་མ;

1037 **Snooze**, *v.i.* གཉིད་ཚོག་རྒྱབ་པ; (མིག་ཏུབ་རྒྱབ་པ;)

1038 **Snore**, *v.i.* གཉིད་དུ་ངུར་པ་འབྱིན་པ; སྔུར་བ; ངུར་བ; ངུར་སྒྲ་འབྱིན་པ;

1039 **Snort**, *v.i.* ཤུགས་ཀྱིས་རྒོད་པ; རིང་དུ་རྒོད་པ; ཤུགས་ཀྱིས་སྣ་སྦྲིད་པ; གད་རྒྱངས་ཤོར་བ; ཇི་ཁ་བ; ཇི་སྣོཾ་པ;

1040 **Snot**, *n.* སྣབས་ལྷུད; སྣབས; *v.t.* སྣབས་ལྷུད་དོར་བ;

1041 Snout, *n.* ཕག་སྣ; (ཟང་མདུང; Sik.) མཆུ་དོ; བྱ་མཆུ; མཆུ་ཏོ; མཆུ;

1042 Snow, *n.* ཁ་བ; གངས; *v.i.* ཁ་བ་འབབ་པ; གངས་འབབ་པ;

1043 Snowy, *a.* ཁ་བ་ལྟ་བུ; ཁ་བ་ཅན; གངས་ཅན; དཀར་པོ; ཁ་བ་འདྲ་པོ;

1044 Snub, *v.t.* གཞིབ; སྨྱོ་བ; དམའ་འབེབས་པ; ཁ་བརྡུང་ཞུ་བ; ཁ་བརྡུང་གཏང་བ; (Sik. གདོང་བཅག་པ;) ལྟ་བ་ཕབ་པ; ལྟ་བ་གཅོག་པ; *n.* གདོང་བཙུན; ཁ་བརྡུང;

1045 Snuff, *n.* སྣ་ཐམག; ཐ་མ་ཁ་ཕྱི་མར་བདགས་ནས་སྣ་ལ་འཐེན་བྱེད; སྣ་སྨན; སྣ་སྦྱོར; *v.t.* སྣ་ཐམག་འཐེན་པ to take snuff; ཞུ་མར་གྱི་རྩེ་གཡམ་པ to snuff a candle or trim a lamp.

1046 Snuffers, *n.* ཟེམ་ཙེ; ཞུ་མར་གྱི་སྡོང་རས་རྩེ་སྐྱོ་བྱེད་ཀྱི་ཟེམ་ཙེ;

1047 Snuffle, *v.i.* སྣ་སྐད་འདོན་པ; སྣ་ནས་རླུང་རྒྱབ་པ;

1048 Snug, *a.* ཉོ་ཐིབ་ཐིབ; སྐྱིད་པོ; ཉོ་པོ;

1049 Snugly, *ad.* ཉོ་ཐིབ་ཀྱིས; སྐྱིད་པོ་བདེ་དེ; ཉོ་པོར;

1050 So, *ad.* དེ་ལྟར; དེས་ན; དེ་ལྟ་བས་ན; དེའི་ཆེད་དུ; དེའི་ཕྱིར;

1051 Soak, *v.t.* སྦང་བ; ཆུ་ལ་སྦང་བ;

1052 Soaker, *n.* ཚང་པ; སྦང་མཁན; སྦང་བ་པོ; (ཧྲག་པར་ཚང་འཐུང་མི;) (ཁ་ཚང་ལ་སྦང་དད་ཅན; Sik.).

1053 Soaking, *n.* སྦང་བའི་བྱ་བ;

1054 Soap, *n.* ཡེ་ཙེ; (ས་བུན; Hindi). (གླང་གླད;) (classical ཁྲུས་རྫས; དག་བྱེད་ཀྱི་རྫས;

1055 Soar, *v.i.* ནམ་འཕང་བཅད་པ; ལྡིང་བ; འཕུར་བ; ཕིར་བ; Colql.).

1056 Soaring, *n.* ནམ་འཕང་གཅོད་པའི་བྱ་བ; (ལྡིང་བཞིན་པ; འཕུར་བཞིན་པ; p. participle).

1057 Sob, *v.i.* ངུ་འགྲོ་མ་ཆོད་པ; (ངུ་ཤུམ་གཏོང་པ; Sik.) ཤུམ་པ; ངུད་མོ་རྒྱབ་པ;

1058 Sobbing, *n.* ངུ་ཤུམ་རྒྱབ་བཞིན་པ; ངུད་མོ;

1059 Sober, *a.* སེམས་དུལ་བ; སེམས་བརྟན་པོ; སྐམ་པོ; སེམས་མཐུལ་བ; (མདོག་སྐྱ་མོ; of colour).

1060 Soberly, *ad.* སེམས་བརྟན་པོར; མདོག་སྐྱ་མོར;

1061 Soberness, *n.* དུལ་བའི་ངང་ཚུལ;

1062 Sobriety, *n.* སྐམ་པོ་འི་ངང་ཚུལ; སེམས་བརྟན་ལུགས;

1063 Sociable, *a.* ཀུན་མཐུན; འགྲོགས་འོས་པ; འགྲོགས་སུ་རུང་བ;

1064 Sociably, *ad.* ཀུན་དང་མཐུན་པོར;

1065 Social, *a.* ཀུན་དང་མཐུན་པོ; མི་སྡེའི; སྤྱིའི; སྤྱིའི་ལས་ཀྱི;

1066 Society, *n.* མི་སྡེ; སྤྱི་སྡེ; སྡེ; ཚོགས་པ; མི་ཚོགས;

1067 Sock, *n.* ཨུ་སུ་སུ; ཀང་ཤུབས; (མོ་ཛ; Hindi).

1068 Socket, *n.* ཁུང; ལྟེ་ཁུང; མིག་ཁུང;

1069 Socrates, *n.* གྲིག་གི་སློབ་པ་ཆེན་པོ; ཞིག་གི་མིང;

1070 Socratic, *a.* སོ་ཀྲེ་ཊེ་སིའི་ལུགས་ལྟ་བུ;

1071 Sod, *n.* སྤང; རྩ་བག; སའི་གོང་བུ; (སྤང་གོང; Sik.).

1072 Soda, *n.* བུལ་ཏོག;

1073 Sodomy, *n.* ཡུལ་མ་ཡིན་པར་བགྲོད་པ; ཀུབ་ལ་སྦྱོར་བ་བྱེད་པ; (vulgar ཀུབ་རྒྱོ;) (བཤང་ལམ་དུ་སྤྱོད་པ; written).

1074 Soever, *n.* གང་ལྟར་རུང; གང་རུང; ཇི་ལྟར་རུང;

1075 Sofa, *n.* འདུག་ཁྲི; ཉལ་ཁྲི; ཁྲི;

1076 Soft, *a.* མཉེན་པོ; འཇམ་པོ; སྙི་བ; འབོལ་པོ;

1077 Soften, *v.t.* མཉེན་པོ་འམ་འཇམ་པོ་བཟོ་བ;

1078 Softening, *n.* འཇམ་པོ་བཟོ་བའི་བྱ་བ;

1079 Softly, *ad.* འཇམ་པོར; མཉེན་པོ་བྱེད་དེ;

1080 Softness, *n.* འཇམ་ལུགས; མཉེན་ལུགས; མཉེན་ཆ;

1081 Soil, *v.t.* & *n.* (*n.* ས་གཞི;) (night soil སྐྱག་པ; དྲི་ཆེན;) (*v.t.* དྲི་མས་སྒོ་བ;) དྲི་མས་སྦག་པ; དྲི་མར་བྱེད་པ;

1082 Soiled, *a.* དྲི་མར་བྱས་པ; དྲེག་པས་སྦགས་པ;

1083 Sojourn, *v.i.* བར་སྐབས་གནས་བཅའ་བ; སྡོད་པ; གནས་པ; (*n.* གནས་སྐབས་ཀྱི་སྡོད་ས;)

1084 Sojourner, *n.* སྡོད་མཁན;

1085 Sol, *n.* ཉི་མ; ཉིན་བྱེད;

1086 Solace, *v.t.* སྐྱོ་རོ་བྱེད་པ; སེམས་གསོ་གཏོང་བ;

1087 Solar, *a.* ཉི་མའི;

1088 Solder, *v.t.* དི་ཚའི་རྩི་ཡིས་སྦྱར་བ; རྫོལ་ཚགས་རྒྱ་པ; དི་ཚ་རྒྱབ་པ; (technical ཚ་ལ་གཏོང་བ; ཚ་ལེ་བྱེད་པ;)

1089 Soldier, *n.* དམག་མི;

1090 Soldierly, *a.* དམག་མིའི་བཟོ་རྣམ་ཅན; དམག་མི་ལྟ་བུ; རྒོད་པོ; རྒོད་མདོག་ཁ་པོ;

1091 Soldiership, *n.* དམག་མིའི་གོ་ས;

1092 Soldiery, *n.* དམག་དཔུང; དྲག་པོའི་སྡེ;

1093 Sole, *n.* རྐྃ་མཐིལ; ཀང་མཐིལ; (ཉ་ཞིག་གི་མིང; the fish).

1094 Sole, *a.* རྫོག་པོ་གཅིག་རང་གཅིག; ཁ་རྐྱང; རྐྱང་རྐྱང; (ཁེབ་གཙང; Colql.).

1095 Solely, *ad.* ཞིང་གི; ཀྲུང་ཀྲུང་; འབའ་ཞིག; གཅིག་པོར;

1096 Solecism, *n.* ཉེར་སྦྱོད་དང་བརྡ་སྦྲོད་དང་འགལ་བ;

1097 Solemn, *a.* བྲང་སྒྲོང་འཁར་བ་མདུན་བཙུག་གིས; སྙིང་ཐག་པའི;
འགྲོ་ལུགས་དང་མཐུན་པའི; གུས་པའི; དང་བའི;

1098 Solemnity, *n.* ཚོག; ཚོ་གའི་ཡན་ལག;

1099 Solemnization, *n.* དུས་སྟོན; ཚོས་སྟོན; དགའ་སྟོན;
སྟོན་མོ་འགྱེད་པའི་བྱ་བ;

1100 Solemnize, *v t.* དུས་སྟོན་སྐྱོང་བ; དགའ་སྟོན་འགྱེད་པ;

1101 Solemnly, *ad.* སྙིང་ཐག་པའི་སྒོ་ནས; ཀུན་ནས་དང་བས;

1102 Solicit, *v.t.* ཞུ་བ; གུས་པས་ཞུ་བ; གསོལ་བ;
གསོལ་བ་འདེབས་པ;

1103 Solicitant, *n.* ཞུ་བ་པོ;

1104 Solicitation, *n.* ཞུ་བ;

1105 Solicitor, *n.* ཞུ་བ་པོ; ཁྲིམས་སར་དོ་བདག་གི་ཁ་ཚབ་བྱས་ནས
གཤའ་འགྱེད་པ་པོ; (ཝུ་ཀིལ; or
བ་ཀྲིལ་ Hindi Tibetanised).

1106 Solicitous, *a.* དྲང་དྲང; སེཾས་འཕྲེང་ཅན;

1107 Solicitude, *n.* གདུང་སེམས; སེམས་ཁྲལ; སེམས་འཕྲེང; སེཾས་ཁྲལ;

1108 Solid, *a.* རིག་རིག; སྲུག་པོ; མཁྲེགས་པོ; སྲ་བ; མཐུག་པོ;
འཐུག་པོ;

1109 Solidarity, *n.* སྐྱིད་སྡུག་གཅིག་ལུར; ལར་རྒྱ་གཅིག་ལུར;

1110 Solidify, *v.t.* སྲ་བར་བྱེད་པ; སྲ་ཞིང་མཁྲེགས་པར་བཟོ་བ;

1111 Solidity, *n.* སྲ་མཁྲེགས; སྲ་མཚན; སྲ་ལུགས;

1112 Soliloquize, *v.i.* གཅིག་ལབ་རྒྱབ་པ;

1113 Soliloquy, *n.* གཅིག་ལབ;

1114 Solitarily, *ad.* དབེན་པར; གཅིག་པོར;

1115 Solitary, *a.* དབེན་པའི; གཅིག་ཀྱེར; བཅིག་པོ;
(*adv.* རང་ཉིད་གཅིག་ཀྱེར་རེ;)

1116 Solitude, *n.* དབེན་གནས; དབེན་པ; རི་ཁྲོད; བས་མཐའ;

1117 Solo, *n.* མི་གཅིག་རང་གཅིག་གིས་ལེན་པའི་གླུ་དབྱངས;

1118 Solstice, *n.* ཉི་ལྡོག་གི་དུས; ཉི་ལྡོག;

1119 Soluble, *a.* བཞུར་ཡོད་པ; བཞུ་རུ་ཡོད་པ; བཞུ་རུང་བ;
བཞུ་ཉན་པ;

1120 Solute, *a.* དལ་པོ; མ་འཆིང་བ; ལྷོད་པོ;

1121 Solution, *n.* བཞུ་བའི་ཁ་བ; བཞིག་པའི་བྱ་བ; ཞིག་ཚུལ;
སྒྲོ་འདོགས་གཅོད་ཚུལ;

1122 Solvable, *a.* ཀྱུ་ཀྱེན་བཀྲོལ་དུ་ཡོད་པ; སྒྲོ་འདོགས་སོགས་གཅོད་
བདེ་བ; བཀྲོལ་ནུས;

1123 Solve, *v.t.* བཀྲོལ་བ; འགྲོལ་བ; སྒྲོ་འདོགས་སོགས་གཅོད་པ;
འགྲེལ་བ; བཀྲལ་བ;

1124 Solvency, *n.* བུ་ལོན་འཇལ་ནུས; བུན་འཇལ་ནུས་ཚུལ;

1125 Solvent, *a.* བུན་འཇལ་ནུས;

1126 Solver, *n.* དོན་བཀྲལ་མཁན; ཀྲུ་མཚན་བཀྲལ་མཁན;

1127 Some, *a.* ཕྲན་བུ་ཞིག; དོག་ཙམ; འགའ; འགའ་ཞིག;

1128 Somerset, *n.* གཟུགས་པོ་མགོ་མཇུག་ལྡོག་ནས་མཆོང་རྒྱུ་དེ;

1129 Something, *n.* ཅུང་ཟད; ཆ་ཙམ; དོག་ཙམ; གང་ཡིན་པ་ཞིག; ཅི;

1130 Sometime, *ad.* ནམ་ཞིག་གི་ཚེ;

1131 Sometimes, *ad.* སྐབས་སྐབས་སུ; མཚམས་མཚམས་སུ;

1132 **Somewhat**, *n.* འགའ་ཙམ་ཞིག; ཅུང་ཟད; ཅུང་ཞིག;
(ག་ཆེར; ག་ཚེན; Colql.) (གང་མཚམས;)

1133 **Somewhere**, *ad.* ཕྱོགས་གང་ན; ས་ཆ་གང་ན; གང་ན;

1134 **Somniferous**, *a.* གཉིད་དབབ་ནུས་པ; གཉིད་བཀུག་ནུས་པ;

1135 **Son**, *n.* (Hon. སྲས;) བུ;

1136 **Song**, *n.* གླུ; (གསུང་གླུ; Hon.) མགུལ་གླུ;
(མགུར་མ; Religious Hymn).

1137 **Songster**, *n.* གླུ་མཁན;

1138 **Songstress**, *n.* གླུ་མཁན་མོ;

1139 **Soniferous**, *a.* སྒྲ་འབྱིན་ནུས་པ; སྒྲ་དང་ལྡན་པ; སྒྲ་འདོན་ནུས་པ;
སྒྲ་ལྡན;

1140 **Sonnet**, *n.* ཚོམ་གླུ;

1141 **Sonorous**, *a.* སྐད་སྒྲོར་ཅན; སྐད་གདངས་ཆེན་པོ;

1142 **Sonorously**, *ad.* སྐད་སྒྲོར་ཆེན་པོ་བྱེད་དེ; སྐད་གདངས་ཆེན་པོ་བཏོན་ནས;

1143 **Sonship**, *n.* བུའི་གོ་ས; (སྲས་ཀྱི་གོ་འཕང; Hon.)

1144 **Soon**, *ad.* མྱུར་དུ; མགྱོགས་པར;

1145 **Soot**, *n.* དུ་དྲིག; དུད་པའི་དྲིག་པ;

1146 **Sooterkin**, *n.* (archaic) དོན་ཆུག་ངེས་པའི་ཐབས་ག་ཤོམ;

1147 **Sooth**, *n.* དྲང་པོ; བདེན་པ;

1148 **Soothe**, *v.t.* ཐུར་མཉེས་པར་བྱེད་པ; ཐུགས་དཾ་སྐྱོང་བ; ཞི་བར་བྱེད་པ;
སེམས་བཟུ་གཏོང་བ; དཔལ་ལས་བཤད་པ;
ཁ་གསག་བྱེད་པ;

1149 **Soothingly**, *ad.* མཉན་པོ་བྱེད་དེ; ཞི་བར་བྱས་ནས;

1150 **Soothsay**, *v.i.* ཐུགས་བརྟག་གསུང་བ; ལུང་སྟོན་པ;
མངོན་ཤེས་འཆད་པའི་བཤད་པ;

1151 Soothsayer, *n.* རྩིས་པ; མོ་མ; མངོན་ཤེས་ཅན;

1152 Soothsaying, *n.* ཕྱུགས་བརྡག་སྣ་བ; མོ; མངོན་ཤེས་ལུང་བསྟན;

1153 Sooty, *a.* དུ་དྲེག་དང་འབྲེལ་བ; དུ་དྲེག་ཅན;
(དུད་དྲེག་ཁོག་ཁོག; Sik.).

1154 Sop, *n.* སྤག་སླ་མོ; (དྲོན་གོང; ཟན་གོང;)
སྤག་ཤ་ཁྲའམ་འོ་མ་ལ་སྦང་བ;

1155 Sophism, *n.* བརྫུན་ཡིན་པ་ལ་ཐ་སྙད་ཀྱིས་བདེན་པ་ལྟར་བཅོས་པ;
རྟོག་གེའི་རིག་པ; རྟོག་གེ;

1156 Sophist, *n.* མཚན་ཉིད་མཁན; རྟོག་གེ་པ;

1157 Sophisticate, *v.t.* & *v.i.* སླད་པ; ལྷད་རྒྱབ་པ;

1158 Sophistry, *n.* བསྙོན་དོར་གྱི་རྩོད་པ; ཚིག་གི་ཐ་སྙད;
མཚན་ཉིད་ཀྱི་རྩོད་པ; ཚིག་ཙམ་གྱི་རྩོད་པ;
མ་ཡིན་པ་ཡིན་པར་བརྫོད་པའི་འདོད་ཚུལ;

1159 Soporific, *a.* གཉིད་དབབ་པའི་ནུས་པ་ཅན; *n.* གཉིད་འཁྱུར་བྱེད་ཀྱི་
སྨན;

1160 Soprano, *n.* གླུ་ལེན་དུས་མོའི་གདངས་དབྱངས་བཟང་ཤོས;
མོ་སྐད་ཕྲ་ལ་བཟང་ཤོས; མོ་སྐད་བཟང་ཤོས;

1161 Sopranist, *n.* མོ་སྐད་ཕྲ་ལ་བཟང་ཤོས་འདོན་ནས་གླུ་ལེན་མཁན;

1162 Sorcerer, *n.* ངན་སྔགས་མཁན;

1163 Sorceress, *n.* བུ་མེད་ངན་སྔགས་མཁན;

1164 Sorcery, *n.* (Bhut. ངན;) ངན་སྔགས; མཐུ་གཏད; གཏད;

1165 Sordid, *a.* ངན་པ; སྐྱུག་བྲོ་པོ; དམན་པ; མ་རབས;

1166 Sordidness, *n.* ངན་ལུགས; ངན་པའི་ཚུལ; སྐྱུག་བྲོ་བ;
མ་རབས་ཀྱི་སྤྱོད་པ;

1167 **Sore**, *n.* རྨ; སྐྲང་འབུར;

1168 **Sorely**, *ad.* ཚབས་ཆེན་བྱས་ཏེ; ཤིན་ཏུ;

1169 **Soreness**, *n.* སྐྲང་གཟུག;

1170 **Sorites**, *n.* རིགས་པའི་སྒྲུབ་ལུགས་དཔེར་ན་ཞི་མི་ཀྲང་བཞི་པའོ; ཀྲང་བཞི་པ་ནི་སེམས་ཅན་ནོ; སེམས་ཅན་ནི་དངོས་པོའོ; དེས་ན་ཞི་མི་དངོས་པོའོ; ཞེས་པ་ལྟ་བུའོ;

1171 **Sorrel**, *a.* (of pony ཁ་མདོག་ཟག་པ;) (བ་ལང་ཁ་ཚ་ཞེས་པའི་སྔོ་དེ་ལ་ཟེར; Sik.).

1172 **Sorrow**, *n.* མྱ་ངན; སེམས་སྡུག; སྐྱོ་ངལ; སྡུག་བསྔལ;

1173 **Sorrowful**, *a.* མྱ་ངན་ཅན; སེམས་སྡུག་ཅན; སྡུག་བསྔལ་ཅན;

1174 **Sorrowfully**, *ad.* སེམས་སྡུག་དང་བཅས་ཏེ; སྐྱོ་པོ་བྱེད་དེ;

1175 **Sorrowfulness**, *n.* སེམས་སྡུག་ཆེ་ལུགས; སྐྱོ་ཚུལ;

1176 **Sorry**, *a.* སེམས་སྐྱོ་མོ; སེམས་སྐྱོ་པོ;

1177 **Sort**, *n.* རིགས; རིགས་སོ་སོ; རྣམ་པ; སྣ་ཁ;

1178 **Sort**, *v.t.* སོ་སོར་དབྱེ་བ; རྣམ་པར་འབྱེད་པ;

1179 **Sorter**, *n.* སོ་སོར་དབྱེ་མཁན; རྣམ་པར་འབྱེད་མཁན;

1180 **Sortie**, *n.* དམག་འཐབ; འཐོན་འཐབ;

1181 **So-so**, *a.* ཨའུ་ཙོ; ཕྱིས་དག་དང་མཉམ་པ;

1182 **Sortes**, *n.* འཕེན་མོ; མོ་བཤད་ཤོག་ལེའི་ངོས་སུ་བྲིས་ཡོད་པ་འཕྲིན་ནས་བརྟག་ཀྱའི་མོ;

1183 **Sortilege**, *n.* མིང་ཡིག་སྒྲུག་པའི་མོ;

1184 **Sorus**, *n.* སྤུངས; (མཚོ་སྤྲིས; Sik.) སྤུང;

1185 **Sot**, *n.* གླེན་པ; ཆང་པ;

1186 **Sotto-voce**, *adv.* ཤུབ་བུར; སྐད་ཆུང་ངུར; སྐད་དམའ་པོ་བྱེད་དེ;

1187 **Sou**, *n.* & *v.t.* ཕ་རན་སིའི་ཟང་ཊེ་ཞིག;

1188 Soubrette, *n.* གཡོག་མོ་; ཞལ་ལྷ་མ་;

1189 Souchong, *n.* ཇ་ནག་འབྲུ་ཐང་གི་རིཏ་ཤིག་;

1190 Soudanese, *n.* སོ་ཊཱན་ཞེས་ཨེ་ཕྲི་ཀཱའི་ཡུལ་ཞིག་གི་མི་རིགས་;

1191 Souffle, *n.* སྒྲ་གསལ་པོ་རང་མིན་པ་ཞིག་; སྒྲ་ཆུང་ལ་མི་གསལ་བ་ཞིག་;

1192 Souffle, *n.* (སུ་ཕླེ་;) སྒོ་ངའི་དཀར་ཆ་དང་མངར་བྱ་སོགས་ཀྱིས་བཟོས་པའི་ཟས་འཇུ་སླ་མོ་ཞིག་;

1193 Sough, *n.* (སཽ) རླུང་ཤིང་སྡོང་གི་ཡལ་གའི་དཀྱིལ་ན་དལ་གྱིས་ཕྱུ་བའི་སྒྲ་;

1194 Soul, *n.* རྣམ་ཤེས་; བདག་; (ཨཱཏྨཱ་; Skt.).

1195 Sound, *a.* ཐང་ཐང་; སྐྱོན་མེད་; ཐང་པོ་;

1196 Sound, *n.* སྒྲ་;

1197 Sound, *v.t.* གདིང་ཚོད་བླུ་བ་; གླུ་ཚོད་ལེན་པ་; གདིང་བླུ་བ་; ཚོད་བགམ་པ་; གཏིང་འཇལ་བ་; ཆུའི་གཏིང་གཞལ་བ་;

1198 Soundly, *ad.* ཡག་ཐག་ཆོད་; ལེགས་པར་;

1199 Soundness, *n.* ཐང་ཚུལ་;

1200 Soup, *n.* ཤ་ཁུ་; ཐུས་ཐང་;

1201 Sour, *a.* (of taste སྐྱུར་པོ་;) སྐྱུ་ཐུང་; ཉྭ་ཐུང་; (གདོང་སྐྱུར་མོ་; of temper).

1202 Source, *n.* ཀ་; ཆུའི་ཀ་; འབྱུང་གནས་; འབྱུང་ཁུངས་;

1203 Sourly, *ad.* སྐྱུར་ཐང་ངེར་; མ་དགའ་བར་; མ་ཆེམས་པར་; གདོང་སྐྱུར་པོ་བསྟན་ཏེ་;

1204 Souse, *v.i.* ཆུ་ལ་སྦང་བ་; ཆུ་ལ་བཙུག་པ་;

1205 South, *n.* ལྷོ་; ལྷོ་འི་ཕྱོགས་;

1206 Southerly, *a.* ལྷོ་ཕྱོགས་སུ་;

1207 **Southern**, *a.* ལྷོ་ཕྱོགས་ཀྱི་;

1208 **Sovereign**, *n.* གསེར་ཏམ་ཕྱི་སྐོར་བཅོ་ལྔའི་དོད; རྒྱལ་པོ་; གཙོ་བོ་; གོང་མ;

1209 **Sovereignty**, *n.* རྒྱལ་པོའི་ཆད་དབང; རྒྱལ་སྲིད; རྒྱལ་པོའི་གོ་འཕང;

1210 **Sow**, *v.t.* ས་བོན་བཏབ་པ; ས་བོན་འདེབས་པ; (*n.* ཕག་མོ;)

1211 **Sower**, *n.* ས་བོན་བཏབ་མི; ས་བོན་འདེབས་མཁན;

1212 **Sowing**, *n.* ས་བོན་འདེབས་པའི་བྱ་བ;

1213 **Space**, *n.* (དབྱིངས; ཀློང; ངང; classical) ས་ཆ; རྒྱ; ཁྱོན; ས་རྒྱ; གུ; བར་མཚམས; བར; མཚམས;

1214 **Spacious**, *a.* གུ་ཡངས་པོ; ཡངས་པོ; ཡངས་པ;

1215 **Spaciously**, *ad.* གུ་ཡངས་པོ་བྱེད་དེ;

1216 **Spade**, *n.* (ལག་ཆ་ཏེམ་;) ལྕགས་ཁྱེམ; ས་རྐོ་བྱེད་ཀྱི་ལག་ཆ་ཞིག;

1217 **Spadeful**, *a.* ཏེམ་གང; ལྕགས་ཁྱེམ་གང;

1218 **Span**, *n.* (of hand མཐོ;) རྒྱང་རིང་ཐུང; རྒྱང;

1219 **Spang**, *n.* (རྒྱན་ཆ་འོད་ཆེམ་ཆེམ; ornament).
leap རྒྱང་མཆོང; མཆོང; (རྒྱབ; Sik.).

1220 **Spangle**, *n.* ཐྲ; དངོས་པོ་འོད་ཆེམ་ཆེམ; *v.t.* ཐྲ་ཡིས་བརྒྱན་པ;

1221 **Spaniard**, *n.* ཨིསི་པེན་བྱ་བའི་ཡུལ་མི;

1222 **Spaniel**, *n.* རྒྱ་ཁྱི་རྣ་བ་རིང་པོའི་རིགས་ཤིག;

1223 **Spanish**, *a.* ཨི་སི་པེན་ཡུལ་གྱི་མིའམ་སྐད; ཨི་སི་པེན་ཡུལ་གྱི;

1224 **Spank**, *v.t.* བརྡ་ཤ་ལག་མཐིལ་གྱིས་བརྡུང་བས་སྒྲ་འབྱིན་པ; ཐལ་ལྕག་ཕུ་བ; *n.* ཐལ་ལྕག;

1225 **Spanking**, *a.* & *adv.* ཡག་པོ; (Had a spanking time དུས་སྐྱིད་ཐག་ཆོད་ཅིག་བྱུང;)

1226 Spar, *n.* ཀ་ཕྲན; གདུང་མ; དར་ཤིང; ཤིང་རིལ;
(རྩེ་ཡུག; Sik.) ལྕུམ་ཤིང;

1227 Spare, *v.t.* ཕང་པ; ལྷག་ཕྲོ་འདོན་པ; ཕང་སྟེ་བཞག་པ;
སྐྱོབས་པ; བསྲི་བ; སྤྲོད་ནུས་པ;

1228 Spare, *a.* (ཉག་ཕྲ་མོ; Sik. & Bhut.); (lean ཤ་སྐམ་པོ;)
དཀོན་པོ; (ཐེབས; as spare copy, etc.).

1229 Sparing, *a.* ཕང་བཞིན; ཕང་ཕང་འདྲ་བ; བསྲིས་བཞིན་པ;

1230 Sparingly, *ad.* ཕང་བཞིན་དུ; དཀོན་དཀོན་འདྲ་བ་བྱས་ཏེ;

1231 Spark, *n.* (Sik. མེ་ཟི; མེ་སྲིང;) མེ་སྟག; མེ་ཚག;

1232 Sparkle, *v.i.* ཆེམ་ཆེམ་བྱེད་པ; (འཁོལ་བ; wine) འཚེར་བ;
འོད་འཚེར་བ; *n.* འོད; འོད་ཟེར;

1233 Sparkling, *a.* འོད་ཆེམ་ཆེམ;

1234 Sparring, *n.* (རྫོག་རིལ་བརྫེ་རེས་རྩེ་བ; Colql.)
ཁ་ཚུར་སྣུན་རེས་བྱེད་པའི་རྩེད་མོ;

1235 Sparrow, *n.* བྱིའུ་མཆིལ་པ; (ནས་གཟན; སྐྱུག་བྱུ; Sik.).

1236 Sparse, *a.* ཐ་རེ་ཐོ་རེ; དཀོན་པོ;

1237 Sparseness, *n.* དཀོན་ཚུལ;

1238 Spasm, *n.* རྩ་འདུས; རྩ་འཁུམས;

1239 Spasmodic, *a.* གླང་ཟུག་འདྲ་བའི; གླང་འཐབ་འདྲ་བའི; གཟེར་གླང་
འདྲ་བའི; གླང་ཟུག་ཡང་བ་འདྲ་པོའི;

1240 Spat, *v.i* (*past t.* མཆིལ་མ་དོར་ཟིན;) (*n.* ཉ་སྡིག་སྲིན་གྱི་སྒོང;)

1241 Spatter, *v.t.* འཐོར་བ; གཏོར་བ;

1242 Spatula, *n.* ཚོན་རྩི་འདམ་སྨན་སྦྱོར་ལ་ཉེ་བར་མཁོ་བའི་གྲི;

1243 Spavin, *n.* རྟ་ཡི་དཔྱི་སྐང་ནས་ཞ་བའི་ནད;

1244 Spawn, *n.* ཉའམ་སྦྲུལ་པའི་སྒོང་;

1245 Speak, *v.i.* ལབ་པ; ཟེར་བ; སྨྲ་བ;

1246 Speakable, *a.* ལབ་བདེ; བརྗོད་དུ་རུང་བ; བརྗོད་བདེ;

1247 Speaker, *n.* ཁ་པ; ཞུ་བ་པོ; ལབ་མཁན; རྗོད་མཁན;

1248 Speakership, *n.* ཁ་པའི་གོ་ས;

1249 Speaking, *a.* ཁ་ལབ; བགྲོ་གླེང; སྨྲ་བརྗོད; གླེང་མོ;

1250 Spear, *n.* མདུང; (*v.t.* མདུང་རྒྱུར་རྒྱབ་པ; Sik.).
(*v.t.* མདུང་སྣུན་པ;)

1251 Special, *a.* ཆེད་མངགས; གཞན་དང་མི་འདྲ་བར་ཆེད་དུ་མངགས་པ་ལ་ཟེར; ཁྱད་པར་གྱི; ཁྱད་པར་ཅན, བྱེ་བྲག; ལྷག་པའི;

1252 Specialist, *n* བཟོ་རིག་གི་ཡན་ལག་གཅིག་ཁོ་ན་ལ་འབྱངས་མཁན; རིག་པའི་ཡན་ལག་གཅིག་ཁོ་ན་ལ་འབྱོངས་པ;

1253 Speciality, *n.* ཁྱད་ཆོས; ཁྱད་པར;

1254 Specially, *ad.* ཆེད་མངགས་ཀྱིས; ཁྱད་པར་དུ; བྱེ་བྲག་ཏུ; ལྷག་པར་དུ; ལྷག་པར;

1255 Specie, *n.* གསེར་ཊམ་དངུལ་ཊམ་ཟངས་ཊཾ་སོགས;

1256 Species, *n.* རིགས; སྤུས; རྣམ་པ; སྣ; སྣ་ཁ;

1257 Specific, *a.* དབྱེ་བར་འབྱེད་པའི; དབྱེ་བའི;

1258 Specification, *n.* ཁྱད་པར་དུ་བརྗོད་པའི་བྱ་བ; ཞིབ་མོར་བརྗོད་པའི་བྱ་བ; ཁྱད་བརྗོད; རིམ་བརྗོད;

1259 Specify, *v.t.* གོ་རིམ་བཞིན་རྗོད་པ; རིམ་པ་བཞིན་རྗོད་པ; ཁྱད་པར་དུ་དབྱེ་བ; ཁྱད་པར་དུ་སྟོན་པ;

1260 Specimen, *a* དཔེ; སྤུས་ཚད;

1261 Specious, *a.* མཐོང་སྣང་མཛེས་པོ ; སྤྱུས་མི་ལེགས་ཤིང་སྣང་ངོ་ཙམ་དུ་མཚར་བ; བཅོས་མ; རྒྱངས་གཡེར་ཅན;

1262 Speciously, *ad.* མཐོང་སྣང་དུ་མཚར་པོ་བྱེད་དེ;

1263 Speck, *n.* གནག་ཐིག; ནག་ཐིགས;

1264 Speckle, *n.* ཐིགས་ཁྲ;

1265 Speckled, *a.* ཐིགས་ཁྲ་ཅན;

1266 Spectacle, *n.* (གཟིགས་སོ; Hon.) ལྟད་མོ; (མིག་ཤེལ; ཤེལ་མིག;) (སྤྱན་ཤེལ; Hon. Spectacles).

1267 Spectator, *n.* ལྟད་མོ་ལྟ་མཁན; གཟིགས་མོ་གཟིགས་མཁན;

1268 Spectre, *n.* དངོས་མེད་ཀྱི་གཟུགས་བརྙན་སྣང་བ; གཟུགས་བརྙན; འདྲེ; གདོང་འདྲེ;

1269 Spectrum, *n.* མིག་འཛུམ་རྗེས་གཟུགས་བརྙན་གྱི་བག་ཆགས་མིག་ཁར་འཆར་བ; འཇའ་ཤེལ་གྱིས་འཇའ་ཚོན་སོ་སོར་འབྱེད་དེ་ཡོ་ལའི་ངོས་ལ་སྟོན་པ་དེའོ;

1270 Speculate, *v.t.* ཞིབ་རྩིས་སམ་ཁ་རྩིས་བྱེད་པ;

1271 Speculation, *n.* ཁ་བཟང་ཟ་བའི་རེ་བའི་ཇོ་འཚོང; བསཾ་པ; དགོངས་པ; ཁ་རྩིས; ཁ་གྲུང་གི་རྩིས་ཞིབ་མོ;

1272 Speculative, *a.* ཞིབ་རྩིས་ཀྱི་སྒོ་ནས; ཁ་བཟང་ཟ་བའི་རེ་བའི; སེམས་པའི; བསམ་པའི;

1273 Speculator, *n.* ཞིབ་རྩིས་བྱེད་མཁན; ཁ་ཆེན་པོ་ཟ་འདོད་ཀྱིས་ཇོ་འཚོང་བྱེད་མཁན; མནོ་མཁན;

1274 Speech, *n.* ཚོགས་གཏམས; སྐད་ཆ; ཁ་བཤད; ཚོགས་བཤད; ཚོགས་གཏམ; གཏམས་ངག; སྐད; གཏམ; གྲོས; (གསུང་གྲོས; Hon.).

1275 **Speechless,** *a.* ཁ་ལབ་རྒྱུ་མེད་པ; ཁ་མེད;

1276 **Speed,** *v.i.* & *v.t.* བང་རྒྱབ་པ; མྱུར་བ; མྱུར་དུ་བྱེད; བང་རྒྱུག་པ; བང་གཏོང་བ; (*n.*) བང;

1277 **Spell,** *n.* སྔགས; བཟླས་པ; ངན་སྔགས; སྒྲུང; (སྦྱོར་ཀློག; སྦྱོང་ཀློག; Spelling) རེ་མོས;

1278 **Spelling,** *n.* སྦྱོར་ཀློག; (སྦྱོང་ཀློག; Sik.).

1279 **Spelt,** *n.* ཟར་མན་ཡུལ་དུ་སྐྱེ་བའི་གྲོའི་རིགས་ཞིག;

1280 **Spence,** *n.* གཉེར་ཚང; མཛོད; བཟའ་ཆས་ཀྱི་མཛོད; འབྲུ་མཛོད; འབྲུ་ཁང;

1281 **Spend,** *v.t.* & *v.i.* འཛད་པ; གཏོང་སྒོ་གཏང་བ; འགྲོ་སོང་གཏོང་བ; ཟད་པ;

1282 **Spender,** *n.* གཏོང་སྒོ་གཏོང་མཁན; འགྲོ་སོང་གཏང་མཁན;

1283 **Spew,** *v.t.* སྐྱུག་པ; མཆིལ་མ་དོར་བ;

1284 **Sphere** *n.* གོང་བུ; རིལ་མོ; རིལ་བ; ཞིང; ཞིང་ཁམས; ཁམས; དབྱིངས; འཇིག་རྟེན;

1285 **Spherical,** *a.* (གོང་རིལ; Sik.) རིལ་རིལ; སྒོར་སྒོར;

1286 **Spheroid,** *n.* སྒོང་གཟུགས; གོང་དག་རིལ་རིལ; གོང་བུ་ལྟ་བུའི་དབྱིབས;

1287 **Sphinx,** *n.* སྔ་དུས་ཀླིག་པའི་སྒྲུང་དུ་གདོང་བུད་མེད་ཡིན་པ་ལ་ལུས་སེང་གེ་བྱས་པ་མི་ལ་གབ་ཚིག་གི་འདྲིབ་དྲིས་ནས་ལན་མ་ཕྲིབས་ཚེ་བཅར་ནས་བསད་ཀྱི་ཡོད་ལུགས་བཤད་པ་དེའོ; གཟུགས་བརྙན་གདོང་བུད་མེད་འདྲ་པོ་གཟུགས་པོ་སེང་གེ་འདྲ་པོ་བྱས་པ་ཞིག;

1288 **Spice,** *n.* སྨན་ཛས; ཤ་སྨན; སྤོད;

1289 Spicy, *a.* སྨན་རྫས་ཀྱི་དྲི་ངད་ཅན; ཤ་སྨན་ཅན; སྤོད་ལྡན;

1290 Spider, *n.* འབུ་སྦྲོམ་ནག; སྦྲོམ་ནག; སྦྲོམ;

1291 Spike, *n.* (of grain སྙེ་མ; འབྲུའི་སྙེ་མ;) (གཟེར; ལྕགས་གཟེར; མདུང་ཐུང; of iron).

1292 Spiked, *a.* སྙེ་མ་ཅན; ལྕགས་གཟེར་བརྒྱབས་པའི; གཟེར་ཅན;

1293 Spikenard, *n.* ཏྲི་བསྲུང་ལྡན་པའི་སྤོ་ཞིག; (རྒྱ་སྐད་དུ; ཛ་ཊ་མཱ་ཤི; Hindi).

1294 Spile, *n.* ཤིང་གི་ཐུར་པ; ཐུར་པ; ཐུར་ཆུང;

1295 Spill, *v.t.* & *v.i.* བཤོ་བ; ཤོ་བ; འབོ་བ; དབོ་བ; (*n.*) ཁ་སྐྱུབ; ཤིང་སྐྱུབ;

1296 Spin, *v.t.* བཀལ་བ; འཁལ་བ;

1297 Spinneret, *n.* འབུའི་རིགས་ཀྱིས་སོ་སོའི་ཚང་གི་དྲ་བ་བཟོ་བྱེད་ཀྱི་དབང་པོ་དེའོ;

1298 Spinnery, *n.* སྐུལ་པ་འཁལ་སའི་ཁང་བ;

1299 Spinning-house, *n.* སྐྱེ་དམན་འཆལ་མོའི་རིགས་ཉེས་ཚད་དུ་སྐུད་པ་འཁལ་བཙུག་སའི་བཙོན་ཁང;

1300 Spinage, *n.* སྤོ་ཚོད་ཤིག;

1301 Spinal, *a.* སྒལ་ཚིགས་ཀྱི; སྒལ་ཚིགས་ཀྱི་སྐོར;

1302 Spindle, *n.* ཕང; ཐུང་བུ; ཕང་མ; སྐུད་པ་འཁལ་སའི་ཕང;

1303 Spine, *n.* སྒལ་ཚིགས; ཚེར་མ་རིང་པོ;

1304 Spinel, *n.* པདྨ་ར་ག; པད་རག་སྤུས་ཞེར་གཅིག;

1305 Spinner, *n.* སྐུད་པ་འཁལ་མི; བལ་འཁལ་མཁན;

1306 Spinning, *n.* སྐུད་པ་འཁལ་བའི; བལ་འཁལ་བཞིན་པ;

1307 Spinster, *n.* (སྨིན་ག་ཤར; Sik.) བུད་མེད་ན་ལོན་ཡིན་པ་ལ་ཁྱོ་ག་མེད་པའི་རིགས; མོ་ཧྲང་མོ; བལ་འཁལ་མཁན་གྱི་གྲལ་དུ་འཛུག་འོས་པའི་བུད་མེད; མོ་གཞོན་ཁྱོ་མེད;

1308 Spiny, *a.* ཚེར་མ་ཅན;

1309 Spiracle, *n.* བུག་སྣ; བུ་ག་སྣ་མོ; ཁུང་བུ; ཨི་ཁུང; དབུགས་རྔུབ་པའམ་གཏོང་བའི་བུ་ག;

1310 Spiral, *a,* བཅུས་སྒྲུར་ལྷ་བུ;

1311 Spiration, *n.* དབུགས་རིང; (theol. ཡེ་ཤུའི་ཆོས་ལུགས་ལྟར་ན་དག་པ་སེ་ཤེས་པའི་ཕེབ་གྲལ;) དབུགས་རྔུབ་པའི་བྱ་བ;

1312 Spire, *n.* ཁང་པའི་ཐོག་གི་རྒྱན་ཆ་རྩེ་སྒྲུང་ཅན; ལྕུག་དཀྲིས;

1313 Spirit, *n.* (of wine ཨ་རག; ཉིང་ཁུ; དང་མ); བཅུད; སྙིང་པོ; དོན; ཡང་སྙིང; (Soul བདག; སེམས; རྣམ་ཤེས; བླ; སྲོག); ghost འདྲེ; འབྱུང་པོ; mental disposition སྤྲོབས་པ; གཉིང; བློ་སྤྲོབས; (mettle ངར);

1314 Spirited, *a.* བརྟུལ་ཕོད་པ; སྤོབས་པ་དང་ལྡན་པ; སྙིང་སྟོབས་ཅན; ངར་ཅན; *v.t.* འདྲེ་ལྟར་གར་སོང་འདིར་སོང་མེད་པར་ཡལ་དུ་བཅུག་པ; གར་སོང་མེད་པར་འཁྱེར་ཕྱིན་པ;

1315 Spiritual, *a.* སེམས་ཀྱི; ཐུགས་ཀྱི; ཆོས་ཕྱོགས་ཀྱི; ཆོས་ཀྱི; དངོས་མེད་ཀྱི; བླའི; ལྷའི; དོན་དམ་པའི; སེམས་དོན་གྱི; ཆོས་སྐོར་གྱི; ལྷ་ཆོས་ཀྱི;

1316 Spiritualism, *n.* (Philosophy བདག་ཏུ་ལྟ་བ; བདག་རྟག་པར་འཛིན་པ;) (བོན་པོ་དང་ལྷ་བབ་དང་བོན་བོན་རྣལ་འབྱོར་མ་སོགས་ཀྱི་ཆོས་ལུགས; Sik.) གདོང་འདྲེ་འམ་ཤི་འདྲེ་འབོད་རྒྱུ་ཡོད་པའི་ཆོས་ལུགས་ཞིག;

1317 Spiritualist, *n.* ལྷ་བབ་སོགས་ལ་མོས་མཁན; (བོན་བོན་འབོང་ཤིང་སོཀ; Sik.) (བདག་ཏུ་ལྟ་བའི་གང་ཟག; Phil.).

1318 Spirituality, *n.* སྟོང་པ་ཉིད་ཀྱི་གཞིས; སེམས་ཀྱི་ཁྱད་ཆོས; ཆོས་སྡེའི་ཁོངས་གཏོགས; ཆོས་སྡེའི་ཐོབ་ཐང;

1319 Spiritualize, *v.t.* ཆོས་ཕྱོགས་སུ་སྒྱུར་བ; བློ་སྣ་ཡར་སྐྱེད་པ; (དབུགས་དབྱུང་བ; to encourage or to infuse life. དོན་ཆོས་སྐད་ཀྱི་དོན་ལྟར་བཀལ་བ; to attach a spiritual meaning.

1320 Spiritually, *ad.* དོན་དམ་པའི་ངོས་ནས; ཆོས་ཕྱོགས་ནས;

1321 Spirituous, *a.* ཨ་རག་གར་པོའི; ཨ་རག་གི;

1322 Spirt or Spurt, *v.i.* & *v.t.* ཆུ་ཤུགས་ཀྱིས་འཕྱོར་ཡོང་བ;

v.t. ཆུ་བཙོར་ནས་གཏོར་བ;

1323 Spit, *n.* ཤ་ཙང; ཤ་མེ་བསྲེག་སྐབས་སུ་བརྒྱུད་བྱེད་ཀྱི་ལྕགས་ཙང;

1324 Spit, *n.* མཆིལ་མ; *v.t.* མཆིལ་མ་འདོར་བ;

(Spit-box, པི་ཏ་ལ; Bhut.).

(ཞལ་བཟེད; Hon.) མཆིལ་མའི་སྣོད;

1325 Spite, *n.* སྙིང་ནད; སེམས་འཁོན; འཁོན་བཞག; སྙིང་སྨན;

(in spite of སྣང་དག་མ་གཏང་བར; Sik.).

བཀག་ཀྱང; མ་རྩིས་པར;

1326 Spitefully, *ad.* སྙིང་ནད་ཀྱིས; སེམས་འཁོན་གྱིས; འཁོན་དུ་བཟུང་ནས;

1327 Spittle, *n.* མཆིལ་མ; (ལྷགས་མཆིལ; Hon.).

1328 Spittoon, *n.* མཆིལ་མའི་སྣོད; (ཞལ་བཞེད; Hon.).

1329 Splash, *v.t.* ཆུ་ལ་ཆེབ་སྣ་ཡིང་ངེ་སྐྱུར་བཏམ་འཐོར་བ; ཆོ་གཏོར་བ;

1330 Splay, *v.t.* སེག་དྲས་སྤུ་འཁྲིག་པོར་བཟོ་བ, རྡའི་དཔུང་པའམ་ལག་ཤ་འཕྲུལ་བ;

1331 Spleen, *n.* (the intestine མཆེར་པ;) (རླུང་ཁམས; ཁྲག་རླུང; ཁོང་ཁྲོ; of temper).

1332 Spleeny, *a.* རླུང་ཁམས་མཐོན་པོ; ཁྲག་རླུང་ཅན; ཁོང་ཁྲོ་ཅན;

1333 Splendid, *a.* རྫིག་པོ; ངམ་རྫིག་ཅན; Colql. སྨད་བྱུང; ཕྱུལ་བྱུང;

1334 Splendidly, *ad.* རྫིག་པོ་བྱེད་དེ; ཡག་ཐག་ཆོད་བྱེད་དེ; ལེགས་པར;

1335 Splendour, *n.* ངམ་བརྗིད; གཟི་བརྗིད; དཔལ; འོད; གཟི་འོད;

1336 Splenetic, *n.* རླུང་ཁམས་ཅན; (Spleeny).
སྐྱོ་མདོག་ཅན; (Melancholy).

1337 Splice, *v.t.* སྐུད་པའི་སྣེ་མཐུད་མཐུད་པ; མཐུད་པ;

1338 Splint, *n.* ཤིང་སྐྱོར; རུས་པ་ལ་ཆག་ཀྲུམ་ཤོར་དུས་ཨེམ་ཆིས (ཤིང་སྐྱོར་རྒྱབ་ནས་འཆིང་རྒྱུའི་ཤིང་ལེབ་དེ་འོ; རྐང་པ་ཆག་པ་སོགས་བྱུང་སྐབས་རུས་པ་མཐུད་པའི་ཕྱིར་ཤིང་ལེབ་ཀྱི་བདའ་རལ་འཆིང་རྒྱུ་དེ; Sik. & Bhut.).

1339 Splinter, *n.* (ཤིང་གི་ཞོར་ཕྲུག; Sik.) གཤག་མ;

1340 Split, *v.t.* བཀས་པ; གཞོག་པ; གཤགས་པ; འགས་པ;

1341 Splutter, *v.i.* & *n.* ཁ་ལབ་དུས་མཆིལ་མ་ཐོར་ཐོར་འཐོན་པ;

1342 Spoil, *v.t.* མེད་པར་བཟོ་བ; འཕྲོ་བརླག་གཏང་བ; རློག་པ; བརླག་པ;

1343 Spoiler, *n.* མེད་པར་བཟོ་མཁན; བརླག་མཁན;

1344 Spoke, *n.* འཁོར་ལོའི་རྩིབས; རྩིབས; (ལབ་ཟེར་པ; pt. of speak).

1345 Spoken, *a.* ལབ་ཟིན་པ; སྨྲས་ཟིན་པའི;

1346 Spokesman, *n.* གཞན་གྱི་ཚབ་ཏུ་སྨྲ་བ་པོ; ཁ་པ;

1347 Spoliation, *n.* ཕྲོགས་བཅོམ; བརླག་སྟོར; འཕྲོག་ཆོམ;

1348 Sponge, *n.* རྒྱ་མཚོའི་གཏིང་ན་སྐྱེབ་པའི་སྲོག་ཆགས་གཟུགས་ཤི་ཁུང་རྒྱུང་རྒྱུང་ཡོད་པ་ཞིག་གོ; (དེའི་གཟུང་ནི་ད་ལྟ་ཆུ་འཇིབས་ཡ་ལ་མཁོ་བྱེད་ཆེ་བས་ཀུན་གྱིས་ཧ་ར་བྱས་ཡོང;) ཆུ་ཁྲར; ཆུ་འཇིབས;

1349 Spongy, *a.* (ཆུ་འཇིབས་ཅིང་ཟོབ་ཟོབ་ཡིན་པའི; Sik.). ཆུ་འཇིབས་འདྲ་བ;

1350 Sponsor, *n.* ཁག་འཁྲིགས་པ; ཐ་ཚབ; ཁས་འཁྲུག་པ; ཁག་ཐེག་པ;

1351 Spontaneity, *n.* རང་འདོད་ཀྱི་ཡིན་ཚུལ; རང་འདོད; (བློ་འབར; Sik.).

1352 Spontaneous, *a.* (རང་འདོད་བློ་འབར་ཀྱི; Sik.) རང་འདོད་ལྟར; རང་བློའི;

1353 Spool, *n.* འདྲ་པར་གྱི་ཤོག་གྲིལ; སྐུད་པ་དཀྲིས་སའི་ཤིང་རིལ; (འཁལ་ཐུང; Sik.).

1354 Spoon, *a.* ཐུར་མ; (བཞེས་ཐུར; Hon.).

1355 Sport, *n.* རྩེད་མོ; (སྐུ་རྩེད; Hon.).

1356 Sportful, *a.* རྩེད་མོ་རྩེ་དད་ཅན; (སྐུ་རྩེད་ལ་ཐུགས་མཉེས་པོ; Hon.).

1357 Sporting, *n.* རྩེད་མོ; ཁྱི་ར; (སྐུ་རྩེད; Hon.) རྩེ་བཞིན་པ; (སྐུ་རྩེད་གནང་བཞིན་པ; Hon.).

1358 Sportive, *a.* རྩེད་མོ་ལ་དད་པ;

1359 Sportsman, *n.* ཁྱི་ར་པ; རྔོན་པ; ཁྱི་ར་ལ་དགའ་བ;

1360 Spot, *n.* (place ས་ཆ; གནས;) (ཐིག; dot also ཐིགས; ནག་ཐིགས;) blemish ཞབས་འདྲེན;

1361 **Spotted,** *a.* ཐིགས་ཁྲ་ཅན; ཁྲ་ཁྲ; (གཟིག་ཁྲ་ཅན; of animals).

1362 **Spousal,** *a.* བག་མའི; (གཉེན་ཚང་འབྲུང་གི; Sik.) བག་སྟོན་གྱི; གཉེན་རྒྱབ་པའི་སྐོར;

1363 **Spouse,** *n.* བག་མ; ཆུང་མ; ཟླ་གྲོགས; བཟའ་ཟླ; ཟླ་བོ; ཁྲོ་གའམ་སྐྱེ་དམན;

1364 **Spout,** *n.* མཆུ; མཆུ་རྗེ; མཆུ་ཏོ; *v.i.* མཆུ་ཏོ་ནས་ཕྱིར་རྒྱངས་ཀྱིས་འཐོན་པ; ཤུགས་ཀྱིས་འཐོར་ཡོང་བ;

1365 **Sprain,** *v.t.* (ཚིགས་དཀྲུག་པ; ཚིགས་ཐུབ་ཤོར་བ; Sik. & Bhut.) ཚིགས་འཆུ་བ; ཚིར་འབུད་པ;

1366 **Sprat,** *n.* ཉེའུ་ཆུང; ཉ་ཆུང; ཉ་སྲིན; ཉེའུ;

1367 **Sprawl,** *v.i.* གན་རྒྱལ་དུ་གནས་ཅིང་རྐང་པ་བརྐྱངས་ནས་སྡོད་པ; རྐང་ལག་བརྐྱངས་ནས་ཉལ་སྡོད་པ;

1368 **Spray,** *n.* ཆུའི་ཟེགས་མ; of water (ཆུའི་བ་ཟེགས; Sik.). (of plant ཡལ་ག་ཕྲ་མོ; ལྗུག་མ; ལྗུག་ཕྲན;)

1369 **Spread,** *v.t.* འདིང་བ; རྐྱོང་བ; འགེབས་པ; འཁེབས་པ; གཅལ་བ; རྫལ་བ; སྤེལ་བ; འགྲེམས་པ; འདལ་བ; བཀྲམ་པ; *vb. n.* མཆེད་པ; འགྲེ་བ; རྒྱས་པ; དར་བ; ཁྱབ་པ; དགྲམ་པ;

1370 **Spreading,** *n.* ཁྱབ་བཞིན་པ; འགྲེམས་བཞིན་པ; etc.

1371 **Sprig,** *n.* (of plant ཡལ་ག་ཆུང་ངུ; སྨྱུ་གུ; ཕྲས་ཆུང;) (བུ་བརྒྱུད; ཁྱེའུ; child) (ཨོ་ལོ; ཨ་ལོ;) Colql.

1372 **Spright,** *n.* ཐེའུ་རང; འབྱུང་པོ; མི་མ་ཡིན;

1373 **Sprightful,** *a.* ཧུར་པོ; (ཚུབ་ཀྱིར་ར; Colql.) ཚུབ་པོ; ཉིས་བདེ་མོ; སྒྲིན་པ;

1374 Sprightly, *ad.* ཁྲུག་པོ; ལུས་ཡང་པོ; སྐྱེན་པ; etc.

1375 Spring, *v.i.* མཆོང་བ; (ཡར་རྒྱབ་པ; Sik.) *n.* དཔྱིད་ཀ; of season སོས་ཀའི་དུས; (ཆུ་གཟར; ཆུ་མིག; Sik. of water).

1376 Springal, *n.* (archaic) གཞོན་ཀུ; སྤག་ཤར; ཕོ་གཞོན;

1377 Spring-bok, *n.* རི་དྭགས་གཉན་འདྲ་པོ་ཞིག;

1378 Springe, *n.* & *v.t.* (*n.*) རྙི; (*v.t.* རྙིར་བཟུང་བ;)

1379 Sprinkle, *v.t.* གཏོར་བ; འཐོར་བ; (ཆབ་རྒྱབ་པ; Colql.) (ཁྲུས་ཆབ་གཏོར་བ; Hon.).

1380 Sprint, *v.i.* ཐག་ཐུང་ཐུང་ཞིག་རྒྱུག་པ;

1381 Sprit, *n.* རྒྱངས་ཤིང;

1382 Sprite, *n.* ཐེའུ་རང; འབྱུང་པོ;

1383 Sprout, *v.t.* འབུར་དུ་སྐྱེ་བ; སྐྱེ་བ; འབུར་བ;

1384 Spruce, *a.* དྭངས་འདྲ་ཅན; (idiom. གད་གཙང;) (འཛེམ་པོ; Sik.) (ཁམས་དྭངས་པོ; Colql. and idiom.).

1385 Spry, *a.* ཉ་ཐན; ཉེའུ;

1386 Spur, *n.* (of hill སྒང་ཟེ; སྒང་སྣ; སྒང་རྒྱུད;) རྟའི་སྦྲོ་ལ་གཙག་རྒྱུའི་ལྕགས་སླུ་ཕུ་ལ་སྦྱག་པ་དེ་ལའང་ཟེར;

1387 Spurge, *n.* འོ་མ་རི་ཁག་པོའམ་སྐྱུར་པོ་ཡོད་པའི་སྔོའི་རིགས;

1388 Spurious, *a.* བརྫུ་མ; བརྫུས་མ; བཅོས་མ;

1389 Spuriously, *ad.* བརྫུས་མ་བྱས་ཏེ;

1390 Spuriousness, *n.* བརྫུས་མ་ཡིན་ལུགས;

1391 Spurn, *v.t.* རྡོག་ཐོས་འཕུལ་བ; རྡོག་རྒྱག་གིས་འཕུལ་བ; ཕྱིར་འཕུལ་བ; རྡོག་རྒྱག་གཞུ་བ;

1392 Spurt, *v.i.* ཆུ་ཤུགས་ཀྱིས་ཕར་འཕར་བ;

1393 Sputter, *v.t.* མཆིལ་མ་འཐོར་བ; ཁ་མགྱོགས་དྲགས་ནས་ཚིག་སྒྲ་མ་
དག་པར་ལབ་པ;

1394 Spy, *n.* སོ་པ; སྒྲུལ་མ; སྒྲུལ་མི; བྱ་ར་བ; ས་ཉེན་པ;

1395 Squab, *a.* རྒྱགས་པ; བཟོ་ལྷུམ་ལེཊ་པ; ལྷུམ་ལྷུམ;

1396 Squabble, *v.i.* ཙ་ཙོ་ཆེན་པོ་དང་བཅས་དེ་འཐབ་པ;

1397 Squad, *n.* དམག་ཏྲིས་སྦྱོང་བརྡར་གྱི་ཆེད་དུ་མི་དཔུང་སྦྲན་
བུ་ཞིག་ཚོགས་པ;

1398 Squadron, *n.* དམག་ཚ; རྟ་དམག་གི་སྡེ་མི་གྲངས་ཉིས་བརྒྱ་ཙམ་བྱས་པ;
དམག་གྲུའི་སྡེ་ཚན;

1399 Squalid, *a.* དྲེག་པ་ཅན; ཉག་ཉིག་ཅན; དྲི་མ་ཅན;
(དྲེག་པ་ཁོག་ཁོག; Sik.).

1400 Squall, *n.* བུ་ཡུག་དང་བཅས་པའི་རླུང་ནག; རླུང་ཚུབ;
v.i. སྐད་ངན་རྒྱབ་པ; སྐད་ངན་ཤོར་བ;

1401 Squalor, *n.* དྲེག་པའམ་དྲི་མ་ཡོད་ཚུལ;

1402 Squander, *v.t.* སྟོང་ཟད་གཏང་བ; འཕྲོ་བརླག་གཏང་བ;

1403 Square, *a.* སྡེ་ཡངས་གྲུ་བཞི; གྲུ་བཞི; ལོགས་དང་གྲུ་ཆ་མཉམ་པའི་
གྲུ་བཞི་ལ་ཟེར;
(ཡོ་འཁྱོག་ཉེ་རིང་མེད་པ; དྲང་པོ; honest or fair).

1404 Squash, *v.t.* བཙར་བ; བཙིར་བ;

1405 Squat, *v.i.* (Colql. པོ་ཙོག་གིས་ལ་སྡོད་པ;) ཙོག་པོར་སྡོད་པ;

1406 Squatter, *n.* ས་ལ་པོ་ཙོག་གི་སྡོད་མཁན; ཙོག་པོར་སྡོད་མཁན;
ས་ཆའི་ཐོག་དུ་ས་བདག་ལས་དགོངས་སྐོར་མི་ཞུས་
པར་སྡོད་མི;

1407 Squaw, *n.* ཨེ་མི་རི་ཀའི་མིའི་སྐྱེ་དམན;

1408 Squeak, *v.i.* སྐད་ཕྲ་མོ་ཤོར་བ; དཔེར་ན; *n.* ཙི་ཙིའི་སྐད་ལྟ་བུ;

1409 Squeal, *v.i.* ཕག་ཆུང་གི་སྐད་བཞིན་སྐད་ཤོར་བ;

1410 Squeamish, *a.* འཛེམ་དོག་ཅན; འཛེམ་ཆ་ཆེ་མདོག་ཁ་པོ;
ཡིད་སྨུན་སྨྱ་བ; སྤྱུར་མཉེས་དཀའ་བ;

1411 Squeezable, *a.* བཙིར་དུ་ཡོད་པ;

1412 Squeeze, *v.t.* བཙིར་བ; འཚིར་བ;

1413 Squib, *n.* ཤོག་པག་མེ་ལ་སྦྱར་ནས་གཡོ་ལ་བསྐྱུར་བས་འགགས་
མཁན་དེ; ཤོག་པག;

1414 Squill, *n.* སྤོ་སྨན་ཞིག; སྤྲདའི་རིགས་ཤིག;

1415 Squint, *a.* མིག་ར་ཡོ; མིག་ཟྲ་ཡོ; ཞར་བལྟས་ཅན;
v.i. མིག་བཙུམ་རྒྱབ་པ; *v.i.* མིག་ཟླ་ཡོར་བལྟ་བ;

1416 Squire, *n.* མདའ་དཔོན་ནམ་བ་དུར་གྱི་ཨབ་ཕྲུག་གམ་སྐུ་སྐྱུང་པ;
འགོ་པ; གཞིས་གཞི་བདག་པོ;

1417 Squire-hood, *n.* སྐུ་མདུན་པའི་གོ་གནས; ཨབ་ཕྲུག་གི་གོ་ས;
སྐུ་སྐྱུང་བའི་གོ་ས;

1418 Squirrel, *n.* འཛགས་མ་གི་ལི; Sik. ཤིང་གས་ཏ; Bhut.
(ཤིང་ལ་གནས་པའི་སྲོག་ཆགས་འབྲས་ལྗོངས་སུ་
འཛད་མ་ལ་ཟེར་བ་དེའོ; Sik.).

1419 Squirt, *v.t.* ཆུ་མདའི་ནང་ནས་ཆུ་བཙིར་གྱིས་གཏོར་བ;
ཆུ་དུང་ནང་ནས་ཆུ་ཙིར་གྱིས་གཏོར་བ;

1420 Stab, *v.t.* མཚོན་གྱིས་བསྣུན་པ; (གྲི་སོབ་པ; གྲི་རྫང་བ; Sik.).

1421 Stability, *n.* དག་བརྟན; བརྟན་ཚུལ; བརྟན་ལུགས;

95

1422 **Stabbing**, *n.* སོབ་པ; (སྒྲོ་གཟུར་མོའ་མདུང་གིས་སོབ་པ;
Sik. གྲིའམ་མདུང་གིས་སྣུན་པའི་བྱ་བ;

1423 **Stable**, *n.* (Sik. རྟ་ཁྲིམ;) རྟ་ར; *a.* བརྟན་པ;

1424 **Stabling**, *v. n.* རྟ་རར་བཅུག་པའི་བྱ་བ;

1425 **Stablish**, *v.t.* (བཙའ་བ; ཀྲང་བཙུག་པ; archaic)
འཛུགས་པ; འགོད་པ; བཀོད་པ;

1426 **Stablishment**, *n.* མ་ཀང; རྒྱུན་དུ་གནས་པའི; ཞི་དྲག་གི་སྡེ;
ཞི་དྲག་གི་བཙུག་བའི་སྡེ;

1427 **Stack**, *v.t.* སྤུང་བ; *n.* སྤུངས; སྤུང་པོ;

1428 **Staff**, *n.* སྤ་རྒྱུག; འཁར་བ;

1429 **Stag**, *n.* ཤྭ་པོ; ཤྭ་བ;

1430 **Stage**, *n.* རིམ་པ; རྒྱ་རྩེ; ཞག་བབས; ཞགས;
ཟློས་གར་ཁྲབ་སའི་ཁྲི;

1431 **Stagger**, *v.i.* གོཾ་པ་འཁྱར་འཁྱོར་བྱས་པ; འཁྱོར་བ;
གོམ་པ་འཁྱོར་བ; འཁྱོར་དེ་འགྲོ་བ;
v.t. ཐེ་ཚོམ་སྐྱེད་པ; ཐེ་ཚོམ་སྐྱང་བ;

1432 **Staggering**, *n.* འཁྱོར་འཁྱོར་པོ; འཁྱོར་བཞིན་པ;

1433 **Stagnant**, *a.* འཁྱིལ་ནས་སྡོད་པའི;

1434 **Stagnate**, *v.i.* འཁྱིལ་བ; of heart or mind རྩལ་དུ་བཅུག་པ;

1435 **Stagnation**, *n.* འཁྱིལ་ལུགས;

1436 **Staid**, *a.* ཚོད་ཟིན་པོ; སྒམ་པོ;

1437 **Stain**, *v.t.* གནག་ཐིག; ནགས་ཐིགས; སྐྱོན;
(ཞབས་འདྲེན; character) ཐིགས;

1438 **Stainless**, *a.* གནག་ཐིག་མེད་པ; དྲི་མེད; སྐྱོན་མེད;

1439 **Stair**, *n.* (Colql. ཀན་ཙ;) སྐས་ཀ; རྡོ་སྐས; སྐྲས་ཀ; སྐྲས་འཛེག; འཛེག་སྐྲས;

1440 **Stake**, *n.* (Sik. ར་ཕུར;) (of sport or game རྒྱན;) ཕུར་པ; རྡོས་ཕུར;

1441 **Stale**, *a.* བརྙིངས་པ; བརྙིངས་བས་བྲོ་བ་མེད་པ; སྙུངས་པ; སྨུམ་ས་པ; ཙམ་པ་སོའི་སྨུམས་པ་ལྟ་བུའོ;

1442 **Stalk**, *n.* ཀང; སྡོང་པོ; ཡུ་བ; གྲོ་ཡི་ཀང; ཀན་ཙོམ་སྡོང་པོ; འབྲས་བུའི་ཡུ་བ;

1443 **Stalk**, *v.i.* གོས་འགྲུང་རིང་ལ་ལྷོད་པོ་བྱས་ནས་འགྲོ་བ; ཁྲི་རར་རི་དྭགས་ཀྱི་རྗེས་སུ་ཡིབ་ཅིང་འདེད་པ; རྗེས་སུ་སྙེག་པ;

1444 **Stall**, *n.* རྟ་ར; ལྷས་ར; ཚོང་ཁང་དུ་ཚོང་པ་སོ་སོའི་དངོས་པོ་བཀམ་སའི་ཁང་མིག;
བཙོང་རྒྱུའི་ཅ་ལག་བཞག་སའི་སྟེགས་བུ; སྟེའུ;

1445 **Stallion**, *n.* རྟ་ཕོ་ད; གསེབ;

1446 **Stalwart**, *a.* གཟུགས་སྟོབས་ཆེན་པོ;

1447 **Stamen**, *n.* མེ་ཏོག་གི་ཟེའུ་འབྲུའི་དཀྱིལ་ན་གནས་པའི་ཕོ་ཡི་ས་བོན་འཛིན་པའི་ཟེ་འབྲུ་དེའོ;

1448 **Stammer**, *v.i.* ཁ་ལྡིག་པ; ལྡིག་པ;

1449 **Stammerer**, *n.* ཁ་ལྡིག་ཅན; ཁ་ལྡིག་པ་པོ;

1450 **Stammering**, *n.* ལྡིག་ལུའུ;

1451 **Stamp**, *v.t.* & *n.* (ཊི་ཀ་སི; Hindi postage) པར; *v.t.* ཐེའུ་རྒྱབ་པ; རྒྱས་ཏབ་པ; *v.i.* རྡོག་པ་རྒྱབ་པ; ཀང་པས་རྡིག་བྲོ་རྒྱབ་པ; ཀང་པ་བརྫབ་པ;

1452 **Stamp**, *v.i.* ཡི་གེའི་སྐྲགས་ལ་ཊི་ཀ་སི་རྒྱབ་པ;

1453 Stampede, *n.* འུར་རྒྱུག ; *v.i.* སྤྱིབས་ཅིག་ཏུ་རྒྱུག་པ ;

1454 Stanch, *v.t.* ཁྲག་བཅད་པ ; ཁྲག་གཅོད་པ ;

1455 Stand, *v.i.* ལང་བ ; ལྡང་བ ;

1456 Standard, *n.* (མདུང་དར ; རུ་དར ; རྒྱལ་མཚན ; of banners)
(of weight ཚད་རྡོ ; ཚད) ;
(of learning རྒྱུགས་ཚད) ;
(Standard price ཕྱུང་པའི་གོང་ཐང) ;

1457 Stander, *n.* ལང་ནས་སྡོད་མི ; ལྡང་བ་པོ ;

1458 Standing, *a.* ལངས་ནས ; (ལངས་ལངས་པར ; Sik.) ལྡང་བཞིན་པ ;
ལྡང་བ ; ལང་བ ;

1459 Stanza, *n.* ཤློ་ཀ ; ཚིགས་བཅད ;

1460 Staple, *n.* ཡུལ་གྱི་འཐོན་སྐྱེས་གང་ཆེའི་འབྲུ་དངོས ;
འཐོན་སྐྱེས་གཙོ་བོ; St. food གཙོ་ཆེར་སྤྱོད་པའི་ཟས ;

1461 Star, *n.* སྐར་མ ;

1462 Starboard, *n.* གྲུ་གཟིངས་ཀྱི་ཡོར་གཡས ;

1463 Starch, *n.* *v.t.* རས་སོར་ལ་བར་རྒྱབ་པ ; འབྲུའི་རྩི ; ལྷོ་བགས ;
རས་ཅ་སོགས་ལ་རྒྱབ་རྒྱུའི་ལྷོ་བར ;

1464 Starchily, *ad.* མཁྲེགས་པོ་བྱེད་དེ ;

1465 Stare, *n.* (Sik. མིག་ཁྲལ ;) མིག་ཕྱུར་ཚུགས་སུ་ལྟ་ཡུར ;
v.i. མིག་ཕྱུར་ཚུགས་སུ་ལྟ་བ ;

1466 Stark, *a.* (མཁྲེགས་པོ stiff ;) (རྗེན་པོ ; སྐྱེན་མོ ; གཅེར་བུ ;
ཅེ་རང་མ ; Colql. naked).

1467 Starlight, *n.* སྐར་མའི་འོད ;

1468 Starling, *n.* བྱི་ཙུའི་རིགས་ཤིག ; བྱིའུ་སྐྱ་ག་འདྲ་བ་ཞིག ;

1469 Starry, *a.* སྐར་མ་ཅན ;

1470 Start, *v.i.* འཕྲོན་པ་; ཆས་པ་; འགྱུལ་ལ་ཆས་པ་; ཁ་ཕྱོགས་འགྱུར་བ་; མགོ་འཛུགས་པ་; *v.t.* ཤིབ་ཁྲུང་ནས་འདོན་པ་; འགྱུལ་བསྐྱོད་བྱེད་དུ་བཅུག་པ་;

1471 Starting point, *n.* བང་མགོ་འཛུགས་ས་;

1472 Startle, *v.i.* & *v.t.* ཧྣོ་འཕྲོར་པ་; *v.t.* འཛིར་སྐྲག་བཀོད་པ་; སྐྲག་པ་; དངངས་སྐྲག་བཀོད་པ་;

1473 Starvation, *n.* (Sik. ལྟོགས་བསད་; ལྟོགས་འགྲི་;) ལྟོགས་གྲི་;

1474 Starve, *v.i.* & *v.t.* (Sik. ལྟོགས་བསད་རྒྱབ་པ་;) ལྟོགས་བཅུག་ནས་གསོད་པ་; ལྟོགས་ཤི་རྒྱབ་པ་; ལྟོར་པ་;

1475 Starveling, *n.* ལྟོགས་བསད་རྒྱབ་པའི་ཕྲུ་གུ་; ལྟོགས་ཕྲུག་;

1476 State, *n.* གནས་ཚུལ་; གནས་ལུར་; གོ་ས་; ས་; གཞུང་; གཞུང་གི་མངའ་འབངས་ཡོངས་; གོ་ས་བདག་རྐྱེན་དང་འོས་པའི་འགྲོ་ལུགས་ཀྱི་རྒྱུན་ཆ་ལུགས་དང་བཞིན་; པ་འཁོར་ཆས་དང་བཅས་དེ་ཟིལ་ཆེན་པོ་བྲུས་ནས་འགྲོ་སྟོད་བྱེད་པ་ཡང་ཟེར་; *v.t.* བཤད་པ་པོ་; བརྗོད་པ་; སྨོས་པ་; སྨྲ་བ་;

1477 Stated, *a.* སྔར་ནས་སྨྲས་ཟིན་པ་; བཤད་པ་;

1478 Statement, *n.* བརྗོད་བྱ་; ཐོ་; (ཞུ་ཐོ་; Hon.) ལོ་རྒྱུས་; ཞུ་བ་;

1479 Statesman, *n.* ཡུལ་ཁྲིམས་སྐྱོང་བའི་བློ་གྲོས་ཅན་; བྲུས་ཅན་; རྫུས་ཅན་; རྒྱལ་སྲིད་སྐྱོང་བའི་ཐབས་ལ་མཁས་པ་;

1480 Statesmanship, *n.* རྒྱལ་ཁྲིམས་སྐྱོང་བའི་བློ་གྲོས་; རྫུས་; བྲུས་;

1481 Static, *a.* འགྲོ་འོང་མེད་པར་གནས་པའི་དངོས་པོ་འི་སྐོར་;

1482 Statics, *n.* འགྲོ་འོང་མེད་པར་གནས་པའི་དངོས་པོ་འི་སྐོར་གྱི་རིག་པ་;

1483 **Station**, *n.* གནས; ས; རིམ་པ; རྟེ་ཡི་སྡོད་ས; གོ་གནས;
v.t. གནས་སུ་བཞག་པ; གནས་བཅད་བ;

1484 **Stationary**, *a.* གནས་བཅས་དེ་ཡོད་པ; སྤོ་བཤུད་མི་བྱེད་པ;
མི་འགུལ་བ;

1485 **Stationer**, *n.* ཤོག་གུ་སྨྱུ་གུ་སྣག་ཚ་སོགས་འཚོང་མཁན;

1486 **Stationery**, *n.* འཚོང་རྒྱུའི་ཤོག་གུ་སྨྱུ་གུ་སྣག་ཚ་སོགས;

1487 **Statistics**, *n.* ངེས་རྩིས; གྲངས་ངེས་པོ; ཡུལ་འབངས་སོགས་ཀྱི་
ལོ་རྒྱུས; ཡུལ་ཁམས་སུ་མི་གྲངས་སྐྱེ་འཕེལ་ཤི་ཆད་
ཀྱི་ངེས་རྩིས;

1488 **Statuary**, *n.* རྡོ་སྐུའི་རིག; རྡོ་འི་འདྲ་སྐུ་བཟོ་བའི་རིག་པ;

1489 **Statue**, *n.* རྡོ་སྐུ; རྡོ་སོར་ཀྱི་འབུར་སྐུ;

1490 **Statuesque**, *a.* རྡོ་སྐུའི་འགྱིང་བག་ཅན; རྡོ་སྐུ་འདྲ་བ;

1491 **Stature**, *n.* གཟུགས་མཐོ་དམན; བོང་ཚོད; གཟུགས་ཚད;
གཟུགས་རིང་ཐུང;

1492 **Status**, *n.* གོ་ས་མཐོ་དམན; དྲག་ཞན;

1493 **Statutable**, *a.* བཅའ་ཡིག་དུ་བཀོད་རུང་བའི;

1494 **Statute**, *n.* བཅའ་ཡིག; ཁྲིམས་ཡིག; བཅས་པའི་ཁྲིམས;

1495 **Statutory**, *a.* བཅའ་ཡིག་གི; ཁྲིམས་ཡིག་གི;

1496 **Staunch**, *a.* གཏན་པོ; ངེས་པ་ཅན; དམ་ཚིག་ཅན; ངོ་ཚིག་གཙང་མ;

1497 **Stave**, *n.* ཤིང་ཟོམ་གྱི་ལོགས་སྒྲིག་རྒྱུའི་སྤང་ལེབ་གུག་གུག་རེ་ལ་
ཟེར; *v.t.* བཀག་པ; (S. off.) ཟློག་པ; ཨི་ཁྲུང་
འབུད་པ; to delay འགོར་བ; འགྱི་བ; སྒོག་པ;

1498 **Stay**, *v.i.* སྡོད་པ; གནས་པ; སྒུག་པ; སྒུགས་ནས་སྡོད་པ;

1499 **Stead**, *n.* ཚབ;

1500 **Steadfast**, *n.* ཐང་ལྷོད་མེད་པར་བརྟན་པོ; བརྟན་པོ; བརྟན་པ;
མི་གཡོ་བ;

1501 **Steadfastness**, *n.* བརྟན་ལུགས;

1502 **Steadfastly**, *ad.* བརྟན་པོར;

1503 **Steadily**, *ad.* མ་གཡེལ་བར; བརྩོན་གྲུས་མ་དོར་བར; ལྷོད་མེད་དུ;

1504 **Steadiness**, *n.* གཡེལ་བ་མེད་ལུགས;

1505 **Steady**, *a.* བརྟན་པོ; གཡེལ་མེད; བརྩོན་གྲུས་ལྷོད་མེད;

1506 **Steak**, *n.* ཤ་ལེབ; བ་ལང་ཤ་འམ་ཕག་ཤ་འམ་རི་དྭགས་ཤ་སོགས
ལས་ངར་རྫོད་བྱའི་ལེབ་གཅིག་བྲེག་པ་དེ་ལ་ཟེར;

1507 **Steal**, *v.t.* རྐུ་མ་རྐུ་བ; རྐུ་བ;

1508 **Stealing**, *n.* རྐུ་མ་རྐུ་ཡ་དེ; རྐུ་བའི་བྱ་བ;

1509 **Stealth**, *n.* རྐུ་མ; གསང་སྟབས; རྐུ་མ་ལྟ་བུའི་གསང་སྟབས;

1510 **Steam**, *n.* རླངས་པ;

1511 **Steed**, *n.* ཆིབས་པ; ཆིབས;

1512 **Steel**, *n.* ཨྱར་ཁ་རྡོ;

1513 **Steep**, *a.* *v.t.* སྦང་བ; ཆུ་ལ་བཅུག་པ; (*a.*) དྲང་བཙུག; དྲང་ལོང;
གྱེན་གཟར་པོ; (གྱེན་དྲི་པོ; Colql.)

1514 **Steeple**, *n.* དབུ་རྩེ; ཁང་བཟང་གི་ཐོག་ཁའི་གཉྫི་ར; འགན་འཛིར;

1515 **Steeply**, *ad.* གྱེན་ཐུར་གཟར་པོར;

1516 **Steer**, *v.t.* & *n.* *n.* གླང་དར་མ; གླང་ཚུང; གྲུ་སྣ་འདྲེན་པ;
གྲུའི་ཁ་ལོ་སྒྱུར་བ; གྲུ་གཏོང་བ; ཁ་ལོ་སྒྱུར་བ;
སྣ་འདྲེན་པ;

1517 **Steerage**, *n.* གྲུའི་སྣ་འདྲེན་པའི་བྱ་བ; གྲུ་གཏོང་ལུགས;

1518 **Steersman**, *n.* གྲུའི་སྣ་འདྲེན་མཁན; གྲུའི་ཁ་ལོ་པ;

1519 **Stellar**, *a.* སྐར་མའི;

1520 **Stellate**, *a.* སྐར་མའི་དབྱིབས་སུ་སྒྲིག་པ;

1521 **Stem**, *n.* སྡོང་པོ; མེ་ཏོག་གམ་འབྲས་བུའི་ཡུ་བ;
v.t. འགོག་པ; ཆུ་སོགས་བཀག་པ; གཞུང་གཅད་པ;

1522 **Stench**, *n.* དྲི་ངན; དྲི་དཀུ་བ;

1523 **Step**, *v.i.* གོཾ་པ་རྒྱབ་པ; གོམ་པ་བོར་བ; *n.* གོམ་པ;

1524 **Step-mother**, *n.* མ་གཡར་མོ; མ་གཡར;

1525 **Steppes**, *n.* ཀྲུ་ཤའི་ཡུལ་དུ་སྤྱང་ཐང་ཆེན་པོ་ལ་ཟེར;

1526 **Stereotype**, *n.* ཡིགེའི་པར་ལྕགས་པར་བརྒྱབས་ནས་བཟོས་པ;

1527 **Stereotyped**, *a.* པར་བསྐོས་ནས་རྒྱབ་བཞག་པ་ནང་ལྟར;

1528 **Sterile**, *a.* (Sik. རབས་ཆད;) སྐྱེ་འཕེལ་མེད་པ;
(མོ་གཤམ; of woman); ལོ་ཏོག་མི་འབྱུང་བའི་ཞིང་
གཤིས་ངན་པ; ཞིང་སྐམ; ཞིང་ངན; ཚ་སྒོ་ཅན;

1529 **Sterility**, *n.* རབས་ཆད་ལུགས; ཞིང་ངན་ཚུལ; ཚ་སྒོ་ལྡན་ལུགས;

1530 **Sterling**, *a.* དངུལ་ཀྲུང; སྐར་ཀྲུང; ཏིག་ཏིག; ཁྲུངས་ཅན;

1531 **Stern**, *a.* སྙིང་རྡོ་ལྟ་བུ; སྙིང་རྗེ་མེད་པ; དྲག་པོ; དྲག་ཤུལ་ཅན;

1532 **Sternly**, *ad.* སྙིང་མཁྲེགས་པོ་བྱེད་དེ; དྲག་ཤུལ་གྱི་སྒོ་ནས;
སྙིང་རྗེ་མེད་པར;

1533 **Sternum**, *n.* བྲང་ཁོག་གི་རུས་པ; མིད་པ་དང་པོ་བའི་བར་གྱི་
བྲང་རུས;

1534 **Sternutation**, *n.* སྦྲིད་པ; (སྦྲིད་པ་ཤོར་པ; Sik.)

1535 **Stertorous**, *a.* ངར་སྐད་ལྟ་བུ; ངར་སྐད་རྒྱབ་བཞིན་པའི;

1536 Steto, *v.t.* སོར་འཇོག་པ; པར་ཞུ་དག་བྱེད་སྐབས་བྲི་ཤུབ་རྒྱབ་ཟིན་པ་སླར་སོར་གནས་ཀྱིས་ཅེས་བསྒོ་བ;

1537 Stethoscope, *n.* སྦྲའི་སྒོ་ནས་ཁོག་ནང་ནད་བརྟག་དཔྱད་བྱེད་པའི་ར་ཅོ་འདྲ་བ་ཨིམ་ཆིའི་ལག་ཆ་ཞིག;

1538 Stew, *v.t.* ཐུག་པ་སྐོལ་བ;

1539 Steward, *n.* གཉེར་པ;

1540 Stewardship, *n.* གཉེར་པའི་གོ་གནས;

1541 Stick, *n.* སྦ་རྒྱུག; འཁར་རྒྱུག; འཁར་བ;

1542 Stick, *v.t.* (to stick སྦྱར་བ); *v.i.* འབྱར་བ; སྣུན་པ; བཙུག་པ; མདུང་སོར་བཙུག་པ;

1543 Stick up for. (ཕྱོགས་བྱེད་པ) ཕྱོགས་པ; be stuck on ཡིད་སྦྱར་བ; སེམས་ཞེར་བ; (stuck up (*a.*) རང་མཐོང་ཆེན་པོ;)

1544 Stickle, *v.t.* to interpose སྐྱེལ་མ་བྱེད་པ; (to mediate བར་མི་བྱེད་པ;) (to contend) ཨུ་ཚུགས་ཀྱིས་འཐབ་པ;

1545 Sticky, *a.* སྦྱར་རྩི་ཅན;

1546 Stiff, *a.* མཁྲེགས་པོ; སྲ་མོ; སྲ་བ; གྱོང་པོ;

1547 Stiffen, *v.t.* སྲ་རུ་གཏང་བ; སྲ་བར་བྱེད་པ; གྱོང་དུ་གཏོང་བ:

1548 Stiffening, *n.* སྲ་རུ་གཏང་བའི་བྱ་བ;

1549 Stiffness, *n.* སྲ་ཚུལ; སྲ་ལུར; གྱོང་ལུགས;

1550 Stifle, *v.t.* སྐད་འགོག་པ; དབུགས་འགེག་པ; དབུགས་བཀག་པ; དབུགས་སུབ་པ; སྐེ་འགགས་གཏང་ནས་གསོད་པ;

1551 Stifling, *a.* དབུགས་སུབ་བཞིན་པ; དབུགས་བཀག་མཁན་འདྲ་བ;

1552 Stigma, *n.* ནག་ཐིགས; ནག་རྟགས; ཞབས་འདྲེན;

1553 **Stigmatize**, *v.t.* ཞབས་འདྲེན་ཤུ་བ;

1554 **Stile**, *n.* ར་བའི་སྐས་ཀ;

1555 **Still**, *v.t.* *n.* ཨ་རག་འཚག་རྒྱུའི་ཡོ་བྱད; *v.t.* ཁུ་སིམ་མེར་གཏང་བ; *a.* སྐད་མེད་ཙུར་མེད; *adv.* ད་བར; ད་དུང;

1556 **Stillness**, *n.* ཁུ་སིམ་ལྷུར;

1557 **Stilt**, *n.* ཀང་རྒྱག;

1558 **Stimulant**, *n.* ངར་སྐྱེད་བྱེད་ཀྱི་རྫས; དཔེར་ན་ཨ་རག་ལྟ་བུ;

1559 **Stimulate**, *v.t.* ངར་སྐྱེད་པ; སྤོབས་སྐྱེད་པ;

1560 **Stimulative**, *a.* ངར་སྐྱེང་བྱེད; སྤོབས་སྐྱེད་བྱེད;

1561 **Stimulus**, *n.* ཧུར་སྐྱེད་པའི་རྫས; ངར་སྐྱེད་པའི་རྫས;

1562 **Sting**, *v.t.* སྦྲང་བུས་མདུང་རྒྱབ་པ; (*n.*) སྦྲང་མའི་མདུང;

1563 **Stingily**, *ad.* སེར་སྣ་བྱས་ཏེ;

1564 **Stinginess**, *n.* (Sik. ཉེབ;) སེར་སྣ;

1565 **Stingy**, *a.* (Sik. ཉེབ་མཁན;) སེར་སྣ་ཅན;

1566 **Stink**, *v.i.* དྲི་མ་ཁ་བ; *n.* དྲི་ངན; དྲི་དཀུ་བ;

1567 **Stint**, *v.t.* ཉོར་བསྲིམས་བྱེད་པ; ཟང་བཞིན་འགྲོ་སོང་གཏང་བ;

1568 **Stipend**, *n.* ཕོགས; སློབ་གཉེར་བྱེད་དུས་ཀྱི་ཕོགས་ཐོབ;

1569 **Stipendiary**, *a.* ཕོགས་ཐོབ་མཁན;

1570 **Stipulate**, *v i.* འགན་རྒྱ་འཛོག་པ; ཁ་ཆིག་ཟེ་བ;

1571 **Stipulation**, *n.* ཁ་ཆིག; གས་རྒྱ; འགན་རྒྱ;

1572 **Stir**, *v.t.* དཀྲུགས་པ; སྐྱུ་བ;

1573 **Stirring**, *a.* དཀྲུགས་བྱེད; (སེམས་སྐྱུར་བྱེད;)

1574 **Stirrup**, *n.* ཡོབ; རྟའི་སྒ་ཆས་ཀྱི་ཡོབ;

1575 **Stitch**, *v.t.* ཚེམ་བུ་རྒྱབ་པ; འཚེམ་པ; *n.* ཚེམ;

1576 Stock, *n.* ཕུང་པོ; ཕུང; སྤུངས; མཛོད; (of tree སྡོང་པོ;)
(of capital མ་རྐང; མ་རྩ;) (*v.t.* སྤུང་བ);

1577 Stockings, *n.* ཨུས་མོ་སུ: རྐང་ཤུབས;

1578 Stockstill, *a.* འགྱུལ་སྒྲོད་མེད་པ;

1579 Stoic, *n* རྡོག་གེ་པ་ཟེ་ནོག་གི་སློབ་མའམ་རྗེས་འབྲང;
ཆགས་བྲལ་ཆ; བདེ་སྡུག་བཏང་སྙོམས་སྒོམ་མཁན;

1580 Stoke, *v.t.* མེ་སྤར་བ; མེ་སྤོར་བ;

1581 Stole, *n.* རྐང་མཐིལ་བར་སླེབ་པའི་རྩ་པ་རིང་པོ;
v.t. བརྐུས་ཟིན་པ;

1582 Stolid, *a.* བླུན་པོ; གླེན་པ; ལྐུགས་པ;

1583 Stomach, *n.* གྲོད་པ; ལྟོ་བ; པོ་བ; ཁོག་པ; གྲོད་ཁོག;

1584 Stomachic, *n.* ཕོ་བའི་སྨན;

1585 Stone, *n.* རྡོ; རྡོ་བ;

1586 Stony, *a.* རྡོ་ལྟ་བུ; རྡོ་ལྟར་མཁྲེག་པོ; (རྡོ་རོང; Sik.).

1587 Stool, *n.* ཅོག་ཙེ; སྟེགས་བུ; ཁྲི་སྟེགས;
(བཤལ་བ; འཁྲུ་བ; purge).

1588 Stoop, *v.i.* སྐད་འགུག་པ; གུག་གུག་བྱེད་པ; མགོ་དགུར་བ;
མགོ་བདད་ཞུ་བ;

1589 Stop, *v.t.* & *i.* སྒྲུག་པ; སྒྲུག་སྡོད་པ; དགག་པ; བཀག་པ;
སྡོད་པ; འགེགས་པ;

1590 Stoppage, *n.* འགག་ཆ; བཀག་ཆ;

1591 Storage, *n.* མཛོད་དུ་སྤུང་བའི་བྱ་བ; མཛོད་དུ་སྤུད་ལག་འཛོག་
པའི་གླ;

1592 Store, *n.* མཛོད; སྤུངས; ཕུང་པོ; མཛོད་ཁང; གཉེར་ཚང;
v.i. སྤུང་བ; བསག་པ; གསོག་པ;

1593 **Stork,** *n.* བྱ་ཀུང་ཀུང་དཀར་མོ; ཁྲུང་ཁྲུང་དཀར་མོ; ཁྲུང་ཁྲུང;

1594 **Storm,** *n.* རླུང་ཚུབ; བུ་ཡུག; རླུང་དམར; རླུང་ནག;
དམག་ཆེན; *v.t.* དམག་རྒྱབ་པ; ཧུབ་རྒྱབ་བ;

1595 **Storming,** *n.* དམག་ཆེན་རྒྱབ་པའི་བྱ་བ;

1596 **Stormy,** *a.* རླུང་ཚུབ་ཅན; བུ་ཡུག་ལྡང་པོ;

1597 **Story,** *n.* སྒྲུང; གཏམ; ལོ་རྒྱུས; ཐོག; ཁང་པའི་ཐོག;

1598 **Stout,** *a.* སྟོབས་ཅན; རྒྱགས་པ; ཤ་འབྱོར་པོ; སྐུ་ཤ་འབྱོར་པོ;
ཉམས་བརྟས་པ;

1599 **Stoutly,** *ad.* སྟོབས་ཤུགས་དང་བཅས་ཏེ;

1600 **Stoutness,** *n.* སྟོབས་འབྱོར: ཉམས་སྟོབས; ཤེད་མོ;
ཉམས་བརྟས་ལུགས;

1601 **Stove,** *n.* མེ་ཐབ; ལྕགས་ཐབ; ལྕགས་སྒྲུད; ལྕགས་སྒྲིད;

1602 **Stow,** *v.t.* ཉེ་བར་འཇོག་པ; སྒྲིག་པ; འགེལ་བ; བཀལ་བ;

1603 **Straddle,** *v.i.* གོམ་རྒྱང་བོར་བ;

1604 **Straggle,** *v.i.* འཁྱམས་པ; དོན་མེད་ཁྱུལ་བའམ་ཉལ་བ;

1605 **Straggler,** *n.* འཁྱམས་པོ;

1606 **Straight,** *a.* དྲང་པོ;

1607 **Straighten,** *v.t.* དྲང་པོར་སྒྲོང་བ; དྲང་པོར་བཟོ་བ;

1608 **Straightforward,** *a.* བཀའ་དྲང་རྒྱུ་དྲང; དྲང་པོ; ཐད་ཀར; མི་དྲང་པོ;
ཐུགས་དྲང་པོ;

1609 **Straightly,** *ad.* དྲང་པོར; དོག་པོར; དམ་པོར;

1610 **Straightway,** *ad.* ལམ་སང; འགྱངས་མེད; དེ་མ་ཐག་ཏུ;

1611 **Strain,** *v.t.* འཐེན་པ; འཚགས་པ; བཙག་པ;

1612 Strainer, *n.* (Sik. འཚགས་ཕྱི་;) འཚགས་མ; ཚགས་མ; འཚགས་བྱེད; ཁྲོལ་མ;

1613 Strait, *a.* དོག་པོ; དམ་པོ;

1614 Straiten, *v.t.* དོག་པོ་བཟོ་བ; དོག་པོར་བཟོ་བ; དམ་པོར་བྱེད་པ;

1615 Straitly, *ad.* དོག་པོར; དོག་པོར་བྱས་དེ;

1616 Straitness, *n.* དོག་ལུགས; དམ་ལུགས;

1617 Strake, *n.* འཁོར་ལོའི་ཕྱན་ཚོ་ལྕགས་ཕྱན;

1618 Strand, *n.* འགྲམ; ཆུ་འགྲམ; མཚོ་འགྲམ;

1619 Strange, *a.* མ་འདྲིས་པ; གོ་འདྲིས་མེད་པ; ངོ་མ་ཤེས་པ; ཡ་མཚན་ཅན; ཡུལ་གཞན་གྱི; ཁྱད་མཚན་པོ; ངོ་མཚན་པོ;

1620 Strangely, *ad.* ཡ་མཚན་པོར; ཁྱད་མཚར་བར;

1621 Stranger, *n.* ངོ་མི་ཤེས་པའི་མི; མ་འདྲིས་པའི་མི; ཡུལ་གཞན་གྱི་མི; མགྲོན་པོ;

1622 Strangle, *v.t.* སྐེ་བསྡམས་ནས་བསད་པ; སྐེ་འགགས་བཏང་ནས་གསོད་པ; སྐེ་བཀག་བཏང་ནས་གསོད་པ; དབུགས་སྒུབ་པ;

1623 Strangling, *n.* དབུགས་སྒུབ་པའི་བྱ་བ;

1624 Strap, *n.* ལྷས་མ; སྒྲོག;

1625 Strapping, *a.* གཟུགས་པོ་རིང་པོ; གཟུགས་ཐང་པོ; མཛེས་པོ; འདྲ་ཆགས་པོ;

1626 Strata, *n.* སའི་རིམ་པ; ས་སོགས་ཀྱི་བརྩེགས་རིམ་རྣམས;

1627 Stratagem, *n.* གཡོ་འཕྲུལ; གཡོ་སྒྲུ; གཡོ་ཐབས; གཡོ;

1628 Strategist, *n.* གཡོ་འཕྲུལ་ཅན; ཇུས་ཅན; ཐབས་ཅན;
དམག་གི་བཀོད་པ་ལ་མཁས་པ;

1629 Strategy, *n.* གཡོ; དམག་བཀོད; དམག་ཐབས་སམ་ཇུས;

1630 Stratum, *n.* ས་སོགས་ཀྱི་བརྩེགས་རིམ; རིམ་པ;

1631 Straw, *n.* སྦུབ་མ; སོག་མ; གཟན་པ; སྦུར་མ;
གྲོ་སོགས་ཀྱི་ཀང་ངམ་སྦུ་བ;

1632 Strawberry, *n.* (Sik. འཚོར་ལུམ); དྲ་སུམ;

1633 Stray, *v.i.* འཁྱར་བ; འཁྱམས་པ; གོལ་བ; ལམ་གོལ་བ;
ལམ་ནོར་བ;

1634 Streak, *n.* རི་མོ་ཁྲ་ཁྲ; རི་མོ;

1635 Stream, *n.* ཆུ་ཀླུང; རྒྱུག་ཆུ;

1636 Streamlet, *n.* ཆུ་ཕྲན; ཆུ་ཀླུང་ཆུང་ཆུང;

1637 Streamy, *a.* ཆུ་ཀླུང་གིས་གང་བ;

1638 Street, *n.* གཞུང་ལམ་ཆེན་པོ; སྲང; རྒྱ་སྲང;

1639 Strength, *n.* སྟོབས; ཤེད; སྐྱུ་ཤེད;

1640 Strengthen, *v.t.* བརྟན་པོར་བཟོ་བ; ཤེད་ཆེན་པོར་བཟོ་བ;

1641 Strenuous, *a.* བརྩོན་འགྲུས་ཅན; བརྩོན་པ་ལྷོད་མེད་པ; འབུངས་པའི;

1642 Strenuously, *ad.* བརྩོན་འགྲུས་ཀྱི་སྒོ་ནས;

1643 Stress, *n.* (Sik. འབུང;) མནན་པ; མནན་ཤུགས; མནན་སྣངས;

1644 Stretch, *v.t.* རྐྱོང་བ; བརྐྱང་བ; རྒྱོང་བ; བརྒྱང་བ; འཐེན་པ;

1645 Stretcher, *n.* རྒྱང་ཤིང; ནད་པ་དང་རོ་འཁྱེར་བའི་འཁྱོགས་དབྱུང;

1646 Strew, *v.t.* འཐོར་བ; གཏོར་བ; འགྲེམས་པ; དགྲམ་པ;

1647 Stricken, *a.* བརྡུངས་ཟིན་པའི; ཕོག་ཟིན་པའི; གཟིར་བའི;
མནར་བའི; གྲས་པའི;

1648 Strict, *a.* དམ་པོ ; དོག་པོ ; སྒྲིང་དཾ་པོ ; བཙན་པོ ;

1649 Strictly, *ad.* དམ་པོར ; དོག་པོར ; བཙན་པོར ;

1650 Strictness, *n.* སྒྲིགས་དཾ་ལུགས ; བཙན་ལུགས ;

1651 Stricture, *n.* རྩ་འགགས་ཀྱི་ནད ; ལུས་ཀྱི་རྩ་ལམ་སོགས་འགགས་པའི་ནད ; གཞན་གྱི་བརྗོད་པ་རྩོམ་པ་སོགས་ལ་མཚན་འདོགས་ལུགས ; མཚན་འདོགས་སྟངས ;

1652 Stride, *n.* གོམ་པ་ཆེན་པོ ; གོམ་རྒྱང ;

1653 Strife, *a.* འཐབ་འཁྲུག ; འཁྲུག་པ ; འཁྲུག་འཛིང ; (རྒྱབ་འདྲེ ; Colql. also རྒྱས་འདྲེ ;)

1654 Strike, *v.t.* རྒྱབ་པ ; འཕོག་བ ; རྡུང་བ ; རྡེག་པ ;

1655 Striking, *a.* བློ་ལ་གཅག་པའི ; ཡིད་ལ་འབབ་པའི ; ཁྱད་མཚར་པོ ; ཡ་མཚན་པོ ;

1656 Strikingly, *ad.* ཡིད་ལ་གཅག་པའི་སྒོ་ནས ; ཡ་མཚན་པོར ;

1657 String, *n.* ཐག་པ ; ཐག་པ་ཕྲ་ཞིང་ཕྲུང་ཕྲུང ; སྐུད་པ ; སྒྲོག ; རྒྱུས་པ ; ལྕུགས་སྐུད ;

1658 Stringent, *a.* དམ་པོ ; བཀའ་སོགས་དམ་པོའམ་བཙན་པོ ; བསླབ་བྱ་དམ་པོའམ་གལ་ཆེན་པོ ;

1659 Stringently, *ad.* དམ་པོའི་ཚུལ་གྱིས ; བཙན་པོའི་ཚུལ་གྱིས ; གལ་ཆེ་བའི་སྒོ་ནས ;

1660 Stringy, *a.* སྐུད་པ་ཅན ; ལྕུགས་སྐུད་ཅན ; རྒྱུས་པ་ཅན ;

1661 Strip, *v.t.* བཤུས་པ ; ཤུ་བ ; པགས་པ་ཤུ་བ ; འཕྲོག་པ ; མ་བྱིན་པར་ལེན་པ ; དབང་ཡོད་བྱས་ནས་ལེན་པ ;

1662 Stripe, *n.* ཁྲ་ཁྲ ; རི་མོ ;

1663 Striped, *a.* ཁྲ་ཁྲ ; རི་མོ་ཁྲ་ཁྲ་ཅན ; རི་མོ་ཅན ;

1664 Stripling, *n.* གཞོན་ནུ ; ལོ་གཞོན་གཞོན ; སྟག་ཤར ;

1665 **Strive,** *v.i.* བརྩོན་འགྲུས་བྱེད་པ ; བརྩོན་པ ; འབད་པ ;
སྙིང་རུས་བྱེད་པ ;

1666 **Striving,** *n.* བརྩོན་བཞིན་པ ; འབད་ཀྱིན ;-

1667 **Stroke,** *n.* གནད་ལ་འཕོག་ཐུགས ; ཕོག་པའི་རྟགས ; ལྕག ;
སྡུག་བསྔལ ; ཀྱུ་ངན ; གནད་ལ་ཕོག་སྟེངས ;
གནད་ལ་ཕོག་པའི་རྣམ་པ ;

1668 **Stroll,** *v.i.* འཁྲུམ་འཁྲུམ་ལ་འགྲོ་བ ; འཁྲུམ་པ ; *n.* འཁྲུམ་འཁྲུམ ;

1669 **Strong,** *a.* སྟོབས་ཅན ; ཤེད་ཅན ; ཐང་པོ ;

1670 **Stronghold,** *n.* རྫོང ; མཁར ; སྒར ; འཛོང་ར ; འཐབ་ར ;

1671 **Strongly,** *ad.* བརྟན་པོར ; ཤེད་དུ ; ལེགས་པར ;

1672 **Strop,** *n.* སྤ་གྲི་རྡར་བའི་ཀོ་ལེབ ; ཀོ་རྡར ;

1673 **Structural,** *a.* བཟོ་ཡི ; བཀོད་པའི ;

1674 **Structure,** *n.* བཟོ ; བཟོ་དབྱིབས ; བཀོད་པ ; བཀོད་རིས ; བཟོ་བལྟ ;

1675 **Struggle,** *v.i.* འབད་པ ; བརྩོན་པ ; འཐབ་པ ; འཛིང་བ ;

1676 **Struggling,** *n.* འབད་བཞིན་པ ; འཐབ་ཀྱིན ;

1677 **Strumpet.** འཆལ་མོ ; སྨད་འཚོང་མ ; བཞང་འཚོང་མ ;

1678 **Strut,** *v.i.* འཁྱིང་བག་དང་བཅས་སྟེ་འགྲོ་བ ; ཉམས་བྱས་ཏེ་འགྲོ་བ ;

1679 **Struttingly,** *ad.* འཁྱིང་བག་དང་བཅས་ཏེ ;

1680 **Stub,** *n.* ཤིང་བཅད་པའི་སྡོང་པོ ; སྡོང་རྡུམ ; ཤིང་སྡོང་བུ་རྡུམ་
རྡུམ ; ཤིང་ཟེ་རྡུམ ;

1681 **Stubble,** *n.* སོག་ཙུ ; སོག་ཙུམ ; སོག་མ ; (Sik. སོག་མ་ཟེ་རྡུམ ;)

1682 **Stubborn,** *a.* གྱོང་པོ ; བསྐྱུལ་ཁག་པོ ; ཨུ་ཚུགས་ཆེ་པོ ;
ཨུ་ཚུགས་ཅན ;

1683 **Stubbornness,** *n.* གྱོང་ཚུལ ; ཨུ་ཚུགས ;

1684 Stubbornly, *ad.* ཨུ་ཚུགས་བྱས་ནས; ཨུ་ཚུགས་ཀྱིས;

1685 Stucco, *n.* ཞལ་བ; ཞལ་ལ;

1686 Student, *n.* སློབ་མ; སློབ་ཕྲུག; སློབ་གཉེར་པ;

1687 Studentship, *n.* སློབ་མའི་ཚུལ; སློབ་མའི་ལྷན་ཐབ་ཡོགས;

1688 Studied, *a.* བསླབ་སྦྱང་ཅན; བསླབ་སྦྱང་ལ་མཁས་པ; མཁས་པ;
སྦྱོན་ནས་གནོ་བསམ་བཏང་ཟིན་པའི;

1689 Studio, *n.* ལྷ་བྲིས་པའི་ལས་ཀ་བྱེད་སའི་ཁང་པ; པར་ཁང;

1690 Studious, *a.* སློབ་གཉེར་ལ་བརྩོན་པོ; བརྩོན་འགྲུས་ཅན;
མནོ་བསམ་ཅན;

1691 Studiously, *ad.* བརྩོན་འགྲུས་བྱས་ནས; བསམ་བློ་བཏང་ནས;

1692 Studiousness, *n.* སློབ་གཉེར་ལ་བརྩོན་ཚུལ; བརྩོན་འགྲུས;
བསམ་བློ་བཏང་ཚུལ;

1693 Study, *n.* སློབ་གཉེར; བསླབ་སྦྱང; བསམ་མནོ; བསམ་བློ;
སློབ་ཁང; ཀློག་ཁང; *v.i.* སློབ་གཉེར་བྱེད་པ;
བསམ་བློ་བཏང་བ;

1694 Stuff, *n.* རས་ཆ; རས; རས་རྐྱང; ཐགས; ཐགས་ཀྱི་རྒྱུ;
རྒྱུ; རྒྱུ་གཙང; སྙིགས; ཉག་ཉིག; སོག་མ;
ཕྱུབ་མ; *v.i.* སོབ་རྒྱང་བ;

1695 Stuffing, *n.* སོབ་རྒྱངས; གསོབ་རྫས; སོག་མ་སོགས་སོབ་བརྒྱང་
རྒྱུ་ལ་མཁོ་བའི་རྫས;

1696 Stultify, *v.t.* བླུན་པོར་བཟོ་བ;

1697 Stumble, *v.i.* འགྱེལ་བ; ཁ་རྡབ་པ; སྐྱུ་རྡབ་ཤོར་བ; རྡབ་པ;
རྡེབས་པ;

1698 Stumbling, *n.* རྡབ་བཞིན་པ; ཁ་རྡབ་ལུགས;

1699 **Stump,** *n.* སྡོང་དུམ; ཤིང་སྡོང་བུ་དུམ་དུམ; (Sik. ཤིང་ཟོ་དུམ;)

1700 **Stunt,** *v.t.* སྐྱེད་སྒྲིང་ལས་འགོག་པ; སྐྱེད་སྒྲིང་མ་འཇུག་པ; ཆེར་འཇུག་མ་སྟེར་བ;

1701 **Stunted,** *a.* མགོ་དུམ་དུམ; ཡར་བསྐྱེད་མེད་པ; སྐྱེད་སྒྲིང་བཀག་པའི;

1702 **Stupefaction,** *n.* གློན་པར་བཟོ་རྒྱུ; དྲན་མེད་བཟོ་རྒྱུ; དྲན་མེད་བཟོ་བའི་བྱ་བ; བརྒྱལ་བ;

1703 **Stupefy,** *v.t.* གློན་ལྐུགས་བཟོ་བ; དྲན་མེད་བཟོ་བ; གླེན་པོར་བཟོ་བ; བརྒྱལ་བར་བྱེད་པ;

1704 **Stupendous,** *a.* དཔང་མཐོན་པོ; རྒྱ་ཆེན་པོ; རྒྱ་ཆེ་ཞིང་ཁྱད་མཚར་པོ; ཡ་མཚན་པོ; ཁྱད་མཚར་པོ;

1705 **Stupendously,** *ad.* རྒྱ་ཆེར; ཁྱད་མཚར་བར; ཡ་མཚན་པོར;

1706 **Stupendousness,** *a.* རྒྱ་ཆེན; རྒྱ་ཆེ་ལུགས; ཁྱད་མཚར; ཡ་མཚན;

1707 **Stupid,** *a.* གླེན་པོ; གློན་པ; ལྐུགས་པ;

1708 **Stupidity,** *n.* གླེན་རྨོངས; གླེན་པོ་ཉིད; གློན་ལྐུགས;

1709 **Stupidly,** *ad.* གློན་པ་ལྟར; གླེན་རྨོངས་ཀྱིས; གླེན་པའི་ཚུལ་གྱིས;

1710 **Stupor,** *n.* དྲན་མེད; མགོ་འཁོར; བརྒྱལ་བ; བརྒྱལ་བོག; ཚོར་བ་མེད་ཚུལ;

1711 **Sturdily,** *ad.* ངར་ཆེར; ངར་ནས; ཤུགས་ཀྱིས; ཨུ་ཚུགས་བྱས་ནས;

1712 **Sturdy,** *a.* ཤེད་ངར་ཅན; གྲུང་པོ; ཐང་པོ; སྟོབས་ལྡན; ཨུ་ཚུགས་ཆེ་པོ;

1713 **Sturgeon,** *n.* ཉའི་རིགས་ཤིག;

1714 **Sturt,** *v.t.* ཁོང་ཁྲོ་སློང་བ; *n.* ཁོང་ཁྲོ;

1715 **Stutter,** *n.* ཁ་ཐྱིག; ཐྱིག་པའི་བྱ་བ; *v.i.* ཁ་ཐྱིག་པ; ཐྱིག་བ;

1716 **Stutterer,** *n.* ཟློག་པ་པོ; ཁ་ཟློག་མཁན;

1717 **Sty,** *n.* ཕག་ཚང; ཕིག་ཐུར;

1718 **Style,** *n.* བྱེད་སྟངས; བརྗོད་སྟངས; སྟངས་ཚུལ; ལུགས;
བཟོ་བལྟ; མིང;

1719 **Stylish,** *a.* འགྲིང་བག་ཅན; ཉམས་ཅན;

1720 **Stylishly,** *ad.* འགྲིང་བག་དང་བཅས་ཏེ; ཉམས་བསྟན་ནས;

1721 **Suasion,** *n.* སྐུལ་བའི་བྱ་བ; བསྐུལ་མ; བསླབ་བྱ;

1722 **Suasive,** *a.* སྐུལ་ཉན; སྐུལ་འོས;

1723 **Suavity,** *n.* འཇམ་ཚུལ; འཇམ་ལུགས; ཁ་འཇམ;

1724 **Sub,** *pr.* འོག; *n.* འོག་མ; དམན་པ;

1725 **Subaltern,** *a.* འོག་མ; དམན་པ;

1726 **Subcontract,** *n.* བོགས་མ་དམན་པ; བོགས་མ་གཉིས་བརྒྱུད;
བོགས་མ་ཡང་བརྒྱུད;

1727 **Subdivide,** *v.t.* ཡང་བགོས་རྒྱབ་པ; ཡང་བགོད་པ;
ཆུང་བགོས་བྱས་པའམ་རྒྱབ་པ;

1728 **Subdivision,** *n.* ཡང་ཆ; ཆ་ཡི་ཆ; ཡང་སྡེ; སྡེ་ཡི་སྡེ;
ཡང་བགོས་བཏང་བའི་བྱ་བ;

1729 **Subdue,** *v.t.* བཏུལ་བ; འདུལ་བ; རྒྱལ་བ;

1730 **Subject,** *a.* འོག་མ; དམན་པ; ཆུང་བ; ཉན་པ;

1731 **Subject,** *n.* མངའ་འབངས; འབངས; བརྗོད་བྱ; བསྒོམ་བྱ;
བྱེད་པ་པོ;

1732 **Subjective,** *a.* བྱེད་པ་པོའི་སྐོར; བྱེད་པ་པོའི; བདག་དང་འབྲེལ་བའི;

1733 **Subjectively,** *ad.* བྱེད་པ་པོའི་ཚུལ་གྱིས;

1734 **Subjoin,** *v.t.* ཟུར་དུ་འབྲེལ་བ; ཟུར་དུ་བཏང་བ; སྐད་དུ་འདོགས་པ;
མཐར་མཐུད་པ; འཐུད་རྒྱབ་པ;

1735 **Subjudge**, *n.* ཁྲིམས་དཔོན་འོག་མ ; ཁྲིམས་བདག་ཆུང་བ ;

1736 **Subjugate**, *v.t.* དབང་དུ་བསྡུ་བ ; དབང་དུ་སྡུད་པ ; དབང་སྒྱུར་བ ; དབང་དུ་བྱེད་པ ; འདུལ་བ ;

1737 **Subjunctive**, *a.* སྐད་འདོགས་ཅན ; མཐའ་མཐུད་པའི ;

1738 **Sublimate**, *v.t.* མཐོ་བར་བྱེད་པ ; མངོན་པར་མཐོ་བར་བྱེད་པ ; ཁྱད་པར་འཕགས་བཙུགས་པ ; ཁྱད་པར་དུ་འཕགས་སུ་འཇུག་པ ; མངོན་པར་འཕགས་སུ་འཇུག་པ ; གཙང་མར་བཟོ་བ ; དག་པར་བྱེད་པ ;

1739 **Sublime**, *a.* ཁྱད་པར་འཕགས་པ ; ཁྱད་འཕགས ;

1740 **Sublimely**, *ad.* ཁྱད་འཕགས་ཀྱི་སྒོ་ནས ; མངོན་པར་མཐོ་བར ;

1741 **Sublimity**, *n.* འཕགས་སྤངས ; འཕགས་ཚུལ ; མངོན་མཐོ ; སེམས་སྐྱིད་བཟང་བ ; མཐོ་ཁྱད ; མངོན་པར་མཐོ་བ་ཉིད ; ཆེ་བ་ཉིད ; བདག་ཉིད་ཆེ་བ ; མཐོ་ངག ;

1742 **Sublunary**, *a.* ཟླ་བའི་འོག ; འཇིག་རྟེན་གྱི ; འཇིག་རྟེན་གྱི་སྐོར ;

1743 **Submarine**, *a.* ཆུ་འོག་གི ; རྒྱ་མཚོའི་འོག ; རྒྱ་མཚོའི་ཕྱོགས་ན་གནས་ཐུབ་པའི་གྲུ ; ཆུའི་ཕྱོགས་ན་འགྲོ་འདུག་བྱེད་ནུས་པའི་གྲུ་གཟིངས ;

1744 **Submerge**, *v.t.* ཆུ་འོག་ཏུ་འཛུག་པ ; འོག་ཏུ་བཙུག་པ ; ཆུར་སྦུབ་པ ; *v.i.* ཆུར་ནུབ་པ ;

1745 **Submersion**, *n.* ཆུ་འོག་ཏུ་འཛུག་པའི་བྱ་བ ;

1746 **Submission**, *n.* མགོ་འབུལ ; འབུལ་ཡི ; མགོ་བཏད ; མགོ་དགུར་བའི་བྱ་བ ;

1747 **Submissiveness**, *n.* སྙེམས་ཆུང་ཡུགས ; ཉམས་ཆུང་ཚུལ ;

1748 **Submissive**, *a.* སྙེམས་ཆུང ; ཉམས་ཆུང ; ཁ་ལ་ཉན་པོ ; བཀའ་ལ་ཉན་པོ ;

1749 Submissively, *ad.* སྨེམས་ཆུང་གི་ཚུལ་གྱིས; ཉམ་ཆུང་གི་སྒོ་ནས;

1750 Submit, *v.t.* & *v.i.* འབུལ་ལོ་ཞུ་བ; སྤྱན་འབུལ་ཞུ་བ; འབུལ་བ;
མགོ་དགུར་བ; མགོ་བཏད་ཞུ་བ; ཁ་ལ་ཉན་པ;
བཀའ་ལ་ཉན་པ;

1751 Subordinacy, *n.* འོག་མར་འགྱུར་ཚུལ; དམན་པའི་ཚུལ;

1752 Subordinate, *a.* འོག་མ; དམན་པ; *n.* ལས་ཚན་འོག་མ;
v.t. དབང་དུ་སྡུད་པ; དབང་དུ་བྱེད་པ;

1753 Subordinately, *ad.* འོག་མར་གྱུར་པའི་ཚུལ་གྱིས; དམན་པའི་ཚུལ་གྱིས;

1754 Subordination, *n.* འོག་མའི་གནས་ཚུལ;

1755 Suborn, *v.t.* མནའ་རྫུན་སློག་པ; མནའ་རྫུན་སྐྱེལ་བཙུག་པ;

1756 Subpœna, *n.* དཔང་པོ་འབོད་བྱེད་བཀའ་ཤོག;

1757 Subscribe, *v.t.* ལྷན་ཐབས་བྱེད་པ; གཤམ་དུ་འབྲི་བ; གཤམ་དུ་
འགོད་པ; རང་མིང་འབྲི་བ; རང་མིང་བཀོད་ནས་ར་
སྤྲོད་པ; ཞལ་འདེབས་གཏང་བའམ་སྤྲེར་བ;

1758 Subscriber, *n.* ཞལ་འདེབས་གཏོང་བ་པོའམ་སྤྲེར་བ་པོ;

1759 Subscription, *n.* མཐུན་རྐྱེན; ཞལ་འདེབས;

1760 Subsequent, *a.* རྗེས་མ; ཕྱི་མ;

1761 Subsequently, *ad.* རྗེས་སུ; ཕྱིས་སུ;

1762 Subserve, *v.t.* ཞབས་ཕྱི་ཞུ་བ; གྲོགས་བྱེད་པ; ར་མདའ་བྱེད་པ;
ར་འདེགས་པ; ར་འདྲེན་པ;

1763 Subservience, *n.* ཞབས་ཕྱི; གཡོག; ར་མདའ;

1764 Subservient, *a.* ཞབས་ཕྱི་ཞུ་མཁན; ར་མདའ་བྱེད་མཁན;
གུས་པར་ཉན་པོ; འོག་མ; དམན་པ;

1765 **Subserviently**, *ad.* ར་མདའ་བྱས་ནས ; གུས་ཚུལ་གྱིས ;
བཀའ་ལ་ཉན་པའི་སྒོ་ནས ;

1766 **Subside**, *v.i.* ཞིབ་པ ; ཞིཾ་པ ; ཆག་པ ; ཆུ་རྒུད་སོགས་ཆག་པ ;

1767 **Subsidiary**, *a.* ར་མདའ་བྱེད་མཁན ; གྲོགས་བྱེད་མཁན ;
ངཟར་བརྡང་སྐྱབ་མཁན ;

1768 **Subsidize**, *v.t.* དངུལ་གྱི་གྲོགས་ནས་རོགས་རམ་སྐྱབ་པ ; དངུལ་གྱིས་ར་
མདའ་བྱེད་པ ; དངུལ་ཡོགས་སྟེར་བ ;

1769 **Subsidy**, *n.* རྒྱལ་ཁག་ཆེ་བས་ཆུང་བ་སོར་ལ་དངུལ་ཡོར་གནང་བ་དེ ;
གྲོགས་རམ ; ར་མདའ ; དངུལ་གྱི་རོགས་རམ ;
དམག་དུས་སུ་ར་མདའ་ལེན་པའི་ཕྱིར་རྒྱལ་ཁག་ཆེ་
བས་རྒྱལ་ཕྲན་རྣམས་ལ་དངུལ་གྱི་གྲོགས་རམ་སྟེར་
བ་དེ ; དངུལ་ཡོགས ;

1770 **Subsist**, *v.i.* འཚོ་བ ; འཚོ་ཞིང་གཉིས་པ ;

1771 **Subsistence**, *n.* འཚོ་བ ; ཟས ; འཚོ་ཆས ; འཚོ་ཐབས ;

1772 **Subsistent**, *a.* འཚོ་བཞིན་པ ;

1773 **Subsoil**, *n.* ས་འོག ; ས་འོག་གི་རིམ་པ ;

1774 **Substance**, *n.* དངོས་པོ ; རྫས ; རྒྱུ ;

1775 **Substantial**, *a.* དངོས་པོར་གྱུར་པ ; དངོས ; ངོ་ཐོག ; སྒྱུ་མ་མ་ཡིན་པ ;
སྟོབས་ཆེན་པོ ; ཡུན་རིང་ཐུབ་མཁན ; སྲ་བ ;
མཁྲེགས་པོ ; དངོས་པའི་རང་བཞིན་ཅན ;

1776 **Substantiality**, *n.* ལུས་ཡོད་ལུགས ; གཟུགས་ཉིད ; གྲོག་ཆེ་ལུགས ; ཐུབ་
ཆེ་ལུགས ; སྲ་བ་ཉིད ; དངོས ; དངོས་པོ་ཡིན་ཚུལ ;
དངོས་པོ་ཉིད ; གཟུགས་ཡོད་ཚུལ ;

1777 **Substantially**, *ad.* དངོས་སུ ; ངེས་པར ; འབྲས་བུར་སྨིན་པའི་སྒོ་ནས ;
གཏན་ལུགས་ཀྱིས ;

1778 **Substantiate,** *v.t.* ར་སྤྲོད་པ; སྒྲུབ་པ; བདེན་པར་སྒྲུབ་པ; ཁ་མཚུ་སོགས་བདེན་པར་སྒྲུབ་པ; རིགས་པས་སྒྲུབ་པ;

1779 **Substantive,** *a.* ཡོད་པར་སྟོན་བཞིན་པའི; དངོས་པོ་དངོས་སུ་ཡོད་པར་མཚོན་བཞིན་པའི་དངོས; དངོས་གནས; ངོ་ཐོག; མིང་མཚོན་བྱེད་སྒྲ;

1780 **Substitute,** *v.t.* ཚབ་ཏུ་བཙུག་པ; ཚབ་འཛོག་པ; ངོ་ཚབ་འཛོག་པ; རྗེ་བ; *n.* ཚབ; ངོ་ཚབ; སྐུ་ཚབ;

1781 **Substitution,** *n.* ཚབ; ངོ་ཚབ་འཛོག་སྟངས; བརྗེ་བསོར; རྗེ་སྟངས;

1782 **Substitutional,** *a.* ཚབ་ཀྱི; ངོ་ཚབ་ཀྱི;

1783 **Substratum,** *n.* སའི་རིམ་པ; རིམ་པ;

1784 **Subtend,** *v.t.* འོག་ཏུ་སྤྲེལ་བ; ཁ་ཐུག་ཕྱོགས་པར་བཙུག་པ; ཁ་ཕྱོགས་སྤྲོད་པ;

1785 **Subterfuge,** *n.* ངོ་བརྫུན; འཛུར་ཐབས; ཐར་ཐབས; གཡོ་ཐབས; ཐབས་འཁྲུག; ཁ་འདྲི; གྱོད་བཤད; གཡོ་སྒྱུ; ཁག་དཀྲི;

1786 **Subterranean,** *a.* ས་འོག་གི;

1787 **Subtile,** *a.* ཟབ་མོ; ཟབ་པ; ཟབ་པོ; ཕྲ་བ; ཕྲ་ཞིང་ཕྲ་བ; གཡོན་ཅན; གཡོ་སྒྱུ་ཅན; གཙང་པོ;

1788 **Subtilize,** *v.t.* གཙང་མར་བྱེད་པ; སྤྲོང་བ; སྦྲང་བ; ཕྲ་བར་གཏོང་བ; ཞིབ་མོར་བཟོ་བ; ཕྲ་མོར་བྱེད་པ; ཞིབ་ཏུ་གཏོང་བ; ཞིབ་ཞིབ་བྱེད་པ;

1789 **Subtility,** *n.* ཟབ་པ; ཟབ་ལུགས; ཕྲ་ལུགས; ཕྲ་ཞིབ; ཞིབ་ཆ; གཡོ་སྒྱུ;

1790 Subtle, *a.* ཟབ་པ; ཟབ་པོ; ཟབ་མོ; ཕྲ་བ; ཞིབ་པ; ཕྲ་ཞིང་ཕྲ་བ; གཡོན་ཅན; གཡོ་སྒྱུ་ཅན; གཅང་པོ;

1791 Subtlety, *n.* ཟབ་པ; ཟབ་ཚུལ; ཕྲ་ཞིབ; གཡོ་སྒྱུ;

1792 Subtract, *v.t.* དོར་བ; འཕེན་པ; ཕྲི་བ; འཕྲི་བ;

1793 Subtraction, *n.* ཕྲི་བ; འཕྲི་སྟངས;

1794 Subtractive, *a.* འཕྲི་བཞིན་པ; འཕྲི་རུང་བ; འཕྲི་ཉན་པ;

1795 Subtrahend, *n.* འཕྲི་གཞི; ཕྲི་བྱ;

1796 Suburb, *n.* གྲོང་ཁྱེར་གྱི་མཐའ་སྐོར; གྲོང་ཁྱེར་གྱི་ཉེ་སྐོར་རམ་ཉེ་འཁོར; གྲོང་ཁྱེར་གྱི་ཉེ་ལོགས་སམ་ཉེ་འདབས;

1797 Subvene, *v.i.* འབྲས་ལྡན་འབྱུང་བ; འབྲས་བུ་ཅན་འགྱུར་བ; གྲོགས་བྱེད་རྒྱུ་འོང་བ; གྲོགས་སུ་འགྱུར་བ;

1798 Subvention, *n.* རོགས་རམ; གྲོགས་རམ; གཞུང་གི་ར་མདའ; ཕྱིས་སུ་གྲོགས་ལེན་པའི་ཕྱིར་གནས་སྐབས་དངུལ་གྱི་གྲོགས་རམ;

1799 Subversion, *n.* གཏོར་ཤུལ; སྤེ་གཟར; མགོ་མཇུག་སློག་ཚུལ; བཅོམ་རླག;

1800 Subvert, *v.t.* ཐལ་བར་རློག་པ; མེད་པར་བཟོ་བ; མགོ་མཇུག་སློག་པ; བད་ནས་གཏོར་བ; རྨངས་ནས་འབྲིན་པ;

1801 Succeed, *v.t.* *v.i.* རྗེས་སུ་རིམ་པར་འབྱུང་བ; རིམ་པར་རྒྱལ་ཁྲིར་འཛེགས་པ; མགོ་འཐོན་པ; ཐུབ་པ; མཐར་སྐྱེལ་ཐུབ་པ; རྗེས་གནོན་པ; ཁྲིར་རིམ་བརྒྱུད་ཀྱིས་གནོན་པ;

1802 Succeeding, *adj.* & *prest. participle.* རྗེས་སུ་འབྲང་བཞིན་པ; རིམ་པར་ཁྲིར་འཛེགས་གིན; ཐུབ་ཀྱིན;

1803 Success, *n.* རྒྱལ་ཁ; མཐོ་དོན་གྲུབ་པ; རྒྱལ་བ; དོན་གྲུབ; གྲུབ་པ; མཐར་སྐྱེལ་ཚུལ;

1804 Successful, *a.* རྒྱལ་བ་ཅན; མཐར་སྐྱེལ་ཐུབ་མཁན;

1805 Successfully, *ad.* རྒྱལ་བའི་སྒོ་ནས; མཐར་སྐྱེལ་ཐུབ་པའི་ཚུལ་གྱིས; བསམ་དོན་སྒྲུབ་པའི་ངོས་ནས;

1806 Succession, *n.* རིམ་པ; རིམ་བརྒྱུད; རིམ་པར་འབྱུང་ཚུལ; རིམ་པར་འབྲང་ཚུལ;

1807 Successive, *a.* རིམ་པར་རྗེས་སུ་འབྲང་བའི; རིམ་པར་འབྱུང་བའི; རིམ་བརྒྱུད་ཀྱི;

1808 Successively, *ad.* རིམ་པར; རིམ་པ་བཞིན་དུ; རིམ་བཞིན; རིམ་གྱིས; རིམ་པས; རྒྱུན་མ་ཆད་པར;

1809 Successor, *n.* རིམ་པར་འབྱུང་མཁན; རིམ་བརྒྱུད་ཀྱིས་གནོན་པ་པོ;

1810 Succinct, *a.* མདོར་བསྡུས་པའི; བསྡུས་པའི;

1811 Succour, *v.t.* ར་མདའ་བྱེད་པ; གྲོགས་བྱེད་པ; གྲོགས་རམ་བྱེད་པ;

1812 Succulent, *a.* བཅུད་ཅན; བཅུད་དང་ལྡན་པ; པཅུད་ཀྱིས་གང་བ;

1813 Succumb, *v.i.* ཐིམ་པ; མགོ་དགུར་བ; མགོ་བདད་ཞུབ; ཉན་པ;

1814 Such, *a.* འདི་ལྟར; འདི་འདྲ; འདི་ལྟ་བུ;

1815 Suck, *v.t.* འཛིབས་པ;

1816 Sucker, *n.* འཛིབས་མཁན;

1817 Suckle, *v.t.* ནུ་ཞོ་སྦྱིན་པ; འོ་མ་སྟེར་བ; སྣུན་པ; ནུ་ཞོ་སྣུན་པ;

1818 Suckling, *n.* ནུ་ཞོ་སྦྱིན་རྒྱུ; ནུ་ཞོ་སྣུན་བྱ; མ་འཇུར; འོ་འཐུང;

1819 Suction, *n.* འཛིབས; འཛིབ་པའི་ཐབ; འཛིབ་ལུགས;

1820 Sudden, *a.* (དང་དོག་ཁ་མོ; Sik.) གློ་བུར;

1821 Suddenly, *ad.* (Sik. དང་དོག་ཁ་མོར;) གློ་བུར་དུ;

1822 Suds, *n.* ཡི་ཙེ་རི་ལྦུ་བ་དང་བཅས་པའི་ཆུ; ཁྲུས་རྫས་ཀྱི་ལྦུ་བ་དང་བཅས་པའི་ཆུ;

1823 Sue, *v.t.* གཏུག་པ; ཁྲིམས་སར་གཏུག་པ;

1824 Suer, *n.* གཏུག་མཁན; ཁྲིམས་སར་གཏུག་པ་པོ;

1825 Suet, *n.* ཚིལ; མཁལ་མའི་ཚིལ; ཁོག་ཚིལ; གྲོད་ཚིལ; སྦོ་ཚིལ; བྲང་ཚིལ;

1826 Suffer, *v.t.* & *v.i.* བཟོད་པ; སྲན་པ; བསྲན་པ; བཟོད་པ་སྒོམ་པ; མནར་བ; བསྔལ་བ; སྡུག་བསྔལ་མྱོང་བ; གཡུང་བ; གཟིར་བ;

1827 Sufferable, *a.* སྡུག་བསྲན་དུ་ཡོད་པ; བཟོད་ཐུབ་པའི; སྲན་ཐུབ་པའི;

1828 Sufferance, *n.* སྡུག་བསྲན; སྡུག་བསྔལ; སྡུག་པ; བཟོད་ཚུལ; སྲན་ཐུབ;

1829 Sufferer, *n.* སྡུག་མྱོང་མཁན; གཟིར་བ་པོ; བཟོད་པ་པོ; སྲན་པ་པོ;

1830 Suffering, *n.* སྡུག་བསྔལ; སྡུག་པ; གཟུག;

1831 Suffice, *v.i.* ཐུབ་པ; འཐུས་པ; འགྲིག་པ; རན་པ; ཆོག་པ; ལྡང་བ; འདང་བ; ལང་བ;

1832 Sufficiency, *n.* ལངས་པའི་ཚོད; འཐུས་ཚད; རན་ཚད; ཆོག་ཚད; ལྡང་ཤུགས; འདང་ཤུགས; འདེངས་ཚོད;

1833 Sufficient, *a.* འཐུས་ཙམ; རན་ཙམ; ཆོག་ཙམ; ལྡང་བ; འདང་བ; འདེངས་པོ; ལྡིང་པོ;

1834 Sufficiently, *ad.* འཐུས་པ་བྱེད་དེ; འདངས་པར; ལངས་པར;

1835 Suffocate, *v.t.* དབུགས་འགོག་པ; དབུགས་སྲུབ་པ; སྐེ་བཀག་བཏང་ནས་གསོད་པ;

1836 Suffocation, *n.* དབུགས་སྲུབ་སྟངས; དབུགས་སྲུབ; སྐྱེ་འགག;

1837 Suffragan, *a.* གྲོགས་བྱེད་ཀྱིན; *n.* མཁན་པོ་ཆུང་བ;

1838 Suffrage, *n.* རང་བློའི་འཐད་པ; རང་གི་འདོད་པ; དབང་པོ; བདེན་པའི་དབང་པོ;

1839 Suffuse, *v.t.* ཁྱབ་པར་བྱེད་པ; ཁེབས་པར་གཏོང་བ; ཚོན་ཆུ་སོགས་འགྲེམ་པ;

1840 Suffusion, *n.* འགྲེམ་པའི་བྱ་བ; དགྲམ་སྟངས; ཁེབས་པར་གཏོང་སྟངས;

1841 Sugar, *n.* བུར་ཀར; ཀ་ར; བྱེ་མ་ཀ་ར; བྱེ་དཀར;

1842 Suggest, *v.t.* གྲོས་སྟོན་པ; བསླབ་བྱ་སྟོན་པ; ཇུས་སྤྲོད་པ; བྱུས་སྤྲོད་པ; བརྡ་སྟོན་པ;

1843 Suggestion, *n.* གྲོས་སློར; བསླབ་བྱ; ཇུས; བརྡ;

1844 Suggestive, *a.* གྲོས་སྟོན་བྱེད; བརྡ་སྟོན་པའི;

1845 Suggestively, *ad.* གྲོས་བསྟན་ནས; བརྡ་བྱུས་ཏེ;

1846 Suicidal, *a.* རང་སྲོག་ལ་སྡིག་པའི; རང་སྲོག་གཅོད་པའི;

1847 Suicide, *n.* རང་སྲོག་རང་གིས་བཅད་ཀྱུའི་ལས; རང་སྲོག་གཅོད་པའི་བྱ་བ; ལྕེབ་པ་པོ; རང་སྲོག་གཅོད་པ་པོ;

1848 Suit, *n.* སྙན་ཞུ; ཁ་མཆུ; ཞུ་བ; *v.i.* འོས་པ; འགྲིག་པ;

1849 Suitable, *a.* ཐུམ་པོ; རན་པོ; འོས་པོ; རིགས་པ;

1850 Suitableness, *n.* ཐུམ་ཡོད; རན་ཡོད; འོས་ཚུལ; རིགས་པ་ཉིད; རིགས་ཚུལ;

1851 Suitably, *ad.* ཐུམ་པོར; འོས་པར; རིགས་པར;

1852 Suite, *n.* འཁོར་གཡོག; འཁོར་འདབ;

1853 Suitor, *n.* ཁ་མཆུ་སྤྱོར་བ་པོ; སྙན་ཞུ་འབུལ་མཁན; ཁྲིམས་སར་གཏུགས་མཁན; ཞུ་གཏུགས་བྱེད་མཁན; གཉེན་འཚོལ་བ་པོ; གཉེན་སྦྱོར་བ་པོ; གཉེ་བོ; སྨྱུ་བོ; ཁ་མཆུ་རྒྱག་མཁན;

1854 Sulk, *v.i.* ངོ་གནག་པ; ངོ་ནག་སྟོན་པ; ངོ་ནག་པར་འགྱུར་བ;

1855 Sulky, *a.* ངོ་གནག; ངོ་ནག་ཅན; གདོང་ནག་ཅན;

1856 Sullen, *a.* ངོ་ནག་ཅན; གདོང་ནག་ཅན; ཁྲོ་ཉམས་ཅན;

1857 Sullenly, *ad.* ངོ་ནག་བསྟན་ནས; ཁྲོ་ཉམས་དང་བཅས་ཏེ; ཨུ་ཚུགས་ཀྱིས;

1858 Sully, *v.t.* ནག་པོ་བཟོ་བ; དྲི་མར་བྱེད་པ; སྦག་པ; དྲི་མས་སྦག་པ;

1859 Sulphate, *n.* ཚའི་རིགས་ཤིག;

1860 Sulphur, *n.* རྡོ་མུ་ཟི; མུ་ཟི; མུ་ཟི་རྡོ;

1861 Sultan, *n.* མུ་སུལ་ལྡན་གྱི་གོང་མའི་མཚན; དུ་རུ་ཀའི་རྒྱལ་པོ;

1862 Sultriness, *n.* (སྨུག་ཚིག; ཚད་དུབ; Sik.) ཚད་གདུང་ངམ་ཚ་གདུང;

1863 Sultry, *a.* ཚད་དུབ་ཅན; (སྨུག་ཚིག་ཅན; Sik.). ཚ་གདུང་ངམ་ཚད་གདུང་ཅན;

1864 Sum, *n.* & *v.t.* *v.t.* སྡོམ་པ; རྩིས་སུ་སྒྲུར་བ; (*n.*) བསྡོམས་རྩིས; སྡོམ; སྤྱི་སྡོམ; སྒོར་མོའི་ཚད;

1865 Summarily, *ad.* མདོར་བསྡུས་སུ; མདོར་བསྡུས་ཏེ; མདོར; མདོར་ན; མདོར་བསྡུ་ན;

1866 Summary, *n.* མདོར་བསྡུས; སྡོམ; སྡོམ་ཚིག;

1867 Summer, *n.* དབྱར་ག; དབྱར་ཁ; དབྱར་ཀ; དབྱར; དབྱར་དུས;

1868 Summit, *n.* རྩེ; ཡང་རྩེ; རྩེ་མོ;

1869 Summon, *v.t.* སྐད་གཏང་བའམ་གཏོང་བ; འབོད་པ;

1870 Summons, *n.* འགུགས་ཤོག; དཔང་པོ་སོགས་ཁྲིམས་སར་འབོད་བྱེད་ཀྱི་བཀའ་ཤོག;

1871 Sumptuary, *a.* འགྲོ་སོང་གི་སྐོར; གཏོང་སྒོའམ་འགྲོ་སོང་བསྒྲི་པའི་སྐོར;

1872 Sumptuous, *a.* གོང་ཆེན; རིན་ཐང་ཆེ་བ; བསོད་པ; བཟང་པོ; རྗོམ་བརྗིད་ཅན; རྗོམ་བག་ཅན; རྗོམ་པོ; ཇམ་བརྗིད་ཅན;

1873 Sumptuously, *ad.* རྗོམ་བརྗིད་བསྟན་ནས; (ཇམ་ཇམ་རྗིག་རྗིག་བྱས་ནས; Sik.).

1874 Sumptuousness, *n.* རིན་ཐང་ཆེ་ལུགས; རྗོམ་བརྗིད; རྗོམ་བག; རྗོམ་བརྗིད;

1875 Sun, *n.* ཉི་མ; ཉིན་མོར་བྱེད; པད་མའི་གཉེན; ཀུ་མུད་དགྲ; སྲིད་པའི་སྒྲོན་མེ;

1876 Sunday, *n.* གཟའ་ཉི་མ;

1877 Sunder, *v.t.* འཕྲལ་བ; དབྲལ་བ;

1878 Sundries, *n.* གནས་ཚུལ་ཙག་ཙག; འདྲེས་མ; སྤྲེལ་མ; དངོས་པོ་རྣམ་པ་སྣ་ཚོགས; ཙ་གེ་ཙི་གེ་སྣ་ཚོགས; དངོས་པོ་ཙག་ཙོག;

1879 Sundry, *a.* སྣ་ཚོགས; རྣམ་པ་སྣ་ཚོགས; རྣམ་པ་ཐ་དད; མི་གཅིག་པ;

1880 Sunflower, *n.* གང་ལམ་ཉི་ཤར་མེ་ཏོག; ཉི་མ་གང་ཤར; ཉི་མའི་མེ་ཏོག;

1881 Sunken, *a.* ནུབ་ནས་ཡོད་པ; ནུབ་ཟིན་པའི;

1882 Sunless, *a.* ཉི་མ་མེད་པ;

1883 Sunlight, *n.* ཉི་མའི་འོད; ཚ་ཟེར; གདུང་བྱེད; ནམ་མཁའ་འཛམ; ཉི་མའི་འོད་ཟེར;

1884 Sunny, *a.* ཉི་འོད་ལྡན་པ; ཉི་མ་ཕོག་པའི;

1885 Sunrise, *n.* ཉི་ཤར; ཉི་མ་ཤར་བ;

1886 Sunset, *n.* ཉི་མ་རྒས་པ; ཉི་ནུབ;

1887 Sunshade, *n.* ཉི་གདུགས; གདུགས; ཚད་སྐྱོབ; ཚ་བ་སྒྲིབ; གདུང་སྐྱོབ;

1888 **Sunshine**, *n.* ཉི་འོད;

1889 **Sup**, *v.i.* & *v.t.* དགོང་ཁའི་ཁ་ཟས་ཟ་བ; དགོང་མོའི་ཁ་ལག་ཟ་བ; ཐུབ་རི་འཐུང་བ; ཐུབ་འཐུང་བྱེད་པ;

1890 **Super**, *pr.* ལྷག་པར; ལྷག; ལྷག་པ;

1891 **Superabundance**, *n.* ལྷག་པར་རྒྱས་པ; རྒྱས་དྲགས་པ; མང་བ; འབོལ་པོ་ཉིད;

1892 **Superabundant**, *a.* རྒྱས་དྲགས་པ; འབོལ་དྲགས་པ; མང་དྲགས་པ; མང་ཐལ་ཤོར་བ; མཁོ་བ་ལས་ལྷག་པ;

1893 **Superadd**, *v.t.* སྣོན་ཀ་རྒྱབ་པ; ཁ་སྣོན་རྒྱབ་པ; མང་དུ་སྣོན་པ; ལྷག་པར་སྣོན་པ;

1894 **Superaddition**, *n.* ལྷག་པའི་ཁ་སྣོན;

1895 **Superannuate**, *v.t.* ལོ་གྲས་པས་བྱ་བ་མི་ཕེར་བར་སྐྲོག་པ; ལོ་རྒས་པའི་ཕྱིར་ཕོགས་ཕྱེད་ཕྱིན་ནས་ཟུར་བཞུགས་འཇུག་པ; ལོ་རྒས་པས་ལས་ཕེར་མིན་དུ་འགྱུར་བ;

1896 **Superb**, *a.* ཇོམ་བག་ཅན; ཇོམ་པོ; ཇམ་བརྗིད་ཅན; འགྱིང་བག་ཅན; ཇམ་ཇམ་ཇིག་ཇིག; རྨད་བྱུང; ཇིཾ་པོ; བརྗིད་པོ; ཟིལ་ཆེན་པོ; ཇོམ་བརྗིད་ཅན;

1897 **Superbly**, *ad.* ཡང་གི་དང་པོ་བྱེད་དེ; ཇོམ་བརྗིད་ཀྱི་ཚུལ་གྱིས; ཇམ་ཇམ་ཇིག་ཇིག་བྱས་ནས;

1898 **Supercargo**, *n.* གྲུ་གཟིང་ཐོག་ཚོང་ཟོག་གི་དོ་དམ་པ;

1899 **Supercilious**, *a.* བརྙས་བཅོས་མཁན; ཕོ་སོ་མཐོན་པོ; དབང་ཡོད་ཚ་པོ; ཐུམ་འཇོན་མཁན; དཔའ་རྡོད་མཁན; དབང་ཡོད་མཁན; ང་རྒྱལ་ཅན; རང་མཐོང་ཅན; དྲེགས་ལྡན; ཁེངས་ལྡན;

1900 **Superciliously**, *ad.* དབང་ཡོད་བརྙས་བཅོས་བྱེད་དེ; ང་རྒྱལ་བྱས་ཏེ;

1901 **Supereminence,** *n.* ཆེས་ཆེར་མངོན་མཐོ; ལྷག་པའི་ཆེ་བ་ཉིད; ཁྱད་དུ་འཕགས་ཚུལ;

1902 **Supereminent,** *a.* ལྷག་པར་མངོན་པར་མཐོ་བ; ཁྱད་པར་དུ་འཕགས་པ; རྨད་དུ་བྱུང་བ;

1903 **Supererogation,** *n.* སྤྱོད་ཚུལ་སྒྲིན་དྲགས་པ; ཉེས་སྤྱོད་སྡོམ་པར་ཤིན་ཏུ་གཟབ་དྲགས་པ; ན་ཙང་ཆོས་སྤྱོད་གྲིམ་དྲགས་པ་ཉིད; བྱ་འོས་ལས་ལྷག་པའི་བྱ་བ;

1904 **Superficial,** *a.* མངོན་གསལ; མངོན་པར་གསལ་བ; དཀའ་གནད་མེད་པ; གོ་དཀའ་བ་མེད་པ; ངོས་ལོགས་འབའ་ཞིག་པ; ངོས་ཀྱི་སྐོར; ངོས་ཀྱི; ངོས་སྟེང; གདིང་ཉི་བ; གདིང་མེད; (ཁ་གྲོག་ཙམ; Collql.).

1905 **Superficially,** *ad.* ངོས་ལོར་འབའ་ཞིག་ཏུ; ངོས་སུ;

1906 **Superficies,** *n.* ངོས; གདིང; ཁ;

1907 **Superfine,** *a.* ཨང་གི་དང་པོ; གཞན་ལས་ལེགས་པ;

1908 **Superfluity,** *n.* ལྷག་ཐལ; འབོལ་ཐལ; ཉེར་མཁོ་ལས་ལྷག་པ་ཉིད; མང་བ;

1909 **Superfluous,** *a.* ལྷག་ཐལ་ཤོར་བ; ཉེར་མཁོ་ལས་ལྷག་པ; ལྷག་པོ; མང་དྲགས་པ;

1910 **Superhuman,** *a.* མི་ལས་ལྷག་པ; མའི་ནུས་པ་ལས་འདས་པ; མི་ལས་འཕགས་པ; ལྷའི; འཕགས་པའི;

1911 **Superintend,** *v.t.* ལྟ་རྟོག་བྱ་བ; ཞལ་ཏ་བྱེད་པ; ལྟ་རྟོག་བྱེད་པ; གཟིགས་རྟོག་གནང་བ; དོ་དམ་བྱེད་པ;

1912 **Superintendence,** *n.* ལྟ་རྟོག; དོ་དེ; ཞལ་ཏ;

1913 **Superintendent,** *n.* ལྟ་རྟོག་པ; ལས་འགོ་པ; ལྟ་རྟོག་བྱེད་མཁན; དོ་དམ་པ;

1914 Superintending. *a.* ལྟ་རྟོག་བྱེད་བཞིན་པ; དོ་དམ་བྱེད་ཀྱིན;

1915 Superior, *a.* ཁྱད་པར་ཅན; རྒྱལ་བ; བླ; རབ; གོང་མ; རང་གི་གོང་མ; (Superior quality སྤུས་དག་པ; སྤུས་ལེགས་པ;)

1916 Superiority, *n.* ཆེ་བ་ཉིད; ཁྱད་འཕགས་ཚུལ; གོང་མ་ཡིན་ཚུལ; ལྷག; གོང་དུ་གྱུར་པ; ཁྱད; ཁྱད་པར; ཁྱད་ཆོས;

1917 Superlative, *a.* དྲག་ཤོས; མཐོ་ཤོས; ལྷག་ཤོས; གཞན་ལས་འཕགས་པ; ཨང་གི་དང་པོ;

1918 Supernatural, *a.* འཇིག་རྟེན་གྲགས་པ་ལས་འདས་པའི; རྒྱུན་དུ་སྤྱོད་པ་ལས་ལྷག་པའི; རྫུ་འཕྲུལ་གྱི;

1919 Superscribe, *v.t.* ཁ་ཡིག་རྒྱབ་པ; ཁ་ཡིག་འབྲི་བ;

1920 Superscription, *n.* མགོ་ཡིག; ཁ་ཡིག;

1921 Supersede, *v.t.* གོང་ནས་ལྷག་པ; ཐོབ་སྐལ་ཉམས་པ་སོགས་ཀྱི་སྒོ་ནས་གཞན་གྱིས་གནོན་པ; གོ་ས་གནོན་པ;

1922 Superstition, *n.* ལོག་ལྟ; ལོག་དད; ལྷ་མཐོང་འདྲེར་འཛིན་གྱི་ཆོས་ལུགས་རྟོག་པ; རྣམ་རྟོག; མ་རིག་པའི་དབང་གིས་ཚུལ་མིན་གྱི་སེམས་གསུམ་དང་ལྷ་འདྲེའི་གནོད་པ་ལ་འཇིགས་པ; ཆེན་པོ;

1923 Superstitious, *a.* ལྷ་འདྲེའི་རྟོག་པ་ཅན; རྣམ་རྟོག་ཅན;

1924 Superstructure, *n.* གཞི་ལས་སྤྲོས་པའི་བཀོད་པ; ཁྲིམ; ཁང་པ; སྟེང་དུ་བཀོད་པ་གང; སྤྱིའི་བཀོད་པ; རྨང་བཏིང་བའི་ཐོག་ཏུ་བཀོད་པ;

1925 Supervene, *v.i.* བར་མཚམས་བྱེད་པ; བསྣན་འབྱུང་བ; བར་དུ་འབྱུང་བ; བར་ཆད;

1926 Supervention, *n.* བསྣན་འབྱུང; བསྣོན་པ; སྣོན་ཀ; སྣོན་མ;

1927 Supervision, *n.* ལྟ་རྟོག; ལས་རྒྱབ་ཀྱི་བྱ་བ;

1928 Supervisor, *n.* ལྟ་རྟོག་པ; དོ་དམ་པ; ལྟ་རྟོག་བྱེད་མཁན;

1929 Supine, *n.* བྱ་ཚིག་ལས་གྲུབ་པའི་མིང་མཚོན་བྱེད་སྒྲ; དཔེར་ན་བྱ་བ་ཞེས་པ་ལྟ་བུ; གན་རྐྱལ; ལེ་ལོ་ཅན; བདང་སྙོམས་ཅན; སྙོམས་ལས་ཅན;

1930 Supper, *n.* ཕྱི་དྲོའི་ཟས; དགོང་མོའི་ཟས་སམ་ཁ་ལག; (དགོང་མོའི་ཞལ་ལག; Hon.).

1931 Supping, *n.* ཕྱི་དྲོའི་ཟས་ཟ་བའི་བྱ་བ; ཕྱི་དྲོའི་ཟས;

1932 Supplant, *v.t.* གཡོ་ཐབས་ཀྱིས་ཕ་རོལ་པ་དབྱུང་ནས་རང་ཉིད་གནས་སུ་འཁོད་པ; གཡོ་ཐབས་ཀྱིས་གཞན་གྱི་གནས་གནོན་པ;

1933 Supple, *a.* མཉེན་ལྕུག་ལྡན་པ; མཉེན་པོ;

1934 Supplement, *n.* ཁ་སྐོང; ཡན་ལག; ལྷན་ཐབས; ཆ་རྐྱེན; ཆ་ལག; འཕྲོས་གཏམ;

1935 Supplemental, *a.* ཁ་བསྐངས་སུ; ལྷན་ཐབསུ;

1936 Suppliant, *a.* & *n.* *n.* ཞུ་བ་པོ; གསོལ་བ་འདེབས་མཁན; *a.* གསོལ་བ་འདེབས་པའི;

1937 Supplier, *n.* མཁོ་བྱེད་སྒྲུབ་མཁན; མཁོ་སྒྲུབ་པ; སྒྲུབ་མཁན;

1938 Supplicant, *n.* སྙན་ཞུ་འབུལ་མི; ཞུ་གདུགས་བྱེད་མཁན; ཞུ་མཁན; གྲུས་ཞུ་ཅན; གྲུས་པས་ཞུ་བ་པོ; གྲུས་ཞབས་ཀྱིས་ཞུ་མཁན;

1939 Supplicate, *v.t.* གྲུས་པས་ཞུ་བ; གསོལ་བ་བདབ་པ; གསོལ་བ་འདེབས་པ; ཞུ་བ་འབུལ་བ;

1940 Supplication, *n.* གསོལ་འདེབས; སྙན་ཞུ; ཞུ་བ; ཞུ་ཁྲ; ཞུ་ཡིག;

1941 **Supply**, *v.t.* སྐྱབ་པ; འབུལ་བ; ཆད་སོའི་བསྐང་བ; ཚབ་བྱེད་པ; ཚབ་འཇོག་པ; ཁ་སྐོང་བ; *n.* མཁོ་སྐྱབ; དགོས་མཁོ; ཉེར་མཁོ; རྒྱགས; འཚོ་རྒྱགས;

1942 **Support**, *v.t.* གྲོགས་བྱེད་པ; ར་མདའ་བྱེད་པ; ཡར་བདེག་པ; སྐྱོང་བ; འདེགས་པ; འཛིན་པ; སྐྱོར་བ; རྟེན་པ; གསོ་བ; གྲོགས་བྱེད་པ; *n.* རྟེན; རྒྱབ་སྐྱོར; གྲོགས་རམ; ར་མདའ; འཚོ་བ; འཚོ་ཐབས;

1943 **Supportable**, *a.* རྟེན་རུང་བ; སྐྱོང་རུང་བ; གསོ་ཉན་པ; བསྲན་དུ་ཡོད་པ; སྐྱོར་རུང་བ;

1944 **Suppose**, *v.t.* རྟོག་པ; སྙཾ་པ; བསམ་པ; ཡིན་པ་ཚད་འཛིན་བྱེད་པ; སེམས་པ; རྟོག་པར་བྱེད་པ; ཡིན་ནམ་སྙམ་པ;

1945 **Supposition**, *n.* ཡིན་ནོ་སྙཾ་པའི་བློ; བསཾ་པ; སྣང་བ; བཞེད་པ; (Hon. བཞེད་ཚུལ; དགོངས་པ;) རྟོག་པ;

1946 **Suppositional**, *a.* ཡིན་སྙཾ་པའི་བློའི; བསམ་པའི; རྟོག་པའི; (Hon. དགོངས་པའི;)

1947 **Suppress**, *v.t.* མནན་པ; ཁ་བཀག་པ; ནོན་པ; འཇོམས་པ; བཅོམ་པ; གནོན་པ; སྦུབ་པ; འགོག་པ; གྱེན་ལོག་སོགས་ཆར་གཅོད་པ; གསང་བ;

1948 **Suppression**, *n.* ཁ་འགོག; མནན་པ; གནོན་སྟངས; ཆར་གཅོད་ཚུལ; གསང་ཚུལ;

1949 **Suppressive**, *a.* ཁ་འགོག་པའི; མནན་པའི; བཅོམ་པའི; གནོན་བྱེད; འདུལ་བྱེད; གསང་བྱེད;

1950 **Suppurate**, *v.i.* ཆུ་སེར་འདོན་པ; རྣག་འཁྲིན་པ; རྣག་རྟོལ་བ; རྣག་བསག་པ;

1951 Suppuration, *n.* ཆུ་སེར་འབྱིན་པ་ཉིད; རྣག་སྨིན་པ; (རྣག་ཆོགས་པ; Sik.) རྣག; ཆུ་སེར;

1952 Supremacy, *n.* གོང་མར་གྱུར་པ་ཉིད; གོང་མར་གྱུར་ཚུལ; གོང་མར་འཛིན་སྟངས; གཙོ་བོར་གྱུར་ཚུལ; ཆེ་བ་ཉིད; ལྷག་པའི་ཆེ་བ;

1953 Supreme, *a.* མཆོག; གོང་མ; གཙོ་བོ; ཆེ་ཤོས;

1954 Supremely, *ad.* མཆོག་ཏུ; ལྷག་པར;

1955 Surcoat, *n.* ཀའུ་ཚོ; གོས་ཚོ; གོ་ཁྲབ་ཀྱི་སྟེང་གོན་རྒྱུའི་ཀའུ་ཚོའམ་ཁ་གོས་རིང་པོ;

1956 Sure, *a.* ངེས་པར; གོར་མ་ཆག; གོར་མ་བཀུམ་པ; ངེས་པ; ཐེ་ཚོམ་མེད་པ; ཏན་ཏན; ཁྲིག་ཁྲིག; གཏན་འཁེལ;

1957 Surely, *ad.* ཐེ་ཚོམ་མེད་པར; ངེས་ངེས; ངེས་པར; གཏན་གཏན;

1958 Surety, *n.* གཏའ་མ; ཁས་འཁྲུག; ངེས་པ་ཉིད;

1959 Surf, *n.* ཟ་ཐྲི; རྦ་རླབས་ཀྱི་བ་ཐྲི; ཆུ་རླབས་འགྲམ་དང་བརྡབས་པ་ལས་སྐྱེས་པའི་ལྦུ་བ; ཆུའི་རྦ་འཐབ་པ་ལས་སྐྱེས་པའི་ལྦུ་བ;

1960 Surface, *n.* ངོས; གདོང; ཁ;

1961 Surfeit, *n.* ཁམས་ལྡོག; སེམས་སུན་པ; ཡིད་སུན་པ; ཁམ་ལོག; ཞེ་ལོག; དང་ག་འགགས་པ; དང་ཁ་མི་བདེ་བ; ཁམས་ལོག;

1962 Surge, *n.* རྦ་རླབས་འཁྱོར་བ; *v.i.* རྦ་རླབས་འཁྱོར་བ; འཁྱོར་བ; གཡིང་བ; ཆུས་གཡིང་བ;

1963 **Surgeon**, *n.* རོ་དྲའི་གསོ་དཔྱད་ལ་མཁས་པའི་སྨན་པ; གསོ་དཔྱད་པ; འཚོ་བྱེད་པ;

1964 **Surgery**, *n.* གཅོད་ཅིང་དྲ་བའི་གསོ་དཔྱད; བྱང་ཁོག་གཡུ་ཐིག་གི་རིག་པ; གསོ་དཔྱད་ཀྱི་གྲུལ་ནས་རོ་དྲའི་རིག་གནས; གཅོད་བྲམ་བྱེད་པའི་གསོ་དཔྱད;

1965 **Surgical**, *a.* གསོ་དཔྱད་རོ་དྲའི;

1966 **Surgy**, *a.* བ་རླབས་འཕྲོ་བའི; བ་རླབས་ཅན; རྩ་རླབས་འཕྲོ་བཞིན་པ;

1967 **Surly**, *a.* ཁྲོ་པོ; (རྔུང་གཟན; Bhut.). འཛིང་པ་སྤྲོམ་པོ; གུས་ཞབས་མེད་མཁན; ཞེ་ས་མེད་མཁན; མ་རབས་ཀྱི་སྤྱོད་པ་ཅན; (ཀླུག་སྐྱེད་ལོག་ལོག; Sik.).

1968 **Surmise**, *v.t.* བསམ་པ; རྟོག་པ; དགོངས་པ; ཚོད་བྱེད་པ; སོམ་ཉི་བྱེད་པ; ཡིན་ནཾ་སྙམ་པ; རྟོགས་པ་ཟ་བ; ཐེ་ཚོམ་ཟ་བ; (རྔོ་ཚོད་དཔག་པ; Sik.).

1969 **Surmount**, *v.t.* རྒལ་བ; ཐར་བ; ཐར་བར་བྱེད་པ; འཐམ་པར་བྱེད་པ; སྒང་དུ་ཞོན་པ; ཐོག་ཏུ་ཞོན་པ; རྒྱལ་བ; འདའ་བ; དཀའ་ལས་འདའ་བ; བར་ཆད་ལས་འདའ་བ;

1970 **Surmountable**, *a.* སྒང་དུ་ཞོན་འོས་པ; བརྒལ་ནུས; རྒྱལ་ཐུབ་པའི;

1971 **Surname**, *n.* རུས་མཚན་གྱི་མིང; རུས་པའི་མིང; རུས་མིང; རུས་མཚན; རུས་ཁུངས;

1972 **Surpass**, *v.t.* ཡོན་ཏན་དང་བྱ་བ་སོགས་ལ་གཞན་ལས་འཕགས་པ; འདའ་བ; ལྷག་པར་འགྱུར་བ; ཕ་རོལ་དུ་འགྲོ་བ; ཡོན་ཏན་དང་བྱ་བ་སོགས་ཀྱི་ཕ་རོལ་དུ་འགྲོ་བ;

1973 **Surpassing**, *a.* ཐུལ་དུ་ཕྱིན་པ; ཐུལ་དུ་བྱུང་བ; ལྷག་པའི; ལྷག; ལྷག་པ; ཡང་གི་དང་པོ; ཤིན་ཏུ་ལེགས་པ; མད་དུ་བྱུང་བ;

1974 Surplice, *n.* — ཤན་ཙེ; ཤན་ཙོ; ཀ་ཅི་དཀར་པོའི་ཤན་ཙོ; འཇོལ་སྒྲིར; འཇོལ་བེར;

1975 Surplus, *n.* — ལྷག་མ; ལྷག་འཕྲོས; ལྷག་ལུས; འཕྲོས; འཐེབ; མང་དྲགས;

1976 Surprisal, *n.* — ཀུ་འཐིབ; ཀུན་ཧྲིབ; ཇག་ཧྲིབ;

1977 Surprise, *v.t* — གློ་བུར་དུ་འོངས་ནས་ལེན་པ; གློ་བུར་དུ་སོང་ནས་བཟུང་བ; གློ་བུར་དུ་དམག་རྒྱབ་པ; ཡ་མཚན་བྱེད་འཇུག་པ; མགོ་འཐོམ་འཇུག་པ; ཇག་ཧྲིབ་རྒྱབ་པ; ཀུན་ཧྲིབ་རྒྱབ་པ; ཀུན་འཐིབ་རྒྱབ་པ; མཚན་ཧྲིབ་རྒྱབ་པ;

1978 Surprising, *n* — ཧ་ལས་པོ; ཡ་མཚན་པོ;

1979 Surrender, *v.t* & *v.i.* — གཏོད་པ; གཏད་པ; སྤྲོད་པ; ཁས་ལེན་པ; ཉན་པ; སྤྲོང་བ; སྤྲང་བ; ཁ་བཏགས་པ; མགོ་བཏགས་པ; ཁ་འདོགས་པ; མགོ་འདོགས་པ; མགོ་གུར་བ; མགོ་འབུལ་ལུས་འབུལ་བྱེད་པ; མགོ་བཏད་ཞུ་བ; མགོ་བོ་གཏོད་པ;

1980 Surreptitious, *a.* — གཡོ་ཀུན་གྱིས་བྱས་པའི; གཡོ་སྒྱུས་བྱས་པའི; གསང་བས་བྱས་པའི;

1981 Surreptitiously, *ad.* — གཡོ་ཀུན་གྱིས་སྒོ་ནས་བྱས་པའི་གཡོ་སྒྱུ་བྱས་ནས; ཀུན་ཐབས་ཀྱིས; གསང་ཐབས་ཀྱིས;

1982 Surround, *v.t.* — མཐའ་སྐོར་བ; སྐོར་བ;

1983 Surrounding, *n.* — མཐའ་སྐོར; མཐའ་འཁོར; ཉེ་སྐོར; ཉེ་འཁོར; ཉེ་འདབས;

1984 Surtout, *n.* — ཁ་གོན; ཁ་གོས་རིང་པོ; འཇོལ་བེར; གོས་འཇོལ་བེར; ལྷུགས་རི; འཇོང་ར;

1985 **Surveillance**, *n.* — རྟོགས་ཟིན; ཟིན; ལྟ་རྟོག; (གཟིགས་རྟོག; Hon.); མིག་འོག་བཞག་པའི་བྱ་བ;

1986 **Survey**, *v.t.* — གཞལ་བ; ས་འཇལ་བ; ས་ཚད་འཇལ་བ; ལྟ་རྟོག་བྱེད་པ; (གཟིགས་རྟོག་གནང་བ; Hon.).

1987 **Surveying**, *n.* — གཞལ་ལས; ས་ཚད་འཇལ་བའི་རིག་པ;

1988 **Surveyor.** — གཞལ་མཁན; ས་ཚད་འཇལ་མཁན; ལྟ་རྟོག་བྱེད་མཁན་དཔོན་པོ;

1989 **Survival**, *n.* — གཞན་ལས་ལྷག་པར་འཚོ་བའི་ཚུལ; གཞན་ལས་ལྷག་པར་གནས་པའི་ཚུལ;

1990 **Survive**, *v.t.* — གཞན་ཆ་མེད་ཤུལ་མེད་གྱུར་བའི་རྗེས་ཀྱང་གནས་པ; ཐར་བ; ཚེ་ཐར་བ; འཚོ་ཞིང་གཞེས་པ; ཤི་བའི་རྗེས་ལུས་པ; གཞན་ལས་ལྷག་པར་འཚོ་བ; གཞན་ཤི་བའི་རྗེས་ཀྱང་འཚོ་བ;
གཞན་ལས་ལྷག་པར་གནས་པ;

1991 **Survivor**, *n.* — གཞན་དག་ཤི་བའི་རྗེས་ཀྱང་འཚོ་མཁན;

1992 **Susceptible**, *a.* — ཉན་ཧྲང་བ; བཀའ་བློ་བདེ་བ; ཚོར་བ་ཅན; བསམ་ཤུགས་སྐྱེ་འོས;

1993 **Suspect**, *v.t.* — དོགས་པ་ཟ་བ; ཐེ་ཚོམ་ཟ་བ; དོགས་པ་སློང་བ; རྟོག་པ་སྐྱེད་པ;

1994 **Suspend**, *v.t.* — དཔྱང་བ; འགེལ་བ; བཀལ་བ; བཤོལ་བ; ཕྱི་བཤོལ་རྒྱག་པ; འདོན་པ; བཏོན་པ; དགོངས་འཕོག་གཏོང་བ; གནས་སྐབས་སུ་གོ་གནས་ལས་ཕུད་པ;

1995 **Suspense**, *n.* — ཚམ་ཚོམ; ཕྱི་བཤོལ; འཕྱང་མོ; ཐེ་འཚོམ; ཚམ་ཚུམ;

1996 Suspension, *n.* དཔྱང་བའི་བྱ་བ; དཔྱང་བ; དགོངས་ཐོག; བཞོལ་བ; ཕྱི་བཞོལ;

1997 Suspicion, *n.* དོཊ་པ; ཐེ་ཚོམ;

1998 Suspicious, *a.* དོཊ་པ་ཅན; ཐེ་ཚོམ་ཅན;

1999 Suspiciously, *ad.* དོགས་པ་བཟླས་ནས; ཐེ་ཚོམ་གྱིས; དོགས་པ་ཟ་པོ་བྱེད་དེ;

2000 Sustain, *v.t.* རྟེན་པ; འདེགས་པ; སྐྱོང་བ; གསོ་བ; འཚོ་བ; བཟོད་པ; སྲན་པ;

2001 Sustenance, *n.* འཚོ་བ; འཚོ་ཐབས; བཟའ་བ;

2002 Sustentation, *n.* འཚོ་བ; འཚོ་ཐབས; གྲྭ་པ; དབུལ་པོ་རྣམས་ལ་གྲོགས་རམ་བྱེད་པའི་ཞལ་འདེབས;

2003 Sutler, *n.* དམག་སྒར་ལ་དམག་རྒྱུགས་སྐྱུབ་མཁན;

2004 Swaddle, *v.t.* ཕྲིའུ་སྔན་དུ་སྒྲིལ་བ; ཕྲུག་གུ་སོགས་ལ་གོས་རམ་པོར་འཆིང་བ;

2005 Swagger, *v.i.* འགྱིང་བ; ཉམས་བྱས་ནས་ལབ་པ; ཕོ་སོ་བྱེད་པ; རང་སྟོད་བྱས་པ; ཉམས་བྱས་ནས་འགྲོ་བ; ཉམས་བསྟན་ནས་འགྲོ་བ; འགྱིང་བག་ཚུལ་གྱི་འགྲོ་བ;

2006 Swaggerer, *n.* ཉམས་བསྟན་ནས་འགྲོ་མཁན; ཕོ་སོ་ཅན;

2007 Swain, *n.* སོ་ནམ་པ; གཞོན་ནུ; མཛའ་བོ; གཉེ་བོ;

2008 Swallow. *v.i.* མིད་པ; མིད་པས་ཟ་བ; ཁྲུར་མིད་པ; ཁྲུར་མིད་གཏང་བ; *n.* བྱིའུ་ཁྲག་ཏ; ཁྲག་ཏ; ཁྲག་ཏྟ; ཨ་ལི་ཁྲག་ཏྟ; ཆད་སྤྱོད; ཆར་དགའ;

2009 Swamp, *n.* འདམ་རྫབ; འདམ་ཁྲོད; འདྃ; འདྃ་རྫུག; འདྃ་འཛེར; (Sik. འདྃ་མཚོ;)

2010 Swampy, *a.* འདམ་ཅན; འདམ་རྫབ་ཅན; འདམ་བག་ཅན; རྫབ་རོང་ཅན; རྫབ་རྫོབ་ཅན;

2011 Swan, *n.* ངང་པ;

2012 Swank, *a.* གཉེན་པ; མཉེན་པ;

2013 Swap, *v.t.* རྗེ་བ; ཕན་ཚུན་རྗེ་བ;

2014 Sward, *n.* སྤང; རྩྭ་སྤང; སྤང་ལོག; སྤང་ཐང;

2015 Swarm, *n.* (Sik. མཚོ་ཐད;) ཚོགས; ཁྱུ; སྦྲང་མའི་ཚོགས;

2016 Swarthy, *a.* ཤ་རྩི་ནག་པོ; ཤ་ནག་པོ; སྐུམ་ལ་གནག་པ; སྐུམ་ཞིང་གནག་པ;

2017 Swathe, *v.t.* འབུར་རྒྱབ་པ; དམ་པོར་འཆིང་བ; གོས་སྲུ་སྒྲིལ་བ;

2018 Sway, *v.t* དབང་སྒྱུར་བ; དབང་བྱེད་པ; རྒྱལ་སྲིད་ཀྱི་ཁ་ལོ་སྒྱུར་བ; རྒྱལ་སྲིད་བྱེད་པ; *n.* རྒྱལ་སྲིད; དབང; སྐྱུ་དབང; ཆད་དབང;

2019 Swear, *v.i.* མནའ་འབོར་བ; མནའ་སྐྱེལ་བ; དྲོ་བོར་བ; (དབུ་མནའ་བཞེས་པ; Hon.).

2020 Sweat, *n.* རྔུལ; ཚད་པའི་དབང་ལུས་ལས་བྱུང་བའི་རྔུལ་ནག; རྔུལ་ནག; ཚད་སྐྲིས;

2021 Sweaty, *a.* རྔུལ་ནག་ཆེར་ཆེར; རྔུལ་ནག་ཅན; རྔུལ་ནག་གིས་སྦྲངས་པ; བརྩོན་འགྲུས་ཅན;

2022 Sweep, *v.t.* འཕྱར་པ, འཕྱག་པ; གད་དར་བྱེད་པ; བྱི་དོར་བྱེད་པ;

2023 Sweeper, *n.* འཕྱར་བདར་པ; གད་པ; གད་མཁན; གད་རྒྱབ་མཁན; ར་རྒྱབ་པ; རོ་རྒྱབ་པ;

2024 Sweet. (of smell བསུང་ལྡན; དྲི་བསུང་ཅན; བསུང་ངད་ཅན;) (of form མཛེས་པ;) (of sound སྙན་པ;) ཞིམ་པོ; མངར་མོ;

2025 Sweet, *a.* ཞིམ་པོ; མངར་པོ; མངར་བ; མངར་མོ;

2026 Sweeten, *v.t.* མངར་མོ་བཅོས་པ; མངར་མོ་བཟོ་བ;

2027 Sweetheart, *n.* སྙིང་སྡུག; མཛའ་མོ; དགའ་མ; སྙིང་ཉེ་མ; སྲིད་མོ;

2028 Sweetish, *a.* (མངར་སང་སང; Sik.) ཅུང་ཟད་མངར་མོ; མངར་མདངས་ཅན;

2029 Sweetly, *ad.* ཡིད་གར་འོང་པོ་བྱེད་དེ; འཇམ་འཇམ་གྱིས; འཇམ་ཐབས་ཀྱིས;

2030 Sweetmeat, *n.* མངར་བྱ; མངར་ཆ; མངར་རྫས; བྲི་རིལ;

2031 Sweetness, *n.* མངར་མདངས; མངར་བ; མངར;

2032 Swell, *v.i.* སྦྲོས་པ; སྦྲོ་བ; སྐྲང་བ;

2033 Swelling, *n.* སྐྲང་སྦྲོས; སྐྲང་འབུར; སྐྲངས་པོ;

2034 Swerve, *v.i.* འགོལ་བ; ལམ་འགོལ་བ; བྱ་འོས་ལ་འཛུར་བ; འཛུར་བ;

2035 Swerving, *n.* འགོལ་སྟངས; འཛུར་སྟངས;

2036 Swift, *a.* ཁྱུག་པོ; སྐྱེན་པ; སྐྱེན་པོ; མགྱོགས་པ; མྱུར་པོ;

2037 Swiftly, *ad.* སྐྱེན་པོ་བྱེད་དེ; མགྱོགས་པོར; མྱུར་བར; མྱུར་དུ; ཕྲལ་དུ;

2038 Swiftness, *n.* སྐྱེན; ཁྱུག་སྟབས; མགྱོགས་འགྲོས; མྱུར་འགྲོས; མྱུར་བ;

2039 Swill, *v.t.* ཧབ་འཐུང་བྱེད་པ; ཧབ་རྡོབ་འཐུང་བ; བཀྲིས་ཧབ་ཀྱིས་འཐུང་བ; ལྟོ་ཧབ་ཀྱིས་འཐུང་བ;

2040 Swim, *v.i.* རྐྱལ་རྒྱབ་པ; ཀྱལ་རྩེ་བ; ཆུལ་ཀྱལ་རྒྱབ་པ;

2041 Swimmer, *n.* ཀྱལ་རྒྱབ་མཁན;

2042 Swimming, *n.* ཀྱལ་རྒྱབ; ཀྱལ་རྩེད; རྐྱལ;

2043 Swindle, *v.t.* མགོ་སྐོར་གཏོང་བ; དབུ་སྐོར་ཞུ་བ;

2044 Swindler, *n.* མགོ་སྐོར་གཏང་མཁན; or གཏོང་མཁན;
དབུ་སྐོར་ཞུ་མཁན;

2045 Swine, *n.* ཕག་པ; ཕག; ས་སྨྱིག; ངུར་སྨྲ་ཅན; སྒྱུ་རིངས;

2046 Swineherd, *n* ཕག་རྫི;

2047 Swing, *v.i.* འཕྱང་བ; ག་ཡེང་བ; ཡིང་ཡིང་བྱེད་པ;
འཁྱོང་འཁྱོང་ཡུག་ཡུག་བྱེད་པ;

2048 Switch, *n.* ལྕག; ལྕུག་ཚན་ཕྲ་མོ; ཀྱུག་པ་ཕྲ་མོ; རྡལྕེ;
རི་ལིའི་ཁ་ལོ་སྒྱུར་བྱེད་འཕྲུལ;

2049 Swivel, *n.* འཕྲུལ་མིག་བརྒྱུས་པ; འཁྲུལ་མིག་བརྒྱུས་པ་
ལྕགས་སྒྲོག; ལྕགས་སྒྲོག་བརྒྱུས་པ;

2050 Swoon, *v.i.* དྲན་མེད་བརྒྱལ་བ; བརྒྱལ་བ; དྲན་མེད་འགྱུར་བ;

2051 Swoop, *v.t.* ཁྲ་ལྟར་གཞུར་བ; ཞུར་བ; གཞུར་བ; བྱ་འདེད་གཏོང་བ;

2052 Swop, *v.t.* རྗེ་བ; དངོས་པོ་ཕན་ཚུན་རྗེ་བ;

2053 Sword, *n.* གྲི་རིང; རལ་གྲི; དཔའ་གདམ; ཤང་ལང; ཞོག་ལང;

2054 Swordsman, *n.* གྲི་རྩེད་མཁན; གྲི་གཡུག་པར་མཁས་པ;

2055 Sworn, *pp.* མནའ་བོར་ནས་ཡོད་པ; མནའ་བོར་ཟིན་པ;
མནའ་བསྐྱལ་ཟིན;

2056 Sycamore, *n.* (ཀལ་ལྷང་སྡོང་པོ; Sik.) གཡོར་སེའམ་ཀལ་ལྷང་ཤིང;
ཨན་ཛིར་ཤིང་སྡོང;

2057 Sycophancy, *n.* དཔལ་ལིས; ཁ་གསག; ཁ་བསག;

2058 Sycophant, *n.* དཔལ་ལས་ཤོད་མཁན; ཁ་གསག་བྱེད་མཁན;

2059 Syllabic, *a.* ཚིག་འབྲུའི་སྐོར; ཚིག་འབྲུའི;

2060 Syllable, *n.* ཚིག་འབྲུ; སྒྲ་ཕྲེང་གཅིག; རྗོད་ཕྲེང་གཅིག;

2061 Syllogism, *n.* རིགས་པས་སྒྲུབ་སྦྱངས ;

2062 Syllogistic, *a.* རིགས་པས་སྒྲུབ་སྦྱངས་ཀྱི་སྐོར ;

2063 Sylph, *n.* མཁའ་འགྲོ་མ ; ཌཱ་ཀི་ཎཱི ;

2064 Symbol, *n.* དཔེ ; བརྡའ ; བརྡ ;

2065 Symbolic, *a.* བརྡའི ; བརྡའི་སྐོར ; རྟགས་ཀྱི་སྐོར ;
གཟུགས་སུ་བཀོད་པའི ;

2066 Symbolical, *a.* བརྡའ་མཚོན་པའི ; བརྡའི ; བརྡའི་སྐོར ;
རྟགས་ཀྱིས་མཚོན་པའི ;

2067 Symbolically, *ad.* བརྡ་ཡི་སྒོ་ནས ; རྟགས་ཀྱིས་མཚོན་པའི་ཚུལ་གྱིས ;
གཟུགས་སུ་བཀོད་པས ;

2068 Symbolism, *n.* བརྡའ་མཚོན ; བརྡ་ཡིས་མཚོན་སྣང ;

2069 Symbolize, *v.i.* & *v.t.* བརྡའ་ཡིས་སྟོན་པ ; བརྡ་ཡིས་མཚོན་པ ;
ཡོན་དན་མཚུངས་པ ; འདྲ་བ ;

2070 Symmetrical, *a.* ཚད་ལྡན ; དཔེ་བྱད་ཅན ; ཆུ་ཞིང་འགབ་པ ;
མཆུ་ཞིང་འགམ་པ ;

2071 Symmetry, *n.* ཚད ; བཟོ་དབྱིབས་ལེགས་པོ ; དཔེ་བྱད ; མཆུ་ཞིང ;
འགབ་སྟངས ;

2072 Sympathetic, *a.* སེམས་ཚོར་ཅན ; ཤ་ཚ་ཅན ; སྙིང་རྗེ་ཅན ;
བྱམས་ལྡན ; བརྩེ་ལྡན ;

2073 Sympathetically, *ad.* སྙིང་རྗེ་བལྟས་ནས ; རང་མཉམས་བསམ་ནས ;

2074 Sympathize, *v.i.* ཤ་ཚ་བྱེད་པ ; སེམས་ཀྱིས་ཕྱིར་པ ; སྙིང་རྗེ་ལྟ་བ ;
བྱམས་པ་བྱེད་པ ;

2075 Sympathy. ཤ་ཚ ; སེམས་ཚོར ; སྙིང་རྗེ ; རང་དང་མཉམ་པའི་
བསམ་པ ; བྱམས་པ ;

2076 Symphony, *n.* སྒྲ་མཐུན་ཞིང་སྙན་པ; དབྱངས; སྒྲ་དབྱངས; དབྱངས་སྙན; འཇེབས; སྙན་འཇེབས;

2077 Symptom, *n.* ནད་སྣང; ཡོད་རྟགས; ཡོད་པར་མཚོན་བྱེད; རྟགས; མཚན་མ;

2078 Synagogue, *n.* ཡ་ཧུ་དཱ་པའི་བཤད་བསྒྲུབ་ཀྱི་ཚོགས; ཡ་ཧུ་དཱ་པའི་བཤད་བསྒྲུབ་ཀྱི་གནས;

2079 Synchronism, *n.* དུས་གཅིག་ཏུ་བྱུང་ཚུལ; དུས་གཅིག་ཏུ་བྱུང་བ; རྣམས་རིམས་འཛོག་སྣངས;

2080 Syncopate, *v.t.* ཚིག་གི་ནང་ནས་ཡི་གེ་གཅིག་གམ་མང་པོ་སྐྱུད་པ; ཡི་གེ་སྐྱུད་པ;

2081 Syncope, *n.* ཚིག་གི་ནང་ནས་ཡི་གེ་སྐྱུད་ཚུལ; བསྡུ་ཡིག;

2082 Syndicate, *n.* དོ་དམ་བྱེད་མཁན་རྣམས་ཀྱི་ཚོགས; ལྷན་རྒྱས; དབང་བྱེད་ཚོགས་པ;

2083 Synod, *n.* ལྷན་རྒྱས; དགེ་འདུན་གྱི་ཚོགས; ཆོས་ཀྱི་མདུན་ས; རྩོད་ཚོགས;

2084 Synonym, *n.* དོན་གཅིག་མིང་གི་རྣམས་གྲངས; སྒྲ་དོན་ཚིག་གཅིག་པ; དོན་སྒྲ་གཅིག་པ; དོན་གཅིག་པའི་སྒྲ; གཞན་དང་དོན་གཅིག་པའི་ཚིག;

2085 Synonymous, *a.* དོན་གཅིག་མིང་གི་རྣམས་གྲངས་ཅན; དོན་གཅིག་སྒྲ་མང་ཅན; སྒྲ་མང་དོན་གཅིག་གི་སྐོར; སྒྲ་དོན་ཚིག་གཅིག་གིས་མཚོན་པའི; དོན་གཅིག་པ; དོན་འདྲ་བ;

2086 Synopsis, *n.* སྡོམ; སྤྱི་སྡོམ; མདོར་བསྡུས; བསྡུས་པ; བཏུས་པ;

2087 Syntax, *n.* ཚིག་སྒྲུབ་ཚུལ; རྗོད་བྱེད་སྒྲུབ་ཚུལ;

2088 Synthesis, *n.* སྡུད; སྡུད་བྱེད; སྡུད་ཚུལ; སྒྲུབ་ཚུལ; བརྗོད་བྱ་བྲོར་བ་རྣམས་སྡུད་སྣང;

2089 Syringe, *n* ཆུ་འཆོར་བྱེད; ཆུ་མདའ;

2090 System, *n.* འབྲེལ་ཚུལ; རྒྱུད་པའི་ཚུལ; ཐབས; འགྲོ་ལུང;
ལུགས; ཚུལ; གནས་ལུགས; རྣམ་བཞག;
ཆགས་ཚུལ;

2091 Systematic. མགོ་མཇུག་སྒྲིག་པོ; ཐབས་ལྡན; ལུགས་བཞིན;
ཚུལ་བཞིན;

2092 Systematically, *ad.* ལུགས་བཞིན་དུ; ཚུལ་བཞིན་དུ; ལུགས་སྲོལ་བཞིན་དུ;

2093 Systematize, *v.t.* ལུགས་བཞིན་དུ་བྱེད་པ; ཚུལ་བཞིན་དུ་བྱེད་པ;
ལུགས་སྲོལ་བཞིན་དུ་བྱེད་པ;

T

1 Tabefaction, *n.* རིད་པ་ཉིད; ནད་ཀྱིས་རྒུད་ཚུལ; རིད་པ; སྐམ་པ;
སྐེམ་པ;

2 Tabefy, *v.i.* རིད་པ; ཉམས་པ; རྒུད་པ; སྐེམ་པ;

3 Tabernacle, *n.* མཆོད་ཁང; མཆོད་པའི་གནས; གུར་མཆོག; གུར;
གནས་སྐབས་ཀྱི་སྡོད་ས; མི་ཡི་ལུས; ལྷ་ཁང;

4 Tablature, *n.* ལྷ་བྲིས; རི་མོ; གཟུགས་བརྙན; འཆར་སྒོ;
རོ་ཉམས་ཅན་གྱི་ངག;

5 Table, *n.* མདོར་བསྡུས་བཤད་པ; མགྲོན; བཟའ་བ; རེའུ་མིག;
ལྕོག་ཙེ; གསོལ་ལྕོག; རྒྱ་ལྕོག; ཅོག་ཙེ;
ཅོག་བརྩེགས; དཀར་ཆག; ཐོ;

6 Multiplication Table. དགུ་མཐའ; (རེའུ་མིག; Statement or Table).

7 Tablet, *n.* བྱང་བུ; བྱང་ཤིང; འབྲི་བའི་ཕྱིར་བ་སོའི་ལེབ་དང
ཤིང་ལེབ་སོགས; བྱེ་མ་ཀ་རས་བགོས་པའི་སྨན
རིལ་ལེབ་ལེབ;

8 **Tabour**, *n.* ཌ་ཆུང;

9 **Tabular**, *a.* ཐོག་རྩེའི་བཟོ་ལྟ་བུ; ལེབ་མོ; ལེབ་པོ; ལེབ་ལེབ;
རེའུ་མིག་ཅན; རེའུ་མིག་ཏུ་བཀོད་པའི;

10 **Tabulate**, *v.t.* རེའུ་མིག་ཏུ་འགོད་པ; དཀར་ཆག་བཟོ་བ; ཐོ་འབྲི་བ;

11 **Tabulation**, *n.* རེའུ་མིག་ཏུ་འགོད་པའི་བྱ་བ; དཀར་ཆག་བཟོ་བའི་བྱ་བ;

12 **Tacit**, *a.* ཁ་ནས་མ་ལབ་ཀྱང་ཧ་གོ་བའི; མ་བཤད་ཀྱང་མཚན་
པའི; ཁ་རོག; ཁ་བཙུམ; སྨྲ་མ་འབྲིན་པའི;

13 **Tacitly**, *ad.* མ་བཤད་ཀྱང་མཚོན་ནས; ཁ་རོག་བསྡད་ནས;
ཁ་རོག་པར;

14 **Taciturn**, *a.* ཁ་སྡུག་རོག་པ; ངག་བཙུན་པ; སྨྲ་ཉུང;
རང་བཞིན་གྱིས་ཁ་མང་པོ་མི་ལབ་མཁན; ཁ་ཉུང;

15 **Taciturnly**, *ad.* ཁ་ཉུང་ཚུལ་གྱིས;

16 **Taciturnity**, *n.* ཁ་ཉུང་ཚུལ;

17 **Tack**, *v.t.* སྦྲེལ་བ; གཟེར་གྱིས་སྦྲེལ་བ; *n.* ལྕགས་གཟེར་ཆུང་ཆུང;
སྡིག་ར; གོས་འཛིན་བྱེད་སྡིག་ར;

18 **Tackle**, *n.* སྐྱིད་ཅན་དངོས་པོ་རྣམས་འདེགས་བྱེད་འཐེན་བྱེད་འཕྲུལ;

19 **Tackling**, *n.* གྲུའི་ཡོ་བྱད་ལག་ཆ་རྣམས;

20 **Tact**, *n.* འཇོམ་ཚུལ; ལས་སྟངས; བྱེད་སྟངས; འགྲོན་སྟངས;
ཡོང་སྟངས; གྲུང་བ; ཅང་རིག; གཅང་དྲུང;
སྤྲུང་གྲུང; སྤྲུང་བ; འཇམ་པ; ཡང་དག་པའི་
རྟོགས་པ;

21 **Tactic**, *a.* དམག་གི་བཀོད་པའི་སྐོར;

22 **Tactician**, *n.* དམག་གི་བཀོད་པ་ལ་མཁས་པ;

23 Tactics, *n.* དམག་གི་བཀོད་པ; དམག་གི་རིག་པ;
དམག་རྒྱབ་སྟངས; ཇུས; ཐུས; གཡོ་ཐབས;
གཡོ་འཕྲུལ; རྒྱལ་ཐབས;

24 Taffeta, *n.* དར་གོས་ཀྱི་རྣམ་པ་ཞིག;

25 Tag, *n.* ཞགས་སྐྲེར་འདོགས་པའི་ལྕུགས་འཛིན;
ཐག་སྐྲེར་འདོགས་པའི་ལྕུགས་ཀྱུ;
ཞགས་སྐྲེར་འདོགས་པའི་ལྕུགས་ཀྱུ;

26 Tail, *n.* ཇ་མ; མཇུག་མ;

27 Tailor, *n.* ཚེམ་པ; ཚེམ་བུ་པ; ཚེམ་བུ; ཚེམ་པོ; དབུ་མཛད;

28 Taint, *v.t.* དྲི་མར་བྱེད་པ; སྦག་པ; དྲི་མས་སྦག་པ;
མེད་པར་བཟོ་བ;

29 Take, *v.t.* ལེན་པ; འཕྲོག་པ; འཛིན་པ; བཞེས་པ; བསྣམས་པ;
སྣོམ་པ; འཁུར་པ; འཁྱེར་བ; འཁྱེར་འགྲོ་བ;
སྣོམ་ལེབ་པ; བསྣམས་ལེབ་པ;

30 Taken, *p.t.* *a.* སྙིག་ལྡན; འཇོ་སྙིག་ཅན; འཇོ་བག་ཅན;
ལེན་ཟིན་པ; བླངས་ཟིན་པ; བླངས་པ;

31 Taking, *n.* ལེན་པའི་བྱ་བ; ལེན་སྟངས; འཛིན་སྟངས;
a. ཡིད་འཕྲོག་མཁན; སེམས་ཕྱོར་འཇུག་མཁན;

32 Takingly, *ad.* ཡིད་ཕྲོག་ནས;

33 Tale, *n.* ལོ་རྒྱུས; སྒྲུང; སྒྲུངས; རྣམ་ཐར;

34 Talent, *n.* བློ; རིག་པ; ཡོན་ཏན; སྒྱུ་ཡོན;

35 Talisman, *n.* སྔགས་བཏབ་པའི་དངོས་པོ; སྲུང་བ; མགུལ་སྲུང;
སྲུང་མདུད; གསྲུང་མདུད; སྲུང་རྟེན;

36 Talk, *v.i.* སྨྲ་བ; གཏཾ་བྱེད་པ; ལབ་པ; རྗོད་པ; གསུང་བ;
གྲོས་བྱེད་པ;

37 **Talkative**, *a.* སྨྲ་འདོད་ཅན; ལྕེ་བདེ་པོ; ཁ་བདེ་པོ; ཁ་པོ་ཆེ; ཁ་མང་པོ; ཁ་རྒྱག་པ; ཁ་དྲག་པ;

38 **Talker**, *n.* སྨྲ་མཁན; སྨྲ་བ་པོ; ལབ་མཁན;

39 **Talking**, *n.* སྨྲ་མཁན; ཁ་ལབ་ཤེས་པ; སྨྲ་བའི་ནུས་པ་ཅན; ཁ་དབང་ཅན;

40 **Tall**, *a.* གཟུགས་རིང; མཐོན་པོ; འཇོང་འཇོང; གཟུགས་པོ་རིང་པོ; སྐུ་གཟུགས་རིང་པོ;

41 **Tallage**, *n.* དཔྱ་ཁྲལ་གྱི་རྣམ་པ་ཞིག;

42 **Tallow**, *n* ཚིལ་ཞུ; ཚིལ;

43 **Tally**, *n.* *v.i.* འགོ་ཐུག་པ; ར་ཐུག་པ; རྩིས་མགོ་ཐུག་པ; འཚམས་པ; འོས་པ; འགྲིགས་པ; སྒོ་ཐུག་པ; ཆ་མཚུངས་པ; ཤག་བཅས་རྩིས་བྱེད་ཤིང; ཤ་ག་སོགས;

44 **Talmud**, *n.* ཡ་ཧུ་དཱ་པའི་བཅས་ཁྲིམས་དང་སྔོན་བྱུང་སྐོར་གྱི་བསྟན་བཅོས;

45 **Talon**, *n.* སྡེར་མོ; སྡེར་ཀུ;

46 **Tamable**, *a.* འདྲིས་སུ་བཙུག་ནུས་པ; འདུལ་རུང་བ; གདུལ་བར་རུང་བ; འཇུན་པར་ཉན་པ; གཞུར་པར་རུང་བ;

47 **Tamability**, *n.* འདྲིས་པར་འཇུག་ཉན་པའི་ཚུལ; འདུལ་བར་རུང་ཚུལ;

48 **Tamandua**, *n.* གྲོག་མ་ཟ་མཁན; སྦྲོག་ཆགས་ཀྱི་རིགས;

49 **Tamarisk**, *n.* འོམ་བུ; ཨུམ་བུ;

50 **Tamarind**, *n.* སྐྱུ་རུ་ར; རྒྱལ་འབྲས; བཙུད་ལྡ་པ;

51 **Tambourine**, *n.* ལག་རྔ; ལག་པ་གཅིག་གིས་བརྡུང་རྒྱུའི་རྔ་པགས་ཡོགས་གཅིག་པ;

52 Tame, *a.* — འཇུན་པ ; འདྲིས་སུ་བཙུག་པ; འདྲིས་པར་འཇུག་པ ; དུལ་བ; འདྲིས་པ; དུལ་མོ; *v.t.* ཀླིང་པོ་བཟོ་བ ; འདུལ་བ;

53 Tameless, *a.* — མ་འདྲིས་པ ;

54 Tameness, *n.* — འདྲིས་ཚུལ; འདྲིས་ལུགས; འདྲིས་སྟངས;

55 Tamely, *ad.* — དུལ་པོར ; ཞི་བར ; གུས་པས;

56 Tamper, *v.i.* — (བསླད་བཙུག་པ;) བཙུག་པ; ལག་པ་བཙུག་པ; ཐེ་གཏོགས་བྱེད་པ; ཐེ་ཚོགས་བྱེད་པ;

57 Tan, *v.t.* — མཉེད་པ; མཉེ་བ ; ཀོ་བ་མཉེད་པ;

58 Tangent, *n.* — སྒོར་ཐིག་གི་མུར་གཏུགས་པའི་རི་མོའི་བཅད;

59 Tangibility, *n.* — རེག་ཚུལ; ཚོར་ཚུལ ;

60 Tangible, *a.* — རེག་བྱ ; རེག་པ་ཅན ; རེག་པ་ལས་ཚོར་བ་ཅན; ཚོར་བ་ཅན;

61 Tangle, *v.t.* — མགོ་རྙོར་བ; མགོ་གཡོག་གཏོང་བ; *v.i.* སྣ་ཁྲིང་བ ; སྣ་འཛིང་བ; སྣ་འཁྲིལ་བ; སྐུད་པ་འཛིང་བ; ཀྲི་འཛུགས་པ; ཀྲིར་བཟུང་བ; ཀྲིར་འཛུད་པ; གྲུར་འཛུད་པ; གྲུར་སྙོན་པ;

62 Tank, *n.* — རྫིང; རྫིང་བུ; ཆུ་ཁྲིམ; ཆུ་མཛོད;

63 Tankard, *n.* — ཁ་གཅོད་བཅས་འཐུང་བའི་དངུལ་སྣོད་ཁྲི་སྣོད་སོགས ;

64 Tanner, *n.* — ཀོ་བ་མཉེད་མཁན ;

65 Tanning, *n.* — མཉེད་པའི་ལས ; མཉེད་སྟངས ; ཀོ་བ་མཉེད་པའི་རིག་པ ;

66 Tantalize, *v.t.* — ཐོབ་འདོད་ཀྱིས་མནར་བར་བྱེད་པ; མཁོ་དོན་སྒྲུབ་མ་ཐུབ་པ་ལ་སྒྲུབ་འདོད་སྐྱེད་དུ་འཇུག་པ; བརྣབ་སེམས་སྐྱེད་འཇུག་པ;

67 **Tantamount**, *a.* རིན་གོང་མཉམ་པ; དོན་མཚུངས་པ; མཉམ་པ; མཚུངས་པ; འདྲ་བ; གཅིག་པ;

68 **Tantrum**, *n.* མི་དགའ་བའི་རྣམ་འགྱུར; སྣ་ཐུང; སྣ་ཐུང་ཚུལ;

69 **Tap**, *v.t.* & *v.i.* པས་རག་སོགས་འདྲེན་བྱེད་ལྕགས་སྤུབས; *n.* ལྕགས་སོགས་ལས་བཟོས་པའི་སྤུབས་ཅན་གཅིའུ; དལ་གྱིས་རེག་པ; དལ་གྱིས་རྡུང་བ; ཏག་ཏག་གཏང་བ; འབིགས་པ; འབུགས་པ; ཕུག་ནས་འདོན་པ;

70 **Tape**, *n.* སྐུ་སྒྲོག; ལྷས་མ; ཐག་ཚད; ཚད་ཐག; འཇལ་ཐག;

71 **Taper**, *v.i.* རྩེ་མཐུག་བརྡོན་པ; རྩེ་མཐུག་འདོན་པ; ཛ་ཡབ་ཀྱི་རྣམ་པ་ཅན་དུ་བྱེད་པ; ཛ་མའི་དབྱིབས་ཅན་དུ་བྱེད་པ;

72 **Tapestry**, *n.* རས་ཆའི་ཐོག་དུ་རི་མོ་ཚེམ་བྲུབ་དང་བཅས་པ;

73 **Tapir**, *n.* སེམས་ཅན་མིག་པ་ཕག་པ་འདྲ་བ་སྣའི་ཟང་མདུང་ཐུང་ཐུང་ཡོད་པ་བསེ་རུའི་རིགས་སུ་ཉེ་བ་ཞིག;

74 **Tapis**, *n.* རྫོད་བྱ་གླེང་མོ་འདྲ་ཡིན་ན་དགོངས་བཞེས་མཛད་བཞིན་པ་གང་ཡིན་པ་དེའོ;

75 **Tapster**, *n.* ཆང་ཁང་སོགས་ལ་ཆང་འདྲེན་མི;

76 **Tar**, *n.* (Hindi ཨལ་ཀ་ཏྲ; རོ་གན;) བཀྲག་རྩི་ནག་པོ་ཐང་ཤིང་ངམ་རྡོ་སོལ་ལས་བྱུང་བ་ལྕགས་དང་ཤིང་ཆའི་ལོགས་ལ་བྱུག་པས་འབུའི་གནོད་པ་དང་རུལ་ཉམས་དང་གཙང་སྲུང་ཐུབ་པའི་རྩི་དེའོ; ཐང་ཚུ; གྲུའི་མཉན་པ་དག;

77 **Tarantula**, *n.* འབུ་སྡོམ་གྱི་རིགས་ཤིག;

78 **Tarboosh**, *n.* ཁ་ཆེ་འམ་མུ་སུལ་མན་གྱི་ཞྭ་མོ་ཞིག;

79 **Tardigrade**, *n.* སྲོག་ཆགས་འགྲོ་འདུག་གོབ་པོའི་རིགས་སམ་སྐྱེད་ལུག་གི་རྣ་པ་ཅན་གྱི་རིགས;

80 Tardily, *ad.* ལེ་ལོ་བྱས་ཏེ ; གོབ་པོ་བྱེད་དེ ; ཕྱིས་པོ་བྱེད་དེ;
སྙོམས་ལས་བྱས་ཏེ ;

81 Tardiness, *n.* ལེ་ལོ; གོབ་ཚུལ; བུལ་ལུགས; སྙོམས་ལས ;

82 Tardy, *a.* བུལ་བ ; (Sik.) གོབ་གོབ; (Tib.) བུལ་པོ; ཕྱིས་པོ;
(Sik. ནོབ་ནོབ; ནོབ་པོ;) ལེ་ལོ་ཅན;

83 Tare, *n.* (weed) ཡུར་མ; འཛག་ཡུར; འབྲུའི་ལྗང་པའི་དཀྱིལ་
དུ་སྐྱེ་བའི་ཡུར་མ; (of weight) ཅ་ལག་གི་སྣོད་ཀྱི་
ལྗིད་གོག;

84 Targe, *n.* ཕུབ; (དགྲ་ལེ; Bhut.) (ཌྷལ; Hindi).

85 Target, *n.* འབེམ; འབེན; ཕུབ་ཆུང; མདའ་དང་མེ་མདའ་
སོགས་རྒྱག་སའི་འབེན; (ཚ; སྠ; Sik.).

86 Tariff, *n.* ཤོ་ཁྲལ; ཤོ་གམ; ཤོ་ཁྲལ་བདའ་དེད་བྱ་རིགས་ཀྱི་
ཐེབ་ཐྲོ; ཤོ་ཁྲལ་ལེན་སྒྲོལ;

87 Tarnish, *v.t.* གཡའ་འཁོར་དུ་བཙུག་པ; བཀྲག་མདངས་འགྲིབ་པ;
v.i. སྐྱག་པ; དྲི་མར་བྱེད་པ; བཀྲག་ཡལ་བ;
n. གཡའ; སྐྱུག;

88 Taro, *n.* དོ་བའི་རིགས་ཤིག;

89 Tarpaulin, *n.* ཆུ་སྐྱོབ; ཚར་ཁབས; རྩ་རས་ཆུ་ཐུབ་བཟོས་བཞག་པ་
དེ་ལ་ཟེར; སོ་མར་ཅའི་རས་འཐུག་པོ་འི་ལོགས་ལ་
སྣུམ་ཚོན་བྱུག་ནས་ཆུ་ཐུབ་བཟོས་པ་དེ་ལ་ཟེར; རྩ་རས་
བཀྲག་རྩི་ཅན;

90 Tarry, *v.i.* སྡོད་པ; འགོར་བ; གནས་པ; འགྱི་པ; .
ལམ་དུ་འཁོར་བ; འགོར་སྐྱིལ་བྱེད་པ;

91 Tart, *a.* (of taste) རོ་སྣོ་པོ; རོ་ངར་པོ; སྐྱུར་པོ; (of reply ཁ་གཟེར་པོ; ཁ་ལན་སྣོ་པོ;) Pie བག་ལེབ་ཀྱི་ཁ་ལ་ཤིང་འབྲས་ཆོས་པོ་ཡོད་པ; ཤིང་འབྲས་བག་ལེབ;

92 **Tartan,** *n.* བལ་གོས་རི་མོ་གཟི་ཤ་རིས་སུ་ཡོད་པའམ་ཕྲ་ཤ་རི་ཅན;

93 **Tartar,** *n.* སོག་དྲིག; ཆང་ཟོས་ཀྱི་ལོགས་ལ་ཆགས་པའི་ཆང་ཉིག་དམར་པོ་འབྲས་སྐོག་བུ་ཆགས་པ་དེའོ; Native of Tartary སོག་པོ;

94 **Tartar-emetic,** *n.* བ་ཤལ་སྨན་ནུས་པ་ཧ་ཅང་ཆེན་པོ་ཞིག; ཚྭ་བ་ཤལ; གཡའ་ཡི་ཚྭ་བ་ཤལ;

95 **Tartarus,** *n.* ཕྱི་དུས་གླིག་པའི་ཆོས་ལུགས་ལྟར་ན་བར་དོའི་གནས་སུ་ལྷ་མིན་གྱི་དགྲུལ་ཁམས་ཤིག;

96 **Tartly,** *ad.* (Sik. ཚ་ཐང་ཐང་བྱེད་དེ;) སྐྱུར་པོ་བྱེད་དེ; ཁ་ཚ་པོ་བྱས་དེ;

97 **Tartness,** *n.* ཁ་ཚ་ལུགས; སྐྱུར་ལུགས; ཚ་ལུགས; རོ་སྣོ་ལུགས; 'ཚིག་སྣོ་སྤངས;

98 **Tartuffe,** *n.* ཆོས་པ་ཁ་གཅིག་ཞེ་གཉིས་ཅན; ངོ་སྐོག་ཅན་གྱི་ཆོས་པ;

99 **Tasimeter,** *n.* གློག་འཁྲུལ་གྱིས་ཚ་གྲང་བརྟག་བྱེད་ཀྱི་ལག་ཆ་ཞིག;

100 **Task,** *n.* བྱ་བ; བྱ་འོས; ཁག; རྒྱུཊ; ལས་སྐལ; རང་གིས་བྱ་རྒྱུར་ཁས་བླངས་པའི་ལས་ཀ; རང་གིས་འགན་བླངས་པའི་ལས;

101 **Tassel,** *n* དར་ཕོད; (Sik. & Bhut. ཁན་ཙར;) ཁ་ཚར; ཁ་འཛར; སྙེ་རལ; སྙེ་ཚར;

102 Taste, *n.* རོ; བྲོ་བ; *v.t.* རོ་མྱང་བ;

103 Tasteful, *a.* བྲོ་བ་ཅན; ཉིས་མྱོང་ཅན; བཀོད་མཛེས; ཉམས་མྱོང་ཅན་གྱིས་བཀོད་པ; སྒྲིགས་བཀོད་ལེགས་པ; ཚར་དུ་དངར་བ; གཟིལ་དངར་སྒྲིག་པ;

104 Tastefully, *ad.* བཀོད་པ་ཡིད་དུ་འོང་བ་བྱས་ཏེ; ཡིད་དུ་བབ་པོ་བྱས་ཏེ; ཚར་དུ་དངར་བར་བྱས་ཏེ; ཚར་དངར་བགྱིས་ཏེ;

105 Tasteless, *a.* བྲོ་བ་མེད་པ; རོ་དང་མི་ལྡན་པའི;

106 Tastily, *ad.* རོ་ལྡན་པོ་བྱས་ཏེ; བྲོ་བ་ཞིམ་པོ་བྱས་ཏེ; བྲོ་བ་དང་ལྡན་པར; བཅུད་ལྡན་བྱས་ཏེ;

107 Tasty, *a.* རོ་ལྡན; བྲོ་བ་ཅན; ཞིམ་པོ;

108 Tatter, *n.* དུག་ཧྲུལ; རས་ཧྲུལ; ཅབ་ཧྲུལ; རལ་གོག; ཧྲུལ་བ; ཧྲུལ་པོ; དུག་ཚལ;

109 Tattle, *n.* དོན་མེད་ཀྱི་སྐད་ཆ; *v.i.* ཆོ་མེད་པའི་གཏམ་སྨྲ་བ; འཆལ་གཏམ;

110 Tattoo, *n.* ཛ་དང་དུང་སྒྲ་འབྱིན་ནས་དམག་མི་རང་གནས་སུ་འགུག་པའི་བརྡ;

111 Tattoo, *a.* གཟུགས་ཀྱི་པགས་པའི་ངོས་ལ་ཁབ་གཙག་རྒྱབ་ནས་རི་མོ་བྲིས་པ་ལའང་ཟེར; འཚགས་ཤ་ཁྲ་སྟོན་པ; གཙབ་ཀྱིས་ཤ་ཁྲོ་སྟོན་པ;

112 Tatty, *n.* ཀྱི་གར་དུ་ཙུ་ཏྲི་བསྲུང་ཅན་ཁསི་ཁསི་ཅེས་པ་དེའི་ཙ་བཟག་ལས་བཟོས་པའི་ཡོལ་བ་དབྱར་ཚད་པ་ཆ་དུས་སྒོ་དང་སྒྲི་ཁང་ཡོང་ལ་དཔྱང་རྒྱུ་དེའོ;

113 Taunt, *a.* (Sik. ཧི་ཀོད་རྒྱབ་ཅིང་འཕྱ་སྨོད་བྱེད་པ;) ལབ་གཤེ་གཏོང་བ; འཕྱབ་དང་བཅས་སྨིང་པ; འཕྱ་སྨིང་བྱེད་པ;

114 **Taught**, *pt. of teach.* བསླབས་ཟིན་པ; བསླབས་པ;

115 **Tauntingly**, *ad.* ཤད་ཤད་གཏོང; འཕྱ་བའི་ཚུལ་གྱིས;
འཕྱ་སྨོད་རྒྱབ་དེ; འཕྱ་སྨིང་ཚུལ་གྱིས;

116 **Taurus**, *n.* གླང; གླང་གི་ཁྱིམ; དུས་སྦྱོར་གྱི་ཁྱིམ་གཉིས་པ;
རྒྱུ་སྐར་ཞིག་གི་མིང;

117 **Taut**, *a.* སྒྲིང་གིས; སྒྲིང་སྒྲིང; དྲང་གིས; ཐང་གིས;
ལྷོད་ལྷོད་མ་ཡིན་པར;

118 **Tautology**, *n.* དན་དན་ དང་ ཁྱད་ མཚར་ གྱི་དོན་དུ་དོན་གཅིག་ལ་ སྒྲ་མི་
འདྲ་བ་གཉིས་བཀུར་ནས་རྗོད་སྟོལ; དོན་གཅིག་པ
ཡིན་པ་ལ་སྒྲ་མི་གཅིག་པ་གཉིས་ཀྱིས་བཀུར་ཚིས་ལན
གཉིས་སུ་བརྗོད་པ; དཔེར་ན་མྱུར་དུ་བསླེབས་བྱུང
མགྱོགས་པོ་བསླེབས་བྱུང་ཞེས་ལན་མ་གཉིས་སུ་བརྗོད
པ་ལྟ་བུ;

119 **Tavern**, *n.* ཆང་ཁང; ཟ་ཁང;

120 **Taw**, *v.t.* དམར་ཀོ་ཚྭ་སྐྱུར་དང་ལན་ཚྭའི་ཆུ་ལ་སྦང་ནས་མཉེ་བ;

121 **Taw**, *n.* རྡོ་རིལ་གྱི་རྩེ་མོ་ཞིག;

122 **Tawdry**, *a.* བཀྲག་ཆེ་ལ་སྙིང་པོ་མེད་པ; (ཧར་པོ; Collql.).

123 **Tawny**, *n.* སེར་སྨུག་མདོག; མདོག་སྨུག་པོའི་ནང་ནས་སེར་པོ་ཚུང
ཟད་ཡོད་པ; འོལ་བའི་མདོག; འོལ་ཁ; དུར་སེར;
དུར་སྨུག;

124 **Tax**, *n.* ཁྲལ; དཔྱ; འབབ;

125 **Taxable**, *a.* ཁྲལ་འགེལ་རུང་བ; ཁྲལ་འགེལ་འོས;
དཔྱ་ཁྲལ་བསྡུ་འོས;

126 **Taxation**, *n.* ཁྲལ་བསྡུ; ཁྲལ་སྡུད; དཔྱ་སྡུད;

127 Tea, *n.* ཇ; རྒྱ་ཇ; རྒྱ་ལྗོན; ཇ་འབྲུ; འབྲུ་དང; ལྗོན་འདབ; ལྗོན་བག;

128 Teach. *v.t.* སྟོན་པ; སློབ་པ;

129 Teachable, *a.* སྟོན་དུ་ཡོད་པ; བསླབ་བྱ་བསྟན་དུ་ཡོད་པ; སྟོན་པར་རུང་བ;

130 Teacher, *n.* སློབ་དཔོན; དགེ་མཁན; སྟོན་པ;

131 Teaching, *n.* བསླབ་བྱ; གདམས་ངག; མན་ངག; ཞལ་ཏ; ཞལ་གདམས; གསུང་གདམ; གསུང་རབ;

132 Teak, *n.* སེང་ལྡེང་ཤིང;

133 Teal, *n.* ཆུ་བྱ;

134 Team, *n.* གླང་དོར; རྨོས་དོར; དོར; གཡག་དོར; མཛོ་འི་དོར;

135 Teamster, *n.* གླང་དོར་བདའ་མཁན; རྨོས་དོར་གྱི་ཁ་ལོ་པ; མཐྲོང་མཁན; རྨོས་མཁན;

136 Tear, *n.* མིག་ཆུ; མཆི་མ; *v.t.* གཤག་པ; ཧྲལ་བ; གཤོག་པ; *v.i.* རལ་བ;

137 Tearful, *a.* མཆི་མ་ནར་རེ་བ; མཆི་མ་ནར་ནར; མིག་ཆུ་ནར་ནར;

138 Tease, *v.t.* ཁོང་ཁྲོ་སློང་བ; (Sik. གཟད་པ; རྩེད་མོར་གཟད་པ; ཟག་ཀོ་སོག་པ; ཀུ་རེ་བྱེད་པ;

139 Teat, *n.* ནུ་མ; ནུ་ཏེ; ནུ་ཏོག;

140 Technic, *a.* & *n.* ལག་ཤེས་རིག་གནས་ཀྱི་སྤྱི་མིང; བཟོ་རིགས་ཀྱི་ཤེས་བྱ;

141 Technical, *a.* བརྡ་ཆད་ཀྱི; བརྡ་ཁྱད་ཀྱི; བརྡ་ཁྱད་ཀྱི་སྐོར; བཟོ་འི་ལག་ལེན་སོ་སོ་འི་བྱེ་བྲག་གཅིག་གི་སྐོར;

142 Technicality, *n.* བཟོ་འི་བྱེ་བྲག་ལ་དཔག་པའི་རྗོད་པ; བརྡ་ཁྱད; བརྡ་ཆད;

143 Technically, *ad.* བཟོ་པའི་སྐད་ལྟར་ན; བརྡ་ཁྱད་ཀྱི་སྒོ་ནས;

144 Technicon, *n.* འབའ་ཛ་གཏོག་སྣངས་སྤྲང་སའི་འཕྲུལ་ཆས་ཞིག;

145 Techniphone, *n.* འབའ་ཛ་གཏོང་སྣངས་ཀྱི་ཀང་ལིག་གི་སྣབས་སྤྲོབས་རྒྱུའི་སྒྲམ་ཞིག;

146 Technique, *n.* སྒྲ་སྐན་སྒྲུར་ལུགས་སམ་ཡང་ན་ལྷ་རིས་གཏོང་སྣངས་ཀྱི་ལག་ལེན་མན་ངག; ལག་རྒྱུན་མན་ངག;

147 Technology, *n.* བཟོ་རིཌ་སྦྱིང་ལག་བཟོ་སྦྱིའི་རིག་གནས;

148 Tectonic, *a.* & *n.* བཟོ་འམ་བཀོད་པའི; བཟོ་འམ་སྒྲབ་ལུགས་ཀྱི; ལག་བཟོ་འི; བཟོ་རིཌ་སྦྱིའི་སྐོར;

149 Ted. རྩ་ཨ་ལོག་རྒྱབ་ནས་ཉི་མར་པཀྲམ་པ;

150 Te-Deum, *n.* དཀོན་མཆོག་ལ་བསྔང་རག་འབུལ་བའི་མགུར་མ;

151 Tedious, *a.* འོ་བརྒྱལ་པོ; ཞུ་སྨུག་པོ; ཐང་ཆད་པོ; དཀའ་ལས་ཁག་པོ, འཚེར་པོ;

152 Tediously, *ad.* དཀའ་བ་བྱས་ཏེ; འོ་བརྒྱལ་བྱས་ཏེ; འཚེར་བཞིན་དུ; ངལ་དུབ་བྱས་ཏེ;

153 Tediousness, *n.* དཀའ་ལས; འོ་བརྒྱལ; དཀའ་ལུགས; དཀའ་བ; འཚེར་ལུགས;

154 Tedium, *n.* དཀའ་ངལ; འོ་བརྒྱལ; ཐུགས་ངལ;

155 Tee, *n.* ཡི་གེ་ཊི; སྐྱི་ཤིང་སྐྱོག;
Sik. Carpentry སྦྱོབ་དཔོན་སྐྱོག;

156 Teem, *v.i.* མང་པོར་སྐྱེ་བ; འབོལ་པོར་སྐྱེ་བ; མང་དུ་སྐྱེ་བ; མང་པོས་གང་བ;

157 Teeming, *a.* མང་པོས་ཁེངས་ནས་ཡོད་པ; འབོལ་པོ་ཡོད་པ;

158 Teens, *n.* ལོན་བཅུ་གསུམ་དང་བཅུ་དགུའི་བར་གྱི་མི་གཞོན་ལ་ཟེར;

159 Teeth, *n.* སོ; མཆེ་བ; ཁ་སོ; སོ་དག; སོ་རྣམས;

160 Teething, *a.* སོ་སྐྱེ་དུས ;

161 Teetotaler, *n.* ཆང་མི་ཐུང་མཁན ; ཆང་སྤང་མཁན ;
ཛ་ཚམ་གྱིས་ཚོག་པར་བྱེད་མཁན ;

162 Teetotalism, *n.* ར་བཟིའི་བཏུང་བ་ནད་དེ་སྤང་པའི་བྱ་བ ;
ཆང་དང་ཨ་རག་སོགས་སྤངས་པའི་ལས ;

163 Tegument, *n.* སེམས་ཅན་གྱི་གཟུགས་ཀྱི་ཁེབས་རང་ཆས་སུ་ཡོད་པ ;

164 Teknonymy, *n.* བུ་ཚའི་མིང་ནས་ཕ་མའི་མིང་འདོགས་སྲོལ ;

165 Tela, *n.* རྩ་རྒྱུད་ལས་དྲ་བ་འདྲ་བའི་ལུས་ཀྱི་དར་མ ;

166 Telautograph, *n.* ལྕགས་སྐུད་ལན་ཡི་གེ་འགོད་མི ;

167 Telegram, *n.* ལྕགས་ཐག་ཐོག་ཏུ་གསལ་གཏང་རྒྱུ ; ལྕགས་སྐུད་ལན ;

168 Telegraphy, *n.* ལྕགས་ཐག་སྐྲག ; or ལྕར་སྐུད་ཊག ;

169 Telegraph, *n.* ལྕགས་ཐག་གི་ཐོག་ཏུ་བརྡ་གཏང་བའི་འཕྲུལ་འཁོར ;
v.t. ལྕགས་སྐུད་ཐོག་ལན་གཏང་བ ;

170 Telegraphy, *n.* ལྕགས་སྐུད་ཀྱི་ཐོག་ལན་གཏང་ཐབས་ཀྱི་རིག་པ ;

171 Teleology, *n.* མཐར་ཐུག་གི་རྒྱུའི་འདོད་ཚུལ ;

172 Teleosaurus, *n.* རྫོར་འགྲུར་གྲུབ་པའི་སྔ་དུས་ཀྱི་ཆུ་སྲིན་གྱི་རིགས་ཤིག ;

173 Telepathy, *n.* ལུས་ཀྱི་དབང་པོ་སོགས་མ་བརྒྱུད་པའི་གཞན་གྱི་སེམས་
ལ་དབང་སྒྱུར་ཐུབ་པའི་ནུས་པ ;

174 Telephone, *n.* ལྕགས་སྐུད་བརྒྱུད་ནས་ཁ་ལབ་པའི་ཐབས་འཕྲུལ ;

175 Telescope, *n.* རྒྱང་ཤེལ ; རྒྱང་དུ་ཡོད་པའི་དངོས་པོ་ཉེ་བར་མཐོང་བར་
བྱ་བའི་ཐབས་འཕྲུལ་ཞིག ;

176 Tell, *v.t.* བཤད་པ ; འཆད་པ ; སྨྲ་བ ; ཟེར་བ ; རྗོད་པ ;
སྒྲོ་བ ; སྒྲོས་པ ; ལབ་པ ; སྐད་པ ;

177 Teller, *n.* དངུལ་ཁང་དུ་དངུལ་བགྲང་དེ་སྤྲོད་ལེན་བྱེད་མཁན ;

178 **Tellurian**, *n.* ས་ཆེན་པོ་འདི་ཐོག་སྡོད་མཁན; ས་ཐོག་འདིར་གནས་པའི་སེམས་ཅན;

179 **Tellurion**, *n.* ཉིན་མཚན་དང་ནམ་དུས་ཀྱི་འགྱུ་བ་མཚོན་བྱེད་ཀྱི་ཐབས་འཕྲུལ;

180 **Tellurium**, *n.* ཟླ་ཟེ་འདྲ་བའི་དངོས་པོ་ཐོན་སྐྱུས་དཀོན་ཅིང་མདོག་དངུལ་འདྲ་བ་ཞིག;

181 **Temerity**, *n.* ཡ་མེད; རྒོད་ཐལ་ཤོར་བའི་བྱ་བ; རྒོད་དྲགས་པའི་ལས; རྒོད་དྲགས་པའི་རང་བཞིན;

182 **Temper**, *v.t.* & *n.* ངར་བླུད་པ; འཇིམ་པ་ཆུ་བླུད་ཅིང་གར་སླ་རན་པར་མཉེ་བ; *n.* ངར་ཚོད;

183 **Temperament**, *n.* ཁམས; རྒྱུ་གཤིས; ངང་ཚུལ;

184 **Temperance**, *n.* བཟའ་བཏུང་གི་ཚོད; ཚོད; འབྲིང་ཚོད;

185 **Temperate**, *a.* ཚོད་ཤེས་པ; ཚོད་ཡོད; ཚོད་ཅན;

186 **Temperately**, *ad.* ཚོད་ཤེས་པ་བྱས་ཏེ; ཚོད་དང་མཐུན་པར;

187 **Temperature**, *n.* ཚ་གྲང; གྲང་དྲོད; ཚ་གྲང་གི་གནས་ལུགས;

188 **Tempest**, *a.* རླུང་དྲག་པོ; རླུང་དམར; རླུང་ཚུབ; དུས་འཁྲུག;

189 **Tempestuous**, *a.* རླུང་དམར་ཅན; རླུང་ཚུབ་ཅན;

190 **Templar**, *n.* ཡེ་ཤུ་ཆོས་པའི་ནང་ནས་གནས་སྐོར་བ་དག་སྲུང་སྐྱོབ་བྱེད་པར་དམ་བཅས་པའི་དཔའ་བོ་གོ་མཚོན་ཐོགས་པའི་སྡེ་ཞིག;

191 **Temple**, *n.* ལྷ་ཁང; དགོན་ཁང; དཔྲལ་བ་དང་རྣ་བའི་བར་གྱི་རྣ་ཆོགས་གཉིས་པོ་དེའི; (རྣས་ཆོགས་པ; Sik.& Bhut.).

192 **Temporal**, *a.* གནས་སྐབས་ཀྱི; ཚེ་འདིའི་དོན་གྱི;

193 **Temporality**, *n.* མཐུན་རྐྱེན; བདོག་པའི་གཞིས་ནོར;

194 Temporarily, *ad.* གནས་སྐབས་སུ;

195 Temporary, *a.* གནས་སྐབས་ཀྱི; སྐབས་ཐུར་གྱི; བར་སྐབས་ཀྱི;

196 Temporize, *v.i.* ལས་ཐག་ཆོད་པོ་མི་བྱེད་པར་ཁ་ཐུག་གནས་སྐབས་ཙམ་གྱི་དོན་ལ་ཕན་པའི་བྱ་བ་བྱེད་པ; འཇིག་རྟེན་དང་སྟུན་པ; (འགྲོ་ལ་ཕན་ཕྱིར་གྱི་བྱ་བ་བྱེད་པ; Collql. Sik. ironical).

197 Tempt, *v.t.* སླུ་བ; བྲིད་པ; མགོ་སྐོར་བ; མགོ་གཡོགས་གཏང་བ;

198 Temptation, *n.* སླུ་བྲིད; མགོ་སྐོར; སླུ་རྫ; མགོ་གཡོགས;

199 Tempter, *n.* སླུ་མཁན;

200 Tempting, *a.* སླུ་བཞིན་པའི; ཡིད་འཕྲོག་མཁན; (སེམས་ཤོར་ཆེ་ཆེ; Sik.).

201 Ten, *a.* བཅུ་ཐམ་པ;

202 Tenable, *a.* བརྟན་པོ; སྲུང་ནུས་པ; སྲུང་སྐྱོབ་བྱས་ན་ཐུབ་པའི; སྲུང་སྐྱོབ་འོས་པའི; སྲུང་དུ་རུང་བའི;

203 Tenableness, *n.* ཕས་ཀྱིས་རྒོལ་བ་ལས་སྲུང་ཐུབ་ལུགས; བརྟན་ལུགས;

204 Tenacious, *a.* (ལག་རྩ་དཾ་པོ; Sik.) ཨུ་ཚུགས་ཚ་པོ; སྙུག་སྲན་ཆེན་པོ; སྙིང་རུས་ཆེན་པོ;

205 Tenaciously, *ad.* ཨུ་ཚུགས་ཚ་པོ་བྱས་ཏེ; སྲན་ཐུབ་ཀྱི་སྒོ་ནས;

206 Tenacity, *n.* ཨུ་ཚུགས; སྙུག་སྲན; སྙིང་རུས; སྲན་ཐུབ;

207 Tenaculum, *n.* ཨེམ་ཆིའི་ལག་ལ་ལྷུགས་ཀྱུ་རྣོ་པོ་གཅོད་དྲལ་གྱི་སྐབས་སྲུ་རྩ་རྣམས་བཟུང་རྒྱུའི་ཆེད་དུ་མཁོ་བ་ཞིག;

208 Tenancy, *n.* ས་ཐོག་ཁྲལ་འཇལ་ནས་སྤྱོད་པའི་སྲོལ;

209 Tenant, *n.* ཁྲལ་པ; ས་བདག་ལས་ས་གླང་ཁྲལ་འཇལ་ནས་སྤྱོད་མི; འབངས;

210 Tenantry, *n.* ཁྲལ་རིགས; ཁྲལ་སའི་ཐོག་གང་ཡོད་ཀྱི་ཁྲལ་པ་དག་ལ་ཟེར; འབངས;

211 **Tend,** *v.i.* ཁ་ཕྱོགས་པ; ཁ་ཕྱོགས་གཅིག་ཏུ་གཏད་ནས་འགྲོ་བ; ཁ་གཏོད་པ; *v.t.* ཅག་བྱེད་པ; འཚོབ; འཚོ་སྐྱོང་བྱེད་པ;

212 **Tendency,** *n.* བློ་ཕྱོགས; འདོད་ཕྱོགས; བློ་འདོད; ཡིད་ཕྱོགས;

213 **Tender,** *n.* *n.* གྲུ་གཟིངས་ཆེ་བའི་འཁོར་དུ་གྲུ་ཆུང་ཡོད་པ་ཉེར་མཁོ་སྐྱེལ་འདྲེན་བྱེད་པར་མཁོ་བ་དག་གོ; *v.t. & v.i.* འབུལ་བ་ཕུལ; འབུལ་བ; ཞུ་བ; *n.* འབུལ་བ; ཕྱག་མཇལ; མཉེན་པོ; འཇམ་པོ; འཇམ་མཉེན;

214 **Tenderly,** *ad.* འཇམ་པོའི་ངང་ནས; ཞ་ཚའི་ངང་ནས; ངང་འཇམ་པོར;

215 **Tenderness,** *n.* འཇམ་ལུགས; མཉེན་ལུགས; མཉེན་ཆ; མཉེན; འཇམ་མཉེན;

216 **Tendon,** *n.* རྩ; རྩ་བརྒྱུས; བྱིམ་པ་དང་རྟིང་བའི་བར་གྱི་རྩ་བརྒྱུས་དེའོ;

217 **Tendinous,** *a* བརྒྱུས་པ་ཅན;

218 **Tendril,** *a.* རྩ་ཕྲན; སྤོ་འི་ལྕུགས་ཕྲག; (རྩ་འབེས་ལྕུགས་ཕྲག; Sik.) ལོ་མ་མེད་པའི་ཕྲག་པ་ཕྲ་མོ; ག་གོན་འཁྲི་ཤིང་གི་ལོགས་ནས་སྐྱེ་བའི་སྤོ་འི་སྐུད་པ་ཕྲ་མོ་ཤིང་གཞན་གྱི་སྟེང་དུ་དཀྲི་བ་དེའོ; སྤོ་དུམ་གྱི་སྐུད་པ;

219 **Tenement,** *n.* ས་བདག་གིས་བཟུང་བའི་ས་ཆ; ས་གཞིས; གཞིས་ཀ; གཞིས;

220 **Tenet,** *n.* ཆོས་ལུགས; ལྟ་བ; འདོད་ཚུལ;

221 **Tenfold,** *a.* བཅུ་སྒྱུར; བཅུ་ལྡབ;

222 **Tenner,** *n.* དངུལ་དོད་གཞུང་ལྷོར་གསེར་ཊཾ་བཅུའི་དོད; གཞུང་གི་དངུལ་དོད་ལྷོར་ཤོག་གསེར་ཊཾ་བཅུའི་དོད;

223 Tenor, *n.* (Hon. དགོངས་ཕྱོགས) དོན་གྱི་བཅུད; ཁ་ཕྱོགས; ཡང་སྙིང; དོན་སྙེ་བ; Law དོན་ངོ་ཐོག; Music ཕོ་སྐད་བཟང་ཤོས; (ངོ་བཤུས; exact copy).

224 Tense, *n.* & *a.* དུས; (བྱེད་སྐྲའི་མིང་ཅན་གྱི་སྐྲ་ལ་དུས་གསུམ་དང་སྦྱུན་འགྱུར་ལྡོག་ཡོད་པའི་དུས་གསུམ་པོ་འདི; འདས་དང་མ་འོངས་ད་ལྟ་གསུམ་མོ;

225 Tension, *n.* འཐེན་ཤུགས; སྒྲིམ་སྟངས;

226 Tent, *n.* གུར; སྦྲ;

227 Tentative, *a.* བརྟག་དཔྱད་ཀྱི་ཆེད་དུ་བྱེད་པའི; ཚོད་བརྟག་པའི་ཆེད་བྱས་པའི; ཚོད་བརྟག་ཆེད;

228 Tentacle, *n.* སྲོག་ཆགས་ཉ་དང་སྦྲིག་སྦྲིན་སོགས་ཀྱི་མགོ་འམ་ཁ་ནས་སྐྱེས་པའི་ར་ཅོའམ་སྤྱུ་ཉག་འདྲ་བ་མཉེན་ལྕུག་ལྷན་པོ་ནོམ་ནོམ་བྱེད་པ་ལ་མཁོ་བ་དགའ་ལ་ཟེར;

229 Tenuity, *n.* ཕྲ་ཞུགས; (རླུང་ཡིན་ན་སླ་ཚུལ; of air); of style སྐྱ་ཞུགས; སྐྱ་ཚུལ;

230 Tenuous, *a.* དཀོན་པོ; ཉག་ཕྲ; ཕྲ་མོ; ཆུང་ཆུང; ཟབ་པོ; ཟབ་མོ;

231 Tenter, *n.* རས་ཆ་ཉི་མར་བཀྲམ་རྒྱུའི་འཕྲུལ་འཁོར་ཞིག;

232 Tenth, *a.* བཅུ་པ;

233 Tenthly, *ad.* བཅུ་པར;

234 Tentmaker, *n.* སྦྲ་བཟོ་མཁན; གུར་བཟོ་མི;

235 Tensity, *n.* སྒྲིམ་ཞུགས; གྲིམ་སྒྲིམ་ཚུལ;

236 Tenure, *n.* ས་ཆ་བོགས་མར་ལེན་པའི་དཀའ་རྙེན་ནམ་བཀའ་འཛིན;
ཁྲལ་སར་དབང་ཚའི་བཀའ་འཛིན;

237 Tepid, *a.* རྙོན་འཛམ; (Sik. ལབ་ལེབ; རྙོད་ཤུག་སྐྱོག;
རྙོད་འཛམ;)

238 Terebinth, *n.* ཐང་ཤིང; ཐང་ཤིང་སྦྲུམ་དར་ཡིན་ཞེས་པ་སྦྱིན་མི་དེ;
དྲར་ཡིན་སྦྲུམ; ཐང་མར;

239 Term, *n.* ཚིག; མིང; གདམ; གནད་ཚིག; ཁ་ཚིག;

240 Termagant, *a.* འཐབ་རྩེ་རྣོ་པོ; བུད་མེད་ཁ་ཏ་ཅན་ཆེ་པོ;

241 Terminable, *a.* མཇུག་བསྡུ་འོས་པ; མཇུག་སྡུ་མཚམས; དུས་འདས་
མཚམས; མཇུག་སྡུ་རུ་ཡོད་པ;

242 Terminate, *v.t.* མཇུག་བསྡུ་བ; *v.i.* མཐའ་ལ་ཐུག་པ; མཐར་ཐུག་པ;

243 Termination, *n.* མཐའ; མཐར་མཇུག;

244 Terminology, *n.* མིང་རན་པར་བརྡགས་པའི་རིག་པ; བྱ་བ་སོ་སོའི་མིང་
རན་པར་བརྡགས་པའི་རིག་པ; མིང་བརྡགས་ཐབས;

245 Terminus, *n.* མཐའ; རེ་ལིའི་སྒོད་ས་མཇུག་མ་དེ;
རེ་ལེའི་སྒྲི་ཤན་གྱི་མཐར་ཐུག་དེ;

246 Terrace, *n.* བང་རིམ; རྡོ་སྐས; རིམ་རྩེགས;

247 Terrestrial, *a.* སའི; ས་སྟེང་གི; ས་གྲོག་གི;

248 Terrible, *a.* འཇིགས་རུང; འཇིགས་སུ་རུང་བའི; ཡ་ང་པོ;

249 Terribly, *ad.* འཇིག་སུ་རུང་པོར;

250 Terrier, *n.* ཁྱི་ཨབ་སོག;

251 Terrific, *a.* ཁྲོ་བོ; འཇིགས་པོ; དྲག་པོ;

252 Terrify, *v.t.* སྐྲག་རེ་བཀོད་པ; འཇིགས་རེ་བཀོད་པ;
དངངས་སྐྲག་བཀོད་པ;

253 Terriginous, *a.* ས་ལས་འབྱུང་བའི; ས་ལས་ཕྲོན་པའི;

254 Territorial, *a.* མངའ་འོག་གི་ས་ཆའི་སྐོར་གྱི; མངའ་ཁྲལ་གྱི;
མངའ་ཁོངས་ཀྱི; མངའ་ཞབས་ཀྱི;

255 Territory, *n.* མངའ་འོག་གི་ས་ཆ; མངའ་ཁྲལ; ཆ་སྡུད;
མངའ་ཁོངས་སུ་སྡུད་པའི་ས་ཆ;

256 Terror, *n.* འཇིགས་སྐྲག; དངངས་སྐྲག; འཁམ་པ; བོག་པ;
བོག་བརྒྱལ;

257 Terrorism, *n.* འཇིགས་སྐྲག་གི་རྣམ་པ; དྲག་ཐུབ; དྲག་ཤུལ;
འཇིགས་སྟངས;

258 Terrorist, *n.* དྲག་ཤུལ་གྱིས་དབང་སྒྱུར་བ་ལ་དད་པ; དྲག་ཐུབ་ཀྱིས་
སྒོ་ནས་དབང་སྒྱུར་བ་ལ་དགའ་བ; དྲག་ཤུལ་གྱིས་
འདུལ་བའམ་སྐྱུད་པར་དགའ་བ;

259 Terse, *a.* ཚིག་ཉུང་ལ་དོན་ཚང་ཞིང་སྙན་འཇེབ་ལྡན་པོ;
ཚིག་ཉུང་སྙན་འཇེབ་ཅན; ཚིག་ཉུང་དོན་འདུས;
ཚིག་ཉུང་དོན་རྒྱས; (སྐར་རྟོག་འདྲིལ; Bhut.).

260 Terseness, *n.* དོན་ཁྲུམ་ལུགས; ཚིག་ཉུང་ལ་དོན་ཁྲུམ་ཚུལ;

261 Tertiary, *a.* རིམ་པ་གསུམ་པ; སའི་བང་རིམ་གསུམ་པའི་སྐོར;

262 Test, *n.* & *v.t.* ཚོད་བརྟག; *v.t.* སྤྱུས་ལེགས་ཞེར་བརྟག་པའི་བྱ་བ;
ཁངས་ཐུབ་མི་ཐུབ་བརྟག་པའི་བྱ་བ;
སྤྱུས་དག་མིན་རྟོག་བྱེད་ཀྱི་བྱ་བ;

263 Tessellate, *v.t.* ཤོ་རིས་སུ་སྒྲིག་པ; ཤོ་མིག་རིས་སུ་སྒྲིག་པ;

264 Tessellated, *a* ཤོ་མིག་རིས་སུ་བསྒྲིགས་ནས་ཡོད་པ;

265 Testament, *n.* (Hon. ཞལ་གདམས; ཞལ་ཆེམས; བཀའ་ཆེམས;)
ཁ་ཆེམས;

266 **Testamentary**, *a.* ཁ་ཆེམས་ཀྱི; (ཞལ་ཆེམས་ལྷར་ན; Hon.)
ཁ་ཆེམས་ཀྱི་སྐོར;

267 **Testate**, *n.* & *a.* ཁ་ཆེམས་འཇོག་པ་པོ; ཁ་ཆེམས་བཞག་མཁན;
a. ཁ་ཆེམས་བཞག་ཟིན་པའི;

268 **Testator**, *n.* ཁ་ཆེམས་འཇོག་མི;

269 **Testatrix**, *n.* ཁ་ཆེམས་འཇོག་མི་སྐྱེ་དམན; བུད་མེད་ཁ་ཆེམས་
འཇོག་མི; ཁ་ཆེམས་འཇོག་པ་མོ;

270 **Testamur**, *n.* ཨིན་ཇིའི་བསླབ་གྲྭ་ཆེན་པོ་གང་རིགས་ཞིག་ལ་ཡིག་
རྒྱུགས་འཁྱོལ་ཡོད་ཅེས་པའི་ལག་འཁྱེར;

271 **Tester**, *n.* ཞོ་རིག; ཞོ་རིལ; གནམ་ཡོལ; ཨ་ན་དྲུག་གི་དངུལ་ཐྲིག;

272 **Testicle**, *n.* བཀླིག་པ; (བམ; Hon.).

273 **Testify**, *v.i.* བདེན་པའི་དཔང་པོ་བྱེད་པ; ཆ་དཔང་བྱེད་པ;

274 **Testimonial**, *n.* ལག་འཁྱེར་ཡི་གེ;
(ན་འཐིང་པོ་ཡོད་ལུགས་རྗོད་པའི་ཡིག; Bhut.)
ན་འཐིང་ཁྲངས་བཙུན་ཡོད་ཅེས་རྗོད་པའི་ལག་འཁྱེར;

275 **Testimony**, *n.* དཔང་པོ་བྱས་པའི་ཡིག;

276 **Testing**, *n.* རྟོག་དཔྱོད; ལེར་ཉེས་བརྟག་པའི་ལས; སྦྱུས་དག་མི་
དག་བརྟག་པའི་བྱ་བ; གསེར་དངུལ་བརྟག་དཔྱད;

277 **Testudinal**, *a.* རུས་སྦལ་གྱི་སྐོར་རམ་ཡང་ན་རུས་སྦལ་འདྲ་བའི;

278 **Testudo**, *n.* སྔོན་དུས་རོ་མན་དམག་མི་རྣམས་དགྲ་རྫོང་འཐྲིག་དུས་
ཕུབ་མཐུད་ནས་རུས་སྦལ་གྱི་བཟོ་ལྟ་འདྲ་བ་བཟོས་པ་
དེ་ལ་ཟེར; ཕུབ་སྒྲིག་མདའ་མཚོན་སོགས་ལེན་ཐབས་
ཕུབ་སྐོར;

279 **Testy**, *a.* སྣ་ཚོགས་ཐུང་ཐུང་ཐུང; སྣ་ཐུང; སྒྲོ་ཐུང;
རླུང་ཁམས་མཐོ་པོ; (རླུང་གཟན; Sik. & Bhut.).

280 Tetanus, *n.* ལུས་ཀྱི་རྩ་གཞི་འཁྲམས་པའི་ནད;
རྩ་གཞི་སྡུད་པར་བྱེད་པའམ་འཁྲམ་བྱེད་ཀྱི་ནད;

281 Tether, *n.* སྒྲིད་པ་འཆིང་བའི་ཐག་པ; སྒྲིད་ཆིངས; ཞེས་བྱའི་ཚད; མངའ་ཐང་གི་ཚད; ཚད་དབང་གི་ཚད; སྒྲོག་ཐག; ཀང་སྒྲོག; སྒྲིད་སྒྲོག;

282 Tetragon, *n.* གྲུ་བཞི་ལྡན་གྱི་རི་མོ; རི་མོ་གྲུ་བཞི་ཡོད་པ; རི་མོ་གྲུ་བཞི;

283 Tetrarch, *n.* སྤྱི་དུས་རོམ་གྱི་རྒྱལ་ཁབས་སུ་རྫོང་གཞིས་ཀྱི་བཞི་ཆ་ལ་དབང་བའི་རྫོང་བདག་ཆུང་ངུ;

284 Tetragram, *n.* མིང་གཅིག་ལ་ཚིག་འབྲུ་བཞི་ཡོད་པ;

285 Tetrasyllable, *n.* མིང་གཅིག་ལ་ཚིག་འབྲུ་བཞི་ཡོད་པ;

286 Teutonic, *a.* ཛར་མན་དང་ཨིན་ཛི་དང་སྐན་ཌི་ནེ་བྷིན་མི་རིགས་ཀྱི་ཆད་འཁྲངས་ཊེའུ་ཊོན་གྱི་སྐད་དམ་མི་རིགས;

287 Text, *n.* མདོ; ཚིག་སྡོམ; ཚིག་འདུས;

288 Textual, *a.* མདོའི; ཚིག་སྡོམ་གྱི;

289 Texture, *n.* ཐག་སྟངས; རས་སོགས་ཀྱི་གཞིས་ཀ;

290 Than, *c.* ནས; བས; ལས;

291 Thane, *n.* སྐོཊ་ལནྜ་གྱི་རྫོང་དཔོན;

292 Thank, *v.t.* ཐུགས་རྗེ་ཆེ་ཞེས་རྗོད་པ;

293 Thankful, *a.* དྲིན་གཟོ་ཅན; དྲིན་ཚོར་ཅན;

294 Thankfully, *ad.* བཀའ་དྲིན་བསམས་ཤེས་བཅས་ཏེ; དྲིན་གཟོ་དང་བཅས་ཏེ;

295 Thankfulness, *n.* དྲིན་གཟོ; བཀའ་དྲིན་བསམ་ཤེས; (སྐུ་དྲིན་བསམ་ཤེས; Hon.) དྲིན་དུ་ཤེས་པ;

296 Thankless, *a.* དྲིན་མེད; དྲིན་དུ་མི་གཟོ་བ; དྲིན་མི་ཤེས་པ;

297 **Thanklessness,** *n.* དྲིན་གཟོ་མེད་པའི་རང་བཞིན; དྲིན་གཟོ་མེད་སྟངས;
དྲིན་གཟོ་མེད་ཚུལ;

298 **Thanksgiving,** *n.* བཏང་རག; ལེགས་འབུལ; ལེགས་གསོལ;

299 **That,** *pr.* དེ; (ཕ་གི; Colql.) ཕར་ཕྱོགས་ན་ཡོད་པ་དེ;

300 **Thatch,** *n.* ལོ་ཡག; ལྡིང་པ; རྒྱ་གར་མིན་རིང་རྣམས་སྤུ་ཐོག
འགེབ་བྱེད་ཀྱི་རྩྭ་རིང་ཞིག;

301 **Thatching,** *n.* ལོ་ཡག་གི་ཐོག་འགེབ་པ; རྩྭའི་ལྡིང་པས་ཐོག་འགེབ་
པའི་བྱ་བ;

302 **Thaumaturgy,** *n.* རྫུ་འཕྲུལ་སྟོན་པའི་ལས;

303 **Thaw,** *v.i.* གངས་ཞུ་བ; ཁ་བ་ཞུ་བ; *v.t.* གངས་གཞུ་བ;
n. གངས་ཞུ; ཁ་བ་ཞུ་བ;

304 **Thawy,** *a.* གངས་ཞུ་ལ་ཁད་པ; ཁ་བ་ཞུ་མཚམས;
གངས་ཞུ་མཁན་ལྟ་བུ;

305 **The,** *a.* ཏེ; དེ་ཀ;

306 **Theatre,** *n.* ཟཾ་ཐར་ལྟད་མོའི་ཁང་པ; (ནཱཙ་གྷར; Hindi)
ལྟད་ཁང; ཙེ་མོའི་ཁང་པ;

307 **Theatrical,** *a.*, *n.* ཨ་ཅེ་ལྷ་མོ་བ་ལྟ་བུ; ཟློ་གར་ལྟ་བུ;

308 **Theatricals,** *n.* ཟློ་གར; ལྷ་མོ; ཟློས་གར;

309 **Thee,** *pr.* ཁྱེད་ལ; ཁྱོད་ལ; (ཉིད་པ in letters; སྐུ་ཉིད་པ Hon.).

310 **Theft,** *n.* རྐུ་མ; མ་བྱིན་ལེན; རྐུ་བ;

311 **Their,** *a.*, *pr.* ཁོང་ཚོའི; ཁོ་པའི;

312 **Theirs,** *a.*, *pr.* ཁོང་ཚོའི;

313 **Theism,** *n.* ལྷ་ནི་དཀོན་མཆོག་གཅིག་ཡོད་པའི་ལྟ་བ;
འཇིག་རྟེན་གྱི་བྱེད་པོ་གཅིག་ཏུ་འདོད་པའི་ལྟ་བུ;

314 **Theist**, *n.* ལྷ་གཅིག་ལ་མོས་མཁན;
འཇིག་རྟེན་གྱི་བྱེད་པོ་གཅིག་ལ་མོས་མཁན;

315 **Them**, *pr.* ཁོ་པར; ཁོང་ཚོ་ལ; ཁོང་ཚོར;

316 **Theme**, *n.* ལོ་རྒྱུས; གཏཾ; སྐད་ཆ;

317 **Themselves**, *pron.* ཁོ་རང་ཚོ་ལ; ཁོ་རང་ཚོར;

318 **Then**, *ad.* དེ་སྐབས་སུ;

319 **Thence**, *ad.* དེ་ནས;

320 **Thenceforth**, *ad.* དེ་ནས་བཟུང; དེ་ཚུན; དེ་ནས་ཚུན་ཆད;
དེ་ནས་ཚུར་བྱུས;

321 **Thenceforward**, *ad.* དེ་ནས་བཟུང; དེ་ཚུན་ཆད;

322 **Theocracy**, *n.* ཆོས་སྲིད; སྣང་སྲིད་ཀྱི་ཆོས་ཀུན་གཙོ་བོ་གཅིག་གི་
བཀོད་པར་འདོད་པའི་གྲུབ་མཐ;

323 **Theodolite**, *n.* སྐར་ཚོད་དང་ས་ཚོད་བརྟག་རྒྱུའི་འཕྲུལ་གྱི་ལག་ཆ་ཞིག;
རྒྱང་ཤེལ་གྱི་འཕྲུལ་འཁོར་ཞིག;

324 **Theogony**, *n.* ལྷ་རྣམས་ཀྱི་ཁྲུང་རབས་དང་ཆད་ཁུངས;
སྔ་མོའི་རྩོམ་སྒྲུའི་ནང་བཤད་པ་བཞིན;

325 **Theologian**, *n.* ཆོས་ལ་མཁས་པ; འཇིག་རྟེན་བྱེད་པོ་གཅིག་ཏུ་འདོད་
པའི་ཆོས་ལུགས་ལ་མཁས་པོ;

326 **Theology**, *n.* འཇིག་རྟེན་གྱི་བྱེད་པོ་གཅིག་ཏུ་འདོད་པའི་གྲུབ་མཐ;
སྟོན་པའི་གཞུང;

327 **Theomachy**, *n.* ལྷ་ལ་འགྲན་ཅིང་འཐབ་པའི་བྱ་བ;

328 **Theomancy**, *n.* ལྷ་ལས་ལུང་བསྟན་ཞུ་སྒྲོལ; ལྷ་ལས་ལུང་བརྟག་ཞུ་སྒྲོལ;

329 **Theomania**, *n.* རང་ཉིད་ལྷར་འཁྲུལ་བའམ་ཆོལ་བ;

330 **Theomorphic**, *a.* ལྷའི་རྣམ་པ་ཅན; ལྷའི་གཟུགས་བརྟན་འདྲ་བ;

331 Theopathy, *n.* ལྷའི་བསྐྱེད་རིམ་སྒོམ་ལྷ་ལས་བྱུང་བའི་དང་བའི་དད་
པའམ་གདུང་ཤུགས;

332 Theorem, *n.* ར་སྦྱོད་ཐུ་དགོས་པའི་བདེན་པ;
རྒྱུ་མཚན་གྱིས་ར་སྦྱོད་པའི་ཚད་མ;

333 Theoretical, *a* བློ་ཡིས་དཔག་པའི; འོས་ཚོད་ཀྱི་བསྒྲུབ་སྟངས;
ལག་ལེན་མེད་པའི་བློས་དཔག་གི་བསྒྲུབ་སྟངས;

334 Theoretically, *ad.* བློ་ཡིས་དཔག་སྟེ; བློས་དཔག་གིས;

335 Theorize, *v.i.* བློས་དཔག་སྟེ་ཆོས་ཤིག་བསྒྲུབ་པ;

336 Theory, *n.* བློས་དཔག་པའི་ཆོས་སམ་གཞི་འགའ་ཞིག;

337 Theosophy, *n.* བླ་ལྷའི་བཀའ་བབ་དུས་ཐོག་ཏུ་འཇུག་པར་འདོད་
པའི་གྲུབ་ཐ;

338 There, *ad.* དེར; དེ་ཁར; དེ་ན; དེ་རུ; དེ་ལ;

339 Thereabouts, *ad.* དེ་ཙམ; དེ་ཁ་ཙམ; དེའི་ཉེ་འདབ་སུ;

340 Thereafter, *ad.* དེ་ཕྱིན; དེའི་ཕྱི་ནས; དེ་རྗེས; དེའི་རྗེས་ནས;

341 Thereat, *ad.* དེ་ཐོག; དེར; དེའི་བསྐང; དེ་ཙ་ན;

342 Thereby, *ad.* དེ་ནས; དེ་ལས;

343 Therefore, *conj.* དེས་ན; དེའི་ཕྱིར་དུ; དེ་བས་ན; དེ་ལྟ་བས་ན;
དེ་ལྟར་ན;

344 Therefrom, *ad.* དེ་ནས;

345 Therein, *ad.* དེ་ནང; དེ་ནང་ན; དེའི་ནང་ན;

346 Thereinto, *ad.* དེ་ནང; དེའི་ནང་དུ; དེའི་ནང་ཉིད་དུ;

347 Thereof, *ad.* དེའི; དེ་ཡི;

348 Thereon, *ad.* དེ་ཁར; དེ་ཐོག; དེ་སྟེང; དེའི་བསྐང;

349 Thereto, *ad.* }
Thereunto. } དེར; དེ་ཐུབ; དེ་བར; དེ་ག་ཙམ;

350 Theretofore, *c.* ད་སྔ་ནས ; དེའི་སྔོན་ནས ; དེ་གོང་ནས ;

351 Thereunder, *ad.* དེ་འོག ; དེ་འོག་ཏུ ; དེའི་གཤམ་དུ ; དེའི་སྨད་ན ;

352 Thereunto, *ad.* དེའི་བར ; དེ་ཐུབ ; དེ་བར ;

353 Thereupon, *ad.* དེ་ཐོག ; དེ་ནས ; དེའི་ཁར ; དེ་སྟེང ; དེའི་གོང ;
དེའི་ཟླ་ན ;

354 Therewith, *ad.* དེ་དང་མཉམ་དུ ; དེ་འབྲེལ ; དེ་དང་ལྷན་ཅིག ;
དེ་དང་སྟབས་ཅིག ;

355 Therewithal, *ad.* དེ་མཚུངས ; དེ་དང་མཉམ་དུ ; དེ་དང་མཚུངས་པར ;

356 Thermometer, *n.* ཚ་གྲང་གཞལ་བྱེད་ཀྱི་ལག་ཆ ; དྲོད་གཞེར་བརྟག་ཐབས ;

357 Thesaurus, *n.* ཚིག་མཛོད ; མིང་མཛོད ;
དོན་གཅིག་སྒྲ་མང་སྟོན་པའི་གཞུང ;

358 These, *pron.* འདི་དག ; འདི་རྣམས ; འདི་ཀུན ; འདི་ཡོངས ;
འདི་ཚོ ; འདི་རིགས ;

359 Thesis, *n.* གྲུབ་མཐའ་མཛོད ; གྲུབ་མཐའ་ཐ་དད་མདོར་སྟོན་པའི་གཞུང ;

360 They, *pr.* ཁོང་ཚོ ; ཁོ་པ་ཚོ ; ཁོང་ཅག ; ཁོ་པ་རྣམས ;

361 Thick, *a.* གར་པོ ; མཐུག་པོ ; མཐུག་ཧྲམ་ཅན ; སྟུག་པོ ;

362 Thicken, *v.t.* གར་དུ་གཏང་བ ; མཐུག་ཏུ་གཏང་བ ; གར་པོ་བཟོ་བ ;
ཐུག་པོ་བཟོ ;

363 Thickening, *n.* ཐུག་ཏུ་བཏང་བའི་ལས ; མཐུག་པོར་བྱ་བ ;
ཐུག་པོར་བྱེད་པ ;

364 Thicket, *n.* ནགས་ཚལ་ཐུག་པོ ; (ཚལ་འདུབ ; Sikkim)
འཚག་མཐུག་པོ ; ནགས་ཚལ ; འཚག་སྟུག་པོ ;

365 Thickly, *ad.* མཐུག་པོར ; མཐུག་པོར་གྲུས་ཏེ ;

366 Thickness, *n.* མཐུག་ཚད ; མཐུག་ཚུད ;

367 **Thickset,** *a.* གཟུགས་ཐུང་ལ་སྦོམ་པ;

368 **Thick,** *a.* འཐུག་པོ; མཐུག་པ; (to be thick).
གཟུགས་རགས་པ; ལུས་སྦོམ་པོ; སྦོམ་པ;

369 **Thief,** *n.* རྐུ་མ; ཨར་རྐུན; རྐུན་མ;

370 **Thieve,** *v.i.* & *t.* རྐུ་བ; ཨར་རྐུན་རྒྱག་པ; རྐུ་མ་བརྐུ་བ;
v.t. རྐུ་མ་རྐུ་བར་བྱེད་པ;

371 **Thievish,** *a.* རྐུ་དོད་ཅན; རྐུན་པོ་ལྟ་བུའམ་རྐུན་པོ་ལྟར;
རྐུ་བར་སེམས་པ; རྐུ་བར་དགའ་བ;

372 **Thievishness,** *n.* རྐུ་དོད; རྐུ་བར་དོད་ལུགས; བརྐུ་བར་དགའ་སྤྲངས;

373 **Thigh,** *n.* བརླ་ཤ; བརླ;

374 **Thimble,** *n.* མཛུབ་ཤུབ; མཛུབ་སྐྱེན; (ཅོག་མོ; Colql.)
མཛུབ་བརྡན;

375 **Thimbleful,** *a.* མཛུབ་གཏེན་གང; མཛུབ་སྐྱེན་གང; ཅོག་མོ་གང;

376 **Thin,** *a.* སྲབ་མོ; སླ་མོ; སྲབ་པོ;

377 **Thine,** *a.* ཁྱོད་ཀྱི; ཁྱེད་རང་གི; ཁྱེད་ཀྱི;

378 **Thing,** *n.* ཅ་ལག; ཡབ་ཅ; དངོས་པོ; ཡོ་བྱད; ཅ་ག;
སྤྱད་དངོས; རྒྱུ་ཆ;

379 **Think,** *v.i.* བསམ་བློ་གཏོང་བ; བསམ་མནོ་བསྐོར་བ; བསམ་པ;
(Sik. མནོ་བསམ་གཏོང་བ; མནོ་བ;)

380 **Thinker,** *n.* མནོ་མཁན; བསམ་མཁན; བསམ་བློ་གཏོང་མཁན;
རྟོག་མཁན;

381 **Thinking,** *n.* མནོ་རྒྱུ; བསམ་རྒྱུ; (participle བསམ་བློ་གཏོང་བཞིན་པ;)

382 **Thinly,** *ad.* སྲབ་མོར; (སྲབ་ཤིག་ཤིག་བྱེད་དེ; Sik.)
སྲབ་མོར་བྱས་ཏེ;

383 **Thinness,** *n.* སྲབ་ལོད; སྲབ་ལྷུད; སྲབ་ཚུལ; སྲབ་སྟངས;

384 **Third,** *a.* གསུམ་པ; (ཨང་གི་གསུཾ་པ; Colql.).

385 **Thirdly,** *ad.* གསུམ་པར;

386 **Thirst,** *v.i.* ཁ་སྐོམ་པ; (ཞལ་སྐྱེམས་པ; Hon.) *n.* ཁ་སྐོམ;
(ཞལ་སྐྱེམ; Hon.).

387 **Thirstily,** *ad.* ཁ་སྐོམ་མདོག་ཁ་པོར; སྐྱེམས་མདོག་ཁ་པོ་བྱས་ཏེ;

388 **Thirstiness,** *n.* ཁ་སྐོམ་ཚུབ; ཁ་སྐོམ་ལྷུགས; སྐོམ་མདངས; སྐོམ་ཉམས;

389 **Thirsty** *a.* ཁ་སྐོམ་པོ;

390 **Thirteen,** *a.* བཅུ་གསུམ;

391 **Thirteenth,** *a.* བཅུ་གསུམ་པ; པ་པ;

392 **Thirtieth,** *a.* སུམ་བཅུ་པ;

393 **Thirty,** *n.* གསུམ་ཅུ་ཐཾ་པ;

394 **This,** *pronoun.* འདི; འདི་ག; འདི་རང;

395 **Thistle,** *n.* ཙ་འབྲར་ཙེ; ཙ་སྒྲིད་ལྕུག; (སྤྲེམ་པོ་མདའ་རྒྱག་མ;
Sik.).

396 **Thither,** *ad.* ཕར་ཕྱོར་སུ; ཕར་ནང་ན; ཕྲར་ལོགས་སུ;
(ཕ་གི་ན; ཕ་གིར; Col.).

397 **Thitherward,** *ad.* ཕར་ཕྱོར་སུ; ཕར་ཕྱོགས་སུ་བསྟན་ནས; ཕར་ཕྱོགས་
ས་ལྟས་ནས; ཕར་ཕྱོགས་སུ་གཏད་ནས;

398 **Thong,** *n.* (Bhut. རྒྱན; ཀོ་རྒྱན; ཤ་ཐག;)
ཀོ་ཐག; འབྲང་ཤག;

399 **Thorax,** *n.* ལུས་ཀྱི་མདུན་ཆ; སྐེ་དང་པོ་བའི་བར་གྱི་མདུན་ཆ;

400 **Thorn,** *n.* ཚེར་མ;

401 **Thorny,** *a.* ཚེར་མ་ཅན;

402 Thorough, *a.* རྣམ་དག; ཡང་དག; ཕྱུག་ཆོད; ཁྱངས་བྲུབ:
མཐར་ཕྱིན; དཀྱིས་ཕྱིན; ཚར་ཕྱིན;

403 Thoroughfare, *n.* གཞུང་ལམ; (བརྒྱ་ལམ་སྟོང་ལམ; Colql. & Sik.).

404 Thoroughly, *ad* རྣམ་པར་དག་པར; (ཡག་ཐག་ཆོད་བྱེད་དེ; Colql.)
མཐར་ཕྱིན་པར; ལེགས་པར;

405 Those, *pron.* དེ་ཚོ; དེ་དག; དེ་ཀུན; དེ་རྣམས;

406 Thou, *pron.* ཁྱོད; ཁྱེད; (ཉིད; in letters=སྐུ་ཉིད;)

407 Though, *ad.* ཡིན་ཀྱང; ཡང་ཀྱང; འོན་ཀྱང; འོན་དང; འོན་ཏེ;

408 Thought, *n.* མནོ་བསམ; བསམ་བློ; བསམ་མནོ; བློ; བློ་ཆེ;

409 Thoughtful, *a.* མནོ་བསམ་ཅན; བློ་ལྡན; རྟོག་དཔྱོད་ཅན;
(དཔྱོད་ལྡན; classical).

410 Thoughtfully, *ad.* བློ་སེམས་ལེ་པར་བཏང་དེ; ལེགས་པར་བརྟགས་དེ;
ལེགས་པར་དཔྱད་དེ; ལེགས་པར་མནོས་དེ;
གཞིགས་དེ;

411 Thoughtfulness, *n.* བསམ་བློ་ལེགས་པར་དཔྱོད་སྟངས; བསམ་སྟངས;
བསམ་ཚུལ;

412 Thoughtless, *a.* བསམ་མནོ་གཏང་རྒྱུ་མེད་པའི; རྒྱུ་ཆོམ་དུ་བྱེད་པ་ཅན;
རྒྱུ་ཆོམ; མནོ་མེད; བསམ་མེད; བག་ཅོལ་ཅན;

413 Thoughtlessness, *n.* མནོ་མེད; བསམ་མེད; བསམ་རྒྱུ་མེད་ཚུལ;
མནོ་རྒྱུ་མེད་ལུགས;

414 Thousand, *a.* སྟོང་ཕྲག; བརྒྱ་ཚོ་བཅུ; སྟོང་ཚོ;

415 Thousandth, *n.* སྟོན་ཕྲག་གཅིག་པ;

416 Thraldom, *n.* བྲན་གྱི་ཚུལ; འཁོལ་པོའི་ཚུལ;

417 Thrash, *v.t.* བརྡུང་བ; སྤྲུག་པ; རྡེབ་པ; བརྡབ་པ;

418 Thrashing, *n.* བརྡེག་བརྡུང་; བརྡུང་བརྡེག; ཉེས་བརྡེག; བརྡུང་གདག;
ཉེས་གདག; བརྡེག་འཚོག;

419 Thread, *n.* སྐུད་པ; འཚེམ་སྐུད; སྣལ་མ; སྲིད་བུ;

420 Threadbare, *a.* གོས་རྒྱལ; གོས་སྐུད་པ་ཐུག་ཟད་ཚར་བའི་རྒྱལ་པོ;
ཟད་འདྲུད་ཐོན་པའི་གོས་རྙིང་སོགས;

421 Threat, *n* (Colql. འཇིགས་རི;) སྡིགས་པ; འཇིགས་སྟངས;
སྡིགས་སྟངས;

422 Threaten, *v.t.* འགམ་པ; ཀླད་འགམ་པ; འཇིགས་རི་འགོད་པ;
སྡིགས་པར་བྱེད་པ;

423 Threatening, *n.* (མི་འདོད་པའི་རྐྱེན་ཐོག་ཏུ་འབབ་ལ་ཁད་པོ; Colql.)
བྱུས་ཉེས་འབྱུང་ཉེ་བ; རྐྱེན་ངན་འགྱུར་ཉེན་ཆེ་བ;

424 Three, *a.* གསུམ;

425 Threshold, *n.* སྒོ་ཐེམས; ཐེམས་པ;

426 Thrice, *ad.* ལན་མ་གསུམ; ཐང་གསུམ; ལན་གསུམ; ཚར་གསུམ;

427 Thrift, *n.* བསོག་འཇོག; ཉེབ་རྩིས; ཞིབ་རྩིས; ཞིབ་འཚག;
རྩིས་དམ;

428 Thriftiness, *n.* ཞིབ་རྩིས; བསོག་འཇོག; རྩིས་དམ་ལུགས;
ཞིབ་ཆ་ཆེ་ལུགས;

429 Thriftless, *a.* ཞིབ་རྩིས་བསོག་འཇོག་མེད་པ; རྩིས་མི་དམ་པ;

430 Thrifty, *n.* ཞིབ་རྩིས་དང་བསོག་འཇོག་ཅན; ཕང་སེམས་ཅན;
ཞིབ་ཆ་ཅན; རྩིས་དམ་པོ;

431 Thrill, *v.t.* (Sik. ཚ་གྱུང་གྱུང་གིས་ཚོར་བ;) ལྷང་ལྷང་དུ་ཚོར་བ;

432 Thrilling, *a.* ལྷང་ངེ་བ; མེར་རེ་བ;

433 Thrillingly, *ad.* ལྷང་ངེར; མེར་རེར;

434 Thrive, *v.i.* (Sik. ཡར་སྐྱིད་བདེ་པ;) དར་བ; ཡར་འགྲོ་བྱུང་བ;
འཕེལ་བསྐྱེད་བྱུང་བ; རྒྱས་པ;

435 Thriving, *a.* དར་བཞིན་པ; རྒྱས་བཞིན་པ;
འཕེལ་བསྐྱེད་འབྱུང་བཞིན་པ;

436 Throat, *n.* མིད་པ; ཨོལ་སྒོ; (མགྲིན་པ; Hon.) གྲེ་བ;
ཨོལ་མ་སྡོང་;

437 Throb, *v.i.* ཐུག་ཐུག་བྱེད་པ; འཕར་བ; ཀྱལ་ཀྱལ་བྱེད་པ;
གྲིང་གྲིང་བྱེད་པ;

438 Throbbing, *n.* འཕར་བཞིན་པ; ཐུག་ཐུག་བྱེད་བཞིན་པ;
ཀྱལ་ཀྱལ་འཕར་བཞིན་པ;

439 Throe, *n.* ཟུག་རྔུ; ཟུག་གཟེར;

440 Throne, *n.* གསེར་ཁྲི; སེང་ཁྲི; ཁྲི; རྒྱལ་ས;

441 Throng, *n.* མི་ཚོགས; སྐྱེ་བོའི་ཚོགས;

442 Throstle, *n.* བྱིའུ་གསུང་སྙན་ལྡན་པ་ཞིག;

443 Through, *pr.* བརྒྱུད་དེ;

444 Throughout, *pr.* རིང; སྐབས; བར; ཐོག་ཐག; བསྐང;

445 Throw, *v.t.* & *n.* འཕང་པ; འཕེན་པ; དབྱུག་པ; རྡོ་ལྷར་འཕེན་པ;
འདོར་བ; སྐྱུར་བ; ཤོ་ལྷར་རྒྱག་པ; *v.t.* རྒྱག་པ;
Throw out ཕྱིར་དབྱུང་བ; ཕྱིར་ཕྱུང་བ;
ཕྱིར་འབིད་པ; ཕྱིར་འབུད་པ;
Throw over འབོར་བ; སྤྱོང་བ; བོར་བ;
Throw up ཡར་འདེགས་པ; ཡར་བཀན་པ;
Throw up a job སྐྱུར་བཞག་པ; སྐྱུར་བ; གཏོར་བ;
བསྐྱུང་བ; འབོར་བ; བཤོལ་བ; བོར་བ; འཕྲེན་བ;
བསྐྱུག་པ; ཟམ་ལོག་པ; (*n.*) ཤོའི་འཕེན་ཐེང;

446 **Thrum,** *n.* འཐགས་ཆའི་ཡོགས་ནས་འཐགས་བཀྲོལ་རྗེས་སྐྱུད་
པའི་སྣེ་ཙམ་འཐགས་ཆའི་ཕྱིར་ལུས་པ་དེ;
སྲིང་སྐུད་སྤྲིས་པ; སྐུད་ཆག་རྒྱང་པ་ཤོར་ནས་ཡོད་པ;
v.t. མཛུབ་མོས་སྣ་སྐྱན་ཤུར་ཀྱིས་འཁྲོལ་བ;
ཤུགས་ཀྱིས་སྒྲུར་བ;

447 **Thrush,** *n.* ཁ་ནད; ཅིའུ་ཆུང་གི་སྐབས་སུ་རྩའི་ནད;
བྱིའུ་སྐད་སྙན་གྱི་རིགས་ཤིག;

448 **Thrust,** *v.t.* ཤུགས་ཀྱིས་འཛུགས་པ; སྣུན་པ;

449 **Thumb,** *n.* མཐེབ་ཆེན;

450 **Thunder,** *n.* གནམ་ལྡིར; ཐོག; འབྲུག་གི་ལྡིར་སྒྲ; ལྡི་འབབ;

451 **Thunderer,** *n.* ཐོག་འཕེན་མཁན; བརྒྱ་བྱིན;
ཕྱི་དུས་གྲིག་པས་ལྷའི་དབང་པོ་ལའང་འདོད;

452 **Thundering,** *n.* འབྲུག་སྒྲ་ལྡིར་བཞིན་པ; འབྲུག་སྒྲ་འབྱིན་བཞིན་པ;

453 **Thunderous,** *a.* འབྲུག་སྒྲ་ལྡིར་བའི; འབྲུག་སྒྲ་ལྟར་འབྱིན་པའམ་
སྒྲོགས་པ;

454 **Thursday,** *n.* གཟའ་ཕུར་བུ; ལྷའི་བླ་མ;

455 **Thus,** *ad.* འདི་ལྟར་རོ; འདི་བཞིན་ནོ; འདི་ཙུག;

456 **Thwack,** *v.t.* དབྱུག་པའམ་གྲི་ལྟག་གིས་བརྡེག་པའམ་བརྡུང་བ;

457 **Thwart,** *v.t.* དགག་ཆ་རྒྱབ་པ; འགེག་པ; འགོག་པ;

458 **Thwarting,** *n.* དགག་བཞིན་པ; འགེག་བཞིན་པ; འགོག་བཞིན་པ;

459 **Thy,** *pr.* ཁྱོད་ཀྱི; ཁྱེད་ཀྱི; ཉིད་ཀྱི;

460 **Thyme,** *n.* ཐོ་འུ་སི; ཐོ་སྨན་འུ་སི;

461 **Thyself,** *pr.* ཁྱོད་རང; ཁྱེད་རང; ཉིད་རང;

462 **Tiara,** *n.* ཅོད་པན; དབུ་རྒྱན; ནོར་བུའི་ཐོད་རྒྱན;

463 **Tick,** *n.* ལྗུག་ཤིག; ཏིག་ཏིག་ཞེས་པའི་སྒྲ; (འབུ་སྐྱེམ་བག; Sik.)
the insect ཤམ་དཀར་མ; (Sik.). སི་དྲི་པ་ལ;

464 Ticket, *n.* ཐེའུ་ཤོག ; (ཊི་ཀིཊ ; Hindi or English now in use);
སྦྲགས་རྟགས ; new word in use.

465 Tickle, *v.t.* (Colql. ཨི་ཙི་བསྐྱུལ་བ ;) ཟ་ཕྲུག་བསྐྱུལ་བའམ་སློང་བ ;
(to amuse, to divert ངོ་དགའ་གཏོང་བ ;)
(Colql. ཀི་ཙི་ཀུག་ཅེ ;) (གཡང་ཙི་རྒྱ་བ ; Bhut.)
(འདིག་རི་གཡག་པ ; Sik.).

466 Tickling, *n.* ཨི་ཙི་བསྐྱུལ་བ་ལྟར ; ཟ་ཕྲུག་སློང་བ་ལྟར ;
(འདིག་རི་གཡག་ཆེ་ཆེ ; Sik.).

467 Ticklish, *a.* (འདིག་རི་གཡག་ཆེ་ཆེ ; Sik.). གཡང་ཟ་པོ ;

468 Ticklishness, *n.* ཨི་ཙི་ལང་པོ ; ཟ་ཕྲུག་ལང་པོ ; གཡང་ཟ་ལུགས ;
{འདིག་རི་གཡག་དད ; Sik.}.

469 Tidbit, *n.* ཟས་ཞིམ་པོའི་ཁམ་ཚད ; དང་ཟས ; མཉེས་ཟས ;

470 Tide, *n.* དུས་རླབས ; ཐུན་ཚོད་ཀྱི་རླབས ; ཤུ་འོད་དམ་ཤུ་ཡོག :

471 Tidily, *ad.* གཙང་སྦྲ་དོད་པོ་བྱས་ཏེ ; ཁམས་དང་པོ་བྱས་ཏེ ;
གད་གཙང་པོ་བྱས་ཏེ ;

472 Tidiness, *n.* གཙང་སྦྲ ; ཁམས་དྭངས་ཚུལ ; གཙང་སྦྲ ; ཁྲིས་དྭངས ;

473 Tidy, *a.* ཁྲིས་དྭངས་པོ ; གཙང་སྦྲ་དོད་པོ ;

474 Tie, *v.t.* བཀྲིཊ་པ ;, འཆིང་བ ; བསྒྲིམ་པ ;

475 Tier, *n.* བང་རིམ ; སྤྱིགས་བུ་སོགས་ཀྱི་རིམ་པ ;
རི་ལྡེབ་ལྟ་བུའི་བབ་ཤོལ ;

476 Tiffin, *n.* ཉིན་དགུང་གི་བཟའ་བ ; དགུང་ཟས ; གདུགས་ཚོད ;
ཉིན་ཟྲེད་ཁ་ཡོལ་གྱི་ཟས ;

477 Tiger, *n.* སྟག ; གཅན་གཟན་སྟག ;

478 Tight, *a.* དམ་པོ ; (དམ་ཀྲིག་ཀྲིག ; Sik.) དམ་ཀར་ཀར ;

479 Tightens, *v.t.* དམ་དུ་བཅིང་བ ; དམ་དུ་གཏང་བ ;

480 Tightly, *ad.* དམ་པོར ; དམ་པོར་བྱེདདེ ;

481 Tightness, *n.* དམ་པོད ; དམ་སྟངས ; དམ་ལྷུགས ; དམ་ཚུལ ;

482 Tigress, *n.* སྟག་མོ ; མོ་སྟག ;

483 Tigrish, *a.* སྟག་འདྲ་པོ ;

484 Tile, *n.* ཛ་སྦྲག ; ཛ་སྦྲོ ; ཛ་སྦྲང ;

485 Till, *conj.* དེ་བར ; བར་དུ ; རིང་ལ ; དེའི་རིང ;

n. ས་གཡའ་མ ; *v.t.* ས་ལས་རྨོ་ཀོ་བྱེད་པ ;

486 Tillage, *n.* ཁྲུ་སློག ; རྨོས་བཀོས ; རྨོ་བཀོ་བྱ་བ ;

487 Tilt, *v.i.* དྲ་ཕོག་དུ་མདུང་ཁྱེར་ནས་འཕྲུལ་བ ; དྲ་ཕྲོག་ནས་རྒྱལ་
མདུང་རྩེ་བ ; མཁྲིལ་གསེངས་པའམ་གཟེངས་པ ;

488 Timber, *n.* ཤིང་ཆ ;

489 Timbrel, *n.* ཌ་ཆུང ; ཌ་མ་རུ ; ཙང་དེའུ ; ཌ་རུ ; ཐུན་ཌ་མ ;

490 Time, *n.* དུས ;

491 Timely, *a.* དུས་སུ་བབ་པ ; དུས་ཐོག་འཁེལ་བ ;

492 Timid, *a.* སེམས་ཆུང་བ ; འཇིགས་དད་མཁན ; སྐྲར་མ ;
ཁྲད་ཆུང ; སྙིང་ཁམས་ཆུང་བ ;

493 Timidity, *n.* སེམས་ཆུང ; འཇིགས་སྣྲོ ; སེམས་ཆུང་སྟངས ;
འཇིགས་སྣང་ཆེ་ལུགས ; སྙིང་ཆུང་སྟངས ;

494 Timidly, *ad.* སེམས་ཆུང་གི་ངང་ནས ; འཇིགས་སྣང་དང་བཅས་ཏེ ;

495 Timorous, *a.* འཇིགས་སྐྲུང་ཡང་པོ ; འཇིགས་སྣང་ཆེན་པོ ;

496 Timorously, *ad.* འཇིགས་ཚུལ་དང་བཅས་ཏེ ;

497 Tin, *n.* ཛྷར་དཀར ; (Sik.) ཤ་དཀར ; ཏིག་ཚ ;

498 Tincture, *n.* ཚོས་མདངས ; ཚོས་ཁ ; ཚོན་མདོག ; སྨན་གྱི་ཉིང་ཁུ ;

v.t. ཚོ་བསྒྱུར་བ ; མདངས་བསྒྱུར་བ ;

499 **Tinder,** *n.* སྤྲ་བ; མེ་ལྕགས་ཀྱི་མེ་ལྡེ་ལེན་བྱེད་ཀྱི་སྤྲ་བ་དེའོ;

500 **Ting,** *n.* དིང་ཞེས་པའི་སྒྲ; དིར་སྒྲ་འབྱིན་པ;

501 **Tinge,** *n.* ཚོན་མདོག; ཚོན་མདངས; *v.t.* མདངས་ཚོན་གཏིང་བ;
སྒོ་འདྲིད་པ;

502 **Tingle,** *v.i.* སྤྲིར་བ; སྤྲིད་པ;

503 **Tingling,** *a.* སྤྲིར་བཞིན་པའི; སྤྲིར་བའི;

504 **Tinker,** *n.* རག་སྣོད་སོར་བཟོ་མཁན;
སྣོད་ཆས་བཟོ་བཅོས་བྱེད་མཁན;

505 **Tinkling,** *n.* དིང་དིང་ཞེས་དྲིལ་བུའི་སྒྲ་ལྟ་བུ་འབྱིན་མཁན;

506 **Tinman,** *n.* ཤ་དཀར་གྱི་བཟོ་པ; ལྕགས་དཀར་གྱི་བཟོ་པ;

507 **Tinsel,** *n.* གཡེར་ཟེང; ཧར་ཟེག; མིག་སྣང་མཛེས་བྱེད་ཀྱི་ཟེག;

508 **Tint,** *n.* ཚོས་ཁ; མདངས; ཚོན་མདངས; ཚོས་མདངས;

509 **Tiny,** *a.* ཆུང་ཆུང; ཕྲ་མོ;

510 **Tip,** *n.* རྩེ; རྩེ་མོ; *v.t.* ཐུག་ཙམ་བྱས་བརྡུང་བ;
to bribe (རྩིབ་རྡོ་བྱིན་པ; བརྡན་པ་སྤྲོད་པ;)

511 **Tipple,** *n.* ཆང་ཨ་རག་གར་མོ་སོར་ལ་ལོངས་སྤྱོད་པ;

512 **Tippler,** *n.* ར་བཟི་ཅན; སྨྱུར་གོང་ཅན;

513 **Tipsy,** *a.* ར་བཟི་བཞིན་པ; ར་བཟི་ནས་ཡོད་པའི;

514 **Tiptoe,** *n.* & *v.i.* རྐང་མཛུབ་ཀྱི་རྩེ; རྐང་པའི་མཐེ་བོང་དེ་ཉིད་ས་ལ
གཏད་དེ་རྡིང་པ; གསེང་ཞིང་འགྲོ་བ;

515 **Tiptop,** *n.* ཡང་རྩེ; དར་རྩེ;

516 **Tirade,** *n.* བཤད་སྤྱང་དྲག་ལ་ཡུན་རིང; བཀའ་བསྐུར་དོད་དྲག;
བཀའ་བཀྱོན་ཆ་པོ;

517 **Tire**, *n.* (of attire གོས་ཆས; མགོ་ཆ;)
(འཁོར་ལོའི་ལྕགས་ཤོན; tire of a wheel);
v.t. ངལ་བཙུགས་པ; ཐང་ཆད་བཙུགས་པ; *v.i.* ངལ་བ;
དུབ་པ; ཐང་ཆད་པ; ཞུ་བརྡུགས་པ; ཞུ་དུབ་པ;

518 **Tiresome**, *a.* འོ་བརྒྱལ་པོ; ཐང་ཆད་པོ; ངལ་དུབ་ཆེན་པོ;

519 **Tissue**, *n.* དག་གསེ; སྲིན་གབ; ཟ་བབ; (རྩ་རྒྱུས; དར་ཨ;
ཤུར་བ; ཤུན་པགས;
(Tissue-paper, *n.* ཤོག་བུ་ཤིན་ཏུ་སྲབ་མོ;)

520 **Tit**, *n.* བྱིའུ;

521 **Tit-for-tat**, *n.* ལན་ཚབ; ངན་ལན་ངན་གྱི་ལྡོན་པའི་བྱ་བ;

522 **Titan**, *n.* ལྷ་མིན;

523 **Titanic**, *a.* བོང་ཆེན་པོ; གཏོས་ཆེ་བ;

524 **Titania**, *n.* དྲི་ཟའི་རྒྱལ་མོ; ཕྱི་ལུགས་སྒྲུང་གཏམ་ལྟར་ན་དྲི་ཟའི་
རྒྱལ་པོ་ཨོ་བི་རོན་ཟེར་བ་དེའི་ཆུང་མའོ;

525 **Tithe**, *n.* ཁྲལ; བཅུ་ཁྲལ; བཅུ་ཤོག;

526 **Titillate**, *v.i.* ཀི་ཙི་བཀོད་པ; ཡི་ཙི་བསྐུལ་བ; ཟ་ཕྲུག་སྐྱོང་བ;
(འདྲིག་རི་གཡག་པ; Sik.) (གཡང་ཙི་ཀ་བ; Bhut.)

527 **Titillation**, *n.* ཀི་ཙི་བཀོད་པའི་ལས་དེ་ཉིད; ཟ་ཕྲུག་སྐྱོང་བའི་བྱ་བ;

528 **Title**, *n.* གོ་ས; གོ་གནས; མཚན; ཐོབ; གོ་ཐོབ; ཆོ་ལོ;
ཁ་བྱང; མིང་བྱང; མཚན་བྱང;

529 **Titmouse**, *n.* བྱིའུ་ཆུང་ངུའི་རིགས་ཤིག;

530 **Titter**, *v.i.* གད་མོ་དགོད་པ; ཧི་ཧི་ཞེས་དགོད་པ;
ཆུང་དུར་དགོད་པ; ཟུར་དཀོད་བྱེད་པ; དགོད;

531 **Tittle,** *n.* ཡོང་གཏམ་ལབ་པ; འཆལ་གཏམ་སྨྲ་བ; ངག་འཁྱལ་སྨྲ་བ;

532 **Titular,** *a.* མིང་ཙམ་དུ་མཆིས་པའི; མིང་ཙམ་དུ; མིང་ཙམ་པོ;

533 **To,** *pr.* ལ{སུ་རུ་ར་དུ་ན་ལ་དུ་ཏུ;}

534 **Toad,** *n.* (མཇེ་སྦལ; Sik.) སྦལ་པའི་བྱེ་བྲག;

535 **Toad-eater,** *n.* ངོ་སྲུང་ཅན; ཁ་གསག་ཅན; ཁ་གཅང་མཁན;

536 **Toad-stool,** *n.* དུག་ཤ་མོ; ཤ་མོ་དུག་ཅན;

537 **Toady,** *n.* ངོ་སྲུང་མཁན; ཁ་བཅང་མཁན;

538 **Toast,** *v.t.* མེ་ལ་བསྲེག་པ;

539 **Tobacconist,** *n.* ཐ་མ་ཁ་འཚོང་མཁན;

540 **Toddy,** *n.* ཁ་སྦྱར་ཤིང་ལས་འབྱུང་བའི་ཆང; ཤིང་ཆང;

541 **Toe,** *n.* ཀང་པའི་མཐེབ་མོ; ཀང་མཐེབ;

542 **Together,** *ad.* མཉམ་པོར; མཉམ་དུ; སྤུ་ལ; ལྷན་དུ; ལྷན་ཅིག་ཏུ; སྦྲེལ་ཅིག་ཏུ;

543 **Toil,** *v.i.* ལས་བྱེད་པ; དཀར་བ་སྤྱད་པ; *n.* དཀའ་ཚེགས; དཀའ་བ; དཀའ་ལས;

544 **Toiler,** *n.* ལས་བྱེད་མཁན; དཀའ་ལས་བྱེད་མཁན;

545 **Toilet,** *n.* (Colql. ཁྲང་འཁྲུ;) ཁྲུས་ཀྱི་བྱ་བ; ཁྲུས; བྱི་དོར; བྱད་བྲུག;

546 **Toilsome,** *a.* དཀའ་ལས་ཅན; དཀའ་མོ; དཀའ་པོ;

547 **Token,** *n.* མཚན་མ; བརྡ; སེམས་དགའི་རྟེན; མཛད་རྟེན; ཡིད་དགའི་རྟེན;

548 **Tolerable,** *a.* གང་མཚམས་ཞིག; མཚམས་པོ; ལྷུར་སྐྱང; མཚམས་མཚམས; ཚོག་ཙམ; འགྲིགས་ཙམ; རན་ཙམ;

549 Tolerably, *ad.* གང་མཆོས་ཞིག་དུ ; གང་མཚམས་སུ ;

550 Tolerance, *n.* བློ་ཐེག་ཆེ་བ ; ཁོངས་ཡངས་པ ; སེམས་བ་ཞོང ; བཟོད་བསྲན ; བཟོད་པ ; བློ་ཁོག་ཡངས་པ ; དགོངས་སྐྱེད་ཆེ་བ ;

551 Tolerant, *a.* སེམས་བ་ཞོང་ཅན ; བློ་ཡངས ; ཁོག་ཡངས ; ཁོངས་ཡངས ; བཟོད་ལྡན ; བཟོད་ཐུབ་པ ; བཟོད་བསྲན་ཅན ;

552 Tolerate, *v.t.* བློས་བཟོད་པ ; (བསྲན་པ ; Collql.) བག་ཡངས་སུ་འཇོག་པ ; བློས་འཁུར་བ ; བྱེད་དུ་བཙུག་པ ; ཅི་དགར་འཇོག་པ ; (སྲན་པ ;)

553 Toleration, *n.* ཅི་དགར་བྱེད་འཇུག་སྟངས ; བཟོད་བསྲན ; བསྲན་སྐྱེད ;

554 Toll, *n.* ཤོ ; ཤོ་ཁྲལ ; ཤོ་གམ ; ཚོང་ཁྲལ ; དཔྱ ; དཔྱ་ཁྲལ ; བཅུ་ཁ ; ཚོང་ཟོག་གི་སྟེང་ནས་ཁྲལ་བསྡུ་བ་དེའོ ; *v.t.* དྲིལ་བུ་དཀྲོལ་བ ; དྲིལ་བུ་རྡུང་བ ; དྲིལ་བུ་འཁྲོལ་བ ; དྲིལ་སྒྲ་སྒྲུལ་བ ; དྲིལ་སྒྲ་སྒྲོག་པ ;

555 Tomb, *n.* སྤུར་ཁང ; བང་སོ ; སྤུར་ཁྲིམ ; བམ་སོ ; དུར ;

556 Tomtit, *n.* བྱིའུ་ཚུང་ཚུང་ཞིག་ལ་ཟེར ;

557 Ton, *n.* སྨོར་ཉི་ཤུ་ཙ་བརྒྱད་ཀྱི་ལྗིད་ལ་ཟེར ;

558 Tone, *n.* དབྱངས ; སྒྲ་དབྱངས ; སྐད་གདངས ; གདངས ;

559 Tongs, *n.* ཀམ་པ ; སྐམ་པ ;

560 Tongue, *n.* ལྕེ ; (ལྗགས ; Hon.)

561 Tonic, *n.* ཡུན་དུ་བསྟེན་དགོས་པའི་སྨན ; སྟོབས་སྐྱེད་སྨན ; སྟོབས་སྐྱེད་དང་གཅོང་ནད་སེལ་བའི་རྒྱུན་སྨན ;

562 Tonnage, *n.* ཐེག་དངོས་ཀྱི་ཁྲལ; མོན་ནམ་ཊོ་ན་རེ་རེའི་གྲོག་ནས་
བསྐུ་གྲུའི་ཤོ་ཁྲལ་དེའོ; ཚོང་ཐེག་གང་ཡོད་ཀྱི་གྲོག་
ནས་ཁྲལ་བསྐུ་བ་དེའོ; གྲུ་གཟིངས་ཀྱིས་དོས་པོ་ས་
འཁྱེར་བའི་ནུས་པའམ་འཁྱོག་ཚད;

563 Tonsil, *n.* ལྕེའི་རྩ་བར་ཡོད་པའི་སྐྲན་རྡོག་གཉིས་པོ་ལས་གང་
རུང་ཞིག; (Sik. ལྕེ་ཆུང; ཡ་རྐན་གྱི་ལྕེ་ཆུང;
མིད་ཕྲུག; = Uvula).

564 Tonsure, *n.* སྐྲ་འབྲེག་པའི་ལས; སྐྲ་འདྲེག་བྱེད་ཀྱི་བྱ་བ;

565 Too, *ad.* & *conj.* འང; ཡང; ཀྱང;

566 Tool, *n.* ལག་ཆ; བཟོ་ཆས;

567 Tooth, *n.* སོ; (Hon. ཚེམས;)

568 Top, *n* རྩེ; (སྤུ་གུའི་རྩེད་མོ་རྩེ་གྲུའི་ཅ་ལག་ཅིག་གོ; Collql.)
ཕྲུ་གུའི་རྩེ་ཆས་ཤིག;

569 Topaz, *n.* མདོག་སྣ་ཚོགས་སམ་མ་ངེས་པའི་ནོར་བུའི་རིགས་ཤིག;

570 Topic, *a.* སྐབས་ཀྱི་བརྗོད་བྱ; གླེང་བྱ; གནམ་དོན; སྐད་ཆ;
བརྗོད་བྱ; བརྩད་བྱ;

571 Topmast, *n.* གྲུ་གཟིངས་ཀྱི་དར་ཤིང་གོང་མ;

572 Topmost, *a.* ཡང་རྩེ; མཐོ་ཤོས; ཐམས་ཅད་ཀྱི་ནང་ནས་མཐོ་ཤོས;

573 Topography, *n.* ཡུལ་ཆ་ཚུལ་བཤད་པ; ཡུལ་ཆགས་སྟངས;

574 Topple, *v.i.* ཐབ་དུ་འགྲིལ་བ; ཐབ་དུ་ཤོར་བའམ་ལྷུང་བ;

575 Torch, *n.* མེ་ཆག; (འབར་གཟི; Sik.) པད་འབར;

576 Torment, *n.* མནར་གཅོད; གདུག་གཅོད;

577 Tormenter, *n.* སྡུག་པོ་གཏོང་མཁན; མནར་གཅོད་གཏོང་མཁན;
གདུག་གཅོད་གཏོང་མཁན;

578 Tornado, *n.* རླུང་ཚུབ་ཤུར་ཆེན་པོ; རླུང་དམར་ཤུགས་ཆེན་པོ;
རླུང་ཁང་རྒྱུགས་པ;

579 Torpedo, *n.* རྒྱ་མཚོའི་ནང་གི་ཉ་ལུས་ལས་རིངས་བྱེད་ཀྱི་དུག་རླངས་
སྒྲོ་བའི་དབང་པོ་ལྡན་པ; དེང་དུས་རྒྱ་ཐོག་གི་དམག་
ལ་མགོ་བའི་ཕ་རོལ་པའི་གཟིངས་གཏོར་བྱེད་ཀྱི་འཕྲུལ་
ཆས་རྫས་ངན་གྱིས་བཀང་བ་ཞིག; གྲུ་གཟིངས་གཏོར་
བའི་འཕྲུལ་འཁོར;

580 Torpid, *a.* ཉ་ལེ་ཉོ་ལེ; འགྱུལ་སྐྱོད་མི་ནུས་པ; ལས་སུ་མི་རུང་བ;
ཉར་ཉེར; སྒྲིད་ལུག; སྒྲིད་པར་གྱུར་པ;

581 Torpidity, *n.* འཁྱར་ནས་འགྱུལ་སྐྱོད་མ་ནུས་པར་ལུས་པའི་ཚུལ;
སྒྲིད་སྟངས; སྒྲིད་ཚུལ;

582 Torpor, *n.* ཉ་ལེ་ཉོ་ལེའི་ཚུལ; ཉར་ཉེར་གྱི་རྣམ་པ;
འགྱུལ་སྐྱོད་མི་ནུས་པའི་ཚུལ; སྒྲིད་སྟངས་སམ་སྒྲིད་ཚུལ;

583 Torrent, *n.* འབབ་གཟར; འབབ་གྲོད; འབབ་ཆུ;

584 Torrid, *a.* ཚད་པས་བཙོཾས་པ; ཚད་པ་ཆེ་པོ; (ཚད་པས་ཁོཾས་པ;
Sik.) དཀྱུན་དུང་ཅན་ནས་ཚ་ཤོད་ཅན;

585 Tortoise, *n.* རུས་སྦལ;

586 Tortuous, *a.* ཀ་རེ་ཀོ་རེ; ཀ་ཀོར; ཀྱ་གེ་ཀྱོ་གེ; ཁྱག་ཁྱོག་ཅན་
དེ་མི་དྲང་བ; འཆུས་པ; བརྩུས་པ; གྱ་གྱུ་ཅན;

587 Torture, *n.* མནར་གཅོད;

588 Tory, *n.* ཨིན་ཇིའི་བཀའ་ཤག་ལྷན་རྒྱས་ཀྱི་གྲལ་ནས་སྲིད་ལུགས་
ཀྱི་ཆོ་རིས་ཐོབ་ཐང་ལ་མོས་པའི་ཤོག་གམ་སྡེ་ཚན;
ལྷ་མིའི་རྗེ་བོ་སོགས་ཀྱི་སྲིད་སྐྱོལ་བཟུང་མཁན;

589 Toss, *v.t.* དབྱུག་གཏང་བ; གཟེངས་ཀྱིས་འཕེན་པ;
རྒྱངས་ཀྱིས་འཕེན་པ;

590 Total, *a.* ཁྱོན་བསྡོམས; ཡོངས་བསྡོམས;

591 Totally, *ad.* ཡོངས་སུ; ཐད་དེ; ཡོངས་སུ་རྫོགས་པར;

592 Totter, *v.i.* (Collql. ཁྱི་རི་ཁྱོ་རི་བྱེད་པ;) གོམ་ཚུགས་མི་ཟིན་པ;
འཁྱོར་བ; འཁྱོམ་པ; ཁྱོམ་ཁྱོམ་འགྲོ་བ;

593 Toucan, *n.* བྱ་གོ་བོ; འདབ་ཆགས་དགོ་བོ;
(Sik. དགོ་རང; དགོད་བྱ;)

594 Touch, *n.* རེག་བྱ; རེག་པ; རེག; ལུས་རེག;

595 Touchingly, *ad.* སྙིང་ལ་འཛེར་པོར; སྙིང་ལ་འབབ་པོའམ་འཕྲོད་པོ་
བྱས་ཏེ; སྙིང་ངམ་ཡིད་ལ་འཕྲད་པོར; ཡིད་ལ་
ཟུག་པར; ཡིད་ལ་བབས་པར;

596 Touchy, *a.* གླིང་ལང་དད་ཅན; (ཏིག་ཐུང་བ; ཏིག་གཏུམ་པ; Sik.)
བཟེ་རེ་ཅན; བཟེ་རག་པོ; སྣ་ཐུང; བཟེ་རེ་ཆུང;
བཟོད་བསྲན་ཆུང;

597 Tough, *a.* སྲ་བའམ་མཁྲེགས་པ; མཁྲེགས་པོ;
མི་སྙེ་བའམ་མི་འགོལ་བ;

598 Toughen, *v.t.* སྲ་བར་བྱེད་པ; མཁྲེགས་པོར་བྱེད་པ;

599 Toughish, *a.* མཁྲེགས་པོ་ཙམ; སྲ་བ་ཙམ;

600 Toughness, *n.* སྲ་ཡོད; སྲ་ཚུལ; མཁྲེགས་ཚུལ; མཁྲེགས་ལུགས;

601 Tour, *n.* འཁྱམ; ཡུལ་སྐོར; ཡུལ་སྐྱུལ: ཡུལ་ལྗོངས་གཤེར;
འཁྱམ་འཁྲིམ; ལྗོངས་རྒྱུ;

602 Tourist, *n.* ཡུལ་སྐོར་ནཁན; འཁྲིམ་འཁྱམ་མཁན;

603 Tourmalin, *n.* སུ་ལྡན་ནྡི; རིན་པོ་ཆེའི་རྡོ་འི་བྱེ་བྲག་ཏ་ཅང་རིན་
ཐང་ཅན་མིན་པ་གཅིག;

604 Tourniquet. ཨེམ་ཆིའི་གཙུ་བྱེད་ཀྱི་ལག་ཆ་ཞིག ;

605 Tournament, *n.* དཔའ་རྩལ་ངོམ་པའི་བྱ་བ ; རྩལ་ངོམ ;

606 Tow. *n.* སོ་མ་ར་ཙ ; *v.t.* གྲུ་ཐག་འཐེན་རྒྱབ་པ ;
གྲུ་གཟིངས་ཐག་པས་འཐེན་པའམ་འདྲེན་པ ;

607 Toward, *pr.* ཕྱོར ; ཁ་ཕྱོགས ;

608 Towel, *n.* (ཞལ་ཕྱིས ; Hon.) གདོང་ཕྱིས ; ཁྲུས་རས ;
ལག་འཕྱིད ; ཨ་ཅོར ;

609 Tower, *n.* ལྕོག ; ལྕོག་མཁར ;

610 Towering, *a.* མཐོ་གཟེངས་གཟེངས ; ཧྲམས་མཐོ་བ ; ཧ་ཅང་མཐོན་པོ ;

611 Town, *n.* གྲོང་མཆོ ; གྲོང་ཁྱེར ;

612 Towns, *n.* གྲོང་མཆོ་རྣམས ; གྲོང་ཁྱེར་རྣམས ;

613 Township, *n.* གྲོང་ཁྱེར་གཅིག་གི་ཁོངས་སུ་གཏོགས་པའི་ས་ཆ ;

614 Townsman, *n.* གྲོང་ཁྱེར་པ ;

615 Toy, *n.* & *v.i.* རྩེ་ཆས ; ཕྲུ་གུའི་རྩེ་ཆས ; *v.i.* འཕྲལ་དུ་ཉམས་དགའ་
བྱ་བའམ་གནས་སྐབས་སུ་ཡོད་དགའ་བར་བྱེད་པ ;
རྩེད་མོ་རྩེ་བ ;

616 Trace, *n.* རྗེས ; ཤུལ ; *v.t.* རྗེས་གཅོད་པ ; ཤུལ་སྙེགས་པ ;

617 Tracing, *n.* རི་མོ ; ཕྱམ་རིས ; རི་མོ་སློག་པའི་བྱ་བ ; སློག་རིས ;

618 Track, *v.t.* རྗེས་གཅོད་པ ; བདའ་བ ; རྐང་རྗེས་བཅད་ནས་བདའ་བ ;

619 Trackless, *a.* ལམ་ཤུལ་མེད་པ ; ལམ་མེད་པ ;

620 Tract, *n.* (of a country ས་ཆའམ་ས་གཞི ;) (དཔེའུ་ཆུང་ངམ་
དཔེ་ཆན ; a small book).

621 Tractability, *n.* བསྐུལ་བདེ ; མཉེན་ཚུལ ; ཁ་ལོ་བསྒྱུར་བདེ་ཚུལ ;
གཞུར་ཉན་སྟངས ;

622 Tractable, *a.* བསྐུལ་བདེ་; སླབ་ཁ་དུལ་མོ་; མཉེན་པོ་; གཞུན་བདེ་;
གཞུན་ཉན་པ་; ཁ་ཅར་འཁྲིལ་པ་; ཁ་ལོ་སྒྱུར་བདེ་;

623 Tractableness, *n.* (idem) སླབ་ཁ་དུལ་བ་ཉིད་; མཉེན་ལུགས་;

624 Traction, *n.* འཐེན་སྟོབས་; འཐེན་ཤུགས་; འདྲེན་ཤུགས་;
འཐེན་སྟངས་; འདྲེན་སྟངས་;

625 Trade, *n.* ཚོང་; ཚོང་བྱ་བའི་ལས་སམ་ཚོང་གི་ཐབས་;

626 Trader, *n.* ཚོང་པ་;

627 Tradesfolk, *n.* ཚོང་པའི་མི་;

628 Tradesman, *n.* ཚོང་པ་;

629 Trading, *a.* ཚོང་གི་; (Trading place ལས་སྒོ་;) ཚོང་ལག་གི་;

630 Tradition, *n.* གདམ་རྒྱུད་; གནའ་བོའི་གདམ་རྒྱུད་; ལོ་རྒྱུས་;
གནའ་གདམ་; སྔོན་རབས་; གནའ་སྲོལ་; སྔོན་སྲོལ་;

631 Traditional, *a.* གདམ་རྒྱུད་ཀྱི་; གནའ་གདམ་ལྟར་གྱི་; གནའ་སྲོལ་ལྟར་གྱི་;

632 Traditionally, *ad.* གདམ་རྒྱུད་ལྟར་ན་;

633 Traduce, *v.t.* འཕྱ་ཁ་གཏང་བ་; སྨོད་པ་; འཕྱ་སྨད་བྱེད་པ་; སྐྱོན་རྫོད་པ་;

634 Traducer, *n.* འཕྱ་བ་བོ་; འཕྱ་ཁ་གཏོང་མཁན་;

635 Traffic, *n.* ཚོང་; ཚོང་འགྲུལ་; ཚོང་གི་ཐབས་ལག་;
v.t. ཚོང་བྱེད་པ་;

636 Tragedian, *n.* བརྗོད་བྱ་འགའ་ཞིག་གི་རེ་ཚད་ཚོ་མཐར་གདུགས་པའི་
ཟློས་གར་བྱེ་བྲག་རྩོམ་པ་པོ་འམ་རྩེབ་པོ་;

637 Tragedy, *n.* བརྗོད་བྱ་གང་གི་རེ་ཚད་ཚོ་མཐར་གདུགས་པ་མཚོན་
པའི་ཟློས་གར་; སྡུག་ངན་དང་འཇིགས་རུང་གི་ཟློས་གར་;

638 Tragic, *a.* སྡུག་ངན་དང་འཇིགས་རུང་གི་ཟློས་གར་དང་མཚུངས་པའི་;
ཡང་ན་དེའི་སྐོར་;

639 Trail, *v.t.* ས་ལ་འདྲུད་པ; རྐང་རྗེས་བརྟགས་ནས་རྗེས་གཅོད་པ;

640 Train, *v.t.* སྦྱོང་བ; རྩལ་སློབ་པ; འདུལ་བ; སློབ་པ; འཛུན་པ;
(*n.* རེལ་གཱ་རི Hindi).

641 Trained, *a.* འབྱོངས་པ; རྩལ་འབྱོངས་པ; གོམས་པ; འབྱངས་པ;

642 Training, *n.* སྦྱང་བ; གོམས་སྟོབས; སྦྱང་བདར;
སྦྱང་སྟོབས་སམ་རྩལ;

643 Trait, *n.* རི་མོ; པར; ལག་བྲིས; ཁྱད་བཞིན; རྒྱུད་གཤིས;
གཤིས་ལུགས; རང་བཞིན; གཤིས་ཀ;

644 Traitor, *n.* བློ་བདད་ཀྱང་སླུ་མཁན; ངོ་ཚིག་མི་སྲུང་མཁན; རང་
སྡེ་འཇོམས་མཁན; རང་ལུགས་སམ་རང་ཕྱོགས་
འཇོམས་མཁན; བླ་འཚོང་པ; རང་སྡེ་གཤིག་མཁན;
མཛའ་བ་སླུ་མཁན; སྙིང་རྐུ་མཁན; ཀྱུ་ཀྱུ་ཅན;
(ཀྲི་བཟར; བསྟན་གཤིག; Sik. & Bhut.).
དམ་ཉམས;

645 Traitorous, *a.* བསྟན་པ་གཤིག་མཁན་འདྲ་པོ;

646 Traitorously, *ad.* ངན་བསླུས་ཀྱིས;

647 Trammel, *v.t.* རྐང་སྒྲིག; དོལ; ཉ་པ་དང་འདམ་བྱ་བཟུང་མིའི་དོལ་
ལ་ཟེར; རྟ་ལ་འགྲོས་སློབ་ཐབས་ཀྱི་རྐང་སྒྲིག; ཉ་རྒྱ;

648 Tramp, *v.t.* གོམ་པ་བརྒྱབས་ནས་འགྲོ་བ; གོམ་པ་དྲག་ཏུ་འདོར་བ;
གོམ་པ་ཤུགས་ཀྱིས་རྒྱག་པ;

649 Trample, *v.t.* རྡོག་བརྫིས་གཏོང་བ; རྫི་བ; རྐང་འོག་རྫི་བ;
རྡོག་པས་རྫི་བ;

650 Trance, *n.* དྲན་ཚོར་མེད་པའི་ངང; དྲན་པ་མི་གསལ་བ;
འདུ་ཤེས་མེད་ཚུལ; འགོག་སྙོམས་ཀྱི་སེམས་ལྟ་བུ;
ལྷུང་མ་བསྟན་གྱི་སེམས; བྲིང་རྒོད;

651 Tranquil, *a.* ཞི་བ; ལྷམ་མེ; ལྷན་ནེ; ཅམ་མེ; ཞི་ཞིང་དུལ་བ; མི་འཁྲུགས་པ; སིམ་པོ; འདུ་འཛི་མེད་པ;

652 Tranquillity, *n.* ཞི་བ; སིམ་པོ;

653 Tranquillize, *v.t.* ཞི་བར་བྱེད་པ; དུལ་བར་བྱེད་པ;

654 Trans, *pr.* ཕར་ཕྱིར; ཕ་རིའི་ཡོར; ཕར་ལོགས; ཕར་ངོས; ཕར་འདབས; ཕར་ངོགས;

655 Transact, *v.t.* ལས་བྱེད་པ; བྱ་བ་བྱེད་པ; བྱེད་པ; བགྱིད་པ; དོ་དམ་བྱེད་པ;

656 Transaction, *n.* དོ་དམ; ཉོ་འཚོང; ལས; བྱ་བ; བགྱི་བ; བསྒྲུབ་པ;

657 Transcend, *v.t.* གོང་དུ་འཕར་བར་བྱེད་པ; ཁྱད་འཕགས་སུ་བྱེད་པ; གཞན་ལས་ཁྱད་ཞུགས་བྱེད་པ; ཕ་རོལ་དུ་ཕྱིན་པར་བྱེད་པ;

658 Transcendence, *n.* བླ་ན་འཕག་སྟངས; གོང་ན་མེད་ཚུལ; གཞན་ལས་ལྷག་ཚུལ; ཁྱད་པར་འཕག་སྟངས; ཁྱད་འཕག་ཚུལ; བླ་མེད་ཚུལ;

659 Transcendent, *a.* ཁྱད་པར་འཕགས་པ; བླ་མེད་པ; ཁྱད་འཕགས; ཕ་རོལ་དུ་ཕྱིན་པ;

660 Transcribe, *v.t.* ཡིག་འདྲ་བཤུས་བྱེད་པ; ཡི་གེ་ངོ་བཤུས་བྱེད་པ; དཔེ་བཤུ་བ; འདྲ་དཔེ་བཤུ་བ; བཤུ་བ;

661 Transcript, *n.* དཔེ་བཤུས; འདྲ་བཤུས; ངོ་བཤུས; also ངོ་ཤུས;

662 Transcription, *n.* འདྲ་བཤུས་རྒྱབ་པའི་བྱ་བ; ངོ་བཤུས་བྱེད་པའི་བྱ་བ;

663 Transfer, *v.t.* སྤོ་བ; འཕོ་བ; སྐྱུས་པ; འཕོ་བསྐྱུས; ཤུད་པ; སྐྱུ་བ; སྐྱུས་འདེགས་པ;

664 Transfer, *n.* སྤོ་བའི་བྱ་བ ; སྤོ་སྟངས ;

665 Transferable, *a.* སྤོས་སུ་རུང་བ ; སྤོ་རུ་རུང་བ ; སྐྱ་བར་རུང་བ ;
སྐྱ་ཆོག་པ ; སྤོ་བདེ་བ ; སྤོ་ཆོག་པ ; ཤུད་ཆོག་པ ;

666 Transfiguration, *n.* རྣཾ་པ་འགྱུར་ཚུལ་དེ་དཔེར་ན་འོད་ལུས་གྲུབ་པ་ལྟ་བུའོ ;

667 Transfigure, *v.i.* རྣམ་པ་འགྱུར་བའམ་འཕོས་པ ; *v.t.* རྣམ་པ་སྒྱུར་བ ;

668 Transfix, *v.t.* མཆོན་རྣོན་པོས་འབིད་པའམ་འབིགས་པ་སྟེ ;
སྦྲུབ་འདོན་པ་ལྟ་བུའོ ; འབིད་པ ; འབིགས་པ ;
(མདུང་བརྒྱུས་རྒྱབ་པ ; Sik.) འབུགས་པ ;

669 Transform, *v.t.* བཟོ་ལྟ་སྒྱུར་བ ; རྣམ་པ ; སྒྱུར་བ ; སྒྱུལ་བ ;
v.i. རྣཾ་པ་འགྱུར་བ ; ཇུ་བ ;

670 Transformation, *n.* རྣམ་པ་གཞན་དང་གཞན་དུ་འགྱུར་བའམ་རྣམ་པ་མི་གནས་
པར་འགྱུར་བའང་ངོ ;

671 Transfuse, *v.t.* སྣོད་གཅིག་ནས་གཅིག་དུ་འབྱོ་བ ; འབྱོ་བ ;

672 Transgress, *v.t.* ཁྲིམས་འགལ་བྱེད་པ ; ཚུལ་མིན་བྱེད་པའམ་ཚུལ་འགལ་
བྱེད་པ ; ཁྲིམས་འདའ་བ ;

673 Transgression, *n.* འགལ་འཁྲུལ ; ནོངས་འཁྲུལ་ལམ་འཁྲུལ་པ ;
དཀྲམ་ཀྱི་འཕྲུག་པ ; ཁྲུད་གསོད ; ཁྲིམས་འགལ ;
ཉེས་དམིགས ; སྡིག་པ ;

674 Transgressor, *n.* འགལ་འཁྲུལ་བྱེད་པ་པོ ; ཁྲུད་གསོད་བྱེད་པ་པོ ;
ནོངས་འཁྲུལ་མཁན ;

675 Transient, *a.* ཡུད་ཙམ་པ ; མི་རྟག་མི་བརྟན་པ ; ཡུན་རིང་མི་གནས་པ ;
ཉེ་ཚེ་བ ; སྐད་ཅིག་མ ; ཐང་ཙམ་པ ; མི་རྟག་པ ;

676 Transit, *n.* དཀྱུང་ནས་འགྲོ་བ ; སྐེད་བཅད་དུ་འགྲོ་བ ; སྐྱང་ནས་
འགྲོ་བ ; ཁ་ནས་འགྲོ་བ ; ཐོག་ནས་འགྲོ་བ ;
སྟེང་ནས་འགྲོ་བ ; འགོམ་པ ; འགོང་ཚུལ ;
འགོང་སྟངས ;

677 Transition, *n.* གནས་གཅིག་ནས་གཞན་དུ་འགྱུར་བའི་བྱ་བ; འགྱུར་བ;
འཕོ་འགྱུར; འཕོ་སྟངས; འགྱུར་བ་ཉིད;
གནས་དུས་འགྱུར་ཚུལ; འཕོ་ཚུལ; འགྱུར་སྟངས;

678 Transitive, *a.* ཡུལ་དང་ལྡན་པའི་བྱ་ཚིག་གི་སྐོར;

679 Transitory, *a.* ཡུད་ཙམ་པ; སྐད་ཅིག་མ; མི་རྟག་པ;

680 Translate, *v.t.* སྒྲ་སྒྱུར་བ; སྒྱུར་བ; སྐད་སྒྱུར་བ; བརྡ་སྒྱུར་བ;

681 Translation, *n.* སྒྲ་སྒྱུར; བརྡ་སྒྱུར; སྐད་སྒྱུར;
སྐད་སོགས་སྒྱུར་བའི་བྱ་བ;

682 Translator, *n.* སྒྲ་སྒྱུར་པ; ལོ་ཙཱ་བ; སྐད་སྒྱུར་པ;

683 Transliterate, *v.t.* ཕ་རོལ་པའི་སྐད་བོད་ཡིག་ཏུ་བྲི་བ; དཔེར་ན་སྤྱང་ལྟར་
བརྡ་ཙམ་སྒྱུར་བ; ཡུལ་གཅིག་གི་སྐད་ཡུལ་གཞན་
གྱི་ཡི་གེར་འབྲི་བ;

684 Translucent, *a.* དྭངས་མོ་ཤེལ་ལྟར་མ་ཡིན་པར་འོད་ཙམ་མཐོང་པའི;
དྭངས་ཆ་ཅན་གྱི་དངོས་པོ་སྟེ; ཉི་ལམ་ལྷ་བུའོ;
གཤིས་ཅོ་མཐོང་པའི;

685 Transmigrant, *a.* རྣམ་པ་འགྲོ་མཁན; གནས་སྐབས་འགྲོ་བ་པོ;
ལུས་འགྲོ་མཁན;

686 Transmigrate, *v.t.* ཡུལ་ཅིག་ནས་གཞན་དུ་སྤོ་བ; འཕོ་བསྐྱུས་བྱེད་པ;
རྟེན་བརྗེ་བ; གནས་ལས་འགྲོ་བ;

687 Transmigration, *n.* གནས་སྐབས་སྣང་ཚུལ་འགྲོ་བ་སྟེ; བདག་འདོད་པའི་
ལུས་འགྲོ་བར་ཁས་ལེན་པ་བཞིན་ནོ; ཤེས་ལུས་
གཅིག་ནས་འཕོས་ལུས་གཞན་བླང་བ་ལ་ཟེར;
རྟེན་བརྗེ་བའམ་གནས་ལུས་ཙམ་འགྲོ་བ་ལ་ཟེར;
གནས་གཅིག་ནས་གཞན་དུ་འགྲོ་བའམ་ལུས་གཅིག་
ནས་གཞན་དུ་འགྲོ་བ་དེའོ;

688 Transmission, *n.* ཡུལ་གཅིག་ནས་གཞན་ལ་དངོས་པོ་སོགས་བསྒྱུར་བའི་ལས; དངོས་པོ་སོགས་ས་ཚིགས་ཀྱིས་བསྒྱུར་བའམ་བརྫང་བ;

689 Transmit, *v.t.* ས་ཆ་གཅིག་ནས་གཞན་དུ་དངུལ་ཡི་ཟང་ཟིང་སྒྱུར་བ;

690 Transmutation, *n.* དངོས་པོ་སོགས་ཀྱི་རང་བཞིན་དང་རྣམ་པ་ཡོངས་སུ་འགྱུར་བ་སྟེ; ལྕགས་གོང་གསེར་དུ་འགྱུར་བ་ལྟ་བུའོ;

691 Transmute, *v.t.* དངོས་པོ་ཡོངས་སུ་སྒྱུར་བ; དཔེར་ན་འོ་མ་ཞོ་ལ་སྒྱུར་བ་ལྟ་བུའོ;

692 Transparency, *n.* དྭངས་གསལ; གསལ་དྭངས; དྭངས་ཆ;

693 Transparent, *n.* དྭངས་ཞིང་གསལ་བ་ཤེལ་ལྟ་བུ; དྭངས་མོ; གསལ་པོ; དྭངས་པོ; ཕྱི་ནང་གཉིས་གསལ;

694 Transparently, *ad.* གསལ་བར; དྭངས་པར; དྭངས་མོར;

695 Transpire, *v.t.* རྔུལ་ཆྭངས་པ་སྤུའི་བུ་ག་ནས་ཕྱིར་འབྱིན་པ; རྔུལ་ཆྭངས་འབྱིན་པ; ཀུན་གྱིས་ཚོར་བ; རྔུལ་ཆྭངས་དབྱུང་བ;

696 Transplant, *v.t.* ཤིང་སོང་སྐྱེ་འཛུག་བྱེད་པ; ཙ་སྤོས་རྒྱག་པ; ཙ་བ་སྤོ་བ; སྡོང་འཛུགས་རྒྱག་པ; ཤིང་གི་སྡོང་བུ་སོགས་ཙ་བ་ནས་ཕྱུངས་ཏེ་ས་གཞི་གཞན་དུ་འཛུགས་པ;

697 Transport, *v.tr.*, *n.* གནས་གཅིག་ནས་གཞན་དུ་སྐྱེལ་བ; འཁྲིད་པ; གཏོང་བའམ་སྐུར་བ་སོགས་ཏེ; ཡང; རྒྱང་ཕུད་གཏོང་བ; སྐྱུགས་པ་དང་ཡུལ་གཅིག་ནས་གཞན་དུ་སྐྱེལ་བ་སོགས་ཏེ; *v.t.* སྐྱེལ་བ; འཁྱེར་བ; འཁུར་བ; ཡང; *v.t.* དོ་བུ་སྐྱེལ་འདྲེན་བྱེད་པ; *n.* དབོར་འདྲེན; *n.* དབོར་བསྐྱེལ; བདའ་གླ; དོས་གླ;

n. (ཁྲོ་བ་མཐར་འཛེགས ; transport of rage).

n. (དགའ་དྲགས་པའི་ཤུགས ; transport of joy).

n. བསམ་ཤུགས ;

698 **Transportation,** *n.* མཐར་འཛུག ; མཐར་འབེད ; མཐར་སྒྲོད ;
རྒྱངས་ཐུད་གཏོང་བ་སོང་དེ ;

699 **Transporting,** *a.* ཡིད་འཕྲོག་པོ ; དགའ་བ་མི་ཚོམ་པ ;
དགའ་བ་མངོན་དུ་གྱུར་པའི ;

700 **Transposal,** *n.* ཚབ ; ཚབ་དུ་འཛོག་སྟངས ; གོ་རིམ་བསྒྲིགས་དེ་སྒྲིག་
སྟངས ; རིམ་པ་བསྒྲིགས་དེ་འཛོག་སྟངས ;
གོང་འོག་བསྒྲིགས་དེ་འཛོག་སྟངས ;

701 **Transpose,** *v.t.* དངོས་པོ་སོགས་གནས་སྤོ་བ ; ཚབ་དུ་འཛོག་པ ;
གོ་རིམ་མམ་རིམ་པ་བསྒྲིགས་དེ་སྒྲིག་པ ;

702 **Transposition,** *n.* རིམ་པ་བསྒྲིགས་དེ་འཛོག་སྟངས ;
དངོས་པོ་གཅིག་གི་ཚབ་དུ་གཞན་ཞིག་གཞག་པ ;

703 **Transubstantiate,** *v.t.* དངོས་པོའི་རང་བཞིན་གཞན་དུ་སྒྱུར་བའམ་གཤིས་
གཞན་དུ་སྒྱུར་བ ; དངོས་པོ་གཅིག་ནས་གཞན་ཞིག
དུ་སྒྱུར་བ ;

704 **Transubstantiation,** *n.* དངོས་པོའི་རང་བཞིན་ནམ་གཤིས་གཞན་དུ་འགྱུར་སྟངས;

705 **Transverse,** *a.* ཕྲེད་ལའི ; (ཀུར་ཁ་བཞིན་དུ ; Sik.) སག་ལ ;
(སྐྱེལ་ཞི ; obsolete form). སག་ལ་གནས་པའི ;
ཕྲེད་ལ་གནས་པའི ;

706 **Transversely,** *ad.* ཕྲེད་ལ ; སག་ལ ; འཕྲེད་དུ ;

707 **Trap,** *n.* རྙི ; རྒྱ ; (སྐབ་མ ; Sikkim) སྒྲོན་པ ;
(འཛོལ་སྒྲུབ ; གག་པ ;) (obsolete form).

708 Trapezium, *n.* གྲུ་བཞི་ཟུར་གྲུ་ཁྱོག; གྲུ་བཞི་ངོས་མི་མཉམ་པ;

709 Trappings, *n.* རྒྱན་གོས; རྒྱན་ཆ; འདོགས་ཆས; རྟའི་རྒྱན་ཆས;

710 Trash, *n.* ཉག་ཉིག; ཟ་རུ་མི་རུང་བའི་ཟས་རོ; རྒྱུ་དངོས་ཕན་ཅིའང་མི་ཐོགས་པ; (མི་ཅིའང་མི་བཏུབ་པ; Sik.) (རྗེ་མི་ཕྲོགས་པ; of persons).

711 Travail, *v.i.* དཀའ་ཐུབ; སྐྱེ་ནད; བཙའ་ཟུག; བཙའ་ནད; སྐྱེ་ཟུག;

712 Travel, *v.i.* འགྲུལ་རྒྱུག་པ; འགྲོ་བ; བགྲོད་པ; འགྲུལ་བ; འགྲིམ་པ; འགྲིམ་འགྲུལ; *n.* འགྲུལ;

713 Traveller, *n.* འགྲུལ་པ; འགྲོན་པོ; འགྲིམ་འགྲུལ་བྱེད་མཁན; འགྲུལ་བ་པོ;

714 Traverse, *a.* སྐིད་བཅད་དུ་ཡོད་པ; ཐད་དུའམ་སག་དུ་ཡོད་པའི; འཕྲེད་ལ་གནས་པའི;

715 Tray, *n.* ཤིང་ཁྲིལ; or ཤིང་སྤྲོལ; a wooden tray) སྡེར་གཞོང; གཞོང་པ; (ཐ་པག; Sik.) (གསོལ་གཞོང; Hon.)

716 Treacherous, *a.* (Sik. སྲི་གཟན་ཁོག་བསླུ་ས་ཅན;) བློ་བདད་སླུ་མཁན; མཛའ་བ་སླུ་བ; སྙིང་རྐུ་མཁན; གྱ་གྱུ་ཅན; དཾ་ཉམས;

717 Treachery, *n.* ཁོག་སླུ; སྙིང་རྐུ་བའི་བྱ་བ; སླུ་འཁྲིད; གྱ་གྱུ; དཾ་ཚིག་འདྲལ་བའི་བྱ་བ;

718 Treacherously, *ad.* ཁོག་བསླུས་ཀྱིས; གྱ་གྱུ་བྱས་ནས; དམ་ཚིག་དྲལ་ནས;

719 Treacle, *n.* བུར་སྨུག་གི་ཁུ་བ; བུ་རམ་དམར་པོའི་ཁུ་བ་བསྐ་བའམ་གར་བ;

720 Tread, *v.i.* & *v.t.* རྐང་པས་རྫི་བ; ཆག་ཆག་འདེབས་པ; འཆག་པ; རྫི་བ;

721 Tread, *n.* རྐང་པས་རྫི་བའི་སྒྲ; གོམ་སྒྲ; རྡོག་སྒྲ; གོམ་པ; གོམ་འགྲོས;

722 Treason, *n.* ནང་བསླུ; སྙིང་བཀྲུ; གྱེན་ལོག; གཞུང་ལ་ངོ་ལོག; དམ་ཉམས; ངོ་འདྲལ;

723 Treasonable, *a.* ཀློག་བསླུའི་རྣམ་པ་ལྟ་བུ; སྙིང་བཀྲུ་བའི;

724 Treasure, *n.* གཏེར; ནོར; དངུལ་མཛོད;

725 Treasurer, *n.* ཕྱག་མཛོད; དཀོར་བདག;

726 Treasurership, *n.* ཕྱག་མཛོད་པའི་གོ་ས; བང་མཛོད་པའི་གོ་གནས;

727 Treasury, *n.* དཀོར་མཛོད; དངུལ་ཁང; དངུལ་མཛོད; མཛོད;

728 Treat, *v.t.* སྐྱོང་བ; (སྨན་དཔྱད་བྱེད་པ; of medicine) བཅོས་ཐབས་སམ་བཅོས་ཁ་བྱེད་པ; མགྲོན་གཏོང་བའམ་བཟའ་བཏུང་སོགས་འདྲེན་པ་མགྲོན; བཅོས་བསྒྱུར་བྱེད་པ; སྤྱོད་པ; ཐུགས་སྤྲོ;

(to discourse on) བགྲོ་གླེང་བྱེད་པ;

(to feast) བཟའ་བཏུང་གིས་སྤྲོ་བ་སྐྱེད་པ;

729 Treat, *n.* ཐུང་སྤྲོ; མགྲོན;

730 Treatise, *n.* ལག་ལེན་གྱི་བྱེ་བྲག་ཟུར་དུ་བཀོལ་བའི་དཔེ་ཆ; ཡ་རྒྱལ་གྱི་བཤད་པའི་དཔེ་ཚུང་གཞུང; ལག་ལེན་གྱི་བཤད་པའི་དཔེ་ཆ; བརྗོད་བྱ་བྱེ་བྲག་གི་དཔེ་ཚུང;

731 Treatment, *n.* (བཅོས་ཁ; medl.) སྨན་བཅོས; སྨན་དཔྱད; སྤྱོད་པ་སྤྱོད་སྟངས; བཅོས་ཐབས; མཐུན་ལི; སྤྱོད་སྟངས; བྱེད་སྟངས;

732 Treaty, *n.* འཆིང་འགྲིག; བཟང་སྒྲིག; ཁྲིས; བསྡུམ་པ; ཁྲིས་འཇགས; འཁོར་འདུམ; མཐུན་ལམ; མཐུན་འགྲིག; འདུམ; སྡུམ;

733 Treble, *a.* གསུམ་ལྡབ; གསུམ་འགྱུར;

734 Tree, *n.* ཤིང་སྡོང; ཤིང; སྡོང་པོ; ལྗོན་ཤིང;

735 Treeless, *a.* ཤིང་སྡོང་མེད་པ; སྡོང་པོ་མེད་པ; ཤིང་མེད;
ཤིང་གི་དབེན་པ;

736 Trellis, *n.* སྒོ་ཁུང་ངམ་སྐར་ཁུང་གི་དྲ་མིག; སྦྲིས་མ; ཀྲུ་ཁྲ;
ཁྲ་ཀ; ཁྲ་སྒོ; ཤིང་ངམ་ལྕགས་ཀྱི་དྲ་མིག;

737 Tremble, *v.i.* འདར་བ; འགྱུལ་བ;

738 Trembling, *n.* འདར་ཞིང་ཡོད་པ; འདར་བཞིན་པ;

739 Tremendous, *a.* འཇིགས་སུ་རུང་བ; འཇིགས་རྔམས་ཅན;
བག་ཚ་བ; བག་འཁྲིམས་པ;

740 Tremor, *n,* ལུས་འདར; ཤ་འདར; འདར; གསིག་པ;
གསིག་གསིག;

741 Tremulous, *a.* འདར་ཞིང་ཡོད་པ; གསིག་ཅིང་ཡོད་པ;
གསིག་བཞིན་པ;

742 Trench, *n.* ས་ཤུར; འོབས; ས་རྡོང; *v.t.* འོབས་འདྲུ་བའམ་
ཀོ་བ; ས་ཤུར་འདྲུ་བའམ་ཀོ་བ;

743 Trenchant, *a.* ཆོད་པོ; རྣོ་ཆོད་ཅན; ཚིག་རྣོ་པོ; རྣོ་པོ;

744 Trencher, *n.* ཤིང་སྡེལ; ཤིང་ཁྲེལ; གཞོང་པ; (གསོལ་ཁྲེལ; Hon.)

745 Trepidation, *n.* སྐྲོ་ཚབ་ཚུབ; སེམས་གློང་གློང; དྲག་ཅིང་འདར་བའི་
རྣམ་འགྱུར;

746 Trespass, *v.i.* ཧར་འཛུལ་ལམ་ཧམ་འཛུལ་རྒྱུག་པ;

747 Trespasser, *n.* དབང་ཡོད་ཀྱིས་པ་རོལ་པའི་ཁང་པའམ་ས་ཆར་འཛུལ་
མཁན; དབང་ཡོད་རང་འཚམས་སུ་མིའི་ནང་ལ་
གཞུག་པ་པོའམ་འཛུལ་བ་པོ;

748 Tress, *n.* བུད་མེད་ཀྱི་སྐྲའི་ལན་བུའམ་ལན་ཚར་ཆུང་ངུ ;

749 Trestle, *n.* རྒྱ་ཅོག་གི་ཀང་པ་ལྟེབས་ཆོག་བརྒྱག་ཏུ་ཡོད་པའི་ཀང་
སོགས་དང་ལས་ཁྲི་སོགས ;
ག་གོ་ན་ནམ་ཙུང་འཞེས་བཀྲམ་སའི་ཀྲིབ ; Sik.)

750 Tret, *n.* ཉོ་འཚོང་སོགས་ཀྱི་སྐབས་སུ་སྡོན་ཁ་སྡེར་བའམ་ཁ་
གསོའམ་སྡོན་མ་སྤྲིན་པ་དེའོ ;

751 Trey, *n.* སྒུ་གེ་སྟེ་ཤོ་མིག་གི་གྲངས་གསུམ་པའོ ;

752 Triad, *n.* གསུམ་འབྲེལ ; གསུམ་ཚོགས ; གསུམ་འདུས ;

753 Trial, *n.* དཀའ་བ ; ངལ་ཚོགས ; སྡུག་པོ ; དཀའ་ཚོགས ;
དཀའ་སྤྱད ; ཞིབ་དཔྱོད ; ཚོད་བལྟ ; ཚོད་འགམ ;
ཉམས་ཚོད ; བརྟག་དཔྱད ;

754 Triangle, *n.* ཆོས་འབྱུང་ངམ་ཧོཾ་ཁྲང་རིས ; རི་མོ་གྲུ་གསུམ་པ ; ཟུར་
གསུམ ; ལོགས་གསུམ་དང་གྲུ་གསུམ་ལྡན་པའི་རི་མོ ;

755 Triangular, *a.* གྲུ་གསུམ་པ ;

756 Tribe, *n.* མི་བརྒྱུད ; མི་རྒྱུད ; མི་རིགས ; རིགས་ཚན ;

757 Tribulation, *n.* སྡུག་བསྔལ ; མྱ་ངན ;

758 Tribunal, *n.* ཁྲིམས་ར ; ཁྲིམས་ཁང ;

759 Tributary, *n.* གཙང་ཕྲན་གཙང་པོ་ཆེན་པོ་འི་ནང་དུ་འབབ་མཁན ;
གྲོགས་བྱེད་ཆུ་ཕྲན ; *a.* ཁྲལ་འདེབས་མཁན ;
ཁྲལ་འཇལ་མཁན ; བོགས་འབབ་འབུལ་མཁན ;
གདན་འཇལ་འབུལ་མཁན ;

760 Tribute, *n.* འབུལ་བ ; ཁྲལ ; དཔྱ ; བོགས ; འབབ ;
མོས་པ་ནམ་མགུ་བའམ་ཡང་ན་བསྟོད་པའི་ཚིག་གོ ;

761 Trice, *v.t.* ཡར་བཏགས་པ ; ཡར་འཐེན་པའམ་འདྲེན་པ ;
n. ཡུད་ཙམ ;

762 Trick, *v.t.* གཡོ་སྒྱུ་གཏོང་བའམ་སྒྱུ་ཐབས་བྱེད་པ ; སྒྱུ་ཐབས་བྱེད་པ ;

763 Trickle, *v.i.* འཛག་པ ; ཆུ་སོགས་འཛེར་བ ;

764 Trident, *n.* རྩེ་གསུམ ; (ཏྲི་ཤུལ ; Sanskrit) མདུང་རྩེ་གསུམ་པ ;

765 Triennial, *n.* ལོ་གསུམ་རེར་འཁོར་བའམ་ལོ་གསུམ་རིང་གནས་པ ;

766 Trifle, *v.i.* ཕྲོ་བརླག་གཏང་བ ; སྣང་མེད་བསྐུར་བ ; ཆུས་གསན་པའམ་གཟེན་པ ; རྩིས་ཐང་མེད་པ ;

767 Trifler, *n.* སྣང་མེད་སྐུར་མཁན ; རྩིས་མེད་གཏོང་མཁན ;

768 Trifling, *a.* སྣང་མེད ; ཕྲན་བུ ; རྩིས་ཆུང ; ཕྲན་ཚེགས ;

769 Triflingly, *ad.* རྩིས་ཆུང་དུ ;

770 Trigger, *n.* མེ་མདའི་རྡ ; མེ་མདའི་སྐམ་པ ;

771 Trigonometry, *n.* གྲུ་གསུམ་ཚད་གཞལ་གྱི་ཐིག་ཚད ; ཟོགས་གསུམ་དང་གྲུ་གསུམ་འཇལ་བས་ས་ཚོད་ཐིག་པའི་རིག་པ ; གྲུ་ཁང་རིས་ཀྱི་ཐིག་ཚད ;

772 Trilingual, *a.* སྐད་རིགས་གསུམ་ལྡན ; སྐད་གསུམ་ཤན་སྦྱར་རམ་བརྡ་གསུམ་ཤན་སྦྱར ;

773 Trill, *v.t.* འདར་སྐད་དང་བཅས་གདངས་རིན་འབྱིན་པ ;

774 Trillion, *n.* གྲངས་ཀྱི་གནས་གཞན་རྒྱ་རིགས་ཆེན་པོ་ཞེས་པ་དེའོ ; ས་ཡ་གསུམ་འགྱུར་གྱི་གྲངས་ཀྱི་མིང ; དཀྲིགས་ཆེན་པོ ;

775 Trim, *a.* བཀོད་ག་ཤོམ་ལེགས་པ ; འདྲ་ཆགས་པོ ;

776 Trimming, *n.* རྩེ་གཡམ་པ ; རྩེ་གཅོད་པ ; རྩེ་གད་དམ་མགོ་གད་རྒྱག་རྒྱུ་དེའོ ;

777 **Trinity**, *n.* རྣམ་གསུམ; ཚུལ་གསུམ; གསུམ་འདུས;
ཉཾ་པ་གསུཾ་ལྡན; གསུམ་འདུས་ཀྱི་འདོད་པའམ་ལྟ་བ;

778 **Trinket**, *n.* རྒྱན་ཆ་རིན་ཐང་ཆུང་ངུ; རིང་ཐང་ཆུང་ངུའི་དངོས་པོ;
དངོས་པོ་ཙ་ཆུང;

779 **Trio**, *n.* གསུམ་པོ; གསུམ་ཀ; གསུམ་འབྲེལ; གསུམ་འདུས;
གླུ་མཁན་གསུཾ་གྱིས་སྦྱེབས་གཅིག་ཏུ་ལེན་དགོས་པའི་
གླུ་དབྱངས;

780 **Trip**, *v.i.* དལ་གྱིས་འགྲོ་བ; ཇབ་པ; (སྐུ་ཇབ་ཞོར་བ; Hon.)
ཉོར་བ; འཁྲུལ་བ; གོམ་པ་ཡངས་མོར་རྒྱབ་བ;
ཡང་ཟེར་གྱི་གོམ་པས་བྲོ་གར་འཁྲབ་པ;

781 **Tripartite**, *a.* གསུམ་བགོས་སུ་ཡོད་པའི; དུམ་བུ་གསུམ་པའམ་ལྷུ་
གསུཾ་པ; ཚངམ་དུམ་བུ་གསུམ་དུ་བགོས་པའི;

782 **Tripe**, *n.* རྒྱུ་མ;

783 **Tripetalous**, *a.* འདབ་མ་གསུམ་ལྡན; འདབ་གསུམ་ཅན;
འདབ་གསུམ;

784 **Triphthong**, *n.* དབྱངས་ཡིག་གསུམ་འབྲེལ;

785 **Triple**, *a.* གསུམ་འབྲེལ; གསུམ་ལྡན; གསུམ་འདབ; གསུཾ་ལྡབ;

786 **Triplicate**. *a.* འདྲ་དཔེ་གསུམ་པ; གསུམ་ལྡབ; གསུཾ་འདབ;
n. གཉིས་དང་འདྲ་བའི་དཔེ་གསུམ་པ;

787 **Triplication**, *n.* དཔེ་གསུམ་དུ་བཤུ་སྟངས;

788 **Tripod**, *n.* ཅོག་ཙེ་སོགས་རྐང་གསུམ་པ;
རྐང་གསུམ་མམ་རྐང་གསུཾ་པ;

789 **Tripping**, *n.* གར་གྱི་རྣམ་པ་ཞིག; གོམ་པ་མང་ཞིང་དལ་བུས་
འགྲོ་སྟངས;

790 Trippingly, *ad.* གོམ་པ་ཡང་ཞིང་དལ་བུར་འགྲོ་ཚུལ་གྱིས;
གོམ་འགྲོས་ཡང་པོ་བྱེད་དེ;

791 Trite, *a.* བརྟེངས་པ; རྟེངས་པ; སྲུམ་པ; སྲུམས་པ;
དཀྲུས་མ;

792 Tritely, *ad.* བརྟེངས་ནས;

793 Triturate, *v.t.* ཞིབ་མོར་འཐག་པ; ཕྱེ་མར་འཐག་པ;

794 Triumph, *n.* རྒྱལ་ཁ; *v.i.* རྒྱལ་བ;

795 Triumphal, *a.* རྒྱལ་ཁའི་དུར་ཀྱི; རྒྱལ་བའི་སྐོར;

796 Triumphant, *a.* རྒྱལ་ཁ་ཐོབ་པའི་རྣམ་འགྱུར་ཅན; རྒྱལ་མཁན;

797 Triumphantly, *ad.* རྒྱལ་བའི་རྣམ་འགྱུར་གྱིས; རྒྱལ་བའི་ཚུལ་གྱིས;

798 Triune, *a.* གཅིག་ལ་གསུམ་ལྡན;

799 Trivet, *n.* སྒྲེད་པོ; སྒྲིད་བུ; ལྕགས་སྒྲེད་དམ་ལྕང་སྒྲེད;

800 Trivial, *a.* རྩ་མེད; རྩིས་ཆུང; དོན་མེད; སྙིང་པོ་མེད་པའི;

801 Trivially, *ad.* དོན་མེད་པར; རྩིས་ཆུང་དུར; རྩ་མེད་པར;

802 Troll, *v.t.* སྐོར་བ; སྐད་ཆེན་པོ་བརྒྱབས་ནས་གླུ་རྒྱུན་ཆད་མེད་
པར་ལེན་པ;

803 Trollop, *n.* ལུས་དང་གོས་ལ་གཙང་སྦྲ་མི་བྱེད་མཁན་གྱི་བུད་མེད;

804 Troop, *n.* དམག; དམག་དཔུང; དམག་ཚོགས; དཔུང་ཚོགས;

805 Trooper, *n.* རྟ་དམག;

806 Trophy, *a.* (གནག; ནོམ; Collql. Sik. & Bhut.)
རྒྱལ་བའི་མཚན་མ; རྒྱལ་བའི་རྟགས; རྒྱལ་རྟགས;

807 Tropic, *n.* ཚད་པ་ཆེ་བའི་ཡུལ;

808 Tropical, *a.* ཚད་པ་ཆེན་པོ་འི་ཡུལ་གྱི;

809 Trot, *v.i.* འདུར་བ; བང་འགྲོས་རྒྱབ་པ; འདུར་འདུར་རྒྱུག་པ; འདུར་འདུར་འགྲོ་བ; འདུར་རྒྱབ་པ;

810 Troth, *n.* དྲང་པོའི་སྙིང་གཏམ; བདེན་པ; དད་པ; ཡིད་ཆེས; དྲང་གཏམ;

811 Troubadour, *n.* གླུ་མཁན; དཔའ་བ་ལ་དགའ་བའི་རིགས་ཤིག;

812 Trouble, *v.t.* སྡུག་གཏོང་བ; དཀྲུག་པ; *n.* སྡུག་པ; ཀྱོ་ངན; སྡུག་བསྔལ; དཀའ་ལས;

813 Troublesome, *a.* དཀའ་ཚེགས་ཅན; ཚེགས་ཅན; དཀའ་ལས་ཁག་པོ; སྙུ་མཉེལ་པོ;

814 Troublesomeness, *n.* དཀའ་ཚེགས; དཀའ་ལས་ཆེ་ལུགས; ཚེགས;

815 Troublous, *a.* མི་སྐྱིད་པའི་སྡོ་འཁྲུག་གིས་ཁྱབ་པའི; སྡོ་གཟར་ཆེན་པོའི; དུས་ཟིང་ཅན;

816 Trough, *n.* གཞོང་པ; ཁྲི་གཞོང་དང་ཧྲ་གཞོང་སོགས; ཤིང་ཁྲོལ;

817 Troupe, *n.* གླུ་མཁན་གར་མཁན་རྣམས་ཀྱི་ཚོ;

818 Trousers, *n.* དོར་མ; ཀང་སྣམ; གོས་ཐུང; སྐྱ་ཐུང; ཀང་ཆ;

819 Trout, *n.* ཉ་པོ; ཉའི་རིགས་ཤིག;

820 Trow, *v.i.* ཡིད་ཆེས་པ; མནོ་བ; བསམས་པ; འདོད་པ; ཡིན་པར་འདོད་པ; བདེན་པ་ཡིན་པར་འདོད་པ;

821 Trowel, *n.* ཞལ་བ་དང་ཚོན་སོགས་ཁྱབ་པར་གདལ་བའི་ལག་ཆ;

822 Truant, *n.* (Collql. ཆོས་ཐྲིག་རྒྱབ་མཁན;) (ཁྲོས་འཁྱམས་པ; Sik. & Bhut.). ལེ་ལོའི་དབང་དུ་སོང་ནས་བསླབ་གྲྭར་འགྲོ་བ་ལ་མཆོར་བའི་ཕྲུག་གུ;

823 Truce, *n.* འཆིང་འཁྲིག་ཐབས་བྱེད་པའི་ཕྱིར་གནས་སྐབས་སུ་ཡུན་ཐུང་ངུའི་བར་དམག་འཐབ་བ་ཤོལ་བའི་བྱ་བ;

824 **Truck,** *v.i.* རྗེ་བ; དངོས་པོ་ཕན་ཚུན་རྗེ་བ;

825 **Truckle,** *n.* འཁོར་ལོ་ཆུང་ཆུང་;

826 **Truckle,** *v.i.* མགོ་དགུར་བ; ཉན་པ; ཁ་ལ་ཉན་པ; བཀའ་ལ་ཉན་པ;

827 **Truckling,** *n.* མགོ་དགུར་སྟངས;

828 **Truculent,** *a.* སྙིང་རྗེ་མེད་པ; མི་སྡུན་པ; མ་རུང་པ; གདུག་པ;

829 **Trudge,** *v.i.* རྐང་ཐང་ལ་འགྲོ་བ;

830 **True,** *a.* ངོ་ཐོག; དངོས་ནས; དྲང་པོ; བདེན་པ; བསླུ་བ་མེད་པ;

831 **Trueness,** *n.* བདེན་ལུགས; དངོས་ནས་ཡིན་ལུགས;

832 **Truism,** *n.* བདེན་པའི་ཆོས; མངོན་སུམ་བདེན་པ; བསླུ་བ་མེད་ལུགས;

833 **Truly,** *ad.* ངོ་ཐོག་ཏུ; བདེན་པར; དྲང་པོར;

834 **Trump,** *v.t.* མགོ་སྐོར་བ; མགོ་སྐོར་གཏོང་བ;

835 **Trumpery,** *n.* དོན་མེད་ཀྱི་གཏམ; འཆལ་གཏམ; སྙིང་པོ་མེད་པའི་དངོས་པོ;

836 **Trumpet,** *n.* དམག་དུང; རག་དུང; དུང;

837 **Trumpeter,** *n.* དུང་པ; དམག་དུང་འབུད་མཁན;

838 **Truncate,** *v.t.* གཡམས་པ; རྩེ་གཡམས་པ; གཅོད་པ; འབྲེག་པ; བསྐྱིད་བསྐྱིང་གཅོད་པ; རྩེ་གད་ཀྲུག་པ; མགོ་གད་ཀྲུག་པ;

839 **Truncated,** *a.* བཅད་པའི; བྲེགས་པའི;

840 **Truncheon,** *n.* འཁར་བ; འཁར་རྒྱུག; རྒྱུག་པ; དབྱུག་པ; དབྱུག་ཏོ;

841 **Trundle,** *n.* ཙ་ལག་གམ་དངོས་པོ་རིལ་རིལ; (འཁོར་ལོ་སོ་ཅན་ལ་ སོའི་ནང་ལ་བུ་གའམ་དུང་ཆུང་ཅན་ཡིན་པ; Sik.) འཁོར་ལོ་ཆུང་ཆུང;

842 **Trunk,** *n.* སྡོང་པོ; of a tree. (སྒོཾ; སྒྲོམ; box).

843 **Truss,** *n.* རྩ་སོགས་ཀྱི་ཆག་པ; *v.t.* དམ་པོར་འཆིང་བ; འཆིང་བ;

844 **Trust,** *n.* བློ་གཏད; ཡིད་ཆེས; *v.t.* བློ་གཏོད་པ; བློ་ཁེལ་བ; ཡིད་ཆེས་པ;

845 **Trustee,** *n.* (ཕ་ཚབ;) བློ་ཐུབ་པའི་མི; བློ་ཁེལ་བའི་མི; དངོས་པོ་བཅོལ་བའི་མི; གཉེར་བཅོལ་གྱི་ཡུལ;

846 **Trusteeship,** *n.* ཕ་ཚབ་ཀྱི་གོ་ས; དངོས་པོ་བཅོལ་དུ་རུང་བར་བློ་ཁེལ་བའི་མིའི་གོ་ས;

847 **Trustful,** *a.* རང་ལ་བློ་གཏད་པའི; བློ་གཏད་ཡིད་ཆེས་བྱེད་མཁན; བློ་རང་ལ་གཏད་པའི;

848 **Trustfully,** *ad.* བློ་གཏད་དེ; བློ་ཁེལ་ནས; ཡིད་ཆེས་ནས;

849 **Trustfulness,** *n.* བློ་གཏད་ཚུལ; བློ་བཀལ་ཚུལ;

850 **Trustworthiness,** *n.* བློ་གཏད་ཐུབ་ལུགས; བློ་ཁེལ་ལུགས; ཡིད་རྟོན་ལུགས; ཡིད་ཆེས་ལུགས;

851 **Trustworthy,** *a.* བློ་ཁེལ་འོས་པ; བློ་གཏད་ཐུབ་པ; ཡིད་རྟོན་རུང་བ; བློ་ཐུབ;

852 **Trusty,** *a.* བློ་ཐུབ; བློ་ཁེལ་འོས་པ; ཡིད་རྟོན་རུང་བ; བློ་ཐུབ;

853 **Truth,** *n.* བདེན་པ; གདམ་དྲང་; ཁ་དྲང;

854 **Truthful,** *a.* དྲང་པོ; བདེན་པ;

855 **Truthfully** *ad.* བདེན་པར; དྲང་པོར;

856 **Truthfulness,** *n.* བདེན་ལུགས; བདེན་ཚུལ;

857 Try, *v.i.* (to endeavour སྙིང་རུས་བྱེད་པ; བརྩོན་པ; བརྩོན་འགྲུས་བྱེད་པ; འབད་པ;)
(in the sense of 'to test' ཚོད་ལྟ་བ; ཉམས་སད་པ; དཔྱོད་པ;)
(*n.* ཚོད་བལྟ; བརྟག་པ; test).

858 Trying, *a.* བསྲན་དཀའ་མོ; བཟོད་དཀའ; ཐེག་དཀའ;

859 Tub, *n.* (ཆུ་ཟེམ; Sik.) ཆུ་གཞོང; གཞོང་པ;

860 Tube, *n.* (ཆུ་དུང; དོང་པོ; དུང་ཕུང; Sik.) དོང་མོ; ཤིང་དོང; སྦུ་དོང; ལྷོང་མོ; ལྕགས་དོང; ལྕགས་སྦུབས; ཤིང་སྦུབས;

861 Tubercle, *n.* ཐོར་པ; སྨིན་ཐོར;

862 Tuberous, *a.* རྩ་འབྲས་ཅན; ལྦ་བ་ཅན; རྩ་བའི་འབྲས་བུ་ཅན;

863 Tubular, *a.* དོང་པོ་འདྲ་བ; དོང་པོའི་དབྱིབས་ཅན;

864 Tubule, *n.* དོང་པོ་ཆུང་ཆུང;

865 Tuck, *n.* རལ་གྲིའི་རྣམ་པ་ཞིག; གོས་ཀྱི་ལྟབ་མ; སྒྲོག་པཱི་རྒྱུ་ཡི་རྣམ་པ་ཞིག;

866 Tuesday, *n.* གཟའ་མིག་དམར;

867 Tuft, *n.* ཚོམ; ཚོམ་པ; ཚོམ་པོ; ཚོམ་བུ; ཆག་པ; ཚོགས;

868 Tug, *v.t.* འཐེན་པ; ཤེད་ཀྱིས་འཐེན་པ;

869 Tuition, *n.* སློབ་གཉེར; བསླབ་སྦྱང; བསླབ་པ;

870 Tulip, *n.* མེ་ཏོག་གི་རྣཾ་པ་ཞིག;

871 Tumble, *v.i.* བརྡབ་ཤོར་བ; ཐབ་ལ་ཤོར་བ; འགྱེལ་བ; རྡབ་པ; རྡེབས་པ; འགྲིལ་བ; གཟག་པ;

872 Tumbler, *n.* (the glass ཆུ་བཏུང་བའི་ཤེལ་སྣོད; ཤེལ་ཕོར;)
(འགྱེལ་བ་པོ; one who tumbles).

873 Tumbling, *n.* འགྱེལ་བའི་བྱ་བ; ཐབ་འགྱེལ; རྡབ་པའི་བྱ་བ;

874 **Tumid,** *a.* སྐྲངས་པ; སྦོས་པ;

875 **Tumour,** *n.* སྐྲང་འབུར; གཉན་འབུར;

876 **Tumult,** *n.* འར་ཟུར; ཟུར་སྒྲ; འཁྲུག་པ; ཅ་ཅོ; འཁྲུག་ཟིང;
(རྒྱུས་འདྲི; Collql.) རྒྱུ་འདྲི; རྒྱུབ་འདྲི;

877 **Tumultuary,** *a.* ཟུར་སྒྲ་ཅན; ཅ་ཅོ་ཅན; འཁྲུག་ཟིང་ཅན;

878 **Tumultuous,** *a.* འཁྲུག་ཟིང་ཅན; ཟུར་སྒྲ་ཅན;

879 **Tumultuously,** *ad.* འཁྲུག་དད་ཆེན་པོ་བྱེད་དེ; ཟུར་སྒྲ་དང་བཅས་དེ;
ཅ་ཅོ་བྱས་དེ;

880 **Tumultuousness.** འཁྲུག་ཟིང་སྐྱང་དད;

881 **Tun,** *n.* ཟེམ; ཆུ་ཟེམ; ཆུ་བཟོམ; ཆུ་རྫུམ་མ;

882 **Tunable,** *a.* དབྱངས་འདོན་འོས; གདངས་སྙན་ཅན;
དབྱངས་སྙན་ཅན; སྙན་འཇེབས་ཅན; སྙན་པོ;

883 **Tune,** *n.* (གླུ་འཇགས; Sik.) གདངས་དབྱངས; གླུ་གདངས;
གླུ་དབྱངས; སྙན་འཇེབས; གདངས་སྙན;
དབྱངས་སྙན; དབྱངས;

884 **Tuneful,** *a.* དབྱངས་དང་ལྡན་པ; སྙན་པ; གདངས་སྙན་ཅན;
དབྱངས་སྙན་ཅན; སྙན་འཇེབས་པོ;

885 **Tuneless,** *a.* དབྱངས་མེད་པ; དབྱངས་སྙན་མེད་པ; མི་སྙན་པ;

886 **Tunic,** *n.* གོས; དུག་ལོག; ཆུ་པ; པགས་པ; དབང་པོ་འི་ཤུབས;

887 **Tunicle,** *n.* བེར; བེར་ཐུལ; འཇོལ་བེར; ཆུ་པ; པགས་པ;

888 **Tunnel,** *n.* རི་ཕུག་པའི་ལམ; ས་འོག་གི་ལམ;

889 **Tunnelling,** *n.* ས་འོག་གི་ལམ་བཟོ་བའི་བྱ་བ;

890 **Turban,** *n.* ཐོད; མགོ་བོ་འི་ཐོད; ཐོད་ཁེབས; ཐོད་དཀྲིས;
མགོ་དཀྲིས;

891 Turbid, *a.* རྙོག་མ་ཅན; ཉོག་པ; རྙོག་པ; ཉག་ཉོག;

892 Turbulence, *n.* ཉག་ཉོག་ཚ་པོ; འཁྲུག་ཟིང; ཟིང; ཟིང་ཆ;
རྒྱབ་འདྲེ; སྡེ་འཁྲུག;

893 Turbulent, *a.* ཟིང་སླང་དང་ཅན; འཁྲུག་ཟིང་ཅན; སྡེ་འཁྲུག་ཆེན་པོའི;

894 Turbulently, *ad.* ཟིང་སློང་དང་གིས; འཁྲུག་ཟིང་གིས;
སྡེ་འཁྲུག་ཆེན་པོས;

895 Turf, *n.* སྤང; སྤང་ལོག; སྤང་ཐང; རྟ་རྒྱུག་གཏོང་ས;
རྟ་རྒྱུག་གཏོང་བའི་ཐང;

896 Turfy, *a.* སྤང་ཅན;

897 Turk, *n.* ཏུ་རུ་ཁ་ཧོར; ཏུ་རུ་ཀ; ཏུ་རུ་ཁ; ཏུ་རུ་ཀ;

898 Turkey, *n.* ཧོར་ཡུལ; ཏུ་རུ་ཁའི་ཡུལ;

899 Turkish, *n.* ཏུ་རུ་ཁ་ཡི་སྐད; ཏུ་རུ་ཀའི་སྐད;
ཏུ་རུ་ཀའི་ཡུལ་གྱི་སྐད;

900 Turmeric, *n.* གསེར་ལྡན; སེར་མོ; ཡུང་ང; ལྒ་སེར; སྒ་སེར;
ཡུང་བ; གསེར་འཛོམས; མདོག་མཆོག;

901 Turmoil, *v.t.* མགོ་འཁྲོམས་འཇུག་པ; སྡུག་གཏང་བ; སྡུག་པོ་གཏང་བ;
མགོ་འཁོར་འཇུག་པ;

902 Turn, *v.t.* & *v.i.* (*v.t.*) སྒྱུར་བ; (to turn off བཟློག་པ;) འགྱུར་བ;
(to turn out འབྱིན་པ); to turn round འཁོར་བ);
(to turn up, འབྱུང་བ; འགྱུར་བ; འབྱིན་པ);
(to turn upside down སྤྲུབ་པ; ཁ་སྤུབ་པ);
ཟློག་པ; བཟློག་པ;

903 Turn, *n.* (སྐབས་ལེན); རེས; རེ་མོས; རེས་མོས;

904 Turned, *a.* བསྒྱུར་བའི; ཁ་ཕྱོགས་བསྒྱུར་བའི;

905 **Turner,** *n.* སྒྲུར་བ་པོ; (ཕུག་རོན་གྱི་རྣམ་པ་ཞིག; the pigeon).

906 **Turning,** *n.* ལམ་གྱི་སྒྲི་ཀྱོག; ལམ་ཀྱོག;

907 **Turnip,** *n.* (Sik. ཉུང་རྡོག;) ཉུང་མ;

908 **Turnkey,** *n.* བཙོན་གྱི་ལྡེ་མིག་རྣམས་འཛོག་མཁན; བཙོན་སྲུང;

909 **Turnpike,** *n.* དཔྱ་ཁྲལ་འཛལ་འཇུག་པའི་ཕྱིར་འགྲུལ་པ་འགོག་བྱེད་རྒྱ་སྒོ;

910 **Turpentine,** *n.* ཐང་རྩི་སྣུམ; ཐང་ཆུ; ཐང་མར;

911 **Turpitude,** *n.* གཤིས་ངན་པ; གདུག་པའི་ཚུལ; མ་རབས་ཀྱི་ཚུལ;

912 **Turret,** *n.* ཕྱིའུ; ཕྱིའུ; པུ་ཤུ; ཕུ་ཤུད; ཡང་ཐོག; བསིལ་ཁང; ལྕོག; དབུ་རྩེ; (ཡྭང; ཟན་ཡྭང; Chinese word Tibetanised.)

913 **Turtle,** *n.* རུས་སྦལ;

914 **Tusk,** *n.* མཆེ་བ; མཆེ་སོ;

915 **Tusked,** *a.* མཆེ་བ་ཅན;

916 **Tut,** *int.* མི་སྙན་པའི་སྐད; ཡིད་མི་ཆེས་པའི་སྒྲ; འཕྱ་བའི་སྒྲ; འཕྱ་ཚིག; མི་བཟོད་པའི་སྒྲ;

917 **Tutelage,** *n.* སློབ་དཔོན་གྱི་བསྟེན་ཚུལ; སྲུང་ཞིང་འཛིན་སྟངས;

918 **Tutelary,** *a.* སྲུང་མཁན; སྐྱོབ་མཁན; སྐྱོང་མཁན;

919 **Tutor,** *n.* དགེ་རྒན; སློབ་དཔོན;

920 **Tutorage,** *n.* སློབ་དཔོན་གྱི་ཚུལ;

921 **Tutorship,** *n.* དགེ་རྒན་གྱི་གོ་ས;

922 **Twaddle,** *n.* དོན་མེད་ཀྱི་གཏམ; འཆལ་གཏམ; ཀྱལ་ཀ; ཀྱལ་པ;

923 **Twain,** *a.* or *n.* གཉིས་ཀ; གཉིས; མཚེ་མ;

924 **Twang,** *v.i.* གཞུ་ཐག་འཐེན་པའི་སྒྲ་འབྱིན་པ;

925 **Tweed,** *n.* སྣམ་བུའི་རྣམ་པ་ཞིག;

926 Twelfth, *a.* བཅུ་གཉིས་པ་;

927 Twelve, *a.* བཅུ་གཉིས་;

928 Twentieth, *a.* ཉི་ཤུ་པ་;

929 Twenty, *n.* ཉི་ཤུ་; ཉི་ཤུ་ཐམ་པ་;

930 Twice, *ad.* ལོག་ལྷབ་; གཉིས་ལྷབ་; གཉིས་འགྱུར་;

931 Twig, *n.* ཡལ་ག་ཕྲ་མོ་; ལྕུག་པ་; ལྕུག་གུ་; ལྕུག་ཕྲན་;

932 Twilight, *n.* ཐོ་རངས་གི་འོད་; ཐུན་མཚམས་;

933 Twin, *n.* མཚེ་མ་; (མཚེ་འབྲིལ་; Sik.)

934 Twine, *v.t.* སྒྲིམ་པ་; སྒྲིལ་བ་; གཙུད་པ་; གཙུ་བ་;

935 Twinge, *v.i.* གཟེར་ཟླང་རྒྱབ་པ་; ཟླང་ཐབས་རྒྱབ་པ་;
གཟེར་གཡའ་བ་;

936 Twinging, *n.* གཟེར་ཟླང་;

937 Twinkle, *v.i.* འཚེར་བ་; འོད་འཚེར་བ་; འོད་རྒྱབ་པ་;
མིག་ཙུམ་རྒྱབ་པ་; མིག་ཁྲབ་ཁྲབ་བྱེད་པ་;

938 Twinkling, *n.* སྐད་ཅིག་པ་; སྐད་ཅིག་མ་; སྐད་ཅིག་མའི་ཡུན་;
(*v.i.* ཆེམ་ཆེམ་འབར་བ་;) (*v.i.* འོད་ཆེམ་ཆེམ་
བྱེད་པ་;) (*n.* མིག་ཙུམ་;) *n.* སྐད་ཅིག;

939 Twirl, *v.t.* སྐོར་བ་; ཀླད་ལ་སྐོར་བ་;

940 Twist, *v.t.* བཙུས་ཕྱུར་རྒྱབ་པ་; གཙུད་པ་; གཙུ་བ་; སྒྲིམ་པ་;

941 Twit, *v.t.* སྨད་ར་བརྗོད་པ་; ཁ་ངན་སྨྲ་བ་; སྐྱོན་བརྗོད་པ་;
ག་ཤེ་ག་ཤེ་གཏོང་བ་;

942 Twitch, *v.t.* སྤུར་བཙུས་རྒྱབ་པ་; ཤེད་ཀྱིས་འཐེན་པ་;

943 Twitter, *v.t.* & *v.i.* བྱིའུ་བཞིན་སྐད་ཚུང་ཚུང་འདོན་པ་; ཙ་ཙོ་སྒྲོག་པ་;

944 **Twittering,** *n.* བྱིའུའི་སྐད; ཙ་ཙོ; ཀ་ལི་ཀི་ལ;

945 **Two,** *a.* གཉིས;

946 **Tympanum,** *n.* རྣ་བའི་ཕྱི་ནང་འབྱེད་པའི་པགས་རྒྱ་ཤིན་ཏུ་མཉེན་ཞིང་སྲབ་པ; རྣ་བའི་ཕྱི་ལོགས་དང་ནང་ལོགས་འབྱེད་བྱེད་པགས་འཛམ;

947 **Type,** *n.* པར; སྤུས་ཚད; པར་གྱི་ཡི་གེ་རྣམས; དཔེ;

948 **Typhoon,** *n.* བུ་ཡུག; རླུང་དམར; རླུང་ཚུབ; རླུང་ནག;

949 **Typhus,** *n.* འགོ་བའི་ཚད་ནད; འགོ་ཚད;

950 **Typical,** *a.* དཔེ་མཚོན་བྱེད; དཔེའི་སྐོར; པར་གྱི་སྐོར;

951 **Typically,** *ad.* དཔེར་བརྗོད་ནས; དཔེ་ཡིས་མཚོན་ནས;

952 **Typify,** *v.t.* དཔེར་མཚོན་པ; དཔེ་ཡིས་མཚོན་པ; རྟགས་ཀྱིས་མཚོན་པ;

953 **Typography,** *n.* པར་གྱི་སྐོར་གྱི་ཤེས་བྱ; པར་གྱི་རིག་པ; པར་རྒྱབ་སྟངས;

954 **Tyrannical,** *a.* སྙིང་རྗེ་མེད་པ; གཅན་པ; གཅན་པོ; དབང་བཙན་དྲག་པོ; དབང་ཡོད་ཅན; དབང་ཡོད་ཚ་པོ;

955 **Tyrannically,** *ad.* སྙིང་རྗེ་མེད་པར; དབང་བཙན་པོའི་ཐུབ་ཚོད་ཀྱིས; དབང་ཡོད་བྱས་ནས;

956 **Tyrannize,** *v.i.* སྡུག་པོ་གཏོང་བ; དབང་ཡོད་འཚོང་བ; དབང་ཡོད་བཙོངས་པ; དབང་ཡོད་བྱེད་པ; བརྡབས་སིགས་གཏོང་བ;

957 **Tyrannous,** *a.* བཙན་པོ; དྲག་པོ; གཅན་པོ;

958 **Tyranny,** *n.* དབང་ཡོད; བརྡབས་སིགས;

959 Tyrant, *n.* དབང་ཡོད་བྱེད་མཁན; བཙབས་ཤིགས་གཏོང་མཁན;
སྡུག་པོ་གཏོང་མཁན; བཙན་པོ; དྲག་པོ;
དབང་ཡོད་མཁན; མི་གཅན; མི་གཅན་པ;
མི་གཅན་པོ;

960 Tyro, *n.* སློབ་གཉེར་མགོ་འཛུགས་མཁན; གསར་བུ;

U

1 Uberous, *a.* འབྲས་བུ་ཅན; འབོལ་པོ; མང་པོ;

2 Ubiquitous, *a.* ཀུན་ཁྱབ; ཀུན་ལ་ཁྱབ་བྱེད;

3 Ubiquity, *n.* ཀུན་ཏུ་ཁྱབ་པ་ཉིད; ཀུན་ལ་ཁྱབ་ཚུལ; དུས་གཅིག་དུ་
གནས་ས་ཐམས་ཅད་དུ་ཡོད་ཚུལ;

4 Udder, *n.* ནུད་འགྲོ་བ་ཕྱུགས་ལྷ་བུའི་ནུ་མ;

5 Ugliness, *n.* བཟོ་ཉེས; མི་སྡུག; མི་མཛེས་པ;

6 Ugly *a.* མི་སྡུག་པ; བཟོ་ཉེས་པོ; མི་མཛེས་པ;
མཛེས་པོ་མེད་པ; ཁ་དོག་ཉེས་པོ;

7 Ulcer, *n.* རྨ་ཤུ; ཤུ་བ;

8 Ulcerous, *a.* རྨ་ཤུ་ཅན; ཤུ་བ་ཅན;

9 Ulterior, *a.* མཐར་ཐུག་གི; ཕ་རོལ་གྱི; ཕྱི་རོལ་གྱི;
མ་འོངས་པའི; ཕྱི་མའི;

10 Ultimate, *a.* མཐའ་མ; མཐའ་ཤོས;

11 Ultimately, *ad.* མཐའ་མར; མཐར; ཐ་མར;

12 Ultimatum, *n.* མཐའ་ཚིག; མཐུན་ཐབས་ཀྱི་ཐ་མ; འཆིང་འགྲིག་གི་
སྐོར་བརྗོད་བྱ་མཐའ་མ; ཚིག་མཐའ་མ;
བརྗོད་པ་ཐ་མ; མཐའ་མའི་ཚིག;

13 **Ultimo,** *n.* ཟླ་བ་སྔ་མ;

14 **Ultra,** *a.* ཕྱི་ལོར; ཕྱི་རོལ; ཕ་རོལ; མཐའ་མ;

15 **Ultramarine,** *n.* མཐིང་ཚོན་རྩ་ཆེན་པོ་ཞིག; *a.* རྒྱ་མཚོའི་ཕ་རོལ;

16 **Umber,** *n.* སྨུག་སྐྱ; ཚོན་མདོག་སྨུག་སྐྱ་བཟོ་བའི་ལྕགས་ཀྱི་
བཙའ་འམ་གཡའ;

17 **Umbilical,** *a.* ལྟེ་བའི; ལྟེ་བའི་སྐོར; ལྟེ་བའི་ཐད་ཀྱི;

18 **Umbrage,** *n.* འཁང་འཁོན; ཀོ་ལོང; ཁོང་ཁྲོ; ཁྲོ་བ; གྲིབ་མ;

19 **Umbrageous,** *a.* གྲིབ་ནག་ཅན; གྲིབ་མ་ཅན;

20 **Umbrella,** *n.* ཉི་གདུགས; གདུགས;

21 **Umpire,** *n.* དཔང་པོ; བར་མི;

22 **Un.** མ; མི; མེད; མིན; མིན་ཞེས་པའི་ཚིག; དགག་ཚིག;
དགག་སྒྲ; དགག་པའི་ཚིག་ཕྲད;

23 **Unabated,** *a.* ཉུང་དུ་མ་བཏང་བ; མར་བཅག་མེད་པ;
མར་བབ་མེད་པ; མ་བཅག་པ; མར་མ་ཕབ་པ;

24 **Unable,** *a.* མ་ཐུབ་པ; མི་ཐུབ་པ;

25 **Unabridged,** *a.* མ་བསྡུས་པ; མ་བདུས་པ;

26 **Unabsolved,** *a.* བཤགས་པས་མ་དག་པ; བཤགས་པ་མ་བཞེས་པ;
དགོངས་ཡང་མ་བཏང་བ; བཟོད་པར་མ་བཞེས་པ;

27 **Unacceptable,** *a.* བཞེས་ཉན་མེད་པ; བཞེས་མི་འོས་པ; ཡིད་དུ་མི་འོང་བ;

28 **Unaccepted,** *a.* མ་བཞེས་པ;

29 **Unaccommodating,** *a.* བདེ་དགྲེས་རྒྱུ་མེད་པ; མི་ཉན་པ;

30 **Unaccompanied,** *a.* གྲོགས་མེད; རོགས་མེད; མ་འགྲོགས་པ;
འགྲོགས་པར་མ་བྱས་པ;

31 **Unaccomplished,** *a.* མ་གྲུབ་པ; མ་ཚར་བ; (མ་འབྱོན་པ; Sik.)
མ་རྫོགས་པ;

32 Unaccountable, *a.* ཁག་འགན་འཁུར་མི་དགོས་པ; ཁག་ཁྲེག་འགན་འཁུར་མི་དགོས་པ; རྒྱུ་རྐྱེན་བརྗོད་དུ་མེད་པ; རིགས་པས་བསྒྲུབ་རྒྱུ་མེད་པ; རིགས་པ་མི་མངའ་བ;

33 Unaccustomed, *a.* མ་གོམས་པ; མ་སྦྱངས་པ; མ་སྦྱོང་བ;

34 Unacquainted, *a.* ངོ་མ་ཤེས་པ; སྔར་འདྲིས་མེད་པ; མ་འདྲིས་པ;

35 Unadjusted, *a.* མ་བསྒྲིགས་པ;

36 Unadorned, *a.* མ་བརྒྱན་པ; མ་སྤྲས་པ; མ་སྤུད་པ; (འཛམ་སང་སང; Colql.).

37 Unadvisable, *a.* གྲོས་སུ་མི་ཡོག་པ; མི་རིགས་པ; མི་སྤྲམ་པ; མི་རུང་བ;

38 Unadvised, *a.* གྲོས་བསྡུན་མེད་པའི; གྲོས་མ་བྱས་པ; རིགས་པར་མ་ཡིན་པ;

39 Unaffected *a.* བསྒྱུར་བཅོས་མེད་པ; ཡིད་ལ་མ་བབ་པ; སེམས་མ་འགྱུར་པ; ཡིད་ལ་མ་ཡོག་པ;

40 Unagitated, *a.* མ་འཁྲུགས་པ; མ་ཚུབ་པ; མ་དཀྲུགས་པ;

41 Unaided, *a.* ར་མདའ་མེད་པ; གྲོགས་མེད; གྲོགས་རམ་མ་བྱས་པ; ར་མདའ་མ་བྱས་པ;

42 Unallotted, *a.* མ་བགོས་པ; བགོ་བཤའ་མ་བརྒྱབས་པ;

43 Unalloyed, *a.* མ་བསླད་པ; ལྷད་མ་བརྒྱབས་པ; ལྷད་ཀྱིས་མ་བསླད་པ;

44 Unalterable, *a.* འགྱུར་མེད;

45 Unanimity, *n.* ལར་རྒྱ་གཅིག་པ; ཁ་གཅིག་པ; ལག་རྒྱ་གཅིག་པ; སྤྱི་སེམས་མཐུན་སྣངས; བློ་ཁ་མཐུན་ཚུལ;

46 Unanimous, *a.* སེམས་མཐུན་པོ; ཁ་འཆམ་པོ; ཁ་མཐུན་པ; གྲོས་མཐུན་པ;

47 Unanimously, *ad.* ཁ་འཆམས་ཏེ; ཐམས་ཅད་ཀྱི་སེམས་མཐུན་ནས; ཁ་མཐུན་ཏེ;

48 Unanswerable, *a.* ལན་མེད ; ལན་འདེབས་མི་ནུས་པ ; ལན་རྒྱབ་མི་ཐུབ་པ ;

49 Unappalled, *a.* མ་སྐྲག་པ ; མ་འཇིགས་པ ; མ་དངངས་པ ;
འཇིགས་སྐྲག་ཏུ་མ་གྱུར་པ ;

50 Unapparelled, *a.* གོས་མ་བསྙོན་པ ; གོས་མ་བགྱོན་པ ;

51 Unappeasable, *a.* ཞི་བར་འགྱུར་མི་ཐུབ་པ ; ཐུགས་དམ་མི་སྐོང་བ ;
མི་ངོམས་པ ; མི་ཚིམ་པ ; ངོམ་པ་མེད་པ ;

52 Unappeased, *a.* ཞི་བར་མ་གྱུར་པ ; ཐུགས་དམ་མ་བསྐངས་པ ;
མ་ངོམས་པ ; མ་ཚིམས་པ ;

53 Unappreciated, *a.* མཐོང་མེད་པ ; མ་གུས་པ ; མ་འཐད་པ ; མ་མོས་པ ;

54 Unapproachable, *a.* ཞབས་བཅར་ཞུ་ནུས་མེད་པ ; དྲུང་དུ་བཅར་ས་མེད་པ ;
ཉེ་བར་འགྲོ་མི་ཐུབ་པ ; སླེབ་མི་ཐུབ་པ ;

55 Unappropriated, *a.* གང་ལ་ཡང་མ་འབྱོར་བ ; བདག་ཏུ་མ་བཟུང་བ ;
བདག་གིར་མ་བྱས་པ ;

56 Unapproved, *a.* དགོངས་པ་མ་གནངས་པ ; མ་བསྟུན་པ ; མ་མཆོད་པ ;
མ་བསྒྲུབས་པ ; ཐུང་བར་ཁས་མ་བླངས་པ ; མ་འཐད་པ ;
མ་བསྔགས་པ ; མ་བསྟོད་པ ;

57 Unapt, *a.* མི་ཡོང་བ ; མི་འབྱོན་པ ; མི་ལྡོགས་པ ; མི་རིགས་པ ;
མི་རུང་བ ; མི་འོས་པ ;

58 Unarmed, *a.* གོ་མཚོན་དང་མི་ལྡན་པ ; མཚོན་ཆ་མེད་པ ;

59 Unascertained. རྟོག་ཞིབ་མ་དཔྱད་པ ; ཡང་དག་པར་མ་ཤེས་པ ;
ལེགས་པར་མ་རྟོགས་པ ;

60 Unasked. *a.* མ་སླངས་པ ; མ་བཙལ་བ ; མ་དྲིས་པ ; མ་བསླངས་པ ;

61 Unassailable, *a.* རྒོལ་ནུས་མེད་པ ; རྒོལ་མི་ནུས་པ ; དམག་རྒྱབ་མི་
ཐུབ་པ ; འཐབ་མི་ཐུབ་པ ; མི་ཚུགས་པ ;

62 Unassisted, *a.* གྲོགས་མེད་པ; གྲོགས་མ་བྱས་པ; ར་མདའ་མ་བྱས་པ;

63 Unassuming, *n.* སྙེམས་ཆུང; ཉམས་ཆུང; བག་ཟན; ངོ་ཚ་ཤེས་པ;

64 Unattainable, *a.* སླེབ་མི་ཐུབ་པ; ཐོབ་མེད་པ; ཐོབ་མི་ཐུབ་པ;
རྙེད་མི་ཐུབ་པ; འབྱོར་མི་ཐུབ་པ;

65 Unattempted, *a.* མ་བརྩམས་པ; མ་བརྩོན་པ; བརྩོན་འགྲུས་མ་བྱས་པ;
འབད་རྩོལ་མ་བྱས་པ;

66 Unattended, *a.* མ་བསྐྱངས་པ; འཁོར་དང་མི་ལྡན་པ;
འཁོར་གཡོག་དང་མ་བཅས་པ; མ་འགྲོགས་པ;

67 Unattractive, *a.* ཡིད་འདྲེན་མི་ནུས་པ; མི་སྡུག་པ;
ཡིད་འཕྲོག་མི་ཐུབ་པ;

68 Unauthorized, *a.* བྱེད་པའི་ཚད་དབང་མི་མངའ་བ; བྱེད་པའི་གནང་བ་
མེད་པ; ཁག་མེད་འགན་མེད; ཚད་དབང་དང་མི་
ལྡན་པ; བྱེད་མི་ཆོག་པ;

69 Unavailing, *a.* དོན་མེད; ཁེ་མི་ཟབ; དོན་དག་མེད་པ;
ཕན་ཐོགས་མེད་པ;

70 Unavenged, *a.* དགྲ་ཤ་མ་བླངས་པ; དགྲ་ལན་མ་འཁྱེར་བ;
དགྲ་ལན་མ་བླངས་པ;

71 Unavoidable, *a.* འཛུར་མི་ཐུབ་པ; འཁྲོལ་མི་ནུས་པ; དཀྲོལ་མི་
ཐུབ་པ; སྤངས་དེ་འགྲོ་ས་མེད་པ; ཐབས་མེད་པ;
འཛུར་ཐབས་མེད་པ;

72 Unavoidably, *ad.* ཀ་མེད་དུ; ཐུ་མེད་དུ; ཐབས་མེད་དུ; ངེས་པར;
ཅི་ནས་ཀྱང;

73 Unaware, *a.* ཚ་མེད; ཆུས་མེད; མ་ཤེས་པ; གློ་བུར; གླང་ཐབས;

74 Unbalanced, *a.* ཚ་མ་མཉམ་པ; ཚ་མ་སྙོམས་པ;

75 Unbearable, *a.* མ་ཐེག་པ; བཟོད་སྲན་མི་ཐུབ་པ; མི་བཟོད་པ;
བཟོད་མི་ཐུབ་པ; སྲན་མི་ཐུབ་པ;

76 Unbecoming, *a.* མི་སྦྱམ་པ; བབ་མི་ཆགས་པ; མི་རིགས་པ; མི་རུང་བ;

77 Unbelief, *n.* གྲུབ་མཐའ་མེད་པའི་ཚུལ; ལོག་ལྟ; དད་ལོག;
ལོག་སེམས; ཆོས་ལུགས་མེད་ཚུལ;

78 Unbeliever, *n.* ཆོས་ལུགས་མེད་མཁན; ཕྱི་པ; ཕྱི་རོལ་བ;
ཡིད་མི་ཆེས་མཁན; ལོག་པར་ལྟ་མཁན;
སྟོན་པའི་གསུང་རབ་ལ་ཡིད་མི་ཆེས་མཁན;

79 Unbelieving, *a.* ཡིད་ཆེས་དད་པ་མེད་བཞིན་པ;

80 Unbend, *v.t.* འཁྱོག་སྒྲོང་བ; གུག་བསྒྲང་བ;. ཡོན་པོ་སྒྲོང་བ;
སྒྲོང་བ; དྲང་པོ་བཟོ་བ;

81 Unbias, *v.t.* ཕྱོགས་སུ་ལྷུང་བར་མི་བྱེད་པ; བློ་མི་འཁྱོག་པ;
བློ་དྲང་པོ་བཟོ་བ; ཕྱོགས་རིས་མི་བྱེད་པ;

82 Unbidden, *a.* བཀའ་གནང་བ་མེད་པའི; མ་བོས་པའི; བཀའ་མ་
གནངས་པ; ཞུ་མཁན་མེད་པའི; བཀའ་མ་སྩལ་པ;
མ་སྦྱས་པ; མ་བོས་པ;

83 Unbind, *v.t.* བཀྲོལ་བ; འགྲོལ་བ; དགྲོལ་བ;

84 Unblamable, *a.* སྐད་འཛུག་མི་རུང་བ; སྐད་འདོགས་མི་རུང་བ;
སྐད་འཚོལ་མི་རུང་བ;

85 Unblemished, *a.* དྲི་མ་མེད་པ; སྐྱོན་མེད་པ; ཉེས་སྐྱོན་མེད་པ;
ཁ་གཡོགས་མ་ཡོག་པ; དྲི་མར་མ་གྱུས་པ;
དྲི་མས་མ་སྦགས་པ;

86 Unblest, *a.* འབྱོར་པ་དང་མི་ལྡན་པ; བྱིན་གྱིས་མ་བརླབས་པ;
བསོད་ནམས་མེད་པ;

87 Unblushing, *a.* ངོ་ཚ་བའི་འཛུམ་མི་ཤོར་བ; ངོ་ཚ་མེད་པ; ཁྲེལ་མེད་པ; བག་ཚ་བ་མེད་པ;

88 Unborn, *a.* མ་སྐྱེས་པ; འབྱུང་འགྱུར;

89 Unbosom, *v.t.* ཁོག་པ་ནས་ཕྱིར་འདོན་པ; གསང་བ་སྟོན་པ; མ་གསང་བར་བཤད་པ;

90 Unbought, *a.* མ་ཉོས་པ;

91 Unbounded, *a.* ཚད་མེད; དཔག་མེད; དཔག་ཏུ་མེད་པ; མཚམས་མེད;

92 Unbridled, *a.* དབང་པོའི་སྒོ་མ་བསྡམས་པ; འདོད་པའི་དབང་དུ་གྱུར་པ; འདོད་ཆགས་ཆེན་པོ; འདོད་ལྡན; དབང་པོ་ཡུལ་ལ་ཤོར་བ; དབང་པོ་ཡུལ་གྱི་དབང་དུ་སོང་བ; སྲབ་མེད; ལང་དུ་ཤོར་བ; སྲབ་ཀྱིས་མ་ནོན་པ; ལང་ཤོར་ཅན;

93 Unbroken, *a.* མ་ཆག་པ; རྒྱུན་ཆད་མེད་པ; མ་བདུལ་བ; མ་བཅུན་པ; (ཀུན; ཐམས་ཅད; རིལ་པོ; in the sense of whole.)

94 Unbrotherly, *a.* སྤུན་ཟླ་བཞིན་མ་ཡིན་པ; བརྩེ་བ་མེད་པ;

95 Unbuild, *v.t.* བཤིག་པ; བཟོས་པ་སླར་བཤིག་པ; རློག་པ; ས་ལ་རློག་པ;

96 Unburden, *v.t.* ཁུར་འབེབས་པ; ཁུར་བོར་བ; ཁུར་པོ་འབོར་བ; ཁུར་སྤབ་པ; ཁུར་ཕབ་པ;

97 Unburied, *a.* ཁུང་དུ་མ་སྦས་པ; མ་སྦས་པ;

98 Unburnt, *a.* མ་ཚིག་པ; མ་བསྲེགས་པ;

99 Uncalled, *a.* མ་བོས་པ; མ་བོས་པའི;

100 Uncared, *a.* སྣང་དག་མ་བཏང་བ; ཅག་ག་མེད་པ; ཅག་ག་མ་བྱས་པ; མ་ཉར་བ; མ་བརྩིས་པ; སྣང་དག་མ་བྱས་པ;

101 Unceasing, *a.* རྒྱུན་ཆད་རྙེད་པ; རྒྱུན་མ་ཆད་པ;

102 Unceasingly, *ad.* རྒྱུན་མི་ཆད་པར; རྒྱུན་མ་ཆད་པར;

103 Unceremonious, *a.* ཕྱུ་ཧུད་མེད་པ; ཕྱུ་ཧུད་མ་བྱས་པ; བཀུར་སྟི་སྒྲི་ཕྱུ་མ་
བྱས་པ; མི་ཆོས་ཀྱི་སྒྲིགས་དང་མི་མཐུན་པ; ཞེས་
མེད་པ; གུས་ཞབས་མེད་པ; རིམ་གྲོ་མ་བྱས་པ;

104 Uncertain, *a.* ཁྲིག་ཁྲིག་མེད་པ; མ་ངེས་པ; ངེས་པ་མེད་པ;
གཏན་ཁེལ་མེད་པ;

105 Uncertainty, *n.* ངེས་པ་རྙེད་པའི་ཚུལ; ཐེ་ཚོམ; སོམ་ཉི;

106 Unchained, *a.* མ་བཅིངས་པ; སྒྲོག་གིས་མ་བཅིངས་པ;
ལྕགས་སྒྲོག་བཀྲོལ་བ;

107 Unchallenged, *a.* ཁ་ཨ་མེད་པ; འགྲན་པར་མ་བོས་པ;
འགྲན་ཟླ་བྱེད་པར་མ་བོས་པ;

108 Unchangeable, *a.* འགྱུར་ནུས་མེད་པ; འགྱུར་མེད; མི་འགྱུར་བ;

109 Unchangeableness, *n.* མི་འགྱུར་བ་ཉིད; འགྱུར་མི་ནུས་པའི་ཚུལ;

110 Uncharitable, *a.* ཐུགས་ཡངས་མེད་པ; སྦྱིན་པར་མི་དད་པ; སྦྱིན་པ་སྦྱིན་
པར་མི་ཕོད་པ; སྦྱིན་པར་མི་ཕོད་པ; ལག་པ་དམ་པོ;

111 Uncharitableness, *n.* སྦྱིན་པར་མི་དད་པ་ཉིད; སྦྱིན་པ་སྦྱིན་པར་མི་ཕོད་
པའི་ཚུལ;

112 Unchaste, *a.* སྤྱོད་པ་འཆལ་བ; འཆལ་པ; འཆལ་པོ; ཚུལ་འཆལ་པོ;
མི་གཙང་བ; ལུས་ཚངས་མི་ཐུབ་པ; སྤྱོད་པ་མི་གཙང་བ;
དབང་པོའི་སྡོ་མ་བསྡམས་པ;

113 Unchecked, *a.* མ་འགགས་པ; འགགས་མེད; མ་བཀག་པ;

114 Unchilled, *a.* མ་འཁྱགས་པ; གྲངས་ནས་མ་འཁྱགས་པ;

115 Uncivil, *a.* མ་དུལ་བ; ཨ་རབས་བཟང་པོའི་སྤྱོད་ལམ་དང་མི་ལྡན་པ;
ཞེ་ས་མེད་པ; རྒྱོང་པོ;

116 Uncivilized, *a.* འཇིག་རྟེན་གྱི་ལུགས་ལ་མི་མཁས་པ; ཡ་རབས་ཀྱི་སྤྱོད་པས་མ་བརྒྱན་པ; མཐའ་འཁོབ་པ; མ་དུལ་བ; ཤེས་བྱ་ཡོན་ཏན་གྱིས་མ་ཕྲུལ་བ; ལུགས་གཉིས་ལ་མི་མཁས་པ;

117 Unclad, *a.* གོས་དང་མི་ལྡན་པ; གོས་མ་གོན་པ; མ་གྱོན་པ; མ་བསྐོན་པ;

118 Unclaimed, *a.* བདག་པོ་བྱ་མི་མེད་པ; བདག་གིར་མ་བྱས་པ; བདག་པོ་མེད་པ;

119 Uncle, *n.* ཨ་ཁུ; ཁུ་བོ; ཞང་པོ; ཕ་སྤུན; ཨ་ཞང;

120 Unclean, *a.* མ་གཙང་བ; མ་དག་པ; བཙོག་པ་ཅན;

121 Uncleanly, *ad.* མི་གཙང་བར; གཙང་སྦྲ་མེད་པར; མ་དག་པར;

122 Uncleanness, *n.* མི་གཙང་བ་ཉིད; མི་གཙང་བ; གཙང་མ་མེད་པའི་ཚུལ; བཙོག་པ;

123 Uncleanliness, *n.* གཙང་སྦྲ་མི་ལྡན་པ་ཉིད; མི་གཙང་བ; བཙོག་པ; གཙང་སྦྲ་མེད་ཚུལ;

124 Unclerical, *a.* ཆོས་མིན; ཆོས་མིན་སྤྱོད་པ་ཅན; གྲྭ་པའི་ཚུལ་དང་མི་མཐུན་པ;

125 Unclose, *v.t.* ཁ་ཕྱེ་བ; ཁ་འབྱེད་པ; གསལ་བར་སྟོན་པ;

126 Unclothe, *v.t.* གོས་ཕུད་པ; གོས་འབུད་པ; གོས་དབུད་པ;

127 Unclothedness, *n.* གོས་ཕུད་པ་ཉིད;

128 Unclouded, *a.* སྤྲིན་མེད; སྤྲིན་པས་མ་བསྒྲིབས་པ;

129 Uncoloured, *a.* ཚོན་མ་བྱུགས་པ; ཚོན་མ་སྒྱུར་བ; སྒྲོ་མ་བཏགས་པ; བདེན་པ; ཚོན་མདོག་མ་བྱུགས་པ; ཚོས་མ་བརྒྱབས་པ; ཚོས་མ་བྱས་པ;

130 Uncomely, *a.* ཡིད་མི་འོང་བ ; མི་སྡུག་པ ; མི་མཛེས་པ ; མི་སྒྲམ་པ ;

131 Uncomfortable, *a.* ཉམས་མི་དགའ་བ ; མི་བདེ་བ ;

132 Uncommon, *a.* དཀོན་པོ ; དཀོན་མོ ; ཡ་མཚན་པོ ; ཁྱད་མཚར་པོ ; ཐུན་མོང་མ་ཡིན་པ ; ཕལ་པ་མ་ཡིན་པ ; ཁྱད་པར་ཅན ;

133 Uncomplaining, *a.* ཞུ་ལོག་མི་བྱེད་པ ; ཞུ་ཐུག་མི་བྱེད་པ ;

134 Uncompromising, *a.* ཨུ་ཚུགས་ཆེ་པོ ; མཐུན་གཞིབ་མི་བདེ་བ ; མི་མཐུན་པ ; མི་འཆམ་པ ; མི་སྡུམ་པ ; མི་ཉན་པ ;

135 Unconcern, *n.* འབྲེལ་མེད་ཚུལ ; དོན་མེད་ཚུལ ; ཐེ་གཏོགས་མེད་པའི་ཚུལ ; སེམས་འཁྲེང་མེད་ཚུལ ;

136 Unconcerned, *a.* དོན་མེད་པ ; ཐེ་གཏོགས་མེད་པ ; སེམས་འཁྲེང་མེད་པ ; སེམས་ནད་མེད་པ ; འབྲེལ་བ་མེད་པ ;

137 Uncondemned, *a.* ཉེས་སྐྱོན་མ་བརྗོད་པ ; སྐྱོད་མ་བཙུགས་པ ; སྐྱོད་མ་བཏགས་པ ; ཁྲིམས་མ་བཏང་བ ;

138 Unconditional, *a.* འཆིང་བྱེད་མེད་པ ; འཛོམ་ཚད་མེད་པ ; འཛོམ་མཚམས་མེད་པ ; རང་དབང་ཡོད་པ ; རང་དབང་ཅན ; དོན་ཚན་གྱི་འཛོམ་ཆ་མེད་པ ; བསྐྱུང་བྱ་མེད་པ ; སྡོམ་བྱེད་མེད་པ ;

139 Unconditionally, *ad.* རང་དབང་གིས ; རང་འདོད་བཞིན་དུ ;

140 Unconfined, *a.* བཙོན་དུ་མ་བཙུག་པ ; བཙོན་རར་མ་བཅིངས་པ ; བཅད་ཁྱུར་མ་བཞག་པ ; མ་བཀག་པ ;

141 Unconfirmed, *a.* ཡིན་པར་ཁས་མ་བླངས་པ ; རྟེས་འཇོག་མ་བྱས་པ ; ཁས་ལེན་མ་བྱས་པ ; ཞལ་གྱིས་མ་བཞེས་པ ; མ་བསྒྲུབས་པ ;

142 Unconformable, *a.* མི་གཅིག་པ; མི་འདྲ་བ; མི་མཚུངས་པ; འཁྲིལ་མི་བདེ་བ; མི་མཐུན་པ; འགལ་བ;

143 Uncongenial, *a.* ཁམས་དང་མི་མཐུན་པ; བློ་མི་མཐུན་པ;

144 Unconnected, *a.* མ་མཐུད་པ; མ་འཐུད་པ; མ་འབྲེལ་པ; འབྲེལ་བ་མེད་པ; འབྲེལ་མེད;

145 Unconquerable, *a.* གཞོམ་དུ་མེད་པ; རྒྱལ་མི་ཐུབ་པ; འཇོམས་པར་མི་ནུས་པ; འདུལ་བར་མི་ནུས་པ; དབང་དུ་སྒྱུར་མི་ཐུབ་པ; དབང་དུ་སྡུད་མི་ནུས་པ; འཕམ་པར་བྱེད་མི་ཐུབ་པ; མི་འཕམ; (མི་ཕམ; usually written).

146 Unconquered, *a.* མ་ཕམ; མ་བདུལ་བ; མ་བཅོམ་པ; དབང་དུ་མ་བསྒྱུར་བ; དབང་དུ་མ་བསྡུས་པ; (མ་རྒྱལ་བ; rarely) འཕམ་པར་མ་གྱུར་པ;

147 Unconscious, *a.* དྲན་མེད; ཚོར་བ་མེད་པ; མ་ཤེས་པའི; མ་རིག་པའི;

148 Unconsciously, *ad.* མ་དྲན་པར; དྲན་མེད་དུ; ཚོར་བ་མེད་པར; མ་ཤེས་པར; མ་རིག་པར; མ་ཤེས་ནས; མ་རིག་ནས;

149 Unconsecrated, *a.* རབ་གནས་མ་བྱས་པའི;

150 Unconstitutional, *a.* རྒྱལ་ཁྲིམས་དང་མི་མཐུན་པ; ཁྲིམས་དང་འགལ་བ;

151 Unconstrained, *a.* དབང་ཡོད་མ་བྱས་པ; ཐུབ་ཚོད་མ་བྱས་པ; ཞུ་ཚུགས་མ་བྱས་པ; ཞུ་ཐུག་མ་བྱས་པ; ནན་དན་མ་བྱས་པ; རང་འཐད་པའི; རང་འདོད་པའི; རང་དགའ་བའི; སྡུག་པོ་མ་བཏང་བ;

152 Unconsumed, *a.* མ་ཟད་པ; ཟད་མེད; ཟད་པ་མེད་པ; ཟད་མི་ཤེས་པ;

153 Uncontaminated, *a.* མ་འགོས་པ; མ་གོས་པ; མ་བསྒོས་པ; དྲི་མས་མ་སྦགས་པ;

154 **Uncontested,** *a.* མ་འཐབ་པ; འགྲན་ཟླ་མེད་པ; མ་བརྩད་པ; མ་བགྲོལ་བ; མ་འཛིང་བ; རྩོད་མེད;

155 **Uncontrollable,** *a.* དབང་གིས་མི་འཆུན་པ; འཆུན་མི་ཐུབ་པ; འཛུན་མི་ཐུབ་པ; དབང་དུ་སྡུད་མི་ཐུབ་པ; དབང་དུ་སྒྱུར་མི་ནུས་པ; དབང་བྱེད་མི་ཐུབ་པ; དབང་དུ་བྱེད་མི་ཐུབ་པ; ཁ་ལོ་མི་འཆུན་པ;

156 **Uncontroverted,** *a.* མ་བརྩད་པ; མ་བགྲོལ་བ;

157 **Unconverted,** *a.* བློ་ན་བསྒྱུར་བ; ཆོས་སུ་མ་བསྒྱུར་བ; མ་བསྒྱུར་བ;

158 **Unconvicted,** *a.* ཉེས་པ་ཅན་དུ་མ་བསྒྲུབས་པ; ཉེས་པ་མ་ཐོག་པ; ཁྲིམས་མ་བཅད་པ;

159 **Unconvinced,** *a.* ཡིད་ཆེས་སུ་མ་བཅུག་པ; ཡིད་རྟོན་པར་མ་བཅུག་པ; ཉེས་ཅན་དུ་མ་བསྒྲུབས་པ; ཉེས་པ་མ་བཅད་པ;

160 **Uncorrected,** *a.* དག་ཆ་མ་བརྟོན་པ; ཞུ་དག་མ་བྱས་པ; ཞུ་དག་མ་བཏང་བ;

161 **Uncorrupt,** *a.* ཉེས་པས་མ་བསླད་པ;

162 **Uncorrupted,** *a.* ངན་པས་མ་བསླད་པ; ལྷད་ཀྱིས་མ་བསླད་པ; རུལ་དུ་མ་བཅུག་པ; ཕག་སྦུག་མ་སྤྱད་པ;

163 **Uncounselled,** *a.* གདམ་འདྲི་བསྟུན་མེད་པའི; གྲོས་མ་བྱས་པ; གྲོས་མ་བསྟུན་པ; ཕྱིན་ཅི་ལོག་ཏུ་གྲོས་བྱས་པ; གྲོས་ལོག་པར་བྱས་པ;

164 **Uncourteous,** *a.* ཡ་རབས་ཀྱི་སྤྱོད་པ་དང་འགལ་བ; ཞེ་ས་མེད་པ; གུས་ཞབས་མེད་པ;

165 **Uncouth,** *a.* མི་སྡུག་པ; གློན་པའི་ཚུལ་གྱི; གློན་སྟངས་ཀྱི; འདུ་མ་ཆགས་པ; འདུ་ཆགས་པོ་མེད་པ;

166 Uncover, *v.t.* ཁ་བཤུ་བ; ཁ་འབྱེད་པ; ཁ་ཕྱེ་བ; ཁ་སེལ་བ; ཁ་དབྱེ་བ; ཁ་བསང་བ;

167 Uncreated, *a.* མ་བཅོས་པ; མ་བཟོས་པ; མ་བསྐྱེད་པ;

168 Uncrowded, *a.* མ་འཚངས་པ; ཤོང་ས་ཡོད་པ;

169 Unction, *n.* བྱུག་པ; བྱུག་རྫས; ཆོས་དང་བར་བྱེད་པའི་ཤུགས; ཆོས་དང་བར་བྱེད་པའི་སེམས་སྟོབས;

170 Uncultivated, *a.* ལོ་ཐོག་མ་བཏབ་བ; ཞིང་དུ་མ་སྤྱད་པ; ཞིང་མ་བཏབ་པ; མ་རྨོས་པ; རྨོན་པ་མ་བརྒྱབས་པ; ཞིང་ལས་མ་བྱས་པ;

171 Uncured, *a.* མ་ཕན་པ; དྲག་པར་མ་བཟོས་པ; ནད་མ་གསོས་པ; གསོ་བར་མ་བྱས་པ;

172 Uncut, *a.* མ་བཅད་པ; མ་བཏུབས་པ; རིལ་པོ; ཐམས་ཅད;

173 Undamaged, *a.* སྐྱོན་མེད; ཉམས་མེད; མ་ཉམས་པ;

174 Undaunted, *a.* ཉམ་ང་མེད་པ; བག་ཚ་མེད་པ; ཞུམ་པ་མེད་པ; མི་ཁུམ་པ; ཁུམ་པ་མི་མངའ་བ; སྙིང་སྟོབས་ཅན; འཇིགས་མེད; མི་འཇིགས་པ; དཔའ་བོ; སྤོབས་པ་ཅན;

175 Undauntedly, *ad.* མི་ཞུམ་པར; ཁུམ་པ་མེད་པར; བག་ཚ་བ་མེད་པར; ཉམ་ང་བ་མེད་པར;

176 Undecaying, *a.* རུལ་ཧྲས་མེད་པ; མི་རུལ་བ; མི་ཉམས་པ་བཞིན་པ;

177 Undeceive, *v.t.* མགོ་བསྐོར་ལུགས་སེལ་བ; མགོ་སྐོར་སེལ་བ; མགོ་སྐོར་འདོར་བ; མགོ་སྐོར་སྤང་བ; ཡིན་ལུགས་ཇི་བཞིན་སྟོན་པ;

178 Undecided, *a.* ཐག་མ་ཆོད་པ; ཐག་མ་བཅད་པ;

179 Undefended, *a.* རྒྱབ་མེད་དཔུང་མེད; རྒྱབ་མ་བྱས་པ; དཔུང་མ་བྱས་པ; མ་བསྲུངས་པ; མ་བསྐྱབས་པ;

180 Undefiled, *a.* གྲིབ་ཀྱིས་མ་གོས་པ; དྲི་མས་མ་གོས་པ; དྲི་མས་མ་བསྒོས་པ; དྲི་མས་མ་སྦགས་པ; དྲི་མེད; གཙང་བ; གཙང་མ;

181 Undeniable, *a.* མིན་ཞེས་ཟེར་ས་མེད་པ; མིན་ཞེས་གྲོལ་ས་མེད་པ; རྒྱབ་འགལ་བྱེད་ས་མེད་པ; རྒྱབ་འགལ་བྱེད་མི་ཐུབ་པ; ཀ་ནེད་ཙན་ཙང་བ;

182 Under, *pre.* & *adv.* འོག་ཏུ; འོག; གཤམ་དུ; གཤམ; གཤམ་ལ;

183 Undercurrent, *n.* ཆུ་རྒྱུན་འོག་མ; ཆུའི་འོག་གི་ཆུ་རྒྱུན; ཆུ་ངོས་ཀྱི་འོག་གི་ཆུ་རྒྱུན;

184 Underdo, *v.t.* ལེགས་པར་མ་འཚོད་པ; དགོས་པ་ལས་ཉུང་ཉུང་བྱེད་པ; ཉེར་འཁོ་ལས་ཉུང་བར་བྱེད་པ;

185 Underestimate, *v.t.* རྩིས་གཞིག་མི་བྱེད་པ; ཆུང་ཆུང་རྩི་བ; ཤིན་ཏུ་ཆུང་བར་བསམ་པ; དམའ་འབེབས་པ; ཚ་འཇོག་མི་བྱེད་པ; ཆུང་དུར་སེམས་པ;

186 Underfoot, *a.* རྐང་འོག; (*adv.* རྐང་པའི་འོག་ཏུ; རྐང་འོག་ཏུ; འོག་ཏུ;)

187 Undergarment, *n.* སྨད་གོས; ཤམ་གོས; ཤམ་ཐབས; སྨད་གསོགས; སྨད་དཀྲིས; འོག་འཇུག;

188 Undergo, *v.t.* མནར་བ; མྱོང་བ; བཟོད་པ; སྲན་པ;

189 Underground, *a.* ས་འོག;

190 Undergrowth, *n.* ཤིང་སྡོང་ཚང་ཚང; སྡོང་བུ; སྔོན་པོ; སྔོན་པ; ཤིང་སྡོང་གི་འོག་ཏུ་སྐྱེ་མཁན་སྡོང་བུ་དང་རྩྭ་སོགས; སྡོང་ཕྲན;

191 Underhand, *ad.* གསང་ཐབས་ཀྱིས; གསང་བ་བྱས་ནས; གཡོ་སྒྱུ་བྱས་ནས; *a.* གསང་བ;

192 Underived, *a.* འབྱུང་ཁུངས་མེད་པ; ཁུངས་སྐྱུབ་ཏུ་མེད་པ;

193 Underlie, *v.t.* འོག་ཏུ་གནས་པ; གཞི་རུ་འགྱུར་བ; རྩིག་གཞིར་འགྱུར་བ;

194 Underline, *v.t.* གཤམ་དུ་ཐིག་རྒྱབ་པ; ཚིག་རྣམས་ཀྱི་འོག་ཏུ་ཐིག་འཐེན་པ;

195 Underling, *n.* མི་ཞན་པ; སྐྱེ་བོ་དམན་པ; མ་རབས; མི་ངན;

196 Undermine, *v.t.* ས་འོག་ནས་རིང་འབྲུ་བ; ས་འོག་ནས་ལམ་བཟོ་བ; གསང་ཐབས་ཀྱིས་གནོད་པ་སྐྱེལ་བ;

197 Undermost, *a.* དམའ་ཤོས; གོ་ས་ཆུང་ཤོས;

198 Underneath, *ad.* འོག་ཏུ; འོག་ལ;

199 Underrate, *v.t.* རིན་གོང་ཆུང་ངུར་འཛིན་པ; གོང་ཆུང་ཆུང་རྒྱབ་པ; རིན་ཐང་ཆུང་ངུར་འབེབས་པ; གོང་ཆུང་རྒྱབ་པ;

200 Undersell, *v.t.* གོང་ཆུང་ངུར་འཚོང་བ; གཞན་ལས་གོང་ཆུང་བྱས་ནས་འཚོང་བ; རིན་ཐང་ཆུང་ངུར་འཚོང་བ;

201 Underside, *n.* འོག་གི་ལོགས; འོག་ངོས;

202 Undersign, *v.t.* གཤམ་དུ་མིང་རྟགས་བཀོད་པ; གཤམ་དུ་མིང་འབྲི་བ; མིང་ཁུངས་འབྲི་བ;

203 Undersigned, *n.* གཤམ་དུ་མིང་འགོད་མཁན;

204 Understand, *v.t.* ཧ་གོ་བ; གོ་བ; ཤེས་པ; རྟོགས་པ;

205 Understanding, *n.* གོ་བ; རིག་པ; བློ་གྲོས; ཁ་ཚད; ཚད; ཚད་དོན; ཚད་མདོ;

206 Understood, *a.* གོ་བས་དཔྱད་དགོས་པ; pa. t. གོ་སོང; གོ་བྱུང;

207 Undertake, *v.t.* འགར་ཁླངས་པ; བྱ་བར་ཁས་ལེན་པ; ཁས་ལེན་བ;
འགན་འཁུར་བ; འགན་ཐེག་པ; ཁག་འཁུར་བ;
ཁག་ཐེག་པ; བྱ་བ་རྩོམ་པ; འགན་ཐེག་བྱེད་པ;
ཁག་ཐེག་བྱེད་པ;

208 Undertaker, *n.* ཁས་ལེན་མཁན; འགན་འཁུར་མི;

209 Undertaking, *n.* ཁག་འགན; ཁས་ལེན་པའི་ལས; འགན; ཁག;
བྱ་བ; རྩོམ་པ; གསོག;

210 Undervalue, *v.t.* རིན་ཐང་དམའ་བར་བཟུང་བ; བརྙས་བཅོས་བྱེད་པ;
རིན་ཐང་མི་རྩི་བ; བརྙས་པ; བརྙས་ཐབས་བྱེད་པ;

211 Underwood, *n.* ཤིང་སྡོང་ཆུང་ཆུང;

212 Underwrite, *v.t.* འོག་ཏུ་འབྲི་བ; གཤམ་ཏུ་འབྲི་བ;

213 Underwriter, *n.* གཤམ་ཏུ་འབྲི་མཁན;

214 Undeserved, *a.* མི་འོས་པའི; མི་རིགས་པ; སྐལ་བ་ཐོབ་མི་འོས་པ;

215 Undeservedly, *ad.* མི་འོས་པར; མི་རིགས་པར; སྐལ་བ་ཐོབ་མི་འོས་པར;

216 Undesigning, *a.* གཡོ་བསྐོར་སོགས་ཐབས་ལ་མི་འབད་པ; གྲབས་གཞོམ་
ངན་པ་མི་བྱེད་པ; གཡོ་སྒྱུ་མེད་པ; དྲང་པོ; གཟུ་བོ;

217 Undesirable, *a.* སྙིར་མི་བབ་པའི; མི་འདོད་པའི; མི་རིགས་པ;
མི་རུང་བ;

218 Undetermined, *a.* ཐག་མ་ཆོད་པ; ཐག་མ་བཅད་པའི;

219 Undeterred, *a.* མ་བཀག་པ;

220 Undeviating, *a.* མི་འཁྲུལ་བ; ལམ་མི་ནོར་བ; མི་འགོལ་བ;

221 Undiminished, *a.* ཉུང་དུ་མ་སོང་བ; མ་ཉམས་པ; མ་བྲི་བ;

222 Undisciplined, *a.* སྦྱང་བརྡར་མ་བྱས་པ; མ་སྦྱངས་པ; མ་བཙུན་པ;
དམག་སྦྱོང་མ་བསླབས་པ; སྒྲིགས་ལམ་མ་བསྟེན་པ;

249 Unemployed, *a.* ལས་ཀ་མེད་པ; ལས་ཀ་མ་འགྲོར་བ; བྱ་བ་མེད་པ;

250 Unendowed, *a.* སྐལ་བ་མི་ལྡན་པ; མི་ལྡན་པ;

251 Unendurable, *a.* བཟོད་དཀའ; བཟོད་དཀའ་བ; མི་བཟོད་པ;
བཟོད་མི་ཐུབ་པ;

252 Unenlightened, *a.* ཤེས་བྱ་དང་མི་ལྡན་པ; ཡོན་ཏན་མེད་པ;
སློབ་གཉེར་མ་བྱས་པ; རིག་པ་མ་སངས་པ;

253 Unenviable, *a.* ཡིད་སྨོན་མི་འཚོར་བ; ཕྲག་དོག་བྱེད་མི་རུང་བ;
ཕྲག་དོག་བྱེད་མི་འོས་པ;

254 Unequal, *a.* མི་མཉམ་པ; མཉམ་མེད; མཉམ་པ་མེད་པ; མི་སྙོམས་པ;
འདྲ་མཉམ་མིན་པ; མི་འདྲ་བ; འདྲ་འདྲ་མ་ཡིན་པ;

255 Unequalled, *a.* མི་མཉམ་པ; མཉམ་མེད; མཚུངས་མེད;
མཚུངས་བྲལ; ཟླ་མེད;

256 Unequally, *ad.* མི་མཉམ་བཞིན་དུ; མི་མཉམ་པར;
མཉམ་མཉམ་མེད་པར;

257 Unequivocal, *a.* མངོན་གསལ; ཁ་ཞེ་མེད་པ; ངོ་ལྐོག་མེད་པ;
ཐེ་ཚོམ་མེད་པ; མངོན་པར་གསལ་བ;

258 Unerring, *a.* ནོར་འཁྲུལ་མེད་པ; མི་ནོར་བ; ནོར་མེད; མི་འཁྲུལ་བ;

259 Unessential, *a.* རྫོག་ཀ་མེད་པ; དགོས་པ་མེད་པ; དགོས་མེད;
མཁོ་མེད; རྩ་མེད; གལ་ཆེ་མེད་པ; སྙིང་པོ་མེད་པ;
རྫོག་ཁ་མེད་པ; དོན་ལ་མི་ཕན་པ;

260 Uneven, *a.* ཁོད་མི་མཉམ་པ; ཁོད་མི་སྙོམས་པ; འཁོད་མི་སྙོམས་པ;
ངོས་མི་སྙོམས་པ; མི་སྙོམས་པ;

261 Unevenness, *n.* ཁོད་མི་མཉམ་སྟངས; མི་སྙོམས་སྟངས;

262 Uneventful, *a.* གནས་སྐབས་གལ་ཆེན་གང་ཡང་མ་བྱུང་བ;

263 Unexampled, *a.* དཔེ་ཟླ་མེད་པ; དཔེ་མེད; མཚུངས་མེད; ཟླ་མེད;

264 Unexceptionable, *a.* ཐེ་ཚོམ་བྱེད་མི་རུང་བ; ཚོད་མེད; སྐྱོན་མེད; ཟུར་དུ་ཕུད་མི་རུང་བ; དམིགས་བསལ་དུ་འདོག་མི་རུང་བ;

265 Unexecuted, *a.* མ་བྱས་པ; མ་བསྒྲུབས་པ;

266 Unexemplified, *a.* དཔེར་མ་མཚོན་པ; དཔེར་མ་བརྗོད་པ; དཔེ་ཡིས་མ་མཚོན་པ;

267 Unexercised, *a.* མ་སྦྱངས་པ; སྦྱང་བརྡར་མ་བྱས་པ;

268 Unexpected, *a.* གློ་བུར; རེ་བ་མེད་པ; གླང་ཐབས;

269 Unexplained, *a.* དོན་མ་བཀྲལ་བ; དགོངས་པ་མ་བཀྲལ་བ; དགོངས་པ་མ་བཀྲོལ་བ; དོན་མ་བཀྲོལ་བ; མ་བཀྲལ་བ;

270 Unexplored, *a.* ས་མ་སྦྱལ་བ; རྒྱལ་ཁམས་མ་སྦྱལ་བ; མ་མཐོང་བ; ས་ཚོད་མ་བརྟགས་པ; ས་ཉུལ་མ་བྱས་པ; མ་སྦྱལ་བའི;

271 Unexposed, *a.* མཐོང་སར་མ་བཞག་པ; གསང་བ; སྦས་པ;

272 Unextinguishable, *a.* གསད་མི་ནུས་པ; གསོད་མི་ཐུབ་པ; སྦུབ་པར་མི་ནུས་པ;

273 Unfading, *a.* ནུས་པ་མི་ཉམས་པ; སྟོབས་མི་ཉམས་པ; རྙིད་པར་མི་ཉར་བ; མི་རྙིད་པ; མི་ཡལ་བ;

274 Unfailing, *a.* སླུ་མེད; ཉམས་མེད; མི་ཉམས་པ; དག་པ;

275 Unfair, *a.* གསལ་པོ་མིན་པ; དྲང་པོ་མ་ཡིན་པ; དང་པོ་མིན་པ; གཟུ་བོ་མིན་པ; མི་རིགས་པ;

276 Unfaithful, *a.* དམ་ཚིག་ཡག་པོ་མེད་པ; དམ་ཚིག་མི་སྲུང་མཁན; དམ་ཚིག་འདྲལ་མཁན; བློ་ཁེལ་མི་ཐུབ་པ;

277 Unfaithfulness, *n.* དམ་ཚིག་མེད་ཚུལ; དམ་ཚིག་འདྲལ་སྤངས ;

278 Unfaltering, *a.* མི་གཡོ་བ; མི་འདར་བ; ཁ་མི་ལྡིག་པ;
འདར་ཞུམ་མེད་པ;

279 Unfashionable, *a.* སྒྲིགས་ལམ་དང་མི་མཐུན་པ ; ཀུན་གྱི་འགྲོ་ལུགས་དང་མི་མཐུན་པ ; ཡུལ་ཁྲིམས་དང་མི་མཐུན་པ ; ཡུལ་ཁྲིམས་འདྲལ་མཁན ; ཀུན་སྤྱོད་མགྲོ་ལུགས་དང་མི་མཐུན་པ

280 Unfathomable, *a.* གཏིང་དཔག་ཏུ་མེད་པ ; གཏིང་གཞལ་དུ་མེད་པ ;

281 Unfavourable, *a.* མི་ཕན་པ ; དྲིན་ཅན་མ་ཡིན་པ ; མཐུན་རྐྱེན་དུ་མི་འགྲོ་བ ;
གྲོགས་སུ་མི་འགྲོ་བ ; མི་མཐུན་པ ; མི་འགྲོད་པ ;

282 Unfavourably, *ad.* བློ་དང་མི་མཐུན་པར ; བློ་ལ་མ་ཕྱིན་པར ; མི་མཐུན་པར ;

283 Unfeeling, *a.* སྙིང་རྗེ་མེད་པ ; སེམས་ཚོར་མེད་པ ; ཤ་ཚ་མེད་པ ;
བརྩེ་སེམས་མེད་པ ; བྱམས་སེམས་མེད་པ ;

284 Unfeigned, *a.* ན་བཅོས་པ ; མ་བརྫུས་པ ; སྙིང་སྦྱིངས་ནས ;
ཁ་ཞེ་མེད་པ ; བཅོས་མ་མིན་པ ;

285 Unfelt, *a.* མ་ཚོར་བ ; མ་ཤེས་པ ;

286 Unfetter, *v.t.* འགྲོལ་བ ; ལྕགས་སྒྲོག་འགྲོལ་བ ; སྒྲོལ་བ ; ཐར་བར་
བྱེད་པ ; བཅིངས་པ ; བཀྲོལ་བ ; ལྕགས་སྒྲོག་གློད་པ ;
རྐང་ལྕགས་བཀྲོལ་བ ;

287 Unfilial, *a.* བུ་ཚའི་རྣམ་པ་དང་མི་འདྲ་བ ; ཕ་མའི་བཀའ་ལ་མི་
ཉན་པ ; བུའི་བསམ་བློ་དང་མི་ལྡན་པ ; བུའམ་
བུ་མོ་འི་བུ་འོས་དང་མི་མཐུན་པ ;

288 Unfinished, *a.* མ་གྲུབ་པ ; མ་ཚར་བ ; མ་རྫོགས་པ ; མཐར་མ་འབྱོང་བ ;

289 Unfit, *a.* མི་རན་པ ; མི་འོས་པ ; མི་རིགས་པ ;
v.t. མི་འོས་པར་བྱེད་པ ; མི་རིགས་པར་བྱེད་པ ;

290 Unfix, *v.t.* སྦྱོད་པོར་གཏོང་བ; བརྟན་པོ་འདོན་པ; བརྟན་པོ་འབྲིན་པ;
བརྟན་པོ་འགོག་པ; བསྐྱོན་པ་སླར་ཕྱུད་པ; ཕྱུད་པ;

291 Unfixed, *a.* བྲུད་ནས་ཡོད་པ; བིད་པ; གོག་པ; བརྟན་པོ་བདོན་པ;

292 Unfledged, *a.* ཤོག་ཙ་མ་རྒྱས་པ; ནམ་ལོན་པ; ཤོག་སྒྲོ་མ་རྒྱས་པ;
ཤོག་སྒྲོ་མ་སྐྱེས་པ;

293 Unfold, *v.t.* ལྟབ་ཚོགས་བཤིག་པ; ལྟེབ་བཤིག་པ; ལྟབ་ཚོགས་
སྒྲུག་པ; ཁ་ཕྱེ་བ; ལྟབ་སློག་པ; ཕྱེ་བ; བཀྲོལ་བ;
དོན་བཀྲོལ་བ;

294 Unfollowed, *a.* རྗེས་འདེད་མེད་པ; རྗེས་སུ་མ་དེད་པ;
རྗེས་སུ་མ་འབྲངས་པ;

295 Unforeseen, *a.* སྔོན་ནས་མ་དྲན་པ; གློ་བུར; གློ་བུར;

296 Unforgiving, *a.* དགོངས་པ་ཡང་རྒྱུ་མེད་པ; སྙིང་རྗེ་མི་གཟིགས་པ;
བཟོད་པ་མི་བཞེས་པ;

297 Unforgotten, *a.* མ་བརྗེད་པ; མ་བསྐྱུད་པ; མ་དཀྲུད་པ; མ་བསླེལ་བ;

298 Unformed, *a.* མ་བཅོས་པ; དབྱིབས་སུ་མ་བསྒྲུབས་པ;
དབྱིབས་མི་ལེགས་པ; བཟོ་དབྱིབས་མེད་པ;

299 Unfortified, *a.* འཛིང་ར་ལྕགས་རི་མེད་པ; བཙན་པོར་མ་བཟོས་པ;

300 Unfortunate, *a.* བསོད་བདེ་མེད་པ; བསོད་ནམས་ཆུང་བ;
(སྐུ་བསོད་ཆུང་བ; Hon.)

301 Unfounded, *a.* རྩིག་རྟེན་མེད་པ; ར་མེད; ཁུངས་མེད; རྩ་བ་མེད་པ;
གཞི་མེད་པ; རྩིག་རྨང་མེད་པ;

302 Unfree, *a.* རང་དབང་མེད་པ; གཞན་གྱི་དབང་དུ་གྱུར་པ;
ཁོལ་པོར་གྱུར་པ;

303 Unfrequented, *a.* རྒྱུན་དུ་འགྲོ་སྡོད་བྱེད་མ་མྱོང་བ ;
འགྲོ་འོང་མང་པོ་མེད་པའི ; ལམ་སོར་མ་ཁྱིལ་བའི ;

304 Unfrequently, *ad.* རྒྱུན་དུ་མེད་པར ; བརྒྱ་ལམ་དུ ; དུས་འགའ་ཞིག་དུ ;

305 Unfriendly, *a.* མི་མཐུན་པ ; མི་དགའ་བའི ; སྡང་བ ; སྡང་བའི ;
ad. བློ་མི་མཐུན་པར ; མི་དགའ་བར ;
སྡང་བའི་ཚུལ་གྱིས ; སྡང་བར་བྱས་ནས ;

306 Unfruitful, *a.* འབྲས་བུ་མེད་པ ; འབྲས་བུ་མི་སྐྱེ་བ ;
འབྲས་བུ་མི་འདོགས་པ ;

307 Unfruitfulness, *n.* འབྲས་བུ་མི་བདགས་ལུགས ; འབྲས་བུ་མེད་པའི་ཚུལ ;
འབྲས་བུ་མི་སྐྱེ་ལུགས ;

308 Unfulfilled, *a.* བློ་ཁ་མ་རྫོགས་པ ; ཡིད་མ་རངས་བ ; མ་བསྒྲུབས་པ ;
མ་གྲུབ་པ ; མ་ཚར་བ ;

309 Unfurl, *v.t.* བཀྲུང་བ ; ཀྲེར་བ ; བརྐྱང་བ ; རྐྱོང་བ ; འཕར་བ ;

310 Unfurnished, *a.* ཅ་ལག་མེད་པ ; སྤྱད་ལག་མེད་པ ; སྤྲད་ལག་དངོས་པོ་
མེད་པ ; ཆས་དང་མི་ལྡན་པ ; ཁང་པའི་ནང་ཆས་
སོགས་མི་ལྡན་པ ; མ་བསྒྲུབས་པ ;

311 Ungainly, *a.* འདྲ་ཆགས་པོ་མེད་པ ; མི་མཛེས་པ ;
(གོ་ཁྲིག་ཁྲིག ; Sik.) (གོག་པོ ; Sik.)
འདྲ་མ་ཆགས་པ ; འདྲ་མི་ཆགས་པ ;

312 Ungallant, *a.* སྐྱེ་དམན་ལ་མཐོང་ཆ་བཞག་ཆུང་བ ;
བུད་མེད་ལ་ཞེ་ས་མེད་པ ; མོ་མཐོང་ཆུང་བ ;

313 Ungathered, *a.* མ་བསྡུགས་པ ; མ་འཐུས་པ ; མ་བདུས་པ ;

314 Ungenerous, *a.* བློ་རྒྱ་ཆུང་བ ; གཏོང་མི་ཕོད་པ ; ལག་པ་དམ་པོ ;
ཁོག་ག་ཞིང་ཆུང་བ ; བློ་ཁོག་ཡངས་པོ་མིན་པ ;
Sik. བློ་ཆུང་ཆུང ; དྲིན་ཅན་མ་ཡིན་པ ;

315 **Ungentlemanly**, *a.* མི་བཟང་པོ་ལྟར་མ་ཡིན་པ; ཡ་རབས་ཀྱི་སྤྱོད་པ་དང་མི་ལྡན་པ;

316 **Ungird**, *v.t.* སྐ་རགས་བཞིག་པ; སྐེ་རག་བཀྲོལ་བ; སྐེ་རག་ཕྲུད་པ; སྐེ་རགས་འགྲོལ་བ; སྐ་རགས་གློད་པ;

317 **Ungodliness**, *n.* ཆོས་དང་མི་མཐུན་པའི་ཚུལ་ངན; ལྷ་ཆོས་དང་མི་མཐུན་པའི་ཚུལ; ཆོས་མིན་སྤྱོད་པ;

318 **Ungodly**, *a.* དཀོན་མཆོག་ལ་མ་འཛེམས་མཁན; སྡིག་ཅན; ཆོས་མེད; ལྷ་ཆོས་དང་འགལ་བ; ཆོས་དང་མི་མཐུན་པ; ཆོས་མིན;

319 **Ungovernable**, *a.* ཁྲིམས་འོག་མི་ཚུད་པ; ཁྲིམས་འོག་མི་འཚུད་པ; ཁྲིམས་འོག་མི་གནོན་པ;

320 **Ungraceful**, *a.* འགྲིང་བག་དང་མི་ལྡན་པ; འདྲ་མི་ཆགས་པ; མི་མཛེས་པ;

321 **Ungracefully**, *ad.* འདྲ་མ་ཆགས་པར; མ་མཛེས་པར; མི་སྤྲུམ་པར; Sik. ཁྲ་ལོག་པོ; ཁྲ་ལོག་གེ;

322 **Ungracious**, *a.* ཁྲེལ་མེད: རྩུ་ངན; ངན་པོ; ངན་པ; གཞིས་ངན; རྩུ་ངར་པོ;

323 **Ungrammatical**, *a.* སུམ་རྟགས་དང་མི་མཐུན་པ; མི་དག་པ; མ་དག་པ: ལུང་དུ་སྟོན་པ་དང་འགལ་བ; བརྡ་སྤྲོད་གཞུང་དང་འགལ་བ; ལུང་སྟོན་པའི་ཚུལ་དང་མི་མཐུན་པ; བརྡ་སྤྲོད་ཀྱི་ཚུལ་དང་འགལ་བ; ལུང་སྟོན་པའི་ཚིག་དང་འགལ་བ;

334 **Ungrateful**, *a.* བྱས་པ་མི་གཟོ་མཁན; དྲིན་མི་སེམས་མཁན; དྲིན་གཟོ་མེད་པ; དྲིན་མི་གཟོ་བ; དྲིན་མི་གཟོ་མཁན;

325 Ungratefulness, *n.* དྲིན་གཟོ་མེད་ཚུལ; དྲིན་གཟོ་མེད་པའི་རང་བཞིན; དྲིན་མི་གཟོ་བའི་ཚུལ;

326 Unguarded, *a.* མ་བསྲུངས་པ; རིག་པ་མ་བསྒྲིམས་པ;

327 Unhallowed, *a.* བཙོག་པ་ཅན; རབ་གནས་མ་བྱས་པ; གྲིབ་ཅན; སྡིག་སྒྲིབ་ཅན; སྨེའམ་དམེ་གྲིབ་ཅན; མ་གཙང་བ; སྨེ་གྲིབ་ཅན; སྨེད་པོ;

328 Unhandsome, *a.* ཡིད་གར་མི་འོང་བ; མི་སྡུག་པ; ཡིད་དུ་མི་འོང་བ; མི་མཛེས་པ;

329 Unhandy, *a.* ལག་ལེན་མི་བདེ་བ; ལག་འཆང་བ་སོགས་མི་བདེ་བ; ལག་པར་འཁྱེར་མི་བདེ་བ; ལྷབས་མི་བདེ་བ;

330 Unhappily, *ad.* བག་མི་ཕེབ་པ; སེམས་ལྷོད་པོ་མ་བྱུང་ནས; མི་སྐྱོ་བར; མི་བདེ་བར; སེམས་མི་སྐྱིད་པར; བདེ་སྐྱིད་མེད་པར; བློ་མི་བདེ་བར;

331 Unhappy, *a.* ཉམས་མི་དགའ་བ; མི་བདེ་བ; སྐྱིད་པོ་མེད་པ; བདེ་སྐྱིད་མེད་པ; མི་སྐྱིད་པ;

332 Unharmed, *a.* གནོད་པ་མེད་པ; གནོད་པ་མ་བྱས་པ; གནོད་པ་མ་བསྐྱལ་བ;

333 Unharness, *v.t.* སྒ་ཆས་བཤུ་བ;

334 Unhead, *v.t.* སྐེ་གཅོད་པ; སྐེ་འབྲེག་པ; མགོ་ལེན་པ; མགོ་གཅོད་པ; མགོ་འབྲེག་པ;

335 Unhealthy, *a.* ཉམས་མི་བདེ་བ; ནད་ཀྱིས་བཏབ་པ; ནད་ཡོག་པ; གཟུགས་མི་བདེ་བ; གཟུགས་མི་བཟང་བ; ཁམས་མི་བདེ་བ; འདུ་བ་འཁྲུགས་པ;

336 Unhearable, *a.* ཉན་མི་ཐུང་བ; ཉན་པར་མི་འོས་པ;

337 Unheard, *a.* ས་ཐོས་པ; མ་གོ་བ; སྔར་མ་ཐོས་པ;

338 **Unhesitating**, *a.* བཤོལ་བ་མེད་པ ; བཤོལ་དུ་མེད་པ ; འཕྲི་ཆ་མེད་པ ;
ཐེ་ཚོམ་མེད་པ ; སོམ་ཉི་མེད་པ ; ཡིད་གཉིས་མེད་པ ;

339 **Unhesitatingly**, *ad.* འཕྲིན་ཆ་མེད་པར ; ཕྱི་ནུར་མེད་པར ; ཐེ་ཚོམ་མེད་པར ;

340 **Unholy**, *a.* དྲི་མ་ཅན ; སྡིག་ཅན ; སྡིག་སྒྲིབ་ཅན ; མི་གཙང་བ ;
སྡིག་དང་འདྲེས་པ ; མ་གཙང་བ ; མ་དག་པ ;

341 **Unhorse**, *v.t.* རྟ་ལས་གཟགས་དུ་འཇུག་པ ; རྟ་ལས་ཕབ་པ ;
རྟ་ལས་འབེབས་པ ; རྟ་ལས་ལྷུང་དུ་འཇུག་པ ;

342 **Unhurt**, *a.* མ་སྐྱོན་མེད་པ ; རྨ་མ་བཟོས་པ ; མ་རྨས་པ ;
སྐྱོན་མ་བྱས་པ ;

343 **Unicorn**, *n.* བསེ་རུ ; སྔ་དུས་ཀྱི་སྒྲུང་གཏམ་དུ་རྒྱ་གར་དུ་ཡོད་
པར་གྲགས་པའི་སེམས་ཅན་རྟའི་གཟུགས་ལ་དཔྲལ་
བར་ར་ཅོ་ཡོད་པ་ཞིག ;

344 **Uniform**, *a.* མཚུངས་པའི་ཆ་ལུགས ; རིགས་མཐུན་གྱི་ཆས ;
འདྲ་བའི་དམག་ཆས ; ཤོ་བསྒྲིགས ; ཚང་མ་
གཅིག་པ ; གཟུགས་འདྲ་བ ; བྱེད་ལྟངས་འདྲ་བ ;

345 **Uniformity**, *n.* ཤོ་མཉམ ; ཤོ་སྒྲོམ་པ་ཉིད ; གཟུགས་འདྲ་ལྟངས ;
མཚུངས་ཆོས ;

346 **Uniformly**, *ad.* ཤོ་བསྒྲིགས་ནས ; ཤོ་སྒྲིག་པོ་བྱས་དེ ; ཤོ་མཉམ་པོ་
བྱེད་དེ ; ཤོ་སྒྲོམ་པོར ; ཆས་གོས་མཚུངས་པར་
གོན་ནས ;

347 **Unimaginable**, *a.* བློས་དཔག་དུ་མེད་པ ; བསམ་ལས་འདས་པ ;
བསམ་གྱིས་མི་ཁྱབ་པ ; བློ་འདས ;

348 **Unimpassioned**, *a.* བློ་ཚབ་ཚུབ་མེད་པ ; བློ་བདེ་པོ ; འདོད་བྲལ ;
ཞི་བ : བསིལ་བ ;

349 Unimpeachable, *a.* སྐྱོན་འདོགས་སུ་མེད་པ; སྐྱད་འདོགས་མི་རུང་བ;

350 Unimportant, *a.* སྣར་ཆེན་མིན་པ; མཐོང་ཆེན་མིན་པ; རྩིས་ཆེན་མིན་པ;
ཙ་ཆེན་པོ་མ་ཡིན་པ; གལ་ཆེན་པོ་མིན་པ;

351 Unimpressive, *a.* བློ་ལ་གོ་བ་མི་ཐེབས་པ; བློ་ལ་རི་མོ་མི་ཐེབས་པ;
བློར་མི་འབབ་པ; བློར་མི་ཐུབ་པ;

352 Unimproved, *a.* ལེགས་བཅོས་མེད་པ; བཟོ་སྐྱོར་མ་བྱས་པ;
ཡར་བསྐྱེད་མ་བྱས་པ;

353 Uninfluenced, *a.* བློ་ཁ་མ་བསྒྱུར་བ; སེམས་མ་བསྒྱུར་བ;

354 Uninformed, *a.* ལན་མ་བསྐུལ་བ; ལོན་མ་སྤྲོད་པ; ལོན་མ་བསྐུལ་བ;
མ་སྤྲིན་པ; བརྡ་མ་སྤྲིན་པ; ཆ་རྒྱུས་མེད་པ;
བརྡ་མ་བཏང་བ; ལན་མ་སྤྲད་པ;

355 Uninhabitable, *a.* ཡུལ་ཆགས་སུ་མེད་པ; ས་འཚུགས་མི་ཐུབ;
ཡུལ་ཆགས་མི་ཐུབ་པ;

356 Uninhabited, *a.* མི་མ་ཆགས་པ; ཡུལ་མ་ཆགས་པ; ས་མ་ཚུགས་པ;
ཡུལ་སྟོང;

357 Uninjured, *a.* མ་སྐྱོན་པ; སྐྱོན་མ་བྱས་པ; གནོད་པ་མ་བྱས་པ;
རྨ་མ་བཟོས་པ;

358 Uninspired, *a.* བྱིན་རླབས་མ་བསྐྱེད་པ; ནུས་སྟོབས་མ་ཐོབ་པ;
ཁོང་དུ་ཅི་ཡང་མ་ཞུགས་པ; བྱིན་རླབས་མ་ཞུགས་པ;

359 Uninstructed, *a.* བསླབ་སྦྱང་མེད་པའི; བསླབ་སྦྱང་བྱེད་མ་བཅུག་པ;
མ་བསླབས་པ;

360 Unintelligible, *a.* ཧ་མི་གོ་བ; མི་འཁྲུམ་པ;

361 Uninterested, *a.* ཁེ་གུད་མེད་པའི; རང་དོན་ཅན་མིན་པ;
ཕྱོགས་རིས་ཅན་མིན་པ;

362 **Uninterrupted**, *a.* དགག་བསྐྱིལ་མེད་པ ; དགག་ཆ་མེད་པ ; རྒྱུན་མ་ཆད་པ ;

363 **Uninteresting**, *a.* བློ་ཁ་འདྲེན་ནུས་མེད་པ ; དང་བ་བསྐྱེད་རྒྱུ་མེད་པ ; ཡིད་དུ་མི་འོང་བ ; ཡིད་གར་མི་འབབ་པ ; བློར་མི་འབབ་པ ;

364 **Uninvited**, *a.* མགྲོན་དུ་མ་བོས་པ ; མགྲོན་དུ་སྤྱན་མ་དྲངས་པ ;

365 **Union**, *n.* མཐུན་ལམ ; འགྲོགས་ཚུལ ; འཆམ་སྡུངས ; ནང་ཁ་མཐུན་སྡུངས ; ལག་རྒྱ་ཆེ་སྡུངས ; འབྲེལ་པ ; གཅིག་ཏུ་འདུས་པ ; མཐུན་འགྲིག ; མཐུན་གཞིབ ; ཁ་འགྲིག་སྡུངས ; བློ་སེམས་འགྲིག་ཚུལ ; མཐུན་སྡུངས ;

366 **Unionist**, *n.* མཐུན་པར་འདོད་མཁན ; འཆམ་པར་འདོད་མི ;

367 **Unique**, *a.* འགྲོགས་པར་འདོད་མཁན ; ནང་ཁ་མཐུན་པོ ; ཁ་འཆམ་པོ ; ལག་རྒྱ་ཆེན་པོ ; ཁ་འདུམ་པོ ; ཟླ་མེད ; ཟླ་བྲལ ; མཚུངས་མེད ; མཚུངས་བྲལ ; དཔེ་མེད ;

368 **Unison**, *n.* གླུ་དབྱངས་ཀྱི་སྟབས་མཐུན་ལུགས ; སྒྲའི་མཐུན་འགྱུར ; སྐད་གདངས་མཚུངས་ཚུལ ; སྐད་གདངས་མཐུན་ལུགས ;

369 **Unit**, *n.* གཅིག ; མིའམ་ཅ་ལག་གཅིག་པོ་ཁོ་ན ; རྡོག ; རྡོག་པོ ; རྡོག་པོ་གཅིག ;

370 **Unitarian**, *n.* མཆོག་གི་བདག་ལ་ངོ་བོ་གཅིག་ཉིད་དུ་འདོད་མཁན ; དཀོན་མཆོག་སྐུ་གསུམ་དུ་མི་འདོད་པར་གཅིག་ཁོ་ནར་འདོད་མི ;

371 **Unite**, *v.i.* གཅིག་ཏུ་འགྱུར་བ ; མཉམ་དུ་བྱེད་པ ; ཁ་འཆམ་པ ; མཐུན་པ ; *v.t.* མཐུད་པ ; སྦྲག་པ ; འཐུད་པ ; སྦྱོར་བ ; སྦྲེལ་བ ;

372 United, *a.* མཐུད་མཐུད་པ; གཅིག་ཏུ་འབྲེལ་བ; སྦྲེལ་ཟིན་པ;
ཁ་འཆམ་པའི; ཁ་མཐུན་པའི;

373 Unitedly, *ad.* ཁ་མཐུན་གྱིས; ཁ་མཐུན་ནས; མཉམ་དུ;
མཉམ་སྦྲེལ་གྱིས; མཉམ་འབྲེལ་གྱིས;

374 Unity, *n.* མཐུན་སྣངས; མཐུན་ལམ; ནང་ཁ་མཐུན་སྣངས;
ལག་རྒྱ་འབྲེལ་སྣངས; གཅིག་ཁོ་ནའི་རང་བཞིན;
མཐུན་ཆ; མཆོག་གི་བདག་གཅིག་ཉིད་ཡིན་པའི་
འདོད་ཚུལ;

375 Universal, *a.* ཀུན་ཁྱབ; ཀུན་འདུས; མཐའ་མེད་པ; ཐམས་ཅད;

376 Universality, *n.* ཀུན་ལ་ཁྱབ་པའི་ཆོས; ཀུན་ལ་ཁྱབ་སྣངས;
ཀུན་ལ་ཁྱབ་ཚུལ;

377 Universally, *ad.* སྣང་སྲིད་ཀུན་གྱིས; ས་ཆ་ཐམས་ཅད་དུ; ཐམས་ཅད་དུ;
ཕལ་ཆེར;

378 Universe, *n.* སྣང་སྲིད; འཇིག་རྟེན; འཁོར་བ; སྲིད་པ;

379 University, *n.* གྲྭ་ཚང; གཙུག་ལག་ཁང; གྲྭ་ས་ཆེན་པོ;

380 Unjointed, *a.* མཐུད་མཚམས་མེད་པ; ཚིགས་མེད་པ;
དབྱེ་བྱེད་སྐྲ་མེད་པ;

381 Unjudged, *a.* ཞིབ་དཔྱད་མ་བྱས་པ; བརྟག་དཔྱད་མ་བྱས་པ;
མ་བརྟགས་པ; ཁྲིམས་མ་བཅད་པ;

382 Unjust, *a.* བཀའ་ཁྲིམས་མ་དྲང་པ; ཁྲིམས་མི་དྲང་བ;
ཁྲིམས་དྲང་པོ་མེད་པ;

383 Unjustifiable, *a.* བདེན་པ་སྒྲོང་དུ་མེད་པ; མི་རིགས་པ;

384 Unjustly, *ad.* ཁྲིམས་མི་དྲང་བར; ཁྲིམས་དྲང་པོ་མ་བཅད་ནས;
ཁྲིམས་ནང་བཞིན་མ་ཡིན་པར;

385 **Unkind**, *a.* སྙིང་རྗེ་མེད་པ; དྲིན་ཅན་མ་ཡིན་པ; ཤ་ཚ་མེད་པ:

386 **Unkindly**, *ad.* སྙིང་རྗེ་མེད་པར;

387 **Unkindness**, *n.* སྙིང་རྗེ་མེད་པའི་རང་བཞིན; སྙིང་རྗེ་མེད་ཚུལ;
དྲིན་ཅན་མིན་ཚུལ; བྱིས་སྐྱོངས་མེད་ལུགས;

388 **Unkingly**, *a.* རྒྱལ་པོས་མཛད་མི་འོས་པ; རྒྱལ་པོའི་མཛད་པ་དང་མི་
མཐུན་པ;

389 **Unknowing**, *a.* མི་ཤེས་པ; མི་རིག་པ; བླུན་པོ;

390 **Unknown**, *a.* མ་རིག་པ; མ་ཤེས་པ;

391 **Unlace**, *v.t.* (Sik. ལྷམ་སྒྲོག་ཕུད་པ;) སྒྲོག་ཐག་བཀྲོལ་བ;
གོས་འབུད་པ; ལྷམ་སྒྲོག་འགྲོལ་བ;

392 **Unlade**, *v.t.* དོ་པོ་ཕབ་པ; ཁལ་ཕབ་པ; དོ་བོ་འབེབས་པ;
ཁུར་འབེབས་པ; དོ་པོ་སྤབ་པ;

393 **Unladylike**, *a.* བཙུན་མོའི་མཛད་པ་དང་མི་འདྲ་བ; ཇོ་མོས་མཛད་པར་
མི་འོས་པ; བཙུན་མོའི་སྤྱོད་པ་དང་མི་མཐུན་པ;

394 **Unlamented**, *a.* སུས་ཀྱང་མྱ་ངན་མ་བྱས་པ; སུས་ཀྱང་ཆོ་ངེ་མ་བཏོན་པ;
ཆོ་ངེས་མ་བཏབ་པ;

395 **Unlawful**, *a.* ཁྲིམས་དང་མི་མཐུན་པ; ཁྲིམས་དང་འགལ་བ;
མི་རིགས་པ;

396 **Unlawfully**, *ad.* ཁྲིམས་འགལ་བྱས་ཏེ; ཁྲིམས་དང་མི་མཐུན་པར;
མི་རིགས་པར;

397 **Unlawfulness**, *n.* ཁྲིམས་དང་མི་མཐུན་པའི་བྱ་བ;

398 **Unlearned**, *a.* སློབ་གཉེར་མ་བྱས་པ; བླུན་པོ; མཁས་པ་མ་ཡིན་པ;
ཡོན་ཏན་མ་སྦྱངས་པ; (བརྗེད་པ; to forget)
བསླབ་སྦྱང་མ་བྱས་པ;

399 Unleavened, *a.* བསྐྲུར་བཙོས་མ་བྱས་པ ;

400 Unless, *conj.* དེ་མིན; མིན་ན; མ་ཡིན་ན; ན; གལ་ཏེ་ན; གལ་ཏེ;

401 Unlettered, *a.* བསླབ་སྦྱང་མ་བྱས་པ; མ་བསླབས་པ; བླུན་པོ; ཡི་གེར་མ་འཁོད་པ; ཡི་གེ་མ་འབྱོངས་པ; ཡི་གེ་མ་སྦྱངས་པ;

402 Unlicensed, *a.* བཀའ་མེད་པ; བཀའ་མ་ཐོབ་པ; བཀས་མ་གནང་བ; བཀའ་མ་གྲོལ་བའི; གནང་བ་མེད་པ; གནང་བ་མེད་པར་བྱས་པ;

403 Unlike, *a.* མི་འདྲ་བ; མི་མཚུངས་པ; མི་གཅིག་པ;

404 Unlimited, *a.* ཚད་མེད; ཚད་བཟུང་མེད་པ; མཐའ་མེད་པ; མཐའ་ཀླས; མཐའ་ཡས;

405 Unload, *v.t.* ཁུར་ཕབ་པ; དོས་ཕབ་པ; ཁུར་ཆ་ཕབ་པ; ཁུར་སྤབ་པ;

406 Unlock, *v.t.* སྒོ་ལྕགས་དབྱེ་བ; སྒོ་ལྕགས་འབྱེད་པ; སྒོ་ལྕགས་ཕྱེ་བ;

407 Unlocked, *a.* དབྱེ་ཟིན་པ; ཕྱེས་པ; སྒོ་ལྕགས་ཕྱེས་པ;

408 Unlovely, *a.* ཡིད་དུ་མི་འོང་བ; ཡིད་གར་མི་འོང་བ;

409 Unluckily, *ad.* ཁ་ཟེ་ཆུང་སྟེ; བསོད་ནམས་ཆུང་བས; བསོད་བདེ་ཆུང་བས; སྐབས་ཉེས་ནས;

410 Unlucky, *a.* བསོད་བདེ་སྐམ་པོ; སྐྱ་བསོད་སྐམ་པོ; སྐྱ་བསོད་ཆུང་ཆུང; བསོད་ནམས་མེད་པ; བསོད་ནམས་ཆུང་ཆུང; བསོད་བདེ་ཆུང་ཆུང;

411 Unman, *v.t.* ཕོ་མཚན་འབྲིག་པ; མི་མིན་བཟོ་བ; ཕོ་མིན་བཟོ་བ; ཤ་གཅོད་པ;

412 Unmanageable, *a.* དབང་དུ་སྒྱུར་མི་ཐུབ་པ; དབང་དུ་སྡུད་མི་ཐུབ་པ; ཁ་ལོ་མི་འཆུན་པ; ཁ་ལོ་མི་འཆུན་པ; བསྒྱུར་བཀོད་མི་ནུས་པ; འཆུན་མི་ཐུབ་པ;

413 Unmanly, *a.* ཁྱོ་ག་ལ་མི་སྲམ་པའི; ཕོ་ལ་མི་རུང་བ; མ་རབས་ལྟ་བུ; སྨར་མ་ལྟ་བུ;

414 Unmanned, *a.* མི་རྣམས་དང་མི་ལྡན་པ; བྱ་བཙུན་པ; ཧྲིག་འཕྲས་ཕྱུང་བ; མིག་ལྟོས་མེད་པ; འདྲིས་མེད; ཤ་བཅད་པ; ཕོ་མཚན་བྲེགས་པ;

415 Unmannerly, *a.* སྒྲིགས་མེད་ཁྲིམས་མེད; ཡ་རབས་ཀྱི་ཚུལ་དང་མི་ལྡན་པ;

416 Unmarried, *a.* གཉིན་མ་བརྒྱབས་པ; ཆུང་མ་མེད་པ; བཟའ་ཟླ་མེད་པ; ཁྱིམ་ཐབས་མེད་པ; ཆུང་མ་མ་བླངས་པ;

417 Unmask, *v.t.* འབག་བཤུ་བ; འདྲ་འབག་བཤུ་བ; ཞལ་འབག་བཤུ་བ; སྐྱོན་སྟོན་པ; གསལ་བར་སྟོན་པ; གསལ་པོར་མཚོན་པ;

418 Unmeaning, *a.* དོན་གང་ཡང་མེད་པ; ཚོ་མེད; དོན་མེད;

419 Unmeasured, *a.* ཚད་མ་གཞལ་བ; ཚད་མེད་པ; དཔག་ཏུ་མེད་པ; མཐའ་མེད; མཐའ་ཡས; མཐའ་ཀླས; གྲངས་མེད; གཞལ་དུ་མི;

420 Unmentioned, *a.* མ་བརྗོད་པ; མ་བཤད་པ; མ་སྨྲས་པ; མ་ལབ་པ;

421 Unmerciful, *a.* བྱམས་སྙིང་མེད་པ; བྱམས་སྙིང་རྗེ་མེད་པ; སྙིང་རྗེ་མེད་པ; ཐུགས་རྗེ་མེད་པ;

422 Unmercifully, *ad.* བྱམས་སྙིང་མེད་པར; སྙིང་རྗེ་མེད་པར; ཐུགས་རྗེ་མེད་པར; སྙིང་རྗེ་མ་བལྟས་ནས; ཐུགས་རྗེ་མ་གཟིགས་ནས;

423 Unmercifulness, *n.* བྱམས་སྙིང་མེད་ལུགས; སྙིང་རྗེ་མེད་ཚུལ;

424 Unmerited, *a.* མ་འོས་པ; འོས་འབབ་མེད་པ; སྐལ་བ་བཟོབ་མི་འོས་པ;
སྐལ་བབ་མེད་པ;

425 Unmindful, *a.* བློ་ལ་མ་ངེས་པ; མི་ཉར་མཁན; སེམས་རྩེ་གཅིག་ཏུ
མི་གཏོང་མཁན; སྣང་དག་མི་གཏོང་བ; ཉར་བ་མི་
བྱེད་མཁན; ཅག་ག་མི་བྱེད་པ; སེམས་འཕྲེང་མི་
བྱེད་པ; སེམས་འཁྲུལ་མི་བྱེད་མཁན;

426 Unmingled, *a.* མ་འདྲེས་པ; མ་བསྲེས་པ; བསྲེས་པ་བསལ་བ;

427 Unmistakable, *a.* ནོར་ཡ་མེད་པ; ནོར་བ་མེད་པ; ནོར་མི་ཐུབ་པ;
གསལ་བ; གསལ་པོ; ནོར་དོགས་མེད་པ;

428 Unmitigated, *a.* དྲག་པོ; ཤུགས་ལ་ལྷོད་ཆ་མེད་པ; ཞི་བར་མ་གྱུར་པ;
མ་བཅག་པ; མ་བསྐྱུངས་པ;

429 Unmixed, *a.* བསྲེས་མེད་པ; མ་བསྲེས་པ; མ་འདྲེས་པ;
ལྷད་མེད་པ; མ་བསླད་པ;

430 Unmolested, *a.* དཀྲོག་མཁན་མེད་པ; མ་དཀྲོགས་པ; མ་སྐྲོག་པ;
སྡུག་པོ་མ་བཏང་བ;

431 Unmoor, *v.t.* གཏིང་རྡོ་བཏགས་པ་ལས་བཀྲོལ་བ; གཏིང་རྡོ་བཏང་བ;
སྒྲོག་པ; གཏིང་རྡོ་སྒྲོག་པ; གཏིང་རྡོ་སྒྲུད་པ;

432 Unmoved, *a.* གཡོ་འགུལ་མེད་པ; མི་གཡོ་བ; ཡིད་ལ་མ་བབ་པ;
ཡིད་ལ་མ་ཕོག་པ;

433 Unnamed, *a.* མིང་མ་བརྗོད་པ; མིང་མ་ཕབ་པ; མིང་མ་བཏགས་པ;

434 Unnatural, *a.* འཇིག་རྟེན་འགྲོ་ལུགས་དང་འགལ་བ; ལུགས་དང་མི་
མཐུན་པ; ཚུལ་མིན་པ; རང་བཞིན་མ་ཡིན་པ;
དངོས་མིན་པ; བཅོས་པ; བཅོས་མ; ཚུལ་དང་
འགལ་བ; ལུགས་དང་འགལ་བ; ཁྲིམས་དང་
འགལ་བ;

435 Unnaturally, *ad.* ཀུན་འགྲོ་དེ་ལུགས་དང་མི་ལྡན་པར;
ལུགས་དང་མི་མཐུན་པར;

436 Unnecessarily, *ad.* མཁོ་བྱེད་མེད་པར; མཁོ་མེད་པར; མི་དགོས་པར;

437 Unnecessary. མཁོ་མེད; དོན་མེད; དགོས་མེད;

438 Unnerve, *v.t.* སྤོབས་ཉམས་པར་བྱེད་པ; སྤོབས་མེད་པ་བཟོ་བ;
རྩ་སྤོབས་ཉམས་སུ་འཇུག་པ;
(Sik.) རྩ་འདར་རྒྱབ་བཅུག་པ;

439 Unnoticed, *a.* མ་ཚོར་བ; མ་བརྟགས་པ; མ་རིག་པ; མ་ཤེས་པ;
སྣང་བ་མ་བྱུང་བ; ཉེས་ཞིབ་མ་བྱུང་བ;

440 Unnumbered, *a.* གྲངས་ཀ་མ་ཐེབས་པ; གྲངས་ཀ་རྒྱབ་མ་ཐུབ་པ;
གྲངས་མེད; གྲངས་ཡས;

441 Unobjectionable, *a.* དགག་ཆ་མི་ཐོད་པ; དགག་པ་རྒྱབ་མི་འོས་པ;
དགག་པ་རྒྱབ་མི་རུང་བ; དགག་དུ་མ་རུང་བ;

442 Unobservable, *a.* བརྟག་པས་མི་མཐོང་བ; མི་སྣང་བ; མི་མཐོང་བ;
བརྟག་པར་མི་འོས་པ; བརྟག་པར་མི་རུང་བ;
དཔྱད་པར་མི་རུང་བ;

443 Unobserved, *a.* མ་ཚོར་བ; མ་བརྟགས་པ; མ་བསྒྲུང་བ;
སྣང་བ་མ་བྱུང་བ; ཉམས་གཞིག་མ་བྱུང་བ;

444 Unobstructed, *a.* ཀ་ཀོར་དགག་བསྒྲིལ་མེད་པ; མ་བཀག་པ;
དགག་ཆ་མ་བྱས་པ;

445 Unoccupied, *a.* ཡན་པ; བདག་དུ་མ་བཟུང་བ; བདག་གིར་མ་བྱས་པ;
བྱ་བར་མ་འབྱུངས་བ; བྲེལ་བ་མེད་པ;

446 Unofficial, *a.* གཙོ་སྐྱོང་མ་གཏོགས་པ; དཔོན་ཆེ་ཆེན་མ་ཡིན་པ;
ཆེ་ཆེན་ཁག་མིན་པ; (Sik.) ཡིག་ཚང་བརྒྱུད་དེ་མིན་
པའི་ནང་ཙག་ང་གི;

447 Unopened, *a.* ཁ་མ་བཤིག་པ; ཁ་མ་ཕྱེས་པ; ཁ་མ་ཕྱེ་བ;

448 Unopposed, *a.* ཀྲོལ་བ་མེད་པ; མ་བཀྲོལ་བ; མ་བཀག་པ; དགག་པ་མ་བརྒྱབས་པ;

449 Unostentation, *n.* ངོམ་འདོད་མེད་པ; རྗོམ་བརྗིད་མེད་ཚུལ; རྗོམ་བག་མེད་ཚུལ; ཉམས་མེད་སྤྱངས; གཟི་བརྗིད་མེད་སྤྱངས;

450 Unowned, *a.* བདག་པོ་མེད་པ; བོར་བ; བདག་ཏུ་མ་བཟུང་བ; བདག་གིར་མ་བྱས་པ;

451 Unpack, *v.t.* ཁུར་པོ་བཤིག་པ; དོ་བོ་བཤིག་པ; ཁ་བཤིག་པ; དོ་བོ་ཁ་འབྱེད་པ;

452 Unpaid, *a.* གླ་མ་བསྤྲེར་བ; གླ་མེད; གླ་མ་སྤྲད་པ; མ་བཅལ་བ;

453 Unpalatable, *a.* དང་ཁར་མི་འགྲོ་བ; བྲོ་བ་མེད་པ; རོ་མེད་པ; ཞིམ་པོ་མེད་པ;

454 Unparalleled, *a.* ཡ་ཟླ་མེད་པ; དཔྱ་ཟླ་མེད་པ; འགྲན་ཟླ་མེད་པ; ཟླ་མེད; དཔེ་མེད; མཚུངས་མེད; དོ་ཟླ་མེད་པ;

455 Unpardonable, *a.* བཤགས་པས་མི་ལོ་བ; དགོངས་པ་གཏོང་མི་འོས་པ; བཟོད་པར་བཞེས་མི་རུང་བ; བཟོད་པར་མི་འོས་པ;

456 Unpardoned, *a.* དགོངས་ཡང་མ་གནང་བ; དགོངས་པ་མ་བཏང་བ; བཟོད་པར་མ་བཞེས་པ;

457 Unpaved, *a.* རྡོ་བཅལ་མ་བསྒྲིགས་པ; རྡོ་བཅལ་མ་གཏིང་བ;

458 Unperceived, *a.* མཐོམ་བ; མི་སྣང་བ; མི་མངོན་པ; མ་ཚོད་པ; མ་ཤེས་པ; མ་སྣང་བ; མ་མངོན་པ;

459 Unpeopled, *a.* མི་མེད; ལྗུང་སྟོང; ཡུལ་སྟོང; ཡུལ་གྲོང་མ་ཆགས་པའི;

460 Unphilosophical, *a.* ཚད་མའི་བརྡ་དང་མི་མཐུན་པ; མཚན་ཉིད་དང་མི་མཐུན་པ; རིགས་པ་དང་འགལ་བ; རྟོག་གེའི་ཐ་སྙད་དང་མི་མཐུན་པ; ཚད་མའི་ཐ་སྙད་དང་འགལ་བ; ཚད་མ་རིག་པའི་ཐ་སྙད་དང་མི་མཐུན་པ;

461 **Unpin**, *v.t.* གཟེར་འདོན་པ; ཁབ་གཟེར་འདོན་པ; གཟེར་འབུད་པ; གཟེར་ཕུད་པ;

462 **Unpitied**, *a.* སྙིང་རྗེ་བྱེད་མཁན་མེད་པ; སྙིང་རྗེ་མ་བལྟས་པ; ཐུགས་རྗེ་མ་གཟིགས་པ;

463 **Unpitying**, *a.* སྙིང་རྗེ་མེད་པ; སྙིང་རྗེ་མི་ལྡ་བ;

464 **Unpleasant**, *a.* མི་དགའ་བ; ཡིད་ཁར་མི་འོང་བ; ཉམས་མི་དགའ་བ; ཡིད་དུ་འམ་ཡིད་གར་མི་འོང་བ;

465 **Unpleasantness**, *n.* མི་དགའ་བ་ཉིད; མི་དགའ་བའི་ཚུལ; མི་དགའ་བའི་རྣམ་པ;

466 **Unpleasing**, *a.* ཡིད་དུ་མི་འོང་བ; ཡིད་གར་མི་འོང་བ; མི་དགའ་བ; ཉམས་མི་དགའ་བ; ཞེ་མེར་པོ; སྐྱུག་བྲོ་བོ; ཞེ་སུན་པ;

467 **Unpolished**, *a.* བྱི་དོར་མ་བྱས་པ; འཕྱིད་བདར་མ་བྱས་པ; འཕྱིད་མ་བརྒྱབས་པ;

468 **Unpopular**, *a.* ཀུན་དང་མི་མཐུན་པ; ཀུན་གྱིས་མི་བསྔགས་པ; ཀུན་གྱི་ཡིད་གར་མི་འོང་བ; ཀུན་དང་མཐུན་གཞིབས་མི་ཆེ་བ; ཀུན་དང་མཐུན་འདྲིས་མི་ཆེ་བ;

469 **Unpractised**, *a.* མ་འབྱོངས་པ; མ་གོམས་པ; མ་སྦྱངས་པ; སྦྱང་བརྡར་མ་བྱས་པ;

470 **Unprecedented**, *a.* སྔོན་ནས་དཔེ་སྲོལ་མེད་པ; ཁྱད་པར་དུ་འཕགས་པ; དཔེ་མེད; ཟླ་མེད;

471 **Unprejudiced**, *a.* སེམས་ཕྱོགས་མེད་པ; གཞི་ནས་སེམས་ལ་གནག་པ་མེད་པ; ཉེ་ཁ་ཕྱོགས་མེད; རིས་བྲལ; སེམས་གཞི་མི་གནག་པ; རིས་སུ་མ་བཅད་པ; གཉེན་མ་བསྲིངས་པ; ཕྱོགས་མ་བྱས་པ; ཕྱོགས་མེད་པ; ཕྱོགས་རིས་མེད་པ; ཕྱོགས་ལྷུང་མེད་པ: བློ་འཁོར་གཞིར་བཞག་མེད་པ;

472 Unpremeditated, *a.* སྔོན་ནས་མ་དྲན་པ ; གློ་བུར་བ ; སྔོན་ནས་མ་བསམས་པ ; སྔོན་ནས་བསམ་བློ་མ་བཏང་བ ; སྔ་མ་ནས་གྲབས་གཞིགས་མ་བྱས་པ ; བཙན་ཐབས་པ ;

473 Unprepared, *a.* གྲབས་མ་འགྲིག་པ ;

474 Unpretending, *a.* སྙེམས་ཆུང ; མ་ཡིན་ཡིན་མདོག་མེད་པ ; གྱོད་མི་ཤོད་མཁན ; བག་ལྡན ; ཀྱ་ཀྱུ་མི་སྟོས་བ ;

475 Unprincipled, *a.* བློ་ལ་གཞུང་མེད་པ ; རྒྱུ་འབྲས་མེད་པ ; གྲུབ་མཐའ་མེད་པ ; གཞུང་ཕྱི་ཐག་མེད་པ ; འདོད་ལུགས་མེད་པ ; འདོད་ལུགས་ཟི་བརྟན་པ ;

476 Unprinted, *a.* པར་དུ་མ་འཁོད་པ ; པར་དུ་མ་བཀོད་པ ; པར་མ་བཀོད་པ ; པར་མ་བསྐྲུབས་པ ;

477 Unproductive, *a.* འབྲོན་ཁུངས་མེད་པ ; སྐྱེ་ཁུངས་མེད་པ ;

478 Unproductiveness, *n.* འབྲོན་ཁུངས་མེད་པ་ཉིད ; འབྲོན་ཁུངས་མེད་སྟོང ; སྐྱེ་ཁུངས་མེད་སྟོང ;

479 Unprofitable, *a.* ཁེ་མེད ; ཁེ་ཁྲེ་མེད་པ ; ཁེ་མ་མེད་པ ; ཁེ་སྤྲགས་མེད་པ ; འབྲས་བུ་མེད་པ ; དོན་མེད ; ཕན་ཐོགས་མེད་པ ;

480 Unprofitableness, *n.* ཁེ་བཟང་མེད་པ་ཉིད ; ཁེ་སྤྲོགས་མེད་ཚུལ ; ཁེ་བཟང་མེད་ཚུལ ;

481 Unpromising, *a.* ཁས་ལེན་མི་བྱེད་པ ; རེ་བ་ཆེར་བསྐྱེད་ས་མེད་པ ; སྤོ་ལོ་འཆར་བ ; སྤོ་ལོ་འཆར་མཁན ;

482 Unpropitious, *a.* བཀྲ་མི་ཤིས་པ ; རྟེན་འབྲེལ་ཡག་པོ་མེད་པ ;

483 Unprosperous, *a.* ཡར་བསྐྱེད་མེད་པ ; དར་རྒྱས་མེད་པ ; བསོད་བདེ་མེད་པ ; བསོད་བདེ་སྐལ་པོ ; བསོད་ནམས་ཆུང་ཆུང ;

484 Unprotected, *a.* མགོན་སྐྱབས་མེད་པ ; མ་བསྐྱབས་པ ; མགོན་མེད ; སྐྱབས་མེད ; མ་བསྲུངས་བ ; རྗེས་སུ་མ་བཟུང་བ ;

485 Unprovided, *a.* མ་བསྒྲུབས་པ ; གྲབས་གསར་མ་བྱས་པ ; གྲ་སྒྲིགས་མ་བྱས་པ ; སྟ་གོན་མ་བྱས་པ ;

486 Unprovoked, *a.* ཁོང་ཁྲོ་ཡང་དོན་མེད་པ ; སྐད་མེད ; བརྙས་པ་མེད་པ ; བརྙས་མེད ; མ་དཀུགས་པ ; མ་དཀྲོག་པ ; འགྲན་ཟླར་མ་བོས་པ ; དགྲ་ཟླར་མ་བོས་པ ; འགྲན་ཟླར་མ་སྦྲན་པ ;

487 Unpublished, *a.* པར་དུ་མ་འཁོད་པ ; པར་དུ་མ་བསྒྲུབས་པ ; པར་མ་བཀོད་པ ; གདན་ལ་མ་ཕབ་པ ;

488 Unqualified, *a.* ཕུན་སུམ་མ་ཚོགས་པ ; ཡོན་ཏན་མ་ཚང་བ ; མི་འོས་པ ; གོ་ཆོད་པོ་མེད་པ ; གོ་ཆོད་མེད་པ ; གོ་མི་ཆོད་པ ; ཕན་མི་ཐོགས་པ ; ཕན་ཐོགས་མེད་པ ;

489 Unquenchable, *a.* ཁ་སྐོམ་མི་གསོད་པ ; ཁ་སྐོམ་གསོད་དུ་མི་ནུས་པ ; ཁ་མི་ངོམས་པ ;

490 Unquestionably, *ad.* གདོན་མི་ཟ་བར ; ཐེ་ཚོམ་མེད་པར ; ངེས་པར ;

491 Unquestioned, *a.* མ་དྲིས་པ ; དྲི་བ་མ་དྲིས་པ ; དྲི་བ་མ་བཀོད་པ ; འགྲན་ཟླར་མ་བོས་པ ; རྩོད་མེད ; ཐེ་ཚོམ་མེད ;

492 Unravel, *v.t.* གསང་བའི་དོན་བཀྲོལ་བ ; འགོལ་བ ; དགྲོལ་བ ; མདུད་པ་འགྲོལ་བ ; སྐྱུད་པ་སོགས་འཛིངས་པ་སང་བ ;

493 Unready, *a.* གྲ་སྒྲིག་མེད་པ ; གྲ་མ་བསྒྲིགས་པ ; གྲ་སྒྲིག་པོ་མེད་པ ; གྲབས་གསར་མེད་པ ;

494 Unreal, *a.* མི་ངེས་པ ; དངོས་མ་ཡིན་པ ; དངོས་མེད ; དངོས་པོ་མེད་པ ; ངོ་མ་མིན་པ ; ངོ་ཐོག་མིན་པ ; མཐོང་སྣང་ཙམ་སྒྱུ་མ་ལྟ་བུ ; མིག་འཕྲུལ་ཆེན་པོ ; མིག་འཁྲུལ་ཆེན་པོ ;

495 Unreasonable, *a.* བློ་ལ་མི་འཐད་པ; མི་རིགས་པ; རིགས་པ་དང་འགལ་བ;

496 Unreconciled, *a.* སྡུམ་མ་བྱས་པ; མ་བསྡུམ་པ; སྡུམ་པར་མ་བྱས་པ;

497 Unrecorded, *a.* ཐོར་མ་བཀོད་པ; ཐོ་ལ་མ་བྲིས་པ; ཐོ་མ་བྲིས་པ;

498 Unredeemed, *a.* མ་བླུས་པ; བླུ་བ་མ་གནངས་པ;

499 Unrefined, *a.* དག་འདོན་མ་བྱས་པ; དག་པར་མ་བྱས་པ; དག་ཕྱེར་
མ་བྱས་པ; བཙོ་མ་མ་ཡིན་པ; བཙོས་མ་མིན་པ;

500 Unregarded, *a.* དགོངས་གཟིགས་མ་གནང་བ; མཐོང་མ་བྱས་པ; མ་རྩིས་པ;
བཀུར་སྟི་མ་བྱས་པ; སྣང་དག་མ་བཏང་བ; གཟིགས་
རྒྱུང་མེད་པ; གཟིགས་རྒྱུང་མ་གནངས་པ;

501 Unregistered, *a.* ཐོ་འམ་དཀར་ཆག་ཏུ་མ་བཀོད་པ; ཐོ་རུ་མ་བྲིས་པ;
ཐོ་མ་བྲིས་པ;

502 Unrelenting, *a.* སྙིང་རྗེ་མེད་པ; དྲག་པོ; གཉན་པ; གཉན་པོ;

503 Unremittingly, *adv.* བསྟུད་དེ; ནན་གྱིས་བསྟུད་དེ; བདུད་མར;
རྒྱུན་མ་ཆད་པར; རྟག་པར;

504 Unrenewed, *a.* བསྐྱར་དུ་མ་བཅོས་པ; བསྐྱར་དེ་མ་བྱས་པ;
ཡང་བསྐྱར་མ་བཟོས་པ;

505 Unrepealed, *a.* མེད་པར་མ་བཟོས་པ; ཆར་མ་བཅད་པ; ཞལ་ལྕེ་སོགས་
མ་བཀོལ་བ; མ་བསུབས་པ; སྐྱར་མ་བཏོན་པ;

506 Unrepentant, *a.* གནོང་འགྱོད་མེད་པ; གནོང་བ་མེད་པ;
ཞེ་གནོང་མེད་པ; སེམས་འགྱོད་མེད་པ;

507 Unreported, *a.* སྒྲ་མ་བསྒྲགས་པ; བཀའ་མ་བསྒྲགས་པ; ཐྲིལ་མ་
བསྒྲགས་པ; ཁྲིམས་མ་བསྒྲགས་པ; བརྡ་མ་བཏང་བ;
སྙན་ཞུ་མ་བཏང་བ; འམ་མ་ཕུལ་བ; ཡུལ་འབངས་
སོགས་ཀྱི་བདེ་སྡུག་སྤྱོད་འགྲོས་སྐོར་གྱི་གནས་ཚུལ་མ་
ཕུལ་བ;

508 Unreprievable, *a.* གསོད་པའི་བཀའ་ཕྱི་བཤོལ་མི་ཐུབ་པ; ཁྲིམས་ས་ནས་གསོད་པའི་བཅད་ཁྲ་གནང་ཟིན་པ་དེ་ཕྱི་བཤོལ་མི་ཐུབ་པ;

509 Unrepresented, *a.* ཚབ་མེད་པ; སྐུ་ཚབ་མེད་པ; ཟོ་ཚབ་མེད་པ;

510 Unreserved, *a.* ཁ་ཞེ་མེད་པ; དོགས་ཟོན་མེད་པ; ཟོན་མེད་པ; གང་ཡང་ཀློར་གསང་ཐབས་སྲུ་མ་བཞག་པ; གཡོ་རྒྱུ་མེད་པ;

511 Unresisted, *a.* མ་བཀག་པ; མ་བཀྲོལ་བ;

512 Unresisting, *a.* འགེགས་པ་མེད་བཞིན; མི་རྒོལ་བཞིན; རྒོལ་བ་མེད་བཞིན;

513 Unresolved, *a.* ཐག་མ་ཆོད་པ; ཐག་མ་བཅད་པ; ཆནས་ཆ་ཧུ་མ་བཏང་བ;

514 Unrestrained, *a.* མ་བཀག་པ; དབང་དུ་མ་བཞག་པ; ཚོད་མ་ཟིན་པ; ལང་ཤོར;

515 Unreturned, *a.* སླར་མ་ལྡོག་པ; མ་ལོག་པ;

516 Unrevealed, *a.* ལུང་མ་བསྟན་པ; མ་བསྟན་པ; མ་མཚོན་པ;

517 Unrewarded, *a.* བྱ་དགའ་མ་བསྐྱེར་བ; རྔན་པ་མ་ཕྱིན་པ; རྔན་པ་མ་ངན་ང་བ; གསོལ་རས་མ་གནང་པ;

518 Unriddle, *v.t.* ལྡིམ་ཆོད་པ; ལྡོམ་ཆོད་པ; ལྡེམ་གཅོད་པ; ལྡེམ་པོ་གློག་པ; ལྡེམ་གཏམ་གློག་པ; ལྡེམ་ངག་སྒྲོགས་པ;

519 Unrighteous, *a.* མི་དགེ་བ; མ་རབས; དྲང་པོ་མ་ཡིན་པ; ངན་པ;

520 Unrighteousness, *n.* མི་དགེ་བའི་ལས; མི་དགེ་བའི་བྱ་བ; མ་རབས་ཀྱི་ཚུལ;

521 Unripe, *a.* རྗེན་པ; མ་སྨིན་པ;

522 Unrivalled, *a.* ཟླ་མེད; མཚུངས་མེད; འགྲན་ཟླ་མེད་པ;

523 Unroll, *v.t.* བརྐྱང་བ; བཤིག་པ; ཁ་འབྱེད་པ; ཁ་ཕྱེ་བ; ཤོག་དྲིལ་ལྟ་བུ་རྐྱོང་བའམ་སྣར་བའམ་གཤིག་པ;

524 Unruly, *a.* ཁྲིམས་མེད; གྱོང་པོ; དབང་དུ་མི་ཚུད་པ; དབང་གིས་མི་འཆུན་པ;

525 Unsafe, *a.* ཉེན་ཁ་ཆེན་པོ; མི་བརྟན་པ; བརྟན་པོ་མེད་པ; ཉེན་ཅན; ཉེན་ཀ་ཅན;

526 Unsaleable, *a.* མི་བྲིམ་པ; འཚོང་མི་ཐུབ་པ; བཙོང་མི་ཐུབ་པ;

527 Unsanctified, *a.* རབ་གནས་མ་བྱས་པ;

528 Unsatiable, *a.* མི་ངོམ་པ; ངོམ་པ་མེད་པ; མི་ཚིམ་པ; ཚིམ་པ་མེད་པ;

529 Unsatisfactory, *a.* ཡིད་ཆེས་མི་ཐུབ་པ; ཡིད་རྟོན་མི་ཐུབ་པ;

530 Unsatisfied, *a.* མ་ངོམས་པ; མ་ཚིམས་པ; འདོད་པ་མ་གང་བ;

531 Unsavoury, *a.* བྲོ་བ་མེད་པ; རོ་མེད་པ; ཞིམ་པོ་མེད་པ; མི་ཞིམ་པ;

532 Unsay, *v.t.* རྒྱབ་འགལ་བྱེད་པ; སློན་པ; བསློན་བྱེད་པ; བསློན་ངོར་བྱེད་པ;

533 Unscholarly, *a.* མཁས་པ་ལྟ་བུ་མ་ཡིན་པ; པཎྜིད་ལྟ་བུ་མིན་པ;

534 Unscriptural, *a.* གསུང་རབ་ཀྱི་དགོངས་པ་དང་མི་མཐུན་པ; གསུང་རབ་ཀྱི་བརྡ་དང་མི་མཐུན་པ; བསྟན་བཅོས་ཀྱི་ལུགས་དང་མི་མཐུན་པ; གསུང་རབ་དང་མི་མཐུན་པ;

535 Unscrupulous, *a.* བསམ་པ་ངན་པ; དོགས་ཟོན་མི་བྱེད་མཁན;

536 Unseal, *v.t.* ཐམ་ཀ་བཅག་པ; དམ་ཁ་གཅོག་པ; དམ་ཕྱུག་བཀྲུབས་པ་བཤིག་པ; ཐེ་ཚེ་བཤིག་པ; དམ་ཕྱུག་ཁ་ཕྱེ་བ;

537 Unsearchable, *a.* བཙོལ་ནས་ཐོབ་མི་ཐུབ་པ; འཚོལ་བས་མི་བརྙེད་པ; འཚོལ་དུ་མེད་པ; བཙོལ་ནས་རྙེད་མི་ཐུབ་པ;

538 Unseasonable, *a.* དུས་མིན; དུས་མ་ཡིན་པ; སྐབས་མིན;
སྐབས་སུ་མ་བབ་པ;

539 Unseasoned, *a.* བྲོ་བ་འདོན་བྱེད་རྫས་མ་བཏབ་པ; རྫས་ཀྱི་བྲོ་འདོན་སྨན་
སྣ་སོགས་མ་བཏབ་པ; དུས་སུ་མ་སྨིན་པ; ཉམས་
མྱོང་མེད་པ;

540 Unseat, *v.t.* སྡོད་ས་འཁྲོག་པ; ཁྲི་ལས་འབབས་པ;
ཁྲི་སྟེང་ནས་སྤྲབ་པ;

541 Unseaworthy, *a.* གྲུ་མཚོར་ཁྱེས་སུ་འཁྱམས་མི་ནུས་པ; གྲུ་མཚོའི་
འགྲུལ་པར་མི་འོས་པ; གྲུ་མཚོར་འགྲུལ་མི་འཕེར་བ;

542 Unseemly, *a.* མི་རིགས་པ; མི་རུང་བ; བག་མེད; བག་ལྡན་མིན་པ;

543 Unseen, *a.* མི་མངོན་པ; མ་མཐོང་བ; མི་མཐོང་བ;

544 Unsent, *a.* མ་བཏང་བ; བཏང་མེད་པ; མ་བསྐུར་བ;

545 Unserviceable, *a.* གོ་ཆོད་པོ་མ་ཡིན་པ; ཕན་ཐོག་པོ་མིན་པ; ཕན་མི་ཐོག;
ལས་ཕེར་མིན; མི་ཕེར་བ; བྱ་བ་མི་ཕེར་བ;
ཕེར་པོ་མིན་པ;

546 Unsettle, *v.t.* དཀྲུག་པ; དཀྲོག་པ; བརྟན་པོ་འདོན་པ;
བརྟན་པོ་འབྱིན་པ;

547 Unsettled, *a.* ངེས་མེད; ཆ་ངེས་མེད་པ་སོམ་ཉི་ཅན; ཐག་མ་ཆོད་པ;
ཐག་མ་བཅད་པ; དཀྲུགས་པ; དཀྲོགས་པ;
བརྟན་པོ་འདོན་པ; བརྟན་པོ་མེད་པ;

548 Unshaken, *a.* མི་གཡོ་བ; མ་གཡོས་པ; མི་སྐྱོད་པ; མ་བསྐྱོད་པ;
བརྟན་པོ; གཡོ་འགྲུལ་མེད་པ;

549 Unsheathe, *v.t.* ཤུབས་ནས་འདོན་པ; ཤུབས་ནས་འབྱིན་པ;
ཤུབས་ནས་ཐེད་པ;

550 Unsheltered, *a.* ཡིབ་ཁྲང་ཉེ་དང་འཛབ་ས་མེད་པ་;

551 Unshrinking, *a.* བྱ་བ་ཉེན་ཀ་སོགས་ལས་མི་འཛུར་བ; མི་ལྡོག་པ; མི་འཛིགས་པ; མི་སྐྲག་པ;

552 Unshriven, *a.* ཉེས་པ་མ་བཤགས་པ; ལྟུང་བ་མ་བཤགས་པ; སྡིག་པ་མ་བཤགས་པ;

553 Unsightly, *a.* མི་སྡུག་པ; མི་མཛེས་པ; མཛེས་པོ་མེད་པ; ཁ་དོག་ཉེས་པོ; ལྟ་ན་མི་སྡུག་པ;

554 Unsisterly, *a.* སྲིང་མོ་ལྟ་བུ་མ་ཡིན་པ; སྲིང་ལྟར་མི་དྲང་བ;

555 Unskilful, *a.* མི་སྦྱང་བ; སྦྱང་པོ་མིན་པ; རྩལ་མེད་པ; རྩལ་ཅན་མིན་པ; མི་མཁས་པའམ་མ་མཁས་པ; མི་སྐྱེན་པ; མི་གྲུང་བ; གྲུང་པོ་མིན་པ;

556 Unsociable, *a.* མི་གྲལ་མི་གཞོགས་པ; ཀུན་ལ་འཚེ་བ; འགྲོགས་པར་མི་མཐུན་པ; འགྲོགས་པར་མི་དགའ་བ;

557 Unsocial, *a.* ཀུན་དང་འགྲོགས་མི་བདེ་བ; སྐྱེ་ཀུན་དང་འདྲེ་བར་མི་དགའ་བ; དབེན་པར་དགའ་བ; མི་དམངས་དང་མི་མཐུན་པ; དམངས་ཞལ་པ་དང་མི་འགྲོགས་པ;

558 Unsoiled, *a.* དྲག་དྲིག་མེད་པ; དྲི་མར་མ་བྱུས་པ; དྲི་མས་མ་སྦགས་པ;

559 Unsold, *a.* མ་བཙོང་བ; བཙོང་མ་ཚར་བ; མ་བྲིམ་པ;

560 Unsoldierly, *a.* དམག་མིར་མི་འོས་པ; དམག་མི་ལྟ་བུ་མིན་པ; དཔའ་པོ་མིན་པ;

561 Unsolicited, *a.* མ་ཞུས་པ; སྙན་ཞུ་མ་ཕུལ་བ; མ་བསླངས་པ;

562 Unsophisticated, *a.* སླ་བ; མ་བཅོས་པ; བཅོས་མ་མ་ཡིན་པ; ལྷད་མེད; ལྷད་ཀྱིས་མ་བསླད་པ; མ་བསླད་པ; དངོས; ངོ་མ; ལས་སླ་པོ;

563 Unsound, *a.* ཁམས་མི་བདེ་བ; ཐང་པོ་མེད་པ; གཟུགས་པོ་ཐང་པོ་མེད་པ;

564 Unsown, *a.* མ་བཏབ་པ; ས་བོན་མ་བཏབ་པ;

565 Unsparing, *a.* སྙིང་རྗེ་མེད་པ; ཕྱི་མེད; ཕྱ་ཕྱི་མེད་པ; བསྲི་ཚགས་མི་བྱེད་མཁན; བསྲི་བ་མེད;

566 Unspeakable, *a.* བརྗོད་ལས་འདས་པ; བརྗོད་དུ་མི་ཕྱུབ་པ; བརྗོད་མེད; བརྗོད་དུ་མེད་པ; བརྗོད་བྱ་མིན་པ; བརྗོད་ཀྱིས་མི་ལང་བ;

567 Unspoiled, *a.* མེད་པར་མ་བཟོས་པ; མ་བརླགས་པ;

568 Unspoken, *a.* མ་ལབ་པ; མ་བརྗོད་པ; མ་སྨྲས་པ; མ་གསུངས་པ;

569 Unspotted, *a.* ཐག་ཐིག་མེད་པ; དྲི་མེད; དྲི་མ་མེད་པ; ཉེས་མེད;

570 Unstable, *a.* མི་བརྟན་པ; བརྟན་པོ་མེད་པ; མི་རྟག་པ; ཡིད་རྟོན་མི་འོས་པ;

571 Unstained, *a.* དྲི་མེད; དྲི་མར་མ་བྱུས་པ; དྲི་མས་མ་སྦགས་པ;

572 Unstamped, *a.* ཊི་ཀ་སི་མ་སྦྱར་བ; ཊི་ཀཊ་མ་བརྒྱབས་པ; ཊི་ཀཊ་མ་སྦྱར་བ;

573 Unsteadfast, *a.* བརྟན་པོ་མེད་པ; མི་བརྟན་པ;

574 Unsteady, *a.* བརྟན་པོ་མེད་པ; མི་བརྟན་པ; མི་རྟག་པ; འགྱུར་བ;

575 Unstring, *v.t.* ལྕུགས་སྐུད་སྤུད་པ; ལྕུགས་སྐུད་སྤོག་པ; སྐུད་པ་སྤོག་པ; རྒྱུད་ཐག་འགྲོལ་བ; རྒྱུད་ཐག་དགྲོལ་བ; ཐྲོད་ཐྲོད་གཏོང་བ; ལྷུག་ལྷུག་བྱེད་པ; ལྷུག་དུ་གཏོང་བ;

576 Unstudied, *a.* བསླབ་སྦྱོང་མ་བྱས་པ; མ་བསླབས་པ; སྤྲོད་ལ་བསམ་བློ་བཏང་ནས་བྱས་པ;

577 Unsubstantial, *a.* དངོས་པོ་མེད་པ; དངོས་མེད; སྙིང་པོ་མེད་པ;

578 Unsuccessful, *a.* དོན་མ་གྲུབ་པ; དོན་མ་བསྒྲུབས་པ; བསོད་བདེ་སྐམ་པོ; མཐར་མ་ཕྱིན་པ;

579 Unsuitable, *a.* མི་འོས་པ; མི་རིགས་པ; མི་རུང་བ; མི་འགྲིག་པ;

580 Unsuited, *a.* མི་འོས་པ; མི་རིགས་པ; མི་འགྲིག་པ;

581 Unsullied, *a.* དྲི་མེད; དྲི་མར་མ་བྱས་པ; དྲི་མས་མ་སྦགས་པ;

582 Unsupported, *a.* རྒྱབ་སྐྱོར་མེད་པ; མ་བསྐྱོར་བ; རྒྱབ་མ་བྱས་པ; གྲོགས་མ་བྱས་པ;

583 Unsurpassed, *a.* གང་གིས་ཀྱང་དེ་ལས་མ་ལྷག་པ; དེའི་གོང་ན་གང་གིས་ཀྱང་ཁྱད་པར་དུ་མ་འཕགས་པ;

584 Unsuspected, *a.* དོགས་སྣང་མེད་པ; ཐེ་ཚོམ་མེད་པ; དོགས་པ་མ་བྱས་པ;

585 Unsuspecting, *a.* དོགས་སྣང་མེད་བཞིན་པའི; ཐེ་ཚོམ་མི་བྱེད་པའི; ཐེ་ཚོམ་མི་བྱེད་བཞིན་པ;

586 Unsustained, *a.* རྒྱབ་སྐྱོར་མ་བྱས་པ; མ་བཏེགས་པ; གྲོགས་མ་བྱས་པ; མ་བཟོད་པ; མ་བསྲུན་པ;

587 Unswept, *a.* ཕྱི་དོར་མ་བྱས་པ; མ་འཕྱགས་པ; ཕྱག་བདར་མ་བྱས་པ; གད་མ་བརྒྱགས་པ;

588 Unswerving, *a.* གཞུར་ཡ་མེད་པ; མི་འཛུར་བ; མི་གཞུར་བ; མི་འགྱོལ་བ;

589 Unsymmetrical, *a.* དཔེ་བྱད་ཀྱིས་མི་བརྒྱན་པ; ཆུ་ཞེང་མི་འགབ་པ; མཆུ་ཞེང་མི་འགབ་བ;

590 Untainted, *a.* དྲི་མར་མ་བྱས་པ; དྲི་མས་མ་སྦགས་པ;

591 Untameable, *a.* འདྲིས་མི་བཏུབ་པ; འདྲིས་པར་མི་ཉན་པ; འདྲིས་མི་ཚུད་པ; བརྟུལ་མི་ནུས་པ; འདྲིས་སུ་འཇུག་མི་ཐུབ་པ;

592 Untamed, *a.* ཀླིང་པོ་མ་བཟོས་པ; འདྲིས་སྲུ་མ་བཙུག་པ;
མ་འདྲིས་པ; མ་དུལ་བ; མ་བདུལ་བ;

593 Untasted, *a.* མ་མྱངས་པ; བྲོ་བ་མ་མྱངས་པ; བྲོ་བ་མ་བལྟས་པ;

594 Untaught, *a.* མ་བསླབས་པ; བསླབ་སྦྱང་མ་བྱས་པ;
(མ་ལོབ་པ; Collql.).

595 Untenable, *a.* མི་བརྟན་པ; བརྟན་པོ་མེད་པ; བདག་དུ་བཟུང་ནས་
འཛོག་མི་ཐུབ་པ; སྐྱོང་མི་ནུས་པ;

596 Untendered, *a.* མ་ཕུལ་བ; འབུལ་ལམ་མ་ཞུས་པ;

597 Unthankful, *a.* བྱས་པ་རྩད་གཟོན་པ; བྱས་པ་མི་ཚོར་བ; ཐུགས་རྗེར་
མི་གསན་པ; དྲིན་མི་གསན་པ; དྲིན་མེད་གཟོ་བ;
བྱས་པ་མི་གཟོ་བ; དྲིན་མི་བསམ་པ;

598 Unthinking, *a.* མི་བསམ་པ; བསམ་པ་མེད་པ; སེམས་འཕྲེང་མེད་པ;
སེམས་འཕྲེང་མི་བྱེད་མཁན; སེམས་བྲེལ་མེད་པ;
སེམས་འཁྲུལ་མེད་པ; ཐུགས་ལས་མེད་པ;
སེམས་ལས་མེད་པ; བསམ་མནོ་མེད་པ;

599 Unthought, *a.* མ་བསམས་པ; བསམ་བློ་མ་བཏང་བ; མ་མནོས་པ;

600 Unthoughtful, *a.* བསམ་མནོ་མེད་པ; མནོ་མེད; བསམ་པ་མེད་པ;
བསམ་མེད;

601 Unthrift, or unthriftiness, *n.* ཕང་སེམས་མེད་པའི་ཚུལ; འགྲོ་རླག་ཆེ་ལུགས;

602 Unthrifty, *a.* ཕང་སེམས་མེད་པ; ཕང་སེམས་ཅན་མིན་པ; བསྲི་མེད;
འགྲོ་རླག་མཁན;

603 Untidy, *a.* ཚར་དུ་མི་དངར་བ; གྲལ་མ་བསྒྲིགས་པ; རྫིར་པོ;
སྤྱོད་ལམ་མི་མཁས་པ; གོན་སྤྲངས་མི་མཁས་པ;
རྫོར་པོ; གཙང་སྦྲ་མེད་པ; འདྲ་མི་ཆགས་པ;
འདྲ་ཆགས་པོ་མེད་པ;

604 Untie, *v.t.* མདུད་པ་བཤིག་པ; མདུད་པ་བཀྲོལ་བ; འགྲོལ་བ; དགྲོལ་བ;

605 Until, *pr. and ad.* དེ་སྲིད; མ་རན་བར; སྲིད་ལ; བར་དུ; དེའི་བར་དུ; བར་ལ; བར;

606 Untilled, *a.* མ་རྨོས་པ; ཞིང་མ་རྨོས་པ; རྨོན་པ་མ་བརྒྱབས་པ;

607 Untimely, *a.* དུས་མིན་གྱི; དུས་མིན; དུས་མ་ཡིན་པ; དུས་ལ་མ་བབ་པ; *adv.* དུས་ལ་མ་བབ་པར;

608 Untired, *a.* ཐང་མ་ཆད་པ; བྱ་བར་མི་སྐྱོ་བའམ་ངལ་དུབ་དུ་མི་སེམས་པ; སྐྱོ་དུབ་མེད་པ; མི་དུབ་པ; ངལ་དུབ་མེད་པ; སྐྱོ་ངལ་མེད་པ;

609 Untiring, *a.* མི་སྐྱོ་བ; མི་ངལ་བའི; མི་ངལ་བ; མི་དུབ་པ; ཐང་མ་ཆད་པ;

610 Unto, *prep.* ལ; ན; སུ; རུ; ར; དུ; ཏུ;

611 Untold, *a.* གྲངས་ཀ་རྒྱབ་མི་ཐུབ་པ; བགྲང་བར་མི་ནུས་པ; བརྗོད་དུ་མེད་པའི; མ་བརྗོད་པ; མ་ལབ་པ; མ་བཤད་པ; བརྗོད་ལས་འདས་པ;

612 Untouched, *a.* མ་རེག་པ;

613 Untoward, *a.* མི་མཐུན་པའི; འོག་ཏུ་མི་ཚུད་པའི; ཨུ་ཚུགས་ཆེ་པོ; མི་ཉན་པ;

614 Untowardly, *a.* མི་མཐུན་པར;

615 Untractable, *a.* དབང་གིས་མི་འཚུན་པ; འདུལ་མི་ཐུབ་པ; མི་ཐུལ་བ; མི་དུལ་བ; འོག་ཏུ་མི་ཚུད་པ; འོག་ཏུ་མི་གནོན་པ;

616 Untracked, *a.* རྗེས་འདེད་མེད་པ; ཀང་རྗེས་ཀྱི་རྗེས་སུ་མ་བསྙེགས་པ; (ཀང་རྗེས་མ་བཅད་པ; Sik.)

617 Untrained, *a.* དམག་སྦྱོང་མ་བསླབས་པ; དམག་རྩལ་མ་བསླབས་པ; མ་བཙུན་པ; མ་སྦྱངས་པ; མ་བདུལ་བ; བསླབ་སྦྱངས་མ་བྱས་པ; མ་བསླབས་པ;

618 Untranslatable, *a.* སྒྲ་བསྒྱུར་མ་ཐུབ་པའི; སྒྱུར་དུ་མི་རུང་བ; སྒྲ་སྒྱུར་བར་མི་རུང་བ;

619 Untravelled, *a.* བྲིས་སུམ་སོང་བ; ཕྱོགས་སུ་མ་ཐོན་པ; བྲིས་མ་འགྲིམ་པ; འགྲུལ་མ་བརྒྱབས་པའི; འགྲིམ་འགྲུལ་མ་བྱས་པ;

620 Untried, *a.* མ་བརྟགས་པ; མ་བརྩོན་པ; མ་བརྩམ་པ;

621 Untrodden, *a.* ཀང་པས་མ་བརྫིས་པའི; མ་བཅགས་པ; ཀང་པས་མ་བཅགས་པ;

622 Untroubled, *a.* མ་འཁྲུགས་པའི་འི་མ་འཁྲུགས་པ; མ་དཀྲུག་པ;

623 Untrue, *a.* མི་བདེན་པ; རྫུན; བརྫུན; དྲང་པོ་མིན་པ; དམ་ཚིག་མེད་པ;

624 Untruly, *ad.* མི་བདེན་པར; བརྫུན་དུ;

625 Untruth, *n.* བརྫུན; སྐྱུག་རྫུན; ཞལ་རྫུན; ཧམ་པ; རྫུན་ཚིག;

626 Untruthful, *a.* བརྫུན་ཅན; ཧམ་པ་ཅན; དྲང་པོ་མིན་པ;

627 Untutored, *a.* མ་བསླབས་པ; དགེ་རྒན་མ་བསྟེན་པ; སློབ་དཔོན་མ་བསྟེན་པ;

628 Untwine, *v.t.* དཀྲིས་བ་ཞིག་པ; དཀྲིས་འགྲོལ་བ; ཁྲིམ་བ་ཞིག་པ; དཀྲིས་པ་བ་ཞིག་པ; བསྒྲིམས་ག་ཞིག་པ;

629 Untwist, *v.t.* ཁྲིམ་སློག་པ; ཁྲིམ་སློག་རྒྱབ་པ; བཙུས་ལོག་རྒྱབ་པ; བཙུས་བ་ཞིག་པ; བཙུས་འགྲོལ་བ;

630 Unusual, *ad.* ཕལ་པ་མ་ཡིན་པ; དུས་རྒྱུན་དང་མི་འདྲ་བ; སྔར་སྲོལ་མེད་པ; སྔོན་མ་བྱུང་བ; ཁྱད་པར་དུ་འཕགས་པ; དཀྱུས་མ་མིན་པ;

631 Unutterable, *a.* བརྗོད་དུ་མེད་པ; བརྗོད་མེད; བརྗོད་ལས་འདས་པ; བརྗོད་ཀྱིས་མི་ལང་བ;

632 Unvaried, *a.* མི་འགྱུར་བ; འགྱུར་མེད; རྟག་པ; མ་གྱུར་བ; མ་བསྒྱུར་བ;

633 Unvarnished, *a.* རྩི་མ་བཏང་བ; ཕྱིས་དེ་རྩི་མ་བཏང་བ; བཀྲག་རྩི་མ་བྱུག་པའི་སྣག་རྩི་མ་བཏང་བ;

634 Unvarying, *a.* མི་འགྱུར་བ; འགྱུར་བ་མེད་པ; རྟག་པ; བརྟན་པ; ཐེར་ཟུག;

635 Unveil, *v.t.* ངོ་ཁེབས་བཤུ་བ; ཁེབས་ཕྱེ་བ; གདོང་ཁེབས་འབྱེད་པ; ཁེབས་སང་བ; གདོང་ཁེབས་སང་བ;

636 Unviolated, *a.* མ་དྲལ་བ; ཁྲིམས་སོགས་མ་དྲལ་བ; གཡེམ་མ་བྱས་པ; ལོག་གཡེམ་མ་བྱས་པ; བྱི་བོ་མ་བྱས་པ; མ་བཀྲོས་པ; ཨི་གཙང་བ་མ་བྱས་པ; ཆགས་པ་མ་སྤྱད་པ; སྐྱོན་གྱིས་མ་གོས་པ; གནོད་པ་མ་བྱས་པ; སྐྱོན་མ་བྱས་པ;

637 Unvisited, *a.* མ་མཇལ་བ; མ་ཕྲད་པ; མ་ཐུག་པ; ལྟ་རྟོག་མ་བྱས་པ; གཟིགས་རྟོག་མ་གནང་བ;

638 Unwarily, *ad.* མ་རིག་པར; མ་ཚོར་བར; ཟོན་མེད་པར; ཟོན་མ་བྱས་ནས; དོགས་ཟོན་མ་བྱས་ནས;

639 Unwarrantable, *a.* མི་རིགས་པ; མི་འོས་པ; མི་རུང་བ; ཁྲིམས་དང་འགལ་བ;

640 **Unwarranted,** *a.* མི་རིགས་པའི ; བཀའ་ཤོག་མེད་པ ; འགུགས་རྒྱའམ་འགུགས་ཤོག་མེད་པ ;

641 **Unwary,** *a* སྣང་བ་མེད་པ ; རྟོག་པ་མེད་པ ; ཟོན་མེད ; དོགས་ཟོན་མེད་པ ;

642 **Unwashed,** *a* མ་འཁྲུས་པ ; མ་ཁྲུས་པ ; མ་བཀྲུས་པ ;

643 **Unwasted,** *a.* མ་བརླགས་པ ; མ་བཏོར་བ ; མེད་པར་མ་བཟོས་པ ; འཕྲོ་བརླག་མ་བཏང་བ ;

644 **Unwatched,** *a.* ལྟ་རྟོག་མ་བྱས་པ ; ལྟ་སྲུལ་མ་བྱས་པ ; མ་བསྲུངས་པ ; བྱ་ར་མ་བྱས་པ ; མེལ་ཚེ་མ་བྱས་པ ;

645 **Unwavering,** *a.* མི་གཡོ་བ ; མི་སྐྱོད་པ ; མི་འགྱུལ་བ ; བརྟན་པོ ;

646 **Unwearied,** *a.* མ་ངལ་བ ; སྐྱོ་ངལ་མེད་པ ; ཐང་མ་ཆད་པ ; མ་དུབ་པ ; མ་མཉེལ་བ ;

647 **Unweighed,** *a.* སྲང་ལ་མ་བཏེགས་པ ; རྒྱ་མ་སོགས་ལ་མ་བཏེགས་པ ; མ་བཏེགས་པ ; མ་འགྲོགས་པ ; མ་ཁྲིག་པ ; མ་བཀྱག་པ ;

648 **Unwelcome,** *a* ཡོང་བས་མི་དགའ་བ ; ཉམས་མི་དགའ་བ ; དགའ་ནས་མ་བསུས་པའི ; ཕེབས་བསུ་མ་བྱས་པའི ; ལེགས་འོང་མ་བྱས་པ ; ཕྱག་ཕེབས་མ་ཞུས་པ ; ཁམས་འདྲི་མ་བྱས་པ ; སྙུན་མ་དྲིས་པ ;

649 **Unwell,** *a.* མ་བདེ་བ ; གཟུགས་མི་བདེ་བ ; ཁམས་མི་བདེ་བ ; ན་བ ;

650 **Unwholesome,** *a.* ཁམས་དང་མི་འཕྲོད་པ ; དང་ཁར་མི་འགྲོ་བ ; ཉམས་མི་དགའ་བ ; རྫས་ཕོག་དུག་ཅན ;

651 **Unwieldiness,** *n.* ལག་ལེན་མི་བདེ་ལུགས ; འགྱུལ་སྐྱོད་མི་བདེ་ཚུལ ; ཁོང་ཚོད་ཆེ་ཚུལ ; བོང་ཚད་ཆེ་སྟངས ; སྒྲིམ་སྟངས ;

652 Unwieldy, *a.* བསྒྱུར་མི་བདེ་བའི ; ལག་ལེན་མི་བདེ་བ ; སྤབས་མི་བདེ་བ ; འགྱུལ་སྐྱོད་མི་བདེ་བ ; བོང་ཚོད་ཆེན་པོ ; བོང་ཆེན ; སྦོམ་པོ : སྦོམ་པ ; ཁ་ལོ་མི་འཆུན་པ ; དབང་གིས་མི་འཆུན་པ ; འོག་ཏུ་མི་ཚུད་པ ;

653 Unwilling, *a.* བློ་འདོད་མེད་པའི ; བྱེད་འདོད་མེད་པའི ; མི་འདོད་པ ; མི་དགའ་བ ; མི་འཐད་པ ;

654 Unwillingly, *ad.* བྱ་སྙིང་མི་འདོད་བཞིན་དུ ; མི་འདོད་པར ; མ་དགའ་བར ; མ་འཐད་པར ;

655 Unwillingness, *n.* བྱ་སྙིང་མི་འདོད་པ་ཉིད ; མི་འདོད་སྤངས ; མི་དགའ་ཚུལ ;

656 Unwise, *a.* མི་མཁས་པ ; མཁས་པ་མིན་པ ; གུང་པོ་མིན་པ ; གླེན་པོ ; མིག་རྒྱང་རིང་པོར་མི་སེམས་པ ; མཐའ་ཐུགས་མི་བསམ་མཁན ;

657 Unwisely, *ad.* མི་མཁས་པར ; བློ་ཞན་ལུགས་ཀྱིས ; གླེན་པོའི་ཚུལ་གྱིས ; ཐུགས་ལ་མ་ཐྲས་པར ;

658 Unwitnessed, *a.* དཔང་པོ་མེད་བཞིན་པའི ; དཔང་པོ་མ་བྱས་པ ; རམ་སྒྲུད་པ ; མ་མཐོང་བ ;

659 Unwittingly, *ad.* མ་རིག་པར ; མ་ཤེས་པར ; མ་ཤེས་ནས ; མི་ཤེས་བཞིན་དུ ;

660 Unwomanly, *a.* སྐྱེ་དམན་གྱི་ཚུལ་དང་མི་ལྡན་པ ; བུད་མེད་ལ་མི་འོས་པ ;

661 Unwonted, *a.* དུས་རྒྱུན་དང་མི་འདྲ་བ ; བརྒྱ་ལམ ; མ་གོམས་པ ; མ་འདྲིས་པ ; ཕལ་པ་མིན་པ ; དུས་རྒྱུན་གྱི་ལུགས་དང་མི་འདྲ་བ ;

662 Unworn, *a.* མ་གྱོན་པ ; མ་གོན་པ ; མ་ཟད་པ ;

663 Unworthily, *ad.* — མི་འོས་པར; འོས་བབ་མ་བལྟས་ནས; སྐལ་བབ་མ་བལྟས་ནས; བབ་དང་མ་བསྟུན་ནས; འོས་མ་བརྩིས་ནས;

664 Unworthiness, *n.* — མི་འོས་པའི་ཚུལ;

665 Unworthy, *a.* — མི་འོས་པ; འོས་པ་མིན་པ; འོས་འགབ་མིན་པ; འོས་བབ་མེད་པ; བབ་མེད་པ; བབ་མིན་པ; བབ་འོས་མེད་པ; བབ་འོས་མིན་པ;

666 Unwounded, *a.* — རྨ་སྐྱོན་མེད་པ; རྨ་མ་བཟོས་པ; མ་རྨས་པ; སྐྱོན་མ་བྱུས་པ;

667 Unwritten, *a.* — ཡི་གེར་མ་བཀོད་པ; ཡི་གེར་མ་བྲིས་པ; ཁའི; ཁ་ཡི;

668 Unyielding, *a.* — ཤུར་མི་བཏུབ་པ; ཐམ་ཁ་མི་ལེན་པ; ཁས་མི་ལེན་པ; མི་ཉན་པ; མགོ་མི་དགུར་བ; མགོ་གདད་མི་ཕྱུ་བ; ཨུ་ཚུགས་ཆེ་པོ; མཉེན་པ་མིན་པ; མཉེན་པོ་མིན་པ; ཁྲོང་པོ; མགོ་བདགས་མི་འཚོལ་བ;

669 Up, *ad.*, *prep.* — སྟེང་དུ; ཡར་ལ; སྟེང་ལ; སྒང་ལ; སྟེང; ཡར;

670 Upanishad, *n.* — རིན་དའི་བསྟན་བཅོས;

671 Upas, *n.* — ཤིང་སྡོང་ཨུཔྤ་ཛར་རས་ཨན་ཙར་ཞེས་བྱ་བའི་ཁྲ་བའམ་བཙུད; སྡོ་དུག་བཙན་པོ་ཞིག;

672 Upbraid, *v.t.* — གཤེ་བ; གཤེ་གཤེ་གཏོང་བ; བཀའ་བཀྱོན་པ; བཀའ་བཀྱོན་གནང་བ;

673 Upbraiding, *n.* — གཤེ་གཤེ; (བཀའ་བཀྱོན; Hon.)

674 Upcast, *a.* — ཡར་ཟེང་བ; ཡར་འཕང་པ; གྱེན་དུ་བརྫེས་པ;

675 Upheave, *v.t.* — མཐོ་བར་བྱས་པ; མཐོ་སར་སྐྱེལ་བ; ཡར་འཕྱུ་བ; ཡར་སློང་བ; ཡར་འདེགས་པ; འཕྱུར་བ; ཡར་འཕྱུར་བ; འབུར་དུ་འགྲོན་པ; ས་སོགས་འབུར་དུ་ལང་བ;

676 Uphill, *a.* ཁ་གྲེན; ཁག་པོ; དཀའ་ལས་ཁག་པོ; གྲེན;

677 Uphold, *v.t.* སྲོལ་གཟུང་བ; འདེགས་པ; ཡར་འདེགས་པ; རྟེན་པ; རྒྱབ་སྐྱོར་བྱེད་པ;

678 Upholder, *n.* སྲོལ་གཟུང་མཁན; འདེགས་མཁན;

679 Upholsterer, *n.* ཉལ་ཁྲི་དང་ཁྲིམ་ནང་ཆས་སོགས་འཚོང་མི; ཁྲིམ་གྱི་ཡོ་བྱད་འཚོང་མཁན;

680 Upland, *n.* རི་མཐོ་ས; ས་མཐོན་པོ; ས་ཆ་མཐོན་པོ;

681 Uplift, *v.t.* ཡར་བཏེག་པ; ཡར་འདེགས་པ; ཡར་སློང་བ; ཡར་འཕྱུ་བ; ཡར་ལེན་པ;

682 Upmost, *a.* མཐོ་ཤོས; ཚང་མའི་སྟེང་མ; བླ་ན་མེད་པ; རྩེ་མ; རྩེ་ཤོས; སྟེང་ཤོས;

683 Upon, *prep.*, *adv.* སྟེང་དུ; དེ་ཐོག; གོང་དུ; སྒང་ལ; སྟེང་ལ; ཐོག་ཁར; སྟེང; སྒང;

684 Upper, *a.* ཡ་གི; སྟེང་ན; ཐོག་མ; གོང་མ;

685 Upper hand, *n.* ཟུས་ཁ; ཟུས་བདེ; རྒྱལ་བ; རྒྱལ་ཁ; ཟུས་ལེགས; རྒྱལ་སྟངས; རྒྱལ་ཁ་འཐོན་སྟངས;

686 Uppermost, *a.* ཀྱི་སྟེང་མ; ཐམས་ཅད་ཀུན་གྱི་གཙོ་བོ; མཐོ་ཤོས; སྙེང་ཤོས; ཆེ་ཤོས; ཚད་དབང་ཆེ་ཤོས; བླ་ན་མེད་པ; གོང་མ; གཙོ་བདག;

687 Uppish, *a.* མཐོ་འདོད་ཅན; ཡིན་མདོག་ཁ་པོ; སྤམ་འདོད་ཆེན་པོ;

688 Upright, *a.* དྲང་པོ; ཀྱེར་ཀྱེར; ཀྲོང་ཀྲོང; ཀྱེ་རེ; ཀྱེར; ཀྱེ་རེ; ཀྲོང; ཀྱེར་མོ; ཀྲོང་མོ;

689 Uprightness, *n.* དྲང་ཚུལ; དྲང་སྟངས;

690 **Uprising,** *n.* ཡར་ལང་རྩལ; གྲེན་ལ་འཛེག་སྟངས; ངོ་ལོག; འབངས་ཁ་བསླེབས་དེ་ངོ་ལོག; འབངས་ཁ་འགྲིལ་དེ་གྲེན་ལོག;

691 **Uproar,** *n.* ཨུར་སྒྲ; ཀུ་ཅོ; ཅ་ཅོ; ཀི་ལི་ཀི་ལ; ཨུར; ཨུར་སྒྲ;

692 **Uproarious,** *a.* ཀུ་ཅོ་ཅན; ཅ་ཅོ་ཅན; ཅ་ཅོ་ཆེ; ཨུར་སྒྲ་ཅན;

693 **Uproot,** *v.t* རྩ་བ་ནས་བཀོག་པ; ར་བཀོག་པ; རྩ་བ་འགོག་པ; དྲུངས་ནས་འབྱིན་པ; རྩ་བ་འདོན་པ; རྩ་བ་ནས་འདོན་པ; ར་རྩ་བཀོག་པ;

694 **Upset,** *v.t.* མགོ་མཇུག་སློག་པ; ཁ་སྦུབ་སློག་པ; སྟེང་འོག་སློག་པ; སློག་པ;

695 **Upshot,** *n.* ཇོ་ཁ; སྙིང་པོ; ཇོག་ཁ; མཐར་འབྲས; དོན་སྙིང;

696 **Upside,** *n.* ངོས་སྟེང་མ; སྟེང་གི་ངོ; སྟེང་གི་ངོས; སྟེང་གི་ལོགས;

697 **Upstart,** *n.* མ་རབས་མཐོ་སར་འཁོད་པ; གློ་བུར་དུ་ཕུན་སུམ་ཚོགས་པར་གྱུར་པ; གློ་བུར་དུ་འབར་བ; *a.* གློ་བུར་དུ་ཕུན་སུམ་ཚོགས་བཙུག་པའི;

698 **Upstay,** *v.t.* ཡར་བཏེག་པ; ཡར་འདེགས་པ;

699 **Upturn,** *v.t.* ཡར་སློག་པ; ཡར་སྒྱུར་བ;

700 **Upward,** *a.* ཡར་ཕྱོགས་པ; ཁ་ཡར་བལྟས; ཁ་ཡར་བཏུད་པ; ཡར་བཏུད་པ;

701 **Uranus,** *n.* གཟའ་སྐར་གཅིག་གི་མིང;

702 **Urban,** *a.* གྲོང་ཚོའི; གྲོང་གི; གྲོང་ཁྱེར་གྱི;

703 **Urbanity,** *n.* འགྲོ་ལུགས་མཁས་སྟངས; ཡ་རབས་བཟང་པོའི་ཚུལ; སྤྱོད་ལམ་ཟབ་སྟངས; བཟང་སྤྱོད; ཁ་འདི་འཇམ་སྟངས;

704 Urchin, *n.* བྱིའུ་རང་; ཕྲུ་གུ་གནོད་བསྐྱལ་འདོད་ཅན་; ཕྲུག་གུ་རྩུབ་ཐེར་; ཕྲུག་གུ་སྤྱོད་པ་རྩིང་པོ་; ལྷ་མོ་; མཁའ་འགྲོ་མ་;

705 Urge, *v.t.* ནན་གྱིས་སྐུལ་བ་; ཨུ་ཚུག་བྱེད་པ་; ཨུ་ཚུགས་བྱེད་པ་; ནན་དན་བྱེད་པ་; ནན་དུར་བྱེད་པ་; ནན་ཐུར་བྱེད་པ་;

706 Urgency, *n.* གལ་ཆེ་ཚུལ་; གལ་པོ་ཆེ་; དོ་གལ་; གལ་; གནད་; མདོ་; མཁོ་བ་; དགོས་པ,

707 Urgent, *a.* གལ་ཆེན་པོ་; གལ་ཆེ་བ་; མཁོ་ཆེན་པོ་; དགོས་པ་ཆེན་པོ་; ཛ་དྲག་; ཚ་འདེད་ཀྱི་; གལ་འགག་ཅན་;

708 Urgently, *ad.* གལ་པོ་ཆེར་; གལ་ཆེ་བར་; གལ་ཆེ་བྱས་ནས་;

709 Urinate, *v.t.* གཅིན་གཏང་བ་; ཆབ་གསང་གཏང་བ་; གཅིད་པ་; གཅིན་གཅིད་པ་; གཅིན་གཅི་བ་; (དྲི་ཆུ་གསོལ་བ་; Hon.) (Hon. ཆབ་གསོལ་བ་;) གཅིན་གཏོང་བ་; (སྐུ་གསང་གནང་བ་; གསང་ཆབ་གནང་བ་; Hon.).

710 Urine, *n.* གཅིན་པ་; (དྲི་ཆུ་; གཅིན་;) (ཆབ་གསང་; སྐུ་གསང་; Hcn.).

711 Urn, *n.* བུམ་པ་; སྐུ་གདུང་གི་སྒྲོམ་བུ་; གཏེར་གྱི་སྒྲོམ་བུ་; གདུང་རིང་སྲེལ་གྱི་སྒྲོམ་བུ་;

712 Ursa, *n.* བྱང་སྐར་དོམ་ཞེས་པ་ཆེ་ཆུང་གཉིས་ཡོད་པ་དེའོ་;

713 Us, *pron.* ང་ཚོ་ལ་; ང་ཚོར་; ངེད་ཅག་ལ་; ངེད་ཚོ་ལ་; ངེད་དག་ལ་; ངེད་རྣམས་ལ་;

714 Usage, *n.* བྱེད་སྟངས་; འགྲོ་ལུགས་; སྲོལ་; ལུགས་སྲོལ་; སྤྱོད་པ་; སྤྱོད་ལམ་; སྤྱོད་ཚུལ་; སྤྱོད་སྟངས་; ལར་རྒྱུ་; ལག་རྒྱུ་; འབྲེལ་ཚུལ་; འབྲེལ་སྟངས་; མཐུན་གཞིབས་གང་ཆེ་; མཐུན་གཞིབས་; མཐུན་ལམ་;

715 Use, *n.* མཁོ་བྱེད; ཕན; མཁོ; ཕན་ཆ; ལག་ལེན;
ལག་ལེན་བྱེད་སྟངས;

716 Useful, *a.* ཕན་ཐོག་པོ; མཁོ་ཅན; མཁོ་ཆེན་པོ; གོ་ཆོད་པོ;

717 Usefully, *ad.* ཕན་པར; ཕན་ཐོགས་པོར;

718 Usefulness, *n.* ཕན་ཐོགས་ཚུལ; ཕན་པ; ཕན་སྟངས;

719 Usher, *n.* མགྲོན་གཉེར; མགྲོན་པོ་སྔོ་ནས་ཁྲིད་དེ་གྲལ་བཙུག་མི;
ཡར་གསལ་ཞུ་མཁན; སྙན་གསན་ཞུ་མཁན;
སྙན་གསན་ན་འབེབས་མཁན;

720 Usual, *a.* དུས་རྒྱུན་བཞིན; དུས་རྒྱུན་ལྟ་བུ; ལུགས་བཞིན;
ཕལ་པ;

721 Usually, *ad.* དུས་རྒྱུན་དུ; རྟག་པར; ཕལ་ཆེར; ལུགས་བཞིན་དུ;

722 Usurer, *n.* བུན་སྐྱེད་ཆེན་པོར་གཏོང་བ་པོ; སྐྱེད་དུ་གཏང་མཁན;
སྐྱེད་ལ་སྐྱེད་འཕེལ་བུན་གཏོང་མཁན; སྐྱེད་འབྲི
ཆེན་པོའི་བུན་གཏོང་མཁན;

723 Usurp, *v.t.* ཚད་དབང་བཙན་འཕྲོག་བྱེད་པ; འོས་ཐབ་མེད་པར
ལེན་པ; ཐོབ་སྐལ་ལམ་ཐོབ་ཐང་མེད་པར་ལེན་པ;

724 Usurpation, *n.* ཚད་དབང་བཙན་འཕྲོག;

725 Usurper, *n.* ཚད་དབང་འཕྲོག་མཁན; འཕྲོག་མཁན;
མ་བྱིན་པར་ལེན་མཁན;

726 Usury, *n.* དངུལ་སྐྱེད་ཆེན་པོ་བླངས་ནས་བུན་གཏོང་སྟངས;
མི་རིགས་པའི་སྐྱེད; མི་རུང་བའི་སྐྱེད; སྐྱེད་ལ་སྐྱེད
རྩིས་བྱེད་སྟངས;

727 Utensil, *n.* སྣོད; སྣོད་ཀྱུག; ལྕགས་ཆས; ལག་ཆས; ལག་ཆ;
ཐབ་ཆས;

728 Utility, *n.* ཕན་ཐོགས; གོ་ཆོད; ཕན་པ;

729 Utilize, *v.t.* གོ་གཅོད་པ; གོ་ཆོད་པ; ཕན་པ་སྒྲུབ་པ; གཡོག་ཏུ་བཀོལ་བ; གཡོག་ཏུ་འཁོལ་བ; དོན་སྒྲུབ་པ;

730 Utmost, *a.* གང་ཐུབ་ཐུབ; གང་ནུས; ཧ་ཅང་རིང་ཤོས; ཧ་ཅང་ཆེ་ཤོས;

731 Utopian, *a.* སེམས་སྣང་སྒྱུ་མ་ལྟ་བུའི; སེམས་ཀྱི་འཆར་སྒོ་ལྟ་བུ; བསམ་པའི; བསམ་པ་ཙམ;

732 Utter, *v.t.* བརྗོད་པ; སྒྲ་བརྗོད་པ; སྨྲ་བ; ལབ་པ; སྒྲ་འབྱིན་པ; གནས་ཚུལ་གྱི་ཡི་གེ་སོགས་བཀྱེ་བའམ་འགྲེམས་པའམ་བཀྲམ་པའམ་ལག་པ་བརྒྱུད་པ; སྐད་འདོན་པ;

733 Uttering, *n.* སྒྲ་བརྗོད;

734 Utterance, *n.* སྒྲ་བརྗོད; བརྗོད་སྟངས; སྨྲ་ཚུལ; བརྗོད་པ; སྨྲ་བ; སྦྱོར་ཀློག;

735 Utterly, *ad.* རྩ་བ་ཉིད་ནས; རྩ་བ་ནས; རྩ་ནས; ཐད་ནས; ཐམས་ཅད; ཡོངས་སུ;

736 Uttermost, *a.* མཐར་ཐུག; མཐའ་ཤོས; མཐའ་མ; ཧ་ཅང་རིང་ཤོས;

737 Uxorious, *a.* སྐྱེ་དམན་གྱི་འདོད་ཁར་གཏང་མི; ཆུང་མར་དད་ཅན; ཆུང་མའི་ཁོལ་པོ; ཆུང་མའི་དབང་ཁ་ཅན; ཆུང་མའི་ཁ་རྩར་འདུས་པ;

738 Uxoriously, *ad.* སྐྱེ་དམན་ལ་དད་ཅིང; ཆུང་མའི་ཁོལ་པོར་གྱུར་ནས;

V

1 Vacancy, *n.* སྟོང་ཆ; གདན་ཐོབ་སྟོང་པ; ལོང; ཁོམ་པ; སྟོང་པ; མ་ངེས་པའི་གོ་གནས;

2 Vacant, *a.* སྟོང་པ; བདག་མེད; བདག་ཏུ་མ་བཟུང་བ; ལོང་ཡོད; ཅོག་པ;

3 Vacate, *v.t.* སྟོང་པར་བཞག་པ; སྤྱོང་བ; སྟོང་པ་བཟོ་བ; སྟོངས་པ; ས་གནས་སྟོངས་པ; གོ་ས་འཇོག་པ; གོ་གནས་དོར་བ;

4 Vacation, *n.* དགོངས་པ; ལོང; ལོང་ཡོད་པའི་དུས; ཆོས་མཚམས; དགོངས་སང; གུ་ཡངས; ཆོས་སང;

5 Vaccinate, *v.t.* སྨན་འཛུག་པ; འབྲུཾ་བུའི་སོན་འདེབས་པ; འཚོག་པ; བཙོག་པ; གཙོག་པ; འབྲུམ་འཛུག་པ; འབྲུམ་སྨན་འཛུགས་པ; འབྲུམ་འཚུགས་པ;

6 Vaccination, *n.* འབྲུཾ་བུའི་སོན་ལུས་ལ་འཛུག་རྒྱུ་དེ; སྨན་འཛུགས་སྟངས; འཚོག་སྟངས;

7 Vaccine, *a.* འབྲུཾ་སོན་འཛུག་སྐོར; སྨན་འཛུགས་པའི་སྐོར; འཚོག་པའི་སྐོར;

8 Vacillate, *v.i.* ཡོམ་ཡོམ་བྱེད་པ; ཁྲུག་ཁྲིག་བྱེད་པ; ཡོམ་པ; ཐེ་ཚོམ་ཟ་བ; རིམ་རྒྱུང་བྱེད་པ; ཕར་སྐྱེལ་བྱེད་པ; ཕར་རྒྱུང་བྱེད་པ;

9 Vacillation, *n.* ཡ་ཁྲིམ; བློ་ཐེ་ཚོམ; བློ་འགྱུར་མདོག; ཡོམ་བའི་བྱ་བ;

10 Vacuity, *n.* སྟོང་པ་ཉིད; སྟོང་པ; སྟོང་ཆ;

11 Vacuum, *n.* སྟོང་པའི་ས; སྟོང་པ; སྟོང་ཆ;

12 Vagabond, *n.* མི་འཁྱམ; ཨན་པ; འཁྱར་བ; འཁྱམས་པོ; མི་འཁྱར; མི་ཨན་པ;

13 Vagary, *n.* སེམས་ཡེངས; ཡང་མ་ཡེངས; གར་མདོ་མེད; གར་དྭན; གང་དྭན་དྭན; སེམས་རྒྱུ་ཡན་དུ་ཤོར་སྟངས; སེམས་གཡེང་སྟངས; འདིག་རྒྱུ; སེམས་གྲོད་པ;

14 Vagrant, *a.* — ཡན་པ ; འཁྱམས་པོ ; *n.* མི་འཁྱམས་པོ ; སློང་མཁན ; སློང་མོ་པ ;

15 Vague, *a.* — གསལ་པོ་མེད་པ ; བསམ་པ་མི་གསལ་བ ; ངེས་མེད ; གཡེང་བའི ; ཁྲིག་ཁྲིག་མེད་པ ; ཐེ་ཚོམ་ཅན ; དོན་མེད ;

16 Vaguely, *ad.* — མི་གསལ་བཞིན་དུ ; མི་གསལ་བར ; ངེས་པ་མེད་པར ;

17 Vagueness, *n.* — མ་ངེས ; རྒྱུ་ཡན ; གསལ་པོ་མེད་ཚུལ ; གཡེང་ཚུལ ;

18 Vail, *n.* — གདོང་ཁེབས ; ངོ་ཁེབས ; ལུས་ཁེབས ; ཁེབས ; སང་རས ; གསང་རས ; གདོང་གསང ; གདོང་རས ;

19 Vain, *a.* — ཆོ་མེད ; མཆོར་པོ ; དོན་མེད ; འཕྱུར་པོ ; རང་སྟོད་ཚ་པོ ; རང་འདོད་ཚ་པོ ; ཡིན་མདོག་ཁ་པོ ; རང་མཐོང་ཅན ;

20 Vainglorious, *a.* — ང་རྒྱལ་ཅན ; རང་མཐོང་ཅན ; རང་སྟོད་ཚ་པོ ; རང་སྟོད་ཅན ;

21 Vainglory, *n.* — རང་མཐོང ; རང་སྟོད ; བདག་སྟོད ; རང་རྒྱུང ;

22 Vainly, *ad.* — དོན་མེད་པར ;

23 Vale, *n.* — ལུང་པ ; རོང ; གཞོང ; གཞོངས ;

24 Valediction, *n.* — ཕེབས་བསྐྱལ་བྱོན་བཞུད ; ཚིག་གི་ལེགས་སྐྱེས ; ལེགས་སྐྱེས་ཀྱི་ཚིག ; འབྲལ་ཁའི་ཚིག ; འབྲལ་ཚིག ;

25 Valedictory, *a.* — འཕེབས་བསྐྱལ་བྱོན་ཅིག་ཅེས་པའི ; འབྲལ་ཁའི་ཚིག་བརྗོད་བཞིན་པ ; དགོངས་པ་ཞུ་བཞིན་པ ; ལེགས་སྐྱེས་ཚིག་གི ;

26 Vakeel. *n.* — (E. Ind.) ཁྲི་བློན་སྐུ་ཚབ ; ཁྲིམས་སར་ཁ་ཚབ ; སྐུ་ཚབ ;

27 **Valence,** *n.* མལ་ཁྲིའི་གནམ་ཡོལ;

28 **Valenciennes,** *n.* འཇོམ་བྲུབ་སྤྲུས་ལེགས་ཞིག;

29 **Valentine,** *n.* རྩང་སྨྲིས་མཛའ་བོ; མཛའ་མོ; སྙིང་སྡུག; མཛའ་གཙུགས; བློ་ཉེ; བྱམས་པ; ཁྲུད་པར་དུ་ཕྱི་ཟླ་གཉིས་པའི་ཚེས་བཅུ་བཞི་ལ་བདམས་པའི་མཛའ་བོའམ་མཛའ་མོ; གསང་ཡིག; ཀ་བ་ཤད; ཀ་བརྗོམ; ཕྱི་ཟླ་གཉིས་པའི་ཚེས་བཅུ་བཞི་ལ་བཏང་བའི་མཛའ་གྲོར་ཀྱི་གསང་ཡིག;

30 **Valet,** *n.* སྐུ་མདུན་པ; ཞབས་ཕྱི; ཞལ་ངོ་པ; སྐུ་གཅར་པ; or ཞལ་ལྟ་པ;

31 **Valetudinarian,** *a.* ནད་གཅོང་ཅན; གཅོང་ནད་ཀྱི་སྐོར; གཅོང་པོ; གཅོང་སྐྱེ;

32 **Valiant,** *a.* སྙིང་སྟོབས་ཅན; དཔའ་བོ; སྙིང་མཚན་ཅན; བློ་སྟོབས་ཆེན་པོ;

33 **Valid,** *a.* རིགས་པ; རྩང་བ; འོས་པ; མདོ་ཁ་ཅན; འདོ་ཡོད; མདོ་ཅན;

34 **Validity,** *n.* བདེན་པར་གྲུབ་པའི་གཏན་ཚིགས; ཚིག་དོན་ནོ་བའམ་རྫོག་ག་ཅན; བདེན་པར་གཞི་བཅའ་བ; བདེན་པར་གྲུབ་པའི་སྟོབས; འཐད་པའི་ཚིག;

35 **Validate,** *v.t.* རྩང་བར་བྱེད་པ; མདོ་ཁ་ཡོད་པ་བཟོ་བ;

36 **Valise,** *n.* ཀོ་སྒམ་འཁྱེར་བདེ;

37 **Valkyr,** *n.* ནོར་ཝེ་ཡུང་པའི་སྒྲུང་ལྟར་ན་ཁོ་པའི་ལྷ་ཨོ་ཌིན་ཞེས་པའི་འཁོར་དུ་ལྷ་མོ་མི་པོ་དམག་དུ་ཤི་རྒྱུ་ལུང་བསྟན་མི;

38 **Valley,** *n.* ལུང་ཀྲོང; ལུང་པ; རོང; གཞོང; ལུང་ལག; གཞོངས;

39 Valorous, *a.* སྙིང་སྟོབས་ཅན; རྩོད་པོ; དཔའ་བོ;

40 Valour, *n.* བློ་སྟོབས; སྙིང་སྟོབས; དཔའ; དཔའ་བ;

41 Valuable, *a.* རིན་ཐང་ཅན; མཁོ་ཅན; གོང་ཆེན; གཙིགས་ཆེན;
སྣང་ཆེན; རྩ་ཆེན;

42 Valuation, *n.* རིན་ཚད; གོང་ཚད་རྒྱབ་སྟངས; གོང་ཚད་དཔྱོད་སྟངས;

43 Value, *n.* རིན; གོང; བཟོ; རིན་ཐང; གོང་ཐང; གོང་ཚད;

44 Valueless, *a.* རིན་མེད; སྣང་མེད; མཁོ་མེད;

45 Valve, *n.* སྒོ་བཟླུབ་རྒྱུ་ཡོད་པའི་སྒོ་འདབ་ཅིག;
སྒོ་འཕར་ལྡེབ་ཅན་གྱི་ཡ་གཅིག་གམ་ཕྱེད་ཆ་གཅིག;

46 Vambrace, *n.* ལག་ངར་གྱི་ཐོག་ཏུ་གོན་རྒྱུའི་གོ་ཆ;

47 Vampire, *n* རོ་ལང; ཤི་འདྲེ; མི་གཞན་གྱི་ཁྲག་འཇིབ་ནས་རང་
ཉིད་འཚོ་བའི་འདྲེ;

48 Van, *n.* ཅུ་སྣ; དམག་དཔུང་གི་གདོང་མ; ཅ་ལག་འདྲེན་བྱེད་ཀྱི་
ཤིང་རྟ; དངོས་པོ་འདྲེན་བྱེད་ཀྱི་ཤིང་རྟ;

49 Vandalism, *n.* ཆོས་དང་རིག་གནས་ཉམས་ལ་སྣང་ཚུལ;
བྲིས་བསོ་ལ་སྣང་ཚུལ;

50 Vandal, *n.* & *a.* སྤྱོན་རྡོམ་བཅོམ་སྤྱོད་བྱས་མཁན་ཛར་མན་གྱི་རིགས་ཞིག;

51 Vanguard, *n.* དམག་གི་མགོ; དམག་དཔུང་གི་གདོང་གྲལ;

52 Vanish, *v.i.* ཡལ་བ; མི་སྣང་བར་འགྱུར་བ;

53 Vanity, *n.* མཆེར་འདོད; སྙོམ་སེམས; རང་མཐོང; རང་སྟོད;

54 Vanquish, *v.t.* འཕམ་པར་བྱེད་པ; རྒྱལ་བ; འདུལ་བ;

55 Vantage, *n.* རྒྱལ་ཁ; སྟབས་བདེ; རྒྱལ་བ; འགོང་སྟངས;
པན་ཐོགས; ཕན་ཆ;

56 Vantageless, *a.* རྒྱལ་ཁ་མེད་པ; ཕན་ཆ་མེད་པ; ཕན་ཐོགས་མེད་པ;

57 Vapid, *a.* བྲོ་བ་མེད་པ; རོ་བཅུད་ཉམས་པའམ་ཡལ་བ; སྐྱུམ་པ;
ཁ་ཤོར་བ; བཅུད་ཤོར་བའི་ཡལ་བ;

58 Vaporize. *v.t.* & *v.i.* རླངས་པར་སྒྱུར་བ; རླངས་པར་འགྱུར་བ;
རླངས་པའི་རྣམ་པར་འགྱུར་བ;

59 Vaporous, *a.* རླངས་ཀྱི་ཚུལ་ཅན; རླངས་པ་འདྲ་བ;
རླངས་པས་གང་བ;

60 Vapour, *n.* རླངས་པ; ངད;

61 Vapoury. *a.* རླངས་པ་ལྟ་བུ; རླངས་པས་གང་བ;
(meaning short-tempered སྣ་ཐུང; སྤྲོ་ཐུང;)

62 Vaporish, *a.* རླངས་པས་གང་བ; (temper) སྣ་ཐུང; སྤྲོ་ཐུང;
(ཧྲིག་གཏུམ་པ; Sik. & Bhut. རླུང; གཟན;)

63 Vapulation, *n.* ཉེས་འདག; བརྡུང་འདག; ལྕག་ཚན་གྱིས་བརྡུང་བ;

64 Variable, *a.* འགྱུར་མདོག་ཅན; འགྱུར་མཁན; མི་རྟག་པ;

65 Variableness, *n.* འགྱུར་མདོག་ཅན་གྱི་ཚུལ; འགྱུར་ཚུལ;

66 Variance, *n.* མི་མཐུན་མི་འཆམ་མི་ཅིག་པའི་ཚུལ; འགྱུར་ལྡོག;
དབྱེན་པ; དབྱེན་བྱེད; འགྲས་སྣངས;

67 Variation, *n.* འགྱུར་མདོག; ཁྱད་པར; འགྱུར་སྣངས; རྣམ་འགྱུར;

68 Variedly, *ad.* རྣམ་པ་སྣ་ཚོགས་སུ; སྣ་ཚོགས་ཀྱི་སྒོ་ནས;

69 Variegate, *v.t.* ཚོས་ཁ་མི་ཅིག་པ་སྣ་ཚོགས་ཀྱིས་བཀྲ་བར་བྱེད་པ;

70 Variegation, *n.* སྤུ་ལོ་ཚོས་མདོག་ལྷུང་ཁ་ཡོད་སར་མདོག་གཞན་ཤར་བ;

71 Variety, *n.* སྣ་ཚོགས; རྣམ་པ་སྣ་ཚོགས; མི་འདྲ་བ; ཁྱད་པར;

72 Variety show, *n.* གླུ་དང་ གཞས་ དང་བྲོ་དང་ གད་མོ་སླང་བའི་ ལྟད་མོ་
སོགས་འདྲེས་མར་སྟོན་པའི་རྩེད་སྣ; གླུ་གར་དང་
གཞད་གད་འདྲེས་མར་སྟོན་པའི་རྩེད་འཛེ;

73 Various: *a.* མང་པོ; སྣ་ཚོགས; མི་འདྲ་བ; མི་གཅིག་པ; རྣམ་པ་སྣ་ཚོགས;

74 Varnish, *n.* བཀྲག་རྩི; *v.t.* བཀྲག་རྩི་བྱུག་པ; བཀྲག་རྩི་གཏོང་བ;

75 Vary, *v.i.* འགྱུར་བ; འགྱུར་མདོག་སྟོན་པ; *v.t.* སྒྱུར་བ; བཀྲ་བར་བྱེད་པ; མི་འདྲ་བ་སྟོན་པ;

76 Vascular, *a.* སེམས་ཅན་གྱི་རྩ་ཡི་སྐོར; རྩ་ཅན; རྩ་རྒྱུས་ཅན;

77 Vase, *n.* མེ་ཏོག་དམ་འབི; མེ་ཏོག་བུམ་པ;

78 Vassal, *n.* འབངས; མངའ་འབངས; ཁྲལ་པ; ཁོལ་པོ; བྲན་ཁོལ;

79 Vassalage, *n.* འབང་ས་སུ་འཁོད་པ་ཉིད; འབངས་སུ་གྱུར་པ་ཉིད;

80 Vast, *a.* རྒྱ་ཆེན་པོ; ཁྱོན་ཡངས་པ; ཀློང་ཡངས་པ;

81 Vastly, *ad.* རྒྱ་ཆེར;

82 Vastness, *n.* རྒྱ་ཆེ་བ་ཉིད; རྒྱ་ཆེ་ལུགས; རྒྱ་ཆེ་བ;

83 Vat, *n.* ཆང་སླུག་སའི་ཤིང་གི་ཟོ་ཆེན་པོ; ཟོ་ལག་ཆེན་པོ; གཞོར;

84 Vatican, *n.* རོམ་དུ་པོབ་ཅེས་པའི་མངའ་དབང; ཡེ་ཤུའི་ཆོས་ལུགས་ཀྱི་སྤྱི་གཉིས་ལས་རྙིང་མ་བའི་དོད་དེ་རོ་མན་ཀེ་ཐོ་ལིག་བྱ་བ་ཡིན་ལ་དེ་དག་གི་ཆོས་བདག་དེ་པོབ་ཅེས་བྱ་བ་དེ་ཡིན; གདན་ས་དེ་རོམ་ཞེས་པའི་སྡོན་གྱི་རྒྱལ་ས་ཆེན་པོ་དེར་ཆད་པས་ན་རོ་མན་ཀེ་ཐོ་ལིག་བྱ་བའི་བླ་མི་གཉིས་ཐད་ཀྱི་དབང་ཐང་ལ་ཟེར; རོམ་གྱི་རྒྱལ་སར་པོབ་ཞེས་པའི་བླ་བྲང་གི་དོད་བྱི་པོ་བྲང་དེའོ;

85 Vault, *n.* བ་གམ་གྱི་རྩེ་པ; ས་འོག་ཙིག་ཁང་གུང་ཐོག་ཟླུམ་པོ་ཅན;

86 Vault, *v.i.* ལག་པ་གཉིས་ས་ལ་གཙུག་པའམ་ཡང་ན་རྒྱག་པ་རིང་པོ་ས་ལ་བཙུགས་ནས་འཆོང་བ;

87 Vaulted, *a.* གུང་གྲོག་ཀླུཾ་པོ་བྲུས་པའི་བ་གཾ་གྱི་ཉཾ་པ་ཅན;

88 Vaulter, *n.* རྒྱང་མཆོང་རྒྱབ་མཁན; མཆོང་མཁན;

89 Vaunt, *v.i.* ང་རྒྱལ་གྱི་གཏམ་ཤོད་པ; ཀློམས་སེམས་བྱེད་པ; དཔའ་སྐད་འདོན་པ; ཁ་ཟད་བྱེད་པ; དཔའ་ངོམ་བྱེད་པ; དཔའ་ངར་འདོན་པ; དཔའ་གཏཾ་བཤད་པ;

90 Vaunting, *n.* དཔའ་གཏཾ; སྟོང་གཏཾ; ཁ་ཟད; རང་སྟོད;

91 Veal, *n.* བེའུའི་ཤ;

92 Veda, *n.* ཧིན་དུའི་རིག་བྱེད་ཀྱི་བསྟན་བཅོས;

93 Vedanga, *n.* རིག་བྱེད་ཀྱི་ཡན་ལག་གམ་ཆ་ལག;

94 Vedanta, *n.* རིག་བྱེད་མཐའ་པའི་འདོད་ཚུལ་ལམ་གྲུབ་ཐ;

95 Vedette, *n.* དམག་ཙུའི་གདོང་དུ་འགྲོ་བའི་སོ་པ་རྟ་ལ་ཞོན་ནས་འགྲོ་མི;

96 Veer, *v.i.* & *v.t.* ཁ་ཕྱོགས་སྒྱུར་བ; ཁ་ལོ་སྒྱུར་བ; *v.i.* ཁ་ཕྱོགས་འགྱུར་བ; རླུང་བཞིན་ཁ་ཕྱོགས་འགྱུར་བ;

97 Vegetable, *n.* སྔོ་ཚོད; ཚོད་མ; ལྡུམ; སྔོ་ལྡུམ;

98 Vegetaline, *n.* ཤིང་ལྤགས་ཀྱི་རྩ་ལ་རྫས་སྦུ་ཟི་སྦྱར་རྒྱབ་ནས་བ་སོའི་རི་མོ་འམ་བྱུ་རུ་འདྲ་བ་བཟོས་པ་ལ་ཟེར;

99 Vegetate, *v.i.* ཉཾ་གཤིང་གི་ངང་ལ་མི་ཚེ་འདའ་བ; སྔོ་སོགས་སྐྱེ་བ; སྐྱེ་བ;

100 Vegetation, *n.* སྔོ; ཤིང་སྔུ; སྐྱེ་སྐྱིད; སྐྱེ་བ;

101 Vehemence, *n.* ཤུགས; ངར་ཤུགས; དྲག་ཤུལ;

102 Vehement, *a.* — དྲག་པོ ; གདུམ་པོ ; ངར་ཤུགས་ཅན ; དྲག་ཤུལ་ཅན ;

103 Vehemently, *ad.* — ངར་ཡང་ནས ; ངར་ཤུགས་ཀྱིས ; དྲག་ཤུལ་གྱིས ;

104 Vehicle, *n.* — ཐེག་པ ; བཞོན་པ ;

105 Vehm-gericht, *n.* — སྔོན་ཕྱི་ལོ་རབ་འབྱུང་བཅུ་བཞི་པ་དང་བཅོ་ལྔ་པའི་ནང་ཇར་མན་ཡུལ་དུ་མཚན་མོར་ཁྲིམས་དཔྱད་ཀྱི་ཚོགས་འདུ་འཛོམ་ནས་གསང་སྟབས་ཀྱིས་ཉེས་པ་གཅོད་པའི་སྡེ་ཞིག ;

106 Veil, *n.* — གདོང་ཁེབས ; གདོང་གཡོག ; གདོང་གྲིབ ;

107 Vein, *n.* — ལུས་ཀྱི་རྩ of body ; of minerals གཏེར་ཁ ; བྲག་དུ་ལྕགས་ཟངས་དངུལ་སོགས་འཁོད་པའི་གྲལ་ལམ་རིམ་པ ;

108 Velocipede. — མི་རྐང་གིས་ཞོན་རྒྱུའི་ཤིང་རྟ་འཁོར་ལོ ; མི་རེ་ཞོན་པའི་འཕྲུལ་འཁོར ;

109 Velocity, *n.* — མྱུར་ཚད ; མྱུར་སྟངས ; མགྱོགས་ཚུལ ; མགྱོགས་ཁྱད ;

110 Velvet, *n.* — གོས་ཆེན་སྤུ་མ ; (གོས་ཕྲུག ; Bhut.) (མཁྱ་མལ ; Hindi known in Sikkim).

111 Velveteen, *n.* — རས་སྤུ་མ ; (རས་ཀྱི་གོས་ཕྲུག་སྤུས་ཞེར ;) (In Sikkim མཁྱག་མལ ;)

112 Venal, *n.* — ཁེ་བཟང་ཟ་བའི་ཆེད་དུ་བཙོངས་པའི ; ཁེ་བཟང་ལ་བརྣམ་པའི ; རྔ་ཁམས་ཀྱི ; རྔ་ཁམས་ལ་གནས་པའི ; རྔའི ; རིན་གྱིས་ཉོས་པའི ;

113 Venality, *n.* — རང་གི་ཡོན་ཏན་སོགས་རྔན་པའི་ཆེད་དུ་འཚོང་འདོད ; ཤེས་བྱ་རྟེན་ཐོབ་ཕྱིར་བརྗེ་འདོད ;

114 Vend, *v.t.* — འཚོང་བ ; བཙོང་བ ;

115 Vender, *n.* — འཚོང་བ་པོ ; འཚོང་མཁན ; ཚོང་པ ;

116 **Veneer**, *v.i.* *v.t.* ཤིང་ལེབ་སྦྲུས་ལེགས་པས་འགེབ་པ ; ཕྱི་ནས་བཟང་ལེན་གཏོང་བ; (*n.* ཕྱི་ནས་ཤིང་སོགས་ཀྱི་བཟང་སྐྱོར་རི་བཟང་ལེན ;) *v.t.* ནང་ན་ཤིང་ཟོབ་ཀྱི་ཁར་ཕྱི་ནས་ཤིང་བཟང་པོའི་ཁ་རྒྱན་རྒྱབ་ནས་ཡིན་མདོག་ཁ་པོ་བཟོས་པ ; ཕྱི་ནས་ཤིང་སོགས་བཟང་སྐྱོར་གཏོང་བ ;

117 **Venerable**, *a.* བཙུན་པ ; ཕྱག་བྱ་འོས ; ཕྱག་གི་གནས ; བཀུར་འོས ; རྗེ་བཙུན ;

118 **Venerate**, *v.t.* སྙན་བཀུར་ཞུ་བ ; བསྙེན་བཀུར་བྱེད་པ ; བཀུར་བ ; བཀུར་སྟི་བྱེད་པ ; མོས་པ ; མོས་གུས་བྱེད་པ ;

119 **Veneration**, *n.* མོས་གུས ; མོས་པ ; བསྙེན་བཀུར ; བཀུར་སྟི ;

120 **Venereal**, *a.* འཁྲིག་པའི་སྐོར ; ཕོ་མོ་འདུ་བའི་སྐོར ;

121 **Venery**, *n.* ཁྲི་ར ; བརྔོན་པ ; ལིངས ; འཁྲིག་པ ; ཕོ་མོ་འདུ་བའམ་སྦྱོར་བ ;

122 **Venetian**, *a.* བྷི་ནི་སི་ཞེས་པའི་ཡུལ་གྱི ; བྷི་ནི་སིའི་སྐོར ;

123 **Vengeance**, *n.* དུག ; དགྲ་ལན ; སྙིང་ནད ; དགྲ་ཤ ;

124 **Vengeful**, *a.* དགྲ་ལན་ལེན་འདོད་ཅན ; དུག་ཁྲགས་པ ; སྙིང་ནད་ཆགས་པ ;

125 **Venial**, *a.* བཤགས་འོས ; དགོང་པ་ཡང་འོས ; བཟོད་པར་འོས་པ ; བཟོད་འོས ;

126 **Venison**, *n.* ཤ་བའི་ཤ ;

127 **Venom**, *n.* སྦྲུལ་གདུག་པའམ་སྡིག་པ་ར་ཙའི་དུག་ཧ་ཅང་ནུས་པ་ཆེན་པོ་སོ་རྒྱབ་པའི་མོད་ལ་ཕ་རོལ་པའི་ལུས་ལ་ཁྲབས་ཅིང་སྲོག་བཅོམ་ནུས་པའི་དུག་ཆུ ; དུག ; སྙིང་ནད ; སྙིང་སྣན ; ཕྲག་དོག ; ཀ་ཡ ;

128 **Venomous**, *a.* དུག་ཅན; ཀེ་ཡ་ཅན;

129 **Venomously**, *ad.* དུག་ལྟ་བུར;

130 **Vent**, *n.* རླུང་འགྲོ་བའི་བུ་ག་ཕྲ་མོ; བུ་ག;

131 **Vent**, *v.t.* བུ་གའི་ནང་ནས་རླུང་གཏོང་བ; བུ་གའི་ནང་ནས་རླུང་འདོན་པ་བཞིན་ཁ་ནས་ཡབ་པ; བུ་གའི་ནང་ནས་རླུང་འདོན་པ; ཤུགས་ཀྱིས་གཏང་བ; གཞོ་བ; སྤྲ་སྤྲོགས་པ; འཚོང་བ;

132 **Ventilate**, *v.t.* ཁྲིམ་སོགས་ལ་རླུང་རྒྱུ་བའི་ལམ་བཟོ་བ; ཁྲིམ་སོགས་ལ་རླུང་སྒོ་འཛུགས་པའམ་བཟོ་བ; རླུང་རྒྱུག་ཏུ་བཅུག་པ; རླུང་དང་འོད་འཕོག་པར་བྱེད་པ;

133 **Ventilation**, *n.* ཁང་པའི་ནང་རླུང་ཞུགས་སུ་བཅུག་པའི་ཐབས; རླུང་འོང་ཐབས; རླུང་སྒོ་བཟོ་ཐབས;

134 **Venture**, *n.* སྤྲོབས་པ; བློ་སྟོབས; *v.i.* བུས་པ; སྤོ་བ; སྤྲོག་དང་སྤོ་བ; ཡ་གཡུག་རྩེ་བ; སྤོ་པ; སྤྲོབས་པར་བྱེད་པ;

135 **Venturer**, *n.* ཡ་གཡུག་རྩེ་མཁན; སྤྲོབ་པར་བྱེད་མཁན; སྤྲོག་སྤོ་མཁན;

136 **Venturing**, *n.* ཡ་གཡུག་རྩེ་བཞིན་པ; སྤྲོབས་བཞིན་པ; སྤོ་བཞིན་པ;

137 **Venturous**, *a.* སྤྲོག་དང་སྤོ་མཁན; ཡ་གཡུག་ཅན; སྙིང་ཁམས་ཅན; སྤྲོབས་པ་ཅན; བློ་སྟོབས་ཅན; དཔའ་བོ;

138 **Venus**, *n.* བུད་མེད་གཟུགས་བྱད་ལྟ་ན་སྡུག་པ་འདོད་པའི་རྒྱལ་མོ་དང་མཚམས་པ་དག་ལ་ཟེར; པ་ལྷ་སངས; པ་སངས;

139 **Veracious**, *a.* བདེན་པ་སྨྲ་བ; བདེན་པར་སྨྲ་མཁན; དྲང་པོ; གསོང་པོ;

140 **Veracity**, *n.* རྟག་ཏུ་བདེན་པ་སྨྲ་བ་ཉིད; བདེན་པ; བདེན་པར་སྨྲ་བ; གསོང་གཏམ;

141 **Veranda**, *n.* རབ་གསལ; འགག; ཁྲམས; ཐོག་གཡང;
གཡབ་སྟེང; གཡབ་འཁོར;

142 **Verb**, *n.* བྱ་བའི་རིགས་མཚོན་བྱེད་ཀྱི་ཚིག་གམ་སྒྲ; བྱ་ཚིག;
བྱ་ཚིག་དང་བྱེད་ཚིག་གསལ་བྱེད་སྒྲ;

143 **Verbal**, *a.* ངག་ནས; ཁ་ནས; ཁ་ཡི;

144 **Verbally**, *ad.* ངག་ཐོག་ནས; ཁ་ནས;

145 **Verbatim**, *ad.* ཚིག་རེ་རེ་བཞིན་དུ;

146 **Verbiage**, *n.* ཚིག་མང་ཞིང་འབེལ་བ་ཉིད; ཚིག་མང་ལ་དགོས་དོན་
ཉུང་བ; ཚིག་མང་བའམ་ཚིག་རྒྱས་པ; ཚིག་ཛོག
ཆེ་བ; ཚིག་གི་ལོ་མ་རྒྱས་དྲགས་དོན་ཛོག་ཁ་མེད་པ;

147 **Verbose**, *a.* ཚིག་མང་ཐལ་ཕྱོར་བ; ཚིག་རྒྱས་དྲགས་པ;
ཚིག་མང་བ;

148 **Verbosity**, *n.* ཚིག་རྒྱས; ཚིག་མང; ཚིག་གི་ལོ་མ;
(ཁ་གླུང་དོན་མེད; སྟོང་ཕྱོབ; Sik.).

149 **Verdant**, *a.* སྔོ་སྐྱེས; སྔོ་སྐྱིན; སྔོ་བ; སྔོ་ཕྱང་ཕྱང; སྔོ་མཐིང་ངེ;
རྩ་ཀྲུ་ཅན;

150 **Verdict**, *n.* ཁྲིམས་སའི་བཅད་མཚམས; ཁྲ་ཤ; ཁྲིམས་བདག
ག་ཤེར་དཔང་པོའི་ཀྱི་བློ་ལ་བབ་པའི་བཅད་མཚམས;

151 **Verdigris**, *n.* ཟངས་གཡའ; ཟངས་ཀྱི་བཙའ;

152 **Verdure**, *n.* སྔོ; སྔོ་བསངས; ལྗང་བསངས; རྩ་ཀྲུ་ཅན; སྔོ་ལོ;

153 **Verge**, *n.* མཐའ; མུ; མུ་མཐའ; མཚམས;

154 **Verger**, *n.* ཆོས་ཁྲིམས་པ; འཁར་བ་འཆང་མཁན; དགེ་སྐོས;

155 **Verification**, *n.* བདེན་པ་ར་སྤྲོད; ར་སྤྲགས; ར་སྤྲོད; ར་སྤྲོད་པ;
བདེན་པ་སྒྲུབ་སྟངས་ལས་སྒྲུབ་ཚུལ;

156 Verify, *v.t.* ར་སྤྲག་པ; ར་སྤྲོད་པ; ཁུངས་སྐྱེལ་བ; ཁུངས་སྟོན་པ; ཁུངས་སྒྲུབ་པ;

157 Verily, *adv.* ངེས་པར;

158 Veritable, *a.* ངེས་པ; བདེན་པ; གཏན་གཏན; ངོ་ཐོག; དངོས་གནས; ངེས་པ་ཅན;

159 Verity, *n.* ངེས་ཏིག; ངེས་པ; བདེན་པ; ངེས་པའི་གཏམ; བདེན་གཏམ;

160 Vermicelli, *n.* རྒྱ་ཐུག་ཞིའི་མན;

161 Vermilion *n.* རྒྱ་ཚོས; མཚལ; རྒྱ་མཚལ;

162 Vermeil, *n.* གསེར་ཆུའི་བཀྲག་འདོན་གྱི་རྫི;

163 Vermin, *n.* འབུ; འཚོ་བྱེད་འབུ་རྣམས; ཤིག་དང་འདྲེ་ཤིག་དང་འཛུ་བ་སོགས་འཚོ་བྱེད་འབུ་རྣམས;

164 Vernacular, *a.* ཡུལ་གྱི; སོ་སོའི་ཡུལ་གྱི; རང་ཡུལ་གྱི; ཕ་ཡུལ་གྱི; *n.* ཡུལ་སྐད; རང་ཡུལ་གྱི་སྐད; ཕ་ཡུལ་གྱི་སྐད; མ་སྐད;

165 Vernal, *a.* དཔྱིད་ཀའི; དཔྱིད་དུས་ཀྱི;

166 Versatile, *a.* བློ་གྲུ་བ་གཅིག་ལ་འཇུག་འཕྲོར་གཞན་ཞིག་ལ་འཇུག་སླ་པོ; འགྱུར་སླ་པོ; འཁོར་བར་རུང་བ; འགྱུར་མཁན; མི་རྟག་པ;

167 Versatility, *n.* འགྱུར་མདོག; བློ་བཀོལ་འཇུག་བདེ་ཚུལ; བློ་གྲུ་བ་སྣ་ཚོགས་ལ་སྤྱོ་འཇུག་སླ་བ;

168 Verse, *n.* ཚིགས་བཅད;

169 Versed, *a.* ཁོང་དུ་ཆུད་པ; རྒྱུས་ཡོད; ཉམས་མྱོང་ཅན; མཁས་པ; འབྱོངས་པོ;

170 **Versification**, *n.* ཚིགས་རྩོམ; ཚིགས་བཅད་དུ་རྩོམ་སྟངས;

171 **Versify**, *v.i.* *v.t.* ཚིགས་བཅད་དུ་འཆད་པ; ལྷུག་པ་ལས་ཚིགས་བཅད་དུ་སྒྱུར་བ; ཚིག་བཅད་དུ་འབྲི་བ; ཚིགས་བཅད་དུ་རྩོམ་པ;

172 **Version**, *n.* སྒྲ་སྒྱུར; སྒྱུར་བ; འགྱུར; དཔེ་འགྱུར;

173 **Versus**, *prep.* ཕར་ཕྱོགས; ལྡོག་ཕྱོགས; འགལ་ཟླ; (བྲང་སྡོད; Sik.).

174 **Vertebra**, *n.* སྒལ་ཚིགས་དང་རྩིབ་མ;

175 **Vertebrate**, *a.* སྒལ་ཚིགས་ཅན;

176 **Vertex**, *n.* རྩེ; ཀྱུང; རྩེ་མོ; སྤྱི་གཙུག;

177 **Vertical**, *a.* ཚངས་ཐིག་འདྲ་བའི་དྲང་ཕྱོགས་སུ་ཡོད་པའི; དྲང་གཙུག་དུ; ཀྱི་རི་བ; དྲང་པོ; གྱེན་ལ; དྲང་ཕྱོགས་པའི; (ཙུག་ཀྱིར་རེ; Sik.).

178 **Vertically**, *ad.* ཀི་རི་ལ; དྲང་པོར; དྲང་ཕྱོགས་སུ; ཀྱོང་ངེར;

179 **Vertigo**, *n.* མགོ་ཡུ་འཁོར་བ; མགོ་འཁོར་བ; མགོ་འཁྲིམས་པ;

180 **Very**, *ad.* ཤིན་དུ; ལྷག་པར; ཧ་ཅང;

181 **Vesicle**, *n.* སྒང་བུག་ཆུང་ཆུང; ཆུ་གང; ཆུ་བུར;

182 **Vesper**, *n.* སྐར་ཆེན; ས་སྲོད་ཀྱི་དུས; སྲོད་ཀྱི་སྐར་མ; Sik. པ་ལྷ་སངས;

183 **Vespiary**, *n.* སྦྲང་མ་པོ་དོང་མའི་ཚང;

184 **Vessel**, *n.* སྣོད; གྲུ; གྲུ་གཟིངས;

185 **Vest**, *n.* *v.t.* ཆད་དབང་སྤྲོད་པ; དབང་བྱིན་པ; རྒྱུ་དངོས་སོགས་སྤྲོད་ཆོག་དབང་བྱིན་པ; སྟོད་ལེ; གོ་ཅེ; གོས; ཆུ་པ; ཁ་སྦྱར; བྲར་བྲར (སྤྲ་སྤྲ; Collql.)

186 Vesta, *n.* གཞོན་ནུ་མ་གྲོང་ཆོས་ཀྱིས་མ་གོས་པ; ཁྱོ་མ་ཕོག་པ; མེ་ཐབ་ཀྱི་ལྷ་མོ;

187 Vestal, *a.* གཞོན་ནུ་མའི;

188 Vested, *a.* ཆོས་གོས་སོ་ཡང་དེན་འབྲེལ་གྱི་ཆས་གྱོན་པ;

189 Vestibule, *n.* ཁྱིམ་གྱི་མདུན་དུ་ཁྱམས་ཡངས་པ; ཁྱིམ་གྱི་འཇུག་ངོགས་ལ་ཡོད་པའི་ཁང་མིག་ཆེན་པོ; སྒོ་འགག; སྒོ་ནས་ཡར་ཡོང་བའི་འགག; བར་ཁྱམས;

190 Vestige, *n.* རྗེས; ཤུལ; མལ; རྐང་རྗེས;

191 Vestment, *n.* གོས; ཆུ་པ; ན་བཟའ;

192 Vestry, *n.* ཆོས་གོས་བཞག་སའི་མཛོད་ཁང;

193 Vesture, *n.* གོས; ཆུ་པ; ན་བཟའ;

194 Vetch, *n.* (རྡུ་འབེས; དོས་མ; དོས་ཚུང་མ; Sik.).

195 Veteran, *a.* དམག་མི་རྒོད་པོ; གཡུལ་ངོར་འགྱངས་པོ; ཆགས་སྦྱང་གྲེད་པོ; Bhut. དམག་མི་ཉམས་མྱོང་ཅན; གཡུལ་གྱི་ཉམས་མྱོང་ཅན;

196 Veterinary, *a.* & *n.* གནག་ཕྱུགས་ཀྱི་ནད་ཀྱི་སྨན་བཅོས་ལ་མཁས་པའི་སྨན་པ; རྟའི་ཨེམ་ཆི; *a.* གནག་ཕྱུགས་ཀྱི་ནད་གསོ་བའི་སྐོར;

197 Veto, *n.* འགག་ཆ་རྒྱབ་པའི་བཀའ་རྒྱ; དགག་འགྲོལ་ཐུབ་པའི་ཚད་དབང; གྲོས་བསྟུན་ཚར་བ་དེ་དགག་ཀྱབ་པའི་ཚད་དབང;

198 Vex, *v.t.* སྡུག་པོ་གཏོང་བ; འཚེ་བ; གཙེར་བ, ཁོང་ཁྲོ་སླང་བ; ཁོང་ཁྲོ་སློང་བ;

199 Vexation, *n.* ཁོང་ཁྲོ; སུན་གཙེར; སེམས་སུན;

200 Vexatious, *a.* ཁོང་ཁྲོ་སློང་བའི; འཚེ་བའི;

201 **Vexatiously**, *ad.* སྐུན་ཅིང་གཙེར་བས ; འཚེ་བ་བྱས་ནས ;
ཁོང་ཁྲོ་བསླང་ནས ;

202 **Vexed**, *a.* ཁོང་ཁྲོ་ལངས་ནས་ཡོད་པ ;

203 **Via**, *n.* ལམ ; (*adv.* བརྒྱུད ; ཐོག ; ཐོག་ནས ; བརྒྱུད་ནས ;)

204 **Viaduct**, *n.* གཞིངས་སམ་ཆུ་ཀླུང་གི་སྟེང་དུ་རི་ལིའི་ཟམ་པ ;
ལྕུང་ཟམ ;

205 **Vial**, *n.* ཤེལ་དམ་ཚུང་ཚུང ;

206 **Viand**, *n.* བཟའ་ཆ ; བཟའ་བ ; ལྟོ ; ཟས ; ཁ་ལག ;

207 **Vibrate**, *v.i.* གཡེང་བ ; ལིང་ལིང་བྱེད་པ ; ལྡེམ་པ ; ལྡེམ་ལྡེམ་པ ;
ལྡེམ་ལྡེམ་བྱེད་པ ; ལྡེམ་ལྡེམ་གཡོ་བ ; སྒྱིང་བ ;
གཡོ་བ ; འགུལ་བ ; འདར་བ ;

208 **Vibration**, *n.* སྒྱིང་ཚུལ ; གཡོ་འགུལ ; འདར་འདར ; གཡེང་སྟངས ;
ལིང་ལིང ; ལྡེམ་སྟང ; ལྡེམ་ལྡེམ ;

209 **Vibratory**, *n.* འདར་བཞིན་པ ; གཡེང་བའི ; ལྡེམ་གྱིན ; གཡོ་བཞིན་པའི ;

210 **Vicar**, *n.* བླ་ཚབ ; མཁན་པོའི་ཕྱག་ཕྱིལ ; ངོ་ཚབ ; སྐུ་ཚབ ;

211 **Vicarage**, *n.* གྲོང་གི་དགོན་པའམ་ལྷ་ཁང་དཔོན་སློབ་ཀྱི་ཤག ;

212 **Vice-admiral**, *n.* རྒྱ་གཟིངས་དམག་དཔོན་གྱི་ལས་རོགས ;

213 **Vicarious**, *a.* གཞན་གྱི་ཚབ་བྱས་པའི ; ངོ་ཚབ་བྱེད་བཞིན་པ ;
ངོ་ཚབ་བྱས་པ ;

214 **Vicariously**, *ad.* ངོ་ཚབ་བྱས་ནས ; ངོ་ཚབ་ཀྱི་སྒོ་ནས ;

215 **Vice**, *n.* སྐྱོན ; སྡིག་པ ; མི་དགའ་བ ; ངན་སེམས ;
གནོད་སེམས ; ཉེས་སྤྱོད ; ཉེས་པ ;
the instrument གཅུས་ཕུར་གྱི་འཕྲུལ་གྱིས་དངོས་
པོ་རྡི་པོར་བཟུང་རྒྱུའི་ལག་ཆ ;

216 Vice-chancellor, *n.* བསླབ་གྲྭའམ་གཙུག་ལག་གི་འགོ་བྱེད་ཀྱི་ལས་རོགས;

217 Vice-consul, *n.* ཕྱོགས་སུ་མངགས་པའི་ཕྱི་བློན་གྱི་ལོས་རོགས;

218 Vicegerency, *n.* རྒྱལ་ཚབ་ཁྲི་པའི་གོ་གནས; རྒྱལ་ཚབ་ཀྱི་གོ་ས;
སྐུ་ཚབ་ཀྱི་གོ་གནས;

219 Vicegerent, *a.* ཁྲི་པ; རྒྱལ་ཚབ; ངོ་ཚབ; སྐུ་ཚབ;
a. ངོ་ཚབ་ཀྱི་བྱ་བ་བྱེད་བཞིན་པའི;

220 Vice-president, *n.* ཁྲི་པའི་ཚབས་སམ་ལས་རོགས;

221 Viceregal, *a.* རྒྱལ་ཚབ་ཀྱི;

222 Viceroy, *n.* རྒྱལ་ཚབ;

223 Viceroyalty, *n.* རྒྱལ་ཚབ་ཀྱི་གོ་ས;

224 Vicinity, *n.* ཉེ་འདབས; ཉེ་ཡོགས; མཐའ་བསྐོར; ཉེ་འཁོར;
ཉེན་གོར; གམ་ཡོ;

225 Vicious, *a.* ངན་པོ; རྩུབ་པོ; སྤྱོད་ཉེས; ངན་པ; གདུག་པ;
འཚེ་བྱེད;

226 Viciously, *ad.* སྤྱོད་པ་ངན་པོ་བྱས་ཏེ; ངན་པ་བྱས་ཏེ;
གདུག་པའི་སྒོ་ནས: འཚེ་བ་བྱས་ནས;

227 Viciousness, *n.* སྤྱོད་ཉེས; ངན་སེམས; གདུག་སྤྱོད; ངན་སྤྱོད;
འཚེ་བ; གནོད་སེམས;

228 Vicissitude, *n.* སྐྱིད་སྡུག; འགྱུར་བ; འགྱུར་འཚུལ; དར་རྒུད;

229 Victim, *n.* དམར་མཆོད་གཏོང་བའི་སྲོག་ཆགས; བཙོན; མནར་བྱ;
གཟིར་བྱ; གདུང་བྱ; ཉན་བྱ; ཉམ་ཐག་པ;
ཚུ་ཐུག་པ; ཚུ་རྡུགས་པ; ཉེན་པ; བཙོན་པ;

230 Victimize, *v.t.* དམར་མཆོད་གཏོང་བ; མགོ་སྐོར་བ; མགོ་སྐོར་གཏོང་བ;
བརླག་པའི་ཆེད་དུ་དབང་དུ་བྱེད་པ;

231 Victimized, *a.* མགོ་བསྐོར་ཚར་བའི ; དམར་མཆོད་བཏང་ཚར་བའི ;

232 Victor, *n.* རྒྱལ་མཁན ; རྒྱལ་བ་པོ ; དམག་རྒྱལ་མཁན ;

233 Victoria, *n.* རྣམ་པར་རྒྱལ་མ ; རྣམ་རྒྱལ་མ་ཞེས་ཨིན་ཇིའི་རྒྱལ་མོ་མཚན་ཡོངས་སུ་གྲགས་པ་དེའོ ;

234 Victorious, *a.* རྒྱལ་བའི་སྐོར ; རྒྱལ་བ་མཚོན་བཞིན་པ ; རྒྱལ་བའི ;

235 Victory, *n.* རྒྱལ་ཁ ; རྒྱལ་བ ;

236 Victual, *v.t.* རྒྱགས་སྒྲུང་པ ; འཚོ་བ་སྒྲུབ་པ ; བཟའ་བ་སྒྲུབ་པ ; *n.* རྒྱགས ; བཟའ་བ ; ལྟོ ;

237 Victualler, *n.* རྒྱགས་སྒྲུབ་མཁན ; བཟའ་བ་སྒྲུབ་མཁན ; འཚོ་བ་སྒྲུབ་མཁན ;

238 Vide (Imperative). ལྟོས་དང ; ལྟོས་ཤིག ;

239 Vie, *v.i.* འགྲན་པ ; འགྲན་ཟླ་བྱེད་པ ; སྒྲུན་པ ; སྡུར་བ ;

240 View, *v.t.* མིག་མཐོང ; ལྟད་མོ ; ལྟར་སྣང ; སྣང་ངོ ; བསམ་པ ; དགོངས་པ ; མཐོང་སྣང ; མཐོང་ས ; རྒྱ་མཐོངས ; ལྟ་རྟོག ; གཟིགས་རྟོག ; *v.i.* ལྟ་བ ; མཐོང་བ ; ལྟ་རྟོག་བྱེད་པ ; གཟིགས་རྟོག་གནང་བ ; སེམས་པ ; བསམ་པ ; དགོངས་པ ;

241 Vigil, *n.* གཉིད་མ་ཉལ་བར་བསྲུང་བ ; མེལ་ཚེ ; ཆོས་ཀྱི་སྤྱོད་པ་སྲུང་གནས་སོགས་མཚན་གང་མེལ་ཚེ་བྱེད་བཞིན་དུ་བསྲུང་བ ;

242 Vigilance, *n.* བྱ་ཚེ ; མེལ་ཚེ ; མཚན་མོའི་བྱ་ར ; རིག་པ་སྒྲིམ་སྟངས ;

243 Vigilant, *a.* རིག་པ་གྲིམས་པ ; མེལ་ཚེ་བྱེད་བཞིན་པ ; བྱ་ར་བྱེད་བཞིན་པ ; གྲིམས་པ ;

244 Vigorous, *a.* རྩལ་ཆེན ; ཤུགས་ཆེན ; སྟོབས་ལྡན ; སྟོབས་ཆེན ; སྟོབས་པ་ཅན ;

245 Vigour, *n.* སྟོབས; ཤེད; བློ་སྟོབས; ཤུགས; སྟོབས་པ;

246 Vile, *a.* ངན་པ; མ་རབས; ངན་པོ; བཙོག་པོ; ངན་སྤྱོད་ཅན;
བཙོག་པ;

247 Vileness, *n.* ངན་སྤྱོད; ངན་སེམས; ངན་པ;

248 Vilifier, *n.* སྨད་མཁན; དམའ་འབེབས་བྱེད་མཁན; སྨོད་མཁན;
སྨད་ར་གཏོང་མཁན;

249 Vilify, *v.t.* སྨད་པ; དམའ་འབེབས་པ; སྨོད་པ; སྨད་ར་གཏོང་བ;
སྨ་འབེབས་པ; སྨ་འབེབ་བྱེད་པ;

250 Villa, *n.* ཁང་པ; ཀོ་ཋི; གཞིས་ཀ; གཞིང་ཁང;

251 Village, *n.* གྲོང་ཚུང; གྲོང;

252 Villager, *n.* གྲོང་པ;

253 Villain, *n.* མི་ངན; བསྟན་ཤིག; འཛབ་ཆེན;

254 Villainous, *a.* མི་ངན་པའི་ཆ་ལུགས་ཅན; ངན་པ; ངན་སྤྱོད་ཅན;
མ་རབས; གདུག་པ;

255 Villainy, *n.* མི་ངན་གྱི་སྤྱོད་པ; མ་རབས་ཀྱི་སྤྱོད་པ; མཚམས་མེད་ཀྱི་
ལས་ངན་ནམ་ཉེས་དམིགས;

256 Vincible, *a.* འདུལ་དུ་ཡོད་པ; འདུལ་ཐོད་པའི; རྒྱལ་ཐུབ་པ;
འདུལ་རུང་བ;

257 Vindicate, *v.t.* རིགས་པས་སྒྲུབ་པ; བདེན་པ་སྒྲུབ་པ; བསྲུང་བ;
(བདེན་པ་བསྐྱོང་བ; Sik.) ཕྱོགས་འཛིན་ནམ་ཕྱོགས་
འཐེན་བདེན་རྒྱབ་བྱེད་པ; རྒྱབ་བྱེད་པ;

258 Vindication, *n.* སྲུང་སྐྱོབས; རྒྱབ་སྐྱོར; ཕྱོགས་འཛིན་བདེན་རྒྱབ;
རིགས་པས་སྒྲུབ་ཚུལ;

259 Vindictive, *a.* (འཁོན་བཞག་ཅན; Sik.) འཁོན་འཛིན་ཅན; ཞེ་འཁོན་
ནཾ་སྙིང་ནད་ཅན; དགྲ་ཞེ་ལེན་འདོད་ཅན;

260 Vindictively, *ad.* དགྲ་ཞེ་ལེན་འདོད་ཀྱི་སྒོ་ནས; འཁོན་འཛིན་གྱི་སྒོ་ནས;

261 Vindictiveness, *n.* (འཁོན་བཞག; འཁོན; Sik.) དགྲ་ཞེ་ལེན་འདོད་
ཆེ་ཚུལ; སྙིང་ནད;

262 Vine, *n.* (Sik. ཅུ་འབེས;) རྒུན་འབྲུམ་ཤིང;

263 Vinegar, *n.* ཆུ་སྐྱུར; ཆུཙུ; སྐྱུ་རུ; སྐྱུར་མོ; བྱང་ཡུའི;
ཟས་ཆུཙུ; བཟའ་ཆུཙུ;

264 Vineyard, *n.* རྒུན་ཚལ; རྒུན་འབྲུམ་ལྷུར; རྒུ་ཏྲ་ཚེའི་ར་བ;
རྒུན་འབྲུམ་གྱི་ར་བ;

265 Vintage, *n.* རྒུན་ཆང; རྒུན་འབྲུམ་མའི་ལོ; རྒུན་ལོ; རྒུན་ཐོག;
རྒུན་འབྲུམ་གྱི་ལོ་ཐོག་སྡུ་བའི་དུས;

266 Viol, *n.* པི་ཝང; སྒྲ་སྙན; རྒྱུད་མང; ཕང་འཁྲིལ;

267 Violable, *a.* གནོད་པ་བསྐྱལ་བདེ; སྐྱོན་བདེ; ཐུབ་ཆོད; ཁྲིམས་
འདྲལ་ཐུབ་པ; གླང་བསྐྱེད་པ; ཁྲིམས་ཇི་ནུས་པ;

268 Violate, *v.t.* ལོག་གཡེམ་བྱེད་པ; (དབང་ཡོད་ཀྱིས་རྒྱོ་བ; vulgar:
a virgin or a lady) གནོད་པ་སྐྱེལ་བ; གནོད་པ;
ཁྲིམས་འགལ་བྱེད་པ;

269 Violation, *n.* སྐྱོན; གནོད་འགལ; གནོད་པ; ཁྲིམས་འགལ;
ལོག་གཡེམ;

270 Violator, *n.* གནོད་པ་བཀྱལ་མཁན; ཁྲིམས་དང་འགལ་མཁན;
ཁྲིམས་འདྲལ་བྱེད་མཁན; ལོག་གཡེམ་བྱེད་མཁན;
(རྒྱོ་མཁན; vulgar).

271 Violence, *n.* གནོད་པ; ཤུགས; དམུ་རྒོད; དྲག་ཤུལ; དབང་ཡོད;
ལོག་གཡེམ;

272 Violent, *a.* དྲག་པོ; ཤུགས་ཅན; དམུ་རྒོད་ཅན; དྲག་ཤུལ་ཅན; དབང་ཡོད་ཅན; དབང་ཡོད་ཆེན་པོ;

273 Violet, *n.* སྤང་རྒྱན་མེ་ཏོག; (མེ་ཏོག་བ་ན་བ; R. Hindi) རྒྱན་འབྲུམ་མདོག་ཅན;

274 Violin, *n.* པི་ཝང; སྒྲ་སྙན; རྒྱུད་མང;

275 Violinist, *n.* པི་ཝང་གཏོང་མཁན; པི་ཝང་སྒྱུར་མཁན; པི་ཝང་མཁན;

276 Violoncello, *n.* པི་ཝང་རྒྱུད་བཞི་པ; སྒྲ་སྙན་རྒྱུད་བཞི་པ;

277 Viper, *n.* སྦྲུལ; དུག་སྦྲུལ; གདུག་སྦྲུལ;

278 Viperous, *a.* དུག་སྦྲུལ་ལྟ་བུ; དུག་ཅན; གདུག་པ; གདུག་སྦྲུལ་འདྲ་བ;

279 Virago, *n.* བུད་མེད་ཁ་ཚ་པོ; སྐྱེ་དམན་འཐབ་རྩེ་རྡོ་པོ;

280 Virgin, *n.* གཞོན་ནུ་མ; བུ་མོ་ན་ཆུང; ཁྱོ་མ་ཡོག་པ; གྲོང་ཆོག་གིས་མ་གོས་པ;

281 Virginity, *n.* གཞོན་ནུ་མ་གྲོང་ཆོས་ཀྱི་མ་གོས་པའི་ཚུལ; ན་ཆུང་མ་ཁྱོ་དང་མ་འགྲོགས་པའི་སྐབས;

282 Virgo, *n.* དུས་སྦྱོར་བུ་མོ; བུ་མོ; ཁྱིམ་བཅུ་གཉིས་ལས་བུ་མོའི་ཁྱིམ;

283 Virility, *n.* སྐྱེད་བྱེད་ནུས་པ; རོ་ཙ; རོ་གཙའ; ཐིག་ལེའི་སྟོབས; སྐྱེས་པའི་ཕོ་སྟོབས; སྐྱེས་པ་ཁྱོ་གའི་སྟོབས; དངས་མའི་སྟོབས;

284 Virtual, *a.* ནུས་པ་དང་ལྡན་པ;

285 Virtue, *n.* ཡོན་ཏན; དགེ་བ; ནུས་པ; བཟང་སྤྱོད; བདག་པོའི་བརྟུལ་ཞུགས;

286 **Virtuoso**, *n.* ཅ་ལག་རྙིང་པའི་རྒྱུས་དང་ཉམས་ལྡན; སྤྱི་རབས་ཀྱི་གཏམ་
དང་དངོས་པོའི་ཉམས་ཞིབ་ཅན;

287 **Virtuous**, *a.* དགེ་ལྡན; བཟང་སྤྱོད་ཅན;

288 **Virulence**, *n.* དུག; སྙིང་ནད; འཁོན; གཉིང་ནད; སྡང་སེམས;
སྙིང་སྨན; ཀེ་ཡ;

289 **Virulent**, *a.* དུག་ཅན; འཁོན་ཅན; འཁོན་འཛིན་ཅན;

290 **Virulently**, *ad.* སྡང་སེམས་ཀྱི་སྒོ་ནས; འཁོན་འཛིན་གྱི་སྒོ་ནས;

291 **Virus**, *n.* རིག་དུག; ནད་ཀྱི་རྣག་ཆུའམ་ཆུ་སེར་གྱི་དུག;
དཔེར་ན; འབྲུམ་ནད་ཀྱི་རྣག་ཆུའི་དུག་ལྟ་བུ;

292 **Vis-a-vis**, *adv.* གདོང་སྤྲད་དུ;

293 **Viscera**, *n. pl.* ནང་ཁྲོལ; སྙིང་དང་མཆིན་པ; གློད་པ་ལྟ་བུ;

294 **Visage**, *n.* ངོ; གདོང; བཞིན;

295 **Viscid**, *a.* (Sik. ཤན་ཐག་ཅན;) ཚོ་ཅན; ཚོ་བ་ཅན; ཚོ་རིང;

296 **Viscount**, *n.* བློན་རིང་རིམ་པ་བཞི་པ; བློན་རིགས་ཀྱི་གོ་གནས;

297 **Viscous**, *a.* (ཤན་ཐག་ཅན; Sik.) ཚོ་ཆེན; ཚོ་རིང; ཚོ་བ་ཅན;

298 **Visibility**, *n.* མིག་གི་མཐོང་སར་ཡོད་པ་ཉིད; མངོན་སུམ་མིག་མཐོང་
དུ་ཡོད་ཚུལ; སྣང་ཚུལ;

299 **Visible**, *a.* མངོན་པ; མཐོང་སར་ཡོད་པ; མངོན་སུམ;

300 **Visibly**, *ad.* མཐོང་བཞིན་དུ; མངོན་སུམ་དུ;

301 **Vision**, *n.* སྣང་བ; མཐོང་སྣང; ལྟར་སྣང; མཐོང་བའི་ནུས་པ;
དམིགས་ཡུལ; སྒྱུ་མ; མིག་ཤེད; མཐོང་ཤེད;

302 **Visionary**, *n.* (མཐོང་མཐོང་མཁན; Sik.) *a.* ལྟར་སྣང་ཅམ;
སྣང་བ་ལྟ་བུ; བརྫུན་སྣང་ངམ་སྒྱུ་མ་ལྟ་བུ;

303 Visit, *v.t.* འཕྲད་པ; ཐུག་ཕྲད་བྱེད་པ; ལྟ་རྟོག་བྱེད་པ; གཟིགས་རྟོག་གནང་བ; མཇལ་བ; བཙར་བ; ཞབས་བཙར་ཞུ་བ;

304 Visitant, *n.* འཕྲད་མཁན; མཇལ་མཁན;

305 Visitation, *n.* ཐུག་ཕྲད; མཇལ་ཁ; ལྟ་རྟོག; གཟིགས་རྟོག;

306 Visiting, *n.* འཕྲད་པའི་བྱ་བ; ཐུག་འཕྲད; མཇལ་འཕྲད; ལྟ་རྟོག་གཾ་ལྟ་ཞིབ་བྱེད་པའི་བྱ་བ; ལྟ་སྐོར་རམ་ལྟ་ཐུལ་བྱེད་པའི་བྱ་བ;

307 Visitor, *n.* འཕྲད་མཁན; (མཇལ་འཕྲད་མཛད་མཁན; Hon.) ལྟ་རྟོག་བྱེད་མཁན; གཟིགས་རྟོག་གནང་མཁན;

308 Visor, *n.* རྨོག་གི་གདོང་ཁེབས; འབག་རྨོག; རྨོག་དང་འབྲེལ་བའི་གདོང་སྐྱབ; འབག; འདྲ་བག;

309 Vista, *n.* ཤིང་སྡོང་གྲལ་བསྟར་བའི་དཀྱིལ་ནས་མཐོང་རྒྱ; མདུན་ཕྱོགས་མཐོང་ས་ཡངས་པ;

310 Vital, *a.* གནད་ཁག་ཆེན་པོ; གནད་ཆེ; གནད་འགག་ཅན; གལ་ཆེ་བ; སྲོག་ལ་ཕན་བྱེད;

311 Vitality, *n.* སྲོག; ཡར་སྐྱེད་ཀྱི་ནུས་པ;

312 Vitalize, *v.t.* ཡང་གསོ་བ; སྲོག་སྐྱེད་པ; གསོན་པོར་བྱེད་པ; འཆི་བ་འམ་ཤི་བ་གསོ་བའམ་སློང་བ;

313 Vitals, *n.* ནང་གི་དོན་སྣོད་ནང་ཁྲོལ; སྙིང་སོགས་དོན་སྣོད་ལྔ; སྲོག་ལ་མཁོ་བྱེད་ནང་ཁྲོལ་རྣམས;

314 Vitreous, *a.* ཤེལ་ལྟ་བུ; ཤེལ་གྱི;

315 Vitiate, *v.t.* བསླད་ནས་སྤུས་ཞན་དུ་གཏོང་བ; སླད་པ; ལྷད་རྒྱབ་པ་འམ་གཏོ་བ; སྐྱོན་ཅན་བྱེད་པ;

316 Vitiation, *n.* ངན་བསླད; ལྷད; གསེས་ལྷད;

317 **Vitrify,** *v.t.* ཞེལ་དུ་སྒྱུར་བ; ཞེལ་དུ་བཟོ་བ; *v.i.* ཞེལ་དུ་འགྱུར་བ;

318 **Vitriol,** *n.* མུ་ཟི་ལས་བཏོན་པའི་ཞུན་ཆུ; རིན་ཆེན་སོགས་ཀྱི་ཞུན་ཆུ;
མུ་ཟི་དང་རིན་པོ་ཆེ་སོར་ཀྱི་ཞུན་ཆུ;

319 **Vituperate,** *v.t.* སྨད་ར་རྒྱབ་པ; སྐྱོན་འདོགས་པ; ཚིག་ངན་ཛེད་པ;
སྨོད་པ; སྨིང་བ;

320 **Vituperation,** *n.* ཚིག་ངན་སྣ་ཚོགས; ཁ་ངན; སྨིང་ཚིག; སྨད་ར;

321 **Vivacious,** *a.* སྤྲུང་གྲུང་འཛོམ་པོ; གྲུང་པོ; གཙང་པོ; བྲོད་པོ;
གུ་ཡངས་པོ; ཤང་པོ; སེམས་སྒྲུ་ཡངས་པ;

322 **Vivaciously,** *ad.* སྤྲུང་གྲུང་འཛོམ་པོ་བྱེད་དེ; བྲོད་པོར;

323 **Vivacity,** *n.* སྤྲུང་གྲུང; ཤང་ཉམས; སྤྲུང; གྲུང;

324 **Viva voce,** *adv.* ངག་ཐོག་ནས; ཁ་ནས;

325 **Vivid,** *a.* ཁྲ་ལི་ལི; གསལ་པོ; གསལ་ཆ་དོད་པོ; ཁྲ་ལྷམ་མེ;
ཁྲ་ལྷལ་ལེ; ཁྲ་གསལ་ལེ;

326 **Vividly,** *ad.* གསལ་པོར; གསལ་ལེར; མངོན་པར་གསལ་བར;

327 **Vividness,** *n.* གསལ་ཆ; དྭངས་ཆ;

328 **Vivify,** *v t.* གསོ་བ; འཆི་བ་འཐམ་ཤི་བ་གསོ་བ; གསོན་པོར་
བྱེད་པ;

329 **Vivisection,** *n.* ལྷུ་དུམ་བསིལ་ཤིང་གཤག་སྟེ་ལྟ་བའི་ལས;
ཕུང་པོ་གཤག་དཔྱད; ལུས་གཉད་བལྟ་
ཕྱིར་ཕུང་པོ་གཤག་དཔྱོད;

330 **Viz,** *ad.* (literally མིང་དུ་དབྱེ་ན; སོ་སོར་དབྱེ་ན;) དེ་ཡང;
དེ; དེ; སྟེ;

331 **Vizard,** *n.* འབག; འདྲ་འབག;

332 Vizier, *n.* བཀའ་བློན; སྲུ་སྲུལ་སྣན་གྱི་བློན་པོ; མདུན་ན་འདོན; བློན་ཆེན;

333 Vocable, *n.* མིང; སྒྲ; ཚིག; ངག;

334 Vocabulary, *n.* (སྐད་ཀྱི་ཤན་འབྱར; Collql.) མིང་མཛོད; ཚིག་མཛོད; ཚིག་གཏེར;

335 Vocal, *a.* སྐད་ཀྱི; སྒྲ་ལྡན; སྐད་བརྒྱབས་ནས་བརྗོད་པ;

336 Vocalize, *v.t.* བརྗོད་པ; ལབ་པ; གླུ་ལེན་པ; སྒྲ་ལྡན་ནས་སྐད་ཅན་དུ་སྒྱུར་བ;

337 Vocation, *n.* ལས; བྱ་བ; རང་ལ་འཁྲི་བའི་འགན་ནམ་ལས་ན; འབོད་པ; འབོད་པའི་བྱ་བ;

338 Vocative, *n.* བོད་སྒྲ; བོད་ཚིག; *a.* འབོད་པའི་སྐོར; བོད་སྒྲའི་སྐོར;

339 Vociferate, *v.i.* ཀུ་ཅོ་སྒྲོགས་པ; ཅ་ཅོ་འདོན་པ;

340 Vociferation, *n.* ཀུ་ཅོ; ཅ་ཅོ;

341 Vociferous, *a.* ཀུ་ཅོ་ཅན; ཅ་ཅོ་ཅན;

342 Vogue, *n.* སྲོལ; ལུགས་སྲོལ; ལུགས; ལག་ལེན; ཉེར་སྤྱོད;

343 Voice, *n.* སྐད; གདངས; དབྱངས; སྒྲ;

344 Void, *a.* སྟོང་པ;

345 Voidness, *n.* སྟོང་པ་ཉིད; སྟོང་ཆ;

346 Volatile, *a.* ཁ་ཤོར་བའམ་ངར་ཤོར་རྒྱུ་ཡོད་པའི; ཡལ་འགྲོ་མཁན; གྲོད་པོ; སེམས་གཡུ་ཡངས་པོ; རླངས་པ་འདོན་བཞིན་ཡལ་འགྲོ་བའི; རླངས་པ་འཕུར་འཕུར་འགྲོན་བཞིན་ཡལ་འགྲོ་བའི;

347 Volatileness, *n.* ཡལ་འགྲོ་བའི་ཚུལ; ཨ་རག་གར་པོ་ལྡབ་སྐྱངས;

348 Volatilize, *vt.* ལྡངས་པར་ཡལ་དུ་བཅུག་པ; ལྡངས་པ་འདོན་བཞིན་ཡལ་དུ་བཅུག་པ;

349 Volcanic, *a.* རིའི་ཁོག་པ་ནས་མེ་དང་དུ་བ་ཁྲོ་ཆུ་འབྱིན་པའི; མེ་རིའི་སྐོར; མེ་རིའི;

350 Volcano, *n.* རིའི་ཁོག་ནས་མེ་དུད་ཁྲོ་ཆུ་སོགས་འཁོལ་ཞིང་འཐོན་མཁན; རི་རྟ་གདོང་མེ་ཅན; གྲོད་མ་ཁའི་མེ; ཆུ་མཁྲིས; མེ་རི;

351 Volition, *n.* བློའི་འདུག་པ; ཡིད་ཀྱི་འགྱུ་བ་སེམས་ཀྱི་འགྱུ་བ: འདུ་བྱེད; བློའི་ལས; སེམས་སྟོབས; བློ་སྟོབས; བློ;

352 Volley, *a.* མེ་རྒྱབ; མེ་མདའ་མང་པོ་དུས་གཅིག་ལ་རྒྱབ་པ་དེ; གུར་ཤོག;

353 Volt, *n.* རྟ་པས་མདུང་འཕྱུལ་འཛུར་བའི་ཆེད་དུ་ཕྱི་འགྲོས་འཁྱིར་གྱིས་བྱེད་པ; *n.* རྟའི་ཕྱི་འགྲོས; (of electricity: གློག་གི་ཤུགས་གཞལ་བའི་གྲངས་ཚད;)

354 Voltaic, *a.* རྫས་ལས་བསྒྲུབ་པའི་གློག་གི་སྐོར;

355 Volubility, *n.* (Sik. ལྕེ་མཚུ་བདེ་ཉམས;) ཁ་བདེ; ཁ་དབང་ཡོད་ལུགས; ཁ་སྦྱང;

356 Voluble, *a.* (Sik. ལྕེ་མཚུ་བདེ་པོ;) ཁ་བདེ་པོ; ཁ་སྦྱང་ཅན; ཁ་དབང་ཅན;

357 Volume, *n.* པོ་ཏི; གླེགས་བམ; དཔེ་ཆ; བོང་ཚད; རྒྱ; དཔེ; བོང; ཚད;

358 Voluminous, *a.* རྒྱ་ཆེན་པོ; བོང་ཆེ་བ; ཚིག་རྒྱས་པ; དཔེ་ཆ་བོང་ཆེན་པོ;

359 Voluminously, *ad.* རྒྱ་ཆེར;

360 Voluntarily, *ad.* རང་གི་བློ་འདོད་ལྟར་ཁས་བླངས་ཏེ; རང་དགའ་སྤེ;
རང་འདོད་བཞིན་དུ; རང་འཐད་དེ;

361 Voluntary, *a.* རང་གིས་ཁས་བླངས་པའི; རང་གིས་བློས་བླངས་པའི;
རང་འདོད་བཞིན;

362 Volunteer, *n.* རང་གི་འདོད་པ་ལྟར་དམག་གཡོག་ལ་འཛུལ་མཁན;
v.i. རང་འདོད་ཀྱི་དམག་མིར་འཛུལ་བ; (*n.* ཁས་བླང་པ; ཁས་བླངས་པ; Bhut. & Sik.) རང་འདོད་བཞིན་དུ་ཞབས་ཕྱི་ཞུ་མཁན; དང་དུ་ལེན་མཁན;

363 Voluptuous, *a.* འདོད་སྲེད་ཅན; འདོད་ཆགས་ཅན; ཆགས་པ་ཆེན་པོ;
འདོད་ལྡན; འདོད་སྲེད་ཆེ་ཉིམས་ཁ་པོ;

364 Voluptuously, *ad.* འདོད་སྲེད་ཆེ; པོ་བྲུས་ཏེ; འདོད་ཆགས་ཀྱི་སྒོ་ནས;

365 Voluptuousness, *n.* འདོད་པ་ལ་སྲེད་ཞེན; འདོད་ཆགས; སྲེད་པ; འདོད་པ;

366 Volute, *n.* ལྷུག་དཀྲིས; གཙུས་རིས; ལྷུས; སྒྲོས་ཆེན; སྒྲོལ་ཆེན;
བཀོད་མོ; ཀ་བའི་མགོ་ལ་གཙུས་པའི་བཟོ་རིས;
དུང་གི་འཁྱིལ་སྟངས; དུང་གཡས་འཁྱིལ;

367 Vomit, *v.i.* སྐྱུག་པ; ངན་སྐྱུག་པ;

368 Vomiting, *n.* སྐྱུག་པ; ངན་སྐྱུག;

369 Voracious, *a.* བཀམ་ཆགས་ཅན; ཟ་ཛབ་ཅན;
(Sik. ལྟོགས་རྫོབ་ཅན; ལྟོགས་ངབ་ཅན;)
བཀྲེས་ཛབ་ཅན; ལྟོགས་ཛབ་ཅན;

370 Voraciously, *ad.* (ལྟོགས་བཛབས་ཀྱིས;) བཀྲེས་བཛབས་ནས་ or
བཛམས་ནས;

371 Voracity, *n.* (ལྟོགས་རྫོབ; Sik. ལྟོགས་ཛབ;) བཀམ་ཆགས;

372 Vortex, *n.* ཆུ་བཞིན་འཁྱིལ་ཞིང་དབུས་སུ་ཀྱུང་ཀྱུང་ཡོད་པ; མཚོ་འཁོར; (eddy ཞུང་ཏུར Sik.)

373 Votary, *a.* སྨོན་གཙང; སྨོན་ལྡན; སྨོན་པ་མ་ཉམས་པར་སྲུང་མཁན; བླ་མའི་བཀའ་འབངས་ཡི་དམ་སྒྲུབ་པ་པོ; བསྒྲུབ་བྱ; སྒྲུབ་པ་པོ;

374 Vote, *n.* གདམ་ཀའི་ཆོག; སྤྱི་འདུན; འོས་ཐོ; སྤྱི་འདོད; འོས་འདེན; མི་མང་སྤྱིའི་འདོད་པར་འཐད་པའི; མཚོན་པ;

375 Voter, *n.* འོས་ཐོ་འབུལ་མཁན; འོས་རྗོད་མཁན;

376 Vouch, *v.t.* & *v.i.* དཔང་དུ་འཛུག་པ; དཔང་པོར་འགོད་པ; དཔང་བྱེད་པ; ར་སྤྲོད་པ;

377 Voucher, *n.* དཔང་ཡིག; གན་འཛིན; འཛིན; གན་ཡིག; དཔང་རྒྱ; ཆ་དཔང་གི་ཡི་གེ;

378 Vouchsafe, *v.t.* གནང་བ; སྩོལ་བ; མཛད་པ;
v.i. བག་ཡེངས་པན་སྣང་བ; དུས་བར་སྣང་བ;

379 Vow, *n.* དམ་བཅའ; དམ་ཚིག; *v.t.* or *v.i.* དམ་བཅའ་འབུལ་བ; དཾ་བཅའ་སྲུང་བ;

380 Vowel, *n.* ཨ་ལི; དབྱངས་ཡིག; དབྱངས་ཨ་འབྲིང;

381 Voyage, *n.* རྒྱ་གཟིངས་ནང་ལ་འགྲུལ་དུ་འགྲོ་རྒྱུ་དེའི; ཆུ་ཐོག་གི་འགྲུལ;

382 Voyager, *n.* རྒྱ་གཟིངས་ཐོག་འགྲོ་བའི་འགྲུལ་པ; ཆུ་ཐོག་འགྲོ་མཁན་ནམ་འགྲུལ་པ;

383 Vulgar, *a.* མ་རབས; ཕལ་པ; ཞི་ས་མེད་པ; དམངས་ཕལ་པའི་རིགས; ཕལ་སྐད;

384 Vulgarism, *n.* ཐ་མལ་པའི་ཆ་ལུགས; ཡུལ་གྱི་ཉེར་སྤྱོད; ཕལ་པའི་སྐད་ལུགས; ཡུལ་གྱི་སྐད་ལུགས;

385 Vulgarity, *n* ཐ་མལ་པའི་སྤྱོད་པ; མ་རབས་ཀྱི་སྤྱོད་ཚུལ;

386 Vulgarly, *ad.* ཐ་མལ་པའི་ཚུལ་གྱིས; མ་རབས་ཀྱི་ཚུལ་གྱིས;

387 Vulnerability. ཐོ་བཙམ་ནུས; གླགས་རྙེད་ལུགས; གནོད་པ་སྐྱེལ་ཐུབ་ལུགས; ཐུབ;

388 Vulnerable, *a.* གླགས་བརྙ་ཐུབ་པ; གླགས་རྙེད་པ; གནོད་པ་སྐྱེལ་ཐུབ་པ; (Sik. ཀྲོལ་རྒྱུགས་པ;)

389 Vulture, *n.* བྱ་རྒོད;

390 Vulturish, *a.* བྱ་རྒོད་ལྟ་བུ;

391 Vulva, *n* (སྟུ་ vulgar) མོ་མཚན; (པདྨ; བྷ་ག་ classical).

W

1 Wabble, *v.i.* ཡོ་འཁྱོག་རྒྱབ་པ; ལྷིམ་ལྷིམ་བྱེད་པ; གཡོ་བཞིན་འགྲོ་བ;

2 Wad, *n.* མེ་མདའི་རྫེའུའི་ཤོག་བཙངས; ཤོག་བུ་སོགས་ལས་བཟོས་པའི་མེ་མདའ་ནས་མེ་སྒྱོགས་ཀྱི་ཁ་གཅོད; (རྫེའུའི་ཤབ་སྤུ་ཤུ་གུ; Sik.) མེ་མདའི་རྫས་ཤབས་ཤུ་གུ;

3 Wadding, *n.* བར་འཚང; ཤོག་བུའི་བཙང་ངམ་འཚང; སྙིན་བལ་སོགས་ཀྱི་བར་འཚང་ངེ་བར་བརྒྱང;

4 Waddle, *v.i.* གོམ་པ་དལ་བུར་འཁྱིར་བཞིན་འགྲོ་བ; གཟུགས་གཡོ་བཞིན་འགྲོ་བ; གོམ་པ་ཐུང་ངུ་བརྒྱབས་ཅིང་གཟུགས་པོ་ཡ་ཅོ་བཞིན་འཁྱིར་བ;

5 Wade, *v.i.* ཆུ་ལ་གོམ་པ་རྒྱབ་ནས་འགྲོ་བ; ཆུ་རབ་བརྒྱབས་ཏེ་འགྲོ་བ; ཆུ་རྐལ་བཞིན་འགྲོ་བ;

6 Wafer, *n.* (ཁྲ་ལེབ་སྲབ་པོ; Sik.) སྨན་མ་སོགས་ལས་བཟོས་པའི་བག་ལེབ་སྲབ་པོ; སྦྲོ་ཕིན;

7 Waft, *v.t.* ལག་གཡུག་རྒྱབ་པ; རླུང་ངམ་ཆུས་འཁྱེར་བ; ལག་པ་གཡབ་པ; གཡབ་གཡུག་བྱེད་པ;

8 Wag, *v.t.* or *v.i.* གཟུགས་པོ་ཁྲིག་རྒྱབ་པ; ལྡེམ་ལྡེམ་བྱེད་པ; སྒྱུལ་བ; འགྱུལ་བ;

9 Wage, *v.t.* དམག་རྒྱབ་པ; གཡུལ་འགྱེད་པ; སྡོ་བ; སྲོག་དང་སྡོ་བ; ལག་ལེན་ལ་ཞུགས་པ; དཔེར་ན་གཡུལ་ངོར་ཞུགས་པ་ལྟར; ལག་ཏུ་འགེལ་བ; བྱ་བ་ལ་གཞོལ་བ; བྱ་བ་རྩོམ་པ;

10 Wager. རྒྱལ; རྒྱན; ལྷུགས; *v.t.* རྒྱན་འཛོག་པ; རྒྱན་སྒྱུར་བ; རྒྱན་གཙུག་པ;

11 Wages, *n.* གླ་ཆ; གླ; ཕོག; རྔན་པ; གླ་ཕོབ;

12 Waggery, *n.* གཏོད་འགལ་དང་ལྡན་པའི་ཁྲོ་ཅོ; ཀུལ་ཀ; རྩེད་མོ; བཞད་གད; ཀུ་རེ;

13 Waggish, *a.* ཁྲོ་ཅོ་ཅན;

14 Waggle, *v.i.* & *v.t.* གཟུགས་པན་ཚུན་སྒྲོ་ཤུད་བྱེད་པ; ཅོག་གེར་མ་སྡོད་པ; ལྡེམ་ལྡེམ་བྱེད་པ; གཡོ་བཞིན་འཁྱོར་བཞིན་འགྲོ་བ; འགྱུལ་བ;

15 Waggon, *n.* རོས་འདྲེན་བྱེད་ཀྱི་ཤིང་རྟ; བ་གླང་གིས་འཐེན་པའི་ཤིང་རྟ་འཁོར་ལོ;

16 Wagonette, *n.* ཤིང་རྟ་ཆུང་ངུ; རྟ་ཡིས་འདྲེན་པའི་ཤིང་རྟ་འཁོར་ལོ;

17 Wagtail, *n.* བྱིའུ་རྡག་པར་ཞུ་གྲུ་གཡུག་གཡུག་བྱེད་མཁན; བྱིའུ་མཇུག་སྒྲོ་རྡག་ཏུ་འགྱུལ་མི་ཞིག;

18 Waif, *n.* འཁྱར་པོ; (མི་འཁྱམས; བདག་པོ་མེད་པའི་ནོར་ལམ་ཁ་ནས་ཐོབ་ཐོབ་པ; Sik.)

19 Wail, *v.t.* ཀྱུ་ངན་གྱི་ཆོ་ངེས་འདོན་པ; སྨྲེ་སྔགས་འདོན་པ; ཀྱུ་ངན་བྱེད་པ; ངུ་བ; ཤུམ་པ་ Hon.) ཆོ་ངེས་འདེབས་པ;

20 Wailing, *n.* ཀྱུ་ངན་གྱི་སྨྲེ་སྔགས; ཀྱུ་ངན; ཆོ་ངེས;

21 Wain, *n.* ཤིང་རྟ; རྟའི་སྒ་རི; གླང་གོག་སྒ་རི; ནོར་འདྲེན་བྱེད་ཀྱི་ཤིང་རྟ;

22 Wainscot, *n.* སྤང་ལེབ་འདིང་སྟངས; *v.t.* སྤང་ལེབ་འདིང་བ;

23 Waist, *n.* སྐེད་པ; རྐེད་པ;

24 Wait, *v.i.* བསྒུགས་སྡོད་པ; སྒུག་པ; སྐུ་གཅར་དུ་སྡོད་པ;

25 Waiter, *n.* སྐུ་མདུན་པ; སྤྱན་སྔ་པ; མགྲོན་གྱི་སྣེ་ལེན་བྱེད་མཁན་གཡོག་པོ; བཟའ་བཏུང་སོགས་འབྲིམ་མཁན; གཡོག་པོ; ཞབས་ཕྱི; སྐུ་གཅར་པ; གཾ་གཅར་པ; ནང་འཁོར་པ;

26 Waiting, *n.* སྒུག་བཞིན་པ; སྐུ་གཅར; སྒུག་པའི་བྱ་བ;

27 Waive, *v.t.* གནས་སྐབས་སུ་རྒྱུ་དངོས་ལ་རྩོད་གཞི་འདོར་བ; གན་འཛིན་གྱི་སེལ་གཏོང་བ; སྐབས་ཟུར་གློས་གཏང་བ; སྤྲོང་བ;

28 Wake, *v.i.* གཉིད་སད་པ; གཉིད་ལས་སློང་བ; གཉིད་ལང་བ;

29 Wakeful, *a.* གཉིད་ལ་མི་ཤོར་བ; གཉིད་མི་ཉལ་བ; གཉིད་མི་ལོག་པ; སེལ་ཆེ་བའི; སྐོར་གསེངས་པ;

30 **Wakefulness,** *n.* གཉིད་མེད་རྩུལ; བྱ་ར; མེལ་ཚེ; སྐོར་གཡེངས;

31 **Waken.** *v.i.* གཉིད་སང་བ; གཉིད་སད་པ; *v.t.* གཉིད་ལས་སློང་བ;
གཉིད་སློག་པ;

32 **Wakening,** *n.* གཉིད་སང་བའི་བྱ་བ; གཉིད་སློང་བའི་བྱ་བ;

33 **Wale,** *n,* ལྕུག་གི་རྨུག་ཐིག; གྱུ་གཟིངས་ཀྱི་ཟུར་དུ་སྤང་ལེབ་ཟུར་
བསྒྲངས་ཏེ་ཡོད་པ;

34 **Walk,** *v.i.* སྐྱོ་སངས་ལ་འགྲོ་བ; Hon. ཞབས་ཐང་ལ་ཕེབས་པ;
འགྲོ་བ; འཆམ་འཆམ་བྱེད་པ; འཁྱམ་འཁྱམ་ལ་
འགྲོ་བ; འཆག་པ; རྐང་ཐང་འགྲོ་བ;

35 **Walker,** *n.* རྐང་འགྲོས་པ; འཆམ་འཆམ་བྱེད་མཁན;
འཆག་མཁན;

36 **Walking,** *n.* འཆམ་འཆམ; རྐང་པས་འགྲོ་བ;
རྐང་ཐང་འགྲོ་བའི་བྱ་བ;

37 **Wall,** *n.* རྩིག་པ;

38 **Wallop,** *v.t.* རྡུང་བ; གཞུ་བ; ལྕུག་གིས་འབྲབ་པ; ལྕུག་ཚན་གཞུ་བ;
v.i. འཁོལ་བ; ལྦུ་བ་ཟོར་ཟོར་བྱེད་དེ་འཁོལ་བ;

39 **Walloping,** *n.* བརྡེག་བརྡུང; རྡུང་རྡེག;

40 **Wallow,** *v.i.* འདམ་ལ་འགྲེལ་བ; འདམ་ལ་འཁྲིང་བ; གཙོག་ས་ལ་
འགྲེ་ལྡོག་རྒྱབ་པ; འདི་གཙོག་ནང་ལ་འགྲེ་བ;

41 **Walnut,** *n.* སྟར་ག; སྟར་ཀ; སྟར་ཁ;

42 **Waltz,** *n.* ཞབས་བྲོ; རྐང་བྲོ; ཞབས་བྲོ་དང་གླུ་བཞས་དང་བཅས་
མི་གཉིས་ཀྱི་འཁྲབ་པའི་བྲོ;

43 **Wan,** *a.* བཀྲག་མེད; བཀྲག་མདངས་མེད་པ; ནད་པའི་གདོང་
འདྲ་བ;

44 Wand, *n.* ལྕུག་ཚན་ཕྲ་མོ; འཁར་རྒྱུག; འཁར་བ;

45 Wander. འཁྱར་བ; འཁྱམ་པ;

46 Wanderer, *n.* འཁྱར་པོ; འཁྱམ་པོ;

47 Wandering, *n.* འཁྱམ་ནས་འགྲོ་བ་ཉིད; འཁྱར་བ་ཉིད; *a.* འཁྱམ་མཁན; འཁྱམ་པའི;

48 Wane, *v.i.* ཉ་བ; ཉམས་པ; ཉུད་པ; ཟླ་བ་མར་ངོར་འབབ་པ; མར་ངོར་གཞོལ་བ; གུད་པ; འགྲིབ་པ; ཟླ་བ་འགྲིབ་པ;

49 Waning, *n.* གུད་བཞིན་པ; འགྲིབ་བཞིན་པ;

50 Want, *n.* དགོས་པ; དབུལ་འཕོངས; མཁོ་བྱེད;
v.t. and *v.i.* འདོད་པ; མཁོ་བ; དགོས་པ;

51 Want, *v.i.* དགོས་པ; མཁོ་བ; *v.t.* འདོད་པ;
མེད་པས་འཕོངས་པ;

52 Wanting, *a.* མེད་པ; མ་ཚང་བ; མེད་པས་འཕོངས་པ;

53 Wanton, *a.* འཆལ་པོ; འཆལ་མོ; དོན་མེད་ཀྱི; སྨད་འཚོང་མ; ངན་རོལ་མ; གཞང་འཚོང་མ; དབང་པོའི་སྒོ་མ་བསྡམས་པ; བག་མེད་དུ་འཁྱམ་མཁན་ནཾ་རྩེ་མཁན;

54 Wantonly, *ad.* དོན་མེད་དུ; རྒྱུ་མཚན་མེད་པར;

55 Wantonness, *n.* འཆལ་ཚུལ; ངན་སྤྱོད; བག་མེད་པའི་ཚུལ;

56 War, *n.* གཡུལ་ངོ; དམག; (Bhut. ཆགས་སྡང; prond. ཆས་སྡང;) འཐབ་མོ;

57 Warble. གླུ་དབྱངས་འདོན་པ; གདངས་འཐེན་པ; གླུ་ལེན་པ; བྱིའུ་གསུང་སྙན་སྒྱུར་བ; བྱིའུ་གླུ་སྐད་འདོན་པ; བྱིའུ་སྐད་སྙན་རྒྱབ་པ;

58 Ward. *v.t.* ཟློག་པ; འགེགས་པ; (*n.* སྲུང་བའི་བྱ་བ; བྱ་ར; མེལ་ཚེ; བཙོན; སློན་ཁང་གི་ཁང་མིག;) *v.t.* སྲུང་བ; སྐྱོབ་པ; ཅག་ག་བྱེད་པ; བྱ་ར་བྱེད་པ; མེལ་ཚེ་བྱེད་པ;

59 Warden, *n.* སྒོ་ར་བ; (Bhut. སྒོ་དྲུང;) ཆོས་ཁྲིམས་པ; སྲུང་མཁན; སྲུང་མི; བྱ་ར་བ; མེལ་ཚེ་བ; ཙོན་སྲུང;

60 Warder, *n.* སྒོ་སྲུང; སྲུང་མི; སྲུང་མཁན; མེལ་ཚེ་བ; བྱ་ར་བ;

61 Wardrobe, *n.* ན་བཟའ་ཁང; གོས་ཁང; གོས་མཛོད; གོས་འཇོག་པའི་ཁང་མིག; གོས་སྒམ; དུག་ལོག་བླུག་མའི་སྒམ;

62 Ware, *n.* སྤྱད་ལག; སྤྱད་དངོས; ཡོ་བྱད; སྤྱད་ལག་དངོས་པོ; དངོས་པོ; ཙ་ལག; ཟོག་ཆ; ཚོང་ཟོག; ཟོང; ཟོང་ཟོག; འཚོང་རྒྱུའི་དངོས་པོ;

63 Warehouse, *n.* ཟོག་ཁང; ཚོང་ཟོག་གི་ཁྱིམ; སྤྱད་དངོས་ཀྱི་མཛོད; ཟོག་ཁང; དངོས་སྤྱད་སྣ་ཚོགས་འཇོག་སའི་ཁང་པ;

64 Warfare, *n.* གཡུལ་ངོ; འཛིང་རེས; འཐབ་མོ; གཡུལ་དམག; དམག་གཡོག; དམག་ལས;

65 Warlike, *a.* དམག་གི; དམག་གི་སྐོར; དམག་མིར་འོས་པ; དཔའ་བོ; རྒོད་པོ; དམག་ལ་དགའ་བ; འཐབ་མོར་དགའ་བ; གཡུལ་ལ་དགའ་མཁན; གཡུལ་གྱི;

66 Warlikeness, *n.* དམག་ལ་དགའ་ལུགས་སམ་དགའ་མདོག;

67 Warm, *a.* དྲོན་པོ; དྲོན་མོ; དྲོ་པོ; དྲོད་ཅན; *v.t.* སྲོ་བ; དྲོད་འདོགས་པ; *v.i.* དྲོ་བ; དྲོད་སྐྱེ་བ; དྲོད་ཁྱག་པ; དྲོད་འདོགས་པ; དྲོད་སླེབས་པ;

68 Warming, *n.* སྲོ་བའི་བྱ་བ; དྲོད་འདོགས་སྟང;

69 Warmly, *ad.* དྲོན་པོར ; དྲོད་དང་བཅས་པ; དགའ་སྤྲེ; སྙིང་ནས་འདོད་ནས ;

70 Warmth, *n.* དྲོད; དྲོ་བ;

71 Warn, *v.t.* བརྡ་གཏོང་བ ; མ་འོང་པ་ལ་གེགས་པར་འབྱུང་རྒྱུ་སོགས་ཞེས་སུ་འཇུག་པ; རིག་པ་སྒྲིམ་དུ་འཇུག་པ; བསླབ་བྱ་བྱེད་པ; དོགས་ཟོན་སྐུལ་བ; སྒྲིམ་འཇུག་པ; བྱ་གཏོང་བ; ཁས་ལན་སྐུལ་བ; མ་བྱེད་ཅེས་བཀའ་བསྒྲོ་བ; འཁྲིན་གཏོང་བ;

72 Warning, *n.* བྱ; དཔེར་ན་དགྲ་བྱུང་ན་བྱ་གཏོང་ཞེས་པའི་བྱའོ; བསླབ་བྱ; ཁ་ད; དོགས་ཟོན;

73 Warrant, *v.t.* ཁག་འཁུར་བ; ཁག་ཁྱུག་པ; དབང་སྤྲད་པ; དབང་གནང་བ; *n.* བཀའ་རྒྱ; བཀའ་ཤོག; འགུགས་ཤོག; ཁས་ཁྱུག; ཁག་ཁྱུགས ; ཁག་འགན་ལེན་པ; ཁག་ཐེག་བྱེད་པ; ཁག་ཐེག་པ; ཁག་རྒྱག་པ;

74 Warrantable, *a.* ཚད་དབང་དང་ཁག་ཡོད་པའི ; རུང་བ; ཆོག་པ; རིགས་པ; འོས་པ;

75 Warrior, *n.* གཡུལ་ངོར་བརྩོན་པ; དམག་མི; དམག་གི་ཉམས་སྐྱོང་ཅན;

76 Wart, *n.* འཛེར་པ; མཛེར་པ;

77 Warty, *a.* འཛེར་པ་ཅན; མཛེར་པ་ཅན; མཛེར་པ་འདྲ་བ ;

78 Wary, *a.* བྱ་ར་ཅན; གཙང་པོ; རིག་པ་གྲིམས་པ; ཟོན་ཡོད; ཟོན་ཅན; དོགས་ཟོན་ཅན;

79 Was, *v.i.* བྱུངས; "to be" ཞེས་བྱ་བའི་སྐྱེས་བུ་གསུམ་པའི་འདས་པའི་གཅིག་ཚིག; འདས་པའི་དུས་སུ་མཆིས་པའི་ཚིག་གོ ; འདུག; རེད; ཡོད་པ་རེད; གདའ;

80 Wash, *v.t.* འཁྲུད་པ; བསིལ་བ; བཤལ་བ; ཚུས་འདག་པར་བྱེད་པ;

81 Washing, *n.* འཁྲུད་པའི་བྱ་བ; འཁྲུད་མ; བཤལ་ཆུ; འཁྲུ་བཤལ;

82 Washer, *n.* འཁྲུད་མཁན; འཁྲུད་པ་པོ;

83 Washy, *a.* ཤེད་ཆུང་ཆུང; ཤེད་ཆུང; སླ་མོ; སླ་བ; ཞན་པོ; ཞན་པ; བཞའ་བ; གཤེར་བ; སྟོབས་མེད་པ; ལུས་གཅེར་ཆུང་བ;

84 Wasp, *n.* སྦྲང་བུ་མདུང་ཅན་འབྲས་ལྡོངས་སྲུ་པོ་དོང་མ་ཞེས་བྱ་བ་དེའོ; དུག་སྦྲང་མདུང་ཅན;

85 Waspish, *a.* དུག་སྦྲང་མདུང་ཅན་འདྲ་བ; སྐྱེད་པ་སྲ་བ་དང་ལྡན་པ; སྐྱེད་སྲ་ཅན; གསེར་སྦྲང་འདྲ་བ; ཁ་ཚ་པོ; ཁ་ཡབ་སྤྱངས་རྒྱབ་པོ; སྣ་ཕྲུང; སྣ་ཕྲུང་བ; སྤྲོ་ཕྲུང་བ;

86 Wast, *v.i.* བྱུངས་ "to be" ཞེས་བྱ་བའི་སྐྱེས་བུ་གཉིས་པའི་འདས་པའི་གཅིག་ཚིག;

87 Waste, *v.t.* ཆུད་གཟོན་པ; ཆུད་ཟོད་གཏོང་བ; *n.* བཅོམ་རླག; གཏོར་གཤིག; འཕྲོ་བརླག; ཆུ་ཟོད; སྟོར་བ; ཕྲུགས་དར; གད་སྙིགས.; ཕྲུགས་སྙིགས; འཕྲོ *v.t.* བརླག་གཏང་བ; སྟོར་བ; མེད་པར་བཟོ་བ; རློག་པ; གཤིག་པ;

88 Wasteful, *a.* ཆུད་ཟོད་མཁན; སྟོར་མཁན; འཕྲོ་བརླག་གཏོང་མཁན; རློག་མཁན;

89 Wastefully, *ad.* འཕྲོ་བརླག་བཏང་ནས;

90 Waster, *n.* འཕྲོ་བརླག་གཏོང་མཁན; སྟོར་མཁན; རློག་མཁན; གཤིག་མཁན;

91 Watch, *n.*, *v.t.*, & *v.i.* སྲུང་བ; བྱ་ར་བྱེད་པ; མེལ་ཚེ་བྱེད་པ; མིག་ལྟ་བ; རིག་པ་སྒྲིམ་པ; *n.* ཆུ་ཚོད་འཁོར་ལོ timepiece; བྱ་ར; མེལ་ཚེ; སྲུང་བའི་བྱ་བ; བྱ་ཚེ;

92 Watchful, *a.* བྱ་ར་ཅན; བྱ་ར་བྱེད་མཁན; སྲུང་མཁན; རིག་པ་གྲིམས་པ; དོགས་ཟོན་ཅན; བྱ་ར་མཁན;

93 Watchfully, *ad.* བྱ་ར་བྱས་ཏེ; མེལ་ཚེའི་སྒོ་ནས;

94 Watchfulness, *n.* བྱ་ར; མེལ་ཚེ; བྱ་ཚེ;

95 Water, *n.*, & *v.t.* ཆུ་སླུད་པ; ཆུ་ལྷུད་པ; ལྷུད་པ; སླུད་པ; ཆུ་འདྲེན་པ; ཆུ་གཏོང་བ; ཡུར་བ; *n.* ཆུ; Hon. ཆབ; ཆུ་སླུང; མཚོ; རྒྱ་མཚོ; གཅིན་པ urine; རིན་པོ་ཆེའི་བཀྲག་མདངས; of gems.

96 Watered, *a.* ཆུ་སླུད་ཡོད་པ; ཆུ་སླུད་ཚར་བ; ཆུ་དྲངས་པ; ཡུར་ཟིན་པ;

97 Watering, *n.* ཆུ་སླུད; ཆུ་འདྲེན་པའི་བྱ་བ; ཡུར་བའི་བྱ་བ;

98 Waterish, *a.* ཆུའི་བྲོ་བ་ཅན; ཆུ་འདྲ་བ; སླ་བ;

99 Watery, *a.* ཤེད་ཆུང; ལུས་གཏོད་ཆུང་བ; ཆུ་ལྟ་བུ; ཆུའི་སྐོར; སླ་བ; སླ་མོ; བྲོ་བ་མེད་པ; རོ་མེད་པ; སྟོབས་མེད་པ;

100 Wattle, *n.* ལྕུག་པ; ལྕུག་གུ; ལྕུག་ཕྲན; ལྕུག་མ;

101 Wave, *n*, ཕ་རླབས; རླབས; དབའ་རླབས;

102 Waveless, *a.* ཕ་རླབས་མེད་པ;

103 Waver, *n.* འཁྲིམས་པ; འགྱུལ་ཤིག་ཤིག་བྱེད་པ; འདར་ཤིག་ཤིག་བྱེད་པ; འདར་ཡོམ་ཡོམ་བྱེད་པ; ཡོམ་པ; ཡོམ་ཡོམ་བྱེད་པ; འཁྲོར་བ;

104 Wax, *n.* (*v.t.* སྤྲ་ཆོལ་འབྱུག་པ; *v.i.* འཕེལ་བ; ཟླ་བ་འཕེལ་བ;) ཟླ་བ་རྒྱས་པ; ཟླ་བ་ཉ་གང་བ; ཟླ་བ་ཡར་ངོར་འཛོམ་པ; ཟླ་བ་དཀར་ཕྱོགས་སུ་འཛོམ་པ; *n.* སྤྲ་ཆིལ; ལ་ཆ; ཀླད་པགས; རྣ་བའི་དྲི་མ; རྒྱུད་སྐུད་སྦྱོང་བའི་ཟེ་ཚུ;

105 Waxen, *a.* སྤྲ་ཆིལ་ལས་གྲུབ་པ; སྤྲ་ཆིལ་གྱི; སྤྲ་ཆིལ་འདྲ་བ;

106 Wax-light, *n* ཡྭ; སྤྲ་ཆིལ་གྱི་མེ་འོད་དམ་མདངས; སྤྲ་ཆིལ་ལས་བཟོས་པའི་སྒྲོན་མེ; སྤྲ་ཆིལ་གྱི་སྣང་གསལ;

107 Wax-wing, *n.* བྱིའུ་ཆུང་ངུ་གཅིག་གི་རིགས;

108 Way, *n.* བྱེད་ཚུལ; བྱེད་སྟངས; ཐབས; ལམ; ལམ་ཀ; བགྲོད་ཐ; བགྲོད་ལམ; ཐག་རིང་ཐུང; ཕྱོགས; ཡར་བསྐྱེད;

109 Wayfare, *v i.* ཀང་འགྲུལ་རྒྱབ་པ; ཀང་ཐང་ལ་འགྲུལ་བ; ཀང་ཐང་ལ་འགྲོ་བ; འགྲུལ་རྒྱབ་པ;

110 Wayfaring, *a.* ལམ་འགྲུལ་པ; ཀང་ཐང་ལ་འགྲུལ་མཁན; ཀང་ཐང་ལ་འགྲུལ་བཞིན་པ;

111 Waylay, *v.t.* ལམ་སྒུག་རྒྱབ་པ; སྒུག་རྒྱབ་པ; སྒུག་ར་རྒྱབ་པ;

112 Wayward, *a.* རང་འདོད་ནན་ཏན་དུ་སྒྲུབ་མཁན; རང་སྣང་གང་ཤར་བྱེད་མི; ཨུ་ཚུགས་ཆེ་པོ; ཨུ་ཐུག་ཆེ་པོ; དཔྲལ་མགོ་ཅན; (མགོ་རྐྱང་གཅིག; Sik.)

113 Waywardly, *ad.* སྣང་བ་གང་ཤར་བྱས་ཏེ; ཨུ་ཚུགས་བྱས་ཏེ; ཨུ་ཐུག་བྱས་ནས;

114 Waywardness, *n.* སྣང་བ་གང་ཤར; ཨུ་ཚུགས; ཨ་ཐུག;

115 We, *pro.* ང་ཚོ; ཁུ་ཅག; ང་ཅག; ཁུ་བུ་ཅག; ངེད་ཅག; ང་རང་འཚོ; འོ་སྐོལ;

116 Weak, *a.* ཞན་པ; ཁམས་ཞན་པ; ལུས་གཉོད་ཆུང་བ; སྡེག་པོ;
རྒུད་པོ; ཤ་ཆུང་བ; ཤེད་ཆུང; སྟོབས་མེད་པ;
སྙོམ་པ; རིད་པ; ཉམ་ཆུང;

117 Weaken, *v.t.* སྟོབས་འཇུན་པ; ཤེད་མོ་ཞན་དུ་འཇུག་པ; སྟོབས་ཉམས་
སུ་འཇུག་པ; གར་སླ་གསེ་བ; གར་སླ་ཀྲི་བ;
ཤེད་སྨུག་ཏུ་འཇུག་པ;

118 Weakling, *n.* ཉམ་ཐག་པོ; རྒུད་པོ; ཉམ་ཆུང; ནང་གཙོང་ཅན;
གཙོང་པོ;

119 Weakly, *ad.* སྟོབས་མེད་པར; ཉམ་ཆུང་གི་སྒོ་ནས;

120 Weakness, *n.* སྨུག་སྟངས; ཤེད་སྨུག་སྟངས; རིད་སྟངས; རིད་ཚུལ;
ཤ་ཤོར་སྟངས; ཞན་སྟངས; ཞན་ཚུལ; ཆག་སྟངས;
ཤེད་ཆག་ཚུལ;

121 Weal, *n.* སྐྱིད་པ; སྐྱིད་པོ; ཡར་འཕེལ; ཡར་བསྐྱེད; དར་རྒྱས;
བདེ་བ; བདེ་སྐྱིད; བདེ་ཐབས;

122 Wealth, *n.* ནོར་རྫས; རྒྱུ་རྫས; འབྱོར་བ; ནོར; རྫས; ཡོ་བྱད;

123 Wealthily, *ad.* ནོར་རྫས་དང་ལྡན་པར; ནོར་དང་བཅས་པར;
ཕྱུག་པོ་བྱེད་རེ;

124 Wealthy, *a.* ཕྱུག་པོ; ནོར་ལྡན; འབྱོར་ལྡན; རྫས་ལྡན;
ཡོ་བྱད་ལྡན་པོ;

125 Wean, *v.t.* གཞན་ལ་ཞེན་ཆགས་སྤོང་བར་འཇུག་པ; འཕྲལ་བ;
འོ་མ་གཅོད་པ; ཕྲུག་གུར་འོ་མ་གཅོད་པ;

126 Weapon, *n.* མཚོན་ཆ; མཚོན; ལག་ཆ;

127 Wear, *v.i.* & *v.t.* བཟར་ནས་འཛད་པ; ལོངས་སྤྱོད་ནས་འཛད་དུ་འཇུག་པ;
ཐང་ཆད་པ; ངལ་བ; གྱོན་པ; གོན་པ; འཛད་
འཇུག་པ; བཟར་ནས་འཛད་དུ་འཇུག་པ;

128 **Wearer,** *n.* གྱོན་མཁན;

129 **Weariness,** *n.* ཧོ་བརྒྱལ; ངལ་བ; སྐྱུ་ངལ་བ; དུབ་པ; ངལ་དུབ;

130 **Wearisome,** *a.* ངལ་བར་འཇུག་མཁན; དཀའ་ལས་ཁག་པོ; མགོ་ན་པོ;
ངལ་ཚོགས་ཆེན་པོ; དཀའ་ཚོགས་ཆེན་པོ; ཧོ་
བརྒྱལ་པོ; སྨུན་པོ; མགོ་རྙོག་པོ; མགོ་འཁོར་པོ;

131 **Wearisomeness,** *n.* དཀའ་ལས; ཧོ་བརྒྱལ; དཀའ་ཚོགས; ངལ་དུབ;
མགོ་རྙོག; མགོ་ན;

132 **Weary,** *v.t., a.* ངལ་དུབ་ཅན; དུབ་པ་ཅན; དུབ་པ; དུབ་པོ;
ངལ་བར་འཇུག་མཁན; ངལ་འཇུག་པ; ངལ་བར་
འཇུག་པ; *v.i.* ངལ་བ; དུབ་པ;

133 **Weasel,** *n.* སྲེ་མོང; (གཟི་མོང; Sik.) སྲེ་མོ; ནེའུ་ལེ;
དབྱི་མོང;

134 **Weather,** *n.* ཚ་གྲང་སོགས་ཀྱི་གནས་སྐབས; གནམ; ནམ་མཁའ;
གནམ་གཤིས; དུས་དྲོ་གྲང་སྐམ་རློན་སོགས་ཀྱི་
གནས་སྐབས;

135 **Weave,** *v.t.* འཐག་པ; ཐགས་འཐག་པ;

136 **Weaver,** *n.* ཐ་ག་པ; འཐག་མཁན; ཐགས་འཐག་མཁན;
ཐགས་མཁན;

137 **Weaving,** *n.* འཐག་པའི་བྱ་བ; ཐགས་འཐག་པའི་རིག་པ;
ཐ་ག་པའི་ལས;

138 **Weazen,** *a.* རྙིན་པོ; སྐྲ་མོ; སྐམ་མོ; སྐྱིག་པ; རིད་པ; ཞན་པ;
ཁམས་ཞན་པ;

139 **Web,** *n.* ཤག་གི་དྲ་བ; ཡན་ལག་གི་དྲ་བ; དྲ་བ; ཐགས;
ཐུབས; གོས་ཐུབས; ཕྱུག; སྡོམ་ཐག; སྲིན་
པོའི་ཁ་རྒྱུ;

140 Wed, *v.t.* ཆུང་མ་ལེན་པ; གཉེན་སྒྲུབ་པ; བག་མར་བླང་བ; མནའ་མ་ལེན་པ;

141 Wedge, *n.* ཤིང་གཟེར; ཀ་ཏུ; ཙབས; ཤིང་ཙབས; ལྕགས་ཙབས; སྐྱིག་བུ;

142 Wedlock, *n.* བཟའ་མི་འི་ཚུལ; གཉེན་ལམ; ཕོ་མོ་འགྲོགས་སྟངས; གཟའ་ཤུག་ཏུ་འགྲོགས་སྟངས; གཟའ་ཤུག་གི་ཚུལ; བག་སྟོན; བག་མ་གཏོང་ལེན; གཉེན; གཉེན་སྦྱོར; ཁྲོ་ཤུག་གི་ཚུལ;

143 Wednesday, *n.* གཟའ་ལྷག་པ;

144 Weed, *n.* ཙྭ་ངན; ཡུར་མ; (*v.t.* ཡུར་མ་གཡུར་བ; ཡུར་མ་རྒྱབ་པ; Sik.)

145 Weed *v.t.* ཡུར་མ་རྒྱབ་པ; ཙྭ་ངན་ཀོ་བ; (ཡུར་མ་གཡུར་བ; Sik.) གཡུར་མ་གཡུག་པ;

146 Week, *n.* བདུན་ཕྲག;

147 Weekly, *a.* བདུན་ཕྲག་རེ་བཞིན;

148 Ween, *v.i.* བློ་ལ་ཤར་བ; མནོ་བ; བསམ་པ; སེམས་པ;

149 Weep, *v.i.* ངུ་བ; མིག་ཆུ་གཏོང་བ; ཤུམ་པ;

150 Weeper, *n.* ངུ་མཁན; ངུ་མི;

151 Weeping, *a.* ངུ་བཞིན་པ;

152 Weevil, *n.* སྲུད; འབྲུ་ཟ་བའི་འབུ; སྲོད; འབྲུའི་སྲིན་འབུ; འབྲུ་རིགས་ཀྱི་སྲིན་བུ;

153 Weft, *n.* སྲུན; ཐགས་ཀྱི་སྐུད་པ་ཐྲེད་ལ་འགྲོ་བ་དེའོ; འཕུད་མ;,

154 Weigh, *v.t.* འདེགས་པ; འདེག་པ; སྲང་ལ་འདེགས་པ; འགྲོག་པ; གྲེན་དུ་འགྲོག་པ; འདེགས་འགྲོག་བྱེད་པ; ཡང་ཐི་སྲང་ལ་འདེགས་པ; སྲང་ལ་བཀུག་པ;

155 Weight, *n.* ཡང་ལྗི; ཡང་ལྗི; ལྗིད་པ; འདེགས་ཚོད; ལྗི; ལྗི; ལྗི་གོག; ལྗིད; སྲང་རྡོ; ཉག་རྡོ; འགྲོག་རྡོ; རྒྱ་རྡོ; འདེགས་རྡོ;

156 Weightily, *ad.* ལྗི་མོར; ལྗི་དྲིག་གེར;

157 Weightiness, *n.* ལྗི་སྡངས; ལྗིད་ཆེ་ལུགས; ལྗིད;

158 Weighty, *a.* ལྗི་བ; ལྗིད་ཅན; ལྗིད་ཆེ་བ; སྗི་བ; གལ་ཆེ་བ; རྩ་ཆེ་བ; ལྗི་མོ; ལྗི་དྲིག་གེ་བ; ལྗི་པོ; སྗི་པོ; ལྗི་དྲིག་གི;

159 Weird, *a., n.* ངན་སྔགས; བསོད་བདེ; བསོད་ནམས; ངམ་གནག་པོ; མཐོང་ན་འཇིགས་སྣང་སྐྱེ་བའི; རྫུ་འཕྲུལ་ཅན; ངན་སྔགས་ལ་མཁས་པ;

160 Welcome, *a.* འོང་བའི་དགའ་སྤྲོ; བསུ་བ; ཕེབས་བསུ; མདུན་བསུ; བསྐུར་སྟི; བསྐྱིན་བཀུར; *a.* བསུས་པའི; བསུ་བ་བྱས་པ; བཀུར་སྟི་བྱས་པ; དགའ་བའི; སེམས་འཐད་པ; *v.t.* བསུ་བ; བསུ་བ་བྱེད་པ; ལེགས་འོངས་ཇོད་པ; ཕྱག་ཕེབས་གནང་བྱུང་ཟེར་བ;

161 Weld, *v.t.* ཞུན་གདང་བ; ཞུན་སྦྲེལ་བ; ཞུན་ཐར་གཅོད་པ:

162 Welfare, *n.* སྐྱིད་པ; ཁམས་བཟང; བདེ་སྐྱིད; བདེ་འཇགས: དུས་བདེ་གཞོལ་འཇགས;

163 Welkin, *n.* བར་སྣང; གནམ; ནམ་མཁའ;

164 Well, *n.* ལྟེང་ཀ; ཆུ་དོང; ཆུ་མིག; ཁྲོན་པ;

165 Well, *a.* ལེགས་པ; ཁམས་བཟང་པོ; གཟུགས་པོ་བདེ་པོ; ཐང་པོ; ཡག་པོ; བདེ་མོ; *adv.* འོ་ན; དེ་ནས; ལེགས་པར; རྣམ་པར;

166 **Welsh**, *n.* ཝེལ་ཞུང་པའི་མི་འམ་དེ་པའི་སྐད;

167 **Welter**, *n.* ཆུ་ལ་འཁྱིང་བ; ཁྱིངས་པ; ཐོལ་བར་འགྲེ་བ; ཐལ་བར་འགྲེ་ལོག་རྒྱབ་པ; འདམ་མམ་ཁྲག་ལ་འགྲེ་ལོག་རྒྱབ་པ;

168 **Wench**, *v.i.* དམན་ཆུང; གཡོག་མོ་གཞོན་ནུ་མ; སྨད་འཚོང་མ; འཆལ་མོ; བུ་མོ; དམན་ཞར; སྨེག་མོ;

169 **Went** (*p.t.* of 'go.') ཕྱིན་པ; སོང་བ; སོན་པ;

170 **Wept**, *p.t.* ངུས་པ; ངུས་ཚར་བ; བཤུམས་པ; བཤུམས་ཟིན་པ;

171 **Were**, *v.i.*, *pl.*, *p.t.* འདས་པ་མང་ཚིག; "to be."

172 **Werewolf**, *n.* ངན་སྔགས་ཀྱིས་ལུས་གཅན་གཟན་དུ་འགྱུར་ནུས་པའི་མི་འམ་ཡང་ན་སྤྱང་ཀུར་རྫུ་ནུས་མི;

173 **Wert** *pa. t.* of བྱིངས་ "to be". ཞེས་བྱ་བའི་རྒྱ་མཚན་གྱི་དོན་མཚན་བྱེད་འདས་པའི་ཚིག་གྲོགས་གཅིག;

174 **Wen**, *n.* ལྦ་བ; སྐེ་ལ་འབྱུང་བའི་ལྦ་བ;

175 **Wesleyan**, *n.* ཡེ་ཤུའི་ཆོས་ལུགས་འཛིན་པའི་གྲལ་ནས་ཝེཛ་ལི་ཡན་མེ་ཐོ་ཌིསྟ་བྱ་བའི་གྲུབ་མཐའ་འཛིན་མཁན;

176 **West**, *n.* ནུབ;

177 **Western**, *a.* ནུབ་ཀྱི; ནུབ་ཕྱོགས་སུ་གནས་པའི; ནུབ་ཕྱོགས་ཀྱི;

178 **Westward**, *ad.* ནུབ་ཕྱོགས་སུ; ནུབ་ངོས་སུ;

179 **Wet**, *a.* ཆུ་ཡིས་སྦངས་ཡོད་པ; རློན་པ; རློན་པོ; རློན་ཅན; གཤེར་པ; *n.* ཆུ; རློན; གཤེར; *v.t.* སྦང་བ; བརློན་པ;

180 **Whack**, *n.* བརྡེག་བརྡུང;

181 Whale, *n.* ཉ་ཆེན་ཡོར་མོ་འི་རིགས; Sik. ཉ་འཛིན་ཁྲི; རྒྱ་མཚོར་གནས་པའི་སྲོག་ཆགས་ཀྱི་གྲལ་ནས་ལུས་བོངས་ཆེ་ཤོས་ཉ་ཧྲིལ་བུ་བ་འདིའོ;

182 Whaling, *n.* ཉ་ཆེན་ཧྲིལ་དེ་གཟུང་ཐབས; ཉ་འཛིན་ཁྲི་བསད་ཐབས;

183 Wharf, *n.* མཚོ་འགྲམ་ན་རྫོང་ཞིང་གི་ཁྲི་སྟེགས་ཀྱི་ཐོག་ཏུ་གྲུ་གཟིངས་ཀྱི་དོ་པོ་འགེལ་འབེབས་བྱེད་ས; གྲུ་ཁ; ཆ་འགྲམ; ཆུའི་འགྲམ་ན་རྫོང་ཞིང་བརྩེག་པའི་ཐོག་གྲུ་གཟིངས་དོ་བུ་འགེལ་ས;

184 Wharfage, *n.* གྲུ་གཟིངས་ལ་དོ་པོ་འགེལ་འབེབས་བྱེད་པའི་ཤོ་ཁྲལ; གྲུ་ཤོ; གྲུ་གཟིངས་ལ་དོ་པོ་འགེལ་འབེབས་བྱེད་པའི་ཁྲལ;

185 What, *pron.* གང; ཅི; ཇི; ག་རེ; ག་ཚོད; ཅི་ཙམ; ཇི་ཙམ; རེ་གང;

186 Whatsoever, *a.* གང་ཡིན་ཀྱང;. གང་ཡོད;

187 Whatever, *pron.* གང་ཡིན་པ; གང་དག; གང་ཡོད;

188 Wheat, *n.* གྲོ; (དཀར; Bhut.) (wheat, flour བག་ཕྱེ;) གྲོ་ཞིབ;

189 Wheedle, *v.t.* སླུ་ཚིག་གིས་མགོ་སྐོར་བ; སླུ་བ; དཔལ་ལས་བཤད་པ; ཁ་གསག་བྱེད་པ;

190 Wheel, *n.* འཁོར་ལོ;

191 Whelm, *v.t.* མནན་པ; ཡོངས་སུ་འགེབས་པ; ཡོངས་སུ་སྒྲིབ་པ; ཆུར་འཛུག་པ; ཆུར་རྒྱབ་པ; ཆུར་སྐྲང་བ; ཆུར་འབོགས་པ; ཧྲོག་པ; བཤིག་པ; གཤིག་པ;

192 Whelp, *n.* སྤྱག་སེང་དོམ་དང་སྤྱང་ཀུ་སོགས་ཀྱི་ཕྲུག་གུ; ཨ་ཡོ; ཁྱི་གུ; ཁྱི་ཕྲུག;

193 When, *ad.* ནམ་ཞིག; ནམ; ག་ཙམ་ན; ག་དུས; གང་གི་དུས;

194 Whence, *ad.* ག་ནས; གང་ནས;

195 Whenever, *ad.* ནམ་ཡིན་རུང; ནམ་ཡིན་ཀྱང; ནམ་ཞིག་ལ;
ག་དུས་ཤིག་ལ; གང་གི་དུས་ཤིག་དུ;

196 Whensoever, *ad.* ནམ་ཡིན་ཡང; ནམ་ཡིན་རུང; ནམ་ཞིག་ལ;
ག་དུས་ཤིག་ལ;

197 Where, *ad.* ག་རུ; གང་དུ; ག་པ; ག་ན; གར;

198 Whereabout, *ad.* ག་ཕྱོགས་སུ; གང་གི་ཕྱོགས་སུ; གང་གི་ཉེ་འདབས་སུ;
ས་ཆ་གང་གི་ཉེ་ལོགས་སུ; གང་གི་ཐག་ཉེར;

199 Whereas, *conj.* དེས་ན; དེ་ལྟ་བས་ན; གང་གི་ཕྱིར་ན; དེའི་ཕྱིར་ན;

200 Whereat, *ad.* དེར; གང་གི་ཐོག; གང་གི་རྗེས་སུ; དེའི་རྗེས་སུ;
དེ་ནས;

201 Whereby, *ad.* གང་གིས; ཅི་ཞིག་གིས; གང་གི་སྒོ་ནས;
གང་ལ་བརྟེན་ནས;

202 Wherefore, *ad.* གང་གི་ཕྱིར; ཅིའི་ཕྱིར; ཅི་ལ; གང་གི་དོན་ལ;
ག་རེའི་དོན་ལ;

203 Wherein, *ad.* གང་གི་ནང་ངམ་ནང་དུ; རྣམ་པ་གང་ལ;
ཚུལ་གང་ལ; གང་ལ;

204 Whereof, *ad.* གང་གིས;

205 Whereon, *ad.* གང་གི་སྟེང་དུ; གང་གི་རྒྱུན་གྱིས;

206 Whereto, *ad.* གར; གང་ན;

207 Whereupon, *ad.* གང་གི་ཐོག; དེ་མ་ཐག; གང་གི་རྒྱུན་གྱིས;
གང་ལ་བརྟེན་ནས; དེ་ནས; གང་གི་རྗེས་སུ;

208 Wherever, *ad.* གང་དུ་འང; ག་ན་ཡང; གང་དང་གང་དུ;
གང་དུའང་རུང; (Col.) ག་རུ་ཡིན་ཀྱང; ག་པ་ཡང;
གང་དུ་ཡང;

209 Wherewithal, *ad.* གང་གིས; གང་དང་བཅས;

210 Wherry, *n.* ཤིང་གྲུ་ཆུང་ཆུང; Sik. ཕྱ་གྲུ; ཕྱ;

211 Whet, *v.t.* ཟར་བ; རྣོན་པོར་བྱེད་པ; རྣོ་འདོན་པ; འཕྲུལ་ཟར་
རྒྱག་པ; མཆོད་སོགས་ཀྱི་ཁ་སྐོང་བའམ་ཁ་ཚབ་
སྐར་བ; སེམས་སྐྱུར་བ; གཞན་གྱི་དགར་སྐྱོང་བ;

212 Whether, *conj.* འམ; ཡང་ན; གལ་དེ; ཅི་སྟེ་ན;

213 Whetstone, *n.* ཟར་རྡོ; འཛེང;

214 Whey, *n.* དར་ར; ཆུར་ཁྲ; དཀར་ཆུ; ཆུ་སྐྱ; ཚབ་སྐྱ;

215 Which, *pron.* གང་དག; གང་ཞིག; གང་སྙོ; གང; ག་རེ; ག་གི;
ག་གེ;

216 Whichever, *pr.* གང་སུ་ཞིག; གང་རུང; སུ་གང་རུང;

217 Whiff, *n.* ཁ་རླངས་སམ་འདམ་གཏོང་བའི་རྒྱུན་གཅིག; ཐ་མ་ཁ་
འདམ་ཐང་གཅིག; རླུང་དམར; རླུང་ཚུབ་ཐྲན་
ཐུ་ཞིག; དབུ་རླངས; རླུང་ཤོག;

218 Whiffle, *v.i.* རླུང་གི་ཁ་ཕྱོགས་འགྱུར་བ; བདེན་པའི་ཕྱོགས་ལས་
འཛུར་བ; སེམས་ཉི་ཚན་ནམ་ཡིད་གཉིས་ཅན་དུ་
འགྱུར་བ; རླུང་ཕྱོགས་སྣ་ཚོགས་སུ་འགྱུར་བ;

219 Whig, *n.* ཧྭིན་ཛིའི་ བཀའ་ བློན་ སྐར་ རྒྱས་ ཀྱི་ གྲལ་ ནས་ བློ་ ཁོག་
ཡངས་པ་དག་གི་སྡེ་དེའོ; ཧྭིན་ཛིའི་བློན་རིགས་
ཀྱི་སྡེ་བློ་རྒྱ་ཆེ་ལ་སྤྱི་དོན་གཙོ་བོར་བྱེད་པ་རྣམས;

220 While, *v.t.* དུས་འདའ་རུ་བཙུག་པ; ཡུན་འཕྱུལ་བ;

221 While, *conj.* ཇི་སྲིད་དུ; དུས་ན; དུས་སུ; དུས་དེ་ཙ་ན; ཡུན; དུས; རིངས; བྱ་བ་བྱེད་བསྐང; བྱེད་རིངས; བྱ་བ་བྱེད་པའི་དུས; *adv.* ཇི་སྲིད་བར;

222 Whim, *n.* བསམ་བློའི་འགྱུར་མདོག; བློའི་འགྱུར་མདོག; འཆར་སྒོ; ནམ་རྟོག; སེམས་ཀྱི་འཆར་སྒོ;

223 Whimbrel, *n.* བྱའི་རིགས་ཞིག;

224 Whimper, *v.i.* ངུ་སྐད་ཆུང་ཆུང་འདོན་ནས་ངུ་བ; སྐད་ཆུང་ཞིང་ཞྭ་པོ་བཏོན་ནས་ངུ་བ;

225 Whimsical, *a.* འགྱུར་མདོག་ཅན; རྟོག་པ་ཅན;

226 Whine, *v.i.* ཁྱིའི་ངུ་སྐད་བཏོན་པ་བཞིན་དུ་ཡབ་ཀྱབ་པ; ཞེན་དུ་གྱུས་ཞིང་ཉམས་ཆུང་གི་སྒོ་ནས་ཞུ་ཕྲུག་བྱེད་པ;

227 Whinny, *v.t.* རྟ་འཚེར་སྐད་འདོན་པ; རྟ་དགའ་བའི་རྣམ་འགྱུར་གྱིས་འཚེར་སྐད་ཆུང་ཆུང་འདོན་པ་དེ་འཚེར་བ; འཚེར་སྐད་ཀྱབ་པ;

228 Whip, *v.t.* རྟ་ལྕག་ཞུ་བ; ལྕག་གིས་འབྲབ་པ; *n.* ལྕག་ཆོན; ལྕག; རྟ་ལྕག; འདེད་མཁན; ཁ་ལོ;

229 Whipper, *n.* ལྕག་ཆོན་གྱིས་འབྲབ་མཁན; གཞུ་མཁན;

230 Whipping, *n.* ལྕག་ཆོན་གྱིས་འབྲབ་པའི་བྱ་བ; གཞུ་བའི་བྱ་བ;

231 Whirl, *v.t.* འཁྱིར་འཁྱིར་སྐོར་བ; འཁོར་བ; འཁྱིར་བ; འཚུབ་པ; མྱུར་བར་སྐོར་བ;

232 Whirligig, *n.* ཕྲུག་གུའི་བྲིས་པའི་རྩེད་མོ་རྩེ་རྒྱུའི་ཅ་ལག; ཕང་བུ;

233 Whisk, *n.* གོས་པ་མྱུར་དུ་སྒྲོ་བའི་ཤུག་ཤུག་ཅེས་པའི་སྒྲ་དང་བཅས་འགྲོ་སྟངས; མགྲོགས་འགྲོས; ཕྱག་མ; *v.t.* མགྱོགས་པོར་འཕྱག་པ;

v.i. སྐྱེད་ཞིང་སྤྱུར་བའི་སྒྲོ་ནས་འགྲོ་བ;
བྲེལ་ཞིང་སྤྱུར་པོར་འགྲོ་བ; བརྒྱུར་ནས་འགྲོ་བ;

234 **Whisker,** *n.* (Sik. རྒྱས་ཞོལ;) or རྒྱ; རྒྱ་ཞོལ;

235 **Whisky,** *n.* ཆང་ཨ་རག་ཅིག་གི་མིང; དཀར་ཆང་ཨ་རག;
གྲོ་འི་ཨ་རག;

236 **Whisper,** *n.* ཤུབ་ཤུབ; (ཁ་ཤོབ; Sik.) ཤབ་ཤུབ; ཤུབ;
ཤབ་ཤོབ; *v.i. and v.t.* ཤུབ་པ; ཤུབ་པར་སྨྲ་བ;
ཤུབ་བྱེད་པ; ཤབ་ཤོབ་ལབ་པའི་སྨྲ་བ;

237 **Whisperer,** *n.* ཁ་ཤོབ་ལབ་མཁན;

238 **Whispering,** *n.* ཤབ་ཤུབ; ཤུབ་ཤུབ; ཤུབ་སུ; ཤབ་ཤོབ;

239 **Whistle,** *v.i.* འབི་སི་རྒྱབ་པ; སི་རྒྱབ་པ; སི་བརྡ་གཏོང་བ;
ཤུ་རྒྱབ་པ; སི་སྒྲས་འབོད་པ;

240 **Whistling,** *n.* འབི་སི་སི་སི; སི་སྒྲ; སི་བརྡ; སི་སྐད; ཤུ;

241 **Whit,** *n.* ཕྲ་རྡུལ; རྡུལ; རྡུལ་ཕྲན; རྡུལ་ཕྲ་རབ;
རྡུལ་ཕྲ་རབ་ཆ་མེད; རྡུལ་ཕྲན་ཆ་མེད;

242 **White,** *a.* དཀར་པོ; དཀར་མོ; མདོག་དཀར་པོ; དཀར་བ;

243 **Whiten,** *v.t.* དཀར་པོ་བཟོ་བ; དཀར་པོར་འགྱུར་བ;

244 **Whiteness,** *n.* (Sik. དཀར་མདངས;) དཀར་ཚུལ; དཀར་ལུགས;
དཀར་བ་ཉིད;

245 **Whitewash,** *n.* ས་དཀར་ཁྱུག་པ; ས་དཀར; དཀར་རྩི; *v.t.* དཀར་
རྩི་གཏོང་བ; ས་དཀར་གཏོང་བ;

246 **Whither,** *ad.* གང་དུ; ག་པ; ག་རེར; གང་ན;

247 **Whithersoever,** *ad.* གང་དུ་ཡིན་ཀྱང; གང་ན་ཡང; གང་ན་ཡིན་རུང;

248 **Whitherward,** *ad.* ག་ཕྱོགས་སུ; གང་གི་ཕྱོགས་སུ;

249 Whitish, *a.* (སྐྱ་ཟེར; Sik.) དཀར་སྐྱ; ཤུང་ཟད་དཀར་པོ; སྐྱ་བོ; also སྐྱ་བ; སྐྱ་ཤུག་ཙམ;

250 Whitlow, *n.* སོར་མོ་གཡའ་ཞིང་སྐྲང་སྨིན་བྱེད་པའི་ནད; ཆུ་སེར་གཡའ་ནད;

251 Whittle, *v.t.* གྲིས་གཅོད་པ; གྲིས་གཞོག་པ; གྲིས་གཞུར་བ;

252 Whiz, *v.i.* ཤུར་སྐད་འགྲོན་པ; ཤུར་སྒྲ་རྒྱབ་པ;

253 Who, *pron.* སུ;

254 Whoever, *pron.* སུ་ཞིག་ཡིན་ཀྱང; སུ་ཡང; སུ་ཡིན་རུང;

255 Whole, *a.* སྒང་པོ; ཚང་མ; ཐམས་ཅད; ཀུན; མཐའ་དག; རྫིལ་པོ; ཡོངས་རྫོགས; རིལ་པོ; ཡོངས;

256 Wholesale, *a.* སྤེ་བ་འཚོང; རིལ་འཚོང;

257 Wholly, *ad.* མ་ནས; རྩ་ནས; གཏན་ནས; རིལ་པོར; རྫིལ་པོར; ཐད་ཉམས;

258 Whom, *pr.* སུ་ལ;

259 Whomsoever. སུ་ལ་ཡིན་ཀྱང or ཡིན་རུང; སུ་ལའང; སུ་ལ་ཡང;

260 Whoop, *v.i.* ར་མདའ་སྒྲོན་པ; ཀི་སྒྲ་འདོན་པ; *n.* ཀི་ཀི་སྭོ་སྭ;

261 Whore, *n.* འཚལ་མོ; སྨད་འཚོང་མ; བཞང་འཚོང་མ; གཞང་འཚོང་མ; *v.i.* ལོག་པར་གཡེམ་པ; ལོག་གཡེམ་བྱེད་པ;

262 Whoredom, *n.* ལོག་གཡེམ; འཚོལ; འཚལ; (Classical རྟེན་མཚོད; སྐྱུ་བརྟན་མཆོད;) འཚལ་ཚུལ; གཡེམ་པ; (ཡོ་ལང་བདག་མེད; Sik.).

263 Whoremonger, *n.* འཚལ་པོ; ཐག་པ་འཕྲེན་མཁན; པོ་མོའི་བར་མི; གསང་བ་པ;

264 Whorl, *n.* དུང་གི་འཁྱིལ; དུང་གི་རིས་མཁྱུད; སྡོང་པོའི་མཐར་
སྐོར་ནས་འཁྱིལ་བའི་ལོ་འདབ་གང;

265 Whose, *pron.* སུ་ཡི; སུའི; གང་གི;

266 Whosoever, *pron.* སུ་ཞིག་ཡིན་རུང; སུའང; སུ་ཡང; སུ་ཡིན་རུང;

267 Why, *ad.* གང་གི་ཕྱིར; ཅི་ཕྱིར; ཅིའི་ཕྱིར; ཅིའི་ཆེད་དུ;
ཅིའི་སླད་དུ; ཅི་ལ; གང་གི་དོན་དུ; ག་རེ་དོན་ལ;

268 Wick, *n.* སྡོང་རས; སྡོང་བུ; སྡོང་རྐང; མཆོད་སྡོང;

269 Wicked, *a.* སྤྱོད་ཉེས་ཅན; བཀྲ་མ་ཤིས་པ; ངན་པ; ངན་པོ;
གདུག་པོ or པ; ངན་སྤྱོད་ཅན;

270 Wickedly, *ad.* བཀྲ་མ་ཤིས་པར; ངན་པར; གདུག་རྩུབ་ཀྱིས;
ངན་པའི་སྒོ་ནས;

271 Wickedness, *n.* སྤྱོད་ངན; སྡིག་གདུག་གི་སྤྱོད་པ; གནོད་སེམས;

272 Wicker, *a.* (ཟེས་མ་ལྕུས་པའི; Sik.) ལྕུང་མའི་ལྕུག་ཕྲན་གྱིས
བཟོས་པའི; འབིག་ལྕུག་གིས་ལྕུས་ནས་བཟོས་པའི;
ཅོམ་པོ་བཟོ་ཡ་གི་ལྕུག་ཕྲན;

273 Wicket, *n.* སྒོ་ཆུང; སྒོ་ཁང or གུང; ཤིང་གསུམ་འབེན་དུ
བཙུགས་ནས་རྩེ་རྒྱའི་རྩེད་མོ་ཞིག;

274 Wide, *a.* ཞེང་ཁ་ཆེན་པོ; གུ་ཡངས་པོ; ཞེང་ཅན; ཡངས་པ;
རྒྱ་ཆེན་པོ;

275 Widely, *ad.* ཡངས་པར; རྒྱ་ཆེར; གུ་ཡངས་པོ་བྱེད་དེ;
གུ་ཡངས་སུ;

276 Widen, *v.t.* ཡངས་པར་གཏོང་བ; གུ་ཡངས་པོ་བཟོ་བ;
ཁ་ཞེང་ངམ་རྒྱ་ཆེ་རུ་གཏོང་བ;

277 Wideness, *n.* ཡངས་ཚུལ; ཞེང; ཡངས་ཁུགས; རྒྱ་ཆེ་ཁུགས;

278 Widow, *n.* (མོ་རིང་མ; or མོ་ཧྲང་མ; Sik. and Bhut.)
ཡུགས་ས་མ་ or མོ; ཡུགས་ཟ་མོ;

279 Widower, *n.* (ཕོ་ཧྲེང; ཡུགས་ས་པོ; Sik. and Bhut.)
ཡུགས་ཟ་པ; ཡུགས་ཕོ;

280 Widowhood, *n.* (མོ་ཧྲེང་ལུས་པའི་ཚུལ; Sik. and Bhut.)
ཡུགས་སའི་ or ཟའི་ཚུལ;

281 Width, *n.* ཞེང་ཁ;

282 Wield, *v.t.* ཁ་ལོ་སྒྱུར་བ; ལས་སུ་སྐྱུལ་བ; ཚད་དབང་ལག་
ཏུ་ལེན་པ;

283 Wife, *n.* ཆུང་མ; སྐྱེ་དམན; གདན་གྲོགས; ཆོ་གྲོགས;
འཛོའ་གྲོགས; གཟིམས་གྲོགས;

284 Wifeless, *a.* ཆུང་མ་མེད་པ; ཕོ་ཧྲེང;

285 Wig, *n.* སྐྲ་བཙུས; (ཏོས་ར; སྐྲ་ཙུས; Sik. and Bhut.)
སྐྲ་ཡིས་བཅོས་པའི་ཞྭ་མོ; ཙུན་སྐྲ;

286 Wigwam, *n.* ཨེ་མེ་རི་ཀའི་ཡུལ་མི་དངོས་གནས་ཡོད་པ་སོགས་ཀྱི་
སྤྱིལ་བུའི་སྦྲ་ཁྱིམ;

287 Wild, *a.* གྱོང་པོ; མ་དུལ་བ; ངན་པ་གཅན་རེང; མཐའ་འཁོབ་པ;
ས་གནས་མ་ཆགས་པའི་ལུང་སྟོང; ཀླ་ཀློ; མ་འདྲིས་
པའི; ནགས་ཀྱི; འབྲོག་པ་ལྟ་བུ;

288 Wilder, *v.t.* འཁྲུལ་དུ་འཇུག་པ; འཁྲུར་དུ་འཇུག་པ;
འགོལ་དུ་འཇུག་པ; མགོ་འཐོམས་འཇུག་པ;

289 Wilderness, *n.* ཐུ་ངམ་ཐང; མི་མེད་ལུང་སྟོང; ནགས;

290 Wildly, *ad.* གྱོང་པོའི་ཚུལ་གྱིས;

291 Wildness, *n.* སྐྱུགས་རྡུགས ; ཀླ་ཀློའི་རྡུགས ; སྐྱུགས་རྩུལ ; ཁྲིམས་མེད་ཟུགས ;

292 Wile, *n.* གཡོ་སྒྱུ ; ཕྲ་མ ; གཡོ ; གཡོ་ཁྲམ ; གྱུ་རྒྱུ ; མགོ་སྐོར ;

293 Wilful, *a.* ཨུ་ཚུགས་ཆེ་པོ ; རང་གི་བསམ་པ་ལྟར་ནན་དར་བྱས་མཁན ; ཀླི་ཅན ; དཔྲལ་མགོ་ཅན ; རང་དགའ་ཆེན་པོ ;

294 Wilfully, *ad.* ཨུ་ཚུགས་བྱས་ནས ;

295 Wilily, *ad.* གཅང་པོ་བྱས་ནས ; or གཅང་པོར ; གཡོ་སྒྱུ་བྱས་ནས ;

296 Will, *n.* (testimony ཁ་ཆེམས ; Hon. ཞལ་ཆེམས ;) ཡང་ (སྙིང་སྟོབས་) སེམས་རྩབ ; of mind) བསམ་པ ; འདོད་པ ; མ་འོངས་པའི་དུས་མཚོན་བྱེད་ཀྱི་བྱ་ཚིག ཚིག་གྲོགས ; དཔེར་ན་འགྱུར་རྒྱུ་ཡོང་སོ ; *v.t.* and *v.i.* also. འདོད་པ་ཡོད་པ ; ཐག་གཅོད་པ ; བཀའ་གནང་བ ; ཁ་ཆེམས་འཛོག་པ ;

297 Willing, *a.* ཁ་ལ་ཉན་པོའམ་ཉན་མཁན ; འཐད་མཁན ; འདོད་པ་ཡོད ;

298 Willingly, *ad.* དགར་བཞིན་དུ ; དགའ་སྤྲོ ; རང་འདོད་བཞིན་དུ ; འདོད་དེ ;

299 Willingness, *n.* རང་འདོད་ཡོད་ལུགས ; རང་འདོད ; བློ་འདོད ;

300 Willow, *n.* ཤིང་ལྕང་མ ; ལྕང་སྡོང ;

301 Wily *a.* གཅང་པོ ; གཡོ་ཅན ; གཡོ་སྒྱུ་ཅན ; གྱུ་རྒྱུ་ཅན ; མགོ་སྐོར་མཁན ;

302 Win, *v.t.* and *v.i.* རྒྱལ་ཁ་ཐོབ་པ ; རྒྱལ་བ ; རྩེད་པ ; ཐོབ་པ ; མགུ་ཐབས་བྱེད་པ ; དགར་ཐབས་བྱེད་པ ; མཉེས་པའམ་དགྱེས་པའི་ཐབས་བྱེད་པ ;

303 Wince, *v.i.* འདྲོག་སྤྲེ་མིག་འཛུམ་བྱེད་པ ; འཕྲ་བ ;

304 Winch, *n.* དངོས་ཆས་ཡར་འདེགས་བྱེད་ཀྱི་འཁྲུལ་ཆས་ཤིག; སྐོར་ག་ཀོར་བྱ་རྒྱུའི་འཁྲུལ་འཁོར་གྱི་ལག་ཆ་ཞིག; *v.t.* འཐྲམས་རྒྱབ་པ; འདྲོག་པ;

305 Wind, *n.* & *v.t.* འབུད་པ; བརྡ་གཏོང་བའི་ཕྱིར་འབུད་པ; *n.* (of wind in the stomach འོག་རླུང; སྒྲོམ་རྫིངས; སྒྲོམ་ཁྲིག; སྟེན་ལྷགས་པ;) རླུང; དབུགས; *v.t.* སྒྲིལ་བ; འཁོར་ལོའི་གཅུས་སྒུར་སྒྲིར་བ; གཅུད་པ; གཅུ་བ;

306 Windage, *n.* མེ་སྒྲོགས་ཀྱི་ཁ་ཚད་དང་རྡེའུའི་ཚད་ཀྱི་བར་རླུང་འཐོན་སའི་བར་ཤུལ་གྱི་ཚད;

307 Winding, *a.* གཅུས་སྒུར་ལྷར་སྒྲིར་སྒྲིར་ཡོད་པ; གཅུད་བཞིན་པ; གཅུས་སྒུར་ལྷ་བུ;

308 Window, *n.* (colql. གེ་གུང;) སྒོ་ཆུང; སྒེ་ཁུང; སྐར་ཁུང; དཀར་ཁུང;

309 Windy, *a.* རླུང་ལྷང་པོ; རླུང་ཆེ་པོ; རླུང་ཆེན་པོ་དང་ལྡན་པ; སྔོང་ཤོབ་ཅན; སྒྲོམ་ཁྲིག་ཅན;

310 Wine, *n.* ཆང; རྒུན་ཆང;

311 Wing, *n.* ཤོག་པ; གཤོག་པ;

312 Winged, *a.* ཤོག་པ་ཅན; ཤོག་ལྡན; གཤོག་ལྡན;

313 Wink, *v.i.* མིག་ཚེ་བྱེད་པ; མིག་འཛུམ་པ; མིག་ཚུམ་ཚུམ་བྱེད་པ; མིག་ཚུམ་རྒྱབ་པ; མིག་བརྡ་བྱེད་པ; མ་མཐོང་ཁུལ་བྱེད་པ; མིག་གི་མཐོང་བ་ལྟར་བྱེད་པ;

314 Winner, *n.* རྒྱལ་མཁན; རྒྱལ་བ་པོ; རྒྱལ་ཁ་ཐོབ་མཁན;

315 Winning, *a.* ཡིད་འཕྲོག་པོ; ཡིད་འོང; དབང་མཁན; དང་བ་འདྲེན་མཁན; *n.* རྒྱལ་ཁ; རྒྱལ་ཟིན་པའི་དངོས་པོ; རྒྱལ་ཁ་ཐོབ་པའི་ནོར; ཐོབ་ནོར;

316 Winnow, *v.t.* འཁྲབ་པ; འབྲུ་སོགས་འཁྲབ་པ; འཚག་བ;
སོལ་མས་འཚག་པ; ཚྭ་རྒྱབ་པ; བརྟག་
དཔྱད་བྱེད་པ; ཞིབ་དཔྱོད་བྱེད་པ;

317 Winnowing, *n.* འཁྲབ་པའི་བྱ་བ; ཞིབ་དཔྱོད: བརྟག་དཔྱད;

318 Winsome *ad.* ཡིད་དུ་འོང་པོ;

319 Winter, *n.* དགུན་ཀ; དགུན; དགུན་ཚོགས; དགུན་དུས;
དགུན་ཁ; *v.i.* དགུན་ཀ་འདའ་བ;

320 Wipe, *v.t.* སྤུབ་པ; འཕྱི་བ; འཕྱིད་པ; འབྱིད་པ; དབྱི་བ;

321 Wire, *v.t.*, *n.* ལྕགས་སྐུད; ལྕགས་གསེར་དངུལ་སོགས་ཀྱི་སྐུད་པ;
དར་སྐུད; ལྕགས་སྐུད་ཀྱིས་འདོགས་པ; ལྕགས་
སྐུད་གཏོང་བ; དར་སྐུད་གཏོང་བ;

322 Wisdom, *n.* མཁྱེན་རྒྱ; མཁྱེན་པ; ཤེས་པ; བློ་གྲོས; ཤེས་རབ;
ཅང་རིག; ཡོན་ཏན; ཤེས་**བྱ**;

323 Wise, *a.* དྲང་པོ; གཙང་པོ; ཡོན་ཏན་ཅན; མཁས་པ;
བློ་གྲོས་ཅན; ཤེས་རབ་ཅན; ཅང་ཤེས་པ; མཁས་པོ;

324 Wisely, ad. མཁས་པོར; མཁས་པའི་ཚུལ་གྱིས; མཁས་པར་བྱས་
ནས; བློ་གྲོས་ཀྱི་སྒོ་ནས;

325 Wish *v.i.* and *v.t.* འདོད་པ་སྐྱེད་པ; འདོད་པ; འདོད་པ་བྱེད་པ;
v.i. འདོད་པ་ཡོད་པ; འདོད་པ་སྐྱེ་བ;

326 Wishful, *a.* རང་འདོད་ཅན; དང་འདོད་ཆེན་པོ; འདོད་པ་ཅན;
འདོད་མཁན; སྙིང་འདོད་པོ; སྙིང་བྲོ་བོ;

327 Wishfully, *ad.* དང་འདོད་བྱས་ནས; སྙིང་འདོད་པའི་སྒོ་ནས;
སྙིང་ནས་འདོད་ནས;

328 **Wit**, *v.i.* & *n.* རིག་པ; ཤེས་པ; *n.* བློ་གྲོས; དྲན་རིག; ལན་ཚ་བ; ལན་ཚ་སྤངས;

329 **Witch**, *n.* ངན་སྔགས་མཁན་མ; མཐུ་མཁན་མ; *v.t.* འགོང་བ; ཡིད་འཕྲོག་པ; སེམས་འཕྲོག་པ; ངན་སྔགས་བྱེད་པ; མཐུ་གཏོང་བ; *n.* གསོན་འདྲེ་མོ; འགོང་བ་མོ; མཁའ་འགྲོ་མ; ཌཱ་ཀི་ནི; ཡིད་འཕྲོག་མ;

330 **Witchcraft**, *n.* སྨོད་ཟེར; ངན་སྔགས; མཐུ; ཟེར; གཏད; མཐུ་གཏད; ངན་གཏད; མཐུ་ཟེར;

331 **With**, *prep.* མཉམ་པོར; མཉམ་པོ; མཉམ་དུ; རང་མཉམ་དུ; ལྷན་དུ; ལྷན་རྒྱས;

332 **Withal**, *ad.* ཐམས་ཅད་དང་བཅས་པར; ལྷག་མ་བཅས་ཏེ; མ་ཟད; དེ་མཚུངས; དེ་དང་མཚུངས་པ;

333 **Withdraw**, *v.t.* ཕྱི་ཉུར་རྒྱབ་པ; ཕྱིར་ལོག་པ; ཕྱིར་ལྡོག་པ; *v.t.* ཕྱིར་ལེན་པ; ཕྱིར་ལོག་ལེན་པ; སེལ་གཏོང་བ; རྩོད་གླེང་སྤྲོད་འཛལ་སོགས་ལ་སེལ་གཏོང་བ;

334 **Withdrawal**, *n.* ཕྱིར་ལེན་པའི་བྱ་བ;

335 **Wither**, *v.i.* རང་བཞིན་སྐམ་པ; རྙིད་པ; *v.t.* རྙིད་པར་འཇུག་པ;

336 **Withered**, *a.* བརྙིད་པ; བརྙིད་པའི;

337 **Withhold**, *v.t.* འགེགས་པ; འགོག་པ;

338 **Within**, *prep.* and *adv.* ནང་ལ; ནང་དུ; ནང་ཕྱོགས་སུ; ནང་ལོགས་མ;

339 **Without**, *prep.* and *adv.* ཕྱི་ལ; ཕྱི་རུ; ཕྱི་ལོགས་ལ; ཕྱི་ན; མེད་པར;

340 **Withstand**, *v.t.* འགེགས་པ; འགོག་པ; གདོང་འགེགས་བྱེད་པ; གདོང་འཛིང་རྒྱག་པ;

341 Witness, *n.* འཛོམ་དཔང་; དཔང་པོ་; དཔང་; བདེན་དཔང་; མི་དཔང་; བར་དཔང་; ཉེས་དཔང་; ཆ་དཔང་; བར་མི་; *v.t.* and *v.i.* དཔང་པོ་བྱེད་པ་; མི་དཔང་བྱེད་པ་; དཔང་འཛིན་བ་; ལྟ་བ་; མཐོང་བ་;

342 Witticism, *n.* ཁ་ལས་; ཀུ་ལ་ཀ་; ག་རེངས་པ་; ཞལ་བཀྲུ་; སྒྲ་བཀྲུ་; ཁ་ཤོབ་;

343 Wittingly, *ad.* ཤེས་བཞིན་; ཤེས་བཞིན་དུ་; ཆེད་དུ་;

344 Witty, *a.* ལེན་སྒྲིན་པོ་; ལན་རྣོ་པོ་; ལེན་ཐེབ་པོ་; ལན་གཡོན་པོ་; བློ་གྲོས་ཅན་; རིག་པ་ཅན་; སྙིང་ཚིག་དང་བཅས་པ་; ལན་ཚ་པོ་;

345 Wive, *v.i.* and *v.t.* སྐྱེ་དམན་ལེན་པ་; ཆུང་མ་ལེན་པ་; གཉེན་སྒྲུབ་པ་; མདུན་མ་ལེན་པ་;

346 Wizard, *n.* ངོན་པོ་; སྔགས་པ་; ངན་སྔགས་མཁན་; མཐུ་མཁན་;

347 Woe, *n.* བར་ཆད་; བར་ཆད་ཆེན་པོ་; བཀྲ་མི་ཤིས་; ཀྱུར་; དམོད་པ་; དམོད་མོ་; ཀྱུར་གེགས་; ཐན་; ཀྱུར་ཐན་; གེགས་བར་; འོ་དོད་; སྐྱོ་བ་; སེམས་སྡུག་; སྡུག་བསྔལ་; ཀྱུ་ངན་; སེམས་སྐྱོ་; སེམས་འཁྲེལ་;

348 Woful, *a.* སྐྱོ་མདོག་ཅན་; སྡུག་བསྔལ་ཅན་; ཀྱུ་ངན་ཅན་; བཀྲ་མི་ཤིས་པ་; བསོད་བདེ་ཀྵམ་པོ་;

349 Wofully, *ad.* ཀྱུ་ངན་བྱས་ནས་;

350 Wolf, *n.* སྤྱང་ཀི་; སྤྱང་ཀུ་; སྤྱང་ཁྲ་;

351 Woman, *n.* སྐྱེ་དམན་; བུད་མེད་; ཟ་མ་;

352 Womanish, *a.* ཅུད་རེད་ལྟ་བུ་; བུད་མེད་ཀྱི་ཆོས་དང་ལྡན་པ་;

353 Womankind, *n.* བུད་མེད་ཀྱི་རིགས་;

354 Womanly, *ad.* བུད་མེད་ཀྱི་ཚུལ་དང་ལྡན་པ; བུད་མེད་ཀྱི་ཆོས་དང་ལྡན་པ; བུད་མེད་ལྟ་བུ;

355 Womb, *n.* མངལ; ལྷུམས; བུ་སྣོད;

356 Won, *v.i.* བྱིངས་ "to win" ཞེས་བྱ་བའི་འདས་པའི་ཚིག; རྒྱལ་ཁ་ཐོབ་པ; སྙོད་པ; གནས་པ; བཞུགས་པ; གོམས་པ;

357 Wonder, *n.*, *v.i.* ཁྱད་མཚར་བ; ངོ་མཚར་བ; ཡ་མཚན་པ; ཧ་ལས་པ; ཁྱད་མཚར་བྱེད་པ; ངོ་མཚར་བྱེད་པ; ཡ་མཚན་བྱེད་པ; ཡ་མཚན; ཁྱད་མཚར; *v.i.* ཡ་མཚན་སྐྱེ་བ; ངོ་མཚར;

358 Wonderful, *a.* ཡ་མཚན་ཅན; ཡ་མཚན་པོ; ཁྱད་མཚར་པོ; མཚར་ཆེ་བ; མཚར་བ; མཚར་པོ;

359 Wonderfully, *ad.* ཡ་མཚན་གྱི་སྒོ་ནས; ཡ་མཚན་བྱས་ནས; མཚར་ནས;

360 Wondrous, *a.* ངོ་མཚར་པོ; ངོ་མཚར་ཅན; ཡ་མཚན་པོ; ཡ་མཚན་ཅན; ཁྱད་མཚར་པོ; ཁྱད་མཚར་ཅན;

361 Wont, *a.*, *n.* གོམས; གོམས་ཤུགས; གོམས་ཚུལ; གོམས་སྲོང་; *v.i.* གོམས་པ; གོམས་པ་ཡོད་པ; གོམས་ཡོད་པ; གོམས་པ; གོམས་པ་ཅན; འབྱོངས་པ; གོམས་ཤུགས་ཅན; གོམས་པོ;

362 Wonted, *a.* གོམས་པ; གོམས་པ་ཅན;

363 Woo, *v.t.* and *v.i.* གཉེ་བ; སློ་བ; བུད་མེད་ལ་སེམས་གཏོང་ཞུག་པ; སེམས་ཆགས་བྱེད་པ; སེམས་ཆགས་ཀྱི་སྒོ་ནས་གཉེན་འདེབས་པ;

364 Wood, *n.* ཤིང; ཤིང་ནགས;

365 Wooden, *a.* ཤིང་གི ; ཤིང་ལས་བཟོས་པའི ;

366 Woody, *a.* ཤིང་ནགས་ཅན ; ཤིང་སྡོང་གི་གང་བ ; ཤིང་གི ;

367 Wooer, *n.* གཞོན་ནུ་མ་ལ་ངག་སྙན་པོས་སླུ་མཁན ;
གཉེ་མཁན ; གཉེ་བོ ; སློ་བ་པོ ;

368 Woof, *n.* སྤུན ; འཐགས་ཀྱི་སྤུར ;

369 Wooing, *n.* ཁ་སླུས་རྒྱབ་པ ; གཉེ་བའི་བྲ་བ ; དཔལ་ལས ;

370 Wooingly, *ad.* གཉེས་ནས ; གཉེ་བའི་སྒོ་ནས ; སེམས་ཆགས་བྱས་ནས ;

371 Wool, *a.* བལ ;

372 Woollen, *a.* བལ་གྱི ; བལ་ལས་གྲུབ་པའི ; བལ་ལས་བཟོས་པའི ;
n. སྣམ་བུ ; བལ་ལས་བཟོས་པའི་གོས་རྒྱུ ;

373 Woolly, *a.* བལ་ལྟ་བུ ; བལ་ཅན ; བལ་དང་ལྡན་པ ;

374 Woolstapler, *n.* བལ་འཚོང་མཁན ; བལ་གྱི་ཚོང་པ ; བལ་གྱི་ཚོང་དཔོན ;
བལ་ཚོང་པ ;

375 Word, *n.* གསུང་རབ ; ཁ་ཆད ; ཆད ; ཁ་གཏན ; ཁ་བཅད ;
ཚིག ; སྒྲ ; གྲོས ; གྲོས་གླེང ; ལོན ; སྐད་ཆ ;
འཕྲིན ; བཀའ་གསུང ; ཁས་ལེན ;

376 Wording, *n.* རྩོམ་བཟོ ; རྩོམ་ལུགས་སམ་ཚིག་རྒྱུག་སྟངས ; ཚིག
འཇུག་སྟངས ; ལབ་སྟངས ; བཤད་སྟངས ; རྩོམ
སྟངས ; རྒྱུག་བཟོ ;

377 Wordy, *a.* ཚིག་དོན་རྒྱ་ཆེ་བ ; སྤྲོས་བཤད་ཅན ; རྒྱས་བཤད་ཅན ;
ཚིག་མང་དང་ལྡན་པ ; ཚིག་རྒྱས་པ ; ཚིག་དོན་རྒྱས་པ ;

378 Work, *v.t.* and *v.i.* བྱ་བ་ལ་གཞོལ་བ ; ངོ་དམ་བྱས་པ ; ཟུག་པ ; འཛིན་པ ;
n. ལས ; ལས་ཀ ; བྱ་བ ; འདབ་རྩོལ ; བཟོ་ཁང ;
དཔེ་ཆ ; རྩོལ ; *v.t.* ལས་བྱེད་པ ; ལས་ཀ་བྱེད་པ ;
འབད་རྩོལ་བྱེད་པ ; བརྩོན་འགྲུས་བྱས་པ ;

379 Worker, *n.* ལས་བྱེད་མཁན; ལས་ཀ་བྱེད་མཁན;

380 Workhouse, *n.* བཟོ་ཁང; ལས་གྲྭ; ལས་སྒྲོ;

381 Working, *n.* ལས; ལས་ཀ; བྱ་བ; འབད་པ; བརྩོན་འགྲུས; ཆང་སོགས་ལང་སྤུངས; འཁུར་བ་སོགས་ཀྱི་ཟན་སྐོང་ལང་སྤུངས; གྲུ་འཁུར་སོགས་ཀྱི་ཟན་སྐོང་ལང་སྤུངས; *a.* ལས་བྱེད་མཁན; ལས་ཀ་བྱེད་མཁན; འབད་མཁན; བརྩོན་མཁན;

382 Workman, *n.* ལས་པ; ལས་ཀ་བྱེད་མཁན་མི; ལས་མི; ལག་བཟོ་པ; བཟོ་པ; ལག་བཟོ་མཁན;

383 Workmanlike, *a.* བཟོ་པ་དང་མཐུན་པ; ལག་བཟོ་པ་འདྲ་བ; བཟོ་བོ་ལ་འོས་པ; ལག་བཟོ་མཁན;

384 Workmanship, *n.* བཟོ; ལག་བཟོ; བཟོའི་རིག་པ; བཟོ་རིག;

385 World, *n.* འཛིག་རྟེན; འཁོར་བ; སྲིད་པ;

386 Worm, *n.* འབུ; འབུ་སྲིན; སྲིན་བུ;

387 Worn-out, *a.* ཐང་ཆད་པ; འོ་བརྒྱལ་བ; ཟད་པ; རྙིང་པ; བརྙིངས་པ; ཐད་པོ; ཟད་ཐར;

388 Worry, *v.t.* སྡུག་པོ་གཏོང་བ; ཁྲིས་དགྲ་སྐྱེལ་བ; ངན་ཆེན་བྱེད་པའམ་སྐྱེལ་བ; སྐྱུན་མཆོར་འཛུག་པ;

389 Worse, *a.* ལྷག་པར་དུ་ཉེས་པ; དེ་བས་ཉེས་པ; ངན་རབ; སྡུག་རབ; ཉེས་རབ;

390 Worship, *n.* མཆོད་པ; ཕྱག་མཆོད; བཀུར་སྟི; བསྙེན་བཀུར; *v.i.* and *v.t.* མཆོད་པ; མཆོད་པ་བྱེད་པ; བཀུར་བ; བཀུར་སྟི་བྱེད་པ; བསྙེན་པ; བསྙེན་བཀུར་བྱེད་པ;

391 Worshipful, *a.* མཆོད་འོས; མཆོད་པར་འོས་པ; བཀུར་འོས;

392 Worshipper, *n.* མཆོད་པ་པོ;

393 **Worshipping,** *n.* མཆོད་པའི་བྱ་བ; མཆོད་པ; བསྙེན་བཀུར;

394 **Worst,** *a.* ཐམས་ཅད་ལས་ཉེས་ཤོས; ངན་ཤོས; སྡུག་ཤོས; ཉེས་ཤོས; *v.t.* རྒྱལ་བ; འཕམ་པར་བྱེད་པ;

395 **Worsted,** *n.* བལ་སྐུད; སྣལ་མ; སྲིང་སྐུད;

396 **Wort,** *n.* སྔོ་རིགས་ཤིག; སྨུས; སྤང་སྨུམ;

397 **Worth,** *n.* ངོ་རིན; གོང; མཐོང; རིན་ཐང; རིན; ཁྱད་ཆོས; ཡོན་ཏན;

398 **Worthiness,** *n.* ཁྱད་ཆོས; ཡོན་ཏན;

399 **Worthless,** *a.* དོན་མེད; མཁོ་མེད; ཚ་མེད; གོང་མེད; རྩིས་མེད; ཆོ་རིད;

400 **Worthy,** *a.* འོས་པོ or པ; མཉམ་མཉམ; འདྲ་འདྲ; ཡོན་ཏན་དང་ལྡན་པའི་མི; ཡོངས་སུ་གྲགས་པའི་མི; ཁྱད་དུ་འཕགས་པའི་གང་ཟག;

401 **Would,** past tense of will. ཚིག་གྲོགས (རྒྱུ; will) ཞེས་པའི་འདས་ཚིག;

402 **Wound,** *n.* རྨ; *v.t.* རྨ་བཟོ་བ; རྨ་བ;

403 **Wrangle,** *v.i.* ཚིག་པ་ཟ་བཞིན་རྩོད་པ; ངར་ནས་རྩོད་པ; ཀུ་ཅོ་ཆེན་པོས་རྩོད་པ; རྒྱུ་འདྲེ་རྒྱབ་པ; ཁ་འཐབ་རྒྱབ་པ; རྩོད་པ;

404 **Wrangler,** *n.* རྩིས་ཀྱི་རྒྱུགས་རིམ་པ་མཐོ་ཤོས་ཐོན་པའི་རྩིས་མཁན; ཚིག་པ་ཟས་ནས་རྒྱུ་འདྲེ་རྒྱབ་མཁན;

405 **Wrangling,** *n.* རྒྱུ་འདྲེ; ཁ་འཐབ; འཁྲུག་པ; རྩོད་པ;

406 **Wrap,** *v.t.* དཀྲི་བ; གཏུམ་པ; སྒྲིལ་བ; (སྒྱུར་བ; Sik. and Bhut.). Also འཐུམ་པ or བཏུམ་པ;

407 **Wrapper,** *n.* གཟན; ཁ་དཀྲི; Hon. ཞལ་དཀྲི; དཀྲི་ཡའི or རས; སྒྲིལ་མཁན;

408 Wrath, *n.* ཞེ་སྡང་; ཁྲོ་བ་; (Hon. དགོངས་ཆོམ་; དབྱིངས་ཆོམ་; ཐམ་མཁྱེན་འགལ་བ་; དགོངས་ཁྲེལ་; དབྱིངས་ཁྲེལ་; དགོངས་འགལ་; དབྱིངས་འགལ་;)

409 Wrathful, *a.* ཞེ་སྡང་ཅན་; ཐུགས་གཏུམ་པོ་; ཁྲོང་ཁྲོ་ཅན་; ཁྲོ་བོ་; གཏུམ་པོ་;

410 Wrathfully, *ad.* ཁྲོས་ནས་; ཆོག་པ་ཟས་ནས་; ཁོང་ཁྲོ་ལངས་ནས་; ཁྲོ་བོའི་ཚུལ་གྱིས་;

411 Wreak, *v.t.* མནར་གཅོད་གཏོང་བ་; དགྲ་ཤ་ལེན་པ་;

412 Wreath, *n.* དོ་ཤལ་; འཕྲེང་བ་; ཕྲེང་; དྲ་བ་; ཕྲེང་བ་;

413 Wreathe, *v t.* and *n.* འཕྲེང་བ་རྒྱུད་པ་; ཕྲེང་བ་སྟར་བ་; གཅུད་པ་; སླི་བ་; དཀྲི་བ་;

414 Wreathing. *n.* དཀྲི་བཞིན་པ་; འཕྲེང་བ་རྒྱུད་པའི་བྱ་བ་;

415 Wreck, *n.* གྲུ་གཟིངས་བརླགས་པའི་ཞིག་རོ་; ཆག་རོ་; ཐོར་རོ་; ཆགས་རོ་; གྲུ་གཟིངས་ཆག་གྲུམ་ཤོར་ནས་ནོར་མི་ཉན་པ་; *v.t.* རླག་པ་; *v.t.* གྲུ་གཟིངས་རླག་པ་;

416 Wren, *n.* བྱིའུ་ཆུང་གི་རིགས་ཤིག་;

417 Wrench, *v.i.* གཅུས་བཙིར་བྱས་ནས་འཁྲོག་པ་; ཤུགས་ཀྱིས་འཐེན་པ་; གཅུས་ནས་འཐེན་པ་གཅུད་པ་; ཚོགས་འཐུད་པ་;

418 Wrest, *v.t.* འཕྲོག་པ་; གཅུས་ནས་འཐེན་པ་; མ་བྱིན་པར་ལེན་པ་; དོན་སོགས་གཅུས་ནས་སྒྱུར་བ་;

419 Wrestle, *v.i.* and *v.t.* སྡོལ་བ་; སྐྱེད་པ་ནས་འཇུས་ཏེ་འཛིང་བ་; ཨབ་ཐང་, འཆང་བ་; སྤྲི་ག་འཆང་བ་; འཛིང་རེ་གཏོང་བ་; ཨབ་དང་རྩེ་བ་; སྤྲ་བ་; རྡབ་རེ་བྱེད་པ་; (སྐོར་རྟགས་རྒྱབ་པ་; Sik.) སྐེད་པ་ཤེ་རྒྱབ་པ་; Bhut.

420 Wrestler, *n.* (སྙོར་དྲག་རྒྱབ་མཁན; Sik.) སྦྲེ་ག་འཆང་མཁན; ཡབ་ཐང་འཆང་མཁན;

421 Wrestling, *n.* སྦྲེ་ཀ; སྦྲེ་ཁ; སྦྲེ་ག; (སྙོར་དྲག; Sik.)

422 Wretch, *n.* ཐབས་རྡུགས་པོ; ངན་པ; མི་ངན; མི་སྐྱོ་ལེ་བ; མི་ཉ་རྡུགས་པོ; མི་བསོད་བདེ་སྐམ་པོ;

423 Wretched, *a.* ཉ་རྡུགས; སྡུག་ཙུལ; (སྐྱོ་སྐྱོ་བ; Sik. and Bhut.)

424 Wretchedness, *n.* སྡུག་བསྔལ; ཉ་རྡུགས་ཚུལ; ཐབས་རྡུགས་ལུགས;

425 Wriggle, *v.i.* འཁྱོག་པོར་འགྲོ་བ; ཁ་འབུབ་གོག་པ; གོག་ནས་འགྲོ་བ;

426 Wright, *n.* བཟོ་བོ; བཟོ་ཝ་པོ; བཟོ་མཁན;

427 Wring, *v.t.* སྡུག་པོ་གཏོང་བ; དབང་ཡོད་བྱས་ནས་འཁྲོག་པ; གཙུད་པ; གཙུ་བ; གཙུས་ནས་ཕྱི་ལ་འཐེན་པ; འཚིར་བ; སྒྲིམ་པ; གཙིར་བ;

428 Wringing, *n.* གཙུད་པའི་བྱ་བ;

429 Wrinkle, *n.* གཉེར་མའི་ཝང་རིམ; བསྙེར་མ; གཉེར་མ; སྙུལ; སྙུལ་ཉེས; ལྷེབ་ཉེས; (also ལྷེབ་ཉེས;)

430 Wrist, *n.* (ལག་པའི་ཐུར་མ; Sik.) འཁྲིག་མ; ལག་ངར; (ནོར་བུ་འཆིང་གནས; Classical).

431 Writ, *n.* ཡི་གེ; བཀའ་ཤོག; འགུགས་ཤོག; དགུག་ཤོག;

432 Write, *v.t.* ཡི་གེ་འབྲི་བ; འབྲི་བ; ཡི་གེར་འགོད་པ; (ཕྱག་བྲིས་གནང་བ; Hon.)

433 Writer, *n.* ཡི་གེ་འབྲི་མཁན; དྲུང་ཡིག; ཡིག་མཁན; ཡི་གེ་པ;

434 Writhe, *v.t.* ཟུག་རྡུའི་དབང་གིས་ལུས་གཙུ་བ; ཟུག་རྡུས་ལུས་འགྲི་བའམ་ཉལ་ལྷང་བྱེད་པ; ཤུགས་ཀྱི་གཙུད་པ; གཙུད་པ;

435 Writing, *n.* ཡི་གེ; འབྲི་བའི་བྱ་བ; བྲིས་མ; བྲིས་ཡིག; རྩོམ; བརྩམས་པ;

436 Wrong, *a.* མི་རིགས་པ; ལོག་པ; མི་འོས་པ; འོས་མིན; མ་དག་པ; ཁྲིམས་མེད; བརྡབས་སིགས; གནོད་པ; *n.* གནོད་པ; སྐྱོན; དབང་ཡོད; *v.t.* ངན་བྱས་པ; འོས་མིན་བྱས་པ; ལོག་པར་བྱ་ས་བ; ཁྲིམས་མེད་བྱེད་པ; བརྡབས་སིགས་གཏོང་བ; གནོད་པ་སྐྱེལ་བ;

437 Wrongfully, *ad* མི་རིགས་པར; ཁྲིམས་དང་འགལ་བར;

438 Wrongly, *ad.* འཁྲུལ་ནས; མ་དག་པར; མི་རིགས་པར;

439 Wroth, *a.* ཞེ་སྡང་ཅན; སྡང་བཞིན; ཚིག་པ་ཟ་བཞིན; འཇིགས་སྣངས་སམ་ཧྲོས་སྣང་དང་བཅས་ཏེ;

440 Wrought, *a.* བཟོས་པ; བཟོས་པའི; འབད་རྩོལ་གྱིས་བཟོས་པ;

441 Wry, *a.* འཁྱོག་པོ; གྱོག་པོ; གདོང་ཡོ; ངོ་གདོང་བརྫིས་ནས་བ;

X

1 Xanthochroi, *n.* མིའི་རིགས་མི་འདྲ་བའི་རིག་པ་ལ་མཁས་པ་ཧཀ་སླི་ལ་སོགས་པའི་ལུགས་ལྟར་མི་རིགས་སྐྱེ་ལྡིའི་ཡ་གྱལ་ཞིག;

2 Xanthomelanous, *a.* སྐྲ་སྨུ་གནག་ཅིང་ཤ་པགས་སེར་པོའི་མི་རིགས་ཀྱི་སྐོར;

3 Xanthopsy, *n.* དངོས་པོ་ཐམས་ཅད་མདོག་སེར་སྐྱར་མཐོང་བའི་མིག་ལོང་སྣངས་སམ་མིག་ནད་ཀྱི་རྣམ་པ་ཞིག;

4 Xantheine, *n.* མེ་ཏོག་རིགས་ལས་བཟོས་པའི་ཚོས་སེར་པོ;

5 Xanthium, *n.* རྩ་ངན་ཕུར་མའི་རིགས་ཤིག;

6 Xanthoma, *n.* སྤྲིས་སྐྲངས་རི་མོ་སེར་སྐྱ་བཅས་པའི་པགས་པའི་ནད;

7 Xanthippē, *n.* སྔོན་དུས་གྲི་སིའི་ཡུལ་དུ་མཁས་པ་ཆེན་པོ་སོ་ཀྲ་ཊི་ཞེས་པའི་སྐྱེ་ཁ་ཚ་པོ་ཞིག་ཡོད་འདུག་པ་དེའི་མིང་ལས་དྲས་ནས་སྐྱེ་དམན་ཁ་ཚ་པོ་ཡོད་རིས་ལ་དེ་འདྲ་ཟེར; སྣ་ཕུང་མ; སྨྲ་ཕུང་མ;

8 Xanthous: Combined form of Greek Xanthos, yellow. སེར་པོ;

9 Xanthate, *n.* ཟན་ཐྲིག་ཨེ་སིཊ་ཅེས་པའི་ཚ་རིགས་གཅིག;

10 Xebec, *n.* གྲུ་གཟིངས་ཆུང་ཆུང་དར་ཤིང་གསུམ་དང་ལྡན་པ་མེ་ཊེ་ཊེ་རཱ་ནིའན་རྒྱ་མཚོར་གཏང་སྲོལ་ཡོད་པ་ཞིག་ལ་ཟེར;

11 Xĕnēlasia, *n.* སྔོན་གྲིག་གི་གྲཡ་ན་སྤྲར་ཊན་རྒྱལ་ཁབ་ཀི་ཡུལ་ཁྲིམས་ཕྱི་རོལ་པའི་མི་རིགས་ཕྱིར་འབུད་བྱེད་སྲོལ་ཞིག་འདུག་པ་དེ་ལ་ཟེར;

12 Xeno: Combd. forms of Greek Xeno. ཕྱི་རོལ་གྱི་མི་རིགས;

13 Xenial, *a.* གནས་མགྲོན་གྱི་དོཾ་ཚིག་གི་སྐོར; མགྲོན་དུ་གཉེར་བ་དང་བཀུར་སྟི་བྱེད་པའི་སྐོར;

14 Xero: Combd. form of Gk. Xeros. སྐམ་འགྲོ་བ;

15 Xero-philous, *a.* (Botany) ཡུལ་ཚ་ཞོད་ཅན་དང་མཐུན་པའི་ or ཡང་ན ཡུལ་ཚད་པ་ཚ་སར་རྒྱས་པའི;

16 Xenium, *n.* མགྲོན་པོ་ལ་ཕུལ་བའི་ལག་རྟགས;

17 Xenodochy, *n.* མགྲོན་པོ་གསར་ཕེབས་ཀྱི་ཕེབ་བསུ; མགྲོན་པོའི་མདུན་བསུ;

18 Xenodocheum, *n.* མགྲོན་ཁང; ཚོམས་ཆེན; ཚོམས;

19 Xenogenesis, *n.* ཕ་དང་མ་གཉིས་གང་དང་ཡང་ཟ་བ་ནས་མི་འདྲ་བའི་བུ་རྒྱུད; ཕ་མའི་རིགས་ཀྱི་རྗེས་སུ་མ་འབྲང་བའི་བུ་རྒྱུད;

20 Xenomania, *n.* ཡུལ་གཞན་གྱི་དངོས་ཆས་ལ་སྣང་ཆེ་བྱེད་སྤྲོལ ;

21 Xenomenia, *n.* ཟླ་མཚན་ལྷག་པ ; སྐྱེད་པ་ཤོར་བ ;

22 Xeransis, *n.* སྐེམ་རྩོལ ; སྐེམ་སྦྱངས ; སྐམ་པ ; སྐོགས་ཤུ ;

23 Xerantic, *adj.* སྐེམ་བྱེད ; སྐེམ་པའི ; སྐེམ་མཁན ;

24 Xerasia or Xerosis, *n.* སྐོགས་ཤུ ; སྣ་སྤྱིའི་ཆོ་སྐྱོགས་པར་བྱེད་པའི་པགས་ནད་ཀྱི་བྱེ་བྲག་གཅིག ;

25 Xeroderma, *n.* པགས་པའི་སྐམ་ནད ; ལུས་ཆོ་སྐྱོགས་པར་བྱེད་པའི་པགས་པའི་ནད་གཅིག ;

26 Xerodes, *n.* སྐྲངས་འབུར་སོགས་ཀྱི་ཁ་སྐྱོགས་པའམ་ཁ་སྐེམ་པ ; (པའམ་ཚུར་ཞུམ་པ ; Sik.)

27 Xiphi, *n.* Combd. form of Gk. Xiphos. རལ་གྲི ;

28 Xiphoid, *a.* རལ་གྲིའི་བཟོ་ཅན ;

29 Xoanon, *n.* སྔོན་གྱི་དུས་སུ་རྒྱ་ཤིང་ལ་བྲུས་པའི་སྐུ་འདྲ་གནམ་ནས་བབས་པར་ཡིན་པར་འདོད་པ་དག་ལ་ཟེར ;

30 Xylography, *n.* ཤིང་རྐོས ; ཤིང་ལ་རྐོས་རྒྱབ་པའི་བྱ་བ ;

31 Xyster, *n.* རུས་པ་གཞར་རྒྱུའི་ལག་ཆ་ཞིག ; ལྷམ་རའི་ནང་དུ་འཆག་སའི་ལམ ;

32 Xystus, *n.* སྔོན་གྱི་དུས་སུ་སྒོ་ར་ཕྲོག་སྦྱུབ་ནས་སྒྲུ་རྩལ་འབྱངས་ས་བཟོས་པ་དེ་ལ་ཟེར ;

Y

1 Yacht, *n.* སྐྱིད་སྐྱིད་གཏང་རྒྱུའི་ཆེད་དུ་བཟའ་བཏུང་ལོངས་སྤྱོད་ཀྱི , དངོས་པོ་བཅས་པའི་གྲུ་གཟིངས་ཆུང་ཆུང ;

2 Yachting, *a.* གཟའ་སྤྱོད་དང་དྭངས་གྲ་བཅས་པའི་གྲུ་གཟིངས་ཆུང་ངུའི་ནང་དུ་འགྲོ་བའི་བྱ་བ ;

3 **Yah,** *intjn.* ཧེ་ཧེ་བྱས་པའི་ཚིག ; (ཚོ་མེད་མལ་མེད་དུ་ཧྲི་བའི་ཚིག ; Sik.)

4 **Yahoo,** *n.* དུད་འགྲོ་མིའི་ལུས་ཅན ; མིའི་ལུས་ལ་དུད་འགྲོའི་སེམས་ཅན ;

5 **Yak,** *n.* དུད་འགྲོ་གཡག ; བོད་ཡུལ་དུ་ཡོད་པའི་གླང་གོག་སྤུ་རིང་ལ་ཞོལ་ལེ་ བ་སྐད་ ཕག་པ་ ལྟར་ འཁྲུན་ སྐད་ དམ་ ངར་སྒྲ་འབྱིན་པའི་རིགས་ཅིག ;

6 **Yam,** *n.* གྲོ་མ ; ཞོ་ གོག་མངར་མོ ;

7 **Yama,** *n.* རིན་དུའི་གཤིན་རྗེ་ཆོས་རྒྱལ ; གཤིན་རྗེ ;

8 **Yankee,** *n.* ཨེ་མེ་རི་ཀའི་ཕྱི་གླིང་པ ; ཨེ་མེ་རི་ཀ་ལ་གདན་སྡོད་བྱས་པའི་ཡུ་རོབ་ཀྱི་མི་རྒྱུད ;

9 **Yankeeism,** *n.* ཨེ་མེ་རི་ཀའི་ཨིན་ཇིའི་མི་རིགས་ཀྱི་ཉེར་སྤྱོད ; ཨིན་ཇིའི་མི་རིགས་ཨེ་མེ་རི་ཀར་གདན་འཛིན་སྡོད་མི་རྣམས་ཀྱི་སྐད་འཛིན་དང་སྤྱོད་འགྲོས ;

10 **Yap,** *v.i.* ཁྲི་བཞིན་སྐད་རྒྱབ་པ ; འཆང་བ ; ཧབ་པ ; འཕྱུང་བ ; ཟུག་པ ; སྨུག་པ ;

11 **Yard,** *n.* (Sik. ཌང་ར ;) ཁྲུ་དོའི་ཚད་ཅིག ; སྒོ་ར ; ཁྱམས ;

12 **Yarn,** *n.* སྙལ་མ ; སྐུད་པ ; བལ་སྐུད ; སྲིང་སྐུད ;
(traveller's) འགྲུལ་པའི་སྒྲུང་གཏམ ;

13 **Yarrow,** *n.* སྤོ་སྤྲུ་རྟག་ཏུ་སྤོ་ཞིང་དྲི་ངད་ཉོ་ལ་བྲོ་བ་བསྐ་བ་ཞིག ;

14 **Yashmak,** *n.* མུ་སུལ་མན་སྐྱེ་དམན་གྱི་གདོང་གཡོགས་སམ་གདོང་ཁེབས ;

15 **Yataghan,** *n.* མུ་སུལ་མན་གྱི་གྲི་རིང་ལག་མགོ་དང་མཛུབ་མོའི་སྐྱོབ་མེད་པ ;

16 **Yaw,** *v.i.* and *n.* *v.i.* གྲུ་ལམ་གཞུང་གཤག་ལས་འཁྱོར་བ ;
n. གྲུ་གཟིངས་གྲུ་ལོ་ལས་འཁྱོར་ཚུལ ;

17 Yawl, *n.* གྲུ་གཟིངས་ཆེན་པའི་དྲུང་དུ་སྤྱོད་པའི་གྲུ་ཆུང;

18 Yawn, *v.i.* གཡལ་འགྱུར་བ; ག་ཡལ་བ; གླལ་བ;
ཨག་སྟོང་རྒྱབ་པ;

19 Yawningly, *ad.* ཁ་གདངས་བཞིན; ཁ་གདངས་ནས; གླལ་ནས;
ཨག་སྟོང་བརྒྱབས་ནས;

20 Ye, *pronoun.* ཁྱེད་ཅག; ཁྱེད་ཚོ; ཁྱོད་ཚོ; ཁྱོད་རྣམས;
ཁྱོད་ཅག; ཁྱེད་རྣམས;

21 Yea, *ad.* ཡིན་ནོ; ཡིན་ངེས་སོ; (ལགས་ཡིན; ལགས་རེད;
ལེགས་སོ; Hon.) ལགས; ལགས་སོ; also,
ལགས་སི; and ལགས་སེ;

22 Year, *n.* ལོ; མི་ལོ;

23 Yearling, *n.* སེམས་ཅན་ལོ་འཁོར་མ; སེམས་ཅན་ཚང་འཁོར་མ;
ལོ་གཅིག་ལོན་པའི་སེམས་ཅན;

24 Yearly, *ad.* ལོ་ལྟར; ལོ་རེ་རེ་བཞིན; or ལོ་རེ་བཞིན;

25 Yearn, *v.i.* དྲན་སྣང་སྐྱེ་བ; དྲན་པ; སྙིང་ནས་འདོད་པ; རྒྱུ་ངན
ནས་སྡུག་བསྔལ་བྱེད་པ; སེམས་སྐྱོ་བ;

26 Yearning, *n.* དྲན་ཟུག; བརྩེ་གདུང; བརྩེ་བའི་སེམས;
བྱམས་སེམས;

27 Yeast, *n.* ཕབ; ཆང་ཙི; ལྦུ་བ; དབུ་བ;

28 Yeasty, *a.* ཕབ་ཙི་འདྲ་བ; ལྦུ་བ་ཅན;

29 Yell, *v i.* སྐད་ངན་འཆོར་བའམ་ཤོར་བ; ངར་སྒྲ་འདོན་པ;
འཇིགས་སྐད་རྒྱབ་པ; *n.* སྐད་ངན;

30 Yellow, *a.* སེར་པོ; སེར; *n.* མདོག་སེར་པོ; སེར་མདོག;

31 Yelp, *v.i.* ཁྱི་གུ་དང་སྤྱང་ཀྱུག་གི་སྐད་ལྷང་ལྷང་རྒྱབ་པ; *n.* ཁྱི་སྐད
ལྷང་ལྷང་རྒྱབ་པའམ་འདེབས་པ; འཆང་བ; ཧབ་པ;

32 **Yeoman,** *n.* དུད་ཁག; གཞིས་ཀྱི་བདག་པོ; ཁྲལ་མི; གྲོང་གསེབ་པ; སོ་ནམ་པ; ཁྲལ་པ; གཞིས་པ; (Sik. མདའ་ཚ་པ;) (སྔོན་དུས་ཀྱི་དཔའ་གཟི་པོ; or དཔའ་ཟམ་པ; Bhutan).

33 **Yes,** *ad.* ཨིན; ཡོང; རུང;

34 **Yesterday,** *n.* ཁ་སང; མདང་ཉིན; མདང་སང; ཁ་རྩང; ཁར་ས་ or ཁར་སེ་ or ཁར་སང;

35 **Yester-night,** *n.* མདང་དགོང; མདང་སྲུམ; མདང་ཉུབ; མདང་མཚན་མོ; or མདང;

36 **Yet,** *ad.* མ་ཟད; མི་ཚད; མ་ཟད་དེ; ད་བར; ད་དུང; *conjn.* འོན་ཀྱང: ཡིན་ཀྱང; འོན་དང; ཨིན་ཡང; འོན་ཏེ;

37 **Yew,** *n.* ཤིང་སྡོང་ཆེན་པོའི་རིགས; དབྱར་དགུན་མེད་སྔོན་པོར་སྡོད་པའི་ཤིང་སྡོང་ཅིག;

38 **Yield,** *v.t.* སྦྱིན་པ; སྟེར་བ; འབོག་པ; སྐྱེད་པ; སྐྱུན་པ; གཏོང་བ; ཁས་ལེན་པ; སྤྲོང་བ; *v.i.* མགོ་དགུར་བ; ངག་ལ་ཉན་པ;

39 **Yielding,** *a.* (འཇམ་པོ; ཉེབ་ཉེབ; (Sik.) མཉེན་པོ; or པ; བཀའ་ལས་ཁ་ལས་ངག་ལ་ཉན་པོ; མགོ་དགུར་མཁན;

40 **Yieldingly,** *ad.* ངག་ལ་ཉན་ནས; མཉེན་པར;

41 **Yodel,** *v.t.* and *v.i.* ཚིག་ཙང་མེད་པའི་གླུ་གདངས་སྙན་པོ་འབྱིན་པ;

42 **Yoga,** *n.* རྣལ་འབྱོར་པའི་ལྟ་བའམ་གྲུབ་མཐའ་ཧིན་དུའི་སྒོམ་སྐོར་ཀྱི་ཆོས; ཡོ་གའི་ཆོས;

43 **Yogi,** *n.* རྣལ་འབྱོར་པ; སྒོམ་གྱི་ཉམས་ལེན་བྱེད་མཁན;

44 Yo-heave-ho Yo-ha, *intjn.* དངས་ཆས་ལྷིད་ཆེན་པོ་དབོར་འདྲེན་བྱེད་དུས་གྲུ་ཐོག་མཉན་པ་རྣམས་ཀྱིས་འདོན་པའི་སྐད; དཔེར་ན་བོད་པའི་ལས་མི་རྣམས་ཀྱིས་ཨོཾ་སཱ་ལ་མཱ་ཧི་ཞེས་འདོན་པའི་གདངས་ཀྱི་རོད་རེའོ;

45 Yoke, *n.* འཁོལ་བོ་ཡིན་པར་མཚོན་པའི་རྟགས་སུ་སྐེ་ལ་གཡོག་རྒྱུའི་སྐེ་འཆིང་ངམ་གཉའ་འཆིང; གཉའ་ཤིང;

46 Yoking, *n.* གཉའ་ཤིང་སྦྱོད་སྟངས་སྦྱོར་སྟངས་སམ་སྦྲེལ་སྟངས;

47 Yolk, *n.* སྒོ་ངའི་སེར་ཐིག; སེར་རིལ;

48 Yon, *pr.* ཕ་གི; ཕར་ཙམ་གྱི; *adv.* ཕ་གིར; ཕ་གི་ལ; ཕར་ཙམ་ལ;

49 Yonder, *a.* and *adv.* ཕ་གི; ཕར་ཙམ་གྱི; ཕ་གིར;

50 Yore, *n.* སྔ་མོའི་དུས; སྔོན་གྱི་དུས; མནའ་བོའི་དུས;

51 You, 2nd *persn. pron.* ཁྱོད; (ཁྱེད; ཉིད; སྐུ་ཉིད; Hon.)

52 Young, *a.* གཞོན་པ; ཕྲུག་གུ; ཕྲུག; དཔེར་ན་དུད་འགྲོའི་ཕྲུག་གུ; ལོ་ན་སོ་གཞོན་གཞོན;

53 Youngster, *n.* གཞོན་ནུ; ན་ཆུ; ཆུང་ཆུང; ན་གཞོན; སྟག་ཤར;

54 Your, *pr.* ཁྱོད་ཀྱི; ཁྱེད་ཀྱི; ཉིད་ཀྱི; སྐུ་ཉིད་ཀྱི;

55 Yours, *pr.* ཁྱོད་རང་གི; ཁྱེད་རང་གི; ཉིད་རང་གི; སྐུ་ཉིད་ཀྱི; yourself ཁྱོད་རང;

56 Youth, *n.* གཞོན་དུས; or གཞོན་པའི་ལང་ཚོ; ལང་ཚོ་དར་དུས; གཞོན་པའི་གནས་སྐབས; གཞོན་ནུ; སྟག་ཤར; གཞོན་ནུ་རྣམས;

57 Youthful, *a.* གཞོན་ཤ་ཅན; ལང་ཚོ་ཅན; ལང་ཚོ་ལྡན་པའམ་རྒྱས་པ;

58 Youthfully, *ad.* གཞོན་པའི་ཚུལ་གྱིས ;

59 Youthfulness, *n.* ལང་ཚོ ; གཞོན་ཚུལ ; གཞོན་ནུའི་དུས ; གཞོན་པའི་དུས ;

60 Yule, *n.* སྟོན་པ་ཡེ་ཤུ་འཁྲུངས་པའི་ཆོས་གྲངས ;
ཡེ་ཤུ་འཁྲུངས་པའི་དུས་ཆེན ;

Z

1 Zaffre, Zaffer, *n.* ཀོ་བལྟ་ཞེས་པའི་ཚོན་རྡོ་མཐིང་ཚོན་གྱི་རྒྱུ ; མཐིང་མདོག་
དང་དཀར་ཡོལ་རྫི་སྦྱོན་གཏོང་རྒྱུ་ལ་མཁོ་བ་ཞིག ;

2 Zany, *n.* ཉམ་ཕྲར་བཞད་མོ་སྟོན་དུས་གད་མོ་སླང་མཁན་གྱི་རོགས་
བྱེད་མཁན ; གད་མོ་སླང་མཁན ; མི་ཆོ་མེད་ལའང་གོ ;

3 Zanzibari, *n.* ཟན་ཟི་བར་གྱི་མི་རིགས ;

4 Zaptieh, *n.* ཛཱ་ཕྟི་ཧའི་སྐོར་ཆག་པའམ་པུ་ལི་སི ;

5 Zarathustr. Zoroaster, *n.* པར་སིའི་མི་རིགས་ཀྱི་སྟོན་པ ;

6 Zarēba, *n.* རི་བས་བསྐོར་བའི་བཙན་ཚས་སྣོ་ཏན་གྱི་ཡུལ་དུ་དམག་
སྒར་སྲུང་ཆེད་ཀྱི་སྐོར ;

7 Zeal, *n.* རྩོལ་བ ; བརྩོན་འགྲུས ; འབད་པ ; འབད་རྩོལ ;
སྙིང་རུས ; ཁུར་ཞེན ; ཁུར་ཆེ་སྤྲངས ; ཁུར ;
དང་འདོད ;

8 Zealot, *n.* འབད་རྩོལ་ཅན ; བརྩོན་འགྲུས་ཅན ; ཁུར་འཛིན་མཁན ;

9 Zealous, *a.* བརྩོན་འགྲུས་ཅན ; སྙིང་རུས་ཅན ; འབད་རྩོལ་ཅན ;

10 Zealously, *ad.* བརྩོན་འགྲུས་བྱས་ནས ; འབད་རྩོལ་བྱས་ནས ;
སྙིང་རུས་བྱས་ནས ;

11 Zebra, *n.* དུད་འགྲོ་རྐྱང ; ཨ་ཕྲི་ཀའི་ཡུལ་ན་ཡོད་པའི་རྐྱང་སྟག་
རིས་ཅན ;

12 **Zebu**, *n.* — རྒྱ་གར་ཤར་ཕྱོགས་ཀྱི་གླང་གོག་གཉའ་རྟིག་ཅན; མཛོ་པོ; བོད་ཀྱི་མཛོ་པོ;

13 **Zedoary**, *n.* — རྒྱ་གར་གྱི་སྨན་སྣ་ཤྲ་སྨྱུག་འདྲ་པོ་ཞིག; (ཟེ་ལེག; Sik.)

14 **Zeit-geist** (*tsi.gi.*), *n.* German. — དུས་ལ་དཔག་པའི་མི་དམངས་ཀྱི་བསམ་སྤྱོར; དུས་དབང་ལ་དཔག་པའི་མི་དམངས་ཀྱི་བསམ་འདུན;

15 **Zemindar**, *n.* — རྒྱ་གར་ཡུལ་གྱི་ས་བདག་གམ་གཞིས་ཀའི་བདག་པོ་སོགས་ལ་ཟེར;

16 **Zenana**, *n.* — རྒྱ་གར་ཡུལ་དུ་སྐུ་དྲག་གི་ལྕམ་སོགས་དང་སྐྱེ་དམན་སྡོད་སའི་ཁང་མིག་སོ་སོ་ཡོད་པ་དེའོ;

17 **Zend**, *n.* — སྟག་གཟིག་གི་རྒྱལ་ཁབས་ན་སྔོན་དུས་དར་བའི་སྐད་ལེགས་སྦྱར་གྱི་སྐད་དང་འདྲ་ཚད་པ་ཞིག་ཡོད་པ་དེའོ;

18 **Zenistvo**, *n.* — ཙ་ཤའི་ཡུལ་སྤྱི་སོ་སོའི་འབྲུས་མི་ལྷན་རྒྱས་ཀྱི་གྲལ་ནས་ཡུལ་ཁྲིའི་དེ་ཀའི་སྒྲུར་བཀོད་བྱེད་མི་དག་ལ་ཟེར;

19 **Zenith**, *n.* — གུང; དགུང; སྤྱིང་ཕྱོགས;

20 **Zephyr**, *n.* — སྐྱི་སིར; རླུང་བསིལ་འཇམ་པོ; ནུབ་ཕྱོགས་ཀྱི་རླུང; བདེ་འཇམ་བསིལ་བའི་ཉམས་སྐྱིད་པའི་རླུང;

21 **Zero**, *n.* — ཀླད་ཀོར; ཐིག; (དོར)

22 **Zest**, *v.t.* — བྲོ་བ; རོ; བཟའ་བཏུང་ལ་བྲོ་བ་འདོན་བྱེད་ཀྱི་རྫས; རྒྱུན་ཆང་ལ་བྲོ་བ་འདོན་པའི་ཆེད་དུ་ཚ་ལུ་པགས་པ་བཏབ་པ་དེ;

23 **Zeus**, *n.* — གྲིག་པའི་ཡུལ་དུ་མཆོད་པའི་གངས་རི་ཨོ་ལིམ་པ་སི ཞེས་པ་དེར་གནས་པའི་ལྷ་ཐམས་ཅད་ཀྱི་གཙོ་བོ, ལྷ་དབང; བརྒྱ་བྱིན;

24 **Zigzag**, *n.* — རི་མོ་ཀྱུག་པོ; ལམ་ཁུག་པ; རི་མོ་འཁྱུག་པོ; (ལམ་གྱི་ཀྱུག; Sik. and Bhut.)

25 **Zinc**, *n.* ཏིག་ཚ; ཏིག་ཙ;

26 **Zincographer**, *n.* ཏིག་ཚའི་ཤོག་ལེབ་ཀྱི་ངོས་ལ་པར་ཀོ་མཁན;
ཏིག་ཤོག་གི་ངོས་ལ་པར་ཀོ་མཁན;

27 **Zincography**, *n* ཏིག་ཚའི་ལོགས་ལ་པར་ཀོ་བའི་རིག་པ;

28 **Zion**, *n.* ཡ་ཧུ་དཱ་པའི་ཡུལ་ལྗོངས; སྔོན་ཡ་ཧུ་དཱ་པའི་རྒྱལ་པོ་ཏེ་
ཝིད་དང་དེའི་གདུང་འཚོབ་རྣམས་ཀྱི་གདན་ས;

29 **Zither**, *n.* སྒྲ་བསྙན་ནམ་རྒྱུད་མངས་ཀྱི་བྱེ་བྲག་གཅིག;

30 **Zodiac**, *n.* ཉི་མའི་རྒྱུ་ལམ་དང་ཁྱིམ་བཅུ་གཉིས་ཀྱི་གནས་ས;
ཁྱིམ་གྱི་འཁོར་ལོ; གོ་ལ; ཉི་ཁྱིམ་བཅུ་གཉིས;

31 **Zodiacal-light.** ཐུན་མཚམས་ཀྱི་འོད; ཟེར་གཉིས;

32 **Zone**, *n.* སྐེ་རགས; སྐེད་འཆིང; གནས; ས་ཆ; སྐ་རགས;
འཛམ་བུའི་གླིང་འདི་ཉིད་ཚ་གྲང་དབང་གིས་ཆ་ལྔར་
བཏང་བའི་ཆ་གཅིག;

33 **Zoography**, *n.* སེམས་ཅན་རྣམས་ཀྱི་བརྟག་ཐབས; སེམས་ཅན་ཐམས་
ཅད་ཀྱི་སྐོར་གྱི་རིག་པ;

34 **Zoological garden**, *n.* སྲོག་ཆགས་སྣ་ཚོགས་ཀྱི་ལྡུམ་ར; སེམས་ཅན་སྣ་ཚོགས་
ཀྱི་ར་བ;

35 **Zoology**, *n.* སེམས་ཅན་སྣ་ཚོགས་བརྟག་ཐབས; སེམས་ཅན་སྣ་
ཚོགས་ཀྱི་དབྱེ་བ་འབྱེད་པའི་རིག་པ; སྲོག་ཆགས་སྣ་
ཚོགས་བརྟག་ཐབས;

36 **Zoophytic**, *a.* ཤིང་ལོའམ་སྔོ་རིགས་དང་སྲོག་ཆགས་གཅིག་ཏུ་འབྲེལ་
བའི་སྲོག་ཆགས་ཀྱི་སྐོར; སྔོ་དང་སྲོག་ཆགས་གཉིས་
ཀའི་ཆོས་ལྡན་པའི་དངོས་པོ་འི་སྐོར;

37 **Zouave**, *n.* ཟེ་རིན་ཆེ་དམག་མི་ཨེ་རིབ་ཀྱི་ཆས་སྒྲུས་པ་ལ་ཟེར;

38 **Zounds,** *n.* དབང་ཕྱུག་གི་སྐུ་ཤུས་ལ་རྨ; ཞེས་ཚིག་པ་ཟ་དུས་ལབ་པའི་དམོད་ཚིག;

39 **Zulu,** *n.* ཨ་ཕྲི་ཀའི་ལྷོ་ཕྱོགས་ན་ཡོད་པའི་ཀཱུ་ཕིར་གྱི་མི་རིགས་ཤིག;

40 **Zygoma,** *n.* ཟ་མགྲམ་གྱི་རུས་པའི་གཞུ་དབྱིབས;

41 **Zymosis,** *n.* འབྲུ་འབྲས་བུ་སོགས་ཆང་ལ་འགྱུར་བའི་ཚུལ; འབྲུ་འབྲས་བུ་སོགས་རྫོད་འབར་འཕབ་པ;

42 **Zymotic,** *a.* རྫོད་རླངས་འཕབ་པའི་ནད་རིགས་ཀྱི་སྐོར;

END.